Teoría organizacional

diseño y cambio en las organizaciones

SÉPTIMA EDICIÓN

Gareth R. Jones
Texas A&M University

Traducción
María de Lourdes Reyes Ponce
Universidad Nacional Autónoma de México

Revisión técnica
María Virginia Pacas Rivera
Academia de Administración
Escuela de Ciencias Económicas y Empresariales
Universidad Panamericana, Guadalajara
México

Datos de catalogación bibliográfica

JONES, GARETH R.

Teoría organizacional, diseño y cambio en las organizaciones.
Séptima edición

PEARSON EDUCACIÓN, México, 2013

ISBN: 978-607-32-2117-7
Área: Administración

Formato: 21 × 27 cm Páginas: 512

Dirección general:	Philip de la Vega
Dirección Educación Superior:	Mario Contreras
Editor:	Guillermo Domínguez Chávez guillermo.dominguez@pearson.com
Editor de desarrollo:	Felipe Hernández Carrasco
Supervisor de producción:	Enrique Trejo Hernández
Gerencia Editorial Educación Superior Latinoamérica:	Marisa de Anta

Authorized translation from the English language edition, entitled *ORGANIZATIONAL THEORY, DESIGN, AND CHANGE*, 7th edition, by *GARETH JONES*, published by Pearson Education, Inc., publishing as Prentice Hall, Copyright © 2013. All rights reserved.
ISBN 9780132729949

Traducción autorizada de la edición en idioma inglés, titulada *ORGANIZATIONAL THEORY*, 7ª edición por *GARETH JONES*, publicada por Pearson Education, Inc., publicada como Prentice Hall, Copyright © 2013. Todos los derechos reservados.

Esta edición en español es la única autorizada.

Séptima edición, 2013

D.R. © 2013 por Pearson Educación de México, S.A. de C.V.
Atlacomulco 500-5° piso
Industrial Atoto, C.P. 53519
Naucalpan de Juárez, Estado de México
E-mail: editorial.universidades@pearsoned.com

Cámara Nacional de la Industria Editorial Mexicana. Reg. Núm. 1031.

ISBN 978-607-32-2117-7
ISBN e-book 978-607-32-2118-4
ISBN e-chapter 978-607-32-2119-1

Impreso en México. *Printed in Mexico.*

Esta obra se terminó de imprimir en mayo de 2013
en los talleres de Litográfica Ingramex, S.A. de C.V.
Centeno 162-1, Col. Granjas Esmeralda, C.P. 09810, México, D.F.

ISBN 978-607-32-2117-7

Para Nicholas y Julia

Contenido breve

Contenido

Prefacio

En la séptima edición de *Teoría organizacional*, he conservado el objetivo de proporcionar a los alumnos la información contemporánea más actualizada sobre la influencia del cambio ambiental en la forma en que los gerentes diseñan y cambian la estructura organizacional para aumentar su eficacia. En la revisión de mi libro, seguí el enfoque de lograr que sea un texto relevante e interesante para los estudiantes con el objetivo de involucrarlos y alentarlos a esforzarse para asimilar el material del texto, el cual utilizan diariamente gerentes y consultores que trabajan para mejorar el desempeño organizacional. Continúo reflejando los cambios en la forma como las organizaciones interactúan con su ambiente, así como el uso cada vez mayor de la subcontratación y de la tecnología de la información; asimismo, incorporé desarrollos recientes en la teoría y la investigación organizacionales. Además, he trabajado para presentar ejemplos actuales y descriptivos de la manera en que gerentes de compañías grandes y pequeñas han respondido a tales cambios.

Lo nuevo en esta edición

- Más de 65% de las secciones dentro de cada capítulo y 90% de los casos finales son nuevos; el resto fueron actualizados.
- Hay nuevo material sobre la naturaleza cambiante de los problemas involucrados en las divisiones funcional, de producto y divisional, así como sobre las formas en que puede usarse la tecnología de la información para mejorar su desempeño.
- Se incluye nuevo material sobre la relación estrategia-estructura y una nueva cobertura sobre las razones por las cuales las compañías necesitan analizar, y cambiar continuamente sus estrategias y estructuras globales.
- Hay nuevo material sobre el desarrollo de software en línea y tecnología para el trabajo; además, se resalta la importancia de estos aspectos en las crecientes áreas de servicio.
- Se incluye mayor análisis sobre cómo manejar la tecnología para crear estructuras organizacionales virtuales exitosas, como las utilizadas por Accenture y PeopleSoft.
- Hay un mayor énfasis en los cambios recientes en las aplicaciones de cómputo, teléfonos inteligentes y software, así como en los efectos y las consecuencias de tales cambios en el ambiente competitivo y en la forma como las empresas han ido cambiando sus estructuras y sistemas de control para manejar tales cuestiones.
- Se presenta mayor cobertura de los aspectos éticos involucrados en el punto de vista del inversionista hacia las organizaciones, y sus implicaciones para la eficacia organizacional, como la cobertura del nuevo ambiente "verde" y de los desastres —como el derrame de petróleo de BP—, la ética en el cuidado de la salud, y el fraude al disfrazar la calidad y el precio de los bienes y servicios.
- Se incluyen explicaciones acerca de los más recientes desarrollos en la estructura organizacional, como la estructura de equipo de producto, la subcontratación y las organizaciones en red, gracias a los avances en la tecnología de la educación.

En los albores del nuevo milenio continúan incrementándose el número y la complejidad de los retos estratégicos y organizacionales que enfrentan los gerentes debido a los cambios en el ambiente global. En la mayoría de las compañías, los gerentes de todos los niveles se van poniendo al día conforme trabajan para enfrentar estos desafíos, implementando nuevas formas de estructura organizacional y modificando sus estructuras actuales mediante el uso de las técnicas y prácticas que se describen en este libro. En la actualidad, las relativamente pequeñas diferencias en el desempeño entre compañías pueden dar a una organización una ventaja competitiva sobre otra; por ejemplo, la rapidez con la cual se lanzan nuevos productos al mercado o la manera en que eligen motivar a su fuerza laboral para encontrar formas de aumentar la eficacia. Los gerentes y las empresas que utilizan los principios de diseño y de la teoría organizacional para cambiar la forma como operan puede aumentar su eficacia con el tiempo.

Esto es evidente por la manera en que las compañías modifican y reorganizan continuamente sus operaciones —en los niveles funcional, divisional, organizacional y global—, con la finalidad de competir y gestionar mejor el siempre cambiante ambiente de la segunda década del nuevo milenio. Desde luego, la recesión que inició a finales de la primera década de este siglo, así como los continuos cambios en las condiciones económicas y tecnológicas, ofrecen nuevas oportunidades para las compañías que logren adaptarse para enfrentar tales desafíos, mientras amenazan la supervivencia de aquellos que no lo hacen. Esto nunca había sido más claro que en los mercados de desarrollo de dispositivos móviles, como los teléfonos inteligentes y las tabletas, donde el rendimiento de algunas compañías, como Apple y Samsung, se disparó, mientras que el de otras —como Motorola, BlackBerry y Dell— se desplomó.

A través de todas las funciones y los niveles, los gerentes y empleados deben buscar continuamente formas de cambiar el diseño organizacional para "trabajar más inteligentemente" y mejorar el desempeño. Los desafíos que enfrentan los gerentes continúan aumentando como fuerzas globales de cambio, por ejemplo, la cada vez mayor subcontratación global, el aumento en los precios de las mercancías y el surgimiento de nuevos competidores extranjeros de bajo costo, que influyen en las organizaciones pequeñas y grandes. Además, la revolución en la tecnología de la información (TI) ha transformado la manera en que los gerentes toman decisiones en todos los niveles de la jerarquía organizacional, así como en todas sus funciones y divisiones globales. Por ello, la velocidad de cambio en la TI es acelerada.

El rápido cambio en la TI está modificando la manera como operan las organizaciones, un aspecto que se ha extendido y actualizado en esta séptima edición. En el actual mundo de descargar videos, transmisión continua, mensajes de texto y *twitear* sin utilizar ningún tipo de dispositivo computacional móvil, existe una necesidad de entender cómo afecta esto la estructura organizacional. La nueva edición ofrece una cobertura actualizada de todos esos aspectos, con ejemplos que enfatizan la manera significativa en que la TI afecta la toma de decisiones, el cambio y la estructura organizacionales. Por ejemplo, una cuestión que se cubre con mayor profundidad son los pros y los contras de la subcontratación global, así como los nuevos problemas organizacionales que surgen cuando miles de empleos funcionales en TI, servicio al cliente y fabricación se realizan en otros países.

Motivado por el cada vez mayor número de profesores y estudiantes que utilizan cada nueva edición del libro *Teoría organizacional,* y con base en las reacciones y sugerencias de los usuarios y revisores, he examinado y actualizado el texto de las siguientes formas. Primera, así como se agregaron nuevos conceptos de investigación en cada capítulo, se omitieron ideas y conceptos obsoletos. Como es común, mi meta fue simplificar el contenido del texto para evitar que los estudiantes tengan que asimilar un material excesivo. Segunda, estoy contento con ello, pues el contenido y arreglo actuales de los capítulos continúan siendo recibidos favorablemente por los usuarios. La organización del libro ofrece a los profesores muchas más formas prácticas en las cuales pueden ayudar a los estudiantes a apreciar el poder de los individuos sobre las organizaciones para aumentar su eficacia. Como me confió un estudiante de la ciudad de Nueva York en un correo electrónico: "El libro me ha dado un nuevo vocabulario para entender la organización donde trabajo y me ha proporcionado las herramientas conceptuales necesarias para analizarla y cambiarla".

Haciendo un análisis del cambio organizacional y la renovada etapa central de la teoría y el diseño organizacionales, este libro es algo autónomo. Los conceptos de la teoría organizacional que describe el texto son los mismos que utilizan, para llevar a cabo su trabajo y su rol en las firmas de consultores, los jefes de operaciones y el número cada vez mayor de gerentes responsables del diseño y cambio organizacionales.

Contenido de la séptima edición

Esta edición es consistente en la organización de los capítulos. Muchos otros textos sobre el tema carecen de un flujo conciso e integrado de los temas de cada capítulo; no obstante, en este libro, los estudiantes verán, a partir del capítulo 1, cómo se relacionan los temas entre sí. La integración se logró organizando el material de cada capítulo, de tal manera que se construyera de una forma lógica con base en el material de los capítulos anteriores. También se logró la integración enfocándonos en una sola compañía: Amazon.com; por ello, en varios de los capítulos del libro utilicé recuadros con ejemplos de esta empresa, todos los cuales se actualizaron con la finalidad de ilustrar los aspectos del cambio y diseño organizacionales.

El capítulo 2, "Inversionistas, gerentes y ética", ha demostrado ser de gran interés para los lectores, ya que resalta los aspectos éticos que enfrentan los administradores que buscan satisfacer los intereses de inversionistas diversos. En esta edición he ampliado la cobertura de los aspectos éticos en varios capítulos, por lo que se presentan un mayor análisis y varios ejemplos de toda clase de organizaciones —lucrativas y no lucrativas— que se han beneficiado con el uso de sistemas de control para monitorear a sus gerentes y su toma de decisiones. El apartado "Dimensión ética", junto con la sección "Teoría organizacional en acción" al final de cada capítulo, también han demostrado ser muy aceptados por los usuarios de este libro. En la actualidad, debido a la proliferación de los escándalos corporativos, en particular en negocios y organizaciones creados para defraudar a los clientes en 2010, es importante solicitar a los estudiantes que piensen en ello y debatan los aspectos éticos involucrados en el diseño y el cambio organizacionales.

Énfasis en los gerentes

Las implicaciones administrativas del cambio y el diseño organizacionales están claramente articuladas para las necesidades de los estudiantes. Cada capítulo contiene uno o más resúmenes administrativos donde se destacan las implicaciones prácticas de las teorías y los conceptos organizacionales. Además, cada capítulo incluye varios recuadros llamados "Al interior de la organización" donde se vinculan las experiencias de una compañía real con el contenido del capítulo, para enfatizar las implicaciones del material. Cada capítulo ofrece, además, dos casos que permiten el análisis práctico por parte de los estudiantes.

Modalidades de aprendizaje y material de apoyo

Cada capítulo termina con una sección titulada "Teoría organizacional en acción", que incluye los siguientes ejercicios/tareas de aprendizaje práctico:

- "Poner en práctica la teoría organizacional". Es un ejercicio diseñado para ofrecer a los estudiantes experiencia práctica de la teoría organizacional. Cada ejercicio toma cerca de 20 minutos del tiempo de una clase. Los ejercicios se han probado y trabajado muy bien en clase. Pueden encontrarse detalles adicionales sobre su uso en el manual del profesor.
- "Dimensión ética". Aquí, los estudiantes, individualmente o en equipo, debaten los dilemas éticos que enfrentan los gerentes durante el proceso de cambio y diseño organizacionales.
- "Establecer contacto". En esta sección, los estudiantes recopilan ejemplos de compañías para ilustrar los aspectos del diseño y el cambio organizacionales.
- "Análisis de la organización". En ella, los estudiantes seleccionan una organización para estudiar. Luego, realizan las tareas del capítulo, las cuales conducen al análisis de la teoría organizacional y a un estudio de caso de su organización. Este estudio de caso se presenta en clase al final del curso. Detalles completos referentes al uso de esta y otras modalidades de aprendizaje se encuentran en el manual del profesor.
- Un "Caso para análisis" final. Se incluye un caso y, al final de este, hay preguntas que brindan la oportunidad de un pequeño debate en clase sobre un tema relacionado con el capítulo.

Además de estos ejercicios prácticos de aprendizaje, he refinado o agregado a las modalidades de aprendizaje de las ediciones previas de este libro:

- Casos. Al final del texto hay diversos casos para utilizarse junto con los capítulos del libro, de modo que los estudiantes enriquezcan su comprensión de los conceptos de la teoría organizacional. La mayoría de los casos son clásicos, en el sentido de que los aspectos que surgen son siempre pertinentes y ofrecen una buena experiencia de aprendizaje para los estudiantes. Para preservar el valor de la enseñanza de estos casos, *no* deben usarse para reseñas o informes de los estudiantes; su valor consiste en la discusión en clase que pueden generar. He escrito detalladamente notas para el instructor sobre estos casos para mostrar cómo los uso en mi curso de teoría organizacional. Las notas se encuentran en el manual del profesor.

- Los apartados "Al interior de la organización" se relacionan directamente con los conceptos clave del capítulo.
- Los objetivos y términos clave de cada capítulo están claramente definidos para ayudar al aprendizaje del lector.
- La sección "Implicaciones administrativas" brinda a los estudiantes una lección sobre la teoría organizacional.
- Los resúmenes detallados finales en cada capítulo facilitan el aprendizaje.

Complementos para el profesor

Presentaciones en **PowerPoint** (en español): Esta presentación incluye las descripciones y puntos clave básicos de cada capítulo. Incluye figuras de texto pero no en forma de tecnología *multimedia interactiva*, lo cual permite que el archivo sea más manejable y fácil para compartir por correo electrónico o en línea. Esto también se diseñó para el profesor que personaliza las presentaciones de PowerPoint y que desea ahorrarse animaciones, archivos insertados y otros tipos de tecnología *multimedia interactiva*.

Manual del profesor (en inglés): Incluye objetivos de aprendizaje, resúmenes de capítulo, reseñas, preguntas y respuestas para análisis, teoría organizacional en acción, casos para análisis, análisis de la organización, sugerencias para la enseñanza y dimensión ética.

Banco de reactivos (en inglés): Contiene un conjunto con al menos 60 reactivos de opción múltiple y 15 preguntas de falso/verdadero con tres preguntas de respuesta corta y de ensayo para cada capítulo.

Complementos para los estudiantes

Reconocimientos

Encontrar una forma de coordinar e integrar la rica y diversa literatura sobre teoría organizacional es desafiante. No es fácil presentar el material de forma que los estudiantes logren entender con rapidez. A lo largo de las últimas ediciones de *Teoría organizacional*, he sido afortunado al contar con la ayuda de muchas personas valiosas que contribuyeron a dar forma final al libro. Mi editor de desarrollo, Jane Tuffs, me ayudó a decidir cómo presentar el material en los capítulos de estructura y cultura, lo cual fue la tarea más difícil. Sus esfuerzos pueden observarse en el desarrollo integrado del material, tanto dentro de los capítulos del libro como entre estos. Brian Mickelson, mi editor Pearson, me retroalimentó con información de profesores y revisores, lo que me permitió dar forma al libro para satisfacer las necesidades del mercado. Ilene Kahn coordinó el progreso del libro en la fase de producción. Sus esfuerzos pueden observarse en la amplitud y alcance del paquete de materiales que constituyen *Teoría organizacional*. Estoy muy agradecido con los siguientes revisores y colegas que me brindaron retroalimentación detallada sobre los capítulos de esta y de ediciones previas del libro.

Revisores

Sonny Ariss, Janet Barnard, Nate Bennett, Ken Bettenhausen, Alan Bluedorn, Karen Dill Bowerman, Tony Buono, John Butler, Marian Clark, Paul Collins, Ed Conlon, Tina Dacin, Parthiban David, Gordon Dehler, Richard Deluca, Leonidas Doty, Allen Engle, Steven Farner, Pat Feltes, Robert Figler, Steven Floyd, Linda Fried, Lawrence Gales, Deborah Gibbons, Richard Goodman, Charles Hill, Renata Jaworski, Bruce H. Johnson, Sara Keck, Leslie A. Korb, Robert M. Krug, Nancy Kucinski, Arie Lewin, Ronald Locke, David Loree, Karl Magnunsen, Judy McLean-Parus, Frances Milliken, Dennis Mott, Pracheta Mukherjee, Ann Marie Nagye, Janet Near, Jeffrey R. Nystrom, Kaviraj Parboteeah, Dane Partridge, Dave Partridge, Richard Paulson, Janita Rawls,

Greg Saltzman, Mary Jane Saxton, John Schaubroeck, John A. Seeger, James Segouis, Jim Sena, Dayle Smith, George Strauss, Dan Svyantek, Paul W. Swierez, Filiz Tabak, Louise Tourigny y Carolyn Youssef.

Gareth R. Jones
College Station, Texas

Parte 1
La organización
y su entorno

CAPÍTULO 1

Organizaciones y eficacia organizacional

Objetivos de aprendizaje

Las organizaciones existen en ambientes inciertos y cambiantes, y a menudo enfrentan nuevos retos y problemas. Los gerentes deben encontrar soluciones a tales desafíos si esperan que las organizaciones sobrevivan, prosperen y se desempeñen de manera eficaz.

Después de estudiar este capítulo, usted será capaz de:

1. Explicar por qué existen las organizaciones y los propósitos a los que sirven.
2. Describir la relación entre teoría organizacional, diseño organizacional y cambio organizacional, así como diferenciar entre estructura y cultura organizacionales.
3. Entender cómo los gerentes utilizan los principios de la teoría organizacional para diseñar y cambiar sus organizaciones, con la finalidad de aumentar la eficacia organizacional.
4. Identificar las tres formas principales en las cuales los gerentes miden y evalúan la eficacia organizacional.
5. Apreciar la forma en que los diversos factores de contingencia influyen en el diseño de las organizaciones.

¿Qué es una organización?

Pocas cuestiones en el mundo actual son tan valoradas o tan menospreciadas como las organizaciones. Aunque rutinariamente disfrutamos los bienes y servicios que dichas organizaciones nos ofrecen, en raras ocasiones nos molestamos en preguntarnos cómo se producen esos bienes y servicios. En Internet observamos videos de las líneas de producción donde se fabrican automóviles, computadoras o teléfonos inteligentes, y vemos en la televisión local cómo las escuelas o los hospitales buscan usar los avances del *hardware* y *software* nuevos, como programas de aprendizaje en línea o de ayuda a los estudiantes para mejorar su desempeño. También en raras ocasiones nos preguntamos cómo o por qué tales organizaciones administran y emprenden su negocio. Con mayor frecuencia, pensamos en las organizaciones tan solo cuando nos fallan de alguna manera como, por ejemplo, cuando somos forzados a esperar dos horas en la sala de urgencias de un hospital para consultar a un médico, cuando nos falla el teléfono o cuando estamos formados en la fila de un banco el viernes por la tarde. Cuando tales eventos suceden, nos preguntamos por qué el banco no anticipó la demanda de usuarios y asignó más cajeros, por qué el hospital nos hace perder 30 minutos llenando formularios para obtener el servicio y, luego, nos deja esperando hora y media, o bien, por qué las compañías de teléfonos no insisten en tener hardware y software de mayor calidad por parte de sus proveedores.

Los individuos muestran una actitud despreocupada hacia las organizaciones porque estas son *intangibles*. Aun cuando la mayoría de la gente nace, trabaja y muere en organizaciones, nadie nunca ha visto o tocado una organización. Observamos los productos o servicios que proporciona una organización y, a veces, vemos a los trabajadores que la organización contrata; por ejemplo, cuando entramos a una tienda FedEx o al consultorio de algún médico. Pero la razón por la que una organización, como FedEx, está motivada para ofrecer bienes y servicios, y la forma en que controla e influye en sus miembros para proporcionarlos, no es visible para la mayoría de la gente externa a la organización. No obstante, agrupar a personas y otros recursos para proporcionar bienes y servicios es la esencia de lo que hace una organización.[1]

Organización
Es una herramienta o un medio que las personas usan para coordinar sus acciones con la finalidad de obtener algo que desean o valoran.

Una **organización** es una herramienta o un medio que los individuos utilizan para coordinar sus acciones con el propósito de obtener algo que desean o valoran, es decir, para alcanzar sus metas. La gente que valora la seguridad crea una organización llamada fuerza policial, ejército o banco. Las personas que valoran el entretenimiento fundan organizaciones como la compañía Walt Disney, CBS o un club local. Quienes desean apoyo espiritual o emocional crean iglesias, organizaciones de servicio social o de caridad. Una organización es tanto una respuesta por satisfacer alguna necesidad humana como los medios para lograrlo. Las organizaciones nuevas nacen cuando las nuevas tecnologías se vuelven accesibles y se descubren nuevas necesidades, como los sitios de redes sociales, por ejemplo, Facebook; en tanto que las organizaciones mueren o se transforman cuando las necesidades que satisfacían dejan de ser importantes, como las tiendas de renta de videos Blockbuster. La necesidad de inventar mejores fármacos, por ejemplo, llevó a la creación de Amgen, Genentech y otras compañías de biotecnología. La necesidad de manejar cantidades cada vez mayores de información, junto con el surgimiento de nuevas tecnologías en computación, llevaron al crecimiento de IBM, Apple, Microsoft, Google y otras instituciones de alta tecnología, así como a la reducción o el cierre de corporaciones cuya tecnología resultó obsoleta, como la compañía de máquinas de escribir Smith Corona. Las tiendas al menudeo como Walmart, Target, Gap y Sears se transforman continuamente, y no siempre con éxito, para intentar responder a los gustos y las necesidades cambiantes de los consumidores.

¿Quién crea las organizaciones que surgen para satisfacer las necesidades de la gente? Algunas veces un individuo o pocas personas creen poseer las habilidades y los conocimientos necesarios para establecer una organización que produce bienes y servicios. Así se crean organizaciones como tiendas de sándwiches, Google y estudios para diseño de software. En ocasiones, son varios los individuos que forman un grupo para crear una organización que responda a una necesidad percibida. La gente con muchos recursos puede invertir conjuntamente para construir un complejo vacacional. Un grupo de personas con creencias similares puede fundar una nueva iglesia o los ciudadanos de una nación pueden movilizarse para establecer un nuevo partido político. En general, **iniciativa empresarial** es el término utilizado para describir el proceso por el cual la gente reconoce oportunidades para satisfacer necesidades y reúne y usa recursos para atender dichas necesidades.[2]

Iniciativa empresarial
Proceso mediante el cual la gente reconoce oportunidades para satisfacer necesidades, y reúne y usa recursos para atender tales necesidades.

lfong/Shutterstock.com

La mayoría de nosotros no piensa en las organizaciones que crean los productos que usamos, sino hasta que enfrentamos algún problema con sus productos.

En la actualidad, muchas organizaciones que han sido fundadas, y en particular aquellas que experimentan un rápido crecimiento, producen bienes y servicios relacionados de alguna manera con la nueva tecnología de la información (TI). El uso cada vez mayor de dispositivos de cómputo como *laptops*, teléfonos inteligentes y tabletas, conectados a la Web mediante conexiones inalámbricas, han revolucionado la forma en que funcionan las organizaciones. Este libro analiza este tema fundamental enfocándose en una compañía, Amazon.com, que ha alcanzado un crecimiento explosivo gracias al desarrollo de productos y servicios de TI como su lector de libros electrónicos Kindle. En nueve capítulos de este libro la historia de esta compañía sirve para ilustrar las diversas formas en que la revolución de la TI está mejorando, en la actualidad, la forma en que las organizaciones operan y crean valor. Iniciamos este análisis examinando cómo y por qué se fundó Amazon.com, lo cual se revisa en el recuadro "Perspectiva de la nueva tecnología de la información".[3]

Cómo crea valor una organización

La forma en que una organización crea valor se ilustra en la figura 1.1. La creación de valor ocurre en tres etapas: entrada o insumo, conversión, y salida o resultado. Cada etapa se ve afectada por el ambiente donde opera la organización. El **ambiente organizacional** es el conjunto de fuerzas y condiciones que van más allá de los límites de la organización, pero que influyen en su capacidad de adquirir y usar recursos para crear valor.

Ambiente organizacional Conjunto de fuerzas y condiciones que operan más allá de los límites de la organización, pero que influyen en su capacidad de adquirir y usar recursos para crear valor.

Los insumos incluyen recursos como materia prima, maquinaria, información y conocimientos, así como recursos humanos, dinero y capital. La forma en que la organización elige y obtiene de su ambiente los insumos que necesita para producir bienes y servicios determina cuánto valor

Figura 1.1 Cómo crea valor una organización

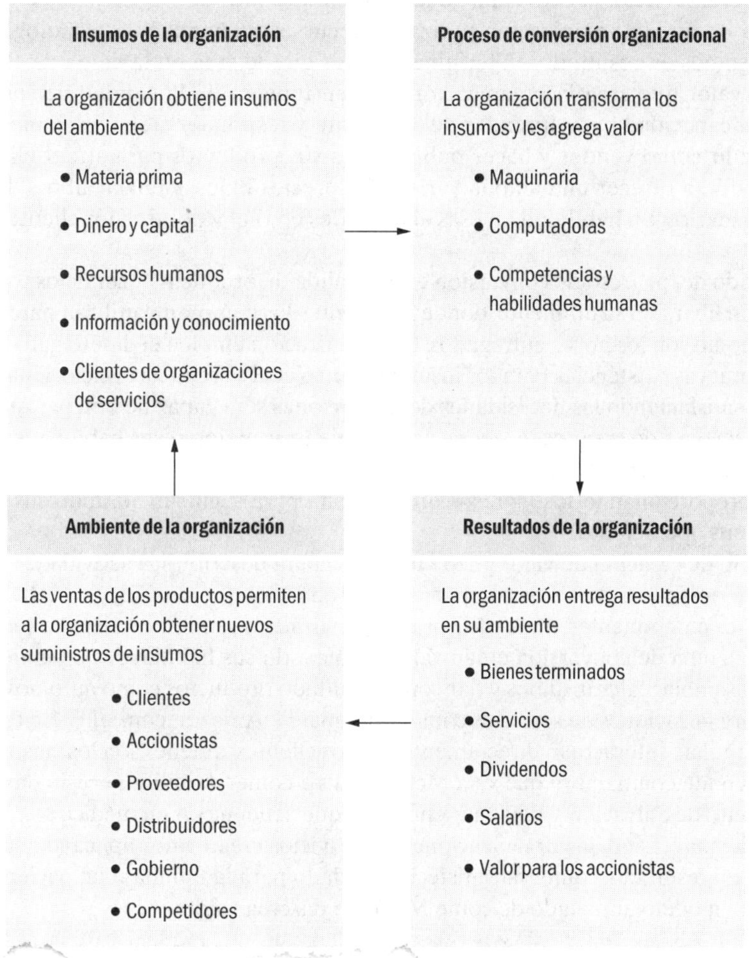

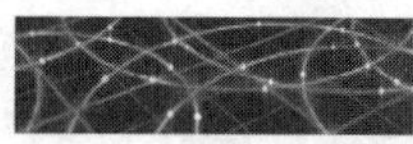

Perspectiva de la nueva tecnología de la información

Amazon.com, parte 1

En 1994, Jeffrey Bezos, un ingeniero electrónico y en computación de la Universidad de Princeton, estaba cansado de trabajar para un banco en Wall Street. Impulsado por su experiencia en ciencias computacionales advirtió una oportunidad empresarial con el hecho de que el uso de Internet estaba creciendo por arriba de 2,300% anual, y de que cada vez más gente se daba cuenta de sus ventajas informativas.

Buscando una oportunidad para obtener ventaja de sus habilidades en el nuevo mercado electrónico virtual, concluyó que la comercialización de libros sería un buen lugar para invertir sus recursos personales. Decidió hacer una pausa, empacó sus pertenencias y se dirigió a la costa oeste; en la ruta determinó que Seattle, Washington, una nueva meca para desarrolladores de software de alta tecnología y el origen de las tiendas Starbucks, sería un lugar ideal para iniciar su aventura.

¿Cuál fue la visión de su nuevo desafío? Construir una tienda en línea de venta de libros que fuera amigable con el cliente, con facilidad para navegar y que ofreciera la selección de títulos más amplia posible. ¿La misión de Bezos? "Usar Internet para ofrecer productos que educaran, informaran e inspiraran".[4] Bezos pensó que, en comparación con una tienda tradicional, una de libros en línea sería capaz de ofrecer una selección mucho mayor y más diversa. Más aún, los clientes en línea serían capaces de buscar con facilidad cualquier libro impreso en un catálogo computarizado, buscar diferentes áreas de estudio, leer resúmenes de obras e incluso solicitar a otros compradores recomendaciones en línea; algo que la mayoría de la gente duda hacer en una librería.

Con tan solo unos cuantos empleados y operando desde su cochera en Seattle, Bezos inició su empresa en línea en julio de 1995 con 7 millones de dólares de capital prestado. La promesa de su compañía se diseminó como un incendio en Internet y la venta de libros captó con rapidez clientes satisfechos. En unas cuantas semanas, Bezos se vio forzado a reubicarse para cubrir las nuevas y mayores expectativas, y para contratar a nuevos empleados con el incremento en la venta de libros. La nueva empresa de Bezos parecía estar destinada al éxito.

crea aquella en la etapa de insumos. Por ejemplo, Jeff Bezos eligió diseñar software para hacer el sitio Amazon.com tan sencillo y amigable como fuera posible y únicamente reclutó a gente que pudiera brindar un servicio amigable al cliente y de alta calidad que más atrajera a sus clientes de Internet. Si hubiera tomado malas decisiones y a los clientes no les hubiera gustado el sitio Amazon.com o el servicio, su compañía no habría tenido éxito.

La forma en que la organización utiliza los recursos humanos y la tecnología para transformar los insumos en resultados determina el valor que se crea en la etapa de conversión. La magnitud de valor que crea la organización está en función de la calidad de sus habilidades, incluyendo su capacidad para aprender del ambiente y responder a él. Por ejemplo, Jeff Bezos tuvo que decidir cómo vender y hacer publicidad a sus productos para atraer clientes. Su respuesta consistió en ofrecer una amplia variedad y precios bajos, y enviar libros de manera expedita a sus usuarios. Su habilidad en esas actividades creó el valor que los clientes percibieron en su concepto.

El resultado del proceso de conversión es una salida de productos y servicios terminados que la organización libera en su ambiente, donde los clientes los compran y utilizan para satisfacer sus necesidades, como son los libros entregados. La organización emplea el dinero ganado de la venta para obtener nuevas existencias para los insumos, con lo cual se reinicia el ciclo. Una organización que continúa satisfaciendo las necesidades de las personas será capaz de obtener mayor cantidad de recursos, así como de crear cada vez más valor mientras mejoran sus habilidades y competencias.[5] Amazon.com ha crecido tanto porque los clientes satisfechos regresan a su tienda en línea y continúan proporcionando los ingresos que necesita para seguir mejorando sus habilidades y expandiendo sus operaciones.

Un modelo de creación de valor puede utilizarse para describir las actividades de la mayoría de los tipos de organizaciones. Las compañías de producción (como GE, GM e IBM) toman del ambiente partes componentes, mano de obra especializada o semiespecializada, y conocimientos técnicos; en la etapa de conversión crean valor empleando sus habilidades de manufactura para organizar y ensamblar tales insumos y dar como resultado productos como automóviles y computadoras. Las organizaciones de servicios como McDonald's, Amazon.com, el Ejército de Salvación y su médico familiar, interactúan directamente con los clientes, quienes son los "insumos" para sus operaciones. Gente con hambre que va a McDonald's a comer, familias necesitadas que solicitan ayuda al Ejército de Salvación y personas enfermas que acuden con un médico son los "insumos". En la etapa de conversión, las organizaciones de servicios crean valor aplicando sus habilidades para obtener un resultado: comensal satisfecho, cuidado para la familia o un paciente sanado. La figura 1.2 es un modelo abreviado de cómo McDonald's crea valor.

Figura 1.2 **Cómo McDonald's crea valor**

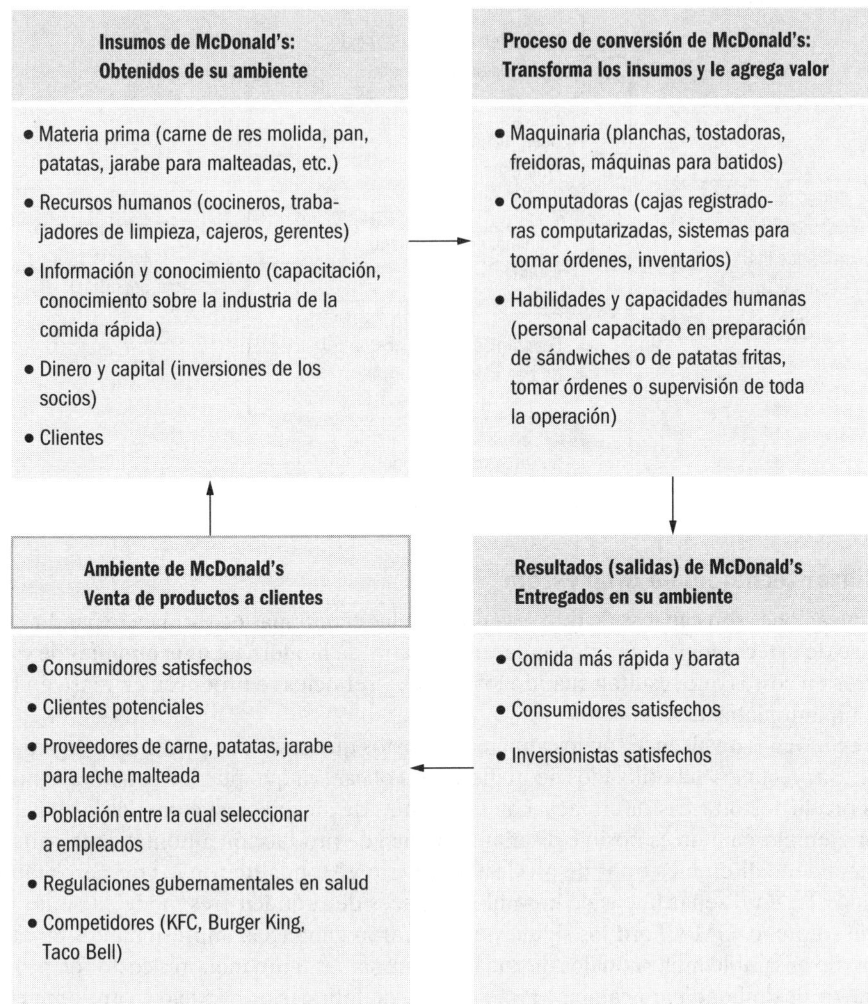

¿Por qué existen las organizaciones?

La producción de bienes y servicios ocurre con mayor frecuencia en un escenario organizacional porque la gente que trabaja en conjunto para producir bienes y servicios, por lo general, logra crear más valor que las personas que trabajan separadas. La figura 1.3 resume cinco motivos que explican la existencia de las organizaciones.

Para aumentar la especialización y la división del trabajo

La gente que trabaja en organizaciones suele volverse más eficiente y productiva que las personas que trabajan solas. Para muchas clases de trabajo productivo, el uso de una organización permite el desarrollo de la especialización y la división del trabajo. La naturaleza colectiva de las organizaciones permite a los individuos enfocarse en una área estrecha de pericia que les permite ser más hábiles o especializados en lo que hacen. Por ejemplo, los ingenieros que trabajan en el departamento de diseño en una gran empresa manufacturera como GM o Toyota podrían especializarse en mejorar el diseño de sistemas de inyección de combustible o de otros componentes del motor. Por el contrario, un ingeniero que labora para una organización de automóviles modesta podría ser el responsable de diseñar todo el motor, ya que el ingeniero de la compañía pequeña debe realizar mucho más tareas que el ingeniero de la compañía grande. Así, el grado de especialización en la compañía modesta es menor; hay menos oportunidad de saber qué hace un carburador grande y de crear valor para alguien que desea alta velocidad.

Figura 1.3 ¿Por qué existen las organizaciones?

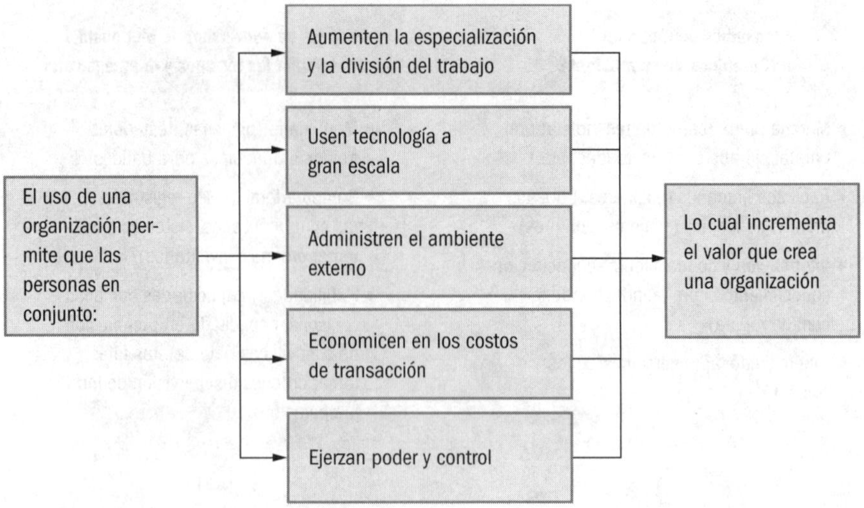

Para utilizar tecnología a gran escala

Economías de escala Ahorros en costos que resultan cuando los bienes y servicios se producen en masa en líneas de producción automatizadas.

Economías de alcance Ahorros en costos que resultan cuando una organización es capaz de usar recursos subutilizados de manera más eficaz porque pueden compartirse entre diversos productos o tareas diferentes.

Las organizaciones son capaces de tomar ventaja de las economías de escala y expandir ese resultado al uso de la tecnología computarizada y automatizada moderna. Las **economías de escala** son los ahorros en costos que resultan cuando los bienes y servicios se producen en masa en líneas de producción automatizadas.

Las **economías de alcance** son los ahorros en costos que resultan cuando una organización es capaz de usar recursos subutilizados de manera más eficaz, ya que pueden ser compartidos entre diversos productos o tareas diferentes. Las economías de alcance (así como las de escala) se logran, por ejemplo, cuando es posible diseñar una línea de producción automatizada para fabricar simultáneamente diferentes tipos de productos. Toyota y Honda fueron los primeros fabricantes de automóviles en diseñar líneas de ensamble capaces de producir tres modelos de un vehículo en vez de solo uno. GM y Ford los siguieron y lograron ganancias impresionantes en eficiencia. Las líneas de ensamble multimodelos dieron a las compañías tanto menores costos de producción, como mayor flexibilidad para cambiar rápidamente de fabricar un modelo a otro para cubrir las variantes necesidades de los consumidores.

Para administrar el ambiente organizacional

Las presiones del ambiente organizacional convierten a las empresas en el medio preferido para transformar insumos en resultados. El ambiente organizacional es fuente de valiosos recursos de insumo y, al mismo tiempo, es en el mercado donde se lanzan los productos. Es también la fuente de presiones económicas, sociales y políticas que afectan la capacidad de una organización para obtener esos recursos. Administrar ambientes complejos es una tarea que va más allá de las capacidades de la mayoría de los individuos; no obstante, una organización tiene los recursos para desarrollar especialistas que anticipen las diversas presiones del ambiente, o bien, que intenten influir en ellas. Dicha especialización permite a la organización crear más valor para la organización misma, sus miembros y sus clientes. Las grandes compañías como IBM, AT&T y Ford tienen departamentos completos de ejecutivos corporativos, quienes son responsables de supervisar, intentar administrar el ambiente externo y responder ante este; sin embargo, tales actividades son asimismo importantes para las organizaciones pequeñas. Aunque las tiendas y restaurantes locales no cuentan con departamentos completos para analizar el ambiente, sus dueños y gerentes necesitan encontrar tendencias y cambios emergentes que les permitan responder a las necesidades cambiantes de los clientes, como hizo Jeff Bezos; de otra forma no sobrevivirán.

Para economizar en los costos de transacción

Cuando la gente coopera para producir bienes y servicios, surgen ciertos problemas. Conforme los individuos aprenden qué hacer y cómo trabajar con otros para desempeñar con eficiencia una tarea, tienen que decidir conjuntamente quién hará qué tareas (división del trabajo), a quién se le pagará qué cantidad y cómo determinar si cada individuo está desempeñando su parte de la actividad. Los costos asociados con la negociación, el monitoreo y los intercambios entre las personas para resolver este tipo de dificultades de transacción se denominan **costos de transacción**. La capacidad de las organizaciones para controlar los intercambios entre las personas reduce los costos de transacción asociados con tales intercambios. Suponga que Intel paga los servicios de sus científicos diariamente y que miles de ellos tienen que pasar un tiempo diario discutiendo qué hacer y quién debería trabajar con quién. Tal sistema de trabajo sería muy costoso y desperdiciaría tiempo valioso y dinero. No obstante, la estructura y coordinación impuesta por la organización Intel permite a los gerentes contratar a científicos durante mucho tiempo, y asignarles tareas específicas y equipos de trabajo, lo cual da a Intel el derecho a supervisar su desempeño. La estabilidad resultante reduce los costos de transacción y aumenta la productividad.

Costos de transacción
Costos asociados con la negociación, el monitoreo y los intercambios entre las personas.

Para ejercer poder y control

Las organizaciones pueden ejercer gran presión sobre los individuos para que se ajusten a los requerimientos de la tarea y la producción, con la finalidad de aumentar la eficiencia en dicha producción.[6] Para llevar a cabo un trabajo de manera eficiente, la gente debe llegar a trabajar de forma predecible, comportarse de acuerdo con los intereses de la organización y aceptar la autoridad de esta y de sus gerentes. Todos estos requerimientos hacen menos costosa y más eficiente la producción, aunque imponen a los individuos la carga de cumplir con los requisitos organizacionales. Cuando los individuos trabajan para sí mismos únicamente deben cubrir sus propias necesidades. No obstante, cuando trabajan en una organización deben prestar atención tanto a las necesidades de la organización como a las propias. Las organizaciones pueden disciplinar o despedir a trabajadores que no logren adecuarse a ellas, y recompensar el buen desempeño con ascensos e incrementos de sueldo. Ya que el empleo en sí, la promoción y los aumentos son importantes y con frecuencia escasos, las organizaciones suelen utilizarlos para ejercer poder sobre los individuos.

Juntos, los cinco factores ayudan a explicar por qué con frecuencia puede crearse más valor cuando la gente trabaja junta y coordinando sus acciones en un escenario organizado, que cuando trabaja por sí sola. Con el tiempo, la estabilidad creada por una organización ofrece un escenario donde la organización y sus miembros pueden mejorar sus habilidades y competencias, en tanto que la capacidad de la organización para crear valor se incrementa a pasos agigantados. Para 2011, por ejemplo, Google creció hasta convertirse en la compañía de software de Internet más valiosa en el mundo, porque Larry Page y Sergey Brin, sus fundadores, crearon un escenario organizacional donde a la gente se le daba libertad para desarrollar sus habilidades y competencias con el propósito de crear productos nuevos e innovadores. En contraste, en la última década, otras compañías de software como WordPerfect, Lotus, Novell e incluso Microsoft han experimentado problemas serios porque no fueron capaces de desarrollar el software que los clientes desean. ¿Por qué la organización de Google permitió crear más valor, mientras que las otras compañías redujeron el valor que fueron capaces de crear? Antes de contestar esta pregunta, necesitamos hacer una revisión de la teoría, el diseño y el cambio organizacionales.

Annette Shaff/Shutterstock.com

Dar a los trabajadores de la compañía la libertad para innovar ayudó a Google a mantenerse a la cabeza de sus competidores.

Teoría, diseño y cambio organizacionales

Teoría organizacional
Estudio de cómo funcionan las organizaciones, y cómo influyen en el ambiente donde operan afectan y son afectadas por este.

La **teoría organizacional** es el estudio de cómo funcionan las organizaciones, y cómo afectan el ambiente donde operan y son afectadas por él. En este libro analizamos los principios que subyacen al diseño, operación, cambio y rediseño de las organizaciones para mantener y mejorar su eficacia. Sin embargo, entender cómo funcionan las organizaciones tan solo es el primer paso para aprender cómo controlarlas y cambiarlas, de modo que sean capaces de crear riqueza y recursos de forma eficiente. La segunda meta de esta obra es equiparlo a usted con las herramientas conceptuales que le permitan influir en las situaciones organizacionales en que se encuentre. Las lecciones de diseño y cambio organizacionales son importantes tanto para los supervisores de primera línea como para el director general, en pequeñas y grandes organizaciones y en escenarios tan diversos como el de una organización sin fines de lucro o la línea de ensamble de una compañía manufacturera.

Las personas y los gerentes conocedores del diseño y el cambio organizacionales pueden analizar la estructura y la cultura de la organización para la que trabajan (o donde desean colaborar, como las de caridad o las iglesias), diagnosticar problemas e introducir ajustes que ayuden a la organización a alcanzar sus metas. La figura 1.4 establece la relación entre teoría, estructura, cultura, diseño y cambio organizacionales.

Estructura organizacional

Estructura organizacional
Sistema formal de relaciones entre tarea y autoridad, que controla cómo la gente coordina sus acciones y utiliza los recursos para alcanzar las metas organizacionales.

Una vez que un grupo de individuos ha establecido una organización para alcanzar metas colectivas, se desarrolla la estructura organizacional para aumentar la eficacia del control necesario de actividades para lograr sus metas. La **estructura organizacional** es el sistema formal de las relaciones entre tarea y autoridad, que controla cómo la gente coordina sus acciones y utiliza los recursos para alcanzar las metas organizacionales.[7] El propósito fundamental de la estructura organizacional es el control: controlar la forma en que la gente *coordina* sus acciones para lograr las metas organizacionales, así como para controlar los medios que utiliza al *motivar* a las personas para lograr esas metas. Por ejemplo, en Google los problemas de control que enfrentaron Larry

Figura 1.4 La relación entre la teoría organizacional y la estructura, la cultura, el diseño y el cambio organizacionales

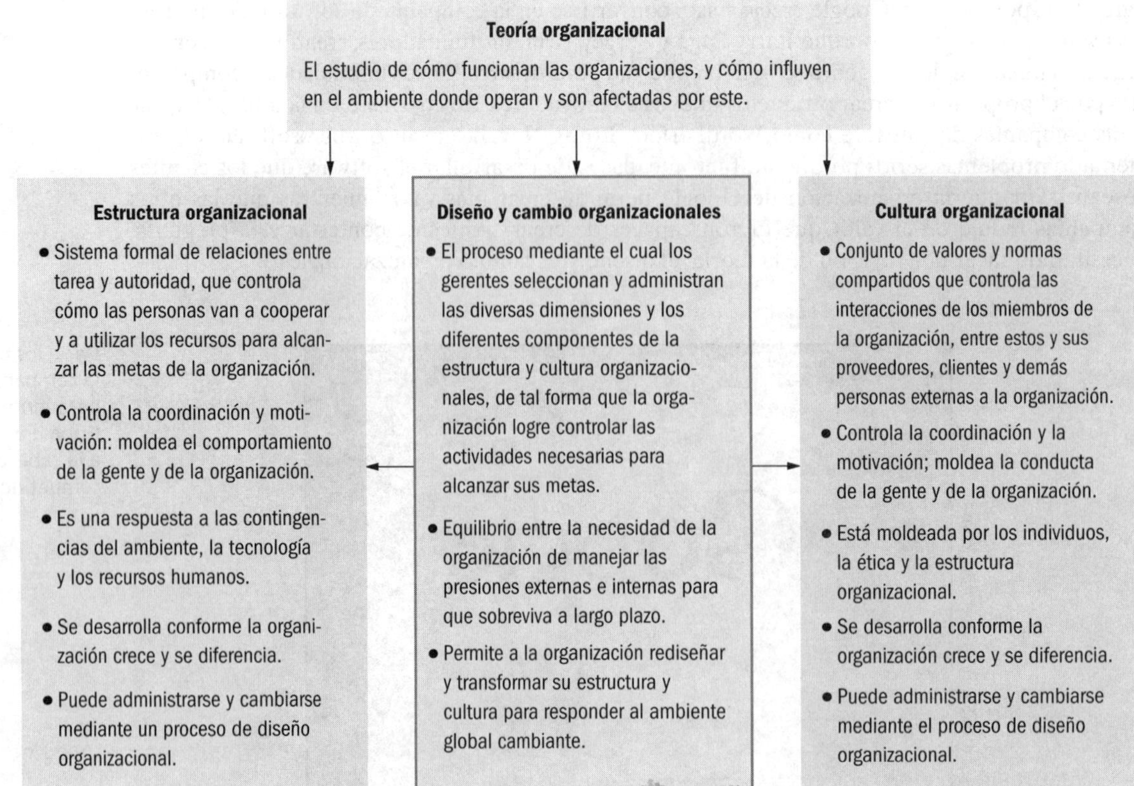

Page y Sergey Brin consistieron en saber cómo coordinar las actividades de los ingenieros para usar mejor sus talentos y cómo recompensarlos cuando desarrollaban productos innovadores. Su solución fue asignar a los científicos en equipos autónomos y recompensarlos con acciones de Google de acuerdo con el desempeño tanto individual como en equipo.

Para cualquier organización una estructura adecuada es aquella que da respuestas eficaces a problemas de coordinación y motivación, los cuales suelen surgir por diversas razones ambientales, tecnológicas o humanas.[8] Conforme las organizaciones crecen y se diferencian, la estructura también crece. La estructura organizacional puede administrarse a través de un proceso de diseño y cambio organizacional.

Cultura organizacional

Al mismo tiempo que se desarrolla la estructura organizacional, también lo hace la cultura organizacional. La **cultura organizacional** es el conjunto de valores y normas compartidos por los miembros de la organización, que controla las interacciones entre esos mismos miembros y con sus proveedores, clientes y demás personas externas a la organización. Una cultura organizacional está moldeada por la gente interna, por la ética de la organización, por los derechos laborales que se otorgan a los empleados y por el tipo de estructura de la organización. Tiene influencia sobre cómo responden los individuos ante una situación y cómo interpretan el ambiente que rodea la organización. En Google, Page y Brin intentaron crear valores que alentaran la iniciativa empresarial y la toma de riesgos para construir una cultura organizacional donde la innovación era una actividad valiosa. La estructura en pequeños equipos resultó útil porque los científicos se encontraban con frecuencia cara a cara para coordinar sus actividades y aprender de los demás, lo cual los alentó a experimentar y encontrar nuevas formas de solución de problemas.

Cultura organizacional Conjunto de valores y normas compartidos que controla las interacciones de los miembros de la organización entre sí y con sus proveedores, clientes y demás personas externas a la organización.

Las culturas de las organizaciones que ofrecen básicamente los mismos bienes y servicios pueden ser muy diferentes. Por ejemplo, Coca Cola y PepsiCo son las dos mayores y más exitosas compañías en la industria de las bebidas gaseosas.[9] Ya que venden productos similares y enfrentan ambientes similares, esperaríamos culturas similares. Pero no lo son. Coca Cola se enorgullece del compromiso con su fuerza laboral, de sus gerentes leales —muchos de los cuales realizan toda su trayectoria profesional en la organización— y de su enfoque en la planeación cuidadoso y cooperativo. En contraste, PepsiCo se caracteriza por una cultura altamente política y competitiva donde los conflictos en la toma de decisiones causan disputas frecuentes y rotación entre los altos directivos. Al igual que la estructura organizacional, la cultura organizacional se desarrolla y puede administrarse mediante el diseño y el cambio organizacionales.

Diseño y cambio organizacionales

El **diseño organizacional** es el proceso mediante el cual los gerentes seleccionan y administran aspectos de la estructura y cultura, de tal forma que la organización controle las actividades necesarias para alcanzar sus metas. La estructura y la cultura organizacionales son los *medios* que utiliza la organización para lograr sus metas; el diseño organizacional se refiere a cómo y por qué se eligen los diversos medios. El comportamiento organizacional es el resultado de su diseño y de los principios que subyacen a su operación. Es una tarea que requiere gerentes que encuentren el equilibrio entre las presiones externas del ambiente organizacional y las presiones internas, por ejemplo, su selección de tecnología. Viendo hacia afuera, el diseño puede ser la causa de que los miembros organizacionales observen y respondan al ambiente de forma diferente. Hacia adentro, el diseño de la organización presiona a los grupos de trabajo y a los individuos para que se comporten de forma determinada.

Diseño organizacional Proceso mediante el cual los gerentes seleccionan y administran aspectos de estructura y cultura, de tal forma que la organización logre controlar las actividades necesarias para alcanzar sus metas.

Lograr el equilibrio adecuado ayuda a asegurarse de que la organización sobrevivirá a largo plazo. Las teorías, los conceptos y las técnicas que se estudian en este libro buscan ofrecer modelos de trabajo que usted puede usar para analizar situaciones organizacionales, y proponer e implementar soluciones adecuadas para cambiar una organización y aumentar su eficacia.

Organizaciones de alta tecnología como Google, Apple e Intel necesitan ser flexibles y capaces de responder a los movimientos competitivos de sus rivales (Facebook, Samsung y ARM), innovando la tecnología e introduciendo productos nuevos. Al mismo tiempo, tales organizaciones deben tener relaciones estables de funciones que permitan a sus miembros trabajar juntos para crear valor, resolver problemas y lograr los objetivos organizacionales. En contraste, las organizaciones como Nucor y Alcoa, que fabrican láminas de acero y aluminio, respectivamente, enfrentan ambientes relativamente estables donde las necesidades de los clientes son más predecibles y la tecnología se mueve con mayor lentitud. En consecuencia, es probable que sus elecciones de diseño organizacional reflejen la necesidad de una estructura y cultura que reduzca los costos de producción, más que una estructura y cultura que promueva la flexibilidad. En los capítulos 4, 5, 6 y 7 analizaremos las estructuras y culturas organizacionales que los gerentes diseñan para ayudar a asegurar la supervivencia de la organización.

Cambio organizacional Proceso mediante el cual las organizaciones rediseñan sus estructuras y culturas para moverse de su estado presente a un estado futuro deseado y así aumentar su eficacia.

El **cambio organizacional** es el proceso mediante el cual las organizaciones se mueven de su estado presente a un estado futuro deseado, con la finalidad de aumentar su eficacia. La meta del cambio organizacional es encontrar formas nuevas o mejores de utilización de recursos y competencias, para aumentar la capacidad de la organización de crear valor y, por lo tanto, para incrementar su desempeño.[10] De nueva cuenta, la estructura y la cultura organizacionales son los medios o apoyos principales que los gerentes utilizan para cambiar la organización de manera que alcance su estado futuro deseado.

El diseño y el cambio organizacionales están íntimamente relacionados. De hecho, el cambio organizacional puede entenderse como el proceso de rediseño y transformación organizacional. Como veremos en los últimos capítulos, las organizaciones crecen y, además, su estructura y cultura están en constante desarrollo y cambio y volviéndose más complejas. Una organización grande enfrenta un conjunto de problemas de diseño y rediseño diferente al de una organización pequeña, debido a que su estructura y cultura son diferentes. Los gerentes necesitan reconocer que sus elecciones de diseño iniciales tendrán ramificaciones importantes en el futuro, conforme sus organizaciones crezcan; asimismo, se ha visto que las elecciones iniciales son un determinante fundamental de las diferencias en el del desempeño a largo plazo. Por ejemplo, considere cómo cambió con los años la forma en que Steve Jobs diseñó la estructura y cultura de Apple, conforme aprendió los principios que subyacen al diseño organizacional, como se ilustra en el recuadro "Al interior de la organización 1.1".

Al interior de la organización 1.1

Cómo aprendió Steve Jobs a organizar y controlar Apple

En 1976 Steve P. Jobs vendió su furgoneta Volkswagen y su socio Steven Wozniak vendió sus dos calculadoras programables y utilizaron las ganancias de 1,350 dólares para construir un tablero de circuitos (cuadro de mandos) en la cochera de Jobs. Tan popular fue el tablero —que se desarrolló en una computadora personal (PC) Apple II—, que en 1977 Jobs y Wozniak fundaron Apple Computer para comercializarlo. Para 1985 las ventas de Apple eran de alrededor de dos mil millones de dólares, pero el mismo año Jobs se vio forzado a abandonar la compañía que fundó. El enfoque de organización de Jobs fue en gran parte la razón por la que perdió el control de Apple.

Jobs se dio cuenta de que su tarea principal era diseñar la estructura organizacional de tal forma que lo llevara a un rápido desarrollo de nuevas y mejores PC; no obstante, su estilo personal a veces era arbitrario y arrogante. Por ejemplo, en ocasiones Jobs favorecía a ciertos equipos de proyectos que él había creado, equipos que causaban conflictos y llevaban a una feroz competencia, y a muchos malentendidos y desconfianza entre los miembros de los demás equipos. El estilo de manejo agresivo de Jobs también le causó conflictos con John Sculley, director general de Apple. Los empleados no estaban seguros de quién tenía el control de Apple: Jobs (Presidente de la compañía) o Sculley. Ambos ejecutivos estaban tan ocupados luchando por el control de Apple que la tarea de asegurarse de que sus recursos se estuvieran utilizando con eficiencia se perdió de vista. Los costos de Apple se dispararon y las utilidades cayeron drásticamente.

Los directivos de Apple estaban convencidos de que el estilo de Jobs era la causa principal del problema y le solicitaron su renuncia. Después de que dejó Apple, Jobs inició nuevas empresas. Primero fundó una fábrica de PC llamada NEXT, para desarrollar una nueva y poderosa PC y superar la PC Apple. Luego fundó Pixar, una compañía de animación digital, que logró un gran éxito después de películas como *Toy Story* y *Buscando a Nemo*, ambas distribuidas por Walt Disney (a final de cuentas Pixar fue vendida a Disney).

En ambas compañías, el enfoque de organización de Jobs cambió. Formó equipos administrativos fuertes que llevaran a dichos equipos de proyecto a desarrollar las nuevas PC y películas, y él mantuvo su distancia. Jobs se dio cuenta de que su tarea principal era organizar las estrategias de desarrollo de producto de las compañías, en tanto que dejó las tareas de organización y control a los gerentes que le reportaban. Les dio autonomía para que lograran poner sus ideas en práctica; además, en ambas compañías trabajó para crear una cultura basada en valores y normas de colaboración, así como pensamiento creativo para promover la innovación.

Mientras Apple luchaba por competir contra las PC de bajo costo de Dell, cargadas con el software de Microsoft Windows, su desempeño empezó a erosionarse y su futuro se veía incierto. Para ayudar a que sobreviviera la compañía que fundó, en 1996 Jobs convenció a Apple de que comprara NEXT por 400 millones de dólares y usara su poderoso sistema operativo en la nueva línea de PC Apple Mac. Jobs trabajó dentro de Apple para su recuperación y obtuvo tanto éxito que en 1997 se le pidió que se convirtiera en el nuevo director general.

Su primer paso fue crear una visión y metas claras para energizar y motivar a los empleados de Apple. Jobs decidió que Apple tenía que introducir el más alto estado de desarrollo en sus equipos, PC de vanguardia y el equipo digital relacionado. Creó una estructura de equipos que permitió a los programadores e ingenieros que combinaran sus

Newscom

habilidades para desarrollar nuevas PC. Delegó una considerable autoridad a los equipos, pero también estableció cronogramas estrictos y metas "elásticas", como lanzar al mercado nuevos productos tan rápido como fuera posible. Uno de los resultados de tales esfuerzos fue la nueva línea de PC iMac, que fue seguida por una amplia variedad de productos relacionados con PC.[11]

En 2003 Jobs anunció que Apple estaba iniciando un nuevo servicio llamado iTunes, una tienda de música en línea donde la gente podría descargar canciones por 99 centavos de dólar cada una. Al mismo tiempo Apple introdujo su iPod, un dispositivo para escuchar música, donde se pueden almacenar miles de canciones, y con rapidez se volvió un éxito. Apple introdujo continuamente nuevas generaciones de iPod, cada vez más compactos, poderosos y versátiles. En 2006 Apple había ganado el control de 70% del mercado de música digital y 80% del negocio de las descargas de música, y el precio de sus acciones se disparó a un nivel récord.

La siguiente empresa en la historia de Jobs llegó en 2007 cuando anunció que Apple introduciría el iPhone para competir directamente con la popular Blackberry. Una vez más, organizó a los ingenieros de Apple en equipos, no solo para desarrollar el nuevo teléfono, sino para crear una plataforma de aplicaciones en línea donde los usuarios pudieran bajarlas en el iPhone, como la de interactuar con amigos, para hacer más útiles sus teléfonos. Para 2010 se habían desarrollado más de dos millones de aplicaciones, los usuarios habían bajado más de dos mil millones de aplicaciones y Apple era el líder en el mercado de teléfonos inteligentes.

En 2010 Jobs anunció que Apple planeaba introducir su nueva computadora, la tableta iPad, la cual según él sería la mejor forma de experimentar la Web, el correo electrónico y las fotografías y que, además, tuviera una función de lectura inalámbrica para competir directamente con el lector de libros electrónicos Kindle de Amazon.com.[12] Como antes, Jobs organizó una nueva unidad de ingeniería para que fuera pionera en el desarrollo de aplicaciones para su nueva iPad. Después del lanzamiento de la iPad en la primavera de 2010, los analistas y clientes se abarrotaron para comprarlo. Las acciones de la compañía llegaron a 219 dólares y para 2011, superaban los 350 dólares. Sus equipos de productos continuamente lanzaban versiones nuevas y mejoradas de iPod, iPhone y iPad, y muchos analistas pensaron que las acciones de la compañía serían las más valiosas del mundo.

Como sugiere el ejemplo de la forma en que Steve Jobs cambió su enfoque para organizar personas y recursos, la gente que inicia organizaciones puede carecer al principio de las habilidades o los conocimientos para administrar con eficiencia la cultura y estructura de una organización; no obstante, con el tiempo muchos de ellos logran desarrollar dichas habilidades. Entender los principios del diseño y cambio organizacional ayuda a acelerar el proceso de aprendizaje y mejora el conocimiento de los diversos procesos técnicos y sociales que determinan cómo operan las organizaciones.

La importancia del diseño y el cambio organizacionales

Debido a las presiones globales de la competencia y al cada vez mayor uso de la TI (tecnología de la información), el diseño organizacional se ha convertido en una prioridad para los gerentes, quienes como nunca antes están en la búsqueda de nuevas y mejores formas de coordinar y motivar a sus subalternos para incrementar el valor que sus organizaciones pueden crear. Existen varias razones específicas por las cuales diseñar la estructura y cultura de una organización y cambiarlas para aumentar su eficacia son tareas tan importantes. El cambio y diseño organizacionales tienen importantes implicaciones sobre la capacidad de la compañía para manejar las contingencias, lograr ventaja competitiva, administrar la diversidad de forma eficiente, y aumentar tanto su eficiencia como su capacidad de innovación.

Manejo de contingencias

Contingencia
Un evento que podría ocurrir y que debe prevenirse.

Una **contingencia** es un evento que podría ocurrir y que debe prevenirse, por ejemplo, una presión cambiante en el ambiente como la elevación de los precios de la gasolina o el surgimiento de un nuevo competidor como Amazon.com, quien decide usar nueva tecnología de forma innovadora. El diseño de una organización determina qué tan eficazmente es capaz de responder ante diversas presiones en su medio y obtener los escasos recursos. Por ejemplo, la capacidad de una organización para atraer a trabajadores experimentados, clientes leales o contratos gubernamentales está en función del grado en que su diseño permite el control sobre los tres factores ambientales.

Una organización diseña su estructura de diversas maneras para aumentar el control sobre su ambiente y podría cambiar las relaciones de funciones de los empleados para que estos estén más alerta del ambiente, o bien, cambiar la forma en que la organización se relaciona con otras organizaciones estableciendo nuevos acuerdos o fusiones. Por ejemplo, cuando Microsoft buscaba atraer a nuevos clientes para su software Windows en Estados Unidos y en el resto del mundo, reclutó a un gran número de representantes de servicio y creó un nuevo departamento, con la finalidad de permitir una mejor forma de conocer las necesidades de sus clientes. La estrategia resultó muy exitosa y la plataforma Windows sigue utilizándose en más de 90% de todas las PC del mundo.

Conforme aumentan las presiones de los competidores, los clientes y el gobierno, el ambiente que enfrentan todas las organizaciones se torna más complejo y es más difícil responder a él, por lo que continuamente se desarrollan e intentan tipos más eficaces de estructura y cultura. En el capítulo 3 analizaremos cómo la naturaleza cambiante del medio afecta las organizaciones, y en el capítulo 8 cómo las organizaciones pueden influir en su ambiente y controlarlo.

Una parte del ambiente organizacional que cada día adquiere más importancia y mayor complejidad es el ambiente global. Durante el siglo XXI compañías estadounidenses como Apple, IBM y Walmart han estado bajo presión constante para incrementar su presencia global, y producir y vender más de sus productos en mercados externos para reducir costos, aumentar la eficiencia y sobrevivir. El diseño organizacional es importante en un contexto global porque, al convertirse en competidor global, una compañía en ocasiones necesita crear una estructura y cultura nuevas. En el capítulo 8 también se analizarán las estructuras y culturas que una compañía adopta cuando se involucra en diferentes clases de actividades globales.

Cambiar la tecnología es otra contingencia ante la que las organizaciones deben responder. En la actualidad, Internet y otras tecnologías avanzadas se han convertido en uno de los principales recursos que utilizan las organizaciones para administrar las relaciones con sus trabajadores, clientes y proveedores. El creciente uso de las TI es para cambiar el diseño de la estructura organizacional y ha llevado a un cambio organizacional tan grande, que las organizaciones han rediseñado sus estructuras para hacer más eficaz el empleo de la TI. Revisamos los efectos de la TI en casi todos los capítulos de este libro, pero específicamente en el capítulo 12.

Un tema particular que se analizará en todo el libro es cómo la TI está cambiando los límites de una organización y las formas específicas en que las organizaciones coordinan a los individuos y sus funciones. El crecimiento del *outsourcing* y de organizaciones globales por redes, cuyos miembros están vinculados básicamente a través de medios electrónicos, ha cambiado la forma en que las organizaciones operan. Los pros y contras de este cambio en la organización, mientras esta busca aumentar su eficacia y ganar ventajas competitivas, se estudiarán a fondo en los capítulos posteriores..

Ventaja competitiva
Capacidad de una compañía para superar a otra porque sus gerentes son capaces de crear más valor a partir de los recursos de que disponen.

Competencias clave
Son las habilidades y capacidades de los gerentes en actividades de creación de valor.

Estrategia
Es el patrón específico de decisiones y acciones que los gerentes toman para usar las competencias clave y así lograr una ventaja competitiva y superar a los competidores.

Ganar ventaja competitiva

Con mayor frecuencia las organizaciones están descubriendo que el diseño, el cambio y el rediseño organizacionales son una fuente de ventaja competitiva sostenida. **Ventaja competitiva** es la capacidad de una compañía para superar a otra porque sus gerentes son capaces de crear más valor a partir de los recursos de que disponen. La ventaja competitiva surge de las **competencias clave**: habilidades y capacidades de los gerentes en actividades de creación de valor, como producción, investigación y desarrollo tecnológico, manejo de nueva tecnología, o diseño y cambio organizacional. Las competencias clave permiten a una compañía desarrollar una estrategia para superar a los competidores y producir mejores bienes o servicios, o bien, producir los mismos pero a un costo menor. **Estrategia** es el patrón específico de decisiones y acciones que los gerentes toman para usar las competencias clave y así lograr una ventaja competitiva y superar a los competidores. Considere la forma en que Groupon, en el recuadro "Al interior de la organización 1.2", ha desarrollado su estrategia para captar clientes y mantener su ventaja competitiva.

La *forma* en que los gerentes diseñan y cambian la estructura organizacional es un determinante importante sobre qué tanto valor crea la organización, ya que esto afecta la implementación de la estrategia. Muchas fuentes de ventaja competitiva, como las habilidades en investigación y desarrollo que tienen como resultado productos con características novedosas o tecnología de pun-

Al interior de la organización 1.2

Groupon avanza con determinación

En 2010, Google ofreció comprar Groupon, la recién llegada "oferta diaria" en línea, por 6 mil millones de dólares, ya que era evidente que a los usuarios de Internet les agradaba la idea de intercambiar en línea cupones que les ofrecían buenas ofertas en su localidad. Groupon creció de un sitio Web llamado The Point. Fundado por Andrew Mason en 2007, fue diseñado para permitir a un número suficiente de personas estar juntos en línea y participar como miembros en un esfuerzo conjunto por alcanzar un punto que les permitiría actuar como *grupo* y tener la ventaja de una oportunidad que no obtendrían individualmente. Como señaló Mason en una carta a los inversores prospectos en 2011: "Inicié The Point para dar poder a los débiles y resolver los problemas irresolubles del mundo".[13]

Newscom

Mason transformó The Point en Groupon y comenzó a contratar a empleados que compartían su visión colectiva y, para 2009, lanzó su servicio de cupones en línea. Como Mason escribió: "Como antídoto para un padecimiento común de los residentes en las ciudades de Estados Unidos: hay mucho qué hacer, pero elegirlo suele resultar abrumador. Con muchas opciones, a veces lo más sencillo es ir a un restaurante familiar o quedarse en casa a ver una película. Como resultado, nos perdemos de todas las buenas cosas que nos ofrecen nuestras ciudades".[14] La idea de Mason era que, enfocándose en un bien o un servicio específico cada día en una determinada ubicación geográfica, Groupon podría influir en el poder de compra de sus miembros para obtener convenios o acuerdos difíciles de resistir, con las compañías que ofrecen los bienes y servicios. Más aún, para proteger a sus usuarios, Groupon promete que como nada es más importante que tratar bien a los clientes, si estos se sienten mal atendidos, lo único que tienen que hacer es llamar a Groupon para que les reembolse su dinero.

Siguiendo la visión de Mason, Groupon ha construido una compañía que vio crecer sus ingresos 15 veces entre 2010 y 2011 y que ha administrado con éxito su explosivo crecimiento. Mason tomó ventaja del concepto de cupones en línea al máximo. De hecho, si las ventas globales eran inexistentes en marzo de 2010, sus utilidades fueron 53% de sus ingresos en marzo de 2011. Así, para lograr el rápido crecimiento de su compañía, Mason tomó riesgos importantes e invirtió todo el dinero obtenido de inversiones privadas y de sus propios recursos, en una expansión agresiva para mantenerse a la cabeza de sus competidores, incluyendo Google y LivingSocial, que también están expandiendo sus servicios de cupones en línea.

Después de todo, cualquier principiante podría imitar la estrategia de Groupon, no obstante, ser el primero constituye una ventaja. Por lo tanto, Mason cree que vale la pena invertir dinero en ventas y marketing para hacer de Groupon el líder global, de la misma forma que eBay y Amazon.com invirtieron miles de millones de dólares para convertirse en los mejores portales de venta al menudeo y cosechar los beneficios de sus estrategias innovadoras. Sin embargo, Groupon sigue enfrentando la sombra de la implacable competencia de gigantes como Google. Por ejemplo, en 2011 Google anunció el lanzamiento de un servicio de cupones en línea que ofrecería descuentos en restaurantes y otras mercancías, si un número suficiente de usuarios acordaba comprar los cupones. El servicio llamado "Ofertas Google" es similar al de las ofertas diarias ofrecidas por Groupon. Google está probando su nuevo servicio de cupones en línea en Portland, Oregon, y pronto se expandirá a grandes ciudades como Nueva York y San Francisco, como parte del nuevo servicio de pago móvil de Google a través de teléfonos inteligentes. Por consiguiente, solo el futuro dirá si Groupon puede mantener su liderazgo en este nicho del mercado en línea o si será apabullado por Google, o por Yahoo, AOL y Facebook (que también anunció su servicio de cupones para sus 500,000 millones de usuarios en 2011).

A pesar de sus problemas y del hecho de que en 2011 Groupon únicamente tenía 50 millones de usuarios, la compañía se valuó en 30 mil millones de dólares: ¡un valor más alto que el de Google cuando se hizo pública! Solo el tiempo dirá si Groupon logra desarrollar la estructura y cultura organizacionales que necesita para controlar su explosivo crecimiento, mientras sigue teniendo éxito y su relajado fundador recluta a individuos comprometidos con la visión de Mason para hacer de Groupon una fuerza donde los individuos obtengan el poder de negociar que necesitan con las grandes compañías.

ta, se evaporan porque son relativamente fáciles de imitar por los competidores. Es mucho más difícil imitar un buen diseño organizacional y un cambio administrado cuidadosamente, que se transformen en una estructura y cultura organizacionales exitosas. Dicha imitación es difícil porque la estructura y la cultura están arraigadas en la forma en que la gente de la organización interactúa y coordina sus acciones para realizar una tarea. Más aún, debido a las exitosas culturas y estructuras creadas con anterioridad, como en Dell y Apple, que tomaron un largo tiempo para establecerse y desarrollarse, las compañías que las poseen obtienen una ventaja competitiva a largo plazo.

Una estrategia de la organización siempre está modificándose en respuesta a los cambios en el ambiente; el diseño organizacional debe ser una actividad en continuo desarrollo para que una compañía se mantenga al frente de la competencia. Nunca existe un único diseño óptimo o "perfecto" que se ajuste a las necesidades de la organización. Los gerentes deben evaluar constantemente qué tan bien funcionan la cultura y la estructura de la organización, en tanto que deben cambiarlas y rediseñarlas continuamente para mejorarlas. En el capítulo 8 consideraremos cómo crean valor las organizaciones mediante su estrategia.

Administración de la diversidad

Las diferencias en raza, género y origen de los miembros de la organización tienen implicaciones importantes para los valores de la cultura y la eficacia organizacionales. La calidad de la toma de decisiones organizacional, por ejemplo, está en función de la diversidad de los puntos de vista que se consideren y del tipo de análisis que se realice. De forma similar, en muchas organizaciones una gran parte de la fuerza laboral está formada por individuos de grupos minoritarios, cuyas necesidades y preferencias deben tomarse en cuenta. Incluso los cambios en las características de la fuerza laboral, como el flujo de trabajadores inmigrantes o de adultos mayores, requiere atención y planeación anticipadas. Una organización necesita diseñar una estructura y un sistema de control para usar de manera óptima los talentos de una fuerza laboral diversa, así como para desarrollar una cultura organizacional que aliente a los empleados a trabajar juntos. La estructura y cultura de una organización determinan la eficacia de los gerentes para motivar y coordinar a los trabajadores. En la actualidad, las compañías operan cada vez más en países con culturas muy diferentes en todo el mundo, por lo que el diseño organizacional se vuelve aún más importante para armonizar la cultura nacional con la organizacional. En el recuadro "Al interior de la organización 1.3" se analiza cómo gerentes de producción, en este caso mujeres, son capaces de promover alto desempeño.

FOMENTAR LA EFICIENCIA, VELOCIDAD E INNOVACIÓN Las organizaciones existen para producir bienes y servicios que la gente valora. Cuanto mejor funcionen las organizaciones, crearán más valor, en forma de más y mejores bienes y servicios. La capacidad de las organizaciones para crear valor ha aumentado tanto que se han logrado mejores formas de producir y distribuir bienes y servicios. Al inicio se comentó la importancia de la división del trabajo y el uso de la tecnología moderna para reducir costos, agilizar los procesos de trabajo y aumentar la eficiencia. El diseño y uso de estructuras organizacionales nuevas y más eficientes también es importante. En el ambiente global actual, por ejemplo, la competencia de los países con mano de obra barata está presionando a las compañías de todo el mundo para que sean más eficientes con la finalidad de reducir costos o aumentar calidad.

La capacidad de las compañías para competir con éxito en el actual entorno competitivo es cada vez más una función de qué tan bien innovan y qué tan rápido son capaces de introducir nuevas tecnologías. El diseño organizacional juega un papel importante en la innovación. Por ejemplo, la forma en que la estructura de la organización vincula a la gente en diferentes especializaciones, como investigación y publicidad, determina la rapidez con la cual la organización lanzará nuevos productos. De forma similar, la cultura de una organización puede afectar el deseo de las personas de ser innovadoras. Una cultura basada en normas y valores empresariales encuentra una mayor probabilidad de alentar la innovación, que una cultura conservadora y burocrática, pues los valores empresariales alientan a la gente a aprender sobre cómo responder y adaptarse frente a la situación cambiante.

El diseño organizacional incluye una búsqueda constante de nuevas y mejores formas de coordinar y motivar a los empleados. Estructuras y culturas diferentes causan que los empleados se comporten de forma diferente. Estudiaremos las estructuras que fortalecen la eficiencia y la innovación en los capítulos 4, 5 y 6, y las culturas en el capítulo 7.

Las consecuencias de un mal diseño organizacional

Muchos equipos de gerentes fracasan en la comprensión de los efectos importantes que el diseño y el cambio organizacionales tienen sobre el desempeño y la eficacia de su compañía. Aunque la estructura y la cultura organizacionales controlen el comportamiento, los gerentes con frecuencia no se dan cuenta de los diversos factores que influyen en esta relación, dando escasa atención a la forma en que los trabajadores se comportan y su papel en la organización, hasta que algo sucede.

Ford, Sears y Kodak experimentaron enormes problemas en la última década por su ajuste a la realidad enfrentando la competencia global moderna y vieron que sus ventas y utilidades caen dramáticamente. En respuesta, recortaron su fuerza de trabajo, redujeron el número de bienes que producen e incluso disminuyeron su inversión en investigación y desarrollo. ¿Por qué se ha

Al interior de la administración 1.3

Cómo pueden ayudar los gerentes de producción a mejorar la calidad del producto

Newscom

Fabricar automóviles sigue siendo básicamente una ocupación masculina; en 2011 cerca de tres de cuatro puestos de trabajo en la producción de automóviles estaban ocupados por hombres, en tanto que las mujeres se mantenían en menos de 20% como gerentes de la producción automotriz. En la actualidad, sin embargo, más mujeres que hombres están comprando vehículos nuevos y ese cambio, junto con un aumento en el interés por la diversidad, ha motivado a los principales fabricantes de automóviles a promover a más mujeres en puestos gerenciales clave.[15] No obstante, pocas mujeres se inscriben en programas de ingeniería mecánica y automotriz debido a que las plantas de ensamble tienen la reputación de ser desagradables, sucias y ruidosas.

Sin embargo, en Ford Motors, dos de sus gerentes de planta, Gloria Georger y Jan Allman, son buenos ejemplos de mujeres que aceptaron el reto de entrar al mundo de la producción. Ellas aceptaron la oportunidad de una oferta de trabajo y desarrollaron habilidades que les han permitido ascender, hasta convertirse en gerentes de planta responsables por organizar y controlar plantas de producción de miles de millones de dólares que emplean a miles de personas.

Gloria Georger no había planeado dedicarse a un trabajo de producción, por lo que se especializó en contabilidad; no obstante, un reclutador advirtió su personalidad extrovertida y le sugirió que considerara las actividades de producción, ya que ahí sus habilidades interpersonales podrían ser valiosas; además, le comentó que en producción ganaría más que en contabilidad. Tomó un puesto de trabajo en la planta US Steel en Gary, Indiana, donde su seguridad en sí misma y su capacidad para motivar y trabajar fácilmente con los compañeros la llevaron a ser promovida como supervisora de producción. Más aún, ella afirmó que el puesto de trabajo le había ayudado a desarrollar las habilidades que necesitaba para manejar las contingencias inesperadas que surgen en la línea de ensamblaje. Se cambió a Ford en 1986 cuando pocas mujeres trabajaban en producción, pero con rapidez demostró su voluntad para aprender los valores culturales y las normas de sus operaciones de producción, y su personalidad le permitió aceptar y tener éxito en el manejo de los retos impuestos por sus colegas y subalternos hombres. Llegó a ser reconocida como una líder competente del equipo y ha ido ascendiendo en la jerarquía de Ford en el área de producción en diversas plantas, hasta ser promovida a su puesto actual como gerente general de la planta de Ford en Chicago Heights, Illinois.[16]

Jan Allman es la encargada de la planta de ensamblaje de Ford en Torrence Avenue, donde en 2011 dos turnos de 2,500 empleados de línea producían la nueva generación de Ford Taurus, Lincoln MKS y Explorer SUV. Como las partes producidas en la planta de Georger se ensamblan en el vehículo final en la planta de Torrence Avenue, resulta esencial una estrecha cooperación entre las dos gerentes. Allman se unió a Ford en 1986 como ingeniero de línea en una planta de motores después de recibir su título universitario; ella fue una de las dos mujeres de 100 ingenieros que Ford seleccionó como interinos para evaluar su desempeño antes de contratarlos. Allman ascendió hasta convertirse en la gerente de ingeniería de producción en la planta de motores, una posición poco común para una mujer. Su enfoque práctico de organización bajo condiciones difíciles impresionó a sus colegas, quienes se dieron cuenta de su atención a los detalles de cualquier aspecto del proceso de ensamblaje y de la forma tan amable con que trataba a los empleados y era tratada por ellos. De ahí, su promoción para convertirse en gerente de una de las principales plantas de producción de Ford.

Tanto Allman como Georger concuerdan en que el número creciente de mujeres que Ford ha reclutado ayudó al cambio de valores y normas en la cultura de producción.[17] No solo se redujo el nivel de conflicto entre gerentes y trabajadores, sino que se ha fomentado la cooperación y colaboración para promover uno de los aspectos importantes para Ford, que es mejorar la calidad del producto, lo cual representa una de sus principales ventajas competitivas en la producción automotriz actual. En 2011, por ejemplo, Ford reportó sus máximas utilidades en 20 años y los nuevos vehículos de la compañía cada vez están mejor calificados por su alta calidad.

deteriorado el desempeño de tales compañías otrora solventes? Una de las razones principales es que los gerentes perdieron el control de su estructura y cultura organizacionales. Sus compañías se volvieron tan grandes y burocráticas que sus gerentes y empleados fueron incapaces de cambiar y adaptarse a las condiciones cambiantes.

La consecuencia de un diseño organizacional pobre o la falta de atención en el diseño organizacional llevan al deterioro de la organización. Los empleados talentosos la abandonan para buscar acceder a puestos en compañías con un buen crecimiento. Los recursos son cada vez más difíciles de adquirir y el proceso total de creación de valor se viene abajo. Negar el diseño organizacional hasta que amenaza la crisis, obliga a los gerentes a introducir cambios en la estructura y cultura de la organización que descarrilan la estrategia de la compañía. En la última década, un desarrollo importante en grandes compañías ha sido la designación de directores de operaciones, quienes son los responsables de inspeccionar y supervisar su estructura y cultura. Los directores de operaciones forman y supervisan a equipos de alta gerencia, responsables del diseño organizacional y de orquestar no solo las modificaciones pequeñas y el crecimiento, sino también los cambios en estrategia, estructura y cultura en toda la organización.

¿Cómo miden los administradores la eficacia organizacional?

Ya que los gerentes son los responsables del uso de los recursos organizacionales, de tal forma que se maximice la capacidad de la empresa para crear valor, es importante entender cómo evalúan el desempeño organizacional. Los investigadores concluyen que los directores y gerentes señalan que son tres procesos principales (control, innovación y eficiencia), los que utilizan los gerentes para evaluar y medir qué tan eficaces son ellos y sus organizaciones para crear valor.[18]

En este *contexto*, control abarca el ambiente externo y se refiere a tener la capacidad para atraer tanto recursos como clientes. *Innovación* significa desarrollar habilidades y competencias, que permitan a la organización descubrir nuevos productos y procesos. También significa diseñar y crear nuevas estructuras y culturas organizacionales que mejoren la capacidad de la compañía para cambiar, adaptarse y mejorar su funcionamiento.[19] *Eficiencia* significa desarrollar instalaciones modernas de producción, utilizando nuevas tecnologías de información que sean capaces de producir y distribuir los productos de la compañía en tiempo y costo de manera eficaz. También significa introducir técnicas como la información con base en sistemas de Internet de administración de calidad total y sistemas de inventarios justo a tiempo (se revisarán en el capítulo 9) para mejorar la productividad.

Para evaluar la eficacia con que la organización afronta cada uno de los tres desafíos, los gerentes pueden tomar uno de tres enfoques (véase la tabla 1.1). Una organización es eficaz si puede **1.** asegurar habilidades y recursos escasos y valiosos del exterior (enfoque del recurso externo), **2.** coordinar con creatividad los recursos con las habilidades de los empleados para innovar productos y adaptarse a las necesidades cambiantes del cliente (enfoque de sistemas internos), y **3.** convertir las habilidades y los recursos de forma eficiente en bienes y servicios (enfoque técnico).

TABLA 1.1 Enfoques para medir la eficacia organizacional

Enfoque	Descripción	Metas por establecer para medir la eficacia
Enfoque del recurso externo	Evalúa la capacidad de la organización para asegurar, manejar y controlar habilidades y recursos valiosos y escasos	• Bajar costo de insumos • Obtener empleados e insumos (materia prima) de alta calidad • Incrementar el valor en el mercado • Aumentar el precio de las acciones • Obtener apoyo de asociados, por ejemplo, del gobierno o de ambientalistas
Enfoque de sistemas internos	Evalúa la capacidad de la organización para innovar y funcionar con rapidez y responsabilidad	• Recortar el tiempo para la toma de decisiones • Mejorar la tasa de innovación de producto • Mejorar la coordinación y motivación de los empleados • Reducir el conflicto • Disminuir el tiempo para sacar a la venta
Enfoque técnico	Evalúa la capacidad de la organización para convertir con eficiencia las habilidades y los recursos en bienes y servicios	• Aumentar la calidad del producto • Reducir el número de defectos • Disminuir los costos de producción • Mejorar el servicio al cliente • Reducir tiempos de entrega

El enfoque del recurso externo: Control

El **enfoque del recurso externo** permite a los gerentes evaluar qué tan eficazmente una organización maneja y controla su ambiente externo. Por ejemplo, la capacidad de una organización para influir en la percepción de los inversionistas a su favor, así como para recibir una evaluación positiva de los inversionistas externos, son muy importantes para los gerentes y para que la organización sobreviva.[20] De manera similar, la capacidad de la organización para utilizar su ambiente y asegurar recursos escasos y valiosos es otro indicador de su control sobre el medio.[21]

Enfoque del recurso externo
Método que los gerentes utilizan para evaluar qué tan eficazmente una organización maneja y controla su ambiente externo.

Para medir la eficacia del control sobre su ambiente, los gerentes usan indicadores como precio de inventario, utilidad y retorno sobre la inversión para comparar el desempeño de su organización con el de otras organizaciones.[22] Los altos ejecutivos observan muy de cerca el precio de inventario de su compañía debido al impacto que causa sobre las expectativas de los inversionistas. De forma similar, en su intento por atraer a clientes y estimar el desempeño de su organización, los gerentes reúnen información sobre la calidad de los productos de su compañía en comparación con los productos de sus competidores.

La capacidad de los altos ejecutivos para percibir y responder ante los cambios en el ambiente, o para iniciar el cambio y ser los primeros en tomar ventaja de una nueva oportunidad es otro indicador de la capacidad de la organización para influir y controlar su ambiente. Por ejemplo, es bien conocida la capacidad y voluntad de la compañía Walt Disney para manejar su ambiente, aprovechando cualquier oportunidad de usar su reputación y marca para desarrollar nuevos productos que exploten oportunidades de mercado, como cuando compró Pixar a Steve Jobs. De manera similar, el director general Larry Page afirmó que su meta es estar a la cabeza de nuevos desarrollos en software y hardware en computación móvil para aumentar la ventaja competitiva de Google. Con esta actitud competitiva, dichas compañías expresan sus intentos por mantener el control de su ambiente para continuar obteniendo recursos escasos y valiosos, como clientes y mercados. Los gerentes saben que la dinámica, la naturaleza empresarial y la reputación de la organización son los criterios mediante los cuales los accionistas (sobre todo) juzgan qué tan bien una compañía controla su ambiente.

En entornos de rápida transformación, donde las necesidades del cliente cambian y se desarrollan, y donde surgen nuevos grupos de clientes, así como nuevas tecnologías que resultan en nuevos tipos de productos y servicios, las compañías deberían aprender a definir y redefinir su negocio para satisfacer tales necesidades. Las compañías tienen que poner mucha atención a sus clientes y decidir cómo cubrir mejor sus necesidades y preferencias.

El enfoque de sistemas internos: Innovación

El **enfoque de sistemas internos** permite a los gerentes evaluar con qué eficacia funciona y opera una organización. Para ser eficaz, una organización necesita una estructura y una cultura que promuevan la adaptabilidad y una respuesta ágil a condiciones cambiantes del entorno. También debe ser flexible para acelerar la toma de decisiones y crear productos y servicios con rapidez. Las medidas de la capacidad de la organización para innovar incluyen la cantidad de tiempo para tomar una decisión, para lanzar nuevos productos al mercado y para coordinar las actividades de los diferentes departamentos.[23] Estos factores pueden medirse de manera objetiva. Por ejemplo, en la primavera de 2011 Netflix anunció que sus rápidos movimientos para negociar acuerdos con los grandes estudios de cine para acelerar el lanzamiento del servicio continuo de cine en línea llevaron a un incremento récord en el número de clientes y los precios de sus acciones se dispararon. De manera similar, Apple anunció récord en sus envíos de los nuevos modelos de iPhone y iPad como resultado de su capacidad para rediseñar y mejorar sus artículos con mayor rapidez que sus rivales.

Enfoque de sistemas internos
Método que permite a los gerentes evaluar con qué eficacia funciona una organización y operan sus recursos.

Las mejoras a los sistemas internos que influyen en la coordinación y motivación tienen un impacto directo sobre la capacidad de la organización para responder a su ambiente. La reducción en el tiempo de desarrollo de productos permitió a compañías como Netflix y Apple separarse de competidores como Blockbuster, Comcast, Blackberry y HP. La rápida capacidad para lanzar un producto al mercado hace que una compañía sea más atractiva para los clientes, ya que estos siempre desean el producto que contiene la tecnología más reciente disponible, como los chips Intel o las aplicaciones de software de la tienda Apple App.

El enfoque técnico: Eficiencia

Enfoque técnico Método que los gerentes utilizan para evaluar la eficiencia con que una organización puede convertir una cantidad fija de recursos organizacionales en bienes y servicios finales.

El **enfoque técnico** permite a los gerentes evaluar la eficiencia de una organización con base en la conversión de una cantidad fija de habilidades y recursos en bienes y servicios terminados. La eficacia se mide en términos de productividad y eficiencia (la tasa entre resultados e insumos).[24] Así, por ejemplo, un incremento en el número de unidades producidas sin usar trabajo adicional (horas extra) indica una ganancia en la productividad y, por lo tanto, una reducción en el costo de los materiales o en el tiempo laboral requerido para producir cada unidad.

Las medidas de productividad son indicadores objetivos de la eficiencia de las operaciones de producción de una organización. Por consiguiente, es común para los gerentes de las líneas de producción medir la productividad en todas las etapas del proceso de producción, utilizando indicadores como el número de productos defectuosos o el material desperdiciado. Cuando encuentran las formas de aumentar la productividad son recompensados por la reducción de costos. En organizaciones de servicios, donde se producen bienes no tangibles, los gerentes miden la productividad utilizando indicadores como la cantidad de ventas por empleado o la tasa de bienes vendidos y devueltos, para determinar la productividad del empleado. Para la mayoría de las actividades laborales, sin importar qué tan complejas sean, puede encontrarse una forma para medir la productividad o el desempeño. En muchos escenarios, las recompensas que se ofrecen tanto a empleados como a gerentes están íntimamente vinculadas con los aumentos en la productividad y es muy importante seleccionar las medidas correctas para evaluar la eficiencia.[25] La actitud de los empleados, así como su motivación y deseo de cooperar, son también factores importantes que influyen en la productividad y la eficiencia.[26]

La importancia de la mejora continua en eficiencia es muy clara en el negocio de las aerolíneas. Durante la reciente crisis financiera, la mayoría de las principales líneas aérea reportaron miles de millones de dólares en pérdidas como resultado del aumento en los combustibles; no obstante, una aerolínea, Southwest Airlines, tan solo reportó *menores* utilidades. De hecho, Southwest había sido la aerolínea estadounidense más rentable, aun cuando sus tarifas eran 25% más *bajas* que las de sus rivales. La razón principal para este alto desempeño es su interminable búsqueda de aumentar la eficiencia en su operación.[27]

Desde sus inicios, bajo la dirección de su fundador Herb Kelleher, la aerolínea se enfocó en el desarrollo de una estructura de operación que disminuyera los costos de los insumos y de convertir esos insumos en productos; el resultado fue la puntualidad en los vuelos para satisfacer a los clientes.

¿Cómo se logró? Primero, Southwest seleccionó cuidadosamente sus insumos de recursos humanos; únicamente 3% de los entrevistados cada año son contratados y, por otro lado, sus empleados actuales son quienes hacen la contratación, para asegurarse de que la nueva persona se ajuste al equipo con la actitud correcta. Esta es una estrategia vital pues se espera que los empleados muestren una actitud positiva y de colaboración, no solo con los pasajeros sino también entre sí. Para aumentar la eficiencia se espera que todos los empleados de Southwest colaboren mutuamente, siempre que se requiera, haciendo cualquier cosa necesaria para agilizar la salida de sus aviones. La eficiencia en el negocio de las aerolíneas se mide por el tiempo que cada avión se mantiene volando y por los retrasos en las salidas. Southwest puede aterrizar un avión y volverlo a poner en el aire entre 30 y 45 minutos, muy lejos de sus rivales. La conclusión es que Southwest necesita menos empleados que otras aerolíneas para poner eficientemente en marcha su flota de aviones, lo cual se traduce en mayor ahorro en los costos.

También utilizan con eficiencia otros insumos; por ejemplo, solo vuela un tipo de avión, el Boeing 737. Ello significa que son necesarias menos horas de entrenamiento de sus pilotos y que se reducen los costos de mantenimiento. También vuela solamente en aeropuertos de bajo costo, no en aeropuertos principales donde las tarifas por aterrizaje y la congestión del tráfico aéreo son por lo general mucho más altas y el retorno del avión mucho más lento. También opera con una red llamada "en estrella" (o radial), que significa que sus aviones aterrizan cuando menos una vez antes de llegar a su destino final, lo cual permite cargar combustible de forma más fácil y usar de mejor manera sus recursos. Finalmente, Southwest nunca ofrece comidas a los pasajeros ni beneficios adicionales gratis, una política que todas las aerolíneas han imitado para reducir costos. Y, aunque ha experimentado la asignación de asientos, el abordaje es conforme los pasajeros van llegando, lo cual simplifica sus procedimientos.

En esencia, Southwest intenta modernizar y simplificar todos sus procedimientos de operación para mejorar su eficiencia. Sin embargo, solo la coordinación entre sus empleados hace posible la simplificación y el apoyo de sus sistemas. Y como revisamos antes, para que su estructura de operación funcione eficientemente, la coordinación no es suficiente; los empleados deben estar motivados para trabajar y cooperar. Desde el principio, Southwest motivó a su fuerza laboral con un plan generoso de reparto de utilidades, con el que recibían acciones de la compañía en función de lo bien que se desempeñara la empresa. Actualmente los empleados poseen más de 20% de las acciones de Southwest, un claro indicador de su continua preocupación por desarrollar una estructura de operación que mejora la eficiencia. En 2011 Southwest compró AirTran, su competidor de bajo costo más cercano, para expandir su estructura de rutas nacionales. En la actualidad el rival de bajo costo de Southwest es JetBlue, que siguió la estrategia de Southwest: consistentemente ambas aerolíneas son calificadas alto respecto a la satisfacción del cliente.[28]

Otro ejemplo de una aerolínea que compite mejorando su eficiencia en el negocio de la mensajería de paquetes es First Global Xpress, que se revisa en el recuadro "Al interior de la organización 1.4".

Metas oficiales
Principios guía que la organización establece formalmente en su informe anual y en otros documentos públicos.

Misión
Metas que explican por qué existe la organización y lo que debería hacer.

Medición de la eficacia: Metas organizacionales

Los gerentes crean metas que sirven para medir el desempeño de la organización. Dos tipos de metas usadas para evaluar la eficacia organizacional son las oficiales y las operativas. Las **metas oficiales** son principios guía que la organización establece formalmente en su informe anual y en otros documentos públicos. Por lo general, tales metas se encuentran en la **misión** de la organización:

Al interior de la organización 1.4

First Global Xpress entrega paquetería de forma más rápida, más barata y más verde (ecológica)

First Global Xpress (FGX) es una compañía global pequeña, de 10 millones de dólares, dedicada al envío de paquetería, que declara que puede enviar paquetes desde las 12 ciudades más grandes de la costa oeste de Estados Unidos, hasta cualquier lugar del mundo, 24 horas más rápido y de forma más confiable (su tasa de paquetes perdidos es de 1% comparada con el porcentaje promedio de la industria, que llega a 8%) que los grandes competidores como FedEx y UPS. FGX afirma que puede enviar más de 400 paquetes a un costo 20% más barato que sus grandes rivales y de una forma "más verde" (ecológica), ya que utilizan menos combustibles y tienen 30% menos emisiones de CO_2.[29] ¿Cómo han sido capaces de volverse tan eficientes?

Primero, las grandes compañías de envíos como FedEx y DHL se basan en un sistema de distribución radial de tal forma que sin importar dónde se recoja o se entregue el paquete, primero debe ir al centro de distribución, donde los paquetes de todo Estados Unidos se clasifican para enviarlos a su destino final. Esto significa que un envío, digamos de Nueva York a Londres, debe tomar dos vuelos diferentes, uno para llegar al centro de distribución, como el de Memphis, Tennessee, y otro para llegar a Londres. FGX no tiene una flota de aviones, pero ha ido formando alianzas con más de 100 diferentes aerolíneas que pueden transportar los paquetes directamente de ciudad a ciudad, por ejemplo de Nueva York a Londres, ahorrando tiempo y dinero. Por supuesto, las aerolíneas comerciales hacen cargos por este servicio, pero cuando la demanda de pasajeros en los vuelos disminuye y los costos del combustible se incrementan, les son redituables las alianzas con FGX. Como resultado, aerolíneas como Continental, Virgin Atlantic y Air France están dispuestas a trabajar cercanamente con FGX para asegurar que su paquetería se transporte directa y confiablemente hacia sus destinos. Debido a que sus vuelos son directos, FGX también puede declarar que está brindando un servicio "socialmente responsable y verde".

FGX espera crecer rápido y ofrecer su servicio desde grandes ciudades de Estados Unidos como Chicago, Houston y Los Angeles.

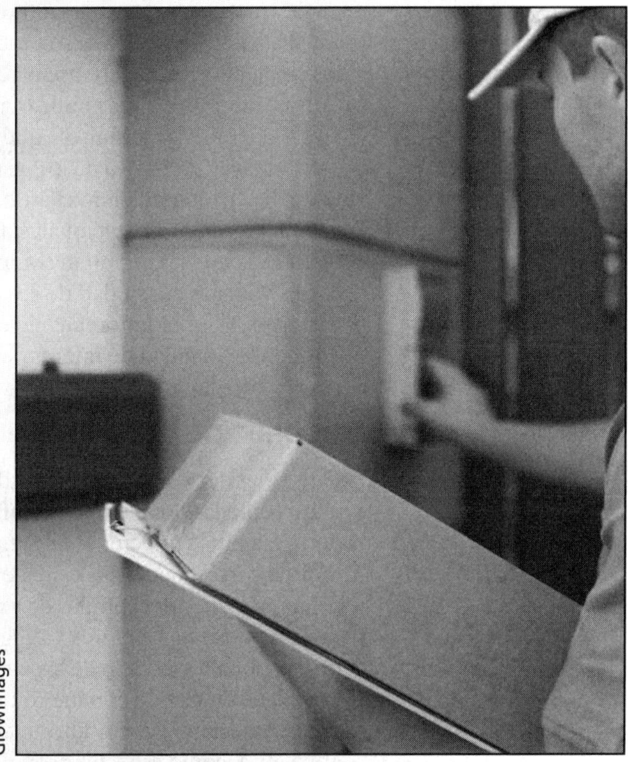
Glowimages

Su director general afirma que: "Durante los siguientes cinco años FGX planea seguir creciendo, replicando su modelo para los clientes de todo el mundo. A diario FGX le ofrece la oportunidad de ahorrar dinero, reducir el tiempo de sus envíos y disminuir sus emisiones de carbono mediante el simple hecho de transportar directamente". El reto que enfrentan sus gerentes es mantener eficientes y limpias sus valiosas operaciones en cadena, como lo hace Southwest con sus pasajeros en el negocio de las aerolíneas.[30]

TABLA 1.2 Misión y metas de Amazon.com, 1998-2011

Dónde empezamos

Amazon.com se esfuerza por ser la mejor compañía en el mundo centrada en el cliente, donde la gente pueda encontrar casi cualquier cosa que necesite comprar en línea. Dando a los clientes más de lo que desean —precios bajos, una vasta selección y conveniencia—, Amazon.com continúa creciendo y desarrollándose como una plataforma de comercio electrónico de clase mundial.

¿Dónde nos encontramos ahora?

Buscamos ser la mejor compañía en el mundo centrada en el cliente para tres conjuntos principales de clientes: consumidores, vendedores y desarrolladores. El propósito es que la innovación tecnológica dirija el crecimiento de Amazon.com para ofrecer a los clientes mejores tipos de productos, más accesibles y a precios más bajos.

explican por qué existe la organización y aquello que debería hacer. Las metas oficiales incluyen ser un fabricante líder de cierto producto, demostrando como prioridad un interés por la seguridad pública, etc. Las metas oficiales se establecen para legitimar la organización y sus actividades, permitiéndole así obtener recursos y apoyar a sus accionistas.[31] Considere la forma en que la misión y las metas de Amazon.com se han modificado durante el periodo 1998 a 2008, y cómo sus gerentes han cambiado las actividades del negocio para administrar mejor su ambiente (véase la tabla 1.2). Como sugieren los cambios, en la actualidad Amazon.com sirve a las necesidades de tres clases diferentes de clientes, por la forma que ha crecido y se ha desarrollado. Esto ha dado como resultado una estructura organizacional mucho más compleja, como se verá en capítulos posteriores.

Metas operativas
Metas específicas a corto y largo plazos que guían a los gerentes y trabajadores en su desempeño en la organización.

Las **metas operativas** son metas específicas a corto y largo plazos, que guían a los gerentes y a los empleados en su desempeño en la organización. Las metas listadas en la tabla 1.1 son metas operativas que los gerentes utilizan para evaluar la eficacia organizacional. Los gerentes pueden usar metas operativas para medir qué tan bien están administrando el ambiente. ¿El mercado aumenta o disminuye? ¿El costo de los insumos sube o baja? De forma similar, miden qué tan bien funciona la organización midiendo cuánto tiempo les lleva tomar una decisión o el grado de conflicto entre los miembros organizacionales. Finalmente, pueden medir qué tan eficientes son creando metas operativas que les permitan compararse a sí mismos contra sus competidores, es decir, comparar los costos y logros en calidad de sus competidores con los propios. UPS, FedEx y First Global Xpress, por ejemplo, se monitorean entre sí los tiempos de entrega de paquetería y la tasa de envíos perdidos, con la finalidad de intentar encontrar formas de mejora continua en su desempeño.

El plan de este libro

Para entender cómo manejar el diseño y el cambio organizacionales, es necesario comprender primero cómo las organizaciones influyen en su ambiente y son influidas por este. Luego, deben entenderse mejor los principios del cambio y el diseño organizacionales que utilizan los gerentes para mejorar la correspondencia o ajuste entre una organización y su ambiente. Para facilitar este proceso de aprendizaje, los capítulos de este libro se organizan de tal forma que cada uno se construye sobre los que se revisaron antes. La figura 1.5 muestra cómo los diversos capítulos se ajustan entre sí y proporciona un modelo de los componentes involucrados en el diseño y el cambio organizacionales.

Sigue creciendo el número de compañías importantes (por ejemplo, Enron, Broadcom y Computer Associates) cuyos altos ejecutivos se involucraron en tipos de conducta corporativa ilegal o poco ética, como especular con el precio de las acciones y alterar sus libros contables. Por lo tanto, ahora es más importante que nunca que se establezca un vínculo claro entre la ética y la eficacia organizacional, ya que los gerentes son responsables de proteger los recursos organizacionales y usarlos con eficiencia. El capítulo 2 revisa los papeles que los altos ejecutivos desempeñan en una organización, analiza las obligaciones y demandas de los diferentes grupos de accionistas, y examina los aspectos éticos que enfrentan los gerentes al tratar con las demandas de esos diferentes grupos.

El ambiente donde la organización opera es una de las principales fuentes de incertidumbre. Si los clientes retiran su apoyo, si los proveedores retienen los insumos o si ocurre una recesión global, se crearía una incertidumbre considerable. Así la organización debe diseñar su estructura para manejar adecuadamente las contingencias que se enfrentan en el ambiente externo. El capítulo 3

Figura 1.5 **Componentes de la teoría, el diseño y el cambio organizacional**

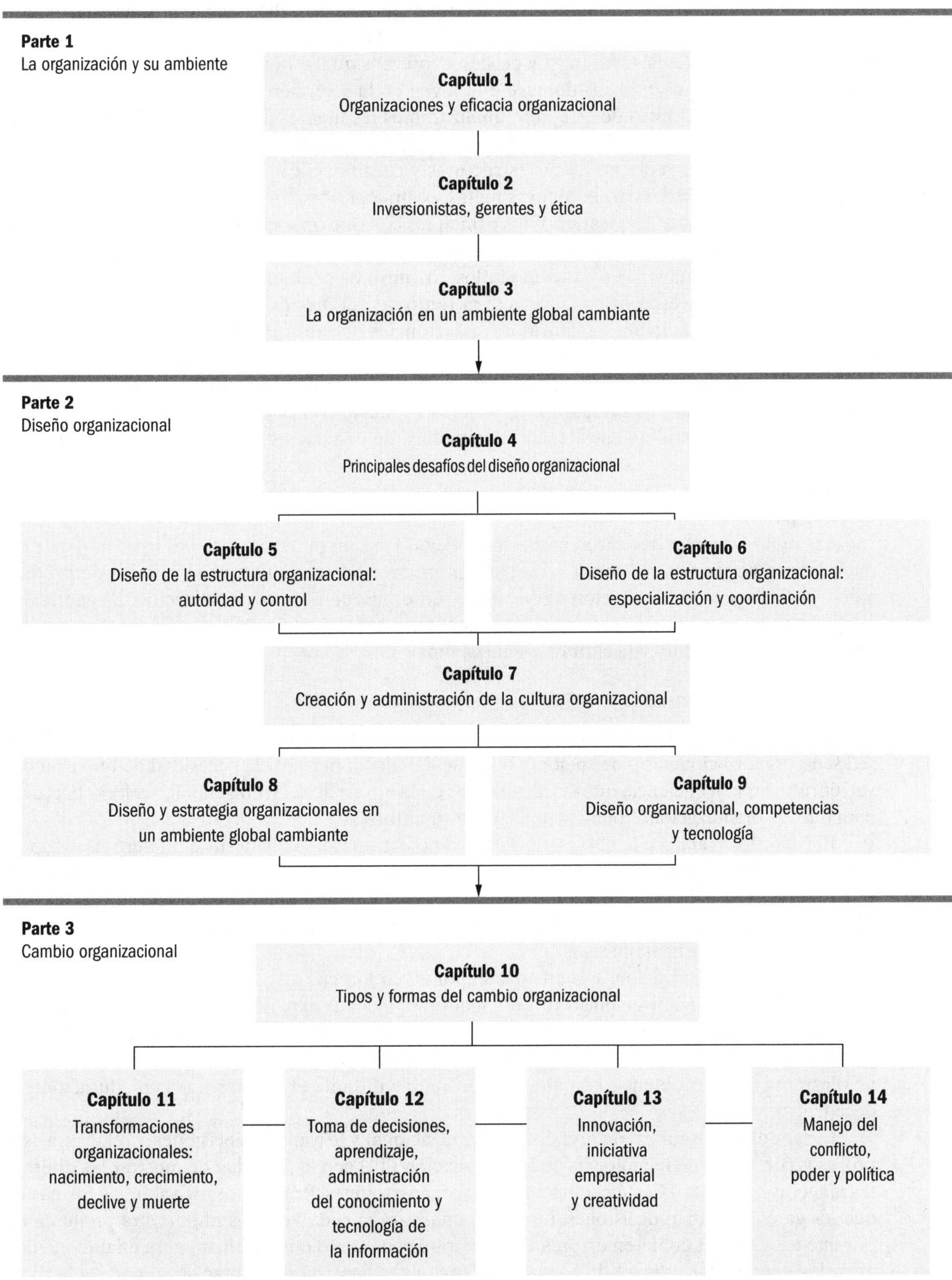

presenta modelos que revelan por qué el ambiente es una fuente de incertidumbre, y las teorías sobre cómo y por qué las organizaciones actúan para resolver las incertidumbres del ambiente. La teoría de la dependencia del recurso examina cómo las organizaciones intentan ganar control sobre los recursos escasos. La teoría del costo de transacción analiza cómo las organizaciones administran las relaciones ambientales para reducir los costos de transacción.

Diseño organizacional

El diseño organizacional se complica por las contingencias que deben tomarse en cuenta cuando una organización lleva a cabo la selección de su diseño. Diversos tipos de contingencias (ambiente organizacional, estrategia, tecnología y procesos internos que se desarrollan en la organización a través del tiempo) causan incertidumbre e influyen en la selección de la estructura y cultura de la organización. En el resto de este libro analizaremos las fuentes de esta incertidumbre y cómo las administran las organizaciones. También revisaremos cómo transitan las organizaciones por el proceso de cambio, rediseño de sus estructuras y culturas, el cambio de contingencias y cómo llevan a los gerentes a desarrollar nuevas metas y estrategias para sus organizaciones.

En los capítulos 4 a 7 revisaremos los principios con que operan las organizaciones, así como las opciones disponibles para diseñar y rediseñar sus estructuras y culturas para adecuarse al entorno. Como se muestra en estos capítulos, los mismos problemas organizacionales básicos ocurren en todos los escenarios laborales, en tanto que el propósito del diseño organizacional es desarrollar una estructura y cultura organizacionales que respondan eficazmente frente a estos desafíos.

El capítulo 8 analiza los intentos de las organizaciones por administrar su ambiente utilizando sus estructuras y estrategias para mejorar su ajuste con su ambiente. Veremos cómo las organizaciones desarrollan estrategias funcionales, de negocios y corporativas para aumentar su control sobre los recursos y saber cómo compartirlos. También revisaremos las estrategias globales que los gerentes adoptan cuando se expanden y trabajan para aumentar su presencia en otros países.

Las organizaciones producen bienes y servicios. Las competencias que desarrollan para producir bienes y servicios, así como la incertidumbre asociada con diferentes métodos de producción o tecnologías, son los factores principales en el diseño de una organización. El capítulo 9 analiza algunas teorías que describen diferentes competencias y tecnologías, y explica la forma en que afectan la estructura y la cultura organizacionales.

Cambio organizacional

La tercera parte del libro trata muchos aspectos diferentes pero relacionados con el cambio y rediseño organizacionales para mejorar la eficacia. Resalta también la necesidad de buscar innovación, utilizar con eficiencia nuevas tecnologías de la información y, en general, acelerar la acción para que las organizaciones puedan ajustarse a su entorno.

El capítulo 10 analiza la naturaleza del cambio organizacional y destaca numerosas e importantes clases de procesos de cambio organizacional, tales como la reestructuración, la reingeniería y la administración de la innovación. También proporciona un modelo que explica los diferentes problemas que deben enfrentarse si los gerentes esperan tener éxito en sus esfuerzos por lograr un mejor ajuste con el ambiente.

Cuando las organizaciones se crean y se ponen en marcha, ocurren diversos procesos internos. Conforme las organizaciones crecen y maduran, muchas experimentan una serie predecible de crisis organizacionales y, conforme intentan cambiar sus estrategias y estructuras, enfrentan problemas similares. El capítulo 11 presenta un modelo del ciclo de vida de las organizaciones y un diagrama de los problemas comunes que enfrentan durante el crecimiento, la maduración y la decadencia.

El capítulo 12 examina el aprendizaje organizacional y la toma de decisiones, y relaciona esos procesos con el uso de tecnologías de la información (TI) con la finalidad de mostrar las diferentes maneras en que la TI está cambiando a las organizaciones. Primero se revisarán las formas en que los gerentes toman decisiones. Luego, se analizará la cada vez más importante pregunta de por qué los gerentes cometen errores, tanto estratégicos como éticos, y la manera en que pueden evitarlos y aumentar el nivel de aprendizaje organizacional, para mejorar la calidad en la toma de decisiones. Finalmente, se examinará cómo han afectado a las organizaciones y al cambio en la estructura y cultura organizacionales las innovaciones en la TI, incluyendo Internet.

El capítulo 13 estudia los aspectos relacionados con la innovación y la administración de proyectos en las organizaciones. Esta última se enfoca en cómo los gerentes de proyecto utilizan diferentes técnicas para agilizar y promover el desarrollo de nuevos y mejores bienes y servicios. Cómo buscar la innovación y administrar la investigación y el desarrollo es un problema de presión, sobre todo para las organizaciones que compiten a nivel global.

Finalmente, el capítulo 14 cubre los problemas de política y conflicto que surgen cuando los gerentes intentan cambiar o rediseñar la estructura y la cultura organizacionales. Estos capítulos resaltan los complejos procesos organizacionales y sociales que deben manejarse, si la organización quiere ser capaz de administrar el proceso de cambio con éxito y aumentar su eficacia.

Resumen

Hemos revisado lo que son las organizaciones y por qué existen, el propósito de la teoría, el diseño y el cambio organizacionales, y las diferentes formas en que pueden evaluarse. Las organizaciones juegan un papel fundamental en el aumento del bienestar de la sociedad, en tanto que el propósito de administrar el cambio y el diseño organizacionales es mejorar su capacidad para crear valor y, por consiguiente, la eficacia organizacional. Los puntos principales del capítulo 1 son los siguientes:

1. Una organización es una herramienta o un medio que las personas utilizan para coordinar sus acciones, con la finalidad de obtener algo que desean o valoran.
2. Las organizaciones son sistemas de creación de valor que toman insumos del ambiente, y usan sus habilidades y conocimientos para transformarlos en bienes y servicios terminados.
3. El uso de una organización permite a la gente en conjunto aumentar la especialización y la división del trabajo, utilizar tecnología a gran escala, administrar el ambiente organizacional, economizar en los costos de transacción, y ejercer poder y control; todos estos aspectos incrementan el valor que la organización puede crear.
4. La teoría organizacional es el estudio de cómo funcionan las organizaciones, y cómo afectan el ambiente donde operan y son afectadas por este.
5. La estructura organizacional es el sistema formal de las relaciones entre tarea y autoridad, que controla cómo las personas coordinan sus acciones y usan los recursos para lograr las metas de la organización.
6. La cultura organizacional es el conjunto de normas y valores compartidos que controla las interacciones de sus miembros entre sí y con proveedores, clientes y otras personas externas a la organización.
7. El diseño organizacional es el proceso mediante el cual los gerentes seleccionan y manejan aspectos de la estructura y cultura, para que una organización logre controlar las actividades necesarias para alcanzar sus metas. El diseño organizacional tiene importantes implicaciones en la ventaja competitiva de una compañía, así como en su capacidad para administrar las contingencias y la diversidad, la eficiencia, la capacidad para generar nuevos bienes y servicios, el control del ambiente, la coordinación y motivación de los empleados, y el desarrollo y la implementación de la estrategia.
8. El cambio organizacional es el proceso por el cual las organizaciones rediseñan y transforman sus estructuras y culturas para moverlas del estado actual a un estado futuro deseado para aumentar su eficacia. La meta del cambio organizacional es encontrar nuevas y mejores formas de utilizar los recursos y competencias y mejorar así la capacidad de la organización para crear valor y mejorar el desempeño.
9. Los gerentes pueden usar tres enfoques para evaluar la eficacia organizacional: del recurso externo, de sistemas internos y técnico. Cada enfoque está asociado con un conjunto de criterios que sirven para medir la eficacia y las metas organizacionales.

Preguntas para análisis

1. ¿Cómo crean valor las organizaciones? ¿Cuál es el papel de la iniciativa empresarial en este proceso?
2. ¿Cuál es la relación entre la teoría, el diseño y el cambio organizacionales, y la estructura y la cultura organizacionales?
3. ¿Qué es la eficacia organizacional? Explique los enfoques para evaluar la eficacia y los problemas asociados con cada enfoque.
4. Elabore una lista de las metas de eficacia que usted usaría para medir el desempeño de *a*) un restaurante de comida rápida y *b*) una escuela de negocios.

Teoría organizacional en acción

Poner en práctica la teoría organizacional

Dinámica de los sistemas abiertos

Formen equipos de tres a cinco personas y conversen sobre el siguiente escenario:

Piensen en una organización con la cual estén familiarizados, como un restaurante local, una tienda o un banco. Una vez elegida la organización, modélenla desde una perspectiva de sistemas abiertos. Por ejemplo, identifiquen sus procesos de insumo, conversión y salida.

1. Identifiquen en el ambiente las fuerzas específicas que tienen la máxima oportunidad de ayudar o socavar la capacidad de esa organización para obtener recursos, y desechar sus bienes o servicios.
2. Utilizando los tres enfoques de eficacia revisados, analicen qué medidas específicas serían más útiles para que los gerentes evaluaran la eficacia de sus organizaciones.

Dimensión ética 1

En cada capítulo, se presenta un ejercicio ético para ayudarle a entender las diversas formas en que las organizaciones pueden ayudar o perjudicar a los individuos y los grupos en sus ambientes, sobre todo cuando se manejan de forma poco ética. Este ejercicio puede realizarlo solo o en un equipo pequeño.

Piense en varios ejemplos de formas en que un hospital y los médicos y enfermeras que trabajan en él pudieran actuar de forma poco ética con sus pacientes. Piense también en los comportamientos que demuestren que un hospital tiene estándares éticos altos.

1. Elabore una lista con los ejemplos de los comportamientos éticos y poco éticos.
2. ¿Cómo se relacionan esos comportamientos con los intentos de médicos y enfermeras por aumentar la eficacia organizacional en las formas que se revisaron en el capítulo? ¿O con los intentos por satisfacer sus propios intereses?

Establecer contacto 1

Al final de cada capítulo encontrará un ejercicio que requiere que busque en periódicos o revistas un ejemplo acerca de una compañía real que esté tratando con algunos de los aspectos, conceptos, retos, preguntas y problemas analizados en el capítulo.

Encuentre un ejemplo de una compañía que esté buscando mejorar su eficacia. ¿Qué dimensiones de la eficacia (control, innovación o eficiencia) está buscando mejorar? ¿Qué cambios está realizando para abordar cada aspecto?

Análisis de la organización: Módulo de diseño 1

Para ayudarle a entender la forma en que las organizaciones trabajan en el mundo real, al final de cada capítulo se presenta un módulo de diseño organizacional para el cual usted debe recolectar y analizar información sobre una organización que seleccionará ahora y estudiará todo el semestre. Escribirá la información que recopile en un informe que presentará al final del semestre.

Suponga que seleccionó General Motors. Recolectará la información especificada para cada módulo de diseño, presentará al grupo y resumirá los hallazgos sobre GM y, luego, elaborará un reporte escrito. Su profesor le dará los detalles de lo que vaya a requerirse; por ejemplo, qué tan largo deberá ser el reporte o en cuánto tiempo lo presentará, y si trabajará de manera individual o en equipo. Al final del semestre, al terminar cada módulo, tendrá una clara imagen de cómo operan las organizaciones y cómo manejan los problemas y contingencias que enfrentan.

Existen dos enfoques para seleccionar la organización. Uno consiste en elegir una organización conocida de la cual se haya escrito mucho. Las grandes compañías como IBM, Apple Computer y Procter & Gamble reciben amplia cobertura en publicaciones periódicas como *Fortune* y el semanario *Bloomberg/Business*. Cada año, por ejemplo, en uno de los números de abril, la revista *Fortune* publica una lista de las principales 500 compañías de manufactura y, en mayo, una lista de las 500 principales compañías de servicios, para el mercado estadounidense. Si elige una compañía de las listas de *Fortune* puede estar seguro de que encontrará información considerable.

Las mejores fuentes de información son las publicaciones periódicas y los periódicos como *Fortune*, *Business Week*, *Forbes*, *The Wall Street Journal*, *F&S Predicasts*, *Value Line*, *Investment Survey* y *Moody's Manuals of Investment*. Hay muchas otras publicaciones que incluyen artículos escritos para una compañía en particular. Además, debe consultar las publicaciones de la industria y las comerciales.

Finalmente, asegúrese de sacar provecho de Internet y explorar la Web para encontrar información de su compañía. La mayoría de las grandes empresas tienen sitios detallados que ofrecen una cantidad considerable de información. Puede encontrar estos sitios utilizando un buscador como Yahoo o Alta Vista, y descargar la información que necesite.

Si consulta estas fuentes, obtendrá mucha información que puede utilizar para cumplir con los módulos de diseño. Es posible que no obtenga toda la información específica que necesita, aunque sí obtendrá suficiente para responder a muchas de las preguntas del módulo de diseño.

El segundo enfoque para seleccionar una organización es elegir una ubicada en su localidad; por ejemplo, una tienda departamental, una compañía manufacturera, un hotel o una organización sin fines de lucro (hospital o escuela), donde trabaje usted o alguien que conozca. Podría contactar a los dueños o administradores de la organización y preguntar si estarían dispuestos a charlar con usted sobre la forma en que operan, y cómo diseñaron y manejan la compañía.

Cada enfoque para seleccionar una compañía presenta ventajas y desventajas. La ventaja de seleccionar una compañía local y recolectar su propia información es que, en las entrevistas cara a cara, usted puede solicitar información detallada que quizá no esté disponible en fuentes publicadas. Obtendrá una imagen especialmente rica sobre la forma en que opera la compañía haciendo la investigación personal. El problema es que la organización local elegida tiene que ser suficientemente grande para ofrecerle el conocimiento de la forma como trabaja. En general, debería emplear a cuando menos 20 individuos y tener al menos tres niveles jerárquicos.

Si encuentra fuentes escritas para estudiar una organización muy grande, obtendrá mucha información interesante que se relacione con la teoría organizacional, pues la organización es grande y compleja, y estará enfrentando varios de los problemas estudiados en el libro. Pero tal vez no sea posible obtener toda la información detallada que necesite.

Cualquiera que sea el enfoque de selección que use, asegúrese de tener acceso a información suficiente e interesante para completar la mayoría de los módulos de diseño. Un módulo, por ejemplo, le pregunta sobre la dimensión internacional o global de la estrategia y estructura de la compañía. Si elige una compañía local carente de la dimensión internacional, será muy difícil cubrir el módulo. No obstante, para compensar esa falta de información, podría contar con información muy detallada sobre la estructura de la compañía o sus líneas de producción. La cuestión es asegurarse de poder acceder a información suficiente para escribir un reporte interesante.

Tarea

Elija una compañía para estudiar y conteste las siguientes preguntas.

1. ¿Cuál es el nombre de la organización? Escriba un pequeño resumen de la historia de la compañía. Mencione la forma en que ha crecido y se ha desarrollado.
2. ¿Qué hace la organización? ¿Qué bienes y servicios produce u ofrece? ¿Qué tipo de valor crea? Si la compañía tiene reporte anual, ¿qué describe el reporte como la misión organizacional?
3. Elabore un modelo de la forma en que la organización crea valor. Describa brevemente sus insumos, procesamiento, salidas o resultados, y ambiente.
4. Realice un análisis inicial de los principales problemas de la organización. ¿Qué retos enfrenta actualmente, por ejemplo, en sus esfuerzos por atraer clientes, reducir costos o aumentar su eficiencia de operación? ¿Cómo se relaciona su diseño organizacional con dichos problemas?
5. Lea el reporte anual y determine qué tipo de metas, estándares u objetivos está utilizando la organización para evaluar el desempeño. ¿Qué tan bien lo está haciendo la organización cuando se le juzga con los criterios de control, innovación o eficiencia?

CASO PARA ANÁLISIS

Cómo Joe Coulombe hizo de Trader Joe's una historia de éxito

Trader Joe's es una cadena de supermercados de especialidades de lujo, fundada en 1967 por Joe Coulombe, quien en ese entonces tenía unas cuantas tiendas de abarrotes que sostenían una batalla contra la cadena 7-11. Esta última ofrecía a los clientes una amplia selección de productos a bajo precio, contra lo cual Coulombe no podía competir. Para que su pequeño negocio sobreviviera, Coulombe decidió cambiar su estrategia y vender productos de especialidad y de lujo como vino, y otras bebidas y alimentos tipo gourmet. Cambió el nombre de sus tiendas a Trader Joe's y las abasteció con una amplia variedad de marcas de vinos de California. También comenzó a ofrecer alimentos finos como pan, galletas, queso, frutas y vegetales para complementar y favorecer la venta de vino. Su plan dio resultado: los clientes aceptaron su nuevo concepto de supermercado y los artículos que había seleccionado se vendieron rápido y resultaron más lucrativos.

Desde el principio, Coulombe pensaba que encontrar un nuevo nicho de mercado tan solo era el primer paso para ayudar a su pequeña pero creciente compañía a tener éxito. Sabía que para alentar a los clientes a visitar sus tiendas y comprar productos gourmet más caros, debería ofrecer un excelente servicio al cliente. Por lo tanto, tuvo que encontrar las formas para motivar a sus vendedores a lograr un desempeño de alto nivel. Su enfoque para organizar consistió en descentralizar la autoridad y dar facultad a los vendedores, para que tomaran la responsabilidad de satisfacer las necesidades de sus clientes. En vez de capacitar a los trabajadores para seguir reglas de operación estrictas y obtener la aprobación del supervisor, antes de tomar decisiones específicas sobre el cliente, les dio autonomía para tomar sus propias decisiones y brindar al cliente un servicio personalizado. El enfoque de Coulombe llevó a los empleados a sentirse "dueños" de los supermercados, y trabajó para desarrollar una cultura basada en valores y normas que ofrezcan un excelente servicio a los clientes y desarrollen relaciones personalizadas con estos, quienes debían estar en primer lugar.

En la cadena, Coulombe guió con el ejemplo y creó un ambiente donde los empleados eran tratados como individuos y valorados como personas. Por ejemplo, el tema detrás del diseño de sus tiendas era crear la sensación de un lugar de vacaciones en Hawai: los empleados portaban camisas hawaianas, los gerentes se llamaban capitanes y la decoración de la tienda tenía madera y sombreros tiki; los empleados daban a los clientes muestras de bebida y comida e interactuaban con ellos. Una vez más, esto ayudó a crear fuertes valores y normas que enfatizaron el servicio personalizado al cliente.

El enfoque de Joe Coulombe estuvo fuertemente influenciado por la forma en que controló a sus vendedores. Desde el principio, creó una política de ascensos dentro de la compañía, de tal forma que los vendedores con mejor desempeño lograran promoverse a capitanes de tienda o a un nivel más alto en la organización. Desde el inicio, reconoció la necesidad de tratar a los empleados de forma justa y equitativa para motivarlos a desarrollar valores y normas orientados al cliente y a dar un servicio personalizado. Decidió que los trabajadores de tiempo completo deberían obtener por lo menos un ingreso promedio en su comunidad, lo cual promediaba 7,000 dólares al año en la década de 1960 y 48,000 dólares en la actualidad, una cantidad impresionante comparada con el salario de los empleados de supermercados regulares como Kroger's y Safeway. Más aún, los capitanes de tienda, vitales para ayudar a crear y reforzar la cultura de la tienda, son recompensados con salarios y bonos que pueden exceder los 100,000 dólares anuales. Y todos los vendedores saben que conforme la cadena de tiendas se expanda, ellos tendrán la oportunidad de ser promovidos a este nivel. En resumen, el enfoque de Coulombe para desarrollar la forma correcta de organizar su pequeño negocio creó una fundación sólida sobre la que este negocio ha crecido y prosperado.[32]

Preguntas para análisis

1. ¿Cuál fue el enfoque de Joe Coulombe para el diseño organizacional?
2. ¿Qué decisiones específicas tomó para crear la estructura y cultura de Trader Joe's?
3. Busque en línea cómo se desempeña actualmente Comercio Joe's. ¿Qué nuevos problemas ha enfrentado durante su crecimiento?

Referencias

[1] A. W. Gouldner, "Organizational Analysis", en R. K. Merton, ed., *Sociology Today* (Nueva York: Basic Books, 1959); A. Etzioni, *Comparative Analysis of Complex Organizations* (Nueva York: Free Press, 1961).

[2] I. M. Kirzner, *Competition and Entrepreneurship* (Chicago: University of Chicago Press, 1973).

[3] www.amazon.com, 2011.

[4] www.amazon.com, "About Amazon.com", 2011.

[5] P. M. Blau, "A Formal Theory of Differentiation in Organizations", *American Sociological Review* 35 (1970), 201-218; D. S. Pugh y D. J. Hickson, "The Comparative Study of Organizations", en G. Salaman y K. Thompson, eds., *People and Organizations* (London: Penguin, 1977), pp. 43-55.

[6] P. M. Blau, *Exchange and Power in Social Life* (Nueva York: Wiley, 1964); P. M. Blau y W. R. Scott, *Formal Organizations* (San Francisco: Chandler, 1962).

[7] C. I. Barnard, *The Functions of the Executive* (Cambridge, MA: Harvard University Press, 1948); A. Etzioni, *Modern Organizations* (Englewood Cliffs, NJ: Prentice Hall, 1964).

[8] P. R. Lawrence y J. W. Lorsch, *Organization and Environment* (Boston: Graduate School of Business Administration, Harvard University, 1967); W. R. Scott, *Organizations: Rational, Natural, and Open Systems* (Englewood Cliffs, NJ: Prentice Hall, 1981).

[9] www.cocacola.com, 2008; www.pepsico, 2008.

[10] M. Beer, *Organizational Change and Development* (Santa Monica, CA: Goodyear, 1980); J. I. Porras y R. C. Silvers, "Organization Development and Transformation", *Annual Review of Psychology*, 42 (1991), pp. 51-78.

[11] www.apple.com, 2011.

[12] *Ibid.*

[13] www.groupon.com, 2011.

[14] *Ibid.*

[15] www.ford.com, 2011.

[16] Wernau, J. "Women Leave Their Stamp on Manufacturing", chicagotribune.com, 30 de mayo de 2010.

[17] www.ford.com, 2011.

[18] L. Galambos, "What Have CEOs Been Doing?" *Journal of Economic History* 18 (1988), pp. 243-258.

[19] *Ibid.*, p. 253.

[20] Campbell, "On the Nature of Organizational Effectiveness".

[21] F. Friedlander y H. Pickle, "Components of Effectiveness in Small Organizations", *Administrative Science Quarterly* 13 (1968), pp. 289-304; Miles, *Macro Organizational Behavior.*

[22] Campbell, "On the Nature of Organizational Effectiveness".

[23] www. netflix.com, 2011.

[24] J. D. Thompson, *Organizations in Action* (Nueva York: McGraw-Hill, 1967).

[25] R. M. Steers, *Organizational Effectiveness: A Behavioral View* (Santa Monica, CA: Goodyear, 1977).

[26] D. E. Bowen y G. R. Jones, "Transaction Cost Analysis of Customer-Service Organization Exchange", *Academy of Management Review* 11 (1986), pp. 428-441.

[27] www.southwest.com, 2011.

[28] www.consumerreports.com, mayo de 2011.

[29] www.fgx.com, 2011.

[30] www.fgx.com, panorama general de la compañía, 2011.

[31] T. M. Jones, "Instrumental Stakeholder Theory: A Synthesis of Ethics and Economics", *Academy of Management Review* 20 (1995), pp. 404-437.

[32] www.traderjoes.com, 2011.

CAPÍTULO 2

Inversionistas, gerentes y ética

Objetivos de aprendizaje

Las organizaciones existen para crear bienes y servicios con valor que las personas necesitan o desean. ¿Pero quién decide qué bienes y servicios debería ofrecer una organización o cómo dividir el valor que crea una organización entre diferentes grupos de individuos, como trabajadores, clientes e inversionistas? Si la gente se comporta de acuerdo con su propio interés, ¿qué mecanismos o procedimientos rigen la forma en que una organización utiliza sus recursos, y qué evita que los diferentes grupos intenten maximizar su participación en el valor creado? En una época cuando el asunto de la ética corporativa, el mercado interno y la codicia de los altos directivos está bajo intenso escrutinio, deberíamos plantearnos tales preguntas antes de comenzar a diseñar una organización para aumentar su eficacia.

Después de estudiar este capítulo, usted será capaz de:

1. Identificar los diversos grupos de inversionistas, así como sus intereses o demandas en una organización.
2. Entender las opciones y los problemas inherentes en la distribución del valor que crea una organización.
3. Distinguir quién tiene autoridad y responsabilidad en lo más alto de la organización, así como entre diferentes niveles de mando.
4. Describir el problema de gestión que existe en toda relación de autoridad y sus diversos mecanismos, como el consejo directivo y la participación de accionistas, que pueden usarse para ayudar a controlar la conducta ilegal y poco ética de los directivos.
5. Analizar el importante papel que juega la ética en gerentes y trabajadores que se avocan al logro de las metas que conduzcan a la efectividad organizacional a largo plazo.

Inversionistas organizacionales

Inversionistas
Individuos que tienen un interés, una demanda o un riesgo en una organización, en lo que hace y en qué tan adecuadamente se desempeña.

Incentivos
Recompensas como dinero, poder y estatus organizacional.

Contribuciones
Habilidades, conocimiento y experiencia que las organizaciones requieren de sus miembros en el desempeño de la tarea.

Las organizaciones existen por su capacidad para crear valor y resultados aceptables para los diversos grupos de **inversionistas**, es decir, individuos con intereses, demandas o riesgos en aquello que hace una organización y en qué tan adecuadamente se desempeña esta.[1] En general, los inversionistas están motivados a participar en una organización si reciben incentivos que excedan el valor de las contribuciones que se les solicita que aporten.[2] Los **incentivos** incluyen recompensas como dinero, poder y estatus organizacional. Las **contribuciones** incluyen habilidades, conocimiento y experiencia que las organizaciones requieren de sus miembros en el desempeño de la tarea.

Los dos principales grupos de inversionistas organizacionales son los internos y los externos. La tabla 2.1 resume los incentivos y contribuciones para cada grupo.[3]

Inversionistas internos

Los inversionistas internos son las personas más cercanas a la organización y quienes tienen la demanda más fuerte o más directa sobre los recursos organizacionales: accionistas, gerentes y fuerza de trabajo.

TABLA 2.1 Incentivos y contribuciones de los inversionistas organizacionales

Inversionista	Contribución a la organización	Incentivo por contribución
Interno		
Accionistas	Dinero y capital	Dividendos y aumento de existencias
Gerentes	Habilidades y experiencia	Salarios, bonos, estatus y poder
Fuerza de trabajo	Habilidades y experiencia	Sueldos, bonos, estabilidad en el empleo y promoción
Externo		
Clientes	Ingresos por la compra de bienes y servicios	Calidad y precio de bienes y servicios
Proveedores	Insumos de alta calidad	Ingresos por la venta de insumos
Gobierno	Reglas de una adecuada práctica de gobierno corporativo	Competencia libre y justa
Sindicatos	Contratos colectivos libres y justos	Reparto de utilidades equitativo
Comunidad	Infraestructura social y económica	Ingresos, impuestos y empleo
Público en general	Lealtad y reputación del cliente	Orgullo nacional

ACCIONISTAS Los accionistas son los dueños de la organización y, como tales, sus demandas sobre los recursos de aquella a veces se consideran superiores a las de otros inversionistas internos. La contribución de los accionistas a la organización es la inversión monetaria mediante la compra de acciones o títulos. El incentivo de los accionistas para invertir es el dinero que pueden ganar sobre su inversión en forma de dividendos y aumento en el precio de las acciones. Sin embargo, la inversión en acciones es riesgosa porque no existe garantía de que haya rendimiento. Los accionistas que consideran insuficiente el incentivo (el posible rendimiento sobre la inversión) que garantice su contribución (el dinero que invirtieron) venden sus acciones y retiran su apoyo a la organización.

Durante la reciente recesión, resultado del problema de los créditos hipotecarios de alto riesgo, la crisis financiera resultante condujo al colapso del mercado accionario, donde la mayoría de los inversores perdió 40% o más del valor de sus acciones. Como resultado, cada vez más accionistas, quienes por lo regular participan en fondos de inversión, dependen del gobierno y de las grandes compañías de inversión para proteger sus intereses, y aumentar su poder colectivo para influir en los directivos. Las compañías de inversión como Fidelity o TIAA/CREF consideran que tienen una gran responsabilidad con sus inversores, quienes perdieron miles de millones de dólares en sus fondos de pensiones como resultado de la crisis de alto riesgo, así como de la caída de las empresas punto.com.[4] Los gerentes de fondos de inversión también entienden que les compete una responsabilidad cada vez mayor en el monitoreo del desempeño de los altos ejecutivos, con la finalidad de prevenir conductas ilícitas y poco éticas que causaron la debacle de Lehman Brothers, Enron, Tyco y muchas otras compañías, cuyas dudosas prácticas contables colapsaron el precio de las acciones. Si las compañías de fondos de inversión están para proteger los intereses de sus asociados, necesitan supervisar e influir en el comportamiento de las compañías donde invierten, así como asegurarse de que los directivos se esfuercen por llevar a cabo operaciones que no amenacen los intereses de los accionistas y mejoren los propios.

Como resultado de este problema para los accionistas, las empresas de fondos de inversión se han vuelto más participativas en su intento por influir en los directivos. Por ejemplo, han buscado conseguir compañías para eliminar las llamadas *píldoras venenosas*, que son disposiciones contra la adquisición que dificultan que otras compañías las adquieran. A los altos ejecutivos les gustan tales "píldoras" porque les ayudan a proteger sus puestos de trabajo, sus altos salarios y otros privilegios. Las compañías de fondos de inversión están mostrando cada vez mayor interés en controlar los enormes salarios y bonos que se asignan a sí mismos los altos ejecutivos, los cuales han alcanzado niveles sin precedente en años recientes. Esas mismas empresas han reaccionado ante los escándalos contables que llevaron al colapso de Enron y al pobre desempeño de otras organizaciones, como Computer Associates, demandando que esas compañías ventilen sus procedimientos contables. Y han presionado al Congreso para aprobar nuevas leyes como la Sarbanes/

Oxley y la Dodd-Frank, y para aumentar el poder de las instituciones gubernamentales como la Federal Trade Commission (FTC) en la regulación de los bancos y otras instituciones financieras. Dichos movimientos han dificultado mucho más que las compañías encubran transacciones ilegales, injustas y poco éticas, que podrían beneficiar a los directivos pero lastimar a los inversionistas, sobre todo a los clientes.

GERENTES Los gerentes son los empleados responsables de coordinar los recursos organizacionales y de asegurarse de que las metas de la organización se cumplan con éxito. Los gerentes de alto nivel, los ejecutivos, son responsables de invertir el dinero de los inversionistas en recursos para maximizar el valor de los bienes y servicios futuros de la organización. En efecto, los gerentes son agentes o empleados de los inversionistas; son designados indirectamente por ellos mediante un consejo directivo de la organización, elegido por los inversores para supervisar el desempeño de los gerentes.

Las contribuciones de los gerentes son las habilidades y el conocimiento que utilizan para planear y dirigir la respuesta de la organización frente a las presiones del ambiente organizacional, así como para diseñar su estructura y cultura. Por ejemplo, las habilidades de un gerente para la apertura de mercados globales, como la identificación de nuevos mercados para el producto o resolviendo problemas de costos de transacción y tecnológicos, facilita en gran medida el logro de las metas organizacionales.

Diversos tipos de recompensas inducen a los gerentes a realizar sus actividades de forma adecuada: remuneración monetaria (en forma de salarios, bonos y opciones de acciones) y la satisfacción psicológica que obtienen sobre el control de la corporación, ejercicio del poder o toma de riesgos con el dinero de otras personas. Es probable que los gerentes que consideran que los incentivos no son iguales o superiores a sus contribuciones retiren su apoyo renunciando a la organización. De este modo, los altos ejecutivos se cambian de una organización a otra para obtener recompensas mayores a sus contribuciones.

LA FUERZA DE TRABAJO La fuerza de trabajo de una organización la componen todos los empleados que no son gerentes. Los miembros de la fuerza de trabajo tienen responsabilidades y tareas (por lo regular, especificadas en una descripción de puestos) que tienen que cumplir con un nivel determinado. La contribución de los empleados a la organización es el uso de sus habilidades y conocimiento para realizar las tareas y responsabilidades requeridas. Sin embargo, el propio empleado controla su nivel de desempeño. Por supuesto, la motivación de un empleado para desempeñarse adecuadamente está en función de los incentivos (recompensas y castigos) que la organización use para influir en el desempeño laboral. Los empleados que consideran que estos incentivos no igualan o exceden sus contribuciones tenderán a retirar su apoyo a la organización, reduciendo el nivel de su desempeño o abandonando la organización.

Inversionistas externos

Los inversionistas externos son las personas que no son dueñas de la organización ni empleados de la misma, pero que tienen alguna demanda o interés en ella. Los clientes, los proveedores, el gobierno, los sindicatos, las comunidades locales y el público en general son tipos de individuos y de grupos de inversionistas externos.

CLIENTES Los clientes son por lo general el grupo más grande de inversionistas externos. Se les induce a seleccionar un producto particular (y por tanto una organización específica) entre productos alternativos por su estimación del valor que reciben en relación con lo que pagan por él. El dinero que pagan por el producto es su contribución a la organización (ingresos por ventas) y refleja el valor que creen recibir de esta. Conforme la organización produce un bien o servicio cuyo precio es igual o menor al valor que los clientes consideran que están recibiendo, continuarán comprando el producto y apoyando a la organización.[5] Si los clientes se niegan a pagar el precio que pide la organización, retirarán su apoyo a esta, por lo que la organización perderá a un inversionista clave. Un ejemplo de una compañía que lucha por ofrecer a sus clientes un valor alto y obtener como resultado el apoyo leal de los mismos es la aerolínea Southwest, que se enfoca a aumentar su eficiencia para ofrecer tarifas más bajas, como vimos en el capítulo 1.

El primer director general, Herb Kelleher, atribuye el éxito de la aerolínea a su política de "dignificar al cliente".[6] Southwest envía tarjetas de cumpleaños a sus clientes frecuentes, responde personalmente miles de cartas de usuarios que recibe cada semana y por lo regular obtiene retroalimentación de sus clientes para mejorar el servicio. La atención personal logró que los clientes se sientan valorados y se inclinen a volar por Southwest. El apoyo del consumidor la ha convertido en la compañía aérea de más rápido crecimiento y más rentable durante más de una década.

Aún más, Southwest cree que si la administración falla en el trato a sus empleados, estos no tratarán bien a los clientes. Y, como señalamos, los trabajadores de Southwest son dueños de 20% de las acciones de la aerolínea, lo cual aumenta su motivación para contribuir con la organización y mejorar el servicio al cliente.[7] Así, un grupo de inversores (empleados) ayuda a otro grupo (clientes). Un ejemplo de una compañía cuyos altos ejecutivos no se preocupan por el bienestar de sus clientes o empleados se presenta en el recuadro "Al interior de la organización 2.1".

Al interior de la organización 2.1

Gerentes con poca ética en una compañía de cacahuates

A Stewart Parnell, presidente de Peanut Corporation of America (PCA), le gustaba decir a sus amigos y clientes en su lugar natal de Lynchburg, Virginia, qué tan bien iban las cosas en su negocio de procesamiento de mantequilla de cacahuate, con tres plantas en operación en Virginia, Georgia y Texas. La compañía producía contenedores industriales de mantequilla de cacahuate, que se incluía en más de 3,900 productos (pasteles, caramelos, galletas, helados, botanas y alimento para animales) fabricados por más de 200 compañías, incluyendo a Kellogg's y Nestlé. La mantequilla de cacahuate también se enviaba a las escuelas y a las tiendas de comestibles en todo Estados Unidos, donde se utilizaba para preparar millones de sándwiches de mantequilla.

Parnell tenía la reputación de ser un hombre de negocios honrado y altruista generoso para diversas causas, así que fue una sorpresa para sus amigos y clientes cuando, en 2009, la Federal and Drug Administration (FDA) se encontró con una epidemia de salmonella causada por la mantequilla de cacahuate que se elaboraba en su planta de Blakely, Georgia. La mantequilla de cacahuate contaminada había causado 600 casos de la enfermedad y nueve muertes en Estados Unidos. Los 200 fabricantes que usaron o vendieron los productos de Parnell fueron obligados a retirar más de 1,900 productos diferentes de mantequilla de cacahuate. Fue uno de los retiros de alimentos más grandes en la Unión Americana, aun cuando PCA se responsabilizó de tan solo 2% del suministro de la mantequilla de cacahuate. Los resultados inmediatos de la epidemia repercutieron en una caída en las ventas de la mantequilla de 24% y la industria total perdió más de mil millones de dólares. ¿Cómo pudo ocurrir tal desastre y tragedia?

Aparentemente la causa principal del desastre fueron las acciones ilegales y poco éticas del dueño y director Parnell. La investigación que en 2009 la FDA llevó a cabo en la planta de Georgia de PCA descubrió serios problemas con la seguridad de los alimentos en la planta, y una higiene y procesos sanitarios inadecuados. La investigación también reveló documentos internos que demostraban que, por lo menos, en 12 ocasiones en las pruebas de sus propios productos estos se encontraron contaminados con salmonella. Inspecciones anteriores de la planta habían encontrado superficies sucias, residuos de grasa y polvo en toda la instalación, cavidades en las puertas de las bodegas lo suficientemente grandes para que entraran roedores y problemas importantes en los procedimientos de limpieza que seguían existiendo en 2009. Pero los gerentes de PCA no tomaron acciones para limpiar sus operaciones o para proteger la seguridad de los alimentos. De hecho, la poca atención de Parnell hacia la seguridad de los alimentos había sido reportada desde 1990, cuando los inspectores encontraron moho tóxico en los productos de PCA en la planta de Virginia; el moho obligó a retirar los alimentos y Parnell se arregló con dos compañías cuyos productos resultaron afectados.

Jiri Hera/Shutterstock.com

Después de entrevistar a los empleados, los investigadores de la FDA concluyeron que su falta de atención a la seguridad de los alimentos había surgido dentro de las plantas de procesamiento de PCA, a causa de que Parnell estaba más interesado en aumentar sus ganancias, sobre todo cuando los precios de los productos de cacahuate comenzaron a bajar. Para reducir los costos de operación, Parnell ordenó a un gerente de planta embarcar los productos que habían sido identificados como contaminados y rogar al inspector que le permitiera "convertir nuestro cacahuate crudo en dinero". Parnell se quejó con sus gerentes de que las pruebas de salmonella le estaban costando el negocio y de alguna manera la planta de Georgia recibió información sobre las fechas en las que sería inspeccionada, por lo que durante esos días la planta se aseó de forma meticulosa.

Después de que se descubrieran los problemas en la planta de Georgia, esta se clausuró y las otras plantas de PCA fueron inspeccionadas cuidadosamente. En 2009 los oficiales de salud de Texas, después de descubrir la salmonella, solicitaron a Parnell que cerrara la planta y le ordenaron que retirara todos los productos, junto con "los roedores muertos y su excremento y las plumas de aves". También se clausuró la planta de Virginia. Después de que se enfrentaran cientos de demandas contra la compañía debido a las muertes y la enfermedad causada por sus productos contaminados, PCA fue obligada a buscar protección bajo el código de bancarrota de Estados Unidos. Actualmente la compañía está extinta; sus prácticas administrativas ilegales y poco éticas la sacaron del negocio. En la primavera de 2011 aún no terminaban los cargos contra Parnell, aunque se realizaba una investigación federal. Sin embargo, en 2010, 123 víctimas y sus parientes junto con el juicio por la quiebra acordaron un arreglo por 12 millones de dólares, con dinero obtenido gracias a los seguros de PCA, ya que los familiares de Parnell perdieron todo.

Después de ser criticados por el tiempo que finalmente le llevó a la FDA terminar con las operaciones de PCA, los funcionarios de la FDA respondieron que la institución no tenía el personal ni los fondos para regular los millones de envíos que se hacen semanalmente en la industria alimentaria. En gran parte la FDA y el público de Estados Unidos debe confiar en la integridad, ética y honestidad de los gerentes de la industria de alimentos que elaboran productos que son seguros.

PROVEEDORES Los proveedores, otro grupo importante de inversionistas externos, contribuyen con la organización suministrando materia prima y partes componentes confiables que permitan a la organización reducir los costos de producción. Los proveedores influyen de manera directa sobre la eficiencia de la organización y causan un efecto indirecto sobre su capacidad para atraer clientes. Una organización con insumos de alta calidad puede elaborar productos de alta calidad y atraer clientes. A su vez, conforme la demanda de sus productos aumenta, la organización demanda cantidades mayores de insumos de alta calidad a sus proveedores.

Una de las razones por la cual los automóviles japoneses siguen siendo tan populares entre los consumidores estadounidenses es que siguen requiriendo menos reparaciones que el promedio de los vehículos fabricados en Estados Unidos. Tal confianza es resultado del uso de partes componentes que cumplen estándares de control de calidad muy estrictos. Además, los proveedores japoneses de autopartes se encuentran en la mejora continua de la eficiencia.[8] La relación cercana entre las grandes compañías de automóviles japoneses y sus proveedores es una relación de inversionistas que paga dividendos a ambas partes. Dándose cuenta de esto, en la década de 2000 los fabricantes estadounidenses de automóviles se movilizaron para forjar relaciones estrechas con sus proveedores con la finalidad de aumentar la calidad. Eso trajo como resultado un aumento en la confianza en sus vehículos. En particular Ford logró mejoras importantes en calidad; eso le trajo a la vez ganancias récord en 2011.

EL GOBIERNO El gobierno tiene diversas expectativas con las organizaciones. Quiere que las empresas compitan de forma justa y obedezcan las reglas del libre mercado. También busca que las compañías obedezcan las reglas y leyes establecidas relativas al pago y trato a los empleados, la salud del trabajador y la seguridad del lugar de trabajo, y también que no realicen prácticas discriminatorias de contratación, y que atiendan otros temas económicos y sociales sobre los cuales el Congreso ha promulgado leyes. Una contribución del gobierno a las organizaciones es la estandarización de las regulaciones que se aplican a todas las compañías, por lo que ninguna de ellas puede obtener una ventaja competitiva injusta. El gobierno controla las reglas de una buena práctica y tiene el poder para sancionar a cualquier organización que transgreda esas reglas tomando una acción legal en su contra. Debido a los escándalos corporativos ocurridos en los albores del siglo XXI, muchos analistas han argumentado que son necesarias reglas más estrictas para regular muchos aspectos de la forma en que funcionan las organizaciones. Algunos legisladores quisieron controlar la relación entre una compañía y el despacho de contadores que audita sus libros, limitando el número de años que puede durar tal relación. El cabildeo de algunas firmas contables finalmente llevó a aprobar una ley que únicamente limita el tiempo que uno de sus asociados puede supervisar una cuenta específica. Entonces, la cuenta se pasa a otro asociado dentro de la misma compañía, no a una nueva compañía contable. Claramente se trata de una ley mucho más débil. En 2011 la Ley Dodd-Frank, que estableció una agencia gubernamental poderosa para proteger a los clientes de cajeros automáticos y altas tasas de interés de los bancos y de compañías de tarjetas de crédito, estuvo bajo el ataque de los grupos de cabildeo que deseaban debilitar su poder para regular las instituciones financieras.

SINDICATOS La relación entre un sindicato y una organización puede ser de conflicto o de cooperación. La naturaleza de la relación tiene un efecto directo sobre la productividad y la eficacia tanto de la organización como del sindicato. La cooperación entre gerentes y el sindicato puede llevar a resultados positivos, si ambas partes acuerdan una división equitativa de las ganancias a partir de mejorar la riqueza de la compañía. Por ejemplo, los gerentes y el sindicato deben acordar compartir las ganancias de los ahorros en los costos, debidos a las mejoras en la productividad que resultaron de un horario de trabajo flexible. No obstante, tradicionalmente la relación administración-sindicato ha sido antagonista debido a que las demandas sindicales para obtener más prestaciones se contraponen directamente con las demandas de los inversionistas por obtener mayores utilidades en las compañías y por lo tanto un mejor rendimiento sobre su inversión.

COMUNIDADES LOCALES Las comunidades locales muestran interés en el desempeño de las organizaciones debido a que el empleo, la vivienda y en general el bienestar de una comunidad se ven afectados en gran medida por el éxito o fracaso de los negocios locales. La riqueza de Seattle, por ejemplo, está relacionada muy de cerca con la riqueza de Boeing Corporation; y la de Austin, con Dell y otras compañías de computadoras. Houston y toda la costa del Golfo resultaron afectadas por las actividades de British Petroleum (BP), como revisaremos en el recuadro "Al interior de la organización 2.2".

Al interior de la organización 2.2

BP tiene problemas para proteger a sus inversionistas

Katherine Welles/Shutterstock.com

En 2009 un juez en Estados Unidos aprobó finalmente la petición de acuerdo de British Petroleum (BP) de pagar 50 millones de dólares —la multa por daño ambiental más grande en la historia de Estados Unidos jamás pagada—, después del alegato de culpabilidad por los cargos derivados de una explosión en 2005 que mató a 15 trabajadores y lesionó a 180 en la refinería Texas City, la tercera más grande en Estados Unidos, situada a 40 millas de Houston. La explosión fue la tercera más devastadora en Estados Unidos y la quinta en el ámbito mundial. El vocero de BP, Daren Beaudo, señaló al respecto: "Lamentamos profundamente el daño causado por esta terrible tragedia. Tomamos muy en serio los compromisos que hicimos como parte de este acuerdo".

Una investigación reveló que la explosión de 2005 ocurrió porque BP había relajado sus procedimientos de seguridad en la refinería Texas City, con la finalidad de reducir sus costos de operación. La Occupational Health and Safety Association (OSHA) decidió que la explosión fue causada por sistemas defectuosos de liberación de presión y por malos programas de administración de la seguridad. En consecuencia, en 2007 la OSHA expidió la multa más alta hasta ese momento, 21 millones de dólares, a BP por las fallas que llevaron a la explosión en la refinería, ya que BP sacrificó la seguridad en aras de reducir los costos. El juicio también otorgó a la unidad de BP un periodo de prueba de tres años para que la compañía intentara resolver más de 500 violaciones severas a la seguridad que habían sido descubiertas durante la investigación.

Además de las multas formales, BP enfrentó cientos de demandas de trabajadores y sus familias, así como de las personas y organizaciones que resultaron afectadas por el desastre, el cual se sintió a varias millas de la refinería. Se estima que BP pagó alrededor de dos mil millones de dólares en tales demandas; la mayoría de estas se acordaron en privado, fuera de la corte. Después de pagar grandes cantidades en multas y costos legales, y dada la mala publicidad en el ámbito mundial, se pensaría que una compañía como BP se movilizaría de inmediato para mejorar sus procedimientos de seguridad; sin embargo, mientras se pagaban dichos costos, ganaron 21 mil millones de dólares en utilidades en el mismo año. Entonces, ¿cómo respondieron sus directivos?

No de forma muy responsable. En 2009 OSHA emitió una nueva multa por 87 millones de dólares al gigante petrolero por omisiones en la corrección de las fallas a la seguridad detectadas después de la explosión de 2005. El acuerdo de 2007 entre BP y OSHA incluyó un listado detallado de las formas en las cuales BP debería mejorar los procedimientos de seguridad en la planta; algo que sus gerentes juraron cumplir. Pero una inspección semestral reveló cientos de violaciones en el acuerdo de 2007 para reparar riesgos en la refinería y OSHA decidió que BP había desatendido los términos del compromiso para proteger a los trabajadores y la posibilidad de otra catástrofe. BP tenía un problema de seguridad más importante en la "cultura" de la refinería.

BP respondió fuertemente a tales acusaciones argumentando que había pagado millones de dólares para corregir los problemas de seguridad. También aseveró que después de revisar los procedimientos de seguridad en sus cuatro refinerías en Estados Unidos y de encontrar que en la refinería de Cherry Point tenían los mejores procesos en la cultura de seguridad, el director de esa refinería fue promovido para supervisar la implementación óptima de los procesos de seguridad en todas las operaciones de BP en Estados Unidos. En 2007, sin embargo, otro serio incidente ocurrió cuando 10 trabajadores demandaron que habían sido afectados cuando se liberó una sustancia tóxica en la planta de Texas, lo cual fue negado por BP. (Posteriormente un jurado decidió a favor de los trabajadores, a quienes se les pagaron más de 200 millones de dólares por daños en 2009).

Después de esto, el consejo directivo de BP decidió movilizarse con rapidez; despidieron al director general y a muchos otros altos ejecutivos y designaron un nuevo director general, a quien se había capacitado en seguridad de refinerías como prioridad organizacional. El consejo también decidió que una parte sustancial de los bonos futuros para el director general y otros ejecutivos dependiera del registro de seguridad de BP. Y el consejo asignó más de cinco mil millones de dólares para mejorar la seguridad en todas las operaciones de la compañía a nivel mundial.

El nuevo enfoque de BP parecía estar funcionando ya que no volvieron a ocurrir accidentes en las refinerías. Posteriormente, sin embargo, en abril de 2010, la plataforma de aguas profundas que BP arrendó de la compañía Transocean explotó matando a 11 trabajadores; además, la fractura del gasoducto empezó a dejar escapar millones de barriles de petróleo al Golfo de México. A pesar de todos los intentos de BP, como usar expertos para detener el derrame de petróleo, este continuó vertiéndose en el Golfo hasta que el gasoducto fue declarado "efectivamente inútil" el 19 de septiembre de 2010. Para el verano de 2011 el desastre había costado cerca de 50 mil millones de dólares y BP demandó a Transocean y Halliburton, el contratista de concreto de la plataforma, por varios miles de millones de dólares, argumentando que tales compañías fueron las principales responsables de la explosión en la plataforma. Se espera que el litigio continúe por varios años.

PÚBLICO EN GENERAL El público queda contento cuando las organizaciones compiten con eficacia contra sus rivales extranjeros. Es poco sorprendente, dado que el bienestar presente y futuro de una nación está estrechamente vinculado con el éxito de sus organizaciones e instituciones económicas. Por ejemplo, los italianos y los franceses prefieren automóviles y otros productos fabricados a nivel nacional, aun cuando los productos extranjeros sean claramente superiores. En cierto grado, están inducidos por el orgullo hacia su país para contribuir con sus organizaciones comprando sus productos. Por lo regular, los consumidores estadounidenses no apoyan a sus compañías de la misma forma. Ellos prefieren la competencia por la lealtad como la manera de asegurar la salud futura de los negocios estadounidenses.

Un público nacionalista también busca que sus corporaciones actúen de manera socialmente responsable, lo cual significa que las corporaciones deben abstenerse de emprender acciones que lesionen a otros inversionistas o impongan costos sobre estos. Por ejemplo, en la década de 1990, un escándalo sacudió a United Way of America, después de revelarse que su presidente, William Aramony, había hecho uso indebido de los fondos de la institución para prodigarse lujos personales. Para motivar a los contribuyentes, incluyendo donadores como Xerox y General Electric, a no dejar de dar sus contribuciones, United Way designó a Elaine L. Chao, la cabeza de Peace Corps y una experimentada banquera en inversiones, como la nueva presidenta de la organización. Ella introdujo con rapidez nuevos controles financieros estrictos y evitó un descenso serio en las contribuciones públicas. A los pocos años el escándalo se olvidó y las contribuciones regresaron a su nivel anterior. La Cruz Roja enfrentó problemas similares después del huracán Katrina que devastó Nueva Orleáns, después de que saliera a la luz la forma ineficiente en que sus administradores utilizaron los recursos. Esa organización también ha experimentado una restructuración importante para mejorar su eficacia. En la actualidad se ha vuelto un tema importante encontrar formas para vigilar organizaciones sin fines de lucro y asegurar que sus gerentes se comportan éticamente.

Eficacia organizacional: satisfacción de intereses y necesidades de los inversionistas

Una organización es utilizada simultáneamente por diferentes grupos de inversionistas para lograr sus metas. Las contribuciones de todos los inversionistas son necesarias para que una organización sea viable y cumpla su misión de ofrecer bienes y servicios. Cada grupo inversionista está motivado por sus propias metas para contribuir con la organización, y cada grupo evalúa la eficacia de la organización juzgando qué tan bien logra las metas específicas del grupo.[9]

Los accionistas evalúan una organización por el rendimiento que reciben sobre su inversión; los clientes, por la confianza y el valor de sus productos en relación con el precio; y los gerentes y trabajadores, por sus salarios, opciones sobre compra de acciones, condiciones laborales y planes de carrera. Con frecuencia dichas metas entran en conflicto y los grupos inversionistas deben negociar para lograr el equilibrio adecuado entre los incentivos que deberían recibir y las contribuciones que deberían hacer. Por tal motivo, con frecuencia las organizaciones consideran las alianzas o coaliciones de los grupos inversionistas que directa e indirectamente negocian entre sí y usan su poder e influencia, para alterar el equilibrio entre incentivos y contribuciones a su favor.[10] Una organización es viable si una coalición dominante de inversionistas tiene control sobre los incentivos suficientes de tal forma que se logren obtener las contribuciones necesarias. Compañías como Enron y WorldCom colapsaron cuando sus acciones ilegales se hicieron públicas y sus inversionistas se negaron a seguir contribuyendo: los accionistas vendieron sus acciones, los bancos se negaron a prestar fondos y los deudores solicitaron sus préstamos.

No obstante, no hay razón alguna para suponer que todos los inversionistas quedarán igualmente satisfechos con el equilibrio entre incentivos y contribuciones. Desde luego, la implicación del punto de vista de la coalición sobre las organizaciones es que algunos grupos de inversionistas tienen prioridad sobre otros. Sin embargo, para ser efectiva, una organización debe por lo menos *satisfacer mínimamente* los intereses de todos los grupos que invierten en ella.[11] Las demandas de cada grupo tienen que atenderse; de otra forma, un grupo podría retirar su apoyo y causar daños al desempeño futuro de la organización, como cuando los bancos se rehúsan a prestar dinero a una compañía o un grupo de trabajadores se declara en huelga. Si todos los intereses de los inversionistas se satisfacen de forma mínima, el poder relativo de un grupo para controlar la distribución de incentivos determina cómo una organización intentará satisfacer diferentes metas del inversionista, así como los criterios que usarán los inversionistas para juzgar su eficacia.

Los problemas que una organización enfrenta cuando trata de ganar la aprobación de los inversionistas incluyen elegir las metas del inversionista que se van a satisfacer, decidir cómo asignar las recompensas organizacionales a los diferentes grupos inversionistas, y equilibrar las metas a corto y largo plazo.

Metas en competencia

Las organizaciones existen para satisfacer las metas de los inversionistas, pero ¿quién decide por cuáles metas hay que esforzarse y cuáles son más importantes? La elección de las metas por parte de la organización presenta implicaciones políticas y sociales. En un país capitalista como Estados Unidos, se da por sentado que a los accionistas, los dueños de la acumulación del patrimonio o del capital de la organización (máquinas, edificios, terrenos y prestigio), les corresponde el primer reclamo sobre el valor que crean. De acuerdo con tal punto de vista, el trabajo de los gerentes es maximizar la riqueza del accionista, y la mejor forma de lograrlo es maximizando el rendimiento sobre los recursos y el capital invertidos en el negocio (una buena medida de la eficacia de una organización en relación con otras organizaciones).

¿Maximizar la riqueza del accionista es siempre la meta principal del gerente? Algunas opiniones sostienen que no lo es. Cuando los accionistas delegan en los gerentes el derecho a coordinar y utilizar las habilidades y recursos organizacionales, ocurre un divorcio entre el dueño y el control.[12] Aun cuando en teoría los gerentes son empleados de los accionistas, en la práctica, debido a que los gerentes controlan los recursos organizacionales, tienen el control real sobre la compañía a pesar de que los accionistas sean los dueños. El resultado es que los gerentes pueden seguir las metas que promuevan sus propios intereses y no los de los accionistas.[13]

Un intento por maximizar la riqueza del accionista, por ejemplo, requeriría tomar riesgos en un territorio desconocido e invertir capital en investigación y desarrollo que pueda rendir frutos a largo plazo, como los inventos o descubrimientos recientes, que generan productos innovadores y un flujo de utilidades nuevas. Sin embargo, los gerentes quizá prefieran maximizar los beneficios a corto plazo, debido a que es la meta con la cual son evaluados tanto por sus pares como por los analistas financieros, quienes no toman mucho en cuenta el enfoque a largo plazo.[14]

Otro enfoque consiste en que los gerentes prefieran una vida tranquila donde los riesgos sean pequeños, de modo que no estén motivados a ser emprendedores, ya que controlan sus propios salarios. Más aún, debido a que los salarios de los gerentes están correlacionados con el tamaño de la organización, tal vez prefieran seguir con estrategias de bajo riesgo, aun cuando estas no aumenten el rendimiento sobre el capital invertido. Por tales razones, las metas de los gerentes y de los accionistas podrían resultar incompatibles, debido a que los primeros se encuentran en el asiento del conductor de la organización, y las metas de los accionistas quizá no sean las que tengan la mayor probabilidad de ser cumplidas.

Aun cuando los inversionistas concuerden en las metas que la organización deba cumplir, no es una tarea sencilla la selección de aquellas que mejorarán las oportunidades de la organización por sobrevivir y por lograr un futuro boyante. Suponga que los gerentes deciden buscar la meta primaria de maximizar la riqueza del accionista. ¿Cómo deberían luchar para lograr esta meta? ¿Deberían los gerentes intentar aumentar la eficiencia y reducir los costos para mejorar la rentabilidad o para mejorar la calidad? ¿Deberían incrementar la capacidad de la organización para influir en sus inversionistas externos e invertir miles de millones de dólares para convertirse en una compañía global? ¿Deberían invertir los recursos organizacionales en nuevos proyectos de investigación y desarrollo que aumenten sus competencias en innovación, algo vital en las industrias de alta tecnología? Los gerentes de la organización podrían tomar cualquiera de dichas acciones para lograr la meta de maximizar la riqueza del accionista.

Como se observa, no hay reglas fáciles de seguir. Y, de diversas formas, ser eficaz significa hacer más elecciones correctas que incorrectas. Sin embargo, una cosa es cierta: una organización que no ponga atención a sus inversionistas y no intente por lo menos satisfacer mínimamente sus intereses, perderá legitimidad ante sus ojos y estará condenada al fracaso. La importancia de utilizar la ética organizacional para evitar ese resultado se revisará más adelante en el capítulo.

Distribución de recompensas

Otro problema importante que enfrenta una organización es cómo distribuir las utilidades —que obtiene como resultado de ser eficaz— entre los diversos grupos de inversionistas. Es decir, los gerentes tienen que decidir qué incentivos o recompensas debe recibir cada grupo. Una organización necesita satisfacer mínimamente la expectativa de cada grupo. Pero, cuando las recompensas rebasan las que se consideran como suficientes para cubrir la necesidad mínima de cada grupo, ¿cómo deberían distribuirse las recompensas "adicionales"? ¿Cuánto deben recibir los trabajadores o los gerentes en relación con los accionistas? ¿Qué determina una recompensa adecuada para los gerentes? La mayoría de las personas responde que las recompensas administrativas deberían estar determinadas por la eficacia de la organización. No obstante, esa respuesta hace surgir otra pregunta: ¿cuáles son los mejores indicadores de la eficacia que permitan determinar las recompensas administrativas, la utilidad a corto plazo, la maximización de la riqueza a largo plazo y el crecimiento organizacional? Seleccionar diferentes criterios lleva a distintas respuestas a la pregunta.

Efectivamente, en la década de 1980, el salario promedio de un director general era cerca de 40 veces mayor que el de un trabajador promedio; para 2010, el salario del director general era *600* veces mayor y aún más en 2011, a pesar de la crisis financiera. ¿Puede justificarse esa clase de aumentos? Dados los múltiples ejemplos de ambición corporativa, cada vez con mayor frecuencia los analistas dicen que no, en tanto que otros han recurrido a los consejos directivos y a los legisladores para encontrar formas de limitar el aumento de los salarios de los Directores Generales.

Los mismos tipos de consideración son válidos para los demás miembros organizacionales. ¿Cuáles son las recompensas adecuadas para un gerente de nivel medio que inventa un nuevo proceso que permite ganar millones de dólares anuales a la organización, o bien, para la fuerza de trabajo en general cuando la compañía consigue utilidades récord? ¿Deberían otorgarles acciones de la compañía o bonos a corto plazo? ¿Tendría una organización que garantizar el empleo permanente o a largo plazo, como incentivo para el buen desempeño? De manera similar, ¿los accionistas deberían recibir dividendos regulares, o todas las utilidades tendrían que reinvertirse en la compañía para mejorar sus habilidades y recursos?

La forma en que dichas metas pueden entrar en conflicto se destaca en el hecho de si los médicos deberían poseer acciones de los hospitales donde laboran. En las últimas décadas, ha crecido el número de los médicos que se convierten en accionistas de las clínicas y hospitales en los que trabajan. Algunas veces, los médicos de una área particular se unen para abrir su propia clínica. En otras ocasiones, las grandes cadenas de hospitales les dan acciones del mismo. Es una tendencia que tiene el potencial de causar un conflicto de intereses importante entre los médicos y sus pacientes. Fue el caso de la cadena de hospitales Columbia/HCA, que inició ofreciendo a los médicos participación financiera en la organización, con la finalidad de motivarlos a enviar a sus pacientes al hospital Columbia para seguir ahí un tratamiento.[15] Otras sociedades médicas le siguieron; sin embargo, en la década de 2000 aumentaron las sociedades de médicos que formaron hospitales de los cuales son los principales accionistas y a donde remiten a sus pacientes.

Cuando se convirtieron en dueños, no obstante, los médicos sintieron entonces el incentivo de dar a sus pacientes cuidados con estándares mínimos, para así recortar costos y aumentar los ingresos del hospital o, más probablemente, para sobrecargar de pacientes sus servicios y así lograr ganancias adicionales. Además, el nexo financiero entre médicos y hospitales denota que esos

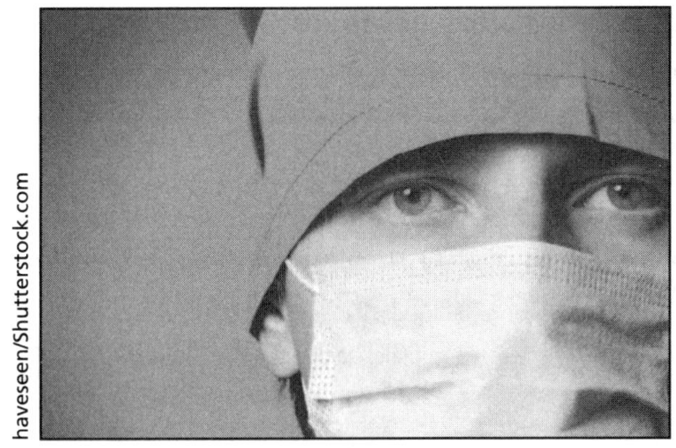

haveseen/Shutterstock.com

¿Los médicos enfrentan conflicto de incentivos cuando se convierten en accionistas de los hospitales o clínicas donde laboran? Algunos expertos piensan que sí.

galenos no utilizarían hospitales independientes que puedan contar mejores registros en minimizar las infecciones posoperatorias o dar un mejor cuidado al paciente.

Evidentemente las metas competitivas de médicos y pacientes, cuando los primeros son accionistas, presentan implicaciones importantes para los intereses del inversionista. De hecho, ha habido cierto apoyo para prohibir a los médicos intereses financieros en sus propios hospitales y clínicas. Sin embargo, estos profesionales de la salud argumentan que se encuentran en la misma situación que los abogados o contadores, por lo que no habría razón para suponer que sacarían más ventaja de sus pacientes, que aquellos abogados que encuentran la forma de inflar las cuentas de sus clientes.

La distribución de recompensas o incentivos es un componente significativo de la eficacia de la organización, ya que los incentivos ofrecidos a los inversionistas determinan ahora su motivación, es decir, la forma y el nivel de sus contribuciones futuras. Las decisiones de inversión futura de los asociados dependen del rendimiento que esperan sobre sus inversiones, sean los rendimientos en forma de dividendos, acciones, bonos o salarios. Es en ese contexto donde los papeles de los altos ejecutivos y del consejo directivo se vuelven importantes, pues los grupos de inversionistas son quienes cuentan con el poder que determina el nivel de recompensas o incentivos que recibirá cada grupo, incluyéndose ellos mismos. Así como los empleados e inversionistas de Enron que perdieron casi todo el valor de sus pensiones y fondos, los directores y altos ejecutivos en ocasiones no juegan bien su papel.

Altos ejecutivos y autoridad organizacional

Gracias a que los altos ejecutivos son el grupo inversionista que tiene la responsabilidad de establecer las metas y los objetivos de la compañía, así como de asignar los recursos organizacionales para alcanzar dichas metas, es útil acercarnos a esos ejecutivos. ¿Quiénes son, qué papeles y funciones realizan, y cómo cooperan los gerentes para administrar el negocio de la compañía?

Autoridad
El poder para hacer que las personas sean responsables de sus acciones y para tomar decisiones relativas al uso de los recursos organizacionales.

Autoridad es el poder para mantener a las personas responsables de sus acciones e influir directamente sobre lo que hacen y cómo lo hacen. El grupo inversionista con la máxima autoridad sobre el uso de los recursos de la organización son los accionistas. Legalmente, son los dueños de la compañía y ejercen control sobre sus representados a través del consejo de directores. Por consiguiente, los accionistas delegan a los gerentes la autoridad y responsabilidad legales para utilizar los recursos de la organización, para crear valor y lograr las metas (véase la figura 2.1). Aceptar la autoridad y la responsabilidad que otorgan los accionistas y el consejo directivo, convierte a los gerentes corporativos en los responsables de la forma en que utilizan los recursos y del valor que crea la organización.

El consejo directivo supervisa las actividades de los gerentes corporativos y recompensa a aquellos que concreten actividades que satisfagan las metas de los inversionistas. El consejo cuenta con la autoridad legal para contratar, despedir y disciplinar a la gerencia corporativa. La presidencia del consejo directivo es el representante principal de los accionistas y, como tal, representa la máxima autoridad en la organización. Dentro del comité ejecutivo, el cual está formado por los directores más importantes y por los altos ejecutivos de la organización, la presidencia tiene la responsabilidad de supervisar y evaluar la forma en que los gerentes corporativos utilizan los

Figura 2.1 Jerarquía de los altos ejecutivos

Esta figura muestra los niveles jerárquicos, aunque no necesariamente las relaciones entre ellos.

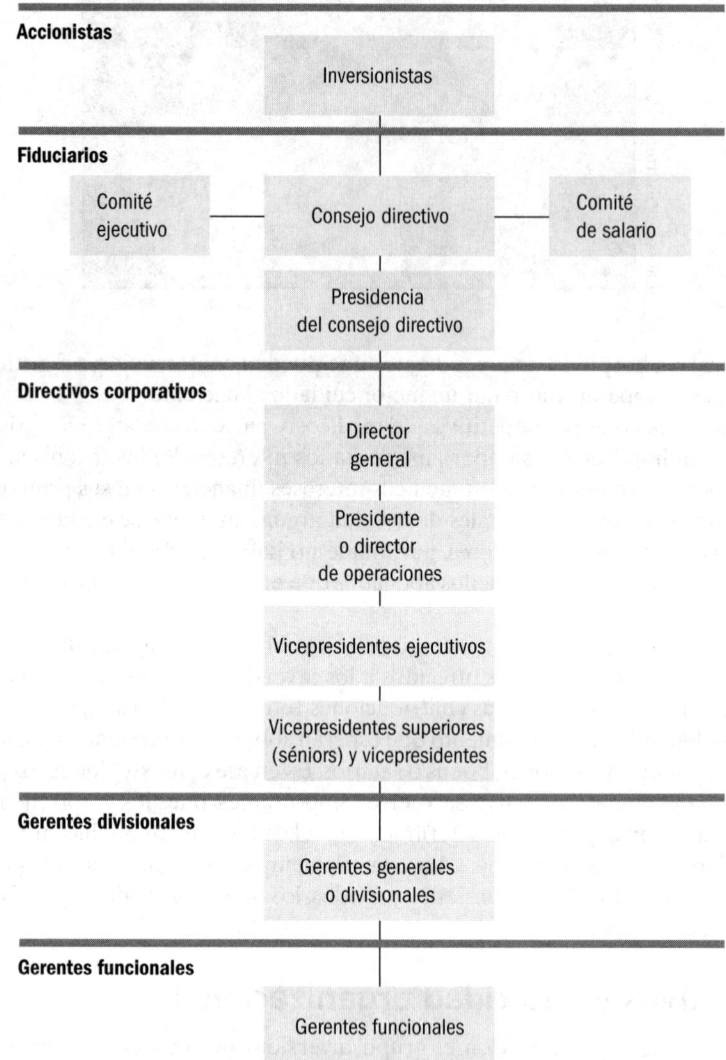

recursos de la organización. La presidencia y los demás directores están encargados de la administración fiduciaria: actúan como consejeros para proteger los intereses de los accionistas y demás inversionistas. El comité de salarios establece los salarios y términos de contratación de los gerentes corporativos.

Existen dos tipos de directores: los internos y los externos. Los directores internos son quienes ocupan un lugar en la jerarquía formal de la compañía; son empleados de tiempo completo de la corporación. Los directores externos no son empleados de la compañía, pues varios de ellos son directivos profesionales que mantienen posiciones en el consejo directivo de varias compañías, o bien, son ejecutivos de otras organizaciones que ocupan un lugar en otros consejos directivos. La finalidad de contar con directores externos es dar objetividad a la toma de decisiones de la compañía y equilibrar así el poder entre los directores internos, quienes evidentemente están del lado de la gerencia de la organización. Sin embargo, en la práctica, los directores internos tienden a dominar los consejos, porque ellos tienen acceso a toda la información de la compañía y pueden usar esa información para influir en la toma de decisiones a su favor. Más aún, muchos directores externos tienden a ser pasivos y servir como sello de visto bueno de las decisiones administrativas. Se ha argumentado que muchos de los problemas que han surgido, y continúan surgiendo, en compañías como Computer Associates, Walt Disney, Bank of America, HP y otras, son el resultado de directores pasivos o cautivos, designados por el director general, quien no ejerce la supervisión adecuada.

Los directores de algunas compañías han sido demandados por no ejercer tal supervisión y han pagado millones de dólares en multas.[16]

La gerencia de nivel corporativo es el grupo de inversionistas interno que cuenta con la máxima responsabilidad para establecer las metas y los objetivos de la compañía, así como para asignar los recursos organizacionales en aras del logro de los objetivos y para diseñar la estructura de la organización. ¿Quiénes son los gerentes corporativos? ¿Qué hacen exactamente y qué funciones desempeñan? La figura 2.1 muestra la jerarquía típica de los puestos y la **cadena de mando**, es decir, el sistema jerárquico y sus interrelaciones en una corporación. Una **jerarquía** es el orden vertical de los papeles organizacionales de acuerdo con su autoridad relativa.

Cadena de mando
Sistema jerárquico y sus interrelaciones dentro de una organización.

Jerarquía
Clasificación de personas de acuerdo con su autoridad y rango.

El director general

Es la persona responsable de establecer la estrategia y las políticas de la organización. Aun cuando el director general reporta al presidente del consejo (quien es la máxima autoridad legal), en sentido real el director general es el individuo más poderoso de la corporación, ya que es quien controla la asignación de los recursos. El consejo directivo da al director general el poder para establecer la estrategia de la organización y utilizar sus recursos para crear valor. En ocasiones, el director general y el presidente del consejo son la *misma* persona. Alguien que ocupa ambos puestos ejerce considerable poder y vincula directamente al consejo directivo con la gerencia corporativa.

¿Cómo afecta en realidad un director general la forma en que opera la organización? Un director general puede influir en la efectividad y la toma de decisiones organizacionales de cinco formas principales.[17]

1. **El director general es responsable de establecer las metas de la organización y diseñar su estructura.** Asigna autoridad y responsabilidades de tal forma que todos los trabajadores de la organización estén coordinados y motivados para alcanzar las metas organizacionales. Diferentes estructuras organizacionales promueven diferentes métodos para coordinar y motivar a los empleados de todos los niveles.
2. **El director general selecciona a ejecutivos clave para ocupar los niveles más altos de la jerarquía administrativa.** La decisión de cuáles gerentes promover al nivel más alto de la jerarquía administrativa es una parte fundamental del trabajo del director general, ya que la calidad de la toma de decisiones está directamente afectada por las capacidades de los altos ejecutivos de la organización. El director general de General Electric, por ejemplo, selecciona y promueve personalmente a los 100 gerentes generales y aprueba las promociones de otros 600 ejecutivos.[18] Al elegir personal clave, el director general determina los valores, las normas y la cultura que surgen en la organización. La cultura determina la forma en que los miembros de la organización abordan los problemas y toman decisiones: ¿tienen iniciativa empresarial o son conservadores?
3. **El director general determina las recompensas y los incentivos de los altos ejecutivos.** El director general influye en la motivación que los altos ejecutivos desarrollan para buscar con eficacia el logro de las metas organizacionales. Aun cuando sabían que Enron estaba colapsando, en los días previos a la debacle, los altos ejecutivos de esa compañía decidieron premiarse con una remuneración de más de 80 millones de dólares por su "trabajo". Una de las razones por las que Netflix ha sido tan exitosa y por la que es actualmente el líder del mercado de películas y programación de TV de paga —y transmite a uno de cada ocho estadounidenses suscritos— es por su manera de remunerar a sus gerentes: ellos deciden *cada mes* qué proporción de su remuneración desean obtener en salario o en acciones, en relación con el desempeño futuro de la compañía. El resultado ha sido un equipo de gerentes comprometidos dedicados a maximizar el potencial de la compañía.[19]
4. **El director general controla la distribución de los recursos como el dinero y el poder en la toma de decisiones, entre las áreas funcionales o las divisiones de negocio de la organización.** Este control da al director general el enorme poder de influir en la dirección de las actividades de creación de valor futuro de la organización, las clases de productos que la compañía fabricará, los mercados donde competirá, etc. Henry Ford III recuperó la dirección general de Ford a finales de 1990, después de que el director anterior, Jacques Nasser, fue criticado por gastar 10 mil millones de dólares en innumerables proyectos

globales que poco ayudaron a aumentar la rentabilidad de la compañía. La filosofía de Ford era que sus gerentes debían demostrar que sus proyectos generarían dinero, antes de que él autorizara fondos para ser invertidos en el desarrollo de nuevos automóviles. Ford no tuvo más éxito que su antecesor. Las ventas globales de sus automóviles continuaron cayendo, por lo que en 2005 Ford decidió dejar el control de la compañía a un nuevo director general, Alan Mulally, quien para 2011 transformó la compañía utilizando sus habilidades para usar de mejor forma los recursos de la empresa. En el verano de 2011, aun cuando ya tenía 65 años de edad, Mulally declaró que no tenía planes para retirarse y Henry Ford bromeó que esperaba que Mulally siguiera ahí hasta 2025.

5. **Las acciones y la reputación del director general causan un mayor impacto en los puntos de vista que los inversionistas tienen sobre la organización, a la vez que afectan la capacidad de la organización para atraer recursos de su ambiente.** La personalidad y el carisma del director general suelen influir en la capacidad de la organización para obtener fondos de los bancos e inversionistas, así como influir en el deseo de los consumidores para adquirir los productos de la compañía. De la misma manera funciona una reputación de honestidad e integridad y de toma de decisiones éticas.

La capacidad para influir en la toma de decisiones y en el comportamiento de los gerentes da al director general un poder enorme para influir directamente en la efectividad organizacional. Ese poder es también indirecto, ya que influye en la toma de decisiones por las personas que él designa, o por la estructura y cultura organizacionales que crea y deja como legado. Así, el equipo de altos ejecutivos que crea el director general es muy importante para el éxito de la organización no solo en el presente, sino en el futuro de la misma.

El equipo de altos ejecutivos

Después del presidente y del director general, el director de operaciones —quien es el siguiente en la línea jerárquica y que puede o no ser el sucesor del director general— es el siguiente ejecutivo más importante. El director de operaciones reporta directamente al director general y juntos comparten la responsabilidad principal de administrar el negocio. En la mayoría de las organizaciones, se presenta una división del trabajo en el nivel ejecutivo entre estas dos funciones. Por lo regular, la responsabilidad primaria del director general consiste en administrar la relación de la organización con los inversionistas externos y de planear los objetivos estratégicos a largo plazo de la organización en general y de todas sus divisiones. El director de operaciones tiene la responsabilidad primaria de administrar las operaciones internas de la organización para asegurarse de que se alineen con los objetivos estratégicos de la organización. En una compañía grande, el director de operaciones supervisa la operación de sus divisiones y unidades de negocio más importantes.

Función de línea
Desempeñada por aquellos gerentes que tienen responsabilidad directa sobre la producción de bienes y servicios.

Función de *staff*
Realizada por aquellos gerentes que tienen a su cargo una función organizacional de apoyo específica como ventas o investigación y desarrollo.

Equipo de altos ejecutivos
Un grupo de gerentes que reporta al director general y al director de operaciones, y que ayuda al director general a establecer la estrategia de la compañía, así como sus metas y objetivos a largo plazo.

Gerentes corporativos
Miembros de este equipo son la alta gerencia, cuya responsabilidad es establecer la estrategia para la corporación en su conjunto.

En el siguiente nivel se encuentran los vicepresidentes ejecutivos. Las personas con este puesto son las responsables de supervisar y administrar las responsabilidades de *staff* y de línea de una compañía. La **función de línea** la desempeñan aquellos gerentes que tienen responsabilidad directa sobre la producción de bienes y servicios. Un vicepresidente ejecutivo, por ejemplo, sería el responsable total de supervisar el desempeño de las 200 divisiones químicas de una compañía o todas las divisiones internacionales de una organización. La **función de *staff*** la realizan aquellos gerentes que tienen a su cargo una función organizacional específica como ventas, o investigación y desarrollo. Por ejemplo, el vicepresidente ejecutivo de finanzas maneja todas las actividades financieras de la organización, en tanto que el vicepresidente ejecutivo de investigación y desarrollo supervisa las operaciones de investigación de una empresa. La función de *staff* solo es de apoyo pues no tiene responsabilidades directas sobre la producción, aunque sus ocupantes tienen influencia considerable en la toma de decisiones.

El director general, el director de operaciones y los vicepresidentes ejecutivos se encuentran en el nivel más alto de la cadena de mando de una organización. De forma colectiva, las personas que ocupan esos puestos forman un **equipo de alta gerencia**, un grupo que reporta al director general y al director de operaciones, y que ayuda al primero a establecer la estrategia de la compañía, así como sus metas y objetivos a largo plazo.[20] Todos los miembros de este equipo son los **gerentes corporativos**, cuya responsabilidad es establecer la estrategia para la corporación como un todo.

La forma en que el director general maneja el equipo de altos ejecutivos y asigna a las personas que lo conforman es una parte vital de su tarea. Por ejemplo, cuando el director general designa a un director operativo, está enviando una señal clara al equipo de altos ejecutivos sobre los tipos de asuntos y eventos más importantes para la organización. Con frecuencia, por ejemplo, una organización selecciona a un nuevo director general o designa un director operativo que cuenta con la experiencia funcional y administrativa para manejar las presiones que enfrenta una corporación. Muchas compañías seleccionan cuidadosamente al sucesor del director general que sea capaz de asumir y mejorar un enfoque a largo plazo que logre el mejor uso de los recursos de la compañía. Por supuesto, la designación del equipo de la alta gerencia es el primer paso de este proceso de desarrollo del futuro director general.[21] Cada vez con mayor frecuencia, la composición del equipo de la alta gerencia se ha convertido en una de las prioridades del director general y del consejo directivo de una compañía, pues el precio de las acciones de una empresa está vinculado con el desempeño futuro del director general. En 2011 los inversionistas de Apple se preocuparon por los problemas de salud de Steve Jobs, que fueron la causa de que este solicitara autorización para ausentarse, y los inversionistas de Google se preocuparon cuando su fundador Larry Page sustituyó como director general a Eric Schmidt, quien había dirigido la compañía durante su meteórico ascenso a la fama en la primera década del nuevo milenio.

Otros ejecutivos

En el siguiente nivel de una compañía se encuentran los vicepresidentes sénior y vicepresidentes y los gerentes corporativos sénior, tanto en función de línea como de *staff*. Las grandes compañías como Time Warner, Ford y Microsoft cuentan con cientos de gerentes corporativos sénior. Incluso en este nivel se encuentran aquellos gerentes que encabezan una de las compañías o divisiones operativas de la compañía y se conocen como gerentes generales. En la práctica, los gerentes generales de las divisiones tienen el título de director general de su división porque su responsabilidad directa se orienta al desempeño de *su* división y, por lo regular, reportan al director general o al director de operaciones corporativo. Sin embargo, establecen las políticas solo para la división que encabezan, no para toda la organización y, por lo tanto, son **gerentes divisionales**, no corporativos. Por ejemplo, en Ford, los gerentes divisionales son responsables de la operación de cada una de sus divisiones o unidades de fabricación de automóviles.

Gerentes divisionales Administradores que establecen las políticas solo para la división que encabezan.

Una organización o división de una organización tiene también gerentes funcionales con puestos tales como gerente de marketing o de producción. Los **gerentes funcionales** son responsables de desarrollar las competencias y habilidades funcionales que, en conjunto, proporcionen las competencias clave que den a la organización su ventaja competitiva. Cada división, por ejemplo, cuenta con un conjunto de gerentes funcionales que reportan al gerente general o divisional.

Gerentes funcionales Administradores responsables de desarrollar las competencias y habilidades funcionales que, en conjunto, proporcionen las competencias clave que dan a la organización su ventaja competitiva.

Perspectiva de la teoría de la agencia

La teoría de la agencia ofrece una manera útil de entender la compleja relación de autoridad entre los altos ejecutivos y el consejo de directores. Una relación de agencia surge cuando una persona (el director) delega la autoridad o el control de la toma de decisiones sobre los recursos a otra persona (el representante o gestor). En la parte más alta de la jerarquía de autoridad de una compañía, los accionistas son los directores y los miembros de la cúpula son los representantes o gestores, designados por los accionistas para usar los recursos organizacionales de la forma más eficaz. Por ejemplo, el accionista promedio no tiene un conocimiento profundo de una clase particular de industria o sobre cómo operar una compañía. Ellos designan a expertos en la industria, a los gerentes, para realizar ese trabajo. Sin embargo, al delegar autoridad a los gerentes, surge el **problema de agencia**, es decir, un problema en la determinación de la responsabilidad en la rendición de cuentas. Esto se debe a que si usted contrata a un experto, por definición esta persona debe saber más que usted. ¿Cómo podría entonces cuestionar las decisiones del experto y la forma en que opera la organización? Más aún, los resultados del desempeño de los gerentes solo pueden evaluarse después de que haya pasado un tiempo considerable. En consecuencia, es muy difícil lograr que los gerentes sean responsables de lo que hacen. Con frecuencia, los accionistas no lo hacen sino hasta que es muy tarde, cuando la compañía ha sufrido pérdidas por millones de dólares. En gran medida, al delegar autoridad, los accionistas pierden su competencia para influir en la toma de decisiones de manera significativa.

Problema de agencia Un problema en la determinación de la responsabilidad en la rendición de cuentas al delegar autoridad en los gerentes.

El problema consiste en que los accionistas se encuentran en una *desventaja informativa* en relación con los altos ejecutivos. Es muy difícil para ellos juzgar la eficacia de las acciones de un equipo ejecutivo cuando solo puede juzgarse después de varios años. Es más, como vimos anteriormente, las metas y los intereses de los gerentes y accionistas pueden incluso diferir. Los gerentes quizá prefieran buscar el desarrollo de acciones que conduzcan a beneficios a corto plazo, mientras que los accionistas tal vez prefieran acciones que conduzcan a una rentabilidad a largo plazo, como el aumento en la eficiencia en innovación.

El problema del riesgo moral

Hay un problema de riesgo moral cuando estas dos condiciones existen: **1.** un directivo encuentra muy difícil evaluar qué tan bien se desempeña un gestor debido a que este posee ventaja informativa, y **2.** el representante o gestor tiene un incentivo para buscar metas y objetivos diferentes de los del director. En este, los gestores encuentran la oportunidad y el incentivo de buscar sus propios intereses. Por ejemplo, en la década de 2000 el gigante del entretenimiento Time Warner estuvo bajo la lupa, porque sus altos ejecutivos habían realizado adquisiciones, como AOL, que *disminuyeron* la innovación, la eficiencia y las utilidades. Los accionistas sintieron que el equipo ejecutivo de Time Warner seguía estrategias equivocadas para aumentar la rentabilidad de la compañía; por ello, demandaron que la organización se desprendiera de AOL y de su negocio de televisión por cable. Para confrontar a los gerentes con estas difíciles cuestiones, los accionistas demandaron **1.** un cambio en la dirección y las metas de la compañía, y **2.** más información financiera que sirviera para reducir la desventaja informativa. En resumen, querían más control sobre la estrategia de la compañía para resolver el problema de agencia. Conforme el precio de las acciones de Time Warner continuaba cayendo, aumentó su poder y la compañía se subdividió; en 2008 surgió la división de televisión por cable y, luego, en 2009 la de AOL, como compañías independientes: cada una con su propio director general.

Otros ejemplos más específicos de riesgo moral se informan con regularidad en los periódicos, como cuando en mayo de 2011 el millonario gerente de fondos de riesgo Raj Rajaratham fue encontrado culpable por un fraude en 14 cuentas de bonos por su papel en el escándalo del negocio de fondos internos. Rajaratham pagó a ejecutivos sénior de las compañías AMD e Intel por información sobre cambios futuros en su estrategia, lo cual le permitió obtener casi 64 millones de dólares al comerciar las acciones de esas compañías, antes de que se anunciaran los cambios. En 2011 otros 15 casos de negociaciones internas fueron llevados a juicio por el gobierno, en un intento por eliminar el uso de información privilegiada para obtener dinero indebido. Es claro que los altos ejecutivos tienen grandes oportunidades para perseguir sus propios intereses a expensas de los intereses de los inversionistas.

Transacciones en beneficio propio
Ejecutivos corporativos que sacan ventaja de su posición en una organización para actuar conforme a sus propios intereses.

Transacciones en beneficio propio es la expresión utilizada para describir la conducta de los ejecutivos corporativos que sacan ventaja de su posición en una organización, para actuar conforme a sus propios intereses en vez de los intereses de los inversionistas, como obtener ventaja de las oportunidades para el uso indebido de los recursos corporativos, incluyendo la información secreta.

Solución al problema de agencia

Mecanismos de control de gestión
Formas de control que alinean los intereses del director y del gestor, de modo que ambas partes tengan el incentivo para trabajar juntos con la finalidad de maximizar la eficacia organizacional.

En la teoría de la agencia, el tema central consiste en solucionar el problema de la agencia utilizando **mecanismos de control de gestión** o formas de control que alineen los intereses del director y del gestor, con la finalidad de que ambas partes tengan el incentivo de trabajar juntos y maximizar así la efectividad organizacional. Existen muchos tipos diferentes de mecanismos de control de agencia o de gestión.

Primero, el papel principal del consejo directivo es supervisar las actividades de los ejecutivos, cuestionar su toma de decisiones y estrategias, así como intervenir cuando sea necesario. Algunos abogan por una separación clara entre el papel del director general y el presidente para limitar el poder del primero, argumentando que el enorme aumento en el sueldo del director general es evidencia de la necesidad de prevenir abusos de poder. Otra tarea vital es reforzar y desarrollar el código ético de la organización, lo cual se revisará posteriormente.

El siguiente paso para solucionar el problema de agencia es encontrar el conjunto adecuado de incentivos para ajustar los intereses de los gerentes y de los accionistas. Recuerde que es muy difícil para los inversionistas supervisar y evaluar la eficacia de las decisiones del gerente, ya que los resultados tan solo pueden evaluarse después de varios años. Así, basar las recompensas en las decisiones no siempre es una estrategia de alineación eficaz. La forma más útil de alinear los intereses entre los gerentes y los inversionistas es hacer dependientes las recompensas de sus decisiones de los resultados, es decir, dependientes al desempeño organizacional. Existen diversas formas de hacerlo, y cada una tiene sus ventajas y sus desventajas.

Esquemas de remuneración con base en acciones
Recompensas monetarias en forma de acciones o valores que están vinculados al desempeño de la compañía.

ESQUEMAS DE REMUNERACIÓN CON BASE EN ACCIONES Los **esquemas de remuneración con base en acciones** son una forma de lograrlo. Los gerentes reciben gran parte de su recompensa monetaria en forma de acciones vinculadas al desempeño de la compañía. Si la empresa funciona adecuadamente, el valor de sus acciones y de la remuneración monetaria es mucho mejor. En efecto, los intereses se alinean porque los gerentes se convierten en accionistas. Dicha estrategia ha sido utilizada en algunas compañías como GM e IBM, donde tradicionalmente los altos ejecutivos poseían muy pocas acciones en la corporación. El consejo directivo insistió en que los altos ejecutivos adquirieran acciones en la compañía y los directivos otorgarían opciones de valores como medio para aumentar la inversión de los gerentes en el desempeño de la compañía.

CONCURSOS PARA PROMOCIÓN Y PLANES DE CARRERA Los incentivos pueden tomar otras formas. Una manera de vincular las recompensas con el desempeño consiste en desarrollar planes de carrera organizacionales, que permitan a los gerentes subir a la cúpula de la organización. El poder del director general es algo a lo que aspiran muchos ejecutivos. Por ejemplo, un consejo directivo que baja de nivel a algunos ejecutivos y promueve o contrata a nuevos, por lo general externos, estaría enviando una clara señal a los altos ejecutivos sobre los tipos de comportamiento que serían recompensados en el futuro. Todas las organizaciones tienen "concursos de promoción", donde los ejecutivos compiten por oportunidades limitadas de promoción demostrando sus habilidades y competencias. Al vincular directamente la promoción con el desempeño, el consejo directivo puede enviar una señal clara sobre los futuros comportamientos que llevarían a la promoción, y a lograr que los gerentes se enfoquen en los objetivos a largo plazo, no tan solo en los de corto plazo.

La recompensa de promover a niveles altos no es solamente un paquete monetario a largo plazo que va con un ascenso, sino la oportunidad de ejercer poder sobre los recursos y el prestigio, el estatus y la satisfacción intrínseca, que acompañan el viaje hacia la cúpula de la organización.

La práctica de diseñar mecanismos de control corporativos para asegurar la eficacia a largo plazo es compleja y una de los más debatibles.[22] El Congreso ya promulgó algunos mecanismos de control administrativo y se han planeado otros tantos. Por ejemplo, la ley Sarbanes-Oxley introdujo un nuevo requerimiento de que los directores generales y los de operaciones, así como los de finanzas, firmaran las declaraciones de estados financieros de la compañía para que continuaran siendo confiables, tanto legal como personalmente, en cuanto a errores accidentales o deliberados que se llegaran a encontrar posteriormente. Este requerimiento ha llevado a las organizaciones a comunicar sus resultados financieros de forma más completa. De manera similar, se han desarrollado nuevas reglas que gobiernan las relaciones entre las compañías y sus contadores, así como nuevas regulaciones que fuerzan a las compañías a mostrar exactamente a los accionistas qué tipo de beneficios y privilegios adicionales reciben el director general y otros altos ejecutivos además de sus salarios, como acciones, pensiones, uso de vehículos o aviones de la compañía, etcétera.

Por supuesto, el asunto de los derechos de los accionistas se ha convertido en un tema cada vez más importante en este siglo, al saberse que varias compañías han admitido haber quebrantado las leyes y regulaciones del negocio. Por ejemplo, Salomon Smith Barney acordó pagar una multa de 5 millones de dólares, para resolver los cargos contra uno de sus agentes de bolsa que promovía valores entre los inversionistas, aun cuando los correos electrónicos internos sugerían que el valor de las acciones era una quimera. Se encontró que los agentes o corredores de bolsa de Merrill Lynch, ahora parte de Bank of America, habían actuado de forma similar, burlándose en privado de las perspectivas de compañías pobres, cuyas acciones seguían recomendando adquirir a miles de inversionistas. Muchas compañías de inversión admitieron haber permitido que sus gerentes de fondos y grandes inversionistas utilizaran información secreta, con la finalidad de realizar operaciones accionarias que les permitieron ganar millones de dólares en detrimento de pequeños inversionistas que perdieron millones de dólares. Asimismo, muchas compañías de seguros admitieron haber pagado sobornos a corredores de bolsa para hacer negocio, algo que artificialmente elevaba el costo de las pólizas de seguros para los clientes. Todas esas compañías han pagado millones de dólares en multas para dirimir los cargos, y sus altos ejecutivos, muchos de los cuales poseían enorme influencia en sus industrias, fueron despedidos. Para aprender más sobre el enfoque de Amazon y su control administrativo, visite el sitio Web de la compañía en la sección Relaciones del inversor y los Lineamientos de control corporativo.

Altos ejecutivos y ética organizacional

Un mecanismo muy importante de control administrativo que ha adquirido gran importancia para los comités directivos, sobre todo después de los recientes escándalos corporativos, consiste en insistir en que los gerentes sigan lineamientos éticos en su toma de decisiones, cuando se enfrenten con un dilema ético. Un **dilema ético** es la duda que los individuos experimentan cuando

Dilema ético
Duda que los individuos experimentan cuando requieren decidir si deben actuar de forma tal que beneficie a alguien más, aun cuando pueda lastimar a otros o vaya en contra de su propio interés.

requieren decidir si deben actuar de forma tal que pudieran ayudar a otra persona o grupo y si es lo "correcto", aun cuando hacerlo pudiera ir en contra de su propio interés. Un dilema puede surgir también cuando alguien tiene que decidir entre dos cursos de acción diferentes, sabiendo que cualquiera de ellos resultaría en un daño a otra persona o grupo, y beneficiaría a otros. El dilema ético consiste en decidir qué curso de acción es el menos nocivo.

Con frecuencia, las personas saben que confrontan un dilema ético cuando entran en juego sus escrúpulos morales y les provocan duda, debate y reflexión en lo "correcto" o "bondad" de una acción. Los escrúpulos morales son pensamientos y sentimientos que indican a la gente lo que está bien y lo que está mal: forman parte de la ética de una persona. **Ética** son los principios morales internos, los valores y las creencias que la gente utiliza para analizar o interpretar una situación y, luego, decidir lo "correcto" o la forma adecuada de comportarse. Al mismo tiempo, la ética también indica la conducta inapropiada y cómo debería comportarse una persona para evitar dañar a alguien más.

Ética
Principios o creencias morales sobre lo que es correcto e incorrecto.

El problema esencial al tratar con dilemas éticos y, por lo tanto, para resolver dilemas morales, es que no se pueden desarrollar reglas o principios absolutos o incuestionables para decidir una acción ética o una no ética. Poniéndolo de forma simple, diferentes individuos o grupos pueden disputar qué acciones son éticas o no, dependiendo de sus propios intereses, actitudes, creencias y valores específicos. Por consiguiente, ¿cómo decidimos nosotros, las compañías y sus ejecutivos lo que es ético para actuar adecuadamente con otras personas o grupos?

Ética y leyes

La primera respuesta a tal pregunta es que la sociedad en su conjunto, usando los procesos políticos y legales, ejerce presión y aprueba leyes que especifican aquello que las personas y las organizaciones pueden hacer o no. Por ejemplo, existen muchas clases diferentes de leyes para gestionar un negocio, como la ley antimonopolio y la ley del empleo. La legislación también especifica qué sanciones o castigos se aplicarán si se transgreden tales leyes. Diferentes grupos sociales influyen en la legislación que debería aprobarse con base en sus intereses y creencias personales con respecto a lo que está bien o está mal. El grupo que logra convocar más apoyo es capaz de aprobar leyes que se alineen mejor con sus intereses y creencias. Una vez aprobada una legislación, la decisión sobre el comportamiento adecuado respecto a una persona o situación pasa del dominio ético determinado personalmente, al dominio legal determinado socialmente. Si usted no actúa conforme a la ley, será acusado y, si lo encuentran culpable de romperla, puede ser castigado.

Al estudiar la relación entre ética y ley es importante entender que *ni las leyes ni la ética son principios absolutos* ni fijos, que no puedan cambiar con el paso del tiempo. Las creencias éticas se alteran y cambian conforme transcurre el tiempo, en tanto que las leyes cambian para reflejar las modificaciones en las creencias éticas de una sociedad. Hay muchos tipos de comportamiento —como el robo, el espionaje industrial, la venta de productos inseguros— que, en su mayoría si no es que todos, se consideran totalmente inaceptables y poco éticos y que, por lo tanto, deberían ser ilegales. No obstante, la naturaleza ética de muchos otros tipos de acciones y conductas está abierta a la discusión. Algunos individuos podrían creer que una conducta en particular, por ejemplo, la de los altos ejecutivos que reciben valores y bonos que valen cientos de millones de dólares o que subcontratan millones de empleos a menor costo en lugares lejanos, es poco ética y debería ser ilegal. Otros argumentarían que es decisión del comité directivo de una compañía si tales comportamientos son éticos o no, y si un comportamiento específico debería seguir siendo legal.

Mientras que las creencias éticas conducen al desarrollo de leyes y regulaciones para prevenir determinadas conductas o fomentar otras, la legislación por sí misma puede cambiar y desaparecer si las creencias éticas cambian. Así, tanto las reglas éticas como las legales son *relativas*: no existen estándares absolutos o invariables para determinar cómo debemos comportarnos, y la gente se ve envuelta en dilemas morales todo el tiempo. Debido a esto tenemos que realizar elecciones éticas.

La cuestión anterior destaca un aspecto importante en la comprensión de la relación entre ética, leyes y negocios. En lo que va del siglo XXI, muchos escándalos han afectado a las grandes compañías; sus ejecutivos quebrantaron la ley y utilizaron medios ilegales para defraudar a sus inversores; en otras, actuaron con falta de ética. En algunos casos, los altos ejecutivos alentaron a los miembros del consejo directivo de su compañía a comportarse de forma poco ética ofreciéndoles recompensas ilegales y poco éticas por ese comportamiento, a cambio del apoyo de la dirección general. Por ejemplo, en ocasiones los directores generales usan su posición para ubicar a amigos personales en el consejo directivo; aunque eso no es ilegal, es evidente que tales personas votarán a favor del director general en las juntas del consejo. En un ejemplo clásico de tal comportamiento poco ético, los directores de WorldCom concedieron a su director general anterior, Bernie Ebbers, enormes valores y acciones, además de un préstamo personal por más de 150 millones de dólares, a cambio de la promesa de que serían bien recompensados como directores. Por ejemplo, Ebbers les permitió usar los aviones corporativos de WorldCom a un costo mínimo, lo que les ahorró cientos de millones de dólares anuales, y les dio otros privilegios que sumaban varios millones de dólares.

A la luz de esos eventos, algunas personas dijeron: "Bueno, lo que ellos hicieron no es ilegal". Eso implicaba que si el comportamiento no era ilegal, tampoco era poco ético. No obstante, el hecho de que el comportamiento no sea ilegal *no* significa que sea ético; claramente tal conducta es poco ética. En muchos casos, las leyes se aprueban *posteriormente* para cerrar los vacíos legales y prevenir a las personas poco éticas —como Ebbers— de comportarse así. Por ello, Ebbers fue encontrado culpable de fraude y sentenciado a 20 años de cárcel, y muchos otros ejecutivos recibieron sentencias similares por abuso de información privilegiada. Al igual que la gente común, los ejecutivos deben confrontar la necesidad de decidir lo que es adecuado e inapropiado, cuando utilizan los recursos organizacionales para crear los productos que los clientes desean adquirir.

Ética e inversionistas organizacionales

Como puede apreciarse, la ética son los principios o creencias morales sobre lo que está bien o está mal. Tales creencias guían a las personas en su relación con otros individuos y grupos (inversionistas) y brindan una base para decidir si una decisión o una conducta particular son correctas y adecuadas.[23] La ética ayuda a la gente a determinar respuestas morales a situaciones en las que no está claro el mejor curso de acción. La ética guía a los ejecutivos en sus decisiones sobre qué hacer en diversas situaciones. La ética también ayuda a los gerentes a decidir cómo responder mejor a los intereses de los diversos inversionistas organizacionales.

Como se revisó antes, al guiar un negocio y tratar con inversionistas externos e internos, los altos ejecutivos están haciendo elecciones constantes sobre la forma correcta o adecuada de tratar con esos inversionistas. Por ejemplo, una compañía podría cuestionarse si debería dar una noticia a sus empleados y cuadros medios sobre despidos inminentes o en cierre de plantas, o si tendría que publicar un aviso para llevar a revisión sus automóviles por un defecto que podría causar daños o lesiones a sus pasajeros, o bien, si debería permitir a sus ejecutivos pagar sobornos a oficiales del gobierno en países donde la corrupción es la forma aceptada de hacer negocios. En todas estas situaciones, los ejecutivos se encuentran en una situación difícil porque tienen que equilibrar sus intereses y los intereses de la "organización", con los intereses de grupos inversionistas. En esencia, tienen que decidir cómo repartir los "beneficios y daños" que surgen de las acciones de la organización entre los grupos de inversionistas. En ocasiones, tomar decisiones es sencillo porque se aplican estándares, valores, o normas de conducta obvios. En otros casos, los gerentes se enfrentan al problema de decidir qué hacer, por lo que experimentan un dilema ético al sopesar o comparar las demandas o los derechos de diferentes grupos de inversionistas.[24]

Los filósofos han debatido durante siglos sobre los criterios específicos que deberían usarse para determinar si las decisiones son éticas o no. La tabla 2.2 resume los tres modelos de lo que determina si una decisión es ética: el utilitario, el de derechos morales y el de justicia.[25]

En teoría, cada modelo ofrece una forma diferente y complementaria para determinar si una decisión o una conducta son éticas; los tres modelos deberían usarse para determinar lo ético de un curso de acción específico. Sin embargo, como es raro que los aspectos éticos estén claramente definidos y con frecuencia los intereses de los diferentes inversionistas son conflictivos, a veces es muy difícil para quien toma una decisión utilizar esos modelos para determinar la acción más ética. Por tal razón, muchos expertos en ética proponen esta guía práctica para determinar si una decisión o una conducta son éticas.[26] Una decisión es probablemente aceptable en términos éticos, si un ejecutivo puede contestar "sí" a cada una de las siguientes preguntas:

1. ¿Mi decisión cae dentro de los valores o estándares aceptables que se aplican regularmente en el ambiente organizacional?
2. ¿Tengo la intención de comunicar la decisión a todos los inversionistas afectados por ella; por ejemplo, reportándola en televisión o en los periódicos?
3. ¿La gente con quien tengo una relación personal, como los miembros de la familia, amigos o incluso ejecutivos de otras organizaciones, aprueban la decisión?

Desde una perspectiva administrativa, una decisión ética es una decisión que los inversionistas razonables o característicos encontrarían aceptable porque beneficia a los inversionistas, a

TABLA 2.2 Modelos éticos: Utilitario, de derechos morales y de justicia

Modelo utilitario. Una decisión ética es aquella que produce el máximo beneficio a la mayor cantidad de personas.

- **Implicaciones administrativas.** Los gerentes deberían comparar y contrastar cursos de acción opcionales con base en los beneficios y costos de tales opciones para los diferentes grupos de inversionistas en la organización. Tienen que elegir el curso de acción que brinde el máximo beneficio a los inversionistas. Por ejemplo, los gerentes deberían ubicar una nueva planta en el lugar que más beneficie a sus inversionistas.
- **Problemas de los gerentes.** ¿Cómo deciden los gerentes la importancia relativa de cada grupo de inversionistas? ¿Cómo medir con precisión los beneficios y perjuicios para cada uno de los grupos de inversionistas? Por ejemplo, ¿cómo elegir entre los intereses de los accionistas, los trabajadores y los clientes?

Modelo de derechos morales. Una decisión ética es aquella que mantiene y protege mejor los derechos y privilegios fundamentales de las personas afectadas. Por ejemplo, las decisiones éticas protegen el derecho a la libertad, a la vida y la seguridad, así como a la privacidad y a la libertad de conciencia de las personas.

- **Implicaciones administrativas.** Los gerentes deberían comparar y contrastar cursos de acción opcionales con base en el efecto de estas opciones en los derechos de los inversionistas. Deberían elegir la acción que mejor proteja los derechos de los inversionistas. Por ejemplo, son poco éticas las decisiones que impliquen un daño significativo a la seguridad o a la salud de empleados y clientes.
- **Problemas de los gerentes.** Si una decisión protegerá los derechos de algunos inversionistas y dañará los de otros, ¿cómo decide el gerente los derechos de qué inversionistas proteger? Por ejemplo, al decidir si es ético espiar a un trabajador, ¿el derecho a la privacidad de ese empleado es más importante que el derecho de la organización a proteger su propiedad o la seguridad de su fuerza laboral?

Modelo de justicia. Una decisión ética es aquella que distribuye los beneficios y los perjuicios entre las personas de manera equitativa, justa o imparcial.

- **Implicaciones administrativas.** Los gerentes deberían comparar y contrastar acciones opcionales con base en el grado en que la acción promoverá una distribución justa de los resultados. Por ejemplo, los empleados que tienen nivel similar de habilidades, desempeño o responsabilidad deberían recibir el mismo salario. La asignación de los resultados no debería basarse en diferencias arbitrarias según el género, la raza o la religión.
- **Problemas de los gerentes.** Los gerentes deben aprender a no discriminar a las personas por diferencias observables en su apariencia o su conducta. También tienen que saber utilizar los procedimientos justos para determinar cómo distribuir los resultados entre los miembros de la organización. Por ejemplo, los gerentes no deben dar aumentos mayores o ser más flexibles con quienes les agradan, que con quienes no les agradan.

la organización o a la sociedad. En contraste, una decisión poco ética es aquella que un gerente preferiría encubrir o esconder de las personas, ya que permite a la compañía o a un individuo particular obtener un beneficio a expensas de la sociedad o de otros inversionistas. ¿Cómo surgen los problemas éticos y cómo responden a ellos diferentes compañías se hace más claro con los complejos aspectos éticos involucrados en la investigación y las pruebas con animales?

Junto con otras compañías de cosméticos, Gillette, la conocida fabricante de rastrillos para afeitar y de productos relacionados, fue atacada debido al uso de animales en las pruebas de productos que determinan la seguridad y los efectos de las fórmulas de los nuevos artículos. Los gerentes de Gillette recibieron cientos de cartas de adultos y niños molestos que objetaban el uso de animales en las pruebas de cosméticos por considerarlas crueles y poco éticas. Los gerentes de muchas compañías han tratado de evitar abordar este problema, pero los ejecutivos de Gillette lo enfocaron como un problema importante. La postura ética de Gillette fue que la salud de la gente es más importante que la de los animales, y no existe otro método confiable aceptado por la ley para probar las propiedades de las nuevas fórmulas. Por lo tanto, si la compañía protege los intereses de sus inversionistas y desarrolla nuevos productos seguros que los clientes deseen comprar, debe continuar la investigación con animales.

Los ejecutivos de Gillette respondieron cada una de las cartas de protesta por esa política y, en ocasiones, llamaron por teléfono a los niños para explicarles su posición ética: utilizar animales solo cuando fuera necesario.[27] Otras compañías de cosméticos como Body Shop no prueban sus productos con animales y sus ejecutivos están igualmente dispuestos para explicar su posición ética al público en general: ellos piensan que las pruebas en animales son poco éticas. No obstante, aun cuando Body Shop no prueba sus productos directamente en animales, muchos de los ingredientes utilizados en sus productos fueron ya probados en animales por Gillette y otras compañías con la finalidad de asegurar su seguridad.

La ética de la investigación con animales es un tema tan difícil como el de otras cuestiones éticas. El punto de vista del inversionista común en el presente parece ser que la investigación con animales es una práctica aceptable mientras pueda justificarse en términos de beneficios para los seres humanos. Al mismo tiempo, la mayoría de inversionistas consideran que en tales pruebas debería minimizarse el daño a los animales y utilizarse únicamente cuando sean necesarias.

Las reglas éticas se desarrollan con el tiempo a través de la negociación, el compromiso y los acuerdos entre los inversionistas. Las reglas éticas también pueden desarrollarse a partir del conflicto y la competencia entre los diferentes grupos de inversionistas, donde la capacidad de un grupo para imponer su solución sobre otro decida las reglas éticas que deberán seguirse. Por ejemplo, los trabajadores podrían ejercer presión moral sobre la gerencia para mejorar sus condiciones laborales o para prevenir posibles despidos. Los accionistas podrían demandar que los altos ejecutivos no invirtieran su capital en países donde se practica el racismo o donde empleen a niños en condiciones cercanas a la esclavitud.[28] Con el tiempo, muchos valores y reglas éticos se han codificado en una ley social, y a partir de ello, la conducta poco ética se convirtió en una conducta ilegal. Se solicita a los individuos y a las organizaciones que obedezcan estas reglas legales porque se les sancionaría al no hacerlo.

Fuentes de ética organizacional

Para entender la naturaleza de los valores éticos de una organización, es útil revisar las fuentes de la ética. Las tres fuentes principales de los valores éticos que influyen en la ética organizacional son la social, la de grupo o profesional, y la individual.

ÉTICA SOCIAL Un determinante importante de la ética organizacional es la ética social, que está reglamentada en un sistema legal de la sociedad, en sus costumbres y prácticas, y en las normas y los valores no escritos que la gente usa para interactuar. Muchas normas y valores éticos son seguidos de manera automática por la gente, porque esta ha internalizado los valores sociales y los ha hecho parte de ella. Las normas y los valores internalizados, a cambio, refuerzan lo que acostumbra y practica una sociedad en su interrelación entre los individuos. Por ejemplo, la ética relativa a los derechos inalienables del ser humano son el resultado de decisiones tomadas por los miembros de una sociedad sobre cómo quieren ser tratados por los demás. La ética que rige el uso de sobornos y corrupción, o los estándares generales para hacer negocio en una sociedad, son el resultado de las decisiones tomadas e impuestas por la gente sobre lo que es adecuado en una sociedad. Esos estándares difieren en cada sociedad; por ejemplo, los valores éticos aceptados en Estados Unidos no se aceptan en otros países. En ese sentido, si compro una libra de arroz en la India esperaría que entre 6% y 8% esté sucio o tenga tierra; más aún, sé que cuanto más pague por el arroz menos tierra tendrá. Es la costumbre y práctica en la India. En contraste, en Estados Unidos muchas reglas complejas rigen la pureza de los alimentos y se exige que las compañías las respeten, aunque una compañía de mantequilla de cacahuate no lo haya hecho. Si bien muchas organizaciones estadounidenses proveen voluntariamente beneficios al despedir a trabajadores, otras no lo hacen. En general, cuanto más pobre sea una nación, más probable será que a los empleados se les trate con escaso respeto. Un aspecto de ética particular a nivel global consiste en determinar si es ético el trabajo infantil, como se revisa en el recuadro "Al interior de la organización 2.3".

Un intento reciente es el de Fair Factories Clearinghouse, un esfuerzo conjunto en 2006 de compañías como L. L. Bean, Reebok y Timberland para crear un fondo común de la información recopilada sobre las prácticas de trabajo en fábricas con las que tenían contratado elaborar sus productos. El propósito es crear un conjunto único de estándares laborales que deban seguir las plantas de todo el mundo, si quieren certificarse como proveedores éticos, o de lo contrario, serán eliminadas como proveedores por todas las compañías.

Cuando la ética social se codifica en una ley para ser juzgado por los estándares éticos de una sociedad, todo el comportamiento ilegal suele considerarse conducta no ética. Se requiere legalmente que una organización y sus gerentes sigan las leyes de la sociedad y se comporten con los individuos e inversionistas de acuerdo con la legislación vigente. Una de las principales responsabilidades de los altos ejecutivos es asegurarse de que sus gerentes y trabajadores obedezcan la ley, para que en determinadas situaciones los ejecutivos sigan siendo responsables del desempeño de sus trabajadores. Sin embargo, no todas las organizaciones se comportan de acuerdo con la ley. Los tipos de delito comunes que cometen dichas organizaciones no son solo ilegales: también pueden considerarse poco éticos en la medida que lesionen a otros grupos de inversionistas.

Al interior de la organización 2.3

¿Es correcto el trabajo infantil?

En años recientes ha ido creciendo el número de compañías estadounidenses que compran sus insumos a bajo costo a proveedores extranjeros; la preocupación por la ética asociada con el empleo de niños en fábricas también ha aumentado. En Pakistán, niños de hasta seis años de edad trabajan largas jornadas en condiciones deplorables para elaborar tapetes y alfombras que exportan a los países occidentales. Los niños en países pobres de África, Asia y Sudamérica se encuentran en situaciones similares. ¿Es ético contratar a niños en las fábricas? ¿Deberían las compañías estadounidenses comprar y vender productos hechos por esa fuerza de trabajo infantil?

Las opiniones sobre la ética del trabajo infantil varían considerablemente. Robert Reich, economista y secretario del trabajo en la primera administración de William Clinton, cree que la práctica es totalmente reprobable y debería declararse ilegal a nivel mundial. Desde otro punto de vista, defendido por el periódico *Economist*, se señala que, aunque nadie quisiera ver a niños trabajando en fábricas, los ciudadanos de los países ricos necesitan reconocer que en los países pobres los niños son con frecuencia quienes sostienen a la familia. Así, negar el empleo infantil causaría que familias completas sufrieran y algo equivocado (el trabajo infantil) generaría algo peor (pobreza extrema). En vez de ello el *Economist* favorece la regulación de las condiciones bajo las cuales se contrata a los niños y espera que, con el tiempo, cuando mejoren las condiciones de los países pobres, desaparezca el trabajo infantil.

Muchos comerciantes minoristas estadounidenses compran su ropa a bajo costo a proveedores extranjeros y los gerentes de esas compañías han tenido que establecer su propia opinión sobre el trabajo infantil. Los gerentes de Walmart, Target, JCPenney y Kmart cumplen con los estándares y las reglas estadounidenses, de modo que sus políticas dictan que sus proveedores extranjeros no deberían contratar a niños; incluso amenazan con rescindir las alianzas con cualquier proveedor extranjero que transgreda ese estándar.

Aparentemente, sin embargo, los comerciantes difieren ampliamente en la manera en que eligen reforzar dicha política. Walmart y algunas otras adoptan una posición dura, por lo que inmediatamente cancelan las relaciones con diversos proveedores que rompen la regla. Pero se ha estimado que más de 300,000 niños menores de 14 años se emplean en fábricas de ropa en Guatemala, una población popular de bajo costo que provee al mercado estadounidense.[29] Con frecuencia esos niños trabajan más de 60 horas a la semana y su paga es de menos de 2.80 dólares al día, el salario mínimo en Guatemala. En realidad, si los comerciantes estadounidenses van a ser honestos con la posición ética sobre el problema, no pueden ignorar el hecho de que están comprando ropa elaborada por niños, y deberían hacer algo más por regular las condiciones en que trabajan los niños.

ÉTICA PROFESIONAL La ética profesional abarca las reglas y los valores que un grupo de individuos usa para controlar la forma en que se desempeña una tarea o se utilizan los recursos. Por ejemplo, la ética médica controla la forma como se espera que los médicos y enfermeras realicen sus tareas y ayuden a sus pacientes. Se espera que los médicos no lleven a cabo procedimientos innecesarios; se espera que ejerzan con la debida diligencia y que actúen por el interés del paciente y no del propio. De los investigadores científicos y técnicos se espera que se comporten con ética en la preparación y presentación de sus resultados, con la finalidad de garantizar la validez de sus conclusiones. Al igual que con la sociedad, la mayoría de los grupos de profesionales imponen la ética en su profesión. Por ejemplo, los médicos y los abogados pueden ser expulsados de sus colegios, si rompen las reglas y anteponen el interés propio.

En una organización, existen muchos grupos de empleados cuyo comportamiento está gobernado por la ética profesional, como los abogados, los investigadores y los contadores, lo cual favorece que sigan ciertos principios al decidir cómo actuar en la organización. Las personas internalizan las reglas y los valores de su profesión, como lo hace la sociedad, y siguen tales principios de forma automática al decidir cómo comportarse. Por otro lado, a menudo los consumidores esperan cierta clase de "profesionales" saquen ventaja de ellos, como la gente que repara automóviles y techos, o quien proporciona servicios de transportación como los taxistas, lo cual se revisa en el recuadro "Al interior de la organización 2.4".

ÉTICA INDIVIDUAL La ética individual abarca los estándares personales y morales usados por los individuos para estructurar sus interacciones con los demás. Con base en esta ética, una persona quizá o no realice ciertas acciones o tome ciertas decisiones. Muchos comportamientos que para un individuo serían poco éticos, para otro pueden ser totalmente éticos. Si esas conductas no son ilegales, los individuos estarían de acuerdo o en desacuerdo sobre las creencias éticas o tratarían de imponer esas creencias a otras personas e intentarían convertir sus creencias éticas en ley. Si la ética personal entra en conflicto con la ley, una persona estaría sujeta a una sanción legal. Mucha de la ética personal sigue la ética social y tiene su origen en la ley. La ética personal es también el resultado de la educación del individuo y puede surgir de la familia, los amigos, la religión o de otras instituciones sociales. La ética personal influye en cómo una persona actúa en una organización. Por ejemplo, el comportamiento de los gerentes hacia otros gerentes y subalternos depende de sus valores y creencias personales.

Al interior de la organización 2.4

Siempre pregunte un estimado al conductor del taxi

En 2009 la comisión de taxis de Nueva York, que regula las tarifas de este trasporte, inició una investigación después de que se encontró que un operador de taxi de Brooklyn, Wasim Khalid Cheema, cobró de más a 574 pasajeros en tan solo un mes. El esquema de operadores de taxis, según la comisión, consta de 1.8 millones de viajes y el costo promedio por pasajero es de 4 a 5 dólares por viaje. Los choferes presionan un botón en el taxímetro que establece la tarifa como código 4, que es la que se carga en viajes de las afueras de la ciudad a Nassau o Westchester y que es el doble del código 1, que corresponde a viajes dentro de los límites de la ciudad de Nueva York. Los pasajeros sabrían qué tarifa se está aplicando si observaran el taxímetro, pero pocos lo hacen; más bien confían en la honestidad del conductor.

Después de que la comisión descubrió el fraude, utilizó información del GPS de cada taxi, para revisar millones de viajes dentro de la ciudad y encontró que en 36,000 taxis se activaron inadecuadamente las tarifas más altas cuando menos una vez; que en uno de 3,000 taxis se había hecho más de 100 veces; y que 35,558 de los 48,000 conductores habían aplicado la tarifa más alta. Este esquema cuesta a los pasajeros más de 8 millones de dólares, además de las altas propinas que pagan como resultado del cobro excesivo. El fraude se sitúa como uno de los mayores en la historia de la industria de los taxis, y el alcalde de la ciudad de Nueva York declaró que se levantarían cargos por delito a los conductores de taxis implicados.

La comisión también demandó que en un futuro se introduzca un nuevo sistema digital para alertar a los pasajeros, quienes tendrían que reconocer que aceptaron el cargo más elevado. Los oficiales también señalaron que las compañías de taxis serían obligadas a usar taxímetros basados en el sistema GPS, que establece automáticamente el cargo según la ubicación del vehículo, con lo cual los conductores no tendrían posibilidad de activarlo manualmente y hacer trampa a los clientes. En 2011 la ciudad de Nueva York firmó un contrato por 1 mil millones de dólares con Nissan para proveer la nueva generación de taxis que se utilizarán en la siguiente década. Cada uno de esos automóviles estará equipado con los últimos sistemas de GPS y de monitoreo que lograrán que la conducta poco ética sea prácticamente imposible; además de que siempre se estarán actualizando con la más alta tecnología híbrida o eléctrica para aumentar el rendimiento de kilómetros por litro, lo que también mantendrá las tarifas más bajas.

Katherine Welles/Shutterstock.com

Esas tres fuentes de ética influyen colectivamente en la ética que se desarrolla dentro de una organización, la ética organizacional, que podría definirse como las reglas o los estándares utilizados por la organización y sus miembros en sus intercambios con los grupos de inversionistas. Cada organización tiene un conjunto de reglas éticas; algunas son únicas para la organización y son un aspecto importante de su cultura, un tema que se revisará en el capítulo 7. Sin embargo, muchas reglas éticas van más allá de los límites de cualquier compañía individual. Se espera que las compañías, colectivamente, sigan las reglas éticas y legales por las ventajas que producen a la sociedad y a sus miembros, cuando sus organizaciones e instituciones se comportan éticamente.

¿Por qué se desarrollan las reglas éticas?

Una de las razones más importantes de por qué se desarrollan reglas éticas que regulan la acción es para disminuir o limitar la búsqueda del interés personal. Una de las mejores formas de entender la situación es revisando el problema de la "tragedia de los comunes". Cuando existen tierras comunes, es decir, la tierra que pertenece a todos, es racional para cualquier persona maximizar su uso porque es un recurso libre. Por lo tanto, todos llevan a pastar a su ganado en la tierra para promover sus intereses individuales. Pero si todos lo hicieran ¿qué sucedería al terreno, el recurso común? Se destruiría por la erosión debido a que pastar en exceso lo dejaría indefenso ante la lluvia y el viento. Así, la búsqueda del interés individual propio resulta en un desastre colectivo. Lo mismo sucede en las situaciones organizadas: llevada con sus propios recursos, la gente persigue sus propias metas a expensas de las metas colectivas.

Las reglas y leyes éticas surgen para controlar la conducta del interés propio de los individuos y las organizaciones, que amenaza los intereses colectivos de la sociedad. Por ejemplo, la razón por la cual se desarrollan leyes para establecer lo que es una práctica buena o adecuada es porque aporta beneficios para todos. La competencia libre y justa entre las organizaciones solo es posible cuando existen reglas y estándares que limitan las acciones que puede tomar la gente en una situación determinada. Como negociante, es ético competir con un rival y quizá sacar del negocio a esa persona, si se hace por medios legales como producir un bien más barato, confiable y mejor. Sin embargo, no es ético hacerlo asesinando a esa persona o destruyendo su fábrica con una bomba. La competencia por calidad o precio crea valor para el consumidor: la competencia por la fuerza resulta en monopolio y lesiona tanto al consumidor como al interés público. Esto no significa que nadie salga dañado, el rival que se ve forzado a salir del negocio queda lastimado, pero el daño tiene que compararse contra el beneficio que obtienen los consumidores y uno mismo.

Los aspectos éticos son inherentemente complejos cuando el problema es distribuir los beneficios y perjuicios entre los diferentes inversionistas. El hecho es tratar de actuar como personas de buena voluntad y de seguir los principios morales que aparentemente generan el bien mayor. Las reglas éticas y los códigos morales se desarrollan para aumentar el valor que la gente puede producir al interactuar con los demás. Esas reglas protegen a las personas. Sin ellas, la competencia libre y justa degeneraría en conflictos y malestar donde todos pierden. Otra forma de decirlo es que las reglas éticas reducen los costos que la gente tiene que pagar para decidir lo que está bien o es adecuado. Seguir una regla ética evita gastar tiempo y esfuerzo en decidir aquello que es correcto hacer. En otras palabras, las reglas éticas reducen los *costos de transacción* entre los individuos. Los costos de transacción suelen ser enormes cuando personas ajenas buscan intervenir en el negocio. Por ejemplo, ¿cómo puedo confiar en que una persona se comportará éticamente si no la conozco? Otra vez surge la importancia del poder de la ética en el establecimiento de reglas. Puedo confiar en que una persona seguirá las reglas y no necesito hacer ningún esfuerzo en monitorearla para asegurarme de que se desempeñará como se acordó. La supervisión implica un gasto en tiempo y esfuerzo, y es muy improductiva. Así, cuando los individuos comparten una ética común se reducen los costos de transacción.

El comportamiento que respeta las reglas éticas aceptadas confiere un *efecto de reputación* en el individuo y la organización, lo cual también reduce los costos de transacción. Si se sabe que una organización se involucra en actos ilegales, ¿cómo vería la gente a esa organización? Probablemente la mayoría con suspicacia y hostilidad. Sin embargo, suponga que una organización siempre respeta las reglas y es reconocida como un negocio con ética pues cumple con estrictos requerimientos legales. Se ha ganado una reputación, lo que es valioso porque la gente querrá tratar con ella. Las organizaciones poco éticas, con el tiempo, son sancionadas y la gente se rehúsa a tratar con ellas, por lo que habrá otras restricciones para la organización más allá de las legales.

Los efectos de la reputación también ayudan a explicar por qué los gerentes y empleados que trabajan en organizaciones siguen las reglas éticas. Suponga una organización que se comporta con poca ética; ¿cuál será la posición de sus empleados? Para la gente externa, los empleados se catalogan con la misma reputación que la organización, ya que se considera que se desempeñan de acuerdo con ese código de ética. Aun cuando la conducta poco ética de la organización fuera producto del comportamiento de tan solo unos cuantos individuos, se afectaría y lesionaría a todos los trabajadores. Por ejemplo, durante la crisis de la década de 1990 en Japón, muchas firmas de corretaje se fueron a la bancarrota con clientes furiosos que demandaron a esas organizaciones por disfrazar los riesgos reales asociados con la inversión en mercados accionarios inflados. Los empleados de esas firmas encontraron gran dificultad para obtener puestos de trabajo en otras organizaciones debido a que estaban marcados por la "vergüenza" de haber laborado para compañías cuestionables. Por lo tanto los empleados tienen el incentivo de su firma para comportarse de manera ética, pues su fortuna está ligada a la organización y una mala reputación de esta dañará también la suya.[30]

Una recompensa intangible que llega por comportarse de manera ética es sentirse bien con la propia conducta y disfrutar la conciencia limpia que origina actuar dentro de las reglas del juego. El éxito por actuar furtivamente y con engaños no proporciona la misma recompensa intangible que el éxito por simplemente seguir las reglas, ya que no se trata de una prueba justa de capacidad o de cualidades personales. La reputación personal es el resultado de comportarse con ética, y la estima y el respeto de los colegas es siempre una recompensa que la gente desea.

En resumen, actuar con ética promueve el beneficio de la sociedad y el bienestar de sus miembros. Se crea más valor en sociedades donde las personas siguen reglas éticas, y donde la conducta delictiva y poco ética se previene con la ley y con los usos y costumbres que surgen. No obstante, los individuos y las organizaciones suelen cometer actos ilegales y poco éticos.

¿Por qué ocurre el comportamiento poco ético?

Aunque existen buenas razones para que los individuos y las organizaciones se comporten éticamente, hay también muchas razones por las cuales tiene lugar la conducta poco ética.

ÉTICA PERSONAL En teoría, la gente aprende principios éticos y códigos morales conforme madura como individuo en una sociedad. La ética se obtiene de muchas fuentes, como la familia, los amigos, los lugares de culto, de educación, el entrenamiento profesional y las organizaciones de cualquier índole. De ellos, la gente aprende a diferenciar entre el bien y el mal para una sociedad o un grupo social. No obstante, suponga que usted es el hijo de un mafioso o de una familia muy adinerada, y que su educación y crianza ocurren en ese contexto determinado. Usted creería que es ético hacer algo y realizar cualquier acto, incluyendo el asesinato, si beneficia los intereses de su familia. Esa es su ética. No es evidentemente la ética de la sociedad en general y podría recibir una sanción pero, de manera similar, los gerentes en la organización pueden considerar que todas las acciones que promueven o protegen a la organización son más importantes que cualquier daño que esta haga a los demás.

INTERÉS PERSONAL Por lo regular confrontamos los aspectos éticos cuando estimamos nuestro interés personal contra los efectos de nuestras acciones en los demás. Suponga que va a obtener una promoción a vicepresidente de su compañía si logra asegurar un contrato por 100 millones de dólares, pero usted sabe que para obtenerlo debería sobornar al contratante con un millón de dólares. ¿Qué haría? Su carrera y su futuro parecen estar asegurados con ese acto; entonces, ¿qué daño podría causar? De cualquier manera el soborno es común, y si usted no paga el millón, otro lo hará. ¿Entonces qué haría? La investigación sugiere que las personas que piensan que corren más riesgos, en un sentido de trayectoria o en sentido monetario, muestran más probabilidades de actuar con poca ética. De forma similar, se ha demostrado que a las organizaciones que no les va bien, en un sentido económico, y que luchan por sobrevivir, son las que tienen mayor probabilidad de cometer actos ilegales y sin ética, como el soborno, la manipulación de precios o la colusión.

PRESIÓN EXTERNA Muchos estudios han demostrado que la probabilidad de que una persona lleve a cabo un comportamiento poco ético o delictivo es mucho mayor cuando existe presión externa para que esa persona lo haga. En algunas organizaciones, por ejemplo, los deseos de los altos ejecutivos por mejorar el desempeño los han llevado a crear sistemas de recompensas que causan el efecto intencional o no intencional de impulsar a los trabajadores para que actúen con poca ética y cobren más a los consumidores. Los altos ejecutivos pueden sentir que ellos se encuentran bajo presiones similares por parte de los accionistas si se deteriora el desempeño de la compañía y, por lo tanto, comenzarán a descuidar los detalles y a tomar decisiones poco éticas para mantener sus empleos. Si todas esas presiones funcionan en la misma dirección, entenderemos con facilidad cómo se desarrollan las culturas organizacionales poco éticas y el hecho de que los gerentes compren la idea de que "el fin justifica los medios".

Es muy grande la tentación para que las organizaciones en conjunto realicen un comportamiento no ético, ilegal y anticompetitivo. Los competidores pueden ver con claridad las ventajas de actuar juntos para elevar los precios por las ganancias extra que obtendrían. El daño que inflingen es mucho más difícil de observar porque sus clientes se cuentan por millones y cada uno se ve afectado en tan pequeña medida que desde la perspectiva de la compañía difícilmente todos saldrán afectados. Por ejemplo, en los últimos años, para conservar la buena voluntad del cliente, muchas compañías adoptaron la estrategia de reducir el peso de los contenidos de sus productos en vez de aumentar los precios, ya que muchos clientes no se molestarían en verificar el "precio por kilo" que los supermercados tienen que reportar.

Los costos sociales de la conducta poco ética son muy difíciles de medir. Pero, a largo plazo, las organizaciones que incurren en ellas son vistas como burocráticas, mal administradas y con exceso de directivos; también se ha observado que se convierten en menos innovadoras y que gastan menos en investigación y desarrollo, pero más en publicidad y salarios de ejecutivos. Cuando el ambiente cambia y los nuevos competidores emprendedores llegan, la compañía mal administrada empieza a derrumbarse y pierden todos los inversionistas.

Creación de una organización ética

¿De qué formas puede promoverse el comportamiento ético para que, al final, los miembros organizacionales sean capaces de resistir cualquier tentación de cometer actos ilegales que promuevan los intereses personales u organizacionales a expensas de los intereses de la sociedad? A la postre, una organización es ética si las personas que la conforman son éticas. ¿Cómo juzga la gente si está tomando decisiones éticas y por ende actuando éticamente? La primera forma consiste en usar la regla revisada anteriormente respecto a la buena voluntad del individuo para tomar una acción o una decisión compartida con otras personas.

Más allá de las consideraciones personales, una organización puede alentar a la gente a actuar con ética, otorgando incentivos para la conducta ética y castigando a aquellos que se comporten con poca ética. Ya que el consejo directivo y los altos ejecutivos tienen la responsabilidad final de establecer las políticas, sientan las bases de la cultura de la organización. Existen muchas formas en las cuales se logra influir en la ética organizacional. Por ejemplo, un ejecutivo o miembro del consejo directivo que proyecte la postura de la compañía en el negocio ético actúa como emblema y personifica la postura ética de la organización. Como líder, un ejecutivo puede promover valores morales que resulten en reglas y normas éticas específicas, que la gente use para tomar decisiones. Fuera de la organización, como enlace o vocero, un ejecutivo informaría a los probables clientes y a otros inversionistas los valores éticos de la organización y demostraría tales valores en el comportamiento hacia los inversionistas: como ser honesto y reconocer errores. Un ejecutivo también establecería los incentivos para que los empleados se comporten éticamente y desarrollen las reglas y normas que pongan de manifiesto la postura ética de la organización. Finalmente, un ejecutivo puede tomar decisiones para asignar los recursos organizacionales y buscar políticas basadas en la postura ética de la organización, como se revisa en el recuadro "Al interior de la organización 2.5".

Al interior de la organización 2.5

El código ético de John Mackey y el supermercado Whole Foods

La cadena de supermercados The Whole Foods Market fue fundada por dos hippies en Austin, Texas, en 1978 como una tienda de alimentos naturales alternativos. En la actualidad es el minorista líder en el mundo de alimentos naturales y orgánicos, con más de 270 tiendas en Estados Unidos y en el Reino Unido. Whole Foods se especializa en la venta de carne de res y pollo sin sustancias químicas; sus productos son lo más puros posible, lo cual significa que seleccionan los menos adulterados con aditivos, colorantes y conservadores artificiales. A pesar de que tienen altos precios por la pureza de sus alimentos, las ventas por tienda han crecido con rapidez; la compañía contaba con 299 tiendas en operación en 2011.[31] ¿Por qué Whole Foods ha logrado tanto éxito? Su fundador y codirector general, John Mackey, señala que fue gracias a los principios que estableció para administrar su compañía desde el inicio, los cuales están fundados en la necesidad de comportarse en forma ética con cualquiera que esté relacionado con su negocio.

Glowimages

Mackey reconoce que inició el negocio por tres razones: para divertirse, para hacer dinero y para contribuir con el bienestar de otras personas.[32] La misión de la compañía está basada en la responsabilidad colectiva de sus miembros con el bienestar de la gente y de los grupos que afecta, sus *inversionistas*. En orden de prioridad en Whole Foods se encuentran los clientes, los miembros del equipo, los *inversionistas*, los proveedores, la comunidad y el ambiente natural. Mackey mide el éxito de su compañía en qué tan bien satisface las necesidades de tales inversionistas. Su posición ética hacia los clientes es que garantiza que los productos de Whole Foods sean 100% orgánicos y libres de hormonas. Para ayudar a cumplir dicha promesa, Whole Foods insiste en que sus proveedores también se comporten de manera ética, por ejemplo, que la carne de res que venden sea de ganado que solo se alimenta con pastura, no maíz ni en lugares de engorda, y que el pollo sea de gallinas de granja y no de aves que fueron confinadas en pequeñas jaulas que incluso les impiden moverse.

Su enfoque administrativo hacia los "miembros del equipo", como se denomina a los empleados de Whole Foods, está también basado en una postura ética bien definida. Mackey dice: "Hacemos mucho énfasis en la 'gente Whole' como parte de la misión de la compañía. Creemos en el apoyo a nuestros miembros para crecer como individuos, para convertirse en 'gente Whole'. Permitimos la iniciativa individual y por consiguiente nuestra compañía es muy innovadora y creativa".[33] Mackey afirma que cada supermercado de la cadena es único, porque cada uno los miembros del equipo están constantemente experimentando nuevas y mejores formas de servir a los clientes y de aumentar su bienestar. Conforme los miembros del equipo aprenden, "se actualizan" e incrementan su satisfacción, lo que se traduce en un incremento en el bienestar de sus inversionistas.

Finalmente, los sólidos puntos de vista de Mackey sobre la ética y la responsabilidad social también sirven a los accionistas. Mackey no cree que el objeto de estar en el negocio sea principalmente maximizar las utilidades de los accionistas; él coloca primero a los clientes. No obstante, considera que las compañías que se comportan con ética, y buscan la satisfacción de las necesidades de los clientes y empleados, satisfacen simultáneamente las necesidades de los inversionistas, pues los altos rendimientos son resultado de clientes leales y trabajadores comprometidos. De hecho, desde que Whole Foods concedió participaciones públicas en 1992, el valor de sus acciones se ha incrementado 20 veces.[34] Por lo tanto, hablar de una postura ética sólida ha funcionado en Whole Foods.

Diseño de una estructura y un sistema de control éticos

La ética influye en la elección de la estructura y cultura que coordina los recursos y motiva a los empleados.[35] Los gerentes pueden diseñar una estructura organizacional que reduzca los incentivos para quienes se comporten sin ética. La creación de relaciones y reglas de autoridad que promuevan el comportamiento ético y castiguen los actos poco éticos, por ejemplo, alienta a los miembros a comportarse de una forma socialmente responsable. El gobierno federal trata de mejorar el conjunto de estándares de conducta de los empleados de nivel ejecutivo. Los estándares cubren aspectos éticos como dar y recibir regalos, imparcialidad en el trabajo de gobierno y asignación de contratos, conflicto de intereses financieros y actividades extralaborales. Tales regulaciones afectan aproximadamente a cinco millones de trabajadores federales en Estados Unidos.[36] Una organización utiliza con frecuencia su declaración de misión para guiar a los empleados en la toma de decisiones ética.[37]

El hecho de delatar en una compañía ocurre cuando un empleado informa a una persona o a otras entidades externas (como el gobierno, un periódico o un reportero de televisión) sobre el comportamiento ilegal o inmoral de una organización (de sus gerentes). Por lo general, los empleados se convierten en informantes cuando se sienten sin poder para evitar que una organización cometa un acto poco ético o cuando temen la respuesta de la compañía si informan la situación. Sin embargo, una organización puede tomar acciones para que delatar sea una actividad aceptable e incluso recompensada.[38] Pueden establecerse procedimientos que permitan a los subalternos tener acceso a los altos ejecutivos para señalar asuntos de comportamiento organizacional poco ético. Es posible crear un puesto de jefe de ética para investigar las demandas de conducta inmoral, en tanto que los comités de ética pueden formalizar juicios éticos. De las 500 compañías *Fortune*, 10% tiene jefes de ética responsables de mantener informados a los empleados de la ética organizacional, para capacitar a los empleados e investigar las brechas en la conducta ética. Los valores éticos fluyen desde la cabeza de la organización pero se refuerzan o debilitan según el diseño de la estructura organizacional.

Creación de una cultura ética

Los valores, las reglas y las normas que definen la posición ética de una organización forman parte de la cultura. El comportamiento de los altos ejecutivos influye significativamente en la cultura organizacional. Es más probable que surja una cultura ética si los directivos son éticos, mientras que una cultura sin ética puede convertirse en una con ética si se cambia el equipo de directivos. Esta transformación ocurrió en General Dynamics, y en otras firmas de contratistas, donde la corrupción era lo común en todos los niveles, y los sobreprecios y las trampas al gobierno se habían convertido en el deporte popular. Pero ni la cultura ni la estructura pueden hacer ética a una organización si sus directivos no son éticos. La creación de una cultura corporativa ética requiere compromiso de todos los niveles de la organización, desde los más altos hasta los de abajo.[39]

Apoyo a los intereses de los grupos de inversionistas

Los inversionistas son los dueños de la organización. A través del consejo directivo tienen el poder para despedir y contratar personal y, por lo tanto, en teoría, pueden disciplinar a aquellos que cometen comportamiento poco ético. Los inversionistas desean mayores ganancias, ¿pero quieren obtenerlas mediante comportamiento poco ético? En general, la respuesta es no, ya que el comportamiento carente de ética hace que la compañía sea una inversión de riesgo. Si una organización pierde su reputación, el valor de sus acciones será inferior al valor de las acciones ofrecidas por firmas que se comportan éticamente. Además, muchos accionistas no quieren poseer acciones en compañías involucradas en actividades socialmente cuestionables. Para saber más sobre el enfoque de Amazon y la responsabilidad social corporativa, visite el sitio Web Investor Relations Section (sección de relaciones de inversores) y revise los Corporate Governance Guidelines (lineamientos de gestión corporativa).

La presión de los inversionistas externos ha cobrado gran importancia en la promoción de la conducta organizacional ética.[40] El gobierno y sus instancias, los consejos industriales y los organismos regulatorios, así como los grupos de control de los consumidores, juegan un papel importante en el establecimiento de las reglas éticas que las organizaciones deberían seguir cuando hacen negocio. La regulación externa establece las reglas del juego competitivo y, como vimos, tiene una función significativa en la creación y preservación de la ética en la sociedad.

Las grandes organizaciones tienen un poder enorme tanto para beneficiar como para lesionar a la sociedad. Pero si las corporaciones actúan para dañar a la sociedad y a sus propios inversionistas, la sociedad intentará regular y controlar el negocio para minimizar su capacidad para inflingir daño. Sin embargo, las sociedades difieren en el grado en que están dispuestas a imponer regulaciones a las organizaciones. En general, las naciones pobres tienen regulaciones restrictivas mínimas. En muchos países la gente paga grandes sobornos a funcionarios del gobierno para obtener permisos e iniciar una compañía; una vez en el negocio, operan sin restricciones de ningún tipo en cuanto al trabajo infantil, jornadas mínimas, o salud y seguridad laborales. En contraste, los estadounidenses dan por hecho el comportamiento ético en estos frentes, ya que las leyes, así como los usos y las costumbres desalientan el trabajo infantil, las jornadas excesivas y las condiciones de trabajo inseguras.

Resumen

Las organizaciones se encuentran insertas en un contexto social complejo impulsado por las necesidades y los deseos de sus inversionistas. Los intereses de todos los inversionistas tiene que considerarse cuando se diseñan la estructura y la cultura de la organización, de modo que promuevan la efectividad y reduzcan la capacidad de gerentes y empleados para el uso de los recursos organizacionales para sus propios fines, o que dañen los intereses de otros inversionistas. Crear una cultura ética y asegurarse de que los miembros de la organización usen reglas éticas en su toma de decisiones es una tarea fundamental para quienes tienen autoridad sobre los recursos organizacionales. En el capítulo se establecen los siguientes puntos principales:

1. Las organizaciones existen por su capacidad para crear valor y resultados aceptables para los inversionistas. Los dos grupos principales de inversionistas son los internos y los externos. Las organizaciones efectivas satisfacen, por lo menos, los intereses de todos los grupos de inversionistas.
2. Los problemas que enfrenta una organización al intentar obtener la aprobación de los inversionistas incluyen elegir qué metas de qué inversionista satisfacer, decidir la asignación de recompensas organizacionales para los diferentes grupos de inversionistas, y equilibrar las metas de corto y largo plazos.
3. Los accionistas delegan autoridad a los gerentes para el uso efectivo de los recursos organizacionales. El director general, el director de operaciones y el equipo gerencial son los responsables del uso eficaz de tales recursos.
4. El problema de gestión y el riesgo moral surgen cuando los inversionistas delegan autoridad a los gerentes; por ello, deben crearse mecanismos de control de gestión para alinear los intereses de inversionistas y directivos para asegurar que los segundos se comporten conforme a los intereses de todos los accionistas.

5. La ética son los valores, las creencias y las reglas morales que establecen las formas correctas o apropiadas, con las cuales una persona o grupo de accionistas debería interactuar con los demás. La ética organizacional es producto de la ética social, profesional e individual.
6. El consejo de directores y la alta gerencia pueden crear una organización ética diseñando una estructura ética y un sistema de control ético, creando así una cultura ética y apoyando los intereses de los grupos de inversionistas.

Preguntas para análisis

1. Dé algunos ejemplos de cómo pueden entrar en conflicto los intereses de los diferentes grupos de inversionistas.
2. ¿Cuál es el papel del equipo de altos ejecutivos?
3. ¿En qué consiste el problema de agencia? ¿Qué pasos deben tomarse para resolverlo?
4. ¿Por qué es importante que los gerentes y las organizaciones se comporten éticamente?
5. Solicite a un gerente que describa una conducta ética y otra de conducta poco ética que haya observado. ¿Cuál fue la causa de tales conductas y cuáles los resultados?
6. Busque en revistas de negocios como *Fortune* o *Bloomberg/BusinessWeek* un ejemplo de conducta ética o no ética, y use el material de este capítulo para analizarlo.

Teoría organizacional en acción

Poner en práctica la teoría organizacional

Creación de un código de ética

Formen grupos de tres a cinco personas y designen a uno de los miembros del grupo como el vocero, quien comunicará los hallazgos a la clase cuando el profesor lo solicite. Luego, debatan el siguiente escenario:

Ustedes son los gerentes de las funciones de una gran cadena de supermercados y tienen a su cargo la responsabilidad de desarrollar un código de ética que guíe a los miembros de su organización en sus interacciones con los inversionistas. Para guiarlo en la creación del código ético, deberá:

1. Analizar las diferentes clases de dilemas éticos que los empleados del supermercado (cajeros, farmacéuticos, carniceros, bodegueros) encontrarían en sus interacciones con los inversionistas como clientes o proveedores.
2. Identificar una conducta específica que los tipos de empleados mencionados en el punto anterior pudieran exhibir y clasificar como ético o poco ético.
3. Con base en el análisis, identificar tres estándares o valores que incorporará en el código ético del supermercado, con la finalidad de ayudar a determinar si una conducta es ética o no.

Dimensión ética 2

Piense en la última vez que una persona lo trató de manera poco ética o que haya observado a alguien más siendo tratado con poca ética, y conteste las siguientes preguntas:

1. ¿Cuál fue el hecho? ¿Por qué piensa que la persona actuó con poca ética?
2. ¿Qué los indujo a comportarse de forma poco ética?
3. ¿La persona que tomaba decisiones estaba consciente de que la otra persona estaba actuando de forma no ética?
4. ¿Cuál fue el resultado?

Establecer contacto 2

Identifique una organización donde sus gerentes se hayan visto involucrados en acciones carentes de éticas hacia uno o más grupos de inversionistas, o donde hayan buscado primero los intereses propios a expensas de los intereses de otros inversionistas. ¿Qué hicieron? ¿Quién salió perjudicado? ¿Cuál fue el resultado del incidente?

Análisis de la organización: Módulo de diseño 2

En este modelo identificará a los principales inversionistas de su organización, analice la estructura de los altos ejecutivos, investigue su código de ética y trate de descubrir su postura ética.

Tarea

1. Dibuje una representación gráfica de inversionistas donde identifique a los principales grupos de inversionistas de su organización. ¿Qué tipos de conflicto entre sus grupos de inversionistas esperaría usted que ocurrieran con mayor frecuencia?
2. Utilizando la información del sitio Web de la compañía, realice un organigrama con la jerarquía de autoridad. Intente identificar a los miembros del equipo de altos ejecutivos. ¿El director general también es el presidente del consejo directivo?
3. ¿La compañía tiene gerentes divisionales? ¿Qué gerentes funcionales parecen ser los más importantes para que la organización logre una ventaja competitiva? ¿Cuál es la experiencia funcional del equipo de ejecutivos?
4. ¿La organización tiene un código de ética o una postura ética publicados? ¿Qué tipos de asuntos surgen en esta declaración?
5. Busque información en su organización sobre la conducta ética o no ética de sus ejecutivos. ¿Qué le dice acerca de la posición ética?

CASO PARA ANÁLISIS

Cómo Westland/Hallmark puso las utilidades por arriba de la seguridad

Por todos lados Westland/Hallmark Meat Co., con base en Chico, California, cuyo dueño y director general era Steven Mendell, fue una de las plantas empacadoras de carne más eficientes, sanitarias y de vanguardia en Estados Unidos. La planta empacadora, la cual aprobaba regularmente las inspecciones del Departamento de Agricultura de Estados Unidos (USDA), empleaba a más de 200 trabajadores que sacrificaban al ganado y lo preparaban para enviar a restaurantes de comida rápida como Burger King y Taco Bell. La mayoría de los millones de libras de carne que se preparaban anualmente en la planta se entregaban bajo contrato con una de las cuentas más codiciadas del gobierno federal: el programa nacional de desayunos escolares, quien nombró a la planta proveedor del año en 2005.[41]

Para finales de 2007, surgió un escándalo cuando la Humane Society entregó un video, filmado en secreto por uno de sus investigadores, quien había conseguido un trabajo como empleado de la planta, al abogado de distrito del condado San Bernardino. El video evidenciaba violaciones importantes a los procedimientos de seguridad y mostraba a dos trabajadores arrastrando a reses enfermas para subirlas a la rampa que llevaba al matadero usando cadenas metálicas y montacargas, dándoles choques eléctricos y disparándoles chorros de agua por la nariz y el hocico. La filmación no solo mostraba trato inhumano hacia los animales, sino que también proporcionaba evidencia de que la compañía hacía alarde de la prohibición de permitir que animales enfermos formaran parte de la cadena de suministro, algo que las regulaciones federales explícitamente declaran ilegal por temor a enfermedades sobre la salud humana.

Para 2008, la USDA, preocupada por la carne de res contaminada hubiera entrado en la cadena de suministro, especialmente en la de las escuelas, emitió una nota para retirar 143 millones de libras de carne procesada en la planta durante los últimos dos años, el retiro más grande en la historia de la Unión Americana. Además, la planta fue cerrada durante la investigación. En 2008, cuando el director general Mendell fue citado a comparecer ante el House Panel Energy and Commerce Committee, negó que tales violaciones hubieran sucedido y que ninguna vaca enferma había entrado en la cadena alimenticia. Cuando los miembros del panel preguntaron que si había visto el video, él dijo que no, aun cuando estaba disponible. Finalmente, fue forzado a reconocer que las "dos reses" habían entrado a la planta y que el trato inhumano a los animales sí había tenido lugar.[42]

Más aún, los investigadores federales descubrieron evidencia de que desde 1996 la planta había sido citada por abuso en la estimulación eléctrica para acelerar el crecimiento del ganado en la planta y por otras transgresiones, suponiendo que tales abusos se habían cometido durante mucho tiempo. Este punto de vista ganó fuerza cuando uno de los trabajadores mostrados en el video declaró que los supervisores los presionaban para asegurarse de que fueran sacrificadas y procesadas 500 reses diarias, de modo que la planta cubriera su cuota y lograra los altos rendimientos que proporcionaba el negocio de las empacadoras, y que él y otros trabajadores no podían decir nada, porque solo "seguían las órdenes del supervisor".

Estas prácticas ilegales y no éticas llevaron a los investigadores a temer que, con los años, se hubiera permitido entrar a miles de reses enfermas en la cadena alimenticia. La mayoría de las 143 millones de libras de carne que se determinó retirar ya se habían consumido. No solo los clientes, sino en especial los niños, resultaron dañados por las acciones ilegales de la compañía. Es probable que la planta sea cerrada permanentemente y que sus 220 trabajadores pierdan su empleo. Desde luego, los empleados directamente implicados en el video fueron procesados y uno, que resultó culpable por abuso con animales, fue sentenciado a seis meses de prisión en 2008.[43]

Ya sea que los gerentes de la compañía experimenten la misma suerte o no, resulta claro que todos los inversionistas fueron lesionados por acciones ilegales, inhumanas y sin ética por parte de sus gerentes y, como lo sospechó por años la Human Society, que dichas acciones fueran algo común en la planta.

Preguntas para análisis

1. En su opinión, ¿por qué los trabajadores y los gerentes de la planta empacadora se comportaron de la manera en que lo hicieron?
2. Señale una serie de pasos que deberían haber seguido los gerentes de la planta para prevenir este problema.

Referencias

1 T. Donaldson y L. E. Preston, "The Stakeholder Theory of the Corporation: Concepts, Evidence, and Implications", *Academy of Management Review* 20 (1995), pp. 65-91.

2 J. G. March y H. Simon, *Organizations* (Nueva York: Wiley, 1958).

3 *Ibid.*, J. A. Pearce, "The Company Mission as a Strategic Tool", *Sloan Management Review* (primavera, 1982), pp. 15-24.

4 www.TIAACREF.com, 2011; www.fidelity.com, 2011.

5 C. W. L. Hill y G. R. Jones, *Strategic Management: An Integrated Approach*, 7a. ed. (Boston: Houghton Mifflin, 2010).

6 B. O'Reilly, "Where Service Flies Right", *Fortune*, 24 de agosto de 1992, pp. 115-116.

7 K. Cleland, "Southwest Tries Online Ticketing", *Advertising Age* 67 (1996), p. 39.

8 J. P. Womack, D. T. Jones, D. Roos y D. Sammons Carpenter, *The Machine That Changed the World* (Nueva York: Macmillan, 1990).

9 R. F. Zammuto, "A Comparison of Multiple Constituency Models of Organizational Effectiveness", *Academy of Management Review* 9 (1984), pp. 606-616; K. S. Cameron, "Critical Questions in Assessing Organizational Effectiveness", *Organizational Dynamics* 9 (1989), pp. 66-80.

10 R. M. Cyert y J. G. March, *A Behavioral Theory of the Firm* (Englewood Cliffs, NJ: Prentice Hall, 1963).

11 R. H. Miles, *Macro Organizational Behavior* (Santa Monica, CA: Goodyear, 1980), p. 375.

12 A. A. Berle y G. C. Means, *The Modern Corporation and Private Property* (Nueva York: Commerce Clearing House, 1932).

13 Hill y Jones, *Strategic Management*, capítulo 2.

14 G. R. Jones y J. E. Butler, "Managing Internal Corporate Entrepreneurship: An Agency Perspective", *Journal of Management* 18 (1994), pp. 733-749.

15 C. Yang, "Money and Medicine: Physician Disentangle Thyself", *Academic Universe*, 21 de abril de 1997, p. 34.

16 W. Zeller, "The Fall of Enron", *Business Week*, 17 de diciembre de 2001, pp. 30-40.

17 A. K. Gupta, "Contingency Perspectives on Strategic Leadership", en D. C. Hambrick, ed., *The Executive Effect: Concepts and Methods for Studying Top Managers* (Greenwich, CT: JAI Press, 1988), pp. 147-178.

18 *Ibid.*, p. 155.

19 www.netflix.com, 2011.

20 D. C. Ancona, "Top-Management Teams: Preparing for the Revolution", en J. S. Carroll, ed., *Applied Social Psychology in Organirational Settings* (Hillsdale, NJ: Erlbaum, 1990), pp. 99-128.

21 R. F. Vancil, *Passing the Baton* (Boston: Harvard Business School Press, 1987).

22 Hill y Jones, *Strategic Management*, capítulo 11.

23 T. L. Beauchamp y N. E. Bowie, eds., *Ethical Theory and Business* (Englewood Cliffs, NJ: Prentice Hall, 1979); A. MacIntyre, *After Virtue* (South Bend, IN: University of Notre Dame Press, 1981).

24 R. E. Goodin, "How to Determine Who Should Get What", *Ethics* (julio de 1975), pp. 310-321.

25 T. M. Jones, "Ethical Decision Making by Individuals in Organizations: An Issue Contingent Model", *Academy of Management Journal*, 16 (1991), pp. 366-395; G. F. Cavanaugh, D. J. Moberg, y M. Velasquez, "The Ethics of Organizational Politics", *Academy of Management Review*, 6 (1981), pp. 363-374.

26 L. K. Trevino, "Ethical Decision Making in Organizations: A Person-Situation Interactionist Model", *Academy of Management Review,* 11 (1986), pp. 601-617; W. H. Shaw y V. Barry, *Moral Issues in Business*, 6a. ed. (Belmont, CA: Wadsworth, 1995).

[27] B. Carton, "Gillette Faces Wrath of Children in Testing on Rats and Rabbits", *Wall Street Journal*, 5 de septiembre de 1995, p. Al.
[28] W. H. Shaw y V. Barry, *Moral Issues in Business*.
[29] B. Ortega, "Broken Rules: Conduct Codes Garner Goodwill for Retailers But Violations Go On", *Wall Street Journal*, 3 de julio de 1995, pp. Al, A4.
[30] "Why Honesty Is the Best Policy", *The Economist*, 9 de marzo de 2002, p. 23.
[31] www.wholefoodsmarket.com, 2011.
[32] John Mackey's Blog: "20 Questions with Sunni's Salon", www.wholefoodsmarket.com, 2011.
[33] *Ibid.*
[34] "The Green Machine", *Newsweek,* 21 de marzo de 2005, pp. E8-E10.
[35] P. E. Murphy, "Implementing Business Ethics", *Journal of Business Ethics,* 7 (1988), pp. 907-915.
[36] "Ethics Office Approves Executive-Branch Rules", *Wall Street Journal*, 7 de agosto de 1992, p. A14.
[37] P. E. Murphy, "Creating Ethical Corporate Structure", *Sloan Management Review* (invierno de 1989), pp. 81-87.
[38] J. B. Dozier y M. P. Miceli "Potential Predictors of Whistle-Blowing: A Prosocial Behavior Perspective", *Academy of Management Review*, 10 (1985), pp. 823-836; J. P. Near y M. P. Miceli, "Retaliation Against Whistle-Blowers: Predictors and Effects", *Journal of Applied Psychology*, 71 (1986), pp. 137-145.
[39] J. A. Byrne, "The Best-Laid Ethics Programs...", *Business Week*, 9 de marzo de 1992, pp. 67-69.
[40] D. Collins, "Organizational Harm, Legal Consequences and Stakeholder Retaliation", *Journal of Business Ethics,* 8 (1988), pp. 1-13.
[41] E. Werner, "Slaughterhouse Owner Acknowledges Abuse", www.pasadenastarnews.com, 13 de marzo de 2008.
[42] D. Bunnies y N. Luna, "Sick Cows Never Made Food Supply, Meat Plant Owner Says", www.ocregister.com, 12 de marzo de 2008.
[43] "Worker Sentenced in Slaughterhouse Abuse", www.yahoo.com, 22 de marzo de 2008.

CAPÍTULO 3

La organización en un ambiente global cambiante

Objetivos de aprendizaje

El ambiente de la organización es una compleja red de presiones y fuerzas cambiantes que afectan la forma en que esta opera. El ambiente es una contingencia importante que la organización debe planear y a la cual tiene que adaptarse. Además, es la fuente principal de incertidumbre que debería intentar controlar. Este capítulo revisa las fuerzas que influyen en cómo organizar un ambiente cambiante e incierto, lo cual se torna un proceso complejo.

Después de estudiar este capítulo, usted será capaz de:

1. Mencionar las fuerzas en el ambiente específico y general de una organización, que provocan el surgimiento de oportunidades y amenazas.
2. Identificar por qué existe la incertidumbre en el ambiente.
3. Describir cómo y por qué la organización busca controlar y adaptarse a tales fuerzas para reducir la incertidumbre.
4. Entender cómo la teoría de la dependencia de los recursos y el costo de transacción explican por qué las organizaciones eligen diferentes tipos de estrategias organizacionales para administrar su ambiente, y obtener los recursos que necesitan para lograr sus metas y crear valor para sus inversionistas.

¿Qué es el ambiente organizacional?

El **ambiente** es el conjunto de presiones y fuerzas que rodean una organización y que pueden afectar tanto la forma en que esta opera como su capacidad para adquirir recursos.

Ambiente
Conjunto de fuerzas que rodean una organización que tienen el potencial de afectar la forma en que esta opera y su acceso a recursos limitados.

Los recursos incluyen las materias primas y los empleados capacitados que una organización necesita para producir bienes y servicios; la información que requiere para mejorar su tecnología o decidir su estrategia competitiva; y el apoyo de inversionistas externos, como los clientes que compran sus productos y servicios, y los bancos o instituciones financieras que aportan el capital que sostiene la organización. Las fuerzas en el ambiente que afectan la capacidad de una organización para asegurar tales recursos incluyen la competencia entre rivales por los clientes, los rápidos cambios en la tecnología que podrían socavar su ventaja competitiva y un aumento en el precio de los insumos que eleva los costos operativos.

En el ambiente global, las compañías estadounidenses han estado muy involucradas en el comercio internacional desde los tiempos de la colonia, cuando enviaban sus cargamentos de tabaco y azúcar a Europa, a cambio de productos fabricados. A lo largo del siglo XX, GM, Heinz, IBM, Campbell's, Procter & Gamble, y cientos de otras compañías establecieron filiales en el extranjero a las cuales transfirieron sus habilidades y competencias locales, con la finalidad de generar productos y servicios valorados por los clientes fuera de su país. De hecho, las compañías de Estados Unidos se han establecido en el extranjero por tanto tiempo que con frecuencia las personas las tratan como compañías locales. La gente en Gran Bretaña, por ejemplo, considera a Heinz, Hoover y Ford como compañías británicas, olvidando su origen estadounidense. De manera similar, el hecho de que Gran Bretaña sea el mayor inversionista extranjero en Estados Unidos, y que las compañías inglesas sean propietarias o lo fueran de instituciones como Burger King, Howard Johnson's y el helado Ben & Jerry's es poco conocido por los estadounidenses.

Dominio organizacional Ámbito particular de bienes y servicios que la organización produce, así como los clientes e inversionistas a quienes sirve.

Una organización intenta manejar las fuerzas de su ambiente para obtener los recursos que necesita cuando produce bienes y servicios para los clientes (véase la figura 3.1). El término **dominio organizacional** se refiere tanto al ámbito particular de bienes y servicios que la organización produce, como a los clientes e inversionistas a quienes sirve.[1] Una organización establece su dominio decidiendo cómo administrar las fuerzas en su ambiente para maximizar su capacidad de allegarse recursos importantes. Con la finalidad de obtener insumos, por ejemplo, una organización tiene que decidir entre una variedad de proveedores potenciales, con quienes va a tratar y cómo manejar sus relaciones con los elegidos. Para conseguir dinero, una organización debe determinar con qué banco tratar y cómo manejar su relación con él, de manera que sea proclive a autorizar préstamos. Para obtener clientes, la compañía debe decidir a qué conjunto de clientes va a atender y, después, cómo satisfacer sus necesidades.

Una organización intenta estructurar sus transacciones con el ambiente para proteger y hacer crecer su dominio, de tal manera que logre aumentar su capacidad para crear valor para los clientes, los accionistas, los empleados y otros inversionistas. Por ejemplo, el dominio de McDonald's consiste en una amplia variedad de hamburguesas, patatas fritas, café y bebidas de fruta, así como otros tipos de comida rápida que la compañía elabora para satisfacer las necesidades de sus clientes.[2] McDonald's estructura transacciones con su ambiente; esto es, con proveedores, banqueros, clientes y otros inversionistas, con el propósito de obtener los recursos que necesita para proteger y hacer crecer su dominio.

Una de las principales formas en que una organización puede acrecentar y proteger su dominio es expandiéndose internacionalmente. La expansión global permite que una organización busque nuevas oportunidades y saque provecho de sus competencias clave para crear valor para los inversionistas. Antes de analizar las formas específicas cómo las organizaciones administran su ambiente para proteger y hacer crecer su dominio, debemos comprender a detalle qué fuerzas en el ambiente influyen en las organizaciones. Los conceptos de ambiente específico y ambiente general brindan una base útil para el análisis.[3]

Figura 3.1 El ambiente organizacional

En el ambiente específico existen fuerzas que afectan directamente la capacidad de una organización para obtener recursos. En el ambiente general hay fuerzas que moldean los ambientes específicos de todas las organizaciones.

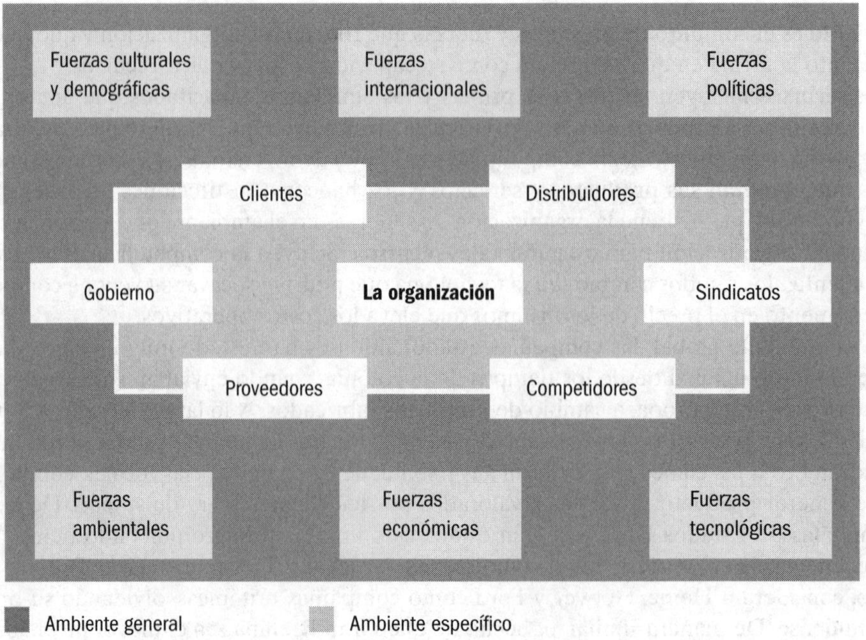

El ambiente específico

El **ambiente específico** consiste en las fuerzas de grupos de inversionistas externos que afectan directamente la capacidad de la organización para asegurarse los recursos.[4] Clientes, distribuidores, sindicatos, competidores, proveedores y gobierno son inversionistas externos que pueden influir en las organizaciones y presionarlas para actuar de determinada forma (véase la figura 3.1).

Ambiente específico Fuerzas de grupos de inversionistas externos que afectan directamente la capacidad de una organización para asegurarse los recursos.

Para el productor de comida rápida McDonald's, competidores como Burger King, Subway y Taco Bell representan una importante fuerza que afecta la capacidad de la organización para atraer recursos: las utilidades por parte de sus clientes. La competencia hace que los recursos se vuelvan escasos y valiosos, porque cuanto mayor sea la competencia por las ganancias, estas serán más difíciles de obtener. Los competidores pueden ser locales o internacionales. Cada tipo presenta implicaciones diferentes en la capacidad de una compañía para obtener recursos. Los competidores extranjeros no han sido una fuerza tan importante en la industria de la comida rápida como lo han sido en la industria automotriz en los Estados Unidos, donde lograron reducir la capacidad de las compañías automotrices de este país para atraer recursos.

En Estados Unidos, Sony, Toyota, Samsung, BMW y muchas otras compañías extranjeras compiten contra las locales para atraer clientes locales. En el extranjero, las compañías estadounidenses se enfrentan a la competencia de las organizaciones tanto dentro como fuera de los países donde operan. Las divisiones europeas de GM y Ford, por ejemplo, compiten no solo contra las compañías automotrices europeas como Fiat, Peugeot y BMW, sino también contra compañías japonesas que operan en plantas establecidas en Europa, con la capacidad de fabricar 750,000 vehículos nuevos al año, lo que ha amenazado la prosperidad de Volkswagen, Ford y Fiat.

Los cambios en el número y tipo de clientes, así como en los gustos de estos, son otra fuerza que influye en una organización. Una organización debe tener una estrategia para manejar su relación con los clientes y atraer su apoyo; además, la estrategia debe cambiar a lo largo del tiempo a medida que se modifican las necesidades del cliente. En el ambiente global, satisfacer las necesidades del cliente presenta nuevos desafíos, porque los clientes son distintos de un país a otro. Por ejemplo, los clientes europeos, a diferencia de los estadounidenses, prefieren un cereal sin endulzante, por lo que Kellogg y General Mills modifican sus productos para adaptarse a ese gusto local. Una organización tiene que estar dispuesta y ser capaz de adaptar y adecuar sus productos, con la finalidad de satisfacer gustos y preferencias de diferentes consumidores, si espera atraerlos a su negocio.

Además de responder a las necesidades de los clientes, las organizaciones deben decidir cómo manejar las relaciones con sus proveedores y distribuidores, para tener acceso a los recursos que estos brindan. La **administración de la cadena de suministro global** es el proceso de planeación y control de actividades de suministro/distribución, tales como la adquisición y el almacenamiento de materias primas y productos semiterminados, el control del inventario del trabajo en proceso, y el desplazamiento en los bienes terminados del punto de fabricación al punto de venta, tan eficientemente como sea posible. Una organización tiene que elegir cómo administrar tales actividades con el propósito de asegurar —de la forma más eficaz— un suministro de insumos estable o la disposición de sus productos de forma oportuna. Por ejemplo, ¿debería McDonald's comprar o elaborar sus insumos? ¿Debería criar ganado y pollo, y cultivar vegetales y frutas? ¿Debería fabricar sus propios contenedores o comprar todos sus insumos a proveedores globales? La seguridad en la comida rápida es un aspecto vital. ¿Se puede confiar en los proveedores de insumos para asegurar la calidad y la seguridad del producto, como en la planta de cacahuates que se examinó en el capítulo 2? ¿Cuál es la mejor forma en que McDonald's puede distribuir sus productos a las franquicias para garantizar su calidad? ¿Debería McDonald's tener su propia flotilla de vehículos para proveer a sus franquiciatarios o tendría que contratar compañías de transporte locales para distribuir los insumos a los restaurantes?

Administración de la cadena de suministro global Coordinación del flujo de materias primas, componentes, bienes semiterminados y productos terminados alrededor del mundo.

En el ambiente global, el suministro de insumos puede obtenerse no solo de fuentes nacionales, sino también de cualquier país del mundo. Si las compañías estadounidenses no hubieran utilizado la *subcontratación* (*outsourcing*) como medio para disminuir el costo de sus insumos comprando a proveedores extranjeros, habrían perdido su ventaja competitiva en relación con los rivales extranjeros que sí la utilizan. Apple, por ejemplo, solo pudo competir con Sony y Panasonic por el lucrativo mercado de los reproductores MP3 cuando comenzó a comprar los insumos y ensamblarlos para su iPod en el extranjero. Los componentes del iPod se fabrican en países como Taiwán, China y Hong Kong, y el acceso a proveedores locales de insumos de bajo costo ha permitido que Apple reduzca el costo de fabricación de su iPod, por lo que ahora domina el mercado de los reproductores de música MP3. Su experiencia para encontrar formas de comprar insumos a un costo más bajo también le permite reducir el costo de hacer cada nuevo modelo de su iPhone y iPad, así que sigue atrayendo a más clientes y dominando el ambiente global.

Los retos relacionados con la distribución y comercialización de productos aumentan en el ambiente global. Dado que los gustos de los clientes pueden variar de un país a otro, muchas campañas de marketing y publicidad son específicas para cada país; asimismo, muchos productos se adaptan a las preferencias de los clientes extranjeros. En muchos países como Japón y la India, los fabricantes locales controlan de manera muy cercana los sistemas de distribución, lo cual dificulta mucho a las compañías estadounidenses entrar en el mercado y vender sus productos. La distribución global se dificulta también cuando los productos de una organización son complejos y los clientes necesitan mucha información para operarlos o usarlos de manera exitosa. Todos estos factores hacen que una organización deba considerar cuidadosamente cómo manejar la distribución global de sus productos para atraer clientes. ¿Debería la organización administrar las ventas y la distribución en el extranjero por sí misma? ¿Debería vender sus productos a través de un mayorista en el mercado extranjero? ¿Debería entrar en alianza con una organización en un país en particular y permitir que esa compañía comercialice y distribuya sus productos? Las organizaciones operan en muchos países y deben ponderar sus opciones, como se muestra en el recuadro "Al interior de la organización 3.1".

Al interior de la organización 3.1

Por qué Nokia abre nuevas plantas alrededor del mundo

Glowimages

Nokia sigue siendo el fabricante de teléfonos celulares más grande del mundo, aunque ha estado luchando fuerte para conservar su liderazgo a medida que se disparó la popularidad de los teléfonos inteligentes, y conforme compañías como Apple, Blackberry, Samsung —y ahora también Google y Microsoft— están compitiendo por el lucrativo segmento de los teléfonos inteligentes en el mercado. Mientras que dichas compañías subcontratan su producción de teléfonos celulares a compañías asiáticas, Nokia no lo hace. De hecho, una de las razones por las que Nokia continúa con su dominio en teléfonos celulares es su habilidad en la administración de la cadena de suministro global, la cual le permite abastecer teléfonos de bajo costo adecuados a las necesidades de los clientes en las diferentes regiones del mundo. Para lograrlo, la estrategia global de Nokia ha sido fabricar sus teléfonos en la región del mundo donde van a comercializarse. De esta forma, han construido fábricas con tecnología de punta en Alemania, Brasil, China e India. En 2008 abrieron una nueva planta en Rumania, para producir teléfonos para el mercado en expansión de Europa del Este y Rusia.

Una razón importante para comenzar operaciones en Rumania son los bajos costos de la mano de obra. Se contrata a ingenieros rumanos hábiles por una cuarta parte de lo que ganarían en Finlandia o Alemania, en tanto que los empleados de producción en línea esperan ganar alrededor de 450 dólares al mes, salario menor del que los empleados de Nokia ganan en Alemania. De hecho, tiempo después de que la fábrica rumana de Nokia empezó a funcionar, Nokia cerró en 2008 su filial en Bochum, Alemania, porque era demasiado costoso operarla en un ambiente global altamente competitivo.

Abrir una fábrica nueva en un país nuevo es un proceso complejo; por ello, para aumentar las oportunidades de que su nueva fábrica funcionara de manera eficiente, los gerentes de Nokia adoptaron varias estrategias. Primero, trabajaron para crear una cultura en la fábrica que fuera atractiva para sus nuevos empleados rumanos, de manera que se quedaran en la compañía y aprendieran las habilidades necesarias para operarla de forma más eficiente con el paso del tiempo. Por ejemplo, la cafetería de la fábrica ofrece comida gratis, y hay gimnasios, instalaciones deportivas y (desde luego) un sauna finlandés. Asimismo, aunque en el presente la fábrica la dirigen gerentes de otros países, Nokia espera que dentro de algunos años la mayoría de los gerentes y supervisores sean rumanos. Su meta es crear un escalafón de carrera que motive a los trabajadores a alcanzar un alto desempeño para ser promovidos.

Al mismo tiempo, Nokia es bastante obstinada sobre la eficiencia con la cual espera que opere su fábrica rumana, ya que requiere que todas sus filiales funcionen al mismo nivel de eficiencia, logrando así que la fábrica global sea más eficiente. Para conseguir ese objetivo, ha creado un plan de remuneración para los gerentes de la fábrica, con base en el desempeño colectivo de todas sus filiales. Ello significa que los gerentes de todas sus fábricas verán reducidos sus bonos si una sola de las fábricas en cualquier país se desempeña por debajo de las expectativas. Se trata de una medida dura, pero su propósito es favorecer que todos los gerentes desarrollen técnicas de fabricación más eficientes, las cuales, cuando se aprenden en una fábrica, deben compartirse con todas las demás fábricas alrededor del mundo, de modo que los gerentes obtengan sus bonos. La meta de Nokia es que la eficiencia mejorará de manera constante en la medida en que se motive a los gerentes para encontrar mejores formas de operar y, luego, compartan tal conocimiento en toda la compañía.

Solo seis meses después de que abrió en junio de 2008, la planta rumana alcanzó el logro de un millón de aparatos ensamblados. La eficiencia de la planta excedió tanto las expectativas de Nokia que abrieron una nueva fábrica de accesorios para celulares al lado de la planta, y contrataron a cientos de trabajadores nuevos, quienes en 2010 recibieron un aumento de 9% en su salario debido a su alta productividad. Nokia contempló abrir una nueva planta en Argentina para dar servicio al emergente mercado en Sudamérica, pero finalmente decidieron subcontratar la fabricación de sus celulares con un proveedor argentino y abrir en 2011 su nueva planta en Brasil, el mercado más grande de Latinoamérica.[5]

Otros inversionistas externos incluyen a grupos de interés como gobierno, sindicatos y consumidores. Varias agencias gubernamentales están interesadas en las políticas de McDonald's en relación con la igualdad en oportunidades laborales, la preparación y el contenido de los alimentos, y los estándares de salud y seguridad. Esas instituciones presionan a la organización para asegurarse de que siga las normas legales. Los sindicatos presionan a McDonald's para aumentar los salarios y prestaciones de sus afiliados. Los grupos de consumidores presionan a McDonald's para conseguir que sus alimentos tengan menos calorías y prevenir así el crecimiento de la obesidad en los clientes de Estados Unidos.

Una organización que establece operaciones globales requiere forjar buenas relaciones laborales con sus nuevos trabajadores y con cualquier sindicato que los represente. Si un fabricante japonés abre una planta en Estados Unidos, su equipo de administración nipón tiene que entender las expectativas a sus empleados estadounidenses; es decir, sus actitudes respecto al pago, a la antigüedad y a otras condiciones de empleo. Una organización global necesita adaptar su estilo de administración para cumplir con las expectativas de la fuerza de trabajo local, al tiempo que sigue trabajando para lograr sus metas, como lo hace Nokia.

Finalmente, cada país tiene su propio sistema de gobierno, así como sus propias leyes y regulaciones, que controlan la forma en que se conduce el negocio. Una compañía estadounidense que entra en un país nuevo debe ajustarse al sistema legal e institucional del país huésped. En ocasiones, como en la Unión Europea (UE), las leyes que rigen los negocios están estandarizadas para varios países. Aunque eso facilita a las empresas estadounidenses operar en otros lugares, también facilita a estos países a proteger sus compañías locales establecidas en su país. Por ejemplo, Boeing se queja de que los subsidios de los contribuyentes europeos han permitido que Airbus Industries comercialice sus aviones a precios menores que los de Boeing, y desarrolle nuevas aeronaves como el nuevo "jumbo" de Airbus a precios reducidos artificialmente.

De manera similar, los granjeros de Estados Unidos se quejan de que los aranceles europeos protegen a los granjeros europeos ineficientes, y cierran el mercado a los artículos o bienes de productores estadounidenses más eficientes. Por lo regular, los competidores nacionales ejercen presión en los gobiernos para combatir la competencia global "injusta". Japón es muy conocido por las múltiples formas en las cuales intenta restringir la entrada de competidores extranjeros, o disminuir su impacto sobre las firmas japonesas. Japón ha estado bajo intensa presión para relajar y abolir tales regulaciones, como lo muestra el recuadro "Al interior de la organización 3.2".

Una organización tiene que enfrascarse en transacciones con cada una de las fuerzas de su ambiente específico, con la finalidad de obtener los recursos que requiere para sobrevivir y proteger y promover su dominio. Con el tiempo, el tamaño y alcance de su dominio cambiarán en la medida en que dichas transacciones cambien o se modifiquen. Por ejemplo, una organización que decide expandir su dominio para satisfacer las necesidades de un nuevo grupo de clientes produciendo una nueva clase de artículos se enfrentará con un conjunto nuevo de fuerzas, y quizá necesite involucrarse en un conjunto de transacciones diferente con el ambiente para obtener sus recursos.

El ambiente general

El **ambiente general** consiste en las fuerzas que dan forma al ambiente específico y afectan la capacidad de todas las organizaciones en un ambiente particular para obtener recursos (véase la figura 3.1). Las *fuerzas económicas* —como las tasas de interés, el estado de la economía y el índice de desempleo— determinan el nivel de demanda de los productos y el precio de los insumos. Las diferencias nacionales en las tasas de interés, las tasas de cambio, los niveles salariales, el producto interno bruto y el ingreso per cápita tienen un efecto significativo en la forma en que las organizaciones operan a nivel internacional. Por lo general, las organizaciones intentan obtener sus insumos o fabricar sus productos en el país con los menores costos de mano de obra o materia prima. Sony, GE y GM cerraron muchas de sus plantas de fabricación en Estados Unidos y mudaron sus operaciones a México, porque eso les ha permitido igualar los bajos costos de los competidores extranjeros que subcontratan la producción en China y Malasia. Evidentemente, los competidores extranjeros que operan en países con salarios bajos tienen una ventaja competitiva que puede ser crucial en la batalla por el cliente ahorrador de Estados Unidos. De manera que muchas compañías estadounidenses se han visto forzadas a trasladar sus operaciones al extranjero o a subcontratar la producción para lograr competir. Levi Strauss, por ejemplo, cerró la última de sus fábricas en Estados Unidos en el año 2000 y llevó la producción de *jeans* a México y a República Dominicana, con la finalidad de reducir los costos de producción (el capítulo 8 se refiere específicamente a cómo una organización administra la expansión global).

Ambiente general
Fuerzas que moldean el ambiente específico y afectan la capacidad de todas las organizaciones en un ambiente particular para obtener recursos.

Al interior de la organización 3.2

El arroz estadounidense invade Japón

Fanfo/Shutterstock.com

El mercado japonés de arroz, similar a muchos otros mercados nipones, estuvo cerrado a los competidores extranjeros hasta 1993 para proteger a los cientos de productores minoristas japoneses del cereal, que era de alto costo. El cultivo de arroz en Japón es caro debido al terreno montañoso del país, de manera que los consumidores nipones siempre han pagado precios altos por este producto. Bajo la presión extranjera, el gobierno japonés abrió el mercado y ahora permite a los competidores extranjeros exportar a Japón 8% de su consumo anual de arroz. A pesar del elevado arancel al arroz importado, 2.33 dólares por 2.2 libras, el arroz de Estados Unidos se vende por 14 dólares la bolsa de una libra, mientras el japonés se vende en alrededor de 19 dólares. Con la reciente recesión que afecta a Japón, los consumidores ahorradores están cambiando al arroz extranjero, lo cual ha afectado negativamente a los productores nacionales.

Sin embargo, en los albores del nuevo milenio, una alianza entre el productor de arroz orgánico Lundberg Family Farms of California con el Nippon Restaurant Enterprise, Co. encontró una nueva forma de entrar en el mercado japonés del arroz. Dado que no hay arancel para el arroz utilizado en alimentos procesados, Nippon toma el arroz orgánico estadounidense y lo convierte en "O-bento", una caja de alimento orgánico caliente empacado con arroz, verduras, pollo, res y salmón, todos ellos importados de Estados Unidos. Los nuevos almuerzos, que cuestan alrededor de cuatro dólares (un arroz bento japonés cuesta alrededor de nueve dólares), se venden en estaciones de tren y otras tiendas en todo Japón. Estos paquetes han demostrado ser muy populares y están creando muchas protestas por parte de los productores de arroz nipones, quienes ya se habían visto forzados a dejar inactivos 37% de sus campos de arroz y a cultivar otros productos menos rentables, debido a la entrada de productores de arroz estadounidenses. Las compañías japonesas y extranjeras están creando cada vez más alianzas para encontrar nuevas formas de incursionar en el mercado japonés, lo cual ha provocado que se vayan eliminando gradualmente las prácticas restrictivas del comercio japonés.

Las *fuerzas tecnológicas*, como el desarrollo de nuevas técnicas de producción y nuevo equipo de procesamiento de la información, influyen en muchos aspectos de la operación de las organizaciones. El uso de tecnología de fabricación computarizada mejora la productividad. De manera similar, la inversión en actividades avanzadas de investigación y desarrollo influye en la forma de interacción entre las organizaciones y en cómo diseñan sus estructuras (el capítulo 9 examina con mayor profundidad la función de la tecnología).

La transferencia internacional de tecnología tiene implicaciones importantes sobre la ventaja competitiva de una organización. Las organizaciones deben ser capaces de aprender los desarrollos tecnológicos extranjeros que pudieran brindar un bajo costo o una ventaja competitiva de diferenciación, y de tener acceso a ellos. Tradicionalmente, Estados Unidos ha exportado su tecnología, y muchas compañías extranjeras han estado ávidas por utilizarla; sin embargo, en algunas áreas industriales las empresas estadounidenses han mostrado lentitud para obtener ventaja de los avances tecnológicos extranjeros. Las críticas van en el sentido de que el aprendizaje global ha ocurrido, por lo general, en una sola dirección: de Estados Unidos al resto del mundo, en detrimento de la competitividad de este país. Se estima que después de la Segunda Guerra Mundial las compañías japonesas pagaron a empresas estadounidenses 100 millones de dólares por los derechos de licencia de ciertas tecnologías y que, a cambio, recibieron más de 100 mil millones de dólares en ganancias por ventas a consumidores en Estados Unidos. En la actualidad, las compañías estadounidenses están ansiosas por aprender de los competidores extranjeros para cerrar la brecha tecnológica. Dicho aprendizaje tecnológico permite que una organización desarrolle sus competencias clave y las aplique alrededor del mundo para crear valor, como lo ha hecho Amazon.com.

Las *fuerzas políticas, éticas y ambientales* influyen en la política gubernamental orientada a las organizaciones y sus inversionistas; por ejemplo, las leyes que favorecen intereses particulares de negocios, como las que imponen aranceles a la importación de automóviles, influyen en los clientes y competidores de las organizaciones. Asimismo, la presión de los ambientalistas por reducir la contaminación del aire, o por disminuir el nivel de desechos sólidos de la nación, afecta los costos de producción de las organizaciones. Un diseño amigable ambiental del producto y su empaque puede alterar las relaciones de las organizaciones con los competidores, clientes y proveedores. Toyota fue el pionero en el desarrollo de vehículos híbridos que ahorran gasolina, como el Prius, y en 2005 autorizó la licencia de esta tecnología a GM y Ford. En 2009 Honda introdujo un nuevo vehículo híbrido para competir con el Prius al mismo tiempo que Toyota lanzó su modelo Prius de nueva generación, de manera que la contienda es qué compañía será más exitosa. A nivel global, los países que hacen poco por proteger el ambiente ven una afluencia de empresas que toman ventaja de regulaciones permisivas para establecer costos de operación bajos en ese lugar. El resultado suele ser el incremento de la contaminación y el surgimiento de problemas ambientales, como ha sucedido en muchas regiones de Europa del Este y Asia.

Las fuerzas demográficas, culturales y sociales —como edad, educación, estilo de vida, normas, valores y costumbres de la gente de una nación— moldean a los gerentes, clientes y empleados de una organización. La demanda de productos para bebé, por ejemplo, está vinculada con los índices de nacimiento nacionales y las distribuciones por edad. Las fuerzas demográficas, culturales y sociales son fuentes importantes de incertidumbre en un ambiente global, ya que afectan directamente los gustos y las necesidades de los clientes de un país. Los valores culturales y sociales afectan las actitudes del país hacia los productos y compañías tanto extranjeros como nacionales. Los clientes en Francia e Italia, por ejemplo, generalmente prefieren automóviles producidos localmente, aun cuando los productos extranjeros sean superiores en calidad y valor.

Una compañía estadounidense que establece operaciones en el extranjero debe estar en armonía con los métodos y las prácticas de negocio del país huésped. Las naciones difieren en cómo hacen negocios y en la naturaleza de sus instituciones de negocios. También difieren en sus actitudes respecto a las relaciones sindicato-administración, en sus estándares éticos, y en sus prácticas financieras y contables. En algunos países el soborno y la corrupción son prácticas de negocio aceptables. Como se destacó anteriormente, las leyes en Japón protegen a las compañías locales, que buscan evitar la entrada de competidores extranjeros más eficientes. Sin embargo, la legislación está cambiando y empresas como Walmart ahora operan en Japón.

Fuentes de incertidumbre en el ambiente organizacional

Una organización desea tener un suministro estable y abundante de recursos de manera que puedan administrar fácilmente su dominio y satisfacer a los inversionistas. Sin embargo, todas las fuerzas de las que acabamos de hablar causan incertidumbre en las organizaciones y hacen más difícil para los gerentes el controlar el flujo de recursos que necesitan para proteger y ampliar el dominio organizacional. El conjunto de fuerzas que causan tales problemas puede verse de

Serg Zastavkin/Shutterstock.com

En algunos países, se espera que las compañías paguen sobornos si quieren hacer negocios ahí.

otra forma: cómo generan incertidumbre debido a que afectan la complejidad, el dinamismo y la riqueza del ambiente. En la medida en que dichas fuerzas causan que el ambiente se vuelva más complejo, menos estable y más pobre, aumentará el nivel de incertidumbre (véase la figura 3.2).

Complejidad ambiental Fuerza, número e interconexión de las fuerzas específicas y generales que una organización tiene que administrar.

COMPLEJIDAD AMBIENTAL La **complejidad ambiental** está en función de la fuerza, el número y la interconexión de las fuerzas específicas y generales que debe administrar una organización.[6] Cuanto más grandes sean el número y las diferencias entre ellas, más complejo e incierto será el ambiente, y será más difícil de predecir y controlar. Ford, por ejemplo, solía obtener insumos de más de 3,000 proveedores distintos. Para reducir la incertidumbre que resultó de lidiar con tantos proveedores, Ford desarrolló un programa para reducir su número y, por lo tanto, la complejidad del ambiente. Ahora Ford trata con menos de 500 proveedores; así, adquirir la información necesaria para administrar sus relaciones con ellos es más fácil que conseguir la información para administrar un número 10 veces mayor.

La complejidad también aumenta si, con el tiempo, una compañía produce una mayor variedad de productos para diferentes grupos de clientes. Por ejemplo, si una compañía como McDonald's decide de repente entrar en el negocio de los seguros y la banca, necesitaría de un flujo masivo de información para reducir la incertidumbre que rodea las nuevas transacciones.

La complejidad suele aumentar mucho cuando se interconectan las fuerzas específicas y generales en el ambiente; esto es, cuando las fuerzas comienzan a interactuar de forma que sus efectos en la organización se vuelven impredecibles.[7] A mayor interconexión entre las fuerzas del ambiente específico y general de una organización, mayor incertidumbre enfrentará. Suponga que un gran avance tecnológico en la fabricación de automóviles convierte en obsoletas las fábricas existentes. Esa fuerza general causará que el precio de una acción de un fabricante de automóviles (como Ford) fluctúe drásticamente y, por consiguiente, provocará una desaceleración en los mercados financieros. Los fabricantes de vehículos no estarán seguros de cómo este avance afectará su negocio, la competencia entre rivales aumentará (una fuerza específica), y tanto la administración como los sindicatos estarán inciertos del efecto en el empleo y el futuro de la organización. Si los clientes dejan de comprar autos (otra fuerza específica) en espera a que salgan los nuevos modelos fabricados con tecnología de punta, quizás haya despidos y mayores disminuciones en el precio de las acciones de la compañía.

Esto sucedió en la década de 2000, cuando GM, Chrysler y Ford comenzaron a perder miles de millones de dólares porque no lograron reducir sus costos ni innovar vehículos que se ajustaran a las tendencias de sus competidores japoneses. Para sobrevivir, estos productores de autos y el Sindicato de Trabajadores Automotrices negociaron grandes ahorros en la atención a la salud y otras prestaciones y así redujeron costos. Esto no fue suficiente para GM y Chrysler, cuyos altos costos los llevaron a la bancarrota en 2009, lo cual les permitió acabar con los onerosos contratos con sindicatos y concesionarios. Sin embargo, desde que salieron de la bancarrota, como Ford, han trabajado

Figura 3.2 Tres factores que causan incertidumbre

A medida que el ambiente se vuelve más complejo, menos estable y más pobre, se incrementa el nivel de incertidumbre.

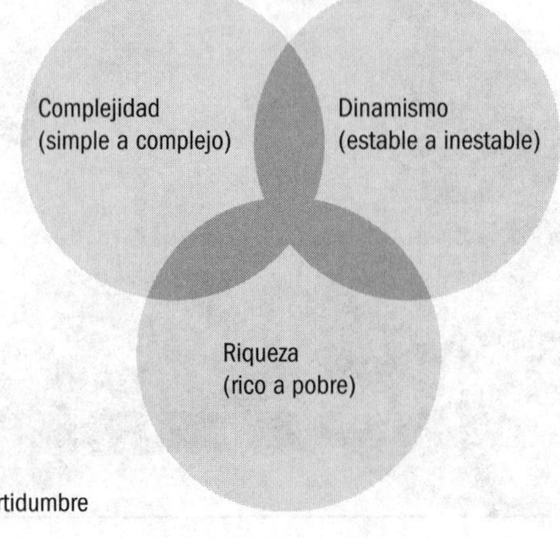

duro para producir los nuevos tipos de vehículos de alta calidad que desean los clientes de Estados Unidos, como híbridos ahorradores de gasolina; gracias a ello, en 2011 volvieron a ser rentables.

Cuanto más complejo sea el ambiente de una organización, mayor será la incertidumbre sobre el ambiente. Predecir y controlar el flujo de recursos se torna extremadamente difícil, y hace que aumenten los problemas relacionados con las transacciones administrativas y el ambiente. GM y Ford enfrentan un futuro muy desafiante porque tanto Honda como Toyota lanzaron nuevos vehículos híbridos y eléctricos en 2011. No obstante, también ellos están dando la pelea con modelos propios, como el Chevrolet Volt, por lo que la competencia es cada vez más feroz para atraer a los cientos de miles de clientes que desean adquirir automóviles eficientes en el consumo de gasolina, dado el aumento en el precio de esta durante 2011.

DINAMISMO AMBIENTAL El **dinamismo ambiental** está en función de cuánto y qué tan rápido cambian las fuerzas en los ambientes específico y general, lo cual aumenta la incertidumbre que enfrentan las organizaciones.[8] Un ambiente es estable si las fuerzas afectan el suministro de recursos de una forma predecible. Un ambiente es inestable y dinámico si una organización no puede predecir la forma en que las fuerzas cambiarán con el tiempo. Si la tecnología, por ejemplo, avanza rápidamente como ocurre en la industria de la computación, el ambiente es muy dinámico. Una organización en un ambiente inestable y dinámico buscará formas de hacerlo más predecible y disminuir así la incertidumbre que enfrenta. Más adelante en el capítulo, revisaremos las estrategias para administrar las partes dinámicas del ambiente, incluyendo los contratos a largo plazo y la integración vertical.

Dinamismo ambiental Grado en que cambian las fuerzas en los ambientes específico y general, contribuyendo así con la incertidumbre que enfrenta la organización.

En la actualidad, tanto la existencia de nuevos mercados globales donde las compañías busquen entrar (como en China, India y Europa del Este) como la posibilidad de tener acceso a nuevos recursos globales y competencias clave brindan a una organización oportunidades para hacer crecer su dominio y crear así más valor para los inversionistas. Sin embargo, a medida que las compañías compiten, tanto localmente como en el extranjero, el ambiente se torna más complejo (debe administrarse un mayor número de fuerzas y estas están interconectadas) y más dinámico (las fuerzas cambian rápidamente). En consecuencia, la expansión global provoca que el ambiente sea más difícil de predecir y controlar.

RIQUEZA AMBIENTAL La **riqueza ambiental** está en función de la cantidad de recursos disponibles para apoyar el dominio de una organización.[9] En los ambientes ricos, la incertidumbre es baja porque los recursos son abundantes y, por consiguiente, las organizaciones no necesitan competir por ellos. Por ejemplo, las compañías de biotecnología en Boston tienen una gran reserva de científicos altamente calificados para elegir, gracias a la presencia de diversas universidades en el área (MIT, Harvard, Boston University, Boston College, Tufts y Brandeis, entre otras). En los ambientes pobres, la incertidumbre es alta porque los recursos son limitados y las organizaciones requieren competir por ellos. La disponibilidad de científicos de alta calidad en Alaska, por ejemplo, es limitada y cubrir su demanda es muy costoso.

Riqueza ambiental Cantidad de recursos disponibles para apoyar el dominio de una organización.

Los ambientes suelen ser pobres por dos razones: **1.** una organización está localizada en un país o una región pobre; y **2.** existe un alto nivel de competencia y las organizaciones pelean por los escasos recursos disponibles.[10] En los ambientes pobres son mayores los problemas que enfrentan las organizaciones para administrar las transacciones de recursos. Las organizaciones tienen que luchar para atraer a los clientes o para obtener los mejores insumos o la última tecnología. Esas batallas dan como resultado la incertidumbre para la organización.

En un ambiente pobre, inestable y complejo, los recursos son especialmente difíciles de obtener, por lo que las organizaciones enfrentan la mayor incertidumbre. En contraste, en un ambiente simple, rico y estable los recursos vienen fácilmente, por lo cual la incertidumbre es baja. Las líneas aéreas estadounidenses como American, United/Continental y Delta han experimentado un ambiente altamente incierto durante la última década. Las aerolíneas de bajo costo como Southwest, que se han expandido a nivel nacional en los últimos diez años, aumentaron el nivel de competencia en la industria y el ambiente se ha empobrecido a medida que las líneas aéreas se disputan los clientes (un recurso) y deben ofrecer menores precios para atraerlos. El ambiente de las aerolíneas es complejo porque las organizaciones competidoras (parte del ambiente específico de cada línea aérea) están muy interconectadas. Si una de ellas reduce los precios, todas deberían hacerlo para proteger su dominio, aunque el efecto sea un mayor aumento en la incertidumbre.

Finalmente, el alto precio de la gasolina, la creciente competencia de las aerolíneas extranjeras y el cambiante estado de la economía están todos interconectados en el ambiente de las líneas aéreas, y cambian con el tiempo, dificultando así la predicción o planeación de contingencias. El resultado ha sido que la mayoría de las aerolíneas experimentaron grandes pérdidas durante la reciente recesión.

En contraste, el ambiente de la industria farmacéutica es relativamente seguro. Merck, Bristol-Myers Squibb, Pfizer y otras grandes empresas que inventan medicamentos reciben patentes y son los únicos proveedores de sus respectivos nuevos fármacos durante 17 años. Durante ese periodo, la compañía dueña de la patente cobra un alto precio por sus medicamentos pues no enfrenta ninguna competencia y los clientes no tienen otra opción. Las organizaciones en la industria farmacéutica laboran en un ambiente estable y rico: la competencia es baja y no existen cambios, sino hasta que las patentes expiran o se inventan nuevos fármacos. Sin embargo, dado el enorme aumento en el precio de los medicamentos durante lo que va en el siglo XXI, los proveedores de atención a la salud, como las HMO y el gobierno de Estados Unidos han utilizado su poder de negociación para forzar a los laboratorios a reducir los precios de sus medicamentos. Esto aumentó la complejidad del ambiente y, en consecuencia, la incertidumbre para las compañías farmacéuticas, quienes también han experimentado problemas para innovar sus medicamentos. Para administrar la complejidad y hacer más lento el cambio, la industria ejerce una gran presión sobre el Congreso para salvaguardar sus intereses: las compañías farmacéuticas aportan decenas de millones de dólares a los partidos políticos y a los miembros de la Cámara de Representantes y del Senado. A lo largo del resto de este capítulo, revisaremos con detalle las estrategias que las organizaciones buscan para administrar sus ambientes. Sin embargo, primero es necesario analizar la naturaleza del ambiente que enfrentó Jeff Bezos después de que fundó Amazon.com[11] (véase el recuadro "Perspectiva de la nueva tecnología de la información, parte 2").

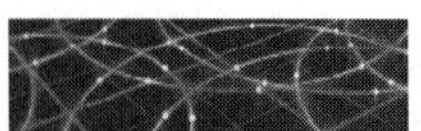

Perspectiva de la nueva tecnología de la información

Amazon.com, parte 2

La industria de la distribución y venta de libros cambió para siempre en julio de 1995, cuando Jeff Bezos lanzó la tienda virtual de libros Amazon.com. La estrategia de su nueva compañía revolucionó la naturaleza del ambiente. Antes, las editoriales vendían sus libros ya fuera indirectamente a mayoristas de libros que abastecían a pequeñas librerías, directamente a grandes cadenas de librerías como Barnes & Noble o mediante clubes del libro del mes. Con tantas editoriales y vendedores de libros, la industria era relativamente estable, tanto con librerías grandes como pequeñas, disfrutando de un nicho cómodo en el mercado. En este ambiente relativamente estable, simple y rico, la incertidumbre era baja y todas las compañías disfrutaban de buenas utilidades.

El enfoque virtual de Amazon.com para la compra y venta de libros cambió todo esto. En primer lugar, debido a que era capaz de proporcionar a los clientes rápido acceso a los más de 1.5 millones de libros impresos y de ofrecer a los clientes descuentos en los precios de estos, se elevó el nivel de competencia de la industria y el ambiente de la venta de libros se empobreció. En segundo lugar, dado que Amazon.com también negoció directamente con las grandes editoriales los precios y suministros, porque quería obtener los libros rápidamente para sus clientes, se aumentó la complejidad del ambiente. Todos las partes —editoriales, mayoristas, tiendas y clientes— se vincularon de manera cercana. En tercer lugar, dichos factores combinados con los avances continuos en la tecnología de la información (TI), hicieron el ambiente más inestable y los recursos (los clientes) fueron más difíciles de atraer.

¿Cómo ha cambiado ese aumento en la incertidumbre el negocio de la venta de libros? Primero, los cambios amenazaron con rapidez la prosperidad de las librerías pequeñas, cientos de las cuales pronto cerraron sus puertas y dejaron el negocio pues no fueron capaces de competir con las librerías en línea. En segundo lugar, los grandes vendedores de libros como Barnes & Noble y Borders iniciaron sus propias tiendas en línea para competir contra Amazon.com, pero fallaron; por ejemplo, Borders se vio forzado a cerrar sus tiendas en 2011 después de caer en bancarrota. Tercero, Amazon.com y las nuevas librerías en línea se enfrentaron en una guerra de precios, lo cual llevó a que tales precios bajaran aún más. Todo lo cual dio como resultado un ambiente todavía más competitivo, incierto y pobre.

La tecnología de la información no es exclusiva de ningún país o región del mundo. El acceso a Internet y a la Web permite que cualquier compañía en línea venda a clientes alrededor del mundo, haciendo desde luego que sus productos se adapten a las necesidades de los clientes en el extranjero. Jeff Bezos fue muy rápido en darse cuenta de que la tecnología de la información de Amazon.com, establecida en Estados Unidos, podría transferirse de manera rentable a otros países para vender libros. Sin embargo, tal capacidad para entrar en los mercados extranjeros estaba limitada por un factor principal: Amazon.com ofrece a sus clientes la mayor selección de libros escritos en inglés, por lo que tenía que encontrar lectores que pudieran leer en este idioma. ¿Dónde localizarlos?

Una primera elección obvia sería Reino Unido porque sus habitantes hablan inglés; luego, otras naciones de habla inglesa como Canadá, Australia, Nueva Zelanda y Alemania. ¿Alemania? Probablemente de todos los países del mundo, Alemania cuenta con la mayor proporción de habitantes de habla inglesa como segunda lengua, ya que este idioma se enseña en todas las escuelas secundarias.

Así, Bezos decidió replicar las funciones de creación de valor de Amazon.com y adaptar su TI para otros países. Primero, en Reino Unido compró la compañía Bookpages, instaló su tecnología y lo renombró como Amazon.co.uk en 1996. En Alemania adquirió un pequeño vendedor de libros en línea y creó Amazon.de en 1998.[12] Desde entonces, Amazon.com también ha establecido tiendas en línea en Canadá, Italia, Francia, Japón y China. Y, además de esto, clientes de cualquier lugar del mundo pueden comprar libros de una de estas tiendas y Amazon los enviará a sus clientes en casi cualquier lugar del mundo.

Implicaciones administrativas

Análisis del ambiente

1. Los gerentes de todos los niveles y todas las funciones deberían analizar el ambiente organizacional periódicamente e identificar fuentes de incertidumbre.
2. Para administrar de manera eficaz las transacciones con el ambiente organizacional, los gerentes deben diagramar atentamente las fuerzas en los ambientes específico y general, registrando *a*) el número de fuerzas que afectarán la organización, *b*) el patrón de interconectividad o los vínculos entre tales fuerzas, *c*) qué tan rápidamente cambian, y *d*) la cantidad y naturaleza de la competencia, la cual afecta qué tan pobre o rico sea el ambiente.
3. Con base en ese análisis, los gerentes deben planear cómo manejar las contingencias: diseñar estrategias interorganizacionales para controlar y asegurar los limitados y valiosos recursos en el ambiente donde operan en la primera etapa de este proceso.

Teoría de la dependencia del recurso

Las organizaciones dependen de su ambiente para obtener los recursos que necesitan para sobrevivir y crecer. El suministro de recursos, sin embargo, depende de la complejidad y riqueza del ambiente. Si un ambiente se empobrece porque se pierden clientes importantes o entran nuevos competidores en el mercado, los recursos se limitan, volviéndose más valiosos, lo cual provoca que aumente la incertidumbre. Las organizaciones intentan gestionar sus transacciones con el ambiente para asegurarse el acceso a los recursos de los que dependen. Desean que su acceso a los recursos sea tan predecible como sea posible, porque simplifica la administración de sus dominios y promueve la supervivencia.

De acuerdo con la **teoría de la dependencia del recurso**, la meta de la organización consiste en minimizar su dependencia de otras organizaciones para el suministro de recursos limitados en su ambiente, así como encontrar formas de influirlas para asegurar los recursos que necesita.[13] De esta forma, una organización tiene que administrar simultáneamente dos aspectos de su dependencia de recursos: debe **1.** ejercer influencia sobre otras organizaciones de manera que obtenga recursos, y **2.** responder a las necesidades y demandas de las otras organizaciones en su ambiente.[14]

Teoría de la dependencia de los recursos
Teoría que establece que la meta de una organización es minimizar su dependencia de otras organizaciones en el suministro de recursos limitados en su ambiente, así como encontrar formas de influir en ellas para lograr que dichos recursos estén disponibles.

La fuerza de la dependencia de una organización sobre otra para obtener un recurso en particular está una función de dos factores. El primero es qué tan vital es el recurso para la supervivencia de la organización. Los insumos limitados y valiosos (como partes componentes y materias primas) y los recursos (como clientes y puntos de distribución) son fundamentales para la supervivencia de una organización.[15] El otro factor es la medida en que otras organizaciones controlan el recurso. Crown Cork and Seal y otros fabricantes de latas, por ejemplo, necesitan aluminio para fabricar latas, pero por muchos años el suministro de ese material fue controlado por Alcoa, quien prácticamente tenía un monopolio, por lo que podía cobrar altos precios por el aluminio.

La industria de las PC ilustra la operación de ambos factores. Los fabricantes de computadoras personales como HP, Acer, Lenovo y Dell dependen de organizaciones como Samsung, Nvidia e Intel que le suministran chips de memoria y microprocesadores. También dependen de las cadenas de minoristas como Best Buy y las compañías en línea como Amazon.com, que almacenan sus productos, así como de los sistemas escolares y clientes corporativos que adquieren grandes cantidades de sus PC. Cuando hay pocos proveedores de un recurso como chips de memoria o pocas organizaciones distribuyen y venden un producto, las compañías se vuelven altamente dependientes de otras. Por ejemplo, Intel elabora muchos de los microchips más avanzados y tiene un poder considerable sobre los fabricantes de computadoras que necesitan sus chips más novedosos para competir de manera exitosa. Cuanto mayor sea la dependencia de una organización sobre otra, más débil será la primera, y la compañía más poderosa podrá amenazar o aprovecharse de la organización dependiente si elige hacerlo, elevando sus precios.

Para gestionar su dependencia de recursos y controlar su acceso a recursos limitados, las organizaciones desarrollan varias estrategias.[16] Al igual que las naciones diseñan políticas internacionales para tratar de aumentar su capacidad de influencia en los asuntos mundiales, las organizaciones tratan de encontrar formas de aumentar su influencia en el ambiente global. La forma

Al interior de la organización 3.3

Costco enfrenta a distribuidores poderosos

Valentyn Volkov/Shutterstock.com

Una de las razones por las que la Prohibición comenzó en Estados Unidos fue que muchos bares eran propiedad de individuos que destilaban bebidas alcohólicas y se pensaba que eso ocasionaría abusos, ya que podrían usar su poder de venta al menudeo para elevar los precios. Para separar a los productores de bebidas alcohólicas, como cerveza y vino, de los vendedores de alcohol, la mayoría de los estados adoptaron un sistema de distribución de tres niveles que requería que los fabricantes vendieran a los grandes distribuidores o mayoristas, los cuales a su vez venderían a los minoristas, como bares, licorerías, supermercados y cadenas de abarrotes. Se estima que el sistema de distribución de tres niveles da como resultado que los mayoristas encarezcan alrededor de 25% las bebidas alcohólicas, lo cual significa que los clientes pagan 25% más de lo que necesitarían y los mayoristas están obteniendo enormes ganancias.

En 2006 Costco, la gran cadena de almacenes, ganó un juicio antimonopolios impugnando el sistema de tres niveles en su estado. Como señaló su director general, James Sinegal, acerca de los mayoristas de alcohol: "quisiera tener un negocio donde todo el mundo tuviera que comprarme". Estimó que Costco podría vender cerveza y vino 10% a 20% más baratos, si los minoristas como Costco o Walmart o Kroger's pudieran comprar directamente de los fabricantes de productos alcohólicos, muchos de los cuales están en el extranjero. El gran poder de compra de las cadenas de tiendas les permitiría pedir descuentos muy grandes a los vendedores, como ha sucedido con otros artículos como jabón, detergente y alimentos enlatados.

No obstante, el estado de Washington apeló argumentando que la enmienda 21 que acabó con la Prohibición, otorgaba a los estados autoridad para controlar la regulación del alcohol e incluso para distribuirlo. El estado de Washington fue apoyado por 30 estados más debido a una importante razón: las ventas de alcohol generan miles de millones de dólares en ganancias y es mucho más fácil para los estados recolectar el dinero cuando los mayoristas distribuyen el alcohol. En 2008 la Corte de Apelaciones del Noveno Circuito de Estados Unidos falló a favor del estado de Washington, señalando que a este le asistía el derecho de decidir si el sistema de tres niveles era adecuado. Sin embargo, también estuvo de acuerdo con Costco en que una importante regla de distribución, llamada requisito de establecer y mantener —que implica que cada distribuidor de cerveza o vino debe clasificar sus precios de mayoreo con el Comité de Control de Alcohol y, luego, mantener tales precios por al menos 30 días— era una regla ilegal y anticompetitiva porque les daba a los grandes mayoristas la información que necesitaban para mantener los precios altos. El reciente juicio de Costco significa que quienes hacen las leyes en Estados Unidos estarán pensando de nuevo en la regulación de las ventas de alcohol para volver a obtener la mayor ganancia para los estados y evitar así que los mayoristas se queden con ellas.

A pesar de que Costco perdió la apelación, el juicio mostró cuánta ganancia obtienen los mayoristas, lo cual ha llevado a muchos legisladores a pensar cómo modificar el sistema de distribución, de manera que cada estado, y no los mayoristas, reciba las utilidades altas o los impuestos del alcohol. De esta forma, mientras que los consumidores obtuvieran cierto desahogo si los precios fueran rebajados, cada estado recibiría miles de millones de dólares más en ganancias y, además, podría decidir qué tan alto fijar los impuestos para el alcohol y así disuadir a la gente de su uso. En Suecia, por ejemplo, los impuestos para el alcohol son de 300 a 400%; la botella de licor más barata cuesta más de 100 dólares porque ese país desea reducir la cantidad de alcohol que consumen sus habitantes.

Costco ha continuado sus esfuerzos para reducir el poder de los mayoristas. Aunque fracasó en las votaciones de la "Iniciativa 1100" en 2010 (que buscaba cambios en las leyes de distribución en el estado de Washington), sus acciones estimularon nuevas iniciativas en la legislatura estatal, para encontrar formas de permitir que tanto el estado como los grandes distribuidores de licor como Costco se beneficien a expensas de los distribuidores.

en que Costco ha trabajado para desafiar el poder de los distribuidores de licor ofrece un buen ejemplo del manejo del ambiente para controlar la dependencia de los recursos (véase "Al interior de la organización 3.3").

Estrategias interorganizacionales para la administración de la dependencia del recurso

Como sugiere el ejemplo de Costco, obtener acceso a los recursos es incierto y problemático; los clientes, por ejemplo, son poco constantes y cambian a los productos de los competidores. Para reducir la incertidumbre, una organización necesita diseñar estrategias interorganizacionales para gestionar las interdependencias de recursos en sus ambientes específico y general. Administrar tales interdependencias permite a las organizaciones proteger y hacer crecer su dominio. En el ambiente específico, las organizaciones necesitan gestionar sus relaciones con fuerzas tales como proveedores, sindicatos y grupos de interés de consumidores. Si estos restringen el acceso a los recursos, aumentarían la incertidumbre.

En el ambiente específico hay dos tipos de interdependencias que causan incertidumbre: la simbiótica y la competitiva.[17] Las interdependencias son simbióticas cuando la producción de una organización es insumo de otra; así por lo general, las **interdependencias simbióticas** existen entre una organización y sus proveedores y distribuidores. Intel y los fabricantes de computadoras como HP y Dell presentan una interdependencia simbiótica. Las **interdependencias competitivas** existen entre las organizaciones que compiten por insumos y productos limitados.[18] HP y Dell están en competencia por clientes para sus laptops, tabletas y por insumos como los microchips más novedosos de Intel.

Interdependencias simbióticas
Interdependencias que existen entre una organización y sus proveedores y distribuidores.

Interdependencias competitivas
Interdependencias que existen entre organizaciones que compiten por insumos y resultados limitados.

Las organizaciones pueden usar varios mecanismos de vinculación para controlar las interdependencias simbióticas y competitivas.[19] Sin embargo, el uso de estos mecanismos requiere que se coordinen las acciones y decisiones de las organizaciones vinculadas. Esta necesidad de coordinación reduce la libertad de cada organización para actuar de manera independiente y, por lo regular, para su propio interés. Suponga que HP, para proteger su suministro futuro de chips, firma un contrato con Intel acordando usar solo chips de Intel. Pero después surge un fabricante de chips con precios más baratos. El contrato con Intel obliga a HP a pagar a Intel altos precios aunque hacerlo no sirva a los intereses de HP.

Siempre que una organización se involucra en un vínculo interorganizacional, debe equilibrar su necesidad de reducir la dependencia del recurso contra la pérdida de autonomía o libertad de elección que resultará de ese vínculo.[20] *En general, una organización busca elegir la estrategia interorganizacional que ofrezca la mayor reducción de incertidumbre con la menor pérdida de control.*[21]

En las siguientes secciones revisaremos las estrategias interorganizacionales que son de utilidad para gestionar las interdependencias simbióticas y las interdependencias competitivas. Un vínculo es formal cuando dos o más organizaciones acuerdan coordinar sus interdependencias directamente para reducir la incertidumbre. Cuanto más *formal* sea un vínculo, mayores serán tanto la coordinación directa como la probabilidad de que esa coordinación se base en un acuerdo explícito por escrito o que involucre alguna propiedad común entre las organizaciones. Cuanto más *informal* sea el vínculo, más indirecto o impreciso será el método de coordinación y, también, será más probable que la coordinación se base en un acuerdo implícito.

Estrategias para administrar las interdependencias simbióticas de los recursos

Para manejar las interdependencias simbióticas, las organizaciones disponen de una gama de estrategias para elegir. La figura 3.3 indica el grado relativo de formalidad de cuatro estrategias. Cuanto más formal sea esta, mayor será el área de cooperación prescrita entre las organizaciones.

Reputación
Estado en el cual se tiene en buen concepto a una organización, y las otras partes confían en ella debido a que sus prácticas de negocios son honestas y justas.

Desarrollo de una buena reputación

La forma menos formal y menos directa de gestionar las interdependencias simbióticas con los proveedores y los clientes es desarrollar una **reputación**, es decir, un estado donde se tiene un buen

Figura 3.3 Estrategias interorganizacionales para la administración de las interdependencias simbióticas

Por lo general, las interdependencias simbióticas existen entre una organización y sus proveedores y distribuidores. Cuanto más formal sea una estrategia, será mayor la cooperación entre las organizaciones.

Informal ⟷ Formal

Reputación	Cooptación	Alianza estratégica	Fusión y absorción

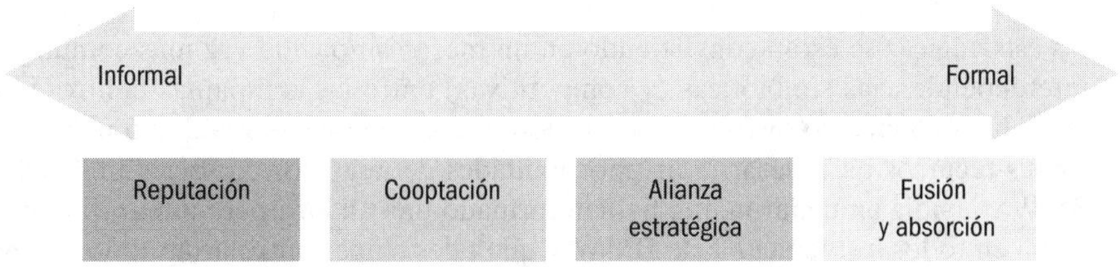

concepto de una organización y las otras partes confían en ella debido a sus prácticas de negocios honestas y justas. Por ejemplo, pagar las facturas a tiempo y ofrecer bienes y servicios de alta calidad lleva a crear una buena reputación y confianza por parte de proveedores y clientes. Si un taller de reparación de automóviles tiene una buena reputación por el excelente trabajo de reparación, y precios justos por las partes y mano de obra, los clientes regresarán siempre que sus vehículos necesiten servicio, lo cual indica que la organización está manejando sus vínculos con los clientes de manera exitosa.

El consorcio de diamantes DeBeers usa la confianza y reputación para manejar sus vínculos con proveedores y clientes. Los clientes de DeBeers son un grupo selecto de los mayores comerciantes de diamantes en el mundo. Cuando estos comerciantes compran a DeBeers, solicitan cierta cantidad de diamantes, digamos con un valor de 10 millones de dólares. DeBeers selecciona entonces un surtido de diamantes que valora en 10 millones de dólares. Los clientes no tienen oportunidad de discutir con la compañía por el precio o la calidad de los diamantes. Pueden comprar o no comprar, pero siempre compran porque saben que DeBeers no los engañaría. La reputación y supervivencia de la compañía depende de mantener la buena voluntad de los clientes.

La reputación y confianza posiblemente sean los mecanismos de vinculación más comunes para la gestión de las interdependencias simbióticas. A largo plazo, es probable que las compañías que se comportan de manera deshonesta no sean exitosas; de esta forma, las organizaciones como grupo tienden a ser cada vez más honestas con el tiempo.[22] Sin embargo, actuar honestamente no descarta la negociación y el regateo activos por el precio y la calidad de los insumos y la producción. Cada organización desea lograr el trato que mejor le convenga y, por lo tanto, intenta negociar los términos a su favor.

Cooptación

Cooptación
Estrategia que gestiona las interdependencias simbióticas neutralizando las fuerzas problemáticas en el ambiente específico.

La **cooptación** es una estrategia que gestiona las interdependencias simbióticas neutralizando las fuerzas problemáticas en el ambiente específico.[23] Una organización que quiere contar con los oponentes de su lado, les da participaciones o derechos sobre lo que hace, e intenta satisfacer sus intereses. Las compañías farmacéuticas cooptan a los médicos patrocinando conferencias, dándoles muestras gratuitas de medicamentos y anunciándose de manera extensiva en revistas de medicina. Los médicos desarrollan simpatía por los intereses de las compañías farmacéuticas, las cuales los introducen al "equipo" y les dicen que las compañías tienen intereses en común con ellos. La cooptación es una importante herramienta política.

Una forma común de cooptar las fuerzas problemáticas tales como clientes, proveedores y otros inversionistas externos es introducirlos a la organización y, realmente, convertirlos en inversionistas internos. Si a algún grupo de inversionistas no le gusta la forma en que se hacen las cosas, una organización coopta al grupo dándole un papel para cambiar la forma en la cual marchan las cosas. Todos los tipos de organizaciones usan esa estrategia. Las escuelas locales, por ejemplo, intentan cooptar a los padres invitándolos a convertirse en miembros de consejos escolares o estableciendo comités de padres y profesores. En este intercambio, la organización renuncia a cierto control pero usualmente gana más de lo que pierde.

Directiva de interconexión
Vínculo que resulta cuando un director de una compañía ocupa un puesto en el consejo directivo de otra.

Puede incluirse a gente ajena a la organización mediante soborno, una práctica usada ampliamente en muchos países, pero que es ilegal en Estados Unidos. También puede atraérseles a través de una **directiva de interconexión**, un vínculo que consiste en que un director de una compañía sea parte del consejo de otra. Una organización que usa una directiva de interconexión como mecanismo de vinculación invita a miembros de grupos de inversionistas poderosos y significativos de su ambiente específico a ocupar un puesto en su consejo directivo.[24] Una organización podría invitar a la institución financiera de quien obtiene la mayoría de los préstamos, para que designe a alguien que forme parte del consejo directivo de la organización. Los directores externos interactúan con el equipo de alta dirección de una organización asegurando los suministros de capital limitado, intercambiando información y fortaleciendo los lazos entre organizaciones.

Alianzas estratégicas

Alianza estratégica
Acuerdo que compromete a dos o más compañías a compartir sus recursos para desarrollar una nueva oportunidad de negocio en sociedad.

Las alianzas estratégicas se están convirtiendo en un mecanismo cada vez más común para manejar las interdependencias simbióticas (y competitivas) entre las compañías dentro de un país o entre países. Una **alianza estratégica** es un acuerdo que compromete a dos o más compañías a compartir sus recursos para desarrollar oportunidades de negocios en sociedad. En 2011, por ejemplo, BMW y Nvidia anunciaron que habían formado una alianza para integrar los chips gráficos de Nvidia en todos los vehículos de BMW, y que tales chips controlarían todos los aspectos

Figura 3.4 Tipos de alianza estratégica

Las compañías vinculadas mediante una alianza estratégica comparten recursos para desarrollar nuevas oportunidades de negocio en sociedad. Cuanto más formal sea una alianza, más fuerte será el vínculo entre las organizaciones aliadas.

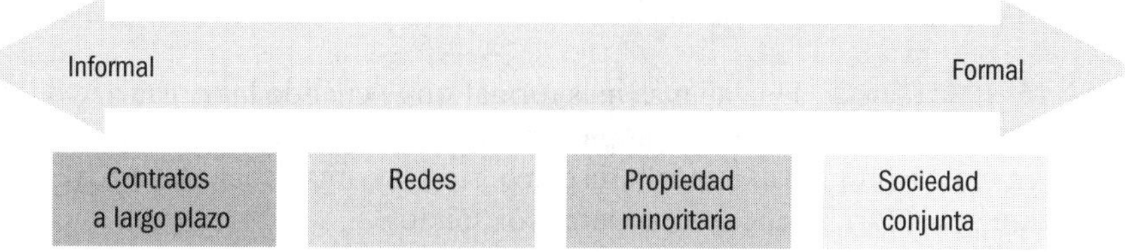

de la forma cómo operan y se relacionan con el conductor los medios y los dispositivos GPS de BMW. De manera similar, en 2011.

Microsoft y Nokia anunciaron que en el futuro los teléfonos inteligentes de Nokia usarían la plataforma de teléfonos móviles de Microsoft, además de que cooperarían y usarían su sociedad estratégica para crear "un nuevo ecosistema móvil global".[25]

Existen muchos tipos de alianzas estratégicas. La figura 3.4 indica el grado relativo de formalidad de los contratos a largo plazo, las redes, la propiedad minoritaria y las sociedades conjuntas. Cuanto más formal sea un arreglo, el vínculo será más fuerte y prescrito, y más cercano será el control de las actividades de la sociedad. En general, a medida que aumenta la incertidumbre, las organizaciones eligen una alianza más formal para proteger su acceso a los recursos.

CONTRATOS A LARGO PLAZO En el extremo informal del continuo que se muestra en la figura 3.4, están las alianzas especificadas en contratos a largo plazo entre dos o más organizaciones. El propósito de tales contratos usualmente es reducir los costos compartiendo los recursos o el riesgo de investigación y desarrollo, la comercialización, la construcción y otras actividades. Los contratos son el tipo de alianza menos formal porque ningún lazo vincula a las organizaciones fuera del acuerdo establecido en el contrato. Por ejemplo, para reducir el riesgo financiero, Bechtel Corp y Willbros Group Inc., dos compañías constructoras multinacionales líderes, acordaron reunir sus recursos para construir un oleoducto de 850 millones de dólares en el Mar Caspio.[26] J. B. Hunt Transport, una compañía de camiones formó una alianza con Santa Fe Pacific Corporation, una compañía de trenes. Santa Fe acordó transportar los remolques de Hunt cruzando el país en vagones de tren. Al final del viaje, los trenes se encontraban con camiones de Hunt, que transportaban los remolques hasta su destino final. El acuerdo disminuyó los costos de Hunt al tiempo que aumentó los ingresos de Santa Fe.

Los contratos pueden ser orales o escritos, casuales, compartidos o implícitos. Los directores generales o los altos ejecutivos de dos compañías podrían acordar en una comida reunirse de manera regular para compartir información e ideas acerca de una actividad del negocio, como los sistemas de cómputo estandarizados o las cambiantes necesidades del cliente. En contraste, algunas organizaciones desarrollan contratos escritos para especificar los procedimientos de compartir recursos o información y para el uso de los beneficios que resultan de tales acuerdos. Kellogg, el fabricante de cereales, elabora un contrato escrito con los productores que le suministran el maíz y el arroz que necesita, y acuerda pagar un determinado precio por su producción sin importar la tasa del mercado que prevalezca cuando se cosecha la producción. Ambas partes ganan debido a que la mayor fuente de falta de predicción (las fluctuaciones en los precios del arroz y el maíz) se elimina de sus ambientes.

REDES Una estructura de **red** es un cúmulo de diferentes organizaciones cuyas acciones están coordinadas por contratos y acuerdos en vez de una jerarquía de autoridad formal. Los miembros de una red trabajan de manera cercana para apoyar y complementar las actividades de otra. La alianza que resulta de una red es más formal que la que resulta de un contrato, porque hay más lazos que vinculan a las organizaciones miembro y prevalece una mayor coordinación formal de las actividades.[27] Nike y otras organizaciones establecen redes para construir relaciones a largo plazo con proveedores, distribuidores y clientes, con la finalidad de evitar que la organización "clave" se vuelva demasiado grande o burocrática.

Red
Conjunto de diferentes organizaciones cuyas acciones son coordinadas por contratos y acuerdos en lugar de una jerarquía con autoridad formal.

La meta de la organización que creó la red es compartir sus habilidades de fabricación, comercialización o de investigación y desarrollo con sus socios, para posibilitarles que se vuelvan más eficientes y ayudarles a reducir sus costos o a aumentar la calidad de su producto. Por ejemplo, AT&T creó una organización en red y vinculó a sus socios de manera que lograran fabricar máquinas contestadoras digitales a bajo costo. AT&T envía de manera electrónica diseños para nuevas partes, componentes e instrucciones de armado para nuevos productos a sus socios en red, quienes coordinan sus actividades para elaborar los componentes en las cantidades deseadas y, luego, enviarlos al punto de ensamble final.[28]

PROPIEDAD MINORITARIA Una alianza más formal surge cuando las organizaciones compran una acción minoritaria de cada una. La propiedad es un vínculo más formal que los contratos y las relaciones en red. La propiedad minoritaria convierte a las organizaciones en extremadamente interdependientes, y así forjan vínculos cooperativos sólidos.

Keiretsu
Un grupo de organizaciones, cada una de las cuales posee partes de las organizaciones que están en el grupo, y todas trabajan juntas para favorecer los intereses del grupo.

El sistema japonés de *keiretsu* muestra cómo operan las redes de propiedad minoritaria. Un **keiretsu** es un grupo de organizaciones, cada una de las cuales posee intereses en las otras organizaciones que forman parte del grupo, y todas trabajan juntas para favorecer los intereses del grupo. Las compañías niponas emplean dos formas básicas de keiretsu: el keiretsu capital se usa para administrar los vínculos de insumos y producción; el keiretsu financiero sirve para gestionar los vínculos entre muchas compañías diversas y usualmente tienen su centro en un gran banco.[29]

Un ejemplo particularmente bueno de la forma en que la red keiretsu capital beneficia a todas las compañías incluidas en ella, pero particularmente a las dominantes, proviene de la industria automotriz japonesa.[30] Toyota es la compañía automotriz más rentable en el mundo. Sus vehículos son calificados de manera consistente entre los más confiables, por lo que la compañía goza de una fuerte lealtad de parte de sus clientes. Las interdependencias con los clientes no son problemáticas porque Toyota goza de una buena reputación. Una de las razones de esa buena reputación es la forma en que Toyota controla sus interdependencias de insumos.

Dado que la confiabilidad de un automóvil depende de la calidad de sus insumos, administrar este vínculo crucial resulta fundamental para el éxito en el mercado global de los automóviles. Para controlar sus insumos, Toyota es propietaria de una acción minoritaria, comúnmente no va más allá de 40%, en muchos de sus mayores proveedores. Debido a sus lazos de propiedad formales, Toyota puede ejercer control sobre los precios que los proveedores cobran por sus componentes. Un resultado aún más importante de tal alianza formal es que permite a Toyota y a sus proveedores trabajar en conjunto para mejorar la calidad y confiabilidad del producto, y compartir sus beneficios. La compañía no tiene miedo de compartir su información de propiedad con sus proveedores debido a sus acciones en ellos. Como resultado, las partes proveedoras *participan* de manera significativa en el proceso de diseño de los automóviles, lo cual lleva al descubrimiento de nuevas formas de mejorar la calidad y de reducir los costos de sus componentes. Tanto Toyota como sus proveedores comparten los beneficios que surgen de una cooperación cercana.

En el transcurso del tiempo, esas alianzas han dado a Toyota una ventaja competitiva global, la cual se traduce en control sobre las importantes interdependencias ambientales. También vale la pena destacar que la posición de Toyota como accionista de los negocios de sus proveedores significa que no encuentra razón para aprovecharse de ellos pidiéndoles precios cada vez más bajos. Todos los socios se benefician de compartir las actividades. La vinculación cercana rinde frutos cuando Toyota introduce el último modelo de cada uno de sus vehículos, como el Camry sedán. Al aprovechar las habilidades en su red, la compañía fue capaz de lograr un ahorro de 1,700 dólares en los gastos del último modelo y de introducirlo a un precio por debajo del modelo anterior. Por las mismas razones, su nuevo modelo híbrido, Prius, solamente será 1,500 dólares más caro que la versión no híbrida, en comparación con la diferencia de 3,000 dólares en su modelo anterior.

Un keiretsu financiero, que es dominado por un banco grande, funciona como una directiva de interconexión gigante. Los miembros dominantes del keiretsu financiero, extraídos normalmente de diversas compañías, forman parte del consejo directivo del banco y con frecuencia de los consejos de cada una de las otras compañías. Las organizaciones están ligadas por acciones sustanciales a largo plazo, manejadas por el banco que está en el centro del keiretsu. Las compañías miembros son capaces de negociar con información y conocimiento que les benefician de manera colectiva. De hecho, uno de los beneficios que surge a partir de un keiretsu financiero es la forma como los negocios transfieren e intercambian gerentes para reforzar la red.

La figura 3.5 muestra el keiretsu Fuyo, el cual se centra en Fuji Bank. Sus miembros incluyen a Nissan, NKK, Hitachi y Canon. Los directores de Fuji Bank vinculan a todos los mayores y más significativos miembros del keiretsu. Cada gran compañía miembro tiene su propio grupo de com-

Figura 3.5 El keiretsu Fuyo

Un keiretsu financiero centrado en el Fuji Bank donde las organizaciones dentro del keiretsu están vinculadas por propiedad minoritaria compartida.

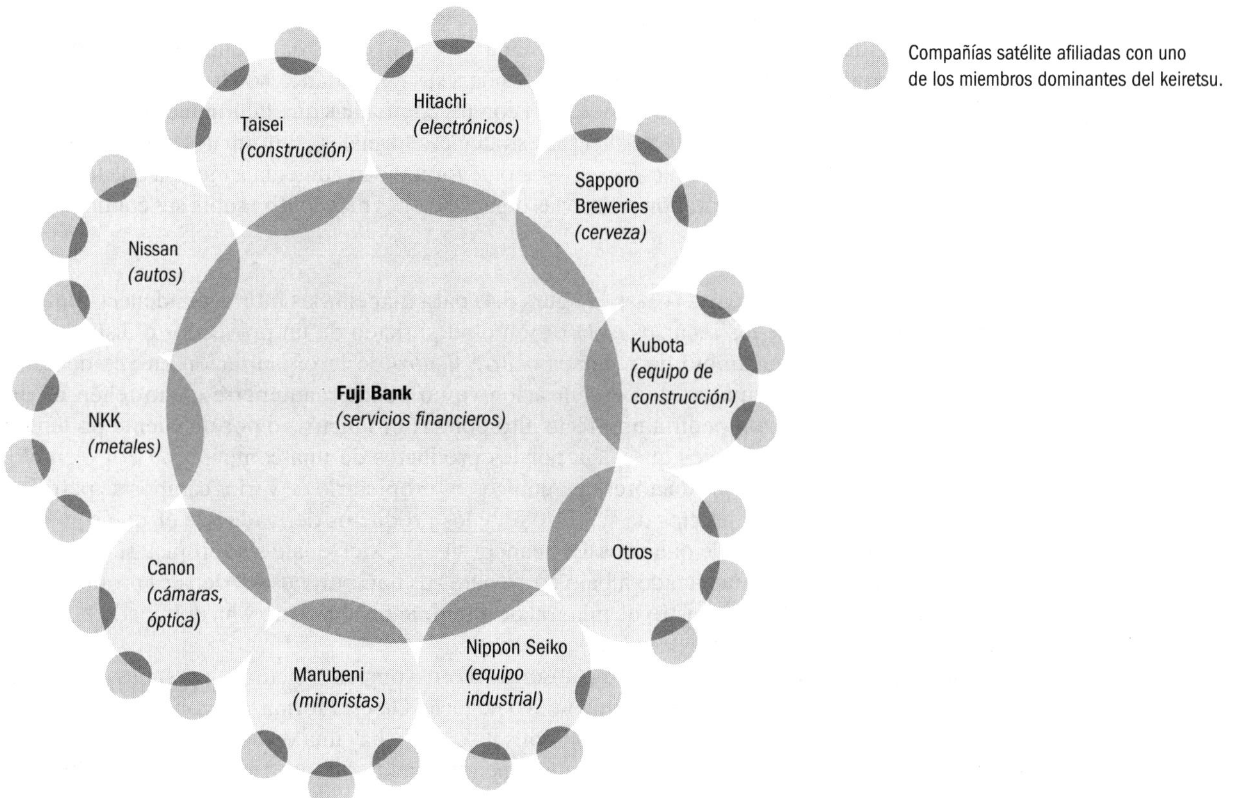

pañías satélite. Por ejemplo, Nissan posee una acción minoritaria en muchos proveedores que le brindan los insumos para sus operaciones.

Sociedad conjunta

Una **sociedad conjunta** es una alianza estratégica entre dos o más organizaciones que están de acuerdo en establecer y compartir la propiedad de un nuevo negocio.[31] Las sociedades conjuntas son las más formales de las alianzas estratégicas, ya que los participantes están unidos por un acuerdo legal formal que explica sus derechos y responsabilidades mutuos. Por ejemplo, la Compañía A y la Compañía B están de acuerdo en establecer una nueva organización, la Compañía C y entonces cooperan para seleccionar su equipo de altos ejecutivos y diseñar su estructura organizacional (véase la figura 3.6). Las compañías A y B envían ejecutivos para manejar la Compañía C y también proporcionan los recursos necesarios para que crezca y prospere. Por lo común, los participantes de

Sociedad conjunta Una alianza estratégica entre dos o más organizaciones que acuerdan establecer y compartir la propiedad de un negocio nuevo.

Figura 3.6 Formación de una sociedad conjunta

Dos organizaciones separadas reúnen sus recursos para crear una tercera organización. Un documento legal formal especifica los términos de este tipo de alianza estratégica.

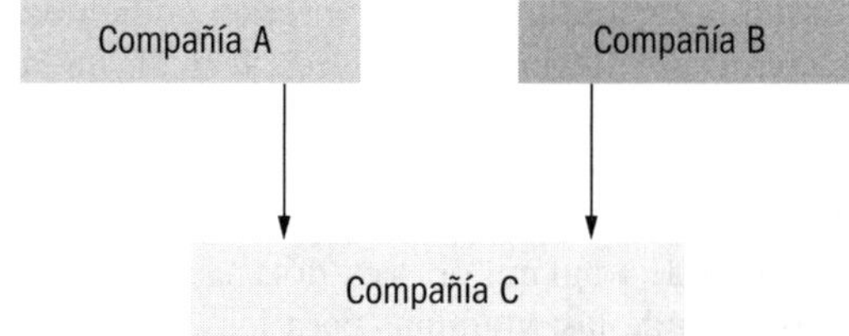

una sociedad conjunta reúnen sus competencias distintivas. Por ejemplo, una contribuye con el conocimiento experto en técnicas de producción eficiente, y la otra con sus competencias en investigación y desarrollo; la reunión de sus habilidades aumenta el valor que la nueva empresa puede crear.

La propiedad compartida reduce los problemas para administrar complejas relaciones interorganizacionales que surgirían si las bases de la alianza estratégica fueran únicamente un contrato a largo plazo. Además, la organización recién creada (la Compañía C de la figura 3.6) está en libertad para desarrollar la estructura que mejor responda a sus necesidades, con lo cual se reducen los problemas para gestionar las interdependencias con las compañías que la originaron.

En suma, las organizaciones usan alianzas estratégicas formales e informales para manejar las interdependencias simbióticas de recursos. El grado de formalidad aumenta a medida que lo hace la incertidumbre ambiental para proporcionar a las organizaciones más control sobre sus contingencias.

Fusión y adquisición

La más formal de las estrategias (véase la figura 3.4) para manejar las interdependencias simbióticas (y competitivas) de los recursos es la fusión o adquisición de un proveedor o distribuidor, porque entonces el intercambio de recursos ocurre *dentro* de la organización en vez de *entre* organizaciones. Como resultado, una organización ya no puede mantenerse como rehén de un proveedor poderoso (quien pediría un precio alto por sus productos) o por un cliente poderoso (que intentaría bajar los precios que paga por los productos de una compañía).[32] Por ejemplo, Shell, uno de los principales productores de químicos, es propietario de varios campos de petróleo y, por lo tanto, controla los precios de su petróleo y los productos derivados de él, que son insumos vitales en la fabricación de químicos. De manera similar, McDonald's es propietario de varios ranchos en Brasil, donde cría ganado a bajo costo para sus hamburguesas. Alcoa es propietaria o maneja gran cantidad del suministro de mineral de aluminio en el mundo y ha dominado la industria global del aluminio durante décadas.

Una organización que desee adquirir o absorber a otra compañía incurre en grandes gastos y se enfrenta a los problemas de administrar un nuevo negocio. De esta forma, es probable que una organización absorba a un proveedor o distribuidor solo cuando hay una verdadera necesidad de controlar un recurso crucial, o de manejar una interdependencia importante. En la década de 2000, por ejemplo, tanto Coca Cola como PepsiCo habían comprado muchas de las compañías estadounidenses y globales para responder más rápidamente a los gustos y demandas cambiantes de los clientes.

Estrategias para administrar las interdependencias competitivas de los recursos

A las organizaciones no les gusta la competencia, pues ella amenaza el suministro de los recursos y aumenta la incertidumbre del ambiente específico. La competencia intensa puede amenazar la supervivencia misma de una organización en la medida en que los productos bajan de precio para atraer a clientes y el ambiente se empobrece. Por ejemplo, en la última década, los proveedores de telefonía han sido forzados a bajar el precio del servicio de larga distancia de 20 centavos de dólar por minuto a 10 centavos, luego a 5 centavos y ahora ofrecen servicio mensual ilimitado por un bajo precio para competir con sus rivales de teléfonos celulares inalámbricos. A su vez, las compañías inalámbricas como AT&T y Sprint han continuado reduciendo sus precios para atraer a clientes que cancelan su servicio de telefonía fija y contratan los servicios inalámbricos de los teléfonos inteligentes que también les dan acceso a Internet. Cuanto mayor sea el nivel de competencia, más probable será que algunas compañías de una industria sean absorbidas o llevadas a la bancarrota.[33] Finalmente, el ambiente organizacional está controlado por un puñado de compañías más fuertes que ahora compiten cara a cara por los recursos.

Las organizaciones utilizan una variedad de técnicas para manipular directamente el ambiente y reducir la incertidumbre de sus actividades interdependientes.[34] La figura 3.7 indica la formalidad relativa de las cuatro estrategias. Cuanto más formal sea la estrategia seleccionada, más explícito será el intento por coordinar las actividades de los competidores. Algunas de tales estrategias son ilegales, pero las organizaciones que no son éticas rompen las leyes de confianza para obtener un margen competitivo. Por ejemplo, en 2003, muchas de las principales compañías farmacéuticas suizas pagaron más de 1 mil millones de dólares en multas por cargos debido a que inflaron artificialmente los precios de las vitaminas para los consumidores, y en 2007, Samsung,

Figura 3.7 Estrategias interorganizacionales para gestionar las interdependencias competitivas

Las interdependencias competitivas existen entre una organización y sus rivales. Cuanto más formal sea una estrategia, más explícito será el intento por coordinar las actividades de sus competidores.

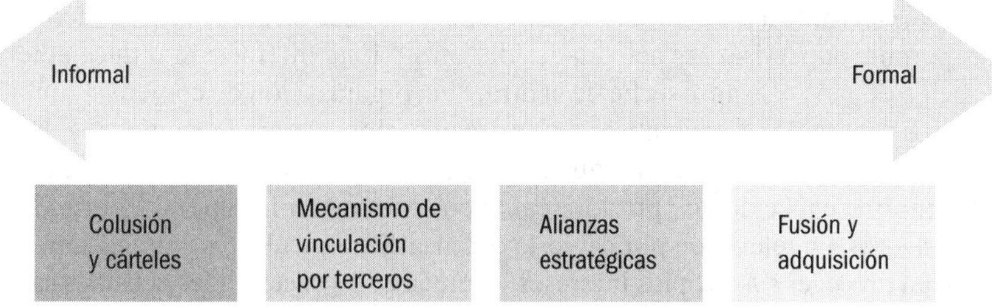

Infineon y otros fabricantes de chips para memoria *flash* admitieron haber hecho lo mismo y fueron sancionados con más de 700 millones de dólares. En 2009, los fabricantes de pantallas LCD —LG, Sharp y Chunghwa— fueron declarados culpables de conspirar para elevar los precios de los dispositivos LCD comprados por Apple, Dell y Motorola y se les sancionó con más de 585 millones de dólares. Debe notarse la facilidad de las compañías para actuar de manera ilegal con tal de favorecer sus propios intereses, por lo que deben establecerse medidas preventivas, leyes y regulaciones, para evitar que eso suceda.

Colusiones y cárteles

Una **colusión** es un acuerdo secreto entre competidores para compartir información con un propósito engañoso o ilegal, por ejemplo, mantener los precios altos, como sucedió en la industria de los chips de memoria. Las organizaciones se coluden para reducir la incertidumbre competitiva que experimentan. Un **cártel** es una asociación de empresas que explícitamente acuerdan coordinar sus actividades, como lo hicieron Samsung y otros fabricantes de chips.[35] Los cárteles y la colusión aumentan la estabilidad y riqueza del ambiente de una organización y reducen la complejidad de las relaciones entre los competidores. Ambos son ilegales en Estados Unidos.

Colusión
Acuerdo secreto entre competidores para compartir información con un propósito engañoso o ilegal.

Cártel
Asociación de empresas que acuerda de manera explícita coordinar sus actividades.

En ocasiones, los competidores en una industria pueden coludirse estableciendo estándares de la industria.[36] Esos estándares funcionan como reglas de conducta que indican a los competidores, por ejemplo, qué precios deberían subir, cuáles deberían ser las especificaciones de los productos o cuál debería ser el porcentaje de ganancia de un producto. Estos estándares pueden ser resultado de un liderazgo en los precios. Es posible que la compañía más fuerte, como Samsung en los chips de memoria, sea líder en precios. Esta establece los precios para sus productos y, luego, las organizaciones más débiles cobran precios similares a los del líder. De esta forma, los precios de la industria son fijados de manera artificial en un nivel alto. Las organizaciones siempre pueden tener más ganancias si coordinan sus actividades de manera colectiva que si compiten. Los clientes pierden porque deben pagar precios inflados.

Las organizaciones también pueden coludirse y formar un cártel sin un acuerdo formal por escrito, al indicar sus intenciones a los demás mediante anuncios públicos sobre su futura estrategia. Por ejemplo, cuando anuncian los aumentos de precios que están contemplando y observan si sus rivales harán lo mismo. Es algo común en la industria de las aerolíneas, cuando una de ellas anuncia un alza en los precios o un nuevo cargo por una segunda maleta o recargo de gasolina y, luego, espera a ver cómo responden las otras aerolíneas. Por lo regular otras aerolíneas responden del mismo modo y los precios suben, pero en ocasiones, una aerolínea como Southwest se niega a entrar en el juego y los precios bajan a su nivel original. Las organizaciones en una industria pueden tratar de disciplinar a las compañías que rompen las reglas competitivas de la industria. Algunas grandes compañías tienen una reputación de perseguir sin misericordia a los competidores que rompen las reglas informales de los precios de su industria. Por ejemplo, Walmart siempre está lista para emparejarse a cualquier disminución de los precios anunciada por Costco o Target, de manera que estas compañías se han dado cuenta de que no obtendrán ninguna ventaja bajando los precios. Pero pueden competir de otras formas. Por ejemplo, Target y Costco han trabajado mucho para desarrollar tiendas que son más amigables, atractivas y que ofrecen más productos de lujo que Walmart.

Mecanismos de vinculación por terceros

Mecanismo de vinculación por terceros Cuerpo regulador que permite que una organización comparta información y regule la forma en que compite.

Una manera más formal, pero aún indirecta, de que las organizaciones en competencia coordinen sus actividades es a través de un **mecanismo de vinculación por terceros**, es decir, un cuerpo regulador que permite que una organización comparta información y regule la forma en que compite.[37] Un ejemplo es una asociación de comercio, una organización que representa a compañías de la misma industria, y permite a los competidores obtener y compartir información; además, de manera informal les permite supervisar las actividades del otro.[38] Esta interacción reduce el temor de que una organización engañe o se aproveche de la otra. Una organización de comercio también tiene recursos colectivos (obtenidos de miembros de las organizaciones) para presionar al gobierno con políticas que protejan los intereses de su industria. Anteriormente vimos cómo la industria farmacéutica utiliza su enorme capacidad de presión (cabildeo) para evitar los intentos por reducir el precio de los medicamentos. La televisión por cable, la defensa, los agricultores y prácticamente cualquier industria, buscan proteger sus propios intereses y aumentar su acceso a los recursos cabildeando.

Otros ejemplos de mecanismos de vinculación por terceros incluyen instituciones como el Chicago Board of Trade (Consejo de Comercio de Chicago), los mercados accionarios, la Asociación Nacional de Universidades de Atletismo y cualquier otra organización establecida para regular las interdependencias competitivas. Los mecanismos de vinculación por terceros ofrecen reglas y estándares que regulan y estabilizan la competencia en la industria, y reducen así la complejidad del ambiente, lo cual aumenta su riqueza. También, al incrementarse el flujo de información, los mecanismos de vinculación permiten que las organizaciones reaccionen más fácilmente al cambio o al dinamismo del ambiente. En pocas palabras, los mecanismos de vinculación por terceros brindan a los competidores una forma de gestionar las interdependencias de los recursos y de reducir la incertidumbre.

Las organizaciones que utilizan un mecanismo de vinculación por terceros se cooptan a sí mismas, por lo que en conjunto reciben los beneficios de la coordinación que obtienen de ese mecanismo. El número de cooperativas de desarrollo e investigación en Estados Unidos, formadas por los competidores para financiar intereses comunes en investigación, está aumentando con rapidez a medida que la competencia global se incrementa. Japón es el modelo de mecanismos de vinculación por terceros. Su Ministerio de Comercio e Industria Internacionales tiene una larga historia de promoción de la cooperación entre rivales nacionales, con la finalidad de fomentar desarrollos tecnológicos comunes que ayuden a las compañías niponas a obtener el liderazgo global en algunas industrias.

Alianzas estratégicas

Las alianzas estratégicas sirven para manejar no solo las interdependencias simbióticas, sino también las interdependencias competitivas.[39] Los competidores pueden cooperar y formar una sociedad conjunta para desarrollar tecnología en común que les ahorrará mucho dinero, aun cuando estén en competencia por los clientes en el momento que sus productos finales salgan al mercado. En 2011, por ejemplo, Ford formó una sociedad conjunta a largo plazo con OAO Sollers, el segundo fabricante de automóviles más grande de Rusia, para armar y distribuir sus vehículos en ese país. También, en 2011, Groupon y Live Nation Entertainment anunciaron que formaban una sociedad conjunta para desarrollar un nuevo canal en línea para la compra de los boletos, Groupon Live.

Aunque los tipos de sociedades conjuntas recién descritas no son anticompetitivas, en ocasiones las organizaciones las usan para impedir que surjan nuevos competidores o que los ya existentes que les causen daño. Phillips y Bang & Olufsen, dos compañías líderes en electrónica, firmaron un acuerdo para compartir sus habilidades de producción y diseño, respectivamente, para competir con los gigantes japoneses Sony y Panasonic.[40] Las organizaciones también forman una sociedad conjunta para desarrollar una nueva tecnología que protejan de sus rivales obteniendo y defendiendo las patentes. El uso de alianzas estratégicas para gestionar las interdependencias competitivas tan solo está limitado por la imaginación de las compañías rivales.

Fusión y adquisición

La última arma en el arsenal de una organización para gestionar las interdependencias competitivas (y simbióticas) problemáticas es fusionarse con una organización competidora o adquirirla.[41] Las fusiones y adquisiciones suelen mejorar la posición competitiva de una compañía permitiendo que esta refuerce y haga crecer su dominio, y aumente su capacidad para producir una variedad más amplia de productos que sirvan a más clientes. Por ejemplo, NationsBank compró bancos más pequeños con gran rapidez y, en 1998, se fusionó con Bank of America para convertirse en el banco más grande de Estados Unidos. Todo salió bien durante una década, pero terminó con la reciente crisis financiera cuando Bank of America compró Merrill Lynch y Countrywide Mortgage, pues ambas resultaron inversiones desastrosas que podrían haberlo llevado a la bancarrota de no haber sido por la intervención del gobierno.

Muchas organizaciones podrían usar las fusiones para convertirse en un monopolio: el único jugador en el mercado. Afortunadamente para los consumidores, y para las propias organizaciones, los monopolios son ilegales en Estados Unidos y en la mayoría de los países desarrollados. De manera que, si una organización se vuelve demasiado fuerte y dominante, algo de lo que se ha acusado a Google y a Microsoft, una ley antimonopolios les prohíbe adquirir otras compañías para volverse aún más poderosas.[42] Sin embargo, los cárteles, las colusiones y otras prácticas anticompetitivas pueden al final ser dañinas para las propias organizaciones. En el largo plazo, como resultado de los cambios en la tecnología, las fuentes de mano de obra barata, los cambios en las políticas gubernamentales, etc., los nuevos integrantes serán capaces de entrar a una industria, y las compañías existentes que han reducido la competencia entre ellas se encontrarán a sí mismas como competidores poco eficaces. Protegidas de la competencia en un ambiente donde la incertidumbre ha sido baja, tales organizaciones promonopolio se han convertido en grandes burocracias sobrecargadas e incapaces de cumplir ante los retos de un ambiente que cambia con rapidez. GM, IBM y Kodak son organizaciones que controlaron sus ambientes competitivos durante mucho tiempo y sufrieron mucho cuando todo cambió; además, permitieron que competidores más ágiles entraran en sus mercados, competidores que derrotaron a estas compañías establecidas en su propio juego. En comparación con Nokia, explicado anteriormente, GE ha tenido que aprender de forma difícil cómo hacer bien las cosas en Hungría, como se expone en el apartado "Al interior de la organización 3.4".

Teoría de los costos de transacción

En el capítulo 1 definimos los **costos de transacción** como todos los costos para negociar, supervisar y dirigir los intercambios entre las personas. Siempre que la gente trabaja junta, existen costos de transacción, relacionados con el control de sus actividades.[44] Los costos de transacción también surgen cuando las organizaciones intercambian información. Las organizaciones interactúan con otras organizaciones para obtener los recursos que quieren, y tienen que controlar esas interdependencias

Costos de transacción Costos para negociar, supervisar y dirigir los intercambios entre las personas.

Al interior de la organización 3.4

No compre una compañía con la bombilla quemada

En la búsqueda por expandirse globalmente, General Electric (GE) acordó adquirir 51% de Tungsram, un fabricante de productos de iluminación reconocido por muchos como una de las mejores compañías en Hungría, por un costo de 150 millones de dólares. GE fue atraído a Tungsram debido a los bajos impuestos en Hungría y ante la posibilidad de usar la compañía como una base de operaciones. A partir de ella, exportaría productos de iluminación a Europa Occidental. En ese momento, muchos analistas creían que GE les enseñaría a las compañías occidentales cómo cambiar a las compañías, que una vez fueron manejadas por oficiales del Partido Comunista, en productoras de dinero capitalistas. GE transfirió a algunos de sus mejores ejecutivos a Tungsram y esperó que el milagro sucediera. Esto tomó mucho tiempo, por varias razones.

Uno de los problemas fue resultado de equívocos importantes entre los gerentes estadounidenses y los trabajadores húngaros. Los primeros se quejaban de que los húngaros eran flojos; en cambio, estos creían que los estadounidenses eran muy agresivos. El sistema de manejo de GE depende de la comunicación extensiva entre trabajadores y directivos, una práctica poco común en el país previamente comunista. Cambiar la conducta de Tungsram demostró ser una tarea colosal. Los estadounidenses querían fuertes ventas y estrategias de mercadotecnia que consintieran a los clientes; en la economía de Hungría, que en otros tiempos era planificada, esas cosas parecían innecesarias. Además, los húngaros esperaban que GE pagara impuestos al estilo occidental, pero eso no podía ser así, porque GE había ido a sacar ventaja de la estructura de bajos impuestos del país.[43]

A medida que siguieron las pérdidas de Tungsram, GE aprendió lo que sucede cuando las grandes expectativas chocan con la desalentadora realidad de la ineficiencia y la indiferencia hacia los clientes y la calidad. Viendo hacia atrás, los gerentes de GE admiten que, debido a las diferencias en actitudes básicas entre los países, habían subestimado las dificultades que tendrían para transformar Tungsram. Para mejorar el desempeño, GE despidió a la mitad de los empleados de Tungsram incluyendo a dos de cada tres gerentes. Invirtió más de un mil millones de dólares en una nueva planta y equipo, y en volver a capacitar a los trabajadores y gerentes para ayudarles a aprender las nuevas actitudes y conductas, que una compañía necesita para sobrevivir y tener éxito en un ambiente global competitivo. En la actualidad, la operación húngara se ha convertido en una de las más eficientes en Europa; la planta exporta sus bombillas eléctricas a toda la Unión Europea y GE ha invertido cientos de millones de dólares más para expandir sus competencias.

Implicaciones administrativas

Teoría de la dependencia del recurso

1. Para mantener un suministro adecuado de los recursos limitados, estudie cada transacción de recursos de manera individual para decidir cómo administrarla.
2. Analice los beneficios y costos relacionados con una estrategia interorganizacional antes de usarlos.
3. Para maximizar la libertad de acción de la organización, siempre prefiera un vínculo informal a uno formal. Utilice un vínculo más formal tan solo cuando lo amerite la incertidumbre de la situación.
4. Cuando entre en alianzas estratégicas con otras organizaciones, sea cuidadoso al identificar el propósito de la alianza y los futuros problemas que podrían surgir entre las organizaciones, para decidir si es más adecuado un mecanismo de vinculación formal o informal. Una vez más, elija una alianza informal en lugar de una formal siempre que sea posible.
5. Utilice la teoría de los costos de transacción (ver más adelante) para identificar los beneficios y costos relacionados con el uso de diferentes mecanismos de vinculación y manejar interdependencias particulares.

competitivas y simbióticas. De acuerdo con la teoría de la dependencia del recurso, las organizaciones intentan obtener el control de los recursos y minimizar su dependencia de otras organizaciones. De acuerdo con la **teoría de los costos de transacción**, la meta de la organización es minimizar los costos del intercambio de recursos en el ambiente y los costos por administrar los intercambios dentro de la organización.[45] Cada dólar u hora del tiempo de un ejecutivo empleado en negociar o supervisar los intercambios con otras organizaciones o con los gerentes de la organización, es un dólar u hora que no se están utilizando para crear valor. Las organizaciones tratan de minimizar los costos de transacción y los costos burocráticos porque estos desvían la capacidad productiva y buscan mecanismos para lograr que las transacciones interorganizacionales sean relativamente más eficientes.

Teoría de los costos de transacción
Teoría que establece que la meta de una organización es minimizar los costos por el intercambio de los recursos en el ambiente, así como los costos por administrar los intercambios dentro de la organización.

La atención a la salud ofrece un ejemplo dramático de qué tan grandes pueden llegar a ser los costos de transacción y por qué es tan importante reducirlos. Se estima que más de 40% del presupuesto de Estados Unidos se destina a atender los intercambios (como demandas y facturas por pagar de las aseguradoras) entre médicos, hospitales, gobierno, aseguradoras y otras partes.[46] Es evidente que cualquier mejoría que reduzca los costos de transacción daría como resultado un mayor ahorro de los recursos. El deseo por reducir los costos de transacción fue lo que motivó la formación de las organizaciones de mantenimiento de la salud (HMO), así como otras redes de proveedores de atención a la salud. Los proveedores de una HMO están de acuerdo en reducir sus costos a cambio de un flujo de pacientes más seguro, entre otras cuestiones. Este compromiso reduce la incertidumbre que experimentan.

Fuentes de los costos de transacción

Los costos de transacción son el resultado de una combinación de factores humanos y ambientales[47] (véase la figura 3.8).

INCERTIDUMBRE AMBIENTAL Y RACIONALIDAD LIMITADA El ambiente está caracterizado por incertidumbre y complejidad considerables. Sin embargo, la gente tiene solo una capacidad limitada para procesar información y entender el ambiente que la rodea.[48]

Figura 3.8 Fuentes de los costos de transacción

Debido a su capacidad o racionalidad limitadas, cuanto mayor sea el nivel de incertidumbre en un ambiente, mayor será la dificultad para gestionar las transacciones entre las organizaciones.

Suponga que la organización A desea la licencia de una tecnología desarrollada por la organización B. Ambas organizaciones podrían firmar un contrato. Sin embargo, el contrato estaría rodeado por una incertidumbre considerable. Por ejemplo, la organización B quizá quiera encontrar nuevas formas de usar la tecnología para hacer productos nuevos para sí misma. Debido a la racionalidad limitada, sería difícil y prohibitivamente costoso tratar de redactar un contrato que no solo protegiera a la organización B, que desarrolló la tecnología, sino que también estableciera cómo ambas organizaciones compartirán los futuros beneficios derivados de esa tecnología. En tal situación, la compañía que desarrolla (la organización B) tal vez prefiera proceder sola y no intercambiar productos con la organización A, aun sabiendo que crearía más valor comprometiéndose en el intercambio. Así, debido a una racionalidad limitada y a los altos costos de transacción para diseñar un contrato, se pierde el valor potencial que se crearía. La incertidumbre ambiental puede elevar tanto el costo por negociar, supervisar y dirigir los acuerdos que las organizaciones recurran a mecanismos de vinculación más formales, como las alianzas estratégicas, la propiedad minoritaria e incluso las fusiones, con la finalidad de disminuir los costos de transacción.

OPORTUNISMO Y NÚMEROS PEQUEÑOS La mayoría de la gente y de las organizaciones se comportan de manera legal y honesta la mayor parte del tiempo, pero siempre hay excepciones que actúan de manera oportunista; esto es, que engañan o de alguna otra forma tratan de explotar otras fuerzas o inversionistas en el ambiente.[49] Por ejemplo, una organización contrata a otra para adquirir partes componentes de determinada calidad. Para reducir los costos y ahorrar dinero, el proveedor sustituye de manera deliberada los materiales por otros inferiores, pero cobra por partes más caras y de mayor calidad. También los individuos actúan de manera oportunista: los ejecutivos inflan sus informes de gastos o explotan a los clientes fabricando productos de calidad inferior.

Cuando una organización depende de un proveedor o de un pequeño número de socios, el potencial de oportunismo es muy grande. La organización no tiene otra opción que hacer negocios con el proveedor, el cual, sabiendo esto, podría elegir proveer insumos inferiores para reducir los costos y aumentar sus ganancias.

Cuando la posibilidad del oportunismo es alta debido a que la organización solo puede recurrir a un pequeño número de proveedores en busca de recursos, esta necesita emplear recursos para negociar, supervisar y reforzar los acuerdos con los proveedores para protegerse. Por ejemplo, el gobierno de Estados Unidos gasta miles de millones de dólares al año para protegerse de ser explotado por los contratistas de la defensa como Boeing y General Dynamics, de los cuales se sabe que se han aprovechado de su capacidad para explotar al gobierno debido a que hay pocos competidores para el trabajo relacionado con la defensa.

RIESGO Y ACTIVOS ESPECÍFICOS Los **activos específicos** son inversiones, en habilidades, maquinaria, conocimiento e información que crean valor en una relación de intercambio particular, pero que carecen de valor en cualquier otra relación de intercambio. Una compañía que invierte 100 millones de dólares en una máquina que elabora microchips para IBM solo ha hecho una inversión muy específica en un activo muy particular. La decisión de una organización de invertir dinero para desarrollar activos específicos para determinada relación con otra organización en su ambiente involucra un nivel de riesgo alto. Una vez que se ha hecho la inversión, la organización está encerrada en ella. Si la otra parte trata de explotar la relación diciendo, por ejemplo, "no compraremos su producto a menos que nos lo venda por 10 dólares menos por unidad de lo que nos está cobrando ahora", la organización está en una situación muy difícil. Esta táctica es similar al chantaje.

Activos específicos
Inversiones en habilidades, maquinaria, conocimiento e información que crean valor en una relación de intercambio particular y no tienen valor en cualquier otra relación de intercambio.

Una organización que observa cualquier posibilidad de ser atrapada o chantajeada juzgará que la inversión en activos específicos es demasiado riesgosa. Los costos de transacción relacionados con la inversión se tornan demasiado altos y se pierde el valor que podría haberse creado.[50]

Costos de transacción y mecanismos de vinculación

Las organizaciones basan su elección de mecanismos de vinculación interorganizacionales en el nivel de costos de transacción involucrados en una relación de intercambio. Los costos de transacción son bajos cuando existen las siguientes condiciones:

1. Las organizaciones intercambian bienes y servicios no específicos.
2. La incertidumbre es baja.
3. Existen muchos socios de intercambio posibles.

En tales condiciones ambientales, es fácil que las organizaciones negocien y supervisen el comportamiento interorganizacional. De esta forma, en un ambiente de bajo costo de transacción, las organizaciones pueden usar mecanismos de vinculación relativamente informales, como la reputación y los contratos no escritos.

Los costos de transacción aumentan cuando existen las siguientes condiciones:

1. Las organizaciones comienzan a intercambiar bienes y servicios más específicos.
2. La incertidumbre aumenta.
3. El número de posibles socios de intercambio disminuye.

En este tipo de ambiente, una organización comenzará a sentir que no puede permitirse confiar en otras organizaciones, y comenzará a supervisar y usar vínculos más formales, como los contratos a largo plazo, para dirigir sus intercambios. Los contratos, sin embargo, no pueden cubrir cualquier situación que pudiera surgir. Si sucede algo inesperado, ¿qué hará la otra parte del intercambio? Esta tiene todo el derecho de actuar de la forma que más le beneficie, aun cuando sus acciones dañen a las otras organizaciones.

¿Cómo actúa una organización en una situación de alto costo de transacción? De acuerdo con la teoría de los costos de transacción, una organización debería elegir un mecanismo de vinculación más formal para manejar los intercambios conforme aumenten los costos de transacción. Cuanto más formal sea el mecanismo usado, las organizaciones tendrán más control sobre el comportamiento de la otra. Los mecanismos formales incluyen las alianzas (sociedades conjuntas), las fusiones y las adquisiciones, todas las cuales asimilan la transacción y sus costos. En una sociedad conjunta, dos organizaciones establecen una tercera organización para manejar sus transacciones conjuntas. Establecer una nueva entidad de la que ambas organizaciones sean dueñas en la misma proporción reduce los incentivos de cada organización para engañar a la otra, y le da incentivos para que haga cosas (por ejemplo, invertir en activos específicos) que crearán un valor para ambas. Con las fusiones, se sostiene el mismo argumento porque ahora una organización es propietaria de la otra.

Desde una perspectiva de costos de transacción, el paso de mecanismos de vinculación menos formales a más formales (véase las figuras 3.3, 3.4 y 3.7) ocurre porque una organización necesita reducir los costos de transacción de sus intercambios con otras organizaciones. Los mecanismos formales minimizan los costos de transacción relacionados con la reducción de la incertidumbre, el oportunismo y el riesgo.

Costos burocráticos

Si los mecanismos formales de vinculación son una forma tan eficiente de minimizar los costos de transacción de los intercambios con el ambiente, ¿por qué las organizaciones no usan dichos mecanismos todo el tiempo? ¿Por qué usan en algún momento un mecanismo de vinculación informal, como un contrato si una fusión o una sociedad conjunta les da mayor control de su ambiente? La respuesta es que introducir las transacciones a la organización minimiza los costos de la gestión de las transacciones, pero no los elimina.[51] Los gerentes deben negociar, supervisar y dirigir los intercambios entre las personas dentro de la organización. Los costos de transacción internos se llaman costos burocráticos para distinguirlos de los costos de los intercambios entre las organizaciones y el ambiente.[52] En el capítulo 2 revisamos la dificultad en la comunicación y la integración entre las funciones y divisiones. Ahora observaremos que la integración y la comunicación no únicamente son difíciles de lograr, sino que cuestan dinero porque los ejecutivos tienen que emplear su tiempo en reuniones en vez de crear valor.[53] De esta forma, administrar la estructura de una organización es un problema complejo y costoso, que se vuelve más complejo y más costoso a medida que la organización crece, como lo descubrieron GM, Kodak e IBM.

Uso de la teoría de los costos de transacción para elegir una estrategia interorganizacional

La teoría de los costos de transacción ayuda a los gerentes a elegir una estrategia interorganizacional, pues les permite estimar los ahorros en los costos de transacción obtenidos a partir de usar un mecanismo de vinculación en particular, contra los costos burocráticos de operar el mecanismo de vinculación.[54] Dado que la teoría de los costos de transacción se enfoca en los costos relacionados con los diferentes mecanismos de vinculación para reducir la incertidumbre, es capaz de hacer mejores predicciones que la teoría de la dependencia del recurso sobre por qué y cuándo una compañía elegirá determinada estrategia interorganizacional. Los gerentes que deciden la estrategia que se va a seguir deben realizar los siguientes pasos:

1. Localizar las fuentes de los costos de transacción que pudieran afectar una relación de intercambio y decidir qué tan altos pueden ser esos costos.
2. Estimar los ahorros en costos de transacción a través de diferentes mecanismos de vinculación.
3. Estimar los costos burocráticos de operar el mecanismo de vinculación.
4. Elegir el mecanismo de vinculación que brinde mayores ahorros en el costo de transacción, al costo burocrático más bajo.

El caso del grupo Ekco de Nashua, New Hampshire, ofrece un interesante ejemplo sobre cómo un proveedor utiliza un mecanismo de vinculación que reduce los costos de transacción para los clientes con la finalidad de obtener su apoyo. Ekco fabrica una amplia variedad de productos para hornear, utensilios y equipo de cocina, artículos de plástico (como cestos de lavandería) y dispositivos de control de plagas.[55] Fabrica cientos de productos no eléctricos para el consumidor y artículos para oficina que no requieren armado y que cuando se acaban se remplazan en lugar de repararse. La variedad de productos de Ekco refleja la necesidad de minoristas como Walmart y Kmart, quienes continuamente están tratando de reducir los costos relacionados con la obtención de los productos. Obtener una amplia variedad de productos de un solo proveedor reduce los costos de transacción relacionados con construir relaciones con muchos proveedores. Al ofrecer una amplia gama de productos que a Kmart, Walmart y otros les interesa vender, Ekco ayuda a los minoristas a reducir el número de compañías a quienes deben recurrir para tener los productos que desean. De esta forma, Ekco invita de manera implícita a los clientes a aumentar sus vínculos con él.

Para fomentar su compromiso a largo plazo y la confianza con sus clientes, Ekco instaló un sistema de procesamiento de datos vanguardista de 4 millones de dólares (un activo específico), que le permite dar un servicio de inventario justo a tiempo a los minoristas que le proporcionan información a la compañía. El sistema simplifica a los minoristas las órdenes y el seguimiento de su inventario. Al administrar las transacciones de los clientes sin ningún costo para ellos, el sistema reduce aún más los costos de transacción de los minoristas con Ekco, a la vez que fortalece su percepción de que es una compañía con la que es bueno hacer negocios. El intento de esta compañía por desarrollar mecanismos informales de vinculación con sus clientes valió la pena, ya que las ventas a sus principales clientes aumentan cada año.[56] Ekco y sus clientes se benefician en conjunto de estos lazos personales y no hay necesidad de mecanismos caros o formales para coordinar sus intercambios interorganizacionales.

La implicación de un enfoque de costos de transacción es que un mecanismo de vinculación debe usarse solamente cuando los costos de transacción sean suficientemente altos para que lo amerite. Una organización debería adquirir sus proveedores o distribuidores y fusionarse con ellos, por ejemplo, solo cuando los ahorros en los costos de transacción superan los costos por administrar la nueva adquisición.[57] De otra manera, como en el caso de Ekco y sus clientes, la organización debería apoyarse en mecanismos menos formales, como las alianzas estratégicas y los contratos a largo plazo, para gestionar las relaciones de intercambio. Los mecanismos de vinculación relativamente informales evitan que una organización tenga la necesidad de incurrir en costos burocráticos. Tres mecanismos de vinculación que ayudan a las organizaciones a evitar los costos burocráticos, al tiempo que minimizan los costos de transacción, son el keiretsu, las franquicias y la subcontratación.

KEIRETSU El sistema japonés del keiretsu se considera un medio para obtener los beneficios de un mecanismo de vinculación formal sin incurrir en sus costos.[58] La política de ser pequeño propietario en sus compañías proveedoras da a Toyota control sustancial sobre la relación de intercambio, y le permite evitar problemas de oportunismo e incertidumbre con los proveedores. Toyota evita también los costos burocráticos por la propiedad y por administrar a sus proveedores. De hecho, el keiretsu fue desarrollado para aportar los beneficios de una propiedad completa sin sus costos.

En contraste, hasta 2005, GM solía ser propietaria de más proveedores que cualquier otro fabricante de automóviles, y como resultado pagaba más por sus insumos que lo que las otras compañías pagaban por los suyos. Esos altos costos se elevaron porque los proveedores internos de GM estaban en una situación protegida; GM era un comprador cautivo, de tal manera que sus divisiones de suministro carecían de incentivos para ser eficientes y por ende se comportaban de manera oportunista.[59]

¿Qué debía hacer GM para reducir los costos de los insumos? Una medida sería deshacerse de sus proveedores ineficientes y establecer luego alianzas estratégicas o contratos a largo plazo con ellos, con la finalidad de motivarlos a bajar sus costos y aumentar su eficiencia. Si no mejoraran sus costos o calidad, GM formaría nuevas alianzas con nuevos proveedores. GM hizo exactamente eso cuando derivó su subsidiaria de partes electrónicas Delco en una compañía de operación independiente; también aplicó la medida en otras divisiones, como su división de ejes y engranes.[60] La meta de GM es obtener los beneficios que Toyota ha logrado a partir de su estrategia de propiedad minoritaria. Por el contrario, si GM experimentara problemas para obtener beneficios a partir de una estrategia de alianza estratégica con un proveedor de partes independiente (si, por ejemplo, su socio estuviera actuando de manera oportunista), debería moverse hacia un mecanismo de vinculación más formal y comprar a sus proveedores y fusionarse con ellos.

FRANQUICIAS Una franquicia es un negocio autorizado para vender productos de una compañía en una área determinada. El concesionario de la franquicia vende el derecho de usar sus recursos (por ejemplo, su nombre o su sistema operativo) a una persona o grupo (que compra la franquicia) a cambio de una cuota fija o una parte de las ganancias. Normalmente el franquiciador o concesionario ofrece los insumos que utiliza el concesionado o franquiciatario, que es quien atiende directamente al cliente. La relación entre franquiciador y franquiciatario es simbiótica. El enfoque de costos de transacción ofrece una perspectiva interesante sobre por qué surgen estrategias interorganizacionales como las franquicias.[61]

Considere las diferencias operativas entre McDonald's y Burger King. Una gran proporción de restaurantes McDonald's son propiedad de franquiciatarios, pero la mayoría de los restaurantes Burger King son propiedad de la compañía. ¿Por qué McDonald's no es dueño de sus restaurantes? ¿Por qué quiere hacer millonarios a sus franquiciatarios en vez de enriquecer a sus inversionistas? Desde el punto de vista de los costos de transacción, la respuesta está en los costos burocráticos en los que McDonald's incurriría si intentara manejar todos sus restaurantes por sí misma.

El desafío más grande para un restaurante es mantener la calidad de sus alimentos y el servicio al cliente. Suponga que McDonald's contratara gerentes para que manejaran todos sus restaurantes propiedad de la compañía. ¿Tendrían ellos el mismo incentivo para mantener la calidad tan alta de servicio al cliente como los franquiciatarios, que son propietarios y por lo tanto se benefician de manera directa de un restaurante con alto desempeño? McDonald's considera que si fuera dueño de todos sus restaurantes y los operara, es decir, si utilizara un mecanismo de vinculación formal, los costos burocráticos necesarios para mantener la calidad y consistencia de los restaurantes excederían cualquier valor extra que la organización y sus accionistas obtuvieran de una propiedad completa. De manera que por lo general McDonald's solo es propietario de los restaurantes que están en las grandes ciudades y cerca de las autopistas. En las ciudades grandes, puede dividir los costos de emplear a un equipo de administración entre muchos restaurantes y reducir así los costos burocráticos. En las carreteras interestatales, McDonald's cree que los franquiciatarios se dan cuenta de que es poco probable que los mismos viajeros los visiten una segunda vez, por lo que no tienen el incentivo para mantener los estándares.

El mismo asunto surge en los productos terminados cuando una organización elige cómo distribuirlos. ¿Debería una organización ser propietaria de sus puntos de distribución? ¿Tiene que vender directamente a los clientes? ¿Debe vender solo a los concesionarios de franquicias? Nuevamente la respuesta depende de los problemas de los costos de transacción que la organización pueda esperar al tratar con las necesidades de sus clientes. Por lo general, cuanto más complejos sean los productos y más información necesiten los clientes acerca de cómo funcionan o cómo repararlos, mayor será la probabilidad de que las organizaciones tengan un control jerárquico formal sobre sus distribuidores y franquiciatarios o de que sean dueñas de sus propios puntos de distribución.[62]

Por lo común, los automóviles se venden a través de concesionarios de franquicias, debido a la necesidad de proporcionar a los clientes servicios de reparación confiables del automóvil. Ya que los vehículos son productos complicados y los clientes necesitan mucha información antes de comprar uno, es bueno para los fabricantes poseer cierto control sobre sus distribuidores. De esta forma, los fabricantes de autos mantienen un control considerable sobre sus concesionarios, supervisando e imponiendo el tipo de servicio que estos dan a los clientes. Toyota, por ejemplo, supervisa muy de cerca el número de quejas de los clientes en contra de un concesionario. Si el número de quejas es muy alto, castiga al concesionario restringiendo el suministro de automóviles nuevos. Como resultado, los concesionarios tienen fuertes incentivos para dar a los clientes un buen servicio. En contraste, los costos de transacción involucrados en el manejo de productos sencillos como ropa o alimentos son bajos. Por lo tanto, pocas compañías de ropa o alimentos eligen usar vínculos formales para controlar la distribución de sus productos. Los mecanismos menos formales como contratos con los mayoristas o con grandes cadenas de minoristas se vuelven la estrategia de distribución preferida.

SUBCONTRATACIÓN (*OUTSOURCING*) Otra estrategia para administrar las interdependencias es la ***subcontratación***, es decir, mover una actividad de creación de valor que se realizó dentro de una organización hacia afuera de la misma, donde la realiza otra compañía. Un ejemplo de subcontratación sería una compañía que contrata a otra para que maneje su red de computadoras o distribuya sus productos, en vez de realizar la actividad ella misma. Cada vez con mayor frecuencia, las organizaciones están orientándose hacia las compañías especializadas para administrar sus necesidades de procesamiento de información. Dell, HP e IBM, por ejemplo, han establecido divisiones que ofrecen este servicio especializado a las compañías en sus ambientes.

Subcontratación (*outsourcing*) Proceso de mover una actividad de creación de valor que se realizó dentro de una organización hacia afuera de esta, donde la realiza otra compañía.

La razón por la cual una organización decide manejar una función por subcontratación es el mismo cálculo que determina si una organización fabrica o compra sus insumos. ¿El valor extra que la organización obtiene al realizar su propio marketing y procesamiento de información excede los costos burocráticos adicionales por administrar dichas funciones? Si la respuesta es sí, la organización desarrolla su propia función. Si no es así, la organización subcontrata la actividad.[63] Es posible que la decisión cambie con el tiempo. Quizás en 2001 era mejor tener un departamento de procesamiento de información dentro de la organización. Para 2011, sin embargo, si las organizaciones especializadas son capaces de procesar la información a menor costo, subcontratar esa función traerá como resultado mayores ahorros en los costos. Subcontratar dentro de redes, como lo hizo Nike, es otro ejemplo de cómo la subcontratación ayuda a disminuir los costos burocráticos relacionados con la gestión de los intercambios dentro de la organización. La administración global de la cadena de suministros ofrece otro ejemplo de cómo las compañías pueden reducir sus costos de transacción y evitar los costos burocráticos, como se revisa en el recuadro "Al interior de la organización 3.5".

Al interior de la organización 3.5

Administración global de la cadena de suministro de Li & Fung

Encontrar proveedores extranjeros que ofrezcan productos al menor precio y la más alta calidad es una tarea importante que enfrentan los ejecutivos de las organizaciones globales. Dado que los proveedores están situados en cientos de ciudades alrededor del mundo, encontrarlos es un negocio difícil. Por lo común, las compañías globales usan los servicios de intermediarios o agencias intermediarias, localizados cerca de estos proveedores, para encontrar el que mejor cumpla con sus requerimientos de insumos. Li & Fung, manejado ahora por los hermanos Victor y William Fung, es una de estas agencias que ha ayudado a cientos de compañías globales a localizar proveedores locales adecuados, sobre todo proveedores en China peninsular.[64]

En lo que va del siglo XXI, administrar las cadenas de suministros de las compañías globales se ha convertido en una tarea más complicada. Para reducir costos, los proveedores extranjeros se están especializando cada vez más en una sola parte de la tarea de elaboración de un producto. Por ejemplo, en el pasado, una compañía como Target habría negociado con un proveedor extranjero para fabricar un millón de unidades de una playera en particular y a un determinado costo por unidad. Pero con la especialización, Target encontraría que es posible reducir aún más los costos de fabricar la playera dividiendo las operaciones involucradas en la producción de la playera y haciendo que diferentes proveedores extranjeros, comúnmente en diferentes países, realicen cada operación. Por ejemplo, para obtener el costo más bajo por unidad, en vez de solo negociar con un proveedor extranjero por el precio de fabricar una playera en particular, Target negociaría primero con un fabricante de hilo en Vietnam y, luego, mandaría el hilo a las diferentes fábricas en Malasia y Filipinas para cortar la tela y coser las playeras. Después, otra compañía extranjera sería la responsable de empacar las playeras y enviarlas a cualquier destino del mundo que se requiera. Dado que una compañía como Target tiene cientos de artículos de ropa en producción, y estos cambian constantemente, se hacen evidentes los problemas para administrar una cadena de suministros como esa para obtener todos los ahorros en los costos, a partir de la expansión global.

Li & Fung ha capitalizado esta oportunidad. Al darse cuenta de que muchas compañías globales no tienen el tiempo ni la experiencia necesarios para encontrar dichos proveedores especializados de bajo costo, se movieron rápidamente para dar un servicio como ese. Li & Fung emplea a 3,600 agentes que viajan a través de 37 países para encontrar nuevos proveedores e inspeccionar a los proveedores existentes para encontrar nuevas formas de ayudar a sus clientes globales a obtener productos a precio más bajo o de mejor calidad. Las compañías globales están felices de subcontratar la administración de la cadena de suministros a Li & Fung, ya que se han dado cuenta de los ahorros significativos en los costos. Aun cuando pagan una tarifa bastante alta a Li & Fung, evitan el costo de emplear a sus propios agentes. A medida que la complejidad de la cadena de suministros siga aumentando, irán apareciendo cada vez más compañías como Li & Fung.

El método específico que una compañía adopte para administrar los procesos de subcontratación será aquel que reduzca de manera más eficaz la incertidumbre implicada en el intercambio, que asegure un suministro estable de componentes no caros, que mejore la calidad o que proteja la valiosa tecnología del propietario. Por ejemplo, en relación con los diferentes tipos de alianzas estratégicas presentadas en la figura 3.4, cuando la incertidumbre es relativamente baja, las compañías pueden elegir crear contratos a largo plazo con muchos proveedores extranjeros de bajo costo. A medida que la incertidumbre aumenta, una compañía podría desarrollar una red para gestionar las interdependencias entre estos proveedores y los fabricantes y distribuidores globales, o bien, podría interesarse en una propiedad minoritaria en tales compañías globales para obtener control legal sobre la transacción. Finalmente, cuando la incertidumbre es alta, una compañía podría decidir formar una sociedad conjunta para controlar todos los aspectos de la actividad de creación de valor.

Un enfoque de costos de transacción arroja luz acerca de por qué y cómo las organizaciones eligen diferentes tipos de mecanismos de vinculación para manejar sus interdependencias. Esto mejora nuestra capacidad para entender el proceso que las organizaciones usan para administrar sus ambientes, y mejorar sus oportunidades de crecimiento y supervivencia. Las soluciones que existen para gestionar los intercambios de recursos inciertos y las interdependencias organizacionales van desde los mecanismos menos formales, como los contratos, hasta los más formales, como la propiedad. El mejor mecanismo para una organización es aquel que minimiza los costos de transacción y burocráticos.

Resumen

Administrar el ambiente organizacional es una tarea esencial para una organización. El primer paso es identificar las fuentes de incertidumbre, así como analizar las fuentes de complejidad, qué tan rápido está cambiando y qué tan pobre es. Una organización necesita entonces evaluar los beneficios y los costos de las diferentes estrategias organizacionales, para elegir la que mejor le permita asegurar los recursos valiosos. La teoría de la dependencia del recurso pondera el beneficio de asegurar los recursos limitados contra el costo de una pérdida de autonomía. La teoría de los costos de transacción evalúa el beneficio de reducir el costo de transacción contra el costo de aumentar los costos burocráticos. Una organización debe analizar todo el conjunto de sus intercambios con su ambiente, con la finalidad de diseñar la combinación de los mecanismos de vinculación que maximizarán su capacidad para crear valor. Los puntos principales del capítulo 3 son los siguientes:

1. El ambiente organizacional es el conjunto de fuerzas en el cambiante ambiente global, que afectan la forma en que una organización opera y su capacidad para tener acceso a recursos limitados.
2. El dominio organizacional es la variedad de bienes y servicios que la organización produce, así como los clientes a quienes sirve en los países donde opera. Una organización diseña estrategias interorganizacionales para proteger y hacer crecer su dominio.
3. El ambiente específico consiste en fuerzas que afectan más directamente la capacidad de una organización para asegurar los recursos. El ambiente general consiste en fuerzas que dan forma a los ambientes específicos de todas las organizaciones.
4. La incertidumbre en el ambiente es una función de la complejidad, el dinamismo y la riqueza del ambiente.
5. La teoría de la dependencia del recurso establece que la meta de una organización es minimizar su dependencia de otras organizaciones para el suministro de recursos limitados, y para encontrar formas de influir en ellas y lograr que los recursos estén disponibles.
6. Las organizaciones deben gestionar dos tipos de interdependencias de los recursos: interdependencias simbióticas con proveedores y clientes, e interdependencias competitivas con los rivales.
7. Las principales estrategias interorganizacionales para gestionar las relaciones simbióticas son una buena reputación, cooptación, alianzas estratégicas, fusión y adquisición. Las principales estrategias interorganizacionales para manejar las relaciones competitivas son la colusión y los cárteles, los mecanismos de vinculación por terceros, las alianzas estratégicas, y la fusión y adquisición.
8. Los costos de transacción son los costos de negociación, supervisión y dirección de los intercambios entre individuos y organizaciones. Existen tres fuentes de costos

de transacción: *a*) la combinación de la incertidumbre y la racionalidad limitada, *b*) el oportunismo y los números pequeños, y *c*) los activos específicos y el riesgo.

9. La teoría de los costos de transacción establece que la meta de las organizaciones es minimizar los costos del intercambio de recursos en el ambiente y los costos por gestionar los intercambios dentro de la organización. Las organizaciones tratan de elegir estrategias interorganizacionales que reduzcan los costos de transacción y los costos burocráticos.
10. Los mecanismos de vinculación interorganizacional van desde los informales, como los contratos y la reputación, hasta los formales, como las alianzas estratégicas y las estrategias de propiedad, como la fusión y la adquisición.

Preguntas para análisis

1. Elija una organización, como una agencia de viajes local o un supermercado. Describa su dominio organizacional y, luego, dibuje un mapa de las fuerzas en sus ambientes específico y general que afectan la forma en que opera.
2. ¿Cuáles son las fuentes de incertidumbre en un ambiente? Explique cómo tales fuentes de incertidumbre afectan a una pequeña compañía de biotecnología y a una gran productora de automóviles.
3. De acuerdo con la teoría de la dependencia del recurso, ¿qué motiva a las organizaciones a formar vínculos interorganizacionales? ¿Cuál es la ventaja de las alianzas estratégicas como una forma de intercambiar recursos?
4. De acuerdo con la teoría de los costos de transacción, ¿qué motiva a las organizaciones a formar vínculos interorganizacionales? ¿En qué condiciones preferiría una compañía un mecanismo de vinculación más formal por encima de uno menos formal?
5. ¿Qué estrategias interorganizacionales podrían funcionar de manera más exitosa a medida que una compañía se expande globalmente? ¿Por qué?

Teoría organizacional en acción

Poner en práctica la teoría organizacional

Proteger su dominio

Formen equipos de tres a cinco integrantes y analicen el siguiente escenario:

Son un grupo de emprendedores que recientemente lanzaron un nuevo tipo de cerveza de raíz, elaborada a partir de hierbas y especias, que rápidamente ha conseguido seguidores en una gran ciudad en el suroeste del país. Inspirados en su éxito, decidieron aumentar la producción de su cerveza de raíz para atender a una área geográfica más amplia, con la meta de llegar a todo Estados Unidos y Canadá.

El problema que deben decidir es la mejor forma de asegurar su dominio y administrar el ambiente a medida que crece. Por un lado, tanto los ingredientes de su cerveza de raíz como los métodos para elaborarla son secretos, de manera que tienen que protegerla de potenciales imitadores a cualquier costo; las grandes compañías de refrescos la copiarían rápidamente si tuvieran la oportunidad. Por otro lado, se requieren fondos para una expansión rápida, de modo que es necesario encontrar un socio que les ayude a crecer rápidamente; además, establecer una reputación para su marca sería una gran ventaja.

1. Analicen los pros y contras de cada uno de los tipos de alianzas estratégicas (contratos a largo plazo, propiedad minoritaria y sociedades conjuntas), como sus medios para administrar el ambiente.
2. Con base en dicho análisis, ¿cuál de esos elegirían para maximizar su probabilidad de asegurar un nicho estable en el mercado de las bebidas refrescantes?

Dimensión ética 3

En la búsqueda por reducir costos, muchas compañías globales están comprando productos a proveedores en el extranjero, que en ocasiones están elaborados en fábricas clandestinas por mujeres y niños que trabajan largas jornadas por algunos dólares. El asunto está rodeado de argumentos complejos. Desde una perspectiva ética, discutan:

1. ¿Cuándo y en qué condiciones sería correcto que las compañías compren sus insumos a proveedores que contratan mujeres y niños?
2. ¿Qué tipo de estrategias interorganizacionales podrían usar las compañías en Estados Unidos para reforzar los códigos éticos que desarrollan?

Establecer contacto 3

Encuentre un ejemplo de una compañía que utilice una estrategia organizacional específica, como una sociedad conjunta o un contrato a largo plazo. ¿Qué mecanismo de vinculación emplea? Utilice la teoría de la dependencia del recurso o la teoría de los costos de transacción para explicar por qué la organización habría elegido ese tipo de mecanismo.

Análisis de la organización: Módulo de diseño 3

Este módulo y los módulos de los siguientes dos capítulos le permiten analizar el ambiente de su organización, y entender cómo la organización intenta administrar su ambiente para controlar y obtener los recursos que necesita con la finalidad de proteger su dominio.

Tarea

1. Elabore un cuadro del dominio de su organización. Escriba una lista de los productos y clientes de la organización, así como de las fuerzas en los ambientes específico y general que tienen un efecto en ese dominio. ¿Cuáles son las fuerzas más importantes con las cuales tiene que tratar la organización?
2. Analice el efecto de las fuerzas sobre la complejidad, el dinamismo y la riqueza del ambiente. A partir de este análisis, ¿cómo caracterizaría el nivel de incertidumbre en el ambiente de su organización?
3. Haga un cuadro de los principales mecanismos de vinculación interorganizacional (por ejemplo, contratos a largo plazo, alianzas estratégicas, fusiones), que su organización usa para gestionar sus interdependencias simbióticas de recursos. Utilizando la teoría de la dependencia del recurso y la teoría de los costos de transacción, explique por qué la organización elige manejar sus interdependencias de esa forma. ¿Cree que la organización seleccionó los mecanismos de vinculación más adecuados? ¿Por qué?
4. Elabore un cuadro de los principales mecanismos de vinculación interorganizacional (por ejemplo, colusión, mecanismos de vinculación por terceros, alianzas estratégicas) que su organización usa para manejar sus interdependencias competitivas de recursos. Utilizando la teoría de la dependencia del recurso o la teoría de los costos de transacción, explique por qué la organización elige manejar sus interdependencias de esta manera. ¿Cree que la organización haya seleccionado los mecanismos de vinculación más adecuados? ¿Por qué?
5. Con base en el análisis que acaba de realizar, ¿cree que su organización está haciendo un trabajo bueno o uno no tan bueno, en el manejo de su ambiente? ¿Qué recomendaciones formularía para mejorar su capacidad para obtener recursos?

CASO PARA ANÁLISIS

Cómo maneja IKEA el ambiente global

IKEA es la cadena de muebles más grande del mundo; en 2011 la compañía sueca operaba 270 tiendas en 25 países. En 2011 las ventas de IKEA se elevaron a más de 35 mil millones de dólares, es decir, más de 20% del mercado global de muebles; no obstante, para sus gerentes y empleados, se trataba solo la punta del iceberg. Creían que IKEA estaba lista para un crecimiento internacional masivo en la siguiente década, ya que podría brindar lo que el cliente quería: muebles bien diseñados y bien elaborados a un precio costeable. La capacidad de IKEA para ofrecer a los clientes muebles costeables es el resultado de la forma en que se expande globalmente y cómo opera su imperio de tiendas. En pocas palabras, el enfoque global de IKEA se basa en la sencillez, atención en los detalles, conciencia en los costos y la capacidad de respuesta en cada aspecto de sus operaciones y comportamiento.

El enfoque global de IKEA deriva de los valores y las creencias personales de su fundador, Ingvar Kamprad, acerca de cómo las compañías deben tratar a sus trabajadores y a sus clientes. Kamprad, quien comienza su octava década de vida (y en 2010 estaba en el lugar 11 de las personas más ricas del mundo) nació en Smaland, una provincia sueca pobre, que es conocida por albergar habitantes emprendedores, frugales y con el gusto por trabajar duro. Kamprad definitivamente adoptó esos valores; cuando entró en el negocio de los muebles, los convirtió en el centro de su enfoque de administración. Él enseña sus valores a los gerentes de tienda y empleados; sus creencias acerca de la necesidad de operar de manera austera y conscientes del costo, y su visión de que todos están "juntos" en el negocio, lo cual quiere decir que cada persona que trabaja en su imperio global juega un rol esencial y tiene una obligación con todos los demás.

¿Qué significa el enfoque de Kamprad en la práctica? Todos los trabajadores de IKEA vuelan en clase turista en los viajes de negocios, se quedan en hoteles poco costosos y mantienen al mínimo los gastos de viaje. Las tiendas IKEA operan con las reglas y los procedimientos más sencillos posibles: se espera que los empleados cooperen para resolver los problemas y realizar el trabajo. Circulan muchas historias acerca del sobrio Kamprad, como aquella de que incluso él viaja en clase turista y que cuando toma una lata de refresco del minibar en un hotel, la remplaza con una comprada en una tienda, a pesar del hecho de que es multimillonario.

Los empleados de IKEA ven lo que significa el enfoque de Kamprad desde el momento en que son reclutados para laborar en una tienda de los diversos países donde opera la compañía. Comienzan a aprender acerca de la cultura corporativa de IKEA realizando trabajos desde el peldaño más bajo, y rápidamente se les capacita para realizar todas las múltiples tareas que involucra la operación en las tiendas. Durante ese proceso internalizan los valores y las normas globales de IKEA, que se centran en la importancia que la compañía le da a su toma de iniciativa y responsabilidad para resolver problemas, así como para enfocarse en los clientes. Los empleados se rotan entre departamentos y a veces entre tiendas, y es posible una rápida promoción para aquellos que demuestran entusiasmo y fraternidad: demuestran que han entrado en la cultura global de IKEA.

La mayoría de los altos ejecutivos de IKEA surgieron de sus filas y la compañía mantiene las "semanas de romper la burocracia", cuando se requiere que los ejecutivos trabajen en las tiendas y los almacenes por una semana al año, con la finalidad de asegurarse de que ellos y todos los empleados estén comprometidos con los valores globales de IKEA. No importa en qué país laboren, todos los empleados utilizan ropa informal para trabajar en IKEA; Kamprad siempre ha usado una camisa con el cuello abierto, y no hay marcas de estatus como comedores ejecutivos o lugares privados de estacionamiento. Los empleados creen que si adoptan los valores de trabajo de IKEA, se comportan de tal forma que mantengan las operaciones racionalizadas y eficientes, y se enfocan en estar un paso adelante de los problemas potenciales, compartirán su éxito. La promoción, la capacitación, los sueldos por arriba del promedio, un generoso sistema de bonos en la tienda y el bienestar personal por trabajar en una compañía donde la gente se siente valorada, son algunas de las recompensas que Kamprad instituyó para construir y reforzar el enfoque global de IKEA.

Siempre que IKEA entra en un país nuevo, envía a sus ejecutivos más experimentados a establecer su enfoque global en sus nuevas instalaciones. Cuando IKEA entró por primera vez en Estados Unidos, la actitud de los empleados estadounidenses desconcertó a sus gerentes. A pesar del impulso evidente por obtener éxito y su buena educación, los trabajadores parecían renuentes a tomar la iniciativa y a asumir responsabilidades. Los gerentes de IKEA descubrieron que sus empleados en Estados Unidos tenían miedo de que los errores que cometieran trajeran como resultado perder su puesto de trabajo, de modo que los gerentes tuvieron que enseñarles "la forma IKEA". El enfoque valió la pena: Estados Unidos se ha convertido en el segundo mejor país en el mercado e IKEA planea abrir mucho más tiendas en ese país, así como alrededor del mundo, durante la siguiente década.

Preguntas para análisis

1. Escriba una lista de las diferentes formas en que IKEA ha manejado el ambiente global a lo largo del tiempo.
2. ¿Cómo explicaría los motivos detrás del éxito del enfoque de IKEA para administrar su ambiente?

Referencias

1. J. D. Thompson, *Organizations in Action* (Nueva York: McGraw-Hill, 1967).
2. www.mcdonalds.com, 2011.
3. R. H. Hall, *Organizations: Structure and Process* (Englewood Cliffs, NJ: Prentice-Hall, 1972).
4. R. H. Miles, Macro *Organizational Behavior* (Santa Monica, CA: Goodyear, 1980).
5. www.nokia.com, 2011.
6. J. Child, "Organizational Structure, Environment, and Performance: The Role of Strategic Choice", *Sociology* 6 (1972), pp. 1-22; G. G. Dess and D. W. Beard, "Dimensions of Organizational Task Environments", *Administrative Science Quarterly* 29 (1984), pp. 52-73.
7. F. E. Emery y E. L. Trist, "The Causal Texture of Organizational Environments", *Human Relations* 18 (1965), pp. 21-32.
8. H. Aldrich, *Organizations and Environments* (Englewood Cliffs, NJ: Prentice-Hall, 1979).
9. W. H. Starbuck, "Organizations and Their Environments", en M. D. Dunnette, ed., *Handbook of Industrial Psychology* (Chicago: Rand McNally, 1976), pp. 1069-1123; Dess and Beard, "Dimensions of Organizational Task Environments".

[10] Aldrich, *Organizations and Environments*.
[11] www.amazon.com, 2011.
[12] *Ibid*.
[13] J. Pfeffer y G. R. Salancik, *The External Control of Organizations* (Nueva York: Harper & Row, 1978).
[14] Pfeffer, *Organizations and Organizational Theory*, p. 193.
[15] Pfeffer y Salancik, *The External Control of Organizations*, pp. 45-46.
[16] D. Miller y J. Shamsie, "The Resource-Based View of the Firm in Two Environments: The Hollywood Film Studios from 1936-1965", *Academy of Management Journal* 39 (1996), pp. 519-543.
[17] Pfeffer y Salancik, *The External Control of Organizations*, p. 114.
[18] H. R. Greve, "Patterns of Competition: The Diffusion of Market Position in Radio Broadcasting", *Administrative Science Quarterly*, 41 (1996), pp. 29-60.
[19] J. M. Pennings, "Strategically Interdependent Organizations", en J. Nystrom y W. Starbuck, eds., *Handbook of Organizational Design* (Nueva York: Oxford University Press, 1981), pp. 433-455.
[20] J. Galaskeiwicz, "Interorganizational Relations", *Annual Review of Sociology*, 11 (1985), pp. 281-304.
[21] G. R. Jones y M. W. Pustay, "Interorganizational Coordination in the Airline Industry, pp. 1925-1938: A Transaction Cost Approach", *Journal of Management* 14 (1988), pp. 529-546.
[22] C. W. L. Hill, "Cooperation, Opportunism, and the Invisible Hand", *Academy of Management Review* 15 (1990), pp. 500-513.
[23] P. Selznick, *TVA and the Grassroots* (Nueva York: Harper & Row, 1949).
[24] J. Pfeffer, "Size and Composition of Corporate Boards of Directors", *Administrative Science Quarterly* 17 (1972), pp. 218-228; R. D. Burt, "Co-optive Corporate Actor Networks: A Reconsideration of Interlocking Directorates Involving American Manufacturing", *Administrative Science Quarterly* 25 (1980), pp. 557-581.
[25] www.microsoft.com, 2011; www.nokia.com, 2011.
[26] "Bechtel, Willbros to Build Pipeline at Caspian Sea", *Wall Street Journal*, 26 de octubre 1992, p. A3.
[27] W. W. Powell, K. W. Kogut y L. Smith-Deorr, "Interorganizational Collaboration and the Locus of Innovation: Networks of Learning in Biotechnology", *Administrative Science Quarterly* 41 (1996), pp. 116-145.
[28] R. Miles y C. Snow, "Causes of Failure in Network Organizations", *California Management Review* 4 (1992), pp. 13-32.
[29] M. Aoki, *Information, Incentives, and Bargaining in the Japanese Economy* (Nueva York: Cambridge University Press, 1988).
[30] D. Roos, D. T. Jones y J. P. Womack, *The Machine That Changed the World* (Nueva York: Macmillan, 1990).
[31] B. Kogut, "Joint Ventures: Theoretical and Empirical Perspectives", *Strategic Management Journal* 9 (1988), pp. 319-333.
[32] J. Pfeffer, "Merger as a Response to Organizational Interdependence", *Administrative Science Quarterly* 17 (1972), pp. 382-394.
[33] F. M. Scherer, *Industrial Market Structure and Economic Performance*, 2a. ed. (Boston: Houghton Mifflin, 1980).
[34] A. Phillips, "A Theory of Interfirm Competition", *Quarterly Journal of Economics* 74 (1960), pp. 602-613; J. K. Benson, "The Interorganizational Network as a Political Economy", *Administrative Science Quarterly* 20 (1975), pp. 229-250.
[35] D. W. Carlton y J. M. Perloff, *Modern Industrial Organization* (Glenview, IL: Scott, Foresman, 1990).
[36] K. G. Provan, J. M. Beyer, y C. Kruytbosch, "Environmental Linkages and Power in Resource Dependence Relations Between Organizations", *Administrative Science Quarterly* 25 (1980), pp. 200-225.
[37] H. Leblebichi y G. R. Salancik, "Stability in Interorganizational Exchanges: Rule-making Processes in the Chicago Board of Trade", *Administrative Science Quarterly* 27 (1982), pp. 227-242; A. Phillips, "A Theory of Interfirm Organization".
[38] M. Olson, *The Logic of Collective Action* (Cambridge, MA: Harvard University Press, 1965).
[39] B. Kogut, "Joint Ventures: Theoretical and Empirical Perspectives", *Strategic Management Journal* 9 (1988), pp. 319-332.
[40] www.phillips.com, 2011.
[41] Scherer, *Industrial Market Structure and Economic Performance*.
[42] J. Cook, "When 2 + 2 = 5", *Forbes*, 8 de junio de 1972, pp. 128-129.
[43] J. Perez, "GE Finds Tough Going in Hungary", *New York Times*, 25 de julio de 1994, pp. C1, C3.
[44] A. Alchian y H. Demsetz, "Production, Information Costs, and Economic Organization", *American Economic Review* 62 (1972), pp. 777-795.

[45] O. E. Williamson, *Markets and Hierarchies* (Nueva York: The Free Press, 1975); O. E. Williamson, "The Governance of Contractual Relationships", *Journal of Law and Economics* 22 (1979), pp. 232-261.

[46] www.msnbc.com, 2011.

[47] Williamson, *Markets and Hierarchies*.

[48] H. A. Simon, *Models of Man* (Nueva York: Wiley, 1957).

[49] Williamson, *Markets and Hierarchies*.

[50] B. Klein, R. Crawford y A. Alchian, "Vertical Integration: Appropriable Rents and the Competitive Contracting Process", *Journal of Law and Economics* 21 (1978), pp. 297-326.

[51] R. H. Coase, "The Nature of the Firm", *Economica N.S.* 4 (1937), pp. 386-405.

[52] G. R. Jones, "Transaction Costs, Property Rights, and Organizational Culture: An Exchange Perspective", *Administrative Science Quarterly* 28 (1983), pp. 454-467.

[53] R. A. D'Aveni y D. J. Ravenscraft, "Economies of Integration Versus Bureaucracy Costs: Does Vertical Integration Improve Performance?" *Academy of Management Journal* 37 (1994), pp. 1167-1206.

[54] G. R. Jones y C. W. L. Hill, "Transaction Cost Analysis of Strategy-Structure Choice", *Strategic Management Journal* 9 (1988), pp. 159-172.

[55] "Ekco Group", *Fortune*, 21 de septiembre de 1992, p. 87.

[56] "CCPC Acquisition Corp. Completes Acquisition of EKCP Group Inc.", company press release, 1999.

[57] G. Walker y D. Weber, "A Transaction Cost Approach to Make or Buy Decisions", *Administrative Science Quarterly* 29 (1984), pp. 373-391.

[58] J. F. Hennart, "A Transaction Cost Theory of Equity Joint Ventures", *Strategic Management Journal* 9 (1988), pp. 361-374.

[59] K. G. Provan y S. J. Skinner, "Interorganizational Dependence and Control as Predictors of Opportunism in Dealer-Supplier Relations", *Academy of Management Journal* 32 (1989), pp. 202-212.

[60] www.gm.com, 2011.

[61] S. A. Shane, "Hybrid Organizational Arrangements and Their Implications for Firm Growth and Survival: A Study of New Franchisors", *Academy of Management Journal* 39 (1996), pp. 216-234.

[62] D. E. Bowen y G. R. Jones, "Transaction Cost Analysis of Service Organization-Customer Exchange", *Academy of Management Review* 11 (1986), pp. 428-441.

[63] E. Anderson y D. C. Schmittlein, "Integration of the Sales Force: An Empirical Examination", *Rand Journal of Economics* 26 (1984), pp. 65-79.

[64] "Business: Link in the Global Chain", *Economist*, 2 de junio de 2001, pp. 62-63.

Parte 2
Diseño organizacional

CAPÍTULO 4

Desafíos fundamentales en el diseño organizacional

Objetivos de aprendizaje

Si una organización pretende seguir siendo eficaz con su ambiente a medida que este cambia y crece, los gerentes deben evaluar continuamente la forma en que se diseñan las organizaciones: por ejemplo, la manera como el trabajo se divide entre la gente y los departamentos, así como la forma en que utilizan sus recursos humanos, financieros y físicos. El diseño organizacional involucra elecciones difíciles sobre cómo controlar; es decir, la forma de coordinar las tareas organizacionales y de motivar a la gente que las realiza, para maximizar la capacidad de una organización para crear valor. Este capítulo expone los desafíos de diseñar una estructura organizacional con la finalidad de que logre los objetivos de los inversionistas.

Después de estudiar este capítulo, usted será capaz de:

1. Describir los cuatro desafíos fundamentales del diseño organizacional a los cuales se enfrentan los gerentes y consultores.
2. Analizar la forma en que tales desafíos deben atenderse de manera simultánea, si se busca crear una estructura organizacional de alto desempeño.
3. Distinguir entre las opciones de diseño que subyacen a la creación de una estructura ya sea orgánica o mecanicista.
4. Reconocer cómo usar la teoría de la contingencia para diseñar una estructura que se adapte al ambiente de una organización.

Diferenciación

A medida que las organizaciones crecen, los gerentes deben decidir cómo controlar y coordinar las actividades que la organización necesita para crear valor. El desafío fundamental de diseño consiste en la manera de gestionar la diferenciación para lograr las metas organizacionales. La **diferenciación** es el proceso mediante el cual una organización asigna gente y recursos a las tareas organizacionales, y establece la relación entre tarea y autoridad que permite que la organización logre sus metas.[1] En síntesis, es el proceso que ayuda a establecer y controlar la **división del trabajo** o el grado de especialización en la organización.

Diferenciación
Proceso mediante el cual una organización asigna gente y recursos a las tareas organizacionales, y establece las relaciones entre tarea y autoridad que le permiten a la organización alcanzar sus metas.

División del trabajo
Proceso de establecer y controlar el grado de especialización en la organización.

Una forma sencilla de examinar por qué se presenta la diferenciación y por qué significa un gran desafío para el diseño consiste en analizar la organización, y trazar un mapa de los problemas que enfrenta a medida que intenta alcanzar sus metas (véase la figura 4.1). En una organización *simple*, la diferenciación es baja porque la división del trabajo es baja. Por lo común, una persona o pocas personas realizan todas las tareas organizacionales, de manera que hay pocos problemas para coordinar quién hace qué, para quién y cuándo. Con el crecimiento, sin embargo, viene la complejidad. En una organización *compleja* tanto la división del trabajo como la diferenciación son altas. En el recuadro "Al interior de la organización 4.1", la historia del crecimiento del restaurante BAR and Grille ilustra los problemas y desafíos que el diseño organizacional debe atender. A medida que BAR y Grille cambiaba, sus propietarios tuvieron que encontrar nuevas formas de control de las actividades necesarias, con el objetivo de cumplir con su meta de ofrecer a los clientes una experiencia satisfactoria con sus alimentos y bebidas.

Figura 4.1 Desafío del diseño

Diferenciación en BAR y Grille

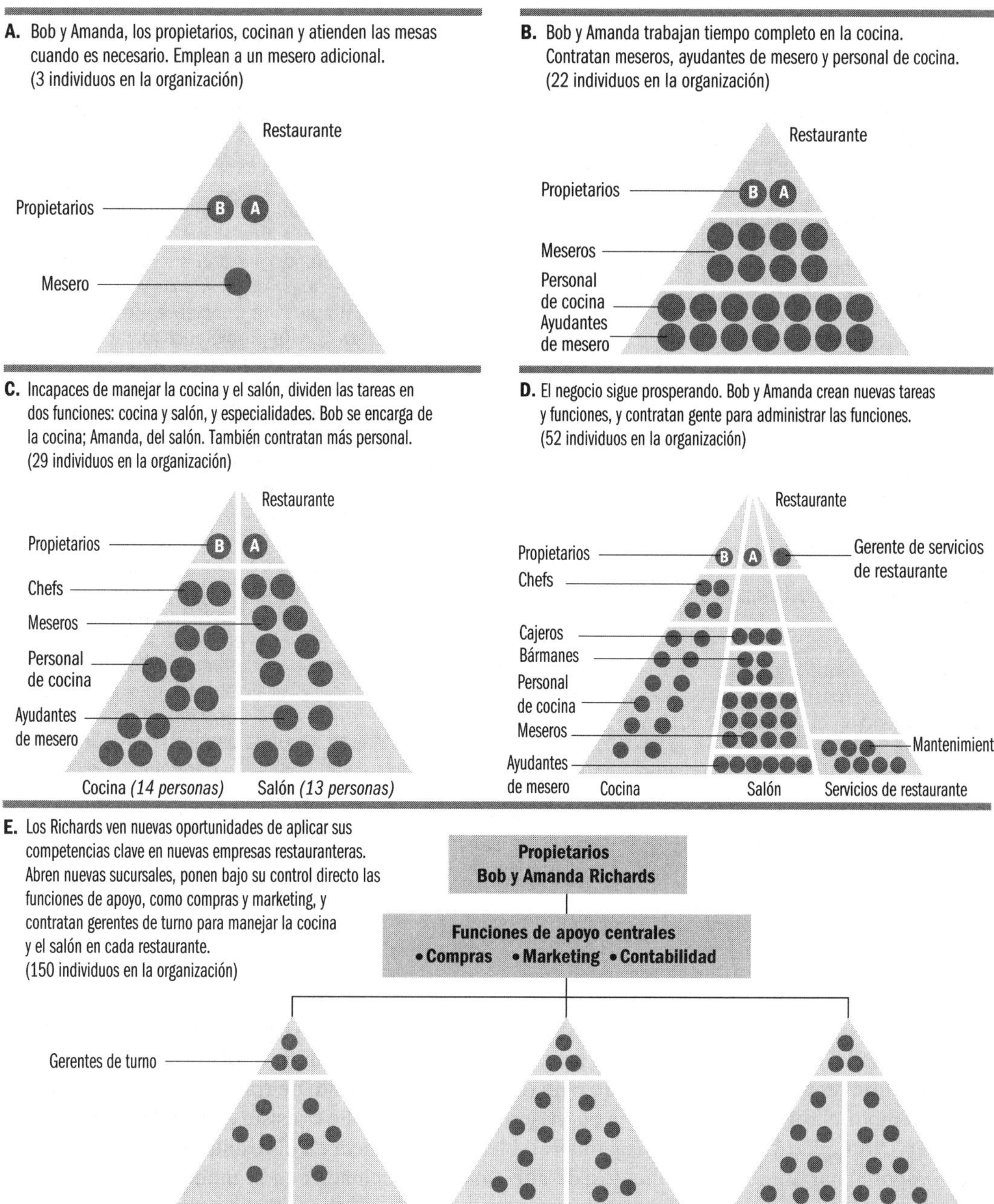

El desafío fundamental de diseño que enfrentan los propietarios de BAR y Grille ha sido gestionar la creciente complejidad de las actividades de la organización. Al principio, Bob y Amanda realizaban todas las tareas principales de la organización por sí mismos, y la división del trabajo era poca. A medida que crecía el negocio, los propietarios necesitaban aumentar la división del trabajo y decidir qué individuo haría qué trabajo. En otras palabras, tenían que diferenciar la organización y asignar gente y recursos para cumplir con las tareas de la misma.

Desafío de diseño 1

La gente en esta organización toma nuevas tareas conforme surge la necesidad y no está claro quién es responsable de qué y quién se supone que le reporta a quién. Esto dificulta saber a quién recurrir tanto cuando surge alguna necesidad, como para coordinar las actividades de las personas para que trabajen juntas como equipo.

Al interior de la organización 4.1

Restaurante BAR y Grille

En 2004 Bob y Amanda Richards (de ahí las siglas BAR) se capacitaron como chefs y obtuvieron el capital que necesitaban para abrir su propio establecimiento, el BAR y Grille, un restaurante con estilo de la década de 1950, especializado en hamburguesas, hot dogs, patatas fritas, pays de fruta y fuente de sodas. Al principio, con ayuda de una persona adicional, contratada como mesero, Bob y Amanda se turnaban para cocinar y atender las mesas (véase la figura 4.1A). La empresa tuvo un éxito desenfrenado. La combinación de buena comida, servida en una atmósfera "retro" era muy atractiva para los clientes, quienes abarrotaban el lugar a la hora del almuerzo y por las noches.

Muy pronto, Bob y Amanda se vieron sobrecargados de trabajo. Laboraban desde el amanecer hasta la medianoche para darse abasto con todas las faenas que necesitaban hacer: comprar suministros, preparar los alimentos, dar mantenimiento a la propiedad, recolectar el dinero y hacer las cuentas. Inmediatamente fue evidente que Amanda y Bob eran necesarios en la cocina y que requerían ayuda adicional. Contrataron meseros, ayudantes de mesero y personal de cocina para lavar grandes volúmenes de platos. El personal trabajaba por turnos y para el final del tercer mes de operaciones, Bob y Amanda ya empleaban a 22 personas, tanto de medio tiempo como de tiempo completo (véase la figura 4.1B).

Con 22 miembros del personal que supervisar, los Richards se enfrentaron a un nuevo problema. Como ambos trabajaban en la cocina, les quedaba poco tiempo para supervisar lo que sucedía en el comedor. Los meseros, en efecto, atendían el restaurante. Bob y Amanda habían perdido contacto con los clientes, por lo que ya no recibían sus comentarios sobre los alimentos y el servicio. Se dieron cuenta de que para asegurarse de que sus estándares se cumplieran, uno de ellos debería supervisar a los meseros y a los ayudantes de estos, mientras que el otro tomaría el control de la cocina. Amanda se encargó del salón; además, ella y Bob contrataron a dos chefs para que los remplazaran. Bob supervisaba la cocina y también cocinaba. El negocio siguió yendo bien, por lo que aumentaron el tamaño del salón y contrataron más meseros y ayudantes (véase la figura 4.1C).

Pronto fue claro para ellos que tendrían que contratar gente adicional para encargarse de tareas específicas, porque ya no disponían de tiempo ni de energía para manejarlas personalmente. Para controlar el sistema de pagos, reclutaron cajeros de tiempo completo. Para atender las demandas de los clientes, contrataron a un abogado, obtuvieron una licencia para bebidas alcohólicas y emplearon bármanes de tiempo completo. Para abastecer los insumos del restaurante y administrar sus servicios, como la limpieza y el equipo de mantenimiento, emplearon un gerente del restaurante. Esta persona también era responsable de supervisar el negocio los días en que los propietarios tomaban su merecido descanso. Al final de la operación de este año, el restaurante BAR y Grille contaba con 50 empleados de tiempo completo y de medio tiempo, en tanto que los propietarios buscaban nuevas rutas de expansión (véase la figura 4.1D).

Deseosos de utilizar las habilidades adquiridas recientemente para crear aún más valor, los Richards pensaron en abrir nuevas sucursales. En un periodo de 18 meses, abrieron un restaurante de waffles y hot cakes, y un año después abrieron un bistro de pastas y pizzas a la leña. Con ese crecimiento, Bob y Amanda dejaron sus trabajos en BAR y Grille. Contrataron gerentes para manejar cada restaurante e invirtieron su tiempo en la administración de funciones de apoyo como compras, marketing y contabilidad, así como en capacitar nuevos chefs y en desarrollar planes de menús y de marketing (véase la figura 4.1E). Para asegurarse de que el servicio y la calidad fueran excelentes y uniformes en los tres restaurantes, desarrollaron reglas y procedimientos que informaban a chefs, meseros y otros empleados lo que se esperaba de ellos; por ejemplo, cómo preparar y presentar los alimentos y cómo comportarse con los clientes. Después de cinco años de operaciones, emplearon más de 150 personas de tiempo completo o medio tiempo, y su volumen de ventas llegó a más de 5 millones de dólares anuales; unos años después sería de más de 8 millones.

Roles organizacionales

Rol organizacional
Conjunto de comportamientos relacionados con la tarea y que se requieren de un individuo para desempeñar un puesto de trabajo en la organización.

Los bloques básicos para la construcción de la diferenciación son los roles organizacionales (véase la figura 4.2). Un **rol organizacional** es un conjunto de comportamientos relacionados con la tarea y que le son requeridos a un individuo para desempeñar un puesto de trabajo en la organización.[2] Por ejemplo, el rol organizacional de un mesero en BAR y Grille consiste en brindar a los clientes un servicio rápido y cortés que haga disfrutable su experiencia en el restaurante. El rol del chef es proporcionar alimentos suculentos, de alta calidad y cocinados en el momento. Una persona a quien se le asigna un rol con tareas y responsabilidades identificables puede considerarse responsable de los recursos utilizados para cubrir los deberes de su puesto. Bob y Amanda hicieron al mesero responsable de satisfacer las necesidades de los clientes, el grupo de inversionistas más importante del restaurante. El chef era responsable de preparar alimentos de alta calidad para los clientes de manera rápida y consistente.

A medida que la división del trabajo aumenta en una organización, los gerentes se especializan en algunos roles y contratan gente que se especializa en otros. La especialización permite a los individuos desarrollar sus capacidades y conocimientos individuales, que se convierten en la principal fuente de las competencias clave de una organización. En el restaurante BAR y Grille, por ejemplo, los propietarios identificaron varias tareas por realizar —como cocinar, llevar las cuentas y hacer las compras—, por lo que contrataron personal con las capacidades y conocimientos adecuados para cumplirlas.

La estructura organizacional se basa en un sistema de roles entrelazados, y la relación de un rol con otro se define por los comportamientos relacionados con la tarea. Algunos roles requie-

Figura 4.2 **Bloques de construcción de la diferenciación**

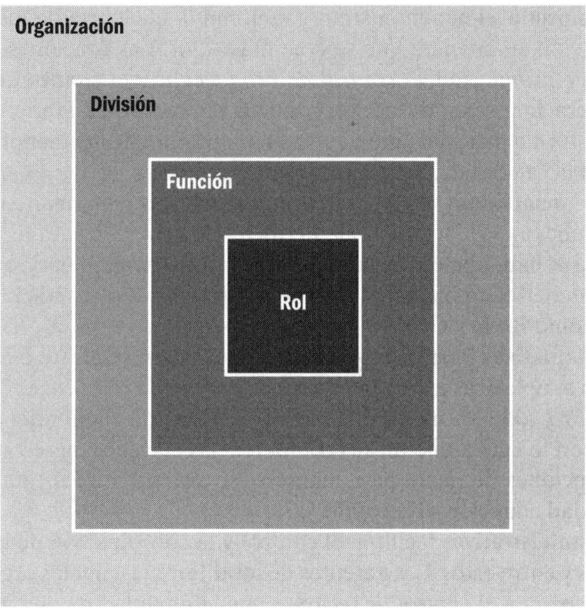

ren personas que supervisen la conducta de otros: los gerentes de turno en el restaurante BAR y Grille supervisan a los meseros y a los ayudantes de estos. Un individuo que puede hacer a otro responsable de su desempeño tiene una autoridad sobre él. **Autoridad** es el poder para hacer a otra persona responsable de sus acciones, así como para tomar decisiones acerca de cómo invertir y utilizar los recursos organizacionales.[3] La diferenciación de una organización en roles organizacionales individuales trae como resultado una autoridad clara y requerimientos de responsabilidad para cada rol del sistema. Cuando una persona entiende claramente las responsabilidades de su rol y aquello que un superior jerárquico podría requerirle en dicho rol, el resultado dentro de la organización es el **control**, es decir, la capacidad para coordinar y motivar a la gente para trabajar en favor de los intereses de la organización.

Autoridad
Poder para hacer a la gente responsable de sus acciones y tomar decisiones sobre el uso de los recursos organizacionales.

Control
Capacidad para coordinar y motivar a las personas para trabajar en función de los intereses de la organización.

Subunidades: Funciones y divisiones

En la mayoría de las organizaciones, la gente con roles similares o relacionados se agrupa en una subunidad. Las principales subunidades que se desarrollan en las organizaciones son funciones (o departamentos) y divisiones. Una **función** es una subunidad compuesta por un grupo de personas que trabajan juntas, que poseen habilidades similares o utilizan el mismo tipo de conocimientos, herramientas o técnicas para realizar sus labores. Por ejemplo, en BAR y Grille, los chefs se agrupan en las funciones de cocina y los meseros se agrupan en las funciones de salón. Una **división** es una subunidad que consiste en una colección de funciones o departamentos que comparten la responsabilidad de producir un bien o servicio específico. Observe de nuevo la figura 4.1E. Cada restaurante es una división compuesta de solo dos funciones, salón y cocina, las cuales son responsables de las actividades del restaurante. Las grandes compañías como GE y Procter & Gamble tienen docenas de divisiones separadas, cada una como responsable de producir un artículo en particular. Además, dichas compañías se enfrentan al problema de cómo organizar tales actividades de las divisiones a un nivel global de manera que logren crear el máximo valor, un asunto que se analiza a detalle en el capítulo 8.

Función
Subunidad compuesta por un grupo de individuos que trabajan juntos, que poseen habilidades similares o que usan el mismo tipo de conocimiento, herramientas o técnicas para desempeñar su labor.

División
Subunidad que consiste en un conjunto de funciones o departamentos que comparten la responsabilidad de producir un bien o servicio específico.

El número de funciones y divisiones diferentes que posee una organización es una medida de su complejidad: su grado de diferenciación. La diferenciación en funciones y divisiones aumenta el control de una organización sobre sus actividades y le permite desempeñar sus tareas de forma más eficaz.

A medida que las organizaciones crecen en tamaño, se diferencian en cinco tipos diferentes de funciones.[4] Las **funciones de apoyo** facilitan el control de una organización sobre sus relaciones con su ambiente y con sus inversionistas. Las funciones de apoyo incluyen *compras*, es decir, el manejo de la adquisición de los insumos; *ventas y marketing*, esto es, administrar la distribución de la producción; y *relaciones públicas y asuntos legales*, que se orienta a responder a las necesidades de los inversionistas externos.

Funciones de apoyo
Funciones que facilitan el control de una organización sobre sus relaciones con el ambiente y con sus inversionistas.

Los Richards contrataron a un gerente para supervisar las adquisiciones de los tres restaurantes, y a un contador para administrar los libros (véase la figura 4.1E).

Funciones de producción Funciones que administran y mejoran la eficiencia de los procesos de conversión de una organización, de manera que se cree más valor.

Funciones de mantenimiento Funciones que posibilitan que una organización mantenga sus departamentos en operación.

Funciones adaptativas Funciones que permiten que una organización se ajuste a los cambios en el ambiente.

Funciones administrativas Funciones que facilitan el control y coordinación de las actividades dentro de los departamentos y entre estos.

Las **funciones de producción** administran y mejoran la eficiencia de los procesos de conversión en una organización, de manera que se cree más valor. Las funciones de producción incluyen las *operaciones de producción*, el *control de producción* y el *control de calidad*. En Ford el departamento de operaciones de producción controla el proceso de fabricación, el de control de producción decide la forma más eficiente de producir automóviles al menor costo y el de control de calidad monitorea la calidad del producto.

Las **funciones de mantenimiento** permiten que la organización mantenga en operación sus departamentos. Las funciones de mantenimiento incluyen *personal*, para reclutar y entrenar a los empleados y mejorar sus habilidades; *ingeniería*, para reparar la maquinaria averiada; y *servicios de conserjería*, para mantener el ambiente de trabajo seguro y sano —condiciones muy importantes para un restaurante como BAR y Grille.

Las **funciones adaptativas** permiten que una organización se ajuste a los cambios en el ambiente. Las funciones adaptativas incluyen *investigación y desarrollo, investigación de mercados* y *planeación a largo plazo,* todo lo cual facilita a una organización a aprender de su ambiente y que intente gestionarlo, con lo cual aumenta sus competencias clave. En el restaurante BAR y Grille, desarrollar nuevas opciones de menú para mantenerse al tanto de los cambiantes gustos de los clientes es una actividad adaptativa relevante.

Las **funciones administrativas** facilitan el control y la coordinación de las actividades dentro de los departamentos y entre estos. Los gerentes de los diferentes niveles organizacionales dirigen la *adquisición*, la *inversión* y el *control de recursos* con la finalidad de mejorar la capacidad de la organización para crear valor. La alta gerencia, por ejemplo, es responsable de formular la estrategia y de establecer las políticas que la organización usa para controlar su ambiente. La gerencia media es responsable de administrar los recursos de la organización para cumplir sus metas. Los gerentes de nivel inferior supervisan y dirigen las actividades de la fuerza de trabajo.

Diferenciación en BAR y Grille

Al principio, en BAR y Grille la diferenciación fue mínima. Los propietarios, con ayuda de otra persona más, hacían todo el trabajo. Pero con el éxito inesperado vino la necesidad de diferenciar la actividades en roles y funciones organizacionales separados, donde Bob administraba la cocina y Amanda el salón. A medida que el restaurante siguió creciendo, Bob y Amanda se enfrentaron a la necesidad de desarrollar habilidades y competencias en las cinco áreas funcionales. Para el rol de apoyo, contrataron a un gerente de servicios de restaurante que se encargara de adquirir los suministros y contratar la publicidad local. Para manejar el rol de producción, aumentaron la división del trabajo en la cocina y el salón. Contrataron personal de limpieza, cajeros y un contador externo para las tareas de mantenimiento. Ellos mismos manejaron el rol adaptativo para asegurarse de que la organización atendiera las necesidades de los clientes. Finalmente, Bob y Amanda tomaron el rol administrativo de establecer el patrón de tareas y relaciones funcionales que cumpliera de la manera más eficaz la tarea general del restaurante de servir alimentos de calidad para los clientes. De manera colectiva, las cinco funciones constituían el restaurante BAR y Grille y le dieron la capacidad de crear valor.

Tan pronto como los propietarios decidieron abrir nuevos tipos de restaurantes y expandir el tamaño de su organización, se enfrentaron al desafío de diferenciarse en divisiones, para controlar la operación de los tres restaurantes simultáneamente. La organización creció a tres divisiones, cada una de las cuales utilizó las funciones de apoyo centralizadas en la cima de la organización (véase la figura 4.1E). En las grandes organizaciones es probable que cada división tenga su propio conjunto de las cinco funciones básicas y, por lo tanto, sea una *división autónoma.*

Como se revisó en el capítulo 1, las habilidades y capacidades funcionales son la fuente de las *competencias clave* de una organización, es decir, el conjunto de capacidades y habilidades únicas que le dan una ventaja competitiva.[5] La ventaja competitiva de una organización puede recaer en cualquiera de sus funciones o en todas ellas. Una organización quizá tenga un bajo costo de producción, talento gerencial excepcional o un departamento de investigación y desarrollo líder en su ramo.[6] Una competencia clave del restaurante BAR y Grille fue la forma en que Bob y Amanda tomaron el control de la diferenciación de su negocio y aumentaron su capacidad para atraer clientes que apreciaban la comida suculenta y el buen servicio que recibían. En resumen, crearon una competencia clave que daba a su negocio una ventaja competitiva sobre otros establecimientos. A su vez, la ventaja competitiva les dio acceso a los recursos que les permitieron expandirse abriendo nuevos restaurantes.

Figura 4.3 Organigrama de BAR y Grille

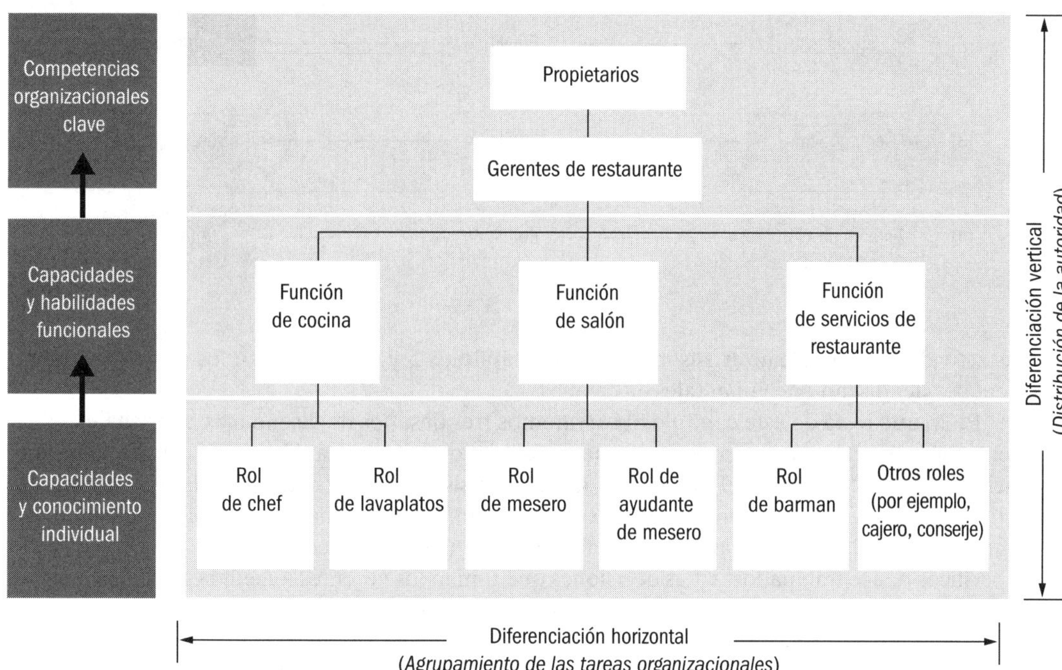

Diferenciación vertical y horizontal

La figura 4.3 ilustra el organigrama que surgió en el restaurante BAR y Grille a medida que se desarrolló la diferenciación. Un organigrama es un gráfico que presenta el resultado final de la diferenciación organizacional. Cada recuadro indica un rol o una función en la organización. Cada rol tiene una dimensión tanto vertical como horizontal.

El organigrama diferencia *verticalmente* los roles organizacionales en términos de la cantidad de autoridad de cada rol. Una clasificación de personas basada en la autoridad y el rango relativos se denomina **jerarquía**. Los roles en la cima de la jerarquía de una organización poseen más autoridad y responsabilidad que los roles más bajos en la jerarquía; cada rol inferior está bajo el control o la supervisión de uno superior. Los gerentes que diseñan una organización tienen que tomar decisiones sobre qué tanta diferenciación vertical debe establecer la organización; esto es, cuántos niveles tiene que haber desde lo más alto hasta la base. Para mantener el control sobre las diferentes funciones en el restaurante, por ejemplo, Bob y Amanda se dieron cuenta de que necesitaban crear el rol de gerente de restaurante. Dado que este les reportaría a ellos y supervisaría a los empleados de nivel más bajo, ese nuevo rol agregaba un nivel a la jerarquía. La **diferenciación vertical** se refiere a la forma en que una organización diseña su jerarquía de autoridad y crea las relaciones que reportan para vincular los roles organizacionales y las subunidades.[7] La diferenciación vertical establece la distribución de la autoridad entre niveles, con la finalidad de dar a la organización mayor control sobre sus actividades y aumentar su capacidad para crear valor.

Jerarquía
Clasificación de las personas de acuerdo con su autoridad y rango.

Diferenciación vertical
Forma en que una organización diseña su jerarquía de autoridad y crea relaciones de rendición de cuentas para vincular los roles organizacionales y las subunidades.

Horizontalmente, el organigrama diferencia los roles de acuerdo con sus principales responsabilidades en la tarea. Por ejemplo, cuando Bob y Amanda notaron que una división más compleja de las tareas aumentaría la eficacia del restaurante, crearon nuevos roles organizacionales, como gerente de restaurante, cajero, barman y ayudante de mesero; asimismo, agruparon dichos roles en funciones. La **diferenciación horizontal** se refiere a la forma como la empresa agrupa las tareas organizacionales en roles, y estas en subunidades (funciones y divisiones).[8] La diferenciación horizontal establece la división del trabajo que permite a la gente en una organización ser más especializada y productiva; asimismo, mejora su capacidad para crear valor.

Diferenciación horizontal
Forma en que una organización agrupa las tareas organizacionales en roles, y los roles en subunidades (funciones y divisiones).

Desafíos del diseño organizacional

Hemos visto que el principal desafío del diseño organizacional que enfrenta una organización es elegir los niveles de diferenciación vertical y horizontal que permitan a la organización controlar

Figura 4.4 Desafíos del diseño organizacional

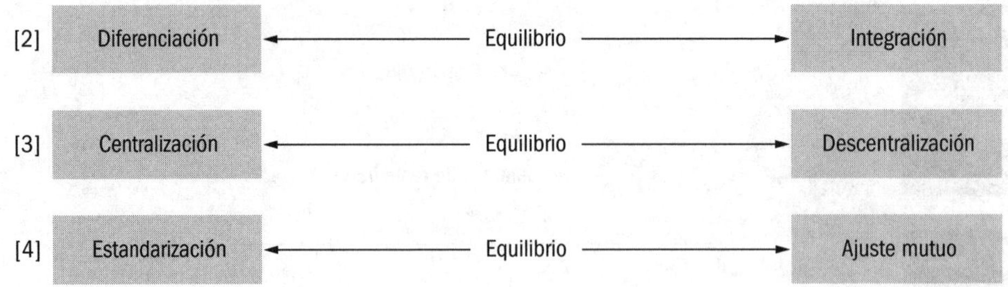

sus actividades para alcanzar sus metas. En los capítulos 5 y 6 se revisarán los principios fundamentales del diseño que guían tales elecciones.

En lo que resta de este capítulo observaremos tres desafíos de diseño más, a los cuales se enfrentan los gerentes que intentan crear una estructura que maximizará la efectividad de su organización (véase la figura 4.4): el primero de los tres consiste en saber cómo vincular o coordinar las actividades de la organización; el segundo, en determinar quién tomará las decisiones; y el tercero, en decidir qué tipos de mecanismos son los más adecuados para controlar las tareas y los roles específicos de los trabajadores. Las decisiones que toman los gerentes a medida que lidian con los cuatro desafíos determinan qué tan eficazmente se desempeña una organización.

Implicaciones administrativas

Diferenciación

1. Sin importar cuál sea su posición en una organización, diseñe un organigrama de manera que logre identificar la distribución de la autoridad y la división del trabajo.
2. Sin importar cuántas personas trabajen con usted o sean supervisadas por usted, analice el rol de cada una, así como las relaciones entre los roles para asegurarse de que la división del trabajo sea la mejor para la tarea que se efectúe. Si no lo es, redefina las relaciones y responsabilidades.
3. Si usted supervisa más de una función o departamento, analice las relaciones entre departamentos, para asegurarse de que la división del trabajo sea adecuada para la misión de la organización: la creación de valor para los inversionistas.

Las soluciones de la tecnología de la información como los sistemas de administración de una empresa y las aplicaciones móviles de cómputo están ayudando a las organizaciones a fomentar la cooperación y comunicación entre sus unidades en tiempo real.

Equilibrio entre diferenciación e integración

Se supone que la diferenciación horizontal debería permitir a las personas especializarse y, por lo tanto, volverse más productivas. Sin embargo, por lo común las compañías encuentran que la especialización limita la comunicación entre las subunidades y evita que aprendan una de la otra. Como resultado de la diferenciación horizontal, los miembros en las diferentes funciones o divisiones desarrollan una **orientación a la subunidad**, que es la tendencia a ver el rol propio en la organización estrictamente desde la perspectiva del tiempo, las metas y las orientaciones interpersonales de la subunidad a la que uno pertenece.[9] Por ejemplo, el departamento de producción está más interesado por reducir costos y aumentar la calidad; de esta forma, suele tener una visión a corto plazo ya que el costo y la producción son metas de producción que deben cumplirse diariamente. En investigación y desarrollo, en contraste, las innovaciones en el proceso de producción pueden tomar años para rendir sus frutos; por ello, los empleados de investigación y desarrollo muestran una visión a más largo plazo. Cuando las diferentes funciones ven cuestiones diferentes, la comunicación falla y la coordinación se convierte en algo difícil, si no es que imposible.

Orientación de subunidad
Tendencia a ver el rol propio en la organización estrictamente desde la perspectiva del marco temporal, las metas y las orientaciones interpersonales de la propia subunidad.

Para evitar los problemas de comunicación que surgen por la diferenciación horizontal, las organizaciones tratan de encontrar nuevas o mejores formas de integrar las funciones, esto es, de promover la cooperación, coordinación y comunicación entre las diferentes subunidades. Hoy en día las compañías más grandes usan formas avanzadas de tecnología de la información que permiten a las diferentes funciones o divisiones compartir bases de datos, memorandos e informes en tiempo real. Cada vez con mayor frecuencia, las compañías están usando medios electrónicos de comunicación como correo electrónico, teleconferencia y sistemas administrativos empresariales para unir las diferentes funciones. Por ejemplo, los encargados de compras de Walmart utilizan las conexiones de televisión para mostrar a cada tienda de manera individual la forma adecuada de presentar sus artículos para la venta. Nestlé usa sistemas administrativos avanzados que proporcionan a todas las funciones información detallada acerca de las actividades en curso de las otras funciones.

Integración y mecanismos integradores

Facilitar la comunicación y la coordinación entre las subunidades es un reto mayor para los gerentes. Una de las razones de los problemas en este frente es el desarrollo de orientaciones de subunidad que causan que la comunicación se vuelva difícil y compleja. Otra razón para la falta de coordinación y comunicación es que los gerentes comúnmente fracasan en el uso de mecanismos y técnicas adecuados para integrar las subunidades organizacionales. La **integración** es el proceso de coordinar diversas tareas, funciones y divisiones, de manera que trabajen juntas y no con propósitos distintos. La tabla 4.1 lista siete mecanismos o técnicas de integración que los gerentes pueden usar conforme crece el nivel de diferenciación en su organización.[10] El mecanismo más simple es una jerarquía de autoridad; el más complejo es un departamento creado específicamente para coordinar las actividades de las diversas funciones o divisiones. La tabla incluye ejemplos de cómo una compañía como Johnson & Johnson usaría los siete tipos de mecanismos de integración para administrar la línea del producto principal: los pañales desechables. Analizaremos cada mecanismo de manera separada.

Integración
Proceso de coordinar diversas tareas, funciones y divisiones de manera que trabajen juntas y no con propósitos diferentes.

JERARQUÍA DE AUTORIDAD La técnica de integración más sencilla es la jerarquía de autoridad de la organización, la cual diferencia a la gente por la cantidad de autoridad que posee. Dado que la jerarquía dicta quién le reporta a quién, coordina varios roles organizacionales. Para promover la coordinación, los gerentes deben dividir y asignar la autoridad de manera cuidadosa dentro de una función y entre varias funciones. Por ejemplo, en Becton Dickinson, un fabricante de instrumentos médicos, los departamentos de ingeniería y marketing constantemente estaban discutiendo sobre las especificaciones del producto. Marketing argumentaba que los productos de la compañía necesitaban más características que complacieran a los clientes. Ingeniería quería simplificar el diseño de los productos para reducir costos.[11] Los dos departamentos no podían resolver las diferencias porque la cabeza de marketing reportaba a la cabeza de ingeniería. Para solucionar el conflicto, Becton Dickinson reorganizó su jerarquía de tal manera que tanto marketing como ingeniería reportaran a la cabeza de la División de Instrumentación del Producto.

Desafío de diseño 2

No lograremos que la gente se comunique y se coordine en esta organización. Se supone que la especificación de tareas y roles ayuda a coordinar el proceso de trabajo, pero construye barreras entre la gente y las funciones.

TABLA 4.1 Tipos y ejemplos de mecanismos integradores

Mecanismo de integración (en orden de complejidad creciente)	Descripción	Ejemplo (Johnson & Johnson)
Jerarquía de autoridad	Se integra una clasificación de empleados para especificar quién le reporta a quién.	El vendedor reporta al gerente de la División de Venta de Pañales.
Contacto directo	Los gerentes se reúnen cara a cara para coordinar las actividades.	Los gerentes de la división de ventas y de fabricación se reúnen para discutir la agenda.
Rol de enlace	A un gerente específico se le asigna la responsabilidad de coordinarse con los gerentes de otras subunidades que representan a su subunidad.	A una persona de cada uno de los departamentos de producción, marketing e investigación y desarrollo en J&J se le asigna la responsabilidad de coordinarse con todos los demás departamentos.
Fuerza de tarea	Los gerentes se reúnen en comités temporales para coordinar las actividades interfuncionales.	Se forma un comité para encontrar nuevas formas de reciclar los pañales.
Equipo	Los gerentes se reúnen de manera regular en comités permanentes para coordinar las actividades.	Se establece un comité permanente de J&J para promover el desarrollo de nuevos productos en la División de Pañales.
Rol de integración	Se establece un nuevo rol para coordinar las actividades de dos o más funciones o divisiones.	Un gerente se responsabiliza de coordinar las divisiones de Pañales y Jabón para Bebés para reforzar sus actividades de marketing.
Departamento de Integración	Se crea un nuevo departamento para coordinar las actividades de las funciones o divisiones.	Se crea un equipo de gerentes que se responsabilice de coordinar el programa de centralización de J&J, con la finalidad de permitir que las divisiones compartan habilidades y recursos.

La cabeza de la división era un tercero imparcial con autoridad para escuchar los casos de ambos gerentes y tomar la mejor decisión para la organización en general.

CONTACTO DIRECTO El contacto directo entre la gente de diferentes unidades es un segundo mecanismo de integración; por lo común, hay más problemas relacionados con su uso eficaz que con la jerarquía de autoridad. El principal problema con la integración entre funciones es que un gerente de una de ellas *no tiene autoridad* sobre el gerente de otra. Únicamente el director general o algún otro gerente por encima del nivel funcional cuenta con el poder de intervenir, si dos funciones entran en conflicto. Como consecuencia, establecer relaciones personales y contactos profesionales entre individuos de todos los niveles en las diferentes funciones es un paso fundamental para superar los problemas que surgen cuando las subunidades difieren. Los gerentes de las diferentes funciones que cuentan con la capacidad de establecer contacto directo entre sí pueden entonces trabajar juntos para resolver problemas comunes y prevenir que estos surjan. Sin embargo, si aun así se presentan disputas, es importante que ambas partes sean capaces de apelar a un superior común que no esté alejado de la escena del problema.

ROLES DE ENLACE A medida que la necesidad de comunicación entre dos subunidades se vuelve más importante, con frecuencia debido a un ambiente que cambia con rapidez, es común que a uno o a algunos miembros de cada unidad se les asigne la responsabilidad principal de trabajar juntos para coordinar las actividades de la subunidad. Quienes desempeñan estos roles de conexión o de enlace son capaces de desarrollar relaciones estrechas con las personas en otras subunidades. Esta interacción ayuda a superar las barreras entre subunidades. Con el tiempo, conforme la gente en los roles de enlace aprende a cooperar, serán cada vez más flexibles para incorporar las solicitudes de otras subunidades. La figura 4.5A ilustra un rol de enlace.

Fuerza de tarea
Comité temporal que se establece para manejar un problema específico.

FUERZA DE TAREA A medida que una organización aumenta en tamaño y complejidad, es posible que más de dos subunidades requieran trabajar juntas para resolver problemas comunes. Aumentar la capacidad de una organización para servir a sus clientes de manera eficaz, por ejemplo, quizá requiera de insumos para producción, marketing, ingeniería e investigación y desarrollo. La solución, por lo regular, adquiere la forma de una **fuerza de tarea**, es decir, un comité temporal es-

Figura 4.5 Mecanismos integradores

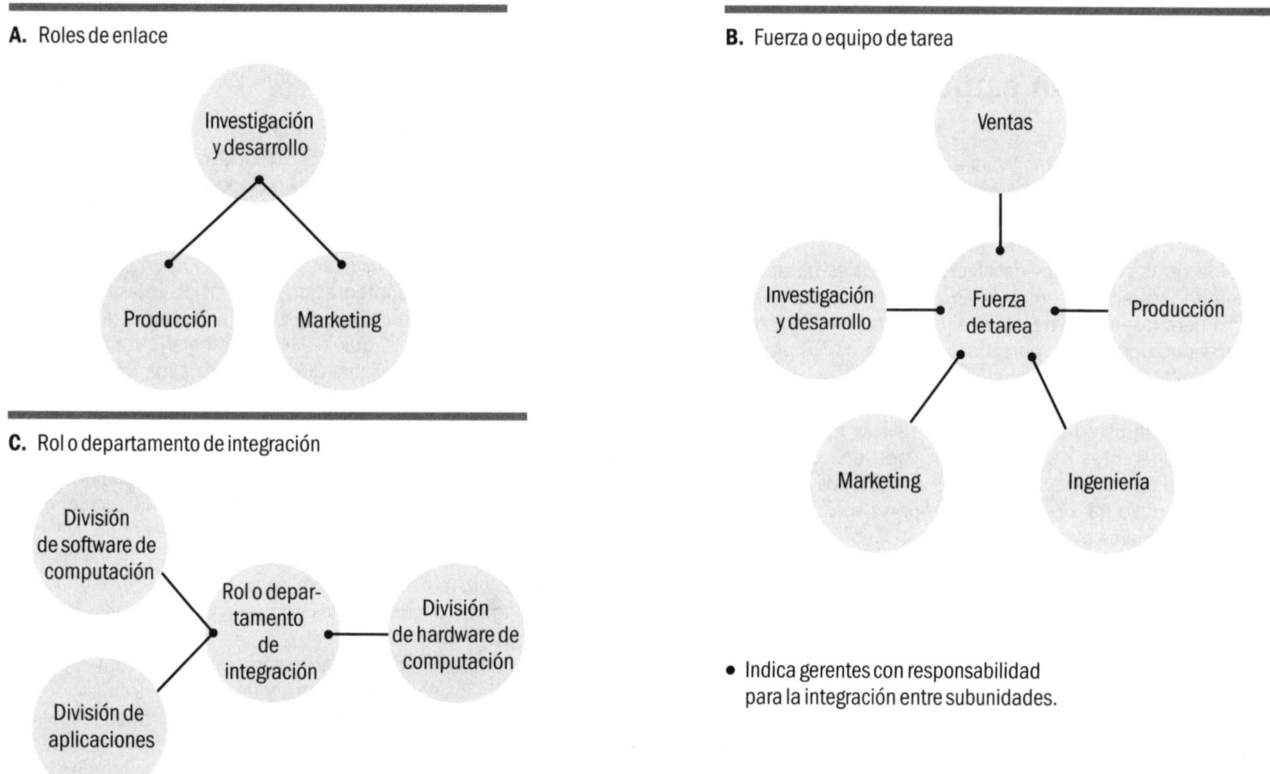

tablecido para manejar un problema específico (véase la figura 4.5B). Uno o alguno de los miembros de cada función se unen a una fuerza de tarea que se reúne regularmente hasta encontrar una solución al problema. Los miembros de la fuerza de tarea son entonces responsables de tomar la solución de vuelta a sus funciones para ganar su introducción y aprobación. Para aumentar la eficacia de las fuerzas de trabajo, generalmente un gerente sénior preside las reuniones, que no es miembro de ninguna de las funciones involucradas.

EQUIPOS Cuando el problema que enfrenta una fuerza de tarea se convierte en un asunto administrativo o estratégico, la fuerza de tarea se vuelve permanente. Un *equipo* es una fuerza de tarea o comité permanente. En la actualidad, la mayoría de las compañías, por ejemplo, han formado equipos de desarrollo de productos y de contacto con el cliente, para monitorear los desafíos actuales de la cada vez mayor competencia en el mercado global, y responder ante ellos. Como se analiza en el recuadro "Al interior de la organización 4.2", LucasArts, uno de los estudios de cine más exitosos, cambió a una organización basada en equipos para obtener lo mejor del talento de sus diseñadores creativos.

Los gerentes emplean alrededor de 70% de su tiempo en juntas de comité.[12] Los equipos dan oportunidad del contacto cara a cara y del ajuste continuo, que los gerentes necesitan para lidiar de manera eficaz con los complejos asuntos en curso. A medida que establecen una estructura de equipo, los gerentes enfrentan el desafío continuo por crear un sistema de comités que les dé control eficaz sobre las actividades organizacionales. Con el tiempo, algunos equipos se tornan ineficaces debido a que los problemas de la organización cambian, pero los miembros del equipo y su estructura permanecen intactos. Comúnmente la gente lucha por mantenerse en un comité o por proteger a su equipo, ya que la pertenencia al equipo da poder a una persona en la organización. No obstante, tal poder no necesariamente promueve las metas organizacionales. En Whirpool, el fabricante de electrodomésticos, su entonces director general David Whitwam promovió el establecimiento de cientos de miniequipos en toda la compañía, con la finalidad de traer el cambio, mejorar el control de calidad y hacer la producción más eficiente. ¿La meta de Whitwam? Usar equipos para cambiar los patrones de autoridad y toma de decisiones para aumentar la interacción y favorecer la creatividad entre gerentes.[13]

Al interior de la organización 4.2

Integración de un estudio de cine

Las películas de la saga Star Wars son de las más aclamadas en el mundo, y George Lucas, su director, quien también las escribe y produce, es famoso por ser pionero en el uso de efectos especiales. Sin embargo, durante lo que va del siglo XXI, la competencia por parte de otras compañías de efectos especiales ha aumentado drásticamente, no tan solo en el desarrollo de efectos especiales de vanguardia para las nuevas películas, sino también en la producción de nuevos videojuegos, un mercado que crece con rapidez y que es muy rentable. Todas las compañías de efectos especiales están bajo presión creciente para utilizar sus recursos de la mejor forma. ¿Así que qué haría usted si su compañía tuviera muchas unidades de desarrollo, diferentes una de la otra, cada una con talentosos ingenieros, pero que están muy distantes y separados entre sí, y que carecen del incentivo para cooperar y compartir su conocimiento?

Ese era el problema al que se enfrentaban George Lucas, el director general, y Micheline Chau, presidente y director de Operaciones de LucasArts. Su problema principal era cómo emplear de la mejor forma los talentos de sus creativos artistas digitales e ingenieros, quienes trabajaban de manera muy autónoma, generalmente actuando de manera independiente pero conectados con sus compañeros de trabajo, sobre todo mediante sistemas de videoconferencias que les permiten compartir sus ideas.[14]

Para 2008 Lucas y Chau se dieron cuenta de que requerían encontrar una forma que integrara las actividades de los diseñadores de los diferentes grupos; especialmente necesitaban usar más su Grupo Industrial Light & Magic, la unidad responsable de los efectos especiales de las películas de Star Wars y que también crea los efectos especiales para muchas otras compañías cinematográficas. ¿Cómo fomentaría usted la cooperación entre los diferentes grupos, sobre todo cuando cada uno cuenta con cientos de artistas de diseño talentosos que valoran su propia autonomía y están orgullosos de sus propios logros?

La respuesta para Lucas fue construir un nuevo complejo de oficinas de vanguardia con un costo de 250 millones de dólares en Presidio, una antigua base militar —ahora parque nacional—, con vista espectacular a la bahía de San Francisco. En esta construcción modernista y futurista, todo, desde sus recintos e instalaciones hasta sus áreas recreativas fue diseñado para facilitar la cooperación entre individuos, pero especialmente para la integración entre las distintas unidades.[15] Para lograr una mayor integración, se indica a los diseñadores en las unidades de ILM y LucasArts, quienes ahora trabajan cara a cara, que construyan una plataforma digital que permita a cada unidad aprender y aprovechar las habilidades de las otras. Para mejorar su desempeño, LucasArts necesita que estos expertos colaboren y compartan su experiencia para desarrollar nuevas películas de vanguardia, y en especial los videojuegos, de los cuales depende su rentabilidad futura. De hecho, el mercado de los videojuegos está teniendo un auge en lo que llevamos de este siglo XXI, a medida que Nintendo Wii y sus competidores se disputan por desarrollar los juegos que los clientes deseen, y que el gusto de los consumidores comúnmente se base en gráficos de vanguardia que solo las compañías como Lucas pueden producir.

Parece que ambas unidades aprendieron a trabajar juntas y a obtener provecho de los espacios abiertos y las áreas de trabajo, donde los diseñadores se conocen en persona para compartir sus habilidades y conocimientos. Un resultado reciente de su cooperación fue *Star Wars*: The Force Unleashed. El grupo de ILM da el crédito a los grupos de videojuegos por brindarles tecnología para los increíbles efectos de luz, corporales y de movimiento que han hecho tan popular el videojuego. Nadie sabe qué podrá encontrarse en las tiendas conforme los miembros de estas unidades desarrollen tanto relaciones interpersonales como las redes necesarias para crear la tecnología digital para películas y videojuegos de la siguiente generación.

ROLES O DEPARTAMENTOS DE INTEGRACIÓN A medida que las organizaciones se vuelven más grandes y complejas, es probable que aumenten las barreras entre funciones y divisiones. Los gerentes de las divisiones que elaboran diferentes productos, por ejemplo, tal vez nunca se conozcan. Coordinar las subunidades es bastante difícil en las organizaciones que emplean miles de individuos. Una forma de superar tales barreras es crear roles de integración que coordinen las subunidades. Un **rol de integración** es una posición gerencial de *tiempo completo* establecida específicamente para mejorar la comunicación entre divisiones (un rol de enlace, en contraste, es solo una de las tareas involucradas en el trabajo de tiempo completo de un individuo). La figura 4.5C muestra un rol de integración que podría existir en una gran compañía de computadoras como Dell o Apple.

Rol de integración
Posición de tiempo completo establecida específicamente para mejorar la comunicación entre las divisiones.

El propósito de un rol de integración es promover el intercambio de información y conocimientos, con el propósito de encontrar formas con las cuales puedan alcanzarse las metas de la organización, tales como innovación del producto, mayor flexibilidad y mejor servicio al cliente. Las personas en roles de integración son por lo común gerentes *sénior* que decidieron renunciar a la autoridad en una función específica y enfocarse en la integración de toda la compañía. Por lo general, presiden fuerzas de trabajo y equipos importantes, y reportan directamente a la alta dirección.

Cuando una compañía cuenta con muchos empleados en roles de integración, crea un departamento de integración que coordina las actividades de todas las subunidades. DuPont, el fabricante de químicos, tiene un departamento que emplea a más de 200 individuos en roles de integración; así lo hacen también Microsoft e IBM. En general, cuanto más compleja y diferenciada sea una organización, más complejos serán los mecanismos de integración que necesite para superar las barreras de comunicación y coordinación entre funciones y divisiones.

Diferenciación e integración

El problema de diseño al que más se enfrentan los gerentes es establecer un nivel de integración acorde con el nivel de diferenciación de la organización. Los gerentes tienen que lograr un *equilibrio* adecuado entre diferenciación e integración. Una organización compleja con una diferenciación significativa necesita un nivel de integración elevado para coordinar sus actividades de manera eficaz. En contraste, cuando una organización tiene una estructura de roles relativamente sencilla y claramente definida, por lo regular solo necesita usar mecanismos de integración simple. Sus gerentes pueden encontrar que la jerarquía de autoridad brinda todo el control y la coordinación que necesitan para lograr las metas de la organización.

A cualquier costo, los gerentes necesitan estar seguros de que no diferencian ni integran demasiado su organización. Tanto la diferenciación como la integración son costosas en términos del número de gerentes empleados y de la cantidad de tiempo gerencial utilizado para coordinar las actividades organizacionales. Por ejemplo, cada hora que los empleados pasan en los comités que no sean realmente necesarios le cuesta a la organización cientos de dólares, ya que esos trabajadores no estarían en su desempeño más productivo.

Los gerentes que enfrentan el desafío de decidir cómo y cuánto diferenciarse e integrarse deben hacer dos cosas: **1.** guiar de manera cuidadosa el proceso de diferenciación de forma tal que una organización construya las competencias clave que le dan una ventaja competitiva; y **2.** integrar cuidadosamente la organización eligiendo mecanismos de coordinación adecuados que permitan que las subunidades cooperen y trabajen juntas con miras a reforzar sus competencias clave.[16]

Equilibrio entre centralización y descentralización

Al explicar la diferenciación vertical, notamos que establecer una jerarquía de autoridad supone una mejora en la forma en que funciona una organización, ya que se puede considerar a la gente responsable por sus acciones: la jerarquía define el área de autoridad de cada individuo dentro de la organización. Muchas compañías, sin embargo, se quejan de que cuando existe una jerarquía, los empleados constantemente voltean hacia a sus superiores en busca de dirección.[17] Cuando surge un problema nuevo o inusual, prefieren no lidiar con él o se lo pasan a su superior, en vez de asumir la responsabilidad y el riesgo de tratar de resolverlo. A medida que disminuyen la responsabilidad y la toma de riesgos, también lo hace el desempeño organizacional, porque sus miembros no aprovechan las nuevas oportunidades para usar sus competencias clave. Cuando nadie quiere asumir la responsabilidad, la toma de decisiones se vuelve lenta y la organización se torna inflexible; es decir, incapaz de cambiar y adaptarse a los nuevos desarrollos.

En Levi Strauss, por ejemplo, los trabajadores por lo común decían al director general Roger Sant que sentían que no podían hacer algo porque "a *ellos* no les iba a gustar". Cuando les preguntaron quiénes eran "ellos", los trabajadores pasaron un momento difícil para contestar. Sin embargo, los trabajadores sentían que no tenían la autoridad ni la responsabilidad para iniciar los cambios. Sant comenzó una campaña "Contra Ellos" para renegociar las relaciones de autoridad y responsabilidad, de manera que los trabajadores pudieran asumir nuevas responsabilidades.[18] La solución incluyó descentralizar la autoridad; es decir, a los empleados en niveles jerárquicos más bajos se les daba la autoridad para decidir cómo manejar los problemas y asuntos que surgían mientras desempeñaban su trabajo. El asunto sobre cuánto centralizar o descentralizar la autoridad para tomar decisiones ofrece un desafío de diseño fundamental para todas las organizaciones.

Centralización contra descentralización de la autoridad

La autoridad asigna a una persona el poder de hacer a otra responsable por sus acciones, así como el derecho de tomar decisiones acerca del uso de los recursos organizacionales. Como vimos en el ejemplo de BAR y Grille, la diferenciación vertical involucra elecciones acerca de cómo distribuir la autoridad. No obstante, aun cuando exista una jerarquía de autoridad, debe solucionarse el problema de cuánta autoridad hay que delegar a cada nivel en la toma de decisiones.

Desafío de diseño 3

La gente en esta organización no toma responsabilidades o riesgos. Siempre está mirando al jefe en busca de dirección o supervisión. Como resultado, la toma de decisiones es lenta y torpe, y se pierden muchas oportunidades para crear valor.

Centralizado
Arreglo organizacional donde la autoridad para tomar decisiones importantes es retenida por los integrantes de la alta jerarquía.

Descentralizado
Arreglo organizacional en el cual la autoridad que toma decisiones importantes sobre los recursos organizacionales, y para iniciar nuevos proyectos, se delega a los gerentes de todos los niveles de la jerarquía.

Es posible diseñar una organización donde los gerentes de niveles jerárquicos altos tengan todo el poder de tomar las decisiones importantes. Los subordinados reciben las órdenes de los niveles jerárquicos altos; además, son responsables de qué tan bien obedecen esas órdenes y no cuentan con autoridad para iniciar nuevas acciones, ni para usar los recursos con propósitos que ellos consideren importantes. Cuando la autoridad para tomar decisiones importantes se restringe a los gerentes de nivel jerárquico alto, se dice que la autoridad está **centralizada.**[19] En contraste, cuando la autoridad para tomar decisiones importantes sobre los recursos de la organización, así como para iniciar nuevos proyectos, se delega a los gerentes de todos los niveles en la jerarquía, la autoridad está muy **descentralizada**.

Cada alternativa presenta ciertas ventajas y desventajas. La ventaja de la centralización es que permite a los altos directivos coordinar las actividades organizacionales y mantener a la organización enfocada en sus objetivos. Sin embargo, la centralización se convierte en un problema cuando los directivos están sobrecargados e inmersos en la toma de decisiones operacionales sobre aspectos de recursos del día a día (como contratar personal y abastecer insumos). Cuando eso sucede, les queda poco tiempo para utilizarlo en la toma de decisiones estratégicas a largo plazo y en la planeación de las futuras operaciones cruciales para organización, como decidir la mejor estrategia para competir globalmente.

Al interior de la organización 4.3

Descentralizar o centralizar son elecciones importantes en Union Pacific y en Yahoo!

Union Pacific (UP), una de las compañías de transporte de carga por tren más grandes en Estados Unidos, enfrentó una crisis cuando el auge económico a principios del siglo XXI llevó a un aumento récord en el volumen de carga que el tren debía transportar pero, al mismo tiempo, el ferrocarril experimentaba retrasos sin precedente para desplazar esa carga. Los clientes de UP se quejaron amargamente del problema y el retraso costó a la compañía 10 millones de dólares en pagos por multas. ¿Por qué surgió el problema? Porque los altos ejecutivos de UP decidieron centralizar la autoridad en los niveles altos de la organización y estandarizar las operaciones para reducir los costos operativos. Toda la planeación de horarios y rutas se manejaba de forma centralizada en las oficinas matriz para aumentar la eficiencia. El trabajo de los gerentes regionales consistía básicamente en asegurar el flujo de la carga a través de sus regiones.

Reconociendo que la eficiencia tenía que estar equilibrada por la necesidad de ser receptivo con los clientes, UP anunció una reorganización histórica. Los gerentes regionales tendrían la autoridad para tomar decisiones operativas cotidianas; podrían alterar el calendario y la ruta para cumplir con los clientes, aun cuando así se elevaran los costos. La meta de UP era: "Regresar al desempeño excelente simplificando nuestros procesos y haciendo más fácil tratar con ellos". En la decisión de descentralizar la autoridad, UP seguía el liderazgo de sus competidores que ya habían descentralizado sus operaciones. Los ejecutivos de UP continuarían "descentralizando la toma de decisiones al tiempo que daban al cliente mejor respuesta, excelencia operativa y responsabilidad personal". El resultado fue el éxito continuo para la compañía; de hecho, en 2011 muchas de las grandes compañías reconocieron a Union Pacific como el servicio de trenes número uno en puntualidad y en servicio al cliente.[20]

Yahoo! se vio forzada por las circunstancias a buscar un enfoque diferente a la descentralización. En 2009, después de que Microsoft no concretó la adquisición de Yahoo!, debido a la resistencia de Jerry Wang, uno de los fundadores de esta compañía, se desplomó el precio de sus acciones". Wang, quien había estado bajo una intensa crítica por evitar la fusión, renunció como director general y fue remplazado por Carol Bartz, quien tenía una larga historia de éxito en el manejo de compañías en línea. Bartz se movió rápidamente para encontrar formas para reducir el costo de la estructura de Yahoo!, simplificar sus operaciones y mantener su fuerte identidad de marca en línea. La intensa competencia a partir de la creciente popularidad de compañías en Internet como Google, Facebook y Twitter también amenazó su popularidad.

StonePhotos/Shutterstock.com

Bartz decidió que la mejor forma de restructurar Yahoo! era volviendo a centralizar la autoridad. Para obtener más control sobre las diferentes unidades de negocio y reducir costos operativos, decidió centralizar las funciones que las diferentes unidades de negocio de Yahoo! habían realizado previamente, como las actividades de marketing y desarrollo de productos.[21] Por ejemplo, se centralizaron todas las funciones de edición y publicidad de la compañía y quedaron bajo el control de un solo ejecutivo. Las divisiones de mercados europeo, asiático y otras divisiones emergentes fueron centralizadas y otro ejecutivo de la alta dirección tomó el control. La meta de Bartz era descubrir cómo lograría que los recursos de la compañía se desempeñaran mejor. Mientras centralizaba la autoridad, también mantenía "juntas generales" donde preguntaba a los trabajadores de Yahoo! de todas las funciones: "¿Qué haría usted si fuera yo?" Incluso conforme centralizaba la autoridad para ayudar a Yahoo! a recuperar su posición dominante en la industria, solicitaba aportaciones de los empleados de todos los niveles de la jerarquía.

Sin embargo, en 2011, Yahoo! estaba aún en una situación precaria. Firmó un acuerdo de investigación con Microsoft para usar la tecnología de búsqueda de este último, Bing; Bartz se había enfocado en liquidar los activos de los negocios no centrales de Yahoo! para reducir los costos y obtener dinero para adquisiciones estratégicas. Pero la compañía estaba todavía en una intensa batalla con otras empresas punto.com que tenían más recursos, como Google y Facebook, y en 2011 Bartz dejó claro que la compañía estaba aún a la venta, al precio correcto.[22]

La ventaja de la descentralización es que promueve la flexibilidad y receptividad, al permitir que los gerentes de los niveles más bajos tomen decisiones inmediatas. Los gerentes siguen siendo responsables de sus acciones, pero tienen la oportunidad de asumir mayores responsabilidades y retos potencialmente exitosos. Incluso cuando la autoridad se descentraliza en los gerentes, estos pueden tomar decisiones importantes que les permitan demostrar sus habilidades y competencias personales y estar más motivados para desempeñarse bien en beneficio de la organización. La desventaja de la descentralización es que si se delega demasiada autoridad, donde los gerentes de todos los niveles tomen sus propias decisiones, la planeación y la coordinación se vuelven muy complicadas. Así, demasiada descentralización llevaría a que una organización pierda el control sobre su proceso de toma de decisiones. El recuadro "Al interior de la organización 4.3" revela muchos de los aspectos que rodean esta elección de diseño.

Como sugieren los ejemplos anteriores, el desafío de diseño para los gerentes consiste en obtener el equilibrio adecuado entre centralización y descentralización en la toma de decisiones de una organización. Si la autoridad está demasiado descentralizada, los gerentes poseen tanta libertad que podrían buscar sus propias metas y objetivos, a costa de las metas de la organización. En contraste, si una autoridad está demasiado centralizada y la alta dirección toma todas las decisiones importantes, los gerentes que están más abajo en la jerarquía se muestran temerosos de intentar nuevos movimientos, y les falta libertad para responder a los problemas conforme estos surgen en sus propios grupos y departamentos.

La situación ideal es un equilibrio entre la centralización y descentralización de la autoridad, de manera que a los gerentes medios y de nivel inferior se les permita tomar decisiones importantes, y que la responsabilidad principal de los altos ejecutivos sea manejar la toma de decisiones estratégicas a largo plazo. El resultado es un buen equilibrio entre elaboración de estrategias a largo plazo, y flexibilidad e innovación a corto plazo, ya que los gerentes de nivel bajo responden rápidamente a los problemas y cambios en el ambiente a medida que estos ocurren.

¿Por qué los gerentes de Levi Strauss estaban tan renuentes a tomar nuevas responsabilidades y a asumir autoridad extra? Porque un equipo gerencial previo había centralizado la autoridad de forma que pudiera conservar el control día a día sobre la toma de decisiones importantes. Sin embargo, el desempeño de la compañía se vio afectado debido a que al destinar todo su tiempo a operaciones cotidianas, los altos ejecutivos perdieron de vista las cambiantes necesidades del cliente y las tendencias evolutivas en la industria del vestido. El nuevo equipo de ejecutivos reconoció la necesidad de delegar autoridad para tomar decisiones operativas, de manera que pudieran concentrarse en la toma de decisiones estratégicas a largo plazo. En consecuencia, la alta gerencia descentralizó la autoridad hasta un punto en que consideraban que habían encontrado el equilibrio óptimo.

Como se mencionó antes, la forma en la que gerentes y trabajadores se comportan en una organización es resultado directo de las decisiones de los primeros acerca de cómo va a operar la organización. Los gerentes que quieren evitar la toma de riesgos y maximizar el control sobre el desempeño de los subalternos centralizan la autoridad. Los gerentes que desean promover la toma de riesgos y la innovación descentralizan la autoridad. En el ejército, por ejemplo, la plana mayor generalmente quiere disuadir a los oficiales de niveles más bajos de actuar bajo su propia iniciativa, porque si lo hacen, el poder centralizado del mando se perdería y el ejército se fragmentaría. En consecuencia, el sistema de toma de decisiones del ejército es extremadamente centralizado, por lo que opera mediante reglas estrictas y con una jerarquía de autoridad bien definida. En contraste, Amgen y Becton Dickinson, un fabricante de equipo médico, la autoridad está descentralizada y a los empleados se les da un marco de trabajo amplio, dentro del cual son libres de tomar sus propias decisiones y tomar riesgos, siempre y cuando estén dentro del plan maestro de la compañía. En general, las empresas de alta tecnología descentralizan la autoridad porque así se promueven la innovación y la toma de riesgos.

Las decisiones acerca de cómo distribuir la autoridad para la toma de decisiones cambian a medida que cambia una organización, es decir, conforme crece y se diferencia. El cómo equilibrar una organización no es una decisión que se tome una vez y olvide: debe ejecutarse de manera regular y forma parte esencial de la tarea gerencial. Analizamos este aspecto a detalle en los capítulos 5 y 6.

Equilibrio entre estandarización y ajuste mutuo

Las reglas escritas y los procedimientos operativos estándar (SOP), así como los valores y las normas no escritos son formas importantes de control del comportamiento en las organizaciones. Especifican *cómo* los empleados tienen que desempeñar sus roles en la organización, y describen las tareas y responsabilidades relacionadas con cada rol. Sin embargo, muchas compañías se quejan de que los empleados tienden a seguir los lineamientos escritos y no escritos de forma demasiado rígida, en vez de adaptarlos a las necesidades de una situación específica. Seguir las reglas de manera estricta suele sofocar la innovación; las reglas detalladas que especifican cómo deben tomarse las decisiones no dejan espacio a la creatividad ni a las respuestas imaginativas en circunstancias inusuales. Como resultado, la toma de decisiones se vuelve inflexible, lo cual afecta de manera negativa el desempeño de la organización.

Dell, por ejemplo, era bien conocida como una compañía que se esforzaba por estar cerca de sus clientes y ser sensible ante las necesidades de estos. Sin embargo, a medida que Dell creció en el siglo XXI, desarrolló una respuesta estandarizada a las solicitudes de los clientes; solo ofrecía una variedad limitada de computadoras y un número restringido de opciones para mantener sus costos bajos. Las operaciones de estandarización para reducir costos adquirió más importancia que dar a los clientes lo que querían, por ejemplo, laptops más poderosas que vinieran en varios colores, algo que estaba haciendo subir las venta de Apple y HP. Además, su rápido crecimiento condujo a problemas internos de comunicación entre las diferentes funciones de Dell; cada vez más, la comunicación se basaba en reglas formales y por un comité, lo cual volvió más lento el desarrollo del producto y redujo la capacidad de Dell para ofrecer a los clientes nuevas PC que tuvieran el diseño y las características que compitieran con Apple y HP. Dell aún no se ha recuperado de ese problema. En 2011 sus nuevas líneas de computadoras todavía no atraían a suficientes clientes y estaba perdiendo el mercado compartido con Apple, que parecía ser capaz de anticipar lo que los clientes querían de los nuevos dispositivos de computación, como las tabletas. Apple se mueve rápido para diseñar nuevos modelos porque un equipo de empleados se enfoca en cada uno de los diferentes productos de cada una de sus diferentes líneas de productos, por ejemplo, iPhones y iPads, y buscan continuamente formas para mejorar su desempeño.

Estandarización
Conformidad con modelos o ejemplos específicos, definida por un conjunto de reglas y normas que se consideran apropiadas en una determinada situación.

Ajuste mutuo
Compromiso que surge cuando la toma de decisiones y la coordinación son procesos evolutivos y la gente usa su juicio en vez de reglas estandarizadas para resolver un problema.

Formalización
Uso de reglas y procedimientos escritos para estandarizar las operaciones.

Reglas
Enunciados formales escritos que especifican los medios adecuados para alcanzar las metas deseadas.

El reto que enfrentan todas las organizaciones, grandes y pequeñas, es diseñar una estructura que logre el equilibrio correcto entre la estandarización y el ajuste mutuo. La **estandarización** es la adhesión a modelos o ejemplos específicos, definida por un conjunto bien establecido de reglas y normas, que se consideran adecuadas en una situación determinada. La toma de decisiones y la coordinación estandarizadas a través de reglas y procedimientos provoca que las acciones de la gente sean rutinarias y predecibles.[23] El **ajuste mutuo**, por otro lado, es el proceso evolutivo a partir del cual la gente utiliza su mejor juicio de los eventos, en lugar de reglas estandarizadas para resolver los problemas, guiar la toma de decisiones y promover la coordinación. El equilibrio adecuado consigue que muchas acciones sean predecibles de manera que se logren las tareas y metas organizacionales, pero da a los empleados la libertad de comportarse de manera flexible y de responder a situaciones nuevas y cambiantes de manera creativa.

Formalización: Reglas escritas

La **formalización** es el uso de reglas y procedimientos escritos para estandarizar operaciones.[24] Las **reglas** son enunciados formales escritos que especifican los medios apropiados para alcanzar las metas deseadas. Cuando las personas siguen reglas, se comportan en concordancia con ciertos principios especificados. En una organización donde la formalización y la estandarización son extensas, por ejemplo, la milicia, FedEx o UPS, todo se ejecuta de acuerdo con el manual. No hay lugar para el ajuste mutuo; las reglas especifican cómo los individuos deben realizar sus roles y qué decisiones deberían tomarse; y los empleados son responsables de seguir las reglas. Es más, los empleados no tienen autoridad para romper las reglas.

Un nivel de formalización alto por lo común implica la centralización de la autoridad. Un nivel de formalización bajo implica que la coordinación sea producto de un ajuste mutuo entre las personas de todas las funciones organizacionales y que la toma de decisiones se convierta en un proceso dinámico donde los trabajadores aplican sus habilidades y capacidades para responder al cambio y solucionar problemas. El ajuste mutuo comúnmente implica la descentralización de la autoridad, ya que los empleados deben poseer autoridad para obligar a la organización a ciertas acciones cuando toman decisiones.

Socialización: Normas implícitas

Las **normas** son estándares o estilos de comportamiento considerados típicos o representativos de cierto grupo de personas, y que también regulan y gobiernan su conducta. Los miembros del grupo siguen una norma porque es un estándar de comportamiento acordado. Muchas normas surgen de manera informal, a medida que la gente trabaja junta durante algún tiempo. En algunas organizaciones, es norma que la gente tome hora y cuarto para la comida, a pesar de que formalmente esté especificado un descanso de una hora para tomar los alimentos; en otras, es norma que nadie se vaya hasta las 6:30 P.M., o antes del jefe. Con el tiempo, las normas influyen y controlan la manera en que la gente y los grupos observan un evento o situación particular y responden ante él.

Normas
Estándares o estilos de conducta considerados aceptables o característicos por un grupo de personas.

Aunque muchas normas organizacionales, como comportarse siempre de manera cortés con los clientes y dejar el área de trabajo limpia, favorecen la eficacia organizacional, muchos empleados no las cumplen. Los estudios han demostrado que los grupos de trabajo pueden desarrollar normas que reducen el desempeño. Numerosos estudios han encontrado que los grupos de trabajo suelen controlar directamente el ritmo o la velocidad a la cual se realiza el trabajo, imponiendo sanciones informales a quienes rompen las normas informales que rigen el comportamiento en un grupo de trabajo. Un empleado que trabaja demasiado rápido (por encima de las normas de productividad del grupo) se llama "acelerado" y un empleado que labora demasiado lento (por debajo de la norma del grupo) se conoce como "estafador".[25] Una vez establecida una norma de grupo, los empleados la hacen valer castigando física y emocionalmente a aquellos que la transgreden.

Este proceso ocurre en todos los niveles de la organización. Suponga que un grupo de gerentes medios adoptó la norma de no perturbar a la organización cambiando reglas obsoletas, aun cuando así se aumentaría la eficiencia. Un nuevo gerente que entra a escena pronto aprenderá de los otros que no vale la pena perturbarla, ya que los demás gerentes encontrarán las formas para castigar a la nueva persona por quebrantar esa norma, aun cuando lo que la organización realmente necesite sea algo de movimiento. Incluso un nuevo gerente en una posición alta en la jerarquía se vería en dificultades para cambiar las normas informales de la organización.

Se da por entendido que la manera en que las normas influyen en el comportamiento tiene otra consecuencia en la eficacia organizacional. Observamos en el ejemplo de Levi Strauss que aun cuando una organización cambia las reglas formales de trabajo, la conducta de la gente no se modifica tan rápidamente. ¿Por qué es rígida la conducta cuando las reglas cambian? La razón es que las reglas tienden a ser internalizadas, es decir, que se convierten en parte del maquillaje psicológico de una persona, de modo que las reglas *externas* se convierten en normas *internalizadas*. Cuando esto sucede, resulta muy difícil para la gente romper una regla conocida y seguir otra nueva; también caerán sin querer en la antigua forma de actuar. Considere, por ejemplo, qué tan difícil es mantener nuevas resoluciones y romper con malos hábitos.[26]

Paradójicamente, es común que una organización desee que los miembros adquieran un conjunto particular de normas y valores corporativos. Apple, Google e Intel, por ejemplo, cultivan normas técnicas y profesionales como medio para controlar y estandarizar la conducta de miembros de

Desafío de diseño 4

La gente en esta organización pone demasiada atención a las reglas. Siempre que necesito que alguien satisfaga una necesidad inusual de un cliente o necesito un servicio realmente rápido de otra función, no puedo obtenerlo porque nadie quiere forzar ni romper las reglas.

la organización con grandes capacidades. Sin embargo, una vez que se establecen tales normas resulta difícil cambiarlas. Y cuando una organización quiere establecer nuevas metas y adoptar nuevas normas, para la gente es difícil alterar su comportamiento. No hay solución fácil a dicho problema. Los miembros de la organización comúnmente deben atravesar un importante periodo de reaprendizaje antes de que comprendan que no necesitan aplicar el viejo conjunto de normas internalizadas a las nuevas situaciones. Muchas compañías, como Ford e IBM, han pasado por periodos de gran agitación para forzar a sus miembros a "desaprender" normas obsoletas y a internalizar normas nuevas, como aquellas que promueven la innovación y la receptividad con los clientes.

Socialización
Proceso mediante el cual los miembros de la organización aprenden las normas de esta e internalizan las reglas de conducta implícitas.

El nombre que recibe el proceso mediante el cual los miembros de la organización aprenden las normas e internalizan esas reglas implícitas de conducta es **socialización**.[27] En general, las organizaciones pueden fomentar el desarrollo de respuestas *estandarizadas* o de respuestas *innovadoras*. En el capítulo 7 se examinan estos aspectos con más detalle.

Estandarización contra ajuste mutuo

El desafío de diseño que enfrentan los gerentes es encontrar las mejores formas de utilizar las reglas y normas para estandarizar el comportamiento y, al mismo tiempo, permitir el ajuste mutuo que da a los individuos la oportunidad de descubrir nuevas y mejores formas de alcanzar las metas organizacionales. Los gerentes que se enfrentan al reto de equilibrar la necesidad de estandarización contra la necesidad de ajuste mutuo necesitan tener en mente que la gente de los niveles más altos de la jerarquía, y en funciones donde realizan tareas complejas e inciertas, se apoyan más en el ajuste mutuo que en la estandarización para coordinar sus acciones. Por ejemplo, una organización quiere que sus contadores sigan las prácticas estándar al realizar sus tareas; pero en investigación y desarrollo, la organización busca fomentar el comportamiento creativo que lleva a la innovación. Muchos de los mecanismos integradores analizados anteriormente, como las fuerzas de tarea y los equipos, suelen aumentar el ajuste mutuo dando oportunidad a la gente de conocer y determinar mejores formas de hacer las cosas. Además, una organización puede enfatizar, como lo hizo Levi Strauss, que las reglas no están escritas en piedra sino que son lineamientos convenientes para realizar el trabajo. Los gerentes también pueden promover normas y valores que enfaticen el cambio en vez de la estabilidad. Para todos los roles organizacionales, sin embargo, el equilibrio adecuado entre las dos variables es aquel que promueve la conducta creativa y responsable de los trabajadores, así como la eficacia organizacional, como lo presenta el recuadro "Perspectiva de la nueva tecnología de la información, parte 3".

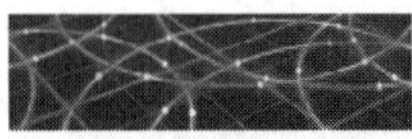

Perspectiva de la nueva tecnología de la información

Amazon.com, parte 3

¿Cómo resolvió Jeff Bezos tales desafíos, dada su necesidad por crear una estructura para manejar una tienda de libros en línea a través de Internet, por lo que nunca veía a sus clientes, pero cuya misión era ofrecerles una gran selección de libros a precios bajos? Como el éxito de su empresa dependía de dar a los clientes un escaparate informativo en línea fácil de usar, era fundamental que los clientes consideraran el sistema de pago mediante un clic de Amazon.com de uso fácil y conveniente, así como confiable. De esta manera, las elecciones de diseño de Bezos estaban guiadas por la necesidad de asegurar que la plataforma de software de Amazon vinculara a los clientes con la organización de la forma más eficaz.

En primer lugar, se dio cuenta de que el apoyo al cliente era el vínculo de mayor importancia entre el cliente y la organización, por lo que para asegurar un buen servicio al cliente descentralizó el control y facultó a los trabajadores para encontrar formas expeditas de cumplir con las necesidades del cliente. En segundo lugar, al darse cuenta de que los clientes querían un libro de manera rápida, se movió con velocidad para desarrollar un sistema de distribución y envío eficientes. Esencialmente, su problema principal era manejar las entradas en el sistema (solicitudes de los clientes) y las salidas (libros entregados). De modo que desarrolló una tecnología de la información para estandarizar el trabajo o todo el proceso y aumentar así la eficiencia; pero también promovió el ajuste mutuo del lado de la entrada o del lado del cliente, para mejorar la receptividad con este. Los empleados eran capaces de manejar excepciones, tales como órdenes perdidas o clientes confundidos en el momento en que surgían (hay que hacer notar que la tecnología de la información de Amazon también es el medio más importante que usan para integrar las actividades interfuncionales en la organización: la tecnología de la información es la columna vertebral de las actividades de creación de valor de la compañía). Tercero, puesto que Amazon.com contrató entonces un número relativamente pequeño de personas, alrededor de 2,500 en todo el mundo, Bezos era capaz de hacer un gran uso de la socialización para coordinar y motivar a su fuerza laboral. Los empleados de Amazon.com fueron seleccionados cuidadosamente y socializados por los otros miembros en sus funciones, con la finalidad de ayudarles a aprender con rapidez sus roles organizacionales y, lo más importante, aprender la norma fundamental de Amazon.com de dar un servicio de excelente calidad al cliente. Finalmente, para asegurarse de que los empleados de Amazon.com estuvieran motivados para brindar el mejor servicio posible al cliente, Bezos les dio acciones de la compañía a todos ellos. En la actualidad, los trabajadores son propietarios de más de 10% de su compañía. El rápido crecimiento de Amazon.com sugiere que Bezos diseñó una estructura organizacional eficaz.

Implicaciones administrativas

Los desafíos del diseño

1. Para saber si hay suficiente integración entre su departamento y los departamentos con los cuales interactúa más, elabore un esquema de los principales mecanismos integradores en uso. Si no hay suficiente integración, desarrolle nuevos mecanismos integradores que proporcionen la coordinación adicional necesaria para mejorar el desempeño.
2. Determine qué niveles de la jerarquía tienen responsabilidad para aprobar qué decisiones. Use la información resultante para decidir qué tan centralizada o descentralizada está la toma de decisiones en su organización. Debata sus conclusiones con sus pares, subalternos y superior, con el propósito de determinar si la distribución de la autoridad es la que se ajusta mejor a las necesidades de su organización.
3. Con base en el rol que usted desempeña, elabore una lista de sus tareas y responsabilidades principales y, luego, liste las reglas y los estándares de operación que especifican cómo va a realizar sus deberes. Usando dicha información, determine qué tan adecuadas son las reglas y los estándares y sugiera formas de cambiarlos para que logre desempeñarse de manera eficaz. Si usted es gerente, realice este análisis para que su departamento mejore su eficacia y asegúrese de que las reglas sean necesarias y eficientes.
4. Esté consciente de las normas y valores informales que influyen en la forma en que se comportan los miembros de su grupo de trabajo o departamento. Trate de tomar en cuenta el origen de estas normas y valores, así como la manera en que afectan la conducta. Examine si cumplen una función útil en su organización. Si es así, trate de reforzarlas. Si no, desarrolle un plan para crear normas y valores nuevos que promuevan la eficacia.

Estructuras organizacionales mecanicista y orgánica

Cada desafío de diseño tiene implicaciones para la forma en que se desempeña y actúa la organización como un todo.

Dos conceptos útiles para comprender cómo los gerentes manejan todos esos desafíos de manera colectiva, para influir en la forma en que funciona la estructura organizacional, son los conceptos de estructura mecanicista y estructura orgánica.[28] Las elecciones de diseño que producen estructuras mecanicistas y orgánicas se contrastan en la figura 4.6.

Estructuras mecanicistas

Estructuras mecanicistas Estructuras diseñadas para inducir a la gente a comportarse de manera predecible y responsable.

Las **estructuras mecanicistas** están diseñadas para inducir a la gente a que se comporte de manera predecible y responsable. La autoridad para la toma de decisiones está centralizada, los subal-

Figura 4.6 Cómo los desafíos del diseño dan como resultado estructuras mecanicistas y orgánicas

Una estructura mecanicista resulta cuando una organización hace estas elecciones:	Las estructuras orgánicas resultan cuando una organización hace estas elecciones:
• Especialización individual Los empleados trabajan por separado y se especializan en una tarea claramente definida.	• Especialización conjunta Los empleados trabajan juntos para coordinar sus acciones y encontrar la mejor forma de realizar una tarea.
• Mecanismos integradores sencillos La jerarquía de autoridad está claramente definida y es el principal mecanismo integrador.	• Mecanismos integradores complejos Las fuerzas y equipos de tarea son los principales mecanismos integradores.
• Centralización La autoridad para controlar tareas se mantiene en los altos niveles organizacionales. La mayoría de la comunicación es vertical.	• Descentralización La autoridad para controlar las tareas se delega a la gente de todos los niveles de la organización. La mayoría de la comunicación es lateral.
• Estandarización Se usan de manera extensiva reglas y estándares de producción para coordinar las tareas; el proceso de trabajo es predecible.	• Ajuste mutuo Se hace uso extensivo del contacto cara a cara para coordinar las tareas; el proceso de trabajo es relativamente impredecible.

ternos son supervisados de cerca y la información fluye en dirección vertical hacia abajo, en una jerarquía definida claramente. En una estructura mecanicista, las tareas relacionadas con cada rol están definidas con claridad. Por lo general, hay una correspondencia uno a uno entre un individuo y una tarea. La figura 4.7A describe tal situación. Cada persona se especializa de manera individual y sabe exactamente de qué es responsable, en tanto que el comportamiento inadecuado para el rol se prohíbe o se desalienta.

En el nivel operativo, cada función está separada y la comunicación y cooperación entre funciones son responsabilidades de alguien en lo más alto de la jerarquía. Así, en una estructura mecanicista, la jerarquía es el principal mecanismo integrador, tanto dentro de las funciones como entre ellas. Dado que las tareas se organizan para prevenir la mala comunicación, la organización no necesita usar mecanismos integradores complejos. Las tareas y los roles son coordinados principalmente a través de la estandarización, mientras que las reglas formales y los procedimientos escritos determinan las responsabilidades específicas del rol. La estandarización, junto con la jerarquía, son los principales medios de control de la organización.

Debido a ese énfasis en la estructura de comando vertical, la organización está muy consciente de su estatus y las normas para "salvaguardar el territorio propio" son comunes. La promoción suele ser lenta, constante y de acuerdo con el desempeño, en tanto que el progreso de cada empleado en la organización puede esbozarse para los años venideros. Debido a su rigidez, una estructura mecanicista resulta más adecuada para las organizaciones que se encuentran en ambientes estables.

Estructuras orgánicas

Estructuras orgánicas
Estructuras que promueven la flexibilidad, para que la gente inicie el cambio y se adapte con rapidez ante las situaciones cambiantes.

Las estructuras orgánicas se encuentran en el extremo opuesto de las mecanicistas en el espectro del diseño organizacional. Las **estructuras orgánicas** promueven la flexibilidad, de manera que la gente inicia el cambio y puede adaptarse fácilmente a las condiciones cambiantes.

Las estructuras orgánicas son descentralizadas, de manera que la autoridad para la toma de decisiones está distribuida a través de la jerarquía; la gente asume la autoridad para tomar decisiones como lo dictan las necesidades de la organización. Los roles están definidos de manera flexible y la gente desarrolla continuamente nuevos tipos de habilidades para el trabajo. La figura 4.7B ilustra tal situación. Cada persona realiza las tres tareas, lo cual arroja como resultado una especialización conjunta y mayor productividad. Los empleados de distintas funciones trabajan juntos para resolver los problemas; se van involucrando en las actividades del otro. Como resultado, es necesario un elevado nivel de integración para que ellos compartan información y superen los problemas causados por las diferencias en la orientación a la subunidad. La integración de las funciones se logra mediante mecanismos complejos, como fuerzas de tarea y equipos de trabajo (véase la figura 4.6). La coordinación se consigue a través del ajuste mutuo, a medida que las personas y las funciones negocian la definición de roles y las responsabilidades; asimismo, surgen las reglas y normas informales de la interacción de los miembros de la organización.

Figura 4.7 Relaciones de tarea y de rol

A. Especialización individual en una estructura mecanicista. Una persona en un rol se especializa en una tarea o un grupo de tareas específicos.

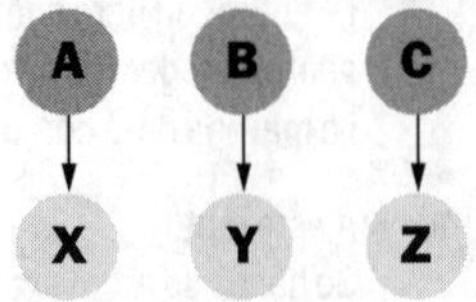

B. La especialización conjunta en una estructura orgánica. Un individuo en un rol se asigna a una tarea o un grupo de tareas específicos. Sin embargo, la persona es capaz de aprender nuevas tareas, así como de desarrollar nuevas habilidades y competencias.

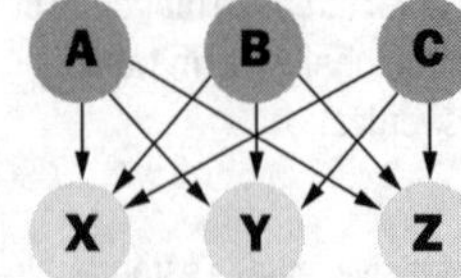

■ Roles
■ Tareas

Este enfoque orgánico a la toma de decisiones es muy diferente de uno mecanicista. Por ejemplo, en la IBM de la década de 1990, su sistema de desarrollo de producto centralizado y estandarizado significaba que tomar una decisión era, de acuerdo con un ingeniero, "como caminar en un tubo con crema de cacahuate". Pero con el rápido crecimiento de Google en el siglo XXI, ha habido quejas de que su enfoque orgánico, que se apoyaba en el ajuste mutuo, se está viendo amenazado por el creciente número de reglas y comités que ahora se utilizan para evaluar las nuevas ideas de productos e innovaciones. Como resultado, Google ha estado tratando de encontrar nuevas técnicas para mantener su enfoque orgánico y evitar el problema de la "crema de cacahuate".

En una estructura orgánica se desarrollan normas y valores específicos que enfatizan la competencia personal, la experiencia y la libertad de actuar de formas innovadoras. El estatus es conferido por la capacidad de brindar liderazgo creativo, no por ninguna posición formal en la jerarquía ni por el enfoque promovido, como sucede en Google, Netflix y Apple. Muchas organizaciones como IBM y Ford, cuya estructura mecanicista convirtió la calificación laboral, la antigüedad y la lealtad en el fundamento de sus normas y valores, sufrieron en el pasado debido a que el resultado fue una toma de decisiones lenta y laboriosa, así como gerentes temerosos de dar una sacudida a sus organizaciones; pero todo eso cambió en los últimos años, a medida que su director general abogó por un enfoque orgánico.

Es evidente que las estructuras orgánicas y mecanicistas tienen implicaciones muy diferentes en la forma en que la gente se comporta. ¿Una estructura orgánica es mejor que una mecanicista? Al parecer esta última favorece los tipos de conducta innovadores que se consideran deseables: el trabajo en equipo y la autogestión para mejorar la calidad, el servicio al cliente y la reducción del tiempo necesario para lanzar nuevos productos en el mercado. Sin embargo, ¿querría usted usar una estructura orgánica para coordinar las fuerzas armadas? Probablemente no, debido a la gran cantidad de problemas de autoridad y estatus que surgirían al poner a cooperar a los militares, la fuerza aérea y la marina. ¿Quisiera emplear una estructura orgánica en una planta nuclear? Probablemente no, si los empleados adoptan una respuesta creativa y novedosa en una situación de emergencia o simplemente cometen errores que podrían resultar en una catástrofe. ¿Querría incluso una estructura orgánica en un restaurante, donde los chefs tomaran los roles de los meseros y los meseros los roles de los chefs, y las relaciones de autoridad y poder fueran continuamente determinadas? Probablemente no, pues la correspondencia uno a uno de persona y rol permite que cada empleado del restaurante realice su rol de la forma más eficaz. A la inversa, ¿quisiera usted aplicar una estructura mecanicista en una compañía de alta tecnología como Apple o Google, donde la innovación está en función de las habilidades y capacidades de los equipos de ingenieros de software que trabajan en conjunto en un proyecto? El recuadro "Al interior de la organización 4.4" describe cómo Google se vio forzada a manejar ese difícil acto de equilibrio a medida que fue creciendo en los últimos años.

Al interior de la organización 4.4

Google tiene un problema de redes sociales

Los fundadores de Google, Larry Page y Sergey Brin, dedicaron mucho tiempo para diseñar una compañía que enfatizara la innovación, y aún lo hacen (véase el capítulo 7). Sin embargo, la gran velocidad de crecimiento de la compañía sumó más de 80,000 empleados en los últimos tres años y para 2011 empleaba a más de 136,000 personas. El rápido crecimiento de Google, resultado de su entrada en un número creciente de diferentes mercados de productos, como software para teléfonos inteligentes y redes sociales, llevó a muchos analistas a declarar que la compañía, a pesar de ser emprendedor en el nivel del grupo de productos, se había transformado en algo demasiado burocrático en toda la organización.

El problema que enfrentaba Google era que sus grupos de productos se separaron y ahora buscaban satisfacer sus propios intereses. Mientras que esto había dado como resultado ganancias importantes, como su software para Android, el navegador Chrome y competencias de búsqueda y publicidad en línea sin precedentes, también se cometían muchos errores porque no se estaban logrando las metas de la compañía en general, lo cual se debía a que las diferentes actividades de los grupos eran por lo regular incompatibles y seguían propósitos encontrados. Sin embargo, también se debía a que los imparables intentos de cada grupo por aumentar su fuerza en las redes sociales, como a través de la iniciativa "Google Wave" para competir con Facebook, habían fallado.

Después de que Larry Page sucedió a Eric Schmidt como director general en 2011, Schmidt admitió que su error más grande fue no haber reconocido el reto principal que implicaban los sitios de redes sociales como Twitter y, en particular, Facebook, cuya

Sergej Khakimullin/Shutterstock.com

base de usuarios ha crecido de 40 millones de usuarios en 2007 a 1,000 millones para 2011. La tecnología de búsqueda de Google no puede buscar dentro de las páginas de Facebook, de modo que mientras Facebook construye toda una biblioteca de detalles específicos acerca de los intereses de sus miembros para venderlos a sus anunciantes en línea, Google fue incapaz de entrar en esta mina de oro. ¿Por qué eso es tan importante? Porque la publicidad en línea focalizada es la clave para obtener mayores ingresos a partir de las ventas y para 2010 el programa de publicidad localizada de Facebook para sus 500 millones de usuarios estaba ganando miles de millones de dólares. Parecía que el rápido crecimiento de Facebook en la publicidad en línea ahogaría los intentos de Google por seguir siendo el líder y férreos competidores en el mercado de la publicidad en línea.

De manera que en 2011 el problema que enfrentaban Larry Page y su equipo de alta gerencia era encontrar formas de reducir la burocracia en la cima de Google, para avanzar con rapidez en su competencia en las redes sociales. Tenían que encontrar formas de integrar las acciones de todos sus diferentes grupos de productos para fomentar su competencia en las redes sociales. Page creó un nuevo comité directivo y solicitaba que todos los responsables del grupo de productos de Google se reunieran una vez a la semana con él para impulsar la integración y ajuste mutuo, con la finalidad de mantener la compañía por el buen camino para lograr éxito en las redes sociales. Vic Gundotra, quien está a cargo del proyecto secreto de Google para combatir la red social Facebook, comentó al respecto: "Necesitábamos juntar a esos diferentes líderes de producto para encontrar tiempo y hablar de la integración. Cada vez que aumentamos el tamaño de la compañía, debemos tener las cosas marchando para asegurarnos de mantener nuestra velocidad, ritmo y pasión".[29]

La tarea de Page no es fácil porque cada uno de los grupos de productos de Google está encabezado por líderes fuertes y carismáticos, quienes persiguen de manera extremadamente activa los objetivos de sus agendas, por lo que el problema es lograr que tales directivos trabajen juntos. Por ejemplo, el grupo de Android tiene que encontrar formas de cooperar con el grupo de Chrome para impulsar así las redes sociales; por otro lado, el grupo de búsqueda requiere coordinarse con el de publicidad para encontrar mecanismos para localizar a los clientes a nivel de ciudades, como Groupon.

En 2011 este era el desafío principal de Google. Page dejó en claro qué tan importante le parecía el reto de vincular una parte sustancial de los bonos anuales y las acciones de cada uno de los altos directivos, así como de los miembros de cada grupo de productos, con valor de decenas o cientos de millones de dólares, con el desempeño de la compañía en sus iniciativas futuras respecto de las redes sociales en línea.

Page logró su meta cuando a velocidad de la luz Google+ se introdujo en el mercado en el verano de 2011 y se inscribieron 40 millones de miembros para octubre. Google está haciendo todo lo posible para responder al desafío Facebook.

El enfoque de contingencia en el diseño organizacional

La decisión sobre diseñar una estructura mecanicista o una orgánica depende del *contexto o la situación particular que enfrente una organización*: el ambiente que confronta, su tecnología y la complejidad de las tareas que realiza, así como las habilidades de la gente que emplea y la rapidez con la que cambian. En general, las contingencias o fuentes de incertidumbre que encara una organización dan forma al diseño de la misma. El **enfoque de contingencia** del diseño organizacional ajusta la estructura de la organización a las fuentes de incertidumbre que esta enfrenta.[30] La estructura está diseñada para responder ante contingencias, es decir, cosas o cambios diversos que pueden presentarse y para los cuales hay que estar preparados. Una de las más importantes es la naturaleza del ambiente.

Enfoque de contingencia
Enfoque administrativo en el cual el diseño de la estructura organizacional se ajusta a las fuentes de incertidumbre que se enfrentan.

De acuerdo con la teoría de la contingencia, con la finalidad de gestionar el ambiente de manera eficaz, una organización debería diseñar su estructura para ajustarse al entorno donde opera.[31] En otras palabras, una organización tiene que diseñar su estructura *interna* para controlar el ambiente *externo* (véase la figura 4.8). Un ajuste deficiente entre estructura y ambiente lleva al fracaso; un ajuste estrecho conduce al éxito. El apoyo para la teoría de la contingencia viene de dos estudios sobre la relación entre la estructura y el ambiente. Uno de ellos fue realizado por Paul Lawrence y Jay Lorsch; y el otro por Tom Burns y G. M. Stalker. A continuación se analizarán esas investigaciones.

Lawrence y Lorsch sobre diferenciación, integración y el ambiente

El impulso y la complejidad de las fuerzas en los ambientes general y específico causan un efecto directo en el grado de diferenciación dentro de una organización.[32] El número y tamaño de las funciones de una organización reflejan las necesidades que tiene de manejar los intercambios

Figura 4.8 El ajuste entre la organización y su ambiente

Un ajuste deficiente lleva al fracaso; un ajuste estrecho lleva al éxito.

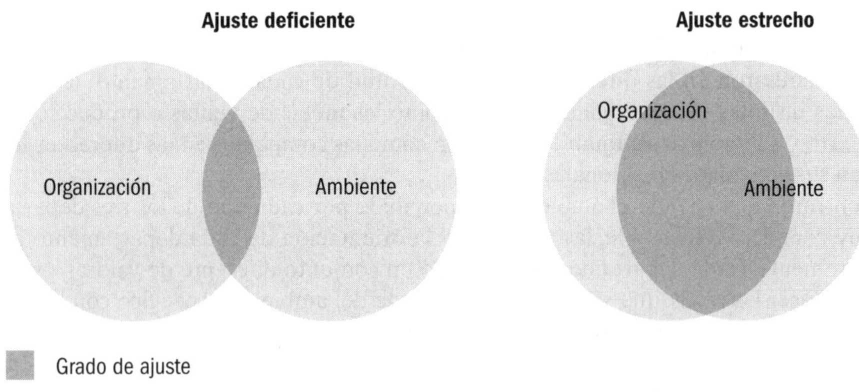

con las fuerzas de su ambiente (véase la figura 4.9). ¿Qué función maneja los intercambios con proveedores y distribuidores? La administración de materiales. ¿Qué función maneja los intercambios con los clientes? Ventas y marketing. ¿Y con el gobierno y las organizaciones de consumidores? Relaciones públicas y legales. Surge una estructura funcional, en parte, para tratar con la complejidad de las demandas ambientales.

Paul Lawrence y Jay Lorsch investigaron cómo las compañías de las diferentes industrias diferencian e integran sus estructuras para ajustarse a las características del ambiente industrial donde compiten.[33] Seleccionaron tres industrias que, según dicen, experimentaban diferentes niveles de incertidumbre medidos con variables como la tasa del cambio (dinamismo) del ambiente. Las tres industrias eran **1.** la industria de los plásticos, la cual dicen que experimentaba el mayor nivel de incertidumbre; **2.** la industria de los alimentos procesados; y **3.** la industria de fabricación de contenedores o latas, la cual señalan que experimentaba la menor incertidumbre. La incertidumbre más alta fue en plásticos debido a la gran velocidad de cambio en la tecnología y en el producto. La más baja fue en contenedores, donde las organizaciones fabrican una variedad estándar de productos que cambian poco de año a otro. Las compañías de alimentos procesados estuvieron en el centro porque, aun cuando se introducen nuevos productos frecuentemente, la tecnología de producción es bastante estable.

Figura 4.9 Diferenciación funcional y demandas del ambiente

Una estructura funcional surge en parte para tratar con la complejidad de las demandas del ambiente.

Lawrence y Lorsch midieron el grado de diferenciación en los departamentos de producción, investigación y desarrollo, y ventas de un conjunto de compañías en cada industria. Estaban interesados en el grado en el cual cada departamento adoptaba una estructura interna diferente de reglas y procedimientos para coordinar sus actividades. Midieron también las diferencias en las orientaciones de subunidad o funcional (diferencias en tiempo, meta y orientaciones interpersonales). Se interesaron en las diferencias entre la actitud de cada departamento hacia la importancia de las distintas metas organizacionales, como las metas de ventas o producción, y en las metas a corto y a largo plazos. También midieron cómo las compañías en las diferentes industrias integraban sus actividades funcionales.

Encontraron que cuando el ambiente era percibido por cada uno de los tres departamentos como muy complejo e inestable, las actitudes y la orientación de cada departamento divergían significativamente. Cada departamento desarrolló un conjunto diferente de valores, perspectivas y forma de hacer las cosas, que se ajustaban a la parte del ambiente específico con la que estaba lidiando. Así, la cantidad de diferenciación entre departamentos era mayor en las compañías que enfrentaban un ambiente incierto, que en las compañías que estaban en ambientes estables.

Lawrence y Lorsch también encontraron que cuando el ambiente se percibe como inestable e incierto, las organizaciones son más eficaces si están menos formalizadas, más descentralizadas y con mayor apoyo en el ajuste mutuo. Cuando el ambiente se percibe como relativamente estable y certero, las organizaciones son más eficaces si su estructura es más centralizada, formalizada y estandarizada. Además, encontraron que las compañías eficaces en las diferentes industrias presentaban niveles de integración que igualaban sus niveles de diferenciación. En la incierta industria de los plásticos, las organizaciones muy eficaces estaban extremadamente diferenciadas, pero también altamente integradas. En la relativamente estable industria de los contenedores, las compañías con un elevado grado de eficacia tenían un bajo nivel de diferenciación, el cual era igualado por un bajo nivel de integración. Las compañías en la moderadamente incierta industria de los alimentos procesados presentaban niveles de diferenciación e integración en medio de las otras dos. La tabla 4.2 resume esas relaciones.

Como lo ilustra la tabla 4.2, un ambiente complejo e incierto (como el de la industria de los plásticos) requiere que los diferentes departamentos desarrollen orientaciones distintas hacia sus tareas (un alto nivel de diferenciación), de tal forma que logren enfrentar la complejidad de su ambiente específico. Como resultado de ese alto grado de diferenciación, tales organizaciones requieren más coordinación (alto nivel de integración). Estas usan más los roles integradores entre los departamentos para transferir la información, de manera que la organización como un todo desarrolle una respuesta coordinada al ambiente. En contraste, los mecanismos integradores no complejos, como los roles integradores, se encuentran en compañías en ambientes estables debido a que la jerarquía, las reglas y los estándares de operación proporcionan la coordinación suficiente.

La conclusión del estudio de Lawrence y Lorsch fue que las organizaciones deben adaptar sus estructuras para equipararse al ambiente en donde operan, si quieren ser eficaces. Su conclusión se vio reforzada por la del estudio de Burns y Stalker.

TABLA 4.2 El efecto de la incertidumbre sobre la diferenciación e integración en tres industrias

	Grado de incertidumbre		
Variable	Industria de plásticos	Industria de alimentos procesados	Industria de contenedores
Variable ambiental			
Incertidumbre (complejidad, dinamismo, riqueza)	Alta ←	Moderada	→ Baja
Variables estructurales			
Diferenciación departamental	Alta ←	Moderada	→ Baja
Integración interfuncional	Alta ←	Moderada	→ Baja

Burns y Stalker sobre las estructuras orgánica contra mecanicista, y el ambiente

Tom Burns y G. M. Stalker también encontraron que las organizaciones necesitan diferentes tipos de estructura para controlar las actividades, cuando necesitan adaptarse y responder al cambio en el ambiente.[34] En específico, encontraron que las compañías con estructura orgánica eran más eficaces en los ambientes cambiantes e inestables de lo que eran las compañías con estructura mecanicista. Lo contrario era cierto en un ambiente inestable: ahí, la forma estandarizada, formalizada y centralizada de coordinar y motivar a la gente, es decir, las características de una estructura mecanicista funcionaban mejor que el enfoque de equipo descentralizado, característico de una estructura orgánica.

¿Cuál es la razón de tales resultados? Cuando el ambiente cambia rápidamente y se torna indispensable tomar decisiones en el momento, los empleados en los niveles inferiores necesitan tener la autoridad para tomar decisiones importantes; en otras palabras, necesitan estar facultados. Además, en los ambientes complejos, la comunicación y el intercambio de información rápidos son necesarios para responder frente a las necesidades del cliente, así como para desarrollar nuevos productos.[35] En contraste, cuando el ambiente es estable, no hay necesidad de sistemas complejos para la toma de decisiones. Gestionar las transacciones de recursos es fácil y puede obtenerse un mejor desempeño, manteniendo la autoridad centralizada en el equipo de altos ejecutivos y usando la toma de decisiones de arriba hacia abajo. La conclusión de Burns y Stalker fue que las organizaciones deberían diseñar su estructura para responder al dinamismo e incertidumbre propios de su ambiente. La figura 4.10 resume las conclusiones de los estudios de contingencia de Burns y Stalker y los de Lawrence y Lorsch.

Los capítulos posteriores examinarán con detalle cómo elegir la estructura organizacional adecuada para enfrentar las diferentes contingencias estratégicas y tecnológicas. Por ahora, es importante darnos cuenta de que las estructuras orgánica y mecanicista son ideales: resultan útiles para analizar cómo la estructura organizacional afecta la conducta, pero probablemente no existen en forma pura en una organización en la vida real. La mayoría de las organizaciones son una mezcla de ambos tipos. De hecho, de acuerdo con un punto de vista que adquiere cada vez mayor influencia en el diseño organizacional, las organizaciones más exitosas son aquellas que han conseguido un equilibrio entre las dos, de manera que son simultáneamente mecanicistas y orgánicas.

Una organización puede tender más hacia una dirección que hacia otra, pero necesita ser capaz de actuar de ambas formas para ser eficaz. El ejército, por ejemplo, se distingue por poseer una estructura mecanicista donde las relaciones de reporte jerárquico están especificadas claramente. Sin embargo, en tiempos de guerra esta estructura de órdenes mecanicista permite que el ejército se muestre orgánico y flexible, en la medida que responde a las incertidumbres de un campo de batalla que cambia con rapidez.

Figura 4.10 Relación entre incertidumbre ambiental y estructura organizacional

Baja ← **Incertidumbre organizacional** → Alta

Estructura mecanicista	Estructura orgánica
Estructura simple	Estructura compleja
Diferenciación baja	Diferenciación alta
Integración baja	Integración alta
Toma de decisiones centralizada	Toma de decisiones descentralizada
Estandarización	Ajuste mutuo

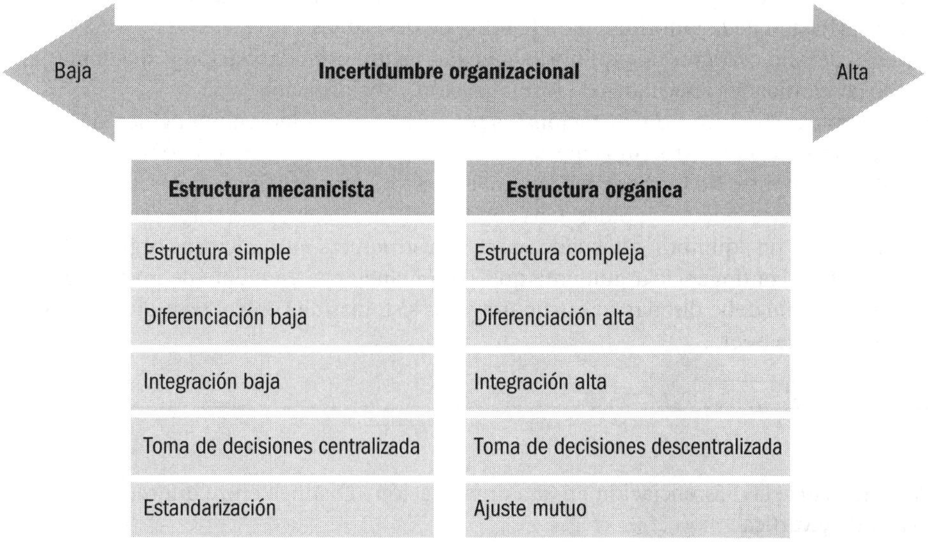

De manera similar, una organización puede diseñar su estructura para que algunas funciones (como manufactura y contabilidad) actúen de forma mecanicista, y otras (marketing e investigación y desarrollo) desarrollen un enfoque más orgánico hacia sus tareas. Para lograr el difícil acto de equilibrio de ser simultáneamente mecanicista y orgánica, las organizaciones necesitan tomar decisiones adecuadas (véase la figura 4.6). En los siguientes tres capítulos revisaremos con más detalle los aspectos involucrados en el diseño de la estructura y cultura organizacionales para mejorar la eficacia organizacional.

Los estudios de Lawrence y Lorsch, y de Burns y Stalker indican que las organizaciones deberían adaptar su estructura para reflejar el grado de incertidumbre en su ambiente. Las compañías con una estructura mecanicista tienden a conseguir mejores resultados en un ambiente estable. Aquellas con una estructura orgánica suelen funcionar mejor en un ambiente inestable y cambiante.

Resumen

Este capítulo analizó cómo las respuestas de los gerentes ante los diversos desafíos del diseño organizacional afectan la forma en que los trabajadores se comportan e interactúan, y cómo responden a la organización. Hemos analizado cómo ocurre la diferenciación y examinado otros tres desafíos que los gerentes enfrentan cuando intentan estructurar su organización para cumplir con sus metas. Los puntos principales del capítulo 4 son los siguientes:

1. La diferenciación es el proceso mediante el cual las organizaciones evolucionan hacia sistemas complejos, a medida que distribuyen personas y recursos a las tareas organizacionales y asignan a la gente diferentes niveles de autoridad.
2. Las organizaciones desarrollan cinco funciones para cumplir con sus metas y objetivos: de apoyo, de producción, de mantenimiento, adaptativos y administrativos.
3. Un rol organizacional es un conjunto de conductas relacionadas con la tarea que se requieren a un empleado. Una organización está compuesta por roles interrelacionados que están diferenciados por las responsabilidades y la autoridad de las tareas.
4. La diferenciación tiene una dimensión vertical y una horizontal. La diferenciación vertical se refiere a la forma en que la organización diseña su jerarquía de autoridad. La diferenciación horizontal se refiere a la manera en la cual una organización agrupa los roles en subunidades (funciones y divisiones).
5. Los gerentes se enfrentan a cinco desafíos de diseño cuando coordinan las actividades organizacionales. Sus elecciones están interrelacionadas y determinan colectivamente con qué tanta eficacia opera la organización.
6. El primer desafío es elegir el grado adecuado de diferenciación vertical y horizontal.
7. El segundo desafío es lograr un equilibrio adecuado entre la diferenciación y la integración, así como utilizar los mecanismos de integración apropiados.
8. El tercer desafío es lograr un equilibrio adecuado entre la centralización y la descentralización de la autoridad para la toma de decisiones.
9. El cuarto desafío es lograr un equilibrio adecuado entre estandarización y ajuste mutuo, usando las cantidades adecuadas de formalización y socialización.
10. Las diferentes estructuras organizacionales provocan que los individuos actúen de manera diferente. Las estructuras mecanicistas están diseñadas para provocar que la gente se comporte de formas predecibles. Las estructuras orgánicas favorecen la flexibilidad y las respuestas rápidas a las condiciones cambiantes. Las organizaciones exitosas logran un equilibrio adecuado entre las estructuras mecanicista y orgánica.
11. La teoría de la contingencia argumenta que, para manejar su ambiente de manera eficaz, una organización debe diseñar su estructura y sus sistemas de control para ajustarse al ambiente donde opera.

Preguntas para análisis

1. ¿Por qué ocurre la diferenciación en una organización? Distinga entre diferenciación horizontal y vertical.

2. Dibuje un organigrama de la escuela de negocios o la universidad a la que asiste. Resalte sus principales roles o funciones. ¿Qué tan diferenciada está? ¿Cree que la distribución de la autoridad y la división del trabajo son adecuadas?
3. ¿Cuándo necesita la organización usar mecanismos integradores complejos? ¿Por qué?
4. ¿Qué factores determinan el equilibrio entre centralización y descentralización, y entre estandarización y ajuste mutuo?
5. ¿En qué condiciones es probable que una organización prefiera operar: *a*) una estructura mecanicista, *b*) una estructura orgánica o *c*) elementos de ambas?

Teoría organizacional en acción

Poner en práctica la teoría organizacional

Crecer duele

Formen equipos de tres a cinco integrantes y discutan el siguiente escenario:

Están buscando emprendedores para Zylon Corporation, una compañía de software para Internet que se especializa en banca electrónica. La demanda de los clientes para obtener una licencia para su software ha tenido tanto auge que en tan solo dos años ha sumado más de 50 programadores de software nuevos para ayudar a desarrollar una nueva gama de productos de software. El crecimiento de su compañía ha sido tan rápido que usted aún opera de manera informal con un acomodo de roles flexible y holgado, donde se motiva a los programadores para encontrar soluciones a los problemas conforme van surgiendo. Aunque tal estructura ha funcionado bien, algunos signos indican que empieza a haber problemas.

Cada vez hay más quejas de parte de los empleados de que su buen desempeño no se está reconociendo en la organización y de que no se sienten tratados de manera equitativa. Además, ha habido quejas acerca de no lograr que los gerentes escuchen sus ideas y actúen en consecuencia. Al parecer, se está desarrollando una atmósfera negativa en la compañía y recientemente se han ido muchos empleados talentosos. Ustedes están reunidos para discutir esos problemas.

1. Analicen su estructura organizacional para ver qué es lo que podría estar originando los problemas.
2. ¿Qué tipo de elecciones de diseño se necesita hacer para solucionarlos?

Establecer contacto 4

Encuentren un ejemplo de una compañía que esté enfrentando uno de los desafíos de diseño analizados en este capítulo. ¿Qué problema ha experimentado la organización? ¿Cómo intentó enfrentar el problema?

Dimensión ética 4

La forma en que se diseña una estructura organizacional afecta la manera como se comportan sus miembros. Las reglas pueden aplicarse de manera tan estricta y punitiva que dañen a los trabajadores, por ejemplo, aumentando el estrés laboral. Pueden desarrollarse normas inadecuadas que reduzcan el incentivo de un empleado para trabajar o que hagan que los empleados abusen de sus pares. De manera similar, en algunas organizaciones, los gerentes usan su autoridad para abusar e intimidar a los empleados. Piense en las implicaciones éticas de los retos del diseño estudiados en este capítulo.

1. Usando los desafíos de diseño, diseñe una organización que crea que resultaría en una toma de decisiones altamente ética; luego, diseñe otra que llevaría a lo contrario. ¿Por qué la diferencia?
2. ¿Cree que una conducta ética sea más probable en una estructura mecanicista o en una orgánica?

Análisis de la organización: Módulo de diseño 4

Este módulo intenta llegar a algunos de los principios básicos de operación que su organización usa para realizar sus tareas. A partir de la información que ha estudiado, describa los aspectos de la estructura de su organización en la siguiente tarea.

Tarea

1. ¿Qué tan diferenciada está su organización? ¿Es simple o compleja? Elabore una lista de los principales roles, funciones o departamentos de su organización. ¿Tiene muchas divisiones? Si su organización incluye muchos negocios, escriba una lista de las principales divisiones de la compañía.
2. ¿Qué competencias clave permiten que su organización sea única o diferente de otras organizaciones? ¿Qué tan difícil cree que sería para las organizaciones imitar esas competencias distintivas?
3. ¿Cómo ha respondido su organización ante los desafíos del diseño? *a*) ¿Está centralizada o descentralizada? ¿Cómo usted lo sabe? *b*) ¿Está muy diferenciada? ¿Puede identificar algún mecanismo integrador usado por su organización? ¿Cuál es la equivalencia entre la complejidad de la diferenciación y la complejidad de los mecanismos integradores utilizados? *c*) ¿La conducta en la organización está muy estandarizada o el ajuste mutuo juega una función importante en la coordinación de la gente y de las actividades? ¿Qué puede decir acerca del nivel de formalización con base en el número y los tipos de reglas que usa la organización? ¿Qué tan importante es la socialización en su organización?
4. ¿Su análisis en el reactivo 3 le llevó a pensar que su organización se ajusta más al modelo orgánico o al mecanicista de la estructura organizacional? Explique brevemente por qué cree que sea orgánico o mecanicista.
5. A partir del análisis que ha realizado hasta ahora, ¿qué cree que podría hacerse para mejorar la forma en que opera su organización?

CASO PARA ANÁLISIS

El director general de "Gaijin" Sony reorganiza la compañía

Sony, el famoso fabricante de artículos electrónicos, ganó mucho prestigio en la década de 1990 por usar su destreza en ingeniería para desarrollar nuevos productos de gran éxito, como el Walkman, la televisión Trinitron y el Playstation. Sus ingenieros producían un promedio de cuatro nuevas ideas de producto cada día, algo que se atribuía a su cultura, llamada la "Forma Sony", la cual enfatizaba la comunicación, cooperación y armonía entre sus equipos de ingenieros en toda la compañía.[36] Se dieron facultades a los ingenieros de Sony para buscar sus propias ideas, en tanto que a los líderes de sus diferentes divisiones y a cientos de equipos de producto se les permitió buscar sus propias innovaciones, sin importar el costo. Un enfoque al liderazgo así funcionaría mientras Sony fuera capaz de producir casi en serie productos de gran éxito, pero dejó de funcionar a principios del siglo XXI a medida que los ágiles competidores globales de Taiwán, Corea y Estados Unidos innovaron tecnologías y productos nuevos que comenzaron a golpear a Sony en su propio juego.

Compañías como LG, Samsung y Apple innovaron tecnologías como las pantallas LCD planas, la memoria *flash*, los comandos de pantalla táctil, la música y video digitales móviles y los dispositivos de posicionamiento GPS, así como los visualizadores 3D que hicieron que muchas de las tecnologías de Sony, como las televisiones Trinitron y los Walkman resultaran obsoletos. Por ejemplo, productos como el iPod de Apple y la consola de videojuegos Wii cumplían mejor las necesidades de los clientes que los productos pasados de moda y caros de Sony. ¿Por qué perdió Sony su posición de líder en la competencia?

Una razón fue que el enfoque organizacional de Sony ya no funcionaba a su favor porque los líderes de las diferentes divisiones de producto trabajaban para proteger sus propias metas de división y no aquellas de toda la compañía. Los líderes de Sony fueron lentos para reconocer la velocidad a la cual estaba cambiando la tecnología, y a medida que cayó el desempeño de cada división, sus líderes se sintieron amenazados y la competencia entre ellos aumentó conforme buscaban proteger sus propios dominios. El resultado fue una toma de decisiones más lenta y mayores costos operativos, cuando los líderes de cada división competían para obtener el financiamiento necesario buscando desarrollar nuevos productos exitosos.

Para 2005 Sony estaba en grandes problemas; en este punto crucial en la historia de la compañía, los altos ejecutivos de Sony voltearon a ver a un *gaijin*, o ejecutivo no japonés, para liderar la compañía. Su elección fue el galés Howard Stringer, quien como cabeza de las operaciones de Sony en Estados Unidos había jugado un papel decisivo en la reducción de costos y el aumento de ganancias. Stringer era conocido por ser un líder directivo, pero participativo; aunque estaba involucrado de manera cercana en todas las decisiones de alta gerencia, le daba a su alta gerencia la autoridad para desarrollar estrategias exitosas e implementar sus decisiones.

Cuando se convirtió en director general de Sony, Stringer se enfrentó al problema inmediato de reducir los costos operativos, que eran el doble de los de sus competidores, porque los líderes de sus divisiones se habían apoderado del control de la autoridad en la toma de decisiones de nivel alto en Sony. Stringer se dio cuenta de inmediato de cómo las luchas de poder entre los líderes de las diferentes divisiones de producto de Sony estaban afectando a la compañía. Así que, adoptando un enfoque de liderazgo directivo de orden y control, dejó claro a sus gerentes que eso tenía que terminar y que necesitaban trabajar rápido para reducir los costos; pero también los llamó a cooperar para acelerar el desarrollo de productos a través de las divisiones. Para 2007 era claro que muchos de los líderes de división más importantes de Sony estaban buscando sus propias metas e ignoraban las órdenes de Stringer.

Para 2008, Stringer había remplazado a todos los líderes de división que se resistieron a sus órdenes y trabajaba de manera regular para reducir el tamaño de las infladas oficinas corporativas y remplazar a los líderes que antepusieron sus intereses. Promovió que los ejecutivos jóvenes fueran los líderes de sus divisiones y funciones, es decir, que se convirtieran en gerentes que obedecerían sus directrices y se enfocaran en el desempeño de la compañía porque, como señaló Stringer, a lo largo del tiempo la cultura de negocio de Sony había sido la administración, no crear productos nuevos.

Para revertir el desempeño de Sony todavía en declive, Stringer tuvo que adoptar un enfoque aún más directivo. En 2009 anunció que se haría cargo del peleado grupo de electrónicos clave de la compañía japonesa y que añadiría el título de presidente a sus roles existentes como jefe y director general, a la vez que reorganizaba las divisiones de Sony. También remplazó a cuatro de sus líderes más importantes por gerentes que habían tenido posiciones fuera de Japón y que estaban "familiarizados con el mundo digital". Asimismo, indicó a los gerentes que priorizaran sus nuevos productos e invirtieran solo en aquellos con la mayor probabilidad de éxito, de manera que Sony pudiera reducir sus costos de investigación y desarrollo, que estaban fuera de control.

En 2010 los resultados financieros de Sony sugerían que las iniciativas de Stringer finalmente estaban funcionando: lograron terminar con las grandes pérdidas de Sony, sus productos se estaban vendiendo mejor, y Stringer esperaba que Sony adquiriera rentabilidad para finales de 2011. Para ayudar a asegurar esto, Stringer también se hizo cargo de un nuevo grupo de productos y servicios creados e interconectados recientemente que incluían sus computadoras Vaio, los reproductores digitales de medios Walkman, la consola de videojuegos Playstation, así como el software y los servicios en línea para apoyar a sus productos. El enfoque de organización de Stringer aún estaba dirigido a ayudar a Sony a readquirir su liderazgo global en los productos electrónicos.[37]

En enero de 2011, Stringer anunció que el desempeño de Sony había aumentado tanto que sería redituable en la segunda mitad de 2011. Después de nueve meses vinieron las noticias de que los piratas informáticos (*hackers*) habían invadido el sitio Web de Playstation de Sony y robado la información privada de millones de sus usuarios. Sony se vio forzada a cerrar su sitio Web de Playstation por semanas y a compensar a los usuarios; ante esto, la compañía estimaba que los costos de esta debacle excederían los mil millones de dólares, además del costo para su marca. También fue claro que los clientes no estaban comprando sus costosas nuevas televisiones de pantalla plana en 3D y que sus ganancias serían más bajas de lo esperado debido a la intensa competencia de compañías como Samsung. En junio de 2011, Stringer informó que ahora la compañía esperaba tener una pérdida sin precedente en 2011, de manera que sus esfuerzos para la recuperación habían sido infructuosos hasta entonces.

Preguntas para análisis

1. ¿Qué presiones y fuerzas del ambiente llevaron a Stringer a cambiar el equilibrio entre centralizar y descentralizar la autoridad en Sony?
2. ¿Cómo describiría el enfoque de Stringer hacia la organización? ¿Está buscando crear una estructura más mecanicista u orgánica, o qué tipo de equilibrio busca entre ellas?

Referencias

1 T. Parsons, *Structure and Process in Modern Societies* (Glencoe, IL: Free Press, 1960); J. Child, *Organization: A Guide for Managers and Administrators* (Nueva York: Harper & Row, 1977).
2 R. K. Merton, *Social Theory and Social Structure*, 2a. ed. (Glencoe, IL: Free Press, 1957).
3 D. Katz y R. L. Kahn, *The Social Psychology of Organizing* (Nueva York: Wiley, 1966).
4 *Ibid.*, pp. 39-47.
5 P. Selznick, "An Approach to a Theory of Bureaucracy", *American Sociological Review* 8 (1943), pp. 47-54.
6 M. E. Porter, *Competitive Strategy* (Nueva York: Free Press, 1980).
7 R. H. Miles, *Macro Organizational Behavior* (Santa Monica, CA: Goodyear, 1980), pp. 19-20.
8 Child, *Organization.*
9 P. R. Lawrence y J. W. Lorsch, *Organization and Environment* (Boston: Graduate School of Business Administration, Harvard University, 1967).
10 J. R. Galbraith, *Designing Complex Organizations* (Reading, MA: Addison-Wesley, 1973).

[11] B. Dumaine, "The Bureaucracy Busters", *Fortune*, 7 de junio de 1991, p. 42.
[12] www.lucasarts.com, 2011.
[13] B. Hindo, "The Empire Strikes at Silos", www.businessweek.com, 20 de agosto de 2007.
[14] H. Mintzberg, *The Nature of Managerial Work* (Englewood Cliffs, NJ: Prentice-Hall, 1973).
[15] www.whirlpool.com, 2011.
[16] P. P. Gupta, M. D. Dirsmith y T. J. Fogarty, "Coordination and Control in a Government Agency: Contingency and Institutional Theory Perspectives on GAO Audits", *Administrative Science Quarterly* 39 (1994), pp. 264-284.
[17] A detailed critique of the workings of bureaucracy in practice is offered in P. M. Blau, *The Dynamics of Bureaucracy* (Chicago: University of Chicago Press, 1955).
[18] Dumaine, "The Bureaucracy Busters", pp. 36-50.
[19] D. S. Pugh, D. J. Hickson, C. R. Hinings y C. Turner, "Dimensions of Organizational Structure", *Administrative Science Quarterly* 13 (1968), pp. 65-91; D. S. Pugh y D. J. Hickson, "The Comparative Study of Organizations", en G. Salaman y K. Thompson, eds., *People and Organizations* (London: Longman, 1973), pp. 50-66.
[20] www.up.com, 2011.
[21] www.yahoo.com, 2011.
[22] *Ibid.*
[23] See H. Mintzberg, *The Structuring of Organizational Structures* (Englewood Cliffs, NJ: Prentice-Hall, 1979), for an in-depth treatment of standardization and mutual adjustment.
[24] Pugh and Hickson, "The Comparative Study of Organizations."
[25] M. Dalton, "The Industrial Ratebuster: A Characterization", *Applied Anthropology* 7 (1948), pp. 5-18.
[26] J. Van Mannen y E. H. Schein, "Towards a Theory of Organizational Socialization", en B. M. Staw, ed., *Research in Organizational Behavior*, vol. 1 (Greenwich, CT: JAI Press, 1979), pp. 209-264.
[27] G. R. Jones, "Socialization Tactics, Self-Efficacy, and Newcomers' Adjustments to Organizations", *Academy of Management Journal* 29 (1986), pp. 262-279; Van Maanen y Schein, "Towards a Theory of Organizational Socialization."
[28] T. Burns y G. M. Stalker, *The Management of Innovation* (Londres: Tavistock, 1966).
[29] www.google.com, 2011.
[30] J. Pfeffer, *Organizations and Organizational Theory* (Boston: Pitman, 1982), pp. 147-162; J. Child, "Organizational Structure, Environment, and Performance: The Role of Strategic Choice", *Sociology* 6 (1972), pp. 1-22.
[31] J. Pfeffer, *Organizations and Organizational Theory* (Boston: Pitman, 1982).
[32] P. R. Lawrence y J. W. Lorsch, *Organization and Environment* (Boston: Graduate School of Business Administration, Harvard University, 1967).
[33] *Ibid.*
[34] T. Burns y G. M. Stalker, *The Management of Innovation.*
[35] J. A. Courtright, G. T. Fairhurst y L. E. Rogers, "Interaction Patterns in Organic and Mechanistic Systems", *Academy of Management Journal* 32 (1989), pp. 773-802.
[36] www.sony.com, press release, 2011.
[37] *Ibid.*

CAPÍTULO 5

Diseño de la estructura organizacional: Autoridad y control

Objetivos de aprendizaje

Para proteger las metas e intereses de los inversionistas, los gerentes deben analizar y rediseñar de forma continua la estructura de la organización; con ello, adquirirán un control más eficaz de las personas y otros recursos. En este capítulo se revisan las opciones fundamentales de diseño que requieren la dimensión vertical de la estructura organizacional: la jerarquía de autoridad que crea una organización para controlar a sus miembros.

Después de estudiar este capítulo, usted será capaz de:

1. Explicar por qué en una organización surgen una jerarquía de autoridad y el proceso de diferenciación vertical.
2. Entender los aspectos involucrados en el diseño de una jerarquía que coordine y motive un comportamiento organizacional más eficaz.
3. Comprender la forma en que los desafíos de diseño revisados en el capítulo 4, como la centralización y la estandarización, ofrecen métodos de control que sustituyen el control personal y directo de los gerentes, y afectan el diseño de la jerarquía organizacional.
4. Conocer los principios de la estructura burocrática y explicar sus implicaciones para el diseño de jerarquías organizacionales eficaces.
5. Explicar por qué las organizaciones están aplanando sus jerarquías y utilizando más a equipos de trabajadores facultados, dentro de las diferentes funciones y entre ellas.

Autoridad: Cómo y por qué ocurre la diferenciación vertical

Uno de los desafíos básicos, identificados en el capítulo 4, consiste en decidir qué tanta autoridad es necesario centralizar en la cúpula de la jerarquía organizacional y qué tanta descentralizar en los niveles medio e inferior (recuerde que en el capítulo 2 definimos *autoridad* como el poder para mantener a gente responsable de sus acciones y para influir directamente en lo que hacen y cómo lo hacen). Pero, ¿qué determina la forma de la jerarquía de la organización, es decir, el número de niveles de autoridad dentro de la organización? Esta pregunta es importante porque la forma de una organización (evidente en su organigrama) determina la eficacia con la cual funcionan los sistemas de comunicación y de toma de decisiones. Las decisiones que toman los gerentes sobre la forma de la jerarquía, y el equilibrio entre la toma de decisiones centralista y descentralizada, establece el nivel de diferenciación vertical en una organización.

Surgimiento de la jerarquía

La jerarquía de una organización surge cuando los gerentes encuentran más o mayores dificultades para coordinar y motivar con eficacia a los empleados.[1] Conforme crece una organización, aumenta el número de trabajadores y su especialización al realizar diferentes tipos de tareas; el nivel de diferenciación se incrementa y eso causa que las actividades de coordinación de los empleados sean más difíciles.[2] De forma similar, la división del trabajo y de la especialización causa problemas motivacionales. Cuando cada trabajador realiza solo una pequeña parte de una tarea, resulta difícil determinar qué tanto este contribuye con la tarea y, por lo tanto, es difícil evaluar el desempeño de cada individuo. Más aún, si los empleados cooperan para lograr una meta, con frecuencia es imposible medir, evaluar y recompensarlos con base en el nivel de desempeño individual. Por ejemplo, si dos meseros cooperan para atender una mesa en un restaurante, ¿cómo sabría el jefe con cuánto contribuyó cada uno? Si dos chefs trabajan juntos para elaborar una comida, ¿cuál sería el impacto individual sobre la calidad de los alimentos que debería medirse y recompensar?[3]

Una organización implementa dos acciones para mejorar su capacidad y control para coordinar y motivar a sus miembros: **1.** aumenta el número de gerentes que utiliza para supervisar, evaluar y recompensar a sus trabajadores y **2.** incrementa el número de niveles jerárquicos de autoridad para que, con el tiempo, dicha jerarquía vaya siendo más vertical o piramidal.[4] Aumentar el número de gerentes y niveles aumenta la diferenciación vertical y da a la organización un control directo cara a cara sobre sus miembros, es decir, los gerentes controlan *personalmente* a sus subalternos.

La supervisión directa permite a los gerentes moldear e influir en la conducta de los subalternos al trabajar frente a frente en el logro de las metas de la compañía. Este tipo de supervisión es un método de control vital, ya que los gerentes pueden cuestionar, probar y consultar con sus subalternos sobre los problemas o acerca de nuevos aspectos que enfrenten con la finalidad de conseguir una mejor comprensión de la situación. También asegura que los subalternos realizan su trabajo con eficacia y que no ocultan información alguna que pudiera causar problemas en la línea de producción. El control personal crea también la gran oportunidad de aprender en el trabajo y desarrollar competencias, así como grandes oportunidades para prevenir el oportunismo o la desidia.

Más aún, cuando los gerentes supervisan personalmente a sus trabajadores, los guían con el ejemplo ayudándoles a desarrollarse, con lo cual mejoran sus habilidades administrativas. Por ejemplo, en GE se da una importancia considerable a la responsabilidad de cada gerente en el desarrollo de sus subalternos y en el aumento de sus oportunidades de promoción. La mejora continua de las habilidades administrativas en todos los niveles de GE es una de las competencias fundamentales. Cualquier gerente que fracase en esta tarea se remueve o se despide rápidamente, y quienes orientan a los gerentes de niveles inferiores tienen mayor probabilidad de lograr ser promovidos en la jerarquía. Así, la supervisión personal suele ser una forma muy eficaz para motivar a los empleados y fomentar comportamientos que aumenten la eficacia. La relación de autoridad personal en una organización es quizás lo más significativo y tangible que crea vínculos entre las personas y la organización; asimismo, determina qué tan bien desempeñan su trabajo.

Organización vertical
Una organización donde la jerarquía presenta muchos niveles en relación con su tamaño.

Limitaciones de tamaño y altura

La figura 5.1 muestra dos organizaciones que cuentan con el mismo número de trabajadores, pero una tiene tres niveles jerárquicos y la otra siete. Una organización con una jerarquía con un número de niveles que va en relación con el tamaño de la organización es una **organización vertical** o

Figura 5.1 Organizaciones planas y verticales

Una organización vertical presenta más niveles jerárquicos y más gerentes para dirigir y controlar las actividades de los trabajadores, que una organización plana que tiene el mismo número de empleados.

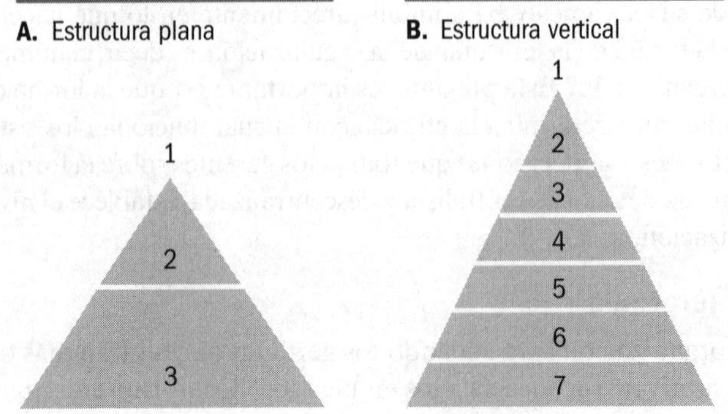

piramidal. Una organización que tiene pocos niveles en su jerarquía es una **organización plana** (u horizontal). La organización vertical de la figura 5.1 tiene cuatro niveles más que la organización plana y necesita a mucho más gerentes para dirigir y controlar las actividades de los subalternos. La investigación sobre el tema sugiere que una organización con 3000 empleados presenta una elevada probabilidad de contar con siete niveles jerárquicos. Por consiguiente, una organización con 3,000 empleados con cuatro niveles jerárquicos se considera plana, en tanto que otra con nueve niveles se considera vertical.

Organización plana Una organización con pocos niveles jerárquicos en relación con su tamaño.

La figura 5.2 ilustra un hallazgo de investigación interesante en cuanto a la relación entre el tamaño organizacional (medido por el número de trabajadores) y la altura de su jerarquía vertical. Para el momento en que una organización haya crecido a 1,000 miembros, es posible que se componga de cuatro niveles jerárquicos: director general, gerentes de función o departamento, supervisores departamentales y empleados. Una organización que crece a 3,000 miembros puede tener siete niveles. No obstante, después de llegar a ese número sucede algo que llama la atención: en las organizaciones que emplean 10,000 o incluso 100,000 miembros, por lo general, no hay más de nueve o diez niveles jerárquicos. Más aún, las grandes organizaciones no aumentan el número de gerentes en cada nivel para compensar esta restricción en el número de niveles en la jerarquía.[5] Así, la mayoría de las organizaciones tiene una estructura vertical y cada vez menos gerentes en cada nivel (véase la figura 5.3A), en vez de una estructura inflada (véase la figura 5.3B) donde proporcionalmente más gerentes en todos los niveles controlan las actividades de un mayor número de integrantes.

De hecho, la investigación sugiere que el aumento en el tamaño del componente administrativo en una organización es *menos que proporcional* al incremento en el tamaño de la organización.[6]

Figura 5.2 La relación entre el tamaño organizacional y el número de niveles jerárquicos

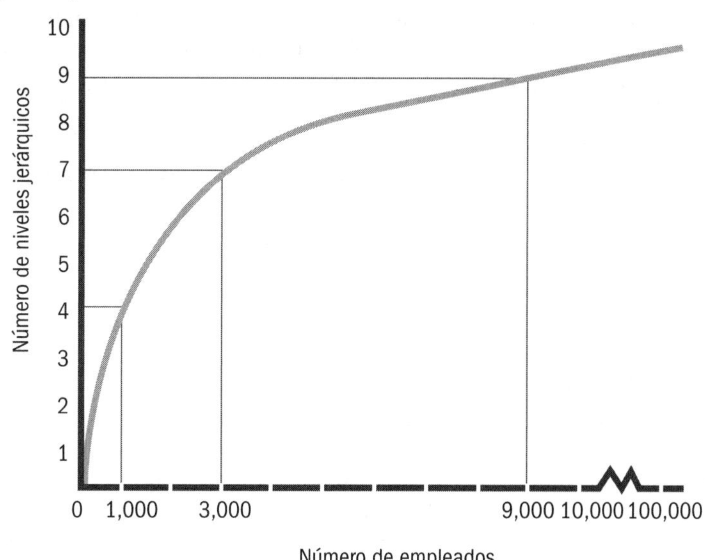

Figura 5.3 Tipos de jerarquía administrativa

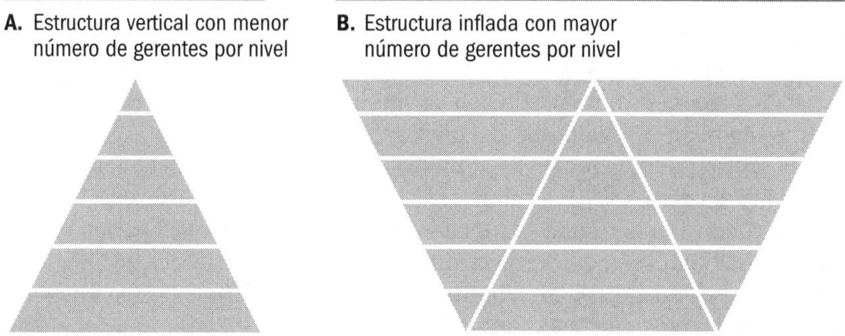

Figura 5.4 Relación entre tamaño organizacional y tamaño del componente administrativo

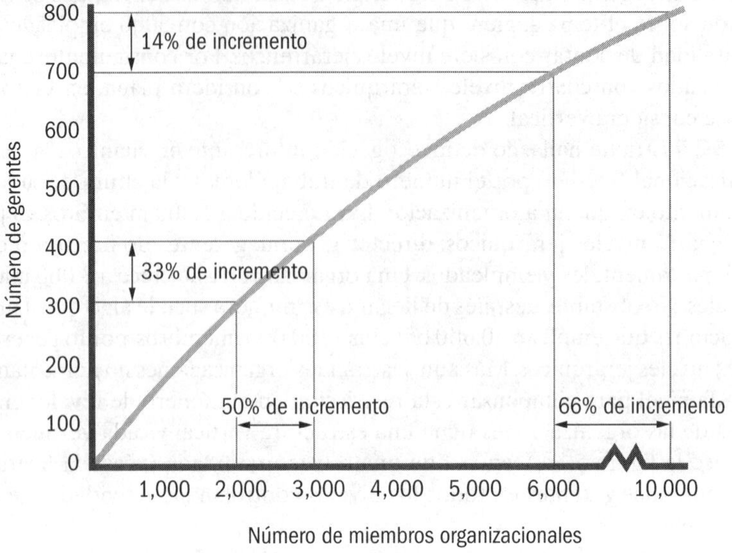

Este fenómeno se ilustra en la figura 5.4. Un aumento de 2,000 a 3,000 empleados (50% del tamaño organizacional) resulta en un incremento de 300 a 400 gerentes (33%). Sin embargo, un aumento de 6,000 a 10,000 empleados (66%) incrementa el tamaño del componente administrativo tan solo en 100 gerentes (de 700 a 800, 14% de incremento).

¿Por qué las organizaciones parecen restringir el incremento en el número de gerentes y de niveles jerárquicos conforme crecen y se diferencian? La respuesta es que surgen muchos problemas significativos cuando la jerarquía se extiende cada vez más.[7]

Problemas con las jerarquías verticales

Es importante elegir el número correcto de gerentes y niveles jerárquicos porque esta decisión influye en la eficacia organizacional. En específico, dicha elección puede aumentar o reducir la comunicación, motivación y productividad en la línea de producción.[8]

PROBLEMAS DE COMUNICACIÓN Tener muchos niveles jerárquicos suele entorpecer la comunicación. Cuanto más larga sea la cadena de mando, tomará más tiempo la comunicación entre los gerentes de la cúpula y los del nivel bajo de la jerarquía. Se hace más lenta la toma de decisiones y el retraso afecta el desempeño que las organizaciones necesitan para responder con rapidez frente a las necesidades del cliente o a las acciones de los competidores.[9] En FedEx la toma de decisiones rápida es un requisito del éxito, por lo que la compañía únicamente tiene cinco niveles jerárquicos: consideran que si hubiera más niveles, la velocidad en la comunicación y en la toma de decisiones se vería afectada. De manera similar, cuando Liz Claiborne diseñaba la estructura de su organización, fue cuidadosa en mantener una jerarquía aplanada: cuatro niveles para 4,000 empleados, con el objetivo de maximizar la capacidad de la organización para responder a los rápidos cambios de las tendencias en la moda.

Otro problema importante de la comunicación es la *distorsión.* La información se distorsiona cuando fluye hacia arriba y hacia abajo en la jerarquía a través de muchos niveles administrativos.[10] Los experimentos han demostrado que un mensaje que inicia en un extremo de una cadena de personas podría adquirir un significado bastante diferente cuando llega al otro extremo; la gente interpreta los mensajes de acuerdo con sus necesidades e intereses propios, de modo que accidentalmente cambiaría el significado del mensaje.

Además, en ocasiones los gerentes de alto nivel y de nivel inferior de la jerarquía manipulan la información *deliberadamente* para promover sus intereses. La investigación sugiere que los gerentes pueden conducir a los demás a tomar cierta clase de decisiones, ya sea restringiendo el flujo de información o informándoles selectivamente o ambas cuestiones.[11] Cuando eso sucede, el nivel más alto de la jerarquía pierde control sobre el nivel inferior. Los gerentes del nivel inferior pueden también transmitir selectivamente al nivel alto de la jerarquía solamente la información que sirve a sus intereses. Por ejemplo, quizás un subalterno decida dar a su superior tan solo la información que lo haga lucir bien. De nuevo, si esto sucede, el nivel alto de la jerarquía sabría poco acerca de lo que sucede abajo o controlaría poco, lo cual afecta la calidad de la toma de decisiones en todos los niveles.

Los estudios demuestran que los problemas de comunicación van empeorando progresivamente conforme aumenta el número de niveles jerárquicos. Así, los gerentes muestran sensatez cuando intentan limitar y restringir el crecimiento de la jerarquía organizacional. Cuando el número de niveles sobrepasa siete u ocho, los problemas de comunicación suelen causar rupturas en el control y hacer más lenta la toma de decisiones. Por ejemplo, en los albores del siglo XXI DuPont, empresa conocida por el desarrollo de materiales tales como nylon y teflón, encontró que sus ventas eran menores y que estaba experimentando problemas importantes en el desarrollo de nuevos productos.[12] Su director general atribuyó tales problemas a un incremento en el número de niveles altos que se había dado con el tiempo, lo cual disminuyó el reconocimiento de los problemas y la reacción ante ellos. Decidió sacudirse los niveles altos de ejecutivos. Primero eliminó el nivel más alto, el comité ejecutivo, un grupo de antiguos y actuales altos ejecutivos que guiaron a DuPont durante décadas. Luego, siguió con la eliminación de niveles administrativos altos dentro de las divisiones operativas. Por ejemplo, en la enorme División de Polímeros, donde se fabrica el nylon, se deshizo de uno de cada cuatro puestos administrativos. De los 11 niveles que separaban al equipo de alta gerencia del nivel de vendedores, actualmente son cinco.

El nombre del juego es aplanar la estructura para que la organización logre dar una mejor respuesta a las necesidades del cliente y, al mismo tiempo, hacer que los costos de operación de DuPont se reduzcan en más de un mil millones de dólares anuales. Otro ejemplo sobre cómo el aplanamiento de la jerarquía mejora la eficacia se revisa en el recuadro "Al interior de la organización 5.1".

Al interior de la organización 5.1

Nueva jerarquía dinámica en Pfizer

Pfizer es una de las compañías farmacéuticas más grandes a nivel global, con ventas por casi 68 mil millones de dólares en 2010. En el pasado, los investigadores de Pfizer innovaron algunos de los medicamentos más exitosos y rentables en el mercado, como Lipitor, reductor del colesterol que ganó tres mil millones de dólares en un año. Sin embargo, a inicios del siglo XXI encontraron obstáculos importantes en la innovación de nuevos fármacos exitosos. Aunque parecía que muchos de los medicamentos en desarrollo serían exitosos, cuando los científicos de Pfizer los probaron en grupos de seres humanos, fallaron conforme al trabajo planeado, lo cual derivó en una crisis importante en Pfizer. Necesitaban encontrar urgentemente la manera para que su nueva línea de productos funcionara con eficacia y un gerente, Martin Mackay, creyó saber cómo hacerlo.

Mackay notó que la estructura organizacional de Pfizer se había ido extendiendo con el tiempo, como resultado de enormes fusiones con las compañías farmacéuticas Warner Lambert y Pharmacia. Después de cada fusión, con más ejecutivos y niveles jerárquicos, existía una necesidad mucho mayor de integrar comités en todas las actividades. Mackay sintió que había demasiados niveles y ejecutivos en la función de investigación y desarrollo de Pfizer. Observó que se estaba burocratizando y que los científicos debían seguir cada vez más reglas y procedimientos para realizar y reportar su trabajo. Él planeó cambiar la situación.

Mackay redujo drásticamente, de 14 a siete, el número de niveles entre la alta gerencia y los científicos; después, eliminó los comités que calificaban el desarrollo de producto que sentía que entorpecían el proceso de transformar las ideas innovadoras en medicamentos exitosos. Después de simplificar la jerarquía de autoridad, enfocó sus esfuerzos en la reducción del número de reglas burocráticas innecesaria que los científicos tenían que seguir. Él y su equipo analizaron cada tipo de reporte que se suponía que los científicos debían escribir

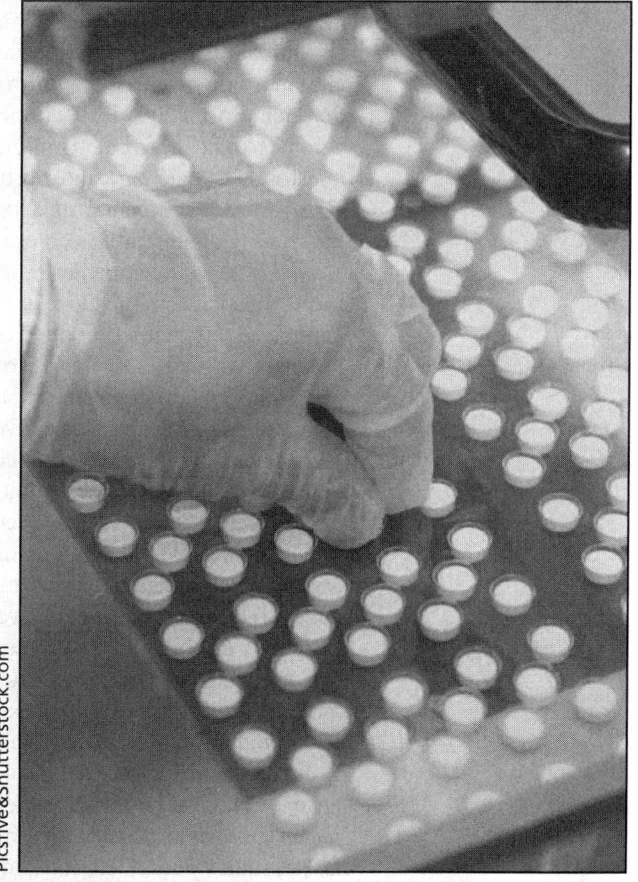

Picsfive&Shutterstock.com

para informar sobre los resultados de su trabajo para evaluación. Después, procedió a eliminar cada tipo de reporte que considerara superfluo y que volvía más lento el proceso de innovación. Por ejemplo, los científicos estaban habituados a enviar informes mensuales y trimestrales a los ejecutivos, donde explicaban el progreso de cada fármaco; Mackay les indicó que eligieran uno de los reportes que quisieran guardar y que desecharan los demás.

Por lo tanto, la meta de Mackay es mover a la compañía hacia una estructura orgánica que como vimos en el capítulo 4 es plana, descentralizada y donde los equipos de científicos colaboran para desarrollar normas y valores que alienten la innovación y la iniciativa. Los científicos de Pfizer reportaron sentirse "liberados" por la nueva estructura y que los medicamentos avanzaban más rápido por ese conducto. Lo malo para Pfizer fue que, al final de 2010, el éxito de Mackay lo llevó a ser reclutado por el gigante europeo Astra-Zeneca, empresa a la que ahora encabeza en sus labores de investigación y desarrollo a nivel global.

PROBLEMAS DE MOTIVACIÓN Conforme *se incrementa* el número de niveles jerárquicos, *disminuye* la diferencia relativa en la autoridad de los gerentes de cada nivel, así como su área de responsabilidad. Una organización plana (véase la figura 5.1) se compone de menos gerentes y niveles jerárquicos que una organización vertical, por lo que los gerentes de la organización plana tienen relativamente más autoridad y responsabilidad que los de una vertical. Muchos estudios han demostrado que cuanto más autoridad y responsabilidad se dé a ejecutivos y empleados, mayor será la motivación de estos para desempeñar sus roles organizacionales. Así, la motivación en una organización con estructura plana puede ser más fuerte que en una vertical. Además, cuando una jerarquía está formada por muchos niveles, será más fácil para los ejecutivos pasar y evadir la responsabilidad transfiriéndola al ejecutivo inmediato superior, con lo cual se agrava el problema de toma de decisiones lenta y con comunicación pobre.

COSTOS BUROCRÁTICOS Los gerentes cuestan dinero. A mayor número de gerentes y niveles jerárquicos, habrá mayores costos burocráticos, que son los costos asociados con la operación de una organización. Un gerente de nivel medio cuesta en promedio un estimado de 300,000 dólares o más por año en salario, bonos, prestaciones y oficina. Contratar a 1,000 gerentes adicionales, por lo tanto, costaría a la organización 300 millones de dólares anuales, una suma enorme que las compañías tardíamente reconocen que no necesitan pagar. Debido al costo de una jerarquía tan inflada, es común, en especial durante una recesión, que una compañía anuncie que reducirá el número de niveles en la jerarquía y despedirá empleados para reducir los costos burocráticos. Por ejemplo, en 2005 Ford anunció que eliminaría dos niveles de su jerarquía y despediría a 600 gerentes, para ahorrar 500 millones de dólares. En 2008 Dell reportó que había eliminado 12,000 puestos de trabajo para ahorrar un mil millones de dólares en el año. HP, GM y Xerox son algunas otras grandes compañías que lograron ahorrar miles de millones de dólares al racionalizar sus jerarquías administrativas en este siglo XXI.

¿Por qué las compañías de repente perciben la necesidad de reducir su fuerza de trabajo de forma drástica, sometiendo a su fuerza laboral a incertidumbre y al infortunio del desempleo sin la mínima advertencia? ¿Por qué las compañías no toman más previsiones y restringen el crecimiento de ejecutivos y niveles jerárquicos para evitar los despidos? En ocasiones los despidos son inevitables, como cuando surge una situación totalmente inesperada en el ambiente de la organización; por ejemplo, la innovación suele convertir a la tecnología en obsoleta o no competitiva; o bien, una crisis económica causada por eventos como el fraude en los créditos hipotecarios reduce abruptamente la demanda de los productos de una organización. No obstante, la mayor parte del tiempo, los cambios drásticos en el empleo y la estructura se deben simplemente a una mala administración.

Los ejecutivos de una organización que va funcionando adecuadamente no reconocen la necesidad de controlar, depurar y manejar la jerarquía de la organización si se confrontan situaciones nuevas o cambiantes. O tal vez vean la necesidad, pero prefieren no hacer nada o hacer muy poco. Conforme una organización crece, los gerentes prestan poca atención a la jerarquía; su mayor preocupación es satisfacer las necesidades del cliente para llevar al mercado los productos o servicios lo más rápido posible. Como resultado, los niveles jerárquicos se multiplican y se van sumando individuos sin pensar mucho en las consecuencias a largo plazo. Cuando una organización madura, es probable que su estructura se adelgace debido a que, por ejemplo, dos o más puestos ejecutivos podrían combinarse en uno y eliminar niveles para mejorar la toma de decisiones y reducir costos. Los términos *restructuración* y *recorte de personal* sirven para describir el proceso mediante el cual los gerentes racionalizan las jerarquías y despiden trabajadores para reducir costos burocráticos. Esto se examina con detalle en el capítulo 10, donde los temas de análisis son el cambio y el rediseño organizacionales.

El problema de la ley de Parkinson

En el estudio sobre los procesos administrativos en la Armada Británica, C. Northcote Parkinson, un servidor público inglés, encontró algunas estadísticas interesantes.[13] Descubrió que entre 1914 y 1928 el número de barcos en operación de la Armada Británica descendió en 68%, pero que el número de oficiales de astilleros responsables del mantenimiento de la flota había aumentado alrededor de 40%, en tanto que el número de oficiales de alto rango en Londres, responsables de la administración de la flota, ¡se había incrementado en 79%! ¿Por qué se presentó tal situación? Parkinson aseguró que el crecimiento en el número de gerentes y de niveles jerárquicos está controlado por dos principios: **1.** "un oficial desea multiplicar a sus subalternos, no a los rivales", y **2.** "los oficiales trabajan para los demás oficiales".[14]

Los gerentes valoran su rango, grado o estatus en la jerarquía. Cuanto menos gerentes haya en su nivel jerárquico y más por debajo de ellos, mayor será su rango y más elevado será su estatus. Por eso no sorprende que los gerentes busquen incrementar el número de subalternos. A su vez, estos subalternos piensan en las ventajas del estatus de contar con subalternos, por lo que intentan aumentar el número, causando que la jerarquía se alargue cada vez más. Conforme el número de niveles aumenta, los gerentes deben destinar mucho más de su tiempo a la supervisión y al control de las acciones y los comportamientos de sus subalternos y, por consiguiente, crean trabajo innecesario para sí mismos. Más gerentes implican más trabajo, de ahí los resultados de la Armada Británica. Parkinson sostuvo que sus principios se aplican a todas las jerarquías organizacionales si estas no se controlan, pues los gerentes pueden trabajar para los demás. "El trabajo se extiende hasta llenar el tiempo disponible". Esta es la ley de Parkinson.

El número ideal de niveles jerárquicos: La cadena mínima de mando

Los gerentes deberían basar la decisión de contratar a más gerentes considerando la diferencia entre el valor agregado por el último gerente contratado y el costo del mismo. Sin embargo, como Parkinson hizo notar, una persona no piensa dos veces en cómo gastar el dinero de la organización, si lo que desea es mejorar su posición, estatus y poder. Las organizaciones bien administradas controlan dicho problema mediante reglas simples; por ejemplo: "cualquier nuevo reclutamiento tiene que ser autorizado por el director general". Eso provoca que los altos ejecutivos evalúen si en realidad es necesario otro nivel jerárquico u otro gerente de menor nivel. Un principio aún más general para el diseño de una jerarquía es el principio de la cadena mínima de mando.

Según el **principio de la cadena mínima de mando**, una organización debería elegir el número mínimo de niveles jerárquicos de acuerdo con sus metas y el ambiente donde opera.[15] En otras palabras, una organización tendría que mantenerse tan plana como sea posible y sus altos ejecutivos deberían evaluarse por su capacidad para supervisar y controlar sus actividades con el menor número posible de gerentes.

Principio de la cadena mínima de mando
Una organización debería elegir el número mínimo de niveles jerárquicos de acuerdo con sus metas y el ambiente donde opera.

Una organización con estructura plana también experimentará menos comunicación, motivación y problemas de costos que una organización vertical. La única razón por la cual una organización debería elegir una estructura vertical en vez de una plana es cuando se necesita un nivel alto de control directo y supervisión personal sobre sus subalternos. Por ejemplo, las plantas nucleares tienen por lo general jerarquías extremadamente verticales, por lo que los administradores de todos los niveles pueden mantener una supervisión eficaz de las operaciones. Como cualquier error podría causar un desastre, los funcionarios supervisan y verifican continuamente el trabajo de los administradores que se encuentran por debajo de ellos, para asegurarse de que se sigan puntual y consistentemente las reglas y los estándares para procedimientos de operación (SOP). Una supervisión así es vital cuando ocurren eventos extraordinarios como el terremoto y tsunami que afectaron los reactores nucleares en Japón en 2011; sin embargo, estabilizar el reactor quizá tome una década y el propietario del reactor fue acusado por no implementar nuevas reglas para la construcción de barreras de seguridad con la finalidad de detener el fuerte oleaje, porque dichas barreras cuestan miles de millones de dólares.

En el capítulo 9 analizaremos cuando los factores, como la tecnología y las características de la tarea, hacen de la estructura vertical la opción preferida. Aquí, el punto es que las organizaciones deberían luchar por mantener los niveles jerárquicos al mínimo necesario para cumplir con su misión. Los problemas organizacionales producto de factores como la ley de Parkinson no satisfacen el interés de ningún inversionista, de modo que antes o después serán descubiertos por un nuevo equipo administrativo, que purgará la jerarquía para reducir el excesivo número de gerentes. Esto ha sucedido en muchas compañías en lo que va del siglo XXI, como IBM, GE y Time Warner.

EMI, la compañía disquera británica que lanzó las carreras de Beatles, Rolling Stones y Garth Books, es un buen ejemplo sobre cómo aplanar una organización.[16] Aunque EMI solía ser la más rentable en la industria, pero su desempeño colapsó en el siglo XXI porque había sido administrada por un equipo de altos, y muy bien pagados, ejecutivos quienes carecían de la iniciativa empresarial para reconocer y promover nuevos talentos o para ayudar a sus subalternos a adquirir esa habilidad. Un nuevo director general, Alain Levy, decidió restructurar la jerarquía de EMI y despidió a casi 2,000 ejecutivos y eliminó tres niveles de la jerarquía. A los ejecutivos que permanecieron les dio un área de responsabilidad mucho mayor e invalidó el viejo sistema de recompensas de bonos de garantía con base en la contratación de nuevos talentos. A partir de entonces, los puestos ejecutivos de EMI son por contrato y sus bonos por desempeño se basan en el desempeño futuro de los artistas que contratan y promueven. A los ejecutivos que fallan, se les reduce el contrato; a los gerentes que pueden demostrar un récord de éxitos continuos, reciben contratos por más tiempo. Por lo tanto, para mantener sus empleos, los gerentes deben sostener un alto desempeño.[17]

Bob Iger adoptó un enfoque similar en Disney, como se revisa en el recuadro "Al interior de la organización 5.2".

Al interior de la organización 5.2

Bob Iger remodela Walt Disney

Bob Iger tomó el control de la problemática compañía Walt Disney en 2006, después de haber sido director de operaciones bajo las órdenes del autocrático director general Michael Eisner.

Durante varios años, Disney había estado invadida por la lentitud en la toma de decisiones y los analistas afirmaban que se habían cometido muchos errores al poner en acción sus nuevas estrategias. Sus tiendas Disney estaban perdiendo dinero, sus negocios en Internet no tenían mucho éxito e incluso sus parques temáticos parecían haber perdido brillo, pues se introdujo un número muy pequeño de nuevas atracciones.

Iger pensaba que una de las principales razones por las que decayó el desempeño de Disney fue que se había convertido en una organización muy vertical y burocrática, y que sus altos ejecutivos seguían reglas financieras que no conducían a estrategias innovadoras. Por consiguiente, uno de los primeros movimientos de Iger para revocar este desempeño consistió en desmantelar la oficina central de planeación estratégica de Disney. En esta oficina, había varios niveles de ejecutivos responsables de buscar ideas nuevas e innovaciones que enviaban las diferentes divisiones, como las de los parques temáticos y los diferentes estudios cinematográficos. Luego, seleccionaban las mejores y las presentaban al director general para su discusión y probable aprobación.

Iger veía la oficina de planeación estratégica como un cuello de botella burocrático que, en realidad, reducía el número de ideas que surgía de los niveles inferiores y que con frecuencia significaba que en la cúpula no se tomaran las decisiones correctas. Por ello, decidió disolver la oficina en 2008 y reasignó a sus ejecutivos a sus diferentes divisiones del negocio.[18]

El resultado de recortar un nivel innecesario en la jerarquía de Disney fue que en 2009 sus diferentes unidades de negocio generaron más ideas novedosas. El nivel de innovación aumentó porque sus ejecutivos están más dispuestos a expresar y defender sus ideas cuando saben que van a tratar directamente con el director general y con el equipo directivo buscando nuevas formas para mejorar el desempeño, en vez de tratar con un nivel de "burócratas" de planeación estratégica que solo están preocupados por la línea inferior.[19] Por ejemplo, en 2009 Disney adquirió Pixar e Iger creó una sociedad con Steve Jobs, dueño mayoritario de Pixar, que había conducido numerosas iniciativas de fusión. Para 2011 Disney reportó utilidades mayores a pesar de la recesión. Su enfoque de descentralización contribuyó a la inversión de recursos en aquellos productos que mejor promueven su crecimiento y le permiten seguir siendo la opción para vacacionar, sobre todo mientras se recupera la economía global.[20]

Newscom

Figura 5.5 Espacios de control

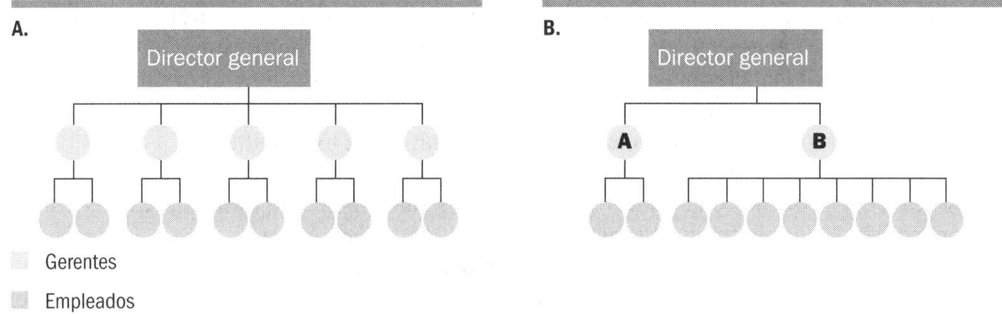

Espacio de control

Las organizaciones muy verticales inevitablemente experimentan problemas serios de comunicación y coordinación. No obstante, una organización en crecimiento debe ser capaz de supervisar y controlar las actividades de los nuevos empleados contratados. ¿Cómo puede evitar una organización volverse demasiado vertical y, al mismo tiempo, mantener un control eficaz sobre su fuerza de trabajo? Una forma consiste en aumentar el **espacio de control** de sus gerentes; es decir, el número de subalternos que cada gerente maneja directamente.[21] Si el espacio de control de cada gerente aumenta conforme se incrementa el número de trabajadores, entonces el número de gerentes o de niveles jerárquicos *no* se incrementa en la misma proporción que los aumentos en el número de trabajadores. En vez de esto, cada gerente coordina el trabajo de más subalternos y la organización sustituye el aumento en el espacio de control por un incremento en los niveles jerárquicos.

Espacio de control Número de subalternos que cada gerente maneja directamente.

La figura 5.5 muestra dos espacios de control diferentes. La figura 5.5A presenta una organización con un director general, cinco gerentes y diez empleados; cada gerente supervisa a dos personas. La figura 5.5B presenta una organización con un director general, dos gerentes y diez empleados, aunque el gerente A supervisa a dos personas y el gerente B a ocho personas. ¿Por qué el espacio de control del gerente A abarca solamente a dos personas y el del gerente B a ocho personas? O, de forma más general, ¿qué determina el tamaño *y* el límite del espacio de control de un gerente?

Quizás el único factor que limita el espacio de control administrativo es la incapacidad para ejercer supervisión adecuada sobre las actividades de los subalternos, cuando estos últimos aumentan en número. La investigación ha demostrado que un incremento aritmético en el número de subalternos va acompañado de un incremento exponencial en el número de relaciones entre subalternos que un gerente tiene que supervisar.[22] La figura 5.6 ilustra este punto.

El gerente de la figura 5.6A cuenta con dos subalternos y debe manejar tres relaciones: X, Y, Z. El gerente de la figura 5.6B únicamente tiene un subalterno más que el A, pero debe gestionar seis relaciones: X, Y y Z, así como U, V y W (el número de relaciones se determina mediante la fórmula $n(n - 1)/2$). Por lo tanto, un gerente con ocho subalternos debe gestionar 28 relaciones. Si los gerentes pierden control sobre sus subalternos y de las relaciones entre ellos, los subalternos

Figura 5.6 El incremento en la complejidad del trabajo del gerente conforme aumenta el espacio de control

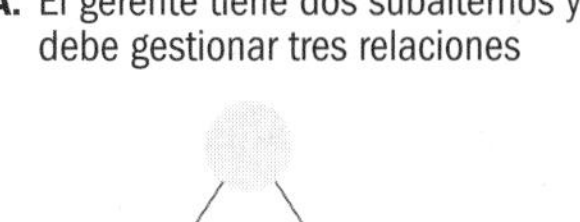

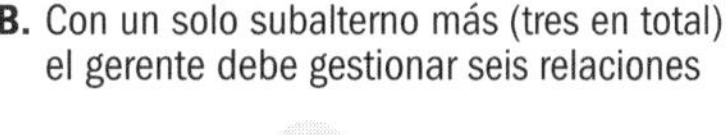

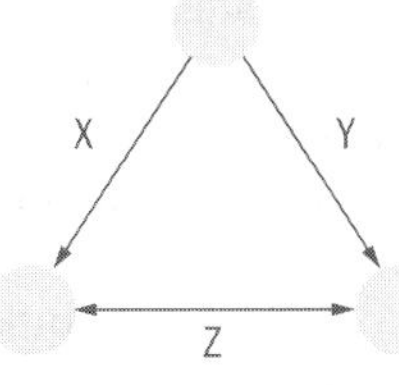

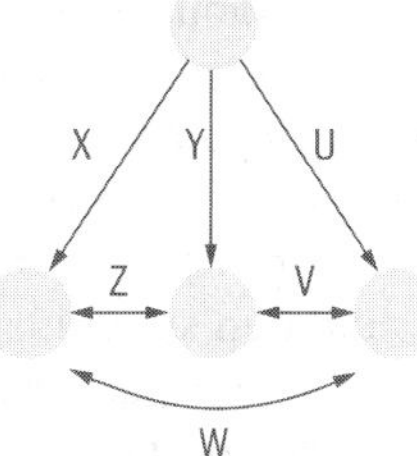

tienen la oportunidad de buscar sus propias metas, de dejarse llevar en el desempeño por otros miembros del grupo o de evadir sus responsabilidades.

Dados estos problemas, existe un límite en la amplitud que debería tener el espacio de control de un gerente. Si el espacio es muy amplio, el gerente pierde control sobre sus subalternos, por lo que no puede mantener la responsabilidad por sus acciones. En general, la capacidad de un gerente para supervisar y controlar directamente la conducta de sus subalternos está limitada por dos factores: la complejidad y la interrelación entre las tareas de los subalternos.

Cuando las tareas de los subalternos son complejas y diferentes, el espacio de control del gerente necesita ser pequeño. Si las tareas son rutinarias y similares, de tal forma que todos los subalternos realicen la misma tarea, el espacio de control tiene que ampliarse. En los escenarios de producción masiva, por ejemplo, es común que el espacio de control de un supervisor se extienda a 30 o 40 individuos. Pero en la investigación de laboratorio de una compañía de biotecnología, supervisar a los empleados resulta más difícil, por lo que el espacio de control es mucho más estrecho. En ocasiones, se argumenta que el espacio de control de un director general no debería exceder de seis altos ejecutivos debido a la complejidad de las tareas que desempeñan los subalternos del director.

Cuando las tareas de los subalternos están muy interrelacionadas, de tal forma que lo que hace una persona causa un efecto directo sobre lo que realiza otra persona, la coordinación y el control son los desafíos más importantes para el gerente. En la figura 5.6B la interrelación entre tareas significa que el gerente debe gestionar las relaciones V, W y Z. Cuando las tareas de los subalternos no están tan interrelacionadas, las relaciones horizontales entre estos se vuelven menos importantes (en la figura 5.6B, las relaciones V, W y Z podrían eliminarse) y aumentaría en gran medida el espacio de control del gerente.

Los gerentes que supervisan a subalternos que realizan tareas interrelacionadas y altamente complejas tienen un espacio de control mucho más reducido, que quienes supervisan a trabajadores que realizan tareas relativamente rutinarias y separadas (por tal razón se utilizan tanto los equipos, como se verá en el siguiente capítulo). De hecho, el motivo principal por el cual las organizaciones se representan con pirámides es porque cuanto más alto sea el nivel jerárquico, las tareas serán más complejas y estarán más interrelacionadas y, por lo tanto, se reducirá el espacio de control que permite a los altos ejecutivos ejercer más control sobre las actividades de sus subalternos.

El diseño de opciones relacionadas con el número de niveles jerárquicos y con el espacio de control son los principales determinantes de la forma de la jerarquía organizacional. Existen límites sobre qué tanto una organización puede incrementar el número de niveles en la jerarquía, el número de ejecutivos o el espacio de control. Aun cuando la jerarquía de autoridad surge con el objetivo de dar control a la organización sobre sus actividades, cuando la estructura se alarga demasiado o cuando los ejecutivos se sobrecargan porque deben supervisar a demasiados empleados, dicha organización suele perder el control de su gente y de sus recursos. ¿Cómo podría una organización mantener el control adecuado sobre sus actividades laborales conforme crece, y evitar los problemas asociados con una jerarquía demasiado vertical o un espacio de control demasiado amplio?

Control: Factores que afectan la forma de la jerarquía

Cuando se limita el uso de la supervisión directa y personal de los gerentes, las organizaciones tienen que encontrar otras formas para controlar sus actividades. Por lo general, las organizaciones primero aumentan el nivel de diferenciación horizontal (la segunda opción de diseño en importancia) y, luego, deciden cómo responder a los retos de diseño como se expuso en el capítulo 4. Recuerde que el diseño exitoso de una organización requiere gerentes que resuelvan *simultáneamente* todos esos desafíos (véase la figura 5.7).

Diferenciación horizontal

La diferenciación horizontal promueve el surgimiento de subunidades, funciones o divisiones especializadas. La figura 5.8 muestra la diferenciación horizontal de una organización en cinco funciones. Cada uno de los triángulos representa una función específica (por ejemplo, ventas e investigación y desarrollo), cuyos miembros realizan la misma clase de tarea. Juntos, los triángulos conforman la pirámide que representa a toda la organización.

Una organización dividida en subunidades se compone de varias jerarquías diferentes, no solo una. Cada división, función o departamento distintos dentro de una función tiene jerarquías separadas. La diferenciación horizontal es la segunda forma principal en que una organización

Figura 5.7 Factores que afectan la forma de la jerarquía

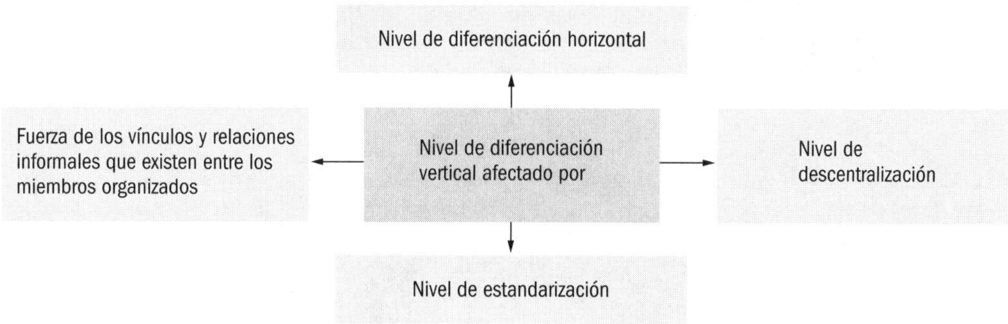

Figura 5.8 Diferenciación horizontal en jerarquías funcionales

Los departamentos de ventas y de investigación y desarrollo tienen tres niveles jerárquicos, y producción cuenta con siete.

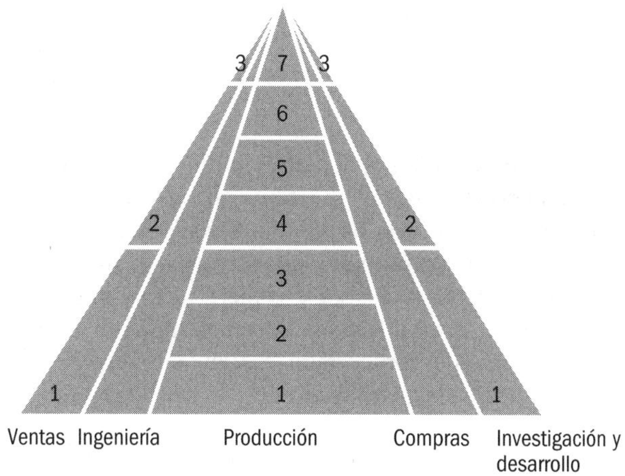

retiene control sobre sus empleados, cuando no puede incrementar el número de niveles en la jerarquía, debido a los tipos de problemas revisados anteriormente.

En la figura 5.8, la jerarquía del departamento de producción cuenta con siete niveles. El gerente de producción, en el nivel siete, reporta al director general. En contraste, las funciones tanto de investigación y desarrollo como de ventas solo tienen tres niveles en sus jerarquías. ¿Por qué? En la organización como un todo, cada función también sigue el principio de la cadena mínima de mando cuando se diseña su jerarquía. Cada función elige el menor número de niveles jerárquicos que necesita para operar con eficacia y lograr sus metas.[24] Por lo general, la función de producción se compone de varios niveles, ya que cada gerente de cada nivel necesita ejercer control estrecho sobre sus subalternos, con la finalidad de mantener al mínimo los costos de producción. El departamento de ventas muestra menos niveles, porque los supervisores usan la estandarización, es decir, reportes escritos de los requerimientos y el control de resultados que miden las ventas de cada vendedor, para controlar y supervisar su comportamiento. No se requiere la supervisión personal pues los gerentes observan los números.

La función de investigación y desarrollo también suele tener pocos niveles, aunque por una razón diferente. La supervisión personal continua es algo superfluo en investigación y desarrollo: las tareas de los científicos son complejas, e incluso si los gerentes los supervisan continuamente no sabrían evaluar qué tan bien se desempeñan, ya que es necesario que pasen muchos años antes de que los proyectos de investigación significativos rindan frutos. En un contexto de investigación y desarrollo, el control lo logran los científicos que trabajan en equipos pequeños donde pueden supervisar y aprender uno del otro. Esta es la razón por la cual existe otro nivel de diferenciación horizontal dentro de la organización; dentro de una función o departamento son comunes muchos tipos de grupos o equipos orientados a la tarea.

Figura 5.9 Diferenciación horizontal dentro de las funciones de investigación y desarrollo

Investigación y desarrollo

Diferenciación horizontal en jerarquías funcionales

Ventas Ingeniería Producción Compras

Equipo 1 Equipo 2 Equipo 3 Equipo 4 Equipo 5 Equipo 6

Diferenciación horizontal en equipos de investigación y desarrollo

La figura 5.9 ilustra la diferenciación horizontal de la función de investigación y desarrollo en equipos de proyecto. Cada equipo se enfoca en una tarea específica, por ejemplo, el desarrollo de un producto diferente, aunque es probable que los diferentes equipos compartan sus problemas y descubrimientos. El uso de equipos también proporciona una forma de mantener un espacio de control pequeño, lo cual es necesario cuando las tareas son complejas y están interrelacionadas, como sucede en investigación y desarrollo. Más aún, en un escenario de investigación y desarrollo, se crean normas y valores informales para estandarizar el comportamiento, en tanto que la organización "informal" se convierte en un medio importante de vinculación entre los equipos de investigación y desarrollo y con otras funciones.

Así, al aumentar la diferenciación horizontal se incrementa la diferenciación vertical dentro de una organización porque surgen muchas jerarquías subunitarias. Pero la diferenciación horizontal evita muchos de los problemas causados por las jerarquías verticales, ya que el desarrollo de diversas jerarquías subunitarias permite a la organización permanecer aplanada. No obstante, los problemas asociados con la diferenciación horizontal, como el desarrollo de orientaciones divergentes en las subunidades (véase el capítulo 4), pueden conducir a coordinación adicional y a problemas en la motivación. Los gerentes pueden controlar estos problemas eligiendo sabiamente lo relativo a la centralización, la estandarización y la influencia de la organización informal (en el capítulo 6 se revisará la coordinación de actividades entre subunidades).[25]

Centralización

Conforme la jerarquía se alarga y el número de gerentes crece, también aumentan los problemas de comunicación y coordinación. Los gerentes empiezan a invertir cada vez más tiempo en supervisar a sus subalternos, y cada vez menos tiempo en la planeación y el establecimiento de metas, afectando así a toda la organización. Una solución a este problema consiste en descentralizar la autoridad porque así se necesita menos supervisión directa. Cuando se descentraliza la autoridad, para tomar decisiones significativas esta se delega a individuos de toda la jerarquía, de modo que no se concentra en la cúpula organizacional. La delegación de autoridad a los niveles inferiores reduce la carga de supervisión a los altos ejecutivos y reduce la necesidad de que "gerentes supervisen a gerentes".

Una organización que aplicó acciones para descentralizar la autoridad y aplanar su estructura debido a su bajo desempeño fue el fabricante de cereales Quaker Oats, cuando se dieron cuenta de que sus competidores —como Kraft y Heinz— avanzaban con nuevas ideas de productos innovadores y que Quaker Oats se iba quedando atrás. Entonces el director general, Robert Morrison, decidió que el problema era que la estructura de la organización ponía la autoridad en el lugar incorrecto, con gerentes corporativos sobre el nivel de las cabezas de sus diferentes divisiones, en vez de situarla en las cabezas de las divisiones de alimentos. Así que tomó acciones. Primero, eliminó totalmente la gerencia de nivel superior, a pesar de ser ejecutivos competentes. Luego, reorganizó las relaciones para descentralizar la autoridad a las cabezas de las divisiones, que desde ese momento le reportarían directamente a él, y los responsabilizó de los productos alimenticios bajo su control. Como resultado, aplanó y descentralizó el control de la organización.

Industrias Coca Cola, el gigante de las embotelladoras, enfrentó un problema similar en los primeros años del siglo XXI. Summerfield Johnston, quien en ese entonces era el director general, se dio cuenta de la incapacidad de su compañía para responder con rapidez a las necesidades cambiantes de las diferentes regiones donde se embotella Coca Cola. Johnston decidió que el control centralizado (operaciones regionales controladas desde la oficina de Atlanta) estaba afectando las operaciones de embotellamiento. Debido a la larga cadena de mando, muchos de los problemas que enfrentaban las embotelladoras se trataban con demasiada lentitud y los gerentes a la cabeza no se daban cuenta de los problemas que enfrentaban las personas en la línea de producción. Johnston rediseñó la jerarquía administrativa. Despidió a más de 100 ejecutivos y eliminó varios niveles de la jerarquía. Después, descentralizó el control sobre las operaciones a los vicepresidentes a cargo de cada una de las 10 unidades regionales, dando a cada uno de ellos la responsabilidad de agilizar las operaciones regionales y recortar costos.[26]

La descentralización no elimina la necesidad de varios niveles jerárquicos en una organización grande y compleja; sin embargo permite, aun en una estructura relativamente extensa, ser más flexible en su respuesta a los cambios en el ambiente externo, ya que reduce la cantidad de supervisión directa requerida.

Estandarización

Los gerentes pueden obtener control sobre sus subalternos estandarizando su comportamiento para hacer predecibles sus acciones. El uso de la estandarización reduce la necesidad de control personal por parte de los gerentes, así como la necesidad de agregar niveles en la jerarquía, ya que las reglas y los estándares de operación *sustituyen* la supervisión directa y el contacto cara a cara. Recuerde que en el capítulo 4 se señaló que los gerentes estandarizan actividades no solo al crear reglas de trabajo detalladas, sino también al socializar con los empleados las normas y los valores de la organización. Conforme las tareas de los subalternos se vuelven más estandarizadas y están más controladas mediante reglas y normas, se reduce la cantidad de supervisión requerida y se puede aumentar el espacio de control del gerente. Por ejemplo, el personal de ventas por lo común está controlado por una combinación de cuotas de ventas que se espera que logren y reportes escritos que se les solicita después de hablar con sus clientes. Los gerentes no necesitan supervisar directamente a los vendedores, porque evalúan su desempeño mediante esos dos controles estandarizados. La estandarización permite también que los ejecutivos de alto nivel deleguen responsabilidad de manera más confiable, cuando a los subalternos se les especifican con claridad los procedimientos por seguir.

Hemos visto que una organización controla a sus miembros y actividades de diferentes formas, que van desde el control personal de los gerentes de la jerarquía, pasando por controlar mediante la formalización y estandarización, hasta el control informal con normas y valores. Estructurar una organización para resolver problemas de control requiere decisiones sobre todos los métodos diferentes de control. La estructura de cada organización refleja las contingencias particulares que enfrenta, por lo que cada organización muestra una estructura diferente. No obstante, pueden formularse algunas generalizaciones sobre cómo las organizaciones dan forma a la estructura para controlar a las personas y los recursos de manera eficaz.

Primero, los gerentes aumentan el nivel de diferenciación vertical, dando atención especial al mantenimiento de la organización tan aplanada como sea posible y al logro de un equilibrio adecuado entre centralización y descentralización. Segundo, incrementan la diferenciación horizontal y, por ende, también la vertical. Tercero, deciden qué tanto pueden usar reglas, estándares y normas para controlar las actividades. Cuanto más los utilicen, menos necesitarán apoyarse en la supervisión directa de los ejecutivos de la jerarquía, y se reducirá la necesidad de ejecutivos y de niveles jerárquicos.

El diseño organizacional es difícil porque todas estas decisiones afectan otras y porque deben tomarse de forma simultánea. Por ejemplo, con mucha frecuencia los gerentes inician el diseño de la estructura orgánica (véase el capítulo 4) con una jerarquía plana y basada en normas y valores —más que en reglas— para controlar las actividades organizacionales. Con rapidez, sin embargo, conforme la organización crece, se ven forzados a agregar niveles a la jerarquía y a desarrollar reglas y estándares, con la finalidad de mantener el control. Antes de que los gerentes se den cuenta, su organización tiene una estructura mecanicista, por lo que se enfrentan a otro nuevo conjunto

Implicaciones administrativas

Autoridad y control

1. Los gerentes deben controlar la jerarquía organizacional y asegurarse de que se adapta a las necesidades actuales de la organización. Periódicamente los gerentes tienen que diseñar un organigrama de su organización o departamento, y medir *a*) el número actual de empleados, *b*) el número de niveles en la jerarquía y *c*) el tamaño del espacio de control de los gerentes en los diferentes niveles.
2. Utilizando esa información, los gerentes deberían considerar si la jerarquía ha crecido o se ha centralizado demasiado. Si encuentran que la jerarquía se ha extendido demasiado, tendrían que combinar posiciones gerenciales y eliminar niveles de la jerarquía, reasignando las responsabilidades de las posiciones eliminadas a los gerentes del siguiente nivel o, preferiblemente, descentralizando las responsabilidades a los gerentes de los niveles inferiores.
3. Si los gerentes encuentran que la jerarquía no proporciona el control que necesitan para mantener la supervisión adecuada sobre las personas y los recursos, deberían considerar cómo aumentar el control organizacional. Pueden necesitar añadir un nivel a la jerarquía o, preferiblemente, utilizar medios de control alternativos, como el aumento de la estandarización o de la descentralización, o usar de mejor forma las normas y los valores de la organización informal.
4. Los gerentes tienen que reunirse periódicamente en equipos para considerar cómo diseñar y rediseñar mejor la jerarquía, de tal manera que permita a la organización crear más valor a un menor costo de operación.

de problemas de control. La estructura organizacional evoluciona y requiere gestionarse constantemente, si la organización quiere conservar su ventaja competitiva.

Principios de la burocracia

Aproximadamente en 1900, Max Weber (1864-1920), un sociólogo alemán, desarrolló principios para diseñar una jerarquía que situara con eficacia la autoridad en la toma de decisiones y el control sobre los recursos.[27] El interés de Weber era identificar un sistema de organización o una estructura organizacional que fuera capaz de mejorar la forma en que operan las organizaciones, es decir, de aumentar el valor que crean y convertirlas en más eficaces.

Burocracia
Forma de estructura organizacional donde las personas pueden ser responsables de sus acciones, porque se les requiere que actúen de acuerdo con reglas y con procedimientos estándares de operación.

Una **burocracia** es una forma de estructura organizacional donde las personas pueden mantenerse responsables de sus acciones, porque se les requiere que actúen de acuerdo con reglas bien especificadas y acordadas, así como con procedimientos de operación estándar. Los principios de la organización burocrática de Weber ofrecen prescripciones claras sobre cómo crear y diferenciar la estructura organizacional, de modo que la responsabilidad de la tarea y la autoridad en la toma de decisiones se distribuyan de tal forma que se maximice la eficacia organizacional. Debido a que su trabajo ha influido tanto en el diseño organizacional, es útil analizar los seis principios burocráticos que, según Weber, subyacen en una estructura organizacional eficaz. Todos los principios juntos definen una burocracia o estructura burocrática (véase la tabla 5.1).

Principio uno: Una burocracia se basa en el concepto de autoridad racional-legal.

TABLA 5.1 Principios de la estructura burocrática

Principio uno: Una burocracia se basa en el concepto de autoridad racional-legal.

Principio dos: Los roles organizacionales se mantienen con base en la competencia técnica.

Principio tres: La responsabilidad de la tarea y la autoridad en la toma de decisiones de un rol y su relación con otros roles deben especificarse con claridad.

Principio cuatro: La organización de los roles en una burocracia es tal que cada oficina de nivel inferior en la jerarquía queda bajo el control y la supervisión de una oficina de nivel superior.

Principio cinco: Las reglas, los procedimientos estándar de operación y las normas tienen que usarse para controlar la conducta y la relación entre roles en una organización.

Principio seis: Los actos, las decisiones y reglas administrativas deben formularse y ponerse por escrito.

La autoridad racional-legal es la autoridad que un individuo posee gracias a su posición en una organización. En una burocracia, la obediencia se debe a una persona no por sus cualidades personales (como carisma, dinero o estatus social), sino por el nivel de responsabilidad y autoridad asociados con la posición que ocupa en la organización. Así, obedecemos a un oficial de policía no porque utilice un uniforme y porte una arma, sino porque ese individuo tiene la posición de oficial de policía, lo cual conlleva ciertos poderes, derechos y responsabilidades que imponen obediencia. En teoría, una burocracia es impersonal. Las actitudes y creencias de los individuos no juegan un papel en la determinación de la forma en que opera una burocracia. Si la gente basa sus decisiones y órdenes en sus preferencias personales en vez de en las metas organizacionales, se afectaría la eficacia.

Autoridad racional-legal
Autoridad que un individuo posee gracias a su posición en una organización.

El primer principio de Weber indica que las elecciones que influyen en el diseño de una jerarquía organizacional deberían basarse en las necesidades de la tarea, no en las necesidades de la persona que ejecuta la tarea.[28] Así, los subalternos obedecen al director general por la autoridad y poder que le da su posición, no por la persona que la cubre. Sin embargo, para que una burocracia sea eficaz, debe ser clara la distinción entre los puestos y las personas que los cubren: se nombra o designa a los individuos en los puestos; estos no son de su propiedad.

Principio dos: Los roles organizacionales se mantienen con base en la competencia técnica, no por el estatus, el parentesco o la herencia.

En una jerarquía bien diseñada, las personas ocupan roles porque pueden realizar el trabajo, no por lo que son o lo que saben. Aunque este principio parece evidente y lógico para el funcionamiento de una organización, con frecuencia ha sido ignorado. Por ejemplo, todavía en 1850, una comisión oficial del ejército británico podía venderse a cualquiera que pudiera pagar el precio. Como resultado, la mayoría de los oficiales eran aristócratas ricos que habían tenido escaso o ningún entrenamiento formal en el ejército, por lo que muchos desastres militares fueron el resultado de ese sistema. Actualmente, en muchas organizaciones e industrias, llamadas redes de exalumnos, es decir, de contactos y relaciones personales, las habilidades no relacionadas con la tarea influyen en la decisión sobre quién obtiene un empleo. El uso de tales criterios para cumplir con los roles organizacionales suele ser nocivo para una organización, debido a que se omite a la gente talentosa.

Elegir al mejor para el puesto parecería un principio obvio. En la práctica, sin embargo, seguir tal principio es un proceso difícil que requiere gerentes que vean con objetividad a todos los candidatos potenciales. Las personas deberían siempre recordar que mantener un rol en una organización, en un sentido legal, significa que su trabajo consiste en utilizar con sabiduría los recursos organizacionales para el beneficio de todos los inversionistas y no del propio.

Los primeros dos principios de Weber establecen el rol organizacional (y no al individuo en ese rol) como el componente básico de la estructura burocrática. Los siguientes tres principios especifican cómo debería controlarse el principio de diferenciación.

Principio tres: Debe especificarse con claridad la responsabilidad en la tarea y la autoridad para la toma de decisiones de un rol y su relación con otros roles en la organización.

De acuerdo con el tercer principio de Weber, un patrón claro y consistente en diferenciación vertical (autoridad en la toma de decisiones) y en la diferenciación horizontal (responsabilidad en la tarea) es el fundamento de la eficacia organizacional. Cuando los límites de autoridad y control se especifican para los diversos roles de la organización, las personas en esos roles conocen qué tanto poder tienen para influir en el comportamiento de los demás. De forma similar, cuando las tareas asociadas con diversos roles se especifican con claridad, las personas en esos roles conocen exactamente lo que se espera de ellos. Así, con esos dos aspectos del rol de una persona en una organización claramente definidos, surge un sistema estable donde cada una tiene expectativas y conocimientos claros acerca de los derechos y responsabilidades asignados a otros roles organizacionales. En tal sistema estable, todos los individuos saben qué tanto puede requerirles su supervisor, y estos, qué tanto pueden requerir de sus subalternos. La gente conoce también cómo tratar con sus pares, personas del mismo nivel en la organización, con aquello que son y con quienes no tienen autoridad, y viceversa.

La especificación clara de los roles evita muchos problemas que pueden surgir cuando la gente interactúa. Por ejemplo, si algunas responsabilidades de la tarea se asignan a más de un rol, las personas en esos roles tendrían que luchar por los mismos recursos o demandar responsabilidad por las mismas tareas. ¿Ventas o marketing son responsables por el manejo de las solicitudes de información de los clientes? ¿Quién es responsable de las operaciones de invasión del territorio enemigo, la cabeza del ejército o la cabeza de la fuerza aérea? La milicia es una vasta burocracia donde la división del trabajo entre los servicios castrenses se negocia continuamente para prevenir que surjan tales problemas.

Un patrón claro de diferenciación vertical (autoridad) y horizontal (tarea) también reduce el conflicto y la ambigüedad de roles.[29] El **conflicto de rol** ocurre cuando dos o más personas sostienen diferentes puntos de vista de lo que otra persona debería hacer y, como resultado, tienen demandas en conflicto sobre ese individuo. La persona puede caer en fuego cruzado entre dos supervisores o entre las necesidades de dos grupos funcionales. La **ambigüedad de roles** surge cuando las tareas o la autoridad de una persona no están claramente definidas, y esta teme actuar o tomar la responsabilidad sobre algo. Las descripciones claras de las tareas y de las relaciones de autoridad resuelven los problemas de conflicto y ambigüedad: cuando la gente conoce las dimensiones de su puesto en la organización, se le facilita tomar la responsabilidad de sus acciones e interactuar con los demás.

Conflicto de rol
Estado de oposición que surge cuando dos o más personas sostienen diferentes puntos de vista sobre lo que otra persona debería hacer y, como resultado, tienen demandas en conflicto sobre esa persona.

Ambigüedad de roles
Incertidumbre que ocurre cuando las tareas o la autoridad de una persona no están claramente definidas.

Principio cuatro: La organización de roles en una burocracia es tal que cada oficina de nivel inferior en la jerarquía queda bajo el control y la supervisión de una oficina de nivel superior.

Para controlar las relaciones verticales de autoridad, la organización tiene que estar organizada jerárquicamente, de tal manera que la gente pueda reconocer la cadena de mando.[30] La organización debería delegar a cada persona con un rol la autoridad necesaria para tomar ciertas decisiones y para utilizar ciertos recursos organizacionales. La organización puede entonces mantener en el rol a la persona confiable para el uso de esos recursos. El patrón jerárquico de la diferenciación vertical también clarifica que una persona de nivel inferior en la jerarquía puede acudir con alguien de nivel superior para resolver conflictos en el nivel inferior. En el sistema judicial de Estados Unidos, por ejemplo, los participantes en un juicio acuden a un superior del tribunal para revisar la decisión de una instancia de menor jerarquía, si consideran que se tomó una decisión equivocada. El derecho de apelar a un nivel superior también necesita especificarse en el caso que el subalterno considere que su inmediato superior ha tomado una decisión errónea o injusta.

Principio cinco: Las reglas, los procedimientos estándares de operación y las normas tienen que usarse para controlar la conducta y la relación entre roles en una organización.

Los procedimientos estándar de operación y las reglas son instrucciones explícitas que especifican una serie de acciones que deben tomarse para lograr un fin; por ejemplo: si A, entonces B. Las normas son estándares implícitos o estilos de comportamiento que rigen la manera en que actúan las personas y conducen a la gente a comportarse de forma predecible. Las reglas, los estándares y las normas proporcionan lineamientos conductuales que pueden aumentar la eficiencia, porque especifican la mejor forma de realizar una tarea. Con el tiempo, tales lineamientos deberían cambiar conforme se descubran formas nuevas y mejores de hacer las cosas. La meta es el progreso constante para cumplir con las metas organizacionales.

Las reglas, los estándares de operación y las normas dan claridad a las expectativas de las personas sobre los demás, y previenen malentendidos sobre la responsabilidad o el uso del poder. Tales lineamientos pueden prevenir que un supervisor aumente arbitrariamente la carga de trabajo de un subalterno y evitar que un subalterno ignore las tareas que son parte legítima de su trabajo. Un conjunto simple de reglas determinado por un supervisor de empleados de limpieza (Equipo G) de un edificio de la Universidad de Texas A&M estableció con claridad las responsabilidades de la tarea y aclaró las expectativas (véase la tabla 5.2).

Las reglas y las normas mejoran la integración y coordinación de los roles organizacionales en los diferentes niveles y entre diferentes funciones. La diferenciación vertical y horizontal divide la organización en roles distintos que deben coordinarse e integrarse para lograr las metas organizacionales.[31] Las reglas y normas son aspectos importantes de integración. Especifican cómo interactúan los roles y brindan procedimientos que las personas deberían seguir para realizar conjuntamente una tarea.[32] Por ejemplo, una regla estipula lo siguiente: "Ventas debe notificar a producción con cinco días de anticipación sobre cualquier cambio en los requerimientos del cliente". O una norma

TABLA 5.2 Reglas de conducta del Equipo G

1. Todos los empleados deben llamar a su supervisor antes de las 5:55 A.M. para notificar si se van a ausentar o a llegar tarde.
2. Se tomará acción disciplinaria contra cualquier empleado que abuse de la política de ausencia por enfermedad.
3. Se tomará acción disciplinaria contra cualquier empleado cuya área asignada no cumpla con los estándares de custodia.
4. Si una puerta está cerrada cuando entre a limpiar una oficina, es responsabilidad suya cerrarla de nuevo.
5. Deben usarse diariamente los uniformes y gafetes.
6. Cada empleado es responsable de pulir pasillos y oficinas. Los pasillos deben pulirse cada semana y las oficinas periódicamente.
7. Todo el equipo debe guardarse en clósets durante el descanso de 9 A.M. a 11 A.M.
8. No utilice los elevadores para llevar basura o equipo entre las 8:50 a las 9:05, 9:50 a 10:05, 11:50 a 12:05 o de la 1:50 a las 2:05, para evitar interrupciones en las clases.
9. Trate de trapear los pasillos cuando los estudiantes estén en los salones o trapear los pisos conforme va bajando de cada oficina.
10. Los clósets deben mantenerse limpios y todo el equipo debe estar limpio y funcionando.
11. Se espera que cada empleado salude a los ocupantes del edificio diciendo "buenos días".
12. Siempre toque la puerta antes de entrar a las oficinas y salas de conferencias.
13. No será tolerado hablar fuerte, con insolencias o bromas pesadas dentro de los edificios.
14. Todos los carros de limpieza deberán mantenerse limpios y uniformes.
15. Siempre deberán tener "relaciones públicas" excelentes con los ocupantes.

Su supervisor estará de su lado siempre y cuando el trabajador esté en lo correcto y haciendo aquello que se supone debería hacer. Pero cuando están mal, no hay vuelta de hoja. Intentemos trabajar juntos para mejorar el equipo G porque hay muchos empleados sobresalientes en este equipo.

informal requeriría que meseros que no tienen clientes, o tiene pocos, ayuden a otros meseros que se hayan rezagado en el servicio a los clientes. Es importante nunca subestimar el poder de las reglas, como lo deja en claro el recuadro "Al interior de la organización 5.3".

En el caso que se menciona en el recuadro, desafortunadamente los cambios llegaron muy tarde para salvar la cadena; nada daña tanto a un restaurante como la reputación de mala calidad de los alimentos. Los clientes lo comentan con sus amigos y la noticia se esparce. El episodio China Coast ilustra una lección importante en el diseño organizacional: los gerentes debieron haber planeado una estructura, funcional y probada, antes de embarcarse en ambiciosos intentos de expansión. Por ello, en la actualidad, antes de iniciar una cadena de restaurantes o cualquier otro tipo de negocio, se crea y prueba un prototipo en algún lugar, se solucionan todos los errores en la operación del negocio y se desarrollan las reglas y estándares operativos, codificándolos en manuales de operación antes de lanzar el concepto.

Principio seis: Los actos, las decisiones y reglas administrativas deben formularse y ponerse por escrito.

Cuando las reglas y decisiones se explicitan por escrito, se convierten en guías oficiales de la forma en que trabaja la organización. Por lo tanto, aun cuando un empleado abandone una organización, la indicación de lo que esa persona hacía forma parte de los registros escritos de la organización. Una estructura burocrática brinda una organización con memoria, y es responsabilidad de sus miembros capacitar a sus sucesores y asegurarse de la continuidad en la jerarquía organizacional. Los registros escritos también aseguran que la historia organizacional no puede alterarse y que la gente se responsabilice de sus decisiones.

Las ventajas de la burocracia

Casi cualquier organización posee algunas características burocráticas.[33] La primera ventaja de la burocracia es que se basa en reglas fundamentales para diseñar una jerarquía organizacional que controle eficientemente las interacciones entre los niveles organizacionales.[34] La burocracia

Al interior de la organización 5.3

Nunca subestime el poder de las reglas

General Mills, el fabricante de cereales mejor conocido por el cereal Cheerios y el yogurt Yoplait, creó dos de las más reconocidas cadenas de restaurantes en Estados Unidos, Red Lobster y Olive Garden. Inspirados por su éxito, los gerentes decidieron que podrían usar las habilidades y experiencia que habían obtenido al operar esas cadenas de restaurantes para iniciar una nueva cadena especializada en comida china. La llamaron China Coast. Abrieron un prototipo en Orlando, Florida, donde los clientes quedaron favorablemente impresionados por la decoración y los alimentos.

Los ejecutivos de General Mills estaban entusiasmados por la respuesta positiva de los clientes hacia el nuevo restaurante y decidieron que podían expandir la cadena con rapidez. Operando a una velocidad vertiginosa, abrieron 38 nuevas ubicaciones en nueve estados. Sin embargo, con la cadena de restaurantes funcionando, comenzaron a surgir problemas. Los clientes ya no estaban tan entusiasmados sobre la calidad de los alimentos o el servicio al cliente, por lo que las ventas cayeron. ¿Qué había salido mal?

Aparentemente, en el intento de abrir tantos restaurantes en tan poco tiempo, los gerentes perdieron el control de la calidad. La comida china es difícil de preparar adecuadamente y los empleados requieren mucha capacitación, si se desea mantener la calidad consistentemente alta. En toda la compañía, los altos ejecutivos habían creado un conjunto de estándares de calidad para los alimentos que debían seguirse, pero los gerentes de los restaurantes fallaron en asegurarse de que se cumplieran dichos estándares. Además, en el prototipo de Orlando hubo quejas de los consumidores sobre la calidad del servicio, que no fueron reportadas a los gerentes. Buscando las razones del fracaso de los nuevos negocios para seguir los estándares de la compañía, los directivos descubrieron que el principal problema había sido que no pusieron el conjunto correcto de reglas burocráticas en su lugar.

Los gerentes de restaurantes no recibieron suficiente capacitación para la operación de los restaurantes. Los directivos no crearon suficientes reglas y estándares de operación para que los gerentes los siguieran o enseñaran a sus empleados, es decir, los cocineros que preparaban los alimentos y los meseros. Los directivos decidieron que cada gerente de restaurante debería recibir un curso intensivo de capacitación durante cuatro meses, en el cual se le enseñarían las reglas que deberían seguir para preparar y servir los alimentos. Las reglas se establecerían por escrito y serían formalizadas en un manual de operaciones que los gerentes deberían llevar a sus restaurantes como referencia cuando capacitaran a sus empleados.

Para asegurarse de que los gerentes de restaurante siguieran las reglas para garantizar la alta calidad en alimentos y servicio al cliente, los ejecutivos de General Mills crearon un nuevo nivel de gerentes: gerentes regionales, cuya responsabilidad era supervisar a los gerentes de los restaurantes. Los gerentes regionales también eran responsables de dar capacitación adicional a los gerentes de restaurantes sobre la introducción de nuevos platillos en el menú, así como de informarles cualquier cambio en los procedimientos de operación que los directivos hubieran desarrollado para mejorar el desempeño de cada restaurante.

especifica con claridad las relaciones entre la autoridad vertical y la tarea horizontal, lo cual significa que no hay duda sobre la función de cada individuo en la organización. Las personas deben ser responsables de lo que hacen, reduciendo así los costos de transacción que surgen cuando los individuos negocian continuamente y definen sus roles organizacionales. De forma similar, la especificación de los roles y el uso de reglas, procedimientos estándar de operación y normas para regular cómo se ejecutan las tareas, reducen los costos asociados con la supervisión del trabajo de los subalternos, a la vez que aumentan la integración dentro de la organización. Finalmente, las reglas explícitas relacionadas con la recompensa y el castigo, como las reglas de promoción y despido, reducen los costos del fortalecimiento y la evaluación del desempeño del trabajador.

Otra ventaja de la burocracia consiste en separar la posición de la persona. La justicia y equidad de la selección, así como la evaluación y los sistemas de recompensas de la burocracia, alientan a los miembros de la organización a avanzar en la búsqueda de los intereses de todos los inversionistas, así como a lograr las expectativas organizacionales.[35] La burocracia brinda a las personas la oportunidad de desarrollar sus habilidades y transmitirlas a sus sucesores. De esta forma, una burocracia persigue la diferenciación, aumenta las competencias clave de la organización y mejora su capacidad para competir por los recursos en el mercado contra otras organizaciones.[36] Las burocracias proporcionan la estabilidad necesaria para que los miembros organizacionales se formen una visión a largo plazo de la organización y de su relación con el ambiente.

Si una burocracia se basa en lineamientos tan claros para asignar la autoridad y el control en una organización, ¿por qué la palabra burocracia se considera negativa en algunas culturas y por qué los términos *burócrata* y *trámite burocrático* se toman casi como insultos? ¿Y por qué las estructuras burocráticas generan ese sentimiento?

Uno de los problemas que surge con el tiempo dentro de la burocracia es que los gerentes fallan al controlar el desarrollo adecuado de la jerarquía organizacional, de la forma expuesta por Weber. Como resultado, las organizaciones a veces se vuelven muy alargadas, centralizadas y rígidas. La toma de decisiones se hace más lenta, la organización comienza a estancarse y los costos burocráticos se incrementan porque los gerentes empiezan a realizar el trabajo de los demás.

Otro problema con la burocracia es que los miembros organizacionales se apoyan demasiado en las reglas y los estándares de operación para tomar decisiones, de modo que esta dependencia excesiva los hace insensibles ante las necesidades de los clientes y de otros inversionistas. Los miembros de la organización pierden de vista el hecho de que su trabajo es crear valor para sus inversionistas. En vez de ello, su meta principal es seguir reglas y procedimientos, así como obedecer a la autoridad para proteger sus posiciones e intereses personales.

A las organizaciones que sufren esos problemas se les acusa de ser burocráticas o de estar dirigidas por burócratas. Sin embargo, siempre que escuchamos esto, debemos ser cuidadosos para distinguir entre los principios de la burocracia y las personas que manejan organizaciones burocráticas. Recuerde: no existe nada intrínsecamente negativo o ineficiente en la burocracia. Cuando las organizaciones se tornan muy burocráticas, el error es de las personas que la administran, con gerentes que prefieren el poder y el estatus en vez de operarla con eficiencia, que buscan proteger su trayectoria más que a su organización, y que prefieren usar los recursos para beneficiarse a sí mismos en vez de a sus inversionistas. De hecho, una técnica que sirve para mitigar tales problemas es la administración por objetivos (APO), aunque debe tenerse cuidado para asegurarse de que un sistema de APO se base en los principios de Weber.

Administración por objetivos

Para proporcionar un marco de referencia dentro del cual evaluar el comportamiento de los subalternos y, en particular, para permitir a los gerentes supervisar el progreso hacia el logro de las metas, muchas organizaciones implementan alguna versión de la **administración por objetivos (APO)**, que es un sistema de evaluación de la capacidad de los subalternos para alcanzar las metas organizacionales, o los estándares de desempeño, y para negociar el presupuesto para gastos de operación. La mayoría de las organizaciones usan la APO porque no tiene sentido establecer metas y luego fallar en evaluar si se están alcanzando o no. La APO incluye tres pasos específicos:

Administración por objetivos (APO)
Sistema de evaluación de la capacidad de los subalternos para lograr las metas organizacionales específicas o los estándares de desempeño, así como para negociar el presupuesto para gastos de operación.

PASO 1 *Se establecen metas y objetivos específicos en cada nivel de la organización.*

La administración por objetivos inicia cuando los directivos establecen objetivos organizacionales generales, como las metas de desempeño financiero específicas. Luego, se difunden objetivamente a toda la organización mientras los gerentes de los niveles divisional y funcional establecen sus objetivos para lograr los objetivos corporativos. Finalmente, los ejecutivos de primer nivel y los trabajadores en conjunto establecen los objetivos que contribuirán al logro de las metas funcionales.

PASO 2 *Los gerentes y los subalternos determinan juntos las metas de los subalternos.*

Una característica importante de la administración por objetivos es su naturaleza participativa. Los gerentes de cada nivel se sientan con los gerentes subalternos, quienes les reportan directamente, y juntos determinan metas factibles y adecuadas para el subalterno, a la vez que negocian el presupuesto que necesitará el subalterno para lograr esas metas. La participación de los subalternos en el proceso de establecimiento de objetivos es una manera de fortalecer su compromiso para el logro de sus metas y ajustarse a sus presupuestos. Otra razón por la cual es tan importante que los subalternos (individuos y equipos) participen en el establecimiento de metas es que pueden expresar a los gerentes lo que realmente creen que pueden lograr.

PASO 3 *Los gerentes y sus subalternos revisan periódicamente el progreso de los subalternos en el logro de las metas.*

Una vez que se han acordado los objetivos específicos para los gerentes de cada nivel, estos gerentes son responsables de lograr dichos objetivos. Periódicamente, se sientan con sus subalternos para evaluar su progreso. Por lo regular, los aumentos salariales y las promociones están vinculados al proceso de establecimiento de metas y los gerentes que las logran reciben recompensas mayores que quienes no las consiguen (el aspecto sobre cómo diseñar sistemas de recompensas para motivar a ejecutivos y empleados, se revisa en el capítulo 10).

En las compañías que tienen responsabilidad descentralizada en equipos para la producción de bienes y servicios, en particular equipos interfuncionales, la administración por objetivos funciona con algunas diferencias. Los gerentes solicitan a cada equipo que desarrolle un conjunto de metas y propósitos de desempeño que cada equipo espera lograr, consistente con los objetivos organizacionales. Luego, los gerentes negocian con cada equipo para establecer sus metas finales y el presupuesto que el equipo necesitará para lograrlas. El sistema de recompensas está vinculado con el desempeño del equipo, no con el de algún miembro del mismo.

Implicaciones administrativas

Uso de la burocracia para beneficio de la organización

1. Si las jerarquías organizacionales sirven para que las organizaciones funcionen eficazmente, así como para evitar los problemas de sobreburocratización, tanto los gerentes como los empleados deben seguir los principios burocráticos.
2. Tanto los gerentes como los empleados deberían pensar que no son dueños de sus puestos en la organización, y que es su responsabilidad usar su autoridad y control sobre los recursos para beneficiar a los inversionistas, y no a sí mismos.
3. Los gerentes tienen que luchar por tomar decisiones de recursos humanos como contratar, promover o recompensar a los empleados tan justa y equitativamente como sea posible. Los gerentes no deberían permitir que las personalidades o relaciones influyan sus decisiones; asimismo, los empleados deberían reclamar a los gerentes cuando sientan que sus decisiones son inadecuadas.
4. Periódicamente, los miembros de un grupo de trabajo o función tienen que reunirse para garantizar que las relaciones que reportan son claras y no ambiguas, y que las reglas que usan los miembros para tomar decisiones satisfacen las necesidades reales.
5. Tanto los gerentes como los empleados deberían adoptar una actitud que cuestione la forma como funciona la organización, con la finalidad de develar los supuestos y las creencias en los que opera. Por ejemplo, para asegurarse de que no están gastando los recursos organizacionales con acciones innecesarias, deberían preguntarse lo siguiente: "¿es realmente necesaria esa regla o estándar de operación?" y "¿quién leerá el reporte que estoy escribiendo?". Un sistema de administración por objetivos también ayuda a los gerentes a evaluar el funcionamiento de su estructura jerárquica.

Una compañía que ha invertido un tiempo considerable para desarrollar un sistema formal de administración por objetivos es Zytec Corporation, el fabricante líder de suministros para computadoras y otros dispositivos electrónicos. Cada trabajador y gerente de Zytec participa en el establecimiento de metas.

Los gerentes primero deben establecer equipos interdisciplinarios para crear un plan de cinco años para la empresa y establecer objetivos generales para cada función. Este plan es revisado por los empleados de todas las áreas de la empresa. Evalúan viabilidad del plan y hacen sugerencias acerca de cómo modificar o mejorarlo. Cada función se utiliza en los objetivos generales del plan de establecer metas más específicas para cada gerente y cada equipo en la organización; estas metas se revisan con los gerentes. El sistema de DPO en Zytec es para toda la organización y plenamente participativo, y el rendimiento son revisados tanto de un informe anual y un plazo de cinco años horizonte. Zytec sistema de dirección por objetivos ha sido muy eficaz. No sólo los gastos de organización disminuyeron drásticamente, la compañía también ganó el premio Baldrige a la calidad.

Influencia de la organización informal

La jerarquía de autoridad diseñada por la administración que asigna a las personas y los recursos tareas y roles organizacionales es un proyecto de cómo suponen que deben suceder las cosas. Sin embargo, con frecuencia en todos los niveles de la organización, la toma de decisiones y la coordinación ocurre fuera de los canales formalmente diseñados y donde las personas interactúan informalmente en el trabajo. Más aún, muchas de las reglas y normas que los empleados usan para realizar sus tareas surgen de relaciones informales entre ellos, y no del proyecto formal y de las reglas establecidas por los gerentes. Por lo tanto, conforme se establece una estructura formal de roles interrelacionados, los gerentes crean también una estructura social informal que afecta el comportamiento en formas que quizá no sean intencionales. La importancia de comprender la forma en que se desarrolla la red de relaciones personales con el tiempo en una organización, es decir, la organización informal, afecta el funcionamiento de la jerarquía formal, como se ilustra en el recuadro "Al interior de la organización 5.4".[37]

En la situación que se trata en ese recuadro, al reintroducir la jerarquía formal de autoridad, el nuevo equipo de administración cambió totalmente la organización informal que había regido la manera en que los trabajadores pensaban que debían actuar. Los cambios destruyeron las normas que lograron que la planta funcionara sin dificultad (aunque no era así desde la perspectiva

Al interior de la organización 5.4

Huelga de trabajadores en la planta de yeso

El yeso es un mineral que se extrae de la tierra y, luego, se tritura, se refina y se compacta en paneles. Una mina de yeso y planta de procesamiento propiedad de la compañía General Gypsum se localizaba en una comunidad rural, y los granjeros y jornaleros con frecuencia aumentaban sus ingresos trabajando en la planta.[38] La situación en la mina era estable, el equipo de gerentes tenía muchos años laborando ahí y los trabajadores sabían exactamente lo que debían hacer. La coordinación de la planta se hacía mediante rutinas informales acordadas tanto por los gerentes como por los trabajadores. Estos últimos determinaron un día laborable justo por un día de pago justo. Por su parte, la administración era muy liberal, ya que permitía a los trabajadores tomar los paneles de yeso de desperdicio para su uso personal y pasar por alto las inasistencias al trabajo, lo cual era bastante común durante la temporada de cosecha.

La situación cambió cuando la oficina corporativa mandó a un nuevo gerente de planta para encargarse de las operaciones de la planta y mejorar su productividad. Cuando el nuevo gerente llegó, quedó sorprendido por la situación. No podía entender cómo el gerente anterior había permitido que los trabajadores se llevaran los paneles de yeso, que rompieran las reglas laborales (como aquellas relacionadas con el ausentismo) y que de cualquier forma sacaran ventaja de la compañía. Él decidió que esas prácticas tenían que terminar y aplicó acciones para cambiar la forma en que la compañía operaba.

Empezó por reactivar las reglas y los procedimientos formales que, aunque siempre existieron, nunca fueron implementados por el equipo anterior. Reinstituyó las reglas concernientes al ausentismo y sancionó a los trabajadores que faltaban en exceso. Detuvo la práctica informal de permitir a los empleados que se llevaran los paneles de yeso, aun cuando costaran centavos, y tomó acciones formales para restablecer la autoridad administrativa en la planta. En resumen, restauró la estructura formal de la organización para que funcionara mediante una jerarquía rígida de autoridad y con reglas estrictamente impuestas, que evitaran seguir siendo complacientes con los trabajadores.

Los resultados fueron inmediatos. La fuerza de trabajo abandonó la planta y, en una serie de paros laborales, se negó a regresar hasta que se restableciera el sistema anterior. A los trabajadores no les interesaba que las reglas y los procedimientos formales hubieran estado siempre en los libros. Se acostumbraron a las viejas rutinas informales y las querían de vuelta. Finalmente, después de prolongadas negociaciones sobre las nuevas prácticas laborales, el sindicato y la compañía lograron un acuerdo que definió las esferas relativas de autoridad de la administración y del sindicato, y establecieron un sistema burocrático para manejar las futuras disputas. Cuando las nuevas rutinas laborales quedaron establecidas, terminó la huelga.

de los directivos). No obstante, el resultado de cambiar la organización informal fue una baja productividad debida a las huelgas.

Este ejemplo muestra que los gerentes necesitan considerar los efectos de la organización informal sobre el comportamiento tanto individual como grupal cuando introducen cualquier cambio organizacional. Con frecuencia la alteración de la estructura formal perjudica las normas informales que permiten que la organización funcione. Ya que una organización es una red de relaciones sociales informales, así como una jerarquía de tareas formales y relaciones de autoridad, los gerentes deben aprovechar el poder de la organización informal para ayudar a lograr las metas organizacionales.

La gente en las organizaciones hace esfuerzos enormes para aumentar su estatus y prestigio, y siempre desea que los demás la reconozcan. Cada organización tiene una organización informal establecida que no aparece en ningún organigrama formal pero que es conocida por todos los empleados. Mucho de lo que se hace en una organización se realiza mediante la organización informal, de cuestiones que no se revelan en el organigrama formal. Los gerentes necesitan considerar cuidadosamente las implicaciones de las interacciones entre las jerarquías formal e informal cuando cambian las formas para motivar y coordinar a los empleados.

La organización informal suele mejorar realmente el desempeño organizacional. Los nuevos enfoques del diseño organizacional afirman que los gerentes necesitan recurrir al poder de la organización informal para aumentar la motivación, y brindar caminos informales a los empleados para mejorar el desempeño organizacional. La estructura jerárquica formal es el principal mecanismo de control; no obstante, los gerentes deberían usar la estructura informal junto con la formal para permitir que los trabajadores solucionen sus problemas.

Tecnología de la información, facultación y equipos autodirigidos

Una tendencia importante y acelerada, resultado de los avances en la tecnología de la información (TI), es el uso cada vez mayor de los trabajadores facultados, los equipos autodirigidos, los equipos interfuncionales, y los trabajadores temporales o contingentes. La TI está facilitando a los gerentes el diseño de una estructura eficaz en costos, y un sistema de control que les dé mucho más y mejor información sobre las actividades de los subalternos, que evalúe el desempeño funcional y que intervenga lo necesario para lograr mejor las metas organizacionales. La TI, que proporciona una forma de estandarizar la conducta mediante el uso de una plataforma de software consistente y con frecuencia interfuncional, es un medio importante para controlar el comportamiento. Cuando los empleados o las funciones utilizan la misma plataforma de software para proporcionar información actualizada sobre sus actividades, se codifica y estandariza el conocimiento organizacional y facilita supervisar el progreso hacia las metas. La TI brinda a las personas de todos los niveles de la jerarquía más de la información y el conocimiento que necesitan para llevar a cabo sus funciones de forma eficaz. Por ejemplo, los trabajadores son capaces de acceder de manera fácil a la información de otros trabajadores a través de sistemas de software interfuncional, que los mantenga informados acerca de los cambios en diseño del producto, en ingeniería, en programas de fabricación y en planes de marketing que impactarán sus actividades. De esta forma, la TI se basa y apoya la estructura de roles y tareas que por lo general se considera como la estructura organizacional "real".

Así, el aumento en el uso de la TI ha favorecido una descentralización de la autoridad en las organizaciones y a un incremento en el uso de equipos. Como se indicó con anterioridad, descentralizar la autoridad a empleados de menor nivel y asignarlos en equipos reduce la necesidad de la supervisión directa y personal por parte de los gerentes, y así las organizaciones se aplanan. El **facultamiento** es el proceso de dar a los empleados de todos los niveles de la jerarquía organizacional la autoridad para tomar decisiones importantes y responsabilizarse de sus resultados. Los **equipos autodirigidos** son grupos formales de trabajo, constituidos por personas cuya responsabilidad conjunta es garantizar que el equipo logre sus metas y que son facultados para guiarse a sí mismos. Los **equipos interfuncionales** son grupos formales de trabajo entrenados por empleados de todas las funciones de la organización, y que están facultados para dirigir y coordinar las actividades de creación de valor necesarias para realizar los programas o proyectos diferentes.

Facultamiento
Proceso de otorgar a los empleados de toda la organización la autoridad para tomar decisiones importantes y responsabilizarse por sus resultados.

Equipos autodirigidos
Grupos de trabajo constituidos por personas que comparten la responsabilidad de garantizar que el equipo logre sus metas y que están facultados para gestionarse a sí mismos.

Equipos interfuncionales
Grupos formales de trabajo formados por empleados de todas las funciones de la organización que están facultados para dirigir y coordinar las actividades de creación de valor necesarias para realizar los diferentes programas o proyectos.

El movimiento para aplanar las organizaciones facultando a los trabajadores ha ido en aumento desde la década de 1990 y ha tenido gran éxito de acuerdo con muchas historias de la prensa popular. Sin embargo, mientras algunos comentaristas predicen "el final de la jerarquía", y el surgimiento de nuevas formas organizacionales basadas tan solo en relaciones laterales, tanto dentro de las funciones como entre estas, otros no están tan seguros, pues argumentan que incluso una organización plana, basada en equipos que se componen de trabajadores facultados, debe poseer una jerarquía y un mínimo de reglas y estándares de operación, si la organización quiere tener el control suficiente sobre sus actividades. Las organizaciones sacrifican las ventajas de la estructura burocrática únicamente bajo su riesgo.[39] El desafío de los gerentes consiste en combinar los mejores aspectos de ambos sistemas: de la estructura burocrática y de los grupos de trabajo facultados. En esencia, lo que esto conlleva es que los gerentes deben cerciorarse de que tienen la mezcla correcta de estructura mecanicista y orgánica para enfrentar las contingencias que surjan. Los gerentes deberían usar los principios burocráticos para construir una estructura mecanicista y mejorar la capacidad de la organización para actuar de manera orgánica, mediante el facultamiento de los empleados y haciendo de los equipos la forma principal de aumentar el nivel de integración en una organización.

Finalmente, conforme las organizaciones van aplanando sus estructuras, surge una tendencia cada vez mayor para que las compañías empleen trabajadores contingentes o eventuales con costos de operación bajos. Los **trabajadores contingentes** son aquellos que la organización contrata por periodos y que no reciben prestaciones indirectas como pensión o servicio médico. Esta clase de trabajadores pueden laborar por día, semana o mes desarrollando una tarea funcional o también contratarse con la organización por una cuota o tarifa para desarrollar un servicio específico para la organización. Así, por ejemplo, una organización emplearía a 10 contadores temporales para "llevar los libros" cuando sea el momento, o bien, contratar a un programador de software para elaborar un programa especializado por una tarifa fija.

Trabajadores contingentes
Trabajadores que la organización contrata por periodos temporales y que no reciben prestaciones indirectas como pensión o servicio médico.

Las ventajas que obtiene una organización de los trabajadores temporales es que cuestan menos, ya que no reciben prestaciones indirectas y pueden dejarse ir fácilmente cuando sus servicios ya no sean necesarios. No obstante, también se relacionan algunas desventajas con los trabajadores temporales. Primera, quizá haya problemas de coordinación y motivación porque los trabajadores eventuales podrían estar menos incentivados para desempeñarse a un buen nivel, dado que no existe una probabilidad de promoción o de seguridad en el puesto. Segunda, las organizaciones deben desarrollar competencias clave en sus funciones para obtener ventaja competitiva, y es poco probable que los trabajadores contingentes ayuden a desarrollar tales competencias, pues no permanecen mucho tiempo en la organización ni se comprometen demasiado con ella.

No obstante, se estima que actualmente 20% de la fuerza laboral estadounidense consiste en trabajadores contingentes y se espera que esta figura se incremente, mientras los gerentes trabajan para encontrar nuevas formas para reducir los costos burocráticos. De hecho, un método que los gerentes ya están utilizando para mantener planas sus estructuras es el uso de estructuras de subcontratación y de redes, que se estudiarán con detalle en el siguiente capítulo.

Resumen

Las metas y los objetivos de los inversionistas pueden lograrse tan solo cuando las habilidades y competencias organizacionales están controladas por una estructura organizacional. Las actividades de los miembros organizacionales serían caóticas sin una estructura que asignara roles a los individuos y dirigiera las actividades de la gente y sus funciones.[40] En este capítulo se analizó cómo las organizaciones deberían diseñar su jerarquía de autoridad y elegir sistemas de control que creen una estructura organizacional eficaz. La forma de la jerarquía determina cómo ocurre la toma de decisiones. También determina cómo las personas motivadas buscarán las metas organizacionales. Diseñar la jerarquía debería ser una de las tareas principales de la gerencia, pero, como hemos visto, es una tarea que muchas organizaciones no hacen bien o no lo consideran importante. El capítulo 5 marcó los siguientes puntos principales:

1. La altura de la estructura organizacional está en función del número de niveles en la jerarquía, el espacio de control en cada nivel, así como el equilibrio entre centralización y descentralización de la autoridad.
2. Conforme una organización crece, el aumento en el tamaño del componente administrativo es menor, en proporción al incremento en el tamaño de la organización.
3. Los problemas con las jerarquías muy verticales incluyen los de comunicación, motivación y costos burocráticos.
4. De acuerdo con el principio de la cadena mínima de mando, una organización debería elegir el número mínimo de niveles jerárquicos consistente con las contingencias que enfrenta.
5. El espacio de control es el número de subalternos que un gerente administra directamente. Los dos factores principales que afectan el espacio de control son la complejidad y la interrelación de la tarea.
6. La forma de la jerarquía y la manera en que funciona también se ven afectadas por elecciones referentes a la diferenciación horizontal, centralización versus descentralización, diferenciación versus integración, estandarización versus ajuste mutuo y la influencia de la organización informal.
7. Los seis principios de la teoría burocrática especifican la forma más eficaz para diseñar la jerarquía de autoridad en una organización.
8. La burocracia tiene varias ventajas: es justa y equitativa y puede promover la eficacia de la organización al mejorar el diseño organizacional. Sin embargo, pueden surgir problemas si los principios burocráticos no se siguen y si los gerentes permiten que la organización se vuelva demasiado vertical y centralizada.
9. Los gerentes necesitan reconocer cómo la organización informal afecta la manera en que funciona la jerarquía formal de autoridad, así como asegurarse de que ambas se ajusten para enriquecer el desempeño organizacional.
10. Para mantener sus organizaciones tan planas como sea posible, los gerentes están haciendo cada vez más uso de la tecnología de la información, y creando equipos de trabajo autodirigidos con trabajadores facultados, y/o contratando trabajadores contingentes o temporales.

Preguntas para análisis

1. Elija una organización pequeña de su ciudad, como un restaurante o una escuela, y elabore un organigrama que muestre su estructura. ¿Cree que el número de niveles en su jerarquía y el espacio de control en cada nivel sea el adecuado? ¿Por qué?
2. ¿De qué formas pueden la organización informal y las normas y los valores de su cultura afectar la forma de una organización?

3. ¿Qué factores determinan la autoridad y la estructura de control adecuados en *a*) un laboratorio de investigación y desarrollo, *b*) una tienda departamental grande y *c*) una compañía de manufactura pequeña?
4. ¿Cómo los principios de la burocracia pueden ayudar a los gerentes a diseñar la jerarquía organizacional?
5. ¿Cuándo la burocracia se convierte en un problema en la organización? ¿Qué pueden hacer los gerentes para prevenir los problemas burocráticos?

Teoría organizacional en acción

Poner en práctica la teoría organizacional

Cómo diseñar una jerarquía

Formen grupos de tres a cinco integrantes y debatan el siguiente escenario:

Ustedes son los gerentes encargados de reducir los elevados costos de operación. Han sido instruidos por el director general para eliminar 25% de los puestos gerenciales de la compañía y, luego, reorganizar los puestos restantes para que la organización siga ejerciendo la supervisión adecuada sobre sus empleados.

1. ¿Cómo analizarían la jerarquía organizacional para decidir qué puestos deberían cortarse primero?
2. ¿Cómo serían capaces de garantizar la supervisión adecuada con menos gerentes?
3. ¿Qué podrían hacer para ayudar a que el proceso de recorte de personal fuera menos doloroso para los que se van y para los que se quedan?

Dimensión ética 5

Suponga que una organización está eliminando gerentes altos y medios. Algunos gerentes encargados de resolver quiénes se van podrían decidir mantener a los subalternos que les agradan y que les obedecen, en vez de aquellos que sean difíciles o muy buenos. Podrían decidir despedir a los subalternos con los salarios más altos aun cuando sean muy buenos en su puesto. Piense en los aspectos éticos involucrados en el diseño de una jerarquía y en su efecto sobre los inversionistas.

1. ¿Qué reglas éticas deberían usar los gerentes cuando decidieran a quien eliminar y cuándo rediseñar su jerarquía?
2. Algunas personas argumentan que los empleados que han trabajado durante varios años para una organización tienen un derecho en la organización, por lo menos tan fuerte como el de sus accionistas. ¿Qué piensa usted de la ética de esta posición? ¿Pueden los empleados reclamar la "propiedad" de sus puestos, si han contribuido significativamente al éxito de la organización?

Establecer contacto 5

Encuentre un ejemplo de una compañía que recientemente haya cambiado su jerarquía de autoridad o su equipo de directivos. ¿Qué cambios se hicieron? ¿Por qué se hicieron? ¿Qué se espera lograr como resultado de ellos? ¿Cuál fue el resultado de los cambios?

Análisis de la organización: Módulo de diseño 5

Este módulo se enfoca en la diferenciación vertical, así como en la comprensión de la jerarquía administrativa de su organización y de la forma en que la organización distribuye la autoridad para la toma de decisiones.

Tarea

1. ¿Cuántos individuos emplea la organización?
2. ¿Cuántos niveles tiene la jerarquía organizacional?
3. ¿La organización es vertical o plana? ¿La organización experimenta cualquiera de los problemas asociados con las jerarquías verticales? ¿Cuáles?
4. ¿Cuál es el rango de control del director general? ¿Este espacio es adecuado, o es muy amplio o muy estrecho?
5. ¿Cómo afectan la forma de la organización la centralización, la estandarización y la diferenciación horizontal?
6. ¿Cree usted que su organización haya hecho un buen o un mal trabajo en la administración de su jerarquía de autoridad? Exponga cinco razones para su respuesta.

CASO PARA ANÁLISIS

Ursula Burns sustituye a Anne Mulcahy como director general de Xerox

A principios del siglo XXI Xerox, la reconocida compañía de copiado, estaba cercana a la bancarrota por los dinámicos competidores japoneses que vendían copiadoras digitales a bajo precio, lo cual volvía obsoleto el proceso de copiado mediante equipos de Xerox. El resultado fue una caída vertiginosa en las ventas, pues mientras los clientes estadounidenses compraban las copiadoras japonesas, Xerox perdía miles de millones de dólares. Xerox buscó un nuevo director general que poseyera las habilidades administrativas para revitalizar la línea de producto y la persona elegida para liderar la transformación de la compañía fue Anne Mulcahy, una veterana de 26 años en Xerox. Mulcahy empezó su carrera como vendedora de Xerox y, luego, fue transferida a la administración de recursos humanos; después, se utilizaron sus habilidades de liderazgo y comunicación para elevarla a la jerarquía de la compañía y convertirse en su presidenta.

Como la nueva directora general, el mayor reto organizacional que enfrentó Mulcahy fue encontrar las formas para reducir los altos costos de operación de Xerox y, al mismo tiempo, encontrar los mecanismos para desarrollar nuevas líneas de copiadoras. En específico, debía decidir cómo invertir el dinero de investigación de la compañía para desarrollar nuevos tipos de copiadoras digitales que volvieran a atraer a los clientes, y generar ganancias e ingresos nuevos. Lograr simultáneamente ambos objetivos es uno de los retos más grandes que un administrador puede enfrentar y lo bien que ella desarrollara esas tareas determinaría el destino de Xerox y, por consiguiente, su sobrevivencia.[41]

Para encontrar una solución a este problema, Mulcahy, conocida como una persona sencilla quien como directora general prefería permanecer con perfil bajo, enfocó sus esfuerzos en involucrarse y escuchar la descripción de sus problemas a los gerentes, empleados y clientes de Xerox. Mulcahy inició una serie de juntas locales con los empleados, pidiéndoles a todos su creatividad y su mejor esfuerzo, pero también les advirtió que estaban por venir tiempos difíciles y que sería necesario despedir gente. Al mismo tiempo, enfatizó que solo su motivación para trabajar duro y encontrar formas para reducir gastos y desarrollar nuevos productos salvaría a la compañía. Para descubrir cómo invertir mejor su presupuesto de investigación y desarrollo, Mulcahy hizo de la investigación de intereses de los clientes su principal prioridad. Insistió en que todos los gerentes e ingenieros de todos los niveles visitaran y platicaran con los clientes para descubrir lo que más deseaban de las nuevas copiadoras digitales y de Xerox. Durante una de sus iniciativas llamada “Focus 500”, que requería que los 200 ejecutivos más altos de Xerox visitaran a los 500 clientes principales, Mulcahy llegó a apreciar las habilidades de Ursula Burns, quien se había incorporado a Xerox cuatro años antes y establecía con rapidez su reputación como una administradora que sabía motivar y liderar a los empleados. Burns había iniciado su trayectoria como ingeniero mecánico y ahora era la gerente de las actividades de fabricación y de cadena de suministros, la fuente principal de sus altos costos de operación.

Escuchando tanto a empleados como a clientes, Mucahy, Burns y los ingenieros de Xerox obtuvieron el conocimiento que les permitió transformar la línea de producto de la compañía. Su meta era consumir los escasos fondos de investigación y desarrollo para desplegar dos nuevas líneas de copiadoras digitales: una línea de máquinas copiadoras digitales a color de última tecnología para grandes negocios, y otra línea de copiadoras económicas que ofrecieran calidad, velocidad y precios que incluso los competidores japoneses no lograran igualar. Para reducir costos, Mulcahy se vio forzada a aplanar la jerarquía administrativa de Xerox y a hacer rentables sus unidades de operación reduciendo el número de empleados de 95,000 a 55,000 y recortando 26% de los ejecutivos corporativos. Para 2008 estaba claro que Mulcahy y sus gerentes, en particular Ursula Burns, quien ahora era la segunda en importancia después de Mulcahy, habían diseñado un plan exitoso para salvar a Xerox; además, todos sus empleados se comprometieron a trabajar juntos para la mejora continua de sus productos y su desempeño.

Continuando en el trabajo cercano con los clientes, Mulcahy y Burns desarrollaron nuevas estrategias para Xerox, basándose en mejores productos y servicios. Al hablar con clientes de Xerox, por ejemplo, quedó claro que deseaban una combinación de software y hardware que permitiera crear documentos personalizados de alta calidad para sus propios clientes. Los bancos, las tiendas departamentales y los pequeños negocios necesitaban software personalizado para imprimir los documentos individuales de los clientes, por ejemplo. Mulcahy decidió hacer crecer los servicios personalizados de Xerox para cubrir esas necesidades especializadas. También decidió replicar las operaciones de ventas y de servicio al cliente de Xerox en todo el mundo, y personalizarlas a las necesidades de los clientes de cada región. El resultado fue que se dispararon las ganancias.

En 2009 Mulcahy decidió que Ursula Burns debería convertirse en la próxima directora general.[42] La transferencia de poder de una mujer directora a otra dentro de la misma compañía es excepcional y Burns es también la primera mujer afroamericana que encabeza una compañía pública tan grande como Xerox. Dentro de los meses por venir Burns anunció su iniciativa de adquirir Affiliated Computer Services por 6.4 mil millones de dólares, de tal forma que Xerox pueda aumentar su desarrollo y brindar un servicio altamente personalizado para el cliente. Burns señaló que la adquisición representaría un cambio importante porque triplicaría los ingresos por servicio de Xerox en más de 10 mil millones de dólares, así como los ingresos totales de la compañía en 22 mil millones de dólares. Incluso se esperaba ahorrar 400 millones de dólares en costos. Las acciones de Xerox aumentaron 40% desde que Burns fue nombrada directora general y, en 2011, con Ursula Burns a la cabeza, el futuro de Xerox luce brillante.

Preguntas para análisis

1. ¿De qué formas *a*) el aplanamiento de la jerarquía y *b*) la centralización/descentralización de la autoridad ayudarían a una organización como Xerox a mejorar su desempeño?
2. ¿Qué tipos de factores cambian la decisión de centralizar o descentralizar la autoridad en un ambiente de cambios rápidos como el de la industria de servicios de documentos digitales?

Referencias

[1] J. R. Galbraith, *Designing Complex Organizations* (Reading, MA: Addison-Wesley, 1973).

[2] P. R. Lawrence y J. W. Lorsch, *Organization and Environment* (Boston: Graduate School of Business Administration, Harvard University, 1967).

[3] G. R. Jones, "Task Visibility, Free Riding, and Shirking: Explaining the Effect of Organization Structure on Employee Behavior", *Academy of Management Review* 4 (1984), pp. 684-695.

[4] P. M. Blau, "A Formal Theory of Differentiation in Organizations", *American Sociological Review* 35 (1970), pp. 201-218.

[5] J. Child, *Organization: A Guide for Managers and Administrators* (Nueva York: Harper & Row, 1977), pp. 10-15; P. Blau, "A Formal Theory of Differentiation."

[6] P. Blau, "A Formal Theory of Differentiation"; W. R. Scott, *Organizations: Rational, Natural, and Open Systems* (Englewood Cliffs, NJ: Prentice-Hall, 1981), pp. 235-240.

[7] D. D. Baker y J. C. Cullen, "Administrative Reorganization and the Configurational Context: The Contingent Effects of Age, Size, and Changes in Size", *Academy of Management Journal* 36 (1993), pp. 1251-1277.

[8] P. M. Blau y R. A. Schoenherr, *The Structure of Organizations* (Nueva York: Basic Books, 1971).

[9] R. Carzo y J. N. Zanousas, "Effects of Flat and Tall Structure", *Administrative Science Quarterly* 14 (1969), pp. 178-191; A. Gupta y V. Govindarajan, "Business Unit Strategy, Managerial Characteristics, and Business Unit Effectiveness at Strategy Implementation", *Academy of Management Journal* 27 (1984), pp. 25-41.

[10] D. Katz y R. L. Kahn, *The Social Psychology of Organizing* (Nueva York: Wiley, 1966), p. 255.

[11] A. M. Pettigrew, *The Politics of Organizational Decision Making* (Londres: Tavistock, 1973).

[12] www.dupont.com, 2011.

[13] C. N. Parkinson, *Parkinson's Law* (New York: Ballantine Books, 1964).

[14] *Ibid.*, p. 17.

[15] Véase, por ejemplo, "Preparing the Company Organization Manual", *Studies in Personnel Policy*, núm. 157 (Nueva York: National Industrial Conference Board, 1957), p. 28.

[16] www.emi.com, 2011.

[17] C. Goldsmith y J. Ordonez, "Levy Jolts EMI: Can He Reform the Music Industry?" *Wall Street Journal*, 6 de septiembre de 2002, pp. B1, B4.

[18] J. McGregor, "The World's Most Innovative Companies", *www.businessweek.com*, 4 de mayo de 2007.

[19] R. Nakashima, "Iger: Disney to Reap $1 Billion Online", www.yahoo.com, 11 de marzo de 2008.

[20] www.disney.go.com, 2011.

[21] V. A. Graicunas, "Relationships in Organizations", en L. Gulick y L. Urwick, eds., *Papers in the Science of Administration* (Nueva York: Institute of Public Administration, 1937), pp. 181-185.

[22] *Ibid.*

[23] D. D. Van Fleet, "Span of Management Research and Issues", *Academy of Management Journal* 4 (1983), pp. 546-552.

[24] J. W. Lorsch y J. J. Morse, *Organizations and Their Members: A Contingency Approach* (Nueva York: Harper & Row, 1974).

[25] Lawrence y Lorsch, *Organization and Environment.*

[26] W. Konrad, "The Bottleneck at Coca-Cola Enterprises", *Business Week*, 14 de septiembre de 1992, pp. 28-30.

[27] M. Weber, *From Max Weber: Essays in Sociology*, en H. H. Gerth y C. W. Mills, eds. (Nueva York: Oxford University Press, 1946); M. Weber, *Economy and Society*, en G. Roth y C. Wittich, eds. (Berkeley: University of California Press, 1978).
[28] C. Perrow, *Complex Organizations*, 2a. ed. (Glenview, IL: Scott, Foresman, 1979).
[29] R. L. Kahn, D. M. Wolfe, R. P. Quinn, J. D. Snoek y R. A. Rosenthal, *Organizational Stress: Studies in Role Conflict and Ambiguity* (Nueva York: Wiley, 1964).
[30] Weber, From Max Weber, p. 331.
[31] Lawrence y Lorsch, *Organization and Environment*: J. R. Galbraith, *Organization Design* (Reading, MA: Addison-Wesley, 1977).
[32] Lawrence y Lorsch, *Organization and Environment.*
[33] Perrow, *Complex Organizations.*
[34] G. R. Jones y C. W. L. Hill, "Transaction Cost Analysis of Strategy-Structure Choice", *Strategic Management Journal* 9 (1989), pp. 159-172.
[35] Véase Perrow, *Complex Organizations*, cap. 1, para un análisis detallado de esos temas.
[36] P. S. Adler y B. Borys, "Two Types of Bureaucracy", *Administrative Science Quarterly* 41 (1996), pp. 61-89.
[37] A. W. Gouldner, *Wildcat Strike: A Study of Worker-Management Relationships* (Nueva York: Harper & Row, 1954).
[38] Este es un seudónimo utilizado por Gouldner. Ibid.
[39] L. Donaldson, *Redeeming the Organization* (Nueva York: Free Press, 1996).
[40] Child, *Organization: A Guide for Managers and Administrators*, pp. 50-72.
[41] www.xerox.com, 2011.
[42] *Ibid.*

CAPÍTULO 6

Diseño de la estructura organizacional: Especialización y coordinación

Objetivos de aprendizaje

Este capítulo analiza el segundo aspecto principal del diseño organizacional: cómo agrupar y coordinar las tareas para crear una división del trabajo que aumente la eficiencia y eficacia, además de que mejore el desempeño organizacional. El reto del diseño consiste en crear el patrón óptimo de relaciones verticales y horizontales entre roles, funciones o departamentos y divisiones que permitan a la organización coordinar y motivar mejor, tanto a las personas como los recursos para lograr sus metas.

Después de estudiar este capítulo, usted será capaz de:

1. Explicar por qué la mayoría de las organizaciones al principio utilizan una estructura funcional y luego, con el paso del tiempo, surgen problemas que requieren cambiarla a una más compleja.
2. Distinguir entre las tres clases de estructura divisional (de producto, geográfica y de mercado), describir cómo funciona una estructura divisional y explicar por qué muchas organizaciones usan dicha estructura, tanto para coordinar las actividades organizacionales como para incrementar su eficacia.
3. Analizar cómo difieren las estructuras matricial y de equipo de producto, y por qué y cuándo se eligen para coordinar las actividades organizacionales.
4. Identificar las propiedades únicas de las estructuras de red y las condiciones en las cuales es más probable que resulten seleccionadas como la opción de diseño.

Estructura funcional

En el capítulo 4 nos dimos cuenta de que las tareas involucradas en el funcionamiento del restaurante BAR y Grille se volvieron más numerosas y complejas conforme aumentaba el número de clientes, por lo cual el restaurante tenía que servir más comidas. Al inicio, los propietarios, Bob y Amanda Richards, desempeñaban roles especializados e implementaron la división del trabajo. Como vimos en el capítulo 4, la encomienda de una persona en un rol es el inicio de la especialización y la diferenciación horizontal. Conforme el proceso continúa, el resultado es una **estructura funcional**, es decir, un diseño que agrupa gente en funciones o departamentos separados, debido a que comparten habilidades y experiencia en virtud de que utilizan los mismos recursos. En el BAR y Grille, los meseros y ayudantes se agruparon en la función comedor; mientras que los chefs y el personal de cocina, en la función cocina (véase la figura 4.1). De forma similar, los investigadores en una compañía farmacéutica como Pfizer y Amgen se agruparon en laboratorios especializados, ya que emplean las mismas habilidades y recursos, en tanto los contadores se agruparon en el departamento de contabilidad.

Estructura funcional
Diseño que agrupa a los individuos en funciones donde comparten habilidades y experiencia, o porque utilizan los mismos recursos.

La estructura funcional es la piedra angular, o fundamento, de la diferenciación horizontal. Una organización agrupa diferentes tareas en funciones separadas para aumentar la eficacia con la que logra su meta principal: brindar a los clientes productos de alta calidad a precios competitivos.[1] A medida que las funciones se especializan, las habilidades y capacidades de los trabajadores mejoran y surgen las competencias clave que dan a la organización una ventaja competitiva. Las diferentes funciones se establecen conforme la organización responde a requerimientos cada vez más complejos de la tarea. El dueño de un negocio muy pequeño, por ejemplo, contrataría especialistas externos para llevar la contabilidad y la publicidad. Sin embargo, conforme una organización crece en tamaño y complejidad, desarrolla internamente tales funciones porque el gestionar sus propias actividades de contabilidad y marketing le proporcionarían más eficiencia. Así es como las organizaciones van adquiriendo más complejidad conforme crecen: desarrollan

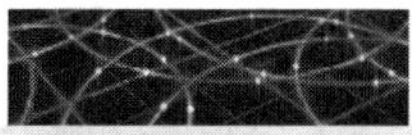

Perspectiva de la nueva tecnología de la información

Amazon.com, parte 4

Como señalamos en el capítulo 1, Jeff Bezos, el fundador de Amazon.com, logró un éxito fenomenal con su concepto de librería en línea. En gran parte su éxito se debió a la estructura funcional que creó en su compañía, con una estructura que permitió a Amazon.com patentar un software por Internet que se usara con eficacia para vincular a los empleados con sus clientes (véase la figura 6.1).

Primero Bezos creó el departamento de investigación y desarrollo para continuar el perfeccionamiento y mejora de un software hecho en casa, que inicialmente él había desarrollado para vender al menudeo por Internet. Luego, estableció el departamento de sistemas de información para manejar la implementación cotidiana de esos sistemas, y administrar la interfaz entre el cliente y la organización. Tercero, estableció el departamento de administración/logística de materiales para idear formas más económicas de obtener libros de las editoriales y distribuidores, y de enviarlos rápidamente a los clientes. Por ejemplo, el departamento desarrolló TI nueva para garantizar el envío en un día. Luego, a medida que Amazon.com crecía, creó un departamento separado de finanzas y uno de planeación estratégica para ayudar a trazar el futuro de la compañía. Como veremos en capítulos posteriores, tales departamentos han permitido que Amazon.com se expanda y proporcione muchos otros tipos de productos a sus consumidores (como electrónicos, electrodomésticos, alimentos y servicios de cómputo), y que se crearan diferentes departamentos para administrar cada una de las diferentes líneas de producto.

Figura 6.1 Estructura funcional

A. Este formato muestra que cada función tiene su propia jerarquía

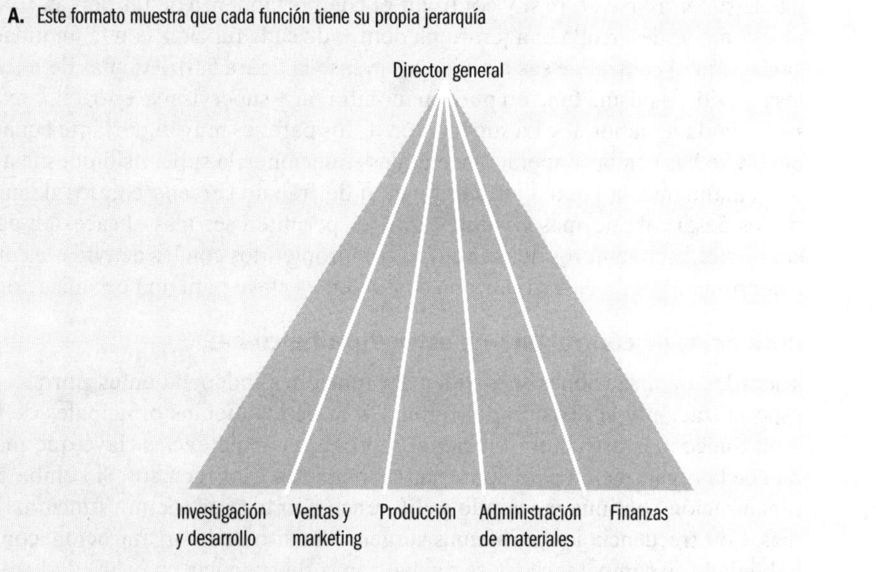

B. Este formato muestra la posición de cada función dentro de la jerarquía de la organización

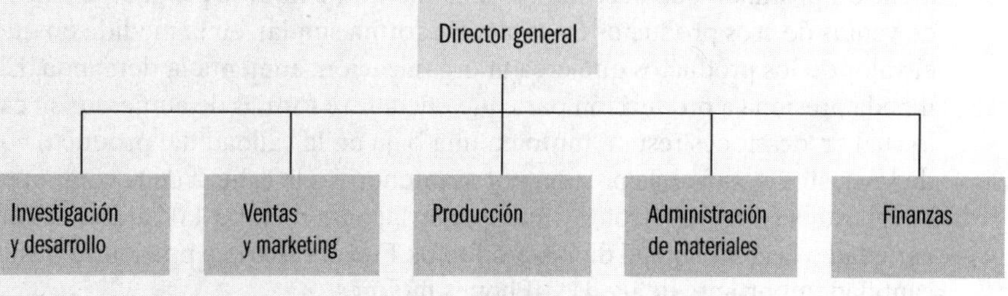

no solo más funciones, sino más especialización dentro de cada función (también se tornan más diferenciadas verticalmente y desarrollan una jerarquía de autoridad, como vimos en el capítulo 5). El recuadro "Perspectiva de la nueva tecnología de la información: Amazon.com, parte 4" ofrece un ejemplo sobre cómo esa empresa utilizó la diferenciación horizontal para desarrollar una estructura funcional mientras crecía.

Enfocándose en la mejor forma de dividir en funciones la tarea total que enfrenta la organización (crear productos valiosos para el cliente) y reclutar gerentes funcionales experimentados de otras organizaciones, como Walmart, Bezos favoreció competencias clave que permitieron que su librería en línea compitiera eficazmente contra librerías tradicionales. Muchas librerías pequeñas desaparecieron porque su tamaño no les permitió diferenciar y brindar a sus clientes la variedad de libros y el servicio que Amazon.com es capaz de ofrecer. Bezos lo consiguió por la forma como desarrolló una estructura para manejar eficazmente su nueva tecnología de la información.

Ventajas de la estructura funcional

La estructura funcional se desarrolla en primer lugar porque brinda a los individuos la oportunidad de aprender de los demás y volverse más especializados y productivos. Cuando la gente con habilidades en común se integra en un grupo funcional, puede aprender de las demás personas las técnicas más eficientes para desarrollar una tarea o la mejor manera de solucionar problemas. A los trabajadores más hábiles se les da la responsabilidad de capacitar a los recién reclutados y, además, son quienes serán promovidos a supervisores y gerentes. De esta manera, una organización incrementa su reserva de habilidades y capacidades. Por ejemplo, la capacidad para crear valor en Google se basa en las habilidades de sus empleados, así como en la forma en que los agrupa y organiza para desarrollar y utilizar sus habilidades. En 2010 las ganancias de Google excedieron los 31 mil millones de dólares y tenía 24,000 trabajadores; para junio de 2011, había sumado 3,000 empleados más para apoyar su rápido crecimiento en nuevos negocios, como servicios de cómputo y aplicaciones de dispositivos móviles.

Otra ventaja de la estructura funcional es que la gente agrupada por habilidades comunes puede supervisarse entre sí y controlar el comportamiento de los demás. En el capítulo 5 expusimos cómo se desarrolla una jerarquía dentro de cada función, con la finalidad de permitir a la organización el control de sus actividades (véase la figura 5.8). Además de los gerentes funcionales, los pares de la misma función pueden monitorear y supervisarse entre sí, y mantener en operación sus actividades laborales. La supervisión de los pares es muy importante cuando el trabajo es complejo y se basa en la cooperación; en tales situaciones, la supervisión desde arriba es muy difícil.

Finalmente, la gente con una función de trabajo cercano con los demás durante largos periodos desarrolla normas y valores, que les permiten ser más eficaces en aquello que hacen. Se convierten en miembros de un equipo comprometidos con las actividades organizacionales. Este compromiso puede desarrollar una competencia clave para una organización.

Problemas de control en una estructura funcional

Todas las organizaciones se dividen en funciones independientes porque así se promueven la especialización y la división del trabajo, una de las fuentes principales de la eficacia. Como en Amazon.com, la estructura funcional reprodujo competencias clave que incrementan la capacidad de la organización para controlar las personas y los recursos. Sin embargo, a medida que una organización continúa creciendo y diferenciándose, la estructura funcional crea nuevos problemas. Con frecuencia los problemas surgen del éxito de la organización: conforme aumentan sus habilidades y competencias y se vuelve capaz de producir una variedad más amplia de bienes y servicios, se estrecha su capacidad para brindar apoyo funcional adecuado para su creciente línea de productos. Por ejemplo, se hace mucho más complicado para ventas y marketing brindar la atención profunda que necesita el lanzamiento de nuevos productos y, por lo tanto, los objetivos de ventas de esos productos fracasan. De forma similar, en la medida en que los clientes perciben el valor de los productos que crea la organización, aumenta la demanda. El incremento en la demanda presiona a producción para que encuentre formas de aumentar su capacidad rápidamente, lo cual en ocasiones resulta tanto en una baja en la calidad del producto como en un incremento de los costos. A su vez, la presión por mantenerse a la cabeza de la competencia pone más presión en investigación y desarrollo y en ingeniería, para mejorar la calidad del producto y aumentar la variedad o la complejidad de los productos. Fue el caso de Apple en su búsqueda para ofrecer una cantidad importante de iPods y iPhones mejores.

El problema que enfrenta una organización exitosa es saber cómo mantener el control de actividades cada vez más complejas conforme crece y se diferencia. A medida que produce cada vez más, se diversifica geográficamente o enfrenta una mayor competencia por los clientes, mientras que los problemas de control reducen la capacidad de los gerentes para coordinar las actividades organizacionales.[2]

PROBLEMAS DE COMUNICACIÓN Conforme se desarrollan más funciones en una organización, cada una con su propia jerarquía, se van distanciando entre sí. Desarrollan diferentes orientaciones de subunidad que causan problemas de comunicación.[3] Por ejemplo, cuando ventas considera que el problema principal de la organización es la necesidad de satisfacer con rapidez las necesidades del cliente para incrementar las ganancias, producción cree que el problema principal consiste en simplificar los productos para reducir costos e investigación y desarrollo piensa que el mayor problema es incrementar la complejidad técnica del producto. Como resultado de tales diferencias de percepción, surgen problemas de comunicación que reducen el nivel de coordinación y de ajuste mutuo entre funciones, lo cual dificulta a la organización responder frente a las demandas del cliente y del mercado. Por lo tanto, la diferenciación genera problemas de comunicación que las compañías intentan solventar, en parte, utilizando mecanismos integradores más complejos.

PROBLEMAS DE MEDICIÓN Para ejercer control sobre una tarea o actividad, debería haber una forma de medirla; de otra manera, no existiría un estándar de comparación para evaluar cómo el desempeño de la tarea cambia con el tiempo. Sin embargo, conforme las organizaciones crecen y el número y la complejidad de sus productos se incrementa, se dificulta obtener la información necesaria para medir la contribución de cualquier función o producto en la rentabilidad general. La razón de dicha dificultad es que el costo de *cada* contribución de la función al desarrollo de *cada* producto se vuelve cada vez más difícil de medir. Por ejemplo, uno o más productos podrían realmente estar perdiendo el dinero de la compañía, pero los gerentes estarían conscientes de ello porque no pueden asignar los costos funcionales a cada producto individual. Por consiguiente, la organización no hace el uso más eficiente de sus recursos.

PROBLEMAS DE UBICACIÓN A medida que una compañía crece, quizá necesite comprar y establecer instalaciones para fabricar o vender en diferentes regiones geográficas, con la finalidad de servir mejor a sus clientes. La diseminación geográfica puede conllevar un problema de control dentro de la estructura funcional, cuando el control centralizado en una ubicación geográfica evita que esto suceda: no se permite que producción, ventas y otras actividades de apoyo respondan a las necesidades de cada región. Una organización con más de una ubicación tiene que desarrollar un sistema de control y de información, que equilibre la necesidad de centralizar la autoridad para la toma de decisiones con la necesidad de descentralizar la autoridad hacia las operaciones regionales. De hecho, al expandirse, Amazon.com estableció cinco centros de distribución principales en Estados Unidos, ubicados en Delaware, Nevada, Georgia, Kansas y Kentucky.

PROBLEMAS CON LOS CLIENTES Conforme aumenta la variedad y calidad de productos de una organización, se atraen cada vez más clientes, quienes tienen diferentes tipos de necesidad. Es relativamente difícil en una estructura funcional cubrir las necesidades de nuevos tipos de grupos de clientes y fabricar productos que se ajusten a ellos. Funciones como producción, marketing y ventas cuentan con poca oportunidad para especializarse en las necesidades de un grupo específico de clientes; en vez de ello, son responsables de dar servicio a la gama completa de productos. Así, en una organización con estructura funcional, la capacidad para identificar y satisfacer las necesidades del cliente puede quedar corta y perder oportunidades de venta.

PROBLEMAS ESTRATÉGICOS En la medida en que una organización adquiere una mayor complejidad, los ejecutivos pueden verse forzados a invertir mucho más tiempo para encontrar soluciones a problemas cotidianos de coordinación, que el que dedicarían a resolver los problemas estratégicos a largo plazo que enfrente la compañía. Por ejemplo, es probable que estén tan involucrados en resolver problemas de comunicación e integración entre las funciones, que no tengan tiempo para planear el desarrollo futuro del producto. Como resultado la organización pierde dirección.

Solución a problemas de control en una estructura funcional

Algunas veces, los gerentes resuelven problemas de control relacionados con una estructura funcional, tales como la comunicación deficiente entre funciones, rediseñando la estructura funcional para mejorar la integración entre funciones (véase la figura 6.2). Por ejemplo, un desafío organizacional en curso consiste en cómo manejar la relación entre ventas y marketing. La figura 6.2A

Figura 6.2 Mejora de la integración en una estructura funcional combinando ventas y marketing

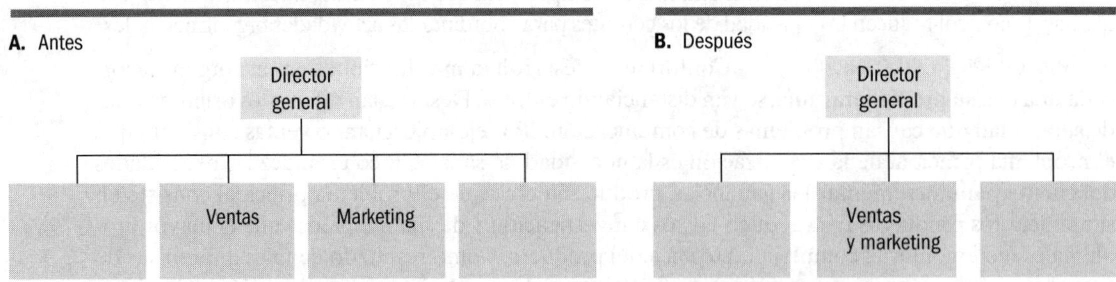

Implicaciones administrativas

Estructura funcional

1. Para un empresario que inicia un pequeño negocio, o para un gerente de un grupo de trabajo o departamento, crear una división del trabajo correcta dentro de una función y entre funciones es una tarea de diseño fundamental.
2. Para garantizar que la división del trabajo sea correcta, liste las diversas funciones que existen actualmente en su organización y detalle las tareas que se realizan.
3. Diagrame las relaciones de tarea dentro de las funciones y entre estas, y evalúe en qué grado su organización está obteniendo las ventajas de la estructura funcional (como el desarrollo de habilidades nuevas o mejores) o experimentando las desventajas de la estructura funcional (como la falta de integración entre funciones).
4. Experimente diferentes formas de alterar el diseño de la estructura funcional para aumentar la eficacia; por ejemplo, transfiriendo las responsabilidades de tarea de una función a otra, o eliminando roles innecesarios.

ilustra la relación tradicional entre ellas: cada una es una función separada con su propia jerarquía. Muchas organizaciones han reconocido la necesidad de alterar este diseño y han combinado esas actividades en una función. La figura 6.2B presenta esa modificación. Tales cambios a la estructura funcional aumentan el control, incrementando así la integración entre funciones.

De la estructura funcional a la estructura divisional

Si una organización **1.** se limita a sí misma para producir un número pequeño de bienes, **2.** produce esos bienes en una o varias locaciones y **3.** solo vende a un tipo de clientes, los gerentes serán capaces de resolver muchos de los problemas de control relacionados con una estructura funcional. No obstante, conforme las organizaciones crecen, con el tiempo comienzan a producir cada vez más bienes que en ocasiones son muy diferentes entre sí. Por ejemplo, GE fabrica cientos de modelos diferentes de dispositivos, bombillas eléctricas y turbinas, y proporciona servicios financieros. Más aún, cuando una organización incrementa el número y tipos de bienes y servicios que produce, esto conduce también a un aumento en el número y los tipos de clientes a quienes atiende y, para poderlo hacer, por lo general una compañía tiene que abrir fábricas y oficinas en un número cada vez mayor de ubicaciones geográficas.

Cuando las organizaciones crecen de esta forma, lo que se necesita es una estructura que simultáneamente **1.** aumente el control de los gerentes sobre sus diferentes subunidades, de tal forma que estas logren satisfacer mejor las necesidades del producto y de los clientes, y **2.** permita a los gerentes controlar e integrar la operación en toda la compañía, con la finalidad de garantizar que todas sus subunidades estén cumpliendo las metas organizacionales. Los gerentes retoman el control sobre su organización cuando deciden adoptar una estructura más compleja, lo cual es el resultado de tres opciones de diseño:

1. ***Un incremento en la diferenciación vertical.*** Para retomar el control, los gerentes necesitan aumentar la diferenciación vertical. Por lo general, esto incluye *a*) incrementar el número de niveles de la jerarquía; *b*) decidir qué tanta autoridad en la toma de decisiones se centralizará en la cúpula de la organización; y *c*) disponer qué tanto usar reglas, estándares de operación y normas para uniformar la conducta de los trabajadores de menor nivel.
2. ***Un aumento en la diferenciación horizontal.*** Para obtener de nuevo el control, los gerentes necesitan aumentar la diferenciación horizontal, lo cual incluye favorecer un agrupamiento funcional de actividades con alguna otra clase de agrupamiento por subunidad, a menudo con equipos de producto o divisiones de producto que contengan los recursos funcionales necesarios para alcanzar sus metas.
3. ***Un aumento en la integración.*** Para retomar control sobre su organización, los gerentes necesitan aumentar la integración entre subunidades. Cuanto más alto sea el nivel de diferenciación, más complejos serán los mecanismos de integración que los gerentes necesiten usar para controlar las actividades organizacionales. Recuerde que en el capítulo 4 vimos que los mecanismos de integración complejos incluyen la fuerza de tarea, los equipos y los roles de integración. Las organizaciones necesitan aumentar la integración entre las subunidades para incrementar su capacidad de coordinar actividades y motivar a los trabajadores.

La figura 6.3 muestra la forma en que esas tres opciones de diseño aumentan la diferenciación y la integración. La organización ilustrada en la figura 6.3A se compone de dos niveles en su jerarquía y tres subunidades, y un solo mecanismo integrador, la jerarquía de autoridad. La figura 6.3B muestra los efectos del crecimiento y la diferenciación. Para administrar sus más complejas actividades, la organización ha desarrollado tres niveles en su jerarquía y ocho subunidades. Debido al incremento en la diferenciación, se necesitó un alto grado de integración y, por consiguiente, se creó una serie de fuerzas de tarea para controlar las actividades entre subunidades.

Figura 6.3 Diferenciación e integración: Cómo las organizaciones aumentan el control sobre sus actividades

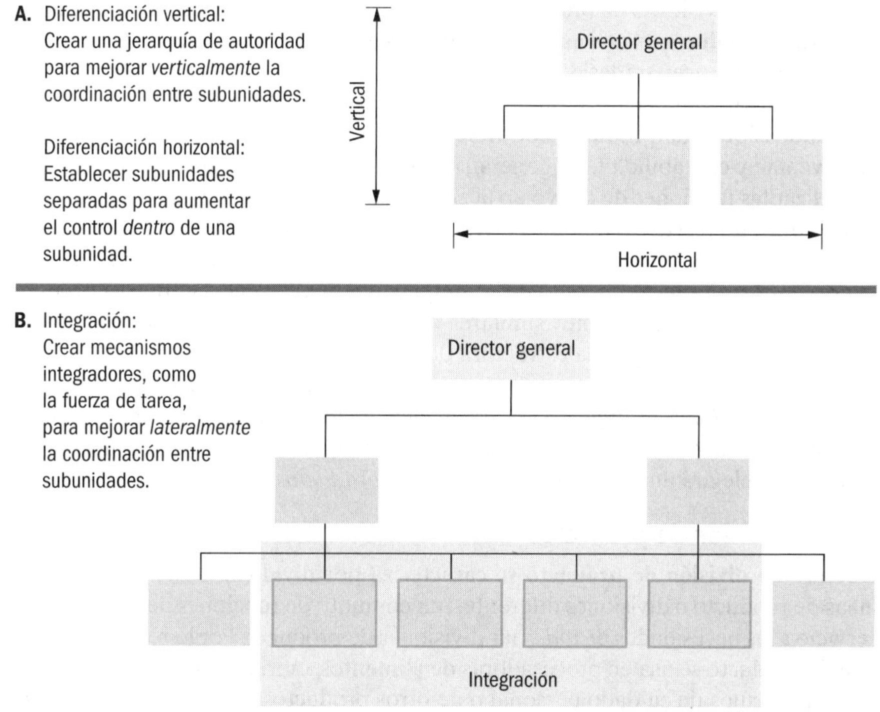

Todas las estructuras organizacionales más complejas revisadas en este capítulo surgen de las decisiones de diseño de los gerentes sobre la diferenciación vertical y horizontal y la integración. El movimiento hacia una estructura más compleja produce, por lo común, cambios en las tres características.

Traslado hacia una estructura divisional

Estructura divisional
Estructura donde las funciones se agrupan de acuerdo con demandas específicas de productos, mercados o clientes.

La estructura que por lo regular adoptan las organizaciones para resolver los problemas de control —resultantes de producir muchos tipos diferentes de bienes en muchas locaciones diversas para muchos tipos de clientes diferentes— es la **estructura divisional**, la cual agrupa funciones de acuerdo con demandas específicas de *productos, mercados* o *clientes*. La meta detrás de este cambio hacia una estructura divisional consiste en crear subunidades más pequeñas y más manejables dentro de una organización. El tipo de estructura divisional que seleccionen los gerentes depende de los problemas de control específicos que necesiten resolverse.

Si el problema de control se debe al número y la complejidad de los productos, la organización divide sus actividades por producto y utiliza una *estructura de producto*. Si el problema de control se debe al número de ubicaciones donde la organización elabora y comercializa sus productos, esta divide sus actividades por región y utiliza una *estructura geográfica*. Si el problema de control se debe a la necesidad de servicio a un gran número de grupos diferentes de clientes, divide sus actividades por grupo de clientes y utiliza una *estructura de mercado*.

A continuación revisaremos los tres tipos de estructura divisional diseñados para resolver problemas específicos de control. Cada tipo de estructura divisional tiene mayor diferenciación vertical y horizontal que una estructura funcional, y emplea mecanismos integradores más complejos.

Estructura divisional I: Tres tipos de estructura de producto

En la medida en que una organización aumenta los tipos de bienes que fabrica o de los servicios que ofrece, una estructura funcional se vuelve menos eficaz para coordinar las actividades de la tarea. Imagine los problemas de coordinación que un productor de muebles como IKEA experimentaría si fabricara 100 estilos de sofás, 150 estilos de mesas y 200 estilos de sillas en la misma unidad de producción. Sería imposible obtener el control suficiente sobre las actividades de creación de valor. Para mantener la eficacia y simplificar los problemas de control, conforme aumenta la variedad de sus productos, una organización agrupa sus actividades no solo por función, sino también por tipo de producto. Para simplificar los problemas de control, un fabricante de muebles crearía tres grupos o divisiones de producto: una para sofás, otra para mesas y una más para sillas. Una **estructura de producto** es una estructura divisional donde los productos (bienes o servicios) se agrupan en divisiones separadas de acuerdo con sus similitudes y sus diferencias.

Estructura de producto
Estructura divisional donde los productos (bienes o servicios) se agrupan en divisiones separadas de acuerdo con sus similitudes y diferencias.

Una organización que decide agrupar actividades por producto también debe decidir cómo coordinar sus divisiones de producto con funciones de apoyo como investigación y desarrollo, marketing y ventas, y contabilidad. En general, una organización tiene que elegir entre dos opciones: **1.** centralizar las funciones de apoyo en la cúpula de la organización, para que un conjunto de funciones de apoyo dé servicio a todas las divisiones de producto diferentes, o bien, **2.** crear varios conjuntos de funciones de apoyo, una para cada división de producto. En general, la decisión que tome cada organización refleja el grado de complejidad y de diferencia entre sus productos. Una organización cuyos productos son muy similares y dirigidos al mismo mercado, elegirá centralizar los servicios de apoyo y utilizar una estructura de *división de producto*. Una organización cuyos productos son muy diferentes y que opera en varios mercados o industrias diferentes, elegirá una *estructura de divisiones múltiples*. Una organización cuyos productos sean tecnológicamente complejos o cuyas características se modifiquen con rapidez para ajustarse a las necesidades cambiantes del cliente, elegirá una *estructura de equipo de productos*.

Estructura de división de producto
Estructura divisional donde un conjunto de funciones de apoyo centralizadas da servicio a las necesidades de un número de líneas de producto diferentes.

Estructura de división de producto

Una **estructura de división de producto** se caracteriza por dividir la función de fabricación en varias líneas de producto o divisiones diferentes; un conjunto de funciones de apoyo centralizadas que da servicio a las necesidades de *todas* las divisiones de producto. Por lo regular, una estructura de división de producto se usa en procesadoras de alimentos, fabricantes de muebles y compañías que producen artículos de cuidado personal o de otros productos muy similares, y que utilizan el

Figura 6.4 Estructura de división de producto

Cada gerente de división de producto (GDP) es responsable de coordinar cada función de apoyo.

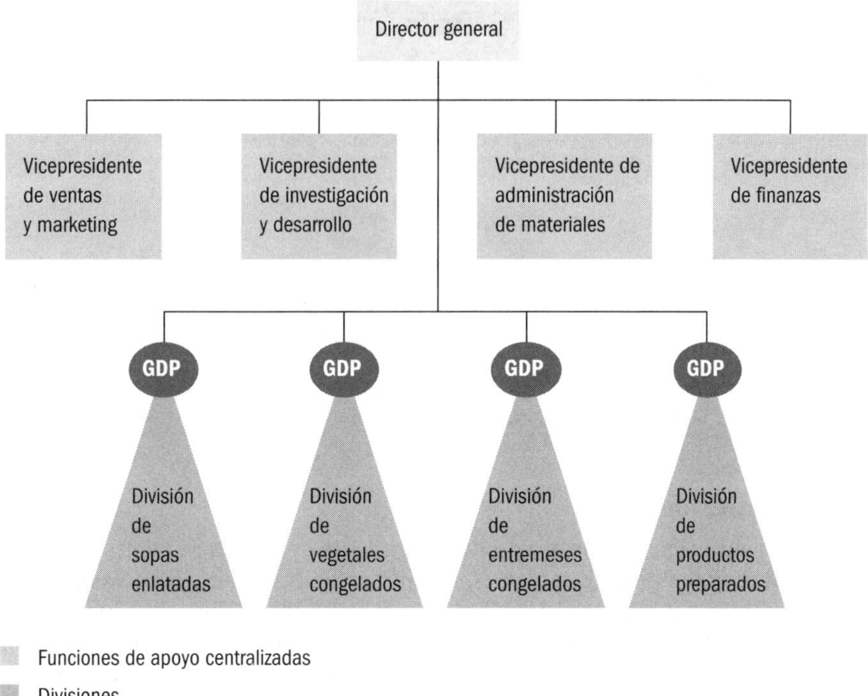

mismo conjunto de funciones de apoyo. La figura 6.4 muestra una estructura de división de producto para una gran procesadora de alimentos como Heinz.

Ya que controlar la producción de muchos alimentos diferentes dentro de la misma unidad era muy difícil y aumentaba los costos, Heinz creó divisiones de producto separadas para verduras congeladas, entremeses congelados, sopas enlatadas y alimentos preparados. Esta decisión de diseño aumentó la diferenciación horizontal dentro de la organización, cada división es una unidad separada que tiene su propia jerarquía encabezada por un gerente de división de producto (GDP en la figura 6.4), cada uno de los cuales es responsable de las actividades de producto de su división (fabricación o servicio) y también se coordina con las funciones de apoyo centrales, como marketing y administración de materiales, para hacer eficaz el uso de sus habilidades y mejorar así el desarrollo del producto. El rol de gerente divisional de producto suma un nivel a la jerarquía de autoridad y también incrementa la diferenciación vertical en una organización.

La figura 6.4 ilustra que en una estructura de división de producto, las funciones de apoyo (como ventas y marketing, investigación y desarrollo, administración de materiales y finanzas) están centralizadas en los niveles más altos de la organización. Cada división de producto usa los servicios de las funciones de apoyo centrales y no tiene sus propias funciones de apoyo. Crear funciones de apoyo separadas para cada división de producto sería muy caro y el costo solo se justificaría, si las necesidades de las diferentes divisiones fueran tan *diversas* y *diferentes* que requirieran diferentes especialistas funcionales para cada tipo de producto.

Cada función de apoyo se divide en equipos orientados al producto, formados por especialistas funcionales que se enfocan en las necesidades de una división de producto específica. La figura 6.5 presenta la conformación de la función de investigación y desarrollo en cuatro equipos, cada uno de ellos enfocado en una división de producto diferente. Un arreglo así permite a cada equipo especializarse y ser más experto en el manejo de las necesidades de su propio grupo de producto. Sin embargo, debido a que todos los equipos de investigación y desarrollo pertenecen a la misma función centralizada, pueden compartir conocimiento e información. El equipo de investigación y desarrollo que se enfoca en verduras congeladas comparte descubrimientos sobre nuevos métodos de congelación, con el equipo de investigación y desarrollo de entremeses congelados. Compartir habilidades y recursos aumenta la capacidad de la función de creación de valor entre divisiones de producto.

Figura 6.5 Asignación de equipos funcionales orientados al producto en divisiones individuales

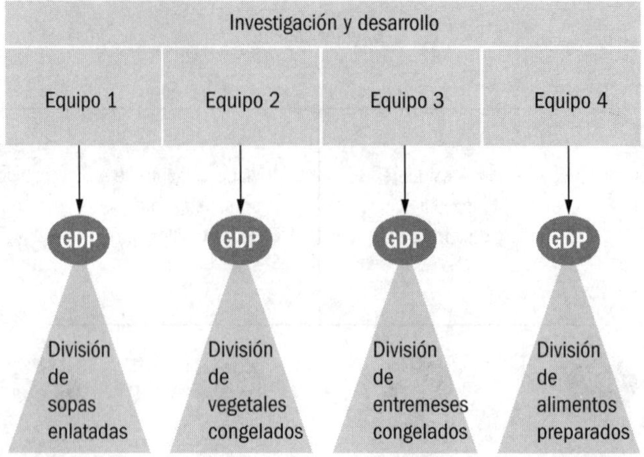

Estructura multidivisional

Estructura multidivisional Estructura donde las funciones de apoyo se sitúan en divisiones independientes o autónomas.

Conforme una organización comienza a producir una amplia variedad de bienes complejos, como diversos modelos de automóviles o camiones, o a entrar a nuevas industrias y producir artículos o servicios completamente diferentes, como dispositivos, bombillas, turbinas y servicios financieros como en GE, la estructura de división de producto no brinda el control que necesita la organización. Gestionar actividades diversas y complejas para creación de valor requiere una **estructura multidivisional**, donde a cada división de producto se le asigna su propio conjunto de funciones de apoyo, de tal forma que se convierten en divisiones *independientes* o *autónomas*. La figura 6.6 describe la estructura multidivisional utilizada por una gran compañía de productos de consumo.

Figura 6.6 Estructura multidivisional

Cada división es independiente y tiene su propio conjunto de funciones de apoyo. El personal directivo corporativo supervisa las actividades de los gerentes divisionales: corporativos, divisionales y funcionales.

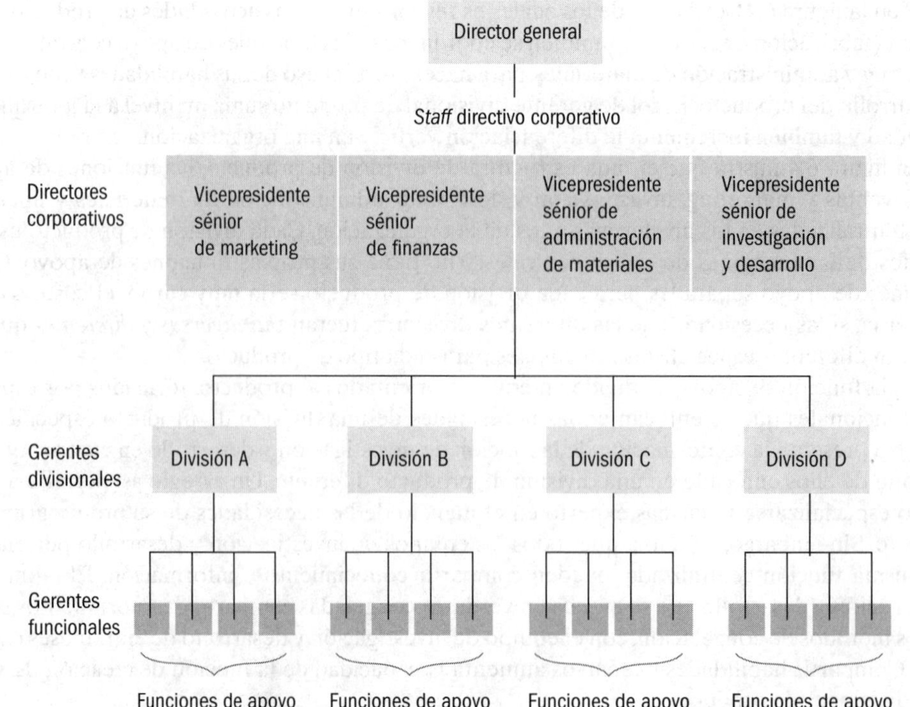

Se ilustran cuatro divisiones, aunque compañías como GE, IBM, Johnson & Johnson o Matsushita podrían tener 150 divisiones de operación diferentes.

Compare la estructura multidivisional de la figura 6.6 con la estructura de división de producto de la figura 6.4. Una estructura multidivisional presenta dos innovaciones que resuelven los problemas de control que una compañía experimenta con la estructura de división de producto, cuando los gerentes deciden producir una variedad cada vez más amplia de artículos diferentes en industrias distintas.[4] La primera innovación es la independencia de cada división. En una estructura multidivisional, cada división es independiente y autónoma (en una estructura de división de producto, las divisiones comparten los servicios de un conjunto de funciones centralizadas). Cuando las divisiones son **autónomas**, cada división tiene su propio conjunto de funciones de apoyo y controla sus propias actividades de creación de valor. Cada división necesita su propio conjunto de funciones de apoyo, porque es imposible para las funciones de apoyo centralizadas atender las necesidades de productos totalmente diferentes, como automóviles, computadoras y electrónicos. Por consiguiente, se incrementa la diferenciación horizontal.

División autónoma
División que tiene su propio conjunto de funciones de apoyo y controla sus actividades de creación de valor.

La segunda innovación de la estructura multidivisional es un nuevo nivel de gerentes, un ***staff* directivo corporativo**, compuesto por ejecutivos corporativos responsables de supervisar las actividades de los gerentes divisionales que encabezan las diferentes divisiones.[5] El comité directivo corporativo está organizado funcionalmente y una de sus tareas es coordinar las actividades de las divisiones. Por ejemplo, los directores corporativos ayudan a las divisiones a compartir información y a aprender de cada una, con la finalidad de que las innovaciones divisionales se comuniquen con rapidez a toda la organización. Recuerde que en el capítulo 4 vimos que los ejecutivos que actúan de esa forma desempeñan un rol *integrador*.

***Staff* directivo corporativo**
Ejecutivos corporativos que son responsables de supervisar las actividades de los gerentes divisionales que encabezan las diferentes divisiones.

Debido a que los directores corporativos forman parte de un nivel adicional en la jerarquía, se incrementa la diferenciación vertical, lo cual proporciona mayor coordinación y control. Las cabezas de las divisiones (gerentes divisionales) vinculan a los directores corporativos con las divisiones. Comparada con una estructura funcional o de división de producto, una estructura multidivisional brinda diferenciación e integración adicionales, facilitando así el control de actividades más complejas.

Un *staff* corporativo y divisiones autónomas son dos factores que distinguen a una estructura multidivisional de una estructura de división de producto; no obstante, existen otras diferencias importantes entre ellas. Una estructura de división de producto solo sirve para controlar las actividades de una compañía que está operando en *un* negocio o *una* industria. En contraste, una estructura multidivisional está diseñada para permitir que una compañía opere en negocios diferentes. Cada división de una estructura multidivisional es en esencia un negocio diferente. Es más, es responsabilidad de cada gerente divisional diseñar la estructura divisional que mejor satisfaga las necesidades de los productos y clientes de la división. Así, una o más divisiones independientes dentro de una estructura multidivisional podrían usar una estructura de división de producto o cualquier otra estructura para coordinar sus actividades. La figura 6.7 ilustra tal diversidad.

La organización multidivisional ilustrada en la figura 6.7 se compone de tres divisiones, cada una con diferente estructura. La división de producción de automóviles muestra una estructura funcional, ya que produce una variedad pequeña de componentes simples. La división de computadoras posee una estructura de división de producto, ya que cada una de sus divisiones desarrolla una clase diferente de computadoras. La división de electrónicos tiene una estructura matricial (que se revisa posteriormente en el capítulo), pues debe responder con rapidez a las necesidades del cliente. GE tiene más de 150 divisiones diferentes. Su división de bombillas eléctricas tiene una estructura funcional, en tanto que la de aparatos tiene una estructura de división de producto, pero en total el consorcio GE opera con una estructura multidivisional.

La mayoría de las compañías de *Fortune* 500 utilizan una estructura multidivisional, porque les permite crecer y expandir sus operaciones mientras conservan el control en sus actividades. Solamente cuando una organización cuenta con una estructura multidivisional, la jerarquía administrativa se expande para incluir los tres niveles principales de administración: los directores corporativos, que supervisan las operaciones de *todas* las divisiones; los gerentes divisionales, que llevan las divisiones individuales; y los gerentes funcionales, quienes son responsables del desarrollo de las competencias clave de la organización. Lea el recuadro "Al interior de la organización 6.1", donde se describe la historia de la decisión de GM de moverse hacia una estructura multidivisional, lo cual ilustra muchos de los aspectos y problemas que se dan al operar una estructura multidivisional, a la vez que revela las diferencias entre esta y una estructura de división de producto.

Figura 6.7 Estructura multidivisional donde cada división tiene estructura diferente

Estructura funcional
División de productos automotrices

Estructura de división de producto
División de computadoras personales

Estructura matricial
División de electrónicos

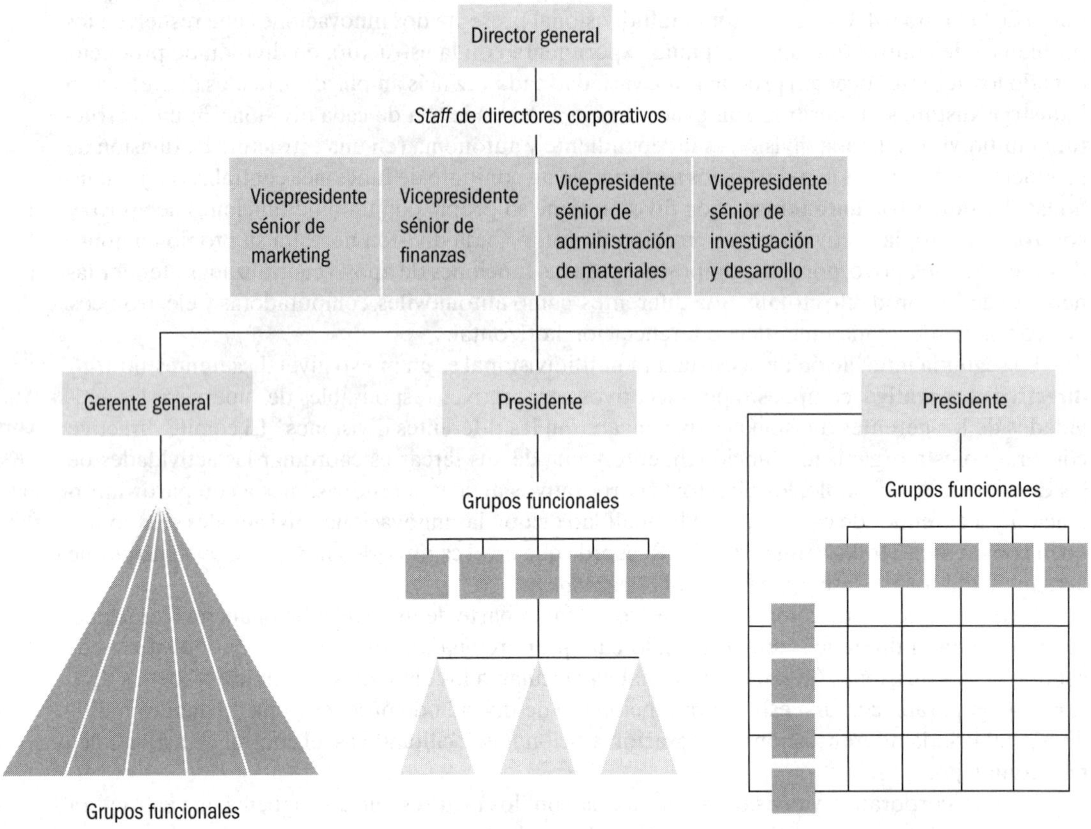

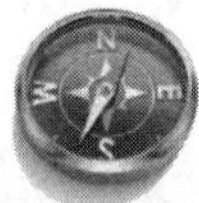

Al interior de la organización 6.1

Creación de la estructura multidivisional de GM

William C. Durant fundó la compañía General Motors el 16 de septiembre de 1908. Dentro de ella, se incluyeron cerca de 25 diferentes compañías. Originalmente, cada compañía conservó su propia identidad operativa y la organización GM tan solo era una sociedad de control, una oficina central rodeada por 25 satélites. Cuando Alfred P. Sloan asumió la presidencia de GM en 1923, heredó esa colección de compañías de automóviles administradas independientemente, que tomaban sus propias decisiones, realizaban su propia investigación y desarrollo, y producían su propia gama de automóviles.

Ford, el principal competidor de GM, estaba organizado de manera muy diferente. Desde el principio, Henry Ford había buscado las ventajas de las economías de escala y de producción en masa, y diseñó una estructura mecanicista para lograrlas. Creó una organización altamente centralizada, donde tenía control personal total sobre la toma de decisiones importantes. Para reducir costos, al inicio Ford fabricaba un solo vehículo, el modelo T, y se enfocó en encontrar las formas para lograr producir el automóvil más eficiente. Gracias a su diseño organizacional, la compañía Ford fue al principio mucho más rentable que GM. El problema que enfrentaba Sloan era competir contra Ford, no únicamente en términos de fabricar un producto exitoso, sino también en mejorar el desempeño financiero de GM.

Confrontado con el éxito de Ford, Sloan estuvo tentado a cerrar varias de las pequeñas operaciones de GM y concentrar la producción en pocas locaciones donde la compañía pudiera disfrutar los beneficios del ahorro en costos, fabricando menos modelos y partiendo de las economías de escala. Por ejemplo, podía haber elegido una estructura de división de producto, crear tres divisiones de producto para fabricar tres tipos de automóviles, y centralizar las funciones de apoyo como marketing, investigación y desarrollo e ingeniería para reducir costos. Pero Sloan reconoció las ventajas de desarrollar diversos conjuntos de habilidades y competencias en investigación, diseño y marketing, que estaban presentes en las compañías pequeñas de automóviles. Él pensaba que existía un gran riesgo de perder tal diversidad de talento, si combinaba todas sus habilidades en un solo departamento centralizado de investigación y desarrollo. Más aún, si el mismo conjunto de funciones de apoyo, tales como ingeniería y diseño, trabajaran para todas las divisiones de GM, corría el riesgo de que todos los vehículos GM empezaran a verse parecidos. No obstante, Sloan reconoció también las ventajas de centralizar el control para lograr economías de escala y control de costos, así como para brindar el desarrollo de un plan estratégico para la compañía en su totalidad, más que para cada compañía por separado.

Así, Sloan buscó una estructura organizacional que le permitiera lograr simultáneamente esos objetivos y encontró la respuesta en la estructura divisional, que había utilizado exitosamente DuPont Chemicals. En 1920 implementó el cambio, destacando que GM "necesitaba encontrar un principio de coordinación sin perder las ventajas de la descentralización".[6]

Todas las diferentes compañías de GM se ubicaron en una de cinco divisiones de operación autónomas (Chevrolet, Pontiac, Oldsmobile, Buick y Cadillac) con servicios de apoyo como ventas, producción, ingeniería y finanzas. Cada división se convirtió en un centro de beneficios y fueron evaluados conforme a su rendimiento sobre la inversión. Sloan fue bastante claro sobre la principal ventaja de vincular la descentralización con el rendimiento sobre la inversión. Elevó la importancia del desempeño de cada división. Y, de acuerdo con Sloan, así **1.** "se eleva la moral de la organización al dar a cada operación su propio fundamento [...] asumiendo su propia responsabilidad y contribuyendo con el resultado final", **2.** "se manejan estadísticas correctas que reflejan [...] el verdadero mensaje de la eficiencia" y **3.** "se facilita a la corporación dirigir el capital hacia donde obtendrá el máximo beneficio para la corporación en su totalidad".[7]

Sloan recomendó que las transacciones entre divisiones se establecieran en un esquema de precios de transferencia basado en el costo, adicional a algunas tasas de rendimiento predeterminadas. Sin embargo, para evitar proteger a un ineficiente proveedor interno de alto costo, recomendó una serie de pasos para analizar las operaciones de competidores externos y determinar el precio justo. Sloan estableció un *staff* de directivos centralizado, fuerte y profesional para realizar dichos cálculos. El rol principal de los directivos corporativos consistió en auditar el desempeño divisional y planear la estrategia para la organización en general. Los gerentes divisionales serían responsables de todas las decisiones relacionadas con el producto.

En la década de 1980, después de una fuerte competencia con los japoneses, GM tomó una posición dura contra su estructura multidivisional. La duplicidad de las tareas de investigación y desarrollo y de ingeniería, así como la compra de insumos por cada división de manera independiente, estaban costando a la compañía miles de millones de dólares adicionales. En 1984 las cinco divisiones autónomas de GM se combinaron en dos grupos: Chevrolet y Pontiac se concentrarían en carros compactos; mientras que Buick, Oldsmobile y Cadillac se enfocarían en automóviles grandes.[8]

GM esperaba que la reorganización redujera costos y acelerara el desarrollo de productos, pero resultó un desastre. Con el control más centralizado de diseño e ingeniería a nivel grupal, los automóviles de las diferentes divisiones empezaron a verse igual. Nadie podía notar la diferencia de un Buick sobre un Cadillac o un Oldsmobile. Las ventas cayeron. Más aún, la reorganización no solo no agilizó la toma de decisiones, sino que incrementó el número de niveles de la jerarquía, al introducir el nivel de grupo en la organización. Como resultado, GM tenía 13 niveles en su jerarquía, en comparación con Toyota que contaba con solo cinco. Una vez más, la compañía estaba en problemas: ahora estaba demasiado centralizada. ¿Qué se podía hacer?

Newscom

Pensando en su error, GM se movió para recobrar el control de las divisiones sobre el diseño del producto, mientras continuaba centralizando funciones de alto costo como ingeniería y compras. Esta restructuración logró cierto éxito. La administración de Cadillac se movió con rapidez para establecer una nueva identidad de producto y diseñar modelos nuevos. Durante la década de 1990, GM redujo el número de modelos diferentes que producía y, en 2004, cerró su división Oldsmobile para reducir costos operativos.[9]

Sin embargo, para 2008 aún no era capaz de recuperarse y fabricó autos innovadores que los estadounidenses querían pero, después de la crisis financiera de 2009, se fue a la bancarrota. Como se describió en un capítulo anterior, durante su reorganización GM cerró las divisiones Saturn y Pontiac y vendió sus divisiones globales para crear una estructura multidivisional estrecha que le permitiera fabricar automóviles innovadores y competir en precios. Para 2011 la nueva GM reportó que de nueva cuenta era rentable y que sus nuevos modelos se estaban vendiendo mucho gracias a que, finalmente, encontraron formas de controlar con eficacia su estructura organizacional.[10]

Como sugiere la historia de GM, operar una estructura multidivisional no es fácil; es quizás el mayor desafío que enfrentan los altos directivos y el que conduce a los mayores éxitos o fracasos en una compañía. Debido a que la estructura multidivisional se utiliza muy a manudo, es necesario ver de cerca sus ventajas y desventajas.

VENTAJAS DE LA ESTRUCTURA MULTIDIVISIONAL Cuando la estructura multidivisional se administra con eficacia, ofrece diversas ventajas a la organización grande y compleja.[11]

Mayor eficacia organizacional Una división del trabajo por lo general aumenta la eficacia organizacional. En una estructura multidivisional existe una clara división del trabajo entre los gerentes divisionales y los corporativos. Los gerentes divisionales son responsables de las operaciones cotidianas de sus divisiones respectivas, así como de ajustar las actividades divisionales a las necesidades de los clientes. Los directores corporativos, por su parte, son los encargados de planear a largo plazo para la corporación como un todo, y de ajustar la misión de las divisiones para satisfacer las metas de la organización en su conjunto.

Mayor control Los directores corporativos supervisan el desempeño de los gerentes divisionales. El control adicional proporcionado por la oficina corporativa alienta una búsqueda más fuerte de la eficiencia organizacional interna por parte de los gerentes divisionales. Sabiendo que tienen que responder a los corporativos, los gerentes divisionales suelen reprimir su inclinación a aumentar el tamaño de su personal, lo cual incrementaría su estatus, y controlar los costos. También pueden pensar dos veces antes de invertir en productos que aumentan su estatus, pero que logran poco para mejorar el desempeño corporativo.

De forma más general, como sugiere el ejemplo de GM, la creación de divisiones autónomas significa que los directores corporativos pueden desarrollar sistemas de control para comparar el desempeño de una división con el desempeño de otra, midiendo la rentabilidad o el tiempo de desarrollo del producto. En consecuencia, los directores corporativos están en una buena posición para intervenir y tomar acción selectiva para corregir ineficiencias cuando estas surjan.

Crecimiento rentable Cuando cada división es su propio centro de utilidades, es decir, cuando su rentabilidad individual logra evaluarse con claridad, los ejecutivos corporativos pueden identificar las divisiones donde una inversión de capital produciría los rendimientos más altos.[12] Así, los ejecutivos corporativos suelen tomar mejores decisiones sobre la asignación de capitales para promover el crecimiento corporativo. Al mismo tiempo, su rol de supervisor y no de administrador les permite vigilar un número mayor de actividades y de negocios. La estructura multidivisional permite a una compañía crecer sin sufrir problemas de comunicación o de sobrecarga de información, que ocurrirían cuando dos roles se mezclan, como sucede en la estructura funcional.

Mercado de trabajo interno Los gerentes divisionales más capaces se promueven a gerentes corporativos, de modo que los gerentes divisionales ven un incentivo para desempeñarse mejor, porque los resultados de desempeño superior favorecen la promoción al puesto superior. Una compañía con muchas divisiones posee un mercado de trabajo interno que aumenta la motivación de los gerentes para trabajar, lo cual incrementa la eficacia organizacional.

DESVENTAJAS DE LA ESTRUCTURA MULTIDIVISIONAL Al igual que las demás estructuras, con el tiempo se pueden desarrollar ciertos problemas con las estructuras multidivisionales. Aunque una buena gestión debe controlar la mayoría de los problemas, no podría eliminarlos.

Gestión de la relación corporativa-divisional El problema principal de administración que presenta una estructura multidivisional consiste en determinar qué tanta autoridad hay que centralizar en el nivel corporativo, y qué tanta autoridad hay que descentralizar en las divisiones operativas. Por un lado, cada división es lo más cercana a su ambiente operativo particular y se encuentra en la mejor posición para desarrollar planes que aumenten su propia eficacia, por lo tanto, la descentralización es una elección lógica. Por otro lado, el rol de directivo consiste en adoptar una visión a largo plazo y ajustar las actividades divisionales a las necesidades de toda la organización, por lo tanto, la centralización también presenta ventajas.

El equilibrio entre ambas debe manejarse todo el tiempo. Demasiada centralización de autoridad limitaría a los gerentes divisionales. Estos pierden el control en la toma de decisiones ante los directivos, quienes se encuentran alejados de la línea de fuego y, como resultado, podrían tener bajo desempeño. El intento de GM por centralizar la toma de decisiones para reducir costos fue un desastre, porque todos los automóviles GM comenzaron a verse igual. Sin embargo, demasiada descentralización suele dar como resultado que los gerentes divisionales tengan tanta libertad que aflojen y fracasen en el control de los costos de su división. La relación corporativo-división necesita gestionarse continuamente. Con el tiempo, conforme el ambiente operativo se modifique, cambiará la decisión sobre las actividades administrativas por centralizar y cuáles hay que descentralizar.

Problemas de coordinación entre divisiones Cuando se crea una estructura multidivisional, se pueden utilizar medidas de eficacia, como el rendimiento sobre la inversión, para comparar el desempeño de las divisiones; así, los directores corporativos pueden asignar capital a las divisiones con base en su desempeño. Un problema con este enfoque es que quizá las divisiones comiencen a competir por recursos, es decir, a rivalizar entre sí, lo cual socavaría la cooperación. La rivalidad suele disminuir el desempeño organizacional cuando la eficacia de la compañía depende del conocimiento y la información que compartan sobre las innovaciones y el mejoramiento del desempeño de todas las divisiones. Sería contraproducente, por ejemplo, si una de las divisiones de GM inventara una nueva máquina supereficiente y se negara a compartir la información con las demás divisiones.

Transferencia de precios Con frecuencia, los problemas entre divisiones giran en torno al **precio de transferencia**, esto es, al precio por el cual una división vende un producto o cierta información sobre innovaciones a otra división. Para maximizar su propio rendimiento sobre la inversión, una división querrá un precio de transferencia alto, pero eso penalizaría a la otra división, la cual, después de todo, forma parte de la misma organización. Así, conforme cada división busca sus propias metas, pueden surgir problemas de coordinación dentro de la organización. El rol del corporativo consiste en manejar tales problemas, como lo hizo notar Sloan en GM. Es muy importante que una organización multidivisional establezca mecanismos integradores que permitan cooperar a los gerentes de las diferentes divisiones. Mecanismos como la integración de roles y departamentos son importantes para fomentar la cooperación. El corporativo en sí mismo es un tipo de departamento integrado.

Precio de transferencia
Precio mediante el cual una división vende un producto o cierta información sobre innovaciones a otra división.

Costos burocráticos Es muy caro operar estructuras multidivisionales, ya que cada división tiene un complemento total de funciones de apoyo, incluyendo investigación y desarrollo. Así, hay una gran duplicidad de actividades dentro de la organización, más el costo de los directores corporativos. Los altos costos para operar una estructura multidivisional deben evaluarse continuamente comparándolos contra los beneficios que obtiene la compañía. Y, si disminuyen los beneficios en relación con los costos, la compañía debería cambiar para reducir el tamaño del corporativo, el número de divisiones o los costos de sus funciones de apoyo. Sería posible, por ejemplo, que una organización cambiara a una estructura de división de producto o a una de equipo de producto (tema que revisaremos más adelante) y atender las necesidades de sus diferentes productos mediante un conjunto centralizado de funciones de apoyo.

Problemas de comunicación Los problemas de comunicación surgen en las jerarquías verticales, en particular, la distorsión de la información. Tales problemas son comunes en las estructuras multidivisionales porque tienden a ser las más verticales de todas las estructuras organizacionales. La brecha entre el centro corporativo y las divisiones es bastante amplia. La cabeza de una división puede disfrazar deliberadamente la caída del desempeño divisional para recibir mayores asignaciones presupuestales; cuando una compañía se compone de 200 divisiones, sería difícil detectar ese engaño. Además, tomaría mucho tiempo para que los ejecutivos tomen decisiones y las transmitan a las divisiones, lo cual resulta en una respuesta lenta frente a los competidores. Cuanto más centralizada esté una organización, habrá más problemas de comunicación.

Estructura de equipo de producto

En una estructura de división de producto, los miembros de las funciones de apoyo, como marketing e investigación y desarrollo, se coordinan con las diferentes divisiones cuando necesitan de sus servicios, pero la lealtad principal es con su función, no con la división. Cada vez con mayor frecuencia, las organizaciones están encontrando que la orientación funcional de especialistas no va con los intereses de la organización, porque la competencia en la industria se ha enfocado en el producto. En la actualidad, resulta especialmente importante adaptar los productos a las necesidades del cliente, al mismo tiempo que se contienen los costos de desarrollo del producto. Más aún, el aumento en la competencia ha conferido gran importancia a reducir el tiempo necesario para lanzar un nuevo producto al mercado, agilizando el proceso de desarrollo del producto. Una solución a ese problema sería una estructura multidivisional donde cada división tiene su propio conjunto de funciones de apoyo. Pero, como acabamos de revisar, esta estructura es muy cara de operar, en tanto que los problemas de comunicación entre divisiones pueden hacer más lenta la innovación y el desarrollo del producto. Muchas compañías, en su búsqueda de una nueva estructura para resolver estos problemas, han aplicado una reingeniería de sus estructuras divisionales convirtiéndolas en una estructura de equipo de producto.

Una estructura de equipo de producto está entre la estructura de división de producto, donde las funciones de apoyo están centralizadas, y la estructura multidivisional, donde cada división

Figura 6.8 Estructura de equipo de producto

Cada jefe del equipo de producto (JEP) supervisa las actividades relacionadas con el desarrollo y fabricación de un producto.

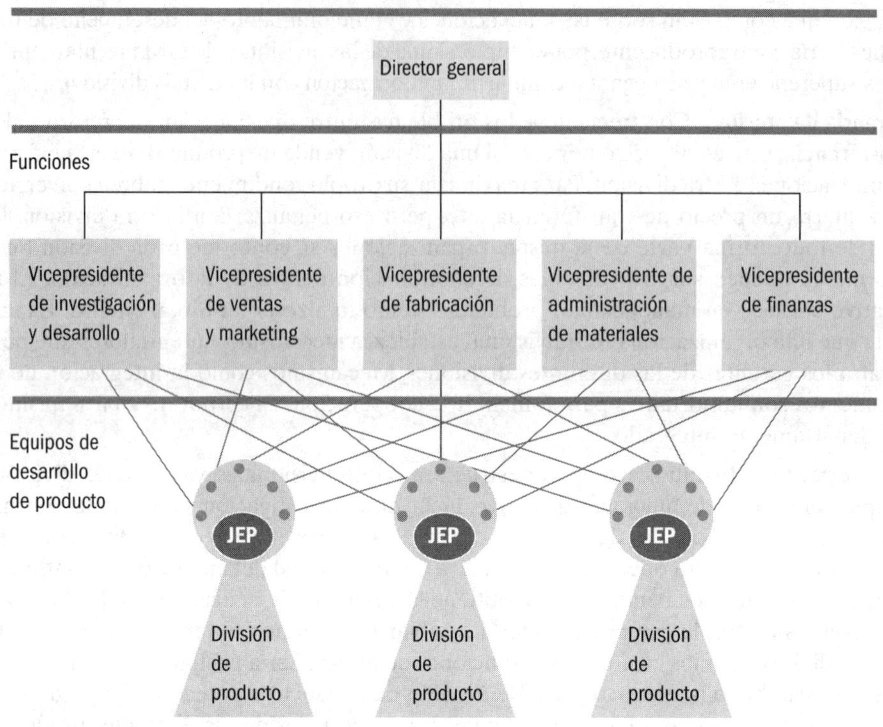

Estructura de equipo de producto
Estructura divisional donde los especialistas de las funciones de apoyo se combinan en equipos de desarrollo de producto que se especializan en las necesidades de una clase de producto particular.

tiene sus propias funciones de apoyo. En una **estructura de equipo de producto**, los especialistas de las funciones de apoyo se combinan en equipos de desarrollo de producto, que se especializan en las necesidades de una clase de producto particular (véase la figura 6.8). Cada equipo es, en efecto, una división autónoma encabezada por un jefe del equipo de producto (JEP en la figura 6.8), quien supervisa las actividades operativas relacionadas con el desarrollo y la fabricación del producto. Los equipos de producto se enfocan en las necesidades de un producto (o cliente) o en pocos productos relacionados, y deben lealtad no a sus funciones, sino al equipo de producto donde se encuentran. Los vicepresidentes de las funciones, en la cúpula de la organización, retienen el control funcional total, pero la autoridad en la toma de decisiones por cada producto está descentralizada en el equipo, el cual es responsable del éxito de un proyecto. Hallmark Cards encontró que este enfoque para coordinar funciones y productos es una forma eficaz de desarrollar con rapidez nuevos productos.

En el pasado, Hallmark utilizaba una estructura funcional para coordinar sus actividades. Un gran número de artistas, escritores, litógrafos y diseñadores que trabajaban en diferentes departamentos funcionales produjeron una enorme variedad de tarjetas de felicitación. Los problemas para coordinar las actividades de 700 escritores y artistas entre límites funcionales se tornaron tan complejos y difíciles, que estaba tomando a Hallmark dos años desarrollar una nueva tarjeta. Para solucionar esos problemas de desarrollo de producto, Hallmark dirigió la reingeniería hacia una estructura de equipo de producto. Artistas y escritores fueron asignados a equipos de producto sobre categorías particulares de tarjetas de felicitación, como las del Día de las Madres, Navidad, etc. Sin diferencias en la orientación a la subunidad que impidieran el flujo de información, el ajuste mutuo se facilitó mucho y el trabajo se realizó mucho más rápido. El tiempo para el desarrollo del producto se redujo de años a semanas.

Una estructura de equipo de producto es más descentralizada que una estructura funcional o una de división de producto, y se permite a los especialistas en los diversos productos tomar decisiones inmediatas, lo cual es particularmente importante en organizaciones de servicio. El agrupamiento en equipos de producto autónomos incrementa la integración, pues cada equipo se vuelve responsable de todos los aspectos de sus operaciones. Mediante la colaboración cercana, los miembros del equipo se involucran mucho en todos los aspectos del desarrollo del producto y en ajustarlo a su mercado. Más aún, el alto nivel de integración que generan los equipos permite tomar decisiones rápidas y responder a los requerimientos de rápido cambio del cliente.

La división de actividades por producto es el segundo método más común que usan las organizaciones para agrupar actividades, después de la agrupación por función. La estructura de producto aumenta la diferenciación tanto horizontal como vertical, que separa a los ejecutivos en niveles corporativo, divisional y de función. En años recientes, muchas grandes compañías han cambiado de un tipo de estructura de producto a otro, en un intento por ahorrar dinero o hacer un mejor uso de sus recursos funcionales. Los gerentes deben evaluar continuamente qué tan bien está funcionando su estructura de producto, ya que tienen un impacto directo en la eficacia de su organización.

Estructura divisional II: Estructura geográfica

De los tres tipos de estructura de producto revisados con anterioridad, la estructura multidivisional es la más utilizada por las compañías grandes. Brinda el control extra que resulta importante cuando una compañía produce una amplia variedad de productos o servicios complejos, o bien, cuando entra a una nueva industria y necesita tratar con grupos diferentes de inversionistas y de fuerzas competitivas. Sin embargo, cuando los problemas de control que experimentan las compañías están en función de la geografía, se puede disponer de una **estructura divisional geográfica**, en la cual las divisiones se organizan de acuerdo con los requerimientos de las diferentes locaciones donde opera la organización.

Estructura divisional geográfica
Estructura divisional en la cual las divisiones se organizan de acuerdo con los requerimientos de los diferentes lugares donde opera la organización.

Conforme una organización crece, se desarrolla una base nacional de clientes. En la medida en que se disemina en diferentes regiones de un país, necesita ajustar su estructura, para alinear sus competencias clave con las necesidades de los clientes de las diferentes regiones. Una estructura geográfica permite centralizar algunas funciones en un grupo directivo en algún lugar y descentralizar otras a nivel regional. Por ejemplo, Crown Cork y Seal produce miles de latas que se utilizan para bebidas refrescantes, verduras y frutas. Ya que las latas son objetos voluminosos, por lo que es costoso transportarlos, es claro por qué resulta necesario establecer plantas en los diferentes lugares del país donde tienen más demanda. Incluso, existe un límite del número de latas que es posible producir de forma eficiente en solo una planta; cuando las economías de escala se agotan en una locación, cobra sentido establecer otra planta en un lugar nuevo. Por ello, para mantener al mínimo los costos, Crown Cork y Seal opera varias plantas en diferentes regiones de Estados Unidos y Canadá. Cada una cuenta con su propio departamento de compras, control de calidad y ventas, mientras que investigación y desarrollo e ingeniería están centralizados en su oficina directiva para minimizar costos.

Neiman Marcus, la tienda departamental especializada, tiene también una estructura geográfica aunque por razones diferentes. Cuando operaba solo en Texas, únicamente necesitaba una estructura funcional para coordinar sus actividades. Pero conforme fue abriendo tiendas en ciertos sitios de Estados Unidos, confrontó un dilema: cómo responder a las necesidades de los clientes pudientes que difieren de una región a otra y, al mismo tiempo, obtener ventajas en costos. La solución de Neiman Marcus fue establecer una estructura geográfica que agrupara las tiendas por región (véase la figura 6.9). Las tiendas individuales están bajo la dirección de una oficina regional que es responsable de coordinar las necesidades de producto de las tiendas de la región, por ejemplo, ropa deportiva y trajes de baño en Los Ángeles, y sombreros, guantes y chamarras de pluma de ganso en Chicago. La oficina regional provee de los requerimientos específicos de los clientes a los directivos en Dallas, donde la función de compras centralizada toma decisiones para toda la compañía.

Tanto Crown Cork y Seal como Neiman Marcus impusieron un agrupamiento geográfico sobre el agrupamiento funcional básico, aumentando así la diferenciación horizontal. La creación de un nuevo nivel en la jerarquía, los gerentes regionales, y la descentralización del control en las jerarquías regionales, también incrementaron la diferenciación vertical. Las jerarquías regionales proporcionan mayor control con una jerarquía centralizada y, en los casos de Crown Cork y Seal y de Neiman Marcus, incrementó la eficacia.

Figura 6.9 Estructura geográfica

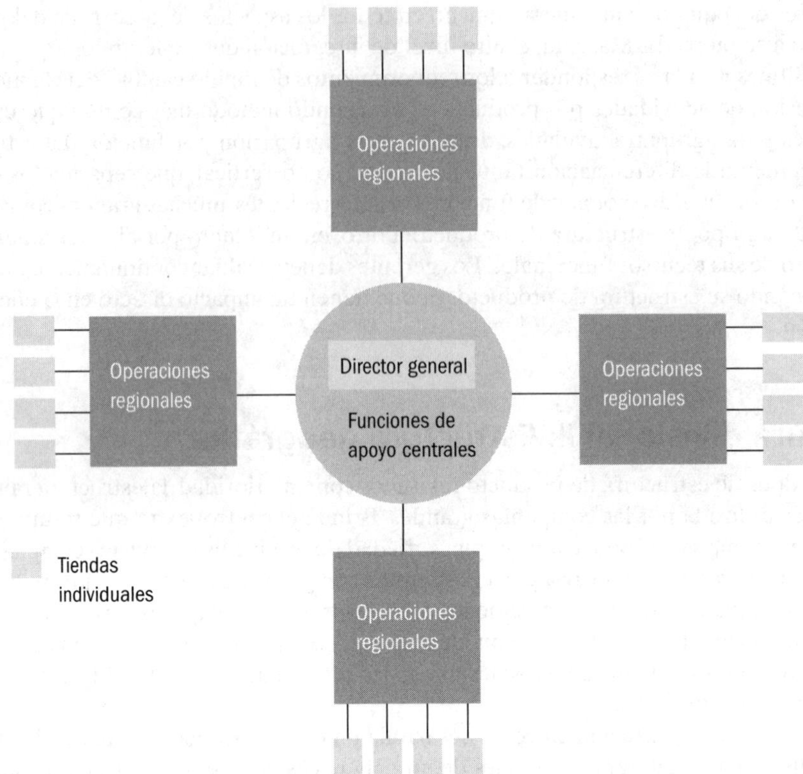

Estructura divisional III: Estructura de mercado

El agrupamiento de actividades por producto o por geografía convierte a la región o al producto en el centro de atención. En contraste, una estructura de mercado alinea las habilidades funcionales y las competencias con las necesidades de producto de los diferentes grupos de clientes. Es marketing, y no producción, quien determina cómo deciden los gerentes agrupar las actividades organizacionales en divisiones. La figura 6.10 muestra una estructura de mercado con divisiones creadas para satisfacer las necesidades comerciales, de clientes, corporativas y de gobierno.

Cada división de clientes tiene un enfoque de mercado diferente y el trabajo de cada división consiste en desarrollar productos que se ajusten a las necesidades de sus clientes específicos. Cada división usa las funciones de apoyo centralizadas. Los ingenieros diseñan los productos para satisfacer las diversas necesidades de cada división, en tanto producción sigue las especificaciones de cada división. Debido a que la estructura de mercado centra las actividades de toda la organi-

Figura 6.10 Estructura de mercado

Cada división se enfoca en las necesidades de un grupo de clientes distinto.

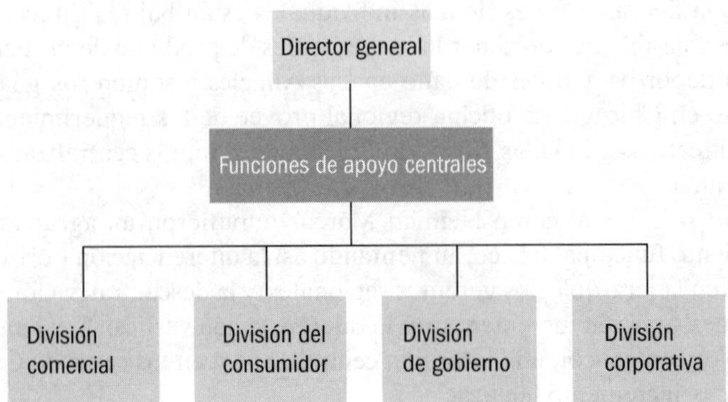

zación en las necesidades del cliente, la organización puede detectar rápidamente los cambios en su mercado, y transferir habilidades y recursos para satisfacer las cambiantes necesidades de su grupo vital de inversionistas.

La forma en que la escuela de distrito de Houston se reorganizó de una estructura geográfica a una de mercado para aumentar su eficacia se revisa en el recuadro "Al interior de la organización 6.2",

Al interior de la organización 6.2

Grandes cambios en el HISD

Como todas las organizaciones, tanto las agencias de gobierno del estado y de la ciudad como las escuelas de distrito pueden convertirse con el tiempo en entes muy verticales y burocráticos y, conforme crecen, desarrollar estructuras organizacionales ineficientes e ineficaces. Esto sucedió en la Distrito Escolar Independiente de Houston (HISD) cuando, en las últimas décadas, el crecimiento explosivo de la ciudad aumento en más de un millón de nuevos estudiantes en las escuelas. Como Houston se ha expandido muchas millas en todas direcciones, para convertirse en la cuarta ciudad más grande de Estados Unidos, los superintendentes del HISD adoptaron una estructura geográfica para coordinar y controlar todas las funciones de enseñanza involucradas en la creación de escuelas de alto desempeño de educación primaria, secundaria y bachillerato. Finalmente, el HISD creó cinco regiones geográficas diferentes o distritos escolares regionales. Con el tiempo, cada distrito regional buscó controlar más sus propias actividades funcionales y fue cada vez más crítico sobre la organización central del HISD. El resultado fue una desaceleración en la toma de decisiones, luchas entre distritos, un equipo cada vez más ineficaz de funcionarios de distrito y la baja en las calificaciones de los estudiantes de toda la ciudad.

En 2010 se nombró un nuevo superintendente del HISD quien, trabajando con las sugerencias de los directivos del HISD, decidió reorganizar el HISD en una estructura de mercado. La nueva estructura organizacional del HISD se agrupa por las necesidades de sus clientes y sus estudiantes, mientras tres "jefes" supervisan todas las escuelas primarias, secundarias y bachilleratos, respectivamente. El aspecto central serán las necesidades de sus tres tipos de estudiantes, no las de los cinco funcionarios regionales anteriores. Con esa restructuración se eliminaron más de 270 puestos de trabajo, lo cual se tradujo en un ahorro de más de ocho millones de dólares anuales, y muchos observadores esperan ver todavía más ahorros en lo futuro.

Se volvieron a centralizar muchas funciones de apoyo en la oficina principal con la finalidad de eliminar redundancias y reducir costos, incluyendo el desarrollo profesional de los docentes. Incluso se formó una nueva función de apoyo llamada mejoramiento escolar, con funcionarios encargados de compartir ideas e información entre las escuelas, así como de supervisar su desempeño en varias dimensiones, para mejorar tanto el servicio a los estudiantes como el desempeño de estos. Los funcionarios del HISD también esperan que con la eliminación de la estructura geográfica regional se motive a las escuelas a compartir sus mejores prácticas y a cooperar para que la educación y las calificaciones de los estudiantes mejoren con el tiempo.

Para 2011 los ahorros principales se habían logrado, pero un gran déficit forzó al HISD a cerrar 12 escuelas que impartían educación media y primaria, y a reubicar a los estudiantes en nuevas escuelas donde el tamaño de los grupos fuera mayor. El resultado es una estructura divisional adelgazada y mejor integrada, con la cual el HISD espera mejorar el desempeño y las calificaciones de los alumnos en los años venideros, a un menor costo.

Implicaciones administrativas

Cambio de la estructura organizacional

1. Conforme una organización crece, se sensibiliza ante la necesidad de cambiar la estructura funcional para mejorar el control de las actividades organizacionales.
2. Cuando el problema de control consiste en manejar la producción de una amplia gama de bienes, considere el uso de una forma de estructura divisional.
3. Use una estructura de división de producto, si los productos de la organización son similares.
4. Cambie a una estructura multidivisional, si la organización produce una amplia gama de productos o servicios complejos o diferentes, o si opera en más de un negocio o industria.
5. Cuando el problema de control consiste en reducir el tiempo de desarrollo del producto aumentando la integración entre las funciones de apoyo, considere emplear una estructura de equipo de producto.
6. Cuando el problema de control consiste en adaptar los productos a las necesidades del consumidor en áreas geográficas diferentes, considere utilizar una estructura geográfica.
7. Cuando el problema de control consiste en coordinar el marketing de todos los productos de la compañía a numerosos grupos distintos de clientes, use una estructura de mercado.
8. Siempre evalúe los beneficios que surgirán de cambiarse a una nueva estructura (esto es, los problemas de control que se resolverán) contra los costos que surgirán de cambiar a la nueva estructura (esto es, los altos costos de operación asociados con el manejo de una estructura más compleja), para saber si la nueva estructura organizacional aumenta la eficacia organizacional.

Estructura matricial

Estructura matricial
Una estructura en la que las personas y los recursos se agrupan en dos sentidos al mismo tiempo: por función y por proyecto o producto.

La búsqueda de formas mejores y más rápidas de desarrollar productos, y por responder a las necesidades de los clientes, ha llevado a algunas compañías a elegir una **estructura matricial**, que es un diseño organizacional que agrupa simultáneamente a los individuos y los recursos de dos formas: por función y por producto.[13] Una estructura matricial es al mismo tiempo similar y diferente a una estructura de equipo de producto.

Antes de revisar sus diferencias, analicemos cómo funciona una estructura matricial (véase la figura 6.11). En el contexto del diseño organizacional, una matriz es una rejilla rectangular que muestra un flujo *vertical* de responsabilidad *funcional* y un flujo *horizontal* de responsabilidad de *producto*. En la figura 6.11, las líneas que van hacia abajo representan el agrupamiento de tareas por función, en tanto que las líneas de izquierda a derecha se refieren al agrupamiento de tareas por producto. Una organización con estructura matricial se diferencia en cualquiera de las funciones en que la organización necesita lograr sus metas. Por sí misma, la organización es muy plana, con muy pocos niveles jerárquicos dentro de cada función y autoridad descentralizada. Los trabajadores funcionales reportan a las cabezas de sus respectivas funciones (por lo general, vicepresidentes funcionales), pero no laboran bajo su supervisión directa. En vez de esto, el trabajo del personal funcional se determina principalmente por ser miembro de uno de los equipos interfuncionales de producto bajo el liderazgo de un gerente de producto. Los miembros de un equipo se denominan **empleados con dos jefes**, pues reportan a dos superiores: el jefe del equipo de producto y el jefe funcional. La característica definitoria de una estructura matricial es que los miembros del equipo tienen dos superiores.

Empleados con dos jefes
Empleados que reportan a dos superiores: el jefe del equipo de producto y el jefe funcional.

El equipo es tanto el bloque básico de la matriz como el mecanismo principal para la coordinación y la integración. El rol y las relaciones de autoridad se dejan deliberadamente vagas, ya que el supuesto que subyace en la estructura matricial es que cuando a los miembros del equipo

Figura 6.11 Estructura matricial

Los miembros del equipo son empleados con dos jefes, ya que reportan tanto al jefe del equipo de producto como al gerente funcional.

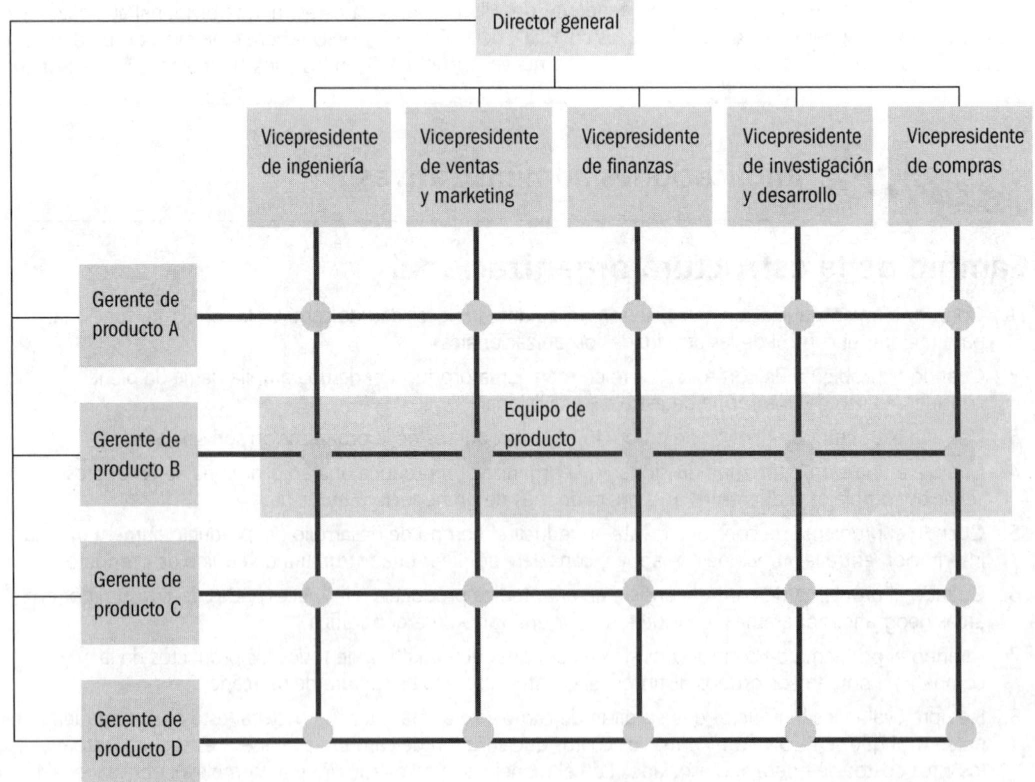

se les asigna más responsabilidad de la que tienen como autoridad formal, se ven forzados a cooperar para hacer el trabajo. La matriz se apoya en el mínimo control vertical de la jerarquía, y en el máximo control horizontal del uso de los mecanismos de integración —los equipos—, lo cual favorece el ajuste mutuo. Las estructuras matriciales son la forma principal de estructura orgánica (véase el capítulo 4).

Tanto la estructura matricial como la estructura de equipo de producto utilizan equipos para coordinar actividades, pero difieren en dos aspectos fundamentales. Primero, los miembros del equipo en una estructura de equipo de producto solo tienen un jefe: el gerente del equipo de producto. Los miembros del equipo en una estructura matricial cuentan con dos jefes: el gerente de producto y el gerente funcional. Por ello, se divide la lealtad. Ellos deben conjugar las demandas conflictivas de la función y del producto. Segundo, en la estructura matricial, los miembros del equipo no son fijos, sino que se mueven de un equipo a otro, donde sus habilidades sean más necesarias.

En teoría, debido a tales diferencias, la estructura matricial debería ser más flexible que la de equipo de producto, donde las líneas de autoridad y la coordinación son más estables. La matriz está deliberadamente diseñada para superar las diferencias en la orientación funcional y forzar la integración entre sus miembros. Pero ¿funciona?

Ventajas de la estructura matricial

Una estructura matricial tiene cuatro ventajas significativas sobre las otras estructuras tradicionales.[14] Primera, se diseña el uso de equipos interfuncionales para reducir barreras funcionales y salvar el problema de la orientación de subunidad. Mantenida al mínimo la diferenciación entre funciones, la integración se logra con mayor facilidad. A su vez, la estructura de equipo facilita la adaptación y el aprendizaje de toda la organización. El sistema de equipo matricial está diseñado para flexibilizar la organización y ser capaz de responder con rapidez a los cambios, tanto en el producto como en las necesidades de los clientes. No debería sorprender que las estructuras matriciales fueron utilizadas en compañías de alta tecnología, para las que la capacidad de desarrollar productos avanzados tecnológicamente era la clave del éxito. Sistemas TRW, un contratista de la defensa estadounidense, desarrolló un sistema matricial para construir los cohetes Atlas y Titán que formaron parte del programa espacial norteamericano en la década de 1960.

Una segunda ventaja de la estructura matricial es que abre la comunicación entre especialistas funcionales, y brinda la oportunidad para los miembros de los equipos de diferentes funciones de aprender unos de otros y desarrollar sus habilidades. Así, la estructura matricial facilita el progreso tecnológico porque las interacciones entre diferentes especialistas producen innovaciones que dan competencias clave a la compañía.

Tercera, la matriz permite a la organización usar eficazmente las habilidades de sus trabajadores especializados, quienes se trasladan de un producto a otro cuando es necesario. Al principio de un proyecto, por ejemplo, son necesarias habilidades en investigación y desarrollo, pero después de la innovación, se requieren las habilidades en ingeniería para diseñar y elaborar el producto. En una estructura matricial, se desplaza a la gente hacia donde sea más necesaria; los miembros del equipo cambian constantemente para satisfacer las necesidades del producto.

Cuarta, el enfoque dual (funcional y de producto) promueve el interés tanto en el costo como en la calidad. La meta principal de los especialistas funcionales puede ser técnica: obtener el producto más innovador y con la mayor calidad posible (independientemente del costo). En contraste, las metas principales de los gerentes de producto pueden ser el costo y la velocidad de desarrollo, haciendo lo que sea en virtud de la cantidad de tiempo y dinero disponibles. Este enfoque, tanto en calidad como en costo, mantiene al equipo funcionando y alinea las posibilidades técnicas con las realidades comerciales.

Desventajas de una estructura matricial

En teoría, los principios que subyacen a las estructuras matriciales parecen lógicos. Sin embargo, en la práctica surgen muchos problemas.[15] Para identificar las fuentes de tales problemas, considere aquello que no está en una matriz.

Una matriz carece de las ventajas de una estructura burocrática (revisadas en el capítulo 5). Con una jerarquía plana y pocas reglas y estándares de procedimiento, la matriz carece de una estructura de control que permita a los trabajadores desarrollar expectativas estables sobre los demás. En teoría, los miembros del equipo negocian continuamente con los demás sus responsabilidades de rol y los resultados del toma y daca flexibilizan la organización. En la práctica, a muchos individuos les disgustan la ambigüedad y el conflicto de roles que suelen producir las estructuras matriciales. Por ejemplo, el jefe funcional, enfocado en la calidad, y el jefe de producto, orientado al costo, con frecuencia tienen expectativas diferentes sobre los miembros del equipo. El resultado es un conflicto de roles. Los miembros del equipo se sienten inseguros de su trabajo, por lo que una estructura diseñada para promover flexibilidad podría, en realidad, reducirla si los miembros del equipo temen asumir su responsabilidad.

La falta de una jerarquía de autoridad claramente definida quizá también origine un conflicto entre las funciones y los equipos de producto sobre el uso de los recursos. En teoría, se supone que los gerentes de producto deben comprar los servicios de especialistas funcionales del equipo (por ejemplo, los servicios de 10 ingenieros a 2,000 dólares diarios). Sin embargo, en la práctica, el costo y la asignación de recursos se vuelven imprecisos, cuando los productos exceden su presupuesto y los especialistas no logran salvar los obstáculos técnicos. Surge la lucha de poder entre los gerentes funcional y de producto, y se produce el politiqueo para obtener apoyo de los altos directivos.

Como se sugiere, las estructuras matriciales deben manejarse cuidadosamente para conservar su flexibilidad, ya que no generan automáticamente el alto nivel de coordinación requerido y la gente que trabaja en una matriz por lo general se queja de los altos niveles de estrés e incertidumbre. Con el tiempo, las personas en una estructura matricial llegan a experimentar un vacío de autoridad y responsabilidad, y se cambian para crear su propia organización informal que les proporcione cierto sentido de estructura y estabilidad. Los líderes informales surgen dentro de los equipos. Esta gente es cada vez más reconocida como expertos o como "grandes líderes". Una jerarquía de estatus surge dentro de los equipos. Los miembros se resisten a transferirse a otros equipos con la finalidad de permanecer con sus colegas.

Cuando los directivos no obtienen los resultados que esperan, algunas veces tratan de aumentar su control sobre la matriz y su poder sobre la toma de decisiones. De manera lenta pero segura, mientras la gente se disputa el poder y la autoridad, un sistema que empezó aplanado y descentralizado se convierte en una estructura centralizada y menos flexible.

Las estructuras matriciales necesitan manejarse cuidadosamente, si se pretende que sus ventajas sobrepasen sus desventajas. Sin embargo, las estructuras matriciales no están diseñadas para usarse en situaciones organizacionales cotidianas. Son muy adecuadas cuando se necesita un alto nivel de coordinación entre expertos funcionales, ya que la organización debe responder con rapidez a su ambiente cambiante. Dados los problemas asociados con la administración de una estructura matricial, muchas compañías han optado por superponer una estructura funcional o una de división de producto con equipos de producto, en vez de intentar gestionar una matriz completa. El uso de la TI facilita mucho este proceso, al proporcionar la integración adicional necesaria para coordinar actividades complejas de creación de valor.

Estructura matricial multidivisional

Las estructuras multidivisionales permiten a una organización coordinar actividades con eficacia, pero son difíciles de gestionar. Surgen problemas de comunicación y de coordinación por el alto grado de diferenciación dentro de la estructura multidivisional. En consecuencia, una compañía con varias divisiones necesita asegurarse de que cuenta con suficientes mecanismos de integración en el lugar adecuado, con el propósito de manejar sus necesidades de control. En ocasiones, el centro corporativo se aleja de las actividades divisionales y es incapaz de jugar su importante rol de integración. Cuando eso sucede, las organizaciones a veces introducen la estructura matricial en los niveles más altos y crean una **estructura matricial multidivisional**, la cual brinda mayor integración entre los gerentes corporativos y los gerentes divisionales, así como entre estos últimos. La figura 6.12 ilustra dicha estructura.

Estructura matricial multidivisional
Estructura que proporciona mayor integración entre los gerentes corporativos y los gerentes divisionales, así como entre estos últimos.

Como se indica en la figura, tal estructura permite que los vicepresidentes sénior del centro corporativo envíen especialistas de nivel corporativo a cada división, lleven a cabo una evaluación profunda de su desempeño y diseñen un plan de acción funcional para cada división. Los gerentes divisionales se reúnen con los gerentes corporativos para intercambiar conocimientos e información, y para coordinar las actividades divisionales. La estructura matricial multidivisional facilita mucho que los ejecutivos de divisiones y los directores corporativos cooperen y coordinen las actividades organizacionales conjuntas. Muchas grandes compañías internacionales que operan globalmente usan esta estructura, por ejemplo Nestlé, como se expone en el recuadro "Al interior de la organización 6.3".

Figura 6.12 Estructura matricial multidivisional

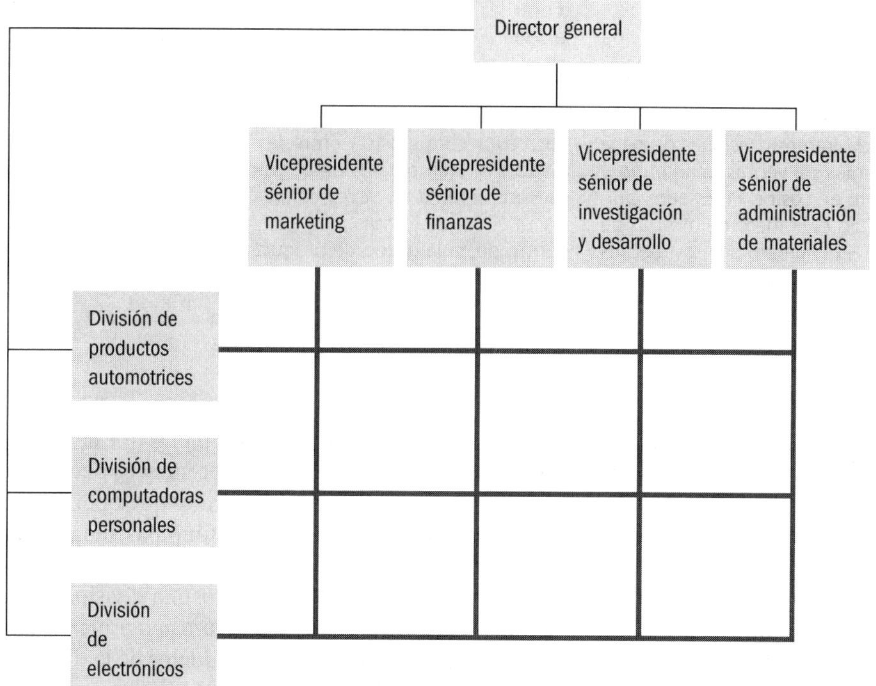

Al interior de la organización 6.3

Estructura matricial global de Nestlé

Nestlé, con sede en Vevey, Suiza, es la compañía de alimentos más grande del mundo, con ventas por más de 80 mil millones de dólares en 2011. La compañía había estado aplicando un ambicioso programa de expansión global mediante la adquisición de muchas compañías famosas como, por ejemplo, Perrier, embotellador francés de agua mineral, y Rowntree, la fábrica inglesa de caramelos. En Estados Unidos, Nestlé compró Carnation, Stouffer Foods, Contadina, Ralston Purina y Dreyer's Grand Ice Cream.

En el pasado, en cada uno de los países donde operaba, Nestlé permitía a los gerentes de cada una de sus divisiones de producto (como la división Carnation) asumir la responsabilidad de tomar sus decisiones de negocios. Por ejemplo, los gerentes tenían autoridad para tomar todas las decisiones sobre desarrollo del producto, marketing y producción. Los directivos en Vevey tomaron decisiones sobre la adquisición, expansión y asignación de recursos como la mejor forma de invertir su capital. Sin embargo, el tamaño del personal corporativo en Vevey aumentaba drásticamente para manejar su rápida expansión global, conforme adquiría cada vez más compañías globales de alimentos.

Para finales de la década de 1990, el director general de Nestlé se dio cuenta de que la compañía atravesaba serios problemas debido a que los gerentes corporativos se habían alejado de los gerentes divisionales en sus miles de divisiones globales de operación. Más aún, la forma en que operaba la compañía hacía imposible obtener los beneficios potenciales de compartir sus competencias distintivas en desarrollo de producto y marketing, pues ambas divisiones estaban en medio de un grupo de producto, por ejemplo, el grupo de bebidas, y entre grupos de producto y regiones mundiales. Debido a que cada grupo de producto operaba por separado, los ejecutivos corporativos

Glowimages

no podían integrar globalmente las actividades por grupo y por producto. Para elevar el desempeño corporativo, los ejecutivos de Nestlé requerían encontrar una nueva forma de organizar sus actividades.

Su director general decidió restructurar Nestlé de arriba hacia abajo, creando siete grupos de producto globales, y dando a los gerentes de cada uno la autoridad para supervisar todas las actividades de las divisiones de producto dentro de su grupo (por ejemplo, abarrotes como sopas y congelados, bebidas y caramelos). Cada grupo global de producto estaba integrado por las actividades de las divisiones de operación de su grupo y transfería competencias distintivas para crear nuevos tipos de productos de alimentos y bebidas, e incrementar las ganancias. Después del cambio, los gerentes del grupo de producto de caramelo, por ejemplo, empezaron a instrumentar el marketing y la venta de los productos de Rowntree, como After

Eight Mints y Smarties en todo Europa y Estados Unidos. Las ventas se incrementaron en un 60 por ciento.

Luego, Nestlé agrupó todas las divisiones de un país o de una región del mundo en una unidad de negocio estratégico (UNE) nacional o regional, y creó un equipo de ejecutivos de UNE, cuya función era ayudar a vincular y coordinar sus actividades, así como a acelerar el desarrollo de productos. Cuando las diferentes divisiones de cada UNE empezaron a compartir las actividades de ventas, marketing y compras, el resultado fue un mayor ahorro en costos. En Estados Unidos, el equipo de ejecutivos de UNE redujo el número de oficinas de venta en el ámbito nacional de 115 a 22, y el número de proveedores de materiales para empacar de 43 a 3.

Finalmente, Nestlé decidió usar una estructura matricial para integrar las actividades de los siete grupos globales de producto con las operaciones de las UNE del país. La meta de esta estructura matricial consiste en permitir a la compañía obtener los beneficios de aprender cómo crear nuevos productos para satisfacer a los clientes de diferentes regiones y lograr la reducción de costos, promoviendo así mayor cooperación entre las divisiones de cada grupo de producto. Por ejemplo, los gerentes de la UNE regional invirtieron tiempo considerable en Vevey con los ejecutivos del grupo de producto, discutiendo las formas para sacar ventaja de compartir sus recursos dentro de cada grupo de producto y en toda la compañía sobre una base global.

Estructura híbrida

Estructura híbrida
Estructura de una gran organización que tiene muchas divisiones y que simultáneamente usa varios tipos diferentes de estructura organizacional.

Como sugiere el tema anterior, con frecuencia las organizaciones complejas que se componen de muchas divisiones usan de manera simultánea muchas estructuras diferentes, es decir, operan con una **estructura híbrida**. Como vimos antes, muchas organizaciones grandes que operan en diversas industrias utilizan una estructura multidivisional y crean divisiones autónomas; luego, cada gerente de división de producto selecciona la estructura que mejor satisfaga las necesidades del ambiente o la estrategia particular, etc. (véase la figura 6.13). Por lo tanto, una división de producto puede elegir operar con una estructura funcional, otra con una estructura geográfica y una tercera con una estructura de equipo de producto, por la naturaleza de los productos de la división, o bien, por el deseo de ser más sensible frente a las necesidades de los clientes.

Las compañías que operan solo en una industria, pero eligen competir en diferentes segmentos de mercado de la industria también pueden usar una estructura híbrida. Por ejemplo, Target utiliza una estructura híbrida en la industria al menudeo y agrupa sus actividades por tipo de segmento de mercado/cliente, y por geografía.

Como se muestra en la figura 6.13, Target opera sus cadenas de tiendas con cuatro divisiones independientes con una estructura de división de mercado. Sus cuatro divisiones de mercado son Mervyn's y Marshall Field's, que atienden las necesidades de clientes con mayor poder adquisitivo; Target Stores, que compite en el segmento de bajo precio; y target.direct, la división de Target por Internet que maneja las ventas en línea.[16]

Más allá del nivel organizacional existe otro nivel de estructura, porque tanto Target Stores como Marshall Field's operan con una estructura geográfica que agrupa las tiendas por región. Las tiendas individuales se encuentran bajo la dirección de una oficina regional, que coordina las necesidades de las tiendas en el mercado de su región y responde a las necesidades locales de los clientes. La oficina regional retroalimenta a los directivos divisionales, donde se toman decisiones de las funciones centralizadas de comercialización para todas las tiendas Target o Marshall Field's.

Figura 6.13 Estructura híbrida de Target

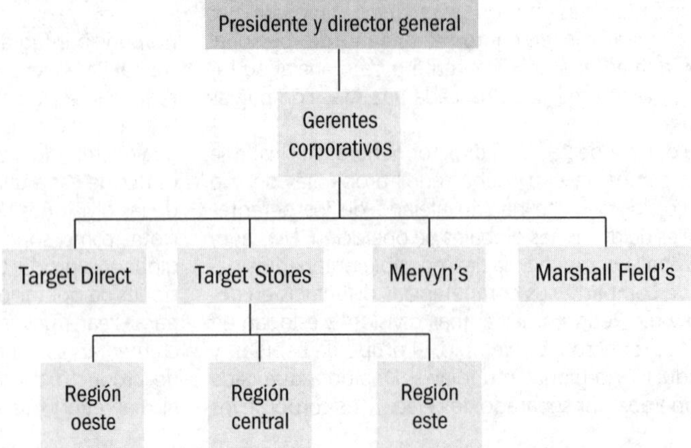

Así, la estructura organizacional puede compararse con las capas de una cebolla. La capa externa proporciona el marco organizacional rector —forma más común de la estructura de división de mercado o de producto—; por su parte, cada capa interior es la estructura que cada división selecciona para sí misma como respuesta a las contingencias que afronta —como la estructura geográfica o la de equipo de producto. La capacidad de desglosar una gran organización en pequeñas unidades o divisiones la hace mucho más manejable y los gerentes pueden cambiar la estructura cuando surja la necesidad, por ejemplo, un cambio de estructura funcional a una de equipo de producto.

Estructura de redes y la organización sin fronteras

Otra innovación en el diseño organizacional que ha circulado rápidamente por el mundo durante la última década es el uso de la estructura de redes. Recuerde del capítulo 3 que una *estructura de red* es un racimo de organizaciones diferentes, cuyas acciones se coordinan por contratos y acuerdos, más que por una jerarquía formal de autoridad.[17] Con mucha frecuencia, una organización toma la delantera en la creación de una red mientras busca la forma de aumentar su eficacia; por ejemplo, un fabricante de ropa buscaría formas para producir y comercializar ropa de forma más barata. En vez de producir la ropa en sus propias fábricas, la compañía decide subcontratar el servicio a una compañía asiática de bajo costo; establece también un acuerdo con una agencia de publicidad de Madison Avenue, para diseñar e implementar su campaña de ventas. Recuerde también cómo la *subcontratación* desplaza una actividad de creación de valor que se realizaba *dentro* de una organización hacia el *exterior*, donde otra compañía se encarga de su realización.

Las estructuras de red adquieren una mayor complejidad cuando una compañía establece acuerdos con una gran variedad de proveedores, fabricantes y distribuidores, con la finalidad de subcontratar muchas de las actividades de creación de valor necesarias para producir y comercializar bienes y servicios.[18] Por ejemplo, Nike, el fabricante de calzado deportivo más rentable en el mundo, ha desarrollado una estructura de red muy compleja para producir sus zapatos. En el centro de la red están las funciones de investigación y diseño de producto de Nike, localizada en Beaverton, Oregon, donde los diseñadores de Nike presentan innovaciones en el diseño de calzado deportivo. ¡Casi todas las otras especialidades funcionales que Nike necesita para producir y comercializar sus zapatos se subcontratan con compañías en todo el mundo![19]

¿Cómo gestiona Nike las relaciones entre todas las compañías de su red? Principalmente utilizando una moderna tecnología de la información (se revisará esto a profundidad en el capítulo 12). Los diseñadores de Nike utilizan el diseño por computadora (CAD, por las siglas de *computer aided design*) para diseñar sus zapatos, y toda la información del nuevo producto, incluyendo las instrucciones para su fabricación, se almacenan electrónicamente. Cuando los diseñadores han realizado su trabajo, transmiten todos sus diseños de los nuevos productos de manera electrónica a la red de proveedores y fabricantes en el sur de Asia.[20] Por ejemplo, las instrucciones para diseñar una nueva suela se envían a un proveedor en Taiwán; y las instrucciones para la parte superior del calzado, a un proveedor en Malasia. Estos proveedores pueden entonces fabricar las partes del zapato que se enviarán para su ensamble final a un fabricante en China, con quien Nike tiene establecida una alianza. Estos modelos se envían desde China a los distribuidores de todo el mundo y se comercializan en cada país a través de una organización con la que Nike ha establecido cierta forma de alianza, como sería un contrato a largo plazo.

Ventajas de las estructuras de red

¿Por qué Nike utiliza una estructura de red para controlar el proceso de creación de valor, en vez de realizar todas las actividades funcionales por sí mismos? Nike, y otras organizaciones, obtienen diversas ventajas utilizando una estructura de red.

Primera, se reducen los costos de producción en el grado en que una organización logra encontrar un socio en red que realice una actividad funcional específica confiable y a bajo costo.[21] Casi todo lo que Nike manufactura se elabora en Asia, porque los costos son una fracción de los de Estados Unidos. Segunda, en la medida en que una organización contrate otras organizaciones para realizar actividades específicas de creación de valor, evita los altos costos burocráticos de operar una estructura organizacional compleja. Por ejemplo, la jerarquía puede mantenerse tan plana como sea posible y serán necesarios menos gerentes. Incluso, gracias a que Nike subcontrata varias actividades funcionales, es capaz de mantenerse pequeña y flexible. El control del proceso de diseño se descentraliza a los equipos asignados al desarrollo de cada uno de los nuevos tipos de calzado deportivo y casual por los que se reconoce a Nike.

Tercera, una estructura de red permite a la organización actuar de manera orgánica. Por ejemplo, si el ambiente cambia y aparecen nuevas oportunidades, la organización puede alterar su red con rapidez para dar respuesta, como cuando corta los vínculos con compañías cuyos servicios ya no necesita o al desarrollar nuevos vínculos con compañías que tengan las habilidades que requiere. A una organización que realiza todas sus actividades funcionales le lleva más tiempo responder a los cambios que se presentan. Cuarta, si cualquiera de los socios de la red de Nike falla en la aplicación de sus estándares, puede remplazarse con nuevos socios. Finalmente, una razón muy importante para el desarrollo de redes ha sido que la organización obtiene acceso a fuentes de bajo costo en el extranjero de insumos y experiencia funcional, algo fundamental en el actual ambiente global cambiante.

Desventajas de las estructuras de redes

Aunque la estructura de red muestra varias ventajas, también presenta inconvenientes en ciertas situaciones. Para saber lo que esto significa, imagine una compañía de alta tecnología que quiere lanzar al mercado hardware y software de su propiedad, antes que sus competidores. ¿Qué tan fácil sería subcontratar las actividades funcionales necesarias para asegurar que el hardware y el software sean compatibles y funcionen con otras compañías de software? Nada fácil. Se necesita una interacción cercana entre las divisiones de hardware y software, así como entre los diferentes grupos de programadores de hardware y software responsables de diseñar las distintas partes del sistema. Es necesario un nivel considerable de ajuste mutuo para permitir a los grupos interactuar de tal forma que puedan aprender de los demás y mejorar constantemente el producto final. Los gerentes deben estar ahí para integrar las actividades de los grupos y así asegurar que sus actividades engranan adecuadamente. Serían enormes los problemas de coordinación al tener varias compañías realizando diferentes partes del proceso de trabajo. Es más, debería haber una confianza considerable entre los diferentes grupos para compartir las ideas, lo cual es necesario para el desarrollo exitoso del nuevo producto.

Es poco probable que una estructura de red proporcione a una organización la capacidad para controlar dicho proceso complejo de creación de valor, porque los gerentes carecen de los medios para coordinar y motivar con eficacia a los diversos socios de la red. Primero, sería difícil obtener el aprendizaje corriente que compone las competencias clave dentro de una empresa, ya que las compañías separadas tienen menos incentivos para hacer tal inversión.[22] Como resultado, se perderían muchas oportunidades para recortar costos y aumentar la calidad. Segundo, si uno de los proveedores de Nike falla, Nike puede remplazarlo fácilmente contratando a otro. ¿Pero qué tan fácil es encontrar compañías confiables de software que sepan hacer el trabajo y, al mismo tiempo, tenerles confianza en que no robarán la información ni la usarán o darán a los competidores?

En general, cuanto más complejas sean las actividades de creación de valor necesarias para producir y comercializar bienes y servicios, más problemas se asociarán con el uso de una estructura de red.[23] Como las demás estructuras revisadas en este capítulo, las estructuras de red son adecuadas para algunas situaciones y para otras no.

La organización sin fronteras

La capacidad de los gerentes para desarrollar una estructura de red que produzca o proporcione los bienes y servicios que sus clientes quieran, más que crear una estructura organizacional compleja para hacerlo, ha llevado a muchos investigadores y consultores a popularizar la idea de la "organización sin fronteras". Este tipo de organización está compuesta por individuos vinculados por computadoras, faxes, sistemas de diseño digital y videoconferencias, de modo que es raro que se encuentren cara a cara.[24] La gente va y viene cuando se requieren sus servicios, como en una estructura matricial, pero no son miembros formales de la organización. Son expertos independientes funcionales que forman alianzas con la organización, cumplen con sus obligaciones contractuales y se cambian al siguiente proyecto.

El uso de la subcontratación y el desarrollo de organizaciones de red han aumentado rápidamente y las organizaciones reconocen las oportunidades que ofrecen para reducir costos y aumentar la flexibilidad. Es claro, los gerentes tienen que evaluar cuidadosamente los beneficios relativos de tener a su propia organización realizando una actividad funcional o insumo particular, contra el hecho de formar una alianza con otra organización para realizarla y así aumentar la eficacia organizacional. Diseñar una estructura organizacional se ha vuelto una de las actividades administrativas más complejas en el actual ambiente de cambio.

Comercio electrónico

El **comercio electrónico (*e-commerce*)** es el comercio que tiene lugar entre las compañías y los clientes individuales utilizando la tecnología de la información (TI) e Internet. El *comercio negocio a negocio* (*business-to-business commerce*, *B2B*) es el comercio que ocurre entre compañías que utilizan la TI e Internet para vincular y coordinar las cadenas de valor de las *diferentes* compañías (véase la figura 6.14). Las compañías usan el comercio negocio a negocio porque les permite reducir sus costos de operación y aumentar la calidad de su producto. La aplicación principal de este tipo de comercio es de *mercado B2B*, una red específica de comercio establecida para conectar a vendedores y compradores a través de Internet. Para participar en el mercado B2B, las compañías acuerdan usar un software estándar que les permita buscar y compartir información entre sí. Después, las compañías funcionan juntas en el tiempo para encontrar formas de reducir costos y mejorar la calidad.

Comercio electrónico (*e-commerce*) Comercio que tiene lugar entre organizaciones y entre organizaciones y clientes, utilizando la tecnología de la información (TI) e Internet.

El *comercio negocio a cliente* (B2C) es el comercio que se da entre una compañía y su red de *clientes individuales* usando la TI e Internet. Cuando una compañía utiliza la TI para conectarse directamente con los clientes aumenta el control de su red. Por ejemplo, pueden manejar su marketing y distribución propios sin intermediarios. Dell fue una de las primeras compañías en crear una red B2C que le permitió vender directamente al cliente, y personalizar las PC ajustándolas a sus necesidades. El uso de tiendas en línea permite a las compañías brindar a los clientes una variedad más amplia de productos y dar mucho más información sobre ellos, de manera muy económica. Esto les permite atraer más clientes y así se va fortaleciendo la red de la compañía. Esta es la meta de Dell y también de Amazon.com, que ha abierto más de 50 tipos diferentes de tiendas para tener la capacidad de vender a sus millones de clientes leales una variedad de artículos cada vez más amplia. En la actualidad, Amazon.com está trabajando para expandir su número de tiendas virtuales que permitan a sus clientes almacenar datos, música y videos en los servidores de la compañía, así como para usar su poder en cómputo y de programas en sus servidores con la finalidad de procesar sus datos y satisfacer las necesidades de software. Crear esta estructura de red es el mayor desafío de Amazon porque sus competidores como Google, Apple y Dell también están trabajando en sus propias redes virtuales.

Figura 6.14 Tipos de comercio electrónico

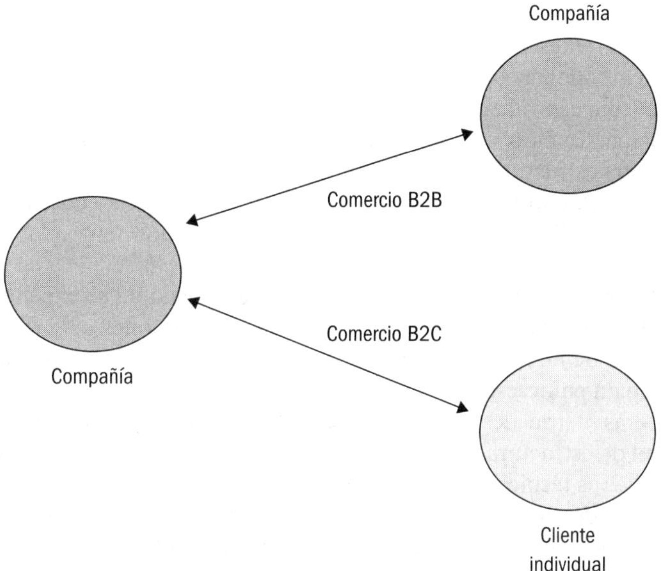

Resumen

Diseñar una estructura organizacional es una tarea difícil y desafiante. Los gerentes deben gestionar continuamente las dimensiones vertical y horizontal de la jerarquía, así como elegir una distribución adecuada de la autoridad y de las responsabilidades de la tarea. Cuando una organización crece y se vuelve más compleja, cobra importancia cambiar su estructura para responder a las necesidades cambiantes o a las contingencias.

Diseñar una estructura que se ajuste a las necesidades de una compañía es el principal desafío. Cada estructura tiene ventajas y desventajas, y los gerentes necesitan estar preparados y dispuestos para rediseñar su organización y así obtener las ventajas, y anticipar y minimizar los problemas de la estructura que hayan elegido. Una organización que controla su estructura cuenta con una ventaja competitiva importante sobre aquella que no lo hace.

Muchas organizaciones ignoran los problemas de coordinación inherentes al proceso organizacional. Con mucha frecuencia, una organización espera hasta tener el problema (estar en decadencia), antes de intentar manejar los problemas de coordinación y motivación. Las características del equipo de alta dirección son críticas porque determinan cómo se tomaron las decisiones y cómo perciben los altos directivos los problemas que experimenta la organización. En el capítulo 6 se revisaron los siguientes puntos:

1. Una estructura funcional es un diseño que agrupa a los individuos porque tienen habilidades similares o utilizan los mismos recursos. Los grupos funcionales incluyen finanzas, investigación y desarrollo, marketing e ingeniería. Todas las organizaciones comienzan como estructuras funcionales.
2. Una organización necesita adoptar una estructura más compleja cuando comienza a producir muchos bienes o cuando confronta necesidades especiales, como la necesidad de producir bienes nuevos con rapidez, a tratar con diferentes grupos de clientes o a administrar el crecimiento en nuevas regiones.
3. El movimiento hacia una estructura más compleja se basa en tres opciones de diseño: incrementar la diferenciación vertical, aumentar la diferenciación horizontal e incrementar la integración.
4. La mayoría de las organizaciones pasa de una estructura funcional a algún tipo de estructura divisional: una estructura de producto, una estructura geográfica o una estructura de mercado.
5. Los tres tipos de estructura de producto son la estructura de división de producto, la estructura multidivisional y la estructura de equipo de producto.
6. La estructura de división de producto se utiliza cuando una organización produce bienes muy similares, que utilizan el mismo conjunto de funciones de apoyo.
7. Las estructuras multidivisionales están disponibles para organizaciones que crecen con rapidez y producen una amplia variedad de artículos o que entran en industrias totalmente diferentes. En una estructura multidivisional, cada división de producto, es una división autónoma con la estructura operativa que mejor cubra sus necesidades. El *staff* de la oficina central es responsable por coordinar las actividades de las divisiones de la organización. Cuando se requiere mucha coordinación entre divisiones, una compañía puede usar una estructura matricial multidivisional.
8. Las estructuras de equipo de producto se enfocan en el artículo que se fabrica. Los equipos de especialistas funcionales se organizan alrededor del producto para acelerar su desarrollo.
9. Las estructuras geográficas se usan cuando las organizaciones se expanden en nuevas áreas o cuando comienzan a fabricar en diferentes ubicaciones.
10. Las estructuras de mercado se emplean cuando las organizaciones desean agrupar actividades para enfocarse en las necesidades de los distintos grupos de clientes.
11. Las estructuras matriciales agrupan las actividades por función y por producto. Son un tipo especial de estructura que está disponible cuando la organización necesita tratar con nuevos productos técnicamente sofisticados en mercados con cambios rápidos.
12. Las estructuras de red se forman cuando una organización establece acuerdos o contratos con otras organizaciones para realizar actividades funcionales específicas de creación de valor.

Preguntas para análisis

1. Conforme las organizaciones crecen y se diferencian, ¿qué problemas podrían surgir en una estructura funcional?
2. ¿Cómo difieren la estructura de división de producto y la estructura multidivisional?
3. ¿Por qué una organización preferiría usar una estructura de equipo de producto, en vez de una estructura matricial?
4. ¿Cuáles son las diferencias principales entre una estructura funcional y una multidivisional? ¿Por qué una compañía puede cambiar de una estructura funcional a una multidivisional?
5. ¿Cuáles son las ventajas y desventajas relacionadas con las estructuras de red?

Teoría organizacional en acción

Poner en práctica la teoría organizacional

¿Cuál nueva estructura organizacional?

Formen equipos de tres a cinco integrantes y analicen el siguiente escenario:

Ustedes son un grupo de gerentes de una de las principales compañías de bebidas refrescantes que compite contra Coca Cola para ganar mercado. Su estrategia consiste en aumentar la extensión de sus productos y ofrecer agua embotellada a cada segmento de mercado, para atraer clientes y para comenzar a ofrecer gaseosas y otras bebidas hechas a la medida de las necesidades de los clientes en diferentes regiones del país.

Actualmente tienen una estructura funcional. Lo que ahora tratan de hacer es implementar mejor su estrategia para lanzar sus nuevos productos. ¿A qué tipo de estructura cambiarían?

1. Debatan los pros y contras de las diferentes estructuras organizacionales posibles.
2. ¿Qué estructura les permitirá lograr mejor su objetivo *a*) al menor costo, *b*) con alta sensibilidad frente a los clientes o *c*) con ambas?

Dimensión ética 6

Cuando las organizaciones subcontratan sus actividades funcionales, por lo común despiden a varios, sino es que a la mayoría, de los trabajadores que realizan la tarea funcional dentro de los límites de la organización. Por ejemplo, Levi Strauss cerró su última planta en Estados Unidos en 2001 y Dell subcontrató a cientos de personas en la India para su centro de atención telefónica de servicio al cliente.

1. ¿Subcontratar da un buen sentido al negocio? ¿Cuáles son las ventajas y las desventajas?
2. Dadas tales ventajas y desventajas, ¿cuándo y en qué condiciones resulta ético subcontratar actividades funcionales, despedir a trabajadores y tener esos empleos en el extranjero?

Establecer contacto 6

Encuentre un ejemplo de una compañía que haya cambiado su forma de diferenciación horizontal de cierta manera. ¿Qué hizo la compañía? ¿Por qué se realizó el cambio? ¿Qué se espera obtener como resultado del cambio? ¿Qué estructura cambió?

Análisis de la organización: Módulo de diseño 6

Este módulo se enfoca en la diferenciación horizontal de su organización y en la estructura que utiliza para coordinar sus tareas y roles.

Tarea

1. ¿Qué tipo de estructura (por ejemplo, funcional, de división de producto, multidivisional) tiene su organización? Elabore un diagrama que ilustre su estructura e identifique las principales subunidades o divisiones de la organización.
2. ¿Por qué la compañía usa este tipo de estructura? Escriba un resumen de las ventajas y desventajas relacionadas con esa estructura de su organización.

3. ¿Está su organización experimentando cualquier problema particular en la gestión de sus actividades? ¿Puede usted sugerir una estructura más adecuada que pudiera adoptar su compañía para resolver dichos problemas?

CASO PARA ANÁLISIS

Liz Claiborne remodela su estructura

Liz Claiborne, al igual que otros reconocidos fabricantes de prendas de vestir, emprendió una estrategia de expansión de productos en la década de 1990, cuando adquirió varias compañías pequeñas de marcas de ropa y accesorios, e inició otras marcas de su propiedad. La meta de la compañía era lograr mayor eficiencia en operación e incrementar las ventas y, por lo tanto, aumentar los ingresos. Para 2006, había crecido a 36 marcas diferentes, pero aun cuando los ingresos aumentaron de dos a cinco mil millones de dólares, sus beneficios no mantuvieron el paso. De hecho, las utilidades fueron cayendo porque los costos se elevaron y la eficiencia operacional se redujo debido a la enorme complejidad y al gasto involucrados en la administración de tantas marcas diferentes.[25]

Liz Claiborne reclutó un nuevo director general, William McComb, para encontrar la forma de dar un giro al problema de la compañía. En unos meses, McComb decidió dar marcha atrás, reducir el tamaño de la compañía y cambiar hacia una nueva forma de estructura organizacional que permitiera nuevamente el crecimiento, pero en esta ocasión con un incremento en la rentabilidad. El problema de McComb era encontrar una nueva estructura organizacional que redujera los problemas asociados con la administración de 36 marcas diferentes. Él pensaba que la compañía había desarrollado una "cultura de la complejidad", debida a su rápido crecimiento y a una estructura organizacional excesivamente complicada.

La empresa había creado cinco divisiones diferentes para administrar las 36 marcas; las marcas se agruparon en diferentes divisiones de acuerdo con la naturaleza de la ropa o los accesorios que hacían. Por ejemplo, las líneas de diseño de lujo como Ellen Tracy se agruparon en una división; las líneas para la mujer trabajadora, como su marca Liz Claiborne y Dana Buchman, en una segunda división; la ropa muy moderna o de última moda dirigida a clientes jóvenes, como la línea Juicy Couture, en una tercera división, y así sucesivamente. Un equipo independiente de gerentes controlaba cada división y cada una de ellas realizaba todas las actividades funcionales, como marketing y diseño, necesarias para apoyar su marca. El problema era que con el tiempo se fue dificultado tanto la diferenciación entre marcas en cada división como entre las marcas de las diferentes divisiones, porque el estilo de la moda cambia con rapidez en respuesta a las demandas de cambio en los gustos de los clientes. Asimismo, el aumento en los costos por la duplicidad de actividades entre divisiones y la competencia cada vez mayor en la industria, daban como resultado una nueva presión para reducir los precios a las tiendas minoristas y así proteger las ventas.

McComb decidió que era necesario simplificar y cambiar la estructura organizacional de Liz Claiborne para satisfacer las cambiantes necesidades de los clientes, y atender la competencia en el menudeo debido al crecimiento de marcas privadas. Primero, decidió que la compañía intentaría vender, autorizar como franquicia o incluso cerrar 16 de las 36 marcas, y enfocarse en las 20 restantes que mostraban mejor oportunidad de generar ganancias en el futuro.[26] Para administrar mejor esas 20 marcas decidió cambiar su estructura organizacional y reducir de cinco a dos divisiones. Esto suprimió un nivel completo de autoridad, pero también permitió eliminar la duplicidad en las funciones de marketing, distribución y menudeo entre las cinco antiguas divisiones, lo cual resultaría en mayores ahorros en costos.

Las dos divisiones que permanecieron son, en la actualidad, la división de menudeo llamada "marcas directas" y la división de mayoreo llamada "marcas asociadas". Su nueva estructura intenta "dar atención, energía y claridad" a la forma como opera cada división. Por ejemplo, la división de menudeo es responsable por las marcas que básicamente se venden a través de la propia cadena de tiendas Liz Claiborne, como Kate Spade, Lucky Brand Jeans y Juicy Couture. La meta de agrupar sus marcas de rápido crecimiento es permitir a los gerentes divisionales tomar mejores decisiones de marketing y distribución para atraer a más clientes. Por ejemplo, Liz Claiborne planea incrementar la venta de sus marcas directas de 3% a 5% anual y encontrar las formas para tener nuevos diseños de ropa en sus tiendas de forma más rápida, con la finalidad de competir con cadenas como Zara, que se caracteriza por su capacidad para innovar colecciones de ropa casi mensualmente. La compañía también planea abrir más de 300 tiendas en los siguientes años, para sumarlas a sus 433 tiendas de especialidad y 350 de tiendas de descuento.[27]

En contraste, el problema en la división de mayoreo, que vende líneas como Liz Claiborne y Dana Buchman directamente a tiendas departamentales, consiste en reducir costos para disminuir la creciente amenaza de las marcas privadas. Por ejemplo, las ventas de marcas privadas de Macy's se incrementaron casi 10% durante este siglo XXI. Si los gerentes de la división de mayoreo pueden encontrar la forma de mejorar la eficiencia operativa, pueden ofrecer a tiendas como Macy's precios más bajos para motivarlas a adherirse a sus marcas. De manera similar, si los gerentes de la división logran encontrar formas para reducir costos, ya sea cambiando el inventario con mayor rapidez, distribuyendo los costos, etc., entonces aumentarán las ganancias, aun cuando sus precios registren una baja. Los gerentes de mayoreo se asocian con las tiendas departamentales para desarrollar líneas exclusivas de ropa de marca, de tal forma que ambas partes salgan beneficiadas. Por ejemplo, lograron un acuerdo con JCPenney para lanzar una línea llamada Liz&Co., que solo se comercializará en sus tiendas; hasta el momento las ventas han sido buenas y ambas partes disfrutan de grandes beneficios.

El director general McComb pensó que, para reducir la complejidad y permitir que cada división construyera la cultura de comercialización adecuada, era necesario cambiar la estructura organizacional de Liz Claiborne. De agrupar en divisiones los productos de ropa con base en su calidad o precio, él cambió a dos divisiones de mercado, donde las marcas de ropa se agruparon de acuerdo con las necesidades de los clientes de cada división, ya fuera la gente que va a las tiendas o las cadenas minoristas que compran la ropa para revenderla a clientes individuales. El problema principal es que cada división enfrenta un conjunto bastante diferente de problemas de operación y estratégicos, y con la nueva estructura los gerentes de cada división pueden enfocarse en resolver el conjunto específico de problemas con la finalidad de lograr el mejor desempeño de su marca particular. En 2010 el deseo de McComb era que durante la siguiente década las ventas de la compañía crecieran con rapidez pero, hasta el momento, su nueva estructura se encamina a una mayor eficiencia y eficacia, lo cual elevará la rentabilidad.

Preguntas para análisis

1. ¿Cuáles fueron los problemas de Liz Claiborne con la antigua estructura organizacional?
2. ¿Cómo cambió McComb la estructura de Liz Claiborne para mejorar su eficacia? Busque en la Web cómo han funcionado sus cambios en el diseño.

Referencias

[1] J. Child, *Organization: A Guide for Managers and Administrators* (Nueva York: Harper & Row, 1977); R. Duncan, "What Is the Right Organization Structure?", *Organization Dynamics* (Winter 1979), pp. 59-80; J. R. Galbraith y R. K. Kazanjian, *Strategy Implementation: Structure, System, and Process*, 2a. ed. (St. Paul, MN: West, 1986).

[2] O. E. Williamson, *Markets and Hierarchies: Analysis and Antitrust Implications* (Nueva York: Free Press, 1975).

[3] P. R. Lawrence y J. W. Lorsch, *Organization and Environment* (Boston: Graduate School of Business Administration, Harvard University, 1967).

[4] A. D. Chandler, *Strategy and Structure* (Cambridge, MA: MIT Press, 1962); Williamson, *Markets and Hierarchies*.

[5] Chandler, *Strategy and Structure*; B. R. Scott, *Stages of Development* (Cambridge, MA: Harvard Business School, 1971).

[6] A. P. Sloan, *My Years at General Motors* (Garden City, NY: Doubleday, 1946), p. 46.

[7] *Ibid.*, p. 50.

[8] A. Taylor, III, "Can GM Remodel Itself?", *Fortune* 13 (1992), pp. 26-34; W. Hampton y J. Norman, "General Motors: What Went Wrong?" *Business Week*, 16 de marzo de 1987, pp. 102-110.

[9] "GM Will Match Japan Quality in 2-3 Years", www.yahoo.com, 17 de septiembre de 2002.

[10] www.gm.com, 2011.

[11] C. W. L. Hill y G. R. Jones, *Strategic Management*, 7a. ed. (Boston: Houghton Mifflin, 2007); G. R. Jones y C. W. L. Hill, "Transaction Cost Analysis of Strategy-Structure Choice", *Strategic Management Journal* 9 (1988), pp. 159-172.

[12] Sloan, *My Years at General Motors*.

[13] S. M. Davis y P. R. Lawrence, *Matrix* (Reading, MA: Addison-Wesley, 1977); J. R. Galbraith, "Matrix Organization Designs: How to Combine Functional and Project Forms", *Business Horizons* 14 (1971), pp. 29-40.

[14] L. R. Burns, "Matrix Management in Hospitals: Testing Theories of Matrix Structure and Development", *Administrative Science Quarterly* 34 (1989), pp. 349-368; Duncan, "What Is the Right Organization Structure?"

[15] S. M. Davis y P. R. Lawrence, "Problems of Matrix Organization", *Harvard Business Review* (mayo-junio de 1978), pp. 131-142; E. W. Larson y D. H. Gobelli, "Matrix Management: Contradictions and Insight", *California Management Review* (verano de 1987), pp. 126-138.

[16] www.target.com, 2011.

[17] R. E. Miles y C. C. Snow, "Causes of Failure in Network Organizations", *California Management Review* (julio de 1992), pp. 53-72.

[18] W. Baker, "The Network Organization in Theory and Practice", en N. Nohria y R. Eccles, eds., *Networks and Organizations* (Boston: Harvard Business School, 1992), pp. 397-429.

[19] www.nike.com, 2011.

[20] G. S. Capowski, "Designing a Corporate Identity", *Management Review* (junio de 1993), pp. 37–38.

[21] J. Marcia, "Just Doing It", *Distribution* (enero de 1995), pp. 36-40.

[22] R. A. Bettis, S. P. Bradley y G. Hamel, "Outsourcing and Industrial Decline", *Academy of Management Executive* (febrero de 1992), pp. 7-22.

[23] C. C. Snow, R. E. Miles y H. J. Coleman, Jr. "Managing 21st Century Network Organizations", *Organizational Dynamics* (invierno de 1992), pp. 5-20.

[24] J. Fulk y G. Desanctis, "Electronic Communication and Changing Organizational Forms", *Organizational Science* 6 (1995), pp. 337-349.

[25] www.lizclaiborne.com, 2011.

[26] R. Dodes, "Claiborne Seeks to Shed 16 Apparel Brands", www.businessweek.com, 11 de julio de 2007.

[27] www.lizclaiborne.com, 2011.

CAPÍTULO 7

Diseño y administración de la cultura organizacional

Objetivos de aprendizaje

En este capítulo se revisará el concepto de cultura organizacional. La cultura se analiza examinando los valores y las normas que influyen en el comportamiento de los trabajadores; esa cultura los une a la organización y determina tanto su percepción e interpretación del ambiente como la forma en que actúan. Se verá cómo todo eso ofrece una ventaja competitiva a la organización. También se revisará la dimensión global de la cultura, así como los problemas que experimentan las organizaciones cuando se expanden globalmente y se encuentran diferentes clases de valores y normas.

Después de estudiar este capítulo, usted será capaz de:

1. Diferenciar entre valores y normas, y entender la forma como los miembros de la organización comparten la cultura y por qué las organizaciones desarrollan diferentes tipos de cultura.
2. Describir cómo los individuos aprenden la cultura, tanto formal (es decir, la manera en que una organización intenta que ellos aprendan) como informalmente (es decir, viendo lo que sucede en la organización).
3. Identificar los cuatro bloques o fundamentos de la cultura de una organización, que explican las diferencias culturales entre organizaciones.
4. Comprender cómo diseñar o administrar una cultura organizacional.
5. Analizar un resultado importante de la cultura de una organización: su posición en la responsabilidad social corporativa.

¿Qué es la cultura organizacional?

En los capítulos anteriores vimos que la función más importante de la estructura organizacional es el *control*, es decir, coordinar y motivar a las personas dentro de una organización.

En el capítulo 1 definimos **cultura organizacional** como el conjunto de valores y normas compartidos que controlan las interacciones entre los miembros organizacionales, así como entre estos y sus proveedores, clientes y otras personas externas a la organización. Puesto que una estructura organizacional está diseñada para lograr una ventaja competitiva y promover los intereses de los inversionistas, la cultura organizacional puede utilizarse para aumentar la eficacia organizacional.[1] Esto se debe a que la cultura organizacional controla la forma en que los miembros toman decisiones, interpretan y gestionan el ambiente organizacional, utilizan la información y se comportan.[2] Por lo tanto, la cultura afecta el desempeño y la posición competitiva de la organización.

¿Qué son los valores organizacionales y cómo influyen en el comportamiento? Los **valores** son criterios, estándares o principios generales que la gente usa para determinar los tipos de conducta, situaciones, eventos y resultados deseables o indeseables. Los dos tipos de valores son los terminales y los instrumentales (véase la figura 7.1).[3] Un **valor terminal** es un estado o resultado final deseado que la gente busca lograr. Las organizaciones podrían adoptar cualquiera de los valores terminales siguientes como principios guía: excelencia, responsabi-

Cultura organizacional
Conjunto de valores y normas compartidos, que controlan las interacciones entre los miembros organizacionales, así como entre estos y otras personas externas a la organización.

Valores
Criterios, estándares o principios generales que la gente usa para determinar los tipos de comportamientos, situaciones, eventos y resultados deseables o indeseables.

Valor terminal
Un estado o resultado final deseado que la gente busca lograr.

Figura 7.1 Valores terminales e instrumentales en la cultura organizacional

Valores organizacionales

Valores terminales	Valores instrumentales
Estados o resultados finales deseados (por ejemplo, alta calidad, excelencia)	Formas deseadas de comportamiento (por ejemplo, ser útil, trabajar duro)

Normas, reglas y estándares específicos (por ejemplo, ser amable con los compañeros, tener limpia el área de trabajo)

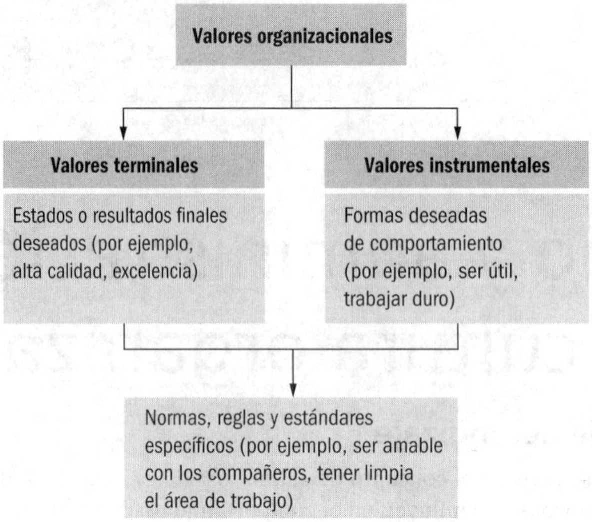

lidad, confiabilidad, rentabilidad, innovación, economía, moral, calidad. Las grandes compañías de seguros, por ejemplo, valoran la excelencia, pero sus valores terminales son con frecuencia la estabilidad y la predictibilidad porque la compañía debe estar lista para pagar los reclamos de los asegurados.

Valor instrumental Forma de comportamiento deseada.

Un **valor instrumental** es una forma de comportamiento deseada. Las formas de conducta por las cuales una organización pugna incluyen el trabajo duro, el respeto a las tradiciones y a la autoridad, ser conservador y cauto, ser moderado, ser creativo e intrépido, ser honesto, tomar riesgos y mantener estándares altos.

La cultura de una organización consiste entonces en los estados finales que busca lograr (sus *valores terminales*) y las formas de comportamiento que la organización promueve (sus *valores instrumentales*). Idealmente, los valores instrumentales ayudan a la organización a lograr sus metas terminales. De hecho, diferentes organizaciones tienen diferentes culturas, porque poseen diferentes conjuntos de valores terminales e instrumentales. Por ejemplo, compañías de software y hardware como Google y Apple, cuyas culturas enfatizan el valor terminal de la innovación, obtendrían este resultado mediante la promoción del desarrollo de los valores instrumentales de ser creativo, tomar riesgos, compartir nuevas ideas de producto y cooperar con otros miembros del equipo. Esa combinación de valores terminales e instrumentales lleva a una cultura empresarial. Como lo comentó el director general de Apple, Steve Jobs: "Ustedes necesitan una cultura muy orientada al producto, aun en una compañía de tecnología. Muchas empresas cuentan con toneladas de grandes ingenieros y gente capaz. Pero, finalmente, es necesaria una fuerza gravitacional que los jale a todos juntos".[4] Esa fuerza proviene del tipo de control, la forma de coordinación y la motivación, que resultan de una cultura organizacional.

Sin embargo, en algunas organizaciones los valores y las normas que enfatizan el pensamiento creativo "listo para usarse", pueden ser inadecuados. Por ejemplo, una compañía de entrega de paquetería, como UPS o FedEx, que desea estabilidad y predictibilidad para reducir costos enfatizaría el cuidado, la atención al detalle, la agilización, y el cumplimiento de reglas de trabajo y estándares de operación. El resultado será una cultura conservadora, la fuerza gravitacional que guía a UPS, como se describe en el recuadro "Al interior de la organización 7.1". FedEx ha imitado el enfoque de UPS. Por ejemplo, para ahorrar los altos precios de la gasolina, FedEx usa un sistema de posicionamiento GPS para instruir a sus choferes la forma más eficiente para manejar sus rutas. Además, cuando es posible giran a la derecha en intersecciones para reducir el tiempo de entrega y la distancia; sin duda, UPS utiliza un sistema similar.

Los valores terminales se encuentran estudiando la declaración de la misión de la organización y las metas oficiales, las cuales indican a los miembros y otros inversionistas las clases de valores y estándares éticos que desea que usen en la toma de decisiones. Así que los miembros entienden los valores instrumentales, es decir, los estilos de comportamiento que se espera sigan conforme buscan los estados finales deseados; una organización desarrolla normas, reglas y estándares específicos que representan sus valores instrumentales. En el capítulo 4 definimos las **normas** como los estilos o estándares de conducta que se consideran aceptables o típicos para un grupo de individuos. Las normas específicas de ser amable y mantener limpia y segura el área de trabajo, por ejemplo, se desarrollarán en una organización cuyos valores instrumentales incluyan ser útil y trabajar duro.

Normas
Estilos o estándares de conducta que se consideran aceptables o típicos para un grupo de personas.

Al interior de la organización 7.1

UPS señala que existe una forma correcta para entregar paquetería

United Parcel Service (UPS) controla más de tres cuartas partes del servicio de paquetería por tierra y aire, y entrega más de 10 millones de paquetes al día con su flota de 150,000 camiones.[5] Es también la compañía más rentable en su industria. UPS emplea a más de 250,000 trabajadores y, desde que se fundó como servicio de mensajería por bicicleta en 1907 por James E Casey, ha desarrollado una cultura que ha sido un modelo para sus competidores como FedEx y el Servicio Postal estadounidense.

Desde el principio, Casey hizo de la eficiencia, la economía y el ahorro, los valores terminales de la compañía; asimismo, hizo de la lealtad, la humildad, la disciplina, la confianza y el esfuerzo intenso, los valores instrumentales clave que los trabajadores de UPS deberían adoptar. UPS ha desarrollado y mantenido esos valores y las normas asociadas en su fuerza de trabajo desde siempre, no solo por haber comenzado como una compañía propiedad de los trabajadores.

Primero, sus sistemas de operación –desde lo más alto de la compañía hasta sus operaciones de transporte– están sujetos a un intenso escrutinio por los 3,000 ingenieros industriales que trabajan para la compañía. Estos ingenieros están en una búsqueda continua acerca de cómo medir los resultados y comportamientos para mejorar la eficiencia; por ejemplo, registran el tiempo de cada parte de la tarea del trabajador. Así, los conductores de los camiones están capacitados con extraordinario detalle para realizar sus tareas: deben bajar del camión con el pie derecho, doblar los billetes con la cara hacia arriba, cargar los paquetes bajo el brazo izquierdo, caminar a un ritmo de tres pies por segundo y llevar el aro con las llaves del camión en el tercer dedo.[6] A los trabajadores hombres no se les permite usar barba. Todos los trabajadores deben estar cuidadosamente acicalados y se les instruye sobre cómo tratar con los clientes. Los conductores que se desempeñan por debajo del promedio reciben visitas de los supervisores de capacitación que los acompañan en sus rutas de entrega y les enseñan cómo elevar el nivel de desempeño. No es de sorprender, como resultado de la capacitación intensiva y el control cercano del comportamiento, que los trabajadores de UPS internalicen las normas de la compañía sobre las formas adecuadas de comportarse, con la finalidad de ayudar a la organización a lograr sus valores de economía y eficiencia.

Su búsqueda para encontrar el mejor conjunto de controles de resultados ha llevado a UPS a desarrollar e introducir lo último en tecnología de la información en las operaciones de la compañía, en particular sus operaciones de administración de materiales. De hecho, actualmente UPS ofrece un servicio de consultoría a otras compañías en el área de la administración de la cadena global de suministros. Su meta es enseñar a otras compañías cómo lograr sus valores de eficiencia y economía, valores que la compañía ha estado persiguiendo durante los últimos 100 años como resultado de las enseñanzas de su fundador.

Glowimages

Muchos de los valores más poderosos y cruciales de una organización no están escritos. Solo existen en las normas, las creencias y los supuestos compartidos, así como en las formas de pensar y actuar que las personas en la organización usan para relacionarse entre sí y con los externos, y para analizar y tratar los problemas que la organización enfrenta. Los miembros aprenden de los demás cómo interpretar y responder a diversas situaciones de formas consistentes con los valores aceptados por la organización. Finalmente, los miembros eligen y respetan valores adecuados sin darse cuenta de que están haciendo una elección. Con el tiempo, internalizan valores y reglas, normas y estándares específicos de la organización que rigen la conducta; esto es, los valores organizacionales se vuelven parte del modo de pensar de los miembros, por lo que los individuos se apropian de los sistemas de valor, lo cual afecta su interpretación de una situación.[7] Una vez más, esta es la razón por la que las culturas de diferentes compañías son tan divergentes.

La cultura organizacional está basada en valores relativamente duraderos inmersos en las normas, reglas, estándares y metas de la organización. Las personas en la organización extraen estos valores culturales cuando toman decisiones, y cuando tratan con ambigüedad e incertidumbre dentro y fuera de la organización.[8] Los valores de la cultura organizacional son importantes formadores de la conducta de los miembros y de sus respuestas ante las situaciones, y aumentan la confiabilidad de la conducta de los miembros.[9] En ese contexto, *confiabilidad* no significa, por necesidad, un comportamiento consistentemente obediente o pasivo; quizá también signifique un comportamiento consistentemente innovador o creativo, como en el caso de Google y Apple, o bien, un comportamiento consistentemente amable, cuidadoso y ágil como en el caso de UPS y FedEx.[10] Sin embargo, también significaría un comportamiento sin ética en su totalidad.

Arthur Andersen, la firma de contadores ahora extinta, era reconocida por su persistencia en solicitar a sus empleados que obedecieran reglas de conducta limitantes y rígidas. Los miembros de esa organización debían vestir traje azul oscuro, zapatos negros y en algunas áreas los gerentes insistían que los zapatos tenían que ser de agujetas o los empleados podían ser despedidos. Tenían también un extenso sistema de administración por objetivos con el cual continuamente se evaluaba a los trabajadores. Sus valores se basaban en la obediencia a las reglas y normas de la compañía, el respeto a los compañeros y la importancia de seguir las reglas y estándares de procedimientos establecidos. El requerimiento de la firma de que sus trabajadores siguieran sus valores y normas culturales parecería válido para una compañía, cuyo negocio depende de la medición y contabilidad precisas de los recursos usados por los clientes. La contabilidad es una ciencia relativamente precisa y lo último que una compañía contable necesita es que sus trabajadores practiquen una "contabilidad creativa".

No es de extrañar, entonces, que el mundo de los negocios se sorprendiera de que a principios del siglo XXI quedara al descubierto que algunos de los socios más antiguos de Arthur Andersen instruyeran a sus subalternos a que pasaran por alto, o ignoraran, anomalías en los libros de sus clientes, para obtener grandes tarifas por consultoría con la finalidad de mantener el negocio con los clientes; y a que destruyeran documentos que revelaban sus tratos sin ética e ilegales con Enron antes de que las regulaciones del gobierno pudieran examinarlos, lo cual la llevó a su colapso.

La paradoja es que los valores de Arthur Andersen eran tan fuertes que llevaron a los subalternos a olvidar la ética "real" de lo que estaban haciendo y que siguieran su ética "distorsionada". Aparentemente, la cultura de Arthur Andersen era tan fuerte que tuvo un efecto de seguimiento fervoroso en sus miembros, quienes temían cuestionar lo que sucedía por el enorme estatus y poder que manejaban los socios, y por la amenaza de sanción si cualquiera desobedecía las reglas.

Diferencias en valores y normas globales

Los valores y las normas de diferentes países también afectan la cultura organizacional. De hecho, las diferencias que surgen entre las culturas de diferentes naciones, por las divergencias en sus valores y normas, ayudan a revelar el poderoso efecto de la cultura organizacional sobre el comportamiento.[11] Por ejemplo, la actual subcontratación (*outsourcing*) global es un método organizacional importante que las compañías usan para reducir costos, lo que evidentemente requiere de gerentes y trabajadores que coordinen sus acciones en diferentes países. Sin embargo, un estudio reciente encontró que las diferencias en la cultura son un problema importante para obtener la coordinación del trabajo.

Las diferencias culturales —como los diversos estilos de comunicación, los distintos enfoques para realizar las tareas, las diferentes actitudes ante el conflicto y los diversos estilos de toma de decisiones— son los factores principales que obstaculizan la coordinación en las relaciones de subcontratación, que requieren el contacto entre los individuos de los diferentes países.

Para que se dé una idea de los efectos que tales diferencias en los valores y las normas culturales provocan sobre el comportamiento organizacional, considere lo que sucedió cuando una compañía estadounidense y una mexicana intentaron cooperar en sociedad. Después de muchas negociaciones, Corning Glass, con sede en Pittsburgh, y Vitro, una compañía mexicana fabricante de vidrio, establecieron una sociedad para compartir tecnología y el mercado de los productos de cada una en todo Estados Unidos y México. Formaron una alianza para sacar ventaja de las oportunidades presentadas por el Tratado de Libre Comercio de América del Norte (TLCAN), el cual abrió los mercados de ambas naciones para los productos de la otra. Al firmar la sociedad, ambas compañías estaban entusiasmadas con su alianza. Los gerentes de las dos organizaciones afirmaban tener culturas organizacionales similares. Ambas compañías tenían un equipo directivo que seguía dominado por miembros de las familias fundadoras; las dos eran organizaciones globales con una amplia variedad de productos y ambas habían hecho en el pasado alianzas exitosas con otras compañías. No obstante lo anterior, dos años después Corning Glass disolvió la sociedad y regresó a Vitro los 150 millones de dólares que esta había pagado a Corning por tener acceso a su tecnología.[12]

¿Por qué falló la sociedad? Las culturas y los valores de las dos compañías eran tan diferentes que los directivos de Corning y los de Vitro no lograron trabajar juntos. Vitro, la compañía mexicana, hizo negocios al estilo mexicano, de acuerdo con los valores prevalecientes en su cultura. En México, los negocios se conducen a un ritmo más lento que en Estados Unidos. Acostumbradas a un mercado protegido, las compañías mexicanas se inclinan a cruzarse de brazos y tomar decisiones de una manera consensual y "muy cortés". Por lo común, los gerentes llegan a trabajar a las 9 A.M., emplean de dos a tres horas para comer, con frecuencia en casa con su familia y, luego, trabajan hasta tarde, por lo general hasta las 9 P.M. Los gerentes mexicanos y sus subalternos son leales y respetuosos con sus superiores; la cultura corporativa se basa en valores paternalistas y jerárquicos y, además, la toma de decisiones más importante se centraliza en un pequeño equipo de directivos. Esa centralización torna más lenta la toma de decisiones debido a que la gerencia media puede tener la solución a un problema pero no la implementará sin autorización de los directivos. En México toma tiempo y esfuerzo construir relaciones con nuevas compañías, porque la confianza se desarrolla poco a poco. En consecuencia, los contactos personales que se desarrollan lentamente entre los gerentes de diferentes compañías son un requisito importante para hacer negocios en México.

Corning, la compañía estadounidense, hizo negocios al estilo estadounidense, de acuerdo con los valores prevalecientes en su cultura. Los gerentes estadounidenses toman menos tiempo para comer o trabajan durante la comida para salir temprano por la tarde. En muchas compañías estadounidenses, la toma de decisiones está descentralizada en los gerentes de menor nivel, quienes toman decisiones importantes y comprometen a la organización con determinados cursos de acción. A los gerentes estadounidenses les gusta tomar decisiones con rapidez y se preocupan por las consecuencias más adelante.

Conscientes de las diferencias en los enfoques para llevar a cabo los negocios, los gerentes de Corning y Vitro intentaron comprometerse y encontrar un estilo de trabajo aceptable para las dos partes. Los ejecutivos de ambas compañías acordaron tener largas comidas de trabajo juntos. Los gerentes mexicanos estuvieron de acuerdo en renunciar a comer en casa; por su parte, los estadounidenses acordaron trabajar un poco más tarde para coincidir con los directivos de Vitro y agilizar la toma de decisiones. Sin embargo, con el tiempo, las diferencias en el estilo gerencial y en el enfoque de trabajo se convirtieron en una fuente de frustración para los ejecutivos de ambas compañías. El ritmo lento en la toma de decisiones fue frustrante para los ejecutivos de Corning. La presión de los gerentes de Corning para que todo se hiciera rápido fue frustrante para los ejecutivos de Vitro. Los ejecutivos de Corning que trabajaban en México descubrieron que, después de todo, las culturas organizacionales de Vitro y Corning no eran tan similares y decidieron regresar a casa. Los ejecutivos de Vitro también se dieron cuenta de que carecía de sentido prolongar la sociedad cuando las diferencias eran tan abismales.

Corning y otras innumerables compañías estadounidenses que han establecido acuerdos globales han encontrado que hacer negocio en otro país es diferente a realizarlo en casa. Los ejecutivos estadounidenses que viven fuera de su país no deberían esperar hacer negocios a la manera estadounidense. Debido a que valores, normas, costumbres y etiquetas difieren de una nación a otra, los ejecutivos que trabajan en el extranjero deben aprender a apreciar y responder a tales diferencias.

Ya que muchas fusiones fracasan por el hecho de que las diferencias entre culturas organizacionales suelen ser tan grandes, las compañías que adquieren otras organizaciones, aun estadounidenses, como Microsoft, Google y Oracle, usan equipos de expertos experimentados en "cultura de fusión", quienes toman las acciones necesarias para mezclar las culturas de las compañías fusionadas. De igual manera, algunas organizaciones reconocen de antemano que sus culturas son tan diferentes que sería casi imposible fusionarse. Por ejemplo, Microsoft contempló fusionarse con otra compañía global de software, la alemana SAP. Pero después de que sus ejecutivos iniciaron negociaciones, quedó claro que a pesar de las ventajas de la fusión, sus dos culturas eran tan diferentes que no lograrían unificar con éxito sus habilidades y recursos para crear más valor. De manera similar, cuando Google buscó adquirir Groupon en 2010 por 6 mil millones de dólares, los ejecutivos de esta última decidieron que querían mantener su propia cultura y crecer a su manera, como se analizó en el capítulo 1.

En resumen, existen muchas formas en que la cultura puede inspirar y facilitar las intensas interacciones personales y en equipo, que son necesarias para desarrollar competencias organizacionales y obtener ventaja competitiva. Primera, los valores culturales son facilitadores importantes del ajuste mutuo en una organización. Cuando los valores culturales compartidos brindan un punto de referencia común, los trabajadores no necesitan invertir mucho tiempo para establecer empatía y salvar las diferencias en su percepción acerca de los eventos. Los valores culturales pueden lograr que sean más fluidas las interacciones entre los miembros de una organización. Las personas que comparten los valores de la organización se identifican mejor con la organización y pueden tener sentimientos de autoestima por su pertenencia a ella.[13] Los trabajadores de compañías como Google, Southwest Airlines y Groupon, por ejemplo, valoran la pertenencia y se sienten comprometidos con la organización.

Segundo, la cultura organizacional es una forma de organización informal que facilita el funcionamiento de la estructura organizacional. Es un determinante importante de la forma como los trabajadores ven sus tareas y roles. Por ejemplo, les indica si deberán permanecer dentro de las reglas y los procedimientos establecidos y simplemente obedecer órdenes, o bien, si se les permite formular sugerencias a sus superiores, encontrar formas más creativas o mejores de ejecutar sus roles y sentirse libres de demostrar su competencia, sin temor a represalias de sus pares o superiores.

Esto no es trivial. Una de las quejas más comunes de trabajadores y gerentes en las organizaciones es que si bien conocen que determinados roles o tareas se realizarían mejor de manera diferente, los valores y las normas de la organización no les permiten cuestionar o plantear recomendaciones a sus superiores en la jerarquía organizacional. Se sienten atrapados, se vuelven infelices y a veces dejan la organización, elevando así la rotación de personal. Para mitigar este problema, algunas compañías como GE, Google y Microsoft han abierto líneas de comunicación con el director general que evitan al inmediato superior. Dichas compañías también se salen de su ruta para desarrollar valores de igualdad y justicia, lo cual demuestra su compromiso para recompensar a los trabajadores que se esfuerzan por las metas organizacionales, en vez de comportarse en función del interés propio. GE incluso asigna un nombre a los gerentes que se encuentran en tal caso: gerentes "tipo 4" y, con base en la retroalimentación de los subalternos, se les pide que den oportunidad a quienes puedan desarrollar subalternos motivados y facultados. Las prácticas laborales de GE demuestran sus valores a sus miembros.

Cómo se transmite la cultura organizacional a sus miembros

La capacidad de la cultura de una organización para motivar a sus trabajadores y aumentar la eficacia organizacional está directamente relacionada con la forma en que los miembros aprenden los valores de la misma. Los miembros organizacionales aprenden valores fundamentales a partir de las prácticas formales de socialización de la organización, así como de las historias, las ceremonias y el lenguaje organizacional que se desarrolla informalmente conforme madura la cultura organizacional.

Socialización y tácticas de socialización

Los recién llegados a una organización deben aprender los valores y las normas que dirigen la conducta y la toma de decisiones de sus miembros.[14] ¿Pueden trabajar de 10 A.M. a 7 P.M. en vez de 8 A.M. a 5 P.M.? ¿Pueden desafiar las opiniones de los pares y superiores o, simplemente, deben escuchar y guardar silencio? Los recién llegados se consideran extraños y, solo cuando hayan aprendido e internalizado los valores de la organización y actúen en concordancia con sus reglas y normas, se aceptarán como parte del grupo.

Para aprender la cultura de una organización, los nuevos integrantes deben obtener información sobre los valores culturales. Pueden aprenderlos indirectamente, observando el comportamiento de los miembros e infiriendo las conductas adecuadas e inadecuadas. Sin embargo, desde la perspectiva organizacional el método indirecto es riesgoso porque los nuevos integrantes podrían observar y aprender hábitos que *no* son aceptables para la organización. Desde la perspectiva de la organización, la forma más eficaz para que los de nuevo ingreso aprendan los valores adecuados es mediante la **socialización**, la cual, como vimos en el capítulo 4, es el proceso mediante el cual los miembros aprenden e internalizan las normas de la cultura de la organización.

Socialización
Proceso mediante el cual los miembros aprenden e internalizan las normas y los valores de la cultura de la organización.

Van Maanen y Schein desarrollaron un modelo de socialización que sugiere cómo las organizaciones pueden estructurar la experiencia de socialización, de manera que los recién ingresados aprendan los valores que desea la organización. A su vez, dichos valores influyen en la orientación del rol que adoptan los nuevos integrantes.[15] La **orientación del rol** es la forma característica en que los de nuevo ingreso responden ante una situación: ¿Reaccionan obediente y pasivamente a los mandatos y órdenes? ¿Son creativos e innovadores en la búsqueda de soluciones a los problemas?

Orientación del rol
Forma característica en que los de nuevo ingreso responden ante una situación.

Van Maanen y Schein identificaron 12 tácticas de socialización que influyen en la orientación del rol del nuevo integrante. El uso de los diferentes conjuntos de esas tácticas llevan a dos orientaciones del rol diferentes: institucionalizado e individualizado (véase la tabla 7.1).[16] Una *orientación del rol institucionalizada* resulta cuando se enseña a los individuos a responder a un nuevo contexto de la misma forma en que responderían al mismo los miembros actuales de la organización. Una orientación institucionalizada alienta la obediencia y la conformidad con reglas y normas. Una *orientación del rol individualizada* resulta cuando se permite y alienta a los individuos a ser creativos y experimentar con normas y valores cambiantes, para que la organización logre vivir mejor sus valores.[17] La siguiente lista contrasta las tácticas utilizadas para socializar a los recién ingresados en una orientación institucionalizada con aquellas tácticas usadas para desarrollar una orientación individualizada.

1. ***Colectiva versus individual.*** Las tácticas colectivas proporcionan a los de nuevo ingreso experiencias de aprendizaje comunes, diseñadas para producir una respuesta estandarizada ante una situación. Con las tácticas individuales, las experiencias de aprendizaje del recién ingresado son únicas y ellos pueden aprender respuestas nuevas y adecuadas para cada situación.
2. ***Formal versus informal.*** Las tácticas formales segregan a los de nuevo ingreso de los miembros actuales de la organización durante el proceso de aprendizaje. Con las tácticas informales, los recién ingresados aprenden en el puesto, como miembros de un equipo.
3. ***Secuencial versus aleatoria.*** Las tácticas secuenciales proporcionan a los recién ingresados información explícita sobre la secuencia en la cual ejecutarán las nuevas actividades o en la cual ocuparán nuevos roles conforme avancen en la organización. Con las tácticas aleatorias, la capacitación se basa en los intereses y las necesidades de los individuos nuevos, ya que no se establece una secuencia para su progreso en la organización.
4. ***Fija versus variable.*** Las tácticas fijas dan a los recién llegados un conocimiento preciso del cronograma asociado con la terminación de cada etapa del proceso de aprendizaje. Las tácticas variables no proporcionan información sobre cuándo alcanzarán determinada etapa en el proceso de aprendizaje; de nueva cuenta, la capacitación depende de las necesidades y los intereses del individuo.

TABLA 7.1 Cómo moldea la socialización la orientación del rol de los trabajadores

Tácticas que se dirigen a la orientación institucionalizada	Tácticas que se dirigen a la orientación individualizada
Colectiva	Individual
Formal	Informal
Secuencial	Aleatoria
Fija	Variable
Serial	Disyuntiva
Desprendimiento	Investidura

Fuente: G. R. Jones, "Socialization Tactics, Self-Efficacy, and Newcomers' Adjustments to Organizations", *Academy of Management Review* 29 (1986); pp. 262-279.

5. ***Serial versus disyuntiva.*** Cuando se emplean las tácticas seriales, los miembros actuales de la organización actúan como modelos del rol y mentores de los de nuevo ingreso. Los procesos disyuntivos requieren que los de recién ingreso planeen y desarrollen su propia forma de comportamiento; no se les dice qué hacer.
6. ***Desprendimiento versus investidura.*** Con el desprendimiento los integrantes de nuevo ingreso reciben apoyo social negativo; es decir, son ignorados u hostigados, y los miembros actuales niegan el apoyo hasta que los nuevos aprenden los trucos del oficio y se adaptan a las normas establecidas. Con este acto de solemnidad, los nuevos integrantes reciben de inmediato apoyo social positivo de los otros miembros organizacionales y se les alienta a ser ellos mismos.

Cuando las organizaciones combinan las tácticas listadas en la tabla 7.1, cierta evidencia indica que pueden influir en la orientación individual del rol.[18] La socialización estilo militar, por ejemplo, lleva a una orientación extremadamente institucionalizada. Los nuevos soldados se asignan a pelotones con otros nuevos reclutas (*colectiva*); se separan de los miembros organizacionales actuales (*formal*); pasan por un entrenamiento y experiencias de aprendizaje prestablecidos (*secuencial*); conocen exactamente cuánto les tomará y lo que tienen que hacer (*fija*); tienen oficiales superiores que son modelos del rol (*serial*); se tratan sin respeto ni tolerancia hasta que hayan aprendido sus deberes y se "contagian del programa" (*desprendimiento*). Como resultado, los nuevos reclutas desarrollan una orientación institucionalizada del rol donde la obediencia y conformidad a las normas y los valores son signos del éxito. Los nuevos miembros que no puedan o no se desempeñen de acuerdo con esas normas y esos valores se van (o se les pide que se vayan), de tal forma que al final del proceso de socialización quienes se quedan son casi clones de los miembros organizacionales actuales.

Ninguna organización controla a sus miembros al grado en que lo hace la milicia, pero otras organizaciones pueden usar prácticas similares para socializar a sus miembros. Arthur Andersen, mencionado anteriormente, tenía un programa muy institucionalizado. Se reclutaba con mucho cuidado para ocupar las vacantes, si aparentemente poseían los valores que los socios de Arthur Andersen deseaban; por ejemplo, trabajo duro, cauteloso, obediente y perfeccionista. Después de contratarlos, todos los nuevos integrantes asistían a un curso de seis semanas en su centro de capacitación en las afueras de Chicago, donde se les adoctrinaba como grupo sobre la forma en que se hacían negocios en Arthur Andersen. En clases formales de ocho horas diarias, los miembros organizacionales servían como modelos de rol e informaban a los nuevos integrantes lo que se esperaba de ellos. Los nuevos integrantes aprendían también informalmente durante las comidas y los descansos lo que significaba trabajar para Arthur Andersen. Al final del proceso de socialización, habían aprendido los valores de la organización y las reglas y normas que regían la forma de comportamiento que se esperaba cuando representaran a los clientes de Andersen. Ese esfuerzo para crear una orientación del rol institucionalizada funcionó bien hasta que la escasa ética de sus codiciosos socios, buscando maximizar sus ingresos a expensas de otros inversionistas, tomaron ventaja de su fuerte cultura para conducir a sus trabajadores por mal camino.

¿Debería una organización alentar la orientación del rol institucionalizada donde los recién ingresados acepten el *statu quo,* y desempeñen su trabajo siguiendo los mandatos y las órdenes que se les dan? ¿O debería alentar la orientación del rol individualizada donde a los de recién ingreso se les permita desarrollar respuestas innovadoras y creativas para las tareas que la organización les requiera? La respuesta a esta pregunta depende de la misión de la organización. La reputación y credibilidad de una institución financiera depende de su integridad, por lo que desea tener control sobre lo que hacen sus empleados. Necesita adoptar un programa de socialización fuerte que refuerce los valores culturales y estandarice la forma en que sus trabajadores realizan sus actividades, para desarrollar una buena reputación de honestidad y confianza. Por lo tanto, desarrollar una orientación institucionalizada es el máximo interés de organizaciones financieras como Bank of America y de compañías aseguradoras como State Farm.

Uno de los peligros de la socialización institucionalizada subyace en el poder que otorga a los altos directivos de la organización para manipular la situación. Un segundo peligro estaría en la semejanza que produce entre los miembros de la organización. Si todos los trabajadores fueron socializados para compartir el mismo modo de ver el mundo, ¿cómo será capaz la organización de cambiar y adaptarse cuando ese mundo cambie? Cuando los trabajadores adoctrinados en los viejos valores se confronten con los cambios en el ambiente organizacional (por ejemplo, un nuevo producto, un nuevo competidor o un cambio en las demandas del cliente), serán incapaces de desarrollar nuevos valores que les permitan innovar. Como resultado, ellos y, por ende la organización, no podrán adaptarse ni responder ante las nuevas condiciones.

Una organización cuya misión es proporcionar a los clientes productos innovadores debería alentar experiencias aleatorias informales, de las cuales los individuos tomen la información conforme la necesiten. Por tales motivos, muchas compañías de Internet como Google, Groupon y Amazon.com se basan en las tácticas de socialización individualizadas y permiten a sus miembros desarrollar habilidades en áreas que capitalicen sus capacidades e intereses.[19] Esas compañías toman un enfoque así porque su eficacia no depende del comportamiento individual estandarizado, sino de la innovación y la capacidad de sus miembros para inventar nuevas y mejores soluciones a problemas relacionados con Internet, como Amazon.com lo hizo a principios del siglo XXI para buscar nuevas formas de generar ingresos recortando sus costos de operación. Por ejemplo, inició un grupo de consultoría para vender sus habilidades en TI a cualquier organización interesada, lo cual fue sugerido por trabajadores de niveles inferiores y, en la actualidad, se mueve rápido para sacar ventaja de las oportunidades en la computación en nube. En la segunda década del siglo XXI ya utiliza valores y normas fuertes para apoyar su rápida entrada a muchos tipos de mercados virtuales, con la finalidad de vender una mayor gama de productos. En cada mercado, los empleados saben cómo deberían trabajar para lograr las metas porque son "amazonios". De esta manera, las prácticas de socialización en una organización no solo ayudan a los miembros a aprender los valores culturales de la organización y las reglas y normas que rigen la conducta, sino también apoyan la misión de la organización fortaleciéndolos con el tiempo.

Historias, ceremonias y lenguaje organizacional

Con frecuencia los valores culturales de una organización se hacen evidentes en las historias, las ceremonias y el lenguaje que se encuentran en la misma.[20] Por ejemplo, en Southwest Airlines, los trabajadores se disfrazan para Halloween, los viernes hay parrilladas con los altos ejecutivos, en tanto que los gerentes laboran periódicamente con los trabajadores en el desempeño de tareas organizacionales básicas, y todo refuerza y comunica la cultura colaborativa de la compañía a sus miembros.

Las organizaciones usan diversos tipos de ritos ceremoniales para comunicar las normas y los valores culturales (véase la tabla 7.2).[21] Los *ritos de ingreso* indican la entrada o promoción y salida de un individuo de la organización. Los programas de socialización usados en el ejército, en universidades y en compañías como 3M y Microsoft, las cuales reconocen a su gente más creativa con puestos especiales, placas, etc., son ritos de entrada; lo son también las formas en las que la organización hace limpieza para promociones o retiros. Los *ritos de integración* -tales como los anuncios compartidos sobre el éxito organizacional, las fiestas de la oficina, las comidas de la compañía- construyen y refuerzan lazos comunes entre los miembros organizacionales. Los *ritos de superación*, como las premiaciones, los artículos en periódicos y las promociones de los trabajadores, reconocen y premian públicamente las contribuciones de la fuerza laboral.

Triad Systems, una compañía de cómputo establecida en Livermore, California, usó varias ceremonias para integrar y mejorar su cultura organizacional. Cada año en su evento comercial, sus gerentes otorgan premios para reconocer a los trabajadores por su excelencia en el servicio. Con gran alboroto, el Premio Grindstone fue otorgado a "los individuos que demostraron consistentemente mayores iniciativas, enfoque, dedicación y persistencia"; el Premio Innovador, a aquellos que "conciben e implementan ideas innovadoras"; y el Premio Rompiendo Fronteras, a "quienes trabajan con la mayor eficacia entre las fronteras departamentales y divisionales para cumplir con su tarea".[22] La meta de la ceremonia de premiación de Triad es clara: desarrollar una tradición organizacional que apoye los equipos de trabajo y construya una cultura productiva. Los premios y reconocimientos construyen una comunidad de trabajadores que comparten valores similares y promueven el desarrollo, entre grupos funcionales, de un lenguaje corporativo común que vincula a las personas y coordina mejor sus actividades.

TABLA 7.2 Ritos organizacionales

Tipo de rito	Ejemplo del rito	Propósito del rito
Rito de ingreso	Inducción y capacitación básica	Aprender e internalizar normas y valores
Rito de integración	Fiesta de Navidad de la oficina	Construir normas y valores comunes
Rito de superación	Presentación de premios anuales	Motivar el compromiso con normas y valores

Las historias organizacionales y el lenguaje de la organización son medios importantes para comunicar la cultura. Las historias (reales o ficticias) sobre las superestrellas organizacionales brindan indicios importantes sobre las normas y los valores culturales. Tales historias pueden revelar los tipos de comportamiento que valora la organización, así como los tipos de práctica que desaprueba. El estudio de las historias y el lenguaje puede revelar los valores que guían el comportamiento.[23] Ya que el lenguaje es el medio principal de comunicación en las organizaciones, las frases características que enmarcan y describen los eventos dan señales importantes sobre las normas y los valores.

El concepto de lenguaje organizacional incluye no solo el lenguaje oral sino cómo viste la gente, las oficinas que ocupan, el automóvil que conducen y cómo se dirigen formalmente entre sí. En Google, Facebook y muchas otras organizaciones de alta tecnología, la vestimenta casual es la norma, pero en bancos de inversión como Goldman Sachs y en algunas tiendas departamentales de lujo como Neiman Marcus y Saks, la ropa cara y bien cortada está a la orden del día.

Muchas organizaciones usan un lenguaje técnico que facilita el ajuste mutuo entre los miembros de la organización.[24] En 3M los emprendedores internos tienen que enfatizar la relación entre su producto y los valores finales de 3M, con la finalidad de empujar las ideas mediante el comité de desarrollo de producto. Como varios productos de 3M son planos, como los discos de pulido y esmerilado, las notas Post-it y los plásticos delgados, la cualidad de uniformidad caracteriza los valores terminales de 3M y tal uniformidad es un tema que prevalece en el lenguaje corporativo de la organización, pues aumenta la probabilidad de que se consolide un producto nuevo. En Google, los trabajadores han desarrollado un lenguaje taquigráfico de frases técnicas de software para describir los problemas de comunicación específicos de la compañía. El lenguaje técnico se usa en la milicia, en equipos deportivos, en hospitales y en muchos otros contextos de trabajo especializados. Al igual que las prácticas de socialización, el lenguaje, las ceremonias, las historias e incluso los libros detallados de las reglas específicas de la organización ayudan a la gente a aprender los trucos del oficio y los valores culturales organizacionales. Considere el ejemplo de SiteROCK, que se revisa en el recuadro “Al interior de la organización 7.2”.

Al interior de la organización 7.2

Cultura de administración militar de SiteROCK

Por lo general, la cultura de alta tecnología punto-com no se asocia con los valores y las normas que caracterizan a la milicia. Sin embargo, los gerentes de miles de tales empresas que quebraron a principios del siglo XXI podrían haberse beneficiado con algunos de los disciplinados valores y normas estilo militar. De hecho, las pocas compañías punto-com que sobrevivieron lo lograron gracias a que sus ejecutivos usaron reglas y estándares de operación estilo militar para controlar a sus trabajadores y asegurar el alto desempeño. Una de esas compañías es SiteROCK, con sede en Emeryville, California, cuyo director de operaciones, Dave Lilly, es un excomandante de submarino nuclear.SiteROCK es un negocio de hotelería y administra los sitios web de otras compañías preservándolas y haciéndolas funcionar sin errores. Un sitio de un cliente que va en descenso o que funcione de manera descontrolada es el principal enemigo. Para maximizar el desempeño de sus trabajadores y aumentar su capacidad para responder a eventos en línea inesperados, Lilly decidió que necesitaba desplegar una orientación del rol institucionalizada y desarrollar un conjunto de reglas y estándares de procedimientos para cubrir todos los problemas principales.[25] Lilly insistió en que cada procedimiento de solución de problemas debería ponerse por escrito y codificarse. SiteROCK actualmente cuenta con más de 30 tomos que listan todos los procesos y las listas de chequeo que los trabajadores necesitan seguir cuando sucede un evento inesperado. Su trabajo consiste en intentar resolver el problema utilizando dichos procedimientos.

Es más, proveniente de su experiencia militar, Lilly instituyó la norma de los “dos hombres”: siempre que suceda algo inesperado, cada trabajador debe avisarlo inmediatamente a un compañero y entre ambos tienen que intentar resolver el problema. La meta es sencilla: desarrollar fuerte normas de cooperación para lograr la solución inmediata de un asunto complejo. Si las reglas existentes no funcionan, los trabajadores deben experimentar y cuando encuentren una solución, esta se convertirá en una nueva regla que se incluirá en el manual de procedimientos para ayudar a la futura toma de decisiones de todos los trabajadores de la organización.

En SiteROCK, estas reglas y estándares de operación escritos han tenido como resultado valores que guían a los trabajadores a alcanzar niveles altos en el servicio al cliente. Debido a que la meta es llega a una confiabilidad de 100%, los proyectos detallados guían la planeación y la toma de decisiones, no la solución de problemas sin preparación, lo cual podría ocupar un brillante 80% del tiempo, pero el resultado sería desastroso el resto de las veces. Antes de que a los trabajadores de SiteROCK se les permitiera estar diariamente en el cuarto de control, tenían que leer las reglas y los estándares de procedimiento más importantes. Y al final del turno dedicaban 90 minutos al llenado de documentos, donde registraban aquello que habían hecho y definían cualquier regla nueva o mejorada que hubiera surgido.

Es claro que SiteROCK ha desarrollado un testamento específico de la compañía, que simboliza para los trabajadores la necesidad de un esfuerzo cooperativo continuo.

Implicaciones administrativas

Análisis de la cultura organizacional

1. Estudie la cultura de su organización e identifique los valores terminales e instrumentales en los cuales se basa, para evaluar cómo afectan el comportamiento organizacional.
2. Evalúe si las metas, normas y reglas de su organización están transmitiendo eficazmente a los miembros los valores de la cultura organizacional. Identifique las áreas de mejora.
3. Analice los métodos que usa su organización para socializar o introducir a sus nuevos miembros. Evalúe si tales prácticas de socialización son eficaces para ayudar a los nuevos integrantes a aprender la cultura de la organización. Recomiende formas para mejorar el proceso.
4. Intente desarrollar ceremonias organizacionales para ayudar a los trabajadores a aprender los valores culturales, para mejorar el compromiso del empleado y para vincular a los trabajadores con la organización.

Finalmente, los símbolos organizacionales transmiten los valores culturales de la organización a sus miembros y a otras personas externas a la organización. Por ejemplo, en algunas compañías el tamaño de las oficinas, su ubicación en el tercer o quinto piso o el lujo con el que estén equipadas, son símbolos que transmiten imágenes sobre los valores de una cultura organizacional. ¿La organización es jerárquica y consciente del estatus, por ejemplo, o se alientan las relaciones de trabajo participativas e informales? En la década de 1990, la suite ejecutiva del último piso de la gigante sede de Detroit se aisló del resto del edificio y solo estaba abierta para los altos ejecutivos de GM. Un corredor y una escalera privados unían las oficinas de los altos directivos con los elevadores privados conectados a su lugar de estacionamiento con calefacción.

A veces, el mero diseño de un edificio es un símbolo de los valores de la organización. Por ejemplo, Walt Disney contrató al famoso arquitecto japonés Arata Isozaki para diseñar el edificio del equipo Disney, que alojaba la "unidad de imaginería" en Orlando, Florida. Este edificio con diseño contemporáneo fuera de serie destaca formas inusuales y colores brillantes, y transmite la importancia de la imaginación y la creatividad para Walt Disney y para la gente que ahí labora. Muchas organizaciones como Google, Facebook y Apple han seguido este enfoque, por lo que han diseñado complejos de oficinas futuristas para informar a los trabajadores que su actividad principal es pensar hacia adelante y predecir los cambios en el ambiente organizacional.

¿De dónde viene la cultura organizacional?

Ahora que hemos revisado qué es la cultura organizacional y cómo los miembros aprenden y se convierten en parte de la cultura de la organización, surgen algunas preguntas: ¿de dónde viene la cultura organizacional?, ¿por qué diferentes compañías muestran culturas diferentes?, ¿por qué podría una cultura que por muchos años ha ayudado a la organización a conseguir su misión corporativa dañar repentinamente a la organización? y ¿puede administrarse la cultura?

La cultura organizacional se desarrolla a partir de la interacción de cuatro factores: las características personales y profesionales de las personas dentro de la organización, la ética organizacional, los derechos de propiedad que la organización da a los trabajadores y la estructura de la organización (véase la figura 7.2). La interacción de esos factores produce diferentes culturas en diferentes organizaciones y, con el tiempo, genera cambios en la cultura. Revisaremos primero la manera en que las características personales dan forma a la cultura.

Características de las personas de la organización

La fuente principal de la cultura organizacional es la gente que conforma la organización. Si usted desea saber si las culturas difieren, observe a sus miembros. Las organizaciones A, B y C desarrollan culturas diferentes porque atraen, seleccionan y retienen a las personas con valores, personalidades y ética distintos.[26] La gente puede verse atraída hacia una organización cuyos valores

Figura 7.2 De dónde surge la cultura organizacional

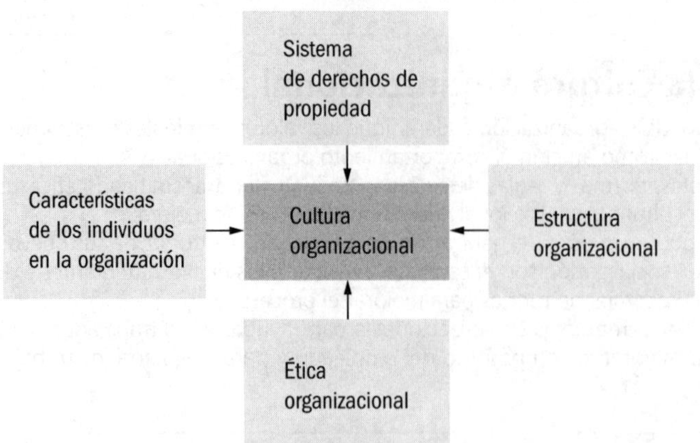

corresponden a los propios; de manera similar, una organización selecciona gente que comparte sus valores. Con el tiempo, las personas que no se ajustan se van. El resultado es que la gente de la organización se vuelve cada vez más similar, los valores de la organización se tornan cada vez más localistas y la cultura se hace más distinta de la de otras organizaciones similares.

El fundador de una organización tiene una influencia importante sobre la cultura inicial de la organización, gracias a sus valores y creencias personales.[27] Los fundadores establecen la escena para el desarrollo posterior de una cultura, ya que no instauran los nuevos valores organizacionales pero si contratan a sus nuevos miembros. Presumiblemente, las personas seleccionadas por el fundador poseen valores e intereses similares a los de él.[28] Con el tiempo, los miembros compran la visión del fundador y perpetúan sus valores en la organización.[29] Una implicación importante de este punto de vista sobre que la cultura hace a la organización, "la gente hace el lugar", es que la cultura de una organización puede fortalecerse y cambiar con el tiempo, gracias a la gente que la controla y dirige.[30]

El crecimiento de Google es un buen ejemplo del importante rol que juegan los fundadores de una compañía en el desarrollo de valores culturales que establecen una fuerte cultura organizacional.

Google se fundó en 1995 cuando dos graduados de Stanford en ciencias computacionales colaboraron para desarrollar un nuevo tipo de búsqueda con la tecnología de procesadores. Entendieron las limitaciones de los mecanismos de búsqueda y, para 1998, desarrollaron un procesador superior que pensaron estaba listo para ponerse en línea. Consiguieron un millón de dólares entre familiares, amigos e inversionistas "ángeles" para comprar el hardware necesario y conectar así Google a Internet.

Al principio, Google respondía 10,000 búsquedas al día, pero en pocos meses estaba respondiendo 500,000, 3 millones para el otoño de 1999, 60 millones para el otoño de 2000 y en la primavera de 2001 alcanzó los 100 millones de búsquedas diarias. En lo que va del siglo XXI, Google se ha convertido en el procesador de búsqueda líder y es una de las cinco compañías más utilizadas de Internet. Rivales como Yahoo y Microsoft están trabajando para recuperar terreno y vencer a Google en su propio juego.

El crecimiento explosivo de Google se debe en gran parte a la cultura o iniciativa empresarial e innovación que sus fundadores cultivaron desde el principio. Aunque para 2011 Google había crecido a más de 26,000 empleados en el ámbito mundial, sus fundadores afirman que se sigue manteniendo el sentir de una compañía pequeña, ya que su cultura faculta a sus trabajadores, a quienes llama socios o "googlers", para crear el mejor software posible. Brin y Page forjaron una cultura empresarial de varias maneras.

Desde el principio, careciendo de espacio y buscando mantener bajos costos de operación, los miembros de Google trabajaron en "grupos de alta densidad". Tres o cuatro empleados, equipados con una estación de trabajo Linux de alto poder, compartían un escritorio, un sillón y sillas de goma, y trabajaban juntos para mejorar su tecnología. Aun cuando Google se mudó a un mayor espacio como el edificio cuartel "Googleplex", los empleados continuaron trabajando en espacios compartidos. Google diseñó también su edificio para que los trabajadores se reunieran constantemente en el moderno lobby, en el Café Google donde todos comían juntos, con instalaciones recreacionales modernas, y en sus "lugares de lunch" equipados con paquetes de cereales, dulces, yogurt, zanahorias y, por supuesto, capuchino "al gusto". También crearon muchos eventos sociales para los empleados, como el TGIF, donde se juntan al aire libre y dos veces a la semana juegan *roller hockey* y pueden retar a los fundadores a jugar.

Toda esta atención para crear lo que podría ser el edificio más "excitante" del mundo no se dio al azar. Brin y Page sabían que la fortaleza más importante de Google sería su capacidad para atraer a los mejores ingenieros de software del mundo y, luego, motivarlos a desempeñarse bien. Las oficinas, lobbies, cafés, etc., comunes estrechan el contacto entre los miembros del personal, desarrollan compañerismo y los motivan a compartir sus ideas con otros colegas. También los estimulan a mejorar continuamente su tecnología y a encontrar nuevas formas de crecimiento de la compañía y, por lo tanto, de Google Crome, Voice, Docs y muchas otras aplicaciones que brindan a los usuarios. La libertad que ofrece Google a sus trabajadores para buscar nuevas ideas es una señal clara del deseo de sus fundadores para facultarlos a ser innovadores y cambiar los caminos del desaliento por nuevas ideas. Finalmente, para reconocer que los miembros del personal que innovan aplicaciones importantes de software deben ser recompensados por sus logros, los fundadores de Google les han dado acciones de la compañía, lo cual los hace también sus dueños.

Ética organizacional

Muchos valores culturales se derivan de la personalidad y las creencias del fundador y del equipo de altos directivos; en cierto sentido, se encuentran fuera del control de la organización. Estos valores son lo que son debido a lo que son los fundadores y el equipo de ejecutivos. El fundador de Google, Larry Page, quien se convirtió en director general en 2011, es un adicto al trabajo, quien en ocasiones labora hasta 14 horas diarias. Los valores terminales para Google son excelencia, innovación, alta calidad y seguridad; los valores instrumentales son el trabajo duro, la creatividad y la atención al detalle. Page espera que los empleados trabajen jornadas largas, porque exige de sí mismo ese nivel de compromiso y espera de ellos que hagan todo lo que puedan para promover innovación, calidad y seguridad porque es lo que él hace. Los trabajadores que no aceptan esos valores abandonan Google y quienes permanecen son incentivados por las normas organizacionales a quedarse en el trabajo, adherirse a la tarea y salirse de su rumbo para ayudar a los demás a resolver problemas que ayudarán a la organización.

No obstante, una organización puede consciente y propositivamente desarrollar ciertos valores culturales para controlar el comportamiento de sus miembros. Los valores éticos caen en tal categoría. Como vimos en el capítulo 2, la ética organizacional son los valores, las creencias y las reglas morales que determinan la forma adecuada en que los miembros deben tratarse entre sí y a los inversionistas organizacionales (véase la figura 7.3).

Figura 7.3 Factores que influyen el desarrollo de la ética organizacional

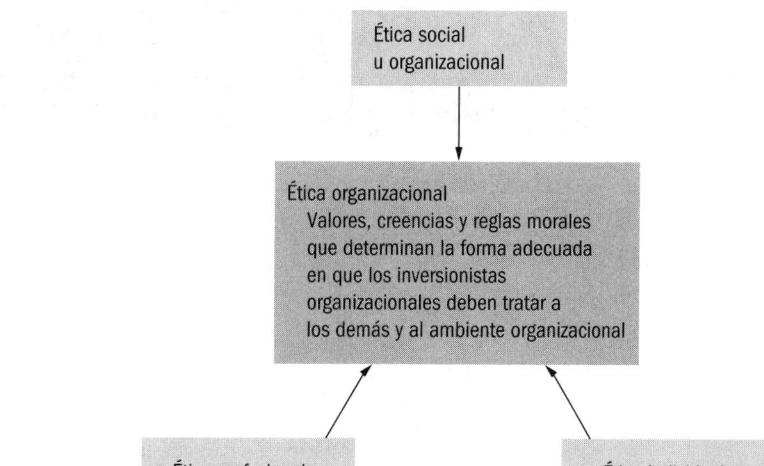

Al desarrollar valores culturales, los directivos deben hacer elecciones sobre lo correcto o adecuado de llevar a cabo algo. IBM, Dell o Sears, por ejemplo, podrían preguntarse si deberían desarrollar lineamientos procedimentales para avisar por anticipado a los trabajadores y gerentes de nivel medio los inminentes despidos o cierres de tiendas. En el pasado, las compañías habían sido renuentes a hacerlo porque temían la hostilidad y apatía del trabajador. En 2010 Toyota y otras compañías automotrices decidieron revisar muchos de sus vehículos por problemas con los pedales del freno que habían ocasionado choques y daños serios a los pasajeros. De manera similar, una compañía debe decidir si permite a sus gerentes pagar sobornos a oficiales de gobierno en otros países donde son ilegales, pero una forma aceptable de hacer negocios. En tales situaciones, los gerentes, quienes requieren decidir durante el curso de acción, tienen que equilibrar los intereses de la organización contra los intereses de otros grupos de inversionistas.[31]

Para tomar esas decisiones, los ejecutivos se basan en los valores éticos instrumentales contenidos en la cultura de la organización.[32] Tales valores resaltan las formas correctas e incorrectas de comportarse en una situación en la cual la acción puede ayudar a un individuo o un grupo de inversionistas, pero dañar a otros.[33] Los valores éticos, así como las normas y reglas que incorporan, forman parte inseparable de la cultura de la organización, porque colaboran en el moldeamiento de los valores que usan los miembros para manejar situaciones y tomar decisiones.

Una de las principales responsabilidades de los directivos es asegurarse de que los miembros organizacionales respeten la ley. De hecho, en determinadas situaciones serían responsables por la conducta de sus subalternos. Una de las formas principales en que los directivos pueden asegurar la legalidad de la conducta organizacional es creando una cultura organizacional que infunda los valores éticos instrumentales, para que sus miembros traten reflexivamente con los inversionistas de forma ética. Muchas organizaciones actúan ilegal e inmoralmente y sin ética y hacen poco para desarrollar valores éticos que sus trabajadores sigan. El recuadro "Al interior de la organización 7.3" describe cómo Guidant puso los intereses de la compañía por encima de la salud de sus clientes y de la ley.

Al interior de la organización 7.3

¿Resolvió Guidant sus problemas éticos?

En 2005 la corporación Guidant, fabricante de instrumentos médicos para el corazón, reveló que muchos de sus desfibriladores tenían un defecto eléctrico que podría causar que fallaran cuando fuera necesario interrumpir un ritmo cardíaco errático y posiblemente fatal. Guidant se vio forzada a retirar más de 100,000 aparatos cardiacos implantados, incluyendo los tres modelos de desfibriladores con flujos eléctricos similares que se relacionaron con la muerte de al menos siete pacientes.

Uno de los aspectos más problemáticos del asunto surgió cuando se reveló que Guidant ya sabía del problema eléctrico desde hacía cuando menos tres años, después de que dos médicos de Minneapolis, el Dr. Maron y el Dr. Hauser, advirtieron del problema a la compañía. Ellos solicitaron a Guidant que alertara a los médicos sobre el defecto del aparato para que pudieran checar a sus pacientes e implantar nuevos modelos. Guidant no hizo esfuerzo alguno por comunicar el problema a los médicos a nivel nacional o a la Food and Drug Administration (FDA), la cual tiene un procedimiento claro para cuando una compañía debe hacer una declaración legal por escrito sobre problemas conocidos con un producto médico. Cuando la compañía no lo hizo, los médicos se contactaron con otros médicos y con el periódico New York Times. La historia y el clamor resultantes forzaron a Guidant a revelar el problema con los dispositivos y a comunicar el problema a los doctores de toda la nación.

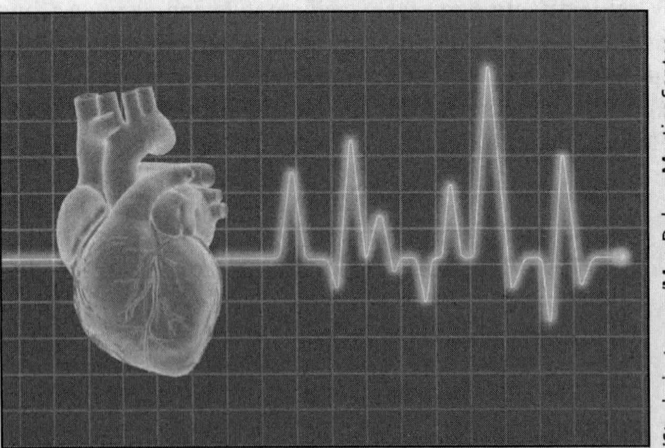

iStockphoto.com/Max Delson Martins Santos

Durante la investigación, un panel de médicos expertos llegó a la conclusión de que Guidant había mantenido deliberadamente sus dispositivos defectuosos en el mercado sin considerar el impacto médico y que, sabiéndolo, no avisó a los médicos y pacientes cuando los dispositivos empezaron a fallar. Una vez que iniciaron los procedimientos legales contra la compañía, documentos internos revelaron que un consultor de Guidant había informado a los altos ejecutivos de la compañía que él pensaba que tenían la obligación ética de informar a los médicos sobre los defectos del dispositivo cardiaco, y les solicitó iniciar el proceso de retirar del mercado el producto, informando que su decisión de ocultar tal información era muy cuestionable. Él también se dio cuenta de que Guidant presentaba un claro conflicto de intereses que le llevaría naturalmente (y a otras compañías) a revelar los defectos del producto solo cuando fuera necesario. Así, si ocurría una tragedia, tal como ocurrió, las acciones de Guidant se considerarían deleznables; siempre es decisión de una compañía exponer su ropa sucia.

La verdad se demostró cuando Guidant enfrentó un juicio de responsabilidad del producto en Texas, interpuesto por pacientes que habían recibido desfibriladores Guidant y, luego, un juicio federal en Minnesota que demandaba que la compañía había actuado de manera criminal cuando, a sabiendas, vendió desfibriladores potencialmente defectuosos. Guidant tuvo que pagar cientos de millones en daños a los pacientes y, después de una intensa negociación con el Departamento de Justicia, logró un acuerdo para declararse culpables por dos "delitos" relacionados con problemas relativos a la amplitud y precisión de sus expedientes con la FDA, y pagar una multa de 296 millones de dólares, la más grande impuesta a una compañía de dispositivos médicos.

Sin embargo, en 2010, respondiendo a las continuas críticas de los médicos de Minneapolis, quienes revelaron el problema, de que la multa era insuficiente para castigar a la compañía de sus acciones delictivas, un juez federal en Minnesota negó el acuerdo. El juez dijo que el trato no daba a Guidant la suficiente responsabilidad por su comportamiento criminal de vender desfibriladores potencialmente defectuosos y que los fiscales deberían haber otorgado un periodo de prueba para Guidant y su nuevo dueño, Boston Scientific. También algunas de las partes sugirieron posibles cargos criminales contra los ejecutivos que habían planeado ocultar la verdad.

En tanto dure el periodo de prueba, se requerirá que la compañía tome ciertas acciones para asegurarse de que no vuelva a incurrir en la conducta ilegal y poco ética, con medidas como establecer nuevos y estrictos lineamientos de comunicación ética, un ombudsman que se haga cargo de la decisión sobre cuándo comunicar defectos de los productos y las actividades de caridad, para mejorar el cuidado médico entre pacientes de minorías. La compañía anunció que apoyaría tales acciones y que para 2011 tendría los programas de desempeño necesarios para asegurar que sus ejecutivos no vuelvan a tomar decisiones ilegales y sin ética.

La ética profesional y personal (véase el capítulo 2) también influye sobre cómo actuará una persona en una organización, mientras que la cultura de la organización se ve fuertemente afectada por la gente que se encuentra en la posición para establecer sus valores éticos. Como vimos con anterioridad, el fundador y el equipo de altos ejecutivos de una organización juegan un papel particularmente importante en el establecimiento de normas y valores éticos, para bien o para mal. Como ejemplo del peor escenario, considere el comportamiento de los directivos de Beech-Nut a principios de la década de 1980. Beech-Nut, fabricante de alimentos infantiles, pasaba por problemas financieros mientras luchaba por competir con Gerber, el líder del mercado. Para reducir costos, los directivos de Beech-Nut establecieron un acuerdo con un proveedor de bajo costo del concentrado de jugo de manzana para ahorrar a la compañía más de 250,000 dólares al año.

Pronto, uno de los especialistas en calidad de Beech-Nut se preocupó por el concentrado, pues pensaba que no estaba hecho solo de manzana, sino que contenía grandes cantidades de jarabe de maíz y azúcar de caña. Él llevó la información a los directivos quienes, obsesionados con la necesidad de reducir costos, lo ignoraron, por lo que la compañía continuó produciendo y vendiendo su producto como jugo de manzana puro. Finalmente, investigadores de la Food and Drug Administration (FDA) confrontaron a los directivos de Beech-Nut con evidencia de que el concentrado estaba adulterado. Los ejecutivos lo negaron y enviaron el inventario restante del jugo de manzana al mercado antes de que su producto fuera confiscado.[34]

El especialista que había cuestionado la pureza del jugo renunció a Beech-Nut pero decidió correr la voz sobre la compañía. Le advirtió a la FDA que los directivos conocían el problema con el concentrado. Finalmente la compañía se declaró culpable de los cargos de vender deliberadamente el jugo adulterado. Se le multó con millones de dólares y sus directivos fueron encontrados culpables y sentenciados a prisión; en consecuencia, la confianza del consumidor se desplomó, así como la producción de Beech-Nut. La compañía fue comprada por Ralston Purina, que actualmente es una división de Nestlé, una compañía reconocida por seguir los valores éticos en su cultura y misión organizacionales.

Derechos de propiedad

Los valores de la cultura de la organización reflejan la ética de los individuos de la organización, de los grupos profesionales y de la sociedad donde la organización existe. Los valores de la cultura de la organización también se derivan de la distribución de los **derechos de propiedad** que hace la organización: derechos que una organización otorga a sus miembros para recibir y usar los recursos organizacionales.[35] Los derechos de propiedad definen los derechos y las responsabilidades de cada grupo interno de inversionistas, y provoca el desarrollo de normas, valores y actitudes diferentes hacia la organización. La tabla 7.3 muestra algunos de los derechos de propiedad que, por lo común, se otorgan a los gerentes y a la fuerza de trabajo.

Derechos de propiedad
Derechos que una organización otorga a sus miembros para recibir y usar los recursos organizacionales.

TABLA 7.2 Derechos de propiedad que se otorgan a los gerentes y a la fuerza laboral

Derechos de los gerentes	Derechos de la fuerza laboral
Paquete de prestaciones extraordinarias	Notificación de recortes de personal
Acciones	Indemnizaciones por despido
Grandes salarios	Empleo permanente
Control sobre los recursos de la organización	Empleo a largo plazo
Toma de decisiones	Pensión y prestaciones
	Planes de propiedad de acciones para trabajadores
	Participación en la toma de decisiones

Los accionistas tienen los derechos de propiedad más fuertes de todos los grupos de inversionistas, ya que son los dueños de los recursos de la compañía y comparten sus beneficios. Los altos ejecutivos cuentan con fuertes derechos de propiedad porque se les otorgan grandes cantidades de recursos organizacionales, como salarios altos, derechos a grandes opciones de acciones y prestaciones extraordinarias, las cuales garantizan grandes sumas de dinero si se les despide cuando se fusione la compañía. Los derechos de los directivos para usar los recursos organizacionales se reflejan en su autoridad para tomar decisiones y controlar los recursos organizacionales. Por lo general, a los ejecutivos se les dan grandes derechos porque si no tienen participación en el valor que la compañía crea, es poco probable que estén motivados para trabajar en beneficio de la organización y de los demás inversionistas.

A la fuerza laboral de una organización se le puede otorgar derechos de propiedad fuertes, como la garantía de un trabajo permanente e involucrar al trabajador en un plan de titularidad de acciones o en uno de reparto de utilidades. A la mayoría de los trabajadores, sin embargo, no se les otorgan derechos de propiedad significativos. A muy pocos se les garantiza empleo permanente o participar en planes de titularidad de acciones de la compañía, aunque se les garantiza un empleo a largo plazo, o bien, ser elegible para recibir bonos. Con frecuencia los derechos de propiedad de los trabajadores son simplemente compensaciones salariales y beneficios de salud y pensión. Los derechos de los trabajadores para el uso de los recursos organizacionales se reflejan en sus responsabilidades en el nivel de control que tienen sobre sus tareas.

La distribución de los derechos de propiedad tiene un efecto directo sobre los valores instrumentales que moldean el comportamiento del trabajador y motivan a los miembros organizacionales.[36] Los intentos por limitar los beneficios y reducir los derechos de los trabajadores para recibir y usar los recursos pueden dar como resultado hostilidad y alta rotación de personal. Sin embargo, establecer planes de acciones para trabajadores, como los implementó Google, y motivar a los trabajadores a usar los recursos y encontrar la mejor forma de atender al cliente ayuda a fomentar el compromiso y la lealtad, como en las compañías Southwest Airlines y Microsoft.

La distribución de los derechos de propiedad entre los diferentes inversionistas determina **1.** qué tan eficaz es la organización y **2.** la cultura que surge en esta. Sistemas de derechos de propiedad diferentes promueven el desarrollo de diferentes culturas, porque influyen en las expectativas de la gente sobre cómo deberían comportarse y qué pueden esperar de sus acciones. El poder de los derechos de propiedad sobre las expectativas de las personas se observa en una situación que ocurrió en Apple Computer en la década de 1990, algo que es difícil de creer dado su espectacular éxito actual.

Durante sus primeros 10 años de operación, Apple nunca había realizado un recorte de personal, por lo que los empleados daban por sentada la seguridad laboral si trabajaban duro para lograr el increíble éxito inicial de la compañía. Aunque no había ningún documento escrito que prometiera seguridad laboral, los trabajadores creían que eran apreciados y que poseían un derecho de propiedad implícito de sus empleos. Entonces, imagínese lo que sucedió en 1991 cuando Apple anunció el primer recorte de su historia, y varios miles de empleados de nivel medio e inferior fueron despedidos para reducir costos. Los trabajadores estaban asombrados: esa no era la forma en que Apple trataba a su fuerza laboral. Se manifestaron durante varias semanas en las afueras del edificio de Apple. ¿Qué efecto causó el recorte de personal en la cultura de Apple? Destruyó la creencia de que Apple valoraba a sus trabajadores y socavó una cultura organizacional donde tales empleados habían sido motivados para hacer un esfuerzo extra e ir más allá de las descripciones formales de los puestos. En Apple, la lealtad de los trabajadores se convirtió en hostilidad. Para 2011, después de haber recibido salarios y bonos récord, Apple volvió a comprometerse con su fuerza laboral y espera nunca volver a tener que despedir trabajadores.

Kodak, Dell, AT&T y muchas otras grandes compañías que han tenido recientemente recortes de personal se encuentran en una posición peculiar de necesitar aumentar el compromiso con quienes permanecen en la organización con la finalidad de dar un giro al negocio. ¿Pueden esperar algo así? ¿Cómo podrían alentarlo? Quizás logren dar a los trabajadores que permanecen derechos de propiedad que generarán compromiso con la organización. Esa tarea es responsabilidad de los altos directivos.

ALTA DIRECCIÓN Y DERECHOS DE PROPIEDAD Los altos directivos se encuentran en una posición que permite establecer los términos de su propio empleo, su salario y paquetes de beneficios, así como su jubilación y pensión. También determinan los derechos de propiedad que reciben los demás y, por lo tanto, la clase de cultura que desarrollarán en la organización. Las competencias clave de Apple y Google, por ejemplo, dependen de las habilidades y competencias de sus empleados. Para obtener el compromiso del trabajador, estas organizaciones recompensan a sus expertos funcionales y les otorgan derechos de propiedad muy amplios. Apple tiene una posición llamada "compañero Apple", la cual da a los programadores el derecho de trabajar en cualquier proyecto en la corporación o empezar un nuevo proyecto cuando lo consideren prometedor. Ambas corporaciones recompensan a los trabajadores importantes con acciones. Miles de personas que se unieron a Microsoft en las décadas de 1970 y 1980, y a Google en las décadas de 1990 y 2000, por ejemplo, son actualmente multimillonarios como resultado de las acciones recibidas en el pasado. No es difícil imaginar lo comprometidos que están con la organización. Las compañías no reparten acciones solo por generosidad, lo hacen porque quieren alentar los valores terminales de excelencia e innovación, así como los valores instrumentales de creatividad y trabajo duro. También quieren prevenir que sus mejores personas dejen la organización para fundar su propia firma o para trabajar con la competencia. En 2010 Google aumentó las recompensas a sus trabajadores en 10% y distribuyó otros bonos para evitar que la abandonaran y se fueran con otros competidores como Facebook y Amazon.com.

¿Otorgar derechos de propiedad a los trabajadores de la línea de producción o a los de *staff* produce una cultura donde se comprometan con la organización y estén motivados para desempeñarse eficientemente? La introducción de un plan de acciones para trabajadores en Bimba Manufacturing, quien fabrica cilindros de aluminio en Monee, Illinois, causó efectos drásticos en el comportamiento del trabajador y en la cultura de la organización. El propietario de Bimba, Charles Bimba, decidió vender la compañía a sus trabajadores, estableciendo un plan de acciones para empleados. Él mantuvo el 10% y el 90% restante lo vendió a los miembros de la organización. Parte del dinero de los trabajadores llegó de un plan de beneficios compartidos que ya existía; el resto fue prestado por un banco. Desde que se introdujo el plan de acciones para trabajadores los cambios en la compañía habían sido significativos, y la orientación de la fuerza laboral hacia la organización se había transformado totalmente.

Previamente, la compañía tenía dos grupos de empleados: los gerentes que hacían las reglas y los trabajadores que las cumplían. En raras ocasiones los trabajadores hacían sugerencias y por lo general solo obedecían órdenes. Ahora, los equipos interfuncionales compuestos por gerentes y trabajadores se reúnen con regularidad para analizar problemas y encontrar nuevas formas de mejorar la calidad. Esos equipos también se reúnen regularmente con los clientes para cubrir mejor sus necesidades. Gracias a los incentivos otorgados por el plan de acciones para trabajadores, la administración y los empleados han desarrollado nuevas relaciones laborales basadas en los equipos de trabajo para lograr excelencia y alta calidad. Cada equipo contrata a sus propios miembros e invierte tiempo considerable en la socialización de nuevos trabajadores en la nueva cultura de la organización. El nuevo espíritu cooperativo en la planta ha forzado a los gerentes a reaprender sus roles. Ahora escuchan a los trabajadores y actúan como consejeros en vez de como superiores.

Hasta ahora, cambiar el sistema de derechos de propiedad de la compañía ha redituado. En lo que va del siglo XXI, Bimba se ha convertido en la industria líder de cilindros hidráulicos y neumáticos; ha prosperado y los trabajadores han rembolsado el préstamo que solicitaron para financiar la compra de acciones. El plan de acciones para trabajadores cambió totalmente la cultura de Bimba y el compromiso de su fuerza laboral. En palabras de un trabajador, se dirigió a "un cambio intenso en la forma en que vemos nuestros empleos".[37] La experiencia de Bimba demuestra cómo el cambio del sistema de derechos de propiedad cambia la cultura organizacional, modificando los valores instrumentales que motivan y coordinan a los trabajadores. La necesidad de supervisión cercana y del uso de reglas rígidas, así como de procedimientos para controlar el comportamiento, ya no son necesarios en Bimba, ya que la coordinación se logra mediante equipos de personas que valoran la cooperación y que están motivadas por la posibilidad de compartir los beneficios creados por el nuevo sistema de trabajo.

¿PUEDEN SER TAN FUERTES LOS DERECHOS DE PROPIEDAD? Como sugiere la historia de Bimba, el valor y el nivel de comportamiento y desempeño de una persona son, en parte, una consecuencia de los derechos que se le otorgan. Sin embargo, en ocasiones se pueden otorgar a los trabajadores derechos de propiedad que son tan fuertes que con el tiempo dañan a la organización y a su fuerza laboral. Un ejemplo muy conocido de esta situación ocurrió en IBM en la década de 1990. Con los años IBM desarrolló una cultura muy conservadora donde los trabajadores tenían amplios derechos, como la promesa implícita de empleo permanente. Como resultado, de acuerdo con el director general anterior, Lou Gerstner, los trabajadores de IBM se habían vuelto cautelosos y poco innovadores. Gerstner afirmó que la organización protegió tanto a los empleados de IBM, que estos no estaban motivados para el desarrollo de sus funciones ni para tomar riesgos. Sugirió que los derechos de propiedad de los trabajadores de IBM eran demasiado fuertes.

Es fácil entender cómo pueden adquirir tanta fuerza los derechos de propiedad. En el capítulo 5 se revisó cómo las personas en la burocracia llegan a creer que son dueños de su puesto y de los derechos que eso conlleva. Cuando esto sucede, la gente realiza acciones para proteger sus derechos y resiste los intentos de los demás por quitárselos. El resultado es el conflicto, luchas de poder internas y pérdida de la flexibilidad y la innovación, al mismo tiempo que la organización pierde de vista su misión, ya que sus miembros se preocupan por sus propios intereses y no por los de la organización. Por ello, los derechos de propiedad deben asignarse con base en el desempeño y de manera discrecional. Los gerentes tienen que evaluar continuamente y dirigir ese difícil desafío.

Gerstner tomó acciones para cambiar el sistema de derechos de propiedad en IBM y crear una cultura empresarial mediante la distribución de recompensas, que incluyen el salario y la promoción con base en el desempeño, y eliminó la expectativa del empleo permanente. Para crear una determinada clase de cultura, la organización necesita crear cierto tipo de sistema de derechos de propiedad. En parte, la cultura organizacional refleja los valores que surgen debido al sistema de derechos de propiedad de la organización.

Estructura organizacional

Hemos visto cómo los valores que coordinan y motivan a los trabajadores son resultado de las personas de la organización, de su ética y de la distribución de los derechos de propiedad entre los diversos inversionistas. La cuarta fuente de valores culturales es la estructura organizacional. Recordemos, del capítulo 1, que la *estructura organizacional* es el sistema formal de relaciones entre la tarea y la autoridad que una organización establece para controlar sus actividades. Debido a que estructuras diferentes dan lugar a culturas diferentes, los gerentes necesitan diseñar cierto tipo de estructura organizacional para crear cierta clase de cultura organizacional. Las estructuras mecanicistas y las orgánicas, dan lugar a un conjunto totalmente diferente de valores culturales. Las reglas, los valores y las normas de una estructura mecanicista son diferentes de aquellos de una estructura orgánica.

Recordemos, del capítulo 4, que las *estructuras mecanicistas* son verticales, y están altamente centralizadas y estandarizadas; en cambio, las *estructuras orgánicas* son planas y descentralizadas y descansan en el ajuste mutuo. En una organización vertical y centralizada, la gente tiene relativamente poca autonomía personal y las conductas deseables incluyen ser cauteloso, obedecer a la autoridad superior y respetar las tradiciones. Así, es probable que la estructura mecanicista dé lugar a una cultura donde la previsibilidad y la estabilidad son los estados finales deseados. En una estructura plana y descentralizada, la gente cuenta con más libertad para elegir y controlar sus propias actividades, en tanto que las conductas deseadas incluyen ser creativo o audaz y tomar riesgos. Así, es probable que una estructura orgánica dé lugar a una cultura donde la innovación y la flexibilidad sean los estados finales deseados.

La estructura de una organización puede fomentar valores culturales que busquen la integración y la coordinación. Por ejemplo, fuera de las relaciones de la tarea y el rol, surgen normas y reglas compartidas que ayudan a reducir los problemas de comunicación, prevenir la distorsión de la información y acelerar el flujo de esta. Más aún, las normas, los valores y un lenguaje organizacional común mejorarían el desempeño de los equipos y de la fuerza de tarea. Es relativamente fácil para las diferentes funciones compartir información y confiar en los demás, cuando comparten valores culturales similares. Una razón por la cual el tiempo de desarrollo del producto es corto y por la cual una organización es flexible en las estructuras de equipo de producto y matricial consiste en que la confianza en el contacto cara a cara entre especialistas funcionales de los equipos obliga a esos equipos a desarrollar con rapidez valores compartidos y respuestas comunes a los problemas.

Independientemente de que una compañía esté centralizada o descentralizada, se dirigirá al desarrollo de diferentes tipos de valores culturales. En algunas organizaciones es importante que los trabajadores no tomen decisiones por sí mismos y que sus acciones estén abiertas al escrutinio de los superiores. En tales casos, la centralización puede utilizarse para crear valores culturales que refuercen la obediencia y la confianza. Por ejemplo, en plantas nucleares, se buscan deliberadamente los valores que promueven la estabilidad, predictibilidad y obediencia a la autoridad superior para prevenir desastres.[38] A través de las normas y reglas, se enseña a los trabajadores la importancia de comportarse consistente y honestamente; asimismo, aprenden que compartir la información con los supervisores, sobre todo la información sobre defectos o errores, es la única forma de comportamiento aceptable.[39]

Por el contrario, con una autoridad descentralizada, una organización puede establecer valores que alienten y recompensen la creatividad o la innovación. En 3M, se motiva a los empleados informalmente para invertir 15% de su tiempo trabajando en proyectos personales. Los fundadores de Hewlett-Packard establecieron la "manera H-P", que es un enfoque descentralizado de organización que otorga a los trabajadores el derecho y la obligación de acceder a equipo y recursos para que logren ser creativos y conducir su propia investigación informalmente, fuera de sus responsabilidades normales de trabajo. En ambas compañías, la estructura organizacional crea valores culturales que informan a los miembros que es correcto ser innovadores y hacer cosas a su manera, siempre y cuando sus acciones sean consistentes con el bien de la organización.

En resumen, la estructura organizacional afecta los valores culturales que guían a los miembros organizacionales en el desempeño de sus actividades. A su vez, la cultura mejora la forma en que la estructura coordina y maneja los recursos organizacionales para ayudar a la organización a lograr sus metas. Una fuente de la ventaja competitiva de una compañía es su capacidad para diseñar su estructura y manejar su cultura, de modo que ambas se ajusten. Esto da lugar a una competencia clave que es difícil imitar por otras organizaciones. Sin embargo, cuando las compañías fracasan en lograr un buen ajuste, o cuando los cambios estructurales producen cambios en los valores culturales, inician los problemas.

¿La cultura organizacional puede administrarse?

Los gerentes interesados en entender la interacción entre la cultura y la eficacia de la organización, para crear valor para los inversionistas, deben poner atención en los cuatro factores que producen cultura: las características de los miembros organizacionales (en particular del fundador y de los altos directivos), la ética organizacional, el sistema de derechos de propiedad y la estructura organizacional. Cambiar una cultura suele ser muy difícil porque esos factores interactúan, y son necesarias alteraciones importantes para cambiar los valores de la organización.[40] Para cambiar esta cultura, una organización necesitaría rediseñar su estructura y revisar los derechos de propiedad que utiliza para motivar y recompensar a los trabajadores. Quizá necesitaría también cambiar a su gente, en especial a su equipo de directivos. Teniendo en cuenta la dificultad de administrar la cultura organizacional, veamos cómo evolucionó la cultura original de Microsoft, gracias a la interacción de los cuatro factores.

Primero, los valores y las creencias personales de Bill Gates y su visión de lo que Microsoft lograría de la creatividad y el trabajo arduo de sus empleados, creó el centro de la cultura Microsoft, con sus valores terminales de excelencia e innovación. Después de su éxito inicial con las plataformas MS-DOS y Microsoft Word, Microsoft empezó a atraer a los mejores ingenieros en software del mundo. Gates estaba en una posición que le permitía seleccionar a aquellas personas que asumieran sus valores y que pudieran desempeñarse al nivel que él y sus gerentes requerían. Con el tiempo, surgieron las normas basadas en la necesidad de la iniciativa individual (para mejorar los valores instrumentales de creatividad y toma de riesgos) y de trabajo en equipo (para mejorar la cooperación); Microsoft construyó uno de los primeros complejos de oficinas centrales tipo campus, con la finalidad de favorecer el desarrollo de una atmósfera informal donde la gente pudiera interactuar y desarrollar vínculos laborales sólidos de trabajo.

Gates diseñó una estructura orgánica para Microsoft y la mantuvo lo más plana y descentralizada posible, utilizando equipos pequeños para coordinar las actividades productivas. Este diseño alentó la toma de riesgos y la creatividad. También utilizó una estructura de equipo de producto para reforzar la atmósfera de colaboración y las normas de "espíritu de equipo". Estableció una cultura para la innovación reforzando la toma de riesgos y la creatividad exitosas con derechos de propiedad. Miles de trabajadores clave recibieron acciones. Más aún, Microsoft ofreció pensiones y prestaciones de alta calidad y no recortó personal hasta el siglo XXI. Finalmente, la compañía se caracteriza por una historia de conducta ética hacia los empleados y clientes (aunque no hacia sus competidores). La gente de Microsoft, su estructura, los derechos de propiedad y su ética interactúan y se ajustan para conformar la cultura Microsoft.

Compare la cultura de Microsoft con la de Louis Gerstner, antiguo director general de IBM, quien necesitó dar un giro a la compañía. IBM tenía una cultura estable y conservadora, producto de derechos de propiedad que no estaban vinculados al desempeño, sino a la longevidad del trabajador en la organización, así como una estructura vertical y centralizada que promovía la obediencia y el conformismo. A las personas atraídas y retenidas por la cultura de IBM les gustaba trabajar en un ambiente estable donde conocían su lugar, y aceptaban el *statu quo*; tampoco les importaba que la cultura limitara sus oportunidades para innovar o ser creativos. Aunque había un ajuste entre los factores de la cultura IBM, este no servía adecuadamente a la organización. Como sus valores culturales enfatizaban la estabilidad, IBM fue incapaz de adaptarse a los cambios en el ambiente, cambios tales como los tecnológicos y en las necesidades del cliente: por esas razones, casi quiebra a principios de la década de 1990.

¿Puede una compañía mantener una cultura emprendedora y creativa conforme crece? Microsoft no fue capaz de mantener su cultura dinámica y de libertad mientras ha crecido, pues ha enfrentado muchos problemas motivacionales y de coordinación. Como resultado, muchos analistas creen que Microsoft ha perdido muchas oportunidades y cometido muchos errores, de modo que fue superada por compañías como Google y Facebook. Sin embargo, para 2010 el rápido crecimiento de Google dio como resultado una alta rotación de personal y su nuevo director general, Larry Page, quien tomó el puesto en 2011, tuvo que trabajar duro para mantener la cultura emprendedora. En 2011 Microsoft luchó por mantener su dominio en el mercado de las PC y aventajar en la computación móvil, para impedir que se desarrollaran la inercia y la complacencia en la compañía.

Para prevenir que una cultura organizacional cambie de forma que se reduzca la eficacia conforme crece, los directivos deben rediseñar continuamente su estructura, para superar los problemas de control que surgen debido al crecimiento y la complejidad.[41] Como se observa, tales problemas surgen aun en organizaciones de alto desempeño como Microsoft, Google y Apple, por lo que resulta importante entender la teoría y el diseño organizacionales.

iStockphoto.com/Nancy Nehring

La cultura de una compañía suele cambiar conforme crece. A pesar de su éxito, Google ha trabajado duro para mantener su cultura emprendedora con el paso de los años.

Implicaciones administrativas

Diseño de la cultura organizacional

1. Intente identificar la fuente de los valores y las normas de la cultura de su organización, y analice los efectos relativos sobre las personas, la ética, los derechos de propiedad y la estructura que tiene la cultura organizacional.
2. Use este análisis para elaborar un plan de acción que rediseñe la cultura de la organización para mejorar la eficacia.
3. Asegúrese de que el plan de acción tome en cuenta los cuatro factores, porque cada uno de ellos afecta a los demás. Cambiar un solo factor quizá no sea suficiente para cambiar la cultura organizacional.
4. Establezca el desarrollo de los valores éticos de acuerdo con sus prioridades.

Responsabilidad social

Una consecuencia muy importante de las normas y los valores culturales es el enfoque de la organización respecto a la responsabilidad social. El término *responsabilidad social* se refiere a una obligación del gerente que toma decisiones que nutren, protegen, mejoran y promueven el bienestar de los inversionistas y de la sociedad en general. Muchos tipos de decisiones señalan el interés de una organización por ser socialmente responsable (véase la tabla 7.4).

Enfoques de la responsabilidad social

La fortaleza del compromiso de una organización con la responsabilidad social varía de alta a baja (véase la figura 7.4).[42] En el extremo inferior del rango se encuentra el **enfoque obstruccionista**. Los gerentes obstruccionistas eligen no comportarse de manera socialmente responsable. En vez de ello, se comportan con falta de ética e ilegalmente, y realizan todo lo que pueden para evitar que los inversionistas y la sociedad en general conozcan su comportamiento. Los gerentes de la corporación Mansville adoptaron este enfoque cuando se evidenció que el asbesto causaba daños en el pulmón. Los gerentes de Beech-Nut, quienes escondieron la evidencia de que usaban jarabe de maíz en su jugo de manzana también adoptaron ese enfoque. Los gerentes de dichas organizaciones eligieron un enfoque obstruccionista. El resultado fue no solo una pérdida de la reputación, sino la devastación de sus organizaciones y de los inversionistas involucrados.

Enfoque obstruccionista Extremo inferior del compromiso de la organización con la responsabilidad social.

Un **enfoque defensivo** representa cuando menos un compromiso con el comportamiento ético. Los gerentes defensivos funcionan dentro de la ley y permanecen dentro de los requeri-

Enfoque defensivo Enfoque que indica compromiso con el comportamiento ético.

TABLA 7.4 Formas del comportamiento socialmente responsable

Los gerentes son socialmente responsables y apoyan a sus inversionistas cuando:

- Otorgan pagos por indemnización para ayudar a los individuos despedidos hasta que encuentren un nuevo trabajo.
- Dan a los trabajadores oportunidades para mejorar sus habilidades y adquirir mayor educación, de modo que sigan siendo productivos y no se vuelvan obsoletos debido a los cambios en la tecnología.
- Permite a los trabajadores tomar tiempo libre cuando lo necesitan y les otorga prestaciones de salud y pensión.
- Contribuye con actividades de caridad o de apoyo a diversos grupos sociales en las ciudades o poblaciones donde se localizan (Target y Levi Strauss contribuyen con 5% de sus utilidades para apoyar a escuelas, artistas y otras obras sociales).
- Optan por mantener abiertas las instalaciones, ya que cerrarlas devastaría a la comunidad local.
- Deciden mantener las operaciones de la compañía en Estados Unidos para proteger el empleo de sus ciudadanos en vez de operar en el extranjero.
- Invierten dinero para mejorar a la organización de tal manera que no dañe el ambiente.
- Evitan invertir en países donde se registren abusos a los derechos humanos.
- Eligen ayudar a países en desarrollo para crear una base económica que mejore la calidad de vida.

Figura 7.4 **Enfoques de responsabilidad social**

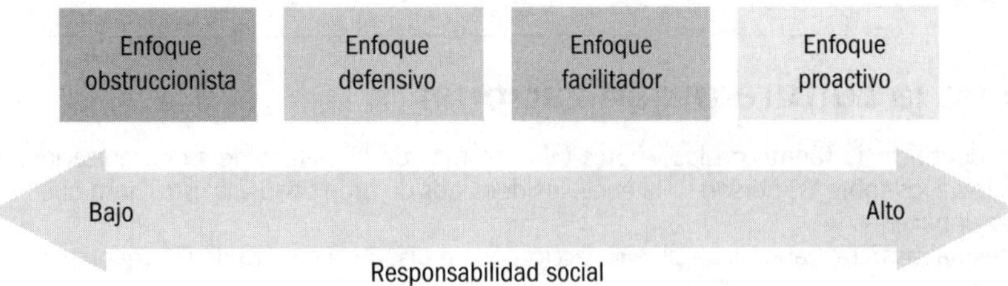

mientos legales, pero no intentan ejercer la responsabilidad social más allá de lo que dicte la ley. Los gerentes que adoptan este enfoque hacen todo lo que pueden para garantizar que sus trabajadores se comporten legalmente y no dañen a los demás. Pero cuando hacen elecciones éticas, ponen por delante las demandas e intereses de sus accionistas a expensas de otros inversionistas.

La naturaleza real de la sociedad capitalista —donde la responsabilidad primaria de los gerentes es con los dueños de la corporación, sus accionistas— probablemente alienta la respuesta defensiva. Algunos economistas creen que los gerentes de una sociedad capitalista deberían poner siempre por delante las demandas de los inversionistas y, si tales opciones no son aceptadas por otros miembros de la sociedad y se consideran poco éticas, la sociedad debe entonces emitir leyes y crear reglas y regulaciones que rijan las elecciones de los gerentes.[43] Desde una perspectiva defensiva, no es responsabilidad de los gerentes hacer elecciones socialmente responsables; su trabajo es acatar las reglas que se han establecido legalmente. Así, los gerentes defensivos demuestran poco interés en la responsabilidad social.

Enfoque facilitador Reconocimiento de la necesidad de apoyar la responsabilidad social.

Un **enfoque facilitador** es el reconocimiento de la necesidad de apoyar la responsabilidad social. Los gerentes facilitadores acuerdan que los miembros organizacionales deben comportarse legal y éticamente, e intentan equilibrar los intereses de los diferentes inversionistas, de tal forma que sus demandas se atiendan en relación con las demandas de otros inversionistas. Los gerentes que adoptan este enfoque desean hacer elecciones razonables ante los ojos de la sociedad, y buscan hacer bien las cosas cuando se les solicite.

Enfoque proactivo Los gerentes aceptan la necesidad de comportarse de forma socialmente responsable, van más allá para aprender sobre las necesidades de los diferentes grupos de inversionistas y están dispuestos a utilizar los recursos organizacionales para promover no solo los intereses de los accionistas, sino los de los inversionistas.

Los gerentes que aplican un **enfoque proactivo** aceptan la necesidad de comportarse de forma socialmente responsable, de aprender sobre las necesidades de los diferentes grupos de inversionistas y están dispuestos a utilizar los recursos organizacionales para promover no solo los intereses de los accionistas, sino los de los inversionistas. Compañías tales como HP, The Body Shop, Mc Donald's y Johnson & Johnson están a la cabeza en las campañas para un ambiente limpio, reciclaje y conservación de recursos, así como para minimizar o eliminar el uso de animales en pruebas de fármacos y cosméticos, y para reducir el delito, el analfabetismo y la pobreza.

¿Por qué ser socialmente responsable?

Se afirma que existen varias ventajas como resultado de que los gerentes y las organizaciones se comporten de forma socialmente responsable. Primera, los trabajadores y la sociedad se benefician directamente, ya que las organizaciones (más que el gobierno) cargan con algunos de los costos de ayuda para los trabajadores. Segunda, se ha dicho que si todas las organizaciones de una sociedad fueran socialmente responsables, la calidad de vida sería mayor. Ciertamente, diversos expertos en administración afirman que la forma en que las organizaciones se comporten con sus trabajadores determina muchos de los valores, la ética y las normas sociales de sus ciudadanos. Se ha sugerido que si todas las organizaciones adoptaran un enfoque solidario y estuvieran de acuerdo con que su responsabilidad es promover los intereses de sus trabajadores, prevalecería un ambiente solidario en la sociedad.[44] Los expertos señalan a Japón, Suecia, Alemania, Holanda y Suiza como países donde las organizaciones son socialmente responsables y donde, como resultado, las tasas de delito y desempleo son relativamente bajas, la tasa de alfabetismo es relativamente alta y los valores socioculturales favorecen la armonía entre los diferentes grupos de individuos. Otras razones para ser socialmente responsables es que eso es lo correcto y que las compañías que actúan responsablemente con sus inversionistas se benefician con un mejor negocio, con lo cual sus utilidades se incrementan.[45]

Dadas estas ventajas, ¿por qué alguien discutiría por buscar responsabilidad social en las organizaciones y sus gerentes? Un aspecto a resaltar es que, aunque algunos inversionistas resultan beneficiados gracias al compromiso de los gerentes con la responsabilidad social, otros, en particular los accionistas, pensarían que se les está dañando cuando los recursos organizacionales se utilizan en cursos de acción socialmente responsables. Algunas personas afirman que los negocios tienen solo una clase de responsabilidad: usar los recursos en actividades que incrementen sus utilidades y, por lo tanto, recompensen a sus accionistas.[46]

¿Cómo deciden los gerentes a qué aspectos sociales responder y en qué grado deberían sus organizaciones intercambiar utilidades por ganancia social? Es evidente que la conducta ilegal no debería tolerarse; todos los gerentes y los trabajadores tienen que estar alertas de su ocurrencia y reportarla inmediatamente. La expresión **informante** (denunciante de ilegalidades) se utiliza para referirse a la persona que reporta la conducta ilegal o falta de ética, y que toma una postura en contra de los gerentes u otros accionistas inescrupulosos que solo buscan sus fines personales.[47] Ahora existen leyes que protegen los intereses de los informantes, quienes arriesgan su empleo y trayectoria por revelar la conducta falta de ética. En parte, tales leyes fueron emitidas debido a las experiencias de dos ingenieros de Morton Thiokol, quienes denunciaron que los anillos que sellaban el transbordador espacial *Challenger* podrían verse afectados negativamente cuando el frío los tocara al momento del lanzamiento.[48] Sus advertencias fueron ignoradas por todos los involucrados en la apresurada carrera por lanzar el transbordador. Como resultado, siete astronautas murieron cuando el *Challenger* estalló poco después de haber sido lanzado en enero de 1986. Aunque las acciones de los ingenieros fueron aplaudidas por el comité investigador, sus carreras posteriores fueron lesionadas, pues los gerentes de Morton Thiokol los culparon de dañar la reputación de la compañía y socavar sus intereses. Se diseñó un nuevo conjunto de reglas para motivar a los trabajadores a presentarse ante la autoridad y reportar el comportamiento ilegal y sin ética, lo cual se revisa en el recuadro "Al interior de la organización 7.4".

Informante
Persona que brinda información (un trabajador) a un individuo o institución externa, como una agencia gubernamental o a un reportero de periódico o de televisión, sobre el comportamiento inmoral o ilegal en la organización (sus gerentes).

Otra forma en que los gerentes pueden determinar si están actuando con responsabilidad social consiste en aplicar estándares y valores éticos. La ética propia de los gerentes influye su conducta y sus valores y estos, a su vez, influyen en la determinación sobre tomar o no un enfoque proactivo de responsabilidad social. El código ético de una organización, por lo regular impreso en sus reportes anuales y declaraciones de misión, también influye sobre qué tan conscientemente los gerentes buscan apoyar los intereses de todos los accionistas. Algunas organizaciones, como Johnson &Johnson, consideran el código de la compañía como la única política a seguir cuando surge un dilema ético y permiten que dicho código rija sus opciones. Otras organizaciones hablan de boca para afuera sobre el código ético y, como resultado, los gerentes enfrentan un dilema moral, ya que buscan proteger primero sus propios intereses y preocuparse después por la afectación que sufrirían los demás inversionistas.[49] Cuando tales gerentes hablan sobre proteger la organización, de lo que realmente hablan es de proteger sus propios intereses: empleo, bonos, trayectorias y capacidades para utilizar los recursos organizacionales para sus fines propios.

La evidencia sugiere que los gerentes que se comportan con responsabilidad social serán, a la larga, más beneficiados por todos los inversionistas, incluyendo los accionistas. Parece que las compañías socialmente responsables, en comparación con competidores menos responsables, tienen inversiones menos riesgosas, tienden a ser algo más redituables, cuentan con una fuerza laboral más leal y comprometida, y gozan de mejor reputación, lo cual alienta a los inversionistas (incluyendo clientes y proveedores) a establecer relaciones de negocios a largo plazo con ellas.[50] Las compañías socialmente responsables también son preferidas por las comunidades, quienes las alientan a ubicarse en su región y les ofrecen incentivos como reducción en impuestos y la construcción de nuevos caminos para llegar a sus plantas. Por consiguiente, existen varias razones para creer que, con el tiempo, un fuerte apoyo a la responsabilidad social confiere mayores beneficios a los inversionistas organizacionales (incluyendo a los accionistas) y a la sociedad en general.

Al interior de la organización 7.4

Nuevas reglas de la Comisión de Seguridad e Intercambio ofrecen grandes recompensas a los informantes

Gina Sanders/Shutterstock.com

Durante lo que va del siglo XXI, ha habido muchas revelaciones sobre el mal proceder de ejecutivos financieros, tales como quienes llevaron a la crisis financiera hipotecaria, y sobre los esquemas Ponzi que involucraron a gerentes de fondos de inversión, como Bernie Madoff, estafador que robó decenas de millones de dólares a los inversionistas. Hubo también muchos casos contra el uso de información privilegiada de personas como el multimillonario administrador fundador de fondos de cobertura, Raj Rjaratnam, quien en 2011 fue acusado por utilizar ilegalmente información para obtener ilegalmente millones de dólares en ganancias.

Dada la cada vez mayor evidencia de que el fraude se ha extendido y de la propensión cada vez mayor de los gerentes para comportarse con falta de ética, lo cual a final de cuentas los lleva a actuar ilegalmente, la Securities and Exchange Commission (SEC) decidió aprobar reglamentos que animaran a los informantes, es decir, a otros ejecutivos o subalternos que conocen tales actividades, a presentarse ante la autoridad y reportar las acciones ilegales o con falta de ética.

En 2011 la SEC estableció reglas que permitirían a los denunciantes que reportan al gobierno un fraude corporativo o un mal comportamiento, a obtener hasta 30% del dinero recuperado en el juicio contra tratos financieros ilegales de individuos o compañías. El programa denunciante fue ordenado por la ley de ajuste financiero, la Ley Dodd Frank, aprobada en 2010. Esa regulación se aprobó a pesar de la oposición de grandes compañías estadounidenses como AT&T, FedEx, Google y Target, quienes afirmaban que los informantes deberían primero hablar en su compañía sobre las acciones ilegales o poco éticas de otros gerentes, para permitirles corregir los problemas antes de informar a la autoridad de la SEC. Sin embargo, aquellos que apoyan la denuncia afirman que eso desanimaría a los informantes, porque los haría acreedores a acciones punitivas por parte de sus propias compañías, muchas de las cuales se sabe que encuentran formas de dañar a las personas que dan información sobre su propia organización.

No obstante, las reglas nuevas establecen que cuando los trabajadores reporten un mal comportamiento de su compañía, incluso potencial, la SEC los designará oficialmente como informantes y por ende serán elegibles para obtener los premios si proporcionan la misma información 120 días después. Incluso recibirían las recompensas aun eligiendo permanecer en su organización después de proporcionar la información. La presidenta de la SEC, Mary Shapiro, señaló: "Aunque los programas internos de cumplimiento de las compañías juegan un papel extremadamente valioso en la prevención del fraude, las nuevas reglas rompen el equilibrio entre alentar a los informantes a buscar conformidad interna cuando sea adecuado y darles la opción de acudir directamente a la SEC. Es el mismo denunciante quien se encuentra en la mejor posición para saber la mejor ruta a tomar".

Los que apoyan las nuevas reglas afirman que los informantes pueden ser una línea de defensa eficaz contra el mal comportamiento corporativo, como el fraude multimillonario de Bernard Madoff, quien continuó haciéndolo durante más de dos décadas a pesar de los avisos que recibió la SEC de al menos dos denunciantes. Por ejemplo, con el nuevo programa, si una persona enterada en Goldman Sachs hubiera dado información a la SEC que condujera a un juicio por fraude de 550 millones de dólares contra Goldman, esa persona habría obtenido 165 millones.

Evidentemente, las nuevas reglas de la SEC ofrecen a los trabajadores un incentivo económico poderoso por reportar el mal comportamiento de sus compañías directamente al gobierno. La información que proporcionan los informantes cumple con los requisitos de la Ley Sarbanes Oxley, que estipula que las organizaciones crean programas de conformidad interna eficaces para aprender sobre sus potenciales malos comportamientos, pero que muchas compañías han decidido ignorar.

Resumen

La cultura organizacional ejerce una poderosa forma de control sobre las interacciones entre sus miembros organizacionales y las personas externas. Al proporcionar a la gente una caja de herramientas con valores, normas y reglas que les indica cómo comportarse, la cultura organizacional es instrumental al determinar cómo la interpretan y reaccionan ante una situación. Por lo tanto, una cultura organizacional puede ser una fuente de ventaja competitiva. En el capítulo 7 se revisaron los siguientes puntos:

1. La cultura organizacional es un conjunto de valores compartidos que brinda a los miembros organizacionales una comprensión común sobre cómo deberían actuar en determinada situación.
2. Existen dos tipos de valores organizacionales: terminales (un estado final o resultado deseado) e instrumentales (un modo de comportamiento deseado). Idealmente, los valores instrumentales ayudan a la organización a lograr sus metas terminales.

3. La cultura organizacional afecta la eficacia de la organización porque puede *a*) darle ventaja competitiva, *b*) mejorar la forma en que funciona la estructura organizacional y *c*) favorecer la motivación de los trabajadores para perseguir los intereses organizacionales.
4. La cultura se transmite a los miembros de la organización utilizando *a*) programas de capacitación y socialización y *b*) historias, ceremonias y el lenguaje de los miembros de la organización.
5. La cultura organizacional se desarrolla a partir de la interacción entre *a*) las características de los miembros de la organización, *b*) la ética organizacional, *c*) los derechos de propiedad distribuidos entre las personas de la organización y *d*) la estructura organizacional.
6. Diferentes estructuras organizacionales dan lugar a patrones de interacción distintos entre la gente. Los patrones de interacción diversos guían a la formación de diferentes culturas organizacionales.
7. La responsabilidad social es la responsabilidad moral de la organización con los grupos de inversionistas afectados por las acciones de la organización. Existen cuatro posturas de responsabilidad social que presentan implicaciones muy diferentes sobre el comportamiento organizacional.

Preguntas para análisis

1. ¿Cuál es el origen de la cultura organizacional? ¿Por qué diferentes organizaciones tienen culturas distintas?
2. ¿Cómo aprenden los de nuevo ingreso la cultura de una organización? ¿Cómo alienta la organización a los de nuevo ingreso a desarrollar *a*) una orientación del rol institucionalizada y *b*) una orientación del rol individualizada?
3. ¿De qué maneras la cultura organizacional puede aumentar la eficacia organizacional? ¿Por qué es importante lograr el ajuste correcto entre la estructura y la cultura organizacionales?
4. "Una organización debería adoptar siempre una postura amplia de responsabilidad social". Explique por qué está de acuerdo o en desacuerdo con dicha afirmación.

Teoría organizacional en acción

Poner en práctica la teoría organizacional

Desarrollo de una cultura de servicio

Formen equipos de tres a cinco integrantes y analicen el siguiente escenario:

Usted es el dueño/administrador de un nuevo hotel cinco estrellas que se abrió en las playas de arena blanca en la costa oeste de Florida. Para que su empresa funcione, necesita asegurarse de que los trabajadores del hotel se enfoquen en brindar a los clientes un servicio de la más alta calidad posible. Se reúne con ellos para analizar cómo crear una cultura que promueva tal servicio de calidad, y cómo alentar a los empleados a comprometerse con el hotel y a reducir el nivel de ausentismo y rotación de personal, lo cual es muy común en el negocio de la hotelería.

1. ¿Qué tipos de valores y normas organizacionales alientan a los trabajadores a comportarse de tal forma que se dirijan a un servicio al cliente de alta calidad?
2. Utilizando los conceptos revisados en el capítulo (por ejemplo, personas, derechos de propiedad y socialización) determinen cómo crearían una cultura que fomente el aprendizaje de dichos valores y normas del servicio al cliente.
3. ¿Cuál factor es el determinante más importante del tipo de cultura que esperan encontrar en este hotel cinco estrellas?

Dimensión ética 7

En este capítulo se revisó cómo la cultura organizacional de Arthur Andersen había adquirido tanta fuerza que sus asociados y subalternos comenzaron a actuar con falta de ética, buscando sus propios intereses a corto plazo a expensas de los de sus inversionistas. Muchos trabajadores sabían que estaban haciendo mal, pero temían negarse a seguir órdenes. En Beech-Nut, los valores éticos se rompieron totalmente: los gerentes se burlaban del daño a los inversionistas.

1. ¿Por qué sucede que los valores y normas de una organización se pueden volver tan fuertes y llevar al comportamiento sin ética?
2. ¿Qué pasos podría seguir una compañía para evitar este problema, es decir, que sus normas y valores se enfoquen tanto hacia adentro que los gerentes y los trabajadores pierdan de vista sus obligaciones con los inversionistas?

Establecer contacto 7

Identifique una organización que haya intentado cambiar su cultura. Describa la cultura que intentaron modificar. ¿Por qué tal cultura dejó de ser eficaz? ¿Cómo intentó la organización llevar a cabo el cambio? ¿Qué tan exitoso ha sido el proceso?

Análisis de la organización: Módulo de diseño 7

En este módulo usted analizará la cultura de su organización, discutirá las formas características en las cuales los miembros actúan y su postura en la responsabilidad social.

Tarea

1. ¿Los gerentes y trabajadores usan ciertas palabras o frases para describir el comportamiento de la gente de la organización? ¿Existen historias sobre los eventos o las personas que se usen para describir la forma en que funciona la organización? (*Sugerencia:* Busque la página Web de la compañía).
2. ¿Cómo socializa a los trabajadores la organización? ¿Lee da programas formales de capacitación? ¿Qué tipos de programas se usan y cuál es su meta?
3. ¿Qué creencias y valores parecen caracterizar la forma como las personas se comportan en la organización? ¿Cómo afectan el comportamiento de la gente?
4. Dadas las respuestas a las primeras tres preguntas, ¿cómo caracterizaría a la cultura de la organización, y la forma en que beneficia o daña a la organización en su conjunto? ¿Cómo podría mejorarse esta cultura?
5. ¿Puede usted encontrar un reglamento escrito acerca de la postura de la organización sobre la responsabilidad social? Si es así, ¿qué dice?

CASO PARA ANÁLISIS

Cuento de dos culturas

En un intento por dar a Southwest Airlines una ventaja competitiva basada en un servicio de alta calidad y a bajo costo, el director general Herb Kelleher desarrolló valores instrumentales y terminales que hicieron de la cultura de Southwest la envidia de sus competidores. Los directivos y trabajadores de Southwest están comprometidos con el éxito de la organización, se ayudan entre sí en todo lo que pueden y brindan a sus clientes un servicio excelente (valor terminal). Cuatro veces al año, los gerentes de Southwest trabajan como maleteros, agentes de boletos y sobrecargos, con la finalidad de conocer los problemas que enfrentan otros trabajadores. Una norma informal permite que los trabajadores se reúnan con Kelleher cada viernes por la tarde en el estacionamiento de las oficinas de Dallas, para disfrutar una parrillada de la compañía.

Southwest mantiene la organización tan plana e informal como sea posible y los gerentes alientan a los trabajadores a resolver sus propios problemas. Para agradar a los clientes, por ejemplo, los trabajadores se disfrazan en días especiales, como Halloween y San Valentín, y usan "uniformes divertidos" todos los viernes. Además, intentan desarrollar formas innovadoras para mejorar el servicio al cliente y la satisfacción de este. Todos los trabajadores participan en un sistema de bonos que basa las recompensas en el desempeño de la compañía, en tanto que los trabajadores son propietarios de más de 22% de las acciones de la aerolínea. El vestíbulo de las oficinas centrales de la compañía en Love Field, Dallas, se encuentra lleno de placas por desempeño sobresaliente obtenidas por los trabajadores. Todos en la organización cooperan para lograr la meta de Southwest de brindar un servicio de alta calidad a bajo precio.

La cultura de excelencia que ha creado Southwest parece funcionar a su favor. Southwest ha incrementado sus rutas de operación y sus ingresos anualmente; además, es la línea aérea más rentable en la actualidad.

Comparando al director general y la cultura de Southwest con la de Jean Buttner, de Value Line, Inc., que publica la Value

Line Investment Survey, esta diseñó una cultura que los trabajadores aparentemente odiaban. En su intento por reducir costos y mejorar la eficiencia, Buttner creó los valores instrumentales de frugalidad y economía que estropearon las actitudes de los trabajadores hacia la organización. Se pidió a los empleados que firmaran a las nueve de la mañana diariamente y a su salida. Si hacían trampa en la hora de entrada o salida podían ser despedidos. Debido a que en Value Line la desorganización de los escritorios se consideraba signo de flojera y de "improductividad", Buttner pidió a los jefes de departamento que realizaran un "reporte de superficie limpia" diariamente, certificando que los trabajadores hubieran limpiado su escritorio.[51] Los incrementos salariales se mantenían al mínimo posible, mientras que los bonos y planes de salud de la compañía estaban muy restringidos.

¿Cómo se liquidaron esos valores? Muchos trabajadores profesionales muy capacitados dejaron Value Line debido a la atmósfera de hostilidad producto de esos valores "económicos" y reglas de trabajo que menospreciaban a los trabajadores. Incluso, esa rotación de personal generó descontento entre los clientes de la compañía que comenzaron a quejarse. Así, los malos sentimientos entre los trabajadores y Buttner hicieron que los primeros colocaran en el tablero de avisos la noticia y críticas al estilo gerencial de Buttner; sugirieron que la compañía podría usar un nuevo liderazgo. La respuesta de Buttner a tal mensaje fue que se quitara el tablero de avisos. Es evidente que en Value Line no existe la cultura de cooperación entre gerentes y trabajadores.

Preguntas para análisis

1. Liste las razones por las que las culturas de Southwest y Value Line difieren tan ampliamente.
2. ¿Podría el siguiente director general de Value Line copiar la cultura de Southwest?

Referencias

[1] L. Smircich, "Concepts of Culture and Organizational Analysis", *Administrative Science Quarterly* 28 (1983), pp. 339-358.

[2] S. D. N. Cook y D. Yanow, "Culture and Organizational Learning", *Journal of Management Inquiry* 2 (1993), pp. 373-390.

[3] M. Rokeach, *The Nature of Human Values* (Nueva York: Free Press, 1973).

[4] P. Burrows, "The Seeds of Apple's Innovation", www.businessweek.com, 24 de octubre de 2004.

[5] www.ups.com, 2011.

[6] J. Van Maanen, "Police Socialization: A Longitudinal Examination of Job Attitudes in an Urban Police Department", *Administrative Science Quarterly* 20 (1975), pp. 207-228.

[7] P. L. Berger y T. Luckman, *The Social Construction of Reality* (Garden City, NY: Anchor Books, 1967).

[8] J. P. Walsh y G. R. Ungson, "Organizational Memory", *Academy of Management Review* 1 (1991), pp. 57-91.

[9] K. E. Weick, "Organizational Culture as a Source of High Reliability", *California Management Review* 9 (1984), pp. 653-669.

[10] J. A. Chatman y S. G. Barsade, "Personality, Organizational Culture, and Cooperation: Evidence from a Business Simulation", *Administrative Science Theory* 40 (1995), pp. 423-443.

[11] E. H. Schein, "Culture: The Missing Concept in Organization Studies", *Administrative Science Quarterly* 41 (1996), pp. 229-240.

[12] www.corning.com, 2011.

[13] A. Etzioni, *A Comparative Analysis of Organizations* (Nueva York: Free Press, 1975).

[14] G. R. Jones, "Psychological Orientation and the Process of Organizational Socialization: An Interactionist Perspective", *Academy of Management Review* 8 (1983), pp. 464-474.

[15] J. Van Maanen y E. H. Schein, "Towards a Theory of Organizational Socialization", en B. M. Staw, ed., *Research in Organizational Behavior*, vol. 1 (Greenwich, CT: JAI Press, 1979), pp. 209-264.

[16] G. R. Jones, "Socialization Tactics, Self-Efficacy, and Newcomers' Adjustments to Organizations", *Academy of Management Review* 29 (1986), pp. 262-279.

[17] *Ibid.*

[18] *Ibid.*

[19] M. A. Cusumano y R. W. Selby, *Microsoft's Secrets* (Nueva York: Free Press, 1995).

[20] H. M. Trice y J. M. Beyer, "Studying Organizational Culture Through Rites and Ceremonials", *Academy of Management Review* 9 (1984), pp. 653-669.

[21] H. M. Trice y J. M. Beyer, *The Cultures of Work Organizations* (Englewood Cliffs, NJ: Prentice Hall, 1993).

[22] M. Ramundo, "Service Awards Build Culture of Success", *Human Resources Magazine* (agosto de 1992), pp. 61-63.
[23] Trice y Beyer, "Studying Organizational Culture Through Rites and Ceremonials".
[24] A. M. Pettigrew, "On Studying Organizational Cultures", *Administrative Science Quarterly* 24 (1979), pp. 570-582.
[25] B. Elgin, "Running the Tightest Ships on the Net", *Business Week*, 29 de enero de 2001, pp. 125-126.
[26] B. Schneider, "The People Make the Place", *Personnel Psychology* 20 (1987), pp. 437-453.
[27] E. H. Schein, "The Role of the Founder in Creating Organizational Culture", *Organizational Dynamics* 12 (1983), pp. 13-28.
[28] J. M. George, "Personality, Affect, and Behavior in Groups", *Journal of Applied Psychology* 75 (1990), pp. 107-116.
[29] E. Schein, *Organizational Culture and Leadership*, 2a. ed. (San Francisco: Jossey-Bass, 1992).
[30] George, "Personality, Affect, and Behavior in Groups"; D. Miller y J. M. Toulouse, "Chief Executive Personality and Corporate Strategy and Structure in Small Firms", *Management Science* 32 (1986), pp. 1389-1409.
[31] R. E. Goodin, "How to Determine Who Should Get What", *Ethics* (julio de 1975), pp. 310-321.
[32] T. M. Jones, "Ethical Decision Making by Individuals in Organizations: An Issue Contingent Model", *Academy of Management Review* 2 (1991), pp. 366-395.
[33] T. L. Beauchamp y N. E. Bowie, eds., *Ethical Theory and Business* (Englewood Cliffs, NJ: Prentice-Hall, 1979); A. MacIntyre, *After Virtue* (South Bend, IN: University of Notre Dame Press, 1981).
[34] "What Led Beech-Nut Down the Road to Disgrace", *Business Week*, 22 de febrero de 1988, pp. 124-128; "Bad Apples in the Executive Suite", *Consumer Reports* (mayo de 1989), p. 296; R. Johnson, "Ralston to Buy Beech-Nut, Gambling It Can Overcome Apple Juice Scandal", *Wall Street Journal*, 18 de septiembre de 1989, p. B11.
[35] H. Demsetz, "Towards a Theory of Property Rights", *American Economic Review* 57 (1967), pp. 347-359.
[36] G. R. Jones, "Transaction Costs, Property Rights, and Organizational Culture: An Exchange Perspective", *Administrative Science Quarterly* 28 (1983), pp. 454-467.
[37] "ESOP Binges Change in Corporate Culture", *Employee Benefit Plan Review* (julio de 1992), pp. 25-26.
[38] C. Perrow, *Normal Accidents* (Nueva York: Basic Books, 1984).
[39] H. Mintzberg, *The Structuring of Organizational Structures* (Englewood Cliffs, NJ: Prentice-Hall, 1979).
[40] G. Kunda, *Engineering Culture* (Filadelfia: Temple University Press, 1992).
[41] J. P. Kotter y J. L. Heskett, *Corporate Culture and Performance* (Nueva York: Free Press, 1992).
[42] E. Gatewood y A. B. Carroll, "The Anatomy of Corporate Social Response", *Business Horizons* (septiembre-octubre de 1981), pp. 9-16.
[43] M. Friedman, "A Friedman Doctrine: The Social Responsibility of Business Is to Increase Its Profits", *New York Times Magazine*, 13 de septiembre de 1970, p. 33.
[44] W. G. Ouchi, *Theory Z: How American Business Can Meet the Japanese Challenge* (Reading, MA: Addison-Wesley, 1981).
[45] J. B. McGuire, A. Sundgren y T. Schneewis, "Corporate Social Responsibility and Firm Financial Performance", *Academy of Management Review* 31 (1988), pp. 854-872.
[46] Friedman, "A Friedman Doctrine", pp. 32, 33, 122, 124, 126.
[47] J. B. Dozier y M. P. Miceli, "Potential Predictors of Whistleblowing: A Prosocial Perspective", *Academy of Management Review* 10 (1985), pp. 823-836; J. P. Near y M. P. Miceli, "Retaliation Against Whistleblowers: Predictors and Effects", *Journal of Applied Psychology* 71 (1986), pp. 137-145.
[48] "The Uncommon Good", *The Economist*, 19 de agosto de 1995, p. 55.
[49] Byrne, "The Best Laid Ethics Programs...", pp. 67-69.
[50] E. D. Bowman, "Corporate Social Responsibility and the Investor", *Journal of Contemporary Business* (invierno de 1973), pp. 49-58.
[51] A. Bianco, "Value Line: Too Lean, Too Mean", *Business Week*, 16 de marzo de 1992, pp. 104-106.

CAPÍTULO 8

Diseño y estrategia organizacionales en un ambiente global cambiante

Objetivos de aprendizaje

Encontrar la estrategia adecuada para responder a los cambios en el ambiente (como los cambios en las necesidades de los clientes o en las acciones de competidores extranjeros) es un asunto complejo que enfrentan los gerentes. En un ambiente global cambiante, es fácil cometer errores, por lo que los gerentes deben supervisar constantemente sus estrategias y estructuras para asegurarse de que están trabajando de manera eficaz, tanto en casa como en el exterior.

Después de estudiar este capítulo, usted será capaz de:

1. Identificar las formas en que los gerentes usan la estrategia de nivel funcional para desarrollar competencias clave, que permitan a una organización crear valor y le den una ventaja competitiva.
2. Explicar cómo la forma en que los gerentes combinan las competencias distintivas de su organización puede crear una estrategia de nivel de negocio exitosa, que les permita competir por recursos limitados.
3. Diferenciar entre las estrategias de nivel corporativo que las compañías utilizan para entrar a nuevos dominios, donde continúen creciendo y creando valor.
4. Destacar la importancia de vincular la estrategia con la estructura y la cultura en cada nivel: funcional, de negocio y corporativo, para aumentar la capacidad de crear valor.
5. Entender cómo las estrategias de expansión global permiten a la organización buscar nuevas oportunidades para sacar ventaja de sus competencias clave y crear valor para los inversionistas.

Estrategia y ambiente

Como se expuso en el capítulo 1, la **estrategia** de una organización consiste en un patrón específico de decisiones y acciones que los gerentes toman para utilizar las competencias clave, y así lograr una ventaja competitiva y superar a los competidores.[1] Una organización desarrolla una estrategia para aumentar el valor que puede crear para sus inversionistas. En este contexto, valor es cualquier cosa que satisfaga las necesidades y los deseos de los inversionistas organizacionales. Los inversionistas desean que una compañía establezca metas y desarrolle un plan de acción, que maximice tanto su rentabilidad a largo plazo como el valor de sus acciones. Los clientes tienden a responder a una estrategia basada en la meta de ofrecer productos y servicios de alta calidad a precios adecuados.

A través de su estrategia, una organización busca usar y desarrollar competencias clave para obtener una ventaja competitiva de manera que logre aumentar su participación en los recursos limitados de su ambiente. Recuerde que las **competencias clave** son las habilidades y capacidades en las actividades de creación de valor, como las de fabricación, de marketing y de investigación y desarrollo, que permiten a la compañía lograr mayores eficiencia, calidad, innovación o servicio al cliente. Una organización que posee competencias clave superiores su-

Estrategia
Patrón específico de decisiones y acciones que los gerentes toman para usar las competencias clave, y así lograr una ventaja competitiva y superar a sus competidores.

Competencias clave
Habilidades y capacidades para actividades de creación de valor que permiten a una compañía lograr eficiencia, calidad, innovación o servicio al cliente superiores.

perará a sus rivales. La estrategia organizacional permite a una organización dar forma y administrar su dominio para explotar sus competencias clave actuales, y desarrollar nuevas competencias clave que la hagan un mejor competidor por los recursos.

McDonald's, por ejemplo, utilizó sus competencias clave existentes en la producción de comida rápida, como hamburguesas y papas fritas, para brindar ese tipo de producto al segmento de desayunos en el dominio de la comida rápida. Al invertir en instalaciones para experimentar con alimentos, McDonald's mejoró sus competencias de investigación y desarrollo que la llevaron al lanzamiento de productos para el desayuno (como el McMuffin de huevo, los burritos y una variedad de cafés y bebidas de fruta) que se elaboraban rápidamente. Al usar sus competencias clave existentes de nuevas maneras y al desarrollar nuevas competencias, McDonald's crea continuamente nuevos alimentos para el desayuno que contribuyen en gran medida a sus ingresos y ganancias. De manera similar, Google desarrolló sus habilidades en ingeniería de software para expandir su dominio a la administración de correo electrónico, documentos y aplicaciones móviles, incluyendo la compra instantánea con teléfonos inteligentes en 2011.

Cuanto más recursos obtenga una organización de su ambiente, más capaz será para establecer metas ambiciosas a largo plazo y, luego, para desarrollar una estrategia e invertir los recursos con la finalidad de crear competencias clave que le permitan alcanzar esas metas. A la vez, las competencias mejoradas dan a la organización una ventaja competitiva que le ayuda a atraer nuevos recursos; por ejemplo, nuevos clientes, empleados altamente calificados o nuevas fuentes de apoyo financiero. La figura 8.1 muestra este proceso cíclico de creación de valor.

Fuentes de competencias clave

La capacidad para desarrollar una estrategia que permita a una organización crear valor y superar a sus competidores está en función de sus competencias clave. La fortaleza de sus competencias clave es producto de los recursos especializados y las capacidades de coordinación que posee, así como de aquellos que carecen otras organizaciones.[2]

Recursos funcionales Habilidades que posee el personal funcional de una organización.

RECURSOS ESPECIALIZADOS Dos clases de recursos otorgan a una organización las competencias clave que le dan una ventaja competitiva: los recursos funcionales y los recursos organizacionales. Los **recursos funcionales** son las habilidades que posee el personal funcional de una organización. Las habilidades establecidas en los diferentes equipos de ingeniería de software de Google constituyen su mayor recurso funcional. La calidad de muchos grupos diferentes de investigación y desarrollo de 3M es la fuente de su crecimiento continuo. La experiencia de Procter & Gamble en el desarrollo de nuevos productos es su recurso funcional más grande.

Para ser una fuente de ventaja competitiva, sin embargo, no es suficiente con que una organización tenga recursos funcionales de alta calidad; estos recursos también deben ser únicos o

Figura 8.1 El ciclo de creación de valor

Amplios recursos, una buena estrategia y competencias distintivas dan a la organización una ventaja competitiva, la cual facilita la adquisición de todavía más recursos.

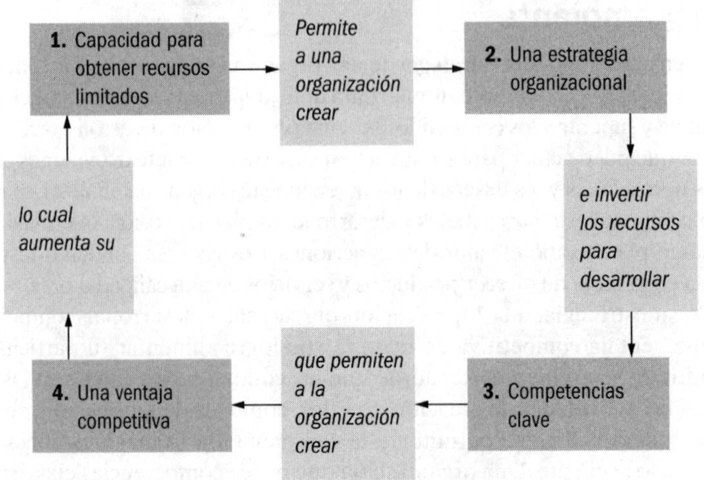

especiales y difíciles de imitar para considerarse *competencias clave*.[3] La pretensión de Google de ser único se basa en la amplitud y profundidad del talento en software que posee. No obstante, suponga que un competidor rico como Microsoft o Facebook llega y trata de contratar a los mejores ingenieros de Google, o bien, que DuPont intentara persuadir a los científicos de 3M. Si eso ocurriera, las pretensiones de singularidad de tales compañías desaparecerían (los grandes investigadores realmente se cambian frecuentemente a otras organizaciones). De manera que para mantener su ventaja competitiva a largo plazo, una organización necesita proteger la fuente de sus competencias funcionales. Es la razón por la cual Google da a sus mejores elementos fuertes derechos de propiedad, incluyendo opciones de acciones que los convierten en dueños de la compañía; y por la cual 3M es conocido por sus generosas políticas de empleo a largo plazo.

Los **recursos organizacionales** son las habilidades y competencias específicas de la compañía que le dan ventaja competitiva a una organización. Incluyen las habilidades del equipo de alta gerencia de una compañía, la visión de su fundador o director general, y la posesión de recursos valiosos y limitados como terrenos, reservas de capital y equipo para planta. También incluyen intangibles como el nombre de la marca de una compañía y su reputación corporativa.[4] Al igual que los recursos funcionales, para brindar una ventaja competitiva, los recursos organizacionales deben ser únicos o difíciles de imitar. Cuando una organización puede contratar a los gerentes de otra, o cuando cualquiera puede comprar a Hitachi o Caterpillar la tecnología más avanzada para fabricación controlada por computadora, los recursos organizacionales no son únicos ni dan ventaja competitiva a la organización. Sin embargo, los nombres de las marcas, como Coca Cola y Toyota, y las reputaciones como la de Google y Microsoft son recursos organizacionales únicos y difíciles de imitar. Obtener dichos recursos conllevaría comprar a toda la compañía, no tan solo contratar a los gerentes individualmente.

Recursos organizacionales
Atributos que dan a una organización una ventaja competitiva, tales como las habilidades del equipo de alta gerencia o la posesión de recursos valiosos y limitados.

CAPACIDADES DE COORDINACIÓN Otra fuente de competencias clave es la **capacidad de coordinación**, es decir, la capacidad de una organización para coordinar sus recursos funcionales y organizacionales, y crear el mayor valor. La coordinación eficaz de recursos (lograda a través del control que brinda la estructura y cultura de la organización) conduce a una ventaja competitiva.[5] El sistema de control que una organización usa para coordinar y motivar a la gente en los niveles funcional y organizacional puede ser una competencia clave que contribuye a la ventaja competitiva general de la organización. De manera similar, la forma en que la organización decide centralizar o descentralizar la autoridad o la forma como desarrolla y promueve los valores culturales compartidos aumenta su eficacia, a la vez que permite que la organización administre y proteja su dominio mejor de lo que sus competidores protegen los suyos. Google y Microsoft diseñan sus estructuras y culturas alrededor de pequeños equipos para coordinar actividades de forma que se faciliten el rápido desarrollo y el lanzamiento de nuevos productos.

Capacidad de coordinación
Capacidad de una organización para coordinar sus recursos funcionales y organizacionales para crear valor máximo.

La capacidad de una organización para usar su estructura y cultura y coordinar sus actividades también es importante en los niveles funcional y organizacional.[6] La forma como la organización coordina a la gente y los recursos dentro de las funciones determina la fortaleza de sus competencias clave. Por ejemplo, muchas organizaciones tienen acceso a tecnología para elaboración de comida rápida (un recurso funcional) similar a la de las avanzadas máquinas de café que utiliza McDonald's, pero ninguna ha sido capaz de imitar las reglas, los estándares de procedimiento y las normas que hacen tan eficientes sus operaciones de producción. Los competidores no han sido capaces de imitar la forma en que McDonald's coordina a la gente y los recursos que le permiten elaborar comida rápida de manera tan eficiente y confiable.

De manera similar, en el nivel organizacional, la capacidad para usar la estructura y la cultura, y así coordinar e integrar las actividades entre departamentos o divisiones, proporciona una competencia clave y, por lo tanto, una ventaja competitiva a algunas organizaciones. Por ejemplo, el éxito de 3M y de Procter & Gamble se explicaría en parte por su capacidad para desarrollar mecanismos de integración que permiten que sus departamentos de marketing, desarrollo de producto y fabricación combinen sus habilidades para desarrollar un flujo constante de artículos innovadores. De igual forma, el éxito de PepsiCo depende, en parte, de la repartición de sus recursos entre sus diferentes divisiones (Pepsi Cola, Frito-Lay, etcétera).

Aunque muchos recursos organizacionales y funcionales no son únicos y pueden ser imitados, la capacidad de una organización para coordinar y motivar sus funciones y departamentos es difícil de imitar. Sería posible comprar la experiencia funcional o el conocimiento técnico de 3M o de Google, pero la compra no incluiría el acceso a las prácticas y métodos que cualquiera de estas organizaciones usa para coordinar sus recursos. Tales prácticas intangibles se integran a

Figura 8.2 Creación de valor mediante la expansión global

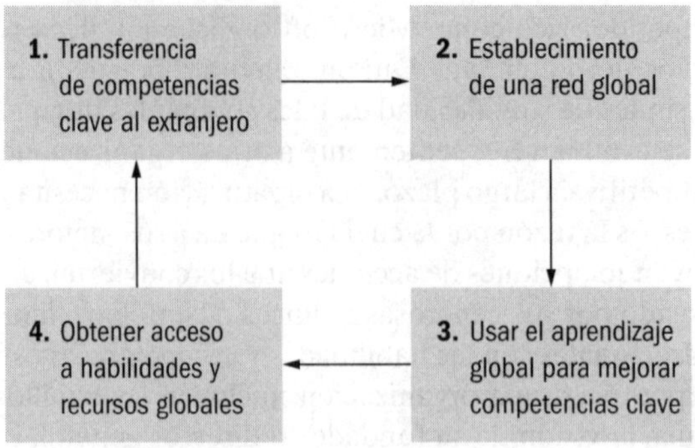

la forma en que la gente interactúa en una organización, es decir, en la forma como la estructura organizacional y la cultura controlan el comportamiento. Todo esto logra que estas compañías sean más exitosas que sus rivales.

Expansión global y competencias clave

Expandirse globalmente en los mercados del extranjero puede ser un facilitador importante para el desarrollo de competencias clave de una organización. La figura 8.2 resume cuatro formas en que la expansión global permite a una organización crear valor para sus inversionistas.

TRANSFERIR LAS COMPETENCIAS CLAVE AL EXTRANJERO La creación de valor en el ámbito global comienza cuando una organización transfiere una competencia clave en una o más de sus funciones a un mercado en el extranjero, con el objetivo de producir bienes más baratos o mejores, que le darían a la organización una ventaja de diferenciación o de costo bajo por encima de sus competidores en ese mercado. Por ejemplo, Microsoft, con su competencia en la producción de software tecnológicamente avanzado, toma esta ventaja de diferenciación y produce software a la medida de las necesidades de los consumidores en los diferentes países. Como resultado de la transferencia de sus competencias clave al extranjero, más de 60% de las ganancias de Microsoft provienen de las ventas en el exterior.

ESTABLECER UNA RED GLOBAL Generalmente, cuando una organización decide transferir sus competencias al extranjero, ubica sus actividades de creación de valor en países donde es más probable que las condiciones económicas, políticas y culturales promuevan su ventaja de bajo costo o de diferenciación. Establece entonces una red global, es decir, conjuntos de relaciones de tareas e informes entre gerentes, funciones y divisiones que vinculan las actividades de creación de valor de una organización alrededor del mundo. Para disminuir los costos, una organización ubicará sus funciones de creación de valor en los países donde los costos de producción, esto es, los costos de la materia prima, de mano de obra especializada y no especializada, los terrenos y los impuestos, sean los más bajos. Para reducir los costos, una compañía de videojuegos como Nintendo o Sony realizará sus operaciones de ensamblado en un país y sus operaciones de diseño en otro, tendrá sus oficinas en un tercer país, y comprará sus insumos y materia prima aun en otros países. Para vincular sus actividades remotas, la organización crea una red global.

OBTENER ACCESO A RECURSOS Y HABILIDADES GLOBALES Una organización con una red global tiene acceso a recursos y habilidades en todo el mundo. Dado que cada país tiene condiciones económicas, políticas y culturales únicas, los distintos países presentan recursos y habilidades diferentes que les dan una ventaja competitiva. Así que, por ejemplo, es posible que una organización estadounidense se beneficie al establecerse en regiones con competencias clave de bajo costo o de diferenciación, de manera que logre tener acceso a aprender y desarrollar tales competencias. Si las organizaciones cuentan en un país con una competencia en investigación y desarrollo, pagarían a una compañía estadounidense por establecer operaciones en ese país y ganar acceso a la competencia. Japón, por ejemplo, sigue siendo el líder mundial en fabricación esbelta (cero desperdicio) basándose en sus eficientes habilidades de producción de gran calidad, por lo que compañías estadounidenses como Xerox, Ford y Caterpillar establecieron divisiones operativas en Japón para aprender dichas habilidades.

USAR EL APRENDIZAJE GLOBAL PARA MEJORAR LAS COMPETENCIAS CLAVE Las organizaciones establecen su red global de operaciones para acceder al conocimiento que les permitirá mejorar sus competencias clave. El acceso a recursos y habilidades globales que brinda una red global permite que una organización encuentre nuevas formas para mejorar su eficacia. Después de que una organización aprende una nueva habilidad funcional en un país, por ejemplo, buscaría transferirla a sus bases nacionales para mejorar sus competencias clave. Entonces, transferirá esas competencias mejoradas a todas sus operaciones en el extranjero para aumentar su ventaja competitiva ahí. Por ejemplo, después de la Segunda Guerra Mundial, los fundadores de Toyota, Panasonic y otras compañías japonesas llegaron a Estados Unidos para aprender métodos de producción y marketing de este país y, luego, los llevaron de regreso a Japón. Los ingenieros nipones que fundaron Toyota estudiaron las técnicas de producción de GM y Ford y se llevaron lo aprendido de vuelta a su país, donde lo mejoraron y adaptaron al ambiente asiático. Como resultado, las compañías japonesas obtuvieron una ventaja competitiva por encima de las compañías estadounidenses.

Desde luego, existen ciertos riesgos vinculados con la subcontratación de competencias funcionales importantes a compañías en el extranjero. Primero, una compañía se arriesga a perder el control de sus habilidades clave y su tecnología al compartirla con una compañía socia en el extranjero; y si su socio trabaja para mejorar estas habilidades podría convertirse en un fuerte competidor en el futuro. Segundo, y relacionado con este, si una compañía subcontrata una actividad funcional, no durará mucho invirtiendo recursos para mejorar sus habilidades en esa actividad, por lo que estaría renunciando a una fuente potencial de ventaja competitiva futura. Por tales razones, las organizaciones necesitan considerar cuidadosamente qué habilidades y competencias deben nutrir y cuáles deben permitir que realicen otras compañías para reducir sus costos.

Cuatro niveles de estrategia

Una organización debería combinar su estrategia y su estructura de manera que logre crear valor a partir de sus recursos funcionales y organizacionales. Pero ¿dónde se crea la estrategia de una organización y quién lo hace? La estrategia se formula en los cuatro niveles organizacionales: funcional, de negocios, corporativo y global. Se formula trabajando con los gerentes respectivos de cada nivel. La capacidad de una organización para crear valor en un nivel es un indicador de su capacidad para administrar el proceso de creación de valor en los demás niveles.

La **estrategia de nivel funcional** es un plan de acción para fortalecer los recursos funcionales y organizacionales de una compañía, así como sus capacidades de coordinación, con la finalidad de crear competencias clave.[7] Las compañías 3M y HP, por ejemplo, invierten mucho para mejorar sus habilidades en investigación y desarrollo, así como en el diseño del producto; por su parte, P&G y Coca Cola invierten para idear enfoques innovadores de marketing.

Estrategia de nivel funcional
Plan de acción para fortalecer los recursos funcionales y organizacionales de una compañía, así como sus capacidades de coordinación, para crear competencias clave.

Para reforzar sus recursos técnicos y humanos, los gerentes funcionales entrenan y desarrollan subalternos para asegurarse de que la organización desarrolle habilidades que se asemejan a las de sus competidores o las superen. Otra parte del trabajo de los gerentes funcionales es analizar y administrar el ambiente que rodea su función particular, para asegurarse de que ellos, y los gerentes de todos los niveles, entiendan los cambios que afecten la manera en que opera la organización.

Los gerentes funcionales de investigación y desarrollo, por ejemplo, necesitan comprender las técnicas y los productos de sus rivales. Los gerentes funcionales de investigación y desarrollo de las compañías de automóviles compran vehículos de sus competidores y los desarman para estudiar la tecnología y el diseño que se usó en su fabricación. Con esa información, pueden imitar los mejores aspectos de los productos de los competidores. También es trabajo de los expertos en investigación y desarrollo analizar otras industrias, para encontrar innovaciones que ayuden a su compañía. Las innovaciones en el software de computadora y las industrias de microchip, por ejemplo, son importantes para el desarrollo de producto en la industria automotriz. Si todos los gerentes funcionales de una organización monitorean sus respectivos ambientes funcionales y desarrollan sus recursos y capacidades funcionales, la organización tendrá más capacidad para manejar la incertidumbre de su ambiente.[8]

La **estrategia de nivel de negocio** es un plan para usar y combinar las competencias clave de una organización y posicionarla de tal manera, que obtenga ventaja competitiva en su dominio o segmento de la industria.[9] Mercedes-Benz toma sus habilidades en investigación y desarrollo y se posiciona en el segmento de lujo del mercado de automóviles, donde compite con Lexus y BMW. Coca Cola utiliza sus habilidades en marketing para defender su nicho contra PepsiCo: una batalla continua.

Estrategia de nivel de negocio
Plan para utilizar y combinar las competencias clave de una organización para posicionarla y que obtenga ventaja competitiva en su dominio.

La estrategia de nivel de negocio es responsabilidad del equipo de alta gerencia (el director general y los vicepresidentes a cargo de las diversas funciones). Su trabajo consiste en decidir cómo posicionar a la organización para competir por los recursos de su ambiente. CBS, NBC y ABC, por ejemplo, compiten contra Fox, CNN y HBO, y cientos de otros canales por cable, para atraer a nuevos televidentes (clientes). La programación es la variable clave que manipulan esas compañías. Confían en expertos funcionales en sus departamentos de noticias, documentales, comedia y telenovelas (entre otros) para analizar el ambiente e identificar las tendencias futuras de la televisión, de manera que logren apoderarse de los programas que les darán ventaja competitiva. Dado que todas las cadenas de televisión están haciendo eso y tratando de superar a sus rivales, la programación es un proceso complejo e incierto.

Estrategia de nivel corporativo
Plan para usar y desarrollar competencias clave de manera que la organización no solo proteja e incremente su dominio existente, sino que también se expanda en nuevos dominios.

La **estrategia de nivel corporativo** es un plan para usar y desarrollar competencias clave, de manera que la organización no solo proteja e incremente su dominio existente, sino que también se expanda hacia nuevos dominios.[10] Mercedes-Benz usó sus competencias tanto en investigación y desarrollo como en desarrollo de producto, para entrar en las industrias de productos electrodomésticos y aeroespacial. Coca Cola tomó sus habilidades de marketing y las aplicó de manera global en la industria de las bebidas gaseosas.

La estrategia de nivel corporativo es responsabilidad de los gerentes de nivel corporativo, el equipo de alta gerencia en una organización de negocios múltiples. Su responsabilidad es tomar las habilidades de creación de valor presentes en las divisiones de una organización y combinarlas para mejorar la posición competitiva de cada división, así como de la organización en general. Los estrategas corporativos luchan por encontrar formas de fusionarse y usar los recursos de cada división, para crear más valor del que podría obtenerse si cada una de estas operara sola y de manera independiente. Por ejemplo, Honda tomó sus fortalezas en producción de maquinaria desarrolladas primero en su división de automóviles y motocicletas y, luego, las aplicó para fabricar maquinaria de alta calidad para productos como motos de agua, lavadoras a presión y podadoras.

Estrategia de expansión global
Plan que incluye elegir la mejor estrategia para expandirse en los mercados extranjeros, para obtener recursos limitados y desarrollar competencias clave.

Finalmente, la **estrategia de expansión global** incluye elegir la mejor estrategia para expandirse en los mercados extranjeros para obtener recursos ilimitados y desarrollar competencias clave, como se revisó anteriormente. ¿Cómo es que la estrategia de cada nivel progresa en la meta de creación de valor? En el recuadro "Al interior de la organización 8.1", se describe cómo Samsung utilizó dichas estrategias para crear valor; después, en el resumen de este capítulo, se revisa cada nivel de estrategia y sus efectos sobre el diseño organizacional.

Al interior de la organización 8.1

El éxito de Samsung se basa en diversas estrategias

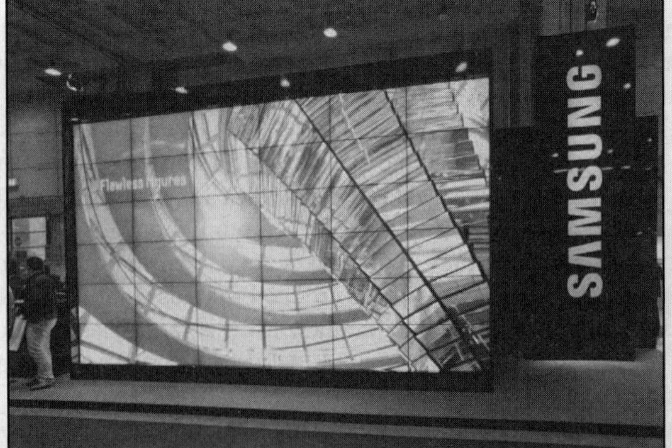

pcruciatti/Shutterstock.com

En lo que va del siglo XXI, Samsung Electronics, con sede en Seúl, Corea, se convirtió en la compañía de tecnología más rentable después de Microsoft.[11] Samsung logró esto cuando su director general pionero, Lee Kun Hee, decidió desarrollar y construir competencias funcionales primero en la fabricación de bajo costo, segundo en investigación y desarrollo y, por último, en la producción de nuevos artículos para competir de manera global. Samsung compite sobre todo en la industria global de electrónica. En la década de 1990, sus ingenieros estudiaron cómo las compañías japonesas Sony y Panasonic innovaban productos. Luego, sus ingenieros copiaron la tecnología nipona y usaron sus habilidades de fabricación para producir versiones de precio bajo de los artículos que podrían vender a menores precios que los japoneses.

Samsung decidió entonces usar sus nuevas competencias para entrar y competir en la industria de los teléfonos móviles y desarrollar así una estrategia de nivel de negocio, para hacer teléfonos de menor costo que los gigantes Nokia y Motorola; entonces, para 2011 era el segundo competidor global más grande en este mercado. Samsung también entró en la industria de semiconductores, donde trabajó para elaborar los chips de memoria de costo más bajo; aquí también utilizó sus habilidades funcionales para convertirse en el líder global de costos siguiendo una estrategia de bajo costo. La compañía también ingresó con éxito en otros mercados de productos digitales como cámaras, impresoras y dispositivos de almacenamiento, donde rápidamente ha ganado una parte del mercado debido a sus estrategias de nivel funcional y de negocio.

A nivel de la estrategia corporativa, las metas de Samsung eran aumentar su rentabilidad creando valor, transfiriendo sus competencias en desarrollo de producto y fabricación, entrando en nuevas industrias y fabricando nuevos productos. Su estrategia resultó exitosa y muy rentable, pero no estaba jugando en la misma liga que Sony, por ejemplo. Sony cargaba precios superiores por sus electrónicos líderes y reinvertía continuamente las ganancias en investigación y desarrollo necesarios, con el propósito de hacer electrónicos de alta tecnología más avanzados.

Hee, el director general, decidió adoptar nuevas estrategias que permitieran que su compañía compitiera cara a cara con las firmas electrónicas japonesas y europeas, y se convirtiera en líder global en tecnología. La meta de Samsung no era copiar tecnología innovada por Sony, Matsushita, Phillips y Nokia, sino que sus ingenieros desarrollaran las habilidades necesarias en investigación y desarrollo para innovar con rapidez tecnología de punta, como los dispositivos LCD, y para crear productos, como los dispositivos de cómputo móviles, más avanzados que los de sus competidores. En una década, Samsung se convirtió en el proveedor líder de chips de memoria avanzados y pantallas LCD, productos con precios superiores que vendió a otros fabricantes de electrónicos, ¡incluyendo a los fabricantes de pantallas planas como Sony![12] Para 2010 Samsung también se convirtió en el segundo vendedor de teléfonos inteligentes y tabletas, después de Apple, y se ha consolidado como uno de los fabricantes de electrónicos más innovadores en el mundo.

Estrategia de nivel funcional

La meta estratégica de cada función es crear una competencia clave que le dé a la organización una ventaja competitiva. Anteriormente, hicimos notar que las funciones de producción y de marketing de McDonald's le dan a la organización competencias clave únicas. Ningún competidor logra igualar la eficiencia del proceso de producción de McDonald's y ningún competidor ha desarrollado la reputación de marca de la que goza aquella compañía.

Una organización crea valor aplicando sus habilidades y conocimientos funcionales a los insumos, y transformándolos en bienes y servicios terminados. Para obtener ventaja competitiva, una organización debe ser capaz de realizar actividades funcionales **1.** a un *costo más bajo* que sus rivales, de manera que pueda cobrar *precios más bajos* por sus bienes y servicios; o **2.** en una forma que permita *diferenciar* sus productos de los de sus rivales, dándoles cualidades únicas que los clientes desean, de manera que pueda cobrar precios más altos o de nivel *premium*.[13]

Estrategias para disminuir los costos y diferenciar los productos

Cualquier función que logre disminuir el costo al cual se fabrica un producto o pueda diferenciarlo le agrega valor a este y a la organización. La tabla 8.1 resume las formas en que las diferentes funciones organizacionales progresan hacia la meta de creación de valor.

La función de fabricación puede disminuir los costos de producción al promover la adopción de los métodos de producción más eficientes, como los sistemas de fabricación flexibles controlados

TABLA 8.1 Ventajas de bajo costo y diferenciación resultantes de la estrategia de nivel funcional

Función de creación de valor	Fuente de la ventaja de bajo costo	Fuente de la ventaja de diferenciación
Fabricación	• Desarrollo de habilidades en tecnología de fabricación flexible	• Aumento en la calidad y confiabilidad del producto
Administración de recursos humanos	• Reducción de la rotación de personal y el ausentismo	• Contratación de personal altamente calificado • Desarrollo de programas de capacitación innovadores
Administración de materiales	• Uso del sistema de inventario justo a tiempo/almacenamiento computarizado • Desarrollo de relaciones de largo plazo con proveedores y clientes	• Uso de la reputación de la compañía y de las relaciones a largo plazo con proveedores y clientes, con la finalidad de brindar insumos de alta calidad, así como una distribución y eliminación eficientes de los productos
Ventas y marketing	• Mayor demanda y menores costos de producción	• Localización de los grupos de clientes • Adecuación de los productos a los clientes • Promoción de las marcas
Investigación y desarrollo	• Mejoría en la eficiencia de la tecnología de fabricación	• Creación de nuevos productos • Mejora de los productos existentes

por computadora. Dado que las habilidades de fabricación y la competencia pueden mejorar la calidad y confiabilidad del producto, la fabricación también contribuye a la diferenciación del producto.[14] Toyota, por ejemplo, es el líder mundial en técnicas de eficiencia productiva, las cuales reducen los costos de producción y aumentan la calidad al disminuir el número de defectos. De esta forma, la producción da a los vehículos de Toyota una ventaja de bajo costo y una ventaja de diferenciación.

Por el lado de los insumos, la función de administración de recursos humanos (ARH) podría disminuir los costos diseñando sistemas de control y recompensa que aumenten la motivación de los trabajadores y reduzcan el ausentismo y la rotación.[15] La ARH contribuiría asimismo con la diferenciación seleccionando y contratando empleados y gerentes de alta calidad y llevando a cabo programas de capacitación innovadores. El uso de planes de propiedad de acciones para el trabajador, la vinculación del pago con el desempeño para las diferentes categorías laborales y el desarrollo de horarios de trabajo flexibles son, todas, formas en las cuales la función de ARH ayuda en la causa de creación de valor. Xerox, Google, Nvidia y otras compañías han desarrollado sistemas avanzados de ARH para seleccionar y capacitar a sus trabajadores.

El rol de la administración de materiales tanto del lado de los insumos como del lado de los resultados también es fundamental. Los sistemas de inventario justo a tiempo y el almacenaje computarizado reducen los costos de llevar y enviar el inventario. Las habilidades de los gerentes de compra para desarrollar vínculos a largo plazo con proveedores y distribuidores, así como para fomentar la reputación de una organización, puede llevar a una ventaja de bajo costo o de diferenciación.[16] Los proveedores que confían en una organización suelen ofrecer términos de pago más favorables o dar una respuesta más rápida a la organización, cuando necesita más o diferentes tipos de insumos de manera urgente. La calidad de una relación compañía-proveedor también influye en la calidad de los insumos. Un proveedor tiene más incentivos para invertir en equipo especializado y producir insumos de alta calidad si confía en la organización.[17] Los negociadores de compras altamente calificados también son capaces de lograr contratos en buenos términos con los proveedores.

La compañía VF, el fabricante de ropa que elabora los jeans Lee y Wrangler, ha desarrollado una competencia clave de bajo costo por el lado del resultado del proceso de creación de valor. La compañía VF maneja un sistema de control de inventario de vanguardia. Una red de computadoras conecta sus plantas de fabricación y distribución directamente con sus clientes minoristas. Cuando un cliente de Walmart compra jeans de VF, por ejemplo, un registro de la venta se transmite electrónicamente desde Walmart hasta el almacén de VF, el cual reabastece al minorista en un lapso de cinco días. Cuando se envía un número específico de prendas desde el almacén de VF, automáticamente se coloca una orden en la planta de fabricación. Este sistema permite que la organización VF mantenga un índice de 95% en existencias (el promedio en la industria es de 70%), y con ello reduce la pérdida de ventas para el minorista y el fabricante.

En el extremo del resultado del proceso de creación de valor, la experiencia de ventas y marketing contribuye directamente a una ventaja de diferenciación o de bajo costo. Una competencia clave en marketing puede disminuir el costo de las actividades de creación de valor. Suponga que un departamento de marketing concibe una campaña publicitaria en línea que aumente significativamente las ventas del producto, de manera que la participación de la organización en el mercado aumente constantemente. Cuando la organización expande la producción para cubrir una mayor demanda por parte del cliente, obtendrá economías de escala en fabricación y, por consiguiente, disminuirá sus costos de producción. Panasonic y LG tienen una ventaja de bajo costo porque sus esfuerzos de marketing y ventas han desarrollado mercados globales, cuyo enorme tamaño le permite a las compañías producir grandes volúmenes de un artículo y disminuir los costos por unidad.

Marketing y ventas ayudan a diferenciar los productos porque informan a los clientes las razones por las cuales los productos de una compañía son mejores que los de la otra. Localizan grupos de consumidores y descubren, analizan y transmiten a los departamentos de desarrollo de producto y de investigación y desarrollo, las necesidades de los clientes, de modo que se logren diseñar nuevos productos para atraer a más clientes.[18] Una competencia clave en marketing permitiría que una organización descubra las necesidades del cliente y responda rápidamente a ellas. La velocidad da a los productos de la organización un atractivo diferenciado. Coca Cola, Phillip Morris y Campbell's Soup son empresas conocidas por su marketing innovador, el cual constantemente promueve sus marcas y protege sus dominios de los competidores.

Investigación y desarrollo también contribuye de manera significativa con las actividades de creación de valor de una organización,[19] reduciendo los costos y desarrollando formas más baratas de fabricar un producto. Las habilidades en investigación y desarrollo han permitido a las compañías japonesas crear técnicas de bajo costo y fabricación flexible, que Xerox, HP y otros fabricantes estadounidenses están copiando. Una competencia clave en investigación y desarrollo, que resulta en la mejora de productos existentes o en la creación de nuevos productos, da a la organización una fuerte ventaja competitiva a través de la diferenciación. La creación de Intel de microchips mejorados y más rápidos es un ejemplo del aumento en la mejora del producto. La tecnología de chips gráficos desarrollada por Nvidia y AMD conduce a competencias cada vez más avanzadas en gráficos, videojuegos y películas en tercera dimensión, para la nueva generación de dispositivos móviles. Todos los fabricantes de teléfonos inteligentes, tabletas, computadoras portátiles y consolas de videojuegos se apresuran a modificar sus productos para usar el nuevo chip de vanguardia; temen que, de otra forma, sus productos pierdan su atractivo diferenciado.

Estrategia de nivel funcional y estructura

Cada función en una organización puede desarrollar una competencia clave que le permita realizar actividades de creación de valor a un costo menor que el de sus rivales, o que le permita crear productos claramente diferenciados, como los de Google. Una de las metas de una organización es dar a sus funciones los recursos y el escenario necesarios para desarrollar experiencias y habilidades superiores. Así, la estructura y la cultura organizacionales son muy importantes para el desarrollo de la estrategia de nivel funcional. Primero consideremos la estructura.

La fortaleza de la competencia clave de una función depende no solo de sus habilidades y recursos, sino también de su capacidad para coordinar el uso de sus recursos. Las capacidades de coordinación de una organización son, a la vez, producto de su estructura.[20] En el capítulo 4, revisamos los hallazgos de Lawrence y Lorsch acerca de cómo el grado de diferenciación funcional en los departamentos de producción, ventas e investigación y desarrollo de una organización, así como el grado de integración entre ellos afectan directamente el desempeño organizacional. En las organizaciones eficaces, cada uno de los tres departamentos desarrolla una orientación específica para sus tareas funcionales, y desarrolla sus propias formas de responder ante su ambiente funcional específico.

De acuerdo con la teoría de la contingencia, el diseño de una organización debería permitir que cada función desarrolle una estructura que se acople a sus recursos técnicos y humanos. Continuando con el enfoque de la teoría de la contingencia, se analiza el diseño de una estructura que permita a las funciones de investigación y desarrollo, fabricación y ventas desarrollar competencias clave.[21] La figura 8.3 resume las características de las estructuras que apoyan el desarrollo de las competencias clave para las tres funciones.

La innovación exitosa depende de la capacidad de los expertos en investigación y desarrollo para aplicar sus habilidades y conocimiento de maneras creativas, así como de combinar sus actividades con nuevas tecnologías para fabricar productos diferenciados superiores. La estructura más propicia para el desarrollo de las capacidades funcionales en investigación y desarrollo es una estructura aplanada descentralizada, donde el ajuste mutuo entre los equipos es la principal forma de coordinar los recursos técnicos y humanos. Este es el tipo de escenario que Google ha desarrollado. En una estructura orgánica como esta, es probable que surjan normas y valores funcionales basados en el autocontrol y el control del equipo; también es probable que emerja una competencia clave en investigación y desarrollo, y se fortalezca con el tiempo.

¿Qué clase de estructura apoya el desarrollo de una competencia clave en la producción? Tradicionalmente, la función de fabricación ha usado una jerarquía vertical donde la toma de decisiones está centralizada, y la velocidad de la línea de producción controla el ritmo de trabajo.[22] La estandarización se logra mediante el uso de reglas y procedimientos extensos. El resultado de tales elecciones de diseño es una estructura mecanicista. ¿Una estructura como esta ha llevado a las compañías estadounidenses a una competencia clave en la fabricación? Si comparamos las competencias de las compañías fabricantes en Estados Unidos y en Japón en la actualidad, observamos que las compañías estadounidenses aún se quedan atrás, aunque han tenido grandes avances en la última década. ¿Qué hacen diferente los japoneses? La función de fabricación en las compañías niponas siempre ha tenido una estructura más orgánica que la función de fabricación en las compañías estadounidenses: está más aplanada, más descentralizada y se apoya más en el ajuste mutuo.

Una competencia clave basada en las capacidades de coordinación en ventas es otra fuente importante de ventaja competitiva que debería planearse en la estrategia de una organización. Por lo regular, la función de ventas usa una estructura aplanada y descentralizada para coordinar sus actividades, porque los sistemas de pago de incentivos, en lugar de la supervisión directa por parte de los gerentes, son el mecanismo de control principal en el escenario de ventas.[23] Por lo

Figura 8.3 Características estructurales relacionadas con el desarrollo de competencias clave en producción, ventas e investigación y desarrollo

Fabricación Ventas Investigación y desarrollo

Estructura mecanicista ⟷ **Estructura orgánica**

Fabricación Ventas Investigación y desarrollo

Organización vertical ⟷ **Organización aplanada**

Fabricación Ventas Investigación y desarrollo

Toma de decisiones centralizada ⟷ **Toma de decisiones descentralizada**

Fabricación Ventas Investigación y desarrollo

Estandarización ⟷ **Ajuste mutuo**

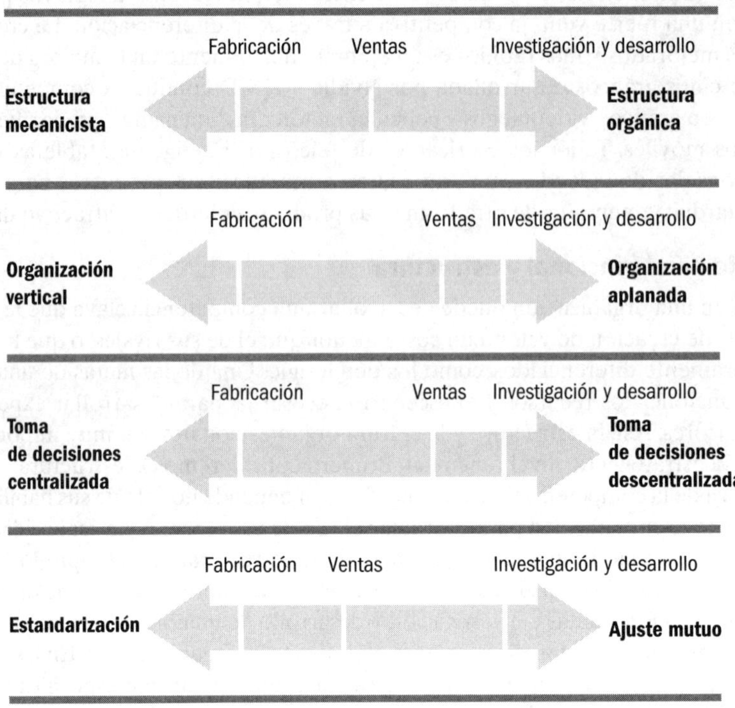

general, a los vendedores se les paga con base en cuánto vendieron, y la información acerca de las necesidades del cliente y de sus cambiantes requerimientos se transmite a sus superiores a través de un sistema de informe estandarizado. Dado que la gente de ventas comúnmente trabaja sola, el ajuste mutuo es relativamente poco importante. De esta forma, es probable que la estructura de la función de ventas sea relativamente mecanicista, en comparación con la utilizada por la función de investigación y desarrollo, pero no tan mecanicista como la utilizada por fabricación.

En algunos escenarios de ventas, sin embargo, es necesario un atractivo diferenciado para los clientes. Las tiendas departamentales de lujo como Nordstrom y Neiman Marcus no usan remuneración por incentivos. En estos casos, lo último que la organización quiere es promover una venta dura estandarizada a los clientes. En lugar de ello, propone que la gente de ventas desarrolle una competencia en una técnica de ventas basada en un enfoque cortés, personalizado y orientado al cliente.

Las mismas consideraciones estratégicas dan forma a la estructura de otras funciones organizacionales: contabilidad, recursos humanos, administración de materiales, etc. Las capacidades de coordinación de cada función reflejan la habilidad con la que los gerentes diseñan la estructura funcional, adecuada a los recursos que utiliza la función en sus actividades de creación de valor. Cuanto más habilidades tenga la organización para coordinar los recursos funcionales, más fuertes serán las competencias clave que la organización desarrolla y mayor será su ventaja competitiva.

Estrategia de nivel funcional y cultura

El desarrollo de capacidades funcionales que conduce a las competencias clave también es resultado de la cultura que surge en una función o departamento. Recuerde, del capítulo 7, que la cultura organizacional es un conjunto de valores compartidos que los miembros de la organización usan cuando interactúan entre sí y con otros inversionistas. ¿Cuál es la importancia de la cultura para una estrategia de nivel funcional? Un competidor puede imitar fácilmente la estructura de otra organización, pero es muy difícil para él imitar también la cultura de otra organización, ya que esta cultura está integrada en las interacciones cotidianas del personal funcional. La cultura es muy difícil de controlar y manejar, y mucho menos de imitar o copiar, por lo tanto, una compañía que posee una cultura eficaz tiene una fuente importante de ventaja competitiva.[24]

Implicaciones administrativas

Estrategia de nivel funcional

1. Como miembro o gerente de una función, identifique los recursos funcionales o capacidades de coordinación que le dan a su función una competencia clave. Habiendo identificado las fuentes de la competencia clave de su función, establezca un plan para mejorarlas o reforzarlas, así como para crear un conjunto de metas para medir su progreso.
2. Estudie a sus competidores, así como los métodos y las prácticas que utilizan para controlar sus actividades funcionales. Elija al competidor más eficaz, estudie sus métodos y úselos como punto de referencia para lo que desea lograr en su función.
3. Analice la forma en que su cultura y estructura funcional afectan las capacidades y los recursos funcionales. Experimente para saber si cambiar un componente de la estructura o cultura mejoraría la competencia clave de su función.

La razón es que las capacidades de coordinación que surgen de la cultura de una organización emergen de manera gradual y son producto de muchos factores: el sistema de derechos de propiedad de una organización, su estructura, su ética y las características de su equipo de alta gerencia. Como tales factores pueden combinarse de muchas formas distintas, resulta difícil igualar la cultura de otra organización.

Para desarrollar capacidades funcionales y obtener una competencia clave, es necesario elegir los derechos de propiedad, la estructura funcional y los gerentes funcionales que hagan más probable la mejora de la capacidad de coordinación de una función. Acabamos de ver que investigación y desarrollo utiliza una estructura aplanada y descentralizada, así como pequeños equipos, para crear normas y valores que enfatizan el trabajo en equipo y la cooperación. Existen otras formas en las cuales una organización puede construir una cultura que refuerce esas normas y esos valores: pueden otorgarse a los trabajadores fuertes derechos de propiedad, incluyendo antigüedad en el trabajo y una parte proporcional de las ganancias de la organización, así como reclutar a gente que comparta sus valores terminales y los socialice hacia sus valores instrumentales.[25] Apple y Google crean una cultura empresarial utilizando pequeños equipos para socializar a los especialistas en TI con sus valores instrumentales de trabajo duro y cooperativo; lo mismo sucede en las compañías de biotecnología como Amgen y Genentech.

En suma, para crear valor en un nivel funcional, la estrategia de la organización debe permitir y promover que cada función desarrolle una competencia clave, para reducir los costos o diferenciar sus productos de los de sus competidores. Las fuentes de competencias clave residen en los recursos que una organización integra en cada función y en las capacidades de los expertos funcionales para sacar ventaja y coordinar estos recursos. Con el objetivo de obtener una ventaja competitiva, una organización necesita diseñar una cultura y una estructura funcional que brinden un escenario donde se desarrollen las competencias clave. Mientras una competencia clave de función se base en mayor medida en las capacidades de coordinación integradas en la forma en que interactúan las personas en la organización, resultará más difícil para las organizaciones competidoras duplicar la competencia clave, en tanto que la ventaja competitiva de la organización será mayor.

Estrategia de nivel de negocio

El reto de una estrategia de nivel de negocio consiste en que una organización tome las competencias clave creadas por sus funciones y las combine para sacar ventaja de las oportunidades en el ambiente para crear valor. Los gerentes estratégicos en el nivel de negocio seleccionan y manejan el dominio donde la organización usa sus recursos de creación de valor y capacidades de coordinación para obtener una ventaja competitiva.[26] Por ejemplo, las competencias clave en tres funciones (producción, marketing y administración de materiales) en conjunto dan a McDonald's una ventaja competitiva por encima de sus rivales como Burger King y Wendy's.

Obtener una ventaja competitiva es importante porque, como lo destacamos en el capítulo 3, las organizaciones en el mismo ambiente (por ejemplo, el de comida rápida) están en competencia por recursos limitados: los clientes. Cualquier organización que no logra concebir una estrategia de nivel de negocio para atraer a clientes estará en desventaja, cara a cara, con sus rivales y es probable que fracase a largo plazo. De esta forma, la organización necesita una estrategia de nivel de negocio que haga lo siguiente: **1.** seleccione el dominio donde la organización competirá y **2.** posicione la organización de manera que utilice sus recursos y capacidades para manejar sus ambientes general y específico con la finalidad de proteger y hacer crecer ese dominio.

Estrategias para disminuir costos o diferenciar productos

Hemos visto que las dos formas básicas en que una organización crea valor es reduciendo el costo de sus actividades de creación de valor y realizando dichas actividades de forma que den a sus productos un atractivo diferenciado. La estrategia de nivel de negocio se enfoca en seleccionar el dominio donde una organización puede sacar ventaja de sus competencias clave de nivel funcional. Durante principios del siglo XXI, por ejemplo, Chipotle eligió su dominio de manera exitosa haciendo burritos personalizados de alta calidad, y diseñó su sistema de administración de materiales para dar acceso a alimentos orgánicos que se transforman en sus restaurantes en productos de alta calidad. El valor de sus acciones se ha disparado porque los clientes disfrutan de la forma como sus recursos crean un producto delicioso que disfrutan.

Del capítulo 3, recuerde que el dominio organizacional es el rango de bienes y servicios que la organización produce para atraer clientes y otros inversionistas. Una vez que la organización ha elegido su dominio, tiene dos bases donde se puede posicionar para competir con sus rivales. Puede usar sus habilidades en creación de valor a bajo costo y producir para un grupo de clientes que quiere bienes y servicios de precios bajos. Este plan se denomina **estrategia de nivel de negocio de bajo costo**; o bien, usar sus habilidades en diferenciarse y producir para un grupo de clientes que quiere y puede pagar productos diferenciados que implican un precio alto o premium. Este plan se denomina **estrategia de nivel de negocio de diferenciación**.[27] Walmart y Target, por ejemplo, se especializan en vender ropa de bajo costo a los clientes que quieren o que solo pueden pagar una cantidad modesta por su atuendo. Neiman Marcus y Saks Fifth Avenue se especializan en vender prendas de precios altos, elaboradas por exclusivos diseñadores, a los clientes adinerados que quieren prestigio o estatus.

Estrategia de nivel de negocio de bajo costo
Plan mediante el cual una organización produce bienes y servicios de precio bajo para todos los grupo de clientes.

Estrategia de nivel de negocio de diferenciación
Plan mediante el cual una organización produce artículos de buena calidad y alto precio para un segmento de mercado específico.

Tanto Walmart como Neiman Marcus están en la industria de minoristas del vestido pero eligieron diferentes dominios para competir. Decidieron vender diferentes productos a diferentes grupos de clientes. En esencia, Neiman Marcus y Saks eligieron una estrategia de nivel de negocio basada en competencias clave de diferenciación para cobrar un precio superior; en cambio, Walmart y Target optaron por una estrategia de nivel de negocio basada en competencias clave de creación de valor a bajo costo para cobrar un precio bajo.

Para competir de manera exitosa, una organización debe desarrollar una estrategia de diferenciación o de bajo costo para proteger y hacer crecer su dominio. Una organización también podría intentar utilizar ambas estrategias *simultáneamente* y producir artículos diferenciados a bajo costo.[28] Hacerlo es extremadamente difícil y requiere de un conjunto excepcionalmente fuerte de competencias clave. McDonald's es una organización que ha buscado desarrollar de manera exitosa ambas estrategias al mismo tiempo, creando una reputación de marca única por medio de un marketing sofisticado y desarrollando también habilidades de bajo costo en sus funciones de elaboración y distribución. Además, McDonald's ha utilizado muchas de las estrategias interorganizacionales examinadas en el capítulo 3 para buscar ambas estrategias de manera simultánea. Forjó alianzas estratégicas con sus proveedores para obtener el pan y el mobiliario de los restaurantes (sillas, mesas, luces, etc.) de compañías con las cuales ha establecido contratos a largo plazo o donde tiene propiedad minoritaria. McDonald's usa las franquicias para mantener la confianza y eficiencia de sus tiendas y es propietario de muchas de las fuentes de sus insumos, como enormes ranchos en Brasil donde cría grandes cantidades de ganado.

Con el tiempo, una organización requiere cambiar su estrategia de nivel de negocio para ajustarse a los cambios en su ambiente. Los nuevos desarrollos tecnológicos, los competidores externos, y los cambios en las necesidades y los gustos de los clientes pueden todos afectar la forma en que la organización intenta competir por los recursos. El recuadro "Perspectiva de la nueva tecnología de la información: Amazon.com, parte 5" describe cómo los cambios en la TI influyeron en la elección de la estrategia de nivel de negocio.

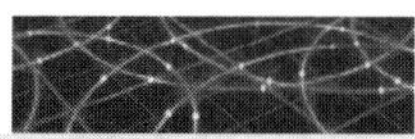

Perspectiva de la nueva tecnología de la información

Amazon.com, parte 5

Antes del advenimiento de las librerías en línea, la competencia entre librerías era muy limitada. El mercado estaba dividido esencialmente entre dos tipos de competidores: 1. las grandes cadenas de librerías como Barnes & Noble y Borders, cuyas tiendas, comúnmente localizadas en centros comerciales o grandes corredores comerciales, ofrecían a los clientes los libros más vendidos, y 2. las librerías independientes, tanto las grandes que ofrecen una enorme selección de libros a los clientes de las principales ciudades, como las pequeñas especializadas que se encuentran en la mayoría de las ciudades de Estados Unidos. Las grandes cadenas de librerías usaban su gran poder de compra para negociar precios bajos con las editoriales, y buscaban una estrategia de bajo costo, ofreciendo comúnmente precios con descuento. Las librerías que ofrecían una gran selección de libros (en comparación con las cadenas), o que se especializaban de alguna forma, buscaban una estrategia de diferenciación. De esta manera, los diferentes tipos de librerías no competían y todas eran capaces de lograr buenas ganancias.

La idea de Jeff Bezos de utilizar Internet para comercializar libros en línea permitió desarrollar una estrategia *simultánea* de diferenciación y bajo costo, por lo que superó a las librerías competidoras. Primero, por el lado de la diferenciación, la capacidad de un catálogo en línea para describir y poner a disposición de los clientes cada libro en inglés ofrecía a estos una selección con la cual no podían competir ni las librerías más grandes de ciudades como Nueva York y San Francisco. En segundo lugar, por el lado del costo bajo, su uso de la TI para interactuar de manera no costosa con editoriales, distribuidores y clientes, le permitió ofrecer a los clientes libros con precios de descuento y una entrega rápida.

Pequeña maravilla, entonces, esta nueva estrategia de bajo costo/diferenciación dio a Amazon.com una ventaja competitiva sobre sus rivales. Muchas librerías grandes y pequeñas individuales han salido del mercado; las grandes cadenas respondieron abriendo súpertiendas de libros y vendiendo ellas mismas en línea. Sin embargo, no consiguieron repetir la historia de éxito de Amazon.com; de hecho, la cadena de librerías Borders cayó en bancarrota en 2011 y Barnes & Noble estaba en grandes problemas financieros. ¿Por qué? Amazon.com tiene más de 125 millones de clientes en su base de datos y más de 65% de su negocio es a partir de clientes repetidos.[29] En 2010 el valor de sus acciones había alcanzado un nuevo récord, dado que los inversionistas creen que posee las competencias clave y la estrategia de nivel de negocio que le permitirán seguir siendo el lugar en línea para comprar en los años por venir.

Como sugiere la estrategia de Amazon.com, las organizaciones necesitan defender, proteger y mejorar continuamente las fuentes de su ventaja competitiva, si quieren controlar el ambiente en el largo plazo. Los líderes de la industria como Amazon.com, Google, Toyota y McDonald's han sostenido hasta ahora su ventaja competitiva manteniendo, mejorando o reconstruyendo sus recursos y habilidades de nivel funcional. Amazon, por ejemplo, actualiza constantemente su TI, como el lector Kindle para los libros electrónicos, los contenidos multimedia, el almacenamiento remoto de librerías de música y los videos del cliente en sus servidores, lo cual les permite el acceso en cualquier lugar mediante cualquier tipo de dispositivo electrónico. McDonald's se vio forzado a encontrar nuevas maneras para diferenciar sus ofertas de comida rápida y competir contra las cadenas de sándwiches, barras de ensaladas y cafeterías. Así, ha disfrutado de un éxito notable porque ofrece a los clientes tipos similares de productos a un precio mucho menor.

Estrategia de enfoque

Otra estrategia de nivel de negocio es la estrategia de enfoque, especializada en un segmento de mercado y que orienta todos los recursos de la organización a ese segmento.[30] KFC se especializa en el segmento del pollo en el mercado de comida rápida; Tiffany se orienta al segmento de lujo de precio alto en el mercado de la joyería; Rolls-Royce se enfoca en el segmento del precio más alto en el mercado de automóviles (por ejemplo, un Phantom convertible de Rolls-Royce cuesta más de 500,000 dólares).

Estrategia de nivel de negocio y estructura

El valor que crea una organización en el nivel de negocio depende de su capacidad para usar sus competencias clave para obtener una ventaja competitiva. Esta capacidad es producto de la forma en que las organizaciones diseñan su estructura.[31] La figura 8.4 resume las diferencias.

Las fortalezas competitivas de una organización con estrategia de diferenciación se derivan de las habilidades funcionales que le dan a la organización productos únicos o características de vanguardia que los distinguen de los productos de los competidores. Una organización que busca una estrategia de diferenciación tiene que ser capaz de desarrollar productos con rapidez, ya que solo si hace llegar estos productos a los clientes antes que sus competidores explotaría su ventaja de diferenciación. Es probable que se requiera cooperación cercana entre funciones para introducir nuevos productos al mercado con rapidez. Por ejemplo, investigación y desarrollo, marketing,

Figura 8.4 Tipos de estrategia de nivel de negocio

	Número de segmentos de mercado atendidos	
Estrategia	**Muchos**	**Pocos**
Bajo costo	●	
Enfocado en bajo costo		●
Diferenciación	●	
Enfocado en diferenciación		●

fabricación y desarrollo de producto deben ser capaces de comunicarse fácilmente y ajustar sus actividades entre sí para acelerar el proceso de desarrollo. Todos esos factores hacen posible que una organización que busca una estrategia de diferenciación tenga una estructura orgánica. Una estructura orgánica permite el desarrollo de un enfoque de equipo multidisciplinario, descentralizado para la toma de decisiones, el cual es la clave para acelerar el desarrollo del nuevo producto.

Una estrategia de bajo costo se relaciona con la necesidad de un control cercano de las actividades funcionales para supervisar y reducir los costos de desarrollo del producto.[32] Fabricación y administración de materiales se convierten en las funciones centrales de una organización que persigue una estrategia de bajo costo. Las otras funciones (investigación y desarrollo, marketing, etc.) adecuan sus habilidades para lograr la meta de fabricar un producto de bajo costo. Una respuesta rápida a los cambios del mercado no es vital para el éxito competitivo de una organización de bajo costo ya que, con frecuencia y debido a que el desarrollo del producto es tan caro, una organización como esta espera desarrollar un producto nuevo o mejorado hasta que los clientes lo demanden. Por lo general, la organización de bajo costo imita el producto del diferenciador y siempre permanece un paso atrás para mantener los costos bajos. En consecuencia, una estructura mecanicista es la elección más adecuada para una organización que busca una estrategia de bajo costo (véase la figura 8.5). La toma de decisiones centralizada permite que una organización mantenga un control cercano sobre las actividades funcionales y, de esta manera, sobre los costos. También, dado que no

Figura 8.5 Características de la estructura organizacional relacionadas con las estrategias de diferenciación y bajo costo a nivel de negocio

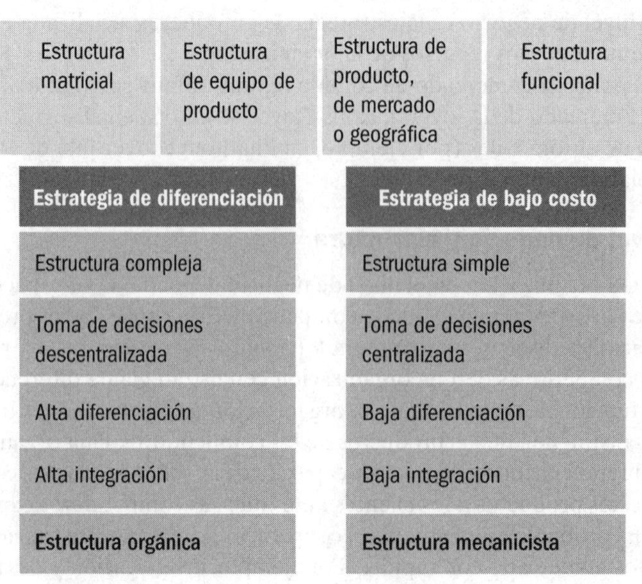

hay una presión necesaria para responder rápidamente o de manera innovadora, una estructura mecanicista brinda suficiente coordinación para cumplir con las demandas del dominio competitivo.

En la teoría de la contingencia encontramos mayor evidencia del equilibrio entre la estrategia de diferenciación y la estructura orgánica, y el equilibrio entre la estrategia de bajo costo y la estructura mecanicista. Recuerde, del capítulo 4, que la teoría de la contingencia considera que las organizaciones en ambientes de incertidumbre y rápidamente cambiantes requieren de mayor grado de diferenciación e integración que las organizaciones en ambientes más estables.[33] Dado que los diferenciadores generalmente compiten en un ambiente complejo y de incertidumbre donde necesitan reaccionar rápidamente frente a las acciones de sus rivales, y dado que las compañías compiten en ambientes de lento movimiento, la teoría de la contingencia señala que los diferenciadores eficaces tendrán mayor diferenciación e integración de lo que presentan las compañías de bajo costo. Como tales estructuras organizacionales con diferenciación e integración excesivas son costosas de operar, la teoría de la contingencia implica que las compañías de bajo costo deberían usar la estructura más sencilla posible, porque esto la ayudará a mantener bajos sus costos de creación de valor.[34]

Además de examinar la relación entre la estrategia de nivel de negocio y las estructuras orgánicas y mecanicistas, observamos la relación entre la estrategia y los tipos de estructura organizacional analizados en el capítulo 6: estructuras funcionales, divisionales y matriciales. Desde una perspectiva de estrategia, tres factores afectan la elección de estructura que hace una organización para crear una ventaja competitiva para sí misma:

1. En la medida en que una organización produzca una variedad más amplia de productos, necesitará de mayor control sobre el desarrollo, el marketing y la producción de estos artículos.
2. En la medida en que una organización busque encontrar nuevos grupos de clientes para sus productos, requerirá una estructura que le permita atender las necesidades de sus clientes.
3. En la medida en que aumente el ritmo del desarrollo de un producto nuevo en una industria, una organización necesitará una estructura que incremente la coordinación entre sus funciones.

Las organizaciones que siguen una estrategia de bajo costo se enfocan en producir un artículo o algunos artículos para reducir costos. BIC Corporation, por ejemplo, produce solo algunos rastrillos desechables tanto para hombres como para mujeres. Una compañía de bajo costo no enfrenta los problemas de tratar con una amplia variedad de productos o con muchos grupos de clientes. Además, las compañías de bajo costo no son líderes en el desarrollo de productos. Dado que son imitadoras, no enfrentan los problemas de coordinar las actividades de diferentes grupos funcionales. Por todas esas razones, las compañías de bajo costo generalmente adoptan la estructura más simple que sea consistente con su estrategia. Normalmente, una estructura funcional (aquella donde la gente se agrupa por habilidades comunes o utiliza recursos similares) es suficiente para coordinar las competencias clave de una organización de bajo costo.

En contraste, los diferenciadores producen una amplia gama de productos para satisfacer las necesidades de diferentes grupos de clientes. También, en el grado en que la competencia entre diferenciadores se cimiente en el desarrollo de productos nuevos e innovadores (una situación que encontramos en las industrias automotriz y de cómputo), los diferenciadores necesitan una estructura que permita que los expertos funcionales cooperen, de manera que logren desarrollar e introducir nuevos productos con rapidez. Por tales razones, es probable que los diferenciadores tiendan a adoptar una estructura más compleja. Si la necesidad urgente es manejar una amplia gama de productos, la elección adecuada es una estructura de producto (donde los productos se agrupan en divisiones separadas atendidas por el mismo conjunto de funciones de soporte). Si manejar diferentes grupos de clientes es la clave para el éxito, se ajustará mejor a las necesidades del diferenciador una estructura de mercado o una estructura geográfica (donde las actividades funcionales se agrupan para satisfacer las necesidades de los diferentes tipos de clientes). Puede adoptarse una estructura de equipo de producto o una estructura matricial (donde el desarrollo del producto está coordinado por equipos de especialistas interfuncionales), cuando el rápido desarrollo de productos y la ágil respuesta a los competidores son claves para la ventaja competitiva.

Todas estas estructuras pueden brindar a una organización la capacidad para coordinar los recursos funcionales y organizacionales y así crear una competencia clave. Intel, el fabricante de microchips, ha decidido que la única forma de mantener su liderazgo en la industria es producir varias generaciones de microchips al mismo tiempo, de manera que ha establecido una estructura de equipo de producto donde los especialistas de los equipos de investigación y desarrollo trabajan lado a lado para planear los chips del futuro.[35]

Para resumir, una organización debe ajustar su estrategia de nivel de negocio con la estructura organizacional, con la finalidad de usar sus recursos organizacionales y crear una ventaja competitiva. Un departamento de investigación y desarrollo de alta calidad será inútil, a menos que una organización tenga una estructura que coordine las actividades de investigación y desarrollo con un departamento de marketing que prediga correctamente los cambios en las necesidades del cliente y un departamento de desarrollo del producto que logre traducir los descubrimientos de investigación y marketing en productos comerciales. Elegir la estructura correcta produce beneficios para la organización, pues ayuda a crear una ventaja de diferenciación o de bajo costo en el nivel de negocio. Como se revisa en el recuadro "Al interior de la organización 8.2", las organizaciones a veces pierden el control sobre sus estructuras y tienen que reorganizarse de forma radical para readquirir su ventaja competitiva.

Estrategia de nivel de negocio y cultura

La cultura organizacional es otro determinante mayor en la capacidad para usar los recursos organizacionales de manera eficaz. El reto en el nivel de negocio es desarrollar valores para toda la organización, así como normas y reglas específicas, pues esto permite que la organización combine y use sus recursos funcionales para la mejor ventaja. Con el tiempo, diferentes funciones pueden desarrollar diferentes orientaciones a subunidades, lo cual impediría la comunicación y la coordinación. Pero si las diferentes funciones comparten valores y normas, se superarían los problemas de comunicación y coordinación. Cuando los gerentes de las diferentes funciones desarrollan formas comunes de lidiar con los problemas, se promoverá la ventaja competitiva de una organización.

¿Cómo difiere la cultura de una organización de bajo costo de una con diferenciador? Las organizaciones que buscan una estrategia de bajo costo deben desarrollar valores de economía y austeridad.[38] Con frecuencia, se desarrollan normas y reglas específicas que reflejan los valores terminales e instrumentales de la organización. Por ejemplo, cuando Ken Iverson era director general de Nucor, un fabricante líder de productos de acero, operaba la compañía de una forma cuidadosa y austera. Los altos gerentes de Nucor trabajaban en pequeñas oficinas corporativas sin pretensiones y con muy poco lujo. Llevaban sus propios autos al trabajo, volaban en clase económica y en los viajes de negocios compartían habitaciones en los hoteles para reducir los costos.

Las funciones dentro de una organización de bajo costo son proclives a desarrollar metas que reflejan los valores de economía de la organización. En marketing su trabajo consiste en encontrar las formas más eficientes para atraer a clientes. El trabajo de investigación y desarrollo se enfoca a desarrollar nuevos productos que ofrezcan el mayor retorno potencial para la inversión más pequeña de los recursos de la organización.

En las organizaciones de bajo costo, se desarrolla un "lenguaje" común y un código de conducta basados en valores de bajo costo. En contraste, en un diferenciador, la necesidad de ser diferente de los competidores y de desarrollar productos innovadores pone al desarrollo de producto o marketing en el centro del escenario. Los valores que favorecen la innovación y la respuesta a los clientes, las historias de productos que se vuelven ganadores o de productos ganadores que no fueron desarrollados, y el impulso al estatus de los trabajadores que crean nuevos productos, todo ello hace que los miembros de la organización estén al tanto de la necesidad de ser el primero o el mejor.[39] Los valores culturales de innovación, calidad, excelencia y exclusividad ayudan al diferenciador a implementar la estrategia elegida y se convierten en una fuente de fortaleza competitiva.

Un conocimiento sobre la forma en que la cultura influye en la estrategia de nivel de negocio de una compañía ocurrió cuando, después de considerables negociaciones, la compañía farmacéutica American Home Products (AHP) anunció que compraría Monsanto, otra gran compañía farmacéutica y química, por 33 mil millones de dólares. Los analistas aplaudieron la fusión, creyendo que brindaría importantes ventajas de diferenciación y de bajo costo para la firma asociada. Específicamente, las compañías fusionadas tendrían una variedad de productos mucho mayor y la fusión eliminaría la costosa duplicación de instalaciones de producción, lo cual se traduciría en mayores ahorros.

Los analistas se sorprendieron cuando las dos compañías anunciaron más tarde que la fusión se cancelaba porque no era lo mejor para los intereses de sus inversionistas. ¿Por qué? La cultura de AHP se caracteriza por un enfoque a corto plazo en las ganancias. Sus ejecutivos estaban conscientes de los costos y solo querían invertir en productos que tuvieran un pago a corto plazo.

Al interior de la organización 8.2

Por qué las compañías necesitan cambiar sus estructuras y estrategias globales

Glowimages

Después de una década de crecimiento productivo, Avon comenzó repentinamente a experimentar una caída en las ventas globales a mediados de la década de 2000, tanto localmente como en los mercados en desarrollo en el extranjero.[36] Después de varios meses visitando a los gerentes de sus divisiones alrededor del mundo, Andrea Jung, directora general de Avon, decidió que la organización había perdido el equilibrio entre la centralización y la descentralización de la autoridad; los gerentes en el extranjero habían ganado tanta autoridad para controlar las operaciones en sus respectivos países y regiones mundiales, que habían tomado decisiones para beneficiar a sus propias divisiones y tales decisiones socavaron el desempeño de toda la compañía. Específicamente, los costos operativos de Avon estaban fuera de control, por lo que estaba perdiendo su ventaja tanto de diferenciación como de bajo costo. Los gerentes de Avon a nivel de país, desde Polonia hasta México, manejaban sus propias fábricas, tomaban sus propias decisiones de desarrollo de producto e implementaban sus propias campañas publicitarias. Y estas decisiones por lo común se basaban en un conocimiento insuficiente del mercado y escasa preocupación por los costos operativos, ya que su meta era aumentar las ventas tan rápido como fuera posible.

Asimismo, cuando se descentraliza demasiada autoridad en los gerentes inferiores en la jerarquía de una organización, estos reclutan cada vez más administradores para ayudarlos a construir sus "feudos" en el país. El resultado fue que la jerarquía global de Avon se amplió: se había elevado de 7 a 15 niveles de gerentes en una década, al contratar decenas de cientos de gerentes extra alrededor del mundo. Debido a que las ganancias de Avon aumentaban rápidamente, Jung y su equipo de alta dirección no habían puesto suficiente atención a la forma en que la estructura organizacional de Avon se volvía cada vez más vertical, y cómo esto le quitaba su ventaja competitiva.

En 2006 Jung despertó de su pesadilla: tuvo que confrontar la necesidad de despedir a cientos de gerentes y restructurar la jerarquía. Se embarcó en un programa para quitar autoridad a los gerentes de Avon a nivel país, para transferirla a los directivos de las oficinas corporativas y regionales con el fin de agilizar la toma de decisiones y reducir los costos. Eliminó siete niveles de gerencia y despidió a 25% de los gerentes globales de Avon en sus 114 mercados alrededor del mundo. Entonces, con la ayuda de grupos de gerentes en sus oficinas centrales, ella se dedicó a analizar minuciosamente, ciudad por ciudad, todas las actividades funcionales de Avon para descubrir por qué los costos habían subido tan rápidamente y qué provocó que las cosas se salieran de control. La duplicidad de los esfuerzos de marketing en diferentes países del mundo era una fuente de los altos costos. En México, un equipo encontró que el deseo de los gerentes de expandir sus feudos había llevado al desarrollo del asombroso número de 13,000 productos diferentes, lo cual no solo había causado que los costos de desarrollo de producto se dispararan, sino que había llevado también a problemas mayores de marketing, pues ¿cómo podrían las representantes de ventas de Avon en México conocer las diferencias entre 13,000 productos y, después, encontrar una forma sencilla de hablar de ellos a los clientes?

En la nueva estructura de Avon el enfoque actual es centralizar todo el desarrollo de los principales productos nuevos; Avon desarrolla más de 1,000 productos nuevos al año, pero en el futuro, aunque el insumo de los gerentes de los diferentes países se usaría para adaptar los productos a las necesidades del país en términos de fragancia, empaque, etc., la investigación y desarrollo se realizará en Estados Unidos. Asimismo, en el futuro la meta es desarrollar campañas de marketing enfocadas hacia el cliente global "promedio", que logren adaptarse con facilidad a cualquier país usando el lenguaje adecuado, o bien, cambiando la nacionalidad de los modelos usados para comercializar el producto, por ejemplo. Otras iniciativas han sido incrementar el gasto económico en marketing global, el cual no ha ido al ritmo de su rápida expansión global para aumentar la diferenciación, así como un mayor impulso para aumentar el número de mujeres Avon en las naciones en vías de desarrollo para atraer más clientes. Para 2011, Avon había reclutado otras 400,000 representantes solo en China.[37]

Los gerentes a nivel país ahora son responsables de administrar su ejército de representantes de Avon y de asegurar que el dinero de marketing se dirija por los canales adecuados para lograr mayor impacto. Sin embargo, carecen de autoridad para comprometerse en el desarrollo de los principales productos o para construir nueva capacidad de fabricación, y tampoco pueden contratar nuevos gerentes sin el acuerdo de los ejecutivos de nivel corporativo o regional. El equilibrio de control ha cambiado en Avon, por lo que Jung y todos sus gerentes están ahora firmemente enfocados en la ventaja de diferenciación, de tal forma que atienda mejor los intereses de toda la compañía y no solo del país donde se venden los cosméticos.

Implicaciones administrativas

Estrategia de nivel de negocio

1. Los gerentes de cada función deben entender la contribución de su función a la ventaja de bajo costo o el interés de diferenciación de la organización. Los responsables de una función tienen que analizar sus interacciones con los responsables de otras funciones, para saber si pueden diseñar nuevas formas de reducir costos o desarrollar diferenciación.
2. Los gerentes deberían actuar como emprendedores y siempre estar en busca de nuevas oportunidades para proteger y hacer crecer el dominio de su organización. Deben experimentar continuamente para definir si son capaces de extender el dominio organizacional actual, encontrar nuevos usos para los productos existentes o desarrollar nuevos productos para satisfacer las necesidades del cliente.
3. Los gerentes tienen que evaluar siempre si la estructura organizacional y cultura actuales son congruentes con la estrategia de nivel de negocio de la organización. Si no lo son, ellos deben moverse rápidamente para introducir cambios que mejoren su posición competitiva.

Monsanto, en contraste, se caracteriza por una orientación a largo plazo. Está impulsada por el deseo de elaborar productos nuevos e innovadores, muchos de los cuales podrían no pagarse totalmente, sino en el largo plazo. De manera que tiene fuertes valores de innovación y excelencia. Los gerentes de estas compañías se dieron cuenta de que era imposible armonizar sus diferentes culturas y valores. Anticiparon que las ventajas potenciales de bajo costo y diferenciación podían descartarse debido a la política y la lucha interna entre gerentes de las dos compañías. Simplemente no valía la pena correr el riesgo de seguir adelante con la fusión.

Una cultura organizacional que promueve normas y reglas que aumenten la eficacia puede ser una de las fuentes principales de ventaja competitiva. En el capítulo 7, vimos cómo las organizaciones deliberadamente moldean su cultura para lograr sus metas. Google y 3M, por ejemplo, promueven la innovación estableciendo normas y reglas que permiten a los trabajadores cambiar a posiciones donde sus talentos sean más valiosos para la organización.

Recuerde también que las estructuras organizacionales son elegidas debido a su efecto en la cultura. Las estructuras orgánicas fomentan el desarrollo de valores culturales de innovación y calidad. En contraste, las estructuras mecanicistas fomentan los valores económicos que enfocan la atención en mejorar las reglas y los estándares de procedimiento existentes y no en encontrar nuevos. Las compañías de bajo costo que buscan desarrollar sistemas de producción sin desperdicio al estilo japonés encontrarán útil la estructura mecanicista, ya que orienta el esfuerzo para mejorar los procedimientos de trabajo actuales.

En resumen, la cultura organizacional es otro factor importante que da forma a la estrategia de nivel de negocio de una organización, con la finalidad de mejorar sus habilidades de creación de valor. En la medida en que cambia la tecnología, surgen nuevos productos y mercados y el ambiente se modifica, y la cultura de una organización cambiará también. La forma en que la cultura organizacional apoya la estrategia para la creación de valor también suele ser una fuente de ventaja competitiva, al igual que la estructura organizacional. Es una razón por la cual los gerentes intentan desarrollar una cultura global fuerte para aumentar la eficacia organizacional.

Estrategia de nivel corporativo

Por lo común, una organización que no puede crear más valor en su dominio actual intenta encontrar un nuevo dominio para competir por los recursos. La estrategia de nivel corporativo involucra una búsqueda de nuevos dominios donde explotar y defender la capacidad de una organización para crear valor, a partir del uso de sus competencias clave de bajo costo o de diferenciación.[40] La estrategia de nivel corporativo es una continuación de la estrategia de nivel de negocio, porque la organización toma sus competencias existentes y las aplica a nuevos dominios. Si una organización toma las habilidades de marketing desarrolladas en un dominio y las aplica en un nuevo dominio, por ejemplo, puede crear valor en ese nuevo dominio. Cuando Phillip Morris tomó las habilidades de marketing desarrolladas en la industria de tabaco, las aplicó a Miller Brewing y convirtió a Miller Lite en el líder del mercado, creó valor para los clientes de Miller y para los inversionistas de Phillip Morris. Ahora observamos a detalle cómo la integración vertical y la diversificación, dos estrategias corporativas importantes, ayudan a la organización a crear valor.

Integración vertical

Una organización que busca una estrategia de **integración vertical** decide que establecerá, o tomará el control y comprará, las operaciones para producir algunos de sus insumos y volverse su propio proveedor (integración vertical retroactiva).[41] Al hacerlo, controla la producción de algunos de sus insumos o la disposición de sus resultados (véase la figura 8.6). Para ilustrar, la figura 8.7 muestra una compañía de bebidas gaseosas que entra en nuevos dominios que se traslapan con su dominio principal, de manera que puede usar, mejorar o proteger sus habilidades de creación de valor de bajo costo o de diferenciación.

Integración vertical Estrategia en la cual una organización toma el control y es propietaria, de sus propios proveedores (integración vertical retroactiva) o de sus distribuidores (integración vertical hacia adelante).

¿Cómo permite la integración vertical que una organización use o mejore sus competencias clave para creación de valor? Una organización que provee sus propios insumos, y/o se deshace de sus propios resultados, puede ser capaz de mantener para sí misma los ingresos que con anterioridad obtenían sus proveedores y distribuidores. Además, por lo regular surgen ahorros en los costos de producción cuando una organización es propietaria de sus propios insumos porque, por ejemplo, los insumos se diseñan de tal forma que logren ensamblarse a un costo bajo. También,

Figura 8.6 Estrategias de nivel corporativo para entrar en nuevos dominios

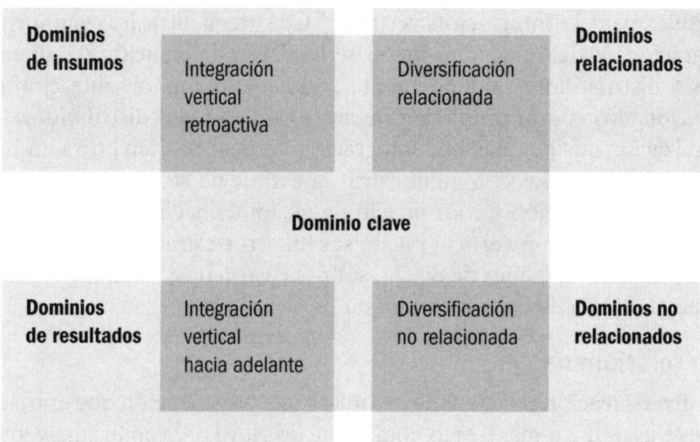

Figura 8.7 Estrategias de nivel corporativo de la compañía de bebidas para entrar en nuevos dominios

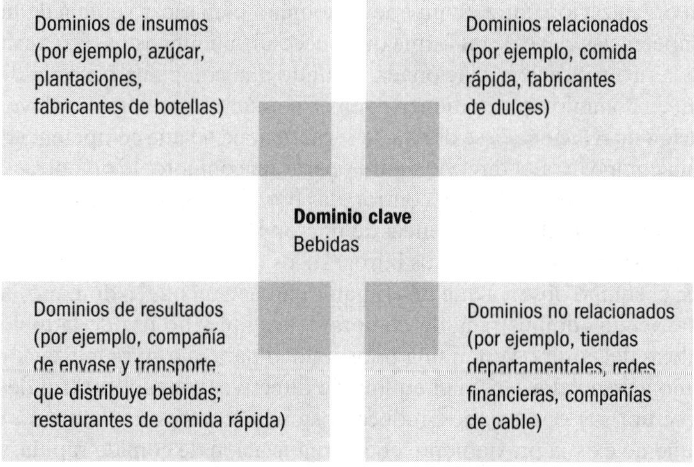

dado que ahora controla la confiabilidad y calidad de los insumos, lo cual puede ahorrarle a una organización mucho dinero si los productos a final de cuentas tienen que repararse por la garantía.

Una organización puede llamar la atención a su singularidad logrando que sus productos sean diferentes de los de sus rivales. Una forma de hacerlo es usando integración vertical hacia adelante. Coca Cola, por ejemplo, tiene el control único de la fórmula de la Coca, de manera que Coca Cola tiene un sabor único como ninguna otra bebida de cola. Controlar los insumos también ayuda a la organización a controlar la calidad, lo cual le confiere singularidad a un producto. Rolls-Royce se ocupa cuidadosamente de los rebaños de ovejas de las que obtiene el cuero para las vestiduras de sus automóviles: los animales se mantienen en cercas sin alambre de púas y están protegidos de manera que el cuero no presente manchas ni imperfecciones. Finalmente, tomar el control de un proveedor por integración vertical evita los problemas que pueden resultar cuando hay pocos proveedores en una industria que pueden tratar de sacar ventaja de una organización, por ejemplo, elevando los precios de los insumos o reduciendo su calidad. Usar la integración vertical retroactiva para controlar la forma en que se distribuye un producto también resultaría en una ventaja de diferenciación o de bajo costo. Radio Shack, por ejemplo, elabora la mayoría de los productos de la marca de la tienda de tal forma que recibe todas las ganancias, tanto de fabricar como de vender mercancía electrónica Radio Shack, comúnmente a precios altos.

Controlar los dominios de insumos y resultados que se traslapan mejora la ventaja competitiva en su dominio clave y produce nuevas oportunidades para la creación de valor. Pero una organización también necesita tomar en cuenta los costos burocráticos relacionados con ser propietario de sus proveedores y distribuidores.[42] Una organización necesita evaluar si la propiedad minoritaria, las alianzas estratégicas y otras estrategias al interior de las organizaciones son opciones viables para la integración vertical.[43] Con frecuencia las ventajas de creación de valor de la integración vertical pueden obtenerse mediante la creación de alianzas estratégicas con proveedores y distribuidores independientes. Al hacerlo, una organización evita los costos burocráticos relacionados con la propiedad de sus proveedores o distribuidores. En la medida en que una organización busque más una integración vertical, se convertirá en más grande y los costos burocráticos relacionados con administrar la estrategia se elevarán rápidamente debido a los problemas de comunicación y coordinación y al simple hecho de que es costoso contratar gerentes. Demasiada integración vertical puede ser un error estratégico. Así, los gerentes deben ser cuidadosos al tomar las opciones de diseño sobre la estructura y cultura organizacionales que promoverán y apoyarán una estrategia como esta.

Diversificación relacionada

Diversificación relacionada
Entrada a un nuevo dominio que se relaciona de alguna forma con el dominio de una organización.

La estrategia de **diversificación relacionada** involucra una organización que entra en un *nuevo* dominio donde puede usar una o más de sus competencias clave para crear una ventaja competitiva de bajo costo o de diferenciación en ese nuevo dominio. Cuando Honda entró a los mercados de los automóviles pequeños y las podadoras, por ejemplo, ingresó en nuevos dominios donde podía usar sus fuertes competencias funcionales en ingeniería de diseño y fabricación, que había desarrollado en sus dominios clave -motocicletas y autos- para lograr una ventaja de diferenciación.

Diversificación no relacionada

Siempre que una organización entra en un nuevo dominio para sacar ventaja de una oportunidad, para usar sus competencias clave de tal forma que pueda disminuir costos o crear singularidad, crea valor a través de la diversificación relacionada. Cuando una compañía busca la diversificación no relacionada, entra en dominios que no tienen nada en común con su dominio clave. El valor creado por la **diversificación no relacionada** se deriva de sacar ventaja de una competencia clave específica: la capacidad de un equipo de alta dirección para operar un conjunto de organizaciones coordinándolas de manera más eficaz que si fueran controladas por equipos de directivos separados.[44]

Diversificación no relacionada
Entrada a un nuevo dominio que no se relaciona de ninguna forma con el dominio clave de una organización.

Suponga que un equipo de alta gerencia de una organización de minoristas ha desarrollado habilidades únicas para economizar costos burocráticos diseñando y administrando la estructura organizacional. Si el equipo observa que una organización en un nuevo dominio, la comida rápida, por ejemplo, está siendo administrada de manera deficiente y no usa de la mejor forma sus recursos, los miembros del equipo verían una oportunidad para que su organización se expanda en ese nuevo dominio y cree valor ahí. Si el equipo de directivos toma el control de la organización ineficiente, restructura sus operaciones, reduce costos burocráticos y aumenta su rentabilidad, creará un valor que no existía previamente en la organización de comida rápida.

Una organización que toma el control de compañías ineficientes y las restructura para crear valor, está buscando una estrategia de diversificación no relacionada. Por ejemplo, compañías como GE y United Technologies buscan organizaciones con bajo desempeño y las restructuran; venden divisiones no rentables y solo mantienen aquellas que pueden reorganizarse para operar de manera rentable. De hecho, diseñar una estructura organizacional eficiente es una parte importante de la diversificación no relacionada, ya que las compañías con bajo desempeño comúnmente lo hacen porque tienen altos costos burocráticos.

Estrategia de nivel corporativo y estructura

La estructura organizacional adecuada debe elegirse en el nivel corporativo para darse cuenta del valor asociado y la diversificación no relacionada. En general, como vimos en el capítulo 6, para las organizaciones que operan en más de un dominio, una estructura de divisiones múltiples es la elección adecuada (véase la figura 6.6). El uso de divisiones operativas autónomas apoyadas por personal de las oficinas centrales corporativas brindan a la organización el control que necesita para coordinar la transferencia de recursos entre las divisiones, de tal manera que las competencias clave se compartan en toda la organización. Existen pocas variantes de la estructura de divisiones múltiples. Cada una se adapta para cristalizar los beneficios relacionados, ya sea con la diversificación relacionada o con la no relacionada.

ESTRUCTURA CONGLOMERADA Y DIVERSIFICACIÓN NO RELACIONADA Las organizaciones que persiguen una estrategia de diversificación no relacionada intentan crear valor adquiriendo negocios con bajo desempeño, restructurándolos y, luego, administrándolos de forma más eficiente. Esta estrategia libera a los gerentes corporativos, el equipo de alta gerencia de la organización principal, de involucrarse en la intervención cotidiana en el funcionamiento de sus diversas divisiones, es decir, de las compañías que posee la organización. Después de restructurar, el único rol de la administración corporativa consiste en supervisar el desempeño de cada división e intervenir para tomar acción selectiva cuando sea necesario. Es probable que las organizaciones con una estrategia de diversificación no relacionada utilicen una estructura conglomerada.

Como ilustra la figura 8.8, en una **estructura conglomerada**, cada negocio no relacionado es una división independiente. Dado que no hay necesidad de coordinar actividades entre las divisiones, solo se necesita un pequeño *staff* en las oficinas principales de la corporación. La comunicación es vertical y ocurre con mayor frecuencia sobre asuntos que implican costos burocráticos, como las decisiones sobre el nivel de gasto financiero necesario para buscar nuevas oportunidades de creación de valor. El conglomerado Hanson-Trust, por ejemplo, operaba con un personal corporativo de solo 120 personas para supervisar sus más de 50 divisiones; operaba principalmente a través de reglas que controlaban los costos burocráticos. Hanson-Trust tenía una regla que reque-

Estructura conglomerada Estructura donde cada negocio se ubica en una división independiente y no hay contacto entre divisiones.

Figura 8.8 Estructura conglomerada

Una estructura donde cada negocio se ubica en una división independiente y no hay contacto entre divisiones.

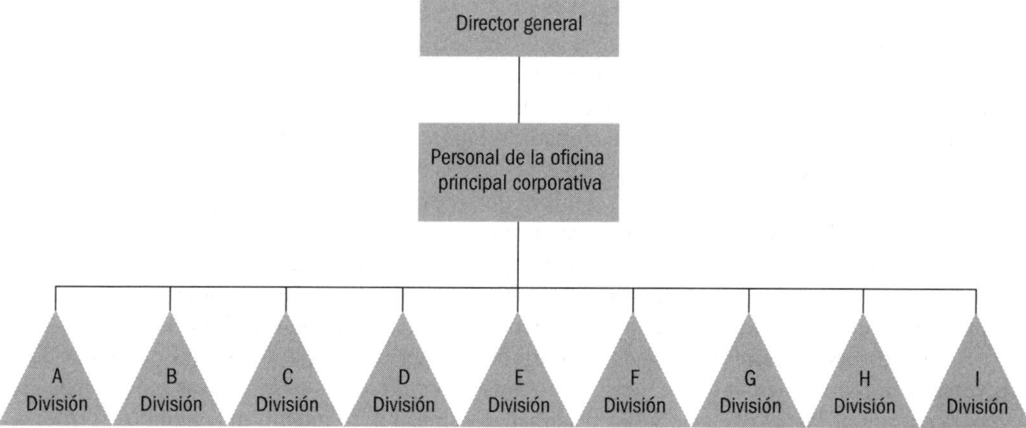

Al interior de la organización 8.3

UTC mejora continuamente las reglas de operación en sus diferentes negocios

Vladislav Gajic/Shutterstock.com

United Technologies Corporation (UTC), con sede en Hartford, Connecticut, es propietaria de una amplia variedad de compañías que operan en diferentes negocios e industrias. Algunas de las compañías que posee son mejor conocidas que la propia UTC, como los helicópteros Sikorsky, el fabricante de componentes de maquinaria y componentes aéreos Pratt & Whitney, los elevadores Otis, el aire acondicionado Carrier y Chubb, el fabricante de cerraduras y artículos de seguridad.[46]

En lo que va del siglo XXI, UTC ha sido una de las compañías más rentables en el mundo. La razón de esto, según declara su director general, George Davis, es su compromiso para desarrollar un programa de reglas y procesos operativos innovadores que aumentan continuamente la calidad. El programa de UTC se originó cuando tuvo un problema importante en su división de elevadores, Otis, y David asignó a uno de sus ingenieros líderes, Yuzuru Ito, para ser la cabeza del equipo de ingenieros de Otis, y encontrar el motivo por el cual se desempeñaba deficientemente. Bajo la dirección de Ito, crearon un conjunto de técnicas de "proceso" que involucraba a todos los empleados: gerentes, diseñadores y trabajadores de producción que habían producido el elevador, para analizar por qué los elevadores estaban funcionando mal y, después, desarrollar mejores reglas y procedimientos operativos a fin de resolver el problema. Este estudio intensivo llevó a un rediseño total del elevador. Cuando su elevador nuevo y mejorado fue lanzado en todo el mundo logró un gran éxito.

Después de ese éxito, David decidió que la mejor manera de aumentar la rentabilidad de UTC era encontrar formas en que los gerentes de todos sus diversos negocios se enfocaran en mejorar las reglas operativas. Convenció a Ito de tomar la responsabilidad de defender el desarrollo del programa de calidad de UTC, el cual es conocido como Achieving Competitive Excellence (Lograr Excelencia Competitiva) o ACE, que es un conjunto de reglas y procedimientos usados desde los trabajadores de piso hasta los altos gerentes para analizar sistemáticamente todos los aspectos de la forma en que se hace un producto, así como para encontrar formas de mejorar la calidad y confiabilidad para disminuir los costos de fabricación del producto y, en especial, para encontrar nuevas reglas que permitan que la nueva generación de un producto en particular se desempeñe mejor. En otras palabras, para fomentar la innovación tecnológica.

David logra que cada trabajador en cada función y en cada nivel tome la responsabilidad de lograr ganancias paso a paso, a partir de reglas y procedimientos mejorados que suelen dar como resultado productos innovadores, construidos con calidad y eficiencia cada vez mayores, que pondrían a la compañía en el camino para dominar su industria. David llama a estas técnicas "disciplinas de proceso" y las ha utilizado para mejorar el desempeño de *todas* las compañías de UTC. En la década desde que tomó el control, ha cuadruplicado las ganancias de UTC por acción y su precio en la bolsa se ha elevado, de manera que se han convertido en las acciones con mejor desempeño en 2010.[47]

ría que un ejecutivo de la corporación aprobara cualquier gasto por arriba de 3,000 dólares.[45] Más allá de esto, hizo pocos intentos por intervenir en los asuntos de las divisiones operativas. United Technologies, que se examina en el recuadro "Al interior de la organización 8.3", ofrece un interesante ejemplo de cómo una compañía desarrolla reglas operativas y estándares de procedimiento entre sus diferentes negocios para aumentar el desempeño.

ESTRUCTURAS PARA DIVERSIFICACIÓN RELACIONADA Una organización que persigue una estrategia de diversificación relacionada intenta obtener valor compartiendo sus recursos o transfiriendo habilidades funcionales de una división a otra, procesos que requieren alta coordinación e integración. La diversificación relacionada requiere comunicación lateral entre divisiones, así como comunicación vertical entre las divisiones y las oficinas centrales corporativas. Como resultado, es necesario integrar los roles y equipos de los expertos funcionales, para coordinar la transferencia de habilidades y recursos. La coordinación se complica porque las divisiones podrían luchar por los recursos y quizá no deseen compartir información ni conocimiento, a menos de que sean remuneradas de manera equitativa por su aportación. Imagine el problema de coordinación que surge cuando una organización tiene cientos de divisiones como GE o GM.

Si la diversificación relacionada va a brindar ganancias comparables a las obtenidas de la diversificación no relacionada, se necesita un personal de oficinas corporativas mucho más grande para coordinar las actividades interdivisionales, y se requiere mucho más tiempo y esfuerzo gerencial. Cuando los problemas de coordinación llegan a ser muy severos, se utiliza una estructura matricial de divisiones múltiples para aumentar la integración (véase la figura 6.12). Como vimos en el capítulo 6, dicha estructura brinda la coordinación entre las divisiones y las oficinas corporativas, que permite la transferencia de habilidades y el hecho de compartir los recursos alrededor de la organización. Esta brinda a los gerentes corporativos, divisionales y funcionales de alto nivel la oportunidad de reunirse en equipos para planear la estrategia futura de la organización.

Los costos burocráticos afectados por la administración de la diversificación relacionada (ya sea en una estructura de divisiones múltiples o en una estructura matricial de divisiones múltiples) son mucho mayores que aquellos relacionados con la integración vertical o la diversificación no relacionada.[48] Se necesita considerablemente mayores comunicación y coordinación para crear valor a partir de la diversificación relacionada, que a partir de otras estrategias de nivel corporativo. Los costos burocráticos se incrementan a medida que lo hacen el personal corporativo y la cantidad de tiempo que los gerentes tanto divisionales como corporativos dedican para coordinarse con otras divisiones. En contraste, es probable que los costos burocráticos relacionados con la diversificación no relacionada sean bajos, porque no hay necesidad de coordinar las transferencias de recursos entre divisiones, ya que las divisiones no intercambian nada.

Estrategia de nivel corporativo y cultura

Así como el cambio a una estructura organizacional más adecuada puede reducir los costos burocráticos, también puede conseguirlo un cambio hacia una cultura organizacional más adecuada. Los valores culturales y las normas, así como las reglas y metas comunes que reflejan esos valores, facilitarían en gran medida el manejo de una estrategia corporativa. Por ejemplo, Hanson-Trust, quien ha buscado una estrategia para una diversificación no relacionada, otorga mayor valor a la economía, la reducción de costos y el uso eficiente de los recursos organizacionales. Los gerentes de división en Hanson-Trust no podían gastar grandes cantidades de dinero sin la aprobación de ejecutivos corporativos. Sabiendo que el desempeño se vigilaba de manera cercana, sus acciones estaban moldeadas por los valores corporativos ligados al resultado final.

En contraste, suponga que una organización está buscando una estrategia de diversificación relacionada. ¿Qué tipos de valores, normas y reglas son más útiles para manejar la estrategia? Dado que la creación de valor a partir de la diversificación relacionada requiere de una gran cantidad de coordinación e integración, son importantes las normas y los valores que enfatizan la cooperación entre divisiones. Este tipo de cultura disminuye los costos del intercambio de recursos y es probable que presente un lenguaje corporativo común que las distintas divisiones pueden usar en sus relaciones mutuas. Cada división tendrá su propia cultura, pero la cultura corporativa suele superar las diferencias en la orientación divisional, así como la cultura organizacional a nivel de negocio puede superar las diferencias en la orientación funcional.

En 3M y Procter & Gamble (P&G), por ejemplo, los valores corporativos de innovación e iniciativa emprendedora son legados históricos que los miembros de la organización usan para enmarcar los eventos corporativos significativos. Se socializa a los nuevos trabajadores con la cultura innovadora y aprenden el lenguaje corporativo a partir de sus interacciones con otros empleados. Al elegir qué gerentes de la organización serán promovidos a personal de las oficinas corporativas, 3M y P&G también envían a sus miembros un claro mensaje acerca de los tipos de valores y conductas relacionados con el éxito de la trayectoria; se trata de acciones que llevan a nuevos productos innovadores.

De esta forma, las diferentes culturas ayudan a las organizaciones a buscar diferentes estrategias a nivel corporativo. Una organización necesita crear una cultura que refuerce y construya sobre la estrategia que busca y la estructura que adopta. En una organización con una estructura conglomerada, donde no hay conexión entre divisiones, carecería de sentido desarrollar una cultura corporativa común entre las divisiones, ya que los gerentes de estas no se conocerían entre sí. En cambio, una estructura matricial de divisiones múltiples apoya el desarrollo de una cultura corporativa cohesiva, porque permite el rápido intercambio de ideas y la transferencia de normas y valores alrededor de la organización. En suma, como vimos en el capítulo 7, la cultura corporativa es una herramienta importante que las organizaciones pueden usar para coordinar y motivar a los trabajadores.

En el nivel de negocios, las estrategias interorganizacionales, estudiadas en el capítulo 3, son un importante medio para aumentar el valor que una organización puede crear a través de su estrategia corporativa. Las estrategias interorganizacionales aumentan el valor permitiendo que

Implicaciones administrativas

Estrategia de nivel corporativo

1. Para proteger los dominios existentes de la organización y explotar las competencias clave de la misma para crear valor para los inversionistas, los gerentes deben analizar cuidadosamente el ambiente.
2. Para distinguir entre una oportunidad de creación de valor y una de pérdida de este, los gerentes deberían evaluar cuidadosamente los beneficios y costos relacionados con entrar en un nuevo dominio.
3. Como parte de tal análisis, los gerentes tienen que ponderar los beneficios y costos de diversas estrategias para entrar en el dominio; por ejemplo, absorber una compañía existente contra establecer una nueva organización, contra utilizar una alianza estratégica como proyecto común.
4. Sin importar qué estrategia corporativa busquen los gerentes, a medida que crece la organización, ellos deben ser cuidadosos al equilibrar la estructura y cultura de su organización con la estrategia que persiguen.

la organización evite los costos burocráticos relacionados comúnmente con manejar una organización en un dominio nuevo. A medida que aumente el número de divisiones de una organización, por ejemplo, se incrementarán los costos burocráticos relacionados con las actividades interdivisionales. Las estrategias interorganizacionales, como las alianzas estratégicas, suelen permitir que una organización obtenga las ganancias a partir de la cooperación entre divisiones sin experimentar costos.

Suponga que dos organizaciones establecen una empresa conjunta para producir un rango de productos en un dominio nuevo para ambas. Cada organización contribuye con una habilidad o un recurso diferente para la empresa conjunta. Una brinda habilidades de fabricación a bajo costo; la otra, habilidades de investigación y desarrollo y de marketing diferenciadas. Al establecer la empresa conjunta, han evitado los costos burocráticos en los que incurrirían si una organización absorbiera a la otra, o bien, si cualquiera de ellas tuviera que coordinar de manera interna la transferencia necesaria de nuevos recursos para lograr que la nueva empresa conjunta funcione. De manera similar, las ganancias a partir de la integración vertical comúnmente pueden realizarse a través de propiedad minoritaria o de contratos a largo plazo, los cuales evitan la necesidad de ser dueño del proveedor o del distribuidor. Una organización que utiliza una estrategia interorganizacional para entrar y competir en un nuevo dominio aseguraría los beneficios de las estrategias de diversificación e integración, sin incurrir en costos burocráticos.

Implementación de una estrategia en todos los países

La estrategia global juega un rol fundamental en el fortalecimiento del control de una compañía sobre su ambiente. Las compañías pueden usar cuatro estrategias principales, a medida que comienzan a comercializar sus productos y establecen instalaciones de producción en el extranjero: **1.** *una estrategia multinacional*, orientada hacia la respuesta local, esto es, una compañía descentraliza el control en las subsidiarias y divisiones en cada país donde opera, con la finalidad de producir y adaptar productos a los mercados locales; **2.** *una estrategia internacional,* basada en que investigación y desarrollo y marketing se centralicen en casa y todas las demás funciones de creación de valor se descentralicen en unidades nacionales; **3.** una *estrategia global* orientada hacia la reducción de costos, con todas las principales funciones de creación de valor centralizadas en la ubicación con el costo global más bajo, y **4.** una *estrategia transnacional*, enfocada de manera que logre obtener tanto la receptividad local *como* la reducción de costos; algunas funciones están centralizadas mientras que otras se descentralizan en la ubicación global que mejor se adecue a esos objetivos.

La necesidad de coordinar e integrar las actividades globales aumenta a medida que la compañía se cambia de una estrategia multinacional a una internacional global y, luego, a una transnacional. Por ejemplo, para obtener los beneficios de buscar una estrategia transnacional, una compañía debe transferir sus competencias distintivas a la ubicación global donde pueda crear el mayor valor, así como establecer una red global para coordinar sus divisiones tanto en casa como en el extranjero. El objetivo de tal coordinación es obtener los beneficios de transferir o impulsar las competencias a todas las divisiones globales de la compañía. De esta forma, los costos burocráticos en los cuales se incurre para resolver problemas de medición y comunicación, que surgen en las transferencias de administración entre los países al buscar una estrategia transnacional, son mucho más altos que aquellos de buscar otras estrategias. La estrategia multinacional no requiere de la coordinación de actividades a nivel global porque las actividades de creación de valor se administran de manera local, por país o por región del mundo. Las estrategias internacional y global encajan entre las otras dos estrategias: aunque los productos deben venderse y comercializarse de manera global y, por lo tanto, deben administrarse las transferencias del producto, para una estrategia transnacional es menor la necesidad de coordinar las transferencias de habilidades y recursos.

La implicación es que a medida que las compañías cambian a una estrategia internacional, global o transnacional, requieren de una estructura, sistema de control y cultura más complejos para coordinar las actividades de creación de valor relacionadas con la implementación de la estrategia. En general, la elección de la estructura y los sistemas de control para administrar un negocio global está en función de tres factores:

1. La decisión de cómo distribuir y localizar la responsabilidad y la autoridad entre gerentes de casa y del extranjero, de tal forma que se mantenga un control eficaz sobre las operaciones globales de una compañía.
2. La selección de una estructura organizacional que agrupe las divisiones, tanto en casa como en el extranjero, de tal manera que permita el mejor uso de recursos y atienda las necesidades de los clientes extranjeros de la manera más eficaz.
3. La selección de los tipos de mecanismos de integración y de control y cultura organizacional adecuados para hacer que una estructura global funcione de forma eficaz.

La tabla 8.2 resume las opciones de diseño adecuadas para las compañías que buscan cada una de estas estrategias.

TABLA 8.2 Relaciones estrategia–estructura en el ambiente internacional

	Estrategia multinacional	Estrategia internacional	Estrategia global	Estrategia transnacional
	Baja ←	Necesidad de coordinación		→ Alta
Opciones de diferenciación vertical				
Niveles en la jerarquía	Relativamente plana	Relativamente vertical	Relativamente vertical	Relativamente aplanada
Centralización de la autoridad	Descentralizada	Competencias clave centralizadas, otras descentralizadas	Centralizada	Simultáneamente centralizada y descentralizada
Diferenciación horizontal	Estructura geográfica global	Estructura de grupo de producto global	Estructura de grupo de producto global	Matriz global o "matriz en mente"
Integración				
Necesidad de mecanismos de integración como fuerza de tarea y roles de integración	Baja	Media	Media	Alta
Necesidad de integración electrónica y redes de administración	Media	Alta	Alta	Muy alta
Necesidad de integración por cultura organizacional internacional	Baja	Media	Alta	Muy alta
	Baja ←	Costos burocráticos		→ Alta

Figura 8.9 Estructura geográfica global

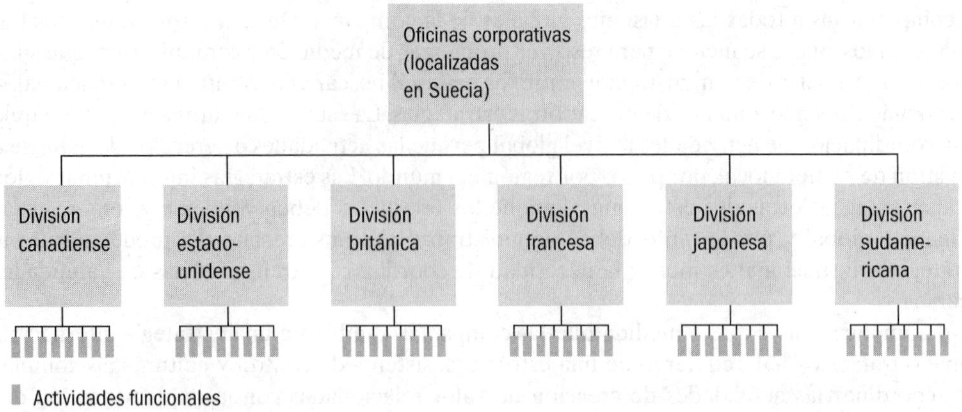

Implementación de una estrategia multinacional

Cuando una compañía busca una estrategia multinacional, opera por lo general con una estructura geográfica global (véase la figura 8.9). Cuando se usa tal estructura, una compañía duplica todas las actividades de creación de valor y establece una división en el extranjero, en cada país o región del mundo donde opera. La autoridad entonces se descentraliza hacia los gerentes de cada división en el extranjero, y ellos diseñan la estrategia adecuada para responder a las necesidades del ambiente local. Los ejecutivos de las oficinas corporativas centrales usan controles de mercado y de producto, tales como el retorno sobre la inversión, crecimiento en el mercado compartido y costos de operación, para evaluar el desempeño de las diferentes divisiones en el extranjero. Sobre la base de tales comparaciones globales, suelen tomar decisiones sobre la ubicación del capital y orquestar la transferencia del nuevo conocimiento entre las divisiones.

Una compañía que produce y vende los mismos productos en muchos países diferentes agrupa sus divisiones en regiones del mundo, para simplificar así la coordinación de los productos entre las naciones. Europa podría ser una región, la costa del Pacífico otra y el Medio Oriente una tercera. Tal agrupamiento permite que el mismo conjunto de controles de resultado y conducta se aplique en todas las divisiones dentro de una región. De esta forma, las compañías globales reducirían los problemas de comunicación y de transferencia, porque la información se transmite más fácilmente a través de los países con culturas ampliamente similares. Por ejemplo, es probable que las preferencias de los consumidores sobre el diseño y el marketing del producto sean similares entre países dentro de una misma región del mundo, que entre países en diferentes regiones.

Dado que las divisiones en el extranjero establecen poco o ningún contacto con otras en las diferentes regiones, no se necesitan mecanismos integradores. Tampoco es necesario desarrollar una cultura organizacional global pues no hay transferencia de habilidades ni de recursos, ni transferencia de personal entre los gerentes de varias regiones del mundo. Históricamente, las compañías automotrices como GM, Volkswagen y Ford utilizan estructuras globales para manejar sus operaciones en el extranjero. Ford de Europa, por ejemplo, tiene poco o ningún contacto con su matriz en Estados Unidos, en tanto que el principal recurso intercambiado es el capital.

Uno de los problemas con la estructura geográfica y una estrategia multinacional es que la duplicación de las actividades de especialistas en los países da como resultado una estructura general de alto costo para una compañía. Además, la empresa no saca ventaja de las oportunidades de transferir, compartir o impulsar sus competencias y capacidades con una base global: por ejemplo, no puede aplicar en otra región la experiencia de fabricación a bajo costo que haya desarrollado en cierta región del mundo. De esta forma, las compañías multinacionales pierden los diversos beneficios por operar globalmente.

Implementación de una estrategia internacional

Una compañía que busca una estrategia internacional adopta una ruta diferente hacia la expansión global. Una compañía con muchos productos o negocios distintos se enfrenta al reto de coordinar el flujo de los diferentes productos a través de los diversos países. Para manejar estas

Figura 8.10 Estructura de grupo de producto global

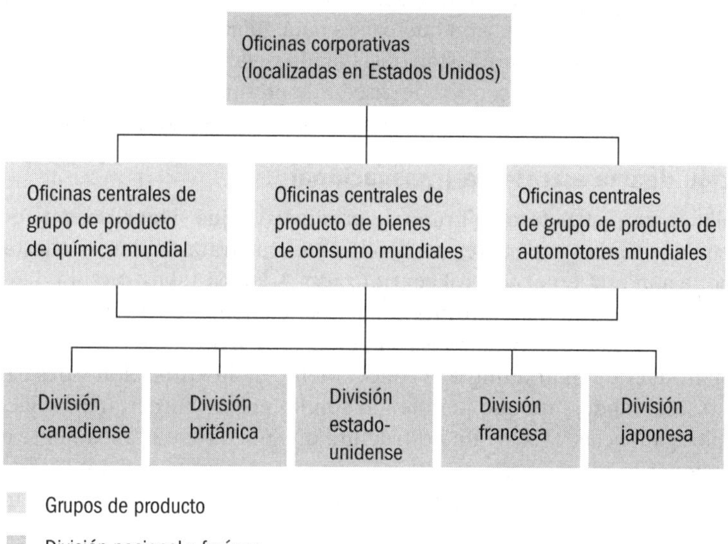

transferencias muchas compañías usan una estructura de grupo de producto global, y crean oficinas corporativas de grupo de producto para coordinar sus actividades, tanto en las divisiones nacionales como en las internacionales, dentro de cada grupo de producto. Los gerentes de los grupos de producto son responsables de organizar todos los aspectos de creación de valor en un nivel global (véase la figura 8.10).

Este arreglo de tareas y roles reduce los costos de transacción involucrados en el manejo de transferencias entre los países y las regiones del mundo. Sin embargo, los ejecutivos en el extranjero se encuentran esencialmente bajo control de los ejecutivos de las divisiones internacionales y, si el número de niveles de gerentes en el nivel de grupo de producto se vuelve demasiado grande, las oficinas corporativas pueden perder control sobre la toma de decisiones a nivel de la compañía, mientras que los ejecutivos de las divisiones internacionales y de grupo de producto pueden competir por el control de la creación de la estrategia. El resultado es una pérdida de control, un conflicto y falta de cooperación. Muchas compañías como IBM y Citibank han experimentado este problema. Con mucha frecuencia, un control estratégico significativo se descentraliza hacia las divisiones en el extranjero. Cuando las presiones de costos fuerzan a los gerentes corporativos a revaluar su estrategia, y deciden intervenir, se provoca resistencia, mucha de ella debido a diferencias en la cultura, no solo corporativa, sino entre diferentes países.

Implementación de una estrategia global

Cuando una compañía emprende una estrategia global hoy en día, localiza su fabricación y otras actividades de la cadena de creación de valor en la ubicación global que le permitirá aumentar la eficiencia y calidad. Al hacerlo, tiene que resolver los problemas de coordinación e integración de sus actividades globales. Debe encontrar una estructura que disminuya los costos burocráticos relacionados con las transferencias de recursos entre las oficinas corporativas y sus divisiones globales, a la vez que brinde el control centralizado que requiere una estrategia global. La respuesta para muchas compañías también es una estructura de grupo de producto global (véase la figura 8.10).

Una vez más, los grupos de producto coordinan las actividades de las operaciones nacionales y en el extranjero y deciden dónde ubicar las diferentes funciones en la localización global óptima para desempeñar esa actividad. Por ejemplo, Philips tiene un grupo de producto mundial responsable de coordinar las actividades de investigación y desarrollo, fabricación, marketing y ventas en las divisiones internacionales que producen y venden sus bombillas. Cuenta con otro grupo responsable de fabricar y vender su equipo médico, etc. Las oficinas corporativas del grupo de producto de su división médica y de investigación y desarrollo están localizadas en Bothell, Washington. Sin embargo, la fabricación se realiza en Taiwán, y los productos son comercializados por cada división internacional.

La estructura de grupo de producto permite a los gerentes decidir cómo buscar mejor una estrategia global; por ejemplo, para decidir qué actividades de la cadena de valor, como fabricación o diseño de producto, deben realizarse y en qué países para aumentar la eficiencia. Cada vez más, las compañías japonesas y estadounidenses están trasladando su fabricación a países de costo bajo como China, pero lo hacen estableciendo centros de diseño de producto en Europa o en Estados Unidos para aprovechar las habilidades y capacidades extranjeras y obtener los beneficios de esta estrategia.

Implementación de una estrategia transnacional

La principal falla de una estructura de grupo de producto es que si bien permite que una compañía logre eficiencia y calidad superiores, es débil cuando se trata de dar respuesta a los clientes, porque el enfoque aún está en el control centralizado. Además, tal estructura dificulta tanto que los diferentes grupos intercambien información y conocimiento, como que obtengan los beneficios por transferir, compartir e impulsar sus competencias. En ocasiones, las ganancias potenciales de compartir el producto, el marketing o el conocimiento de investigación y desarrollo entre grupos de producto son grandes, aunque también lo son los costos burocráticos relacionados con la obtención de tales ganancias. ¿Existe una estructura que pueda simultáneamente economizar los costos y proporcionar la coordinación necesaria para obtener los beneficios?

En la década de 1990, muchas compañías implementaron una estructura matricial global para, simultáneamente, bajar los costos de las estructuras globales y diferenciar sus actividades mediante la innovación y la receptividad superiores a los clientes globales. Observe la figura 8.11: en el eje vertical están las divisiones de la compañía en el extranjero en los diferentes países o regiones mundiales donde opera. Los gerentes a nivel regional o de país controlan las operaciones locales. En el eje horizontal están los grupos de producto corporativos de la compañía, los cuales proporcionan información sobre servicios especializados como investigación y desarrollo, diseño de producto y marketing a sus divisiones en el extranjero, agrupadas por región del mundo. Estas podrían ser grupos de químicos, bienes de consumo y automotores. A través de un sistema de controles de producto y de conductas, informan al personal del grupo de producto corporativo en Estados Unidos y, finalmente, al director general o presidente. Las cabezas de las regiones del mundo o los gerentes de países también son responsables de trabajar con los gerentes de grupo de producto para desarrollar los sistemas de control y recompensas que promoverán la transferencia, el intercambio y el impulso de las competencias que resultarán en un desempeño superior.

Figura 8.11 Estructura global mixta

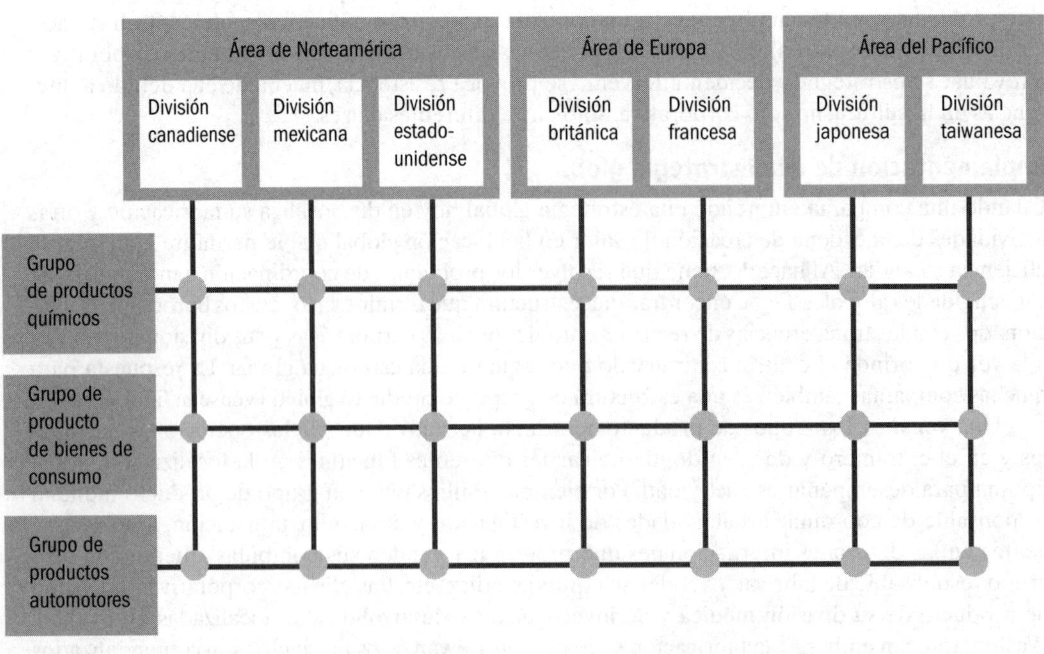

De esta forma, implementar una estructura matricial descentraliza el control a los gerentes en el extranjero y les da una flexibilidad considerable para manejar los asuntos locales, pero puede seguir proporcionando a los gerentes corporativos y de producto en Estados Unidos, el control centralizado que necesitan para coordinar las actividades de la compañía a un nivel global. La estructura matricial permite que el conocimiento y la experiencia se transmitan entre regiones geográficas, entre grupos de producto y entre grupos de producto y regiones. Dado que ofrece muchas oportunidades para el contacto cara a cara entre los gerentes nacionales y en el extranjero, la matriz facilita la transmisión de las normas y los valores de una compañía y, por lo tanto, el desarrollo de una cultura corporativa global. Esto es especialmente importante para una compañía con operaciones globales extensas para la cual las líneas de comunicación son más largas. Club Med, por ejemplo, utiliza una matriz para estandarizar el servicio de alta calidad al cliente en todas sus villas vacacionales en el mundo.

Resumen

La estrategia organizacional es un plan de acción que una organización emprende para crear valor. Las organizaciones que no establecen continuamente nuevas metas ambiciosas ni tratan de encontrar medios eficaces para alcanzar esas metas se verán amenazadas por competidores más jóvenes y ágiles que busquen formas de aprovechamiento de los recursos para sí mismos. En consecuencia, los miembros de la organización de todos los niveles (funcional, de negocio, corporativo y global) deben desarrollar sus actividades y capacidades de creación de valor. Los gerentes tienen que gestionar la interrelación de estrategia (en todos los niveles), estructura y cultura para maximizar la capacidad de la organización para administrar, promover y proteger su dominio de manera que logren crear valor para satisfacer a los inversionistas. En el capítulo 8 se han revisado los siguientes puntos:

1. El valor que una organización crea por medio de su estrategia es una función de cómo la organización se posiciona a sí misma en su ambiente, de manera que sea capaz de usar sus competencias clave para competir por los recursos.
2. Las competencias clave de una organización son producto de sus recursos funcionales y organizacionales, así como de su capacidad de coordinación.
3. Una organización formula la estrategia en cuatro niveles: funcional, de negocio, corporativo y global.
4. La meta de la estrategia a nivel funcional es crear en cada función una competencia de bajo costo o de diferenciación, que brinde una ventaja competitiva a la organización.
5. La estructura y cultura funcionales producen habilidades funcionales que apoyan el desarrollo de los recursos funcionales.
6. La meta de la estrategia a nivel de negocio es combinar las competencias de bajo costo y de diferenciación para explotar las oportunidades en el ambiente organizacional. La estrategia de nivel de negocio selecciona y administra el dominio donde una organización utiliza sus recursos de creación de valor y sus capacidades de coordinación.
7. Las dos principales estrategias de nivel de negocio son la estrategia de nivel de negocio de bajo costo y la estrategia de nivel de negocio de diferenciación.
8. Una organización elige una estructura y una cultura para desarrollar capacidades de coordinación que apoyen su estrategia de nivel de negocio.
9. La meta de la estrategia de nivel de negocio es usar y desarrollar competencias de bajo costo y de diferenciación, de manera que la organización proteja y extienda su dominio existente, y se expanda a otros nuevos.
10. Los tres tipos principales de estrategia a nivel corporativo son integración vertical, diversificación relacionada y diversificación no relacionada.
11. La estructura y la cultura de nivel corporativo adecuadas ayudan a reducir los costos burocráticos de la administración de una estrategia.
12. Las cuatro estrategias que las compañías usan para administrar la expansión global son: multinacional, internacional, global y transnacional. Cada una está relacionada con un enfoque distinto hacia la creación de valor y un conjunto diferente de problemas de diseño organizacional.

Preguntas para análisis

1. ¿Cómo debería una organización diseñar su estructura y su cultura con la finalidad de obtener una competencia clave en fabricación y en investigación y desarrollo?
2. Elija una organización como un restaurante o una tienda departamental y analice cómo esta podría buscar una estrategia de diferenciación o de bajo costo.
3. ¿Cuál es la diferencia entre una estrategia de bajo costo y una estrategia de diferenciación?
   Para promover sus respectivas ventajas competitivas, ¿cómo deberían diseñar su estructura una organización biotecnológica diferenciada y una de comida rápida de bajo costo?
4. Compare la ventaja competitiva que caracteriza a una gran cadena de restaurantes, como Steak and Ale o Red Lobster, y las fuentes de ventaja competitiva de las que goza un pequeño restaurante local.
5. ¿Por qué una organización elegiría una estrategia de nivel corporativo para expandir sus actividades de creación de valor más allá de su dominio clave? Argumente cómo la estructura y cultura de una organización podrían cambiar, a medida que la organización entra en nuevos dominios.
6. ¿Cómo y por qué aumentan los costos burocráticos a medida que una compañía cambia de una estrategia internacional a una global o transnacional?

Teoría organizacional en acción

Poner en práctica la teoría organizacional

¿Qué tipo de supermercado?

Formen equipos de tres a cinco integrantes y analicen el siguiente escenario:

Son un grupo de inversionistas que está contemplando abrir un nuevo supermercado en su ciudad. intentan decidir qué estrategia de nivel de negocio daría a su supermercado una ventaja competitiva que le permitiría atraer clientes y superar a sus potenciales rivales.

1. Elaboren una lista de las cadenas de supermercados en su ciudad e identifiquen sus estrategias de nivel de negocio (por ejemplo, bajo costo, diferenciación o enfoque). También, listen cualquier tipo de fortaleza o debilidad funcional específica que pudieran tener (como una gran panadería o una pescadería deplorable).
2. Con base en este análisis, ¿qué tipo de estrategia de nivel de negocio creen que funcionaría mejor en el mercado local? ¿Cuáles serían los elementos específicos de esta estrategia? (Por ejemplo: ¿qué tipo de supermercado sería? ¿Qué tipo de fortalezas funcionales tratarían de desarrollar? ¿Qué tipo de clientes buscarían? ¿Qué haría para atraerlos?).

Dimensión ética 8

El soborno y la corrupción son comunes en algunos países y, para la gente en esos lugares, forman parte habitual de hacer negocios. La ley en Estados Unidos prohíbe que cualquier compañía pague sobornos a oficiales foráneos o tome cualquier acción para usar medios ilegales y asegurar los contratos o recursos foráneos valiosos.

1. ¿Por qué Estados Unidos adopta esta instancia ética y legal, si la gente en el país acepta el soborno como una norma?
2. ¿Qué podrían hacer las compañías para ayudar a reducir la incidencia de sobornos en esas naciones y promover las prácticas de negocios éticas?

Establecer contacto 8

Encuentre un ejemplo de una organización que busque una estrategia de expansión de negocios, corporativa o global. ¿Qué tipo de estrategia está buscando? ¿Por qué eligió dicha estrategia? ¿Cómo crea valor esa estrategia? ¿Cómo afecta esta estrategia la estructura o cultura de la organización?

Análisis de la organización: Módulo de diseño 8

Este módulo se enfoca en el tipo de bienes y servicios que su organización produce, los mercados donde compite y el tipo de estrategias que utiliza para crear valor para sus inversionistas.

Tarea

Esta actividad le solicita que explore cómo su compañía crea valor a través de su estrategia y estructura para administrar el ambiente.

1. Describa brevemente el dominio de su organización, es decir, los bienes y servicios que produce y los grupos de clientes a quienes atiende.
2. ¿Qué competencias clave dan a la organización una ventaja competitiva? ¿Cuáles son las estrategias de la organización de nivel funcional?
3. ¿Cuál es la estrategia de nivel de negocio principal de su organización: de bajo costo o de diferenciación? ¿Qué tan exitosamente está buscando la organización esa estrategia? ¿De qué forma necesita mejorar sus competencias clave para mejorar su posición competitiva?
4. ¿De qué manera la estructura y cultura de su organización se ajustan con su estrategia? ¿Existe un buen ajuste? ¿De qué formas podría mejorar dicho ajuste? ¿Está experimentando la organización algún problema con su estructura?
5. ¿Está su organización operando en más de un dominio? Si es así, ¿qué estrategias de nivel corporativo busca? ¿Cómo crea valor a partir de tales estrategias? ¿Es exitosa?
6. ¿Qué tipo de estrategia busca su organización en el ambiente internacional? ¿Qué tipo de estructura utiliza su organización para administrar su estrategia?

CASO PARA ANÁLISIS

Schering-Plough implementa nuevas estructura y estrategia global

Una compañía global que se encontró en problemas en los inicios del siglo XXI, debido a la forma en que funcionaban su estructura y sus sistemas de control, fue el gigante farmacéutico Schering-Plough. En 2003 Schering estaba bajo presión en muchos frentes. La Food and Drug Administration (FDA) estaba demandando una revisión completa de sus plantas de fabricación para aumentar y proteger la calidad de los medicamentos; además, la patente de Claritin, su medicamento mejor vendido, estaba terminándose y tenían pocos productos en proyecto. Así, tanto en las dimensiones de innovación como de calidad, las principales fuentes de ventaja de diferenciación, la estrategia de la compañía estaban en problemas.

El comité de directores de Schering-Plough reclutó a Fred Hassan, un graduado de Harvard nacido en Pakistán, para dar un giro a la compañía. Después de reunirse con cientos de grupos de gerentes y científicos, y de visitar las operaciones de la compañía alrededor del mundo, Hassan comenzó a darse cuenta de que los problemas principales de la compañía radicaban en su estrategia y su estructura globales.[49]

Con el tiempo, la compañía había desarrollado un enfoque multinacional para planear sus actividades globales de la cadena de valor y había dividido sus actividades en regiones del mundo, donde prácticamente cada región actuaba como grupo de producto que tomaba decisiones dentro de su grupo/región del mundo. El problema consistía en que cada una de las cabezas de los grupos regionales había ganado control total de sus operaciones, de forma tal que cada región del mundo hacía cosas como fabricación, marketing y ventas en su forma particular. Como resultado, los ejecutivos de las oficinas corporativas, y en especial su equipo directivo, no recibían información precisa sobre la forma en que se desempeñaba cada región, y en específico sobre las operaciones del país dentro de cada región. Habían surgido problemas importantes con la calidad de los medicamentos debido a que el centro corporativo no se enteró de los problemas a nivel del país, sino hasta mucho tiempo después de que se habían presentado, gracias a toda la burocracia que había surgido en el nivel de los grupos regionales.

Schering solo elabora un tipo principal de producto: medicamentos; de manera que Hassan decidió que no necesitaba grupos de producto separados en el mundo o grupos regionales separados. Decidió recortar el número de niveles en la jerarquía corporativa global de la compañía, eliminando niveles entre los gerentes de país y él mismo. Las cabezas de cada división internacional ahora le reportan directamente a él o a uno de los miembros de su equipo de alta dirección, de manera que es mucho más fácil observar y evaluar su desempeño y el de sus divisiones. También es más sencillo estandarizar aspectos como prácticas de ventas y calidad alrededor del mundo. Él también ha trabajado para expandir el rango de productos que cada división internacional vende para lograr sus economías a escala. En 2007, por ejemplo, Hassan se comprometió en la diversificación relacionada cuando compró una compañía farmacéutica holandesa líder en la producción de vacunas para animales y mascotas, así como con un proyecto de nuevos medicamentos, cinco que se encuentran en pruebas, incluyendo un nuevo tratamiento para la esquizofrenia y el trastorno bipolar.

Su nueva estructura global funcionó tan bien que las ventas y ganancias se incrementaron tanto que para 2010 fue comprada por Merck, uno de sus mayores competidores, y se convirtió en parte de este. Hassan es ahora presidente de Bausch & Lomb, una compañía de productos ópticos, donde está aplicando los mismos tipos de cambios en la estructura organizacional para ayudar a aumentar la posición competitiva de la compañía.[50]

Preguntas para análisis

1. ¿Qué tipo de problemas estaba experimentando Schering-Plough con su estrategia y su estructura globales?
2. ¿Cómo cambió Schering-Plough su estructura global para resolver dichos problemas?

Referencias

1 A. D. Chandler, *Strategy and Structure: Chapters in the History of the Industrial Enterprise* (Cambridge, MA: MIT Press, 1962).

2 C. W. L. Hill y G. R. Jones, *Strategic Management: An Integrated Approach*, 4a. ed. (Boston: Houghton Mifflin, 2010).

3 M. E. Porter, *Competitive Strategy* (Nueva York: Free Press, 1980).

4 K. Weigelt y C. Camerer, "Reputation and Corporate Strategy", *Strategic Management Journal*, 9 (1988), pp. 443-454.

5 Hill y Jones, *Strategic Management*, capítulo 10.

6 R. R. Nelson y S. Winter, *An Evolutionary Theory of Economic Change* (Cambridge, MA: Harvard University Press, 1982).

7 M. E. Porter, *Competitive Advantage: Creating and Sustaining Superior Performance* (Nueva York: Free Press, 1985).

8 R. W. Ruekert y O. C. Walker, "Interactions Between Marketing and R&D Departments in Implementing Different Business Strategies", *Strategic Management Journal* 8 (1987), pp. 233-248.

9 Porter, *Competitive Strategy*.

10 K. N. M. Dundas y P. R. Richardson, "Corporate Strategy and the Concept of Market Failure", *Strategic Management Journal* 1 (1980), pp. 177-188.

11 www.samsung.com, 2011.

12 *Ibid*.

13 Porter, *Competitive Advantage*.

14 S. C. Wheelright, "Manufacturing Strategy: Defining the Missing Link", *Strategic Management Journal* 5 (1984), pp. 77-91.

15 D. Ulrich, "Linking Strategic Planning and Human Resource Planning", en L. Fahey, ed., *The Strategic Planning Management Reader* (Englewood Cliffs, NJ: Prentice Hall, 1989), pp. 421-426.

16 E. S. Buffa, "Positioning the Production System—A Key Element in Manufacturing Strategy", en Fahey, *The Strategic Planning Management Reader*, pp. 387-395.

17 O. E. Williamson, *Markets and Hierarchies* (Nueva York: Free Press, 1975).

18 R. M. Johnson, "Market Segmentation: A Strategic Management Tool", *Journal of Marketing Research* 8 (1971), pp. 15-23.

19 V. Scarpello, W. R. Boulton y C. W. Hofer, "Reintegrating R&D into Business Strategy", *Journal of Business Strategy* 6 (1986), pp. 49-56.

20 D. Miller, "Strategy Making and Structure: Analysis and Implications for Performance", *Academy of Management Journal* 30 (1987), pp. 7-32.

21 P. R. Lawrence y J. W. Lorsch, *Organization and Environment* (Boston: Graduate School of Business Administration, Harvard University, 1967).

22 J. Woodward, *Industrial Organization: Theory and Practice* (Londres: Oxford University Press, 1965).

23 K. M. Eisenhardt, "Control: Organizational and Economic Approaches", *Management Science* 16 (1985), pp. 134-138.

24 J. B. Barney, "Organization Culture: Can It Be a Source of Sustained Competitive Advantage?" *Academy of Management Review* 11 (1986), pp. 791-800.

25 S. M. Oster, *Modern Competitive Analysis* (Nueva York: Oxford University Press, 1990).

26 Porter, *Competitive Strategy*, capítulo. 2.

27 *Ibid*.

[28] R. E. White, "Generic Business Strategies, Organizational Context and Performance: An Empirical Investigation", *Strategic Management Journal* 7 (1986), pp. 217-231; G. R. Jones y J. E. Butler, "Costs, Revenue, and Business-Level Strategy", *Academy of Management Review* 13 (1988), pp. 202-213.
[29] www.amazon.com, 2011.
[30] Porter, *Competitive Strategy*.
[31] White, "Generic Business Strategies, Organizational Context and Performance"; D. Miller, "Configurations of Strategy and Structure", *Strategic Management Journal* 7 (1986), pp. 223-249.
[32] S. Kotha y D. Orne, "Generic Manufacturing Strategies: A Conceptual Synthesis", *Strategic Management Journal* 10 (1989), pp. 211-231.
[33] P. R. Lawrence y J. W. Lorsch, *Organization and Environment* (Cambridge, MA: Harvard University Press, 1967).
[34] D. Miller, "Strategy Making and Structure: Analysis and Implications for Performance", *Academy of Management Journal* 30 (1987), pp. 7-32.
[35] A. Deutschman, "If They're Gaining on You, Innovate", *Fortune*, 2 de noviembre de 1992, p. 86.
[36] www.avon.com, 2011.
[37] *Ibid*.
[38] T. J. Peters y R. H. Waterman, Jr., *In Search of Excellence* (Nueva York: Harper & Row, 1982).
[39] E. Deal y A. A. Kennedy, *Corporate Cultures* (Reading, MA: Addison-Wesley, 1985).
[40] M. E. Porter, "From Competitive Advantage to Competitive Strategy", *Harvard Business Review* (mayo-junio de 1987), pp. 43-59.
[41] Con base en Chandler, *Strategy and Structure*.
[42] Chandler, *Strategy and Structure*; J. Pfeffer y G. R. Salancik, *The External Control of Organizations* (Nueva York: Harper & Row, 1978).
[43] Williamson, *Markets and Hierarchies*; K. R. Harrigan, *Strategic Flexibility* (Lexington, MA: Lexington Books, 1985).
[44] Porter, "From Competitive Advantage to Competitive Strategy".
[45] C. W. L. Hill, "Hanson PLC", en C. W. L. Hill y G. R. Jones, *Strategic Management: An Integrated Approach*, 4a. ed. (Boston: Houghton Mifflin, 1998), pp. 764-783.
[46] www.utc.com, 2011.
[47] *Ibid*.
[48] G. R. Jones y C. W. L. Hill, "Transaction Cost Analysis of Strategy-Structure Choice", *Strategic Management Journal* 9 (1988), pp. 159-172.
[49] www.scheringplough.com, 2007-2009.
[50] www.bausch&lomb.com, 2011.

CAPÍTULO 9

Diseño organizacional, competencias y tecnología

Objetivos de aprendizaje

Este capítulo se centra en la tecnología y analiza cómo la utilizan las organizaciones para construir competencias y crear valor. Luego, analiza por qué ciertas formas de estructuras organizacionales son adecuadas para diferentes tipos de tecnología; asimismo, al igual que en capítulos anteriores, se utiliza un enfoque de contingencia para analizar por qué ciertos ambientes o estrategias requieren ciertas formas de estructura.

Después de estudiar este capítulo, usted será capaz de:

1. Identificar la tecnología y cómo se relaciona con la eficacia organizacional.
2. Diferenciar entre los tres tipos de tecnología que crean distintas competencias.
3. Entender cómo cada tipo de tecnología necesita corresponder con cierto tipo de estructura organizacional para que una organización sea eficaz.
4. Comprender cómo la tecnología afecta a la cultura organizacional.
5. Apreciar cómo los avances en tecnología y las nuevas técnicas para manejarla ayudan a aumentar la eficacia organizacional.

¿Qué es la tecnología?

Cuando pensamos en una organización, es probable que la imaginemos en términos de aquello que hace. Pensamos en organizaciones de producción, como Whirpool o Ford, como lugares donde la gente usa sus habilidades en combinación con maquinaria y equipo, para ensamblar insumos y convertirlos en electrodomésticos, automóviles y otros productos terminados. Vemos a las organizaciones de servicios, como hospitales y bancos, como lugares donde la gente aplica sus habilidades en combinación con maquinaria y equipo, con la finalidad de lograr que los enfermos mejoren, o bien, de facilitar las transacciones financieras de los clientes. En todas las organizaciones de manufactura y servicios, se realizan actividades para crear valor; es decir, los insumos se convierten en bienes que satisfacen las necesidades de la gente.

Tecnología
Combinación de habilidades, conocimiento, capacidades, técnicas, materiales, máquinas, computadoras, herramientas y demás equipo que la gente usa para convertir o transformar materia prima en bienes y servicios valiosos.

La **tecnología** es la combinación de habilidades, conocimiento, capacidades, técnicas, materiales, máquinas, computadoras, herramientas y demás equipo que la gente usa para convertir o transformar materia prima, problemas y nuevas ideas en bienes y servicios valiosos. Cuando las personas en Ford, la Clínica Mayo, H&R Block y Google utilizan sus habilidades, conocimiento, materiales, máquinas, etc., para obtener un automóvil terminado, un paciente curado, una devolución de impuestos o una nueva aplicación en línea, están empleando la tecnología para cambiar algo y agregarle valor.

Dentro de una organización, la tecnología existe en tres niveles: individual, funcional o departamental, y organizacional. En el nivel *individual*, la tecnología son las habilidades personales, el conocimiento y las competencias que hombres y mujeres poseen individualmente. En el nivel *funcional* o *departamental*, los procedimientos y las técnicas que los grupos realizan para desempeñar su trabajo crean competencias que constituyen la tecnología. Las interacciones de los miembros de un equipo de operaciones quirúrgicas, los esfuerzos operativos de los científicos en un laboratorio de investigación y desarrollo y las técnicas desarrolladas por los trabajadores de la línea de ensamble son ejemplos de competencias y tecnología en el nivel funcional o departamental.

La forma en que una organización convierte los insumos en productos se usa por lo regular para identificar a la tecnología en el nivel *organizacional*. La **producción en masa** es la tecnología organizacional basada en competencias para usar un proceso de ensamble estandarizado y progresivo para fabricar bienes. La **artesanía** es la tecnología que involucra grupos de trabajadores capacitados que interactúan de manera cercana y combinan sus habilidades para producir artículos diseñados a la medida. La diferencia entre ambas formas está ilustrada claramente en el recuadro "Al interior de la organización 9.1".

Producción en masa
Tecnología organizacional que utiliza bandas transportadoras, y un proceso de ensamble estandarizado y progresivo para fabricar bienes.

Artesanía
Tecnología que involucra grupos de trabajadores capacitados que interactúan de manera estrecha para producir artículos diseñados a la medida.

Al interior de la organización 9.1

Fabricación progresiva en Ford

En 1913 Henry Ford abrió la planta de Highland Park para producir el automóvil Modelo T. Al hacerlo, cambió para siempre la forma en que se elaboraban productos complejos, como los automóviles y nació la nueva tecnología de "fabricación progresiva" (término de Ford) o producción en masa. Antes de que Ford introdujera la producción en masa, la mayoría de los vehículos se fabricaban artesanalmente. Un equipo de trabajadores, conformado por un mecánico hábil y algunos ayudantes, realizaba todas las operaciones necesarias para elaborar el producto. Los artesanos individuales, en la industria automotriz y otras industrias, tienen las habilidades para manejar situaciones inesperadas cuando estas surgen en el proceso de fabricación. Pueden modificar las partes no alineadas de manera que embonen bien, seguir las especificaciones y crear pequeños lotes de una variedad de productos. Debido a que la artesanía se basa en las habilidades y la experiencia de los trabajadores, es un método de fabricación lento y costoso. En la búsqueda de nuevas formas de mejorar la eficiencia en la producción, Ford desarrolló el proceso de la fabricación progresiva.

Ford delineó tres principios de la fabricación progresiva:

1. Debe entregarse la labor al trabajador; él no debe buscar la actividad.[1] En la planta de Highland Park, una cinta transportadora mecanizada móvil pasaba los automóviles a la línea de los trabajadores. Ellos no se movían de una estación de la línea durante el ensamble.
2. El trabajo debe proceder en una secuencia ordenada y específica, de manera que cada tarea se construya sobre la que le precede. En Highland Park, la implementación de esta idea llegó a los ejecutivos, quienes diseñaron la secuencia de tareas más eficiente y la coordinaron con la velocidad de la cinta transportadora.
3. Las tareas individuales deben dividirse en sus componentes más simples para aumentar la especialización y crear una división de trabajo eficiente. El ensamble de la luz trasera, por ejemplo, podría dividirse en dos tareas separadas que dos trabajadores distintos realicen durante todo el día. Una persona coloca las bombillas en un panel reflector; la otra atornilla una calavera en el panel reflector.

Como resultado de este nuevo sistema de trabajo, para 1914 las plantas de Ford empleaban 15,000 trabajadores, pero solo 255

Glowimages

supervisores (sin incluir la alta gerencia). La proporción entre trabajadores y supervisores era de 58 a 1. Un rango de control tan amplio fue posible porque la secuencia y el ritmo del trabajo no estaban dirigidos por los supervisores, sino que estaban controlados por la programación del trabajo y la velocidad de la línea de producción.[2] El sistema de producción en masa ayudó a Ford a controlar a muchos trabajadores con un número relativamente pequeño de supervisores, pero también creó una jerarquía vertical. En toda planta típica de Ford la jerarquía se componía de seis niveles, lo cual reflejaba el hecho de que la mayor preocupación de la administración era la comunicación vertical de información hacia los directivos, quienes controlaban la toma de decisiones en toda la planta.

La introducción de la tecnología de producción en masa en la fabricación de automóviles fue solo una de las innovaciones tecnológicas de producción de Henry Ford. Otra fue el uso de partes intercambiables. Cuando las partes son intercambiables, los componentes de varios proveedores embonan bien juntos; no necesitan modificarse para embonar durante el proceso de ensamble. Con el viejo método de producción artesanal, se necesitaba un alto nivel de competencia para ensamblar los componentes que proveían diferentes fabricantes, los cuales comúnmente diferían en tamaño o calidad. Ford insistió en que los fabricantes de componentes siguieran especificaciones detalladas, de manera que las piezas no necesitaran modificarse y que su fuerza de trabajo relativamente poco hábil fuera capaz de ensamblarlas con facilidad. Finalmente, el deseo de controlar la calidad de los insumos llevó a Ford a embarcarse en un programa masivo de integración vertical. Ford extrajo el hierro de sus minas en la parte norte de Michigan y transportó el metal en un flete de barcazas de su propiedad hacia las plantas de acero –también de su propiedad– en Detroit, donde se fundía, laminaba y sellaba en partes estándar del cuerpo del vehículo.

Como resultado de esas innovaciones tecnológicas en la producción, a principios de la década de 1920 la organización de Henry Ford estaba fabricando más de dos millones de automóviles al año. Gracias a esos métodos de fabricación eficientes, Ford redujo el precio de los automóviles en dos terceras partes. La ventaja en el precio bajo, a su vez, creó un mercado en masa para este producto.[3] Medido con estándares de eficiencia técnica y capacidad para satisfacer a los inversionistas externos o clientes, Ford Motor resultó una organización muy eficaz. Sin embargo, dentro de las fábricas la imagen no era tan prometedora.

Los trabajadores odiaban sus actividades. Los gerentes de Ford respondían a su descontento con supervisión represiva. Los trabajadores eran vigilados constantemente. No se les permitía hablar en la línea de producción y su comportamiento, tanto dentro de la planta como fuera de ella, era monitoreado de cerca (por ejemplo, no se les permitía beber alcohol, aun cuando no estuvieran laborando). Los supervisores podían despedir instantáneamente a los trabajadores que desobedecieran cualquier regla. Las condiciones represivas eran tales, que para 1914 se habían despedido o habían renunciado tantos trabajadores que tenían que contratarse 500 trabajadores diarios para mantener la fuerza laboral en 15,000.[4] Era evidente que la nueva tecnología de producción en masa estaba imponiendo severas demandas en los trabajadores individuales.

Tecnología y eficacia organizacional

Del capítulo 1, recuerde que las organizaciones toman insumos del ambiente y crean valor al transformarlos en productos a través de los procesos de conversión (véase la figura 9.1). Aunque por lo regular pensamos en la tecnología solo en la etapa de conversión, también está presente en todas las actividades de la organización: insumos, conversión y resultado.[5]

En la etapa de *insumos*, la tecnología —es decir, habilidades, procedimientos, técnicas y competencias— permite que cada función organizacional maneje las relaciones con los inversionistas externos, de tal forma que la organización logre administrar de manera eficaz su ambiente específico. La función de recursos humanos, por ejemplo, tiene técnicas como los procedimientos de

Figura 9.1 Procesos de insumo, conversión y resultado

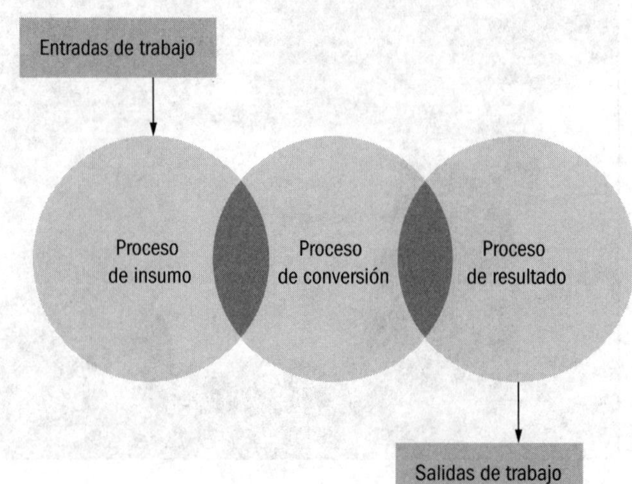

entrevista y evaluación psicológica que utiliza para reclutar y seleccionar empleados calificados. La función de administración de materiales ha desarrollado competencias para tratar con los proveedores de insumos, para negociar contratos en términos favorables, así como para obtener partes componentes de bajo costo y alta calidad. El departamento de finanzas cuenta con técnicas para obtener capital a un costo favorable para la compañía.

En la etapa de *conversión*, la tecnología —una combinación de máquinas, técnicas y procedimientos de trabajo— transforma los insumos en productos o resultados. Una mejor tecnología permite que una organización agregue mayor valor a sus insumos al menor costo de recursos organizacionales. Comúnmente las organizaciones tratan de mejorar la eficiencia de sus procesos de conversión. Pueden lograrlo entrenando a los empleados en nuevas técnicas de administración del tiempo y permitiéndoles diseñar mejores formas de desempeñar su trabajo.

En la etapa de *resultado*, la tecnología permite que una organización disponga de manera eficaz de los servicios y productos terminados para los inversionistas externos. Para ser eficaz, una organización debe poseer competencias para evaluar la calidad del producto terminado, para vender y promover el producto, y para administrar el servicio posterior a la venta.

La tecnología de los procesos de insumo, conversión y resultado de una organización es una fuente importante de ventaja competitiva. ¿Por qué Microsoft es la compañía de software más exitosa? ¿Por qué Toyota es el fabricante de automóviles de mejor calidad? ¿Por qué McDonald's es la compañía de comida rápida más eficiente? ¿Por qué Walmart supera de manera consistente a Kmart y a Sears? Cada una de estas organizaciones enfatiza el desarrollo, la administración y el uso de la tecnología para crear competencias que lleven a un mayor valor para los inversionistas.

Recuerde que en el capítulo 1 vimos los tres enfoques principales para medir y aumentar la eficacia organizacional (véase la tabla 1.1). Una organización que usa el *enfoque de recurso externo* utiliza la tecnología para aumentar su capacidad para administrar y controlar a los inversionistas externos. Cualquier desarrollo tecnológico nuevo que permita que una organización mejore su servicio al cliente, tal como la capacidad para personalizar los productos, o para aumentar la calidad y confiabilidad de los mismos, incrementa la eficacia de la organización.

Una organización que aplica el *enfoque de sistemas internos* usa la tecnología para aumentar el éxito de sus intentos de innovación, para desarrollar nuevo productos, servicios y procesos, así como para reducir el tiempo necesario para lanzar nuevos productos al mercado. Como vimos antes, la introducción de la producción en masa en la planta de Highland Park permitió que Henry Ford fabricara un nuevo tipo de producto: un automóvil para el mercado masivo.

Una organización que utiliza el *enfoque técnico* usa la tecnología para aumentar la eficiencia y reducir los costos mientras, de manera simultánea, refuerza la calidad y la confiabilidad de sus productos. Ford aumentó la eficacia de su compañía organizando sus recursos funcionales para crear vehículos de mejor calidad a un costo más bajo, tanto para el fabricante como para el consumidor.

Las organizaciones usan la tecnología para ser más eficientes, innovadoras y capaces de cumplir con las necesidades y deseos de los inversionistas. Cada departamento o función en una organización es responsable de construir competencias y desarrollar la tecnología que le permita aportar una contribución positiva al desempeño organizacional. Cuando una organización tiene tecnología que le permite crear valor, necesita una estructura que maximice la eficacia de tal tecnología. Así como las características ambientales requieren que las organizaciones realicen ciertas elecciones de diseño organizacional, también las características de las diferentes tecnologías afectan la elección de estructura de una organización.

En las siguientes tres secciones, se analizarán tres teorías de la tecnología que intentan captar la forma en que las diferentes tecnologías departamentales y organizacionales funcionan y afectan el diseño organizacional. Advierta que las tres teorías son *complementarias,* en el sentido de que cada una resalta algunos aspectos de la tecnología que otras no. Las tres teorías son necesarias para entender las características de los diferentes tipos de tecnología. Los gerentes en todos los niveles y en todas las funciones utilizan esas teorías para **1.** elegir la tecnología que transformará de manera más eficaz los insumos en productos y **2.** diseñar una estructura que permita a la organización operar la tecnología de manera eficaz. Por lo tanto, es importante que estos gerentes entiendan el concepto de complejidad técnica, las diferencias subyacentes entre las tareas complejas y las tareas de rutina, así como el concepto de interdependencia de tareas.

Complejidad técnica: La teoría de Joan Woodward

Tecnología programada
Tecnología donde los procedimientos para convertir los insumos en productos o resultados pueden especificarse por adelantado, de manera que las tareas se estandaricen y los procesos de trabajo se vuelvan predecibles.

Complejidad técnica
Medida del grado en que un proceso de producción se programa, de manera que pueda controlarse y predecirse.

Algunos tipos de tecnología son más complejos y difíciles de controlar que otros pues algunos son más difíciles de programar que otros. Se dice que la tecnología está **programada** cuando las reglas y los estándares de operación para convertir insumos en resultados pueden especificarse por adelantado, de tal forma que las tareas logren estandarizarse y el proceso de trabajo se vuelva predecible. McDonald's usa una tecnología altamente programada para elaborar hamburguesas, al igual que Ford para producir sus vehículos. Lo hacen para controlar la calidad de sus productos, hamburguesas o automóviles. Cuanto más difícil sea especificar el proceso de conversión de insumos en productos o resultados, más difícil será controlar el proceso de producción y hacerlo predecible.

De acuerdo con una investigadora, Joan Woodward, la **complejidad técnica** de un proceso de producción (es decir, la medida en que este puede programarse para controlarse y predecirse) es la dimensión importante que diferencia tecnologías.[6] Existe *alta complejidad técnica* cuando los procesos de conversión pueden programarse por adelantado y ser completamente automatizados. Con la automatización total, las actividades laborales y los productos que resultan de ellas están estandarizados y logran predecirse de forma precisa. Existe *baja complejidad técnica* cuando los procesos de conversión dependen principalmente de la gente, sus habilidades y conocimiento, y no de las máquinas. Con mayor involucramiento humano y menor dependencia de las máquinas, las actividades laborales no pueden programarse por adelantado, de modo que los resultados dependen de las habilidades de la gente implicada.

Por ejemplo, la generación de servicios se basa mucho más en el conocimiento y la experiencia de los empleados que interactúan directamente con los clientes para obtener el producto final, que en las máquinas y demás equipo. La naturaleza del trabajo en la producción de servicios dificulta la estandarización y programación de las actividades laborales y el control de los procesos de trabajo. Cuando los procesos de conversión dependen principalmente del desempeño de la gente, en lugar de las máquinas, la complejidad técnica es baja; por ello, es mayor la dificultad para mantener calidad y consistencia altas en la producción.

Joan Woodward identificó diez niveles de complejidad técnica, los cuales asoció con tres tipos de tecnología de producción: **1.** tecnología de unidad y pequeños lotes, **2.** tecnología de producción en masa y grandes lotes, y **3.** tecnología de proceso continuo (véase la figura 9.2).[7]

Tecnología de producción por unidad y pequeños lotes

Las organizaciones que emplean tecnología de unidad y pequeños lotes elaboran productos únicos personalizados o en pequeñas cantidades. Ejemplos de tales organizaciones incluyen al fabricante de muebles que construye mobiliario personalizado a las necesidades y gustos de los clientes específicos, al impresor que elabora las invitaciones grabadas de una boda que una pareja en particular desea, y a los equipos de cirujanos que trabajan en hospitales especializados que brindan un conjunto específico de servicios, como cirugía de rodilla u ocular. La tecnología por unidad o en pequeños lotes recibe la calificación más baja en la dimensión de complejidad técnica (véase la figura 9.2), porque cualquier máquina usada en el proceso de conversión es menos importante que las habilidades y el conocimiento de las personas. Así, la gente decide cómo y cuándo usar las máquinas, además, el proceso operativo de producción refleja sus decisiones acerca de cómo aplicar su conocimiento. Un fabricante de muebles a la medida, por ejemplo, usa una variedad de herramientas (por ejemplo, tornos, martillos, lijadoras y sierras) para transformar tablas en un gabinete. Sin embargo, cuáles herramientas se usan y en qué orden depende de cómo el fabricante de muebles elige construir el gabinete. Con la tecnología por unidad o en pequeños lotes, el proceso de conversión es flexible porque el trabajador adapta las técnicas para cubrir las necesidades y requerimientos de los clientes individuales.

La flexibilidad de la tecnología en pequeños lotes da a una organización la capacidad de producir una amplia gama de productos que pueden adaptarse a los clientes individuales. Por ejemplo, los diseñadores de alta costura o los fabricantes de productos como un perfume fino, al igual que la fabricación personalizada de automóviles y muebles especializados, usan tecnología en pequeños lotes. La tecnología en pequeños lotes permite a un fabricante de muebles satisfacer la solicitud del cliente de cierto estilo de mesa con determinado tipo de madera.

La tecnología por pequeños lotes es relativamente cara de operar, ya que el proceso de trabajo es impredecible y la producción de artículos a la medida hechos por encargo dificulta el

Figura 9.2 Complejidad técnica y tres tipos de tecnología

Joan Woodward identificó diez niveles de complejidad técnica que asoció con tres tipos de producción.

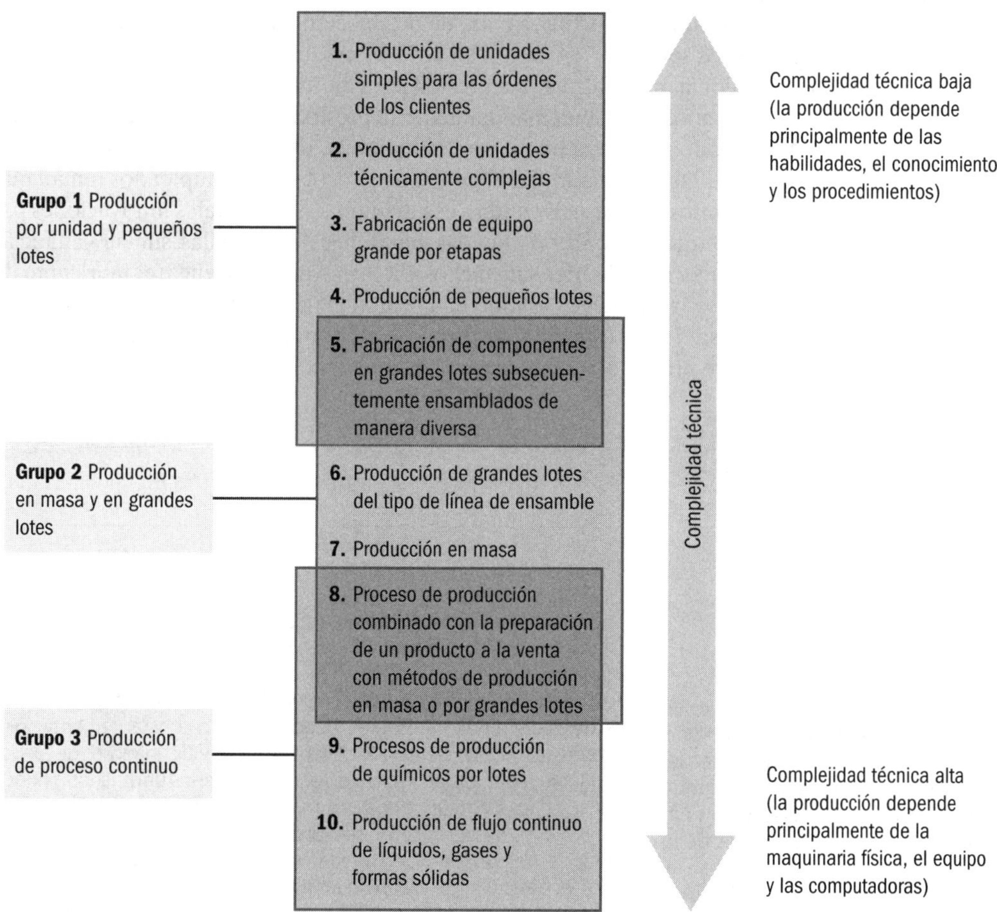

Fuente: Adaptado de Joan Woodward *"Management and Technology"*, London: Her Majesty's Stationery Office, 1958, p. 11. Reproducido con autorización del Controller of Her Britannic Majesty's Stationery Office on behalf of Parliament.

avance de la programación de las actividades laborales. Sin embargo, la flexibilidad y la capacidad para responder a una amplia gama de solicitudes del cliente permiten que esta tecnología resulte adecuada para producir bienes nuevos o complejos. Google utiliza tecnología de lotes pequeños cuando asigna a un equipo de ingenieros de software a trabajar en conjunto, para desarrollar nuevas aplicaciones de software; también la aplica un fabricante de rosquillas.

Fundada en 1937 en Newington, Connecticut, Krispy Kreme es un minorista de especialidad líder en rosquillas de alta calidad elaboradas con levadura. Las rosquillas de Krispy Kreme tienen un amplio grupo de seguidores y ostentan un precio superior debido a su calidad y sabor único. Es ejemplar la forma en que usa la producción en pequeños lotes para aumentar su eficiencia operativa y su respuesta a los clientes. Krispy Kreme denomina a sus operaciones de producción en tienda "teatro de rosquillas" porque sus instalaciones están diseñadas para que los clientes observen y huelan las rosquillas mientras se hornean en sus impresionantes máquinas.

¿Cuáles son los elementos de esos métodos de producción por lotes pequeños? La historia comienza con la receta secreta de rosquillas guardada en una bóveda desde hace 65 años. Ninguna de sus franquicias conoce la receta para elaborar sus rosquillas; Krispy Kreme vende la masa lista y otros ingredientes a sus tiendas. Incluso las máquinas usadas para elaborar las rosquillas son diseñadas y producidas por la compañía, de manera que ningún fabricante de rosquillas logre imitar sus métodos de elaboración únicos y crear así un producto similar de competencia.

Las máquinas para hacer rosquillas están diseñadas para producir una amplia variedad de tipos distintos de rosquillas en pequeñas cantidades. Cada tienda elabora y vende entre 4,000 y 10,000 docenas de rosquillas por día.

Krispy Kreme refina constantemente su sistema de producción para mejorar la eficiencia de sus operaciones por pequeños lotes. Por ejemplo, rediseñó su máquina de rosquillas para incluir una extrusora de alta tecnología que utiliza aire a presión para dar forma a la masa en aros o conchas. Antes de eso, los empleados ajustaban manualmente la presión del aire cuando se encendía la carga de la masa. Ahora todo se realiza de manera automática. Un glaceador de rosquillas rediseñado introduce las rosquillas terminadas en el jarabe de chocolate; los empleados tenían que meter las rosquillas a mano antes de que se inventara esa máquina. Aunque tales innovaciones parecerían muy modestas, a lo largo de cientos de tiendas y millones de rosquillas, suman ganancias significativas en productividad y más clientes satisfechos. La forma en que Zynga, el fabricante de juegos para redes sociales, diseña sus juegos usando una tecnología de pequeños lotes o artesanal, muestra qué tan adaptable suele ser este tipo de tecnología para las compañías fabricantes de software en Internet, como se presenta en el recuadro "Al interior de la organización 9.2".

Al interior de la organización 9.2

Cómo fabrica Zynga sus juegos sociales en línea

Zynga Inc., con sede cerca de Marina del Rey, California, es el diseñador más popular de juegos sociales en línea, un segmento de rápido crecimiento y altamente competitivo de la industria del entretenimiento. Cada mes, uno de diez usuarios de la Web juega uno o más de los 55 juegos de Zynga, los cuales incluyen Farmville, Zynga Poker y Mafia Wars. Alrededor de cuatro quintas partes de la población de EU, cerca de 250 millones de personas, practica sus juegos cada mes. En mayo de 2011 Zynga dio a conocer su más reciente juego en línea, Empires & Allies, que llevó a la compañía a una nueva arena, los juegos de "acción y estrategia", que había estado dominada por desarrolladores globales de videojuegos como Electronic Arts (EA), cuyos productos incluyen Crisis 2, Star Wars, The Sims y Portal 2.

La forma en que Zynga desarrolla sus juegos es única en la industria porque usa una tecnología artesanal donde pequeños equipos de diseñadores y desarrolladores de juegos trabajan continuamente para crear, desarrollar y, luego, perfeccionar los juegos a lo largo del tiempo, de manera que los propios juegos cambien constantemente. Zynga emplea muchos cientos de desarrolladores y diseñadores de juegos en un ambiente relajado parecido al de un campus universitario donde incluso se les permite traer a sus mascotas a trabajar, si así lo eligen. Mark Skaggs, vicepresidente sénior del producto, resumió la forma en que la tecnología de diseño de la compañía funciona como "rápida, ligera y correcta".[8] El diseño de los juegos de Zynga toma solo algunas semanas o meses. ¿Por qué? Porque sus equipos de desarrolladores trabajan en grupos autogestionados que se componen con alrededor de 30 miembros. Todas las actividades desempeñadas por cada miem-

Newscom

bro del equipo y la forma en que cambian continuamente el juego es evidente para otros miembros del equipo porque todos están ligados a través de software interactivo en tiempo real, que les permite evaluar cómo los cambios que se van haciendo afectarán la naturaleza del juego. Los miembros del equipo pueden continuamente aprobar, desaprobar o encontrar formas de mejorar la manera en que se desarrollan los objetivos y las características del juego, y así asegurarse de que el juego finalmente atraerá a los cientos de millones de usuarios de Zynga, una vez que se lance al mercado.

Sin embargo, el otro aspecto de la tecnología artesanal que funciona tan bien para Zynga depende de su competencia para continuar adaptando y cambiando cada juego que desarrolla para atraer mejor los gustos de sus usuarios, aun después de que el juego haya sido lanzado en línea. A diferencia de los fabricantes de juegos en línea más establecidos como EA, gran parte del desarrollo del juego posterior al lanzamiento de un juego de Zynga sucede en el trabajo continuo de sus diseñadores, para agregar contenido, corregir errores, probar nuevas características y ajustar constantemente el juego, con base en la retroalimentación en tiempo real acerca de cómo los jugadores "interactúan" con él, y encontrar así aquello que los usuarios disfrutan más. Una de las competencias únicas de Zynga es la capacidad para dar seguimiento al desempeño de cada característica y elemento de diseño del juego. Mediante lo que llama evaluación A/B, Zynga crea dos grupos de jugadores diferentes, A y B, quienes fungen como conejillos de Indias, en el sentido de que se monitorean sus respuestas a un juego que se ha modificado o mejorado con nuevas características. Al contar el número de jugadores que hacen clic en la nueva característica, Zynga sabe si les gusta y lo que quieren, de manera que los desarrolladores pueden cambiar continuamente la dinámica del juego para convertirlo en algo más satisfactorio para los usuarios.

El resultado es que sus juegos en línea son cada vez mejores con el tiempo pues se vuelven más atractivos para los usuarios. Como reconoce el diseñador del juego líder Empires & Allies, Greg Black: "Exploramos a nuestros usuarios y observamos en tiempo real lo que les gusta hacer".[9] Así que, por ejemplo, al mismo tiempo que los primeros cientos de jugadores de Empire & Allies trataban de descubrir cómo jugar el juego y conquistar a sus rivales en las pantallas de su computadora, los desarrolladores del juego observaban sus esfuerzos y usaron su experiencia para confeccionar y mejorar la forma en que se juega para hacerlo más emocionante.

Este impresionante enfoque interactivo del desarrollo de juegos en línea es bastante diferente de la tecnología usada por desarrolladores como EA, los cuales emplean cientos de individuos a quienes les toma dos años o más finalizar un juego, antes de que sea lanzado a la venta. EA desde luego que obtiene ganancias de los ingresos por las ventas de cada juego, que por lo regular cuestan de 50 a 75 dólares; un producto exitoso llega a vender 50 millones de copias. En el modelo de Zynga, en cambio, todos los juegos en línea son gratuitos para millones de usuarios de Internet. Los juegos en línea se centran en el número de usuarios activos diariamente, los cuales, en el caso de Zynga, son 50 millones al día (tiene una audiencia de 240 millones de jugadores solamente en Facebook). De manera que si 2% a 5% de sus jugadores gasta dinero en las características adicionales del juego que se compran con poco dinero, comúnmente 10 a 25 centavos de dólar, con 50 millones de usuarios al día Zynga ya obtiene ganancias por más de 200 millones de dólares al año. Y cuanto más juegos logre Zynga que los usuarios jueguen, gana más. No sorprende entonces que, cuando la compañía anunció una oferta pública de sus acciones en 2011, los analistas estimaron que la empresa valdría 20 mil millones de dólares.

Tecnología de producción en masa y grandes lotes

Para aumentar el control sobre el proceso de trabajo y convertirlo en predecible, las organizaciones tratan de incrementar el uso de máquinas y equipos; es decir, intentan aumentar el nivel de complejidad técnica y de mejorar su eficiencia. Las organizaciones que usan tecnología de producción en masa o en grandes lotes producen volúmenes masivos de bienes estandarizados como automóviles, rastrillos, latas de aluminio y bebidas gaseosas. Ejemplos de tales organizaciones incluyen Ford, Gillette, Crown Cork y Seal, y Coca Cola. Con tecnología de producción en masa y por grandes lotes, las máquinas controlan el proceso laboral. Su uso permite que las tareas se especifiquen y programen por adelantado. Como resultado, las actividades de trabajo se estandarizan y el proceso de producción se vuelve altamente controlable.[10] En vez de un equipo de artesanos elaborando muebles pieza por pieza, por ejemplo, los tornos y las sierras de alta velocidad cortan y dan forma a las tablas, convirtiéndolas en componentes estandarizados que trabajadores no especializados ensamblan como cientos de mesas o sillas idénticas en una línea de producción, como las que se producen en las fábricas de los proveedores globales de IKEA (véase el caso para análisis del capítulo 3).

El control que brinda la tecnología de producción en masa y por grandes lotes permite que una organización ahorre dinero en la producción, y cobre un precio menor por sus productos. Como describe el recuadro "Al interior de la organización 9.1", Henry Ford cambió la historia de la fabricación cuando remplazó la producción en lotes pequeños (el ensamble de automóviles uno por uno con trabajadores capacitados) por la producción en masa para ensamblar el modelo T. El uso de una banda transportadora, partes estandarizadas e intercambiables y tareas progresivas y estandarizadas consiguió que los procesos de conversión en la planta de Highland Park fueran más eficientes y productivos. Los costos de producción cayeron en picada y Ford fue capaz de disminuir los costos de un Modelo T y crear un mercado en masa para ese producto. De una forma similar, IKEA también opera hoy sus propias fábricas, donde sus ingenieros se especializan en encontrar formas más eficientes de elaborar muebles; IKEA transfiere entonces ese conocimiento a sus proveedores globales.[11]

Tecnología de proceso continuo

Con la tecnología de proceso continuo, la complejidad técnica alcanza su cumbre (véase la figura 9.2). Las organizaciones que emplean tecnología de proceso continuo incluyen las compañías que fabrican productos y químicos basados en el petróleo como Exxon, DuPont y Dow, al igual que compañías cerveceras, como Anheuser-Busch y Miller Brewing. En la producción de proceso continuo, los pasos de conversión son casi completamente automatizados y mecanizados; por lo general, los empleados no están involucrados directamente en la fabricación. Su rol en la producción es monitorear la planta y su maquinaria, así como asegurarse de su operación eficiente.[12] La tarea de los trabajadores involucrados en la producción de proceso continuo es principalmente manejar las excepciones en el proceso laboral, como la descompostura de una máquina o el mal funcionamiento del equipo.

El sello de la tecnología de proceso continuo es la suavidad de su operación. La producción continúa con poca variación en el producto y rara vez se detiene. En una refinería de petróleo, por ejemplo, el insumo crudo traído continuamente a la refinería por camiones cisterna fluye a través de pipas hacia las torres de hidrocarburos, donde se extraen los componentes químicos individuales y se envían a otras partes de la refinería para mayor refinamiento. Los productos finales como gasolina, aceite, benceno y brea salen de la planta en camiones cisterna para enviarse luego a los clientes. Los trabajadores de una refinería o de una planta química en raras ocasiones ven lo que están produciendo. La producción tiene lugar a través de pipas y máquinas. Los empleados en un cuarto de control centralizado monitorean los calibradores y relojes comparadores, para asegurarse de que el proceso funcione de manera fluida, segura y eficiente.

La producción de proceso continuo tiende a ser técnicamente más eficiente que la producción en masa, porque está más mecanizada y automatizada y, por lo tanto, es más predecible y fácil de controlar. En cuanto a costo, es más eficiente que la producción por unidad y la producción en masa, porque los costos laborales son una proporción muy pequeña del costo total. Cuando se opera a toda su capacidad, la tecnología de proceso continuo causa que los costos de producción sean más bajos.

Woodward anotó que, por lo regular, una organización busca aumentar su uso de máquinas (si es práctico hacerlo) y moverse de la producción de pequeños lotes a la producción en masa a la producción de proceso continuo, con la finalidad de reducir costos. Existen, sin embargo, excepciones a tal progresión. Para muchas actividades organizacionales, el movimiento para automatizar la producción no es posible o práctico. El desarrollo de prototipos, la investigación básica de nuevos medicamentos o las aplicaciones novedosas de hardware y software, y la operación cotidiana de hospitales y escuelas, por ejemplo, son intrínsecamente impredecibles y, por lo tanto, sería imposible programar por adelantado usando una máquina automatizada. Una compañía farmacéutica no puede decir: "Nuestro departamento de investigación inventará tres medicamentos nuevos, uno para la diabetes y dos para la hipertensión, cada seis meses". Sus inventos son resultado del ensayo y del error, y dependen de las habilidades y conocimiento de sus investigadores. Además, muchos clientes desean pagar altos precios por productos diseñados a la medida que se adecuen a sus gustos individuales, como trajes hechos a la medida, joyería o computadoras para juegos de alta calidad. De esta manera, hay un mercado para los productos de las compañías de producción por pequeños lotes, aun cuando los costos de producción sean elevados.

Complejidad técnica y estructura organizacional

Una de las metas de Woodward en la clasificación de tecnologías de acuerdo con su complejidad técnica era descubrir si la tecnología de una organización afectaba el diseño de su estructura. Específicamente, quería observar si las organizaciones eficaces tenían estructuras que se adecuaban a las necesidades de sus tecnologías. Una comparación de las características estructurales de las organizaciones que buscan cada uno de los tres tipos de tecnología reveló diferencias sistemáticas en la relación estructura-tecnología.

Con base en sus hallazgos, Woodward argumentó que cada tecnología está relacionada con una estructura diferente porque cada tecnología presenta diferentes problemas de control y coordinación. Las organizaciones con tecnología por pequeños lotes cuentan con, por lo general, tres niveles en su jerarquía; las organizaciones con tecnología de producción en masa, con cuatro niveles; y las organizaciones con tecnología de proceso continuo, con seis niveles. A medida que se incrementa la complejidad técnica, las organizaciones se vuelven más verticales y se amplía el espacio de control del director general. El rango de control de los supervisores de primera línea primero se expande y, luego, se acorta. Es relativamente pequeño con la tecnología de pequeños lotes, crece ampliamente con la tecnología de producción en masa y se contrae de forma drástica con la tecnología de proceso continuo. Estos hallazgos dan como resultado estructuras de formas muy diferentes. ¿Por qué la naturaleza de la tecnología de una organización produce tales resultados?

El principal problema de coordinación relacionado con la *tecnología de lotes pequeños* es la imposibilidad de programar las actividades de conversión porque la producción depende de las necesidades y la experiencia de la gente que trabaja en conjunto. Una organización que usa tecnología de lotes pequeños debe dar a la gente la libertad de tomar sus propias decisiones, de manera que logren responder de manera rápida y flexible a las peticiones de los clientes, y elaboren el producto exacto que el cliente requiere. Por tal razón, una organización como esa presenta una estructura relativamente plana (tres niveles de jerarquía) y la toma de decisiones está descentralizada en pequeños equipos, donde los supervisores de primera línea poseen un espacio de control relativamente pequeño (23 empleados). Con la tecnología de lotes pequeños cada supervisor y grupo deciden cómo manejar cada decisión, a medida que ocurre en cada paso del proceso de conversión de insumo en producto. Esta clase de toma de decisiones necesita el ajuste mutuo, es decir la comunicación cara a cara con colaboradores y, comúnmente, con los clientes. La estructura más adecuada para la tecnología de lotes pequeños y por unidad es una estructura orgánica, donde los ejecutivos y los empleados trabajen de manera cercana para coordinar sus actividades y cubrir las cambiantes demandas de trabajo, lo cual es una estructura relativamente plana.[13]

En una organización que usa la *tecnología de producción en masa*, la capacidad para programar tareas por adelantado permite que la organización estandarice el proceso de fabricación y lo transforme en predecible. El espacio de control del supervisor de primera línea aumenta a 48 debido a que la formalización por medio de reglas y procedimientos se vuelve el método de coordinación principal. La toma de decisiones se centraliza y la jerarquía de autoridad se torna más vertical (cuatro niveles), a medida que los gerentes dependen de la comunicación vertical para controlar el proceso de trabajo. Una *estructura mecanicista* se convierte en la estructura adecuada para controlar las actividades de trabajo en un escenario de producción en masa, y la estructura organizacional se vuelve más vertical y se expande.

En una organización que usa *tecnología de proceso continuo*, las tareas pueden programarse por adelantado y el proceso de trabajo es predecible y controlable en un sentido técnico, pero aún existe el potencial para una crisis de sistemas. El principal problema de control al que se enfrenta la organización es monitorear el proceso de producción, para controlar y corregir los eventos no previstos antes de que lleven al desastre. Las consecuencias de una tubería fallida en una refinería de petróleo o en una planta química, por ejemplo, son potencialmente desastrosas. Los accidentes en una planta nuclear, otro usuario de la tecnología de proceso continuo, también pueden ocasionar efectos catastróficos, como los accidentes en la Isla de Tres Millas (EU), Chernobyl y más recientemente el colapso en la planta nuclear de Fukushima en Japón en 2011, después de un catastrófico tsunami.

La necesidad de monitorear constantemente el sistema operativo, y de asegurarse de que cada empleado se ajuste a los procedimientos operativos aceptados, es la razón por la cual la tecnología de proceso continuo está asociada con una jerarquía de autoridad más vertical (seis niveles). Los ejecutivos de todos los niveles deben monitorear de manera cercana las acciones de sus subordinados, además, los supervisores de primera línea tienen un espacio de control estrecho, lo cual crea una jerarquía muy vertical en forma de diamante. Se necesitan muchos supervisores para vigilar a los empleados de nivel más bajo, así como para monitorear y controlar el equipo moderno. Debido a que los empleados también trabajan en equipo y en conjunto realizan los procedimientos para administrar y reaccionar ante las situaciones inesperadas, el ajuste mutuo se convierte en el medio principal de coordinación. De manera que una estructura orgánica es la estructura adecuada para administrar la tecnología de proceso continuo, porque el potencial de eventos impredecibles requiere de la capacidad para brindar respuestas flexibles y rápidas.

Un investigador, Charles Perrow, afirma que la tecnología de proceso continuo usada en las plantas nucleares es tan complicada que resulta incontrolable.[14] Perrow reconoce que los sistemas de control están diseñados con sistemas de respaldo para manejar los problemas, a medida que van surgiendo y que existen sistemas para compensar los sistemas de respaldo fallidos. Él cree, sin embargo, que el número de eventos inesperados que podrían ocurrir cuando la complejidad técnica es muy alta es tan grande (como en las plantas nucleares), que los directivos no logran reaccionar lo suficientemente rápido para resolver todos los problemas que surgirían. Perrow argumenta que cierta tecnología de proceso continuo es tan compleja que ninguna estructura organizacional puede permitir a los gerentes operarla de manera segura, no pueden diseñarse procedimientos operativos estándar para manejar los problemas por adelantado, y ningún mecanismo de integración que se utilice para promover los ajustes mutuos será capaz de resolver los problemas cuando estos surjan. Una implicación de la posición de Perrow consiste en que deberían cerrarse las plantas nucleares porque son demasiado complejas para operar de manera segura. Otros investigadores, sin embargo, no están de acuerdo, argumentando que cuando se logra el equilibrio adecuado entre el control centralizado y descentralizado, la tecnología se opera de manera segura. Sin embargo, en 2011, después de la catástrofe en Japón, Alemania anunció que cerraría 22 de sus plantas nucleares para 2022; por su parte, Japón estaba evaluando la seguridad de continuar operando sus reactores en una región proclive a los terremotos.

El imperativo tecnológico

Los resultados de Woodward sugieren enfáticamente que la tecnología es un factor principal que determina el diseño de la estructura organizacional.[15] Sus resultados implican que si una compañía opera con una tecnología determinada, entonces necesita adoptar cierto tipo de estructura para ser eficaz. Si una empresa usa tecnología de producción en masa, por ejemplo, debe tener una estructura mecanicista con seis niveles en la jerarquía, un espacio de control de 1 a 48, etc., para ser eficaz. El argumento de que la tecnología determina la estructura se conoce como el **imperativo tecnológico**.

Imperativo tecnológico Argumento de que la tecnología determina la estructura.

Otros investigadores también interesados en la relación tecnología-estructura se preocuparon de que los resultados de Woodward podían haber sido consecuencia de la muestra de compañías que estudió y que eso pudo haberlo llevado a sobrestimar la importancia de la tecnología.[16] Señalan que la mayoría de las compañías que Woodward estudió eran relativamente pequeñas (82% de ellas contaba con menos de 500 empleados) y sugirieron que su muestra quizás haya sesgado los resultados. Reconocen que es probable que la tecnología cause un impacto importante en la estructura de una compañía pequeña, ya que la prioridad de la administración podría ser el mejoramiento de la eficiencia en la fabricación; pero sugirieron que la estructura de una organización con 5,000 o 500,000 empleados (como Exxon o Walmart) presenta una menor probabilidad de estar determinada principalmente por la tecnología usada para elaborar sus diversos productos.

En una serie de trabajos académicos conocida como Estudios Aston, los investigadores estuvieron de acuerdo en que la tecnología causa algún efecto en la estructura organizacional: cuanto más mecanizada y automatizada esté la tecnología de una organización, más probable será que la organización tenga una estructura mecanicista altamente centralizada y estandarizada. Pero, concluyen los Estudios Aston, el tamaño de la organización es más importante que la tecnología para determinar la elección de la estructura de una organización.[17] En los capítulos anteriores, hemos visto que, a medida que una organización crece y se diferencia, surgen problemas de coordinación y control que los cambios en la estructura de la organización deben resolver. Los investigadores de Aston argumentan que aun cuando la tecnología podría afectar fuertemente la estructura de las pequeñas organizaciones, la estructura adoptada por las grandes organizaciones quizá sea producto de otros factores que provocan que una organización crezca y se diferencie.

En el capítulo 8 vimos que la estrategia organizacional y la decisión de producir una variedad más amplia de productos y entrar en nuevos mercados pueden causar que una organización crezca y adopte una estructura más compleja. De esta forma, las elecciones estratégicas que decide una organización, en especial una organización grande, sobre qué productos fabricar y para qué mercados, afectan el diseño de su estructura tanto o más que la tecnología que usa para hacer sus productos. Para las organizaciones pequeñas o para las funciones o departamentos de las grandes organizaciones, en ocasiones la importancia de la tecnología como predictor de la estructura es más importante de lo que es para las organizaciones grandes.[18]

Tareas rutinarias y tareas complejas: La teoría de Charles Perrow

Para comprender por qué algunas tecnologías son más complejas (más impredecibles y difíciles de controlar) que otras, es necesario saber por qué las tareas relacionadas con algunas tecnologías son más complejas que las tareas relacionadas con otras tecnologías. ¿Qué causa que una tarea sea más difícil que otra? ¿Por qué, por ejemplo, pensamos que la tarea de servir hamburguesas en un restaurante de comida rápida es más rutinaria, es decir, más predecible y controlable, que la tarea de programar una computadora o practicar una cirugía de cerebro? Si se consideran todas las posibles tareas que realizan las personas, ¿qué características de esas tareas nos llevan a creer que algunas son más complejas que otras? De acuerdo con Charles Perrow, hay dos dimensiones que destacan la diferencia entre tareas y tecnologías rutinarias y no rutinarias o complejas: la variabilidad y el análisis de la tarea.[19]

Variabilidad y análisis de la tarea

La **variabilidad de la tarea** es el número de excepciones, situaciones nuevas o inesperadas, a las cuales se enfrenta un individuo al momento de realizar una tarea. Las excepciones pueden presentarse en la etapa de insumo, de conversión o de resultado. La variabilidad de la tarea es alta cuando una persona esperaría encontrarse con nuevas situaciones o problemas al momento de desarrollar su tarea. En la sala de operaciones de un hospital durante el curso de la cirugía, por ejemplo, existe mucha oportunidad de que surjan problemas inesperados. La condición del paciente quizá sea más grave de lo que los médicos pensaron que era, o tal vez el cirujano cometa un error. No importa lo que suceda, el cirujano y el equipo de operación deben poseer la capacidad para ajustarse rápidamente a las situaciones nuevas conforme se presentan. De manera similar, la gran variabilidad en la calidad de la materia prima hace especialmente difícil manejar y mantener una calidad consistente durante la etapa de conversión.

Variabilidad de la tarea Número de excepciones –situaciones nuevas o inesperadas– que un individuo enfrenta al realizar una tarea.

La variabilidad de la tarea es baja cuando esta es altamente estandarizada o repetitiva, de manera que un trabajador enfrenta la misma situación una y otra vez.[20] En un restaurante de comida rápida, por ejemplo, el número de excepciones a una determinada tarea es limitado. Cada cliente pide una orden diferente, pero todos los clientes deben elegir entre las opciones del mismo menú limitado, de modo que los empleados rara vez se enfrentan a situaciones inesperadas. De hecho, el menú en un restaurante de comida rápida está diseñado para una variabilidad baja de la tarea, lo cual mantiene los precios bajos y la eficiencia alta.

El **análisis de la tarea** es el grado en que se requiere buscar y obtener información para resolver un problema. Cuanto más analizable sea la tarea, se necesitará menos actividad de búsqueda; dichas tareas son rutinarias porque la información y los procedimientos necesarios para completarla ya fueron descubiertos, en tanto que las reglas fueron trabajadas y formalizadas, y la forma de realizar la tarea estuvo programada por adelantado. Por ejemplo, aunque un cliente puede seleccionar cientos de combinaciones de alimentos de un menú de un restaurante de comida rápida, la tarea de quien toma la orden para satisfacer a cada cliente es relativamente fácil. El problema de combinar los alimentos en una bolsa es fácilmente analizable: quien toma la orden toma la bebida y la coloca en la bolsa, agrega las patatas, la hamburguesa, etc., dobla la parte superior de la bolsa y la entrega al cliente. Se necesita poco juicio o pensamiento para completar una orden.

Análisis de la tarea Grado en que es necesaria la actividad de búsqueda para resolver un problema.

Las tareas son difíciles de analizar cuando no se pueden programar, es decir, cuando los procedimientos para llevarlas a cabo y manejar las excepciones no pueden trabajarse por adelantado. Si una persona se enfrenta a una excepción, debe buscarse la información necesaria para crear los procedimientos que le permitan lidiar con el problema. Por ejemplo, un científico que intenta desarrollar un nuevo medicamento sin efectos secundarios para prevenir el cáncer, o un programador de software que está laborando en un programa para posibilitar que las computadoras reconozcan las palabras habladas, requieren dedicar tiempo y esfuerzo considerables recolectando datos y trabajando en los procedimientos para resolver los problemas. Comúnmente, la búsqueda de una solución termina en fracaso. La gente que trabaja en tareas con poco análisis requiere utilizar su conocimiento y juicio para buscar nueva información y nuevos procedimientos para solucionar los problemas. Cuando se requiere mucha actividad de búsqueda para encontrar solución a un problema y los procedimientos no pueden programarse por adelantado, las tareas son complejas y no rutinarias.

Juntos, el análisis y la variabilidad de la tarea, explican por qué algunas actividades son más rutinarias que otras. Cuanto mayor sea el número de excepciones que los trabajadores encuentren en el proceso de trabajo y mayor sea la cantidad de conducta de búsqueda requerida para encontrar una solución a cada excepción, las tareas serán más complejas y menos rutinarias. Para las tareas rutinarias existen, en palabras de Perrow, "técnicas bien establecidas que aseguran funcionar y estas se aplican a materias primas esencialmente similares. Es decir, existe poca incertidumbre sobre los métodos, y poca variedad o cambio en la tarea que tiene que desempeñarse".[21] Para las tareas complejas, "existen pocas técnicas establecidas y hay poca certidumbre acerca de los métodos, o de si funcionarán o no. Sin embargo, esto también significa que quizás haya una gran variedad de tareas diferentes por desempeñar".[22]

Cuatro tipos de tecnología

Perrow utilizó la variabilidad y el análisis de la tarea para diferenciar entre cuatro tipos de tecnología: fabricación rutinaria, trabajo artesanal, ingeniería industrial e investigación no rutinaria.[23] El modelo de Perrow permite categorizar tanto la tecnología de una organización como la tecnología de los departamentos y funciones dentro de una organización.

FABRICACIÓN RUTINARIA La fabricación rutinaria se caracteriza por baja variabilidad y alto análisis de la tarea. Se encuentran pocas excepciones en el proceso de trabajo; cuando se presenta una, se requieren pocas pesquisas para lidiar con ella. La producción en masa es representativa de la tecnología rutinaria.

En los escenarios de producción en masa, las tareas se dividen en pasos simples para minimizar la posibilidad de que se presenten excepciones, en tanto que los insumos se estandarizan para minimizar las interrupciones al proceso de producción. Existen procedimientos estandarizados por seguir cuando se presentan un problema o una excepción. Las ventajas de bajo costo de la producción en masa se obtienen haciendo las tareas bajas en variabilidad y altas en análisis. Una de las razones por las que McDonald's tiene costos más bajos que sus competidores es que continuamente restructura sus opciones del menú y estandariza sus actividades de trabajo, con la finalidad de reducir la variabilidad de la tarea y aumentar el análisis de la misma.

TRABAJO ARTESANAL Con la tecnología artesanal, la variabilidad de la tarea es baja (solo hay un pequeño rango de excepciones), mientras que el análisis de la tarea también es bajo (se necesita un alto nivel de actividad de búsqueda para encontrar solución a los problemas). Los empleados en una organización que usa este tipo de tecnología necesitan adaptar los procedimientos existentes a nuevas situaciones y encontrar nuevas técnicas para manejar los problemas existentes de manera más eficaz. Esta tecnología se usaba para construir los primeros automóviles, como vimos anteriormente. Otros ejemplos de trabajo artesanal son la fabricación de productos especializados como muebles, ropa y maquinarias, así como el desempeño de oficios (como carpintería y plomería). La tarea para la cual se llama a un plomero, por ejemplo, se centra en la instalación o reparación de la tubería de un baño o una cocina. Pero dado que cada casa es distinta, el encargado de realizar la tarea necesita adaptar las técnicas de trabajo artesanal a cada situación, y encontrar una solución única para cada casa.

INGENIERÍA INDUSTRIAL Con la tecnología de la ingeniería industrial, la variabilidad de la tarea es alta y el análisis de la tarea también. El número o variedad de las excepciones que los trabajadores pueden enfrentar en la tarea es alto; no obstante, encontrar una solución es relativamente fácil porque se han establecido procedimientos estándar bien comprendidos para manejar las excepciones. Dado que estos procedimientos comúnmente se codifican en fórmulas técnicas, tablas o manuales, resolver un problema comúnmente es cuestión de identificar y aplicar la técnica adecuada. Por consiguiente, en las organizaciones que usan tecnología de la ingeniería industrial, se emplean procedimientos ya existentes para elaborar muchos tipos de productos. Una compañía puede especializarse en producir máquinas comunes para la construcción de edificios, como taladros y motores eléctricos. Un despacho de arquitectos puede orientarse a adaptar edificios de apartamentos a las necesidades de diferentes constructores. Un grupo de ingeniería civil puede usar sus habilidades para construir aeropuertos, presas y proyectos hidroeléctricos, con la finalidad de atender las necesidades de los clientes en todo el mundo. Como el trabajo artesanal, la ingeniería industrial es una forma de tecnología de pequeños lotes, porque la gente es la principal responsable de desarrollar técnicas para resolver problemas específicos.

INVESTIGACIÓN NO RUTINARIA La tecnología de investigación no rutinaria se caracteriza por alta variabilidad de la tarea y bajo análisis de esta; es la más compleja y menos rutinaria de las cuatro tecnologías en la clasificación de Perrow. Las tareas son complejas porque no solo el número de situaciones inesperadas es grande, sino también porque la actividad de búsqueda es alta. Cada situación nueva crea una necesidad de invertir recursos para tratar con ella.

Las actividades de investigación y desarrollo de alta tecnología son ejemplos de investigación no rutinaria. Para la gente que trabaja al frente del conocimiento técnico, no existen soluciones prestablecidas a los problemas. Quizás haya miles de pasos bien definidos que seguir cuando se construye el puente perfecto (tecnología de ingeniería industrial), pero hay pocos pasos definidos para descubrir una vacuna contra el sida, y cientos de equipos de investigadores están experimentando continuamente para encontrar un hallazgo que lleve a dicha cura universal.

El equipo de alta dirección de una organización es otro ejemplo de un grupo que usa tecnología de la investigación. La responsabilidad del equipo es delinear el camino futuro de la organización, así como tomar las decisiones necesarias sobre los recursos para asegurar su éxito en cinco o diez años. Los directivos toman tales decisiones en un contexto altamente incierto; sin embargo, nunca saben qué tan exitosas serán sus decisiones. La planeación y previsión por parte de la alta dirección, junto con otras actividades de investigación no rutinarias, son inherentemente riesgosas e inciertas por la dificultad que representa la administración de la tecnología.

Tecnología rutinaria y estructura organizacional

Así como los tipos de tecnología identificados por Woodward tienen implicaciones para la estructura de una organización, también lo hacen los tipos de tecnología en el modelo de Perrow, quien sugiere que una organización debe moverse de una estructura mecanicista a una orgánica, a medida que la tarea se torne más compleja y menos rutinaria.[24] La tabla 9.1 resume tal descubrimiento.

Cuando la tecnología es rutinaria, los empleados realizan tareas claramente definidas de acuerdo con reglas y procedimientos bien establecidos. El proceso de trabajo se programa por adelantado y es estandarizado. Dado que el proceso de trabajo está estandarizado en la tecnología rutinaria, los empleados solo necesitan aprender los procedimientos para desempeñar la tarea de manera eficaz. Por ejemplo, McDonald's usa reglas y procedimientos escritos para entrenar al personal nuevo, de manera que la conducta de todos sus trabajador sea consistente y predecible. Cada nuevo empleado aprende la forma correcta de saludar a los clientes, la manera adecuada de completar sus órdenes y la forma estándar de preparar Big Macs.

Como las tareas del trabajador se estandarizan con la tecnología rutinaria, la jerarquía organizacional es relativamente vertical y la toma de decisiones está centralizada. La responsabilidad de la administración es supervisar a los empleados y manejar las escasas excepciones que lleguen a presentarse, como un colapso en la línea de producción. Debido a que las tareas son rutinarias, todas las decisiones de producción importantes se toman en la parte más alta de la jerarquía de producción, y se transmiten hacia abajo en la cadena de mando como órdenes a los gerentes de nivel inferior y a los trabajadores. Se ha sugerido que las organizaciones con tecnología rutinaria, como la que se encuentra en los escenarios de producción en masa, deliberadamente "eliminan habilidades" para las tareas, lo cual significa que las actividades se simplifican al usar máquinas para realizar tareas complejas y diseñar el proceso de trabajo, con la finalidad de minimizar el grado en que se requiere la iniciativa o el juicio de los trabajadores.[25]

Si una organización hace esas elecciones de diseño, está usando una estructura mecanicista para operar su tecnología rutinaria. Ciertamente, esta es la elección de subcontratar de enormes compañías globales como Foxconn y Flextronics, cuyas fábricas en China se extienden en miles de acres. La planta principal de Flextronics en China, por ejemplo, emplea más de 40,000 trabajado-

TABLA 9.1 Tareas rutinarias y no rutinarias y diseño organizacional

Característica estructural	Naturaleza de la tecnología	
	Tareas rutinarias	**Tareas no rutinarias**
Estandarización	Alta	Baja
Ajuste mutuo	Baja	Alta
Especialización	Individual	Colectiva
Formalización	Alta	Baja
Jerarquía de autoridad	Alta	Aplanada
Autoridad en la toma de decisiones	Centralizada	Descentralizada
Estructura general	Mecanicista	Orgánica

res que laboran en tres turnos durante seis días a la semana, para ensamblar televisores de pantalla plana, reproductores de Blu-ray, etc. El control es rígido en estas fábricas; los trabajadores solo están motivados por la perspectiva de ganar el triple de su salario por esta labor, pero incluso ello no fue suficiente, como lo describe la experiencia de Foxconn, que se presenta en el recuadro "Al interior de la organización 9.3".

El uso de subcontratación de bajo costo para fabricar productos no es la única forma de seguir siendo competitivos, y muchas compañías han revaluado la forma en que fabrican sus productos. En Japón en particular, el elevado valor del yen, por arriba del dólar, presionó a los fabricantes de automóviles y de electrónicos a buscar nuevas formas de organizar sus operaciones de producción y disminuir los costos. Los artículos electrónicos innovadores controlan los precios altos, en tanto que la necesidad de asegurar alta calidad consistente y de proteger su propia tecnología son preocupaciones importantes para los fabricantes de electrónicos japoneses. De manera que, para mantener el ensamble de nuevos productos complejos en casa y reducir costos operativos, las compañías niponas han examinado a fondo cada aspecto de su tecnología operativa, para encontrar formas de mejorar la producción rutinaria en la línea de ensamble.

Tradicionalmente, las compañías japonesas han usado el sistema de banda transportadora directa o lineal, que por lo regular mide cientos de pies de largo, para producir en masa artículos idénticos. Cuando rexaminaron dicho sistema, los gerentes de producción nipones se dieron cuenta de que se desperdiciaba una considerable cantidad de tiempo de manejo, ya que el producto que se es-

Al interior de la organización 9.3

Honda, Apple y Foxconn tienen problemas de producción en masa en China

En 2010 la subsidiaria china de Honda, con sede en Beijing, anunció que estallaron huelgas en tres fábricas diferentes de producción en masa de ensamble de vehículos y producción de partes, propiedad de Honda porque "la mala comunicación causó gran descontento y finalmente se desarrolló una disputa laboral. Nuestra compañía se interesará profundamente en esto y reforzará la comunicación con los trabajadores y construirá la confianza mutua".[26] Las huelgas cerraron todas las operaciones chinas de Honda durante muchos días. Honda es solo una de muchas compañías en el extranjero con operaciones en China, quienes estaban acostumbradas a tratar con los trabajadores chinos, poco instruidos y sumisos, que estaban dispuestos a desempeñar sus funciones por el salario mínimo (en China, es de aproximadamente 113 dólares o 900 yuanes a la semana). Los trabajadores de las fábricas chinas contratados por compañías extranjeras como Honda, Toyota y GM habían mostrado poca oposición a las prácticas laborales y de pago de estas compañías, aun cuando estaban representados por sindicatos aprobados por el gobierno.

Todo eso comenzó a cambiar durante 2010, cuando el alza de precios y el cambio en las actitudes llevó a los trabajadores chinos a protestar en contra de sus pésimas condiciones laborales: trabajos monótonos, largas jornadas y salarios bajos. Sin embargo, compañías como Honda, acostumbradas a una fuerza de trabajo sumisa, no se habían molestado en establecer canales de comunicación formales con los trabajadores, que les permitieran obtener información sobre los cambios en las actitudes de estos. Los gerentes japoneses de Honda manejaban las fábricas y sus supervisores chinos entrenaban a los trabajadores para realizar sus funciones; los gerentes nipones de Honda no eran sensibles ante las actitudes de los trabajadores en sus fábricas, de ahí su sorpresa cuando los empleados chinos se fueron a huelga.

Foxconn, una compañía subcontratista gigante, propiedad de la organización taiwanesa Hon Hai Precision Engineering, emplea a cientos de miles de trabajadores en sus fábricas en China. Estos trabajadores también habían sido obedientes por años. Realizaban labores repetitivas en la línea de ensamble, a todo lo largo de las líneas de producción de movimiento rápido durante 80 horas a la semana, después de lo cual se les permitía alimentarse en los comedores de la compañía, antes de regresar a sus dormitorios. Todo eso cambió en 2010, cuando Foxconn se encontró bajo la mira cuando su fábrica más grande en Shenzhen, la cual ensambla el iPhone de Apple, informó que 11 trabajadores se habían suicidado saltando de los edificios el año anterior. Dado que la mayoría de los trabajadores son jóvenes, sin instrucción y provenientes de pequeñas comunidades agricultoras, Foxconn simplemente se había aprovechado de su pasividad y de su disposición para laborar por el salario mínimo. De hecho, Foxconn había aumentado constantemente el número de horas que los trabajadores eran obligados a laborar en las líneas de ensamble que se movían a una alta velocidad; era común ver a un trabajador realizando la misma actividad repetitiva 80 horas a la semana por 113 dólares. Algunas compañías estadounidenses, como Apple y Dell, enviaron inspectores para monitorear las condiciones de la fábrica y encontraron muchas transgresiones legales. Sin embargo, una vez más, los inspectores no hicieron ningún intento por comunicarse con los trabajadores; simplemente estudiaron los registros de empleo de las compañías.[27]

Ante los acontecimientos, Honda, Foxconn y muchas otras compañías propiedad de extranjeros se vieron forzadas a cambiar rápidamente sus prácticas laborales. En 2010, por ejemplo, Foxconn anunció que doblaría el salario de sus empleados para lograr que la remuneración por su trabajo fuera más aceptable; Honda también estuvo de acuerdo en aumentar los salarios de sus trabajadores en más de 60% y en establecer canales formales para que los gerentes pudieran reunirse con regularidad con los representantes sindicales y encontrar formas de mejorar las prácticas laborales.[28] Es probable que los problemas para operar una tecnología de producción en masa aumenten en los años por venir a medida que las compañías en China encuentren más difícil atraer y mantener a los trabajadores que quieren mejores salarios y condiciones de trabajo.

taba ensamblando pasaba de un trabajador a otro, y una línea así solo puede moverse con la rapidez del trabajador menos capaz. Además, el sistema solo es eficiente cuando se producen grandes cantidades del mismo artículo. Si lo que se necesita son productos a la medida, algo cada vez más común en la actualidad, la línea de producción no se activa en tanto se requipa para el siguiente producto.

Reconociendo estos problemas, los ingenieros de producción buscaron nuevas formas de organizar y controlar las disposiciones de la línea de ensamble que resolvieran esos problemas. Comenzaron a experimentar disposiciones de varias formas, como en espiral, en Y, en forma de 6 e incluso en forma de insectos. En la planta de videocámaras en Khoda, Japón, por ejemplo, Sony desmanteló su sistema de producción de línea de ensamble previo donde 50 trabajadores laboraban de manera secuencial para construir una cámara, y lo remplazaron con un arreglo en espiral donde cuatro trabajadores realizaban todas las operaciones necesarias para ensamblar la cámara. Sony encontró que esa nueva forma de organizarse resultó 10% más eficiente que el viejo sistema, porque permite a los ensambladores desempeñarse en un nivel más alto.[29] Esencialmente, una estructura organizadora tipo artesanal ha remplazado a la estructura mecanicista, para lograr las ventajas de la flexibilidad a un costo más bajo.

También en Estados Unidos, esos nuevos diseños de producción, referidos normalmente como *diseños celulares* se han vuelto cada vez más comunes. Se estima que 40% de las compañías pequeñas y 70% de las grandes han experimentado nuevos diseños. Por ejemplo, Bayside Control Inc., un pequeño fabricante de tuercas en Queens, Nueva York, convirtió su línea de ensamble de 35 personas en un diseño de cuatro células, donde siete a nueve trabajadores conforman una célula. Los miembros de cada célula realizan todas las operaciones involucradas en la fabricación de las tuercas, tales como medir, cortar y ensamblar las nuevas piezas. Los gerentes de Bayside indican que el tiempo de producción promedio necesario para elaborar una tuerca ha bajado de seis semanas a dos días, y ahora hace 75 tuercas en un día, 50 más que antes del cambio, de manera que los costos han disminuido significativamente.[30] Una ventaja adicional de los diseños celulares consiste en ayudar a las compañías a ser más receptivas ante las necesidades de los clientes individuales, ya que este enfoque organizacional permite la rápida fabricación de pequeñas cantidades de productos a la medida.

Tecnología no rutinaria y estructura organizacional

Las organizaciones que operan una tecnología no rutinaria enfrentan un conjunto diferente de factores que afectan el diseño de la organización.[31] A medida que las tareas se vuelven menos rutinarias y más complejas, una organización necesita desarrollar una estructura que permita a los trabajadores responder rápidamente y manejar un aumento en el número y la variedad de excepciones, así como desarrollar nuevos procedimientos para manejar nuevos problemas.[32] Como vimos en el capítulo 4, una estructura orgánica permite que una organización se adapte rápidamente a las condiciones cambiantes. Las estructuras orgánicas se basan en el ajuste mutuo entre empleados que trabajan juntos, cara a cara, para desarrollar procedimientos que permitan encontrar soluciones a los problemas. El ajuste mutuo entre la fuerza de tarea y los equipos de trabajo es especialmente importante para facilitar la comunicación e incrementar la integración entre los miembros del equipo.

Cuanto más complejos sean los procesos de trabajo de una organización, más probable será que tenga una estructura relativamente plana y descentralizada, que dé a los empleados la autoridad y autonomía para cooperar y tomar decisiones de manera rápida y eficaz.[33] El uso de grupos de trabajo y equipos de producto para facilitar el rápido ajuste y la retroalimentación entre los empleados que desempeñan tareas complejas es una característica clave de una organización así.

Las mismas consideraciones de diseño son aplicables a nivel funcional o departamental: para ser eficaces, los departamentos que emplean diferentes tecnologías necesitan estructuras disímiles.[34] En general, los departamentos que realizan tareas no rutinarias suelen contar con estructuras orgánicas y aquellos que realizan tareas rutinarias suelen tener estructuras mecanicistas. Un departamento de investigación y desarrollo, por ejemplo, por lo regular es orgánico y la toma de decisiones descentralizada; pero las funciones de ventas y fabricación usualmente son mecanicistas y la toma de decisiones entre ellas tiende a ser centralizada. El tipo de tecnología utilizada en el nivel departamental determina la elección de la estructura.[35]

Interdependencia de la tarea: La teoría de James Thompson

Woodward se enfocó en cómo afecta la tecnología de una organización su elección de una estructura. El modelo de tecnología de Perrow se centra en la forma en que la complejidad de las

Interdependencia de la tarea
Forma en que las diferentes tareas organizacionales se relacionan entre sí.

tareas afecta la estructura organizacional. Otra visión de la tecnología, desarrollada por James D. Thompson, se centra en la forma como la **interdependencia de la tarea**, el método usado para relacionar o secuenciar diferentes tareas entre sí, afecta la tecnología y estructura de una organización.[36] Cuando la interdependencia de tareas es baja, la gente y los departamentos se especializan de manera individual; es decir, trabajan de manera separada e independiente para lograr las metas de la organización. Cuando la interdependencia de la tarea es alta, la gente y las tareas se especializan conjuntamente; es decir, dependen uno del otro para suministrar los insumos y recursos que necesitan para hacer el trabajo. Thompson identificó tres tipos de tecnología: mediadora, de enlace e intensiva (véase la figura 9.3). Cada una de estas se relaciona con una forma diferente de interdependencia de la tarea.

Tecnología mediadora e interdependencia compartida

Tecnología mediadora
Tecnología que se caracteriza por un proceso de trabajo donde las actividades de insumo, conversión y resultado pueden realizarse de manera independiente.

La **tecnología mediadora** se caracteriza por un proceso de trabajo en el cual las actividades de insumo, conversión y resultado pueden realizarse de forma independiente. La tecnología mediadora se basa en la *interdependencia de tareas compartida*, lo cual significa que cada parte de la organización —ya sea una persona, un equipo o un departamento— contribuye de manera separada con el desempeño de toda la organización. Con la tecnología mediadora, la interdependencia de la tarea es baja porque la gente no depende directamente de otros para que les ayuden a desempeñar sus tareas. Como se ilustra en la figura 9.3, cada persona o departamento, X, Y y Z, realiza una tarea separada. En una firma consultora de administración o un salón de belleza, cada consultor o estilista trabaja de manera independiente para resolver los problemas de su cliente. El éxito de la organización como un todo, sin embargo, depende de los esfuerzos colectivos de cada individuo empleado. Otro ejemplo de interdependencia de tareas compartidas son las actividades de un equipo de gimnasia, donde cada miembro se desempeña de manera independiente y puede

Figura 9.3 Interdependencia de la tarea y tres tipos de tecnología

El modelo de tecnología de James D. Thompson se enfoca en cómo la relación entre diferentes tareas organizacionales afecta la tecnología y la estructura de la organización.

Tipo de tecnología	Forma de interdependencia de la tarea	Tipo de coordinación principal	Estrategia para reducir la incertidumbre	Costo de coordinación
Mediadora	Compartida  X Y Z (*por ejemplo, trabajo a destajo o franquicia*)	Estandarización	Aumentar el número de clientes atendidos	Bajo
De enlace	Secuencial 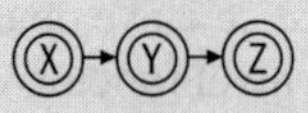 X → Y → Z (*por ejemplo, línea de ensamble o planta de proceso continuo*)	Planeación y programación	Recursos de reserva Integración vertical	Medio
Intensiva	Recíproca 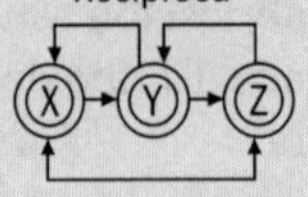 X ↔ Y ↔ Z (*por ejemplo, hospital general o laboratorio de investigación y desarrollo*)	Ajuste mutuo	Especialización en las actividades de la tarea	Alto

ganar o perder un evento en particular, pero la puntuación colectiva de los miembros del equipo determina qué equipo gana. La tecnología mediadora tiene implicaciones para la estructura organizacional, tanto en el nivel departamental como en el organizacional.

En el nivel departamental, los sistemas de trabajo a destajo caracterizan mejor la forma en que opera esta tecnología. En un sistema de trabajo a destajo, cada empleado realiza una tarea independientemente de los otros empleados. En un taller, por ejemplo, cada empleado opera un torno para producir tornillos, y se evalúa y recompensa con base en el número de tornillos que elabora cada semana. El desempeño del departamento de fabricación como un todo depende del nivel de desempeño de cada empleado, pero sus acciones no son interdependientes, pues las acciones de un empleado no afectan la conducta de los otros. De manera similar, el éxito de un departamento de ventas depende de qué tan bien cada vendedor realiza sus actividades de manera independiente. Como resultado, el uso de la tecnología mediadora para llevar a cabo las actividades departamentales u organizacionales facilita monitorear, controlar y evaluar el desempeño de cada individuo, porque el producto de cada persona es observable y pueden usarse los mismos estándares para evaluar a cada individuo.[37]

En el nivel organizacional, la tecnología mediadora se encuentra en empresas donde los diferentes departamentos se desempeñan de forma separada, y hay poca necesidad de integración entre ellos para lograr las metas de la organización. En un banco, por ejemplo, las actividades del departamento de crédito y del de cuentas corrientes son independientes. Las rutinas involucradas en el préstamo de dinero no guarda relación con las rutinas involucradas en recibir dinero, pero el desempeño del banco en su conjunto depende de qué tan bien realiza su trabajo cada departamento.[38]

La tecnología mediadora en el nivel organizacional también se encuentra en las compañías que usan las franquicias para organizar sus negocios o que operan una cadena de tiendas. Por ejemplo, cada franquicia de McDonald's o cada tienda Walmart operan de manera esencialmente independiente. El desempeño de una tienda no afecta a otra, pero todas las tiendas juntas determinan el desempeño general de la organización. Una estrategia común para que una organización opere una tecnología mediadora es obtener más negocios a partir de los clientes existentes y atraer a nuevos clientes aumentando el número de productos que ofrece. Una cadena de comida rápida puede abrir un nuevo restaurante y ofrecer un menú más amplio; una organización minorista puede abrir una nueva tienda o expandir las marcas de ropa que vende; un banco puede aumentar el número de servicios financieros que ofrece a los clientes para atraer más negocios.

Durante las décadas pasadas, el uso de la tecnología mediadora ha ido aumentando porque es relativamente barata de operar y manejar. Los costos son bajos porque las actividades organizacionales se controlan mediante la estandarización. Las reglas burocráticas sirven para especificar cómo deben coordinarse las actividades de los diferentes departamentos y los estándares de operación controlan la forma en que un departamento opera para asegurar que sus actividades sean compatibles con las de los demás departamentos. Los estándares de producción y la avanzada TI, incluyendo el control electrónico de inventarios, brindan la coordinación necesaria para administrar el negocio. Walmart, por ejemplo, coordina sus tiendas a partir de TI avanzada, que proporciona información en tiempo real a los gerentes de tienda sobre las nuevas introducciones de productos, repartos en tiendas y cambios en los procedimientos de marketing y ventas.

Conforme la TI adquiere más importancia para coordinar las actividades de empleados o departamentos independientes, se posibilita el uso de una tecnología mediadora para coordinar más tipos de actividades de producción. Las organizaciones en red, analizadas en el capítulo 6, se están volviendo más comunes, a medida que la TI permite que los diferentes departamentos de una organización operen de manera separada y en locaciones diferentes. De manera similar, la TI ha estimulado la subcontratación global, por lo que hoy las compañías con frecuencia contratan otras compañías para realizar sus actividades de creación de valor (como producción o marketing) pues es mucho más fácil usar la tecnología mediadora.

Recuerde que en el capítulo 3 vimos cómo Nike contrata fabricantes alrededor del mundo para producir y distribuir artículos a sus clientes con una base global. Nike diseña sus zapatos, pero luego usa la TI para contratar su fabricación, marketing y otras actividades funcionales a otras organizaciones alrededor del mundo. Nike monitorea constantemente la información sobre producción y ventas desde su red, por medio de un sistema de TI global para asegurarse de que su red global siga las reglas y los procedimientos que especifican la calidad requerida de los insumos y la forma en que los zapatos deben fabricarse, con la finalidad de asegurar la calidad del producto terminado.

Tecnología de enlace e interdependencia secuencial

Tecnología de enlace
Tecnología caracterizada por un proceso de trabajo donde las actividades de insumo, conversión y resultado deben realizarse en serie.

La **tecnología de enlace**, el segundo tipo de tecnología que identificó Thompson, se basa en un proceso de trabajo donde las actividades de insumo, conversión y resultado o producto deben realizarse en serie. La tecnología de enlace se fundamenta en la *interdependencia secuencial de tareas*, lo cual significa que las acciones de una persona o un departamento afectan directamente las acciones de otra, de manera que el trabajo no puede realizarse de forma exitosa, permitiendo que cada individuo o departamento opere de manera independiente. La figura 9.3 ilustra la dinámica de la interdependencia secuencial. Las actividades de X afectan directamente la capacidad de Y para realizar su tarea y, a su vez, las actividades de Y afectan directamente la capacidad de desempeño de Z.

La tecnología de producción en masa se basa en la interdependencia secuencial de la tarea. Las acciones del empleado en el inicio de la línea de producción determinan qué tan exitosamente puede realizar el siguiente empleado su tarea y así sucesivamente hacia abajo en la línea. Dado que las interacciones secuenciales deben coordinarse cuidadosamente, la tecnología de enlace requiere más de coordinación directa que de tecnología mediadora. Un resultado de la interdependencia secuencial es que cualquier error que ocurre en el inicio del proceso de producción se ve magnificado en las etapas posteriores. Las actividades deportivas, como las carreras de relevos o el fútbol americano, donde el desempeño de un individuo o grupo determina qué tan bien puede desempeñarse el otro, se basan en la interdependencia secuencial. En el fútbol americano, por ejemplo, el desempeño de la línea defensiva determina qué tan bien desempeñará la ofensiva su tarea: anotar *touchdowns*.

Una organización con tecnología de enlace suele responder en una variedad de formas ante la necesidad de coordinar actividades secuencialmente interdependientes. La organización puede programar el proceso de conversión para estandarizar los procedimientos usados para transformar los insumos en productos. También podría usar la planeación y programación para manejar los vínculos entre los procesos de insumo, conversión y resultado. Para reducir la necesidad de coordinar esas etapas de producción, comúnmente una organización crea **recursos de reserva**, recursos extra o excedentes que refuerzan la capacidad de la organización para manejar situaciones inesperadas. Por ejemplo, una organización de producción en masa almacena insumos y mantiene inventarios de partes componentes, de modo que el proceso de conversión no se vea interrumpido si surgiera algún problema con los proveedores. De manera similar, una organización almacenará productos terminados con la finalidad de que pueda responder rápidamente ante un aumento en la demanda de los clientes, sin cambiar sus procesos establecidos. Otra estrategia para controlar el suministro de insumos o la distribución de productos es la *integración vertical*, la cual, como lo vimos en el capítulo 8, significa que una compañía toma el mando de sus proveedores o distribuidores para controlar el suministro y la calidad de los productos.

Recursos de reserva
Recursos adicionales o excedentes que refuerzan la capacidad de una organización para lidiar con situaciones inesperadas.

La necesidad de administrar el nivel de interdependencia aumenta los costos de coordinación relacionados con la tecnología de enlace. Sin embargo, este tipo de tecnología puede dar a una organización ventajas derivadas de la especialización y de la división del trabajo relacionadas con la interdependencia secuencial. Cambiar el método de producción en una fábrica de alfileres de un sistema donde cada trabajador produce un alfiler completo a un sistema donde cada trabajador es responsable solamente de un aspecto de la producción del alfiler, como el afilarlo, por ejemplo, daría como resultado una ganancia importante en la productividad. Esencialmente, la fábrica cambia de usar una tecnología *mediadora*, donde cada trabajador realiza todas las tareas de producción, a una tecnología *de enlace*, donde las tareas se vuelven secuencialmente interdependientes.

Las tareas son rutinarias en la tecnología de enlace, porque la interdependencia secuencial permite a los gerentes simplificar las tareas de manera que se reduzca la variabilidad y se incremente el análisis de la tarea de cada empleado. En la producción en masa, por ejemplo, la coordinación de tareas se logra principalmente por la velocidad de la línea de ensamble y por la forma en que la especialización y la división del trabajo se usan para programar las tareas que aumenten la eficiencia de la producción. Este sistema, sin embargo, presenta dos importantes desventajas: los empleados no llegan a adquirir muchas habilidades (aprenden solo un pequeño rango de tareas simples) ni desarrollan la capacidad para mejorar sus habilidades, porque deben seguir los procedimientos específicos necesarios para realizar la tarea concreta.

En el nivel organizacional, la interdependencia secuencial significa que los resultados de un departamento se convierten en los insumos de otro; asimismo, el desempeño de un departamento determina qué tan bien se desempeña otro departamento. El desempeño del departamento de fabricación depende de la capacidad del departamento de administración de materiales para obtener cantidades adecuadas de insumos de alta calidad de manera oportuna. La capacidad de la función de ventas para comercializar los productos terminados depende de la calidad de los productos que salen del departamento de manufactura. El fallo o el desempeño pobre en una etapa provocan serias consecuencias tanto para el desempeño en la siguiente etapa como para la organización en su conjunto. Las presiones de la competencia global están incrementando la necesidad de interdependencia entre departamentos y, por lo tanto, la necesidad de la organización para coordinar las actividades departamentales. Como vimos en el capítulo 6, muchas organizaciones se están moviendo hacia una estructura de equipo de producto con el objetivo de aumentar la coordinación interdepartamental. Este tipo de coordinación promueve que los diferentes departamentos desarrollen procedimientos que lleven a una mayor producción de innovación y eficiencia.

Tecnología intensiva e interdependencia recíproca

La **tecnología intensiva**, el tercer tipo de tecnología que identifica Thompson, se caracteriza por un proceso de trabajo donde las actividades de insumo, conversión y resultado o producto son inseparables. La tecnología intensiva se basa en la *interdependencia recíproca de la tarea*, lo cual significa que las actividades de toda la gente y todos los departamentos dependen completamente unas de las otras. No solo las acciones de X afectan lo que Y y Z pueden hacer, sino que las acciones de Z también afectan el desempeño de Y y de X. Las relaciones de tarea de X, Y y Z son recíprocamente interdependientes (véase la figura 9.3). La interdependencia recíproca permite programar por adelantado una secuencia de tareas o procedimientos para resolver un problema porque, en palabras de Thompson: "la selección, combinación y orden de la aplicación [de las tareas] están determinadas por la *retroalimentación a partir del objeto [problema] en sí mismo*".[39] De esta forma, el movimiento hacia la interdependencia recíproca y de tecnología intensiva produce dos efectos: la complejidad técnica disminuye a medida que se reduce la capacidad de los gerentes para controlar y predecir el trabajo, en tanto que las tareas se vuelven más complejas y no rutinarias.

Tecnología intensiva
Tecnología caracterizada por un proceso de trabajo donde las actividades de insumo, conversión y producto son inseparables.

Los hospitales son organizaciones que operan mediante una tecnología intensiva. La mayor fuente de incertidumbre de un hospital es la imposibilidad de predecir los tipos de problemas para los cuales los pacientes (clientes) buscarán tratamiento. En cualquier momento, un hospital general necesita tener a la mano las máquinas, el conocimiento y los servicios de los departamentos especialistas capaces de resolver una gran variedad de problemas médicos. Por ejemplo, el hospital requiere de una sala de emergencias, instalaciones de rayos X, un laboratorio de análisis, una sala y personal de operaciones, personal capacitado de enfermería, médicos y guardias de hospital. Lo que está mal con cada paciente determina la selección y combinación de actividades y tecnología para convertir los insumos del hospital (gente enferma) en resultados (gente sana). La incertidumbre del insumo (paciente) significa que las tareas no pueden programarse por adelantado, como sería cuando la interdependencia es secuencial.

El basquetbol, el fútbol soccer y el rugbi son otras actividades que dependen de la interdependencia recíproca. El estado actual del juego determina la secuencia de movimientos de un jugador al siguiente. La acción de movimiento rápido de esos deportes requiere que los jugadores hagan juicios con rapidez y obtengan retroalimentación del estado de juego, antes de decidir qué movimientos realizar.

A nivel departamental, los departamentos de investigación y desarrollo operan con una tecnología intensiva, la secuencia y el contenido de sus actividades están determinados por los problemas que el departamento intenta resolver; por ejemplo, una cura contra el cáncer de pulmón. La investigación y el desarrollo son tan costosos porque lo impredecible del proceso insumo-conversión-producto hace imposible especificar por adelantado las habilidades y los recursos que serán necesarios para resolver el problema. Una compañía farmacéutica como Merck, por ejemplo, crea equipos de investigación y equipos de desarrollo diferentes. Cada equipo está provisto de los recursos funcionales que necesiten con la esperanza de que, al menos, uno de ellos se topará con el maravilloso medicamento que justifique el inmenso gasto de recursos (desarrollar cada nuevo medicamento cuesta más de 500 millones de dólares).

La dificultad para especificar la secuencia de tareas característica de la tecnología intensiva obliga a un alto grado de coordinación, y provoca que dicha tecnología sea más costosa en su administración que la tecnología mediadora o la tecnología de enlace. El ajuste mutuo remplaza la programación y la estandarización como el principal método de coordinación. Las estructuras de equipo de producto y matricial son adecuadas para las tecnologías operativas intensivas, pues brindan la coordinación y el control descentralizado necesarios para que los departamentos cooperen para resolver los problemas. En Google y Accenture, por ejemplo, cada compañía está organizada en equipos de producto, de manera que mueve rápidamente a sus especialistas hacia los proyectos que se ven más promisorios. También, el ajuste mutuo y una estructura plana permiten que una organización tome ventaja rápidamente de los nuevos desarrollos y áreas de investigación que surgen durante el proceso de investigación en sí mismo. Otra forma es usar equipos autogestionados, como lo ilustra el recuadro "Al interior de la organización 9.4".

Las organizaciones no usan voluntariamente la tecnología intensiva para lograr sus metas porque es muy costosa. Por ejemplo, IBM y Accenture se ven obligadas a usarla debido a la naturaleza de los productos que eligen proveer a los clientes. Siempre que sea posible, las organizaciones intentan reducir la interdependencia de tareas necesaria para coordinar sus actividades y revertir a una tecnología de enlace, la cual es más controlable y predecible. En los años recientes, por ejemplo, los hospitales han intentado controlar los crecientes costos de administración usan-

Al interior de la organización 9.4

IBM y Accenture usan la tecnología para crear organizaciones virtuales

Accenture, una compañía consultora global, fue una de las pioneras en usar la TI para revolucionar su estructura organizacional. Sus socios se dieron cuenta de que, dado que solo consultores en el campo podían diagnosticar y resolver los problemas de los clientes, la compañía debería diseñar una estructura que facilitara la toma de decisiones creativas y en el acto. Para lograrlo, Accenture decidió remplazar su alta jerarquía de autoridad con un sistema de TI avanzado para crear una organización virtual. En primer lugar, aplanó la jerarquía organizacional, eliminando muchos niveles gerenciales y estableció un sistema de TI compartido por toda la organización, que le brinda a cada consultor de Accenture la información que necesite para resolver los problemas de los clientes. Si a los consultores aún les faltara el conocimiento específico necesario para resolver un problema, pueden usar un sistema para solicitar ayuda experta a cientos de consultores de Accenture en el mundo.[40]

Para implementar el cambio, Accenture equipó a todos sus consultores con computadoras portátiles y teléfonos inteligentes de última generación, que conectan a su moderna Intranet para entrar en las grandes bases de datos de Accenture que contienen una gran cantidad de información potencialmente relevante. Los consultores también se comunican directamente usando sus teléfonos inteligentes y empleando la teleconferencia para ayudar a acelerar la solución de los problemas.[41] Por ejemplo, si un proyecto requiere la instalación de un tipo de sistema de TI en particular, un consultor cuenta con rápido acceso a los consultores de todo el mundo que tengan instalado el sistema. Al dar a los empleados más información y posibilitando que se comuniquen fácilmente en conferencia con otras personas, la comunicación electrónica ha convertido a los consultores en individuos más autónomos y dispuestos a tomar sus propias decisiones, lo cual ha llevado a un alto desempeño y ha hecho de Accenture una de las compañías consultoras más conocida en todo el mundo.

De manera similar, IBM, quien había estado experimentando una fuerte competencia en la década de 2000, busca formas de utilizar mejor su talentosa fuerza de trabajo, tanto para disminuir costos como para ofrecer a los clientes tipos de servicios especializados que los demás competidores no pueden. Así, IBM también ha usado la TI para desarrollar equipos virtuales de consultores para lograr esto.[42]

Steven Newton/Shutterstock.com

IBM creó "centros de competencia" alrededor del mundo, que son atendidos por consultores que comparten la misma habilidad específica en TI; sus centros de competencia están localizados en los países donde IBM tiene la mayor cantidad de clientes y hace la mayoría de los negocios. Para usar a sus consultores de manera más eficaz, IBM utilizó su propia experiencia en la TI para desarrollar software sofisticado que le permitiera crear equipos autogestionados compuestos por consultores de IBM, que cuentan con la combinación óptima de habilidades para resolver los problemas particulares de un cliente. Para formar los equipos, los ingenieros de software analizan primero las habilidades y la experiencia de sus consultores e introducen los resultados en el programa de software. Luego, analizan y codifican la naturaleza del problema específico de un cliente y, con tal información, el programa de IBM empareja cada problema específico del cliente con las habilidades de los consultores de IBM, e identifica una lista de empleados "que se ajustan mejor". Uno de los ejecutivos sénior de IBM revisa entonces esta lista y decide los consultores que formarán el equipo real autogestionado. Una vez seleccionados, los miembros del equipo llegan tan rápido como sea posible al país del cliente, y comienzan a trabajar para desarrollar el software necesario para resolver y administrar el problema del cliente. Esta nueva TI permite a IBM crear un conjunto cambiante de equipos autogestionados que se conforman para resolver los problemas de los clientes globales de IBM. Además, dado que cada equipo introduce su conocimiento sobre sus actividades en la Intranet de IBM, así como en Accenture, los consultores y los equipos pueden aprender unos de otros, de manera que sus habilidades de solución de problemas aumenten con el tiempo.

Implicaciones administrativas

Análisis de la tecnología

1. Analice los procesos de insumo-conversión-resultado de una organización o un departamento para identificar las habilidades, el conocimiento, las herramientas y la maquinaria que son fundamentales para la producción de bienes y servicios.
2. Analice el nivel de complejidad técnica asociado con la producción de bienes y servicios. Evalúe si la complejidad técnica puede aumentarse para mejorar la eficiencia y reducir los costos. Por ejemplo, ¿está disponible un sistema de cómputo avanzado? ¿Los empleados están usando técnicas y procedimientos actualizados?
3. Analice el nivel de variedad y análisis de la tarea asociado con las tareas organizacionales y departamentales. ¿Existen formas de reducir la variabilidad de la tarea o aumentar el análisis de la misma para aumentar la eficacia? Por ejemplo, ¿pueden desarrollarse procedimientos para lograr que el proceso de trabajo sea más predecible y controlable?
4. Analice la forma de interdependencia de la tarea dentro de un departamento y entre departamentos. Evalúe si la interdependencia de la tarea que se usa resulta eficaz para producir bienes o atender las necesidades de los clientes. Por ejemplo, ¿elevar el nivel de coordinación entre departamentos mejora la eficiencia?
5. Después de analizar la tecnología de una organización o un departamento, analice su estructura y evalúe el ajuste entre tecnología y estructura. ¿Puede mejorarse este ajuste? ¿Qué costos y beneficios se relacionan con el cambio en la relación tecnología-estructura?

do técnicas de predicción, con la finalidad de determinar cuántos recursos necesitan tener a mano para cumplir con las demandas del cliente (paciente). Si en un periodo específico, un hospital conoce el promedio de cuántos huesos rotos o cuántos ataques cardiacos puede esperar, podrá determinar cuántas salas de operaciones necesitará que estén listas y cuántos médicos, enfermeras y técnicos debe haber de guardia para satisfacer la demanda de los pacientes. Este conocimiento le ayuda al hospital a controlar los costos. De manera similar, en investigación y desarrollo, una organización como Microsoft necesita desarrollar reglas para la toma de decisiones, que le permitan decidir cuándo dejar de invertir en una línea de investigación que esté mostrando pocas probabilidades de éxito, y cómo localizar mejor los recursos entre proyectos para tratar de maximizar los rendimientos potenciales sobre la inversión, en especial cuando existen competidores agresivos como Facebook y Google.

Otra estrategia que las organizaciones pueden seguir para reducir los costos asociados con la tecnología intensiva es la **especialización**, que produce solo una variedad estrecha de productos. Un hospital que se especializa en el tratamiento del cáncer o de enfermedades del corazón estrecha la variedad de problemas a los que está expuesto, de modo que enfoca todos sus recursos para resolver esos problemas. El hospital general es el que enfrenta la mayor incertidumbre. De manera similar, una compañía farmacéutica por lo general restringe las áreas donde hace investigación. Una compañía quizá decida enfocarse en los medicamentos que combaten la presión arterial alta, la diabetes o la depresión. La estrategia de especialización ayuda a la organización a usar sus recursos de manera eficiente y reduce problemas de coordinación.[43]

Especialización
Producir solo una variedad estrecha de bienes.

De la producción en masa a la tecnología de fabricación avanzada

Como se examinó antes, uno de los avances más influyentes de la tecnología en el siglo XX fue la introducción de la tecnología de producción en masa por parte de Henry Ford. Con el objetivo de reducir los costos, una compañía de producción en masa debe maximizar las ganancias de las economías de escala y de la división del trabajo asociada con la producción a gran escala. Existen dos formas de hacerlo: una es usando equipo especializado y procedimientos de trabajo estandarizados; la otra es protegiendo los procesos de conversión en contra de dilaciones e interrupciones.

La producción en masa tradicional se basa en el uso de **equipo especializado**, es decir, máquinas que pueden realizar solo una operación a la vez, como cortar, perforar repetidamente o troquelar una parte del cuerpo de un automóvil.[44] Para maximizar el volumen y la eficiencia, un equipo especializado produce una variedad estrecha de bienes, pero lo hace muy barato. Por

Equipo especializado
Máquinas que realizan solo una operación a la vez, como cortar, perforar repetidamente o troquelar una parte del cuerpo de un automóvil.

consiguiente, este método de producción ha resultado tradicionalmente en bajos costos de producción.

Cuando el componente que se está fabricando necesita cambiarse, debe remodelarse un equipo especializado; es decir, hecho a la medida con troqueles o plantillas, antes de que pueda manejar el cambio. Cuando Ford remodeló una de sus plantas para cambiar del modelo T al modelo A, tuvo que cerrar la planta por más de seis meses. Dado que remodelar un equipo especializado llega a tomar días, durante los cuales no es posible ninguna producción, se necesitan largas corridas de producción para maximizar la eficiencia y reducir los costos. De esta manera, por ejemplo, Ford podía fabricar 50,000 paneles de puerta derecha en una sola corrida de producción y almacenarlos hasta que fueran necesitados, porque el dinero ahorrado usando equipo especializado supera los costos combinados de la producción perdida y de tener las puertas en un inventario. De manera similar, tanto el uso de una línea de producción para ensamblar el producto final como el empleo de **trabajadores fijos**, quienes realizan procedimientos laborales estandarizados, aumentan el control de una organización sobre el proceso de conversión.

Trabajadores fijos
Empleados que realizan procedimientos laborales estandarizados aumentan el control de una organización sobre el proceso de conversión.

Una organización de producción en masa también intenta reducir costos protegiendo sus procesos de conversión de la incertidumbre que resulta de las alteraciones en el ambiente externo.[45] Las amenazas al proceso de conversión vienen tanto de las etapas de insumo como de las de resultado, pero una organización puede almacenar insumos y productos para reducir estas amenazas (véase la figura 9.4A).

Figura 9.4 A. El flujo de trabajo en la producción en masa
B. El flujo de trabajo con la tecnología de fabricación avanzada

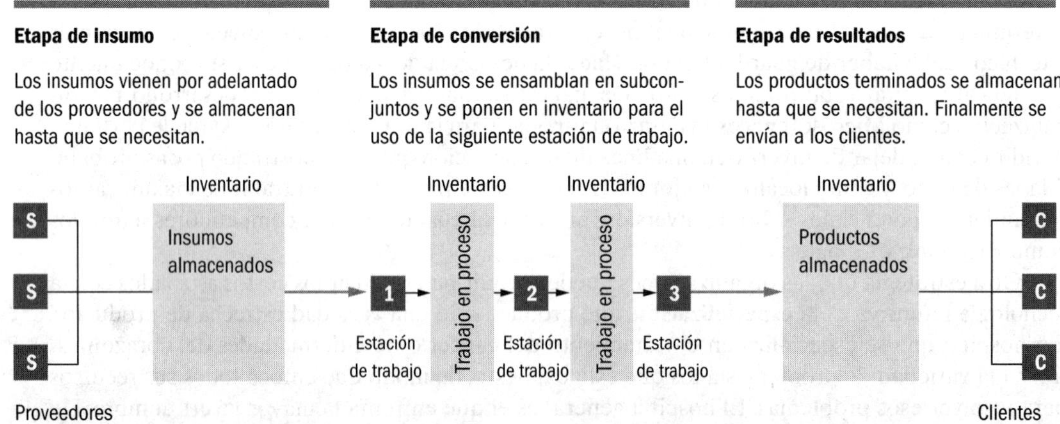

A. El flujo de trabajo en la producción en masa. El inventario se usa para proteger el proceso de conversión y para prevenir retrasos o paros en la producción.

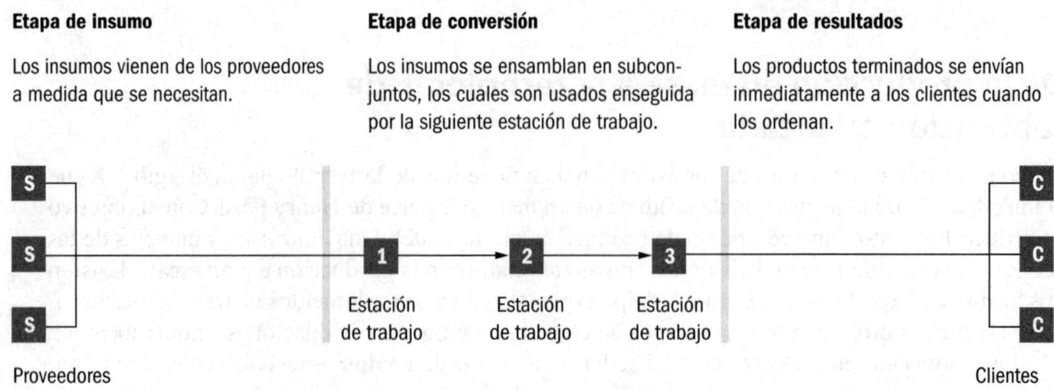

B. El flujo de trabajo con la tecnología de fabricación avanzada. No se utilizan reservas de inventario entre subestaciones.

En la etapa de insumo, una organización intenta controlar su acceso a los insumos manteniendo al alcance las materias primas y los componentes semiterminados, para prevenir la escasez que llevaría a un retraso o una interrupción en la producción. El rol de compra, por ejemplo, consiste en negociar con los proveedores los contratos que garanticen a la organización un suministro adecuado de insumos. En la etapa de resultado, una organización intenta controlar su capacidad para disponer de sus productos. Hace esto almacenando los productos de manera que logre responder rápidamente a las demandas del cliente. Una organización también puede recomendar mantener la demanda del cliente. En ese caso, el rol del departamento de ventas consiste en mantener la demanda de los productos de una organización, de manera que la producción no requiera hacerse más lenta o detenerse porque nadie desee sus productos. La alta complejidad técnica, la naturaleza rutinaria de las tareas de producción y la interdependencia de las tareas secuenciales característica de la producción en masa hacen muy inflexible a la organización. El término *automatización fija* se usa en ocasiones para describir una forma tradicional de organizar la producción. La combinación de equipo especializado (que solo realiza una variedad limitada de operaciones), trabajadores fijos (que ejecutan una variedad limitada de tareas fijas) y grandes cantidades de producto en inventario (los cuales pueden utilizarse para producir un solo artículo o pocos artículos relacionados) encarecen y dificultan que una organización comience a fabricar diferentes tipos de productos, cuando cambien las preferencias de los clientes.

Suponga que una organización utilizaba una tecnología que le permitía realizar una amplia variedad de productos, los cuales pueden adaptarse a las necesidades de los clientes individuales. Esta capacidad aumentaría la demanda de sus productos. Si la nueva tecnología también ayudaba a la organización a introducir rápidamente nuevos productos que integraban nuevas características o las últimas tendencias de diseño, la demanda crecería aún más. Finalmente, suponga que el costo de producir esta amplia variedad de nuevos artículos a la medida con la nueva tecnología era el mismo, o ligeramente mayor, que el costo de producir una línea limitada y estandarizada de productos. Evidentemente, la nueva tecnología aumentaría en gran medida la eficacia organizacional y permitiría que la organización siguiera las estrategias tanto de diferenciación como de bajo costo para atraer a los clientes, brindándoles productos avanzados, confiables y de alta calidad a precios bajos.[46]

¿Qué cambios necesitaría aplicar una organización a su tecnología para darle la suficiente flexibilidad y responder así a los clientes al tiempo que controla los costos? En los últimos 20 años, muchos desarrollos tecnológicos nuevos han permitido que las organizaciones logren las dos metas. En ocasiones, los nuevos desarrollos se llaman *producción flexible*, *producción sin desperdicio o racionalizada*, o *producción asistida por computadoras*. Aquí consideramos que son componentes de la tecnología de fabricación avanzada.[47] La **tecnología de fabricación avanzada** (TFA) consiste en innovaciones en la *tecnología de materiales* y en *tecnología del conocimiento*, que cambian el proceso de trabajo tradicional de las organizaciones de producción en masa.

Tecnología de fabricación avanzada Tecnología que consiste en innovaciones en tecnología de materiales y en tecnología del conocimiento, que cambian el proceso de trabajo de las organizaciones de producción en masa tradicionales.

Tecnología de fabricación avanzada: Innovaciones en la tecnología de materiales

La **tecnología de materiales** comprende la maquinaria, otros equipos y las computadoras. Las innovaciones en la tecnología de materiales se basan en una nueva visión de los vínculos entre las actividades de insumo, conversión y resultado.[48] La producción en masa tradicional trata de proteger los procesos de conversión de interrupciones en las etapas de insumo y de resultado, utilizando las reservas en inventario como amortiguador para aumentar el control y reducir la incertidumbre. Con la TFA, sin embargo, la organización busca activamente formas de aumentar su capacidad para integrar o coordinar el flujo de recursos entre las actividades de insumo, conversión y resultados. La TFA permite que una organización reduzca la incertidumbre no mediante el uso de sus reservas en inventario, sino desarrollando la capacidad para ajustar y controlar con rapidez sus procedimientos para eliminar la necesidad de un inventario, tanto en la etapa de insumo como en la de resultado o producto (véase la figura 9.4B).[49] Muchas innovaciones en la tecnología de materiales permiten a las organizaciones tanto reducir costos como acelerar el proceso de producción de bienes y servicios. El diseño asistido por computadora, la administración de materiales asistida por computadora, los sistemas de inventario justo a tiempo y la fabricación integrada por computadora se afectan entre sí y, en conjunto, mejoran la eficacia organizacional. Las primeras tres son técnicas para coordinar las etapas de producción de insumo y conversión. La última aumenta la complejidad técnica de la etapa de conversión.

Tecnología de materiales Tecnología que comprende maquinaria, otros equipos y computadoras.

Diseño asistido por computadora

Los sistemas de producción en masa se establecen para producir un gran volumen de pocos productos. En cierto grado, este acomodo refleja el hecho de que una gran parte de los costos relacionados con la producción en masa se realizan en la etapa de diseño.[50] En general, cuanto más complejo sea un producto, serán más altos los costos de diseño. Por ejemplo, los costos de diseñar un auto nuevo son enormes. El reciente automóvil mundial de Ford, el Focus, costó más de cinco mil millones de dólares para ser desarrollado.

Tradicionalmente, el diseño de nuevas partes involucraba la laboriosa construcción de prototipos y modelos a escala, un proceso similar a la producción de pequeños lotes o por unidad. El **diseño asistido por computadora** (**CAD**, por las siglas de *computer-aided design*) es una técnica de fabricación avanzada que simplifica en gran medida el proceso de diseño. El CAD permite diseñar un nuevo componente o microcircuito en una pantalla de computadora y, luego, presionar un botón, no para imprimir los planos para la parte sino para producir físicamente esa parte. También, existen "impresoras" que arrojan un torrente de metal líquido o gotas de plástico para crear objetos tridimensionales. Pueden esculpirse detallados prototipos de acuerdo con el programa de computadora y rediseñarse rápidamente si fuera necesario. De esta manera, por ejemplo, un ingeniero de Ford que quiere ver cómo funcionará un nuevo engrane en el ensamble de una transmisión, experimentaría de forma rápida y económica para perfeccionar el diseño de tales insumos.[51]

Diseño asistido por computadora (CAD)
Técnica de fabricación avanzada que simplifica en gran medida el proceso de diseño.

Reducir los costos de producción usando el CAD contribuye a las ventajas tanto de diferenciación como de bajo costo. Los avances en diseño que hace posible el CAD pueden mejorar la eficiencia de la producción. Los componentes bien diseñados se ensamblan fácilmente en un subconjunto, en tanto que los subconjuntos bien diseñados se insertan fácilmente en otros subconjuntos. Las mejoras en la etapa de insumo también facilitan la venta y el ofrecimiento de los productos en la etapa de resultado. El riesgo de una falla o colapso posterior se reduce, si el problema potencial se ha eliminado en la etapa de diseño. Diseñar por adelantado la calidad de un producto mejora la ventaja competitiva y reduce los costos. La competencia clave de Toyota en diseño de producto, por ejemplo, evidenciada por su proporción relativamente baja de retiros, da a sus automóviles una ventaja competitiva. Finalmente, el CAD mejora la flexibilidad porque reduce la dificultad y disminuye el costo de personalizar un producto para satisfacer a clientes particulares. En esencia, el CAD da a la fabricación en gran escala uno de los beneficios de la producción por lotes pequeños, el diseño del producto a la medida, pero a un costo mucho menor. También mejora la capacidad de una organización para responder rápidamente ante los cambios en su ambiente.[52]

Administración de materiales asistida por computadora

La administración de materiales, la administración del flujo de los recursos hacia adentro y hacia afuera del proceso de conversión, es una de las áreas funcionales más complejas de una organización.[53] Ahora, las computadoras son la herramienta principal para procesar la información que los gerentes de materiales usan para la toma de decisiones acertada; por ello, la administración de materiales asistida por computadoras es crucial para la eficacia de la organización. La **administración de materiales asistida por computadora** (**CAMM**, por las siglas de *computer-aided materials management*) es una técnica avanzada de fabricación que sirve para administrar el flujo de las materias primas y las partes componentes en el proceso de conversión, para desarrollar programas de producción maestros de fabricación, así como para controlar el inventario.[54] La diferencia entre la administración de materiales tradicional y las nuevas técnicas asistidas por computadora es la diferencia entre los enfoques llamados de empujar y jalar de la administración de materiales.[55]

Administración de materiales asistida por computadora (CAMM)
Técnica avanzada de fabricación que sirve para administrar el flujo de materia prima y partes componentes en el proceso de conversión, con el objetivo de desarrollar planes maestros de producción y controlar el inventario.

La producción en masa tradicional usa el enfoque de empuje. Los materiales se liberan de la etapa de insumo a la de conversión cuando el sistema de control de producción indica que la etapa de conversión está lista para recibirlos. Los insumos se empujan al proceso de conversión de acuerdo con un plan previamente determinado.

La administración de materiales asistida por computadora hace posible el enfoque de *jalar*. El flujo de la entrada de materiales se rige por las solicitudes de suministro de productos terminados por parte de los clientes, de manera que los insumos se jalan al proceso de conversión en respuesta a una demanda de la etapa de producto, en lugar de un empuje de la etapa de insumo. Considere cómo la Corporación VF, el fabricante de jeans Lee, cumple con las demandas de los clientes. A medida que se venden jeans en las tiendas, ventas solicita por computadora que Lee fabrique diferentes estilos o tallas. El departamento de producción de Lee jala entonces su materia prima, como tela e hilo, de los proveedores según lo necesite. Si Lee usara el enfoque de empuje, tendría un plan maestro que podría decir: "Elaborar 30,000 pares de los estilos XYZ en mayo", y para el final del verano 25,000 pares podrían continuar sin venderse en la bodega debido a la falta de demanda.

La tecnología CAMM permite a una organización aumentar la integración de sus actividades de insumo, conversión y producto. El uso de inventarios de insumos y servicios (véase la figura 9.5) permite que las actividades en cada etapa de producción en masa se realicen de manera relativamente independiente. El CAMM, sin embargo, vincula firmemente dichas actividades y aumenta la *interdependencia de la tarea,* porque cada etapa debe estar lista para reaccionar con rapidez frente a las demandas de otras etapas; asimismo, incrementa la complejidad técnica porque hace de las actividades de insumo, conversión y producto un proceso continuo, creando en efecto una tubería que conecta la materia prima con el cliente. Dado que los altos niveles de interdependencia de la tarea y complejidad técnica relacionados con el CAMM requieren mayor coordinación, una organización quizá necesite moverse hacia una estructura orgánica, lo cual proveerá la integración extra necesaria.

El CAMM también ayuda a que una organización siga una estrategia de diferenciación o de bajo costo. La capacidad para controlar el flujo de materiales en el proceso de producción permite que una organización evite los costos por llevar un exceso de inventario; también permite que sea lo suficientemente flexible para ajustarse con facilidad y rapidez a los cambios del producto o de la demanda.

Sistema de inventario justo a tiempo

Otra técnica de fabricación avanzada para administrar el flujo de insumos dentro de la organización es el sistema de inventario justo a tiempo. Desarrollado a partir del sistema japonés *kanban* (un *kanban* es una tarjeta), un **sistema de inventario justo a tiempo** (**JIT**, por las siglas de *just-in-time inventory system*) requiere que los insumos y los componentes necesarios para la producción sean administrados al proceso de conversión conforme van necesitándose, ni antes ni después, de manera que los inventarios de insumos puedan mantenerse en un mínimo.[56] Los componentes se mantienen en depósitos, y a medida que se utilizan, los depósitos vacíos se envían de vuelta al proveedor con una solicitud en la tarjeta del depósito (*kanban*) de más componentes. La administración de materiales asistida por computadora es necesaria para que un sistema JIT trabaje de manera eficaz, porque el CAMM proporciona los vínculos computarizados con los proveedores, los cuales facilitan la rápida transferencia de información y coordinación entre la organización y sus proveedores.

Sistema de inventario justo a tiempo (JIT) Sistema que requiere que los insumos y los componentes necesarios para la producción se entreguen al proceso de conversión conforme van necesitándose, ni antes ni después, de manera que los inventarios de insumos se mantengan al mínimo.

En teoría, un sistema JIT es capaz de extenderse más allá de los componentes y la materia prima. Una compañía puede suministrar a Ford o a Toyota conjuntos de luces traseras. El proveedor en sí mismo, sin embargo, ensambla las luces a partir de partes individuales (lentes de plástico, bombillas, tornillos) provistos por otros fabricantes. De esta forma, el proveedor del conjunto de luces traseras también podría operar un sistema JIT con sus proveedores que, a su vez, operan sistemas JIT con sus proveedores. La figura 9.5 ilustra un sistema justo a tiempo que va del cliente a la tienda y, luego, de regreso del fabricante a los proveedores originales.

Un sistema JIT aumenta la interdependencia de la tarea entre etapas en la cadena de producción. La producción en masa tradicional traza un límite entre la etapa de conversión y las etapas de insumo y resultado, y secuencia solo las actividades de conversión. Los sistemas JIT destruyen estas barreras y logran que todo el proceso de creación de valor sea una sola cadena de actividades secuenciales. Dado que las actividades organizacionales se han convertido en un proceso continuo, la complejidad técnica se incrementa, aumentando a su vez la eficiencia del sistema.

Al mismo tiempo, los sistemas JIT brindan flexibilidad a la fabricación. La capacidad para ordenar los componentes como se van necesitando permite que una organización amplíe la va-

Figura 9.5 Sistemas de inventario justo a tiempo

El cliente activa el sistema cuando hace compras.

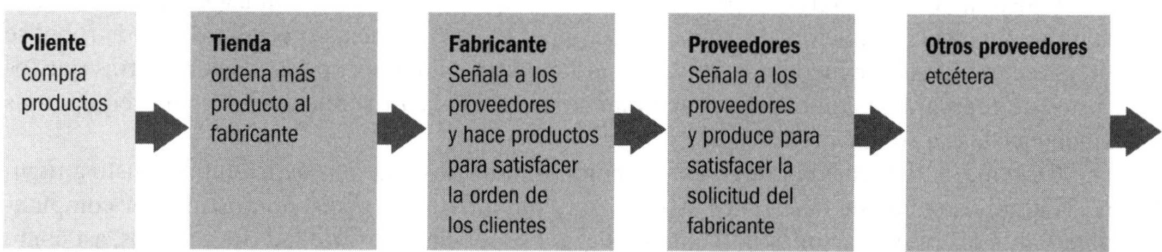

riedad de artículos que fabrica y para personalizarlos.[57] Los sistemas JIT, por lo tanto, permiten una organización con una producción en masa moderna, ya que no está atada a un producto por grandes inventarios para obtener los beneficios de la tecnología de pequeños lotes (flexibilidad y adaptación) con poca pérdida de la eficiencia técnica.

Como la CAMM, los sistemas JIT requieren de una medida de coordinación extra y una organización quizá necesite adoptar nuevos métodos para administrar esta nueva tecnología. Uno de estos es implementar, como vimos en el capítulo 3, nuevas estrategias para administrar las relaciones con los proveedores. Toyota, que otorga una minoría de acciones a sus proveedores, se reúne periódicamente con ellos para mantenerlos informados acerca de los nuevos desarrollos de producto. Toyota también trabaja de cerca con sus proveedores para reducir costos y elevar la calidad de los insumos componentes, y comparte los ahorros en costos con ellos.[58] Dado que ser propietario de un proveedor suele aumentar los costos, muchas organizaciones tratan de evitar la necesidad de integrarse verticalmente. Los contratos a largo plazo con los proveedores favorecen las relaciones de trabajo cooperativas que traen beneficios a largo plazo para ambas partes.

En suma, los sistemas de inventario justo a tiempo y el diseño asistido por computadora incrementan la complejidad técnica y la interdependencia de la tarea y, de esta manera, incrementan el grado en que opera un sistema de producción en masa tradicional como una tecnología de proceso continuo; también aumentan la eficiencia y reducen los costos de producción. Asimismo, las tres técnicas avanzadas de fabricación dan a la producción en masa moderna los beneficios de la producción por lotes pequeños: mayor flexibilidad, capacidad para responder ante las necesidades de los clientes y mayor calidad del producto. Juntas, esas técnicas confieren a la organización una ventaja de bajo costo y diferenciación.

Ahora que hemos revisado las técnicas avanzadas para coordinar las etapas de insumos y de conversión, analizaremos los nuevos desarrollos dentro de la etapa de conversión. En el centro de las innovaciones del proceso de conversión de la TFA, está la creación de un sistema basado en trabajadores flexibles y máquinas flexibles.

Tecnología de fabricación flexible y fabricación integrada por computadora

La tecnología de fabricación en masa tradicional usa equipo especializado que realiza solo una operación a la vez. La **tecnología de fabricación flexible**, en contraste, permite la producción de muchos tipos de componentes en la misma máquina, con un pequeño o ningún costo adicional. Cada máquina en un sistema de fabricación flexible es capaz de realizar una gama de operaciones diferentes y las máquinas en secuencia son capaces de variar sus operaciones, de forma que puedan producir una amplia variedad de componentes. La tecnología de fabricación flexible combina las ventajas de la variedad de producción por lotes pequeños, con las de bajo costo de la producción de proceso continuo. ¿Cómo se logra esto?

Tecnología de fabricación flexible
Tecnología que permite la producción de muchos tipos de componentes con un pequeño o ningún costo adicional en la misma máquina.

En los sistemas de fabricación flexible, el factor clave que previene el aumento de costos relacionado con las operaciones cambiantes es el uso de un sistema controlado por computadora para administrar las operaciones. La **fabricación integrada por computadora** (**CIM**, por las siglas de *computer-integrated manufacturing*) es una técnica de fabricación avanzada que controla la transición de una operación a otra mediante comandos dados a las máquinas a través de software de cómputo. Un sistema CIM elimina la necesidad de requipar las máquinas físicamente. Dentro del sistema existe un número de máquinas controladas por computadora, cada una capaz de producir automáticamente una variedad de componentes. Estas son controladas por una computadora maestra, la cual programa el movimiento de las partes entre las máquinas para ensamblar diferentes productos a partir de varios componentes que hace cada máquina.[59] La fabricación integrada por computadora depende de computadoras programadas para **1.** alimentar a las máquinas con los componentes, **2.** ensamblar los productos a partir de los componentes y moverlos de una máquina a otra, y **3.** descargar el producto final de la máquina al área de envío.

Fabricación integrada por computadora (CIM)
Técnica de fabricación avanzada que controla el intercambio de una operación a otra, por medio de órdenes dadas a las máquinas a través de software de cómputo.

El uso de robots es integral para la CIM. Un grupo de robots que trabaja en secuencia es el equivalente en la fabricación avanzada a un equipo de transferencia especializado. Cada robot se programa rápidamente mediante software para realizar diferentes operaciones, mientras que los costos de reprogramar robots son mucho menores que los costos relacionados con requipar las máquinas de transferencia dedicadas.

En suma, la fabricación integrada por computadora, los sistemas de inventario justo a tiempo, la administración de materiales asistida por computadora y el diseño asistido por computadora dan a las organizaciones la flexibilidad para producir una variedad de artículos, así como diferentes modelos del mismo producto de manera rápida y eficaz con respecto al costo. Pueden romper las barreras tradicionales que separan las etapas de producción de insumo, conversión y producto; como resultado, las actividades de insumo, conversión y producto se fusionan entre sí. Estas cuatro innovaciones en tecnología de materiales disminuyen la necesidad de costosos topes de inventarios para proteger los procesos de conversión de interrupciones en el ambiente. Además, incrementan la confiabilidad del producto porque aumentan la automatización y la complejidad técnica.

Resumen

La complejidad técnica, las diferencias entre tareas rutinarias y no rutinarias y la interdependencia de la tarea explican en conjunto por qué algunas tecnologías son más complejas y difíciles de controlar que otras, así como por qué las organizaciones adoptan diferentes estructuras para operar su tecnología. En general, los procesos de insumo, conversión y producto —que dependen principalmente de la gente y de los departamentos que cooperan e intercambian conocimiento que es difícil programar en rutinas operativas estándar— requieren de máxima coordinación. Una organización que necesita coordinación y control extensos para operar su tecnología, también requiere de una estructura para organizar sus tareas. Los puntos principales del capítulo 9 son:

1. La tecnología es la combinación de habilidades, conocimiento, técnicas, materiales, máquinas, computadoras, herramientas y otros equipos, que la gente usa para convertir la materia prima en bienes y servicios valiosos.
2. La tecnología está involucrada en los procesos de insumo, conversión y resultado o producto de una organización. Una organización eficaz administra su tecnología para cubrir las necesidades de los inversionistas, promover la innovación y aumentar la eficiencia operativa.
3. La complejidad técnica es el grado en que un proceso de producción es controlable y predecible. De acuerdo con Joan Woodward, la complejidad técnica diferencia la producción por pequeños lotes y por unidad, la producción por grandes lotes y en masa, y la producción de proceso continuo.
4. Woodward argumentó que cada tecnología está relacionada con una estructura organizacional diferente, ya que cada tecnología presenta diferentes problemas de coordinación y control. En general, las tecnologías de pequeños lotes y de proceso continuo están asociadas con una estructura orgánica y la producción en masa, con una estructura mecanicista.
5. El argumento de que la tecnología determina la estructura se conoce como el imperativo tecnológico. De acuerdo con los estudios Aston, sin embargo, el tamaño organizacional es más importante que la tecnología para determinar la elección de la estructura de una organización.
6. Según Charles Perrow, dos dimensiones resaltan la diferencia entre tareas rutinarias y no rutinarias y tecnologías: la variabilidad de la tarea y el análisis de la misma. Cuanto más alto sea el nivel de variabilidad de la tarea y más bajo sea el nivel de análisis, las tareas organizacionales serán más complejas y menos rutinarias.
7. Utilizando la variabilidad y el análisis de la tarea, Perrow describió cuatro tipos de tecnología: artesanal, de investigación no rutinaria, de ingeniería industrial y de fabricación rutinaria.
8. Cuanto más rutinarias sean las tareas, más probable será que una organización use una estructura mecanicista. Y cuanto más complejas sean las tareas, más probable será que una organización utilice una estructura orgánica.
9. James D. Thompson se enfocó en la forma en que la interdependencia de la tarea afecta la tecnología y estructura de una organización. La interdependencia de tareas es la forma en que diferentes tareas organizacionales se relacionan entre sí y el grado en que el desempeño de una persona depende del desempeño de otra o de si lo afecta.
10. Thompson identificó tres tipos de tecnología, los cuales asoció con tres formas de interdependencia de la tarea: tecnología mediadora e interdependencia compartida, tecnología de enlace e interdependencia secuencial y tecnología intensiva e interdependencia recíproca.

11. Cuanto más alto sea el nivel de interdependencia de la tarea, más probable será que una organización use el ajuste mutuo en vez de la estandarización para coordinar las actividades de trabajo.
12. La tecnología de fabricación avanzada consiste en innovaciones en tecnología de materiales que cambian el proceso de trabajo de las organizaciones de producción en masa tradicional. Las innovaciones en la administración de materiales incluyen el diseño asistido por computadora, la administración de materiales asistida por computadora, los sistemas de inventario justo a tiempo, la tecnología de fabricación flexible y la fabricación integrada por computadora.

Preguntas para análisis

1. ¿Cómo puede la tecnología aumentar la eficacia organizacional?
2. ¿Cómo difiere la tecnología de pequeños lotes de la tecnología de producción en masa?
3. ¿Por qué la complejidad técnica es la más alta con la tecnología de proceso continuo? ¿Cómo la complejidad técnica afecta la estructura organizacional?
4. ¿Qué hace que unas tareas sean más complejas que otras? Dé un ejemplo de una organización que utilice cada uno de los cuatro tipos de tecnología identificados por Perrow.
5. ¿Qué nivel de interdependencia de la tarea se relaciona con las actividades de *a*) un despacho grande de contadores, *b*) un restaurante de comida rápida y *c*) una compañía de biotecnología? ¿Qué clases diferentes de estructura es probable encontrar en tales organizaciones y por qué?
6. Encuentre una organización en su ciudad y analice cómo trabaja la tecnología. Use los conceptos examinados en este capítulo: complejidad técnica, tareas no rutinarias e interdependencia de la tarea.
7. Intercambie opiniones acerca de cómo la tecnología de fabricación avanzada y las innovaciones en la tecnología de materiales y en tecnología del conocimiento han aumentado la interdependencia de la tarea y la complejidad técnica de los procesos de trabajo. ¿Cómo han cambiado dichas innovaciones la estructura de las organizaciones que operan una tecnología de producción en masa?

Teoría organizacional en acción

Poner en práctica la teoría organizacional

Elección de una tecnología

Formen cuatro equipos de tres a cinco integrantes y analicen el siguiente escenario:

Son inversionistas que están planeando abrir una gran tienda de computadoras en una ciudad importante en la Costa Oeste. Su plan es ofrecer una variedad de hardware para computadoras, desde estaciones basadas en UNIX hasta poderosas computadoras (personales y portátiles), así como una amplia gama de impresoras y escáneres. Además se proponen ofrecer una gran variedad de productos de software y juegos de computadora para niños. Su estrategia es ser una tienda única, donde todo tipo de clientes, desde grandes compañías hasta individuos, logren obtener lo que deseen de vendedores que puedan diseñar un sistema completo para satisfacer las necesidades únicas de cada cliente.

Se están reuniendo para decidir qué tipo de tecnología, es decir, qué combinación de habilidades, conocimiento, técnicas y relaciones de la tarea, les permitirá lograr su meta de la mejor forma.

1. Analicen el nivel de *a*) la complejidad técnica y *b*) la variabilidad y análisis de la tarea relacionados con el tipo de tareas necesarias para lograr su estrategia.
2. De acuerdo con su respuesta a la pregunta 1, ¿qué tipo de interdependencia de la tarea entre empleados/departamentos les permitirá seguir mejor su estrategia?
3. Con base en este análisis, ¿qué tipo de tecnología elegirán en su tienda y qué tipo de estructura y cultura crearán para administrar su tecnología de la forma más eficaz?

Dimensión ética 9

En el capítulo se revisaron algunas de las prácticas laborales estrictas de Henry Ford que causaron tan alta rotación. A los trabajadores no se les permitía hablar en la línea de producción, por ejemplo, y contrataba a detectives para espiarlos cuando estaban en casa.

1. Desde una perspectiva ética, ¿qué límites deberían fijarse en el derecho de una compañía para monitorear y controlar a sus empleados?
2. ¿Qué reglas morales crearía usted para ayudar a los gerentes a decidir cuándo, y qué acciones y conductas tienen derecho a influir y controlar?

Establecer contacto 9

Encuentre un ejemplo de una compañía que opere con una de las tecnologías identificadas en este capítulo. ¿Qué tecnología está usando la compañía? ¿Por qué está empleando esa? ¿Cómo afecta la tecnología a la estructura de la organización?

Análisis de la organización: Módulo de diseño 9

Este módulo se enfoca en la tecnología que su compañía usa para producir bienes y servicios, así como en los problemas y aspectos relacionados con el uso de dicha tecnología.

Tarea

Usando la información disponible e infiriendo la tecnología de su compañía sobre las actividades en las cuales se involucra su organización, conteste las siguientes preguntas:

1. ¿Qué tipo de bienes y servicios produce su organización? ¿Las actividades de insumo, conversión o producto son fuente de gran incertidumbre para su organización?
2. ¿Qué rol juega la tecnología del conocimiento en la producción de bienes o servicios de la organización?
3. ¿Qué rol juega la tecnología de materiales en la producción de bienes y servicios de la organización?
4. ¿Cuál es el nivel de complejidad técnica de la organización? ¿La organización usa tecnología de lotes pequeños, de producción en masa o de proceso continuo?
5. Utilice los conceptos de variabilidad de la tarea y análisis de la misma para describir la complejidad de las actividades de su organización. ¿Cuál de los cuatro tipos de tecnología identificados por Perrow usa su organización?
6. ¿Qué formas de interdependencia de la tarea entre individuos y entre departamentos caracteriza el proceso de trabajo de su organización? ¿Cuál de los tres tipos de tecnología identificados por Thompson usa su organización?
7. El análisis que ha hecho hasta ahora podría llevarlo a esperar que su compañía opere con un tipo particular de estructura. ¿De qué tipo? ¿En qué grado su organización parece encajar con las características de la tecnología de la organización? Por ejemplo, ¿la estructura es mecanicista u orgánica?
8. ¿Cree que su organización esté operando su tecnología de manera eficaz? ¿Ve algunas formas en las cuales podría mejorar su eficiencia técnica, innovación o capacidad para responder a los clientes?

CASO PARA ANÁLISIS

Microsoft se reorganiza para acelerar la innovación

Microsoft, como otros fabricantes de software, ha sido impactado por el creciente número de aplicaciones disponibles en Internet y en la computadora personal, muchas de las cuales fueron lanzadas por Google y Yahoo! Estas incluyen versiones mejores y más rápidas de las aplicaciones de Internet como correo electrónico, herramientas de búsqueda especializada, servicios telefónicos por Internet, escaneo de imágenes y mapas de Google. La rápida innovación ocurre en estas y otras áreas, en tanto que el riesgo para Microsoft es que tales aplicaciones en línea hagan que su plataforma vital Windows PC sea menos útil y quizá se vuelva obsoleta. Si, en el futuro, la gente comienza a usar nuevos tipos de procesadores de palabras y aplicaciones de almacenamiento en línea, entonces, la única aplicación de software importante será el software de sistema operativo, lo cual provocaría que las ganancias e ingresos de Microsoft se vinieran abajo. De modo que existe una presión importante sobre Microsoft para encontrar formas de conseguir que su nuevo software funcione sin contratiempos, con el desarrollo de aplicaciones de servicios basadas en Internet y en su plataforma de Windows, buscando que los clientes permanezcan leales a su software para PC.

Para lograrlo, Microsoft anunció un rediseño importante de su estructura organizacional para enfocarse en tres áreas principales de software y productos de servicio: productos y servicios de plataforma, negocios y entretenimiento y servicios. Cada uno de los cuales estará administrado por su nuevo equipo de alta dirección. Con esto, Microsoft ha creado un nuevo nivel en su jerarquía y ha descentralizado la responsabilidad principal en la toma de decisiones a tales ejecutivos. Dentro de cada división, los especialistas en TI continuarán trabajando en pequeños equipos de proyecto.

Microsoft declara que la nueva estructura no solo acelerará la innovación tecnológica en cada división, sino que también creará muchas sinergias entre las divisiones de producto, con la finalidad de promover la colaboración y así mejorar el desarrollo de producto en toda la organización. En esencia, Microsoft está intentando hacer su estructura más orgánica, de modo que pueda competir mejor con rivales sagaces como Google. Como comentó el director general de Microsoft, Steve Ballmer: "Nuestra meta al aplicar estos cambios es posibilitar que Microsoft obtenga mayor agilidad en el manejo del increíble crecimiento por venir, y ejecutar nuestra estrategia de servicios con base en el software". Algunos analistas, sin embargo, se preguntan si agregar un nuevo nivel de jerarquía solo creará una nueva capa de burocracia que causará una mayor lentitud en la toma de decisiones y permitirá que Google adquiera un liderazgo aún mayor en los servicios de Internet durante la siguiente década.

Preguntas para análisis

1. ¿Cuál de las siguientes tecnologías caracteriza mejor la forma en que opera Microsoft *a*) artesanal, *b*) ingeniería industrial o *c*) tecnología intensiva?
2. ¿De qué formas espera Microsoft que su nueva forma de organizarse ayude a mejorar continuamente tanto sus competencias como su tecnología?

Referencias

[1] "Survey: The Endless Road", *Economist*, 17 de octubre de 1992, p. 4.

[2] R. Edwards, *Contested Terrain: The Transformation of the Workplace in the Twentieth Century* (Nueva York: Basic Books, 1979).

[3] D. M. Rousseau, "Assessment of Technology in Organizations: Closed Versus Open Systems Approaches", *Academy of Management Review* 4 (1979), pp. 531-542; W. R. Scott, Organizations: Rational, Natural, and Open Systems (Englewood Cliffs, NJ: Prentice-Hall, 1981).

[4] H. Ford, "Progressive Manufacturing", *Encyclopedia Britannica*, 13a. ed. (Nueva York: Encyclopedia Co., 1926).

[5] Edwards, *Contested Terrain*, p. 119.

[6] J. Woodward, *Management and Technology* (Londres: Her Majesty's Stationery Office, 1958), p. 12.

[7] Woodward, *Management and Technology*, p. 11.

[8] www.zynga.com, 2011.

[9] *Ibid.*

[10] J. Woodward, *Industrial Organization: Theory and Practice* (Londres: Oxford University Press, 1965).

[11] www.Ikea.com, 2011.

[12] Woodward, *Industrial Organization.*

[13] Woodward, *Management and Technology.*

[14] C. Perrow, *Normal Accidents: Living with High-Risk Technologies* (Nueva York: Basic Books, 1984).

[15] E. Harvey, "Technology and the Structure of Organizations", *American Sociological Review* 33 (1968), 241-259; W. L. Zwerman, *New Perspectives on Organizational Effectiveness* (Westport, CT: Greenwood, 1970).

[16] D. J. Hickson, D. S. Pugh y D. C. Pheysey, "Operations Technology and Organizational Structure: An Empirical Reappraisal", *Administrative Science Quarterly* 14 (1969), pp. 378-397; D. S. Pugh, "The Aston Program of Research: Retrospect and Prospect", en A. H. Van de Ven y W. F. Joyce, eds., *Perspectives on Organizational Design and Behavior* (Nueva York: Wiley, 1981), pp. 135-166; H. E. Aldrich, "Technology and Organizational Structure: A Reexamination of the Findings of the Aston Group", *Administrative Science Quarterly* 17 (1972), pp. 26-43.

[17] J. Child y R. Mansfield, "Technology, Size and Organization Structure", *Sociology* 6 (1972), pp. 369-393.
[18] Hickson *et al.*, "Operations Technology and Organizational Structure".
[19] C. Perrow, *Organizational Analysis: A Sociological View* (Belmont, CA: Wadsworth, 1970).
[20] *Ibid.*
[21] *Ibid.*, p. 21.
[22] *Ibid.*
[23] Esta sección se basa en C. Perrow, "A Framework for the Comparative Analysis of Organizations", *American Sociological Review* 32 (1967), pp. 194-208.
[24] Perrow, *Organizational Analysis*; C. Gresov, "Exploring Fit and Misfit with Multiple Contingencies", *Administrative Science Quarterly* 34 (1989), pp. 431-453.
[25] Edwards, *Contested Terrain*.
[26] www.honda,com, 2011.
[27] www.apple.com, 2011.
[28] www.foxconn.com, 2011.
[29] M. Williams, "Back to the Past", *Wall Street Journal,* 24 octubre de 1994, p. A1.
[30] S. N. Mehta, "Cell Manufacturing Gains Acceptance at Smaller Plants", *Wall Street Journal*, 15 de septiembre de 1994, p. B2.
[31] J. Beyer y H. Trice, "A Re-Examination of the Relations Between Size and Various Components of Organizational Complexity", *Administrative Science Quarterly* 30 (1985), pp. 462-481.
[32] L. Argote, "Input Uncertainty and Organizational Coordination of Subunits", *Administrative Science Quarterly* 27 (1982), pp. 420-434.
[33] R. T. Keller, "Technology-Information Processing Fit and the Performance of R&D Project Groups: A Test of Contingency Theory", *Academy of Management Review* 37 (1994), pp. 167-179.
[34] C. Perrow, "Hospitals: Technology, Structure, and Goals", en J. March, ed., *The Handbook of Organizations* (Chicago: Rand McNally, 1965), pp. 910-971.
[35] D. E. Comstock y W. R. Scott, "Technology and the Structure of Subunits", *Administrative Science Quarterly* 22 (1977), pp. 177-202; A. H. Van de Ven y A. L. Delbecq, "A Task Contingent Model of Work Unit Structure", *Administrative Science Quarterly* 19 (1974), pp. 183-197.
[36] J. D. Thompson, *Organizations in Action* (Nueva York: McGraw-Hill, 1967).
[37] W. G. Ouchi, "The Relationship Between Organizational Structure and Organizational Control", *Administrative Science Quarterly* 22 (1977), pp. 95-113.
[38] Thompson, *Organizations in Action*.
[39] *Ibid.*, p. 17.
[40] T. Davenport y L. Prusak, *Information Ecology*. (Londres: Oxford University Press, 1997).
[41] www.accenture.com, 2011.
[42] www.ibm.com, 2011.
[43] Thompson, *Organizations in Action*; G. R. Jones, "Organization-Client Transactions and Organizational Governance Structures", *Academy of Management Journal* 30 (1987), pp. 197-218.
[44] C. Edquist y S. Jacobson, *Flexible Automation: The Global Diffusion of New Technology in the Engineering Industry* (Londres: Basil Blackwell, 1988).
[45] *Ibid.*
[46] M. Jelinek y J. D. Goldhar, "The Strategic Implications of the Factory of the Future", *Sloan Management Review* 25 (1984), pp. 29-37; G. I. Susman y J. W. Dean, "Strategic Use of Computer Integrated Manufacturing in the Emerging Competitive Environment", *Computer Integrated Manufacturing Systems* 2 (1989), pp. 133-138.
[47] C. A. Voss, *Managing Advanced Manufacturing Technology* (Bedford, Inglaterra: IFS [Publications] Ltd., 1986).
[48] Krafcik, "Triumph of the Lean Production System".
[49] *Ibid.*; M. T. Sweeney, "Flexible Manufacturing Systems—Managing Their Integration", en Voss, *Managing Advanced Manufacturing Technology*, pp. 69-81.
[50] D. E. Whitney, "Manufacturing by Design", *Harvard Business Review* (julio-agosto de 1988), pp. 210-216.
[51] "Microtechnology, Dropping Out", *The Economist*, 9 de enero de 1993, p. 75.
[52] F. M. Hull y P. D. Collins, "High Technology Batch Production Systems: Woodward's Missing Types", *Academy of Management Journal* 30 (1987), pp. 786-797.
[53] R. H. Hayes y S. C. Wheelright, *Restoring Our Competitive Edge: Competing Through Manufacturing* (Nueva York: Wiley, 1984).
[54] C. A. Voss, "Managing Manufacturing Technology", en R. Wild, ed., *International Handbook of Production and Operations Management* (Londres: Cassel, 1989), pp. 112-121.

[55] *Ibid.*

[56] S. M. Young, "A Framework for the Successful Adoption and Performance of Japanese Manufacturing Practices in the United States", *Academy of Management Review* 17 (1992), pp. 677-700.

[57] A. Ansari y B. Modarress, *Just-in-Time Purchasing* (Nueva York: Free Press, 1990).

[58] J. P. Womack, D. T. Jones, D. Roos y D. Sammons, *The Machine That Changed the World* (Nueva York: Macmillan, 1990).

[59] H. J. Warnecke y R. Steinhilper, "CIM, FMS, and Robots", en Wild, *International Handbook of Production and Operations Management*, pp. 146-173.

Parte 3
Cambio organizacional

CAPÍTULO 10

Tipos y formas de cambio organizacional

Objetivos de aprendizaje

Ahora, como nunca antes, las organizaciones enfrentan un ambiente que cambia con rapidez y la tarea que enfrentan los gerentes consiste en ayudar a las organizaciones a responder y ajustarse a los cambios que se les presenten. Este capítulo examina los diversos tipos de cambio que las organizaciones deberían sobrellevar y cómo administrar el proceso de cambio venidero en los actuales ambientes competitivos.

Después de estudiar este capítulo, usted será capaz de:

1. Comprender la relación entre el cambio y rediseño organizacionales y la eficacia de la organización.
2. Distinguir entre las formas o los tipos principales de cambio evolutivo y revolucionario que las organizaciones deben administrar.
3. Reconocer los problemas inherentes en el cambio administrativo y los obstáculos que deben superarse.
4. Describir el proceso de cambio y entender las técnicas que se utilizan para ayudar a una organización a lograr su estado futuro deseado.

¿Qué es el cambio organizacional?

Cambio organizacional es el proceso mediante el cual las organizaciones se mueven de su estado actual o presente a un estado futuro deseado, con la finalidad de aumentar la eficacia. La meta del cambio organizacional planeado es encontrar nuevas o mejores formas de utilizar los recursos y competencias, aumentar la capacidad de la organización, crear valor y mejorar las utilidades para sus inversionistas.[1] Una organización en deterioro quizá necesite restructurar sus competencias y recursos para mejorar su ajuste en el ambiente cambiante. Por ejemplo, en la década de 1990, IBM experimentó una caída en la demanda de su producto principal, las computadoras centrales. Su nuevo director general decidió renfocar y construir las competencias de IBM proporcionando consultoría y servicios de tecnología de la información (TI) y, para inicios del siglo XXI, IBM disfrutó un giro tan exitoso que para 2010 había vuelto a ser un competidor dominante. De forma similar, a partir de 2010, Ford ha logrado un renacimiento bajo la dirección general de Alan Mullay, quien cambió radicalmente la forma de operación de la compañía, alterando su estructura y cultura para satisfacer las necesidades de un ambiente de constante cambio.

Cambio organizacional
Proceso mediante el cual las organizaciones se mueven de su estado actual o presente, a un estado futuro deseado para aumentar la eficacia.

De manera importante, aun en pleno progreso, las compañías de alto desempeño como Google, Apple y Facebook también necesitan cambiar continuamente la forma en que operan, a veces incluso semanalmente, para lograr encarar los retos en curso. Los gerentes deben buscar constantemente mejores formas de utilizar los recursos organizacionales para desarrollar un flujo de productos nuevos y mejores, o bien, para encontrar mercados nuevos para sus productos actuales. La competencia en el mercado de teléfonos inteligentes y tabletas cambia constantemente, por lo que los gerentes y sus organizaciones tienen que luchar por mantenerse un paso adelante de sus rivales, como bien lo aprendieron Nokia y Research in Motion en 2011, mientras Apple se convertía en la compañía líder de teléfonos inteligentes y el precio de sus acciones se fue al alza, mientras el de las otras se desplomaba. En la última década, en especial debido a la reciente recesión, casi todas las 500 compañías de *Fortune* se han restructurado y modificado para aumentar su eficacia y capacidad para crear valor para los clientes.

Objetivos del cambio

El cambio organizacional planeado se orienta normalmente a mejorar la eficacia en uno o más de los cuatro diferentes niveles: recursos humanos, recursos funcionales, competencias tecnológicas y competencias organizacionales.

RECURSOS HUMANOS Los recursos humanos son el valor más importante de la organización. A final de cuentas, las competencias distintivas de una organización se basan en las habilidades y capacidades de sus trabajadores. Ya que tales habilidades y capacidades dan ventaja competitiva a la organización, las compañías deben supervisar continuamente sus estructuras para encontrar la forma más eficaz de motivar y organizar los recursos humanos, con la finalidad de que adquieran y utilicen sus habilidades. Los tipos de esfuerzos de cambio dirigidos a los recursos humanos incluyen **1.** una nueva inversión en capacitación y desarrollo de actividades, para que los trabajadores adquieran nuevas capacidades y habilidades; **2.** socializar a los trabajadores en la cultura organizacional, con el objetivo de que aprendan las nuevas rutinas de las que depende el desarrollo organizacional; **3.** cambiar las normas y los valores, para motivar una fuerza de trabajo diversa y multicultural; **4.** un análisis constante de la forma en que funcionan los sistemas de promoción y recompensas en la fuerza laboral diversa; y **5.** cambiar la composición del equipo de alta gerencia para mejorar el aprendizaje y la toma de decisiones en la organización.

RECURSOS FUNCIONALES Como se expuso en capítulos anteriores, cada función organizacional necesita desarrollar procedimientos que le permitan gestionar el ambiente particular que enfrenta. Conforme el ambiente cambia, las organizaciones ofrecen transferir recursos a las funciones en las cuales es posible crear mayor valor. Las funciones vitales crecen en importancia, mientras que las inútiles se reducen.

Una organización puede mejorar el valor creado por sus funciones cambiando su estructura, su cultura y su tecnología. El cambio de una estructura funcional a una de equipo de producto, por ejemplo, aceleraría el proceso de desarrollo de un nuevo producto. Las alteraciones en la estructura funcional ayudan a establecer un escenario donde la gente esté motivada. El cambio de una producción en masa tradicional a una operación de fabricación basada en equipos de trabajo autogestionados permite a las compañías aumentar la calidad de su producto y la productividad, si los trabajadores logran compartir los beneficios del nuevo sistema de trabajo.

COMPETENCIAS TECNOLÓGICAS Las competencias tecnológicas dan a la organización una enorme capacidad para cambiarse a sí misma y explotar las oportunidades del mercado. La capacidad para desarrollar un flujo constante de nuevos productos o para modificar los existentes, de tal forma que continúen atrayendo a clientes, es una de las competencias clave de la organización. De manera similar, la capacidad para mejorar las formas en que se producen los bienes y servicios para aumentar su calidad y confianza es una competencia organizacional fundamental. En el nivel organizacional, una empresa tiene que brindar el contexto que le permita traducir sus competencias tecnológicas en valor para sus inversionistas. Con frecuencia, dicha tarea involucra el rediseño de las actividades organizacionales. IBM, por ejemplo, cambió su estructura organizacional para capitalizar mejor sus nuevas fortalezas al ofrecer consultoría en TI. Antes, había sido incapaz de traducir sus competencias tecnológicas en oportunidades comerciales, porque su estructura no se enfocaba en la consultoría, sino en fabricar y vender hardware y software para computadoras.

COMPETENCIAS ORGANIZACIONALES Mediante el diseño de la estructura y la cultura organizacionales, una empresa aprovecha sus recursos humanos y funcionales para sacar ventaja de las oportunidades tecnológicas. A menudo el cambio organizacional incluye una modificación en las relaciones entre los individuos y las funciones, con la finalidad de aumentar su capacidad para crear valor. Los cambios en la estructura y la cultura ocurren en todos los niveles de la organización e incluyen el cambio de rutinas para el trato con los clientes, el cambio en las relaciones del grupo de trabajo, la mejora de la integración entre divisiones, y el cambio en la cultura corporativa al modificar al equipo de alta gerencia.

Los cuatro niveles donde el cambio puede ocurrir son evidentemente interdependientes; por lo común, es imposible cambiar uno sin modificar otro. Suponga que una organización invierte recursos y recluta a un equipo de científicos expertos en nueva tecnología, por ejemplo, en biotecnología. Si tiene éxito, ese cambio en el recurso humano llevará al surgimiento de un nuevo recurso funcional, así como de una competencia tecnológica nueva. Los directivos se verán forzados a revaluar su estructura organizacional y la forma en que integran y coordinan otras funciones para asegurar el apoyo a sus nuevos recursos funcionales. La utilización eficaz de los nuevos recursos quizá necesite cambiar a una estructura de equipo de producto, e incluso requiera recorte de personal y la eliminación de funciones que ya no son importantes para la misión de la organización.

Fuerzas y resistencia al cambio organizacional

El ambiente organizacional está en constante cambio y una organización debe adaptarse a tales cambios para sobrevivir.[2] La figura 10.1 lista las fuerzas e impedimentos más importantes para el cambio que enfrentan la organización y sus gerentes.

Fuerzas para el cambio

Recuerde del capítulo 3 que muchas fuerzas en el ambiente causan un impacto en la organización y que reconocer la naturaleza de tales fuerzas es una de las tareas principales de los gerentes.[3] Si los gerentes actúan con lentitud para responder a las fuerzas competitivas, económicas, políticas, globales y otras, la organización se quedará atrás de sus rivales y su eficacia se verá comprometida (véase la figura 10.1).

FUERZAS COMPETITIVAS Las organizaciones luchan constantemente por lograr una ventaja competitiva.[4] La competencia es una fuerza para cambiar porque una organización no sobrevivirá, a menos que iguale o supere a sus competidores en cuanto a eficiencia y calidad o en su competencia para innovar o mejorar bienes y servicios.[5]

Para ser líder en las dimensiones de eficiencia o calidad, una organización debe adoptar la última tecnología disponible. La adopción de tecnología nueva ofrece un cambio en las relaciones con la tarea, mientras los trabajadores aprenden habilidades o técnicas novedosas para operar la tecnología moderna.[6] Posteriormente en este capítulo revisaremos la administración de calidad total y la reingeniería, dos estrategias de cambio que las organizaciones utilizan para lograr eficiencia y calidad superiores.

Figura 10.1 Fuerzas y resistencias al cambio

Fuerzas para el cambio	Resistencias al cambio
Fuerzas competitivas Fuerzas económicas Fuerzas políticas Fuerzas globales Fuerzas demográficas Fuerzas sociales Fuerzas éticas	Nivel organizacional • Estructura • Cultura • Estrategia Nivel funcional • Diferencias en orientación en subunidades • Poder y conflicto Nivel grupal • Normas • Cohesión • Pensamiento grupal Nivel individual • Sesgos cognitivos • Incertidumbre e inseguridad • Percepción y retención selectivas • Hábitos

Para ser líder en la dimensión de innovación y obtener ventaja tecnológica sobre los competidores, una compañía debe poseer habilidades para administrar el proceso de innovación, otra fuente de cambio que se revisará posteriormente.

FUERZAS ECONÓMICAS, POLÍTICAS Y GLOBALES Las fuerzas económicas, políticas y globales afectan continuamente a las organizaciones y las obligan a cambiar cómo y dónde producen bienes y servicios. La integración entre países se transforma en una fuerza cada vez más importante para el cambio.[7] El Tratado de Libre Comercio para América del Norte (TLCAN) preparó el terreno para la cooperación entre Canadá, Estados Unidos y México. La Unión Europea (UE) incluye más de 27 miembros ansiosos por sacar ventaja de un mercado protegido. Japón y otros países asiáticos en rápido crecimiento, como China, que reconocen que la integración económica protege a las naciones miembro y crea barreras contra los competidores extranjeros, han cambiado para incrementar sus operaciones en otros países. Por ejemplo, las compañías japonesas han abierto miles de plantas de fabricación en Estados Unidos y México, así como en naciones europeas como España y Reino Unido, para compartir los beneficios que ofrecen el TLCAN y la Unión Europea. Toyota, Honda y Nissan han abierto grandes plantas automotrices en Inglaterra para surtir automóviles en los países miembros de la UE. Ninguna organización puede ignorar los efectos de las fuerzas económicas y políticas en sus actividades.[8]

Otros desafíos globales que enfrentan las organizaciones incluyen la necesidad de cambiar la estructura organizacional para permitir la expansión en mercados extranjeros, la necesidad de adaptarse a una variedad de culturas, y la necesidad de ayudar a los ejecutivos expatriados a adaptarse a los valores económicos, políticos y culturales de las regiones donde se establecen.[9]

FUERZAS DEMOGRÁFICAS Y SOCIALES Administrar una fuerza de trabajo diversa es uno de los mayores desafíos que enfrentan las organizaciones en el siglo XXI.[10] Los cambios en la composición de la fuerza laboral y la cada vez mayor diversidad de trabajadores han presentado para las organizaciones retos y oportunidades. Cada vez con mayor frecuencia, los cambios en las características demográficas de la fuerza laboral han llevado a los gerentes a modificar sus estilos para administrar a todos los trabajadores, así como aprender a entender, supervisar y motivar con eficacia a los miembros diversos. Los gerentes han tenido que abandonar los estereotipos que involuntariamente podrían haber utilizado para tomar decisiones de promoción, y han tenido que aceptar la importancia de la equidad en el reclutamiento y desarrollo de nuevos trabajadores, un deseo reconocido de la fuerza laboral por un estilo de vida que repercuta en el equilibrio aceptable entre trabajo y vida familiar. Muchas compañías ayudan a sus trabajadores a actualizarse en la tecnología cambiante, brindándoles apoyo con capacitación y educación. Las organizaciones están dándose cuenta de que la fuente más importante de ventaja competitiva y de eficacia organizacional recae en la utilización integral de las habilidades de sus miembros, por ejemplo, facultando a sus trabajadores para tomar decisiones importantes y significativas.[11]

FUERZAS ÉTICAS Así como es importante para una organización realizar acciones para cambiar en respuesta a los cambios demográficos y en las fuerzas sociales, también es vital llevar a cabo acciones para promover la conducta ética, ante las cada vez mayores demandas gubernamentales, políticas y sociales por un comportamiento corporativo más responsable y honesto.[12] Muchas compañías han creado el puesto de oficial de ética, es decir, una persona a quien los trabajadores reportan faltas de ética por parte de los gerentes o trabajadores de la organización, y a quien pueden acudir para asesoría sobre cuestiones éticas difíciles. Las organizaciones intentan también favorecer la conducta ética dando a los trabajadores un acceso más directo a quienes toman decisiones y protegiéndolos como informantes que denuncian cuando perciben problemas éticos en la forma en que se comportan algunos gerentes.

Muchas organizaciones necesitan introducir cambios que permitan a los gerentes y trabajadores de todos los niveles reportar el comportamiento sin ética, con el objetivo de que la organización pueda moverse con rapidez y eliminar tal comportamiento, a la vez que protege los intereses generales de sus miembros y clientes.[13] De forma similar, si las organizaciones operan en países donde se presta poca atención a los derechos humanos o al bienestar de los trabajadores, tienen que aprender cómo cambiar esos estándares y proteger a sus trabajadores en el extranjero. El recuadro "Al interior de la organización 10.1" describe cómo el cultivo de rosas en el mundo tiene diversos aspectos éticos que todos los gerentes necesitan saber.

Las fuerzas de cambio bombardean a las organizaciones por todos lados, desde las preferencias de diseño, el asunto sobre dónde debería fabricarse la ropa, la pregunta sobre si la inestabili-

Al interior de la organización 10.1

Cultivar rosas *no* lo es todo

Cada año, en el día de San Valentín, se entregan diez millones de rosas en Estados Unidos y cualquiera que haya comprado esas flores sabe que su precio baja continuamente. Una de las razones principales de esto es que, en la actualidad, el cultivo de rosas se concentra en naciones en desarrollo de Centro y Sudamérica. El cultivo de rosas ha representado un beneficio para los países menos favorecidos, donde un ingreso extra de las mujeres puede significar la diferencia entre la inanición o no de sus familias. Por ejemplo, Ecuador es el cuarto cultivador de rosas más grande del mundo y la industria emplea a más de 50,000 mujeres que siembran, cortan y empacan esas flores por arriba del salario mínimo nacional. La mayoría de esas mujeres trabajan para Rosas del Ecuador, la compañía que controla el negocio de esas flores en todo el país.

El lado oscuro del negocio global del cultivo de rosas se encuentra en que los países más pobres suelen tener leyes de salud y seguridad laxas y no obligatorias, lo cual disminuye los costos del cultivo en esos lugares. Y, de acuerdo con los críticos, muchas compañías de cultivo de rosas no consideran el bienestar de sus trabajadores. Por ejemplo, aunque el director general de Rosas del Ecuador, Erwin Pazmino, niega que los trabajadores estén sujetos a condiciones inseguras, casi 60% de ellos han reportado visión borrosa, náuseas, dolores de cabeza, asma y otros síntomas de intoxicación por pesticidas.[14] Los trabajadores laboran en invernaderos calientes, pobremente ventilados, donde las rosas se riegan con pesticidas y herbicidas. El equipo de seguridad, como mascarillas y ventiladores, está limitado y las largas jornadas que las mujeres trabajan agregan una sobrexposición química. Si las trabajadoras se quejan pueden ser despedidas y quedar en una "lista negra", que les dificultaría encontrar otro puesto de trabajo. Por consiguiente, para proteger el bienestar de sus familias, las trabajadoras no se quejan y su salud permanece en riesgo.

Los compradores de rosas en el mundo necesitan conocer tales condiciones laborales cuando deciden comprar esas flores, como hicieron los compradores de ropa y calzado baratos, quienes se preocuparon en las últimas décadas, cuando se dieron cuenta de las condiciones de explotación excesiva en que laboraban los trabajadores del vestido y del calzado. Compañías como Nike y Walmart han hecho grandes esfuerzos por impedir las prácticas de sobrexplotación. En la actualidad, emplean a cientos de inspectores que vigilan las fábricas en el extranjero que producen los artículos que venden. Si las compañías subcontratan la fabricación de todo tipo de productos, desde calcetines hasta iPhones, en países con mano de obra de bajo costo como China, Malasia y Vietnam, el comportamiento de sus subcontratistas se ha puesto bajo la lupa. Nike, Target, The Gap, Sony y Mattel se han visto obligadas a revaluar la ética de sus prácticas laborales y a prometer mantener en observación constante a los subcontratistas. En las páginas Web de estas compañías se encuentra una declaración al respecto, por ejemplo, la de Nike (www.nikebiz.com) y la de The Gap (www.thegap.com).[15] De forma similar, los principales compradores y distribuidores de flores en el mercado estadounidense han empezado a considerar el bienestar de los trabajadores que las cultivan y están pugnando por reforzar los controles sobre sus condiciones laborales.

Mykhaylo Feshchur/Shutterstock.com

dad económica o política afectará la disponibilidad de la materia prima, hasta cómo supervisar las condiciones laborales en las cuales se fabrican los productos en el extranjero. Las organizaciones eficaces son lo suficientemente ágiles para ajustarse a estas fuerzas. No obstante, muchas fuerzas internas a la organización la hacen resistente al cambio, amenazando así su eficacia y supervivencia.

Resistencia al cambio

En los últimos años, muchas compañías reconocidas como Dell, Sony y Nokia han visto que su desempeño ha descendido notablemente como resultado de la cada vez mayor competencia global. ¿Por qué perdieron su eficacia? La principal explicación de tal descenso es casi siempre una falta de capacidad de la organización para cambiar en respuesta a las alteraciones en su ambiente, debido a una *inercia organizacional*, esto es, la tendencia de una organización a resistirse al cambio y mantener el *statu quo*. La resistencia al cambio disminuye la eficacia de la organización y reduce sus posibilidades de sobrevivir.[16] Las resistencias o impedimentos al cambio que causan inercia se encuentran en los niveles de la organización, grupal e individual (véase la figura 10.1).[17]

Resistencia al cambio a nivel organizacional

Varias fuerzas dentro de la organización le dificultan cambiar en respuesta a las condiciones cambiantes en su ambiente.[18] Los impedimentos al cambio más poderosos incluyen el poder y el conflicto, las diferencias en la orientación funcional, la estructura mecanicista y la cultura organizacional.

PODER Y CONFLICTO Por lo regular, el cambio beneficia a algunas personas, funciones o divisiones a expensas de otras. Cuando el cambio provoca luchas de poder y conflicto organizacional, es probable que la organización lo resista.[19] Suponga que un cambio en las prácticas de compra ayudará a administración de materiales a lograr su meta de reducir el costo de los insumos, pero lastimará la capacidad de fabricación para reducir sus costos. Administración de materiales pugnará por el cambio, pero fabricación se resistirá. El conflicto entre ambas funciones hará más lento el proceso de cambio y quizá lo evite. Si las funciones poderosas pueden prevenir el cambio, la organización no cambiará. En la antigua IBM, por ejemplo, los gerentes de la división de computadoras centrales eran los más poderosos de la corporación y, para preservar su prestigio y poder, rechazaron los intentos por redirigir los recursos de IBM hacia la producción de las computadoras personales que deseaban los clientes, lo cual casi llevó a IBM a la quiebra.

DIFERENCIAS EN LA ORIENTACIÓN FUNCIONAL Las diferencias en la orientación funcional son otro de los principales impedimentos al cambio y fuente de inercia organizacional. Las distintas funciones y divisiones ven diferente la fuente de un problema, ya que la ven desde su propio punto de vista. Esta visión en túnel aumenta la inercia organizacional, pues la organización debería invertir tiempo y esfuerzo para asegurar el acuerdo sobre la fuente del problema, antes de considerar cómo necesita cambiar para responder al problema.

ESTRUCTURA MECANICISTA Del capítulo 4, recuerde que la estructura mecanicista se caracteriza por una jerarquía vertical, toma de decisiones centralizada, y estandarización de comportamientos mediante reglas y procedimientos. En contraste, las estructuras orgánicas son planas y descentralizadas y se basan en el ajuste mutuo entre las personas para realizar el trabajo.[20] ¿Cuál estructura tiene más probabilidad de ser resistente al cambio?

Las estructuras mecanicistas son más resistentes al cambio. Se espera que la gente que trabaja dentro de una estructura mecanicista actúe de formas determinadas y que no desarrolle capacidad para ajustar su comportamiento a las condiciones cambiantes. El uso extenso del ajuste mutuo y de la autoridad descentralizada de la estructura orgánica busca el desarrollo de habilidades que permitan a los trabajadores ser creativos, sensibles y capaces de encontrar soluciones a los nuevos problemas. Una estructura mecanicista, por lo general, se desarrolla conforme crece la organización y es una fuente de inercia, sobre todo en organizaciones grandes.

CULTURA ORGANIZACIONAL Los valores y las normas de la cultura organizacional pueden ser otra fuente de resistencia al cambio. Así como las relaciones entre roles resultan en una serie de expectativas estables entre las personas, los valores y las normas causan que la gente se comporte de manera predecible. Si el cambio organizacional afecta los valores y las normas entendidos y fuerza a la gente a cambiar lo que hace y cómo lo hace, la cultura organizacional ocasionará resistencia al cambio. Por ejemplo, muchas organizaciones desarrollan valores conservadores que apoyan el *statu quo*, lo cual provoca que los gerentes sean renuentes a buscar nuevas formas de competencia. Como resultado, si el ambiente cambia y los productos de la compañía se vuelven

Al interior de la organización 10.2

InBev adquiere Anheuser-Busch

Norbert Dered/Shutterstock.com

Anheuser-Busch, el gigante cervecero estadounidense, ha mostrado una reducción en su desempeño en el siglo XXI, por lo que su precio accionario se ha estancado. Los analistas opinan que la principal razón es una mala administración, que inicia en lo más alto: su director general, August Busch IV, quien es el quinto miembro de la familia Busch que desempeña ese puesto. Dada su dominante posición en la industria cervecera, sus gerentes han fracasado en introducir los cambios necesarios para mantener la rentabilidad de la compañía. Sus valores y normas enfatizan el cuidado y la prudencia, y la meta principal de la administración es proteger el mercado estadounidense, dado que brinda beneficios satisfactorios que nadie desea perder, menos su complaciente comité directivo que nunca ha desafiado a su equipo de alta gerencia.

Todo esto cambió en 2008 cuando el gigante europeo InBev, con sede en Bélgica, lanzó un hostil intento por absorber Anheuser-Busch, proponiendo comprarla por 46,300 millones de dólares, cantidad muy superior a su precio accionario. En semanas, los admirados directivos de Anheuser-Busch anunciaron que habían realizado una evaluación completa del desempeño de sus diversas divisiones y decidieron practicar cambios importantes para mejorarlo. Para ahorrar un mil millones de dólares anuales en costos de operación, los cambios propuestos incluían despedir a miles de trabajadores, cerrar varias plantas ineficientes, volver a comprar sus acciones y elevar el precio de sus cervezas.[21]

Los analistas comentaron que era muy tarde y muy poco. ¿Por qué sus gerentes no habían hecho esos cambios hace tiempo? Ahora, los cambios propuestos simplemente revelaron la mala administración de Anheuser-Busch y se dudaba que tales movimientos impidieran el intento de absorción de Inbev con un equipo administrativo fresco, guiado por un nuevo conjunto de valores y normas orientados al desempeño. Sería capaz de superar la inercia en la compañía cervecera y encontrar formas para ahorrar más millones e innovar nuevos tipos de productos. Los analistas pensaban que era el momento correcto para hacer un cambio en la cúpula y librarse de los altos ejecutivos que simplemente usaron su poder para proteger sus puestos y no para mejorar la eficacia de la compañía. Para 2009, InBev ha tenido éxito en su intento por adquirir Anheuser-Busch y para 2011 había sido capaz de adelgazar la compañía y un ahorro en costos por más de 500 millones de dólares anuales. En la actualidad, es una compañía mucho más eficaz.[22]

obsoletos, la compañía no tiene en qué apoyarse y es probable que fracase.[23] En ocasiones, las normas y los valores son tan fuertes que aun cuando el ambiente esté cambiando y sea clara la necesidad de adoptar una nueva estrategia, los gerentes no pueden cambiar porque están comprometidos con la forma actual en la que hacen negocios. El recuadro "Al interior de la organización 10.2" ilustra lo que podría sucederle a una compañía que enfrente este problema.

Resistencia al cambio a nivel grupal

Mucho del trabajo organizacional es realizado por grupos y las diversas características de estos suelen generar resistencia al cambio. Primera, muchos grupos desarrollan fuertes normas informales que especifican conductas adecuadas o inadecuadas, y guían las interacciones entre los miembros del grupo. Con frecuencia, el cambio altera las relaciones de tarea y rol en un grupo; cuando es así, socava las normas y las expectativas informales que tienen los integrantes del grupo entre sí. Como resultado, los miembros de un grupo pueden resistirse al cambio, debido a que debe desarrollarse un nuevo conjunto de normas para satisfacer las necesidades de la nueva situación.

La cohesión grupal, la atracción de los miembros hacia el grupo, también afecta el desempeño grupal. Aunque cierto nivel de cohesión favorece el desempeño grupal, demasiada cohesión reduciría el desempeño porque disminuiría las oportunidades de que el grupo cambie y se adapte. Un grupo altamente cohesivo puede resistir los intentos de la gerencia para modificar lo que se hace o incluso cambiar a un integrante del grupo. Los miembros del grupo quizá se unan para preservar el *statu quo,* así como para proteger sus intereses a expensas de otros grupos.

El pensamiento grupal es un patrón deficiente de toma de decisiones que ocurre en los grupos cohesionados, cuando los miembros restan importancia a información negativa con la finalidad de llegar a un acuerdo unánime. La intensificación del compromiso agrava tal situación porque, aun cuando los miembros del grupo se den cuenta de que su decisión es equivocada, continúan buscándola por su compromiso con ella. Tales procesos grupales dificultan el cambio del comportamiento grupal. Y cuanto más importantes sean las actividades grupales para la organización, mayor será el impacto de dichos procesos sobre el desempeño organizacional.

Resistencia al cambio a nivel individual

También existen numerosas razones sobre por qué los individuos de una organización llegan a resistirse al cambio.[24] Primera, las personas tienden a resistirse al cambio porque sienten inseguridad e incertidumbre sobre lo que sucederá.[25] Se pueden dar nuevas tareas a los trabajadores. Las relaciones de rol pueden reorganizarse. Algunos trabajadores podrían perder su empleo. Algunas personas podrían beneficiarse a expensas de otros. La resistencia de los trabajadores al cambio incierto e inseguro suele provocar inercia organizacional. El ausentismo y la rotación de personal se incrementarían mientras tiene lugar el cambio, en tanto que los trabajadores se volverían poco cooperativos, intentarían posponer o hacer más lento el proceso de cambio, y asumirían otras formas pasivas de resistencia al cambio en un intento por suprimirlo.

Además, hay una tendencia general en los individuos para percibir de manera selectiva información consistente con sus puntos de vista sobre sus organizaciones. Así, cuando el cambio ocurre, los trabajadores tienden a enfocarse solo en cómo les afectará en lo personal, o a su función o división. Si perciben beneficios escasos, quizá rechacen el propósito del cambio. No sorprende entonces que se vuelva difícil para una organización desarrollar una plataforma común para promover el cambio en toda la organización, y que la gente no vea de la misma forma la necesidad del mismo.

Los hábitos —las preferencias de las personas por los eventos y acciones familiares— son otro impedimento para el cambio. La dificultad de romper malos hábitos y adoptar nuevos estilos de conducta indica lo resistentes que son los hábitos al cambio. ¿Por qué los hábitos son tan difíciles de romper? Algunos investigadores sugieren que la gente tiene una tendencia inherente para regresar a su conducta original, una tendencia que bloquea el cambio.

Teoría del campo de fuerzas de Lewin

Teoría del campo de fuerzas
Teoría del cambio organizacional que establece que dos conjuntos de fuerzas opositoras dentro de una organización determinan cómo tendrá lugar el cambio.

Una amplia variedad de fuerzas hacen a las organizaciones resistentes al cambio y una amplia variedad de fuerzas las empujan al cambio. El investigador Kurt Lewin desarrolló una teoría sobre el cambio organizacional. De acuerdo con su **teoría del campo de fuerzas**, esos dos conjuntos de fuerzas siempre están en oposición en una organización.[26] Cuando las fuerzas están uniformemente equilibradas, la organización se encuentra en un estado de inercia y no cambia. Para que una organización cambie, los gerentes deben encontrar la forma para *incrementar* las fuerzas para el cambio o para *reducir* la resistencia al cambio o *ambas* simultáneamente. Cualquiera de las estrategias vencerá la inercia y causará que la organización cambie.

La figura 10.2 ilustra la teoría de Lewin. Una organización en un nivel de desempeño P1 está equilibrada: las fuerzas para el cambio y para la resistencia al cambio son iguales. Sin embargo, la

Figura 10.2 Teoría del campo de fuerzas de Lewin

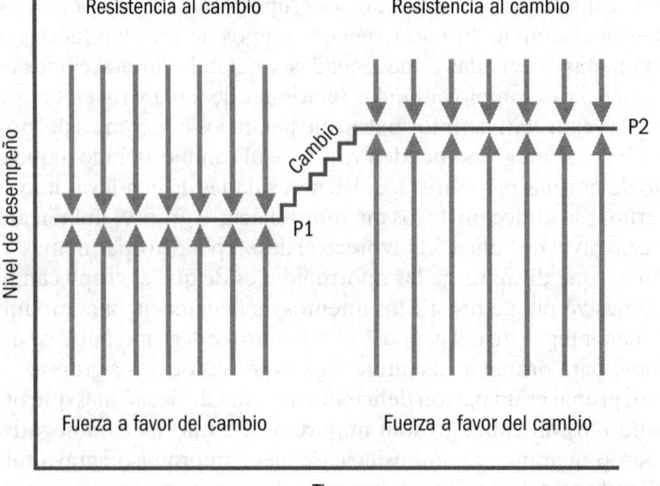

Implicaciones administrativas

Fuerzas y resistencias al cambio

1. Periódicamente analice el ambiente organizacional e identifique las fuerzas a favor del cambio.
2. Analice cómo afectará el cambio a las personas, funciones y divisiones de la organización, en respuesta a tales fuerzas.
3. Utilizando este análisis, decida qué tipo de cambio buscar, y desarrolle un plan para vencer las posibles resistencias y aumentar las fuerzas para favorecerlo.

gerencia decide que la organización debería esforzarse por lograr el nivel de ejecución P2. Para lograrlo, los gerentes tienen que aumentar las fuerzas para el cambio (el incremento se representa por la longitud de las flechas hacia arriba), reducir la resistencia al cambio (la disminución se representa por lo corto de las flechas hacia abajo) o ambas. Si se logra con éxito cualquiera de las tres estrategias, la organización cambiará y alcanzará el nivel de ejecución P2.

Antes de analizar con más detalle las técnicas que utilizan los gerentes para vencer la resistencia y facilitar el cambio, necesitamos ver los tipos de cambio que pueden implementar para aumentar la eficacia organizacional.

Cambio evolutivo y revolucionario en las organizaciones

Continuamente los gerentes enfrentan opciones sobre cómo responder mejor a las fuerzas del cambio. Existen varios tipos de cambio que pueden adoptar los gerentes para ayudar a que sus organizaciones logren los estados futuros deseados. En general, los tipos de cambio caen en dos categorías amplias: el evolutivo y el revolucionario.[27]

Cambio evolutivo
Cambio gradual, creciente y específico.

El **cambio evolutivo** es gradual, creciente y específico, pues no incluye una alteración drástica ni súbita de la naturaleza básica de la estrategia y estructura organizacionales; es un intento constante por mejorar, adaptar y ajustar la estructura y estrategia para adecuarse a las modificaciones en el ambiente.[28] La teoría de los sistemas sociotécnicos, la administración de la calidad total y la creación de grupos de trabajo flexibles y facultados son tres instrumentos del cambio evolutivo que la organización utiliza en su intento por lograr mejoras graduales en la forma en que se realiza el trabajo. Tales mejoras podrían ser una forma mejor de operar la tecnología o de organizar el proceso de trabajo.

El cambio evolutivo se logra con incrementos graduales. Algunas organizaciones, sin embargo, necesitan hacer cambios importantes con rapidez. No quieren tomarse tiempo para establecer e implementar programas que promuevan el cambio evolutivo o esperar los resultados de ejecución que traerían tales programas. Confrontada con alteraciones inesperadas y drásticas en el ambiente (por ejemplo, un nuevo avance tecnológico) o con un desastre inminente resultado de años de inactividad y negligencia, una organización necesita actuar con rapidez y decisión. Entonces es necesario un cambio revolucionario.

Cambio revolucionario
Cambio repentino, drástico y a nivel de toda la organización.

El **cambio revolucionario** es rápido, drástico y amplio. El cambio revolucionario incluye un intento audaz para encontrar rápidamente nuevas formas de ser eficaz. Es probable que resulte en un cambio radical sobre la forma en que se hacen las cosas, en nuevas metas y en una nueva estructura. Tiene repercusiones en todos los niveles de la organización: corporativo, divisional, funcional, grupal e individual. La reingeniería, la restructuración y la innovación son tres instrumentos importantes del cambio revolucionario.

Desarrollos en el cambio evolutivo: Teoría de los sistemas sociotécnicos

Teoría de los sistemas sociotécnicos
Una teoría que propone la importancia de cambiar el rol y la tarea o las relaciones técnicas para aumentar la efectividad organizacional.

La **teoría de los sistemas sociotécnicos** fue una de las primeras teorías que propusieron la importancia de cambiar el rol y la tarea o las relaciones técnicas para aumentar la eficacia organizacional.[29] Surge del estudio del cambio en las prácticas laborales en la industria minera del carbón británica.[30]

Después de la Segunda Guerra Mundial, se introdujo la nueva tecnología que cambió las relaciones de trabajo entre los mineros de la industria minera británica. Antes de la guerra, las minas de carbón eran procesos artesanales o por pequeños lotes. Los habilidosos mineros excavaban el carbón enterrado y realizaban todas las actividades necesarias para llevarlo a la superficie. El trabajo se daba en un espacio confinado, donde la productividad dependía de la cooperación cercana entre los miembros del equipo. Los mineros desarrollaron sus propias rutinas y normas para hacer el trabajo, en tanto que se brindaban apoyo social para combatir el estrés que provocaban sus peligrosas y confinadas condiciones laborales.

Este método, denominado "método *hand got*" (trabajo en grupos cara a cara en las minas de carbón, donde sus tareas eran múltiples y la elección de compañeros era fundamental) aproximó la tecnología por lotes pequeños (véase el capítulo 9). Para aumentar la eficiencia, los gerentes decidieron remplazarlo con el "método *longwall*" (tres turnos de trabajo donde cada turno hacía cosas diferentes). Este método utilizaba una tecnología mecanizada para producción en masa. El carbón ya se extraía con barrenas poderosas y se transportaba a la superficie a través de bandas transportadoras. Las tareas se volvieron más rutinarias cuando el proceso de trabajo se programó y estandarizó. En el papel, la nueva tecnología prometía aumentos impresionantes en la eficiencia de explotación, pero después de su introducción, la eficiencia ascendió lentamente y el ausentismo entre los mineros, que siempre había sido alto, se incrementó sustancialmente. Se solicitó a los investigadores que explicaran por qué no habían tenido los niveles de eficiencia esperados.

Los investigadores opinaron que para operar con eficiencia la nueva tecnología, la administración había cambiado las relaciones de tarea y rol entre los mineros, lo cual socavó las normas informales, dañó el apoyo social, perjudicó las relaciones laborales establecidas y redujo la cohesión grupal. Para solucionar el problema, los investigadores recomendaron vincular la nueva tecnología con el antiguo sistema social, recreando el antiguo sistema de tareas y roles, y descentralizando la autoridad en los grupos de trabajo. Cuando la administración rediseñó el proceso de producción de esta manera, la productividad mejoró y el ausentismo disminuyó.

Este estudio llevó al desarrollo de la teoría de los sistemas sociotécnicos, la cual afirma que los gerentes necesitan ajustar u "optimizar conjuntamente" el funcionamiento de los sistemas técnicos y sociales de la organización o, en términos del presente análisis, la cultura, para promover la eficacia.[31] Un ajuste deficiente entre la tecnología de la organización y el sistema social lleva al fracaso, pero un ajuste cercano conduce al éxito. La lección de la teoría de los sistemas sociotécnicos consiste en que cuando los gerentes cambian las relaciones de tarea y rol, tienen que reconocer la necesidad de ajustar gradualmente los sistemas técnicos y sociales para que no se dañen las normas y la cohesión de los grupos. Al tomar este enfoque gradual, una organización puede evitar la resistencia al cambio a nivel grupal, revisada anteriormente.

Siguiendo este estudio pionero, hay muchos otros que muestran la importancia del vínculo entre el tipo de tecnología y los valores y las normas culturales.[32] Los gerentes necesitan ser sensibles al hecho de que la forma en que estructuren el proceso de trabajo afecta la forma como se comportan las personas y los grupos. Compare los siguientes dos escenarios de producción en masa, por ejemplo. En el primero, los gerentes hacen rutinaria la tecnología, estandarizan el proceso de trabajo y requieren que los trabajadores realicen tareas repetitivas tan rápido como sea posible; los trabajadores se ubican en un lugar en la línea de producción y no se les permite moverse ni cambiar de trabajo y los gerentes supervisan de cerca a los trabajadores y toman todas las decisiones incluyendo el control del proceso laboral. En el segundo, los gerentes estandarizan el proceso de trabajo pero animan a los trabajadores a encontrar mejores formas de realizar las tareas; se permite a los trabajadores intercambiar labores y se conforman en equipos facultados, para supervisar y controlar aspectos importantes de su propio desempeño.

¿Qué diferencias en valores y normas surgirán entre los dos tipos de sistemas sociotécnicos? ¿Cuál será su efecto sobre el desempeño? Muchos investigadores afirman que un sistema basado en equipos promoverá el desarrollo de valores y normas que impulsen la eficiencia y la calidad del producto. Así, la meta de la administración de la calidad total, la mejora continua en la calidad del producto, se deriva de los principios integrados en la teoría de los sistemas sociotécnicos, así como del desarrollo de trabajadores y grupos de trabajo flexibles, que se revisarán posteriormente.

Administración de la calidad total (TQM)
Técnica desarrollada por W. Edwards Deming para la mejora continua de la eficacia de equipos de trabajo flexibles.

Administración de la calidad total

La **administración de la calidad total** (**TQM**, por las siglas de *total quality management*) es un esfuerzo constante y continuo de todas las funciones de la organización, para encontrar nuevas formas de mejorar la calidad de los bienes y servicios de la organización.[33] En muchas compañías, la decisión inicial de adoptar un enfoque de TQM indica un cambio radical en la forma en que se organizan las actividades. Sin embargo, una vez que la organización adopta la TQM, se dirige hacia un cambio gradual y continuo, por lo que se espera que todas las funciones cooperen entre sí para mejorar la calidad.

Desarrollada por consultores de negocios estadounidenses, como W. Edwards Deming y Joseph Juran, la administración de la calidad total fue bien recibida por las compañías japonesas después de la Segunda Guerra Mundial. Para las compañías japonesas, con sus tradicionales relaciones laborales estables y la cooperación entre personas y grupos, la implementación del nuevo sistema de TQM representó un gran avance. Los trabajadores de línea nipones, por ejemplo, han estado organizados durante mucho tiempo en **círculos de calidad**, es decir, grupos de trabajadores que se reúnen regularmente para analizar la forma como se realiza el trabajo y encontrar nuevas maneras de mejorar el desempeño.[34] Con frecuencia los cambios inspirados por la TQM incluyen alterar el diseño o tipo de maquinaria utilizada para ensamblar productos y reorganizar la secuencia de actividades necesarias, ya sea al interior de las funciones o entre estas, para brindar el mejor servicio al cliente. Al igual que en la teoría de los sistemas sociotécnicos, el énfasis de la TQM está en el ajuste o emparejamiento entre los sistemas sociales y técnicos.

Círculos de calidad
Grupos de trabajadores que se reúnen regularmente para analizar la forma en que se realiza el trabajo, con la finalidad de encontrar nuevas maneras de mejorar el desempeño.

Para la TQM es importante cambiar las relaciones interfuncionales para mejorar la calidad. La mala calidad se origina en puntos de convergencia o después de una transferencia, cuando las personas pasan el trabajo realizado a otros individuos con funciones diferentes. La labor de fabricación intermedia, por ejemplo, es reunir los insumos que se vayan a utilizar en el producto final. Coordinar el diseño de los diversos insumos para que se ajusten y operen con eficacia es una de las áreas de la TQM. Los miembros de diferentes funciones trabajan juntos para encontrar nuevas formas de reducir el número de insumos, o bien, para sugerir mejoras de diseño que permitirán que los insumos se ajusten de manera más fácil y confiable. Tales cambios aumentan la calidad y bajan los costos. Observe que los cambios asociados con la TQM (al igual que en los sistemas sociotécnicos) son cambios en las relaciones de tarea, de rol y grupales. Los resultados de las actividades de la TQM pueden ser significativos, como en Citibank, una institución financiera global, según lo descubrieron cuando comenzaron a usar la TQM para aumentar la sensibilidad hacia el cliente.

Al reconocer que la lealtad del cliente determinaba el éxito futuro del banco como el primer paso en su esfuerzo de TQM, Citibank se enfocó en la identificación de los factores que dejaban insatisfechos a sus clientes. Al analizar las quejas de los clientes, los gerentes encontraron que la mayoría de ellos expresaba inquietud por el tiempo que les tomaba hacer una solicitud, ya fuera de respuesta a un problema con sus cuentas o para obtener un préstamo. Ante esto, los gerentes de Citibank comenzaron a analizar cómo manejar cada tipo de solicitud de los clientes. Para cada tipo de solicitud, formaron un equipo interfuncional de gente, cuyo trabajo era dividir una solicitud específica en pasos entre la gente y los departamentos que fueran necesarios para revisar y analizar dicha solicitud. Estos equipos encontraron que, en ocasiones, muchos de los pasos de un proceso eran innecesarios y podían hacerse con el uso de sistemas de información adecuados. También encontraron que muchas veces los retardos ocurrían porque los trabajadores simplemente no sabían cómo manejar la solicitud. No se les había dado el tipo correcto de capacitación, por lo que cuando no sabían cómo tramitar la solicitud, simplemente la hacían a un lado hasta que el supervisor pudiera darle curso.

Así, Citibank decidió implementar un programa de TQM en toda la organización. Los gerentes y supervisores fueron los encargados de reducir la complejidad del proceso de trabajo y encontrar la forma más eficaz para procesar una solicitud particular como, por ejemplo, un préstamo. También se encargaron de capacitar a los trabajadores sobre cómo responder cada solicitud específica. Los resultados fueron sorprendentes. Por ejemplo, en el departamento de préstamos el programa de TQM redujo en 75% el número de transferencias necesarias para procesar una solicitud; el tiempo promedio que tomaba responder a un cliente se redujo de varias horas a 30 minutos. En un año, se había capacitado a más de 92,000 trabajadores en todo el mundo en los nuevos procesos de TQM, en tanto que Citibank lograba medir fácilmente su eficacia por la velocidad con la que se estaba manejando el creciente número de solicitudes de los clientes. Otro ejemplo de cómo funciona la TQM se describe en el recuadro "Al interior de la organización 10.3".

Cada vez más compañías adoptan el creciente y continuo tipo de cambio que resulta de la implementación de los programas de TQM. Muchas compañías han encontrado, sin embargo, que implementar un programa de TQM no es siempre sencillo, porque requiere que los trabajadores y los gerentes adopten nuevas formas de ver sus roles en la organización. Los gerentes deben estar

Al interior de la organización 10.3

Starwood's utiliza la TQM para hacer más eficaces sus hoteles

Starwood's, con sede en White Plains, Nueva York, es una de las cadenas hoteleras más grandes en el mundo y una de las más rentables. Sus márgenes de ganancias están casi 15% por encima de rivales como Hilton y Marriot. ¿Por qué? Starwood's atribuye su alto desempeño en gran medida a su utilización de Seis Sigma, una técnica de TQM que empezó a utilizar en los albores del siglo XXI para mejorar la calidad del servicio que le otorga a sus huéspedes.[35]

El grupo de Seis Sigma de la compañía está dirigido por Brian Mayer, el vicepresidente de "Six Sigma Operations Management & Room Support", cuyos padre y abuelo trabajaron en la industria hotelera. Meyer, un experto en Seis Sigma, ayudado por un pequeño grupo de otros expertos que él reclutó, implementó el programa de TQM en 2001. Desde entonces, han entrenado a 150 trabajadores de Starwood's como "cinturones negros" y otros 2,700 para ser "cinturones verdes" en las prácticas de Seis Sigma. Los cinturones negros son los principales agentes del cambio en cada hotel Starwood, ya que asumen la responsabilidad de administrar el proceso de cambio para lograr los objetivos principales: incrementar la calidad en el servicio al cliente y la receptividad.[36] Los cinturones verdes son los trabajadores entrenados por los expertos de Meyer, y por los cinturones negros, para convertirse en el equipo Seis Sigma en cada hotel. Ellos trabajan juntos para desarrollar ideas o programas nuevos que mejoren la receptividad al cliente, así como para encontrar los procedimientos y procesos de trabajo que implementarán con mayor eficiencia los nuevos programas para mejorar la calidad en el servicio.

Casi todas las nuevas iniciativas que han permeado a través de los miles de hoteles de la cadena Starwood vienen de dichos equipos Sigma, cuyo trabajo ha elevado el desempeño de la compañía por cientos de millones de dólares. Por ejemplo, el "Programa Relajación" fue una iniciativa desarrollada para dar servicio a los intereses de 34% de huéspedes del hotel, que un estudio encontró que se sentían solos y aislados en estancias de una sola noche. Su propósito era lograr que los huéspedes se sintieran como en casa para que se convirtieran en clientes recurrentes. Los equipos Seis Sigma de la cadena empezaron con una lluvia de ideas sobre nuevas formas de actividades o servicios, que alentaran a los huéspedes nocturnos a dejar sus habitaciones y reunirse en el vestíbulo, donde podrían encontrarse y convivir con otros huéspedes y sentirse más como en casa. Surgieron cientos de nuevos programas potenciales. Un concepto inicial era ofrecer a los huéspedes masajes breves gratuitos en el vestíbulo, masajes que esperaban los alentaran a reservar sesiones de masaje y así incrementar las ganancias del hotel. Entonces, equipos de cada hotel fantasearon con otros programas que creyeron que cumplirían mejor con las necesidades del cliente. Estos iban desde bailes con fuego en hoteles de Fiji hasta pintura en acuarela en hoteles en Beijing.[37] Tales ideas se comparten a través de todos los hoteles de la cadena utilizando "E-Tool", propiedad de la compañía, que contiene miles de proyectos exitosos que han funcionado y los procedimientos específicos necesarios para desarrollarlos exitosamente.

En otro proyecto importante, los gerentes de Starwood's estaban preocupados por el número de lesiones que sufrían los empleados del hotel mientras realizaban su trabajo, tales como lesiones de espalda comunes entre las camareras que limpian las habitaciones. Los equipos negro y verde estudiaron en varios hoteles cómo trabajaban las camareras. Compartiendo su conocimiento, se dieron cuenta de que algunos cambios podían reducir esos tipos de lesión. Por ejemplo, encontraron que un alto número de lesiones de espalda ocurrían en cada uno de los turnos de las camareras porque no "calentaban" sus músculos, de modo que un equipo de coordinación central desarrolló una serie de ejercicios de estiramiento relacionados con el trabajo. Este equipo también puso atención en los utensilios de limpieza utilizados y, después de experimentar con varios tamaños y tipos, encontraron que los utensilios curvos con manijas o asas más largas, que requieren menos de agacharse o estirarse, podían ayudar a reducir significativamente las lesiones. A la fecha, el programa ha reducido el porcentaje de accidentes de 12 a 2 por cada 200,000 horas de trabajo, un logro muy importante.

Mr Doomits/Shutterstock.com

Como ha descubierto Starwood's, reditúa tener equipos de especialistas de Seis Sigma, entrenados para estar siempre atentos a las oportunidades para mejorar las decenas de miles de diferentes procedimientos de trabajo que funcionan para alcanzar un servicio al cliente de alta calidad. Para clientes y trabajadores el resultado es una mayor satisfacción y mayor lealtad hacia la cadena de hoteles, manifestada en forma de visitas repetidas de los huéspedes y en una reducida rotación de personal.

dispuestos a descentralizar el control de la toma de decisiones, facultar a los trabajadores y asumir el rol de facilitador en vez de supervisor. El modelo de "mando y control" da paso al modelo de "asesoría y apoyo". Es importante que los trabajadores, así como los gerentes compartan los beneficios que pueden brindar los programas de TQM. Por ejemplo, en Japón, los bonos por desempeño corresponden a 30%, o más, del salario de los trabajadores y gerentes; además, los salarios pueden fluctuar ampliamente de un año a otro como resultado de los cambios en el desempeño organizacional.

La resistencia a los cambio que implica un programa de TQM suele ser muy fuerte, a menos que la administración reconozca explícitamente las formas en que la TQM afecta las relaciones entre funciones e incluso entre divisiones. Revisamos las formas de tratar con la resistencia al cambio a lo largo de este capítulo.

A pesar del éxito que han obtenido organizaciones como Citibank, Harley-Davidson y UTC con la TQM, muchas otras no han conseguido los incrementos en calidad ni la reducción de costos que se asocian con frecuencia con ella, de manera que han abandonado sus programas de TQM. Dos de las razones para no lograr éxito con la TQM son la subestimación del grado de compromiso de la gente de todos los niveles organizacionales para implementar un programa de TQM y la estructura temporal necesaria para que los esfuerzos de TQM logren resultados exitosos. La TQM no es un arreglo rápido que pueda dar un giro a la organización de la noche a la mañana. Es un proceso evolutivo que brinda frutos tan solo cuando se convierte en una forma de vida de la organización.[38]

Trabajadores flexibles y equipos de trabajo flexibles

En muchos de los escenarios modernos de fabricación, la atención en las metas que subyacen a la teoría de los sistemas sociotécnicos y a la TQM ha conducido a muchas organizaciones a adoptar el concepto de trabajadores y equipos de trabajo flexibles, como la forma de modificar las actitudes y los comportamientos de su fuerza laboral. Primero, los trabajadores necesitan adquirir y desarrollar las habilidades para realizar cualquiera de las tareas necesarias para armar una variedad de productos terminados.[39] Un trabajador desarrolla primero las habilidades necesarias para realizar una tarea y, con el tiempo, se va capacitando para realizar otras. Con frecuencia, la compensación se relaciona con el número de tareas diferentes que una persona es capaz de realizar. Cada trabajador puede ser sustituido con cualquier otro trabajador. Conforme surge o cae la demanda de componentes o de productos terminados, los trabajadores flexibles pueden transferirse a la tarea más urgente para la organización. Como resultado, esta es capaz de responder con rapidez a los cambios en su ambiente. Realizar más de una tarea también reduce la repetición, el aburrimiento y la fatiga, además, aumenta el incentivo de los trabajadores para mejorar la calidad del producto. Cuando los trabajadores aprenden las tareas de otros, también aprenden cómo se relacionan esas diferentes tareas. Esta comprensión lleva a nuevas formas de combinar las tareas o a rediseñar un producto para hacer más eficiente y menos costosa su fabricación.

Para agilizar el desarrollo de competencias funcionales, se agrupa a los trabajadores flexibles en equipos de trabajo flexibles.[40] Un **equipo de trabajo flexible** es un grupo de trabajadores que asumen la responsabilidad de realizar todas las operaciones necesarias para completar una etapa específica del proceso de fabricación. Los trabajadores de la línea de producción que previamente eran responsables solo de sus propias tareas se organizan en grupos y se les asigna la responsabilidad conjunta de una de las etapas del proceso de fabricación. En las plantas de Ford, por ejemplo, un equipo de trabajo es responsable de ensamblar la transmisión automotriz y de enviarla al área de ensamble de carrocería, donde el equipo de ensamble de carrocería es responsable de ajustar esta al vehículo. Un equipo de trabajo flexible es autogestionado: los miembros del equipo en conjunto asignan tareas y transfieren trabajadores de una tarea a otra, cuando es necesario.

Equipo de trabajo flexible
Un grupo de trabajadores que asume la responsabilidad de realizar todas las operaciones necesarias para completar una etapa específica del proceso de fabricación.

La figura 10.3 ilustra la forma en que realizan sus actividades los equipos de trabajo flexibles. Equipos separados ensamblan diferentes componentes y turnan esos componentes al equipo de producto final, el cual —como su nombre indica— ensambla el producto final. Las actividades de cada equipo están determinadas por la demanda, cuyo origen está en las demandas del cliente por el producto final. Así, cada equipo tiene que ajustar sus actividades a la demanda del resultado del proceso de producción. La experiencia de Plexus, revisada en el recuadro "Al interior de la organización 10.4", ilustra muchos de los factores asociados con el uso de equipos de trabajo flexibles.

Desarrollos en el cambio revolucionario: Reingeniería

El término "reingeniería" ha sido utilizado para referirse al proceso por el cual los gerentes rediseñan las tareas agrupadas en roles y funciones con la finalidad de mejorar la eficacia organizacional.

Figura 10.3 Uso de equipos de trabajo flexibles en el ensamblaje de automóviles

Equipos autogestionados ensamblan los sistemas de frenos, sistemas de emisión de gases y otros componentes de acuerdo con la demanda del equipo de producto final. De acuerdo con la demanda de los consumidores, el equipo de producto final ensambla los componentes para producir un automóvil.

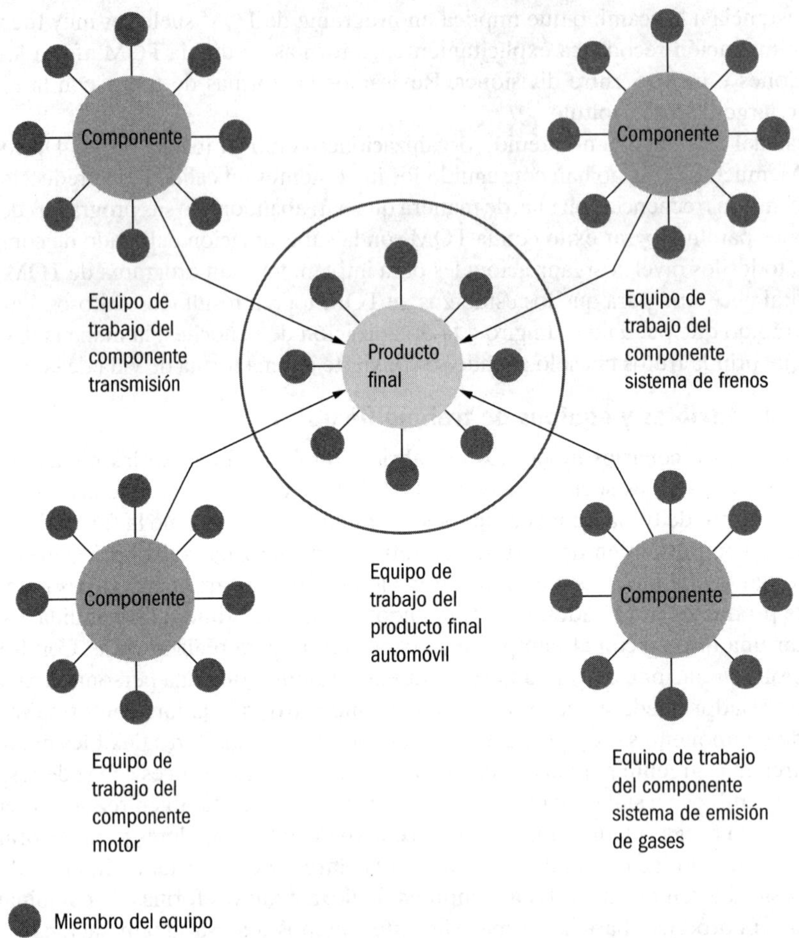

En las palabras de Michael Hammer y J. Champy, quienes popularizaron el término, la reingeniería involucra el: "repensamiento fundamental y el rediseño de los procesos de negocio para lograr mejoras drásticas en las mediciones críticas de desempeño contemporáneas, tales como el costo, la calidad, el servicio y la rapidez".[43] El cambio resultante de la reingeniería requiere que los gerentes regresen a lo básico y analicen cada paso del proceso de trabajo, para identificar una mejor manera de coordinar e integrar las actividades necesarias para brindar los bienes y servicios a sus clientes. En vez de enfocarse en las *funciones* de la organización, los gerentes de la organización en reingeniería se centran en los *procesos* del negocio. Los procesos, no las organizaciones, son el objeto de la reingeniería. Las compañías no hacen reingeniería de sus ventas o de los departamentos de fabricación, sino del trabajo que los individuos desempeñan en esos departamentos.

Como sugiere la definición, una organización que lleva a cabo la reingeniería debe repensar totalmente cómo lleva a cabo su negocio. En vez de enfocarse en las funciones aisladas de una organización, los gerentes hacen de los procesos del negocio el foco de atención. Un **proceso de negocio** es cualquier actividad (como el procesamiento de órdenes, control de inventario o diseño de producto) que cruza los límites funcionales; es la capacidad de las personas y grupos para actuar de manera interfuncional, lo cual es el factor vital para determinar la rapidez con la cual se entregan a los consumidores los bienes y servicios, o que se promueven la alta calidad o el bajo costo. Los procesos de negocio incluyen las actividades entre funciones. Debido a que la reingeniería se orienta hacia los procesos de negocio y no en las funciones, una organización debe repensar la forma en que aborda la organización de sus actividades.

Proceso de negocio
Una actividad que cruza los límites funcionales y es vital para la rapidez con la cual se entregan los bienes y servicios, o se promueven la alta calidad o el bajo costo.

Al interior de la organización 10.4

Plexus decide convertir en redituable la fabricación flexible

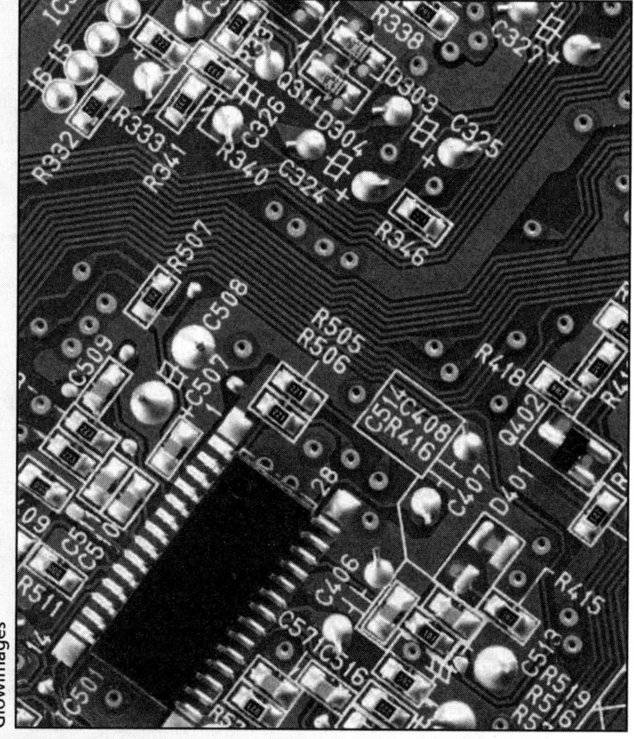

Glowimages

En 2003 más de 2.3 millones de puestos de trabajo en manufactura se perdieron en Estados Unidos debido a reubicación de las fábricas en países de bajo costo. Mientras muchas grandes compañías fabricantes estadounidenses han perdido la batalla, algunas otras, como Plexus Corp., localizada en Neenah, Wisconsin, han sido capaces de tomar las decisiones que les permitieron sobrevivir y prosperar en un mundo de fabricación de bajo costo.

Plexus inició fabricando tableros de circuitos electrónicos en la década de 1980 para IBM. Sin embargo, en la década siguiente, vio la señal de advertencia de que cada vez un mayor número de sus clientes empezaba a preferir a los fabricantes extranjeros para producir los componentes de sus productos, o incluso el producto entero. El problema al que se enfrentaron los gerentes de Plexus fue cómo diseñar un sistema de producción que pudiera competir en un mundo de fabricación de bajo costo. Las compañías estadounidenses no pueden igualar la eficiencia de las manufactureras extranjeras en la producción de grandes volúmenes de un solo producto, tal como millones de un tablero de circuitos en particular utilizado por una computadora portátil. Por lo tanto, los gerentes de Plexus decidieron enfocar sus esfuerzos en desarrollar una tecnología de fabricación, llamada "baja-alta," que pudiera producir eficientemente bajos volúmenes de muchos diferentes tipos de productos.

Los ingenieros de Plexus trabajaron como equipo para diseñar instalaciones donde los productos se elaboraran en cuatro "fábricas especializadas" separadas. La línea de producción en cada una de las fabricas está diseñada para permitir que las operaciones involucradas en producir cada producto puedan realizarse por separado, aunque las operaciones siguen teniendo lugar en secuencia. A los trabajadores se les entrena en múltiples áreas para que puedan realizar cualquiera de las operaciones en cada fábrica. Así, cuando baja el trabajo en cualquier punto de la producción de un producto en particular, un trabajador ubicado en algún punto de la línea de producción puede ayudar a resolver el problema que ocurre en una etapa más temprana de la misma.

Estos trabajadores están organizados en equipos autogestionados y facultados para tomar todas las decisiones necesarias, con el objetivo de hacer un producto específico en una de las cuatro fábricas. Ya que cada producto es diferente, estos equipos tienen que tomar rápidamente las decisiones necesarias para ensamblarlos, si es que se quiere lograr la eficiencia en costos. La capacidad de tales equipos para tomar decisiones rápidas es vital en una línea de producción, ya que el tiempo es dinero. Cada minuto que una línea de producción está parada suma cientos o miles de dólares al costo de producción. Para mantener bajos costos, los trabajadores deben ser capaces de reaccionar a contingencias inesperadas y tomar decisiones no programadas, a diferencia de los trabajadores de una línea de producción convencional que simplemente siguen un programa establecido.

La toma de decisiones en equipo también entra en juego cuando se cambia la línea para elaborar un producto diferente. Ya que nada se produce mientras esto ocurre, es vital que el tiempo para la transición se mantenga al mínimo. En Plexus, los ingenieros y equipos de trabajo han reducido juntos ese tiempo a tan solo 30 minutos. Durante 80% del tiempo, la línea está corriendo y fabricando productos; se detiene solamente 20% del tiempo.[41] Esta increíble flexibilidad, desarrollada por los miembros de la compañía que han trabajado durante años para mejorar las decisiones involucradas en el proceso de cambio, es la razón por la cual Plexus es tan eficiente y puede competir contra las fábricas extranjeras de bajo costo. De hecho, en la actualidad, Plexus tiene cerca de 400 trabajadores, que son capaces de producir 2.5 veces el valor de productos que lo que 800 trabajadores habrían hecho hace una década.

La calidad también es una de la metas de los equipos de trabajo autogestionados. Los trabajadores saben que nada es más importante en la producción de bajos volúmenes de productos complejos, que una reputación de productos confiables y con un índice de defectos muy bajo. En todo sentido, tanto los gerentes como los trabajadores están muy orgullosos de la forma en que han desarrollado una operación tan eficiente. El énfasis en Plexus está en el aprendizaje continuo para mejorar las decisiones que influyen en el diseño del proceso de producción.[42]

Las organizaciones que deliberadamente llevan a cabo una reingeniería ignoran el arreglo que existe de tareas, roles y actividades laborales. Comienzan el proceso de reingeniería con el cliente (no con el producto o el servicio) y con la pregunta "¿cómo puedo reorganizar la forma en que hacemos nuestro trabajo, nuestros procesos de negocio, para brindar al cliente la mejor calidad y bajos precios en bienes y servicios?". Con frecuencia, cuando las compañías se preguntan esto, es porque consideran que existen formas más eficaces para organizar sus actividades. Por ejemplo, un proceso de negocio que, por lo general, incluye miembros de diez funciones diferentes

Figura 10.4 Mejorar la integración en una estructura funcional al crear la función de administración de materiales

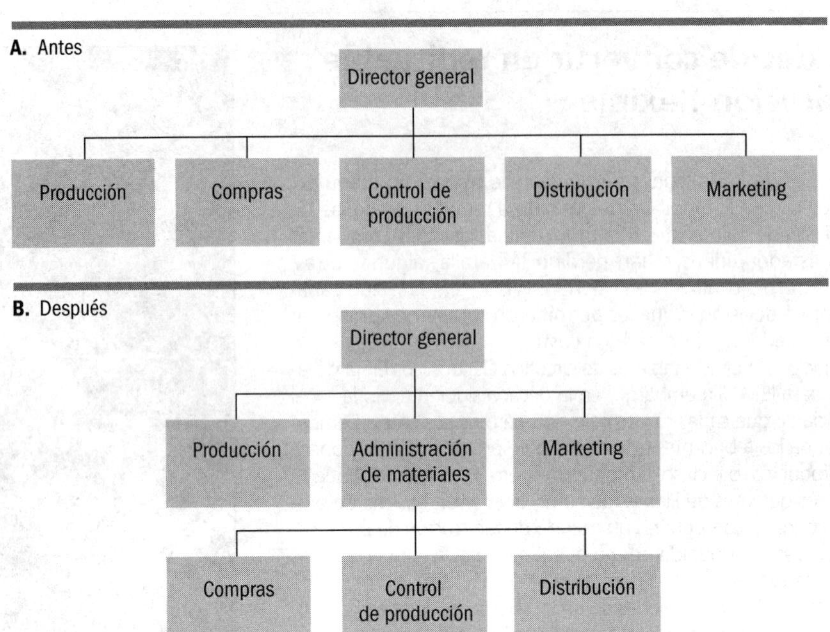

que trabajan secuencialmente para proporcionar bienes y servicios, podría realizarlo un individuo o un grupo pequeño a una fracción del costo original, después de la reingeniería.

Un buen ejemplo sobre cómo usar la reingeniería para incrementar la integración funcional y aumentar el control de las actividades surge de los intentos por rediseñar la función de administración de materiales, con la finalidad de incrementar su eficacia (véase la figura 10.4). En el pasado, los tres principales componentes de la administración de materiales eran compras (responsable de obtener los insumos), control de producción (responsable de utilizar los insumos de manera más eficiente) y distribución (responsable de disponer del producto terminado) y habían sido funciones separadas que tenían poco que ver entre sí. La figura 10.4A muestra el diseño funcional tradicional. El problema con el diseño tradicional consiste en que cuando todos los aspectos de la administración de materiales están en funciones separadas, es difícil coordinar sus actividades. Cada función tiene su propia jerarquía y existen problemas tanto en la comunicación horizontal como en la vertical. La estructura mostrada en la figura 10.4A dificulta procesar la información con rapidez para asegurar el ahorro en los costos. La producción y el almacenamiento computarizados, por ejemplo, requieren de la coordinación cuidadosa de las actividades, pero el diseño tradicional de las actividades de la administración de materiales no proporciona el control suficiente para que esto se logre.

Comprender esta separación de actividades ha disminuido la producción y aumentado los costos, por ello, la mayoría de las organizaciones han hecho reingeniería en el proceso de administración de materiales. En la actualidad, la mayor parte de las organizaciones ubican los tres aspectos de la administración de materiales dentro de una función, como se muestra en la figura 10.4B. Ahora, una jerarquía de gerentes es responsable de los tres aspectos de la administración de materiales, en tanto que la comunicación entre ellos se facilita porque están dentro de la misma función. De hecho, este rediseño facilita mucho más a las compañías la subcontratación de sus actividades de fabricación y control de inventarios con organizaciones especialistas como Jabil Circuit, Flextronics y UPS.

Los siguientes son tres lineamientos para realizar la reingeniería exitosamente:[44]

1. Organice en función de los resultados, no de las tareas. De ser posible, organice el trabajo de tal forma que un individuo o una función pueda realizar todas las actividades necesarias para completar el proceso, evitando así la necesidad de transferencias (e integración) entre funciones.
2. Coloque a aquellos que utilizan el resultado del producto a ejecutar el proceso. Debido a que la gente que usa el resultado del proceso sabe mejor lo que quiere, establezca un sistema de reglas y estándares de operación que les permita tener el control sobre el mismo.

3. Descentralice la toma de decisiones al punto donde se toma la decisión. Permita a la gente decidir la mejor forma de responder frente a los problemas específicos que surjan.

Considere cómo Hallmark Cards, con sede en Kansas City, Missouri, y que anualmente vende 55% de los ocho mil millones de tarjetas de cumpleaños, Navidad y otras celebraciones en Estados Unidos, utilizó la reingeniería para cambiar su estructura.[45] En la década de 1990, Hallmark estuvo bajo el ataque de competidores menores y más ágiles que fueron pioneros en nuevos tipos de tarjetas de felicitación y que las vendían, con frecuencia con rebaja, en supermercados y tiendas de descuento. Así, para mantener a Hallmark al frente en este mercado, se contrató a un equipo de expertos en reingeniería para analizar cómo se estaban haciendo las cosas en la organización y, luego, determinar qué cambios eran necesarios para incrementar la eficacia.

Primero, los expertos asignaron a 100 gerentes a 10 equipos para analizar a los competidores de Hallmark, la naturaleza cambiante de las necesidades de los clientes, la estructura organizacional que usaba la compañía para coordinar tanto sus actividades como las formas en que la organización desarrollaba, distribuía y comercializaba sus tarjetas, es decir, sus procesos de negocio básicos. Lo que los equipos encontraron sorprendió a los gerentes desde la cúpula hacia abajo, y demostró a los expertos los tipos de cambio necesarios.

Juntos, expertos y gerentes, descubrieron que si bien Hallmark tenía el personal creativo más grande del mundo, más de 700 artistas y escritores que diseñan más de 24,000 nuevas tarjetas al año, le tomaba más de tres años lanzar al mercado una nueva tarjeta. Una vez que el artista diseñaba una nueva tarjeta y la pasaba al escritor que ponía un mensaje adecuado, tomaba un promedio de tres años para que la tarjeta se produjera, empacara y enviara a los minoristas. La información sobre las necesidades cambiantes de los clientes, un insumo vital en las decisiones sobre qué tarjetas debían diseñarse, tomaba muchos meses para llegar a los artistas. Ese retardo dificultaba a Hallmark responder con rapidez ante sus competidores.

Utilizando este nuevo conocimiento, los expertos y el equipo de gerentes presentaron a la nueva administración 100 recomendaciones de cambios que permitirían a la compañía hacer su trabajo de forma más rápida y eficaz. Las recomendaciones establecían un cambio total de la forma en que la compañía organizaba sus procesos básicos de negocio. Hallmark comenzó por una restructuración completa de sus actividades. La organización había utilizado una estructura funcional. Los artistas trabajaban por separado de los escritores y ambos laboraban aparte del personal de administración de materiales, impresión y fabricación. Del momento en que una tarjeta salía del personal creativo al departamento de impresión, se necesitaban 25 transferencias (intercambios de trabajo entre funciones) para producir el producto final y 90% del tiempo laboral se malgastaba. Así, Hallmark cambió a una estructura de equipo interfuncional y los miembros de diferentes funciones, artistas, editores, escritores, etc., se agrupan ahora en equipos responsables de producir un tipo específico de tarjeta, tales como las tarjetas de Navidad y de deseos por la recuperación de la salud, o las nuevas líneas de tarjetas especiales.

Para eliminar la necesidad de transferencias entre departamentos, cada equipo es responsable de todos los aspectos del proceso de diseño. Para reducir la necesidad de transferencias dentro de un equipo, todos los miembros del grupo trabajan juntos desde el inicio de la planeación de los pasos del proceso de diseño, y todos son responsables de revisar el éxito de sus esfuerzos. Para ayudar a cada equipo a evaluar sus esfuerzos y darle información necesaria sobre los deseos del cliente, Hallmark introdujo un sistema de comercialización de punto de venta computarizado en cada una de sus tiendas, con lo que cada equipo recibe retroalimentación inmediata sobre qué tipo y cuántas tarjetas se están vendiendo. Los efectos de tales cambios han sido drásticos. No solo las tarjetas se introducen en menos de un año, sino que algunas logran estar en el mercado en meses. La calidad ha aumentado conforme cada grupo se enfoca en mejorar sus tarjetas y los costos se han reducido gracias a la eficiencia del nuevo sistema de trabajo.

La reingeniería y la TQM están muy relacionadas y se complementan. Una vez que se ha dado la revolucionaria reingeniería y se ha contestado la pregunta "¿cuál es la mejor manera para proporcionar a los clientes los bienes y servicios que requieren?", tiene lugar la TQM evolutiva con su enfoque en "¿cómo podemos ahora continuar mejorando y refinando el nuevo proceso, así como encontrar mejores formas para administrar las relaciones de tarea y de rol?". Las organizaciones exitosas analizan ambas preguntas simultáneamente, e intentan identificar nuevos y mejores procesos para lograr las metas de aumento de eficiencia, calidad y receptividad con los clientes.

Ingeniería en línea (*e-engineering*)

El término *ingeniería en línea* se refiere a los intentos de las compañías por utilizar todos los tipos de sistemas de información para mejorar su desempeño. Los capítulos anteriores expusieron varios ejemplos sobre cómo el uso de sistemas de software basados en Internet puede cambiar la forma en que operan la estrategia y la estructura de una compañía. La nueva TI puede emplearse en todos los aspectos de negocio de una organización y para cualquier tipo de razones. Por ejemplo, el director general de Cypress Semiconductors, T.J. Rodgers, usa el sistema de información administrativa en línea de la compañía para monitorear las actividades de sus gerentes y le ayuda a mantener aplanada la jerarquía organizacional. Rodgers afirma que él puede revisar las metas de sus 1,500 gerentes en aproximadamente cuatro horas y lo hace de forma semanal. La importancia de la ingeniería en línea aumenta conforme cambia la forma en que una compañía organiza y vincula sus funciones de creación de valor para mejorar su desempeño. Revisaremos este importante aspecto en los capítulos 12 y 13.

Restructuración

La restructuración y la reingeniería también se encuentran estrechamente relacionadas, ya que en la práctica el movimiento hacia una estructura organizacional más eficiente por lo general resulta en el despido de trabajadores, a menos que la organización crezca tan rápido que pueda transferir a los trabajadores o absorberlos en otro lugar de la misma. Por tal razón, los esfuerzos de la reingeniería son tan poco populares entre los trabajadores, quienes temen sufrir la reingeniería de sus puestos, así como entre los gerentes, que temen perder su autoridad y nichos de poder conforme se encuentren formas nuevas y más eficientes de estructurar las relaciones de tarea y de rol.

Restructuración
Proceso mediante el cual los gerentes cambian las relaciones de tarea y autoridad, y rediseñan la estructura y la cultura organizacionales para mejorar la eficacia organizacional.

No obstante, la **restructuración** se refiere al proceso mediante el cual los gerentes cambian las relaciones de tarea y autoridad, y rediseñan la estructura y la cultura organizacionales para mejorar la eficacia organizacional. El cambio de una estructura funcional a una estructura divisional y el cambio de una estructura divisional a otra representan dos de los tipos más comunes de esfuerzo de restructuración. Conforme el ambiente cambia y se modifica la estrategia de la organización, los gerentes deben analizar qué tan bien se adaptan a su nueva estructura. Con frecuencia, encuentran que hay una mejor forma de agrupar los productos que ahora hacen para cubrir las necesidades de los clientes y de cambiar, por ejemplo, de un tipo de estructura de producto a otro, por las razones expuestas en el capítulo 6.

Recorte de personal
Proceso mediante el cual los gerentes adelgazan la jerarquía de la organización y despiden a gerentes y trabajadores, con la finalidad de reducir costos burocráticos.

Otro tipo de restructuración organizacional que se ha vuelto muy común en años recientes es el **recorte de personal**, es decir, el proceso mediante el cual los gerentes adelgazan la jerarquía de la organización y despiden gerentes y trabajadores para reducir costos burocráticos. El tamaño y alcance de estos recientes esfuerzos de restructuración y recorte de personal han sido enormes. Se estima que en los últimos diez años, las compañías de *Fortune 500* han recortado tanto que ahora emplean cerca de 10% menos gerentes de los que tenían. Durante la reciente recesión, las compañías despidieron números sin precedente de trabajadores, cuando se restructuraron para reducir costos y mejorar la eficiencia.

El impulso por reducir costos burocráticos con frecuencia es la respuesta ante la creciente presión competitiva en el ambiente, conforme las compañías luchan por mejorar su desempeño e introducir nueva tecnología de la información.[46] Por ejemplo, la ola de fusiones y adquisiciones que ocurrieron en la década de 1990 en muchas industrias, como la de telecomunicaciones, bancaria y la defensa, también resultaron en recortes de personal porque las compañías que surgieron requerían menos gerentes.

A veces, cuando una compañía recorta personal, otras compañías de la industria se ven forzadas a analizar sus propias estructuras para buscar ineficiencias; así el recorte de personal se da entre varias compañías de una industria. Por ejemplo, Molson Breweries, la compañía cervecera canadiense más grande, anunció que estaba reduciendo drásticamente el tamaño de su personal de oficinas centrales para reducir costos. Aparentemente los altos ejecutivos de Molson habían visto que su principal competidor, Labatt Breweries, redujo su personal a 110 y decidieron que Molson no necesitaba los 200 trabajadores que conformaban el personal de oficinas centrales que empleaba.[47]

Aunque no hay duda de que las compañías han obtenido ahorros considerables por el recorte de personal y por adelgazar sus jerarquías, algunos analistas ahora se preguntan si el proceso habrá ido lo suficientemente lejos o demasiado lejos.[48] Cada vez hay más informes de que los gerentes que permanecieron en las organizaciones restructuradas trabajan bajo condiciones de severo estrés, tanto porque temen ser los próximos despedidos como porque se ven obligados a realizar el trabajo que anteriormente realizaban los demás trabajadores y, en ocasiones, no pueden con él.

Aún más, hay inquietud de que al llevar demasiado lejos sus esfuerzos en el recorte de personal, las organizaciones puedan intercambiar beneficios a corto plazo derivados de los ahorros en costos, por pérdidas a largo plazo derivadas de la pérdida de oportunidades. El argumento es que las organizaciones siempre necesitan cierto nivel de gerentes "extra", con el tiempo y la energía para mejorar los métodos de operación actuales, así como para buscar en el ambiente nuevas oportunidades de crecimiento y expansión.[49] Las organizaciones recortadas carecen de los gerentes creativos de nivel medio que realicen esta vital tarea, lo cual podría dañarlas en el futuro. Por lo tanto, se usan los términos *anoréxica* o *vacía* para referirse a organizaciones que han recortado demasiado personal y que tienen muy pocos gerentes para ayudarles a crecer cuando las condiciones cambien.

Aunque desventajas evidentes están asociadas con el recorte de personal excesivo, sigue siendo cierto que muchas organizaciones se vuelven demasiado verticales e infladas, porque sus anteriores equipos de alta dirección fracasaron tanto en el control del crecimiento de sus jerarquías, como en el diseño adecuado de sus estructuras organizacionales. En tales casos, los gerentes se ven forzados a restructurar su organización para que sea competitiva e incluso para sobrevivir. Las organizaciones que experimentan un rápido deterioro en el desempeño con frecuencia recurren a la eliminación de divisiones, departamentos o niveles jerárquicos, con la finalidad de reducir sus costos de operación. El cambio en las relaciones entre divisiones o funciones es un resultado común de la restructuración.

¿Por qué la restructuración se torna necesaria y por qué quizás una organización necesite recortar sus operaciones? En ocasiones, ocurre un cambio imprevisto en el ambiente: tal vez un cambio en la tecnología convierta en obsoletos los productos de la compañía, o una recesión mundial reduzca la demanda de sus productos. En ocasiones, una organización tiene una capacidad excesiva porque sus clientes ya no desean los bienes y servicios que brinda por estar desactualizados o porque ofrecen poco valor por su dinero. A veces, las organizaciones recortan porque se han vuelto demasiado verticales y burocráticas, mientras que sus costos de operación se han elevado demasiado.

Con mucha frecuencia las compañías se ven forzadas a recortar y despedir trabajadores porque no se supervisó continuamente la forma en que operaban ni sus procesos de negocio básicos; tampoco hicieron los cambios en las estructuras y estrategias que les habrían permitido contener los costos y ajustarse a las condiciones cambiantes. Paradójicamente, por no haber prestado atención a la necesidad de hacerse reingeniería, se ven forzadas a una posición donde la restructura se vuelve la única manera de que logren sobrevivir y competir en un ambiente cada vez más desafiante.

La restructuración, al igual que la reingeniería, la TQM y demás estrategias de cambio, generan resistencia al cambio. A veces, la decisión de recortar requiere el establecimiento de nuevas relaciones de rol y tarea. Ya que este cambio puede amenazar los empleos de algunos trabajadores, ellos se suelen resistir a los cambios a que haya lugar. Muchos planes para introducir el cambio, incluyendo la restructuración, toman mucho tiempo para implementarse y fallan por el alto nivel de resistencia que encuentran en todos los niveles de la organización.

Innovación

A veces es necesaria la restructuración porque los cambios en la tecnología convierten en obsoleta la tecnología que utiliza una organización para producir bienes y servicios, o incluso los bienes y servicios en sí mismos. Por ejemplo, los cambios en la tecnología han hecho más poderosas y más baratas las computadoras, en tanto que han cambiado el tipo de computadoras que los clientes desean. Si las organizaciones quieren evitar quedar atrás en la carrera competitiva para producir nuevos bienes y servicios, deberían tomar acciones para introducir nuevos productos o desarrollar nuevas tecnologías para fabricar esos productos confiablemente y a bajo costo.

La **innovación** es el uso exitoso de habilidades y recursos para crear nuevas tecnologías, o nuevos bienes y servicios, de modo que la organización logre cambiar y responder mejor a las necesidades de los clientes.[50] La innovación es uno de los instrumentos de cambio más difíciles de administrar. El capítulo 13 describe algunos aspectos involucrados en administrar la innovación y en aumentar el nivel de creatividad e iniciativa empresarial dentro de la organización.

Innovación
Proceso mediante el cual las organizaciones usan sus habilidades y recursos para desarrollar nuevos bienes y servicios, o nuevos sistemas de producción y operación, de modo que la organización logre responder mejor a las necesidades de los clientes.

Administración del cambio: Investigación de la acción

Sin importar si el tipo de cambio que adopta la organización es evolutivo o revolucionario, los gerentes enfrentan el problema de lograr que la organización cambie. Kurt Lewin, cuya teoría del campo de fuerzas afirma que las organizaciones están equilibradas entre las fuerzas para el

Figura 10.5 **Proceso de cambio de tres pasos de Lewin**

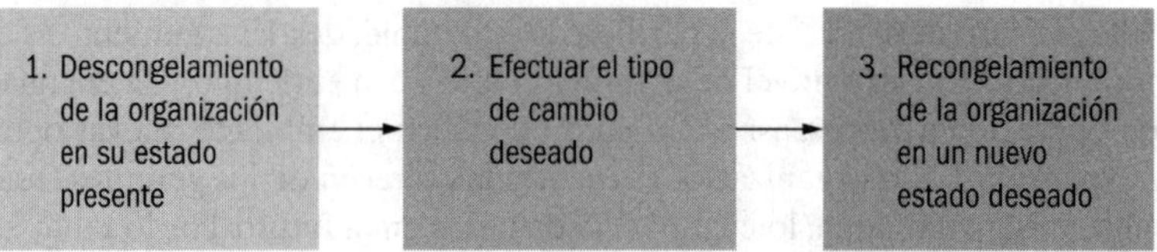

cambio y la resistencia al cambio, presenta una perspectiva relacionada sobre cómo los gerentes pueden introducir el cambio en su organización (véase la figura 10.5).

Investigación de la acción
Estrategia para generar y adquirir conocimiento que los gerentes pueden usar para definir el estado futuro deseado de la organización, así como para planear un programa de cambio que le permita alcanzar ese estado.

Desde el punto de vista de Lewin, la implementación del cambio es un proceso de tres pasos: **1.** descongelar la organización en su estado actual, **2.** efectuar el cambio y **3.** volver a congelar la organización en el nuevo estado deseado, de tal manera que sus miembros no regresen a las actitudes laborales y comportamientos de rol anteriores.[51] Lewin advierte que la resistencia al cambio causará que la organización y sus miembros retornen a sus viejas formas de hacer las cosas, a menos que la organización tome acciones para volver a congelarla con los cambios realizados. No es suficiente introducir algunos cambios en las relaciones de rol y tarea, y esperar a que sean exitosos y duraderos. Para que una organización permanezca en su nuevo estado, los gerentes deben gestionar activamente el proceso de cambio.

La **investigación de la acción** es una estrategia para generar y adquirir conocimiento que los gerentes utilizan para definir el estado futuro deseado de la organización, así como para planear un programa de cambio que le permita alcanzar ese estado.[52] Las técnicas y prácticas de la investigación de la acción, desarrolladas por expertos, ayudan a los gerentes a descongelar la organización, moverla hacia su posición nueva y deseada, y volverla a congelar para retener los beneficios del cambio. La figura 10.6 identifica los pasos principales de la investigación de la acción.

Figura 10.6 **Pasos de la investigación de la acción**

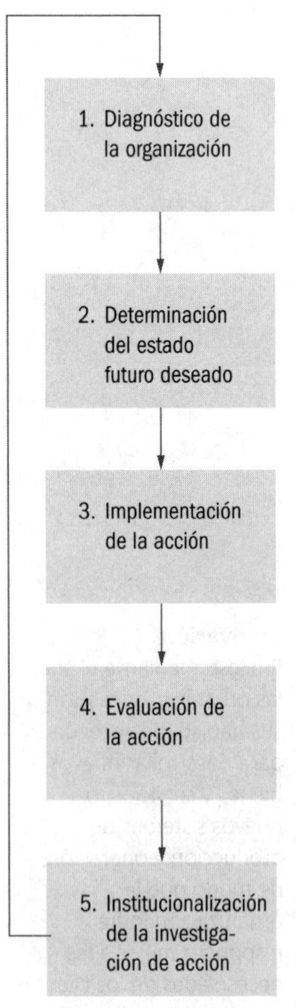

Diagnóstico de la organización

El primer paso en la investigación de la acción requiere que los gerentes reconozcan la existencia de un problema que necesita resolverse y que se den cuenta de que se necesita cierto tipo de cambio para solucionarlo. En general, el reconocimiento de la necesidad de cambio surge porque alguien en la organización percibe una brecha entre el desempeño deseado y el actual. Quizá se hayan elevado las demandas del cliente sobre la calidad de los bienes y servicios. Tal vez los beneficios hayan caído o los costos operativos se hayan incrementado. Probablemente haya sido excesiva la rotación de gerentes y trabajadores. En la primera etapa de la investigación de la acción, los gerentes necesitan analizar lo que sucede y por qué se están presentando problemas.

Diagnosticar la organización suele ser un proceso complejo. Al igual que un médico, los gerentes necesitan distinguir entre síntomas y causas. Por ejemplo, existe un pequeño punto en la introducción de tecnología nueva para reducir los costos de producción, si el problema es que la demanda está cayendo porque a los clientes ya no les guste el diseño del producto. Los gerentes tienen que recolectar cuidadosamente la información sobre la organización para diagnosticar correctamente el problema y tener trabajadores comprometidos con el proceso de cambio. En esta etapa inicial de la investigación de la acción, los gerentes deberían recopilar información de las personas de todos los niveles y de los asociados externos, como clientes y proveedores. Las encuestas con trabajadores, clientes y proveedores, así como las entrevistas con trabajadores y gerentes de todos los niveles, pueden proporcionar información esencial para el diagnóstico correcto del estado actual de la organización.

Determinación del estado futuro deseado

Después de la identificación del estado actual, el paso siguiente consiste en identificar a dónde necesita llegar la organización, es decir, cuál es su estado futuro deseado. Este paso también incluye un proceso de planeación difícil, en el cual los gerentes formulan diversos cursos de acción alternativos que pudieran llevar a la organización a donde les gustaría que estuviera y determinan qué tipo de cambio implementar. Identificar el estado futuro deseado involucra decidir qué estructura y estrategia debería tener la organización. ¿Debería enfocarse en reducir costos y aumentar la eficiencia? ¿Las mejoras en la calidad y receptividad al cliente son la clave del éxito futuro? ¿Cuál es el mejor tipo de estructura organizacional que tiene que adoptarse para lograr las metas organizacionales, una estructura de producto o tal vez una de equipo interfuncional?

Implementación de la acción

Implementar la acción es el tercer paso en la investigación de la acción.[53] Es un proceso de tres pasos. Primero, los gerentes necesitan identificar los posibles impedimentos para el cambio con los que se encontrarán conforme vayan realizando cambios. Se trata de impedimentos en los niveles grupal e individual de la organización.[54] Suponga que los gerentes eligen aplicar reingeniería en la compañía: de una estructura funcional a una de equipo interfuncional, con la finalidad de acelerar el desarrollo del producto y reducir los costos. Ellos deben anticipar los obstáculos que encontrarán cuando descongelen la organización y realicen los cambios. Los gerentes funcionales, por ejemplo, tienen más probabilidad de resistirse con mayor fuerza a los esfuerzos para modificar la compañía, porque el cambio reduciría su poder y prestigio en la organización. De manera similar, los miembros de cada función que hayan crecido acostumbrados a trabajar con las mismas personas, y a relaciones estables de tarea y rol, se resistirán a ser asignados a un nuevo equipo donde las tareas y los roles deban trabajarse nuevamente y requieran aprenderse nuevas relaciones interpersonales.

Cuanto más revolucionario sea el cambio adoptado, mayor será el problema para implementarlo. Los gerentes necesitan encontrar formas para minimizar, controlar y asimilar la resistencia al cambio. También requieren diseñar estrategias que suban a bordo a los miembros organizacionales y fomenten su compromiso con el proceso de cambio. Asimismo, deben ver hacia el futuro y buscar las formas para volver a congelar los cambios que hayan realizado, de modo que la gente no regrese a sus conductas anteriores.

El segundo paso en la implementación de la acción consiste en decidir quién será responsable de hacer realmente los cambios y controlar el proceso de cambio. Las opciones son emplear **agentes del cambio externos**, consultores externos expertos en gestionar el cambio, o **agentes del cambio internos**, gerentes de dentro de la organización que conocen la situación; o una combinación de ambos.[55]

Agentes del cambio externos
Consultores externos expertos en gestionar el cambio.

Agentes del cambio internos
Gerentes de dentro de la organización conocedores de la situación que debe cambiar.

El problema principal cuando se usan agentes del cambio internos es que otros miembros de la organización pueden percibirlos como políticamente involucrados en los cambios y con sesgos hacia determinados grupos. En contraste, los agentes del cambio externos pueden ser percibidos con menos influencia por la política interna. Otra ventaja de emplear agentes del cambio externos es que como externos cuentan con un punto de vista imparcial de los problemas de la organización y pueden distinguir entre "el bosque y los árboles". Los agentes internos pueden estar tan involucrados en lo que sucede que quizá no vean la fuente verdadera de los problemas. A los consultores de McKinsey & Co. con frecuencia los requieren las grandes compañías para que ayuden al equipo directivo a diagnosticar los problemas de la organización y sugerir soluciones. Muchos consultores se especializan en cierto tipo de cambio organizacional, como la restructuración, la reingeniería o la implementación de la administración de calidad total.

El tercer paso en la implementación de la acción consiste en decidir cuál estrategia de cambio específica descongelará, cambiará y recongelará con mayor eficacia a la organización. Las técnicas específicas para implementar el cambio se analizan posteriormente en este capítulo. Los tipos de cambio que originan tales técnicas caen en dos categorías: de arriba hacia abajo y de abajo hacia arriba.[56]

El **cambio de arriba hacia abajo** lo implementan los gerentes de nivel alto de la organización. El resultado de la restructuración y la reingeniería radicales es el cambio de arriba hacia abajo. Los gerentes de la cúpula deciden hacer un cambio, entendiendo claramente las repercusiones que esto causará en todos los niveles organizacionales. Los gerentes eligen gestionar y resolver los problemas que vayan surgiendo en los niveles divisional, funcional e individual.

Cambio de arriba hacia abajo
Cambio implementado por los gerentes de alto nivel de la organización.

El **cambio de abajo hacia arriba** lo implementan los trabajadores de los niveles inferiores de la organización y surge gradualmente hasta que se siente en toda la organización. Cuando una organización quiere conducir un cambio de abajo hacia arriba, el primer paso del proceso de investigación de la acción, el diagnóstico de la organización, se vuelve fundamental en la determinación del éxito del cambio. Los gerentes involucran a los trabajadores de todos los niveles en el proceso de cambio, para obtener su insumo y vencer su resistencia. Reduciendo la incertidumbre que experimentan los trabajadores, el cambio de abajo hacia arriba facilita el descongelamiento y aumenta la probabilidad de que los trabajadores retengan las nuevas conductas que aprendieron durante el proceso de cambio. El cambio de abajo hacia arriba procede con rapidez y fuerza a los trabajadores a mantener el ritmo de cambio. Los problemas se van resolviendo conforme surgen.

Cambio de abajo hacia arriba
Cambio implementado por los trabajadores de niveles inferiores de la organización, el cual surge gradualmente hasta que abarca toda la organización.

En general, el cambio de abajo hacia arriba es más fácil de implementar que el cambio de arriba hacia abajo, pues causa menos resistencia. Las organizaciones que tienen el tiempo para involucrarse en un cambio de abajo hacia arriba, por lo general, son organizaciones que funcionan bien y que prestan atención al cambio, que están acostumbradas al cambio y que cambian con frecuencia. Las organizaciones con pobre funcionamiento, aquellas que rara vez cambian o que posponen el cambio, se ven forzadas a comprometerse con una restructuración de arriba hacia abajo simplemente para sobrevivir. Esto les ha sucedido a las principales compañías aéreas y automotrices durante la década de 2000; para evitar la bancarrota recurrieron a la restructuración y al recorte de personal, así como a buscar formas de disminuir costos para competir con los rivales de bajo costo.

Las organizaciones que cambian son capaces de explotar las demandas del cambio evolutivo de abajo hacia arriba, porque sus gerentes siempre están abiertos a la necesidad de cambio, y usan constantemente la investigación de la acción para encontrar formas nuevas y mejores para operar y aumentar la eficacia. Las organizaciones que cambian en raras ocasiones son candidatos más probables para el cambio revolucionario de arriba hacia abajo. Ya que sus gerentes no usan la investigación de la acción continuamente, intentan cambiar tan tarde que su única opción es cierta restructuración o un recorte masivo para dar un giro a la organización.

Evaluación de la acción

El cuarto paso en la investigación de la acción es la evaluación de la acción que se ha estado llevando y la medición del grado en que los cambios han cumplido los objetivos deseados. Con tal evaluación, la administración decide si se necesita cambiar más para lograr el estado futuro deseado de la organización, o bien, si se necesita un mayor esfuerzo para recongelar a la organización en su nuevo estado.[57]

La mejor forma de evaluar el proceso de cambio es desarrollando medidas o criterios que permitan a los gerentes valorar si la organización ha logrado sus objetivos deseados. Cuando los criterios desarrollados al principio de la investigación de la acción se usan consistentemente en el tiempo para evaluar los efectos del proceso de cambio, los gerentes obtienen información amplia para valorar el impacto de los cambios que han realizado. Pueden comparar los costos antes y después del cambio para saber si ha mejorado la eficiencia. Pueden encuestar a los individuos para saber si están más satisfechos con sus puestos de trabajo. Pueden encuestar a los clientes para conocer si están más satisfechos con la calidad de los productos de la organización. Por ejemplo, como parte de su esfuerzo de TQM, los ejecutivos de Citibank encuestaron cuidadosamente a sus clientes para asegurarse de que había mejorado el servicio. La información así obtenida los ayudó a evaluar el éxito de su esfuerzo de cambio.

Evaluar el impacto del cambio es especialmente difícil porque los efectos del mismo pueden surgir con lentitud. El proceso de investigación de la acción que hemos estado describiendo puede tomar varios años para terminarse. Por lo común, la reingeniería y la restructuración toman meses y la TQM, una vez puesta en marcha, nunca se detiene. En consecuencia, los gerentes necesitan medidas válidas y confiables que les sirvan para evaluar el desempeño. Con mucha frecuencia, las organizaciones con desempeño deficiente fracasan en el desarrollo y la aplicación consistente de criterios que les permitan evaluar su desempeño. Para esas organizaciones, la presión del cambio viene del exterior, donde los inversionistas se quejan de ganancias bajas, los padres se quejan por las bajas calificaciones de sus hijos, o los inspectores estatales encuentran altas tasas de infecciones postoperatorias en los hospitales.

Institucionalización de la investigación de la acción

La necesidad de administrar el cambio es tan vital en el ambiente de cambios rápidos que las organizaciones deben institucionalizar la investigación de la acción; es decir, convertirla en un hábito requerido o una norma adoptada por cada miembro de la organización. La institucionalización de la investigación de la acción es necesaria tanto en lo más alto de la organización (donde el equipo de alta dirección planea la futura estrategia organizacional) como al nivel de piso (donde los trabajadores se reúnen en círculos de calidad para encontrar nuevas formas de aumentar la eficiencia y calidad). Debido a que el cambio es difícil y requiere mucho esfuerzo para implementarse, los miembros de todos los niveles de la organización deben ser recompensados por participar en los esfuerzos exitosos del cambio. Los altos ejecutivos pueden recompensarse con opciones de acciones y bonos vinculados al desempeño organizacional. Los trabajadores de niveles inferiores pueden recompensarse mediante un plan de adquisición de acciones para trabajadores, así como mediante bonos y pagos por desempeño vinculados al desempeño individual o grupal. De hecho, las recompensas tangibles, relacionadas con el desempeño ayudan a recongelar la organización en su nuevo estado, ya que ayudan a los individuos a aprender y afirmar las conductas deseadas.

Implicaciones administrativas

Diseño de un plan para el cambio

1. Desarrolle criterios para evaluar la necesidad del cambio y utilice esos criterios sistemáticamente mediante un proceso de cambio para valorar el progreso hacia el estado futuro ideal.
2. Después de analizar las resistencias al cambio, diseñe cuidadosamente un plan que reduzca la resistencia y facilite el cambio.
3. Reconozca que el cambio es más fácil de administrar cuando una organización y sus miembros se utilizan para cambiar; asimismo, considere usar un programa de administración de la calidad total, como forma de mantener la armonía necesaria para el cambio.

Desarrollo organizacional

El **desarrollo organizacional (DO)** consiste en una serie de técnicas y métodos que los gerentes utilizan en su programa de investigación de la acción, con la finalidad de mejorar la adaptabilidad de su organización.[58] En palabras del teórico organizacional Warren Bennis, el DO se refiere a "una compleja estrategia educativa que intenta cambiar las creencias, las actitudes, los valores y la estructura de una organización, de tal forma que logren adaptarse mejor a las tecnologías, los mercados y los desafíos nuevos, así como a la desequilibrante tasa de cambio en sí misma".[59] La meta del DO es mejorar la eficacia organizacional y ayudar a que las personas alcancen su potencial y logren sus metas y objetivos. Conforme avanza la investigación de la acción, los gerentes necesitan descongelar, cambiar y volver a congelar las actitudes y los comportamientos de gerentes y trabajadores. Se han desarrollado muchas técnicas de DO para ayudar a los gerentes a lograr esto. Primero revisaremos las técnicas de DO que ayudan a los gerentes a descongelar la organización y a vencer la resistencia al cambio. Luego, veremos las técnicas de DO que ayudan a los gerentes a cambiar y a recongelar una organización en su nuevo estado deseado.

Desarrollo organizacional (DO) Serie de técnicas y métodos que los gerentes utilizan en su programa de investigación de la acción, con la finalidad de mejorar la adaptabilidad de su organización.

Técnicas de DO para manejar la resistencia al cambio

La resistencia al cambio ocurre en todos los niveles de una organización. Se manifiesta en las políticas organizacionales y luchas de poder entre individuos y grupos y en las diferentes percepciones de la necesidad del cambio, entre otras. Las tácticas que utilizan los gerentes para reducir la resistencia al cambio incluyen la educación y la comunicación, la participación y el facultamiento, la facilitación, el acuerdo y la negociación, la manipulación y la coerción.[60]

EDUCACIÓN Y COMUNICACIÓN Una de los impedimentos al cambio más importantes es la incertidumbre sobre lo que va a suceder. Mediante la educación y la comunicación, los agentes del cambio internos y externos pueden proporcionar información a los miembros organizacionales sobre el cambio y cómo los afectará. Los agentes del cambio pueden comunicar esta información en juntas de grupos formales, por memorandos, en encuentros cara a cara y cada vez más frecuente, por medios electrónicos como el correo electrónico y la videoconferencia. Por ejemplo, Walmart tiene un sistema de vanguardia en videoconferencias. Los directivos de las oficinas corporativas hacen presentaciones que transmiten a todas las tiendas Walmart, de tal manera que todos los gerentes y trabajadores conocen los cambios que tendrán lugar.

Aun cuando se planeen cierres de plantas o despidos masivos, tanto desde el punto de vista ético como del cambio, es mejor informar a los trabajadores aquello que les va a suceder mientras se realiza el recorte. Muchas organizaciones temen que los trabajadores descontentos traten de dañar a la organización con paros o sabotaje durante el proceso de cierre. Sin embargo, es más común que los trabajadores cooperen hasta el final. Conforme una organización adquiere más consciencia de los beneficios ofrecidos por el cambio gradual, aumenta la comunicación con la fuerza laboral para obtener la cooperación de los trabajadores y vencer la resistencia al cambio.

PARTICIPACIÓN Y FACULTAMIENTO Invitar a los trabajadores a participar en el proceso de cambio se ha convertido en un método popular para reducir la resistencia al mismo. La participación complementa el facultamiento, aumenta el involucramiento de los trabajadores en la toma de decisiones y les otorga mayor autonomía para cambiar los procedimientos laborales y así mejorar el desempeño organizacional. Además, para motivar a los trabajadores a compartir sus habilidades y talentos, las organizaciones abren sus libros para informarles la condición financiera de la compañía. Algunas organizaciones usan los estándares de procedimiento para motivar y recompensar a los trabajadores, así como para aprovechar su compromiso con el cambio, como en Southwest Airlines y GE. La participación y el facultamiento son dos elementos clave en la mayoría de los programas de TQM.

Cuando se faculta a los miembros del grupo de trabajo, ellos toman muchas de las decisiones y asumen mucha de la responsabilidad que era parte de los puestos gerenciales de nivel medio. Como resultado, un cambio importante que ha ocurrido en muchas organizaciones es la reducción del número de cuadros medios. ¿Qué hacen los gerentes medios que permanecen en la organización, cuando los grupos de trabajo facultados toman muchas de sus anteriores responsabilidades? Básicamente sirven como asesores, facilitadores, profesores y consejeros de los grupos facultados. Son, en cierto sentido, lo que algunos llaman "los nuevos gerentes que no son gerentes".[61]

Una de estas gerentes que no son gerentes es Cindy Ransom, de 37 años de edad, quien está a cargo de la planta Clorox, en Fairfield, California, que emplea cerca de 100 trabajadores. En el intento por mejorar el desempeño de la planta, Ransom decidió facultar a sus subordinados pidiéndoles que reorganizaran la planta completa. Los equipos de trabajadores que ganaban salarios por hora fueron repentinamente enviados a programas de capacitación, se diseñaron reglas sobre el ausentismo y se rediseñó la planta en cinco grupos de negocio enfocados en el cliente. Ransom eligió intencionalmente no interferir con lo que hacían los trabajadores; su aportación consistía principalmente en contestar preguntas. Tradicionalmente los gerentes medios podían decir a sus trabajadores qué hacer, cómo hacerlo y cuándo hacerlo, pero los de grupos facultados asumen como su responsabilidad formular las preguntas correctas y permitir que sus grupos de trabajo decidan las respuestas.

Dos años después, la planta de Ransom mostró el mejor desempeño de su división. ¿A qué se dedicó Ransom cuando sus trabajadores comenzaron a tomar las responsabilidades y tareas de ella? Se enfocó en identificar y satisfacer las necesidades de los clientes y proveedores de Clorox, actividades a las que no dedicaba mucho tiempo en el pasado. En conjunto, el facultamiento ha cambiado la naturaleza de los puestos de los gerentes medios. Ellos han perdido algunas de sus viejas responsabilidades pero han adquirido nuevas.

FACILITACIÓN Tanto los trabajadores como los gerentes encuentran estresante el cambio, porque se alteran las relaciones de tarea y rol mientras aquel tiene lugar. Existen varias formas en las cuales las organizaciones ayudan a sus miembros a manejar el estrés: proporcionándoles entrenamiento que los ayude a aprender cómo realizar las nuevas tareas, dándoles tiempo de descanso para recuperarse de los efectos estresantes del cambio o, incluso, otorgando a los miembros más antiguos periodos sabáticos que les permita recuperarse y planear sus actividades laborales futuras. Compañías como Google y Apple, por ejemplo, otorgan a los ingenieros más talentosos tiempo libre para pensar sobre las formas de crear nuevos tipos de productos.

Muchas compañías emplean psicólogos y consultores que se especializan en ayudar a los trabajadores a manejar el estrés asociado con el cambio. Durante la restructura organizacional, cuando son comunes los grandes despidos, muchas organizaciones emplean consultores para ayudar a los trabajadores despedidos a manejar el estrés y la incertidumbre por haber sido despedidos y tener que encontrar nuevos empleos. Algunas compañías pagan consultores para ayudar a sus directores generales a manejar las responsabilidades asociadas con sus propios puestos de trabajo, incluyendo el hecho de despedir empleados, lo cual encuentran particularmente estresante, ya que entienden el impacto sobre esos trabajadores y sus familias.

ACUERDOS Y NEGOCIACIÓN El acuerdo y la negociación son herramientas importantes que ayudan a los gerentes a manejar el conflicto. Debido a que el cambio produce conflicto, los acuerdos son herramientas importantes para vencer la resistencia al cambio. Mediante el uso de la investigación de la acción, los gerentes pueden anticipar los efectos del cambio sobre las relaciones interpersonales e intergrupales. Los gerentes utilizan este conocimiento para ayudar a diferentes personas y grupos a negociar sus futuros roles y tareas y a establecer compromisos que los lleven a aceptar el cambio. La negociación también ayuda a los individuos y grupos a entender cómo afectará a los otros el cambio, para que la organización en su totalidad logre desarrollar una perspectiva común sobre por qué está dándose un cambio y por qué es importante.

Cuando resulta claro que el cambio ayudará a algunos individuos y grupos a expensas de otros, los directivos necesitan intervenir en el proceso de acuerdo, y manipular la situación para asegurar dicho acuerdo o, por lo menos, la aceptación de diversas personas o grupos de los resultados del proceso de cambio. Como veremos en el capítulo 14, los directivos poderosos tienen considerable capacidad para resistirse al cambio; además, en las grandes organizaciones la rivalidad interna entre divisiones puede hacer más lento o detener el proceso de cambio, a menos que este sea cuidadosamente administrado. La política y sus respectivas tácticas, como la cooptación y la construcción de alianzas, se vuelven importantes maneras de vencer la oposición de funciones y divisiones poderosas, que se sientan amenazadas por los cambios que se vayan presentando.

COERCIÓN La última forma para eliminar la resistencia al cambio consiste en coaccionar a los actores clave para que acepten el cambio y mostrarles las terribles consecuencias si eligen resistirse al cambio. Puede advertirse a los trabajadores y a los gerentes de todos los niveles que se les reubicará, bajará de categoría o incluso con la terminación de contrato, si se resisten al cambio o amenazan el proceso de este. Los altos directivos intentan usar el poder legítimo disponible para anular la resistencia al cambio y eliminarla. La ventaja de la coerción puede ser la velocidad con la que tiene lugar el cambio. La desventaja es que suele dejar a la gente desencantada y molesta, lo cual dificultaría el proceso de recongelamiento.

Los gerentes no deberían subestimar el nivel de resistencia al cambio. Las organizaciones funcionan porque reducen la incertidumbre mediante reglas y rutinas predecibles que la gente utiliza para desempeñar sus tareas. El cambio anula la predictibilidad de las reglas y rutinas, y quizás especifica el fin del estatus y prestigio que acompañan ciertos puestos. No sorprende que la gente se resista al cambio porque son conjuntos de personas, la razón por la que las organizaciones son tan difíciles de cambiar.

Técnicas de DO para promover el cambio

Muchas técnicas de DO se han diseñado para hacer cambios y recongelarlos. Estas técnicas pueden utilizarse en los niveles individual, grupal y organizacional. La elección de las técnicas está determinada por el tipo de cambio. En general, cuanto más revolucionario sea el cambio, será más probable que la organización utilice las técnicas de DO en los tres niveles. La asesoría, el entrenamiento en sensibilización y la consultoría de procesos son técnicas de DO, dirigidas al cambio de actitudes y conductas de los individuos. Las diferentes técnicas son eficaces en los niveles grupal y organizacional.

ASESORÍA, ENTRENAMIENTO EN SENSIBILIZACIÓN Y CONTROL DE PROCESOS Las personalidades de los individuos difieren, y tales divergencias llevan a los individuos a interpretar y reaccionar ante otras personas y eventos en una variedad de formas. Aun cuando la personalidad no logra cambiarse significativamente a corto plazo, es factible ayudar a la gente a entender sus propias percepciones de una situación, que no necesariamente son las correctas o las únicas posibles. La gente puede también recibir ayuda para entender que deben aprender con la finalidad de tolerar las diferencias en las percepciones, así como para incluir y aceptar la diversidad humana. La asesoría y el entrenamiento en sensibilización son técnicas que las organizaciones utilizan para ayudar a los individuos a entender la naturaleza de su propia personalidad y la de los demás, así como para usar ese conocimiento en aras de mejorar sus interacciones con los demás.[62] Por ejemplo, el jefe altamente motivado e impulsivo debe aprender que sus subalternos no son desleales, apáticos o afectados por problemas de personalidad porque les dé gusto irse a casa a las cinco de la tarde y olvidarse de las tareas laborales. Más bien, tienen sus propios valores laborales pero también valoran su tiempo de descanso. Tradicionalmente, uno de los principales esfuerzos del DO ha sido buscar mejorar la calidad de vida de los miembros organizacionales y mejorar su bienestar y satisfacción con la organización.

Los miembros organizacionales percibidos por sus superiores o por los pares como que presentan ciertos problemas para apreciar los puntos de vista de los demás, o para tratar a ciertos tipos de miembros organizacionales, reciben asesoría de profesionales entrenados, como los psicólogos. Mediante la asesoría aprenden cómo manejar de forma más eficaz sus interacciones con otras personas de la organización.

El **entrenamiento en sensibilización** es un tipo de asesoría intensiva.[63] Los miembros organizacionales que se perciben como problemáticos para tratar con los demás, se conforman en un grupo con un facilitador entrenado para aprender más sobre cómo ven el mundo ellos y los demás miembros del grupo.

Entrenamiento en sensibilización
Técnica de DO que consiste en una asesoría intensiva donde los miembros del grupo, ayudados por un facilitador, aprenden cómo los perciben los demás y pueden aprender a tratar con mayor sensibilidad a los otros.

Los miembros del grupo son motivados a ser francos y sinceros sobre cómo se ven a sí mismos y a los demás miembros del grupo. Mediante el debate aprenden el grado en que los demás los perciben de manera similar o diferente. Por medio del análisis de las diferencias en percepción, los miembros del grupo pueden lograr una mejor comprensión de la forma en que los demás los perciben y pueden aprender cómo tratar de forma más sensible a los otros.

La participación en el entrenamiento en sensibilización es una experiencia muy intensa porque salen a la luz, para ser analizados, los pensamientos y sentimientos más íntimos de la persona. Este proceso hace sentir incómodas a muchas personas, por lo que deben plantearse ciertos aspectos éticos en la decisión de la organización para enviar a los miembros "difíciles" a un entrenamiento en sensibilización con la esperanza de que aprenderán más sobre sí mismos.

Consultoría de procesos Técnica de DO en la cual el facilitador trabaja de forma cercana con el ejecutivo para ayudarle a mejorar su interacción con los demás miembros del grupo.

¿Un gerente es demasiado directivo, muy demandante o suspicaz? ¿Un gerente priva deliberadamente a sus subalternos de información para mantenerlos dependientes? La **consultoría de procesos** ofrece respuestas a tales preguntas. La consultoría de procesos muestra semejanzas tanto con la asesoría como con el entrenamiento en sensibilización.[64] Un consultor de procesos entrenado, o facilitador, trabaja de forma cercana con el ejecutivo para ayudarle a mejorar su interacción con los demás miembros del grupo. El consultor externo actúa como portavoz para que el ejecutivo tenga una mejor idea de lo que está sucediendo en el grupo y descubra la dinámica interpersonal que está determinando la calidad de las relaciones de trabajo dentro del grupo.

La consultoría de procesos, el entrenamiento en sensibilización y la asesoría son solo tres de las diversas técnicas de DO desarrolladas con la finalidad de ayudar a los individuos a aprender a cambiar sus actitudes y comportamiento, para funcionar eficazmente como individuos y como miembros organizacionales. Es común en las grandes organizaciones proporcionar a su nivel más alto de ejecutivos un presupuesto anual para invertirlo en esfuerzos de desarrollo individual como estos, o en eventos de adquisición de conocimientos más convencionales, como los programas de educación gerencial.

Formación de equipos Técnica de DO en la cual un facilitador primero observa las interacciones entre los miembros del grupo y, luego, les ayuda a percatarse de las formas para mejorar sus interacciones de trabajo.

FORMACIÓN DE EQUIPOS Y ENTRENAMIENTO INTERGRUPAL Para gestionar el cambio dentro de un grupo o entre grupos, los agentes del cambio pueden utilizar tres tipos diferentes de técnicas de DO. La **formación de equipos**, un método común para mejorar las relaciones dentro de un grupo, es similar a la consultoría de procesos, excepto que todos los miembros de un grupo participan juntos para intentar mejorar sus interacciones laborales.[65] Por ejemplo, los miembros del grupo discuten con el agente del cambio, quien es un facilitador de grupos entrenado, sobre la calidad de las relaciones interpersonales entre los miembros del grupo y entre los miembros y su supervisor. La meta de la formación de equipos es mejorar la forma en que trabajan juntos los miembros del grupo, para mejorar los procesos grupales y lograr ganancias y reducir pérdidas del proceso que ocurren al eludir una responsabilidad y beneficiarse sin esfuerzo. La formación de equipos *no* se enfoca en lo que el grupo esté intentando conseguir.

La formación de equipos es importante cuando la reingeniería reorganiza la manera en que la gente con diferentes funciones trabaja junta. Cuando se integran nuevos grupos, la formación de equipos ayuda a los miembros del grupo a establecer con rapidez las relaciones de tarea y rol para que puedan trabajar en conjunto con eficacia. La formación de equipos facilita el desarrollo de normas y valores grupales funcionales y ayuda a los miembros a desarrollar una perspectiva común para solucionar los problemas.

El agente del cambio comienza el proceso de formación de equipos observando la interacción entre los miembros del grupo e identificando la forma como trabajan. Luego, el agente del cambio habla con algunos o con cada uno de los miembros del grupo, para darse cuenta de los problemas que el grupo experimenta, o solo para identificar dónde podría mejorarse el proceso grupal. En una sesión subsecuente de la formación de equipos, que normalmente sucede en un lugar externo al contexto normal de trabajo, el agente del cambio comenta con los miembros del grupo las observaciones que puede hacer y solicita sus puntos de vista sobre los aspectos que llaman la atención. Mediante dicha plática, los integrantes del grupo idealmente desarrollan una nueva apreciación sobre las fuerzas que han afectado su comportamiento. Los miembros del grupo pueden formar pequeñas fuerzas de tarea para sugerir formas de mejorar el proceso del grupo o para comentar formas específicas de manejar los problemas que han ido surgiendo. La meta es establecer una plataforma a partir de la cual los integrantes del grupo, por sí mismos, sin aportación del agente del cambio, logren introducir mejoras continuas en la forma en que funciona el grupo.

Entrenamiento intergrupal Técnica de DO que utiliza la formación de equipos para mejorar las interacciones de las diferentes funciones y divisiones.

El **entrenamiento intergrupal** retoma la formación de equipos para mejorar las formas en que las funciones y divisiones trabajan en conjunto. Su meta es mejorar el desempeño organizacional enfocándose en las actividades conjuntas de una función o división y su resultado. Dado que la coordinación interfuncional es especialmente importante en la reingeniería y en la administración de la calidad total, el entrenamiento intergrupal es una técnica de DO importante que las organizaciones pueden explotar para implementar el cambio.

Una forma popular de entrenamiento intergrupal se denomina **espejo organizacional**, que es una técnica de DO diseñada para mejorar la eficacia de grupos interdependientes.[66] Suponga que dos grupos se encuentran en conflicto o que simplemente necesitan aprender más uno del otro, por lo que uno de los grupos llama a un consultor para mejorar la cooperación intergrupal. El consultor comienza a entrevistar a los miembros de ambos grupos, con el propósito de entender cómo ve un grupo al otro y descubrir posibles problemas que haya entre ellos. Después, se juntan los grupos en una sesión de entrenamiento y el consultor les indica que la meta de la sesión es explorar las percepciones y relaciones para mejorar las relaciones laborales. Luego, con el consultor dirigiendo la discusión, un equipo describe sus percepciones de lo que está sucediendo y sus problemas con el otro grupo, mientras este último escucha. Entonces el consultor invierte la situación, de ahí el término *espejo organizacional* y el grupo que escuchaba toma el turno para expresar lo que sucede y sus problemas, mientras el otro equipo escucha.

Espejo organizacional
Técnica de DO donde el facilitador ayuda a dos grupos interdependientes a explorar sus percepciones y relaciones, con la finalidad de mejorar sus interacciones laborales.

Como resultado del intercambio de puntos de vista inicial, cada grupo aprecia la perspectiva del otro. El siguiente paso consiste en que los miembros de ambos grupos formen fuerzas de tarea para discutir las formas de tratar con los aspectos o problemas que hayan surgido. La meta es desarrollar planes de acción que sirvan para guiar la futura relación intergrupal y brindar una base para el seguimiento. El agente del cambio que guía esta sesión de entrenamiento necesita ser hábil en las relaciones intergrupales porque ambos grupos discuten aspectos sensibles. Si el proceso no se maneja bien, las relaciones intergrupales podrían verse debilitadas con esta técnica de DO.

INTERVENCIONES ORGANIZACIONALES INTEGRALES Se puede utilizar una variedad de técnicas de DO a nivel organizacional para promover el cambio en toda la organización. Una de ellas es el **encuentro de confrontación organizacional**,[67] donde todos los ejecutivos de la organización se juntan para opinar acerca de si la organización está consiguiendo sus metas de manera eficaz. En la primera etapa del proceso, de nuevo con la intermediación de un agente del cambio, se invita a los altos directivos a una discusión libre y abierta sobre la situación de la organización. Luego, el consultor divide a los ejecutivos en grupos de seis o siete personas, asegurándose de que los equipos sean tan heterogéneos como sea posible y que no pertenezcan al mismo grupo los jefes y sus subalternos (para alentar la libre y franca discusión). Los equipos reportan sus hallazgos al grupo y se categorizan las clases de problemas que confronta la organización. Los altos directivos usan esta declaración de los aspectos para establecer prioridades organizacionales y planear la acción de grupo. Se forman las fuerzas de tarea en pequeños grupos para tomar la responsabilidad de trabajar en los problemas identificados y cada grupo regresa a reportar el progreso obtenido. El resultado de este proceso pueden ser los cambios en la estructura y los procedimientos operativos de la organización. La restructuración, la reingeniería y la administración de la calidad total se originan con frecuencia en las intervenciones de DO en la organización total que revelan los tipos de problemas que una organización necesita resolver.

Encuentro de confrontación organizacional
Técnica de DO que junta a todos los ejecutivos de una organización en un encuentro para confrontar el punto de si la organización está logrando sus metas con eficacia.

Resumen

El cambio organizacional es un proceso continuo que tiene implicaciones importantes en la eficacia organizacional. Una organización y sus miembros deben estar en constante alerta, tanto de los cambios internos a la organización como de los del ambiente externo, y deben aprender cómo ajustarse a dicho cambio con rapidez y eficacia. Con frecuencia, son necesarios los tipos de cambio revolucionario, que resultan de la restructuración y la reingeniería, porque una organización y sus gerentes ignoraron o no estuvieron alertas de las modificaciones en el ambiente y no realizaron gradualmente los cambios necesarios. Cuanto más cambie una organización, más fácil y efectivo será el proceso de cambio. El desarrollo y la gestión de un plan de cambio son vitales para el éxito de la organización. En el capítulo 10 se revisaron los siguientes puntos:

1. El cambio organizacional es el movimiento de una organización, desde su estado presente hacia un estado futuro deseado, para aumentar su eficacia. Las fuerzas del cambio organizacional incluyen las fuerzas competitivas: económicas, políticas y globales;

las fuerzas demográficas y sociales, y las fuerzas éticas. Las organizaciones se muestran reacias a cambiar porque la resistencia al cambio en los niveles organizacional, grupal e individual ha dado lugar a la inercia organizacional.

2. Las fuentes de la resistencia al cambio en el nivel organizacional incluyen el poder y el conflicto, las diferencias en la orientación funcional, la estructura mecanicista y la cultura organizacional. Las fuentes de resistencia al cambio en el nivel grupal incluyen las normas grupales, la cohesión y el pensamiento grupales, así como el aumento del compromiso. Las fuentes de resistencia al cambio a nivel individual incluyen la incertidumbre y la inseguridad, la percepción y la retención selectivas, y el hábito.
3. De acuerdo con la teoría del campo de fuerza de Lewin, las organizaciones están en equilibrio entre las fuerzas que impulsan el cambio y las fuerzas de resistencia al mismo. Para que una organización cambie, los gerentes deben encontrar la forma para aumentar las fuerzas que impulsan el cambio y reducir las de resistencia, o ambas cuestiones simultáneamente.
4. Los tipos de cambio caen en dos amplias categorías: evolutivo y revolucionario. Los principales instrumentos del cambio evolutivo son la teoría de los sistemas sociotécnicos, la administración de la calidad total y el desarrollo de trabajadores y equipos de trabajo flexibles. Los instrumentos principales del cambio revolucionario son la reingeniería, la restructuración y la innovación.
5. La investigación para la acción es una estrategia que los gerentes utilizan para planear el proceso de cambio. Los pasos principales en la investigación de la acción son *a*) diagnóstico y análisis de la organización, *b*) determinación del estado futuro deseado, *c*) implementación de la acción, *d*) evaluación de la acción y *e*) institucionalización de la investigación de la acción.
6. El desarrollo organizacional (DO) consiste en una serie de técnicas y métodos para mejorar la adaptabilidad de las organizaciones. Las técnicas de DO sirven para vencer la resistencia al cambio y para ayudar a la organización a cambiar por sí misma.
7. Las técnicas de DO para tratar con la resistencia al cambio incluyen la educación y comunicación, la participación y el facultamiento, la facilitación, el acuerdo y la negociación, la manipulación y la coerción.
8. Las técnicas de DO para promoción del cambio incluyen, en el nivel individual, la asesoría, el entrenamiento en sensibilización y la consultoría de procesos; en el nivel grupal, la formación de equipos y el entrenamiento intergrupal; y en el nivel organizacional, los encuentros de confrontación organizacional.

Preguntas para análisis

1. ¿Cuáles son las diferencias entre el cambio evolutivo y el revolucionario?
2. ¿Qué es un proceso de negocios y por qué en la actualidad la reingeniería es un instrumento popular de cambio?
3. ¿Por qué a veces es necesaria la restructuración para que se pueda llevar a cabo la reingeniería?
4. ¿Cuáles son los pasos principales en la investigación de la acción?
5. ¿Qué es el desarrollo organizacional y cuál es su meta?

Teoría organizacional en acción

Poner en práctica la teoría organizacional

Administración del cambio

Formen equipos de cinco integrantes y analicen el siguiente escenario:

Ustedes son un grupo de altos directivos en uno de los tres grandes fabricantes de automóviles. Su compañía ha venido experimentando mayor competencia de las otras compañías, cuyas innovaciones en el diseño de vehículos y los métodos de producción les han permitido producir autos con mejor calidad y a precios inferiores a los de ustedes. Se les ha encargado la elaboración de un plan para cambiar la estructura de la compañía y permitirle competir mejor. Ustedes decidieron dos cambios principales. Primero, planearon aplicar reingeniería en la compañía y cambiar de una estructura de divisiones múltiples (donde cada división produce sus propios modelos de automóviles) a una en que equipos interfuncionales de producto son responsables por desarrollar los nuevos modelos de automóviles que serán vendidos por todas las divisiones. Segundo, decidieron implementar un programa de administración de la calidad total para mejorar la calidad y descentralizar la autoridad para la toma de decisiones en los equipos y responsabilizar a estos para lograr alta calidad a bajo costo. Los cambios afectarán las relaciones de rol en los niveles tanto divisional como funcional.

1. Debatan sobre la naturaleza de los obstáculos en los niveles divisional, funcional e individual que encontrarían para la implementación de su nueva estructura. ¿Cuáles creen que serán los obstáculos más importantes por vencer?
2. Intercambien opiniones acerca de algunas maneras en las cuales pueden superar los obstáculos para el cambio, con la finalidad de ayudar a la organización a moverse hacia el estado futuro deseado.

Establecer contacto 10

Encuentre un ejemplo de una compañía que recientemente haya realizado un cambio importante. ¿Qué tipo de cambio fue? ¿Por qué cambió la organización y qué espera lograr del mismo?

Dimensión ética 10

Imaginen que son gerentes responsables de la reingeniería en una organización, en equipos interfuncionales que resultarán del despido de más del 30% de los trabajadores.

1. Discutan sobre la resistencia al cambio en los niveles organizacional e individual que podrían encontrar.
2. ¿Cómo manejarían el proceso de cambio para comportarse éticamente con aquellos trabajadores que serán despedidos y con quienes serán reubicados en nuevos puestos y enfrenten otra cultura organizacional?

Análisis de la organización: Módulo de diseño 10

Este módulo se orienta en el grado en que su organización recientemente se ha visto involucrada en esfuerzos importantes de cambio, así como en su enfoque para promover la innovación.

1. ¿Qué describe mejor los cambios que se han dado en su organización, el *evolutivo* o el *revolucionario*?
2. ¿En qué tipos de cambio (como de restructuración) se ha visto más involucrada su organización? ¿Qué tan exitosos han sido los esfuerzos de cambio?
3. Con la información que tienen disponible, debatan sobre *a*) las fuerzas para el cambio, *b*) los obstáculos para el cambio y *c*) la estrategia de cambio que ha adoptado su organización.

CASO PARA ANÁLISIS

Nike aprende cómo cambiar

Nike, cuyas oficinas centrales se encuentran en Beaverton, Oregon, es la productora de zapatos deportivos más grande del mundo. Durante la década de 1990 parecía que su fundador y presidente, Phil Knight, y sus equipos de diseñadores de zapatos no podían hacer nada mal, ya que todas sus decisiones de diseño innovador contaban con la aceptación mundial de los zapatos Nike, y obtenían ventas y ganancias récord para la compañía. Sin embargo, a medida que pasó el tiempo y su fortuna cambió, se presentaron algunas dinámicas extrañas. Los gerentes de la compañía y los diseñadores se convencieron que ellos "sabían mejor" lo que los clientes querían y que sus decisiones acerca de cómo cambiar y mejorar los futuros zapatos Nike serían entusiásticamente recibidas por los clientes.

Pero las cosas estaban cambiando en el entorno de los zapatos deportivos. Entraron nuevos competidores al mercado y empezaron a ofrecer clases alternativas de zapatos deportivos, por ejemplo, zapatos dirigidos a segmentos de mercado específicos como los patinadores, jugadores de fútbol soccer o caminadores. Nike no contaba con zapatos en este segmento del mercado. Además, Nike falló en darse cuenta de que los zapatos deportivos estaban evolucionando a zapatos para usos más cotidianos, tales como caminar o viajar. También falló en notar que el incremento en las preferencias de los clientes por zapatos azul marino y negros, que se utilizan en la ciudad y que pueden cumplir una doble función (ser zapatos para el trabajo y para caminar).

En la década de 2000, las ventas y ganancias de Nike cayeron considerablemente, ya que muchas de sus nuevas líneas de zapatos deportivos *no* fueron bien recibidas por los clientes. Por ello, Phil Knight, el director general, sabía que debía de encontrar una forma de dar un giro a su compañía. Sabiendo que sus diseñadores estaban tomando malas decisiones, trajo gerentes de fuera de la compañía para cambiar la forma en que se tomaban las decisiones. Un ejecutivo traído para liderar la división de productos para el aire libre aconsejó a Knight que comprara pequeñas compañías especializadas, como North Face, para engrosar rápidamente la línea de producto de Nike. Pero los gerentes de Nike y los diseñadores se resistieron a la idea, creyendo que ellos todavía podían tomar las mejores decisiones. Con las ventas todavía a la baja, resultó evidente que Nike debería tomar control sobre compañías especializadas en zapatos para crecer exitosamente. Una de sus primeras adquisiciones fue Cole Haan, la productora de zapatos de lujo. Los diseñadores de Nike utilizaron las competencias de la recién adquirida organización para revitalizar su línea de zapatos y hacerlos más cómodos. Luego, dándose cuenta que deberían llegar a mercados pequeños, en la década de 2000, Nike compró otras pequeñas compañías como Hurley, la marca de patinadores y surfistas.

Sin embargo, para intentar dejar atrás sus errores del pasado en la toma de decisiones, Knight decidió sobre una nueva forma de diseñar zapatos para nichos especializados de mercado, como los mercados de patinaje, golf y fútbol soccer. De ahí en adelante, en vez de tener a todos los diseñadores agrupados en un gran departamento de diseño, se separarían en diferentes equipos. Cada equipo se centraría en desarrollar productos únicos, que cumplieran con las necesidades de los clientes de su segmento de mercado asignado. El equipo de patinaje, por ejemplo, se instaló en una unidad separada e independiente, y sus diseñadores y expertos de marketing fueron encargados de desarrollar una línea exclusiva de zapatos para ese deporte. De la misma manera, debido a las bajas ventas, Nike separó los productos de golf del resto de la compañía y creó una unidad independiente para desarrollar nuevos zapatos, palos y otros productos de golf.

Nike intentaba destruir el viejo concepto de *company wide* (reglas generales) que había provocado sus errores en la toma de decisiones en el pasado y que llevaron a malos cambios. Con muchos equipos diferentes, cada uno trabajando en distintas líneas de zapatos y otros productos, Nike esperaba agregar diversidad a la toma de decisiones y crear equipos de expertos que estuvieran en sintonía con las necesidades cambiantes de los clientes, en sus segmentos de mercado de productos deportivos. El nuevo enfoque en la toma de decisiones de Nike funcionó; la mayoría de sus nuevos zapatos son líderes en sus segmentos de mercado, y sus ventas y ganancias se han disparado en los albores de la década de 2010, como resultado de sus cambios en la forma de tomar decisiones. Nike aprendió de sus errores y Knight continúa promocionando el aprendizaje organizacional, el proceso de ayudar a los miembros de una organización a "pensar fuera de la caja" y querer experimentar, tomar riesgos y hacer el cambio posible.[68]

Preguntas para análisis

1. ¿Cómo cambió Nike su forma de tomar decisiones e introducir nuevos productos?
2. ¿De qué formas Nike podría utilizar las técnicas de cambio tratadas en este capítulo para encontrar nuevas maneras de mejorar su eficacia y ventaja competitiva?

Referencias

[1] M. Beer, *Organizational Change and Development* (Santa Monica, CA: Goodyear, 1980); J. I. Porras y R. C. Silvers, "Organization Development and Transformation", *Annual Review of Psychology* 42 (1991), pp. 51-78.

[2] C. Argyris, R. Putnam y D. M. Smith, *Action Science* (San Francisco: Jossey-Bass, 1985).

[3] R. M. Kanter, *The Change Masters: Innovation for Productivity in the American Corporation* (Nueva York: Simon & Schuster, 1984).

[4] C. W. L. Hill y G. R. Jones, *Strategic Management: An Integrated Approach*, 3a. ed. (Boston: Houghton Mifflin, 2011).

[5] *Ibid.*

[6] G. R. Jones, *Organizational Theory: Text and Cases* (Reading, MA: Addison-Wesley, 2010).

[7] C. W. L. Hill, *International Business* (Chicago: Irwin, 2009).

[8] C. A. Bartlett y S. Ghoshal, *Managing Across Borders* (Boston: Harvard Business School Press, 1989).

[9] C. K. Prahalad y Y. L. Doz, *The Multinational Mission: Balancing Local Demands and Global Vision* (Nueva York: Free Press, 1987).

[10] D. Jamieson y J. O'Mara, *Managing Workforce 2000: Gaining a Diversity Advantage* (San Francisco: Jossey-Bass, 1991).

[11] S. E. Jackson y colegas, *Diversity in the Workplace: Human Resource Initiatives* (Nueva York: Guilford Press, 1992).

[12] W. H. Shaw y V. Barry, *Moral Issues in Business*, 6a. ed. (Belmont, CA: Wadsworth, 1995).

[13] T. Donaldson, *Corporations and Morality* (Englewood Cliffs, NJ: Prentice Hall, 1982).

[14] J. Bohr, "Deadly Roses", *The Battalion*, 13 de febrero de 2006, p. 3.

[15] www.nikebiz.com 2011; www.thegap.com, 2011.

[16] M. Hannan y J. Freeman, "Structural Inertia and Organizational Change", *American Sociological Review* 49 (1989), pp. 149-164.

[17] L. E. Greiner, "Evolution and Revolution as Organizations Grow", *Harvard Business Review* (julio-agosto de 1972), pp. 37-46.

[18] R. M. Kanter, *When Giants Learn to Dance: Mastering the Challenges of Strategy* (Nueva York: Simon & Schuster, 1989).

[19] J. P. Kotter y L. A. Schlesinger, "Choosing Strategies for Change", *Harvard Business Review* (marzo-abril de 1979), pp. 106-114.

[20] T. Burns y G. M. Stalker, *The Management of Innovation* (Londres: Tavistock, 1961).

[21] www.anheuser-busch.com, 2011.

[22] www.inbev.com, 2011.

[23] P. R. Lawrence y J. W. Lorsch, *Organization and Environment* (Boston: Harvard Business School Press, 1972).

[24] R. Likert, *The Human Organization* (Nueva York: McGraw-Hill, 1967).

[25] C. Argyris, *Personality and Organization* (Nueva York: Harper & Row, 1957).

[26] Esta sección se basa en K. Lewin, *Field-Theory in Social Science* (Nueva York: Harper & Row, 1951).

[27] D. Miller, "Evolution and Revolution: A Quantum View of Structural Change in Organizations", *Journal of Management Studies* 19 (1982), pp. 11-151; D. Miller, "Momentum and Revolution in Organizational Adaptation", *Academy of Management Journal* 2 (1980), pp. 591-614.

[28] C. E. Lindblom, "The Science of Muddling Through", *Public Administration Review* 19 (1959), pp. 79-88; P. C. Nystrom y W. H. Starbuck, "To Avoid Organizational Crises, Unlearn", *Organizational Dynamics* 12 (1984), pp. 53-65.

[29] E. L. Trist, G. Higgins, H. Murray y A. G. Pollock, *Organizational Choice* (Londres: Tavistock, 1965); J. C. Taylor, "The Human Side of Work: The Socio-Technical Approach to Work Design", *Personnel Review* 4 (1975), pp. 17-22.

[30] E. L. Trist y K. W. Bamforth, "Some Social and Psychological Consequences of the Long Wall Method of Coal Mining", *Human Relations* 4 (1951), pp. 3-38; F. E. Emery y E. L. Trist, "Socio-Technical Systems" (Londres: Proceedings of the 6th Annual International Meeting of the Institute of Management Sciences, 1965), pp. 92-93.

[31] E. L. Trist, G. Higgins, H. Murray y A. G. Pollock, *Organizational Choice* (Londres: Tavistock, 1965); J. C. Taylor, "The Human Side of Work: The Socio-Technical Approach to Work Design", *Personnel Review* 4 (1975), pp. 17-22.

[32] Para un repaso, véase D. R. Denison, "What Is the Difference Between Organizational Culture and Organizational Climate? A Native's Point of View on a Decade of Paradigm Wars", *Academy of Management Review* 21 (1996), pp. 619-654.

[33] W. Edwards Deming, *Out of the Crisis* (Cambridge, MA: MIT Press, 1989); M. Walton, *The Deming Management Method* (Nueva York: Perigee Books, 1990).

[34] J. McHugh y B. Dale, "Quality Circles", en R. Wild, ed., *International Handbook of Production and Operations Research* (Londres: Cassel, 1989).

[35] www.starwood.com, 2011.

[36] S. E. Ante, "Six Sigma Kick-Starts Starwood", www.businessweek.com, 30 de agosto de 2007.

[37] *Ibid*.

[38] S. M. Young, "A Framework for the Successful Adoption and Performance of Japanese Manufacturing Techniques in the U.S.", *Academy of Management Review* 17 (1992), pp. 677-700.

[39] Young, "A Framework for the Successful Adoption and Performance of Japanese Manufacturing Practices in the U.S.".

[40] R. Parthasarthy y S. P. Sethi, "The Impact of Flexible Automation on Business Strategy and Organizational Structure", *Academy of Management Review* 17 (1992), pp. 86-111; Voss, "Managing Manufacturing Technology".

[41] W. M. Bulkeley, "Plexus Strategy: Smaller Runs of More Things", *Wall Street Journal*, 8 de octubre de 2003, B1, B.12.

[42] www.plexus.com, 2011.

[43] M. Hammer y J. Champy, *Reengineering the Corporation* (Nueva York: HarperCollins, 1993).
[44] M. Hammer, "Reengineering Work: Don't Automate, Obliterate", *Harvard Business Review* (julio-agosto de 1990), pp. 104-112.
[45] "Facts About Hallmark", www.hallmark.com, 2011.
[46] S. J. Freeman y K. S. Cameron, "Organizational Downsizing: A Convergence and Reorientation Framework", *Organizational Science* 4 (1993), pp. 10-29.
[47] P. Brent, "3 Molson Executives Ousted in Decentralization Move", *Financial Post-Toronto*, 20 de diciembre de 1995, p. 3.
[48] R. L. DeWitt, "The Structural Consequences of Downsizing", *Organizational Science* 4 (1993), pp. 30-40.
[49] "The Salaryman Rides Again", *The Economist*, 4 de diciembre de 1995, p. 64.
[50] Jones, *Organizational Theory*; R. A. Burgelman y M. A. Maidique, *Strategic Management of Technology and Innovation* (Homewood, IL: Irwin, 1988).
[51] Lewin, *Field-Theory in Social Science*, pp. 172-174.
[52] Esta sección se bassa en P. A. Clark, *Action Research and Organizational Change* (Nueva York: Harper & Row, 1972); L. Brown, "Research Action: Organizational Feedback, Understanding and Change", *Journal of Applied Behavioral Research* 8 (1972), pp. 697-711; N. Margulies y A. P. Raia, eds., *Conceptual Foundations of Organizational Development* (Nueva York: McGraw-Hill, 1978).
[53] W. L. French y C. H. Bell, *Organizational Development* (Englewood Cliffs, NJ: Prentice Hall, 1990).
[54] L. Coch y J. R. P. French, "Overcoming Resistance to Change", *Human Relations* 1 (1948), pp. 512-532.
[55] French y Bell, *Organizational Development*.
[56] *Ibid*.
[57] W. L. French, "A Checklist for Organizing and Implementing an OD Effort", en W. L. French, C. H. Bell y R. A. Zawacki, eds., *Organizational Development and Transformation* (Homewood, IL: Irwin, 1994), pp. 484-495.
[58] Kotter *et al.*, *Organization*, p. 487.
[59] W. G. Bennis, *Organizational Development: Its Nature, Origins, and Perspectives* (Reading, MA: Addison-Wesley, 1969).
[60] Kotter y Schlesinger, "Choosing Strategies for Change".
[61] B. Dumaine, "The New Non-Manager Managers", *Fortune*, 22 de febrero de 1993, pp. 80-84.
[62] E. H. Schein, *Organizational Psychology* (Englewood Cliffs, NJ: Prentice Hall, 1980).
[63] R. T. Golembiewski, "The Laboratory Approach to Organization Change: Schema of a Method", en Margulies y Raia, eds., *Conceptual Foundations of Organizational Development*, pp. 198-212; J. Kelley, "Organizational Development Through Structured Sensitivity Training", Ibid., pp. 213-228.
[64] E. H. Schein, *Process Consultation* (Reading, MA: Addison-Wesley, 1969).
[65] M. Sashkin y W. Warner Burke, "Organization Development in the 1980s", *Journal of Management* 13 (1987), pp. 393-417; D. Eden, "Team Development: Quasi-Experimental Confirmation Among Combat Companies", *Group and Organization Studies* 5 (1986), pp. 133-146; K. P. DeMeuse y S. J. Liebowitz, "An Empirical Analysis of Team Building Research", *Group and Organization Studies* 6 (1981), pp. 357-378.
[66] French y Bell, *Organization Development*.
[67] R. Beckhard, "The Confrontation Meeting", *Harvard Business Review* (marzo-abril de 1967), pp. 159-165.
[68] www.nike.com, 2011.

CAPÍTULO 11

Transformaciones organizacionales: Nacimiento, crecimiento, deterioro y muerte

Objetivos de aprendizaje

Las organizaciones que se han forjado un futuro exitoso en su ambiente de forma tal que pueden atraer recursos (tales como usuarios), enfrentan una serie de problemas en su lucha por crecer y sobrevivir. Este capítulo analiza los problemas de cambio y transformación organizacionales que ocurren durante el ciclo de vida de una compañía. Los empresarios y gerentes que entiendan las fuerzas que llevan al nacimiento de las organizaciones, que influyen en su crecimiento y maduración y que, a final de cuentas, pueden causar su deterioro y muerte, serán capaces de cambiar su estrategia y estructura organizacionales, con la finalidad de aumentar la eficacia y las posibilidades de supervivencia.

Después de estudiar este capítulo, usted será capaz de:

1. Reconocer los problemas involucrados para sobrevivir a los riesgos del nacimiento organizacional, y las acciones que los fundadores pueden llevar a cabo para ayudar a que sobrevivan sus nuevas organizaciones.
2. Describir los problemas típicos que surgen cuando una organización crece y madura, y cómo esta debe cambiar para sobrevivir y prosperar.
3. Analizar por qué ocurre el deterioro de una organización, identificar las etapas de dicha declinación y describir cómo los gerentes pueden trabajar para prevenir el fracaso y hasta la muerte o disolución de una organización.

Ciclo de vida organizacional

¿Por qué algunas organizaciones sobreviven y prosperan, mientras que otras fracasan y mueren? ¿Por qué algunas organizaciones tienen la habilidad para manejar sus estrategias, estructuras y culturas, y logran acceder a recursos ambientales, en tanto que otras fracasan en dicha tarea? Para contestar tales preguntas, los investigadores proponen entender las dinámicas que afectan a las organizaciones mientras buscan un ajuste satisfactorio con su ambiente.[1] Por lo común, se piensa que las organizaciones experimentan una secuencia predecible de etapas de crecimiento y cambio a lo largo del tiempo: el **ciclo de vida organizacional**.

Ciclo de vida organizacional Secuencia de etapas de crecimiento y desarrollo por el que pueden pasar las organizaciones.

Las cuatro etapas principales del ciclo de vida organizacional son nacimiento, crecimiento, deterioro y muerte (véase la figura 11.1).[2] Las organizaciones pasan por esas etapas durante diferentes intervalos y algunas no las experimentan todas. Más aún, algunas compañías van directamente del nacimiento a la muerte sin lograr crecimiento alguno cuando no atraen usuarios ni recursos. Algunas organizaciones pasan largo tiempo en la etapa de crecimiento y varios investigadores han identificado diversas subetapas de crecimiento por las que una organización debe pasar. También existen subetapas en la fase de deterioro. Algunas organizaciones en decadencia realizan acciones correctivas, cambian rápidamente y logran sobreponerse.

Figura 11.1 Modelo del ciclo de vida organizacional

Las organizaciones pasan por estas cuatro etapas en diferente proporción y algunas no experimentan cada etapa.

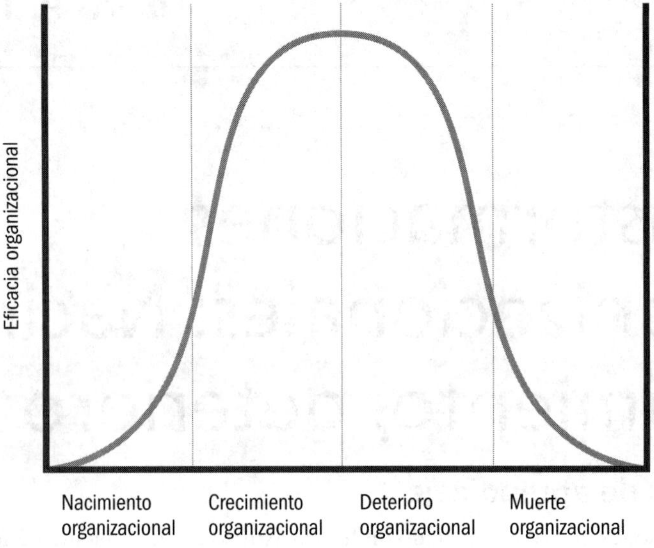

La manera en que una organización puede cambiar como respuesta a los problemas que enfrenta determina si es o no posible y cuándo pasará a la siguiente etapa en el ciclo de vida, e incluso si sobrevivirá y prosperará o fracasará y morirá. A continuación se analiza cada etapa con detalle.

Nacimiento organizacional

Empresarios
Individuos que reconocen y sacan ventaja de las oportunidades para utilizar sus habilidades y competencias para crear valor.

Nacimiento organizacional
Fundación de una organización: etapa peligrosa del ciclo de vida asociada con la mayor posibilidad de fracaso.

Desventaja de la novedad
Peligros asociados con ser la primera en operar en un nuevo ambiente.

Las organizaciones nacen cuando los llamados **empresarios** reconocen y toman ventaja de las oportunidades para poner en práctica sus habilidades y competencias, así como cuando utilizan los recursos de formas nuevas que generen valor.[3] Michael Dell descubrió una nueva forma de comercializar computadoras a bajo costo: pedidos vía correo electrónico. Liz Claiborne tomó ventaja de un nicho creciente en el mercado del vestido para las damas, la ropa de negocios para mujeres. Dell y Claiborne vieron una oportunidad para crear valor (para usuarios de computadoras y mujeres de negocios) y ambos tomaron la oportunidad de fundar una organización que ofreciera productos a menor costo que la competencia: computadoras y ropa de negocios.

El **nacimiento organizacional**, la fundación de una organización, es una etapa peligrosa del ciclo de vida y está asociada con la mayor probabilidad de fracaso. Esa probabilidad es alta debido a que las nuevas organizaciones experimentan el **inconveniente de la novedad**, es decir, los peligros asociados con ser la primera en operar en un nuevo ambiente.[4] Tal desventaja es grande por diversas razones.

La iniciativa empresarial implica un proceso riesgoso, ya que, debido a que los empresarios establecen *nuevos* proyectos, no hay forma de predecir o garantizar su éxito.[5] Los empresarios soportan la incertidumbre porque se mantienen firmes en lograr grandes rendimientos potenciales, si su negocio empieza a tener éxito. Sin embargo, la mayor parte del tiempo los empresarios cometen errores de criterio o de planeación, por lo que el resultado es la muerte de la organización.[6]

Una nueva organización es frágil debido a que carece de una estructura formal, que dé confianza y estabilidad a sus procesos y acciones de creación de valor. En un inicio, todas sus actividades se desarrollan por ensayo y error; la estructura organizacional surge de manera gradual mientras se toman decisiones sobre cómo deben implementarse roles, reglas y estándares de operación. Finalmente, por ejemplo, sería claro que un empresario debe manejar el dinero que ingresa de los usuarios (cuentas por cobrar), otro tiene que controlar el dinero que se paga a los proveedores (cuentas por pagar) y otro más debería conseguir nuevas cuentas. Pero en un inicio, en una nueva organización, la estructura está en la mente del fundador, no está formalizada en un diagrama o en un conjunto de reglas. La estructura es flexible y sensible, lo cual permite a la organización adaptarse y mejorar continuamente sus rutinas para satisfacer las necesidades de su ambiente.

Una estructura flexible suele ser una ventaja cuando permite que la organización cambie y tome ventaja de nuevas oportunidades, pero también podría representar una desventaja. Una estructura formal provee estabilidad y certidumbre sirviendo como la memoria de la organización.

La estructura especifica las actividades y los procedimientos de una organización para que puedan realizarse. Si dichos procedimientos no están escritos, una organización nueva podría, literalmente, olvidar las habilidades y los procedimientos que le dieron éxito. Una estructura formal brinda a una organización una base firme para mejorar los procedimientos existentes y desarrollar otros nuevos.[7]

Otra razón por la cual el nacimiento organizacional es una etapa peligrosa es que las condiciones en el ambiente quizá sean hostiles hacia una nueva organización. Los recursos, por ejemplo, pueden ser escasos o difíciles de obtener debido a que muchas organizaciones establecidas compiten por ellos.

Desarrollo de un plan para un nuevo negocio

Una forma en que los empresarios enfrentan todos estos problemas es mediante la elaboración de un plan de negocio que enfatice cómo planean competir en el ambiente. La tabla 11.1 lista los pasos para el desarrollo de un plan de negocios.

La planeación de una nueva empresa comienza cuando un empresario identifica una oportunidad para desarrollar un bien o servicio nuevo o mejorado, para el mercado en general o para un nicho de mercado en particular. Por ejemplo, un empresario identifica en el mercado de comida rápida la oportunidad de brindar a los clientes alimentos saludables, como pollo asado servido con verduras frescas o burritos elaborados con ingredientes orgánicos. Esto es lo que hicieron los fundadores de las cadenas de restaurantes Boston Market y Chipotle.

El siguiente paso es probar la factibilidad de la idea del nuevo producto. El empresario realiza un ejercicio de planeación estratégica tan minucioso como sea posible, utilizando el análisis FODA, que es revisión de las fortalezas, debilidades, oportunidades y amenazas ambientales de una organización. Las amenazas potenciales podrían ser que KFC decidiera imitar la idea y ofrecer a sus clientes pollo asado, lo cual realizó después de que Boston Market había identificado el nuevo nicho de mercado. El empresario debería realizar un análisis completo del ambiente externo (véase el capítulo 3), con la finalidad de probar el potencial de una nueva idea de producto y pensar en abandonar la idea, si las amenazas y los riesgos sobrepasan las oportunidades y los rendimientos. La iniciativa empresarial siempre representa un proceso riesgoso y muchos empresarios se comprometen tanto con sus nuevas ideas que olvidan o dejan de lado las amenazas potenciales y siguen avanzando solo para perder hasta la camiseta.

Si el análisis ambiental sugiere que la idea del producto es factible, el siguiente paso consiste en analizar las fortalezas y debilidades de la idea. En esta etapa, la fortaleza principal radica en los recursos con los que cuenta el empresario. ¿El empresario tiene acceso a una fuente de fondos apropiada? ¿Cuenta con alguna experiencia en la industria de comida rápida, por ejemplo la administración de un restaurante? Para identificar las debilidades, el empresario necesita evaluar la

TABLA 11.1 Desarrollo de un plan de negocio

1. Identifique una oportunidad de producto y desarrolle una idea de negocio básica
   Bienes/servicios
   Clientes/mercados
2. Realice un análisis FODA
   Identifique oportunidades
   Identifique amenazas
   Identifique fortalezas
   Identifique debilidades
3. Decida si es factible la oportunidad de negocio
4. Prepare un plan de negocio detallado
   Establecimiento de la misión, las metas y los objetivos financieros
   Establecimiento de los objetivos estratégicos
   Lista de recursos necesarios
   Cronograma organizacional de los eventos

cantidad y el tipo de recursos que serán necesarios para establecer una nueva empresa viable, como sería una cadena de restaurantes de burritos. El análisis podría revelar que la idea del nuevo producto no generará el rendimiento adecuado sobre la inversión. También revelaría quizá que el empresario necesita encontrar socios que le ayuden a obtener los recursos necesarios para abrir una cadena, a escala suficiente para generar un rendimiento sobre la inversión suficientemente alto.

Después de realizar un análisis FODA completo, si el empresario decide que la idea de su nuevo producto es factible, empieza el trabajo duro: desarrollar el plan de negocio real que se utilizará para atraer inversionistas o fondos de los bancos. En el plan de negocio deben incluirse los mismos elementos básicos que en el plan de desarrollo del producto: **1.** una declaración de misión, metas y objetivos financieros de la organización; **2.** una declaración de los objetivos estratégicos de la organización, incluyendo un análisis del potencial mercado del producto, basado en el análisis FODA ya realizado; **3.** una lista de todos los recursos funcionales y organizacionales que requerirán para implementar de manera exitosa la nueva idea de producto, incluyendo una lista de los requerimientos tecnológicos, financieros y de recursos humanos, y **4.** un cronograma que contenga las etapas importantes específicas para el empresario y para los demás, y que se utilice como medida de progreso del proyecto —por ejemplo, las fechas límite para entrega del diseño final y la apertura del primer restaurante.

Muchos empresarios no pueden darse el lujo de contar con un grupo de gerentes multifuncionales que ayuden a desarrollar un plan de negocio detallado. Esto es evidentemente cierto para las empresas individuales. Una de las razones por las cuales las franquicias se han vuelto tan populares radica en que empresarios potenciales compran y toman ideas del plan de negocio y experiencia de una compañía ya existente, con lo cual se reducen los riesgos asociados con la apertura de un nuevo negocio.

En resumen, los empresarios están ante un número de desafíos importantes por enfrentar y vencer si quieren ser exitosos. No es poco común que un empresario fracase repetidamente antes de encontrar un proyecto exitoso. Tampoco es poco común el empresario que establece una nueva compañía exitosa y la venda después para moverse hacia nuevos proyectos que prometan riesgos y rendimientos nuevos. Un ejemplo de tal tipo de empresario es Wayne Huizenga, quien compró varias compañías pequeñas de recolección de basura para crear la gran empresa de recolección de basura WMX, la cual finalmente vendió. Algunos años después, Huizenga adquirió el control de Blockbuster Video y, mediante la apertura y compra de otras cadenas de tiendas de video, convirtió a Blockbuster Video en la cadena más grande de su ramo de Estados Unidos, solo para venderla en 1994. Un ejemplo histórico de un empresario que transformó la industria del acero se presenta en el recuadro "Al interior de la organización 11.1".

Al interior de la organización 11.1

Andrew Carnegie y la iniciativa empresarial

Andrew Carnegie nació en Escocia en 1835. Era hijo de un maestro tejedor quien, en ese tiempo, contrató a cuatro aprendices para tejer manteles de lino fino.[8] Su familia era adinerada, sin embargo, diez años más tarde vivieron en la pobreza. ¿Por qué? Los avances en la tecnología del tejido se dirigieron a la invención de telares de vapor que eran capaces de producir grandes cantidades de ropa de algodón, a un precio mucho menor que lo que era posible mediante el tejido a mano. Como los tejedores a mano no pudieron competir con esos precios bajos, el padre de Carnegie se vio obligado a salir del mercado. En 1848 su familia, como cientos de miles de otras familias en Europa, decidió emigrar hacia Estados Unidos en busca de trabajo y supervivencia.

Los Carnegie se establecieron cerca de Pittsburgh, donde tenían parientes. El padre continuó tejiendo manteles y vendiéndolos de puerta en puerta, con lo que ganaba 6 dólares a la semana. Su madre, quien provenía de una familia de zapateros, se ocupó de la reparación de calzado y ganaba cerca de 4 dólares semanales. Carnegie encontró un trabajo como "niño carrete", remplazando carretes de hilo en telares mecánicos de una fábrica textil, llevándose a casa 1.20 dólares por 60 horas a la semana.

Cuando su jefe se percató de que Carnegie sabía leer y escribir, una habilidad poco común en aquel tiempo, lo convirtió en el asistente contable de la fábrica. En su tiempo libre se volvió mensajero de telégrafo y aprendió telegrafía. Comenzó a entregar telegramas a Tom Scott, un gerente de alto rango en el Ferrocarril de Pennsylvania, quien comenzó a apreciar el empuje y talento de Carnegie. Scott lo convirtió en su telegrafista personal por la asombrosa cantidad de 35 dólares a la semana. Carnegie tenía 17 años de edad. Solo siete años más tarde, cuando tenía 24, fue promovido al puesto de Scott, como inspector de la división oriente del ferrocarril. A los 30 años, le ofrecieron el puesto de superintendente de todo el ferrocarril. Sin embargo, las ambiciones de Carnegie eran otras. Durante su tiempo en el ferrocarril él, inteligentemente, había invertido en acciones del mismo y ahora era un hombre rico con un ingreso de 48,000 dólares al año, de los cuales solo 2,800 correspondían a su sueldo en el ferrocarril.

Mientras era gerente del ferrocarril, Carnegie se dio a conocer por encontrar continuamente formas para utilizar los recursos de manera más productiva, así como para reducir costos e incrementar la rentabili-

Wade H. Massie/Shutterstock.com

dad. Sus acciones en la compañía se habían disparado, lo que explica el ofrecimiento del alto puesto en el ferrocarril. Carnegie vislumbró una oportunidad para aplicar en la atrasada industria del acero sus habilidades para reducir costos. Se percató de la creciente demanda de acero por parte de los ferrocarriles estadounidenses, ya que se construían con rapidez nuevas vías ferroviarias en la década de 1860. En ese tiempo, el acero se fabricaba mediante la producción de lotes pequeños, un proceso caro y laborioso, examinado en el capítulo 9, por lo que el costo de producción del acero era de 135 dólares la tonelada.[9]

En la búsqueda de reducción de costos en la elaboración del acero, Carnegie se dio cuenta de que varias compañías diferentes desarrollaban cada una de las diferentes operaciones necesarias para convertir el mineral de hierro en productos de acero terminado. Una compañía fundía el mineral de hierro, otra transportaba el hierro fundido a otras compañías, que lo convertían en barras o láminas. Muchas otras compañías compraban dichas barras y láminas y las transformaban en productos terminados, como rieles de acero, clavos, alambres, etc. Los intermediarios, que compraban estos productos a una compañía y los vendían a otra, conectaban las actividades de las diferentes compañías. Todos los intercambios o "transferencias" involucrados en la transformación del mineral de hierro en productos terminados aumentaban en gran medida los costos de operación. En cada etapa del proceso de producción, el acero tenía que enviarse a la siguiente compañía y recalentarse para que adquiriera la suficiente suavidad como para trabajar con él. Más aún, tales intermediaros obtenían grandes ingresos por proporcionar ese servicio, lo cual también incrementaba el costo de los productos terminados.

Carnegie también notó que el acero producido en las fábricas británicas era de mayor calidad que el elaborado en las estadounidenses. Los británicos habían realizado avances importantes en la tecnología para elaborar acero, por lo que los ferrocarriles estadounidenses prefirieron comprar rieles ingleses. Carnegie realizó frecuentes viajes a Inglaterra para vender acciones del ferrocarril de Estados Unidos. En uno de sus viajes vio una demostración del nuevo método para fabricar acero "por inyección" de sir Henry Bessemer. El famoso proceso de Bessemer permitía producir grandes cantidades de acero de alta calidad de manera continua, como un proceso, no por pequeños lotes. Carnegie inmediatamente se dio cuenta del inmenso potencial de reducción de costos que ofrecía esta nueva tecnología y se apresuró a convertirse en el primer fabricante de acero en Estados Unidos que la adoptara.[10]

Él vendió todas sus acciones e invirtió su capital para crear la Carnegie Steel Company, que se convirtió en la primera planta acerera Bessemer de bajo costo en Estados Unidos. Convencido de retener la ganancia que los intermediarios hacían con su negocio, también decidió que su compañía realizaría todas las operaciones necesarias en la fabricación del acero para convertir el mineral de hierro en productos terminados. Por ejemplo, construyó máquinas rodantes para fabricar rieles de acero cerca del gran horno, de tal forma que el mineral de hierro pudiera ser transformado en productos de acero terminados en un proceso continuo.

Las innovaciones de Carnegie llevaron a una caída drástica en los costos de fabricación del acero y revolucionaron la industria acerera en Estados Unidos. Sus nuevos métodos de producción redujeron el precio del acero estadounidense de 135 a 121 dólares la tonelada. A pesar de eso, su compañía era altamente rentable, con un margen de ganancia de entre 35% y 50%. La mayoría de sus rivales no lograron competir con sus precios bajos y salieron del mercado. Invirtió todas sus ganancias en el fortalecimiento de su negocio del acero y construyó varias plantas de acero de bajo costo. Para 1900, su compañía se convirtió en la fábrica de acero líder de Estados Unidos y él en uno de los hombres más ricos del mundo.

Modelo ecológico poblacional del nacimiento organizacional

La forma en que Carnegie transformó la industria del acero en Estados Unidos es una historia sobre cómo y por qué el número y la naturaleza de las compañías en una industria cambian con el transcurso del tiempo. La **teoría ecológica de población** busca explicar los factores que afectan la tasa de nacimiento (y muerte) de nuevas organizaciones en una población de organizaciones ya existentes.[11] La **población de organizaciones** abarca las compañías que compiten por el *mismo* conjunto de recursos en el ambiente. Todos los restaurantes de comida rápida de Houston, Texas, constituyen una población de restaurantes que compiten para obtener recursos ambientales en forma de dólares que la gente está dispuesta a gastar para adquirir alimentos de manera cómoda. Apple, Dell, HP, Lenovo, Acer y otras compañías de computadoras constituyen una población de organizaciones que buscan atraer recursos ambientales, en forma de dólares que los clientes están dispuestos a gastar en computadoras personales. Las diversas organizaciones dentro de una población pueden elegir enfocarse en diferentes **nichos ambientales** o conjuntos particulares de recursos o habilidades. En la actualidad, conforme los dispositivos de informática móvil se han vuelto más accesibles, todas estas compañías compiten contra la líder, Apple, que dominó el

Teoría ecológica de población
Teoría que busca explicar los factores que afectan la tasa en que las organizaciones nacen (y mueren) en una población de organizaciones ya existentes.

Población de organizaciones
Organizaciones que compiten por el mismo conjunto de recursos en el ambiente.

Nichos ambientales
Conjuntos particulares de recursos.

mercado en 2011 con sus dispositivos iPhone y iPad. Para luchar contra esto, Nokia se unió con Microsoft para ofrecer nuevos dispositivos móviles basados en el sistema operativo Windows 8; por su parte, otras compañías se unieron con Google para desarrollar dispositivos basados en plataformas de software tales como Android y Gingerbread.

Número de nacimientos

Densidad de población Número de organizaciones que pueden competir por los mismos recursos en un ambiente particular.

De acuerdo con la teoría ecológica de población, la disponibilidad de recursos determina el número de organizaciones en una población. La cantidad de recursos en un ambiente limita la **densidad de población**, es decir, el número de organizaciones que compite por los mismos recursos en un ambiente específico.[12] Los teóricos de la ecología de población asumen que el crecimiento en el número de nacimientos organizacionales en un nuevo ambiente es rápido al principio, cuando las organizaciones se fundan para sacar ventaja de los nuevos recursos ambientales, como los dólares que la gente está dispuesta a gastar en computación personal móvil (véase la figura 11.2).[13]

Hay dos factores que determinan la rápida tasa de natalidad. El primero señala que cuando se fundan las nuevas organizaciones, hay un aumento en el conocimiento y las habilidades disponibles para generar nuevas organizaciones similares, como las compañías que están ansiosas por adoptar las plataformas de software gratuitas de Google. Asimismo, se fundan muchas nuevas organizaciones por empresarios que dejan compañías existentes para crear las propias, utilizando las competencias aprendidas al haber trabajado en esas organizaciones. Se han fundado muchas nuevas compañías por personas que dejaron organizaciones pioneras como Xerox, Microsoft, IBM y Google. Por ejemplo, eBay fue fundada por Pierre Omidyar, quien abandonó Microsoft para utilizar sus habilidades en el desarrollo de su plataforma de software para subastas.

El segundo factor que se toma en cuenta en la rápida tasa de natalidad en un nuevo ambiente consiste en que cuando un nuevo tipo de organización se funda y sobrevive, proporciona un modelo a seguir. El éxito de la nueva organización facilita a los empresarios encontrar nuevas organizaciones similares pues el éxito confiere legitimidad, lo que atraerá inversionistas. Los restaurantes de comida rápida, por ejemplo, eran un tipo de organización relativamente no probada hasta que McDonald's demostró su capacidad para atraer recursos en forma de clientes. Los empresarios vieron a McDonald's crear y triunfar en el mercado estadounidense de comida rápida y después lo imitaron formando compañías similares como Burger King y Wendy's. McDonald's se convirtió en una institución en Estados Unidos, le dio legitimidad a la población de organizaciones de comida rápida y les permitió atraer inversionistas, tales como clientes y trabajadores. En la actualidad, la comida rápida se da por hecho en la mayoría de los países del mundo, en especial en China, donde el aumento salarial permite a sus millones de ciudadanos disfrutar de esta clase de alimentos, especialmente pollo frito de KFC. De manera similar, Groupon, el líder del comercio

Figura 11.2 Índice de nacimientos organizacionales

De acuerdo con la teoría ecológica de población, la tasa de nacimientos en un nuevo ambiente se incrementa con rapidez al principio y, luego, disminuye gradualmente.

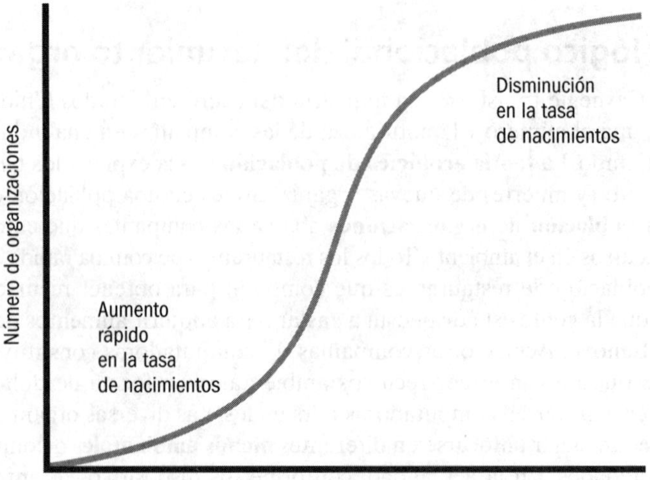

en línea que inició la venta con descuento de servicios y bienes, dio lugar a imitadores como LivingSocial y está enfrentando la creciente competencia de compañías como Facebook y Google.

Una vez que el ambiente está poblado con un número de organizaciones exitosas, la tasa de natalidad organizacional va disminuyendo (véase la curva en forma de S en la figura 11.2).[14] Dos factores influyen en la disminución de la tasa de fundación de organizaciones. Primero, los nacimientos se reducen conforme la disponibilidad de los recursos en el ambiente disminuye para quienes ingresan tardíamente.[15] Las compañías que inician primero, como McDonald's o Groupon, tienen un margen competitivo sobre las que entran después. Las **ventajas del primer movimiento** son los beneficios que una organización obtiene por entrar anticipadamente en un nuevo ambiente. Incluyen la lealtad de los clientes, un nombre de marca reconocido y los mejores lugares para nuevos negocios. Los recién llegados entran en un ambiente que se encuentra parcialmente agotado de los recursos que necesitan para crecer. Los inversionistas, por ejemplo, se muestran renuentes a prestar dinero a nuevos proyectos porque sus probabilidades de supervivencia en un ambiente ya competitivo son escasas, a menos que de alguna manera logren descubrir y encontrar la forma de atraer recursos. De manera similar, los mejores gerentes y trabajadores prefieren trabajar en organizaciones que cuentan con una reputación establecida y que ofrecen oportunidades de empleo seguro.

Ventajas del primer movimiento
Beneficios que una organización obtiene por entrar anticipadamente en un nuevo ambiente.

El segundo factor que disminuye la tasa de natalidad es la dificultad para competir por los recursos con las organizaciones ya existentes.[16] Los empresarios potenciales se desaniman a entrar a una industria o mercado porque entienden que cuanto mayor sea el número de compañías que existan para competir por los recursos, más difícil y costoso será poder obtener dichos recursos. Para ganar nuevos clientes, las compañías que inician quizá necesiten gastar más en publicidad o innovación, o deberán disminuir demasiado sus precios. Más aún, las compañías existentes pueden unirse y hacer muy difícil para las nuevas compañías entrar al mercado. Pueden utilizar la colusión acordando (ilegalmente) establecer sus precios en un nivel artificial bajo para sacar de la industria a los nuevos rivales, o bien, poner barreras mediante fuertes inversiones en publicidad, de tal forma que resulte muy caro para las nuevas compañías entrar al mercado.

Estrategias de supervivencia

Los ecologistas de población han identificado dos conjuntos de estrategias que las organizaciones utilizan para lograr el acceso a los recursos y aumentar sus posibilidades de supervivencia en el ambiente: **1.** estrategia-r contra estrategia-K y **2.** estrategia especialista contra estrategia generalista.

ESTRATEGIA-R CONTRA ESTRATEGIA-K Las organizaciones que siguen una **estrategia-r** se fundan de manera temprana en un nuevo ambiente: son los primeros competidores. Las organizaciones que siguen una **estrategia-K** se fundan de manera tardía, son competidores posteriores.[17] La ventaja de una estrategia-r es que la organización obtiene las ventajas del primer movimiento y cuenta con la primera selección de los recursos del ambiente. Como resultado, la organización es capaz de crecer de manera rápida y desarrollar habilidades y procedimientos que aumenten sus posibilidades de supervivencia y prosperidad. Las organizaciones que siguen una estrategia-K están establecidas en otros ambientes y esperan entrar a uno nuevo, cuando la incertidumbre en dicho ambiente se reduzca y el camino correcto para competir sea claro. Por ejemplo, Samsung, HTC y Motorola no entraron en la industria de la telefonía inteligente, sino hasta que Apple demostró el gran mercado global potencial para los teléfonos inteligentes y sus aplicaciones. Algunas veces tales organizaciones toman entonces las habilidades que han establecido en otros ambientes y las utilizan para desarrollar productos eficaces que les permiten competir con organizaciones que siguen la estrategia-r. En 2011, por ejemplo, Apple afirmaba que los nuevos teléfonos inteligentes y tabletas de Samsung eran simples imitaciones de sus propios dispositivos móviles, por lo que Apple demandó a Samsung, quien contrademandó, con lo que se generó una furiosa batalla legal entre ambas.

Estrategia-r
Estrategia para entrar de manera temprana en un nuevo ambiente.

Estrategia-K
Estrategia para entrar de manera tardía en un ambiente, después de que otras organizaciones lo han probado.

La diferencia entre la estrategia-r y la estrategia-K es evidente en la situación que surgió en el ambiente de las computadoras personales. En 1977, Apple Computer fundó el mercado de computadoras personales cuando desarrolló la Apple I. Otras pequeñas compañías siguieron de manera rápida la guía de Apple. Cada una de ellas seguía una estrategia-r y desarrolló su propia PC. Muchas de tales compañías tuvieron éxito en la atracción de recursos y la población de compañías de computadoras personales creció con rapidez. IBM, el vendedor dominante de computadoras centrales, se dio cuenta de los grandes recursos potenciales del mercado de las PC y adoptó una estrategia-K desarrollando su propia PC (basada en el sistema operativo MS-DOS de Microsoft), la cual introdujo en 1981. La capacidad de IBM para poner a trabajar sus competencias masivas en el nuevo ambiente y sacar ventaja del nombre de su marca, le permitió convertirse en el competidor dominante. Como el MS-DOS se convirtió en el estándar de la industria, IBM sacó del mercado de computadoras personales a la mayoría de las compañías pequeñas con estrategia-r. Apple sobrevivió el desafío de IBM enfocando sus competencias a satisfacer las necesidades de computadoras de los clientes académicos y publicistas. Después, Steve Jobs regresó y revolucionó la compañía dándole un "nuevo nacimiento". Para 2011 Apple se había convertido en la empresa global de alta tecnología con mayor valor y Jobs fue declarado el "director general de la década".

Especialistas
Organizaciones que concentran sus habilidades para competir por una estrecha variedad de recursos en un solo nicho.

Generalistas
Organizaciones que diversifican sus habilidades para competir por una amplia gama de recursos en varios nichos.

ESTRATEGIA ESPECIALISTA CONTRA ESTRATEGIA GENERALISTA La diferencia entre una estrategia especialista y una generalista se encuentra en el número de nichos ambientales o conjuntos de diferentes recursos (clientes), por los cuales una organización compite. Las organizaciones especializadas (o **especialistas**) concentran sus competencias y habilidades para competir por recursos en un solo nicho, por ejemplo, los teléfonos inteligentes. Las organizaciones generales (o **generalistas**) utilizan sus bien desarrolladas competencias para competir por recursos en varios o en todos los nichos de un ambiente, por ejemplo, teléfonos inteligentes, teléfonos celulares de bajo costo, teléfonos fijos, computadoras portátiles, tabletas y demás.[18]

Al centrar sus actividades en un nicho, las especialistas son capaces de desarrollar competencias clave que les permitan superar a las generalistas en ese nicho. Las especialistas, por ejemplo, son capaces de ofrecer a los clientes mucho mejor servicio que el ofrecido por las generalistas o ya que invierten todos sus recursos en un rango limitado de productos, logran desarrollar productos superiores. Nvidia, el líder en chips gráficos, por ejemplo, invierte todos sus recursos en producir chips de alta tecnología y no invierte recursos para competir con Intel o AMD en la fabricación de microprocesadores o chips de memoria.

Las organizaciones generalistas a menudo pueden superar a las especialistas cuando existe considerable incertidumbre en el ambiente, así como cuando los recursos cambian y los nichos surgen y desaparecen continuamente. Las generalistas suelen sobrevivir en un ambiente incierto porque han dispersado sus recursos en varios nichos. Si un nicho desaparece, mantienen otros donde operar. Por su parte, si el nicho de una organización especialista desaparece, existe una posibilidad mucho mayor de fracaso y muerte organizacional. En 2011 Nvidia se encontraba bajo gran presión debido a que la demanda de computadoras de escritorio y chips gráficos cayó drásticamente y su futuro dependía del éxito de su chip gráfico móvil Tegra.

Las organizaciones especialistas y generalistas normalmente coexisten en diversos ambientes porque las generalistas crean las condiciones que permiten a las especialistas operar de manera existosa.[19] Grandes tiendas departamentales, por ejemplo, se abastecen de varios tipos diferentes de ropa pero solo pueden abastecerse de una pequeña cantidad de cada tipo, por ejemplo, vestimenta de noche o deportiva. Dado que con frecuencia los clientes quieren más opciones en ropa, las tiendas especializadas que son capaces de ofrecer una extensa selección de un solo tipo de vestimenta, por ejemplo, vestidos de noche, pueden tener éxito, sobre todo debido a que cobran un sobreprecio por su selección de ropa única. Esto representa una oportunidad para el empresario, aun cuando existan generalistas poderosas alrededor.

El proceso de selección natural

Los dos conjuntos de estrategias (especialista contra generalista, y r contra K) originan cuatro estrategias que siguen las organizaciones: especialista-r, generalista-r, especialista-K y generalista-K (véase la figura 11.3).[20]

Al principio en el ambiente, mientras el nicho se desarrolla y se dispone de nuevos recursos, las nuevas organizaciones prefieren ser especialistas-r, es decir, organizaciones que se mueven rápidamente para enfocarse en atender las necesidades de grupos de clientes particulares. Muchas organizaciones crecen y prosperan como lo hizo Apple. Conforme van creciendo, por lo común se convierten en generalistas y compiten en nuevos nichos. Sin embargo, mientras esto sucede, los generalistas-K (a menudo las divisiones o subsidiarias de grandes compañías como IBM o GE) se integran al mercado y amenazan a las organizaciones especialistas-r más débiles. Al final, los especialistas-r, generalistas-r y generalistas-K más fuertes dominan el ambiente, atendiendo múltiples segmentos de mercado y buscando un bajo costo o una estrategia de diferenciación. Las grandes compañías que eligieron la estrategia generalista-K, con frecuencia crean nichos para nuevas firmas para entrar al mercado, de tal forma que los especialistas-K sientan las bases para explotar los nuevos segmentos de mercado. De esta manera, los generalistas y especialistas pueden coexistir en un ambiente porque *compiten por diferentes conjuntos de recursos.*

Figura 11.3 Estrategias de competencia en el ambiente de los recursos

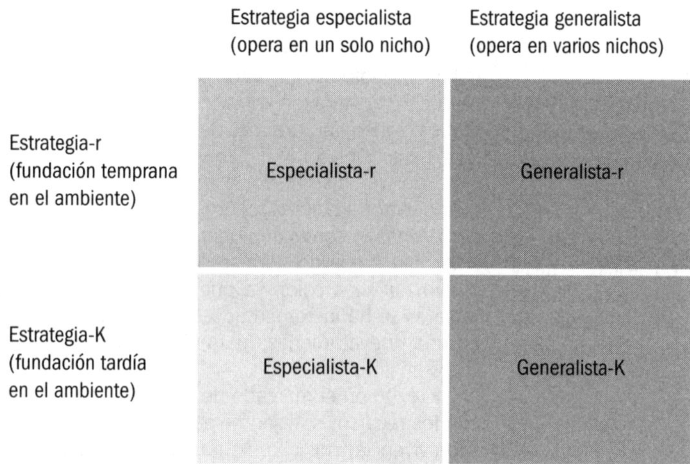

Los inicios de la industria automotriz ofrecen un buen ejemplo de este proceso de nacimiento organizacional. Las primeras compañías de automóviles (tales como Packard y Dusenberg) se basaban en algunas operaciones manuales que producían automóviles caros para un segmento de mercado pequeño. Tales compañías eran las especialistas-r originales. Después, Henry Ford se percató del potencial de establecer un mercado masivo mediante producción en serie y decidió aplicar la estrategia generalista-K produciendo automóviles de bajo precio para el mercado masivo. Mientras tanto, en GM, Alfred Sloan desarrollaba rápidamente una estrategia generalista-K basada en la diferenciación. Estableció las divisiones de distintos automóviles de GM para dar servicio al espectro completo de segmentos de mercado, desde los Chevrolet de bajo costo hasta Cadillac de precio alto. El bajo costo y la alta variedad de modelos de autos ahora disponible, pronto sacaron del mercado a muchas pequeñas organizaciones especialistas-r. GM y Ford, junto con Chrysler, dominaron el ambiente. Surgieron entonces muchas nuevas compañías pequeñas siguiendo estrategias especialistas-K para a atender segmentos especiales que estas compañías habían dejado libres. Los fabricantes de automóviles de lujo como Cord y Packard produjeron vehículos de alto costo y prosperaron durante un tiempo, y los fabricantes extranjeros de automóviles como Rolls-Royce, Mercedes-Benz y Bugatti también fueron populares entre los ricos.

En la década de 1970, compañías japonesas como Toyota, Nissan y Honda entraron al mercado de Estados Unidos con una estrategia especialista-K, ofreciendo vehículos mucho más pequeños que los que producían los Tres Grandes. La popularidad de sus nuevos automóviles permitió que las compañías niponas tuvieran rápido acceso a los recursos que necesitaban para permitirles cambiar a una estrategia generalista-K y comenzaron a amenazar de manera directa a los Tres Grandes. Como consecuencia, han nacido nuevas generaciones de organizaciones para sacar ventaja de los cambios en la distribución de los recursos y de la aparición de nuevos nichos.

Las nuevas organizaciones emergen de manera continua para tomar ventaja de nuevas oportunidades. La fuerza impulsora que subyace al modelo ecológico de población del nacimiento organizacional es la **selección natural**, el proceso que asegura la supervivencia de las organizaciones que cuentan con las capacidades y habilidades que se adaptan mejor al ambiente.[21] Con el paso del tiempo, las organizaciones más débiles, aquellas con habilidades y competencias pasadas de moda u obsoletas, o aquellas que no pueden adaptar su estructura operativa para ajustarse a los cambios en el ambiente, se retiran de este y mueren. Surgen nuevos tipos de organizaciones y sobreviven si pueden reclamar el derecho de un nicho ambiental. En la industria automotriz, Ford era un competidor más eficiente que las tiendas artesanales, que decayeron y murieron debido a que perdieron su nicho frente a Ford. Por el contrario, las compañías japonesas, que continuaron innovando y desarrollando nuevas habilidades, ingresaron al mercado de automóviles de Estados Unidos. Cuando los clientes eligieron los automóviles japoneses porque buscaban vehículos pequeños y de mejor calidad, los fabricantes de autos de Estados Unidos se vieron forzados a imitar a sus competidores nipones para poder sobrevivir.

Selección natural
Proceso que asegura la supervivencia de las organizaciones que cuentan con las capacidades y habilidades que se adaptan mejor al ambiente.

La selección natural es un proceso competitivo. Las nuevas organizaciones sobreviven, si logran desarrollar habilidades que les permitan adaptarse a su ambiente y explotarlo. La iniciativa

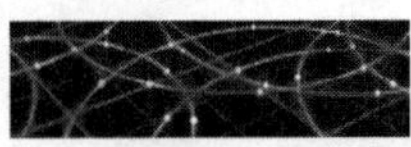

Perspectiva de la nueva tecnología de la información

Amazon.com, parte 6

Jeff Bezos fue el primer empresario en pensar que Internet podría utilizarse eficazmente para comercializar libros y para actuar con oportunidad; por ello, estableció Amazon.com. Le dio a su compañía la ventaja del primer movimiento sobre sus rivales, lo que fue un componente importante para su fuerte posicionamiento en el mercado. Al principio, Amazon.com fue capaz de captar la atención de los clientes y mantener su lealtad; para 2011, 65% de su negocio era de clientes frecuentes o habituales. Más aún, el éxito de Amazon.com había dificultado la entrada al mercado a nuevos competidores, en tanto que la tasa de nacimientos en la industria se había reducido sustancialmente.

Primero, los nuevos competidores "desconocidos" enfrentan el obstáculo principal de atraer clientes a sus sitios Web en vez de que acudan al sitio Amazon.com. Segundo, aun los competidores "conocidos" como Barnes & Noble y Borders, que imitaron la estrategia de Amazon y desarrollaron sus propias librerías en línea, enfrentaron el problema de persuadir a la base de clientes de Amazon y asegurar su posicionamiento. Al entrar al mercado posteriormente, esas organizaciones siguieron básicamente la estrategia-K, mientras que Amazon.com siguió una estrategia-r. A Barnes & Noble y Borders, el retraso para ponerse en línea les costó caro en el ambiente actual tan competitivo; Barnes & Noble está luchando por sobrevivir, mientras Borders entró en bancarrota en 2011 y cerró todas sus tiendas.

Ciertamente, el proceso de selección natural ha venido operando en la industria de librerías de manera importante porque, como se revisó en capítulos anteriores, miles de pequeñas librerías especializadas han cerrado sus puertas. Incluso las grandes librerías de ladrillo, que pueden tener cientos de miles de libros, han sido incapaces de competir con una librería en línea que ofrece a los clientes más de un millón y medio de libros con grandes descuentos.

En 2011 Amazon anunció que, por primera vez, las ventas de sus libros en línea con grandes descuentos, que los clientes bajan con su lector electrónico Kindle, se vendieron más que los libros en papel. Amazon.com y su mayor competidor, Barnes & Noble, que lanzó su nuevo lector a color Nook en 2011, están librando una fiera batalla, pero Amazon.com sigue ganando la guerra de la venta de libros en línea. Sin embargo, parece que Amazon.com planea introducir su nuevo Kindle a color, ya que la popularidad de todos los tipos de tabletas se ha incrementado; además, el iPod de Apple se convirtió en una nueva amenaza para el dominio de Amazon en la venta de libros en línea.

El éxito en el mercado de libros en línea no ha brindado a Amazon los recursos suficientes para asegurar su continuo crecimiento y sobrevivencia; por ello, se ha convertido en generalista y ha entrado en muchos nichos de mercado nuevos, abriendo tiendas en línea donde puede competir con rentabilidad. Como se examinó antes, empezó a vender una variedad cada vez mayor de productos y cambió de ser una librería en línea especialista a un minorista en línea generalista.[22] Los cambios en su estrategia y estructura no solo le han permitido sobrevivir, sino que ha prosperado incrementando su rentabilidad a partir de 2010, por lo que su futuro se ve prometedor. La lucha por sobrevivir de Borders y Barnes & Noble hace probable que Amazon tenga menos competencia en el futuro en el mercado. De manera similar, en electrónica, Circuit City cayó en bancarrota en 2009 y Best Buy, el mayor minorista en electrónica, también está luchando para competir contra Amazon, quien también va ganando mercado en electrónicos. No es de extrañar que el precio de las acciones de Amazon alcanzara un nivel récord en 2011.

empresarial es el proceso de desarrollo de nuevas competencias que permitan a las organizaciones sacar ventaja de nuevos nichos, o encontrar nuevas maneras de servir de forma más eficiente a nichos ya existentes. La iniciativa empresarial, que es un proceso constante, lleva a un ciclo continuo de nacimiento organizacional, en tanto las nuevas organizaciones sientan las bases para competir por los recursos en un ambiente, como se revisa en el recuadro "Perspectiva de la nueva tecnología de la información: Amazon.com, parte 6".

Teoría institucional del crecimiento organizacional

Si la organización sobrevive la etapa de nacimiento del ciclo de vida organizacional, ¿qué factores afectan su búsqueda de ajuste con el ambiente? Las organizaciones buscan cambiarse a sí mismas para obtener control sobre los recursos limitados y reducir la incertidumbre. Pueden aumentar su control sobre los recursos mediante el crecimiento y la expansión.

Crecimiento organizacional
Etapa del ciclo de vida donde las organizaciones desarrollan habilidades y competencias para la creación de valor que les permitan adquirir recursos adicionales.

El **crecimiento organizacional** es la etapa del ciclo de vida donde las organizaciones desarrollan habilidades y competencias para la creación de valor que les permitan adquirir recursos adicionales. El crecimiento ayuda a una organización a aumentar la división del trabajo y la especialización y, en consecuencia, desarrollar una ventaja competitiva. Es probable que una organización capaz de adquirir recursos genere un superávit de recursos que le permitirá crecer aún más. Con el tiempo, las organizaciones se transforman a sí mismas: se convierten en algo muy diferente de lo que eran cuando iniciaron. Por ejemplo, Microsoft tomó los recursos que obtuvo de su popular sistema MS-DOS y los utilizó para reclutar a más programadores, quienes desarrollaron nuevas aplicaciones de software para atraer recursos adicionales. De esta forma, Microsoft creció de fortaleza en fortaleza y se convirtió en una compañía de software que compite en prácticamente todos los segmentos del mercado. En 2011 enfrentando la fuerte competencia de Google y Apple, luchaba por convertirse en el protagonista dominante en dispositivos móviles y, por ello, adquirió Skype, el proveedor del servicio de comunicación en línea, por 8.5 mil millones de dólares y estableció una alianza con Nokia para que esta utilizara su plataforma Windows en sus futuros dispositivos móviles. Aun cuando el puro tamaño puede aumentar las oportunidades de estabilidad y supervivencia de una organización, Microsoft y otras compañías no deben buscar el crecimiento como un fin en sí mismo. El crecimiento debe ser consecuencia de la capacidad de una organización para desarrollar competencias clave, que satisfagan las necesidades de los inversionistas y así brindar acceso a recursos limitados.[23] La **teoría institucional** estudia cómo las organizaciones pueden aumentar su capacidad para crecer y sobrevivir en un ambiente competitivo convirtiéndose en *legítimas*, es decir, aceptadas, confiables y responsables ante los ojos de los inversionistas.

Teoría institucional
Teoría que estudia cómo las organizaciones pueden aumentar su capacidad para crecer y sobrevivir en un ambiente competitivo, satisfaciendo a sus inversionistas.

Las nuevas organizaciones sufren el inconveniente de la inexperiencia y muchas mueren si no pueden desarrollar las competencias necesarias para atraer clientes y obtener recursos limitados. Para incrementar las posibilidades de supervivencia durante el proceso de crecimiento, las organizaciones deben volverse aceptables y legítimas ante los ojos de sus inversionistas, lo cual logran mediante la satisfacción de las necesidades últimas. La teoría institucional afirma que es tan importante estudiar cómo las organizaciones desarrollan las habilidades que aumentan su legitimidad ante los inversionistas, como estudiar la manera en que desarrollan sus habilidades y competencias para aumentar su eficiencia operacional. La teoría institucional también sostiene que para incrementar su probabilidad de supervivencia, las nuevas organizaciones adoptan muchas de las reglas y los códigos de conducta que se encuentran en el ambiente institucional que les rodea.[24]

El **ambiente institucional** es el conjunto de valores y normas que rigen el comportamiento de una población de organizaciones. Por ejemplo, el ambiente institucional de la industria de seguros comprende procedimientos y reglas estrictos acerca de lo que las compañías de seguros pueden y no pueden hacer, así como las penalizaciones y acciones por tomarse en contra de aquellos que transgredan dichas reglas. Las compañías de seguros que siguen las reglas y los códigos de conducta legales se consideran dignas de confianza y, en consecuencia, legítimas por las partes interesadas, tales como clientes, trabajadores y cualquier grupo que controle el abastecimiento de los recursos limitados.[25] Como resultado, se consideran legítimas y capaces de atraer recursos y mejorar su probabilidad de supervivencia. Así, la mejor forma para que una nueva organización logre y fortalezca su legitimidad es imitando las metas, estructura y cultura de organizaciones exitosas de su población.[26]

Ambiente institucional
Conjunto de valores y normas del ambiente que rigen el comportamiento de una población de organizaciones.

Isomorfismo organizacional

En tanto las organizaciones crecen, pueden imitarse entre sí en cuanto a sus estrategias, estructuras y culturas e intentar adoptar ciertos comportamientos porque consideran que haciéndolo incrementarán sus posibilidades de supervivencia. Como resultado, aumenta el **isomorfismo organizacional**, es decir, el proceso mediante el cual las organizaciones de una población se vuelven más parecidas o similares. Se han identificado tres procesos que explican por qué las organizaciones se tornan más parecidas: isomorfismo coercitivo, mimético y normativo.[27]

Isomorfismo organizacional
Similitud entre organizaciones de una población.

ISOMORFISMO COERCITIVO Se dice que el isomorfismo es *coercitivo* cuando una organización adopta cierto tipo de valores y normas, debido a que ha sido presionada por otras organizaciones o por la sociedad en general. Por ejemplo, una organización que depende en gran medida de otras organizaciones tenderá a adoptar sus valores y normas, por lo que será cada vez mucho más similar a ellas. Por ejemplo, en el capítulo anterior se presentó cómo el público general ejerció presión sobre Nike, Walmart, Apple y otras organizaciones para boicotear los bienes elaborados por niños de países en desarrollo, y cómo estas compañías respondieron creando códigos uniformes de comportamiento del proveedor. El isomorfismo coercitivo resulta también cuando las organizaciones se ven forzadas a adoptar prácticas de contratación equitativas no discriminatorias porque están regidas por la ley.

ISOMORFISMO MIMÉTICO El isomorfismo *mimético* se da cuando las organizaciones, de forma intencional, se imitan y copian entre sí para aumentar su legitimidad. Es más probable que una organización nueva imite la estructura y los procesos de organizaciones exitosas cuando el ambiente es altamente incierto, ya que necesita buscar estructura, estrategia, cultura y tecnología que incrementen sus probabilidades de supervivencia.[28] Debido al isomorfismo mimético, una población de organizaciones similares, tales como los restaurantes de comida rápida, se parecerán cada vez más entre sí, como lo sugiere la curva en S de la figura 11.2.

McDonald's fue la primera organización que operó una cadena nacional de comida rápida. Ray Kroc, el emprendedor al que se debe su crecimiento, desarrolló reglas y procedimientos que fueron fáciles de replicar en cada restaurante McDonald's. La estandarización permitió que cada restaurante individual dentro de la organización McDonald's imitara a otro, de tal forma que cada uno alcanzara sus estándares de alta eficiencia. Los empresarios que entraron más tarde al ambiente de la comida rápida estudiaron por qué McDonald's era tan exitoso e imitaron las técnicas y los procedimientos que este había desarrollado. En consecuencia, los clientes de comida rápida esperaban determinados estándares de calidad, rapidez y limpieza y también esperaban limpiar sus propias mesas. Las tiendas departamentales también se imitaron en la planeación de sus códigos éticos de conducta, para que ningún minorista fuera acusado de apático.

Aun cuando imitar a las organizaciones más exitosas de una población incrementa las posibilidades de supervivencia y éxito, existe un límite sobre hasta qué punto una nueva organización debe buscar imitar a las ya existentes. La primera organización en una industria tiene la ventaja de ser iniciadora; si las que llegan más tarde se ajustan demasiado a ella, quizá no exista razón alguna para que los clientes quieran probarlas. Cada nueva organización debe desarrollar algunas competencias únicas que la diferencien, y definir el nicho donde tenga acceso a mayores recursos. La fama de Chipotle consiste en que puede brindar a los clientes un burrito orgánico y personalizado, a diferencia de Taco Bell, que ofrece un burrito muy estandarizado y aun cuando el burrito de Chipotle es más caro, la cadena ha crecido de manera explosiva durante lo que va del siglo XXI.

ISOMORFISMO NORMATIVO El isomorfismo es *normativo* cuando las organizaciones se vuelven parecidas a lo largo del tiempo porque han adoptado, indirectamente, las normas y los valores de otras organizaciones del ambiente. Las organizaciones pueden adquirir normas y valores de manera indirecta o hasta "viral" por varias razones. Los gerentes y trabajadores se mueven de manera frecuente de una organización a otra y se llevan con ellos las normas y los valores de sus empleadores anteriores. Por ejemplo, la mayoría de las compañías de una industria reclutan a sus gerentes de otras compañías de la misma industria. Así, AT&T recluta a sus gerentes de Verizon y T-Mobile; Dell lo realiza de compañías de computadoras y de alta tecnología que han venido experimentando tipos similares de problemas operativos. Las organizaciones también adquieren de manera indirecta conjuntos específicos de valores y normas a través de la membresía en asociaciones industriales, de comercio y profesionales. Mediante reuniones, contactos personales y publicaciones, tales asociaciones promueven ideas y normas específicas entre sus miembros. Debido a esta influencia indirecta, las organizaciones dentro de una industria tienden a desarrollar un punto de vista similar del mundo.

Desventajas del isomorfismo

Aun cuando el isomorfismo organizacional ayuda a las organizaciones nuevas y en crecimiento a desarrollar estabilidad y legitimidad, presenta algunas desventajas.[29] La forma en que las organizaciones han aprendido a operar puede resultar anticuada, pues la inercia se establece y el resultado es la baja eficacia. También la presión por imitar competidores y derrotarlos en su propio juego suele reducir el incentivo de experimentar, por lo que el nivel de innovación decae. Durante muchas décadas, por ejemplo, los Tres Grandes fabricantes de automóviles en Estados Unidos estaban satisfechos imitándose entre sí y compitiendo para desarrollar los mejores vehículos de gran tamaño, pero con consumo de combustible ineficiente. Las innovaciones para reducir los costos de fabricar un automóvil o para mejorar de manera significativa la eficiencia y la calidad eran pocas y lentas, debido a que ninguna compañía estadounidense veía la razón para tomar la delantera. Solo la entrada de los fabricantes globales de automóviles nuevos, de alta calidad y bajo costo, al mercado de Estados Unidos demostró a los fabricantes de este país lo poco competitivos que se habían vuelto y que debían desarrollar, tan rápido como fuera posible, nuevos tipos de vehículos y una mejor manera de fabricarlos.

Modelo de crecimiento organizacional de Greiner

La teoría institucional es una manera de ver cómo la necesidad de lograr legitimidad lleva a una organización en crecimiento a cambiar su estructura, estrategia y cultura, así como a imitar a aquellas organizaciones exitosas. Si las organizaciones se moldean entre sí de esta manera, las dos, imitadoras e imitadas, encuentran tipos similares de problemas estratégicos y estructurales durante el crecimiento en el ciclo de vida.

Uno de los modelos del ciclo de vida más reconocidos sobre crecimiento organizacional es el de Greiner (véase la figura 11.4), quien propone que una organización pasa por cinco fases secuenciales de crecimiento durante el curso de su evolución y que en cada fase un problema específico de diseño organizacional causa una crisis que debe resolverse si la compañía no quiere caer en un abismo y ser incapaz de avanzar a la siguiente fase.[30] Las compañías que caen en tal abismo

Figura 11.4 Modelo de crecimiento organizacional de Greiner

Cada etapa identificada por Greiner termina con una crisis que debe resolverse antes de que la organización logre avanzar a la siguiente etapa.

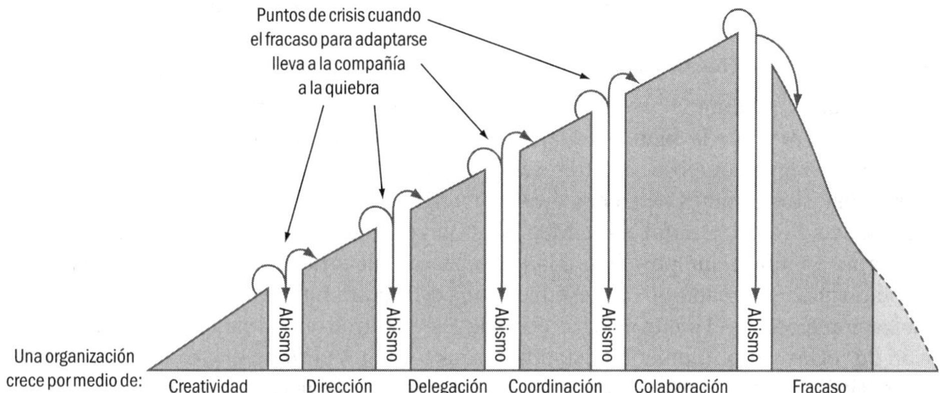

fracasan y mueren; las que poseen las habilidades para el diseño organizacional las utilizan para sortear el abismo y, luego, proceder a la siguiente fase de crecimiento organizacional.

Etapa 1: Crecimiento mediante la creatividad

A la primera etapa del ciclo de vida Greiner la llama etapa de crecimiento mediante la creatividad. En esta fase (la cual incluye el nacimiento de una organización), los emprendedores desarrollan habilidades y capacidades para crear e introducir nuevos productos para nuevos nichos de mercado. Conforme los empresarios crean procedimientos totalmente nuevos y aprenden a mejorarlos, ocurre un gran aprendizaje organizacional. Por ejemplo, aprenden a saber qué productos y procedimientos funcionan mejor y cómo mejorarlos continuamente, de tal manera que puedan seguir creciendo y obtener más recursos. En esta etapa, la innovación y la iniciativa van mano a mano, ya que los fundadores de una organización trabajan largas horas para crear y vender sus nuevos productos con la esperanza de ser recompensados con ganancias futuras. Como ya se mencionó, eBay fue fundada por Pierre Omidyar, un antiguo ingeniero de software de Microsoft, quien diseñó una nueva plataforma de subasta en línea y, luego, obtuvo el financiamiento necesario para ponerla en línea con un presupuesto reducido. En la etapa de creatividad, las normas y los valores de la cultura organizacional, más allá de la jerarquía y estructura organizacionales, controlan el comportamiento de la gente.

Una vez que una nueva organización está en marcha, una serie de fuerzas internas comienzan a cambiar el proceso empresarial. Mientras la organización crece, los empresarios fundadores se enfrentan a la tarea de que es necesario administrar la organización y descubren que la administración es un proceso muy diferente al de la iniciativa empresarial. La administración involucra utilizar recursos organizacionales para lograr de manera efectiva las metas organizacionales. Así, por ejemplo, en sus operaciones de fabricación, la administración se enfrenta con el problema de lograr que el proceso de producción sea más eficiente. Sin embargo, en la vida temprana de una nueva compañía, es probable que la administración no ponga mucha atención a las metas de eficiencia. Los empresarios están tan involucrados en levantar a la organización que olvidan la necesidad de administrar los recursos organizacionales de manera eficiente. De igual manera, están tan involucrados en proporcionar productos de alta calidad a los clientes, que ignoran los costos implicados. Así, después de asegurar un nicho, los emprendedores fundadores se enfrentan con la tarea de desarrollar las competencias funcionales necesarias que permitan un crecimiento eficaz de su organización, tarea para la cual normalmente no están preparados y para la que no cuentan con las habilidades necesarias.

CRISIS DE LIDERAZGO De manera frecuente, cuando un empresario toma el control de la administración de la organización, surgen problemas importantes que finalmente pueden llevar a una *crisis de liderazgo*. El fundador de eBay, Pierre Omidyar, por ejemplo, creó la plataforma de software que lo convirtió en el actor predominante en el mercado de subastas en línea. Pero para atraer fondos externos, los inversionistas solicitaron que eBay fuera administrada por un director general experimentado que contara con habilidades comprobadas para guiar a una compañía en crecimiento.

Contrataron a Meg Whitman, quien contaba con experiencia en el arranque de compañías de alta tecnología y ella instrumentó su crecimiento para convertiste en el fenómeno que es actualmente. Con mucha frecuencia, los inversionistas se dan cuenta de que el empresario fundador no es la mejor persona para administrar una compañía en crecimiento, debido a que carece de las habilidades organizacionales necesarias para desarrollar la estrategia y la estructura correctas para sobrepasar el caos.

Etapa 2: Crecimiento mediante la dirección

La crisis del liderazgo termina con el reclutamiento de un equipo fuerte de alta dirección que conduzca a la organización a la siguiente etapa de crecimiento organizacional: *crecimiento mediante la dirección*. El nuevo equipo de alta dirección toma la responsabilidad para dirigir la estrategia de la compañía y los gerentes de menor nivel asumen responsabilidades funcionales clave. En esta etapa, un nuevo director general como Meg Whitman elige una estrategia organizacional y diseña una estructura y cultura que permitan a la organización alcanzar sus metas de eficacia conforme crece. Como vimos en el capítulo 6, se establece una estructura funcional o divisional para ayudar a la organización recobrar el control de sus actividades y centralizar la toma de decisiones. Luego, la adopción de reglas y procedimientos estandarizados formales permite que cada función organizacional supervise y controle sus actividades de mejor manera. Los gerentes de producción, por ejemplo, desarrollan procedimientos para rastrear información sobre costo y calidad; por su parte, la función de administración de materiales desarrolla sistemas de compras y de control de inventarios.

Con frecuencia, el crecimiento mediante la dirección da un giro al capital de una organización y la impulsa en la curva de crecimiento hacia nuevos niveles de eficacia, como sucedió en eBay en la década de 1990. Sin embargo, mientras una organización continua creciendo de manera rápida, el movimiento hacia centralizar la autoridad y formalizar la toma de decisiones conduce a una nueva crisis.

CRISIS DE AUTONOMÍA Con gerentes profesionales llevando la batuta, muchas organizaciones experimentan una *crisis de autonomía,* la cual surge debido a que las personas creativas de la organización en áreas como investigación y desarrollo, ingeniería de producto y marketing se frustran por la falta de control sobre el desarrollo y la innovación de nuevos productos. La estructura diseñada por los altos ejecutivos, e impuesta en la organización, centraliza la toma de decisiones y limita la libertad de experimentar, tomar riesgos y ser emprendedores internos. Así, el cada vez mayor nivel de burocracia que existe en la etapa de crecimiento mediante la dirección, provoca que decaiga la motivación empresarial. Por ejemplo, quizá sea necesaria la aprobación de la alta dirección para iniciar nuevos proyectos y el desempeño exitoso en niveles bajos de la jerarquía podría pasar inadvertido o no ser recompensado, mientras que la organización busca formas para reducir costos. Los empresarios y directores de áreas funcionales, como la de investigación y desarrollo, empiezan a sentir frustración cuando su desempeño no se reconoce y cuando los altos directivos no toman en cuenta sus recomendaciones para innovar. Los trabajadores y gerentes se sienten perdidos en la creciente burocracia organizacional y se frustran por su falta de autonomía.

Esta situación se presentó en eBay durante mediados de la década de 2000, cuando su rápido crecimiento pero deteriorado desempeño condujeron a los directivos a elegir nuevas formas para elevar las ganancias que incrementarían al mismo tiempo sus beneficios, llevó a una revuelta entre los vendedores de eBay quienes veían que cada vez más de sus ganancias iban para eBay. El nivel de innovación en eBay decayó y Meg Whitman renunció en 2008. Fue remplazada por un nuevo director general, John Donahoe, quien ha trabajado mucho para lograr un nuevo crecimiento buscando nuevas formas para atraer compradores y vendedores, así como para disminuir los costos de venta. Una vez más, la plataforma en línea de Amazon.com se ha convertido en el mayor competidor para las plataformas de subasta de eBay alterando así su desempeño.

¿Qué sucede si la crisis de autonomía no se resuelve? Los emprendedores internos buscan abandonar la organización y la compañía cae en el abismo. En la industria de alta tecnología, los emprendedores mencionan la frustración debida a la burocracia, como una de las razones principales por las que deciden abandonar una compañía e iniciar la propia.[31] En la década de 2000, por ejemplo, muchos de los ingenieros de software de alto rango de Microsoft dejaron la compañía por Google, pues sentían que sus esfuerzos no eran recompensados; ahora, en la década de 2010, Google está experimentando el mismo problema. La salida de los emprendedores de una organización no solo reduce su capacidad para innovar, sino que también crea nuevos competidores en la industria. Si la crisis de autonomía no se resuelve, una organización crea un problema mayor para ella misma y limita su capacidad para crecer y prosperar.[32]

Etapa 3: Crecimiento mediante la delegación

Para resolver la crisis de autonomía, las organizaciones deben delegar autoridad a los gerentes de más bajo nivel de todas las funciones y divisiones y vincular su mayor control sobre las actividades organizacionales con una estructura de recompensas que reconozca sus contribuciones. Así, por ejemplo, los gerentes y trabajadores pueden recibir bonos y acciones vinculados directamente con su desempeño. En esencia, el *crecimiento mediante la delegación* permite a la organización establecer un balance entre el reclutamiento de gerentes experimentados para mejorar el desempeño y la necesidad de brindar espacio a la iniciativa empresarial, de tal manera que la organización logre innovar y encontrar nuevas formas para reducir costos o mejorar su productos. Jen-Hsun Huang, el director general de Nvidia, la compañía líder en chips gráficos, delega autoridad a pequeños equipos y crea un escenario donde los miembros pueden actuar con iniciativa emprendedora y controlar sus propias actividades de desarrollo. Huang también recompensa a los miembros de estos equipos con acciones y convierte a los miembros más exitosos en las estrellas de la organización. Sin embargo, al mismo tiempo, Huang y su equipo de alta dirección controlan el engranaje de las actividades de los diferentes equipos para cumplir con la estrategia a largo plazo de la compañía. De hecho, Huang diseñó la estructura de Nvidia para evitar la crisis de autonomía y la organización se ha beneficiado gracias a su previsión.

Así, en la etapa de crecimiento, mediante la delegación, se otorga mayor autonomía y responsabilidad a los gerentes de todos los niveles y funciones. El moverse a una estructura de equipo de producto o a una estructura de divisiones múltiples, por ejemplo, es una forma en la cual una organización responde a la necesidad de delegar autoridad. Estas estructuras pueden reducir el tiempo requerido para lanzar al mercado nuevos productos, mejorar la toma estratégica de decisiones y motivar a los gerentes de producto o divisionales, para ingresar en los mercados y responder de manera más rápida a las necesidades del cliente. En esta etapa del crecimiento organizacional, los gerentes de alto nivel intervienen en la toma de decisiones solo cuando es necesario. El crecimiento mediante la delegación permite a cada departamento o división expandirse para satisfacer sus propias necesidades y metas, lo cual da lugar a un crecimiento organizacional a un ritmo acelerado. Una vez más, sin embargo, el éxito de la organización trae consigo otra crisis: el crecimiento explosivo podría causar que la alta gerencia sienta que han perdido control de la compañía en su conjunto.

CRISIS DE CONTROL Cuando los altos directivos compiten con los gerentes funcionales, o los gerentes de nivel corporativo compiten con los gerentes divisionales, por el control de los recursos organizacionales, el resultado es una *crisis de control.* La necesidad de resolver la crisis de autonomía mediante la delegación de autoridad a gerentes de más bajo nivel aumenta su poder y control sobre los recursos organizacionales. Los gerentes de menor nivel disfrutan de este poder adicional, pues está asociado con prestigio y acceso a recompensas valiosas. Si los gerentes utilizan este poder sobre los recursos para buscar sus propias metas a expensas de las metas de la organización, esta se vuelve menos eficaz. Así, suelen generarse luchas de poder sobre los recursos entre la alta gerencia y los gerentes de menor nivel. En ocasiones, durante esta lucha, el ejecutivo de alto nivel trata de centralizar de nuevo la toma de decisiones y retomar el control sobre las actividades organizacionales. Sin embargo, dicha acción está condenada al fracaso porque retorna a la crisis de autonomía y, con ello, la organización cae en el abismo. ¿Cómo puede una organización resolver la crisis de control, de tal forma que prevenga esto y continúe creciendo?

Etapa 4: Crecimiento mediante la coordinación

Para resolver la crisis de control, como lo vimos en el capítulo 4, una organización debe encontrar el equilibrio correcto entre el control centralizado de los niveles altos de la organización y el control descentralizado en los niveles funcionales o divisionales. La alta dirección toma el rol de coordinar las diferentes divisiones y motivar a los gerentes de división a tomar una perspectiva amplia de la organización. En muchas organizaciones, por ejemplo, las divisiones pueden cooperar y compartir recursos con el objetivo de crear nuevos productos y procesos que beneficien a la organización completa. En el capítulo 8 vimos lo importante que es este tipo de coordinación para las compañías que buscan una estrategia de diversificación. Si las compañías están creciendo a nivel internacional, la coordinación es aún más importante. Los altos directivos funcionales y el personal corporativo de la oficina central deben crear la "matriz en la mente", que facilite la cooperación internacional entre las divisiones y los países.

Al mismo tiempo, la gerencia corporativa tiene que utilizar su experiencia para monitorear y supervisar las actividades divisionales para asegurarse de que las divisiones utilizan los recursos de manera eficiente y debe iniciar programas en toda la empresa para evaluar el desempeño de las diferentes divisiones. Con el propósito de motivar a sus ejecutivos y alinear sus metas con las de la compañía, las organizaciones a menudo crean un mercado laboral interno, donde se recompensa a los mejores gerentes de división con una promoción a rangos altos de la organización, mientras que los gerentes de nivel funcional más exitosos logran el control sobre las divisiones. Si no se maneja de manera acertada, toda esta coordinación y las estructuras complejas para soportarla, se puede crear otra crisis.

CRISIS DE CINTA ROJA Lograr el crecimiento mediante la coordinación resulta un proceso complicado que debe manejarse de manera continua si las organizaciones quieren ser exitosas. Cuando las organizaciones fracasan al manejar este proceso, se ven inmersas en una *crisis de cinta roja*. El número de reglas y procedimientos se incrementa. Esta burocracia creciente hace poco para aumentar la eficacia de la organización y puede incluso disminuirla, sofocando la iniciativa empresarial y otras actividades productivas. La organización se torna demasiado burocrática y se basa demasiado en la organización formal y no en la organización informal para coordinar sus actividades. ¿Cómo puede una organización separarse del confinamiento de la cinta roja, de tal forma que pueda funcionar de nuevo de manera eficaz, evitar el fracaso y caer en el caos?

Etapa 5: Crecimiento mediante la colaboración

En el modelo de Greiner, el *crecimiento mediante la colaboración* se convierte en el medio para resolver la crisis de la cinta roja e impulsar a la organización hacia arriba en la curva de crecimiento. El crecimiento mediante la colaboración enfatiza "mayor espontaneidad en la acción administrativa por medio de equipos y la confrontación hábil de las diferencias interpersonales. El control social y la autodisciplina se apoderan del control formal".[33] Para organizaciones en esta etapa del ciclo de crecimiento, Greiner recomienda el uso de estructuras de equipo de producto y matriciales, las cuales, como analizamos en el capítulo 6, utilizan muchas compañías grandes para mejorar su capacidad para responder a las necesidades del cliente e introducir con rapidez nuevos productos. El desarrollo de vínculos interpersonales que subyacen a la "matriz mental" para manejar vínculos globales es también una parte de la estrategia de colaboración. La colaboración logra que una organización sea más orgánica, debido a que se utiliza más el ajuste mutuo y menos la estandarización.

Cambiar de una estructura mecanicista a una orgánica mientras una organización crece es una tarea difícil y problemática; por consiguiente, muchas compañías caen en el abismo. Aun cuando Xerox y Chrysler cambiaron a una estructura de equipo de producto para agilizar la toma de decisiones, tal cambio no se realizó sino hasta *después* de que ambas compañías habían experimentado grandes problemas con sus estructuras, problemas que incrementaron los costos, redujeron la calidad del producto y disminuyeron severamente su eficacia. De hecho, ambas compañías estuvieron a punto de caer en bancarrota.

Implicaciones administrativas

Nacimiento y crecimiento organizacionales

1. Analice los recursos disponibles en un ambiente para determinar si existe un nicho por explotarse.
2. Si se descubre un nicho, analice cómo la población de organizaciones existentes en el ambiente competirán contra usted por los recursos en el nicho.
3. Desarrolle las competencias necesarias para seguir una estrategia especializada, con la finalidad de atraer recursos en el nicho.
4. Revise de manera cuidadosa el ambiente institucional para aprender los valores y las normas que rigen el comportamiento de las organizaciones en el ambiente. Imite las cualidades y acciones de organizaciones exitosas, pero sea cuidadoso en diferenciar su producto del de ellas para incrementar las ganancias de su estrategia especializada.
5. Si su organización sobrevive la etapa de nacimiento, reconozca que va a encontrar una serie de problemas mientras crece y se diferencia.
6. Advierta la importancia de crear un equipo de alta dirección eficaz y de delegar autoridad a ejecutivos profesionales, con la finalidad de construir una plataforma estable para el crecimiento futuro.
7. Después, siguiendo los principios destacados en capítulos anteriores, administre el proceso de diseño organizacional para ir sorteando cada crisis de crecimiento a medida que esta surja. Establezca un equilibrio adecuado entre la autoridad centralizada y la descentralizada, por ejemplo, entre la estandarización y el ajuste mutuo.

Deterioro y muerte organizacionales

El modelo de crecimiento de Greiner muestra que las organizaciones pueden continuar creciendo mediante la colaboración, hasta que encuentran alguna nueva crisis desconocida. Pero, para muchas organizaciones, la siguiente etapa del ciclo de vida no es el crecimiento continuo sino el deterioro organizacional, tal como se muestra en el trayecto de la línea punteada de la figura 11.4. De hecho, el modelo de Greiner sugiere que si una organización no puede solventar la crisis particular asociada con la etapa de crecimiento, cambiando su estrategia o estructura, el resultado será un deterioro organizacional.

El **deterioro organizacional** es la etapa del ciclo de vida donde una organización entra cuando fracasa en "anticipar, reconocer, evadir, neutralizar o adaptarse a presiones externas o internas que amenacen [su] supervivencia a largo plazo".[34] La desventaja de ser nueva, por ejemplo, amenaza a las organizaciones jóvenes; además, la incapacidad de desarrollar una estructura estable puede causar la decadencia temprana y el fracaso. De igual forma, en el modelo de Greiner, la incapacidad para adaptar la estrategia y la estructura para que coincidan con un ambiente cambiante puede resultar en crisis y fracaso. Sin importar si la decadencia se establece en la etapa de nacimiento o de crecimiento, el resultado es un decremento en la capacidad de la organización para obtener recursos de sus inversionistas.[35] Una compañía en decadencia quizá sea incapaz de atraer recursos financieros, clientes o recursos humanos, porque los mejores gerentes o trabajadores prefieren estar con las organizaciones más exitosas.

Deterioro organizacional
Etapa del ciclo de vida en la cual entra la organización cuando falla en anticipar, reconocer, evitar, neutralizar o adaptarse a presiones internas y externas que amenazan la supervivencia a largo plazo.

En ocasiones, el deterioro se presenta porque las organizaciones crecen demasiado rápido o mucho.[36] La experiencia de IBM, GM y Sony sugiere que las organizaciones tienden a crecer más allá del punto que maximiza su eficacia. La figura 11.5 ilustra la relación entre el tamaño organizacional y la eficacia organizacional. La figura muestra que esta última es más alta en el punto A, donde la eficacia E_1 está asociada con el tamaño organizacional S_1. Si una organización crece más allá de este punto; por ejemplo, al punto S_2, la eficacia cae a E_2 y la organización termina en el punto B.

Eficacia y rentabilidad

Un método importante que los inversionistas, tales como gerentes y accionistas, utilizan para alcanzar la eficacia organizacional consiste en comparar qué tan bien se desarrolla una compañía en una industria respecto a otras, midiendo su rentabilidad en relación con las otras. Al evaluar la eficacia organizacional, es crucial entender la diferencia entre que la compañía *obtenga una ganancia* y que *sea rentable*, esto es, la *rentabilidad* de la compañía.

La ganancia es simplemente la diferencia monetaria total o absoluta entre los ingresos por ventas y los costos operativos; si sus ventas son de 10 millones de dólares y los costos son de 8 millones de dólares, ha logrado una ganancia de 2 millones de dólares. La **rentabilidad** mide qué

Rentabilidad
Medida de qué tan bien una compañía usa los recursos en relación con sus competidores.

Figura 11.5 Relación entre tamaño organizacional y eficacia organizacional

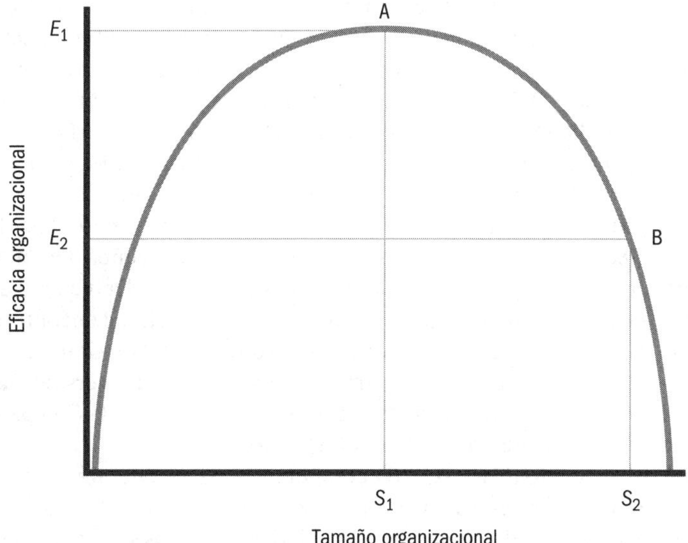

tan bien una compañía está usando sus recursos invirtiéndolos de forma que se creen bienes y servicios que pueda vender a precios que le generen mayor utilidad.

La diferencia importante entre ellos es que el tamaño de la ganancia que una compañía obtiene en un año dice poco sobre cómo sus ejecutivos usan los recursos y de su capacidad para generar ganancias futuras. En la industria automotriz, por ejemplo, en buenos tiempos económicos, las compañías como Ford, GM y Toyota pueden generar miles de millones de dólares anuales en utilidades, pero esto nos indica poco acerca de su rentabilidad relativa: cuál compañía es más eficaz actualmente y lo será en el futuro. En contraste, la rentabilidad da a los gerentes e inversionistas mucho más información para evaluar qué tan bien se desempeña una compañía en comparación con las otras de la misma industria. Para saber por qué sucede así, considere el siguiente ejemplo.

Imagine que existen tres grandes compañías en una industria y que cada una persigue un modelo de negocio diferente. La Compañía A decide elaborar y vender productos de bajo costo sin adornos; la Compañía B ofrece a los clientes un producto de vanguardia de alto precio; la Compañía C decide proporcionar un producto de mediano precio dirigido al cliente promedio. La compañía que haya invertido su capital de tal manera que **1.** use de manera más productiva sus recursos (lo que conlleva a costos de operación bajos) *y* **2.** haya creado un producto que los clientes demanden comprar aun a un precio elevado (lo que conlleva a ganancias altas en ventas) presentará la rentabilidad más alta.

Suponga, por ejemplo, que la Compañía A obtiene una ganancia de 50 millones de dólares, la B de 25 millones y la Compañía C de 10 millones. ¿Significa esto que la Compañía A se ha desempeñado mejor que las otras compañías y está generando más ganancias para sus inversionistas? Para responder esa pregunta, necesitamos calcular su rentabilidad relativa. Para determinar la rentabilidad es necesario un proceso de dos pasos: primero es necesario calcular la ganancia de una compañía, lo cual es la diferencia entre los ingresos por ventas y los costos de operación; segundo, se requiere dividir esa ganancia entre el total de la suma del capital invertido en recursos productivos: propiedad, planta, equipo, inventarios y otros activos para elaborar y vender el producto. Ahora sabemos cuánto capital ha invertido cada compañía para generar esa ganancia.

Supongamos que encontramos que la Compañía A ha generado 50 millones de dólares de ganancia sobre 500 millones de capital invertido, la Compañía B ha generado 25 millones sobre 100 millones de dólares de capital invertido y la Compañía C ha logrado 10 millones de dólares sobre 300 millones invertidos. La rentabilidad de la Compañía A es de 10%, la de la Compañía B es de 25% y la de la Compañía C es de 3%. *La Compañía B generó ganancias de dos veces y media la tasa de A, mientras que la C es solo marginalmente rentable.* La Compañía B ha hecho lo mejor para crear valor para sus inversionistas porque su alto nivel de rentabilidad incrementará la demanda y el precio de sus acciones. La importancia de considerar la rentabilidad relativa de las compañías, en lugar de las diferencias en sus ganancias totales, está clara.

Como se indicó antes, la rentabilidad de una compañía normalmente se considera en el transcurso del tiempo, porque se aprecia como un indicador de la capacidad de esta para generar ganancias y capital a futuro. La figura 11.6 representa cómo ha ido cambiando con el tiempo la rentabilidad de esas tres compañías. La rentabilidad de la Compañía B se ha ido incrementando de manera rápida a través del tiempo, la de la Compañía A ha ido a un ritmo mucho menor y la de la Compañía C prácticamente no se ha incrementado. Como inversionista, ¿las acciones de qué compañía compraría usted? Debido a que las acciones de una compañía normalmente crecen conforme crece su rentabilidad, y viceversa, por mucho, la Compañía B sería la más rentable en la cual invertir. La Compañía A también está logrando ganancias respetables para sus inversionistas: es rentable y se mantiene dentro de la industria. Sin embargo, necesita reorganizarse y encontrar nuevas formas para competir con la Compañía B, quizá copiando o imitándola. La Compañía C está obteniendo ganancias pero solo es ligeramente rentable. Sus dueños deben decidir si los beneficios por mantenerse en el negocio compensan los costos, el valor decreciente de sus acciones y las posibles pérdidas futuras. Con tan baja rentabilidad, sería muy difícil encontrar nuevas formas de usar de la mejor manera sus recursos e incrementar su rentabilidad. Con una desventaja competitiva tan grande, sin embargo, puede ser claro para los gerentes e inversionistas que el capital de la Compañía C estaría mejor utilizado en otro negocio. Los gerentes de la Compañía C pueden decidir vender los activos de su compañía y salir del negocio.

En una industria, las compañías están en competencia para **1.** desarrollar nuevos y mejores productos para atraer a los clientes y **2.** encontrar la manera de usar en forma más productiva sus recursos para reducir sus costos de operación. En la industria de los supermercados, por ejemplo,

Figura 11.6 Diferencias en rentabilidad

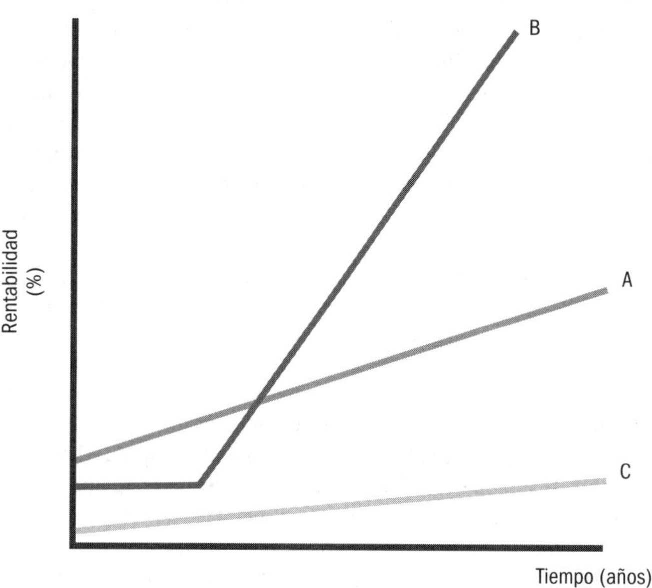

la competencia de Walmart forzó a Kroger y Albertson's a encontrar mejores formas para utilizar sus recursos, y mantener e incrementar su rentabilidad. Kroger, por ejemplo, invirtió su capital en la construcción de nuevas tiendas atractivas e instaló nuevos tipos de tecnología de la información que le permitieran bajar sus costos de operación. Sus ganancias y los precios de las acciones alcanzaron un nivel récord en 2008. A Albertson's no le fue bien. Continuó su decadencia y fue comprada por inversionistas privados que estuvieron ocupados vendiendo miles de sus tiendas en diferentes regiones, por lo que parece que la compañía desaparecerá y morirá pronto.

El modelo de Greiner asume que los gerentes tienen la capacidad para identificar y resolver las crisis organizacionales y restaurar la rentabilidad de la compañía, si su rendimiento empieza a caer. En el ambiente global y competitivo actual, existen muchas fuerzas externas e internas fuera del control de los gerentes que impiden un cambio y, en consecuencia, la rentabilidad continúa en descenso. Dos factores que normalmente llevan a la decadencia continua y a la pérdida de eficacia son la inercia organizacional y los cambios ambientales.

Inercia organizacional

Una organización puede encontrar dificultades para adaptarse a los cambios que ocurren en el ambiente debido a la **inercia organizacional**: las fuerzas dentro de una organización que la hacen resistente al cambio. Aun cuando Greiner y otros teóricos de la adaptación consideran que las organizaciones tienen la capacidad para cambiar y adaptarse a nuevas condiciones en sus ambientes, los teóricos de la ecología de población son más pesimistas. Ellos creen que las organizaciones están sujetas a una inercia considerable y que no poseen la capacidad para cambiar de forma rápida o fácil su estrategia o estructura y así evitar la decadencia. Algunos factores que causan la inercia fueron analizados en el capítulo anterior. Tres adicionales son los siguientes: la aversión al riesgo, el deseo de maximizar ganancias y una cultura altamente burocrática. Cuando estos factores operan de manera conjunta, los problemas que enfrentan los gerentes se agravan mucho.

Inercia organizacional Fuerzas internas a la organización que la hacen resistente al cambio.

AVERSIÓN AL RIESGO Conforme las organizaciones crecen, los gerentes muestran mayor aversión al riesgo; esto es, son renuentes a lidiar con la incertidumbre asociada con las actividades empresariales.[37] Prefieren proteger el *statu quo* y mantener las cosas como están, de tal manera que al pasar el tiempo se va dificultando el cambio en la compañía. La aversión al riesgo puede darse por varias razones. La mayor preocupación de los ejecutivos puede ser proteger su poder y estatus, por lo que siguen cursos de acción seguros y eligen proyectos baratos. Así, si los proyectos fallan, no se provoca un daño considerable. A menudo, los directivos tratan de maximizar sus posibilidades de éxito mediante el establecimiento de nuevos proyectos similares a aquellos que han generado éxito a la organización.

EL DESEO DE MAXIMIZAR RECOMPENSAS Los estudios sugieren que el deseo de los gerentes por conseguir prestigio, seguridad laboral, poder y fuertes derechos de propiedad que traen consigo grandes recompensas, los llevan a menudo a enfocarse en estrategias que aumentan el tamaño organizacional, aun cuando esto reduzca la rentabilidad futura y la eficacia de la organización.[38] Los equipos ejecutivos de muchas compañías grandes, tales como Goodyear, Kodak y Anheuser-Busch, han sido acusados de perseguir sus propias metas a expensas de las de sus inversionistas y clientes. Esos equipos carecieron de incentivos para mejorar la eficacia organizacional, porque no obtendrían ninguna ganancia personal en hacerlo y solo los inversionistas poderosos o la amenaza de ser absorbidos puede disciplinarlos y forzarlos a hacer más eficientes sus operaciones. Los cambios logrados tanto por IBM como por Xerox, por ejemplo, solo se dieron cuando tomaron el control nuevos equipos de alta dirección. Claro está que en compañías tales como Tyco, Enron y Arthur Andersen la búsqueda de intereses personales condujo a actos no éticos e ilegales que resultaron en la ruina de esas compañías.

CULTURA BUROCRÁTICA EXCESIVA Como se revisó en el capítulo 7, en las grandes compañías, los derechos de propiedad (como salarios y opciones de acciones) pueden ser tan fuertes que los gerentes invierten todo su tiempo en proteger sus derechos de propiedad específicos, en vez de trabajar para lograr los intereses de la organización. Los altos directivos, por ejemplo, se oponen a los intentos de los gerentes subalternos de tomar la iniciativa y actuar de manera empresarial, porque los subalternos que demuestran habilidades y capacidades superiores amenazaría la posición de sus gerentes y, con ello, sus derechos de propiedad.[39] Otro problema relacionado con la burocracia es que, tal y como lo resaltó C. Northcote Parkinson, en una burocracia, los ejecutivos buscan multiplicar subalternos, no rivales. Así, para proteger sus posiciones, los ejecutivos limitan la autonomía de sus subalternos. Una manera de limitar la autonomía es mediante el establecimiento de una jerarquía vertical, de tal manera que los subalternos tengan menos autoridad y su comportamiento pueda ser estrechamente supervisado. Otra forma consiste en desarrollar una cultura burocrática que enfatice mantener el *statu quo* y la necesidad de mantener la conformidad con los procedimientos organizacionales. Dicha cultura podría ser deseable en las fuerzas armadas pero no es la adecuada para una compañía grande que lucha por sobrevivir en un ambiente incierto.

Aun cuando el comportamiento de los gerentes es en ocasiones una causa importante de la inercia y el deterioro organizacional, es importante resaltar que quizá no trate de dañar a la organización deliberadamente. La burocratización y la aversión al riesgo pueden fluir en una organización de forma inesperada.

Cambios en el ambiente

Los cambios ambientales que afectan la capacidad de una organización para obtener recursos pueden llevar al deterioro organizacional. Las principales fuentes de incertidumbre en el ambiente son las siguientes: la complejidad o el número de fuerzas diferentes que la organización debe manejar; el dinamismo, que es el grado en que cambia el ambiente; y la riqueza o cantidad de recursos disponibles en el ambiente (véase la figura 3.2). Cuanto más incierto sea el ambiente, más probable será que algunas organizaciones en una población, especialmente las afectadas por la inercia, caigan en deterioro.

En algunas ocasiones, el nicho que una organización ocupa se deteriora y los gerentes ya no cuentan con el incentivo o la capacidad de cambiar la estrategia para mejorar el acceso a los recursos. Esto es lo que sucedió a AOL y Yahoo! cuando la demanda de nuevos tipos de aplicaciones en línea, tal como las redes sociales, aumentó tanto que los usuarios emigraron a Facebook. A veces el ambiente se empobrece y la competencia por los recursos amenaza a las organizaciones existentes que no han manejado su crecimiento de manera eficaz. Por ejemplo, el alza en los precios de la gasolina ha dañado a fabricantes de automóviles a nivel global que no pueden ofrecer a los clientes una variedad de automóviles híbridos o eléctricos de bajo consumo de combustible. De hecho, el incremento en los precios del combustible es un ejemplo de una "sacudida ambiental", un cambio importante en el ambiente que precipita una crisis inmediata.[40] Así como los fabricantes de automóviles a nivel global fueron sacudidos por el alza en los precios del combustible en 2010, también dichos precios causaron problemas que amenazaron la vida de aerolíneas grandes de Estados Unidos, como Delta y United Continental. Las aerolíneas respondieron con una reducción de personal que involucró el despido de miles de trabajadores y la reducción en el número de vuelos conforme se disminuyó su estructura de rutas.

Evidentemente, la combinación de un ambiente incierto y cambiante con la inercia organizacional dificulta a los gerentes anticiparse a la necesidad del cambio. También obstaculiza y limita su capacidad para adoptar nuevas estrategias y estructuras que permitirán a la organización adaptarse al ambiente cambiante. En el capítulo 12 examinaremos cómo las organizaciones favorecen el aprendizaje organizacional, un proceso que facilita el cambio y supera la inercia. Aquí analizamos un modelo que esboza las etapas principales del proceso de deterioro, como el modelo de Greiner donde se exponen las etapas principales del proceso de crecimiento.

Modelo del deterioro organizacional de Weitzel y Jonsson

El deterioro organizacional ocurre gradualmente. Weitzel y Jonsson han identificado cinco etapas de deterioro.[41] En cada etapa, con excepción de la etapa de disolución, si los gerentes toman acciones inmediatas podría revertir el declive.

ETAPA 1: CEGUERA En la etapa de ceguera, la primera fase de deterioro identificada por Weitzel y Jonsson, las organizaciones son incapaces de reconocer las fuerzas internas o externas y los problemas que amenazan su supervivencia a largo plazo. La razón más común de esta ceguera consiste en que las organizaciones no cuentan con el monitoreo ni los sistemas de información necesarios para medir la eficacia organizacional e identificar las fuentes de la inercia organizacional. Las señales internas que indican problemas en potencia son un número excesivo de personal, una desaceleración en la toma de decisiones, un incremento en el conflicto entre las funciones o las divisiones y la caída en las utilidades.

En esta etapa, la acción remedial consiste en tener acceso a información adecuada y a altos directivos eficaces, capaces de actuar de manera rápida y establecer las estrategias y estructuras correctas que logren detener el deterioro y poner a la organización de nueva cuenta en el camino del crecimiento. En consecuencia, para evitar el deterioro en primer lugar, los gerentes deben ser capaces de monitorear de manera continua los factores internos y externos, de tal forma que obtengan la información para tomar las acciones correctivas a tiempo.

ETAPA 2: INACTIVIDAD Si una organización no se da cuenta de que está en problemas en la etapa de ceguera, su deterioro avanza hacia la etapa de inactividad. En esta fase, aun con las señales claras del desempeño deteriorado, tal como caída en ventas o ganancias, los altos directivos hacen poco para corregir los problemas. La falla para actuar podría deberse a que los directivos malinterpretan la información disponible; o bien, podrían decidir que sus problemas se deben a un cambio ambiental de corto plazo que la organización puede resistir, mientras que en la realidad se ha generado una sacudida ambiental, por ejemplo, un cambio en la demanda del consumidor de pickups y camionetas a pequeños automóviles con bajo consumo de combustible. La inactividad también puede ocurrir debido a que los directivos están enfocados en alcanzar las metas que los beneficien en el corto plazo, aun cuando a largo plazo esto dañará a otros inversionistas. La inercia organizacional también desacelerará la respuesta de los directivos a la situación. La gerencia puede seguir enfoques probados para resolver los problemas de la organización, enfoques que quizá resulten inadecuados debido al cambio en el ambiente.[42]

Mientras la etapa de inactividad progresa, la brecha entre el desempeño aceptable y el real se incrementa. Ahora, la amplia gama de acciones que realicen los gerentes es vital para revertir el deterioro. Los gerentes tienen que aplicar acciones importantes para detener el deterioro, tal como la reducción y el despido de personal, o la disminución del alcance de sus operaciones. A menudo una reorganización mayor y el cambio a una nueva forma de estructura son necesarios para vencer la inercia que se haya desarrollado conforme la organización fue creciendo y se volvió compleja.

ETAPA 3: ACCIÓN FALLIDA Si los gerentes fracasan en detener el deterioro en la etapa de inactividad, la organización se mueve hacia la etapa de acción fallida. Los problemas se multiplican sin importar la acción correctiva. Los gerentes pueden haber tomado decisiones equivocadas debido a conflictos en el equipo de alta dirección, o quizás hayan cambiado muy poco y muy tarde porque temieron que una reorganización mayor causara más daño que bien. A menudo los gerentes temen que un cambio radical amenace la forma como opera la organización y la ponga en riesgo.[43] Por ejemplo, debido a la inercia organizacional, los últimos cinco directores generales de Kodak fueron incapaces o reacios a aplicar los cambios estructurales o estratégicos necesarios para dar un giro a la compañía. Solo después de que Antonio Pérez, su actual director general, tomó las riendas de Kodak, esta se ha comprometido con la realidad competitiva de imágenes digitales y reducido su fuerza laboral y sus instalaciones. En ese momento, Kodak se encontraba en la etapa 4, la etapa de crisis. Muy a menudo, una organización alcanza la etapa de acción fallida porque los gerentes están demasiado comprometidos con su estrategia y estructura actuales y temen cambiarlas aun cuando

Al interior de la organización 11.2

Carlos Ghosn sacude Nissan

Glowimages

En 1999 el fabricante de automóviles Nissan estaba en un gran problema: su desempeño estaba decayendo rápidamente. Sin ser rentable, su deuda había crecido más de 19 mil millones de dólares y su cuota de mercado tanto en casa como en el vital mercado estadounidense caía rápidamente. En el declive, aceptó una oferta de Renault, la empresa automotriz francesa, para comprar una participación que permitiera el control de sus operaciones por 5.4 mil millones de dólares e inyectar dinero para dar un giro a su desempeño. Nissan inmediatamente encargó a Carlos Ghosn, un experto en administración del cambio, para tomar el control de la compañía. Goshn había corregido la división estadounidense de Michellin mediante drásticos recortes en costos. Fue entonces contratado como director de operaciones de Renault para dar un cambio a la compañía y recortar 4 mil millones de dólares en gastos anuales. Ahora estaba listo para hacer lo mismo en Nissan.

Ghosn fue uno de los primeros directores generales no japonés de una importante compañía nipona. Su nombramiento generó una resistencia considerable de los gerentes japoneses de Nissan, quienes no querían a un extranjero a cargo, sobre todo uno que parecía que sacudiría la compañía. Ghosn notó rápidamente que el problema era que Nissan utilizaba 24 plataformas de automóviles diferentes para producir sus vehículos, las cuales requerían operar con demasiadas fábricas costosas. Ghosn sabía que para reducir costos sería necesario cerrar cinco fábricas y eliminar una docena de plataformas para autos, con la finalidad de poder eliminar 5 mil millones de dólares en costos de operación. Sin embargo, esto era Japón, donde el trabajo permanente es todavía común y tal movimiento dejaría a los trabajadores de la compañía en conmoción. Por lo tanto, operando en secreto para llevar a cabo su restructuración, esperó hasta la noche anterior de su anuncio público para informar a la junta de directores de Nissan sus planes de cierre de fábricas. También les dijo que si no apoyaban su decisión, entonces cerraría siete fábricas.[44]

Los japoneses sorprendidos aceptaron, pero se desató un escándalo público en Japón sobre la propuesta de un director general extranjero de romper con normas mantenidas por largo tiempo por japoneses. Ghosn fue forzado a viajar con guardaespaldas en una visita de inspección a todas las instalaciones de Nissan; en parte, el viaje era para compartir su visión de cómo Nissan debería cambiar en el futuro. Dejó claro a los trabajadores de Nissan que su estrategia no consistía solo en reducir costos. También les dijo a los ingenieros y gerentes que iba a cambiar la cultura de Nissan y, por lo tanto, la forma en que ellos trabajaban. Las compañías niponas son burocráticas y jerárquicas. Operan con valores cautelosos y conservadores que causan que los subalternos sean renuentes a proponer sugerencias a sus superiores. Los gerentes siempre están intentando proteger su coto, además de las 24 diferentes plataformas de producto, por lo que el cambio siempre es lento y gradual.

Ghosn desafió esos valores creando metas estrictas de desempeño para los gerentes, basadas en reducir costos e introducir nuevos vehículos innovadores, que solo podrían ser alcanzadas si los gerentes realizaran una reingeniería de la forma en que la compañía funcionaba. En particular, se capacitó a ingenieros, diseñadores y otros expertos funcionales a ser arriesgados en su enfoque para el diseño y producción de nuevos vehículos. Creó equipos autónomos de producto facultados para realizar cambios radicales en el diseño del vehículo; descentralizó el control y los altos ejecutivos que se resistieron fueron despedidos o reubicados. Sobre todo, insistió en que los ingenieros de Nissan y otros expertos funcionales cooperaran con los de Renault para acelerar la innovación. También los instruyó a compartir recursos, así como a transformar los valores y las normas de Nissan. Su meta era simple: transformar la compañía y cambiar la forma en que operaba. Un resultado es que hoy en día Nissan opera solamente con diez plataformas globales.[45]

Ghosn tuvo éxito. Nissan, que es propietaria de Infinity, introdujo una rama completa de vehículos futuristas en la década de 2000, vehículos que recibieron buenas críticas y proporcionaron un incremento en ventas. Nissan es altamente rentable y, en Japón, Ghosn se convirtió en una celebridad, incluso en un héroe nacional. Se le reconoce como un extranjero que enseñó a los japoneses cómo se hacían mejor las cosas. En 2005 el éxito de Ghosn lo llevó al nombramiento como director general de Renault. En 2011 él y el comité directivo de Renault-Nissan se reúnen una vez al mes para tomar decisiones a mediano y largo plazos, que son presentadas por una veintena de equipos intercompañías determinados a mantenerla a la cabeza de los cambios que ocurren en la industria automotriz, tales como la migración a combustibles más eficientes y vehículos más seguros.

claramente no están funcionando para detener el deterioro. El increíble cambio orquestado por Carlos Ghosn en Nissan se revisará en el recuadro “Al interior de la organización 11.2”.

ETAPA 4: CRISIS Para el momento en que llega la etapa de crisis, solo cambios radicales de arriba hacia abajo en la estrategia y la estructura de la organización detendría el rápido deterioro de una compañía y aumentaría sus posibilidades de supervivencia. Una organización en la etapa de crisis ha alcanzado un punto crítico en su historia y la única posibilidad de recuperarse es una reorganización mayor que, muy probablemente, cambie la naturaleza de su cultura para siempre. Si no se ha tomado ninguna acción antes de que la organización alcance la etapa 4, el cambio se vuelve más difícil y las posibilidades de éxito disminuyen, ya que los inversionistas han empezado a disolver sus relaciones con la organización.[46] Los mejores ejecutivos pueden haberse ido a causa de pugnas con el equipo de alta dirección. Los inversionistas quizás se muestren reacios a arriesgar el préstamo de su dinero a la organización. Los proveedores pueden mostrarse renuentes a enviar los insumos que la organización necesita porque les preocupa su pago. Muy a menudo, en la etapa de crisis solo un nuevo equipo de alta dirección logra dar un giro a la compañía. Para superar la inercia, una organización necesita nuevas ideas de tal forma que se pueda adaptar y cambiar en respuesta a las nuevas condiciones en el ambiente.[47]

ETAPA 5: DISOLUCIÓN Cuando una organización alcanza la etapa de disolución, no se puede recuperar y el deterioro es irreversible. En este punto, la organización ha perdido el apoyo de sus inversionistas y su acceso a los recursos se limita debido a que su reputación y los mercados desaparecen. Quizá Sharper Image ha alcanzado este punto. Si se hubieran seleccionado nuevos líderes, es probable que hubieran carecido de recursos organizacionales para instituir un cambio exitoso y desarrollar nuevas rutinas. Probablemente la organización no tiene otra alternativa que despojarse de sus recursos restantes o liquidar sus activos y entrar en los procedimientos finales de bancarrota. En cualquier caso, se mueve hacia la disolución, por lo que el resultado es la muerte organizacional.

Cuando la muerte organizacional ocurre, el apego de la gente a la organización cambia. Se dan cuenta de que el final está por llegar y que su adhesión a la organización es solamente temporal.[48] El anuncio de la muerte organizacional notifica a la gente que fracasaron los esfuerzos para prevenir el deterioro y que serán inútiles mayores acciones por parte de los participantes. Mientras el proceso de disolución inicia, la organización rompe sus vínculos con los inversionistas y transfiere sus recursos a otras organizaciones. Dentro de la organización, el cierre formal o las ceremonias de partida sirven para romper los lazos de los miembros con la organización y enfocarlos a sus nuevos roles fuera de la misma.

La necesidad de manejar el deterioro organizacional es tan grande como la necesidad de manejar el crecimiento organizacional. De hecho, los procesos de crecimiento y deterioro están estrechamente relacionados: los síntomas del deterioro normalmente señalan que debe emprenderse un nuevo camino si una organización busca volver a crecer exitosamente. Como muchas organizaciones grandes se han percatado, la solución a su problema sería contraerse y reducir su tamaño, y orientar sus recursos en una serie de productos y mercados más estrecha. Si una organización no es capaz de adaptarse a un ambiente cambiante, generalmente enfrentará la muerte organizacional.

Implicaciones administrativas

Deterioro organizacional

1. Para evitar el inicio del deterioro organizacional, analice de manera continua la estructura organizacional, con la finalidad de determinar con precisión cualquier fuente de inercia que pudiera haber surgido mientras su organización crecía y se diferenciaba.
2. Analice de manera continua el ambiente y el nicho, o nichos, que su organización ocupa, para identificar los cambios en la cantidad o distribución de los recursos.
3. Reconozca que como usted forma parte de la organización, quizá le resulte difícil identificar los problemas internos o externos. Llame a otros gerentes, miembros de la junta directiva y consultores externos para analizar la situación actual de la organización o su etapa de deterioro.
4. Si usted es fundador del negocio, siempre debe considerar que tiene el deber para con sus inversionistas, de maximizar las posibilidades de supervivencia y éxito de su organización. Esté preparado para hacerse a un lado o delegar el control si se requiere un nuevo liderazgo.

Resumen

Las organizaciones presentan un ciclo de vida que consta de cuatro etapas: nacimiento, crecimiento, deterioro y muerte. Pasan por dichas etapas en diferentes grados y algunas incluso no experimentan todas las fases. Para sobrevivir y prosperar, las organizaciones deben cambiar como respuesta a las diversas fuerzas internas y externas. Una organización tiene que efectuar cambios a su estructura y cultura en puntos críticos a lo largo de su ciclo de vida. Si se maneja de manera exitosa, la organización continúa creciendo y diferenciándose. Una organización debe adaptarse a un ambiente incierto y cambiante para superar la inercia organizacional que de manera constante amenaza su capacidad para adaptarse a los cambios ambientales. El destino de las organizaciones que fracasan al afrontar tales retos es la muerte. Su lugar es ocupado por nuevas organizaciones, e inicia un nuevo ciclo de nacimiento y muerte. En el capítulo 11 se revisaron los siguientes puntos:

1. Las organizaciones pasan por una serie de etapas mientras crecen y evolucionan. Las cuatro etapas del ciclo de vida organizacional son nacimiento, crecimiento, deterioro y muerte.
2. Las organizaciones nacen cuando los empresarios utilizan sus habilidades y competencias para crear valor. El nacimiento organizacional está asociado con la desventaja de ser nuevos. El nacimiento organizacional es una etapa peligrosa porque la iniciativa empresarial es un proceso riesgoso, los procedimientos organizacionales son nuevos y no están desarrollados; además, el ambiente suele ser hostil.
3. La teoría ecológica de población establece que la tasa de nacimientos organizacionales en un nuevo ambiente es muy alta en un inicio, pero va disminuyendo conforme aumenta el número de organizaciones exitosas en una población.
4. El número de organizaciones en una población está determinado por la cantidad de recursos disponibles en el ambiente.
5. Los ecologistas de población han identificado dos conjuntos de estrategias que las organizaciones utilizan para lograr acceso a los recursos y aumentar sus posibilidades de supervivencia: la estrategia-r contra la estrategia-K (r = entrada temprana; K = entrada tardía), y la estrategia especialista contra la estrategia generalista.
6. La fuerza que subyace al modelo ecológico de población es la selección natural, el proceso que asegura la supervivencia de las organizaciones que cuentan con las habilidades y capacidades que se adaptan mejor al ambiente.
7. Conforme las organizaciones crecen, aumentan su división del trabajo y la especialización; asimismo, desarrollan las habilidades que les otorgan una ventaja competitiva, lo cual les permite obtener acceso a los recursos limitados.
8. La teoría institucional sostiene que las organizaciones adoptan muchas de sus rutinas del ambiente institucional que las rodea, con el propósito de aumentar su legitimidad y sus posibilidades de supervivencia. Los inversionistas tienden a favorecer a las organizaciones que consideran confiables y legítimas.
9. Una nueva organización incrementaría su legitimidad al elegir las metas, la estructura y la cultura utilizadas por otras organizaciones exitosas en su población. La similitud entre las organizaciones es el resultado del isomorfismo coercitivo, mimético y normativo.
10. De acuerdo con el modelo de cinco etapas de Greiner sobre el nacimiento organizacional, las organizaciones experimentan el crecimiento a través de *a*) creatividad, *b*) dirección, *c*) delegación, *d*) coordinación y *e*) colaboración. Cada etapa de crecimiento culmina en una crisis que debe de resolverse llevando a cabo los cambios adecuados, si la organización quiere avanzar de manera exitosa hacia la siguiente etapa y continuar creciendo.
11. Si las organizaciones fracasan en el manejo del proceso de crecimiento, el resultado es el deterioro organizacional, la etapa donde una organización entra cuando fracasa en anticiparse, reconocer o adaptarse a las presiones externas o internas que amenazan su supervivencia.
12. Los factores que pueden precipitar el deterioro organizacional incluyen la inercia organizacional y los cambios en el ambiente.
13. El deterioro organizacional ocurre gradualmente. Weitzel y Jonsson identificaron cinco etapas de deterioro: *a*) ceguera, *b*) inactividad, *c*) acción fallida, *d*) crisis y *e*) disolución. Los gerentes pueden dar un giro a la organización en cada etapa, excepto en la de disolución.

14. La muerte organizacional ocurre cuando una organización se despoja de sus recursos remanentes o liquida sus activos. Mientras comienza el proceso de disolución, la organización rompe sus vínculos con sus inversionistas y transfiere sus recursos a otras organizaciones.

Preguntas para análisis

1. ¿Cuáles son los factores que influyen en el número de organizaciones que se fundan en una estrategia de población? ¿Cómo una compañía aumenta sus posibilidades de supervivencia mediante la búsqueda de una estrategia especialista?
2. ¿Cómo se diferencia una estrategia-r de una estrategia-K? ¿Cómo una estrategia especialista difiere de una estrategia generalista? Utilice las compañías de la industria de la comida rápida para señalar un ejemplo de cada estrategia.
3. ¿Por qué crecen las organizaciones? ¿Qué crisis importante puede encontrar una organización mientras crece?
4. ¿Por qué se deterioran las organizaciones? ¿Cuáles son los pasos que los altos directivos pueden tomar para detener el deterioro y restaurar el crecimiento organizacional?
5. ¿Qué es la inercia organizacional? Liste algunas fuentes de inercia en una compañía como IBM o GM.
6. Elija una organización o un negocio en su ciudad que haya cerrado últimamente y analice por qué fracasó. ¿Se pudo haber rescatado a la organización? ¿Por qué?

La teoría organizacional en acción

Poner en práctica la teoría organizacional

Males crecientes

Formen equipos de tres a cinco integrantes y analicen el siguiente escenario:

Ustedes son los altos directivos de una compañía que crece rápidamente y que ha estado obteniendo gran éxito en el desarrollo de sitios Web para las compañías grandes de *Fortune 500*. Actualmente, ustedes emplean alrededor de 150 programadores altamente calificados y, a la fecha, han trabajado con una estructura operativa relajada y orgánica que les ha dado autonomía considerable. Aun cuando esto ha funcionado, ahora están experimentando problemas. El rendimiento está cayendo porque su compañía se está fragmentando en diferentes equipos autogestionados que no cooperan ni aprenden entre sí. Han decidido que de alguna manera deben ser más burocráticos o mecanicistas, pero reconocen y desean quedarse con las ventajas de su enfoque operativo orgánico. Se van a reunir para debatir cómo llevar a cabo dicha transición.

1. De acuerdo con el modelo de Greiner, ¿qué tipo de crisis están experimentando?
2. ¿Qué tipo de cambios introducirían en su estructura operativa para resolver esta crisis y cuáles serían los problemas relacionados con la implementación de tales cambios?

Establecer contacto 11

Encuentre un ejemplo de una organización que esté experimentando una crisis de crecimiento o una que esté tratando de manejar el deterioro. ¿En qué etapa del ciclo de vida está la organización? ¿Qué factores contribuyeron a su crisis de crecimiento? ¿Qué factores llevaron a su deterioro? ¿Qué problemas está experimentando la organización? ¿Cómo está tratando de resolver los problemas la alta dirección?

Dimensión ética 11

Los ejecutivos encuentran muchas oportunidades para perseguir sus propios intereses y, como se revisó anteriormente, pueden utilizar su poder para sacar ventaja de sus subalternos, limitar su libertad y hasta robar sus ideas. Al mismo tiempo, los ejecutivos pueden tener una tendencia natural a desarrollar una aversión al riesgo.

1. ¿Qué tipo de código ético debe crear una organización para tratar de prevenir comportamientos administrativos egoístas que contribuyan con la inercia?
2. ¿Cómo puede una organización usar su ética para alentar a los ejecutivos a mantener una actitud de toma de riesgos que beneficie a todos los inversionistas?

Análisis de la organización: Módulo de diseño 11

Este módulo se centra en la manera en que su organización está manejando *a*) la dinámica asociada con la etapa del ciclo de vida donde está y *b*) los problemas que ha experimentado mientras evoluciona.

Tarea

Utilizando la información disponible, conteste las siguientes preguntas:

1. ¿Cuándo se fundó su organización? ¿Quién la fundó? ¿Cuál fue el área de oportunidad para la que fue fundada?
2. ¿Qué tan rápido creció su organización y qué problemas experimentó mientras crecía? Describa su paso a través de las etapas de crecimiento planteadas en el modelo de Greiner. ¿Cómo enfrentaron los directivos la crisis que encontraron durante el crecimiento?
3. ¿En qué etapa del ciclo de vida organizacional se encuentra su organización ahora? ¿Con qué problemas internos y externos se ha enfrentado? ¿Cómo están tratando de resolver estos problemas los directivos?
4. ¿Su organización ha mostrado en algún momento síntomas de deterioro? ¿Qué tan rápido pudieron responder los directivos al problema del deterioro? ¿Qué cambios efectuaron? ¿Pudieron sacar a flote la organización?

CASO PARA ANÁLISIS

Sistemas Cisco desarrolla un enfoque colaborativo para la organización

Cisco es famoso por el desarrollo de *ruteadores* y *conmutadores* sobre los que la Internet se construye. En 2010 Cisco todavía ganaba la mayoría de sus 10 mil millones de dólares anuales por la venta de sus *ruteadores* y *conmutadores* de Internet a grandes compañías y a proveedores del servicio de Internet (ISP). Pero terminó el auge de los años de construcción de Internet que permitieron a Cisco obtener enormes ganancias. Su director general, John Chambers, quien ha dirigido la compañía desde sus inicios, tuvo que reexaminar su enfoque de organización para mejorar la forma como trabajan conjuntamente los diferentes equipos y divisiones de la compañía.

Chambers admite que hasta mediados de la década de 2000, había manejado un enfoque de "control y mando" en la organización. Él y los diez altos gerentes corporativos de la compañía trabajaban juntos para planear las estrategias de desarrollo de nuevos productos; luego, ordenaban al equipo subalterno y a los gerentes divisionales que trabajaran en la implementación de dichas estrategias. Los altos directivos monitoreaban la rapidez con que se creaban los nuevos productos y qué tan bien se vendían y solo intervenían lo necesario para realizar acciones correctivas. El enfoque de Chambers y Cisco era en gran medida mecanicista.

Chambers se vio forzado a revaluar su enfoque cuando el valor del mercado de Cisco se redujo en 400 mil millones de dólares, después de la crisis de las compañías punto-com. Tomando en consideración que Internet ya se había establecido, ¿cómo podría él desarrollar nuevos productos que permitieran que la compañía siguiera creciendo? Después de escuchar a sus altos ejecutivos, se dio cuenta de que necesitaba un enfoque de organización de Cisco y desarrolló un "enfoque colaborativo", que significaba que él y sus altos directivos se enfocarían en escuchar detenidamente las ideas de los gerentes de menor nivel e involucrarlos en la toma de decisiones de alto nivel. En otras palabras, la meta del nuevo enfoque colaborativo de Cisco era moverse hacia una estructura más orgánica, que permitiera a los diferentes equipos y divisiones planear estrategias a largo plazo y trabajar de manera conjunta para lograrlas, de modo que el desarrollo de productos y tecnología nuevos fueran compartidos por toda la organización.

Para facilitar la colaboración, Chambers creó equipos interfuncionales de sus diferentes divisiones, que tenían que trabajar conjuntamente para desarrollar nuevos tipos de productos prometedores. En el lapso de un año, 15% de altos ejecutivos que mostraron incapacidad para manejar el nuevo enfoque orgánico dejaron la compañía. Al mismo tiempo, Chambers insistía en que los equipos interfuncionales establecieran objetivos mensurables, como el tiempo requerido para el desarrollo de un producto y el tiempo para introducirlo al mercado, con el objetivo de forzarlos a pensar en metas tanto a corto plazo como a largo plazo, y a agilizar el desarrollo de los productos. Los altos directivos de sus divisiones, quienes solían competir por poder y recursos, ahora compartían entre sí responsabilidad por el éxito en el nuevo enfoque colaborativo orgánico. Su meta colectiva es introducir más productos al mercado de forma más rápida. La red de Cisco de consejos interfuncionales y juntas y grupos facultados para lanzar nuevos negocios han reducido el tiempo necesario para planear lanzamientos de nuevos productos: de años a meses. Chambers considera que el nuevo enfoque orgánico de Cisco permitirá el desarrollo de nuevos productos que convertirán a Cisco en el líder global, tanto en tecnología de comunicaciones como en el hardware de TI vinculado con Internet en la década de 2010. Asimismo, ese enfoque les ayudará a encontrar la forma para lanzar al mercado productos innovadores más rápido que sus competidores.

Preguntas para análisis

1. ¿Cómo cambió Cisco su estructura y sus sistemas de control?
2. Relacione los cambios de Cisco en sus sistemas de control y de evaluación con las etapas de crecimiento del modelo de Greiner.
3. Investigue en Internet cómo ha funcionado el nuevo enfoque de Cisco. ¿Cómo es que continúan cambiando su estructura y sus sistemas de control para resolver sus problemas actuales?

Referencias

[1] R. E. Quinn y K. Cameron, "Organizational Life Cycles and Shifting Criteria of Effectiveness: Some Preliminary Evidence", *Management Science* 29 (1983), pp. 33-51.

[2] I. Adizes, "Organizational Passages: Diagnosing and Treating Life Cycle Problems of Organizations", *Organizational Dynamics* 8 (1979), pp. 3-25; D. Miller y P. Freisen, "Archetypes of Organizational Transitions", *Administrative Science Quarterly* 25 (1980), pp. 268-299.

[3] F. H. Knight, *Risk, Uncertainty, and Profit* (Boston: Houghton Mifflin, 1921); I. M. Kirzner, *Competition and Entrepreneurship* (Chicago: University of Chicago Press, 1973).

[4] A. Stinchcombe, "Social Structure and Organizations", en J. G. March, ed., *Handbook of Organizations* (Chicago: Rand McNally, 1965), pp. 142-193.

[5] J. A. Schumpeter, *The Theory of Economic Development* (Cambridge, MA: Harvard University Press, 1934).

[6] H. Aldrich, *Organizations and Environments* (Englewood Cliffs, NJ: Prentice Hall, 1979).

[7] R. R. Nelson y S. Winter, *An Evolutionary Theory of Economic Change* (Cambridge, MA: Harvard University Press, 1982).

[8] www.u-s-history.com/Andrew Carnegie.

[9] http://andrewcarnegie.tripod.com/, "History of Andrew Carnegie".

[10] www.ussteel.com, 2011.

[11] M. T. Hannan y J. H. Freeman, *Organizational Ecology* (Cambridge, MA: Harvard University Press, 1989).

[12] G. R. Carroll, "Organizational Ecology", *Annual Review of Sociology* 10 (1984), pp. 71-93; G. R. Carroll y M. Hannan, "On Using Institutional Theory in Studying Organizational Populations", *American Sociological Review* 54 (1989), pp. 545-548.

[13] Aldrich, *Organizations and Environments*.

[14] J. Delacroix y G. R. Carroll, "Organizational Foundings: An Ecological Study of the Newspaper Industries of Argentina and Ireland", *Administrative Science Quarterly* 28 (1983), pp. 274-291; Carroll y Hannan, "On Using Institutional Theory in Studying Organizational Populations".

[15] *Ibid.*

[16] M. T. Hannan y J. H. Freeman, "The Ecology of Organizational Foundings: American Labor Unions, 1836-1975". *American Journal of Sociology* 92 (1987), pp. 910-943.

[17] J. Brittain y J. Freeman, "Organizational Proliferation and Density Dependent Selection", en J. Kimberly y R. Miles, eds., *Organizational Life Cycles* (San Francisco: Jossey-Bass, 1980), pp. 291-338; Hannan y Freeman, *Organizational Ecology*.

[18] G. R. Carroll, "The Specialist Strategy", *California Management Review* 3 (1992), pp. 126-137; G. R. Carroll, "Concentration and Specialization: Dynamics of Niche Width in Populations of Organizations", *American Journal of Sociology* 90 (1985), pp. 1262-1283.
[19] Carroll, "Concentration and Specialization".
[20] M. Lambkin y G. Day, "Evolutionary Processes in Competitive Markets", *Journal of Marketing* 53 (1989), pp. 4-20; W. Boeker, "Organizational Origins: Entrepreneurial and Environmental Imprinting at the Time of Founding", en G. R. Carroll, *Ecological Models of Organization* (Cambridge, MA: Ballinger, 1987), pp. 33-51.
[21] Aldrich, *Organizations and Environments*, p. 27.
[22] Véase www.amazon.com, 2011.
[23] J. Pfeffer y G. R. Salancik, *The External Control of Organizations* (Nueva York: Harper & Row, 1978).
[24] J. Meyer y B. Rowan, "Institutionalized Organizations: Formal Structure as Myth and Ceremony", *American Journal of Sociology* 83 (1977), pp. 340-363; B. E. Ashforth y B. W. Gibbs, "The Double Edge of Organizational Legitimation", *Organization Science* 1 (1990), pp. 177-194.
[25] L. G. Zucker, "Institutional Theories of Organization", *Annual Review of Sociology* 13 (1987), pp. 443-464.
[26] B. Rowan, "Organizational Structure and the Institutional Environment: The Case of Public Schools", *Administrative Science Quarterly* 27 (1982), pp. 259-279; P. S. Tolbert y L. G. Zucker, "Institutional Sources of Change in the Formal Structure of Organizations: The Diffusion of Civil Service Reform, 1880-1935", *Administrative Science Quarterly* 28 (1983), pp. 22-38.
[27] P. DiMaggio y W. Powell, "The Iron Cage Revisited: Institutional Isomorphism and Collective Rationality in Organizational Fields", *American Sociological Review* 48 (1983), pp. 147-160.
[28] J. Galaskiewicz y S. Wasserman, "Mimetic Processes Within an Interorganizational Field: An Empirical Test", *American Sociological Review* 48 (1983), pp. 454-479.
[29] Ashforth y Gibbs, "The Double Edge of Organizational Legitimation".
[30] Esta sección se basa en L. E. Greiner, "Evolution and Revolution as Organizations Grow", *Harvard Business Review* (julio-agosto de 1972), pp. 37-46.
[31] A. C. Cooper, "Entrepreneurship and High Technology", en D. L. Sexton y R. W. Smilor, eds., *The Art and Science of Entrepreneurship* (Cambridge, MA: Ballinger, 1986), pp. 153-168; J. R. Thorne y J. G. Ball, "Entrepreneurs and Their Companies", en K. H. Vesper, ed., *Frontiers of Entrepreneurial Research* (Wellesley, MA: Center for Entrepreneurial Studies, Babson College, 1981), pp. 65-83.
[32] G. R. Jones y J. E. Butler, "Managing Internal Corporate Entrepreneurship: An Agency Theory Perspective", *Journal of Management* 18 (1992), pp. 733-749.
[33] Greiner, "Evolution and Revolution as Organizations Grow", p. 43.
[34] W. Weitzel y E. Jonsson, "Decline in Organizations: A Literature Integration and Extension", *Administrative Science Quarterly* 34 (1989), pp. 91-109.
[35] K. S. Cameron, M. U. Kim y D. A. Whetten, "Organizational Effects of Decline and Turbulence", *Administrative Science Quarterly* 32 (1987), pp. 222-240; K. S. Cameron, D. A. Whetten y M. U. Kim, "Organizational Dysfunctions of Decline", *Academy of Management Journal* 30 (1987), pp. 126-138.
[36] G. R. Jones, R. Kosnik y J. M. George, "Internationalization and the Firm's Growth Path: On the Psychology of Organizational Contracting", en R. W. Woodman y W. A. Pasemore, eds., *Research in Organizational Change and Development* (Greenwich, CT: JAI Press, 1993).
[37] A. D. Chandler, *The Visible Hand* (Cambridge, MA: Belknap Press, 1977); H. Mintzberg y J. A. Waters, "Tracking Strategy in an Entrepreneurial Firm", *Academy of Management Journal* 25 (1982), pp. 465-499; J. Stopford y L. T. Wells, *Managing the Multinational Enterprise* (Londres: Longman, 1972).
[38] A. A. Berle y C. Means, *The Modern Corporation and Private Property* (Nueva York: Macmillan, 1932); K. Williamson, "Profit, Growth, and Sales Maximization", *Economica* 34 (1966), pp. 1-16.
[39] R. M. Kanter, *When Giants Learn to Dance: Mastering the Challenges of Strategy* (Nueva York: Simon & Schuster, 1989).
[40] A. Meyer, "Adapting to Environmental Jolts", *Administrative Science Quarterly* 27 (1982), pp. 515-537.
[41] Weitzel y Jonsson, "Decline in Organizations".
[42] W. H. Starbuck, A. Greve y B. L. T. Hedberg, "Responding to Crisis", en C. F. Smart y W. T. Stansbury, eds., *Studies in Crisis Management* (Toronto: Butterworth, 1978), pp. 111-136.
[43] M. Hannan y J. Freeman, "Structural Inertia and Organizational Change", *American Sociological Review* 49 (1984), pp. 149-164. D. Miller, "Evolution and Revolution: A Quantum View of Structural Change in Organizations", *Journal of Management Studies* 19 (1982), pp. 131-151.
[44] www.businessweek.com, 4 de octubre de 2004, "Nissan's New Boss".

[45] www.nissan.com, 2011.

[46] Weitzel y Jonsson, "Decline in Organizations", p. 105.

[47] B. L. T. Hedberg, P. C. Nystrom y W. H. Starbuck, "Camping on Seesaws, Prescriptions for a Self-Designing Organization", *Administrative Science Quarterly* 21 (1976), pp. 31-65; M. L. Tushman, W. H. Newman y E. Romanelli, "Convergence and Upheaval: Managing the Steady Pace of Organizational Evolution", *California Management Review* 29 (1986), pp. 29-44.

[48] R. I. Sutton, "The Process of Organizational Death", *Administrative Science Quarterly* 32 (1987), pp. 542-569.

CAPÍTULO 12

Toma de decisiones, aprendizaje, administración del conocimiento y tecnología de la información

Objetivos de aprendizaje

La toma de decisiones es el resultado de las opciones que determinan la forma en que opera una organización, así como de sus cambios y transformaciones en el transcurso del tiempo. Las organizaciones deben mejorar continuamente la forma como se toman las decisiones, por lo que los gerentes y trabajadores pueden aprender nuevas y más eficaces maneras de actuar dentro de la organización y de responder al ambiente cambiante.

Después de estudiar este capítulo, usted será capaz de:

1. Diferenciar entre diversos modelos de toma de decisiones y describir cómo los gerentes toman tales decisiones.
2. Describir la naturaleza del aprendizaje organizacional y los diferentes niveles en que ocurre el aprendizaje.
3. Explicar cómo las organizaciones pueden utilizar la administración del conocimiento y la tecnología de la información, para promover el aprendizaje organizacional y mejorar la calidad en su toma de decisiones.
4. Identificar los factores, como la operación de sesgos cognitivos, que reducen el nivel de aprendizaje organizacional y dan como resultado una toma de decisiones deficiente.
5. Analizar algunas técnicas que utilizan los gerentes para vencer tales sesgos cognitivos y abrir la organización al nuevo aprendizaje.

Toma de decisiones organizacional

En capítulos anteriores revisamos cómo los gerentes diseñan una estructura y una cultura que se adapte al ambiente organizacional, eligen una tecnología para convertir los insumos en productos y seleccionan una estrategia para dirigir el uso de las habilidades y recursos organizacionales para crear valor. Al hacer tales elecciones, los gerentes están tomando *decisiones*; por lo tanto, todo lo que sucede en una organización conlleva cierto tipo de decisión. Por supuesto, una organización no es únicamente una máquina de creación de valor: también es una máquina de toma de decisiones. En cualquier nivel y en cualquier subunidad, las actividades de los trabajadores implican tomar decisiones, por lo que la calidad de estas determina qué tanto valor crean.

Toma de decisiones organizacional
Proceso que consiste en responder a un problema, mediante la búsqueda y selección de una solución o curso de acción que creará el máximo valor para los inversionistas organizacionales.

La **toma de decisiones organizacional** es el proceso que consiste en responder a un problema, mediante la búsqueda y selección de una solución o un curso de acción que creará el máximo valor para los inversionistas organizacionales. Ya sea que el problema sea encontrar los mejores insumos, decidir la forma correcta de brindar servicio a los clientes o concebir cómo tratar con un competidor agresivo, en cada caso los gerentes tienen que decidir qué hacer. Para efectuar las mejores elecciones, los gerentes deben tomar dos tipos de decisiones: programadas o no programadas.

La toma de **decisiones programadas** incluye seleccionar los procedimientos de operación más eficaces, fáciles, repetitivos y rutinarios, para manejar las actividades de creación de valor existentes en la organización.[1] Por lo general, las rutinas y los procedimientos que dan como resultado la forma más eficiente de operación están previamente formalizados por escrito en reglas y procedimientos estándar de operación, y están presentes en los valores y las normas de su cultura.

Decisiones programadas
Decisiones repetitivas y rutinarias.

La toma de **decisiones no programadas** consiste en que los gerentes tomen las decisiones más eficaces, creativas, novedosas y no estructuradas, que permitan a la organización encontrar soluciones a condiciones inciertas y cambiantes. No se pueden desarrollar anticipadamente reglas, rutinas o procedimientos estándar para manejar problemas que no son rutinarios porque estos son únicos e inesperados. Por consiguiente, las soluciones deben encontrarse después de que hayan surgido nuevos problemas.[2]

Decisiones no programadas
Decisiones novedosas y sin estructura.

La toma de decisiones no programadas requiere mucho más búsqueda de información, así como la cooperación activa entre gerentes, funciones y divisiones, para encontrar soluciones. Esto se debe a que en la toma de decisiones no programadas es imposible saber con anticipación si esas decisiones son las correctas, a diferencia de las decisiones programadas que se basan en los resultados de la experiencia, por lo que los gerentes pueden mejorar continuamente las rutinas y los procedimientos con paso del tiempo.

Por ejemplo, en investigación y desarrollo se requiere una toma de decisiones de científicos e ingenieros, quienes continuamente deben estar experimentando para encontrar la solución a un problema y, con frecuencia, fracasan en el intento. De forma similar, la creación de la estrategia de una organización involucra la toma de decisiones no programadas por los gerentes que cooperan para encontrar la mejor manera de utilizar las habilidades y los recursos organizacionales para crear valor, pero nunca saben si han tomado por anticipado la mejor decisión.

La toma de decisiones no programadas fuerza a los gerentes a basarse en el juicio, la intuición y la creatividad para resolver los problemas organizacionales; no pueden basarse en reglas y estándares de operación para brindar soluciones no programadas. Las *decisiones no programadas* llevan a la creación de un nuevo conjunto de reglas y procedimientos, con la finalidad de que los miembros organizacionales logren mejorar las *decisiones programadas* que usan para aumentar la eficacia organizacional (por ejemplo, implementando la TQM o cambiando las relaciones de tarea y rol).

Todas las organizaciones deben tener la competencia para tomar decisiones programadas y no programadas. La toma de decisiones programadas permite a la organización aumentar su eficiencia y reducir costos en la producción de bienes y servicios; brinda estabilidad y aumenta la predictibilidad. La toma de decisiones no programadas permite a la organización cambiar y encontrar nuevas formas de adaptarse y sacar ventaja de su ambiente como, por ejemplo, la manera en que Apple desarrolló primero el iPod y, luego, utilizó sus nuevas habilidades para desarrollar el iPhone y después el iPad. En la siguiente sección revisaremos diversos modelos para la toma de decisiones organizacional.

Modelos para la toma de decisiones organizacional

En el pasado, la toma de decisiones organizacional se consideraba un proceso racional donde los gerentes que todo lo sabían tomaban las decisiones que permitían a las organizaciones ajustarse perfectamente al ambiente donde operaban.[3] En la actualidad, reconocemos que la toma de decisiones es un proceso inherentemente incierto mediante el cual los gerentes tantean las soluciones que pueden llevarlos o no a resultados favorables para los inversionistas organizacionales.

El modelo racional

De acuerdo con el *modelo racional*, la toma de decisiones es un proceso sencillo de tres etapas (véase la figura 12.1).[4] En la etapa 1, los gerentes identifican los problemas que necesitan solventar.

Figura 12.1 Modelo racional para la toma de decisiones

Este modelo ignora la incertidumbre que por lo general acompaña la toma de decisiones.

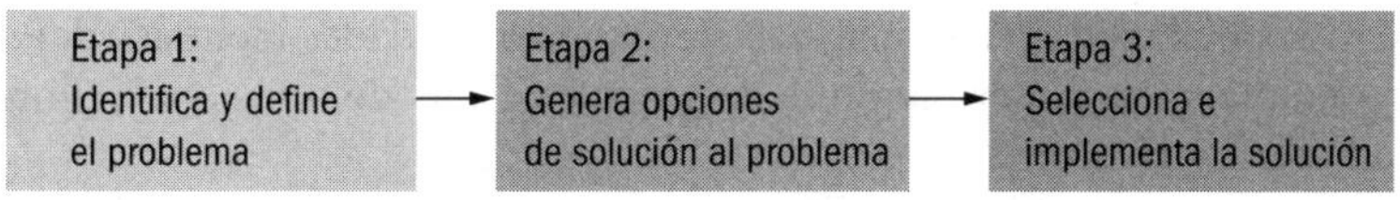

Etapa 1: Identifica y define el problema → Etapa 2: Genera opciones de solución al problema → Etapa 3: Selecciona e implementa la solución

Por ejemplo, los gerentes de una organización eficaz analizan todos los aspectos de su ambiente específico y general, para identificar las condiciones o problemas que exigen una nueva acción. Para lograr un buen ajuste entre una organización y su ambiente, deben reconocer las oportunidades o amenazas que se presentan. En la etapa 2, los gerentes buscan diseñar y desarrollar una serie de cursos opcionales de acción, con el objetivo de resolver los problemas identificados. Estudian las formas para sacar ventaja de las competencias específicas de la organización y responder ante las oportunidades y amenazas. En la etapa 3, los gerentes comparan las probables consecuencias de cada opción y deciden qué curso de acción ofrece la mejor solución al problema que identificaron en la etapa 1.

¿En qué circunstancias "ideales" estarían seguros los gerentes de haber tomado la decisión que maximizará la satisfacción de los inversionistas? La situación ideal es aquella en la cual no hay incertidumbre: los gerentes conocen *todos* los cursos de acción que se les presentan y conocen los efectos exactos de todas las opciones sobre los intereses de los inversionistas. Estos últimos tienen que utilizar el mismo conjunto de criterios objetivos para evaluar cada alternativa, en tanto que usan las mismas reglas de decisión para clasificar cada alternativa y así tomar la mejor decisión, o la correcta, que maximizará el rendimiento de los inversionistas de la organización.[5] ¿Existen tales condiciones? Si así fuera, los gerentes siempre tomarían decisiones que posicionaran perfectamente a sus organizaciones en el ambiente, para adquirir nuevos recursos y usar de la mejor forma los ya existentes.

Este estado ideal es la situación asumida por el modelo racional de toma de decisiones organizacional. El modelo racional ignora la ambigüedad, la incertidumbre y el caos que acompañan la toma de decisiones. Los investigadores han clasificado como no realistas o simplistas tres hipótesis del modelo racional: **1.** el supuesto de que quienes toman decisiones cuentan con toda la información que necesitan, **2.** el supuesto de que quienes toman decisiones poseen la capacidad para tomar las mejores decisiones y **3.** el supuesto de que quienes toman decisiones están de acuerdo sobre lo que se necesita hacer.

INFORMACIÓN E INCERTIDUMBRE El supuesto de que los gerentes están conscientes de todos los cursos de acción y de sus consecuencias es poco realista. Para que este supuesto fuera válido, los gerentes tendrían acceso a toda la información necesaria para tomar la mejor decisión, podrían recopilar información sobre cualquier posible situación que la organización pudiera encontrar y contarían con un conocimiento confiable sobre qué tanta probabilidad de ocurrencia presenta cada situación.[6]

El supuesto de que es posible recolectar toda la información necesaria para tomar la mejor decisión es poco realista.[7] Como el ambiente es inherentemente incierto, no pueden conocerse cada curso de acción alternativo ni sus consecuencias. Además, aun cuando fuera posible recolectar información suficiente para eliminar la incertidumbre, los costos para hacerlo serían tan grandes como cualquier ganancia potencial que pudiera tener la organización al seleccionar la mejor opción, o incluso mayores que dicha ganancia. Por lo tanto, no se obtendría nada de la información.[8]

Suponga que una compañía de comida rápida piensa que un distinto tipo de *sándwich* tiene el potencial para atraer a un gran número de clientes nuevos. De acuerdo con el modelo racional, para identificar el tipo correcto de sándwich, la compañía deberá hacer una extensa investigación de mercado, probar diferentes tipos de sándwiches con diferentes grupos de clientes y evaluar todas las opciones. El costo de probar adecuadamente *cada* opción para *todos* los diferentes grupos de clientes posibles sería muy alto; absorbería cualquier ganancia que el nuevo sándwich pudiera generar con su venta. El modelo racional ignora el hecho de que la decisión organizacional *siempre* tiene lugar en el centro de la incertidumbre, lo cual representa tanto una oportunidad como una amenaza para la organización.

CAPACIDADES ADMINISTRATIVAS El modelo racional supone que los gerentes poseen la competencia intelectual no solo para evaluar todas las posibles opciones, sino también para seleccionar la solución óptima. En realidad, los gerentes tienen solo una capacidad restringida para procesar la información necesaria para tomar decisiones; además, la mayoría carece del tiempo para actuar como lo demanda el modelo racional.[9] La inteligencia requerida para tomar una decisión, de acuerdo con el modelo racional, excedería las capacidades mentales del administrador y se necesitaría emplear un número enorme de gerentes. El modelo racional ignora el alto nivel de los costos administrativos.

PREFERENCIAS Y VALORES El modelo racional establece que los diferentes gerentes cuentan con las mismas preferencias y valores, y que usarán las mismas reglas para decidir las mejores opciones. El modelo también asume que los gerentes están de acuerdo sobre cuáles son las metas organizacionales más importantes. Estos "supuestos acuerdos" son poco realistas.[10] En el capítulo 4 revisamos cómo los gerentes de diferentes funciones suelen tener diferentes orientaciones hacia una subunidad, que los llevan a tomar decisiones que favorecen sus propios intereses sobre los de otras funciones, de otros inversionistas o incluso de la organización en su totalidad.

Para resumir, el modelo racional en la toma de decisiones es poco realista porque se basa en suposiciones que ignoran los problemas de información y administrativos asociados con la toma de decisiones. El modelo Carnegie y otros modelos más actuales toman en consideración dichos problemas y brindan un retrato más preciso de cómo ocurre la toma de decisiones.

Modelo Carnegie

En un intento por describir mejor las realidades del proceso de toma de decisiones, los investigadores introdujeron un nuevo conjunto de suposiciones que se denomina modelo Carnegie para la toma de decisiones.[11] La tabla 12.1 resume las diferencias entre el modelo Carnegie y el racional para la toma de decisiones. El modelo Carnegie reconoce los efectos de la "satisfacción" (suficiencia), la racionalidad limitada y las coaliciones organizacionales.

SATISFACCIÓN En un intento por explicar cómo las organizaciones evitan los costos por obtener información, el modelo Carnegie sugiere que los gerentes participen en la **satisfacción**, es decir, la búsqueda limitada de información para identificar problemas y opciones de solución.[12] En vez de buscar todas las soluciones posibles a un problema, como sugiere el modelo racional, los gerentes recurren a la satisfacción. Esto es, para ahorrar tiempo y costo, eligen un conjunto de criterios específicos del problema o las medidas que usarán para evaluar una variedad de soluciones posibles.[13] Luego, trabajan juntos para desarrollar las mejores opciones de solución y seleccionan la que mejor satisfaga los criterios previamente elegidos. Así, la satisfacción incluye una búsqueda de información mucho menos costosa y lejos de la carga que impone a los gerentes el modelo racional.

Satisfacción
Búsqueda limitada de información para identificar problemas y opciones de solución.

RACIONALIDAD LIMITADA El modelo racional supone que los gerentes tienen la capacidad intelectual para evaluar todas las opciones posibles. El modelo Carnegie asume que la capacidad de los gerentes está restringida por la **racionalidad limitada**, lo cual significa que los gerentes solo tienen una capacidad limitada para procesar información de las opciones. Pero aun cuando tan solo cuenten con una capacidad limitada para el procesamiento de información, ellos mejorarían su toma de decisiones afinando sus habilidades analíticas.[14] También pueden usar la tecnología como las computadoras para mejorar sus habilidades en la toma de decisiones.[15] Así, la racionalidad limitada de ninguna manera implica falta de capacidad o de motivación. El modelo Carnegie reconoce que la toma de decisiones es subjetiva y que la calidad de la toma de decisiones depende de la experiencia, el conocimiento, las creencias y la intuición de los gerentes.

Racionalidad limitada
Capacidad limitada para procesar información.

TABLA 12.1 Diferencias entre los modelos racional y Carnegie para la toma de decisiones

Modelo racional	Modelo Carnegie
La información está disponible	La información disponible está limitada
La toma de decisiones no tiene costo	La toma de decisiones es costosa (por ejemplo, costos administrativos, de información)
La toma de decisiones es "sin prejuicios"	La toma de decisiones se ve afectada por las preferencias y los valores de quienes toman decisiones
Se genera el rango total de opciones posibles	Se genera un rango limitado de opciones
La solución se elige por acuerdo unánime	La solución se elige por compromiso, acuerdo y ajustes entre las coaliciones organizacionales
La solución elegida es la mejor para la organización	La solución elegida es satisfactoria para la organización

COALICIONES ORGANIZACIONALES El modelo racional ignora la variación en las preferencias y los valores de los gerentes y asume que gerentes diferentes evaluarán las diversas opciones de la misma forma. El modelo Carnegie, en contraste, reconoce explícitamente que los valores y las preferencias de los gerentes difieren y que son inevitables el desacuerdo y el conflicto entre ellos.[16] El modelo Carnegie ve a la organización como una coalición de diferentes intereses, en la cual la toma de decisiones tiene lugar por compromiso, negociación y acuerdos entre los gerentes de diferentes funciones y áreas de la organización. Cualquier solución que se elija debe ser aprobada por la *coalición dominante*, es decir, el conjunto de gerentes o inversionistas con el poder para decidir una solución que comprometa recursos para implementarse.[17] Con el tiempo, conforme los intereses y las preferencias de los gerentes cambian, también lo hace la composición de la coalición dominante y, con ello, la toma de decisiones. El modelo Carnegie reconoce que la toma de decisiones no es un proceso racional "neutral" dirigido por reglas de decisión objetivas, sino un proceso subjetivo donde los gerentes formulan reglas de decisión que les permiten lograr sus metas e intereses personales.

En síntesis, el modelo Carnegie reconoce que la toma de decisiones se da en un ambiente incierto, donde la información con frecuencia es incompleta y ambigua. También reconoce que las decisiones las toman personas limitadas por su racionalidad restringida, que las satisfacen y que forman coaliciones para perseguir intereses propios. El modelo Carnegie ofrece una descripción más acertada que el modelo racional sobre cómo tiene lugar la toma de decisiones en una organización. No obstante, la toma de decisiones estilo Carnegie es racional porque los gerentes actúan intencionalmente para encontrar la mejor solución y lograr la meta deseada, a pesar de la incertidumbre y el desacuerdo sobre las metas. En el recuadro "Al interior de la organización 12.1", la respuesta de GE a la pregunta sobre si debería continuar fabricando sus propios electrodomésticos —como lavadoras—, comprarlos a otras compañías o incluso mantenerse en el negocio de electrodomésticos, ilustra la toma de decisiones de acuerdo con el modelo Carnegie.

Al interior de la organización 12.1

¿Debería GE fabricar o comprar electrodomésticos?

En la década de 1990, GE enfrentó una decisión significativa: su división de electrodomésticos, reconocida por productos como lavavajillas, estufas, refrigeradores y lavadoras, estaba experimentando un descenso en la rentabilidad. La operación de sus lavadoras era tecnológicamente anticuada y esto contribuyó significativamente con esa pérdida. GE tuvo que evaluar dos cursos de acción: ¿debería invertir 70 millones de dólares en nueva tecnología para actualizar la operación de las lavadoras y ser capaz de competir en el siguiente siglo? ¿O debería cerrar su propia operación de lavadoras y comprarlas a otro fabricante que se las vendiera bajo su propia marca?

Para evaluar cada alternativa, los ejecutivos de GE tenían que decidirse por aquella que diera el mejor resultado a largo plazo. Utilizaron criterios como costos de fabricación, calidad y costos de desarrollo de producto para evaluar cada alternativa. Uno de los factores que más preocupaba a GE era si los sindicatos de las operaciones de Appliance Park estarían conformes con los acuerdos de trabajo flexible que reducirían los costos laborales. Al mismo tiempo, los ejecutivos platicaron con compañías como Maytag y Whirpool para determinar cuánto le costaría a GE que ellos fabricaran las lavadoras con las especificaciones de GE.[18]

Si GE pudiera comprar lavadoras a otro fabricante por menos de lo que pagaría por fabricarlas por sí mismo, tendría sentido elegir la alternativa menos costosa. Sin embargo, los ejecutivos de GE tenían que evaluar los efectos de otros factores. Por ejemplo, si GE suspendía la fabricación de lavadoras, perdería una competencia clave en la producción de lavadoras que sería incapaz de recuperar. Suponga que la compañía que GE elige para fabricar sus máquinas deliberadamente las hace inferiores en calidad que las que produce para sí misma. GE quedaría a merced de su proveedor. O suponga que los sindicatos dan marcha atrás en el contrato y se resisten a cooperar después de que GE haya invertido en la modernización de su planta de lavadoras. La situación se dificultaba más para los gerentes de la división de electrodomésticos que presionaban para la inversión porque esta protegería su empleo y el de 15,000 trabajadores. Los gerentes divisionales defendían las ventajas de la inversión para mejorar la ventaja competitiva de la división. Sin embargo, los gerentes corporativos necesitaban evaluar el rendimiento potencial sobre la inversión para toda la organización.

Debido a la incertidumbre, los ejecutivos de GE pasaron un momento muy difícil al evaluar los pros y contras de cada alternativa; no podían predecir con certeza las consecuencias de cualquiera de las decisiones que tomaran. Al final decidieron que GE debería invertir y continuar produciendo sus propias lavadoras. En la década de 2000, GE introdujo nuevas líneas de lavadoras modernas y triplicó la cantidad que gastaba en investigación y desarrollo para ensamblar dispositivos que nunca se descompusieran y que "deleitaran" a sus clientes.[19] Para mediados de esa década, la división de electrodomésticos de GE había vuelto a ser rentable y fabricaba productos nuevos e innovadores como las lavadoras con carga frontal y ahorradoras de agua, y aparatos con ahorro de energía.

No obstante, en 2008, los altos directivos de GE debieron debatir una nueva alternativa porque la compañía en general experimentaba un descenso en la rentabilidad. Los analistas dijeron que la razón era que GE estaba operando en industrias sumamente diferentes (tenía 150 divisiones de producto diferentes) y necesitaba vender todas aquellas divisiones que tuvieran las probabilidades menos alentadoras. La alternativa en la mesa era que GE debería salirse del negocio de electrodomésticos, venderlo al mejor postor y, luego, invertir el dinero para mejorar las competencias en sus demás divisiones.

De igual modo que los ejecutivos debatieron entre fabricar o comprar lavadoras, ahora debían entrar a una nueva ronda de toma de decisiones y debatir si mantener o vender la división de electrodomésticos. Como con anterioridad, utilizando una serie de criterios relevantes, hicieron una elección: para la primavera de 2008, pusieron en venta la división. LG, el fabricante coreano de electrodomésticos, expresó un gran interés en la división de electrodomésticos, como lo hicieron otras compañías, pero para 2009 era claro que GE tenía mucho más que ganar invirtiendo en la división que vendiéndola. GE anunció un plan de inversión importante para su división de electrodomésticos; en el futuro GE fabricaría productos de calidad que pudieran igualar a los de cualquiera de sus competidores globales.[20] Para 2011 la división producía una nueva gama de electrodomésticos avanzados, como las estufas de inducción y los calentadores de gas que recibieron grandes elogios, por lo que parecía que su reciente toma de decisiones estaba empezando a rendir frutos.[21]

Tihis/Shutterstock.com

Modelo incremental

En el modelo Carnegie, la satisfacción y la racionalidad limitada frenan el número y la complejidad de las opciones que pueden seleccionarse para el análisis. De acuerdo con el *modelo gradual* de la toma de decisiones, cuando se selecciona un conjunto de nuevos cursos de acción alternativos, los gerentes tienden a elegir aquellos que solo son ligera o gradualmente diferentes de los usados en el pasado, reduciendo así sus oportunidades para cometer un error.[22] Con frecuencia llamado por la ciencia para "salir del paso", el modelo gradual implica que en raras ocasiones los gerentes toman decisiones importantes radicalmente diferentes de las que hayan tomado en el pasado.[23] En vez de ello, corrigen o evitan los errores mediante cambios graduales sucesivos, que pueden llevarlos a un curso de acción totalmente nuevo. Durante el proceso para salir del paso, las metas organizacionales y los cursos de acción para lograrlos pueden cambiar, pero cambian muy lento, por lo que la acción correctiva puede iniciarse cuando las cosas comiencen a ir mal.

El modelo gradual es muy diferente al modelo racional. De acuerdo con el modelo racional, quienes toman decisiones sopesan cada uno de los cursos de acción posibles y eligen la mejor solución. De acuerdo con el modelo gradual, los gerentes, restringidos por la falta de información y la falta de previsión, se mueven cautelosamente un paso a la vez para limitar la probabilidad de equivocarse.

Modelo no estructurado

El enfoque gradual funciona mejor en un ambiente relativamente estable donde los gerentes puedan predecir con precisión movimientos y tendencias, y tomar decisiones graduales que llevarán a una mayor eficacia. En un ambiente que cambia repentina o abruptamente, un enfoque gradual evitaría que los gerentes cambiaran lo suficientemente rápido como para encontrar nuevas condiciones y, por lo tanto, causar el deterioro de la organización. El *modelo no estructurado* de la toma de decisiones, desarrollado por Henry Mintzberg y colaboradores, describe cómo ocurre la toma de decisiones cuando la incertidumbre es tan alta.[24]

El modelo no estructurado reconoce que la toma de decisiones se da en una serie de pasos pequeños, graduales, que juntos causan un efecto importante sobre la eficacia organizacional. Las decisiones graduales se aplican dentro de un marco de referencia de toma de decisiones total consistente en tres etapas: identificación, desarrollo y selección, que son similares a las etapas ilustradas en la figura 12.1. En la fase de *identificación*, los gerentes desarrollan rutinas para reconocer problemas y entender lo que está sucediendo en la organización. En la de *desarrollo,* buscan y seleccionan opciones para solucionar los problemas que definieron. Las soluciones pueden ser nuevos planes o modificaciones a planes anteriores, como en el enfoque para salir del paso. Finalmente, en la etapa de *selección*, los gerentes usan un proceso de selección gradual, juicio e intuición, negociación y, en un grado menor, el análisis formal (típico del modelo racional), para alcanzar una decisión final.[25]

En el modelo no estructurado (a diferencia del modelo gradual), sin embargo, siempre que las organizaciones encuentran obstáculos, ellos repiensan sus opciones y regresan al pizarrón. Así, la toma de decisiones no es un proceso lineal, secuencial, sino un proceso que podría evolucionar impredeciblemente de manera no estructurada. Por ejemplo, la toma de decisiones puede ser constantemente interrumpida cuando la incertidumbre en el ambiente modifica las interpretaciones del problema y siembra la duda en las opciones generadas o en las soluciones elegidas. Ahora, los gerentes deben producir nuevas opciones y soluciones, por ejemplo, encontrar nuevas estrategias para ayudar a la organización a adaptarse a su ambiente.

En esencia, el enfoque de Mintzberg enfatiza la naturaleza no estructurada de la toma de decisiones gradual: los gerentes toman decisiones de manera fortuita, intuitiva, y la incertidumbre los fuerza a rexaminar sus decisiones constantemente para encontrar nuevas formas de comportarse en un ambiente de cambio constante. Luchan por tomar las mejores decisiones posibles, pero la incertidumbre los fuerza a adoptar un enfoque no estructurado para la toma de decisiones. Por lo tanto, el modelo no estructurado explica por qué y cómo los gerentes toman decisiones *no programadas* y el modelo gradual explica por qué y cómo los gerentes mejorarían con el tiempo sus decisiones *programadas*.

Modelo del bote de basura

El punto de vista de la toma de decisiones como un proceso no estructurado es llevado al extremo en el modelo de toma de decisiones organizacionales llamado del *bote de basura*.[26] Este modelo da un giro al proceso de toma de decisiones y afirma que los gerentes tienen la misma probabilidad de iniciar la toma de decisiones tanto desde el *lado de la solución* como desde el *lado del problema*. En otras palabras, quienes toman decisiones pueden proponer soluciones a problemas que no existen; es decir, crean un problema que pueden resolver con soluciones ya disponibles.

La toma de decisiones del bote de basura surge de la siguiente manera: una organización posee un conjunto de soluciones derivadas de sus competencias y habilidades, con las cuales es capaz de resolver determinados problemas; por ejemplo, cómo atraer nuevos clientes, cómo reducir los costos de producción o cómo innovar productos con rapidez. Con tales competencias organizacionales, los gerentes buscan la forma de utilizarlas y, por ende, crean problemas o áreas de oportunidad en la toma de decisiones para resolverlos. Suponga que una compañía cuenta con habilidades para fabricar muebles con diseño a la medida. La cabeza del departamento de ventas convence al presidente de la compañía de que la organización debería obtener ventaja de estas habilidades mediante la expansión internacional. Así se crea un nuevo problema, cómo gestionar la expansión internacional, gracias a la existencia de una solución, la capacidad para fabricar muebles superiores con diseño a la medida.

Los gerentes de una organización deben atacar nuevos problemas en la fabricación propia, al mismo tiempo deben generar opciones y encontrar soluciones a los problemas surgidos por los cambios en el ambiente o por las tensiones que surgen por la manera en que operan. Para complicar aún más la toma de decisiones, las diferentes coaliciones de gerentes pueden defender diferentes opciones y competir por los recursos para implementar sus propias soluciones. Así, la toma de decisiones se convierte en un "bote de basura" donde los problemas, las soluciones y las preferencias de los diferentes gerentes y coaliciones se mezclan y contienden entre sí por la atención y acción organizacionales. En tal situación, una organización cae en una "anarquía organizada", donde la decisión sobre cuál opción seleccionar depende del gerente o la coalición con mayor influencia o poder, para convencer a los otros que toman decisiones en ese momento.[27] La oportunidad, la suerte y la ocasión también entran en juego al determinar la opción de solución. Con frecuencia, el problema que está generando la mayor incertidumbre a la organización es aquel que muestra mayor oportunidad de tratarse y esto puede cambiar de semana a semana. La toma de decisiones se torna fluida, impredecible e incluso contradictoria, en la medida en que cambian las preferencias y prioridades de quienes toman las decisiones.

El enfoque del bote de basura en la toma de decisiones organizacional es el opuesto del enfoque propuesto por el modelo racional. En vez de beneficiarse de la sabiduría de los gerentes que todo lo saben, quienes pueden generar todas las soluciones posibles y acordar por unanimidad la mejor de ellas para que las decisiones logren programarse en el tiempo, los gerentes reales se ven forzados a tomar decisiones no programadas de manera no estructurada, tipo bote de basura, para tratar con la incertidumbre que los rodea.

La forma en que IDEO ayuda a las organizaciones a "pensar fuera de la caja" es aleccionadora, como veremos en el recuadro "Al interior de la organización 12.2".

Al interior de la organización 12.2

IDEO ayuda a las organizaciones a "aprender a aprender"

Glowimages

IDEO, fundada en 1991 por David Kelly y Bill Moggridge, reconocidos ingenieros diseñadores, tiene la misión de ayudar a las organizaciones y sus miembros a "pensar fuera de la caja". Esto es, a trabajar de una forma que les ayude a desarrollar habilidades o lo que IDEO llama "confianza creativa", para reconocer y actuar en nuevas oportunidades y, luego, responder a estas creando nuevos y mejores productos que satisfagan mejor las necesidades. IDEO ofrece a las compañías seminarios donde sus gerentes, ingenieros, mercadólogos y demás trabajadores aprendan las técnicas necesarias para mantener sus compañías a la vanguardia o, como afirma IDEO, para: "permitir a las organizaciones cambiar sus culturas y construir las competencias requeridas para mantener la innovación".[28] Por ejemplo, IDEO inventó la técnica de grupo desenfocado, en la cual todos los comentarios de los miembros de los grupos de enfoque se registran para encontrar lo que "no se dijo" en las juntas de los grupos de enfoque. IDEO practica también la "lluvia de ideas habilidosas", donde se enseña a los equipos de trabajadores de áreas de de servicios a clientes a conducir sesiones de lluvia de ideas que promuevan soluciones creativas. Sus recomendaciones incluyen abordar la cantidad (de nuevas ideas), alentar las ideas audaces y posponer el juicio.[29]

La meta de IDEO es mejorar la capacidad de una compañía para innovar ayudándole a aprender cómo tomar mejores decisiones, la decisión que resulte en el éxito de nuevos productos o en formas para mejorar el servicio al cliente y satisfacer mejor sus necesidades (lo que IDEO considera que no es reconocido). De esta manera, otro método que utiliza para ayudar a las organizaciones a aprender cómo aprender consiste en ayudarles a identificar lo que los clientes realmente quieren, necesidades que probablemente desconocen. Ejemplos de productos que diseñó IDEO y que cumplieron con ello incluyen el mouse de la computadora Apple, el tubo para sostener el dentífrico y el organizador original Palm. Para identificar las necesidades de los clientes, IDEO utiliza el método de "inmersión profunda": sus trabajadores, diseñadores, antropólogos, mercadólogos e ingenieros pasan días o semanas completas siguiendo la pista y observando a la gente enfocándose en una determinada tarea o evento.[30] Por ejemplo, el tubo para sostener el dentífrico se desarrolló preguntando a familias lo que más les disgustaba de la experiencia del "cepillado de dientes" y observando sus cuartos de baño. Una de las quejas fue que el tubo de pasta arrugado, al gotear su contenido en el lavabo, crea una masa inútil. En un proyecto hospitalario, los investigadores de IDEO trabajaron con el personal del hospital para observar los problemas que se presentaban cuando una enfermera transfería el control al otro turno y cómo estos problemas afectaban a enfermeras y pacientes. Estudiando los cambios de turno durante varios días, 24 horas al día, los investigadores fueron capaces de identificar problemas que no habían sido reconocidos previamente. Entonces desarrollaron un nuevo software que proporcionara mejor información que redujera el número de errores sobre medicamentos y tratamientos, a la vez que mejorara el cuidado al paciente durante el cambio de turno. Como lo expone IDEO, "trabajamos para identificar nuevas formas de atender y apoyar a la gente descubriendo sus necesidades, conductas y deseos latentes". Trabaja con las compañías para desarrollar nuevos productos, servicios, medios e incluso espacios de oficina y cubículos que mejoren el bienestar.[31] Por supuesto, el proceso de "aprender a aprender", que utiliza la lluvia de ideas y otros métodos para identificar nuevas áreas de oportunidad y problemas, ayudaría a las organizaciones a tomar mejores decisiones, las cuales resulten exitosas a largo plazo.

En resumen, la toma de decisiones determina la forma en que opera la organización. En el centro de cualquier organización está un conjunto de reglas y rutinas que proporcionan estabilidad y permiten a la organización reproducir sus actividades, competencias clave y estructura en el transcurso del tiempo. Dichas rutinas brindan a la organización una memoria y a los gerentes les proporciona soluciones programadas a los problemas, lo que a su vez aumenta la eficacia organizacional.[32] Sin embargo, como vimos en el capítulo 11, las rutinas también suelen dar lugar a la inercia. Si una organización se enfrasca en una rutina y los gerentes no logran tomar las decisiones que le permitan cambiar y adaptarse a su ambiente, puede fracasar y morir. Para prevenir que esto suceda, los gerentes necesitan alentar el aprendizaje organizacional.

Naturaleza del aprendizaje organizacional

Ya que la toma de decisiones sucede en un ambiente incierto, no sorprende que muchas de las decisiones que toman los gerentes y las organizaciones sean equivocadas y terminen en el fracaso. Otras decisiones, por supuesto, permiten a la organización adaptarse al ambiente y, a veces, con resultados que exceden el sueño más excéntrico de los gerentes, como lo que resultó en el caso del iPod de Apple o en el celular de Research in Motion Blackberry. Las organizaciones sobreviven y prosperan cuando los gerentes toman decisiones correctas, a veces mediante la habilidad y un juicio sensato, pero a veces también mediante la oportunidad y buena suerte. Si los gerentes quieren tomar decisiones exitosas, deben poner en su lugar un sistema que ayude a los miembros organizacionales a mejorar su capacidad para aprender nuevas conductas adaptativas, y a desaprender las ineficientes u obsoletas.

Aprendizaje organizacional
Proceso que los gerentes usan para mejorar la capacidad de los miembros de la organización para entender y manejar a la organización y su ambiente, con la finalidad de tomar decisiones que aumenten de forma continua la eficacia organizacional.

Uno de los procesos más importantes que ayuda a los gerentes a tomar mejores decisiones no programadas —decisiones que les permiten adaptarse, modificar y cambiar su ambiente para aumentar la probabilidad de sobrevivencia de la organización— es el **aprendizaje organizacional**,[33] que es el proceso mediante el cual los gerentes buscan mejorar el deseo y la capacidad de los miembros de la organización para entender y manejar a la organización y su ambiente, tomando decisiones que aumenten de forma continua la eficacia organizacional.[34] En la actualidad, el aprendizaje organizacional es un proceso vital para administrar las organizaciones por el ritmo acelerado de cambio que afecta a cada organización.

Como vimos en capítulos anteriores, los gerentes deben luchar por desarrollar y mejorar nuevas competencias clave que les den ventaja competitiva y combatir el reto competitivo de los productos extranjeros de bajo costo. Para lograrlo, buscan cada oportunidad para usar materiales tecnológicos avanzados y tecnología de la información para lograr sus estrategias y gestionar sus estructuras de manera más eficaz. De hecho, la necesidad de los gerentes de restructurar y aplicar reingeniería en sus organizaciones está motivada por la comprensión de que, en la actualidad, solo sobrevivirán y prosperarán aquellas organizaciones que aprendan nuevas y más eficientes formas de operación. En consecuencia, los gerentes deben entender cómo ocurre el aprendizaje organizacional y los factores que pueden favorecerlo e impedirlo.

Tipos de aprendizaje organizacional

Exploración
Búsqueda de nuevos tipos o formas de actividades y procesos organizacionales, por parte de los miembros de la organización.

James March ha propuesto dos tipos principales de estrategias de aprendizaje organizacional: exploración y explotación.[35] La **exploración** incluye la búsqueda y experimentación de nuevos tipos o formas de actividades, así como procesos organizacionales para aumentar la eficacia. El aprendizaje que involucra la exploración debería incluir encontrar nuevas formas de manejar el ambiente, tales como experimentar el uso de alianzas estratégicas y organizaciones en red, o inventar nuevas clases de estructuras organizacionales para manejar los recursos, como las estructuras de equipo de producto y los equipos interfuncionales.

La **explotación** involucra a los miembros organizacionales que aprenden formas para refinar y mejorar las actividades, así como los procedimientos actuales para incrementar la eficacia. El aprendizaje que incluye la explotación debería incluir la implementación de un programa de administración de la calidad total, para promover el continuo refinamiento de los procesos existentes, o bien, para desarrollar un conjunto de reglas mejorado que favorezca tipos específicos de actividades funcionales de manera más eficaz. Por lo tanto, la exploración es una estrategia de aprendizaje más radical que la explotación, aunque ambas deben usarse juntas para aumentar la eficacia organizacional.[36]

Explotación
Aprendizaje de los miembros organizacionales acerca de las formas para refinar y mejorar las actividades y procedimientos actuales.

Una **organización de aprendizaje** es aquella que propositivamente diseña y construye su estructura, cultura y estrategia para mejorar y maximizar el potencial para que tenga lugar el aprendizaje organizacional (de exploración y explotación).[37] ¿Cómo crean los gerentes una organización de aprendizaje, capaz de permitir a sus miembros apreciar los cambios que tienen lugar a su alrededor y responder con rapidez ante ellos? Por medio del aumento en la capacidad de los trabajadores de cualquier nivel de la organización, para cuestionar y analizar la forma en que la organización realiza actualmente sus actividades y experimentar nuevas formas de cambio para aumentar la eficacia.

Organización de aprendizaje
Organización que diseña y construye propositivamente su estructura, cultura y estrategia, con la finalidad de mejorar y maximizar el potencial para que tenga lugar el aprendizaje organizacional.

Niveles de aprendizaje organizacional

Para crear una organización de aprendizaje, los gerentes necesitan motivar el aprendizaje en cuatro niveles: individual, grupal, organizacional e interorganizacional (figura 12.2).[38] Peter Senge desarrolló algunos principios para crear en cada nivel un escenario laboral que promueva el aprendizaje.[39]

INDIVIDUAL En el nivel individual, los gerentes necesitan hacer todo lo posible por facilitar el aprendizaje de habilidades, reglas, normas y valores nuevos, para que los individuos aumenten sus capacidades personales y, con esto, ayuden a construir las competencias clave de la organización. Senge afirma que para que ocurra el cambio organizacional, cada uno de sus miembros necesita desarrollar un sentido de *maestría personal*. Senge considera que con ese sentido las organizaciones deberían facultar a todos los trabajadores y permitirles experimentar, crear y explorar lo que deseen. Google, por ejemplo, permite a sus trabajadores invertir 30% de su tiempo en proyectos de su elección para liberarlos a "pensar fuera de la caja".[40] La meta es ofrecer a los trabajadores la oportunidad para desarrollar gran aprecio por su actividad, lo cual se traducirá en una nueva competencia distintiva para la organización, como ha sucedido en Google, donde los trabajadores sugirieron nuevas aplicaciones como los Google Gadgets.

Para ayudarles a lograr la maestría personal y darles un conocimiento profundo de lo que está involucrado al realizar una actividad particular, las organizaciones necesitan motivar a sus trabajadores a desarrollar y usar *modelos mentales* complejos que los desafíen a encontrar nuevas

Figura 12.2 Niveles de aprendizaje organizacional

Para crear una organización de aprendizaje, los gerentes deben utilizar sistemas de pensamiento y reconocer los efectos de un nivel de aprendizaje sobre otro.

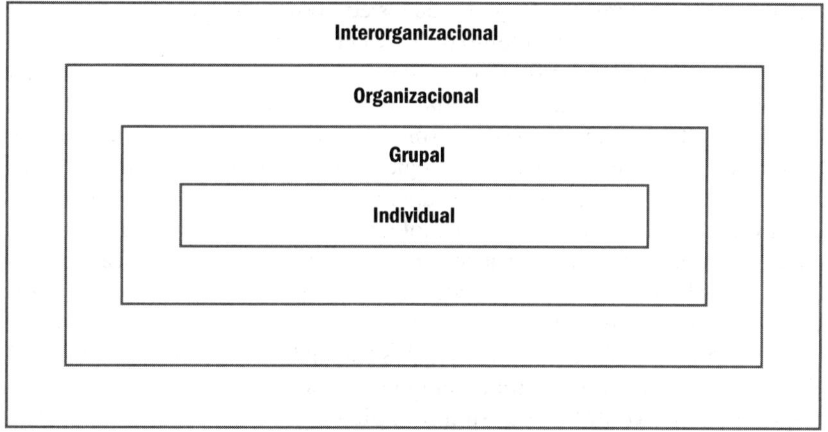

y mejores formas de realizar una tarea. Para proporcionar una analogía, una persona podría cortar el césped una vez a la semana y tomar esto como una tarea que debe realizarse. Sin embargo, suponga que la persona decide estudiar cómo crece el césped y experimentar podarlo a diferentes alturas y usar diversos fertilizantes y patrones de riego. Mediante este estudio, se da cuenta que al cortar el césped a cierta altura y usar combinaciones específicas de fertilizadores y riego, promueve el crecimiento de césped más grueso y en menor cantidad, esto es, en uno que se ve mejor y que necesita menos poda. Lo que era una tarea se puede convertir en un pasatiempo: la maestría individual lograda por la nueva forma de ver la tarea puede convertirse en una fuente de satisfacción personal. Este es el mensaje que subyace al primer principio de Senge para desarrollar una organización de aprendizaje: las organizaciones deben alentar a cada miembro individual a desarrollar un compromiso similar, y ajustarlo a su trabajo para desarrollar el gusto por la experimentación y por tomar riesgos.[41]

Una organización de aprendizaje puede motivar a los trabajadores a formar modelos mentales complejos y a desarrollar un sentido de maestría personal, brindándoles la oportunidad de asumir mayor responsabilidad por sus decisiones. Esto puede lograrse de varias formas. Los trabajadores podrían capacitarse para realizar varias tareas diferentes, y el conocimiento que obtengan puede darles una nueva comprensión sobre cómo mejorar los procedimientos laborales. O quizás un procedimiento laboral que era realizado por varios trabajadores diferentes se rediseñe o se hace reingeniería de manera que solo se necesite un trabajador, ayudado por TI avanzada, para ejecutar la tarea. De nueva cuenta, el resultado puede ser un incremento en el aprendizaje organizacional cuando los trabajadores encuentran nuevas formas para realizar su labor. Recuerde que uno de los propósitos de la reingeniería es fundamentalmente repensar los procesos básicos del negocio. La reingeniería debe promover el aprendizaje organizacional.

GRUPAL En el nivel grupal, los gerentes necesitan alentar el aprendizaje promoviendo el uso de diversos tipos de grupos, como equipos autogestionados o interfuncionales, de tal manera que los trabajadores compartan o combinen sus capacidades y habilidades para resolver problemas. Los grupos proporcionan al escenario la sinergia para desarrollar la idea de que el todo es mucho más que la suma de sus partes, lo cual puede mejorar el desempeño. En términos del modelo de Thompson de la interdependencia de la tarea analizado en el capítulo 9, por ejemplo, el movimiento de una interdependencia de tarea secuencial y combinada a una forma recíproca, incrementa el potencial de sinergia y el aprendizaje grupal por desarrollar porque hay más oportunidad para los miembros del grupo de interactuar y aprender entre sí con el tiempo. Las "rutinas grupales" y las "agrupaciones compartidas de significado colectivo" que mejoran la eficacia grupal logran desarrollarse a partir de tales interacciones grupales.[42] Senge se refiere a este tipo de aprendizaje como *aprendizaje en equipo* y afirma que este es aún más importante que el aprendizaje individual en la promoción del aprendizaje organizacional, ya que las decisiones más importantes se toman en subunidades como grupos, funciones y divisiones.

La capacidad de los equipos para producir el aprendizaje organizacional fue inequívoca cuando Toyota revolucionó el proceso de trabajo de la fábrica GM, revisado en el recuadro "Al interior de la organización 6.1". Se lograron grandes mejoras en el desempeño, cuando los ejecutivos de Toyota crearon equipos de trabajo y facultaron a los miembros del equipo para tomar la responsabilidad de medir, monitorear y controlar su propio comportamiento y encontrar continuamente formas para mejorar el rendimiento. El poder de los equipos para producir el aprendizaje organizacional también se observó en otro intento de Toyota por aumentar la eficacia.

Experimentando diversas formas para mejorar la eficiencia técnica, Toyota decidió producir automóviles en fábricas totalmente robotizadas, incorporando la tecnología de fabricación más avanzada. Como resultado, cuando construyeron una nueva planta en Kyoto, los ingenieros de Toyota se centraron en perfeccionar la tecnología de materiales de la planta, en tanto que los trabajadores se convirtieron simplemente en "apéndice de la máquina". En pocos años, fue claro para los ejecutivos de Toyota que la nueva tecnología no había dado como resultado los grandes beneficios que esperaban. ¿Por qué? De acuerdo con Toyota, las nuevas fábricas habían eliminado la oportunidad para el aprendizaje en equipo; los trabajadores ni pedían ni esperaban contribuir con sus ideas para mejorar la eficiencia. Las computadoras solo son tan buenas como la gente que las programa y los programadores no eran quienes trabajaban en la línea de producción. Desde entonces, Toyota eliminó las fábricas totalmente robotizadas y en sus nuevas plantas se asegura de que los equipos pueden contribuir con su conocimiento y habilidades para aumentar la eficacia.

A pesar de eso, Toyota es la primera en admitir que no es perfecta y que seguirá intentando aprender y mejorar, como se expone en el recuadro "Al interior de la organización 12.3".

ORGANIZACIONAL A nivel organizacional, los gerentes pueden promover el aprendizaje mediante la forma en que crean su cultura y estructura. La estructura de una organización puede diseñarse para inhibir o facilitar la comunicación y cooperación entre funciones o divisiones, por ejemplo, y eso afecta su capacidad para aprender de los demás. De manera similar, las estructuras orgánica y mecanicista promueven diferentes enfoques de aprendizaje. El diseño de la estructura mecanicista facilita el aprendizaje de explotación o aprovechamiento; el de la estructura orgánica facilita el aprendizaje de exploración. De hecho, las organizaciones necesitan conseguir un equilibrio entre una estructura mecanicista y una orgánica para obtener ventaja de ambos tipos de aprendizaje.

Al interior de la organización 12.3

Toyota es una organización de aprendizaje

Boykov/Shutterstock.com

Aunque Toyota se considera el líder mundial en administración de la calidad total y se esmera por aprender mejores formas para realizar sus actividades, sería un error creer que su récord es perfecto, o algo cercano a ello. En el transcurso de los años, ha cometido muchas equivocaciones y errores conforme ha intentado aprender nuevas y mejores formas para mejorar sus actividades funcionales y aumentar la innovación, calidad y eficiencia operativa. No obstante, Toyota siempre busca aprender de sus errores y mantiene a raya el problema hasta encontrar la solución.

En el área de la innovación, por ejemplo, los ingenieros japoneses de Toyota han fallado en entender las necesidades de sus clientes globales porque no ponen atención ni aprenden de sus ejecutivos, trabajadores y clientes del extranjero. Como resultado, la primera generación de muchos de sus nuevos vehículos, como pickups, minivans y camionetas resultó un fracaso. Por ejemplo, su primera pickup era muy pequeña para el mercado estadounidense, su primera minivan era difícil manejar en comparación con las de Chrysler y su primera camioneta tenía poco poder y carecía del confort y de otras características como las de los competidores Ford y Land Rover. Con el tiempo, los ingenieros de Toyota han aprendido de sus errores y, al día de hoy, utilizando las habilidades de sus diseñadores estadounidenses y europeos, sus nuevas generaciones de pickups, minivans y camionetas se han convertido en líderes en el mercado.[43]

Por el lado de la calidad, por lo cual es reconocida, también se han cometido errores. En numerosas ocasiones sus ingenieros diseñaron partes, como los sistemas de aire acondicionado o de frenos que probaron estar defectuosos y les llevaron a muchos reclamos. Pero aprendieron de sus errores y la mayoría de los problemas se corrigieron. Aun así, no fue sino hasta 2007 que en Toyota se dieron cuenta de que podían encontrar aún más formas de mejorar la calidad, si empezaban a recolectar información sobre reparaciones de cualquier tipo de problemas que sufrieran sus vehículos *después* de que la garantía hubiera expirado. Si hubieran tomado antes este punto de vista a largo plazo, sus ingenieros podrían haber enfocado su atención en problemas específicos que llevaban a una baja calidad en las refacciones.[44]

Por el lado de la eficiencia, se ha dificultado el ensamble de los automóviles, porque tanto los componentes como los procesos de trabajo se han vuelto más complejos. Aunque era el líder mundial a mediados de la década de 2000, Toyota, que se había expandido rápidamente en el mundo, encontró que el número de reclamaciones se había incrementado. Por ejemplo, desde 2004 Toyota ha retirado 9.3 millones de vehículos en Estados Unidos y Japón, casi tres veces la tasa anterior. La razón de este problema fue que en su preocupación por crecer, los gerentes olvidaron aumentar la cantidad de capacitación laboral que permitiera a los trabajadores fabricar sus cada vez más complejos vehículos.[45] Para resolver ese problema, Toyota ha retrasado la introducción de algunos de sus nuevos modelos por varios meses, mientras entrena a su fuerza laboral en los intrincados procedimientos que deben seguirse para lograr la alta calidad que se demanda. Ciertamente, para permitirle recuperar sus altos estándares de calidad, abrió los "centros de producción globales", esto es, centros de aprendizaje, en Kentucky, Inglaterra y Tailandia, con la finalidad de permitir a sus ingenieros entrenar a los supervisores de producción en técnicas avanzadas, como soldadura y pintura, necesarias para mantenerse a la vanguardia en calidad de producción.

En 2007, el presidente de Toyota, Katsuaki Watanabe, se disculpó públicamente por estos errores y afirmó que Toyota había regresado al camino correcto, aun cuando sigue estando a la cabeza en la lista de calidad de los mejores fabricantes de automóviles en el mundo.[46] Posteriormente, en 2009 Toyota volvió a experimentar una crisis importante al reportarse problemas con el diseño de los sistemas de frenos de sus vehículos que presentaban una aceleración inesperada y que dio como resultado accidentes y muertes. Toyota se vio involucrada en juicios legales que le han costado miles de millones de dólares y la caída en las ventas, pero sus altos directivos se están asegurando que cada trabajador de la compañía entienda ahora la importancia de estar abiertos y dispuestos a reportar errores o equivocaciones. En junio de 2011, Toyota revisó más de 50,000 vehículos en Estados Unidos aun cuando solo se hubiera reportado un problema de dirección. Incluso las mejores compañías deben esforzarse por aprender a mantener sus estándares altos y a continuar aprendiendo.

Los valores y las normas culturales son también una influencia importante en el aprendizaje a nivel organizacional. Otro de los principios de Senge para diseñar una organización de aprendizaje enfatiza la importancia de *construir la visión compartida*, por la cual —asevera— se crea un modelo mental continuo que utilizan todos los miembros organizacionales para enmarcar los problemas o las oportunidades, y que los compromete con la organización. En el centro de esta visión puede estar un conjunto de normas y valores terminales e instrumentales, que guían la forma en que los trabajadores interactúan y que afecta la manera en que aprenden de los demás. Así, otro aspecto importante de la cultura organizacional es su capacidad para promover o inhibir el aprendizaje y cambio organizacionales.

De hecho, en un estudio con 207 compañías, John Kotter y James Heskett distinguieron entre las culturas adaptativas y las inertes en términos de su capacidad para facilitar el aprendizaje organizacional.[47] Las **culturas adaptativas** son aquellas que valoran la innovación; además, alientan y refuerzan la experimentación, así como el riesgo que toman los gerentes de nivel medio y bajo. Las **culturas inertes** son aquellas que son cautelosas y conservadoras, que no valoran a los gerentes de nivel medio y bajo que toman tal acción y, por lo tanto, pueden disuadir tal comportamiento. De acuerdo con Kotter y Heskett, el aprendizaje organizacional es mayor en organizaciones con culturas adaptativas, porque los gerentes pueden introducir cambios en la forma en la cual opera la organización y que le permiten adaptarse a los cambios que ocurren en el ambiente. Esto no sucede en organizaciones con culturas inertes. Como resultado, las organizaciones con culturas adaptativas muestran más probabilidades de sobrevivir al ambiente cambiante y deberían tener mejor desempeño que las organizaciones con culturas inertes, que es exactamente lo que encontraron Kotter y Heskett.

Culturas adaptativas Culturas que valoran la innovación y alientan y refuerzan la experimentación, así como la toma de riesgo de los gerentes de nivel medio y bajo.

Culturas inertes Culturas cautelosas y conservadoras, que no promueven la toma de riesgo de los gerentes de nivel medio y bajo.

INTERORGANIZACIONAL La estructura y la cultura organizacionales no solo establecen la visión compartida, o el marco de suposiciones comunes que guían el aprendizaje dentro de una organización, también determinan cómo ocurre el aprendizaje en el nivel interorganizacional. Las organizaciones orgánicas con culturas adaptativas, por ejemplo, presentan mayor probabilidad de buscar activamente nuevas formas de manejar los vínculos con otras organizaciones, mientras que las mecanicistas con culturas inertes son más lentas para reconocer y sacar ventaja de nuevos mecanismos de vinculación; en ocasiones, prefieren ir solas.

En general, el aprendizaje interorganizacional es importante porque las organizaciones pueden mejorar su eficacia imitando las competencias distintivas de cada una de las otras organizaciones. En el capítulo anterior se revisó cómo los procesos mimético, coercitivo y normativo motivan a las organizaciones a aprender de las demás para aumentar su legitimidad, pero esto también puede mejorar su eficacia. Por ejemplo, en la industria automotriz, los fabricantes japoneses llegaron a Estados Unidos después de la Segunda Guerra Mundial para aprender los métodos de fabricación estadounidenses; llevaron esos conocimientos de vuelta a Japón donde los mejoraban. Este proceso fue revertido en la década de 1980, cuando los fabricantes estadounidenses fueron a Japón a aprender los avances que los japoneses habían impulsado, tomaron ese conocimiento y lo llevaron a Estados Unidos para mejorarlo.

De forma similar, las organizaciones pueden promover el aprendizaje de exploración y de explotación mediante la cooperación con sus proveedores y distribuidores, con el objetivo de encontrar nuevas y mejores formas de manejar los insumos y los resultados. Los sistemas de TI en toda la empresa, las redes negocio a negocio, las alianzas estratégicas y las organizaciones en red son vehículos importantes para aumentar la velocidad a la que tiene lugar el nuevo aprendizaje, porque abren a la organización al ambiente y dan a los miembros organizacionales nuevas oportunidades para experimentar y encontrar nuevas formas de incrementar la eficacia.

De hecho, el quinto principio de aprendizaje organizacional de Senge, el *pensamiento de sistemas*, consiste en crear una organización de aprendizaje en la cual los gerentes reconozcan los efectos de un nivel de aprendizaje sobre los demás. Por ejemplo, hay poco en la creación de equipos que facilite el aprendizaje en equipo, si una organización no adopta también las acciones para dar a los trabajadores la libertad para desarrollar un sentido de maestría personal. Igualmente, la naturaleza del aprendizaje interorganizacional puede verse afectada por la clase de aprendizaje que se realiza en los niveles organizacional y grupal.

Mediante la práctica de alentar y promover el aprendizaje organizacional en los cuatro niveles, es decir, viendo el aprendizaje organizacional como sistema, los gerentes pueden crear una organización de aprendizaje que permita a esta responder con rapidez frente a los cambios en el ambiente. Los gerentes necesitan promover el aprendizaje de exploración y de explotación y, luego, utilizarlo de forma tal que promueva la eficacia organizacional. En la siguiente sección, se estudia una técnica importante para promover el aprendizaje organizacional: la administración del conocimiento. Luego, se revisan los diversos factores que pueden impedir el aprendizaje.

Administración del conocimiento y tecnología de la información

Como hemos visto en capítulos anteriores, la nueva TI ha causado un impacto importante en la forma en que la organización opera. La estructura organizacional mediante TI permite nuevos tipos de relaciones de tarea y rol entre personas conectadas electrónicamente, que promueven mejores comunicación y coordinación. Un tipo de relación organizacional mediante TI que ha producido importantes implicaciones, tanto para el aprendizaje organizacional como para la toma de decisiones, es la **administración del conocimiento**, que significa compartir e integrar la experiencia dentro y entre funciones y divisiones, mediante TI interconectada en tiempo real.[48]

Administración del conocimiento
Un tipo de relación organizacional mediante TI que tiene implicaciones importantes, tanto para el aprendizaje organizacional como para la toma de decisiones.

Para entender la importancia de la administración del conocimiento, considere cómo Accenture desarrolló un sistema de administración del conocimiento que mejorara la capacidad de sus consultores, para adquirir un nuevo conocimiento que les permitiera atender mejor las necesidades de sus clientes. Accenture, la compañía consultora en administración más grande del mundo, ha sido pionera en el uso de la TI para revolucionar sus prácticas de negocios. Al ir creciendo, hasta contar con más de 100,000 empleados en más de 50 países, se dieron cuenta de que era necesaria una nueva forma de organizar y controlar a su ejército de consultores. Como solo cada consultor en el campo podría diagnosticar y resolver los problemas de sus clientes, Accenture pensó en la necesidad de un sistema de control que facilitara la toma de decisiones creativa, inmediata y descentralizada. Además, para aumentar la eficacia, Accenture también necesitó encontrar el modo que permitiera a los consultores compartir el conocimiento de primera mano y la experiencia lo que, después de todo, es la fuente de su ventaja competitiva.

Para lograr ambas metas, Accenture decidió crear un sistema de administración del conocimiento y sustituir el control directo de los ejecutivos con el control mediante un sofisticado sistema interno de TI.[49] Primero, restructuraron la jerarquía administrativa eliminando varios niveles de ejecutivos. Luego, establecieron un sistema de administración de la información a nivel de toda la organización, que permitiera a los consultores tomar sus propias decisiones y, al mismo tiempo, darles acceso a un sistema de conocimiento experto que les asesorara cuando necesitaran resolver problemas de clientes.[50]

El proceso de cambio inició equipando a cada consultor con una computadora laptop de última tecnología. Con el uso de la sofisticada TI interna, cada consultor se vinculaba con todos los demás consultores de la organización y se convertía en miembro de un grupo específico especializado en las necesidades de un tipo particular de cliente como, por ejemplo, compañías de correduría o empresas de consumidores. Por consiguiente, el grupo poseía conocimiento experto colectivo sobre un tipo particular de cliente. Para encontrar solución a un problema, los miembros de un grupo específico, trabajando en diferentes sitios, se contactaban por correo electrónico con otros compañeros para saber si habían enfrentado problemas similares.

Si los miembros del grupo aún no podían resolver el problema, los consultores se comunicaban con miembros de otros grupos utilizando la base de datos de Accenture de administración del conocimiento, que contiene gran cantidad de información potencialmente relevante. De esta manera, los diferentes grupos podían compartir prácticas de negocio de vanguardia, pues era probable que otro grupo hubiera encontrado el mismo problema en un contexto diferente y, por lo tanto, debería existir la solución. Los consultores que encontraban indicios utilizando el sistema electrónico de administración del conocimiento se comunicaban directamente con consultores de otros grupos, mediante una combinación de teléfono, correo de voz, correo electrónico y videoconferencia, para acceder a la información más actualizada obtenida y aplicada en los sitios de clientes.[51] Utilizando tales recursos, los consultores se mantenían actualizados en las prácticas innovadoras dentro de su propia empresa y dentro de las empresas clientes. Recuerde que los contratos de consultoría de Accenture con clientes individuales alcanzaron millones de dólares: es vital la mejora en el aprendizaje que se obtiene mediante un sistema electrónico de administración del conocimiento.

Accenture encontró que, aplanando su estructura, descentralizando la autoridad y enriqueciendo los roles, su sistema de administración del conocimiento mejoró la creatividad y el desempeño de sus consultores. Al proporcionar más información a los trabajadores para tomar decisiones y permitirles coordinarse con otras personas, la TI brinda a los consultores mucha mayor libertad para tomar decisiones. Por su parte, los ejecutivos sénior pueden manejar de manera más sencilla lo que hacen sus consultores mediante el monitoreo electrónico de su progreso y tomando, cuando es necesario, acciones correctivas. El resultado ha sido que en 2011 Accenture fue la compañía de consultoría TI más grande y rentable del mundo.[52]

Como sugiere el ejemplo de Accenture, un beneficio importante del uso de un sistema de administración del conocimiento es el desarrollo de sinergias entre las personas y los grupos, que puede dar como resultado una ventaja competitiva en forma de diferenciación de producto o servicio. A diferencia de los métodos organizacionales burocráticos más rígidos, las organizaciones de TI pueden responder con mayor rapidez a las condiciones ambientales cambiantes, como la cada vez mayor competencia global.

¿Qué tipo de sistema de administración del conocimiento podrían diseñar los gerentes para sus organizaciones? ¿Es adecuado el mismo tipo de sistema para todos los tipos de organización? ¿O deberíamos esperar que las organizaciones con orientación más mecanicista u orgánica desarrollen y adopten diferentes tipos de sistemas?

ADMINISTRACIÓN DEL CONOCIMIENTO: CODIFICACIÓN CONTRA PERSONALIZACIÓN Una solución al respecto consiste en que las organizaciones deberían elegir entre un enfoque de codificación o de personalización, para crear un sistema de administración del conocimiento basado en la TI.[53] Con un *enfoque de codificación*, el conocimiento se recopila, analiza y almacena cuidadosamente en bases de datos, desde donde puede ser recuperado con facilidad por los usuarios, quienes introducen comandos específicos y palabras clave. En esencia, un enfoque de codificación da como resultado una colección de mejores prácticas organizacionales estandarizadas, reglas y estándares de operación que pueden ser recuperados por cualquiera que los necesite. Es una forma de control burocrático que suele dar como resultado grandes beneficios en eficiencia técnica, así como permitir a la organización un mejor manejo de su ambiente. Por ejemplo, en 2011 Dell anunció que empezaría a usar un avanzado enfoque de codificación interno para manejar sus actividades de servicio y apoyo a sus clientes de negocio, en alianza con la SAP (Sistemas, Aplicaciones y Productos: una empresa alemana de software empresarial). Todos sus clientes de negocio tendrán acceso al sistema de administración del conocimiento de Dell. Así, el software de SAP les dará acceso en tiempo real las soluciones a cualquier problema administrativo, mediante software o bases de datos. El sistema también dará acceso instantáneo a los consultores en línea de Dell, quienes pueden ayudar a los clientes a resolver problemas y confiar la seguridad e integridad de sus bases de datos, algo muy importante porque Dell intenta convertirse en un líder en la computación de nube de bajo costo.

Sin embargo, un enfoque de codificación, solo es adecuado cuando el producto o servicio proporcionado está totalmente estandarizado para que las mejores prácticas puedan descubrirse e ingresarse en el sistema de administración del conocimiento que vaya a ser utilizado por otras personas de la organización. Funciona mejor cuando las diferentes actividades de la organización son capaces de proporcionar información estandarizada, por ejemplo, sobre las cambiantes demandas del cliente o las especificaciones del producto, que brinda insumo a las otras funciones para que aumenten el nivel de ajuste mutuo y el aprendizaje, lo cual da como resultado mayores beneficios en eficacia. En ese sentido, un sistema de administración del conocimiento permite a una organización una estructura más mecanicista para reaccionar de manera más "orgánica", a pesar de la flexibilidad que brindan los sofisticados y nuevos protocolos de TI basados en la codificación del conocimiento organizacional estandarizado.

En contraste, un *enfoque de personalización* a la administración del conocimiento se busca cuando una organización necesita ofrecer productos o soluciones a la medida de los clientes, cuando la tecnología cambia rápidamente y cuando los trabajadores se basan mucho más en el *know-how*, la perspicacia y el juicio para tomar decisiones. En estos casos, es muy difícil (si no imposible) escribir o incluso verbalizar un curso de acción que lleve a una solución. Con frecuencia, la solución resulta del ajuste mutuo entre las personas y los grupos cuando se utiliza la tecnología, como vimos en el capítulo 9.

En un enfoque de personalización, los sistemas de información se diseñan para mostrar a los trabajadores quién en la organización podría tener el conocimiento necesario o quién podría haber enfrentado un problema similar en el pasado. En una compañía consultora como Accenture, por ejemplo, los consultores individuales escribirán sinopsis de las formas en que han resuelto los problemas de los clientes, así como la naturaleza de estos problemas, de tal forma que los demás miembros de la organización pueden dar sentido a lo que están haciendo. Al trabajar en equipos, los consultores también difunden su conocimiento en toda la organización, en ocasiones globalmente, y se usa la TI para facilitar las interacciones directas entre las personas y el intercambio del *know-how* informando a los trabajadores, por ejemplo, acerca de seminarios por venir o la visita de expertos internos.

Con el tiempo, en la medida en que una organización como Accenture confronte más ejemplos de un tipo de problema similar, los consultores pueden codificar este *know-how* informal en mejores prácticas que puedan compartirse más ampliamente en toda la organización. Un sistema de información de una organización juega un rol especialmente importante, ya que el éxito competitivo depende de la velocidad con que se pueda brindar a los clientes una solución avanzada a sus problemas. Dado que todo el tiempo hay avances en el software, tales soluciones cambian continuamente. La capacidad de una organización para proporcionar una solución rápida personalizada y para traducirla en mejores prácticas depende, en ocasiones, del grado en que esté *especializada*, por ejemplo, por industria o producto o servicio y, por lo tanto, trata con una variedad de problemas más específicos y profundos. Esta es la razón por la cual hay muchas pequeñas compañías consultoras de cómputo y de software especializado.

Por consiguiente, la administración del conocimiento es una herramienta importante para mejorar el nivel de integración dentro de una organización, así como entre la gente, entre las funciones e incluso entre las divisiones. En la década de 2000, muchas compañías han cambiado para desarrollar sistemas de administración del conocimiento y así acelerar el aprendizaje y la toma de decisiones, y muchas de ellas han tenido éxito. Es importante recordar, sin embargo, que la administración del conocimiento es costosa; debe emplearse a personas que codifiquen el conocimiento y lo diseminen en toda la organización. En la actualidad, existe tanta información disponible mediante TI para los gerentes que puede ser abrumadora, por lo que el proceso de descubrir mejores prácticas y soluciones requiere una gran cantidad de investigación y juicio propio. Compañías como HP, TI y Oracle han ahorrado millones de dólares al implementar sistemas de administración del conocimiento; incluso, están invirtiendo cientos de millones más para mantener esos sistemas. Las organizaciones siempre tienen que comparar los beneficios y los costos del uso de la TI, y de la administración del conocimiento para facilitar el aprendizaje.

Factores que afectan el aprendizaje organizacional

Mientras que la administración del conocimiento mejora el aprendizaje organizacional, diversos factores podrían *reducir* —con el tiempo— el nivel de aprendizaje. Un modelo desarrollado por Paul C. Nystrom y William H. Starbuck ilustra cómo surgen los problemas que impiden que una organización aprenda y se adapte a su ambiente, lo cual daría como resultado una crisis organizacional, es decir, una situación que amenaza seriamente la supervivencia de la organización.[54]

De acuerdo con Nystrom y Starbuck, conforme las organizaciones aprenden a tomar decisiones desarrollan reglas y estándares de operación que facilitan la toma de decisiones programadas. Si una organización alcanza el éxito utilizando sus estándares, este éxito puede llevarla a la complacencia y a impedir que los ejecutivos busquen y aprendan de las nuevas experiencias.[55] Así, el aprendizaje anterior (exitoso) puede inhibir el aprendizaje nuevo y llevar a la inercia organizacional. En esencia, si la toma de decisiones programadas cancela la toma de decisiones no programada, decae el nivel de aprendizaje organizacional. La ceguera y la rigidez en la toma de decisiones pueden establecerse y llevar a una crisis extensa.

Con frecuencia, los ejecutivos restan importancia a los avisos de que los problemas son inminentes y no perciben que las crisis se encuentran en desarrollo. Aun dándose cuenta, la fuente de los problemas a veces se atribuye a alteraciones temporales en el ambiente. Por lo tanto, los gerentes implementan "estrategias para sostenerse a flote", que posponen las inversiones, recortan la fuerza laboral, centralizan la toma de decisiones y reducen la autonomía a los niveles inferiores de la organización. Los ejecutivos adoptan este enfoque gradual para la toma de decisiones porque adherirse a lo que saben es mucho más seguro que establecer nuevas direcciones de las que se desconocen las consecuencias. Los gerentes continúan basándose en la información obtenida de sus rutinas operativas para resolver los problemas: una información que no revela la naturaleza real de los problemas que experimentan.

Otra razón por la cual el aprendizaje anterior inhibe el nuevo aprendizaje es que las estructuras cognitivas o la mentalidad de los ejecutivos moldean su percepción e interpretación de los problemas y las soluciones. Una **estructura cognitiva** es un sistema de creencias, preferencias, expectativas y valores interrelacionados que un individuo usa para definir los problemas y eventos.[56] En una organización, las estructuras cognitivas se revelan a sí mismas en planes, metas, historias, mitos y jerga. Las estructuras cognitivas moldean la forma en que los altos directivos toman decisiones y determinan el grado en que las fuerzas en el ambiente se perciben como oportunidades y amenazas. A veces, los altos directivos se aferran a ideas obsoletas y utilizan estructuras cognitivas inadecuadas para interpretar los eventos y problemas, lo cual lleva a un aprendizaje fallido. Para

Estructura cognitiva
Sistema de creencias, preferencias, expectativas y valores interrelacionados que un individuo utiliza para definir los problemas y eventos.

explicar por qué, es necesario analizar algunos factores que distorsionan las percepciones de los ejecutivos y estropean el aprendizaje organizacional y la toma de decisiones.

Aprendizaje organizacional y estructuras cognitivas

Como vimos anteriormente, las estructuras cognitivas son sistemas de creencias, preferencias y valores que se desarrollan con el tiempo y que determinan la respuesta de los gerentes, así como las interpretaciones de una situación. Cuando los gerentes enfrentan un problema, sus estructuras cognitivas moldean su interpretación de la información; esto es, la forma como ven una situación está moldeada por la experiencia y las formas de pensamiento acostumbradas.[57] No obstante, este punto de vista podría estar distorsionado o equivocado porque operan sesgos cognitivos.

Tipos de sesgos cognitivos

Numerosos factores suelen llevar a los ejecutivos a desarrollar una estructura cognitiva que les provoque malinterpretar o percibir equivocadamente la información. Dichos factores se denominan **sesgos cognitivos**, porque distorsionan sistemáticamente la toma de decisiones y llevan a una toma de decisiones y un aprendizaje organizacional deficientes (véase la figura 12.3). A continuación se revisan la disonancia cognitiva, la ilusión de control y otros sesgos cognitivos que influyen en el aprendizaje y la toma de decisiones organizacionales.[58]

Sesgos cognitivos
Factores que sistemáticamente sesgan las estructuras cognitivas y afectan el aprendizaje y la toma de decisiones organizacionales.

Disonancia cognitiva
Estado de incomodidad o ansiedad que una persona siente cuando existe inconsistencia entre sus creencias y sus acciones.

Disonancia cognitiva

La **disonancia cognitiva** es el estado de incomodidad o ansiedad que un individuo experimenta cuando existe inconsistencia entre sus creencias y sus acciones. De acuerdo con la teoría de la disonancia cognitiva, quienes toman decisiones intentan mantener la consistencia entre la imagen de sí mismos, sus actitudes y sus decisiones.[59] Los ejecutivos buscan o interpretan la información que confirma o refuerza sus creencias e ignoran la información que no lo hace. También tienden a buscar solo información gradualmente diferente a la que ya poseen y que, en consecuencia, apoye la posición establecida.

La teoría de la disonancia cognitiva explica por qué los ejecutivos tienden a malinterpretar las amenazas reales que enfrenta la organización, e intentan arreglárselas aun cuando sea claro para muchos observadores que la organización está en crisis. El deseo por reducir la disonancia cognitiva empuja a los ejecutivos a adoptar soluciones deficientes.

Figura 12.3 La distorsión en la toma de decisiones organizacional por sesgos cognitivos

La disonancia cognitiva y otros sesgos cognitivos afectan las capacidades de los ejecutivos para el procesamiento de información y distorsionan su interpretación de un problema.

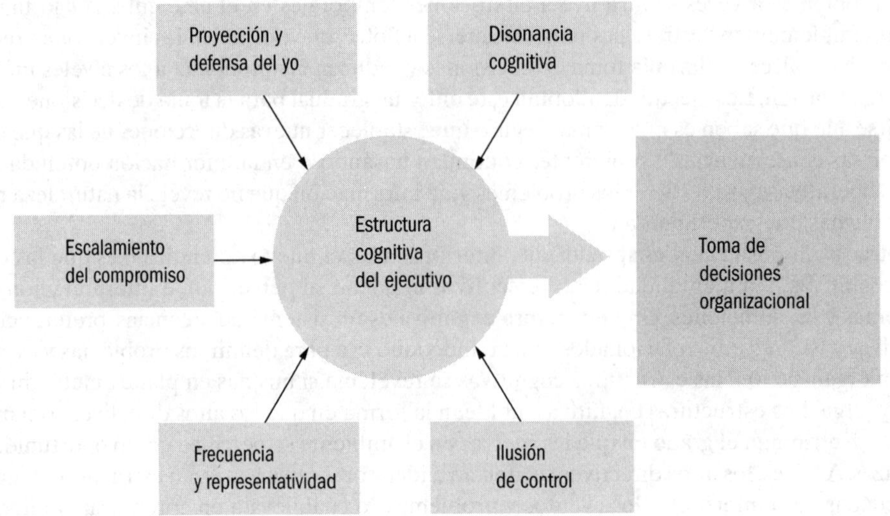

Ilusión de control

Algunas personas, como los empresarios, parecen ser capaces de soportar niveles altos de incertidumbre; otras en cambio prefieren la seguridad que se relaciona con trabajar en organizaciones establecidas. A pesar de la tolerancia a la ambigüedad, sin embargo, la incertidumbre es muy estresante. Cuando el ambiente o el futuro de una organización son inciertos, los gerentes no saben si han hecho las elecciones correctas y, con frecuencia, ponen en riesgo considerables recursos organizacionales. Los gerentes pueden reducir el grado en que temen la inseguridad, fortaleciendo su percepción de que disponen de las capacidades personales para controlar la situación.[60] Sin embargo, cuanto mayor sea la percepción de control de la situación, más probable será que surja el sesgo cognitivo conocido como ilusión de control.

La **ilusión de control** es un sesgo cognitivo que lleva a los gerentes a sobrestimar el grado donde pueden controlar una situación, porque creen poseer las habilidades y capacidades necesarias para manejar la incertidumbre y la complejidad.[61] En situaciones inciertas donde su capacidad y competencia son realmente puestas a prueba, los gerentes pueden desarrollar creencias irracionales sobre su destreza personal para manejar la incertidumbre. Por ejemplo, pueden sobrestimar su habilidad para entrar a nuevas industrias y emprender un programa inmenso de adquisición. Sin embargo, pronto encuentran problemas y se dan cuenta de que carecen de la capacidad para manejar con eficacia organizaciones más complejas, pero resulta muy tarde.

Ilusión de control
Sesgo cognitivo que lleva a los gerentes a sobrestimar el grado en que los resultados de una acción están bajo su control personal.

Con frecuencia, cuando los altos directivos pierden el control, centralizan más la autoridad con la creencia equivocada de que esto les dará mayor control y les permitirá resolver sus problemas. Pero debido a que su percepción de control es una ilusión, se profundiza la crisis organizacional. No es raro para un director general o para los miembros de un equipo afianzado desarrollar la ilusión de que solo ellos cuentan con la capacidad para manejar la incertidumbre que enfrenta la organización y llevarla al éxito, aun cuando se encuentre en crisis.

Frecuencia y representatividad

La frecuencia y la representatividad son tendencias que suelen llevar a los gerentes a malinterpretar la información.[62] La **frecuencia** es un sesgo cognitivo que engaña a las personas al asumir que las instancias extremas de un fenómeno son más prevalentes de lo que realmente son. Suponga que los gerentes de compras han tenido una experiencia particularmente mala con un proveedor que les ha entregado grandes cantidades de bienes defectuosos. Debido a problemas de fabricación severos causados por las partes defectuosas, los gerentes deciden terminar relaciones con ese proveedor. El sesgo de frecuencia puede causar que ellos se muestren más temerosos para depender de los insumos de otros proveedores. En vez de ello, pueden decidir integrar sus operaciones verticalmente para controlar sus insumos, aun cuando la integración vertical incrementará los costos. Aunque no es racional pensar que un nuevo proveedor será tan malo, o peor que el proveedor anterior, los gerentes brincan a una solución costosa para evitar el riesgo, con lo que se produce un aprendizaje fallido.

Frecuencia
Sesgo cognitivo que engaña a las personas al asumir que las instancias extremas de un fenómeno son más prevalentes de lo que realmente son.

La **representatividad** es un sesgo cognitivo que lleva a los gerentes a formar juicios basados en muestras pequeñas y no representativas. Por ejemplo, exponerse a un par de proveedores regionales no confiables, impulsa a los gerentes a generalizar y creer que todos los proveedores regionales son poco confiables e irresponsables, lo cual conduce de nueva cuenta a un aprendizaje fallido.

Representatividad
Sesgo cognitivo que lleva a los gerentes a formar juicios con base en muestras pequeñas y no representativas.

Los sesgos de frecuencia y representatividad pueden también funcionar en la dirección opuesta. Una compañía que ha conseguido gran éxito con un nuevo producto podría creer que dicho producto es la oleada del futuro y dedicar todos sus esfuerzos a desarrollar una nueva línea del producto por el cual, en realidad, existe poca demanda. Por ejemplo, FedEx creyó que la demanda de entrega internacional exprés se incrementaría sustancialmente al aumentar la globalización de las compañías. Llegaron a esta conclusión porque habían estado recibiendo cada vez más peticiones de entrega internacional. Así, FedEx decidió invertir una enorme cantidad de recursos para comprar y operar una flota global de aviones e instalaciones en el extranjero para manejar la entrega inmediata en todo el mundo. La decisión fue un desastre. El volumen de paquetes exprés enviados a Europa era solo la mitad de los enviados dentro de Estados Unidos; asimismo, el costo de operar una nueva estructura global era enorme. Después de pérdidas importantes, FedEx decidió formar alianzas estratégicas con compañías de paquetería extranjeras para entregar (en vez de ir por sí sola). Esta nueva estrategia ha tenido éxito. Como lo muestra este ejemplo, una mala decisión, puede causar que los directivos sobregeneralicen a partir de un rango limitado de conocimiento y experiencia.

Proyección y actitud defensiva

Proyección
Sesgo cognitivo que permite a los gerentes justificar y reforzar sus preferencias y valores propios atribuyéndoselos a los demás.

La **proyección** es un sesgo cognitivo que permite a los gerentes justificar y reforzar sus preferencias y valores propios atribuyéndoselos a los demás.[63] Suponga que un equipo directivo está dominado por ejecutivos amenazados por una situación económica deteriorada y dudan de su habilidad para manejarla. Al sentirse amenazado y sin poder, el equipo puede acusar a otros ejecutivos de nivel inferior de ser incapaces de controlar la situación o bien, de carecer de la capacidad o el deseo de hacerlo. Así, los directivos proyectan sus propios sentimientos de indefensión en los demás atribuyéndoles la culpa. Es evidente que cuando la proyección comienza a operar, puede volverse autorreforzante: cada uno culpa a otro y la cultura de la organización se deteriora.

Actitud defensiva
Sesgo cognitivo que lleva a los gerentes a interpretar los eventos de tal manera que sus acciones parecen mucho más favorables.

La actitud defensiva o defensa del yo también afecta la forma en que los gerentes interpretan lo que sucede en la organización. La **actitud defensiva** es un sesgo cognitivo que lleva a los gerentes a interpretar los eventos de tal manera que sus acciones parecen mucho más favorables. Si una organización emplea cada vez más gerentes pero la rentabilidad no aumenta, los ejecutivos pueden enfatizar que están posicionando a la organización para su posterior crecimiento, poniendo en su lugar la infraestructura que apoye el desarrollo futuro. La actitud defensiva da como resultado poco aprendizaje organizacional y la toma de decisiones fallida finalmente lleva al remplazo de los gerentes o al fracaso de la organización.

Escalamiento del compromiso

El sesgo hacia el escalamiento del compromiso es otra causa poderosa de aprendizaje defectuoso y toma de decisiones fallida.[64] De acuerdo con el modelo Carnegie de toma de decisiones, los gerentes generan un número limitado de cursos de acción alternativos, de los cuales ellos eligen uno que esperan llevará a un resultado satisfactorio (si no es que óptimo). Pero qué sucede cuando eligen un curso de acción equivocado y experimentan un resultado negativo, como lo encontró FedEx al perder enormes cantidades de dinero como resultado de su proyecto de paquetería exprés internacional. Una respuesta lógica a un resultado negativo sería una revaluación del curso de acción. Sin embargo, la investigación indica que los gerentes que han cometido un error tienden a persistir en el mismo comportamiento y a aumentar su compromiso con él, aun cuando los esté llevando a pobres ganancias y a la ineficacia organizacional.

Escalamiento del compromiso
Sesgo cognitivo que lleva a los gerentes a permanecer comprometidos con un curso de acción perdido y a negarse a admitir que han cometido un error.

El **escalamiento del compromiso** es un sesgo cognitivo que conduce a los gerentes a permanecer comprometidos con un curso de acción perdido y a negarse a admitir que han cometido un error, quizá por defensa o porque se aferran a la ilusión de control. En la toma de decisiones posterior, intentan corregir y mejorar su (mala) decisión anterior, en vez de reconocer que cometieron un error y cambiar el curso de acción. Por ejemplo, en FedEx, el director general reconoció el error y rápidamente cambió a redistribuir los recursos para darle viabilidad al proyecto de entrega internacional exprés y tuvo éxito. El sesgo hacia el escalamiento del compromiso está reforzado por un enfoque gradual de toma de decisiones. Los gerentes prefieren modificar las decisiones existentes para ajustarlas mejor con las nuevas condiciones en vez de determinar nuevas soluciones. Aunque este método de toma de decisiones puede funcionar en ambientes estables, es desastroso cuando la tecnología o la competencia cambian con rapidez.

El efecto neto de todos los sesgos cognitivos es que los gerentes pierden su capacidad para ver con claridad los nuevos problemas o situaciones, así como para diseñar nuevas respuestas a nuevos retos, por lo que cae el nivel de aprendizaje. La toma de decisiones fallida que resulta de estos sesgos obstaculiza la capacidad de la organización para adaptarse y modificar su ambiente. Al estorbar el aprendizaje organizacional, la toma de decisiones sesgada amenaza la capacidad de la organización para crecer y sobrevivir. ¿Qué puede hacer una organización para desarrollar un enfoque menos gradualista y más desestructurado en la toma de decisiones? ¿De qué manera puede motivarse a los gerentes para que sean receptivos ante el aprendizaje de soluciones nuevas y desafíen los supuestos que utilizan para tomar decisiones?[65] La investigación sugiere diversas formas para aumentar el crecimiento y promover el cambio organizacional.

Mejorar la toma de decisiones y el aprendizaje

La inercia organizacional y los sesgos cognitivos dificultan mantener la calidad en la toma de decisiones y promover el aprendizaje. ¿Cómo pueden los gerentes evitar usar rutinas, creencias y valores inadecuados para resolver problemas? Las organizaciones pueden usar diversos medios para superar el efecto de los sesgos cognitivos y promover el aprendizaje y el cambio: implementar estrategias para el aprendizaje organizacional, expandir la esfera de acción y ampliar la diversidad del equipo de alta dirección, como abogado del diablo o usando el cuestionamiento dialéctico, la teoría del juego y el desarrollo de una estructura organizacional colateral.

Estrategias para el aprendizaje organizacional

Los gerentes continuamente deben desaprender viejas ideas y probar sus habilidades en la toma de decisiones para confrontar los errores en sus creencias y percepciones. Tres formas en las cuales desaprenden viejas ideas (y aprenden nuevas) consisten en escuchar a los disidentes, convertir eventos en oportunidades de aprendizaje y experimentar.[66]

ESCUCHAR A LOS DISIDENTES Para mejorar la calidad en la toma de decisiones, los directivos pueden elegir rodearse de personas que sostengan diferentes y a veces opuestos, puntos de vista. Con esto, recopilan nueva información para evaluar nuevas opciones generadas por los disidentes y así encontrar la mejor solución. Por desgracia, la investigación demuestra que muchos directivos no escuchan a sus subalternos y se rodean de aduladores que distorsionan la información que proporcionan, mejorando las buenas noticias y suprimiendo las malas.[67] Además, debido a la racionalidad limitada, los gerentes pueden negarse a alentar el disentimiento porque este incrementará la cantidad de información que deben procesar, lo cual es una actividad estresante y fatigante.

CONVERTIR EVENTOS EN OPORTUNIDADES DE APRENDIZAJE Nystrom y Starbuck revisan una compañía no identificada que nombró a un "vicepresidente para revoluciones", cuyo trabajo era intervenir cada cuatro años y restructurar a la organización transfiriendo gerentes y reasignando responsabilidades, de modo que las viejas rutinas dadas por hecho se rexaminaran y las personas pudieran crear nuevos puntos de vista sobre diversas situaciones. No hubo gran diferencia en los cambios específicos que se realizaron. El objetivo era convertirlos en lo suficientemente grandes para que la gente se sintiera obligada a formular nuevas interpretaciones de las situaciones. Después de cada restructura, la productividad se incrementaba durante dos años y, luego, decaía por los siguientes dos, hasta que la organización se restructuraba de nuevo.[68]

En general, una organización necesita rediseñar su estructura y cultura para motivar a los gerentes a encontrar mejores formas de responder a una situación. La TQM se basa en la idea de contar con trabajadores que continuamente analicen sus tareas, para descubrir si se pueden introducir mejoras que aumenten la calidad y la productividad. Incluso, las diferentes clases de estructura y cultura organizacionales, por ejemplo, estructura mecanicista u orgánica, pueden alentar o desalentar el aprendizaje organizacional. Un estudio interesante conducido en California sobre hospitales que experimentaron una sacudida causada por una huelga de médicos muestra la influencia de la estructura organizacional en la toma de decisiones. La investigación encontró que las respuestas de los hospitales a la crisis estuvo fuertemente influida por la forma en la cual cada hospital tomaba decisiones en situaciones inciertas.[69] Los hospitales con estructuras orgánicas caracterizadas por la toma de decisiones descentralizada, y frecuente rediseño de sus estructuras, estaban adaptados a aprender y desaprender. Como resultado de esto, tales hospitales manejaron mucho mejor la huelga que los otros, cuyas estructuras eran mecanicistas, centralizadas y con un enfoque programado y formalizado para la toma de decisiones.

EXPERIMENTAR Para fomentar el aprendizaje de exploración, las organizaciones deben promover la experimentación, el proceso de generar nuevas opciones y probar la validez de las anteriores. La experimentación puede usarse para mejorar los procesos de toma de decisiones del bote de basura y gradual. Para probar nuevas formas de conducta, tales como las nuevas maneras de atención al cliente o de fabricar un producto, los gerentes pueden llevar a cabo experimentos que se desvíen muy ligeramente de lo que la organización está practicando o, tomando un enfoque del bote de basura, practicar una lluvia de ideas y llegar a nuevas soluciones que los sorprendan incluso a ellos mismos. Los gerentes dispuestos a experimentar evitan comprometerse demasiado con soluciones previas, reducen la probabilidad de malinterpretar una situación y pueden aprender de sus errores. En la actualidad, el uso de la TI es una parte vital del aprender cómo experimentar para mejorar el desempeño, como lo sugiere el recuadro "Al interior de la organización 12.4".

Uso de la teoría del juego

Como ya revisamos, las organizaciones están en una lucha competitiva constante contra los rivales en la industria para asegurar los recursos limitados. Para entender la dinámica de la toma de decisiones entre competidores en el ambiente, una herramienta útil que ayudaría a los gerentes a mejorar la toma de decisiones y el aprendizaje es la *teoría del juego*, donde las interacciones entre las organizaciones se consideran un juego de competencia. Si las compañías entienden la naturaleza del juego competitivo en que están participando, pueden tomar mejores decisiones que aumenten la probabilidad de obtener los limitados recursos.[70]

Desde la perspectiva de la teoría del juego, las compañías de una industria pueden verse como jugadores que eligen simultáneamente las decisiones que maximizarán su eficacia. El problema que enfrentan los gerentes es la potencial eficacia de cada decisión que tomen, por ejemplo, que la estrategia competitiva que seleccionen no sea "de cantidad fija o estable". El valor que obtengan de hacer cierta elección, el rendimiento, variará dependiendo de la estrategia que hayan seleccionado los rivales. Hay dos tipos básicos de juegos: los juegos de movimiento secuen-

Al interior de la organización 12.4

Uso de la TI para mejorar el servicio al cliente

Actualmente cada vez más compradores potenciales están sacando ventaja de la ilimitada información que pueden encontrar en la Web para aprender sobre diferentes productos y convertirse en clientes informados. Los compradores pueden entrar en línea y buscar información y reseñas sobre diferentes cualidades de los productos en competencia en los sitios de Internet. Luego, pueden ir a los sitios que se especializan en brindar información actualizada sobre los precios actuales que dan a esos productos los diferentes minoristas tradicionales (de ladrillo y cemento) y los vendedores en línea. La disponibilidad de tanta información en línea impone a los minoristas mayores retos, especialmente a los tradicionales, porque sus representantes de ventas ahora tratan con clientes informados. Además, la capacidad para realizar una venta a veces depende de la capacidad del representante para ofrecer cierto tipo de información adicional del producto, o de asistencia en comparación con el vendedor en línea.

Un desafío importante que enfrentan los gerentes de los minoristas tradicionales consiste en encontrar las formas para utilizar la TI y mejorar la calidad de la experiencia de compra, en especial para capacitar mejor a sus trabajadores y poder brindar un servicio al cliente de alta calidad. En el pasado, por ejemplo, una de las atracciones de ir de compras a tiendas departamentales de lujo era que sus vendedores se caracterizaban por un gran conocimiento de los productos que vendían, conocimiento que, en gran medida, satisfacía a los clientes. Por ejemplo, los representantes de ventas sabían tanto la extensión telefónica para localizar la talla de un vestido o un edredón que deseaba el cliente y que no lo había en existencia, como pedir el artículo para que llegara en el transcurso de la noche. Pero ahora los clientes han aprendido más que los trabajadores acerca de los productos en competencia porque usan la Web para obtener información. Ellos asumen que los trabajadores han aprendido a usar Internet para obtener información en tiempo real sobre los productos que venden.

En realidad, muchas tiendas de menudeo no se han mantenido a la par con la necesidad de usar la TI para ayudar a sus trabajadores a aprender sobre los productos que venden, lo cual ayudaría a ofrecer un mejor servicio al cliente. Tampoco han pensado sobre cómo mejorar la capacitación de los trabajadores para darles el conocimiento y la información que necesitan para ayudar a los clientes a aprender sobre estos productos. El resultado ha sido una caída en el rendimiento en las tiendas y la pérdida de clientes, quienes prefieren las tiendas en línea. Entonces, ¿qué deben hacer las tiendas tradicionales para recuperar terreno y ayudar a sus vendedores a brindar mejor servicio al cliente? La mejor forma de competir con los minoristas en línea consiste en usar de mejor manera a sus trabajadores, sobre todo en capacitarlos para que dispongan de mayor información que los clientes muy conocedores de la TI, así como para proporcionar diversos tipos de servicios que no tienen las tiendas en línea, por ejemplo, dar servicio personalizado y ofrecer a los clientes beneficios extra como entrega a domicilio, servicio y reparación.

Best Buy, por ejemplo, decidió que rentrenaría a 30% de sus vendedores para que no solo tuvieran información detallada sobre los productos de su propio departamento, computadoras personales o pantallas planas, sino también acerca de cómo adaptar productos entre departamentos, por ejemplo, ayudar a los clientes a decidir qué impresora se ajusta mejor a una computadora personal que cuenta con cierto tipo de tarjeta de gráficos. La meta es brindar a los clientes información adicional o "extra", que marque diferencia y así alentarlos a comprar en tiendas tradicionales, para hacerles creer que valdrá la pena que regresen en el futuro.

De hecho, otra ventaja de invertir en el servicio de alta calidad al cliente consiste en que la investigación ha encontrado que usar la TI para atraer a los clientes a la tienda, ya sea para que elijan sus productos o para obtener mejor asesoría, es una fuente de ventas adicional. ¿Por qué? Los representantes de ventas están entrenados para informar a los clientes acerca de los accesorios que les ayudarán a disfrutar sus compras (por ejemplo, el tipo de estuche para laptop o los últimos juegos de video para una consola de juegos). Por otro lado, en las tiendas tradicionales que ofrecen una amplia gama de productos, como Best Buy o Walmart, los clientes exploran los diferentes departamentos y efectúan otras compras, como un paquete de focos ahorradores de 10 dólares o una pantalla de alta definición de 2,000 dólares. Estas compras adicionales contribuyen significativamente al rendimiento de la tienda. Walmart, por ejemplo, desarrolló una liga en línea a un programa de las tiendas tradicionales, y encontró que se incrementó el número de clientes en 20%, que además gastaban 60 dólares extra en cada visita.

cial y los de movimiento simultáneo. En un *juego de movimiento secuencial*, como el ajedrez, los jugadores mueven por turno y un jugador elige una estrategia a seguir, después de considerar la estrategia seleccionada por su rival. En un *juego de movimiento simultáneo*, los jugadores actúan al mismo tiempo, ignorando las acciones que en el momento estén realizando sus rivales.

En el ambiente, tanto los juegos de movimiento simultáneo como los de movimiento secuencial son comunes para que los gerentes compitan por los recursos. De hecho, la teoría del juego es particularmente útil para analizar situaciones donde una compañía compite contra un número limitado de rivales en su dominio y que son muy interdependientes, algo muy común en la mayoría de los ambientes. Ante tal escenario, el valor que puede crearse al hacer cierta elección, por ejemplo, buscar una estrategia de bajo costo o de diferenciación, depende en gran medida de la estrategia seleccionada por sus rivales. Los principios básicos que subyacen a la teoría del juego suelen ser útiles para la determinación de las elecciones y de las estrategias de selección para gestionar el ambiente.

Una premisa fundamental de la teoría del juego es que cuando se toman decisiones, los gerentes necesitan pensar de dos formas relacionadas. Primera, necesitan ver hacia adelante, pensar por anticipado y prever cómo responderán sus rivales ante sus movimientos competitivos. Segunda, los gerentes necesitan razonar hacia atrás para determinar cuáles movimientos debería hacer su compañía actualmente, dada su evaluación sobre cómo responderán sus rivales a los diversos movimientos futuros. Si los gerentes ejecutan ambas cosas, serán capaces de tomar la decisión que los llevará a mejorar, para realizar el movimiento que los dirigirá a las mayores ganancias potenciales. Este principio cardinal de la teoría del juego se conoce como *ver hacia adelante y razonar hacia atrás*. Para entender su importancia, considere el siguiente escenario.

UPS y FedEx, que se especializan en envío de paquetería en 24 horas, dominan la industria aérea exprés en Estados Unidos. Tienen costos muy altos porque necesitan invertir en una red intensa, a nivel nacional, en aviones, camiones e instalaciones para clasificar la paquetería. Para estas compañías, la clave para incrementar su eficacia reside en atraer a más clientes, hacer crecer el volumen para reducir el costo promedio de transportación de cada paquete. Suponga que un ejecutivo de UPS calcula que si recorta los precios del servicio de entrega de 24 horas en 10%, el volumen de paquetes que envía crecerá más de 25%, y que lo mismo sucederá con las ganancias y la rentabilidad totales de UPS. ¿Es una elección inteligente? La respuesta depende de si el ejecutivo ha recordado ver hacia adelante y razonar hacia atrás, es decir, si ha pensado cómo responderá FedEx ante el recorte de precios de UPS.

Ya que UPS y FedEx compiten directamente entre sí, sus opciones son interdependientes. Si UPS recorta los precios, FedEx perderá el mercado compartido, su volumen de envíos decaerá y sus ganancias disminuirán. Es poco probable que FedEx acepte esto. Más bien, si UPS recorta los precios en 10%, es probable que FedEx también lo haga, tome la misma opción y recorte sus precios en 10% para mantener a sus clientes. El resultado neto es que el nivel promedio de precios en la industria caerá en 10%, como también sus ganancias y ambos jugadores verán que disminuye su rentabilidad y el ambiente se empobrecerá. Para evitar esta situación y tomar mejores decisiones, los gerentes necesitan siempre ver hacia adelante y razonar hacia atrás, un importante principio de aprendizaje.

Pueden usarse árboles de decisión para ayudar en este proceso de ver hacia adelante y razonar hacia atrás. La figura 12.4 muestra el árbol de decisión para el juego simple analizado desde la perspectiva de UPS. (Nótese que es un juego de movimiento secuencial). UPS mueve primero y luego FedEx debe decidir cómo responder. Aquí se observa cómo UPS tiene que elegir entre dos estrategias: recortar los precios en 10% o dejarlos sin cambio. Si los deja sin cambio, continuará ganando su nivel actual de rentabilidad, el cual es de 100 millones de dólares. Si recorta los precios en 10% sucederá una de dos cosas: FedEx ajustará el recorte o dejará sus precios sin cambio. Si FedEx se ajusta al recorte de UPS (FedEx decide entrar a una guerra de precios), las ganancias estarán en competencia y UPS obtendrá 0%. Si FedEx no responde y deja los precios sin alterar, UPS ganará el mercado y sus ganancias crecerán a 300 millones de dólares. Por lo tanto, la mejor estrategia para UPS depende de su evaluación de la respuesta de FedEx.

Note que la figura 12.4 asigna probabilidades a las diferentes respuestas de FedEx. Específicamente, hay 75% de probabilidad de que FedEx ajuste su precio y 25% de que no haga nada. Estas probabilidades surgen de la evaluación de cada compañía de la probable decisión de la otra con base en su historia de toma de decisiones en el ambiente, de ver la historia de las respuestas de FedEx ante los movimientos de precios de UPS y viceversa. Aunque ambos conjuntos de gerentes no pueden calcular exactamente el impacto de la ganancia y las probabilidades, toman

Figura 12.4 Árbol de decisión de la estrategia de precios de UPS

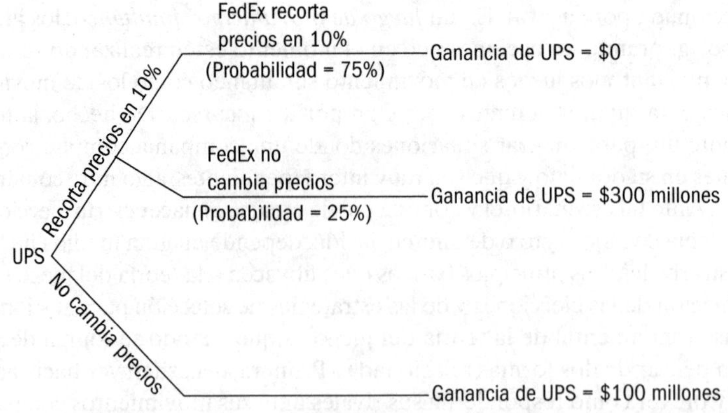

una decisión informada mediante la recolección de datos y dedican recursos para aprender de sus rivales y sobre el ambiente. Esto ilustra el segundo principio de la teoría del juego: ¡conozca a sus rivales! Para mejorar el aprendizaje, los gerentes deben ponerse en el lugar del rival para responder a la pregunta de cómo podría actuar el rival en una situación específica. Si los gerentes de una compañía son eficaces en mirar hacia adelante y razonar hacia atrás, deben adquirir una buena comprensión de lo que es probable que realice su rival bajo diferentes escenarios; asimismo, necesitan ser capaces de extrapolar la conducta futura de su rival con base en su comprensión.

Naturaleza del equipo de alta dirección

La forma en que se construye un equipo de alta dirección y el tipo de personas que lo componen afectan el nivel de aprendizaje organizacional.[71] Hay varias formas de construir un equipo de alta dirección. Cada una presenta implicaciones diferentes en el procesamiento de la información, el aprendizaje organizacional y la calidad en la toma de decisiones.[72] La figura 12.5 muestra dos configuraciones de equipos. Cada una presenta diferentes implicaciones para el nivel en que ocurre el aprendizaje. En la configuración en rueda, el aprendizaje organizacional se reduce porque los ejecutivos de las diferentes funciones reportan por separado al director general. En vez de coordinar sus propias acciones como equipo, envían toda la información al director general, quien la procesa, llega a una decisión y la comunica a los ejecutivos. La investigación sugiere que la configuración en forma de rueda funciona mejor cuando los problemas son sencillos y requieren coordinación mínima entre los miembros del equipo.[73] Cuando los problemas son complejos y se necesita una toma de decisiones no programadas, la configuración en rueda confiere mayor lentitud al aprendizaje organizacional, ya que toda la coordinación tiene lugar a través del director general.

Figura 12.5 Tipos de equipos de alta dirección

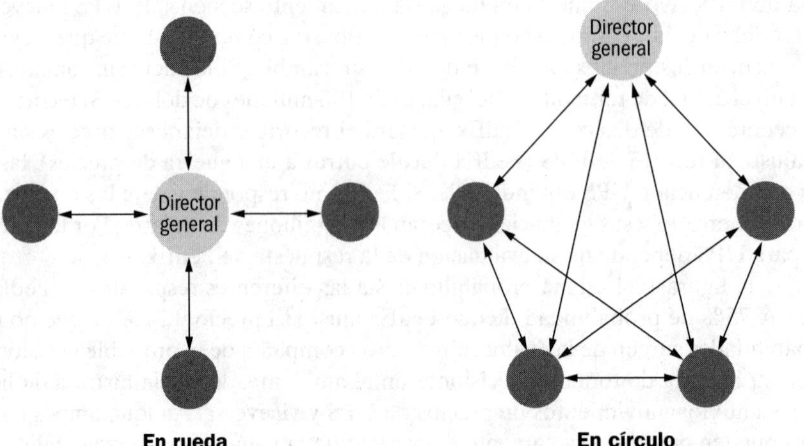

En la configuración circular, los altos directivos de diferentes funciones interactúan entre sí y con el director general. Esto es, funcionan como equipo, lo cual promueve el aprendizaje organizacional y de equipo. La investigación sugiere que la configuración circular funciona mejor para problemas complejos que requieren coordinación entre los miembros del grupo para llegar a una solución. El diseño circular resuelve problemas complejos mucho más rápido que el arreglo en rueda: la comunicación en círculo toma menos tiempo porque hay más oportunidad para el aprendizaje organizacional y del equipo entre todos los directivos.[74]

El nivel y la calidad del aprendizaje organizacional y de la toma de decisiones también están en función de las características personales y los antecedentes de los miembros del equipo.[75] Una organización que extrae a su equipo directivo de diferentes industrias y con diferentes antecedentes funcionales, puede promover el aprendizaje organizacional y la toma de decisiones. La diversidad en el equipo directivo expone a los ejecutivos a las implicaciones y consecuencias de muchos cursos de acción optativos. Tal exposición puede provocar que los ejecutivos analicen sus propias expectativas y premisas de forma más cercana.

Se ha encontrado que el aprendizaje máximo se da cuando existe heterogeneidad considerable entre los miembros del equipo y cuando los gerentes de diferentes funciones tienen oportunidad de expresar sus puntos de vista. Cuando los ejecutivos cuentan con información y puntos de vista diferentes para tratar un problema, la organización puede evitar el **pensamiento grupal**, esto es, la conformidad que surge cuando la gente que piensa igual refuerza las tendencias de los demás, para interpretar los eventos y la información de forma similar.[76] También se ha encontrado que los equipos de alta dirección funcionan con mayor eficacia cuando su membresía es estable y no hay muchas entradas ni salidas del equipo.[77] Cuando los miembros son estables, aumenta la cohesión de grupo, se promueve la comunicación entre los miembros y se mejora la toma de decisiones.[78]

Pensamiento grupal
Conformidad que surge cuando la gente que piensa parecido refuerza las tendencias de los demás para interpretar los eventos y la información de forma similar.

Diseñar y manejar al equipo de alta dirección para promover el aprendizaje organizacional es una tarea vital del director general.[79] Con frecuencia, las organizaciones eligen como director general a la persona que posee los antecedentes funcional y administrativo necesarios para tratar con los aspectos de presión que enfrenta una organización. Caterpillar, PepsiCo, Ford y Walmart son algunas de las muchas compañías que han elegido a su director general de los ejecutivos con vasta experiencia en negocios internacionales, porque sus principales problemas se centran en el desafío de la expansión globalizada y la competencia.[80] A veces, la única forma de promover el aprendizaje organizacional es cambiando al director general o al equipo de alta dirección. Remover y cambiar a los directivos puede ser la manera más rápida de borrar la memoria organizacional y, por lo tanto, la toma de decisiones programadas erróneas. Esto permite a la organización desarrollar con éxito nuevas rutinas.

El abogado del diablo y el cuestionamiento dialéctico

El **abogado del diablo** es la persona dispuesta a mantenerse firme y cuestionar las creencias de los más poderosos; asimismo, resiste los intentos de influencia y trabaja para convencer a los demás de que las ideas y los planes nuevos quizá sean deficientes o equivocados y dañinos. El abogado del diablo y una técnica relacionada, el cuestionamiento dialéctico, son formas para superar los sesgos cognitivos y promover el aprendizaje organizacional.[81] La figura 12.6 muestra cómo difieren entre sí tales estrategias y su diferencia con el enfoque racional para la toma de decisiones. La meta de ambas es mejorar la toma de decisiones.

Abogado del diablo
Persona responsable de criticar el aprendizaje organizacional en curso.

Una organización que utiliza al abogado del diablo institucionaliza el desacuerdo, asignando a un ejecutivo o a un equipo directivo el rol de abogado del diablo. Él es responsable de criticar el aprendizaje organizacional en curso, así como de cuestionar las suposiciones que el equipo de alta dirección utiliza para el proceso de toma de decisiones. La compañía 3M usa de manera excelente al abogado del diablo. En 3M, los gerentes de producto presentan propuestas de un nuevo negocio a un comité de desarrollo de producto compuesto por los directivos. El comité actúa como abogado del diablo. Critica la propuesta y desafía las suposiciones (como el tamaño estimado del mercado para el artículo o su costo de producción) para mejorar el plan y verificar su viabilidad comercial. La organización 3M atribuye directamente el éxito del desarrollo de producto al empleo del abogado del diablo.

Una organización que utiliza el cuestionamiento dialéctico crea equipos con personas que toman decisiones. Cada equipo está capacitado para generar y evaluar escenarios y cursos de acción optativos y recomendar el mejor. Después de escuchar las opciones del equipo, todos los equipos y los directivos de la organización se juntan para extraer la mejor parte de cada plan y sintetizar un plan final que ofrezca mejores oportunidades de éxito.

Figura 12.6 Cómo alteran el enfoque racional para la toma de decisiones el abogado del diablo y el cuestionamiento dialéctico

El abogado del diablo y el cuestionamiento dialéctico mejoran la toma de decisiones haciendo que los directivos estén conscientes de las diversas soluciones posibles a un problema, y motivando el análisis de los pros y contras de cada solución propuesta, antes de que se tome la decisión final.

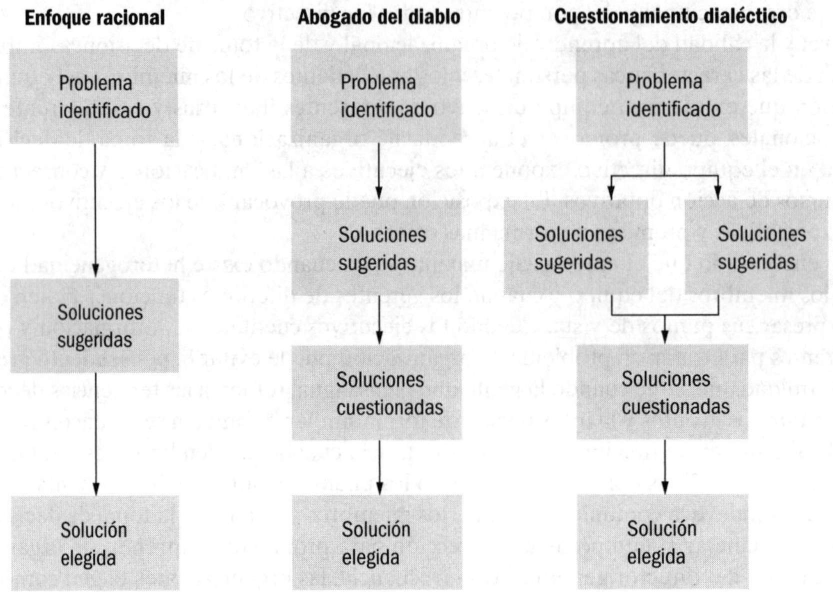

Estructura organizacional colateral

Finalmente, una organización puede intentar mejorar el aprendizaje y la toma de decisiones estableciendo una *estructura organizacional colateral*, es decir, una organización informal de ejecutivos paralela a la estructura formal organizacional, para "espiar" la toma de decisiones y las acciones de los gerentes de la organización formal,[82] quienes saben que sus decisiones están siendo evaluadas por otros que analizan los supuestos que utilizan para probar las opciones y llegar a una solución. Una organización establece una estructura colateral para mejorar la capacidad para aprender y ajustarse a nuevas situaciones y para mejorar su capacidad para tomar decisiones de manera no estructurada. Una estructura organizacional colateral permite a la organización mantener su capacidad para cambiar al mismo tiempo que conserva su estabilidad.

Implicaciones administrativas

Toma de decisiones y aprendizaje

1. Intente defenderse contra la ceguera y la rigidez en la toma de decisiones, vigile los nuevos problemas y manténgase abierto frente a nuevas soluciones.
2. Desarrolle una actitud de cuestionamiento y nunca dé por descontados los avisos de amenaza de problemas.
3. Analice las estructuras cognitivas mediante las que usted y su subunidad definen los problemas. Cuestione si las creencias y los valores reflejan las realidades de la situación.
4. Analice su toma de decisiones para determinar si los sesgos cognitivos están afectando la calidad de sus decisiones.
5. Para proteger la calidad de su toma de decisiones, desarrolle estrategias para mejorar el aprendizaje organizacional. Por ejemplo, escuche a sus oponentes, experimente nuevas soluciones, promueva la diversidad y use el cuestionamiento dialéctico.

Resumen

Los problemas que encuentran muchas organizaciones son alertas de la necesidad de promover el aprendizaje organizacional, con el objetivo de que las organizaciones desarrollen la capacidad de adaptarse y modificar su ambiente continuamente. La estrategia y la estructura son las herramientas que usa una organización para labrar su futuro; las decisiones que tome sobre la estrategia y la estructura determinarán su destino. Con mucha frecuencia, los gerentes ven la estrategia y la estructura como inalterables, y no como factores que deban experimentarse y modificarse para lanzar hacia adelante la organización. Cuando esta se ve como algo que deba protegerse a cualquier costo, se puede convertir en una fuente de inercia organizacional. Los gerentes necesitan comprender cómo la estrategia y la estructura actuales de la organización pueden limitar el aprendizaje organizacional, y tienen que evitar que surjan sesgos cognitivos que reduzcan el aprendizaje y distorsionen el proceso de toma de decisiones. En el capítulo 12 se revisaron los siguientes puntos:

1. La toma de decisiones organizacional es el proceso de responder a un problema mediante la búsqueda y selección de una solución o curso de acción que creará valor para los inversionistas organizacionales.
2. Los gerentes toman dos tipos básicos de decisiones: programadas y no programadas. Las primeras proporcionan estabilidad a la organización y un incremento en la eficiencia. Las segundas permiten a la organización adaptarse frente a los cambios en su ambiente y encontrar soluciones a nuevos problemas.
3. El modelo racional de toma de decisiones enfatiza cómo esta tiene lugar cuando no existe incertidumbre. Ignora los efectos de costos de información y administrativos.
4. Los modelos más recientes de toma de decisiones reconocen los efectos de la incertidumbre, la racionalidad limitada, la satisfacción y la negociación por coaliciones en el proceso de toma de decisiones. Los modelos Carnegie, gradualista, no estructurado y del bote de basura proporcionan una descripción más realista sobre cómo ocurre la toma de decisiones organizacional.
5. El aprendizaje organizacional es el proceso mediante el cual los gerentes buscan mejorar el deseo y la capacidad de los miembros organizacionales para entender y gestionar la organización y su ambiente, de tal manera que puedan tomar decisiones que continuamente eleven la eficacia organizacional. Hay dos tipos principales de aprendizaje: de exploración y de explotación. Ambos son necesarios para elevar la calidad en la toma de decisiones.
6. Las rutinas y los procedimientos que emplea una organización para tomar decisiones programadas suelen provocar inercia organizacional. Cuando la toma de decisiones programadas suplanta a las no programadas, disminuye el nivel de aprendizaje organizacional. Para promoverlo, los gerentes pueden actuar en los niveles individual, grupal, organizacional e interorganizacional.
7. Los sistemas de administración del conocimiento y la tecnología de la información pueden desarrollarse para mejorar la toma de decisiones y promover el aprendizaje organizacional. Los dos enfoques principales de la administración del conocimiento son la codificación y la personalización.
8. Las estructuras cognitivas (conjuntos de creencias, preferencias, expectativas y valores) afectan la forma en que los gerentes interpretan los problemas que enfrenta una organización y moldean la forma en la cual toman decisiones.
9. Los sesgos cognitivos pueden distorsionar la forma como los gerentes procesan la información y toman decisiones. Los sesgos cognitivos más comunes incluyen la disonancia cognitiva, la ilusión de control, la frecuencia y representatividad, la proyección y la actitud defensiva y el escalamiento del compromiso.
10. Una organización puede contrarrestar el efecto de los sesgos cognitivos y elevar el nivel de aprendizaje y de la toma de decisiones de diversas maneras. Puede implementar estrategias para el aprendizaje organizacional, usar la teoría del juego, aumentar la amplitud y diversidad del equipo de directivos, usar al abogado del diablo y el cuestionamiento dialéctico para evaluar las soluciones propuestas, y desarrollar una estructura organizacional colateral.

Preguntas para análisis

1. ¿Cuáles son las diferencias esenciales entre los enfoques racional y Carnegie para la toma de decisiones? ¿Cuáles son las diferencias más importantes entre los modelos gradualista y del bote de basura? ¿Qué modelos describen mejor cómo ocurre la toma de decisiones en *a*) un restaurante de comida rápida y *b*) el laboratorio de investigación y desarrollo de una compañía farmacéutica importante?
2. ¿Qué es el aprendizaje organizacional? ¿De qué formas los gerentes promueven el desarrollo del aprendizaje organizacional al actuar en diferentes niveles de la organización? ¿Y usando la administración del conocimiento?
3. ¿Cómo puede la administración del conocimiento promover el aprendizaje organizacional? ¿Qué determina el tipo de sistema de administración del conocimiento que debería adoptar la organización?
4. ¿Cómo afectan los sesgos cognitivos el aprendizaje organizacional y la calidad de la toma de decisiones? ¿Qué puede hacerse para reducir su impacto negativo?

Teoría organizacional en acción

Poner en práctica la teoría organizacional

Almacenar el aprendizaje

Formen equipos de tres a cinco integrantes y comenten el siguiente escenario:

Son un grupo de altos directivos de una tienda de ropa importante que está enfrentando una crisis. Su establecimiento ha sido el líder de las tiendas de ropa de su ciudad durante los últimos 15 años. En los tres últimos años, sin embargo, otras dos cadenas de tiendas de ropa importantes han abierto en su ciudad y lograron persuadir a sus clientes de irse con ellas, por lo que las ventas de ustedes han bajado 30%. Para saber el porqué de esto, encuestaron a algunos de sus clientes anteriores y aprendieron que ellos perciben, por cualquier razón, que su tienda no se ha mantenido al ritmo de las cambiantes tendencias en la moda y en las nuevas formas de servicio al cliente. Al analizar la forma en que opera su tienda, ustedes han comenzado a pensar que, con el tiempo, los diez compradores que adquirían ropa y accesorios en su tienda han estado comprando cada vez más al mismo conjunto de proveedores y que han sido renuentes a probar con unos nuevos. Además, en raras ocasiones, si acaso, sus vendedores han formulado sugerencias para cambiar la forma en que opera su tienda. Su meta es sacudir a los trabajadores y dar un giro al rendimiento de la tienda.

1. Diseñen un programa que aumente el nivel de aprendizaje organizacional.
2. ¿De qué formas específicas pueden ustedes promover el nivel de aprendizaje en todos los niveles?

Establecer contacto 12

Encuentre un ejemplo de una organización que haya estado utilizando la tecnología de la información para cambiar la forma en que se toman decisiones o se aumenta el nivel de aprendizaje. ¿Por qué está haciendo esos cambios la organización? ¿Qué hace para estimular el aprendizaje?

Dimensión ética 12

El deseo o la voluntad de los gerentes para trabajar éticamente y tomar decisiones éticas podrían verse afectados por cualquiera de los sesgos cognitivos que operan en un contexto específico.

1. Comenten cómo los diversos sesgos cognitivos pueden llevar a los gerentes a comportarse de forma no ética. ¿Ustedes notan cualquier tema o patrón sobre cómo operan estos sesgos en la ética?
2. ¿Qué tipos de técnicas o herramientas revisadas en el capítulo, por ejemplo, un sistema de administración del conocimiento, pueden usarse mejor para combatir el problema de los sesgos cognitivos?

Análisis de la organización: Módulo de diseño 12

Este módulo se centra en la toma de decisiones y el aprendizaje organizacionales, así como en la forma en que su compañía ha cambiado su estrategia y su estructura.

Tarea

1. Dado el patrón de cambios que ha introducido su organización a su estrategia y estructura, ¿cuál de los modelos de toma de decisiones caracteriza mejor la forma en que se toman las decisiones?
2. ¿En qué nivel jerárquico descansa la responsabilidad de la toma de decisiones no programadas en su organización? ¿Qué problemas ve usted con la forma en que su compañía toma decisiones?
3. Caracterice la capacidad de su organización para aprender en el transcurso del tiempo. Evalúe su capacidad para adaptarse y modificar su ambiente.
4. ¿Puede usted precisar cualquier sesgo cognitivo que haya afectado la forma en que los gerentes tomaron decisiones o que haya influido en su elección de estrategia o estructura? ¿Cuál fue el efecto de dichos sesgos cognitivos?

CASO PARA ANÁLISIS

Cómo la Barbie de Mattel perdió la guerra contra la muñeca Bratz

El rápido ritmo con el que cambia el mundo está forzando a los gerentes estratégicos de todo tipo de compañías a acelerar su toma de decisiones; de otra forma, se quedan atrás de sus ágiles competidores que responden más rápido a las novedades y modas de los clientes. En ningún lado esto es más cierto que en la industria del juguete, donde se libra un furioso combate en el negocio de las muñecas por un valor de más de 10 mil millones de dólares anuales en ventas. La mayor compañía mundial de juguetes, Mattel, ha obtenido decenas de miles de millones de dólares por la venta de la muñeca mejor vendida en el mundo, Barbie, desde que la introdujo hace más de 50 años.[83] Las madres que jugaron con las muñecas originales se las compraron a sus hijas y a sus nietas, por lo que la Barbie se convirtió en un ícono estadounidense. No obstante, la ventaja de Barbie como la muñeca mejor vendida en el mundo llevó a los directivos de Mattel a cometer importantes errores estratégicos en la década de 2000.

Barbie y todos sus accesorios explican cerca de 50% de las ventas de juguetes de Mattel desde la década de 1990, por lo que era vital proteger su producto estrella. La muñeca Barbie se creó en la década de 1960 cuando la mayoría de las mujeres eran amas de casa. Sus formas voluptuosas eran la respuesta a la imagen "ideal" que debería tener la mujer de la época. El éxito de Barbie fue continuo, sin embargo, llevó al director general de Mattel, Bob Eckert, y a su equipo directivo a subestimar los cambios en el mundo. En las últimas décadas, los puntos de vista culturales cambiantes sobre el papel de las niñas, las mujeres, el sexo, el matrimonio y la mujer trabajadora alteraron los gustos de los compradores de muñecas. Pero los directivos de Mattel continuaron apostando al eterno atractivo de Barbie, por lo que colectivamente apoyaron el enfoque de "si no se rompe, no lo arregles". De hecho, como Barbie era la muñeca mejor vendida, pensaron que sería peligroso cambiar su apariencia; quizá no gustarían a los clientes los cambios de desarrollo del producto y dejarían de comprar la muñeca. Los directivos de Mattel decidieron no arriesgarse; dejaron sin cambio la marca y el modelo de negocio y enfocaron sus esfuerzos al desarrollo de nuevos juguetes digitales.

Como resultado, Mattel no estaba preparado cuando llegó el reto: una nueva clase de muñeca, la Bratz, introducida por MGA Entertainment. En el transcurso del tiempo habían surgido muchos competidores de Barbie por la rentabilidad del negocio, pero ninguna otra muñeca ha igualado el atractivo de Barbie para las niñas (o sus madres). Los mercadólogos y diseñadores de la línea de la muñeca Bratz habían invertido gran cantidad de tiempo para descubrir lo que la nueva generación de niñas, especialmente entre los siete y los once años de edad, deseaban de una muñeca. Resultó que las muñecas Bratz que diseñaron cumplían mejor los deseos de las niñas. Las muñecas se caracterizan por sus cabezas más grandes y sus enormes ojos, usan mucho maquillaje y vestidos cortos, y son multiculturales al dar a cada muñeca "personalidad y actitud".[84] Las muñecas se diseñaron para atraer a una nueva generación de niñas que crecen en el mercado de la moda de cambios rápidos, de la música y la televisión. Las muñecas Bratz cubrieron las desaprovechadas necesidades de las niñas preadolescentes y la nueva línea despegó. Rápidamente MGA patentó los derechos para elaborar y vender las muñecas a compañías extranjeras y Bratz se convirtió en una competidora seria de Barbie.

Mattel estaba en problemas. Sus gerentes estratégicos tenían que cambiar su modelo de negocio y sus estrategias, además de actualizar a Barbie; los diseñadores de Mattel debían estar deseando haber sido más arriesgados y haber realizado antes cambios radicales, cuando no había la necesidad. Sin embargo, decidieron cambiar de forma extrema a Barbie; descartaron a su novio Ken y lo remplazaron con Blaine, un surfista australiano.[85] También reconocieron que habían esperado demasiado para introducir nuevas líneas de muñecas para satisfacer las necesidades cambiantes de preadolescentes y niñas más grandes en la década de 2000. Lanzaron las líneas de las muñecas "My Scene" y "Flava", que fueron imitaciones obvias de las Bratz, pero ambas fracasaron. Y como las decisiones que adoptaron para cambiar a Barbie (su figura, ropa y novio) llegaron muy tarde, las ventas de las muñecas Barbie continuaron cayendo.

Para 2006 las ventas de la colección de Barbie habían caído en 30%, lo que era crítico para Mattel, pues sus ganancias y precios de acciones dependían del éxito de Barbie y ambas se desplomaron. Los analistas afirmaron que Mattel no había prestado suficiente atención a las necesidades cambiantes de sus clientes, ni se movió con rapidez para introducir nuevos y mejores productos necesarios para mantener la compañía a la cabeza en su mercado. Mattel volvió a introducir a Ken, pero esto no fue sino un signo de la acumulación de sus problemas. Los abogados de Mattel demandaron a MGA Entertainment argumentando que los derechos de la muñeca Bratz les pertenecían. Dijeron que el diseñador principal de la Bratz era trabajador de Mattel cuando realizó los primeros dibujos de las muñecas y que Mattel había solicitado el registro de la marca para varios de los primeros diseños de la Bratz. Reclamó que MGA contrató a trabajadores clave de Mattel y que estos robaron información de ventas y la transfirieron a MGA.

En 2008 un juez falló a favor de Mattel y ordenó a MGA que no usara el nombre Bratz y un juicio confirió a Mattel 100 millones de dólares por daños. Después de una apelación, en 2009 un juez federal mantuvo el veredicto y decretó que la muñeca Bratz era propiedad de Mattel y que MGA no podía venderla sino hasta fines de 2009. En 2010 las compañías entraron en una encarnizada disputa: Mattel quería los derechos para producir y vender la muñeca Bratz, pero el fundador de MGA seguía tratando de proteger los ingresos del éxito de la Bratz. Mientras tanto, las tiendas dejaron de vender la Bratz. Mattel revitalizó su línea de muñecas Barbie y su director general declaró que "Barbie está de vuelta", cuando las ventas de la muñeca elevaron las ganancias de la compañía en 86% en la primavera de 2010.[86]

Imagínese cómo reaccionaron los directivos de Mattel a la decisión de la corte de apelaciones federal en julio de 2010, cuando se canceló la decisión anterior y decretó que MGA poseía los derechos para fabricar y vender la muñeca Bratz, porque su aspecto e imagen no estaban sujetos a ninguna ley de derechos de autor. Los derechos de la Bratz se le devolvieron a MGA y esta demandó a Mattel por daños mayores que habían costado cientos de millones de dólares en ganancias.

Preguntas para análisis

1. ¿Por qué los directivos de Mattel fueron tan lentos para tomar decisiones sobre el diseño de la muñeca Barbie? ¿Qué tipos de errores cognitivos contribuyeron a esto?
2. ¿Qué clase de factores afectaron la forma en que los ejecutivos de Mattel y de MGA tomaron sus decisiones durante su batalla sobre el control de las muñecas Bratz?

Referencias

1 H. A. Simon, *The New Science of Management Decision* (Nueva York: Harper & Row, 1960), p. 206.
2 *Ibid.*
3 S. Keiser y L. Sproull, "Managerial Response to Changing Environments: Perspectives on Sensing from Social Cognition", *Administrative Science Quarterly* 27 (1982), pp. 548-570; G. T. Allison, *The Essence of Decision* (Boston: Little, Brown, 1971).
4 Simon, *The New Science of Management Decision.*
5 H. A. Simon, *Administrative Behavior* (Nueva York: Macmillan, 1945).
6 *Ibid.*; J. G. March y H. A. Simon, *Organizations* (Nueva York: Wiley, 1958).
7 J. G. March, "Decision Making Perspective", en A. Van De Venn y W. Joyce, eds., *Perspectives on Organizational Design and Behavior* (Nueva York: Wiley, 1981), pp. 205-252.
8 J. G. March, "Bounded Rationality, Ambiguity, and the Engineering of Choice", *Bell Journal of Economics* 9 (1978), pp. 587-608.
9 Simon, *Administrative Behavior.*
10 R. M. Cyert y J. G. March, *A Behavioral Theory of the Firm* (Englewood Cliffs, NJ: Prentice Hall, 1963).
11 P. D. Larkey y L. S. Sproull, *Advances in Information Processing in Organizations*, Vol. 1 (Greenwich, CT: JAI Press, 1984), pp. 1-8.
12 March y Simon, *Organizations.*
13 H. A. Simon, *Models of Man* (Nueva York: Wiley, 1957); A. Grandori, "A Prescriptive Contingency View of Organizational Decision Making", *Administrative Science Quarterly* 29 (1984), pp. 192-209.
14 Simon, *The New Science of Management Decision.*

15 H. A. Simon, "Making Management Decisions: The Role of Intuition and Emotion", *Academy of Management Executives* 1 (1987), pp. 57-64.
16 Cyert y March, *A Behavioral Theory of the Firm.*
17 *Ibid.*
18 Z. Schiller, "GE's Appliance Park: Rewire, or Pull the Plug?" *Business Week*, 8 de febrero de 1993, p. 30.
19 J. Ward, "GE Center Makes Things Fail So It Can Make Them Better", *Courier Journal*, 12 de septiembre de 1999, p. 1.
20 www.geappliances.com, 2011.
21 www.consumerreports.com, julio de 2011.
22 C. E. Lindblom, "The Science of Muddling Through", *Public Administration Review* 19 (1959), pp. 79-88.
23 Ibid., p. 83.
24 H. Mintzberg, D. Raisinghani y A. Theoret, "The Structure of Unstructured Decision Making", *Administrative Science Quarterly* 21 (1976), pp. 246-275.
25 Ibid., p. 257.
26 M. D. Cohen, J. G. March y J. P. Olsen, "A Garbage Can Model of Organizational Choice", *Administrative Science Quarterly* 17 (1972), pp. 1-25.
27 *Ibid.*
28 www.ideo.com, 2011.
29 J. Hyatt, "Engineering Inspiration", *Newsweek*, 14 de junio de 2010, p. 44.
30 L. Chamberlain, "Going Off the Beaten Path for New Design Ideas", *New York Times*, 12 de marzo de 2006, p. 28.
31 www.ideo.com, 2011.
32 G. P. Huber, "Organizational Learning: The Contributing Processes and the Literature", *Organizational Science* 2 (1991), pp. 88-115.
33 B. Hedberg, "How Organizations Learn and Unlearn", en W. H. Starbuck y P. C. Nystrom, eds., *Handbook of Organizational Design*, Vol. 1 (Nueva York: Oxford University Press, 1981), pp. 1-27.
34 P. M. Senge, *The Fifth Discipline: The Art and Practice of the Learning Organization* (Nueva York: Doubleday, 1990).
35 J. G. March, "Exploration and Exploitation in Organizational Learning", *Organizational Science* 2 (1991), pp. 71-87.
36 T. K. Lant y S. J. Mezias, "An Organizational Learning Model of Convergence and Reorientation", *Organizational Science* 5 (1992), pp. 47-71.
37 M. Dodgson, "Organizational Learning: A Review of Some Literatures", *Organizational Studies* 14 (1993), pp. 375-394.
38 A. S. Miner y S. J. Mezias, "Ugly Duckling No More: Pasts and Futures of Organizational Learning Research", *Organizational Science* 7 (1990), pp. 88-99.
39 P. Senge, *The Fifth Discipline: The Art and Practice of the Learning Organization* (Nueva York: Doubleday, 1990).
40 www.google.com, 2011.
41 P. Senge, "The Leader's New Work: Building Learning Organizations", *Sloan Management Review* (otoño de 1990), pp. 7-23.
42 Miner y Mezias, "Ugly Ducking No More".
43 www.toyotausa.com, 2011.
44 I. Rowley, "Even Toyota Isn't Perfect", www.businessweek.com, 22 de enero de 2007.
45 "Toyota Blames Rapid Growth for Quality Problems", www.iht.com, 13 de marzo de 2008.
46 I. Rowley, "Katsuaki Watanabe: Fighting to Stay Humble", www.businessweek.com, 5 de marzo de 2007.
47 J. P. Kotter y J. L. Heskett, *Corporate Culture and Performance* (Nueva York: Free Press, 1992).
48 *Ibid.*
49 www.accenture.com, 2011.
50 T. Davenport y L. Prusak, *Information Ecology* (Nueva York: Oxford University Press, 1997).
51 www.accenture.com, 2011.
52 *Ibid.*
53 M.T. Hansen, N. Nohria y T. Tierney, "What's Your Strategy for Managing Knowledge?" *Harvard Business Review* (marzo-abril de 1999), pp. 3-19.

[54] P. C. Nystrom y W. H. Starbuck, "To Avoid Organizational Crises, Unlearn", *Organizational Dynamics* 12 (1984), pp. 53-65.

[55] Y. Dror, "Muddling Through-Science or Inertia?" *Public Administration Review* 24 (1964), pp. 103-117.

[56] Nystrom y Starbuck, "To Avoid Organizational Crises, Unlearn".

[57] S. T. Fiske y S. E. Taylor, *Social Cognition* (Reading, MA: Addison-Wesley, 1984).

[58] Véase G. R. Jones, R. Kosnik y J. M. George, "Internalization and the Firm's Growth Path: On the Psychology of Organizational Contracting", en R. W. Woodman y W. A. Pasemore, eds., *Research in Organizational Change and Development*, Vol. 7 (Greenwich, CT: JAI Press, 1993), pp. 105-135, para una revision de cómo operan los sesgos durante el crecimiento y el declive organizacionales.

[59] L. Festinger, *A Theory of Cognitive Dissonance* (Stanford, CA: Stanford University Press, 1957); E. Aaronson, "The Theory of Cognitive Dissonance: A Current Perspective", en L. Berkowitz, ed., *Advances in Experimental Social Psychology*, Vol. 4 (Nueva York: Academic Press, 1969), pp. 1-34.

[60] J. R. Averill, "Personal Control over Aversive Stimuli and Its Relationship to Stress", *Psychological Bulletin* 80 (1973), pp. 286-303.

[61] E. J. Langer, "The Illusion of Control", *Journal of Personality and Social Psychology* 32 (1975), pp. 311-328.

[62] Tversky A. y D. Kahneman, "Judgment Under Uncertainty: Heuristics and Biases", *Science* 185 (1974), pp. 1124-1131.

[63] R. De Board, *The Psychoanalysis of Organizations* (Londres: Tavistock, 1978).

[64] B. M. Staw, "The Escalation of Commitment to a Course of Action", *Academy of Management Review* 6 (1978), pp. 577-587; B. M. Staw y J. Ross, "Commitment to a Policy Decision: A Multi-Theoretical Perspective", *Administrative Science Quarterly* 23 (1978), pp. 40-64.

[65] Nystrom y Starbuck, "To Avoid Organizational Crises, Unlearn".

[66] *Ibid.*

[67] L. Porter y K. Roberts, "Communication in Organizations", en M. Dunnette, ed., *Handbook of Industrial and Organizational Psychology* (Chicago: Rand McNally, 1976).

[68] Nystrom y Starbuck, "To Avoid Organizational Crises, Unlearn".

[69] A. D. Meyer, "Adapting to Environmental Jolts", *Administrative Science Quarterly* 27 (1982), pp. 515-537; A. D. Meyer, "How Ideologies Supplant Formal Structures and Shape Responses to Environments", *Journal of Management Studies* 7 (1982), pp. 31-53.

[70] Para una introducción a la teoría de juegos, véase A. K. Dixit y B. J. Nalebuff, *Thinking Strategically* (Londres: WW Norton, 1991). Véase también A. M. Brandenburger y B. J. Nalebuff, "The Right Game: Using Game Theory to Shape Strategy", *Harvard Business Review* (julio-agosto de 1995): pp. 59-71; y D. M. Kreps, *Game Theory and Economic Modeling* (Oxford, UK: Oxford University Press, 1990).

[71] D. C. Hambrick, *The Executive Effect: Concepts and Methods for Studying Top Managers* (Greenwich, CT: JAI Press, 1988).

[72] D. G. Ancona, "Top-Management Teams: Preparing for the Revolution", en J. S. Carroll, ed., *Applied Social Psychology and Organizational Settings* (Hillsdale, NJ: Lawrence Erlbaum Associates, 1990).

[73] M. Shaw, "Communications Networks", en L. Berkowitz, ed., *Advances in Experimental Social Psychology*, Vol. 1 (Nueva York: Academic Press, 1964).

[74] *Ibid.*

[75] S. Finkelstein y D. C. Hambrick, "Top-Management Team Tenure and Organizational Outcomes: The Moderating Role of Managerial Discretion", *Administrative Science Quarterly* 35 (1990), pp. 484-503.

[76] I. L. Janis, *Victims of Groupthink*, 2a. ed. (Boston: Houghton Mifflin, 1982).

[77] K. M. Eisenhardt y C. B. Schoonhoven, "Organizational Growth: Linking Founding Team, Strategy, Environment, and Growth Among U.S. Semiconductor Ventures, 1978-1988", *Administrative Science Quarterly* 35 (1990), pp. 504-529; L. Keck y M. L. Tushman, "Environmental and Organizational Context and Executive Team Structure", *Academy of Management Journal* 36 (1993), pp. 1314-1344.

[78] A. J. Lott y B. E. Lott, "Group Cohesiveness and Interpersonal Attraction: A Review of Relationships with Antecedent and Consequent Variables", *Psychological Bulletin* 14 (1965), pp. 259-309.

[79] D. L. Helmich y W. B. Brown, "Successor Type and Organizational Change in the Corporate

Enterprise", *Administrative Science Quarterly* 17 (1972), pp. 371-381; D. C. Hambrick y P. A. Mason, "Upper Echelons: The Organization as a Reflection of Its Top Managers", *Academy of Management Journal* 9 (1984), pp. 193-206.

[80] R. F. Vancil, *Passing the Baton* (Boston: Harvard Business School Press, 1987).

[81] C. Schwenk, "Cognitive Simplification Processes in Strategic Decision Making", *Strategic Management Journal* 5 (1984), pp. 111-128.

[82] D. Rubenstein y R. W. Woodman, "Spiderman and the Burma Raiders: Collateral Organization Theory in Practice", *Journal of Applied Behavioral Science* 20 (1984), pp. 1-21; G. R. Bushe y A. B. Shani, *Parallel Learning Structures: Increasing Innovations in Bureaucracies* (Reading, MA: Addison-Wesley, 1991).

[83] www.mattel.com, 2011.

[84] "Doll Wars", *Business Life*, mayo de 2005, pp. 40-42.

[85] www.mattel.com, 2011.

[86] *Ibid.*

CAPÍTULO 13

Innovación, iniciativa empresarial y creatividad

Objetivos de aprendizaje

Como vimos en el capítulo 10, la innovación es uno de los tipos de cambio organizacional más importantes, porque su resultado es un torrente continuo de bienes y servicios nuevos y mejorados, que crean valor para los clientes y utilidades para la compañía. De hecho, una forma importante de evaluar la eficacia organizacional es el índice o la velocidad con la cual una organización puede introducir nuevos productos al mercado; una segunda es la capacidad para crear productos novedosos que se convierten en un éxito instantáneo como el Wii de Nintendo. Los dos tipos de innovación aseguran el alto desempeño, pero dependen del nivel de iniciativa empresarial y creatividad dentro de la organización.

Después de estudiar este capítulo, usted será capaz de:

1. Describir cómo la innovación y el cambio tecnológico se afectan entre sí.
2. Analizar la relación entre innovación, iniciativa empresarial y creatividad.
3. Comprender los pasos involucrados en la creación de un escenario internacional que fomente la innovación y la creatividad.
4. Identificar las formas como se utiliza la tecnología de la información para fomentar la creatividad, y acelerar la creatividad y el desarrollo de nuevos productos.

Innovación y cambio tecnológico

Innovación
Proceso mediante el cual las organizaciones utilizan sus habilidades y recursos para desarrollar nuevos bienes y servicios, o para desarrollar nuevos sistemas operativos y de producción, de manera que puedan responder mejor a las necesidades de sus clientes.

La **innovación** es el proceso mediante el cual las organizaciones usan sus recursos y competencias para desarrollar productos nuevos y mejorados, o para encontrar nuevas formas de hacer tales productos y mejorar así su eficacia.[1] La innovación podría dar como resultado un éxito espectacular para una organización. Apple cambió la industria de la computación cuando introdujo su primera computadora personal, Honda transformó el mercado de las motocicletas cuando lanzó sus nuevos modelos pequeños de 50cc, Mary Kay modificó la forma en que se venden los cosméticos cuando ideó las reuniones de venta de cosméticos en casa y un estilo de venta personalizado, y cuando Toyota desarrolló la fabricación sin desperdicio revolucionó la fabricación de automóviles.

Aunque la innovación trae cambio, también está relacionada con un alto nivel de riesgo, pues el resultado de la investigación y el desarrollo es incierto.[2] Se ha estimado que únicamente de 12% a 20% de los proyectos de investigación y desarrollo resultan en productos que llegan al mercado: el resto fracasa.[3] Por lo tanto, aunque la innovación suele llevar al cambio del tipo que quieren las organizaciones, la introducción de nuevas tecnologías y productos rentables también puede llevar al tipo de cambio que quieren evitar: tecnologías ineficientes y artículos que los clientes no desean. (La forma en que las organizaciones pueden administrar su proceso de innovación para aumentar la probabilidad de que tenga lugar el aprendizaje exitoso se analiza detalladamente más adelante en este capítulo.)

Dos tipos de innovación

En el capítulo 9, *tecnología* se definió como las habilidades, el conocimiento, la experiencia, las herramientas, las máquinas y las computadoras usadas en el diseño, producción y distribución de los bienes y servicios. Los avances en la tecnología están en el corazón del proceso de innovación y actualmente el mundo experimenta un nivel sin precedentes de cambio tecnológico.[4] En general, los dos tipos principales de cambio tecnológico son el cambio cuántico y el cambio gradual.

El **cambio tecnológico cuántico** se refiere a un cambio fundamental en la tecnología que revoluciona los productos o la forma en que se elaboran. Los ejemplos de cambios cuánticos en la tecnología incluyen los siguientes: el desarrollo de las primeras computadoras personales, el cual revolucionó la industria de la informática; el desarrollo de la biotecnología que revolucionó el tratamiento de la enfermedad remplazando los compuestos farmacéuticos convencionales con medicinas modificadas genéticamente; y el surgimiento de software de cómputo avanzado que permite las redes sociales, los pagos a través de los teléfonos inteligentes y juegos en los dispositivos móviles. Los nuevos productos o sistemas operativos que incorporan una mejora tecnológica cuántica se conocen como **innovaciones cuánticas**. La introducción en 1971 del microprocesador 4004 de Intel, la primera "computadora en un chip" producida, es un ejemplo de innovación de producto cuántico. Las innovaciones cuánticas tienden a generar cambios mayores en un ambiente y a aumentar la incertidumbre, porque fuerzan a las organizaciones a modificar la forma en que operan, como vimos en los capítulos anteriores.

Cambio tecnológico cuántico
Cambio fundamental en la tecnología que revoluciona los productos o la forma en que se producen.

Innovaciones cuánticas
Nuevos productos o sistemas operativos que incorporan mejoras tecnológicas cuánticas.

El **cambio tecnológico gradual** o incremental se refiere a las mejoras que continuamente se llevan a cabo en tecnologías específicas a lo largo del tiempo, en tanto que las **innovaciones graduales** se refieren a los productos o sistemas operativos superiores que incorporan beneficios a partir de tales refinamientos. Por ejemplo, desde 1971, Intel ha mejorado continuamente su procesador original 4004, introduciendo chips avanzados como el Pentium y sus chips Sandy Bridge en 2011. De manera similar, la fabricación flexible, la robótica, las soluciones de software avanzadas y la TQM son ejemplos de innovaciones graduales. Todos estos cambios tecnológicos graduales han mejorado significativamente el desempeño, la calidad y la seguridad de todo tipo de productos, y también han reducido sus costos, como los nuevos dispositivos de cómputo móviles y los vehículos ahorradores de gasolina que se están comercializando.

Cambio tecnológico gradual
Cambio tecnológico que representa un refinamiento de alguna tecnología base.

Innovaciones graduales
Productos o sistemas operativos que incorporan refinamientos de alguna tecnología base.

Como se esperaría, las innovaciones cuánticas son relativamente poco comunes. Como anotan Phillip Anderson y Michael Tushman: "En intervalos raros e irregulares en cada industria, aparecen innovaciones que implican una ventaja decisiva en costo o calidad, y que trastornan no sólo los márgenes de las ganancias ni los productos de las firmas existentes, sino sus fundamentos y sus vidas".[5] Anderson y Tushman llaman a los tipos de innovaciones cuánticas "discontinuidades tecnológicas"; además, en su modelo de innovación, una discontinuidad tecnológica dispara una era de agitación. En el inicio, surge una intensa competencia entre compañías de una industria para desarrollar el diseño que se convertirá en el modelo dominante que otras copiarán. Es el caso de los chips más avanzados de Intel, que son el diseño dominante en la industria de los microprocesadores; y el iPod y el iPad de Apple, que se han convertido en el diseño dominante para una nueva generación de dispositivos móviles.

Después de que surge el diseño dominante, el siguiente ciclo de tecnología involucra una era de cambio e innovación graduales, durante la cual las compañías trabajan y mejoran una tecnología específica. La competencia para mejorar una tecnología que ofrezca a los clientes un mejor producto, es decir, su innovación gradual, es el tipo de innovación que busca la mayoría de las organizaciones. Por ejemplo, cada vez que un fabricante de automóviles rediseña e introduce la nueva versión de uno de sus vehículos, se involucra en la innovación gradual del producto; sin embargo, este es un proceso muy competitivo. Para 2011, por ejemplo, los fabricantes globales de automóviles habían reconocido la popularidad de los vehículos ahorradores de gasolina, por lo que han estado compitiendo entre sí para ofrecer nuevos tipos de vehículos híbridos o eléctricos.

Las innovaciones que resultan del cambio tecnológico cuántico o gradual están alrededor de nosotros. El creciente empleo de microprocesadores en todo tipo de productos del consumidor, los servicios de computación en nube —que permiten a los usuarios acceso remoto a sus datos, música y videos a través de Internet usando nuevos tipos de dispositivos móviles—, las siempre mejores pantallas planas de TV y consolas de videojuegos, así como las medicinas modificadas genéticamente producidas por la biotecnología, no existían hace algunas décadas o eran productos excesivamente caros. Hoy en día, tales productos se dan por sentado y se mejoran continuamente a medida que las compañías luchan por la ventaja competitiva y, de hecho, por sobrevivir. Para 2011, por ejemplo, los fabricantes líderes de teléfonos celulares como Nokia y Research in Motion se encontraron a sí mismos bajo una intensa presión por compañías como Apple y Samsung, que siguieron adelante para desarrollar un nueva tecnología de teléfonos inteligentes y tabletas que les permitió saltar a sus rivales, lo que trajo como resultado que el precio de sus acciones se disparara.

Por lo tanto, el cambio tecnológico es, al mismo tiempo, una oportunidad y una amenaza, es decir, es tanto creativo como destructivo.[6] Ayuda a crear nuevas innovaciones de producto que las compañías pioneras pueden aprovechar pero, al mismo tiempo, tales innovaciones reducen o eliminan la demanda de productos hechos por organizaciones establecidas, pero menos innovadoras. Por ejemplo, el desarrollo de los nuevos iPod y iPhone de Apple destruyó la demanda de los productos anteriores como el Walkman de Sony y el Razr de Motorola, con lo que se desplomó la rentabilidad de estas dos compañías.

Protección de la innovación a través de los derechos de propiedad

Cuando los ejecutivos de una empresa usan sus recursos de manera emprendedora, el resultado es una corriente de innovaciones que crea productos nuevos y mejorados y, además, aumenta su eficacia. Sin embargo, las compañías deben invertir enormes cantidades de dinero en investigación y desarrollo para crear nuevos productos innovadores. Por ejemplo, Intel gastó más de 13 mil millones de dólares en investigación y desarrollo en 2011; también es costoso construir nuevas instalaciones de fabricación para hacer productos avanzados, por ejemplo, construir una nueva fábrica de chips cuesta a Intel de 3 a 5 mil millones de dólares.

Difícilmente sería justo o equitativo si, después de que una compañía gasta millones de dólares en tales actividades, un competidor simplemente llegara, se aprovechara de las innovaciones de la empresa y comenzara a producir una copia del artículo. Si fuera fácil realizar esto, pocas compañías realizarían la inversión necesaria para desarrollar nuevos productos. El progreso tecnológico se hundiría y el estándar de vida de una sociedad avanzaría muy poco a lo largo del tiempo.

Como se analizó en el capítulo 6, los *derechos de propiedad* dan a la gente y a las organizaciones el derecho de poseer y controlar los recursos productivos para obtener ganancias a partir de ellos. Con la finalidad de motivar a los emprendedores y a las compañías a tomar riesgos e invertir en nuevas empresas cuyo rendimiento se desconoce, se promulgan leyes para proteger las ganancias que resultan de los esfuerzos exitosos por innovar o crear nuevos productos. A los inventores individuales y a las empresas se les entregan derechos de propiedad legal para poseer y proteger sus creaciones, mediante la garantía de patentes, derechos de autor y marcas registradas.

Las patentes dan a sus dueños el derecho de propiedad para usar, controlar, autorizar y comercializar, a partir de su creación, un nuevo producto —como una manija de puerta, una máquina o un nuevo fármaco—, durante un periodo de 20 años a partir de la fecha en que se emite la patente por la Oficina de Patentes de Estados Unidos. En otras palabras, las patentes confieren un derecho de monopolio a su propietario, es decir, al inventor individual o a la compañía que ha conducido y financiado la investigación que trajo como resultado el nuevo producto. Uno de los tipos de patente más confiable son aquellas obtenidas por las compañías farmacéuticas que desarrollan medicamentos para tratar una enfermedad. Merck, la organización que desarrolló Prozac y Viagra, ganó miles de millones de dólares a partir de la venta de estos fármacos, por ejemplo. Pero una vez que la patente expira cualquier compañía puede fabricar una copia del medicamento original —un medicamento genérico—, el cual se vende entonces por una fracción del precio del medicamento patentado, de manera que las ganancias de la compañía que inventó el medicamento desaparecen.

Los derechos de autor también confieren un derecho de monopolio a su propietario. Por lo regular, se otorgan a personas que crearán propiedad intelectual, como trabajos escritos o visuales: libros, videojuegos, poemas y canciones producidas por autores, ingenieros de sonido, poetas y músicos. Si lo desean, los propietarios de los derechos de autor pueden venderlos a otras personas o compañías, como cuando una empresa cinematográfica compra los derechos a un autor para convertir su libro en una película. Los derechos de propiedad duran por periodos mucho más largos que las patentes, comúnmente toda la vida del creador del trabajo, e incluso más allá.

Actualmente, las leyes que rigen el periodo de derechos de autor están cambiando. Va creciendo el apoyo a la idea de que los derechos de autor de las obras deben garantizarse por periodos de tiempo más cortos, quizá tan solo por 20 años o por la vida de su creador. Una vez que expiren los derechos de autor, la propiedad intelectual entraría al dominio público y se convertiría en un bien público, lo cual significa que cualquiera sería libre de usar este sin ningún costo. En la actualidad, decenas de cientos de libros sin derechos de autor están disponibles en sitios Web como Amazon y www.gutenberg.org.

Para aumentar los beneficios a partir de sus creaciones, a los innovadores de nuevos bienes y servicios se les otorga también el derecho legal de las marcas registradas que usan para identificar sus productos con los clientes. Las marcas registradas son derechos de propiedad del nombre de un producto (como Nescafé o Ivory Soap), cualquier símbolo o logo relacionado con esta, y la compañía que la produce (como Nestlé o Procter & Gamble). Las marcas registradas le dan a su propietario el derecho legal a perpetuidad para usar los nombres y símbolos, y controlar el uso de aquello en lo que aparecen, por ejemplo, anunciando un producto.

Dado que la gente y las compañías deben invertir su creatividad, tiempo y dinero para obtener derechos de autor y marcas registradas para desarrollar un nombre de marca, simplemente es justo permitirles que obtengan beneficios a partir de la identidad de sus creaciones. De esta forma, J. K. Rowling, la creadora de Harry Potter, cuenta con los derechos de sus libros, por lo que ella y su compañía editorial poseen las marcas registradas relacionadas con el nombre Harry Potter. Nadie puede producir juguetes o ropa de Harry Potter sin pagarles una cuota de licencia porque tienen la marca registrada, así como ninguna compañía cuentan con el derecho a usar la patente de otra compañía, a menos de que pague para utilizarla, mientras que la patente esté en uso.

Proteger la propiedad y los recursos de todo tipo es uno de los propósitos principales de la legislación. El asunto de quién tiene los derechos de los recursos escritos en la era digital ha sido un tema debatido acaloradamente en 2005, cuando Google anunció su intención de escanear millones de libros en las principales librerías del mundo y, luego, ponerlos a disposición gratuita a los usuarios de la Web alrededor del mundo. Pronto Google se vio envuelto en juicios legales con las editoriales que declaraban que se estaban violando sus derechos de autor sobre dichas obras. Cuánto tiempo debe un autor, artista o compañía ser capaz de reclamar el derecho de autor sobre su propiedad intelectual es un asunto que los tribunales deben resolver. El recuadro "Al interior de la organización 13.1" describe la forma en que los Rolling Stones desarrollaron habilidades empresariales para obtener ventaja del nombre de su banda y los derechos de autor, lo que los han convertido en la banda de rock más rica en el mundo.

Al interior de la organización 13.1

Las piedras rodantes no crían moho

Marius Wigen/Shutterstock.com

Los Rolling Stones han sido una de las bandas de rock líderes desde principios de la década de 1960, cuando entraron de lleno en la escena de la música como los "chicos malos" del rock and roll. Como con la mayoría de los grupos de rock de esos años, eran un producto no probado, sin antecedentes. Desesperados por firmar contratos para grabar, los Stones, como muchas de las primeras bandas de rock, estaban en una posición débil para negociar cuando trataban con compañías disqueras como Decca, la empresa con la cual firmaron inicialmente. Como resultado de esa posición débil, a pesar del enorme éxito inicial, recibieron un porcentaje relativamente bajo de las ganancias de sus discos mejor vendidos. Más adelante, después de que tales contratos expiraron, los Rolling Stones pudieron renegociar contratos con las disqueras en sus propios términos. También usaron su fama para encontrar nuevos caminos con iniciativa empresarial.

Desde 1989, los Stones, bajo el liderazgo de Mick Jagger, director general de Rolling Stones Inc., han basado su modelo de negocio en descubrir la forma de usar su producto, su música e imagen pública únicos, para generar ganancias. Desde 1989, los Stones han ganado más de dos mil millones de dólares en ganancias, y han recibido alrededor de 700 millones de dólares por las regalías obtenidas por las ventas de sus discos y canciones. Pero el increíble éxito de sus giras mundiales generó otros 1.3 mil millones de dólares por la venta de boletos, mercancía y dinero de patrocinadores relacionados con sus giras. La forma como los Stones arman sus giras muestra lo emprendedores que son.

Todo comenzó con la gira Steel Wheels en 1989, cuando por primera vez los Stones, trabajando con un promotor canadiense llamado Michael Cohl, tomaron control total sobre todos los aspectos de su gira. Antes de esto, los Stones, como la mayoría de las bandas de rock, programaban un conjunto de ciudades por visitar en la gira. Luego, contactarían a reconocidos promotores en esas ciudades, para que se responsabilizaran de montar el concierto y de la venta de los boletos; los Stones recibían, entonces, un porcentaje de las ganancias totales del concierto. Con este modelo de negocio, los promotores se llevaban más de 60% de las ganancias totales. Cohl propuso un nuevo modelo donde él asumiría la responsabilidad de las 40 sedes de conciertos en la gira Steel Wheels y garantizaba pagar a los Stones un millón de dólares por concierto, una cantidad mucho más alta de lo que habían recibido antes. Cohl sintió que podría hacerlo porque su enfoque eliminaba las ganancias obtenidas por los promotores; también sería capaz de negociar contratos de mercancía para promover camisetas de los Stones, etcétera, y obtener así patrocinio corporativo para la gira.

Después de que habían tocado en varias sedes, fue claro para Cohl que estaba perdiendo dinero en cada una de ellas. Para lograr que la gira fuera un éxito, *todos* tuvieron que encontrar nuevas formas de reducir costos y aumentar las ganancias. De ahí en adelante, los Stones se involucraron directamente en cada decisión relativa al montaje, publicidad y promoción, e incluso sobre el precio de los boletos del concierto, los cuales se han disparado en cada gira desde Steel Wheels. Los Stones, y particularmente Jagger, enfrentaron una gran tarea al aprender cómo mejorar el modelo de negocio de las giras de conciertos; perseveraron y paso a paso han ido refinando y desarrollando su enfoque en cada gira subsecuente. Al final, la gira Steel Wheels hizo más de 260 millones de dólares y los Stones ganaron mucho más de los 40 millones que les habían prometido. En las últimas giras, de "Packing Them In" a "Voodoo Tour" en 1995 y la gira "Licks" de 2003, las ganancias mundiales aumentaron rápidamente, con boletos que alcanzaban los 350 dólares.

Cuando preguntaron a Mick Jagger y Keith Richards, quienes ahora tienen más de 60 años de edad, cuánto tiempo planeaban seguir haciendo giras, su respuesta fue: "Hasta que nos caigamos del escenario." Los Stones se reinventan a sí mismos como artistas creativos y el nivel de desempeño que se espera de ellos exige una nueva empresa cada vez que están en el escenario y dan a sus millones de fans leales el espectáculo que esperan. En 2011 se preparaba una nueva gira "de despedida" por su 50 aniversario, pero no estaba claro si esa gira se realizaría, ya que Richards y Jagger iniciaron otra disputa personal más. Claramente, ser innovador en el negocio del rock nunca es sencillo, es un trabajo duro.

Innovación, iniciativa empresarial y creatividad

Emprendedores
Empresarios dentro de una organización responsables del éxito o fracaso de un proyecto.

En organizaciones establecidas, los líderes de la innovación y el desarrollo de productos son **emprendedores**, es decir, trabajadores que notan oportunidades de innovación, ya sea cuántica o gradual, y son responsables por manejar el proceso de desarrollo del producto para obtenerlas. Muchos gerentes, científicos o investigadores contratados por compañías se involucran en la actividad emprendedora. Pero gente como Jeff Bezos de Amazon o Liz Clairbone que comienzan nuevos proyectos de negocio y fundan organizaciones son empresarios. Asumen los riesgos y reciben muchas de las ganancias relacionadas con nuevos proyectos de negocios.[7]

Existe una relación interesante entre los emprendedores y los empresarios. Muchos emprendedores quedan insatisfechos cuando la organización donde trabajan decide no apoyar sus nuevas ideas creativas o no financia los esfuerzos de desarrollo que consideran que tendrán éxito. ¿Qué hacen los emprendedores que sienten que no están llegando a ningún lado? Comúnmente deciden salir de la organización y comenzar su propia empresa para sacar ventaja de sus nuevas ideas de producto. En otras palabras, los emprendedores se vuelven empresarios y encuentran sus propias organizaciones que suelen competir con las organizaciones que abandonan.

Muchas de las organizaciones más exitosas han comenzado con emprendedores frustrados que se convirtieron en empresarios. William Hewlett y David Packard dejaron Fairchild Semiconductor, un líder en la industria, porque los directivos de esa compañía no apoyaban sus ideas sobre computación. Su compañía, ahora HP, pronto superó a Fairchild. Compaq Computer fue fundada por Rod Canion, quien dejó Texas Instruments (TI) cuando los directivos de ahí no apoyaron su idea de que TI deberían desarrollar su propia computadora. Finalmente HP compró Compaq en 2001 para competir contra Dell. Su fusión fue uno de los motivos para los problemas actuales de Dell, aunque para 2011 ambas organizaciones estaban sufriendo por la competencia de Apple, quien había contratado a muchos directores de aquellas dos compañías. Para evitar que se vayan individuos talentosos, las organizaciones necesitan implementar acciones para fomentar la actitud empresarial interna (analizaremos cómo promover la actitud empresarial exitosa, tanto en las nuevas compañías como en las que ya existen, más adelante en este capítulo).

Creatividad
Ideas que van más allá de los límites actuales, donde esos límites están basados en la tecnología, los conocimientos, las normas sociales o las creencias.

Toda la innovación comienza con ideas creativas. Es importante darse cuenta, sin embargo, de que las ideas creativas no solo son aquellas que llevan a los principales nuevos inventos o logros: las ideas creativas son cualquier cosa que lleve las prácticas existentes un paso más allá de la norma. La **creatividad** no es más que ir más allá de los límites actuales, ya sea que esos límites sean la tecnología, las normas sociales, el conocimiento o las creencias.[8] Decidir que las PC no tienen que ser de color beige, sino que pueden ser azules, rosas o incluso de plástico transparente, es una idea creativa, al igual que lo fue ensamblar la primera PC. Aunque esta última puede ser más memorable, e hizo famosos a los fundadores de Apple —Steve Jobs y Stephen Wozniak—, los millones de pequeñas ideas y creaciones creativas que se han introducido desde entonces para mejorar las PC son muy significativas y valiosas. Y la idea creativa de Michael Dell de vender PC por teléfono, aunque no está en la misma liga como hacer la primera PC, le dio fama como innovador.

Desde esa perspectiva, la mayoría de la gente ha sido y será creativa en su empeño normal. De esta forma, los trabajadores deben entender el hecho de que sus aportaciones, sugerencias e ideas son valiosas, en tanto que las organizaciones necesitan tomar acciones para reconocer la importancia de las ideas. Las compañías logran hacerlo promoviendo valores y normas innovadores en sus culturas organizacionales, y reforzándolos con recompensas financieras por las buenas ideas, como lo practican muchas organizaciones. En 2011 el nuevo director general de Google, Larry Page, decidió vincular los bonos del trabajador y las recompensas financieras con su capacidad para ayudar a la compañía a lograr éxito en sus esfuerzos para convertirse en un jugador principal en las redes sociales para, de esta manera, competir contra Facebook.

La creatividad no solo implica hacer cosas nuevas; también es combinar y sintetizar dos o más hechos no relacionados, y obtener algo nuevo o diferente a partir de ellos. También es modificar algo para darle un nuevo uso o para conseguir que funcione mejor. La síntesis y la modificación son mucho más comunes que la creación; por esa razón, la innovación gradual es más común que la innovación radical. Como señala Anderson, "nos olvidamos de que mover un escritorio para que el trabajo fluya mejor también es creatividad. Es modificación. Y la creatividad también florece cuando rediseñamos una descripción del puesto, de manera que las tareas relacionadas se den a la misma persona. Eso es síntesis. Incluso es creatividad cuando reducimos nuestras pérdidas en un adhesivo que no vale la pena, colocándolo en la parte de atrás de la libreta de notas de nuestra secretaria [...] esa pequeña creación son las notas "post-it" de 3M. Pero nadie va a hacer que su firma sea creativa a menos que usted ayude primero a los individuos a desbloquear su disposición a intentarlo".[9]

Como afirma Nonaka, el proceso de innovación y de creación de nuevo conocimiento depende de la capacidad de los ejecutivos para seleccionar las intuiciones, los conocimientos y las corazonadas tácitas, escondidas y subjetivas de la gente en toda la organización.[10] La fuente puede ser el conocimiento de un investigador brillante, la intuición de un gerente medio acerca de cambiar la tendencia del mercado, o el conocimiento tácito de un trabajador de piso —construidos por el involucramiento intenso en el proceso laboral en el transcurso de los años. Lo importante es transformar el conocimiento individual en conocimiento organizacional que resulte en nuevos productos, lo cual suele ser complicado porque ese conocimiento tácito es difícil de verbalizar; es conocimiento práctico acumulado por la experiencia y difícil de articular en reglas, fórmulas y principios.

Obtener el conocimiento tácito es necesario para aprender a partir de la observación, la imitación o el modelamiento. Incluso, con el tiempo, mediante las interacciones en equipo, sus miembros aprenden cómo compartir su conocimiento, así como a desarrollar las rutinas y "recetas" específicas para un grupo y para una organización, que conducen a tipos de conducta innovadores. Algunas de estas pueden escribirse, aunque muchas están presentes solo mediante las interacciones entre los miembros del equipo, en su conocimiento sobre cada uno. Advierta también que a partir de dichas interacciones puede crearse conocimiento tácito adicional, de manera que se construya, se divulgue y aumente el conocimiento organizacional en toda la empresa.[11]

Una **organización creadora de conocimiento** es aquella cuya innovación pasa por todos los niveles jerárquicos, y a través de todas las funciones y divisiones. Los diferentes equipos se reúnen para compartir su creciente información y conocimiento, de manera que al compartir el conocimiento en toda la organización, logran alcanzarse nuevos niveles de innovación. Los líderes de equipo, como los gerentes medios, requieren, entonces, confrontar la tarea de traducir las ideas creativas en un flujo de productos que los clientes comprarán. Es en este punto donde se vuelve crucial el tema de cómo crear y diseñar un escenario organizacional para promover la creatividad y la innovación. Y diseñar un escenario para promover la creatividad es tanto una forma de innovación como el diseño de los nuevos productos que se crean dentro de él.

Organización creadora de conocimiento
Organización donde la innovación va en todos los niveles y en todas las áreas.

La iniciativa empresarial como "destrucción creativa"

A los generalizados cambios tecnológicos provocados por la creciente competencia global que genera innovaciones se les denomina, por lo común, como el proceso de "destrucción creativa". Este proceso lleva a las compañías más antiguas y menos vanguardistas a volverse incompetentes o incluso salir del negocio frente a las compañías nuevas más innovadoras. Nadie anticipó qué tanto los rápidos avances de Apple en el mundo de la computación móvil lastimarían a Nokia y a Research in Motion, los líderes por una década, hasta 2011. Esto es "creativo" porque las compañías, tanto las antiguas como Apple o las nuevas como HTC, pueden usar nuevas oportunidades globales y tecnológicas para fabricar nuevos dispositivos, o bien, para disminuir los costos de fabricación de los ya existentes. Las compañías establecidas que no logran invertir en las nuevas tecnologías "correctas", aquellas que brindan mayor valor a los clientes, se encontrarían a sí mismas en tal desventaja competitiva que son eliminadas del negocio a menos que logren adaptarse rápidamente. Las nuevas compañías se convertirán en líderes de la industria en el futuro, a menos que los "viejos" competidores encuentren formas de contrarrestarlo. ¿Será Microsoft capaz alguna vez de enfrentar el reto de Google, ya que no controla la búsqueda en línea ni el negocio de la publicidad? ¿Se dará cuenta Google de que perderá su posición de liderazgo con Facebook porque no controla el mercado de las redes sociales? En las últimas décadas, el surgimiento de nuevas industrias —como la comunicación digital, la biotecnología, la robótica, las celdas de combustible, y el menudeo y los juegos en línea— han creado alteraciones masivas en el mundo de los negocios.

La Revolución Industrial es otro ejemplo de cómo funciona el proceso de destrucción creativa. La antigua era agrícola, donde el bienestar dependía de la tierra y del trabajo físico, dio paso a la maquinaria y a la transportación impulsada por vapor. Los nuevos empresarios que usaron su capital para crear nuevas industrias de bajo costo destruyeron los viejos gremios artesanales. La era de la tecnología de la información representa la última ola del principal cambio tecnológico, donde todo tipo de negocios deben invertir en la TI para evitar quedarse atrás de las compañías emprendedoras que hacen esas inversiones primero y, luego, son capaces de avanzar.

Innovación y ciclo de vida del producto

Cuando la tecnología cambia, la supervivencia organizacional requiere que los gerentes adopten rápidamente nuevas tecnologías para innovar sus productos. Quienes no lo hacen pronto se dan cuenta de que no tienen mercado para sus productos existentes y destruyen el futuro de su organización. Sony, por ejemplo, líder por mucho tiempo con su Walkman, perdió repentinamente su posición de liderazgo en el negocio de los reproductores portátiles de música cuando Apple lanzó al mercado su reproductor iPod. Pero los "antiguos" Rolling Stones producen nuevos discos y hacen giras constantemente para mantener su producto actual y a la moda.

Ciclo de vida del producto
Cambios en la demanda por un producto que ocurren a lo largo del tiempo.

El índice de cambio tecnológico en una industria, y particularmente la duración del ciclo de vida del producto, determina qué tan importante es que los gerentes innoven. El **ciclo de vida del producto** refleja los cambios en la demanda de un producto que ocurre a lo largo del tiempo.[12] La demanda de nuevos productos más exitosos e innovadores atraviesa por cuatro etapas: embrionaria, crecimiento, madurez y declive. En la *etapa embrionaria,* un producto todavía necesita ganar aceptación generalizada; los clientes no están seguros de lo que la tecnología asignada al producto les ofrece, de manera que hay poca demanda de él. Si los clientes deciden que la tecnología es valiosa y les ofrece una "propuesta de valor", la demanda por el producto despega y este entra en etapa de crecimiento.

En la *etapa de crecimiento*, muchos consumidores están entrando en el mercado y comprando el producto por primera vez; la demanda aumenta rápidamente. Los dispositivos de cómputo móviles están en esta etapa. Los móviles de tecnología avanzada de Apple han estimulado a la mayoría de las compañías globales de cómputo móvil a introducir sus propios productos basados en tecnologías similares. La etapa de crecimiento termina y comienza la *etapa de madurez,* cuando la demanda del mercado llega a la cima pues la mayoría de los clientes ya han comprado el producto (quedan relativamente pocos compradores de primera vez). En esta fase, por lo común, la demanda es demanda de reemplazo porque la innovación gradual ha tenido como resultado una nueva generación de productos con mejores características, de tal manera que los clientes desechan lo viejo, como los celulares fuera de moda o los estorbosos monitores y televisiones CRT, y adquieren televisiones LCD de pantalla plana y de alta definición. La *etapa de declive* sigue a la de madurez, cuando la demanda por un producto cae porque el cambio tecnológico cuántico resulta en el surgimiento de un producto alternativo superior y otro producto se vuelve tecnológicamente obsoleto; por ejemplo, cuando el iPod remplazó al Walkman.

ÍNDICE DE CAMBIO TECNOLÓGICO Como sugiere la exposición que venimos realizando, el determinante más importante de la duración del ciclo de vida de un producto es el índice de cambio tecnológico.[13] La figura 13.1 ilustra la relación entre el índice de cambio tecnológico y la duración de los ciclos de vida. En algunas industrias —como la de las PC, los semiconductores, al igual que los libros y la música en línea—, el cambio tecnológico es rápido, por lo que los ciclos de vida de los productos son muy cortos. Por ejemplo, el cambio tecnológico es tan rápido en las laptops que un nuevo modelo pasa de moda tan solo algunos meses después de su introducción.

En otras industrias, el ciclo de vida del producto es un poco más largo. En la industria automotriz, por ejemplo, el ciclo de vida promedio del producto es de tres a cinco años. El ciclo de vida de un automóvil es corto porque el cambio tecnológico genera un flujo continuo de innovaciones graduales en el diseño automotriz, como la introducción de los sistemas de localización GPS, los microcon-

Figura 13.1 Cambio tecnológico y duración del ciclo de vida del producto

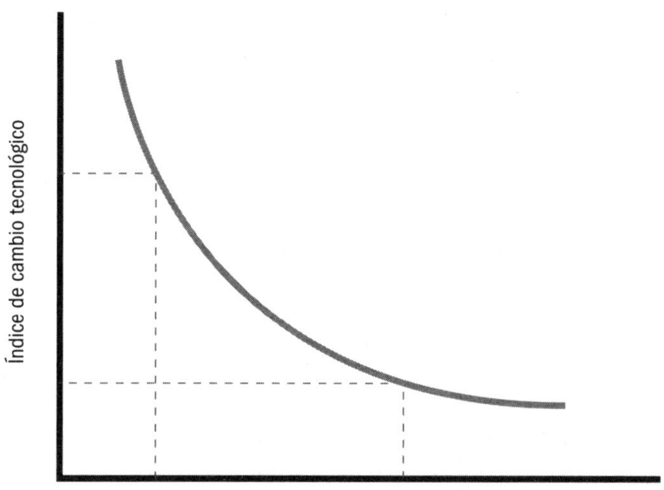

troladores avanzados, las partes corporales plásticas y las máquinas más eficientes en cuanto al uso de energía. En contraste, en las industrias donde la velocidad de cambio tecnológico es más lenta, los ciclos de vida del producto tienden a ser mucho más largos. En el acero o la electricidad, por ejemplo, los cambios en la tecnología toman más tiempo en implementarse, por lo cual productos como vigas de metal y cable eléctrico pueden permanecer en la etapa de madurez de manera indefinida.

ROL DE LA NOVEDAD Y LA MODA La novedad y la moda también son un determinante importante de la duración del ciclo de vida del producto.[14] En la actualidad, los clientes causan el impacto principal en los tipos de cambio tecnológico que buscan las organizaciones. La Web y el flujo masivo de información que ocurren rápidamente a través de sitios como Facebook y Twitter revelan a los clientes los tipos de productos nuevos que están en boga. De manera que las organizaciones observan cada vez más las cambiantes necesidades de los clientes, sus novedades y modas, e invierten recursos para desarrollar tecnologías y productos nuevos que cubrirán tales necesidades. Pocos nuevos compradores en la actualidad adquirirán un automóvil introducido incluso hace algunos años, que tenga probabilidad de quedar tecnológicamente fuera de moda, sobre todo debido a los tipos y las características recientes de los nuevos vehículos. De manera similar, en el negocio de los restaurantes, los clientes piden cierto tipo de cambios en la comida, de manera que si la cocina cajún o la estilo suroeste son populares un año, al siguiente pueden ser historia, cuando la comida caribeña se convierta en la comida de elección. McDonald's aprendió esa lección de la forma difícil cuando los gustos por la comida rápida cambiaron, pero ha sido capaz de responder exitosamente innovando nuevos tipos de alimentos y bebidas de bajo costo. Las consideraciones de la moda son todavía más importantes, donde en el extremo superior del negocio de la ropa y cosméticos, la línea de ropa que fue un éxito la última temporada, está pasada de moda en la siguiente temporada. Así que los ciclos de vida del producto quizá no duren más de dos meses, con lo cual solo aquellas compañías que muestran la capacidad tecnológica de responder rápido —desarrollando nuevas líneas de ropa, perfumes o dispositivos de cómputo móviles— se desempeñarán bien.

Cuanto más rápido cambie el ciclo de vida de un producto, más importante será innovar productos vertiginosamente y en una base continua. En las industrias donde los ciclos de vida del producto son muy cortos, los ejecutivos deben desarrollar continuamente tecnologías nuevas o mejoradas o favorecer su crecimiento, ya que su supervivencia podría verse amenazada. Por ejemplo, la compañía de PC que no logre desarrollar en meses modelos nuevos y mejorados de computadoras y tabletas cada vez más delgadas para competir con las de Apple, pronto se encontrará en problemas, algo que ya ha sucedido a Sony y a Dell. La casa de modas que no logre desarrollar una nueva línea de ropa para cada temporada no puede tener éxito, ni tampoco los bares o restaurantes que no logren notar las cambiantes tendencias de los consumidores. De manera que el problema que enfrentan las organizaciones es cómo promover mejor la creatividad, la innovación y el espíritu emprendedor.

Administración del proceso de innovación

¿Cómo deberían los directivos controlar el proceso de innovación en las compañías de alta tecnología como Amazon.com y Google, o en los negocios convencionales como supermercados y restaurantes para aumentar la innovación tanto cuántica como gradual? Los gerentes pueden usar diversos métodos, los cuales también sirven para superar las resistencias al cambio examinadas en el capítulo 10 que, si no se atienden, reducirán el nivel de innovación. Por ejemplo, puede ayudarse o dañarse a las diferentes divisiones o funciones con los tipos de cambio tecnológico que ocurren, de modo que se resistan al cambio. Además, los directivos quizá no reconozcan oportunidades de nuevos productos debido a la existencia de sesgos cognitivos.

Administración de proyectos

Administración de proyectos
Proceso de dirigir y controlar un proyecto de tal manera que dé como resultado la creación de productos nuevos y mejorados.

Proyecto
Subunidad cuya meta se centra en desarrollar un servicio o producto a tiempo, dentro del presupuesto y de acuerdo con especificaciones de desempeño predeterminadas.

Una técnica que ha demostrado resultar exitosa para promover la innovación cuántica, pero especialmente la incremental, es la **administración de proyectos**, que es el proceso de liderar y controlar un programa de trabajo en curso, de manera que dé como resultado la creación de productos nuevos y mejorados. Un **proyecto** es una subunidad cuya meta se centra en desarrollar un programa de actividades que entregue un servicio o producto a tiempo, dentro del presupuesto, y que cubra los estándares de desempeño predeterminados. En la carrera por generar productos tecnológicos avanzados, han cobrado gran importancia los aspectos de la administración de proyectos, ya sea reducir el tiempo que toma lanzar un nuevo producto o disminuir los elevados costos de innovación. De manera que será útil examinar el rol de los gerentes de proyecto en el desarrollo eficaz de nuevos productos.

La administración de proyectos exitosa comienza con un plan claramente articulado que toma un producto desde su fase de concepto, sigue a su fase de prueba inicial, avanza a la fase de modificación y llega a la fabricación final o, en el caso de los servicios, a la fase de instalación. La fase de concepto por lo regular involucra la mayoría del trabajo y el costo de todas estas fases, pues la tarea que enfrenta el equipo de desarrollo de producto, liderado por el gerente de proyecto (GP), consiste en utilizar los desarrollos en investigación más recientes para crear nuevos productos.

¿Cómo difiere el trabajo de un gerente de proyecto del de un gerente típico de una organización? Primero, un gerente de proyecto administra una mayor proporción de profesionales caracterizados por su alto nivel de conocimiento y de habilidad en su actividad. Por lo común, científicos e ingenieros de todo tipo laboran en un proyecto. La elección del diseño de un proyecto importante involucra la decisión de qué tanta autoridad debería descentralizarse a los trabajadores profesionales para hacerlos responsables de sus acciones. Los esfuerzos creativos de cada miembro deben armonizarse con las necesidades del equipo de proyecto en su conjunto, así como con criterios como los costos y tiempos de un proyecto. Sin embargo, la incertidumbre que rodea a un proyecto, y el hecho de que surjan problemas inesperados, retrasos y avances, dificulta determinar cuándo hay que terminar el proyecto. El proceso para equilibrar los esfuerzos creativos de los miembros del equipo con las consideraciones de costo y tiempo es la tarea más difícil que enfrentan los gerentes de proyecto.

La experiencia y la intuición de los gerentes de proyecto les permiten juzgar qué tan bien o qué tan pobremente se está trabajando en pos de un resultado exitoso. Equilibrar las conflictivas demandas de desempeño, presupuesto y horarios, y resolver los conflictos entre ellas, es un proceso difícil, en especial debido a que los proyectos tienen una duración de uno a tres años, o incluso más. Una de las tareas más difíciles de un gerente de proyecto es mantener el impulso del mismo cuando los miembros del equipo, como ingenieros o diseñadores, enfrentan dificultades para resolver problemas específicos o para mantenerse dentro del presupuesto y el proyecto amenace con venirse abajo. Superar la inercia, sugerir posibles soluciones o la lluvia de ideas, y brindar motivación y retroalimentación positiva son parte esencial del trabajo del gerente de proyecto. Por ejemplo, los científicos e ingenieros pueden ser perfeccionistas y tener como única meta mejorar el desempeño del producto, sin embargo, el GP debe tener en cuenta las metas de tiempo y costo. Los ingenieros necesitan estar convencidos de que la búsqueda de un producto perfecto terminará siendo un desastre, si resulta en uno que sea tan caro que los clientes no quieran comprarlo. Hace una década Sony, por ejemplo, armó laptops tan delgadas como las que hace Apple hoy en día pero costaban 4,000 dólares, lo cual se tradujo en que los clientes no estaban dispuestos a pagar un precio tan alto.

La clave del éxito de los GP es la capacidad de pensar hacia delante y realizar una planeación eficaz por adelantado. Con base en su experiencia, los GP exitosos saben cuáles son los problemas que regularmente surgen, y cómo organizar y controlar a los trabajadores para resolverlos.

De manera que cuando se presenta una crisis, como suele ocurrir, logran movilizar los recursos rápidamente para confrontarla y resolverla.

Otro aspecto importante de la conducta de planeación avanzada de los GP incluye decidir cómo responder a los altos directivos que continuamente evalúan el desempeño de un proyecto, por ejemplo, buscando indicadores de éxito o fracaso. La capacidad para "vender" y defender sus ideas y su proyecto es una tarea que nunca termina para los GP. Más adelante, se revisará cómo deben impulsar un producto y a la gente que cree en un proyecto y está comprometida con su éxito; si los GP no pueden mostrar su entusiasmo, es poco probable que otros gerentes muestren su apoyo por él. La capacidad para explicar con claridad la naturaleza de un nuevo proyecto —y para cristalizar su importancia y significado— son los determinantes principales de la capacidad de un GP para obtener financiamiento para un proyecto y fondos adicionales posteriores que ayuden a asegurar su supervivencia. Muchos proyectos se terminan de manera abrupta porque los altos directivos pierden la fe tanto en el GP como en el equipo de proyecto.

Por lo regular, los GP emplean el modelamiento cuantitativo para conducir la planeación avanzada eficaz, con la finalidad de descubrir los cuellos de botella potenciales y ayudar a acelerar el proceso hacia la terminación exitosa de un proyecto. Dicho modelamiento permite a los GP desarrollar escenarios, como "¿qué pasaría si?", y experimentar con el descubrimiento de nuevas y mejores formas de realizar los pasos secuenciales y paralelos involucrados en lograr el producto final.

Un enfoque común del modelamiento consiste en desarrollar una *red PERT/CAM* o un *diagrama de GANTT* que esencialmente son diagramas de flujo de un proyecto que se elaboran con muchos paquetes de software registrados (como los de Microsoft).[15] Esos paquetes de software se enfocan en **1.** modelar las secuencias de acción necesarias para alcanzar la meta de un proyecto, y **2.** relacionar estas acciones con los criterios de costo y tiempo, como el costo por semana de los científicos e ingenieros empleados en el proyecto, para **3.** preparar y definir el camino óptimo para alcanzar la meta. Una vez que el GP ha elegido cierto camino a seguir, dichos programas brindan retroalimentación continua sobre el desempeño del proyecto para evaluar su desempeño actual.

Una de las primeras, y más sencillas, de esas técnicas de modelamiento, el *método de ruta crítica*, capta la esencia de lo que tales métodos buscan lograr. La meta de este método es determinar **1.** qué tareas o actividades particulares de las muchas que tienen que realizarse son vitales en su efecto sobre el tiempo y costo del proyecto y, de esta forma, **2.** establecer cómo secuenciar o programar las tareas críticas, de manera que un proyecto cumpla con la fecha objetivo a un costo mínimo. Así, encontrar la ruta crítica brinda una solución óptima a las necesidades de un proyecto específico. El diagrama de flujo de la figura 13.2 ilustra las tareas críticas involucradas en la construcción de una casa.

La secuencia óptima de las tareas que deben realizarse para alcanzar el producto final la calcula un equipo que experimenta con las diferentes secuencias posibles. En el ejemplo sencillo de construir una casa, la secuencia más eficiente de pasos puede descubrirse con facilidad. Para muchos proyectos más complejos, sin embargo, el análisis de tales pasos constituye una herramienta de aprendizaje importante; pueden descubrirse muchas interacciones no previstas entre los pasos mediante un análisis cuidadoso. La atención se centra en cómo acortar la ruta, cómo reorganizar o combinar las tareas para reducir tiempo y costo, y mejorar el desempeño. Con frecuencia, si el punto clave es cómo hacer un producto o cómo brindar un servicio, un equipo experimenta construyendo prototipos de planos de una nueva instalación o de la estructura de la tarea.

Cabe destacar que el vínculo para la reingeniería de una organización, explicado en el capítulo 10, donde el movimiento para combinar las actividades de diferentes especialistas o funciones, y enfocarse en los procesos de negocios y no en las actividades, también es una forma de acortar la ruta crítica. Los paquetes de software PERT/CRM permiten al usuario analizar y comparar muchos tipos de configuraciones diferentes para encontrar la mejor ruta para completar la tarea. Los sistemas modernos de TI que usan el diseño asistido por computadora (CAD), analizado en el capítulo 9, pueden cambiar completamente la secuencia de la tarea, especialmente cuando otros tipos flexibles de organizarse, como los equipos de trabajo, equipos de producto y estructuras en red, se incluyen en el proceso de administración.

De hecho, estos desarrollos han permitido que el trabajo del gerente de proyecto sea cada vez más importante en muchas organizaciones. Los GP exitosos comúnmente son quienes ascienden a posiciones administrativas más generales, porque han demostrado su competencia para entender cómo diseñar la estructura organizacional y los sistemas TI, así como para facilitar el desarrollo de productos innovadores. En la actualidad, la administración de proyectos es, por lo regular, un prerrequisito para la promoción a los puestos de alta dirección.

Figura 13.2 Diseño de proyecto por método de ruta crítica

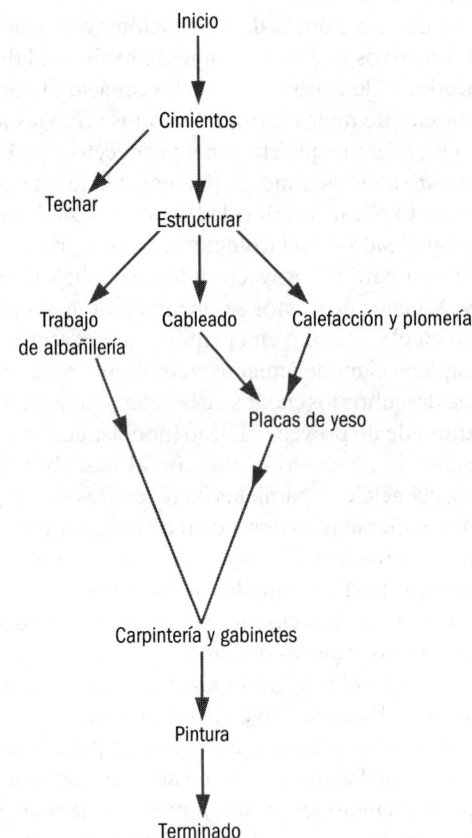

Etapas de acceso al pasaje del desarrollo

Uno de los errores comunes que los altos directivos cometen cuando controlan el proceso de innovación es financiar demasiados proyectos de desarrollo simultáneamente. El resultado es que los recursos humanos, financieros y funcionales se dispersan de manera muy escasa entre muchos proyectos diferentes. En consecuencia, a ningún proyecto único o GP se le otorgan los recursos necesarios para que un proyecto sea exitoso, y el nivel de innovación decae.

Dada la naturaleza de este problema, es necesario que los gerentes desarrollen un proceso estructurado para evaluar nuevas y diferentes propuestas de desarrollo de producto y decidir cuál apoyar. Una solución común a tal problema es implementar un acceso al pasaje de desarrollo[16] (figura 13.3). El propósito del *acceso al pasaje de desarrollo* es establecer un proceso de innovación coherente y estructurado, que mejore el control sobre el esfuerzo de desarrollo del producto y fuerce a los ejecutivos a tomar decisiones entre los proyectos de desarrollo de nuevos productos en competencia, de tal manera que los recursos no se repartan de manera muy escasa entre demasiados proyectos.

Inicialmente, el pasaje tiene una boca ancha (etapa 1) para promover la innovación y motivar tantas ideas de producto como sea posible, tanto de nuevos gerentes de producto como de los que ya están establecidos. Las compañías establecen una boca ancha creando incentivos para los trabajadores que proponen nuevas ideas de producto. Algunas organizaciones manejan programas de "ideas brillantes", los cuales recompensan a probables gerentes de proyectos por inscribir nuevas ideas de producto que eventualmente sobrevivirán el proceso de desarrollo. También permiten a los científicos e ingenieros invertir un determinado porcentaje de tiempo de trabajo en proyectos de su elección. Por ejemplo, HP y 3M permiten a los científicos de investigación emplear 15% de su tiempo en sus propios proyectos; Google les permite usar 20% (por lo regular, una persona que inscribe una nueva idea que es aprobada se convertirá en el gerente de proyecto que se haga cargo de un nuevo proyecto).

Las nuevas ideas de producto se inscriben como propuestas breves por escrito para que las evalúe un equipo interfuncional de gerentes. En la puerta 1, cada propuesta de desarrollo de pro-

Figura 13.3 Etapas-puertas de acceso al pasaje de desarrollo

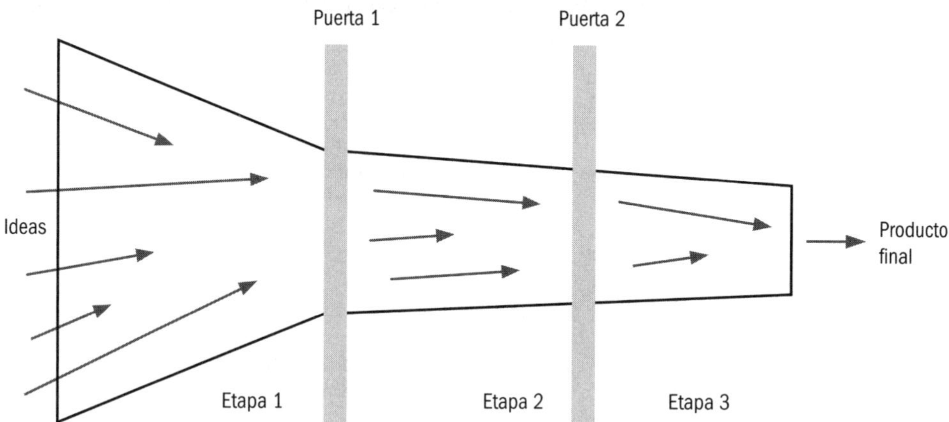

ducto se revisa en términos de su ajuste con las metas y estrategias de la organización, y de la probabilidad de éxito en el mercado. Las propuestas que cumplen estos criterios pasan a la etapa 2 y el resto se rechaza (aunque comúnmente la puerta queda abierta para reconsiderar en otro momento una propuesta que tenga mérito).

En la etapa 2, el probable gerente de proyecto debe elaborar un boceto detallado de un plan de nuevo producto que incluya información detallada, que permita al equipo de jueces decidir si aprueba o no la idea, y que permita que los nuevos gerentes de producto sigan adelante y persigan un esfuerzo de desarrollo de producto a gran escala. Deben incluirse en el nuevo plan de desarrollo de producto factores tales como objetivos estratégicos y financieros, un análisis del mercado potencial, una lista de las características deseadas en el producto, una lista de requerimientos técnicos, una lista de requerimientos financieros y de recursos humanos, un presupuesto detallado y una cronograma con los eventos importantes específicos (por ejemplo, fechas para completar el prototipo y de lanzamiento final). Por lo común, los gerentes que hayan juzgado y apoyado el proyecto ayudan al nuevo gerente de proyecto a mejorar el plan, por ejemplo, desarrollando un cronograma más detallado, o bien, reuniéndose con los clientes para aprender cómo adaptar el nuevo producto y así cubrir mejor sus necesidades.

Una vez completado, un comité de directivos sénior revisa el plan en la puerta 2. Aquí la revisión se centra en una observación detallada del nuevo plan de desarrollo de producto y considera si la propuesta es atractiva, en función de su mercado potencial y viable, dados los requerimientos tecnológicos, financieros y humanos para el desarrollo real del producto. Esta revisión se realiza a la luz de todos los demás esfuerzos de desarrollo de producto que se efectúan en la organización. En la puerta 2, los proyectos pueden rechazarse, enviarse otra vez a revisión, o se les deja proceder a la fase de desarrollo (etapa 3).

El esfuerzo de desarrollo de la etapa 3 dura entre seis meses a diez años, dependiendo del tipo de industria y de producto. Por ejemplo, en la actualidad muchos dispositivos electrónicos tienen ciclos de desarrollo de solo seis meses; toma únicamente dos a tres años desarrollar un automóvil nuevo, alrededor de cinco años desarrollar un nuevo jet, pero siete años o más en desarrollar un nuevo medicamento.

Uso de equipos interfuncionales y de la estructura de equipo de producto

Como acabamos de revisar, establecer equipos interfuncionales es un elemento fundamental en cualquier esfuerzo de desarrollo de nuevos productos.[17] Aunque la innovación exitosa comienza con la función de investigación y desarrollo, es indispensable la forma en que las actividades del departamento de investigación y desarrollo se coordinen con las actividades de otras funciones.[18] La figura 13.4 identifica las múltiples funciones necesarias para la innovación exitosa. Además de la función de investigación y desarrollo, se incluyen las de ingeniería, administración de materiales, fabricación y marketing.

Dado que, por lo regular, esos grupos diferentes tienen orientaciones y actitudes distintas, coordinar sus actividades resulta difícil. El vínculo entre investigación y desarrollo e ingeniería, por ejemplo, es vital para convertir la investigación exitosa en un producto que puede diseñarse y

Figura 13.4 Innovación como actividad interfuncional

La innovación exitosa depende de la coordinación de las actividades del departamento de investigación y desarrollo con las actividades de otros departamentos.

elaborarse de manera eficiente. Los científicos de investigación y desarrollo, sin embargo, pueden quejarse de que el potencial de "su" nuevo producto se está sacrificando, si los ingenieros retocan su diseño para que la producción sea fácil o barata. A la vez, ingeniería quizá considere que investigación y desarrollo está muy comprometida emocionalmente con el producto y que ha perdido visión del mercado en su búsqueda de la excelencia técnica.

Tanto investigación y desarrollo como ingeniería también necesitan coordinarse con fabricación, con la finalidad de asegurarse de que el nuevo producto logre fabricarse de manera eficaz respecto al costo y que sea confiable. Un vínculo con marketing asegurará que el producto posea las características y cualidades que los clientes necesitan y quieren. Además, confirma que los recursos de investigación y desarrollo no se están utilizando para crear o mejorar un producto que los clientes no quieren. Deben asignarse miembros seleccionados de marketing, ingeniería, investigación y desarrollo y fabricación para ser los miembros clave de equipos de desarrollo de nuevos productos para promover el desarrollo exitoso del nuevo producto. El término *miembros clave* se refiere al pequeño grupo de expertos funcionales, cuya responsabilidad principal es el esfuerzo del desarrollo de producto. Además de los miembros clave, muchos otros expertos pueden trabajar en el proyecto cuando sea necesario. Pero los miembros clave están en el proyecto desde su inicio hasta que se completa el esfuerzo de desarrollo: "les pertenece". Para asegurarse de que los miembros clave no se distraigan, comúnmente se les asigna solo a un proyecto de desarrollo a la vez. Si un nuevo proyecto de desarrollo de producto es particularmente importante, los miembros clave pueden cambiar de su rol funcional regular y asignarse a trabajar tiempo completo en el proyecto.

Muchas organizaciones no han sido capaces de administrar los vínculos funcionales necesarios para la innovación exitosa del producto, porque no han adoptado la estructura organizacional adecuada. En el capítulo 6, vimos los diferentes tipos de estructura que las organizaciones adoptan para funcionar de manera eficaz cuando la incertidumbre es alta. Dos de ellas, la estructura de equipo de producto y la estructura matricial, son especialmente adecuadas para administrar la innovación en las organizaciones de alta tecnología. Estas dos estructuras se enfocan en crear equipos interfuncionales para buscar un nuevo desarrollo de producto a partir de la etapa de investigación, pasando por las etapas de diseño y fabricación, hasta llegar a marketing y ventas. Ambas estructuras permiten que cada función desarrolle una comprensión de los problemas e intereses de las otras funciones, por lo que reducen los problemas de comunicación. Descentralizar la autoridad en el equipo también fuerza a los miembros del equipo a cooperar y a desarrollar una comprensión compartida del proyecto.

Aun cuando una estructura de equipo de producto facilita la innovación y el proceso de desarrollo del nuevo producto, comúnmente no es suficiente para resolver el problema de coordinación. Muchas organizaciones usan mecanismos integradores adicionales para facilitar la innovación: líderes de equipo e impulsores de proyecto, "equipos especiales", divisiones de nuevas empresas y proyectos conjuntos.

Liderazgo de equipo

Aunque el establecimiento de un equipo de desarrollo de producto interfuncional puede ser una condición necesaria para la innovación exitosa, no es una condición suficiente. Si un equipo interfuncional va a funcionar, debe tener el tipo de liderazgo adecuado y administrarse de manera eficaz.[19]

Una consideración importante es contar con líderes de equipo que logren pasar de su contexto funcional y tomar un punto de vista interfuncional. Otro aspecto es qué tanto poder y autoridad tiene que otorgarse al líder de equipo. Aquí puede establecerse la distinción entre líderes de equipo de peso ligero o de peso pesado.[20] Un *líder de equipo de peso ligero* es un gerente funcional de nivel medio con un estatus inferior que el jefe de un departamento funcional; no posee control sobre los recursos humanos, financieros y funcionales. Al no ser un verdadero gerente de proyecto, este líder sigue bajo el control de un jefe de departamento funcional. Si el líder de peso ligero quiere acceso a los recursos, debe buscar que los jefes de los departamentos funcionales lo obtengan. Este arreglo debilita el poder y la autoridad de los líderes de equipo porque dependen de la buena voluntad de los jefes de los departamentos funcionales. El resultado suele ser una coordinación interfuncional limitada. Aun así, este arreglo sería adecuado en aquellos casos donde todo lo que se necesita son modificaciones menores de un producto existente.

Un *líder de peso pesado* es un verdadero gerente de proyecto que tiene un estatus más alto dentro de la organización; posee el control principal sobre los recursos humanos, tecnológicos y financieros clave del proyecto. Esto le permite tener la primera opción para exigir los recursos clave y, si es necesario, se anteponga a los deseos de los jefes de la funciones. Por ejemplo, el líder de peso pesado puede insistir para que cierto gerente de marketing o de ingeniería sea asignado de tiempo completo al proyecto, aun cuando los jefes de ingeniería y marketing se opongan a ello. Mayores poderes le dan al líder de equipo de peso pesado mayor capacidad para reunir un equipo interfuncional con las habilidades necesarias para desarrollar un nuevo producto exitoso.[21]

Los líderes de equipo de peso pesado comúnmente funcionan como impulsores del producto, que es gente que toma la propiedad del proyecto, resuelve los problemas cuando estos ocurren, suaviza las disputas entre los miembros del equipo y da liderazgo al equipo. Algunas veces, el impulsor del producto no es señalado formalmente, sino que surge de manera informal durante el proceso de innovación. En el recuadro "Al interior de la organización 13.2", se presenta la importancia que puede adquirir el rol de impulsor del producto.

Al interior de la organización 13.2

Impulsando al Mustang

Don Frey, un ingeniero de investigación y desarrollo, fue un impulsor de producto en Ford Motor Company. En los laboratorios de investigación y desarrollo de Ford, se asignó a Frey a proyectos que parecían nuevos e interesantes, pero nunca llegó a hablar con los clientes ni a involucrarse en decisiones operativas acerca de qué ofrecer al cliente y cuánto costarían los nuevos desarrollos. Como resultado, durante muchos años, él y otros ingenieros de investigación y desarrollo trabajaron en productos que nunca salieron al mercado. Frustrado por la falta de recompensa a su labor, Frey comenzó a cuestionar la utilidad de un laboratorio de investigación y desarrollo corporativo, que pronto fue eliminado de las operaciones y del mercado. En 1957 se cambió a investigación y desarrollo y se le convirtió en cabeza del departamento de diseño de vehículos de pasajeros, donde estaría más cerca de las operaciones del mercado. En esta nueva posición, Frey estaba mucho más cerca del cliente y dirigió las energías de su departamento en producir innovaciones que los clientes querían y estaban dispuestos a pagar.

Natalja/Shutterstock.com

Frey pronto concluyó que en el negocio de los automóviles, la mejor investigación y desarrollo es gradual: año con año un auto se mejoraba para cumplir con las demandas del cliente. También observó la importancia de usar las quejas de los clientes como guía para invertir los recursos de investigación y desarrollo, y obtener así el máximo beneficio. Equipado con esta nueva perspectiva de innovación, fue nombrado miembro del alto comité de planeación de Ford en 1961, desde donde se interesó por desarrollar un nuevo automóvil para el "segmento de autos deportivos" emergente.

Frey y su personal vieron la posibilidad de diseñar un auto para este segmento y comenzaron a impulsar el desarrollo de un producto. Ford, sin embargo, acababa de perder una fortuna en el Edsel, por lo que estaba renuente a comenzar un automóvil nuevo. Dado que no había apoyo corporativo para las ideas de Frey, toda la ingeniería y el diseño iniciales de lo que se volvió el Mustang se realizaron con fondos de "contrabando", es decir, fondos destinados a otros proyectos. Para 1962, Frey y su equipo habían producido el primer prototipo de trabajo del Mustang y creían que tenían un ganador. La alta dirección, en general, y Henry Ford II, en particular, no estaban impresionados ni ofrecieron apoyo, temiendo aún que el nuevo vehículo se convirtiera en otro Edsel.

Afortunadamente para el equipo del Mustang, Lee Iacocca llegó a ser vicepresidente y director general de Ford en 1962, e invirtió en el concepto Mustang. Creyendo que el Mustang sería un gran éxito, Iacocca arriesgó su reputación para convencer a los altos directivos de retomar la idea. En el otoño de 1962, después de mucha presión, se distribuyeron los fondos para producir el auto. Con Frey como impulsor del producto, el Mustang fue aprobado para el mercado en solo 18 meses. Cuando el Mustang se introdujo en 1964, fue un éxito instantáneo y se vendieron más de 400,000 unidades.

Frey siguió impulsando otras innovaciones en los vehículos de Ford, tales como frenos de disco y llantas radiales. Reflexionando sobre su experiencia como impulsor de producto, ofreció algunos consejos de preparación para futuros impulsores de producto: la innovación puede iniciar en cualquier lado y desde inicios modestos, y los impulsores de producto tienen que jalar a la gente y los recursos, así como soportar a la alta gerencia y a los expertos financieros que utilizan los números para matar las nuevas ideas.[22] Como sugiere la experiencia de Frey, la innovación es un negocio riesgoso, y los impulsores de producto tienen que jugársela con quienes no creen en ellos.

Los equipos especiales (*skunk works*) y las divisiones de nuevas empresas

Un *equipo especial* (*skunk work*) es una fuerza de tarea, un equipo temporal que se crea para acelerar el diseño de nuevos productos y promover la innovación, mediante la coordinación de las actividades de los grupos funcionales.[23] La fuerza de tarea se compone con miembros de las funciones de investigación y desarrollo, ingeniería, fabricación y marketing que son asignados a una instalación separada, en una locación aislada del resto de la organización. Este escenario "autónomo" independiente ofrece a los miembros del equipo especial la oportunidad de comprometerse en las interacciones intensivas cara a cara, necesarias para la innovación exitosa. Como equipo, los miembros "tienen el problema": son los emprendedores responsables del éxito o fracaso del proyecto. De manera que un equipo especial es una isla de innovación que brinda a una organización grande un escenario del tipo de una pequeña organización, donde los miembros del equipo tienen la oportunidad y motivación para lanzar rápidamente un nuevo producto al mercado. Por ejemplo, el Mustang original de Ford fue desarrollado en un escenario de equipos especiales por Don Frey.

HP, 3M y otras organizaciones también han sabido utilizar las ventajas de la atmósfera de organización pequeña para fomentar la iniciativa emprendedora. Cuando sus funciones de investigación y desarrollo descubren nuevas ideas de producto potencialmente exitosas, estas organizaciones crean una *división de nueva empresa*, que es una división independiente y autónoma con los recursos para desarrollar un conjunto completo de funciones de creación de valor, con la finalidad de administrar un proyecto de principio a fin.[24] Los miembros de peso completo del equipo se convierten en las cabezas de las funciones de la división y asumen la responsabilidad de administrar la estructura funcional creada para lanzar al mercado el nuevo producto.

Establecer el equilibrio de control entre una división de nueva empresa y las oficinas centrales puede volverse un problema. Mientras que la nueva división demanda cada vez más recursos para completar su misión, los gerentes corporativos pueden estar más preocupados por si el proyecto será exitoso. Si los directores corporativos comienzan a intervenir en las actividades de la división, y sus gerentes sienten que su juicio y autonomía están siendo amenazados, el espíritu emprendedor dentro de una división de nueva empresa podría decaer.

En contraste, quizá surjan problemas mayores si la organización matriz establece demasiadas divisiones de nueva empresa independientes, en un intento por estimular la innovación. Un problema es el gasto mayor que esto implica, el cual rápidamente elevaría los costos operativos. Un segundo problema es que las nuevas divisiones pueden usar su autonomía para buscar sus propias metas, sin importar si estas entran en conflicto con las metas de toda la organización. Finalmente, administrar las divisiones de nuevas empresas es un proceso difícil que requiere de habilidad organizacional considerable. Los ejecutivos deben crear el tipo de estructura organizacional adecuado si quieren ser exitosos; también es vital utilizar los tipos adecuados de sistemas de TI. Este importante tema se analiza más adelante en el capítulo.

Empresas conjuntas

Las empresas o los proyectos conjuntos entre dos o más organizaciones, examinados en el capítulo 3, son medios importantes de administrar la innovación de alta tecnología. Una empresa conjunta permite a las organizaciones combinar sus habilidades y tecnologías, y acumular sus recursos para embarcarse en proyectos riesgosos de investigación y desarrollo. Una empresa conjunta es similar a la nueva división de una empresa donde se crea una nueva organización en la cual la gente puede trabajar en nuevos procedimientos que llevan al éxito. Cuando ambas compañías comparten ingresos, riesgos y costos, comúnmente resulta en el desarrollo de un torrente de productos rentables nuevos. Sin embargo, las empresas conjuntas también causarían problemas, si los socios de la empresa comienzan a entrar en conflicto sobre futuros planes de desarrollo. Esto sucede comúnmente cuando, a lo largo del tiempo, la compañía comienza a favorecer a un socio por encima de otro. Dada esta posibilidad, muchos acuerdos de empresas conjuntas tienen cláusulas que permiten que un socio compre al otro, o darle a un socio 51% de la propiedad de la organización, para asegurar las ganancias de la innovación futura.

Creación de una cultura para la innovación

La cultura organizacional también juega un rol fundamental en dar forma y promover la innovación. Los valores y las normas pueden reforzar el espíritu emprendedor y permitir que una organización responda rápida y creativamente a un ambiente cambiante. Tres factores que dan forma a la cultura organizacional y el grado en que estos valores y normas enfatizan la innovación son la estructura organizacional, la gente y los derechos de propiedad (véase la figura 7.2).

ESTRUCTURA ORGANIZACIONAL Dado que la estructura organizacional influencia la forma en que la gente se comporta, crear el escenario adecuado es importante para impulsar una cultura emprendedora. Muchos factores pueden atrofiar la innovación y reducir la capacidad de una organización para producir nuevos productos a medida que crece.

Aumentar el tamaño de la organización puede provocar que la innovación se vuelva más lenta. A medida que las organizaciones crecen, la toma de decisiones se torna más lenta: las decisiones deben tomarse a través de canales establecidos en una jerarquía vertical, por lo que una burocracia floreciente sofoca el espíritu emprendedor. A medida que la organización se vuelve más burocrática, la gente se torna más conservadora y evita riesgos; a su vez, la gente creativa más capaz y deseosa de tomar riesgos e innovar se desanima y puede dejar la organización.

Conforme las organizaciones envejecen, tienden a ser menos flexibles e innovadoras y, por lo tanto, a no darse cuenta de nuevas oportunidades para desarrollar nuevos productos.[25] Como anota Rosabeth Moss Kanter, esto ocurre debido a "la incapacidad de muchas firmas maduras tradicionales para anticipar la necesidad de cambio productivo y a su resistencia a considerar ideas avanzadas de la gente creativa".[26] Además, es difícil para la gente seguir siendo emprendedora a lo largo de toda su trayectoria. De manera que a medida que las organizaciones y sus miembros envejecen, quizá haya una tendencia inherente para ambos a ser más conservadores.

Con el crecimiento organizacional viene la complejidad y el aumento en la diferenciación vertical y horizontal. Esto podría dañar la innovación. Un incremento en los niveles jerárquicos dificulta a los trabajadores emprendedores ejercer autoridad significativa sobre sus proyectos. Tal vez estén bajo constante escrutinio de superiores, quienes insisten en autorizar personalmente todas las decisiones que involucra un proyecto. De manera similar, cuando las habilidades y los conocimientos necesarios para la innovación son diseminados a lo largo de demasiadas funciones, resulta difícil para un gerente de proyecto o un impulsor de producto obtener y coordinar los recursos vitales para la realización del proyecto.[27]

Para promover la innovación, las organizaciones necesitan adoptar una estructura que logre superar esos problemas. Las estructuras orgánicas basadas en normas y valores que enfatizan la comunicación lateral y la cooperación interfuncional tienden a favorecer la innovación. Las estructuras matriciales y de producto poseen estas cualidades orgánicas y brindan autonomía, para que los emprendedores actúen de manera decisiva. Además, las organizaciones pueden dar a sus miembros amplia libertad para actuar fuera de las definiciones de la tarea formal y trabajar en proyectos donde crean que son capaces de contribuir. Por ejemplo, Apple y Microsoft dan a sus "pensadores" especializados el título de "becario en investigación", y le brindan autonomía y recursos para decidir cómo dar mejor uso a sus habilidades.

GENTE La cultura de innovación en las organizaciones de alta tecnología se ve impulsada por las características de los mismos trabajadores. En muchos escenarios de investigación, la gente coopera de manera tan cercana que se vuelven similares entre sí. Como creen en el mismo conjunto de normas y valores organizacionales, se comunican bien unos con otros. A su vez, los miembros de la organización pueden seleccionar a nuevos miembros que crean en el mismo conjunto de valores, por lo que, con el tiempo, surge un conjunto reconocible de valores y normas que crea una cultura que promueve la creatividad, la cooperación y la participación mutua de nuevas ideas. Sin embargo, una organización necesita protegerse contra el pensamiento grupal y prevenir que los miembros del equipo sufran del tipo de sesgos cognitivos expuestos en el capítulo 12, con la finalidad de que no pierdan de vista las tendencias nuevas y emergentes en la industria. Eso les ocurrió a los programadores de Microsoft, quienes se centraron en mejorar sus aplicaciones del software Windows e ignoraron las señales de que los clientes querían mejores formas de buscar en la Web para encontrar rápidamente información relevante y precisa. Por ello, Google se convirtió en el buscador líder. Para mantener una capacidad exitosa para innovar, las organizaciones deben luchar por mantener la diversidad en sus trabajadores hábiles y permitirles seguir caminos divergentes. La incertidumbre relacionada con la innovación hace que sea importante para los trabajadores ser adaptables y estar abiertos a nuevas ideas. Una forma de promover la flexibilidad y la apertura consiste en reclutar gente comprometida con la innovación, pero que recorra diversos caminos para obtenerla. Eso es lo que parece hacer 3M, como se describe en el recuadro “Al interior de la organización 13.3”.

Al interior de la organización 13.3

Fomentar la innovación en 3M

3M es uno de los innovadores de nuevos productos más exitosos en el mundo. Usa muchas tecnologías diferentes para crear cada año cientos de artículos nuevos e innovadores para las compañías y los consumidores individuales. Para promover el desarrollo exitoso de nuevos productos, 3M ha establecido una meta desafiante de que 30% de sus ganancias deben obtenerse con productos nuevos desarrollados en los últimos tres años. Dicha meta motiva a los trabajadores a actuar como emprendedores y a buscar nuevas oportunidades para crear productos que los clientes valorarán y comprarán.

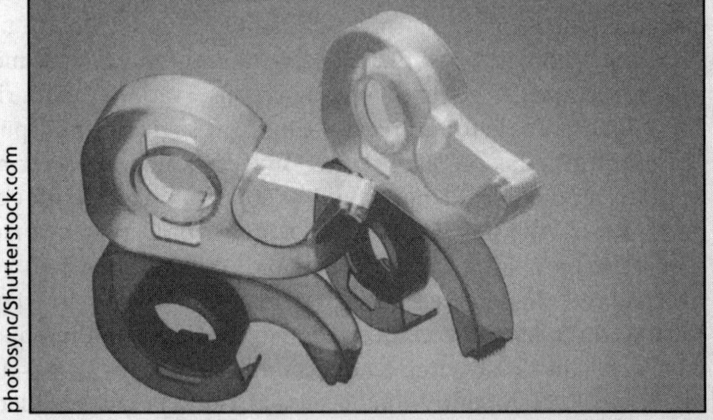
photosync/Shutterstock.com

En ocasiones, el proceso de desarrollar nuevos productos en 3M comienza con encontrar una tecnología para lograr que un producto cumpla con una necesidad existente del cliente. En 1904, por ejemplo, los ingenieros de 3M desarrollaron una nueva tecnología que les permitió unir arenilla al papel. El resultado fue un producto muy vendido: el primer papel de lija. 3M desarrolló esta tecnología porque sabía, a partir de la observación de sus clientes, que había una gran necesidad no cubierta y, por lo tanto, un mercado potencial para un abrasivo fácil de usar.

En muchos casos, es más difícil para una compañía descubrir las necesidades de los clientes o, incluso, descubrir los usos potenciales de un nuevo producto. La forma en que se desarrolló otro producto nuevo de 3M, la cinta adhesiva Scotch, ilustra lo anterior. La historia de la cinta Scotch comienza cuando Dick Drew, un científico de 3M, visitó un taller de hojalatería y pintura en St. Paul Minnesota para probar un nuevo tipo de papel de lija que estaba desarrollando. Entonces eran populares los automóviles de dos tonos. Drew observó cómo los trabajadores del taller improvisaban un método para evitar que un color de pintura se esparciera sobre el otro. Usaban un escudo para pintura hecho con una combinación de adhesivo fuerte y papel de estraza. Con mucha frecuencia, cuando se secaba la pintura y quitaban el escudo, se llevaban la pintura del otro color. Los trabajadores bromearon con Drew acerca de que sería una buena idea si 3M pudiera desarrollar un producto que hiciera su tarea más sencilla.[28]

Drew se dio cuenta de que lo que se necesitaba era una cinta con un pegamento o adhesivo más débil que no quitara la pintura. Regresó a su laboratorio a desarrollar tal pegamento y, después de muchos intentos, lo usó para crear la primera cinta adhesiva. Pronto fue claro que la necesidad común de una forma confiable para sellar, fijar, empacar o unir algo significaba que los usos para la cinta adhesiva eran infinitos. Drew continuó su investigación y, en 1930, inventó la cinta de celofán transparente para satisfacer muchos otros tipos de necesidades de los clientes.

Implicaciones administrativas

Innovación

1. Las actividades de investigación y desarrollo deben integrarse con las actividades de otras funciones para que el proceso de innovación sea exitoso.
2. Debe darse a los trabajadores autonomía, y motivarlos a usar los recursos organizacionales para facilitar el desarrollo continuo de productos y procesos nuevos.
3. Tienen que crearse gerentes de proyecto, accesos a un pasaje de desarrollo, equipos interfuncionales, liderazgo de equipo adecuado, equipos especiales (skunk works) y nuevas divisiones de empresas, con la finalidad de brindar un escenario que promueva el espíritu emprendedor.
4. La alta gerencia debe crear una cultura que apoye la innovación, y reconozca y recompense las contribuciones de los miembros de la organización, vinculando las recompensas directamente con el desempeño.

DERECHOS DE PROPIEDAD La incertidumbre relacionada con la innovación dificulta a los gerentes evaluar el desempeño de los trabajadores con un elevado grado de capacitación en investigación y desarrollo, marketing, etc. Los gerentes no pueden simplemente observar a los trabajadores muy capacitados para determinar qué tan bien se están desempeñando. Comúnmente, su desempeño puede evaluarse solo durante un largo periodo, quizá años. Además, la innovación es un proceso intenso y complejo que demanda habilidades y capacidades inherentes a los trabajadores competentes, no a la organización. Si uno de estos trabajadores viene con una idea nueva, es relativamente fácil tomarla y establecer una nueva empresa para obtener ventaja de ella. De hecho, mucha de la innovación tecnológica ocurre en las nuevas organizaciones fundadas por científicos, quienes han dejado las grandes organizaciones para trabajar por cuenta propia. Dados estos asuntos, se necesitan fuertes derechos de propiedad para alinear los intereses de los trabajadores talentosos con los de la organización.[29]

Una organización puede crear trayectorias de carrera para sus trabajadores altamente calificados y gerentes de proyecto, y demostrar que el éxito se relaciona estrechamente con la promoción y las recompensas futuras. Pueden establecerse trayectorias de carrera dentro de la organización que permitan que la gente talentosa llegue a la cima. Dentro de la función de investigación y desarrollo, por ejemplo, los científicos exitosos pueden capacitarse para administrar los futuros proyectos de investigación y desarrollo. Después de algunos años en investigación y desarrollo, sin embargo, los científicos podrían cambiarse para tomar el control de operaciones de fabricación, o para asumir otras responsabilidades funcionales o corporativas.

También pueden crearse fuertes derechos de propiedad, si una organización vincula el desempeño individual y de grupo con sustanciales recompensas o incentivos organizacionales. Los trabajadores innovadores deberían recibir bonos y opciones de acciones proporcionales al aumento en la rentabilidad que se atribuya a sus esfuerzos. Hacer a los trabajadores dueños en la organización los disuadirá de irse y les dará un fuerte incentivo para desempeñarse bien. Muchas organizaciones de alta tecnología como Google, Merck y Apple practican esto; los trabajadores actuales de Google y Apple son millonarios como resultado de la decisión de darles acciones.

Al centrarse en los derechos de propiedad, en la gente y en la estructura, una organización puede crear una cultura donde las normas y los valores promuevan la innovación y la búsqueda de la excelencia en el desarrollo de nuevos productos.

Innovación y tecnología de la información

En los capítulos anteriores se revisó cómo la TI ayuda a incrementar la eficacia organizacional, sobre todo reduciendo los costos operativos. ¿Por qué? Debido a las **eficiencias de la información**, ahorros en costo y tiempo que ocurren cuando la TI permite a los trabajadores individuales realizar sus tareas actuales en un nivel más alto, asumir tareas adicionales y expandir sus roles en la organización gracias a los avances en su capacidad para reunir y analizar datos.[30] La capacidad

Eficiencias de la información
Ahorros en costo y tiempo que ocurren cuando la TI permite a los trabajadores individuales realizar sus tareas actuales en un nivel más alto, asumir tareas adicionales y expandir sus roles en la organización, gracias a los avances en su capacidad para reunir y analizar datos.

de la TI para mejorar el conocimiento de la tarea y las habilidades técnicas de una persona también es un insumo importante en el proceso de innovación. De hecho, la TI facilita el proceso de innovación, ya que promueve la creatividad de muchas formas e influye en muchos aspectos del proceso de traer nuevas ideas para solucionar problemas.

Primero, la TI facilita la creatividad mejorando la base inicial de conocimiento derivado cuando los trabajadores se comprometen con la solución de problemas y la toma de decisiones. En el grado en el cual la TI cree un conjunto más grande y rico de conocimiento codificado, que cualquier trabajador pueda obtener y permita que estos individuos laboren juntos, se aumenta el potencial innovador. Los ejemplos de codificación del conocimiento a partir de la administración del conocimiento fueron analizados en el capítulo 12. Por ejemplo, en grandes despachos de consultoría como Accenture y McKinsey & Co., los grupos de asesores experimentados integran en línea el conocimiento de cada nivel y, luego, usan la TI interna para diseminar la información a los consultores de toda la organización, información que de otra manera no estaría disponible para ellos.

El conocimiento o la disponibilidad de la información por sí solos no conducirán a la innovación; la capacidad para usar el conocimiento de *manera creativa* es la clave para promover la innovación y lograr una ventaja competitiva.[31] En 1990 Prahalad y Hamel, por ejemplo, sugirieron que no es el nivel de conocimiento que posee una organización lo que lleva a la innovación y a la ventaja competitiva, sino la velocidad a la que esta circula dentro de la empresa.[32] Las organizaciones deben tomar acciones para asegurarse de que usan el conocimiento para desarrollar competencias distintivas en los niveles tanto individual como funcional, particularmente entre funciones.

De manera similar, quizá ocurrirá una reorganización de las tareas, a medida que los nuevos sistemas aumenten la capacidad de la gente o de las subunidades para adquirir y procesar la información. Esto lleva a mucho más oportunidades para combinar, modificar y sintetizar creativamente la información que conduzca a las crecientes innovaciones revisadas antes. Por ejemplo, qué tarea que requería de los insumos de tres personas o subunidades diferentes podría convertirse en una tarea que un solo individuo o función pudiera desempeñarla de forma más creativa y eficaz, pues la TI ayuda a aumentar la cantidad y la calidad de la información que se procesa adecuadamente. La TI facilita también la comunicación y la coordinación interfuncional y divisional que puede promover el compartir conocimiento tácito entre la gente y los grupos, lo cual lleva a un mayor conocimiento organizacional.

Innovación y sinergias de la información

De hecho, una de las ganancias más importantes en el desempeño que resulta del empleo de la TI ocurre cuando dos o más individuos o subunidades unen sus recursos, y cooperan y colaboran a través del rol o los límites de las subunidades, con lo que crean **sinergias de la información**, las cuales ocurren cuando la TI permite a los individuos, o a las subunidades, ajustar sus acciones o conductas a las necesidades de otros individuos o subunidades sobre una base constante, y obtener ganancias a partir de la cooperación de equipo.

Sinergias de la información Construcción de conocimiento creada cuando dos o más individuos o subunidades unen sus recursos, y cooperan y colaboran a través de los límites entre roles o subunidades.

La TI cambia las formas organizacionales y promueve la creatividad y la innovación, tanto en la red como en las formas de organización virtual. Las formas virtuales habilitadas de TI compuestas por personas o firmas conectadas electrónicamente facilitan compartir la información y la innovación. En comparación con la comunicación cara a cara, por ejemplo, el uso de la comunicación electrónica ha aumentado la cantidad de comunicación dentro de la organización. La capacidad de la TI para vincular y habilitar a los trabajadores dentro de las funciones y divisiones y entre ellas, ya sea mediante repositorios de información, teleconferencias o correo electrónico, ayuda a llegar a las sinergias de la información. La aplicación de la TI promueve los flujos de trabajo interfuncionales, logra que la información fundamental sea más accesible y transparente para los trabajadores, y aumenta la incidencia de resolución de problemas que conduce a la innovación.[33]

También debe resaltarse la desventaja de vincular a los trabajadores. Es posible que no solo aumente la cantidad de buena información que reciben quienes la buscan, sino que se incrementen también los malos consejos. Sin embargo, muchas empresas trabajan para asegurarse de que la confiabilidad de la información recibida vía electrónica debilite los lazos, ya que forma comunidades en línea donde pueden localizarse grupos de trabajadores experimentados dentro de un área determinada (por ejemplo, un foro de desarrollo de software, una Intranet de fuerza de ventas, un grupo de discusión de fabricación). Desarrollar un sistema de administración del conocimiento también ayuda a asegurar la información y el consejo de alta calidad que se da cuando se solicita.

La TI también permite un aumento en la **actividad sin fronteras**, ya que ayuda a promover la innovación mediante la interacción entre los individuos y grupos externos a las organizaciones, quienes obtienen entre sí información y conocimiento valiosos gracias a la TI. Esta permite que un trabajador busque y absorba nuevo conocimiento relevante para un problema en cuestión.[34] Por ejemplo, en las organizaciones complejas, los trabajadores que laboran en una tarea o un proyecto pueden desear obtener conocimiento útil que reside en otras unidades de operación, pero los trabajadores pueden desconocer si este conocimiento existe y dónde podría estar. La TI, a través de los sistemas de administración del conocimiento, permite que los trabajadores busquen en su red de información.

Actividad sin fronteras Interacciones de personas y grupos externos a las organizaciones, quienes obtienen entre sí información y conocimiento valiosos gracias a la TI para ayudar a favorecer la innovación.

La TI presenta muchas otras propiedades útiles que pueden promover el cambio tecnológico gradual y cuántico. La TI permite a los investigadores y planeadores lo siguiente: comunicarse más fácilmente y con menor costo en el transcurso del tiempo y la localización geográfica, comunicarse más rápidamente y con mayor precisión con los grupos identificados, controlar de forma más selectiva el acceso y participación en un evento o red de comunicación, acceder más rápida y selectivamente a la información creada fuera de la organización, combinar y reconfigurar más rápida y precisamente la información y almacenar de manera más concisa, y usar con mayor rapidez el juicio y los modelos de decisiones de los expertos. Todas estas cualidades favorecen la creatividad y logran que la administración de proyectos sea más eficaz. Amazon.com es una compañía que usa la TI para tomar decisiones creativas y ampliar su línea de producto, convirtiéndose en un consultor por sí mismo y vendiendo sus propias ideas creativas (véase "Perspectiva de la nueva tecnología de la información, parte 7").

La TI y la estructura y cultura organizacionales

La TI también afecta el proceso de innovación debido a sus múltiples efectos sobre la estructura organizacional. La especialización lleva al desarrollo de orientaciones de subunidades que reducen la capacidad de los trabajadores para entender el contexto más amplio donde están contribuyendo con sus habilidades y experiencia. La TI puede mitigar esta tendencia brindando mayor

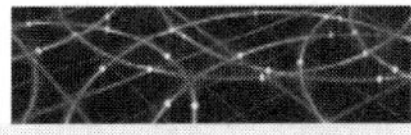

Perspectiva de la nueva tecnología de la información

Amazon.com, parte 7

El uso de Internet de Jeff Bezzos para vender libros se podría considerar una innovación cuántica en esa industria. Sin embargo, la innovación en Amazon.com no ha terminado ahí. Bezzos y su equipo de alta dirección se han comprometido con una serie de innovaciones graduales para crecer y expandir las competencias de Amazon como minorista en línea.[35]

Aunque Bezzos inicialmente eligió enfocarse en vender libros, pronto se dio cuenta de que la tecnología de la información de Amazon serviría para comercializar otro tipo de productos. Comenzó a buscar artículos que pudiera vender de manera rentable en Internet. Primero, eligió discos compactos, luego, cuando se volvieron populares los DVD Amazon comenzó a venderlos. En la actualidad, Amazon también tiene tiendas que ofrecen descargas de música y videos de todo tipo, y da a los clientes la oportunidad de almacenar sus compras en línea a través de su expansión a los servicios de cómputo en nube. Todos los bienes y servicios novedosos reflejan su deseo de ofrecer la variedad más amplia posible de productos para atraer clientes y, especialmente, para promover el negocio de manera que logre continuar su misión para convertirse en la mayor tienda global de libros música y video.

En otras empresas, Amazon ha abierto una tienda de regalos para persuadir a los clientes de enviar regalos, así como libros y DVD en fechas especiales; también, ofreció servicio de envoltura y lanzó un servicio de tarjetas de regalo gratuitas para anunciar la llegada del regalo de Amazon. En la actualidad, tiene más de 40 tiendas con diferentes productos.

Bezos se ha movido audazmente usando la experiencia de desarrollo de Amazon en el menudeo con tiendas virtuales para ofrecer un servicio de consultoría a las organizaciones que desean desarrollar su propia tienda amigable para el cliente. Como vimos en los capítulos previos, también ha utilizado las competencias de TI para ampliar su línea de productos y mantener su línea actualizada con respecto a los continuos cambios en electrónica y tecnología digital, que constantemente alteran la mezcla de productos que ofrece en su tienda virtual.

Como resultado de las innovaciones graduales al negocio de Amazon, Bezos ha transformado su compañía de un "vendedor de libros en línea" al "proveedor de artículos líder en Internet". El precio de las acciones de la compañía se disparó en 2010, cuando Amazon se volvió el minorista en línea más rentable. En ese sentido, los inversionistas creen que la compañía tiene las habilidades y competencias para retener y reforzar su posición dominante. El hecho de que haya superado a eBay en los años recientes, para convertirse en la tienda en línea de elección también sugiere que su siguiente reto será superar a Walmart a medida que expanda sus tiendas para ofrecer a los clientes más bienes y servicios, incluyendo la entrega de cientos de tipos diferentes de productos alimenticios, de baño y otros tipos de bienes de consumo básico.

acceso a la información para los especialistas, a través de tecnologías como correo electrónico, Intranet corporativos, acceso a Internet, etcétera.

Para acelerar la innovación, muchas organizaciones han comenzado a cambiar la toma de decisiones, orientándola hacia el nivel más abajo en la organización, con la finalidad de sacar ventaja de los trabajadores especializados que poseen información local más precisa y oportuna. La TI ayuda al proceso de dos formas. Primero, la TI brinda a los trabajadores de nivel medio conocimiento más detallado y actual sobre las tendencias del consumidor y del mercado, así como de las oportunidades existentes. Por ejemplo, la TI en los centros de apoyo al cliente —orientados a resolver problemas del cliente vía Internet— se ha convertido en un medio difundido para aumentar la eficacia. Segundo, la TI puede producir sinergias de la información, ya que facilita una mayor comunicación y coordinación entre quienes toman las decisiones de manera descentralizada y los altos directivos. Actualmente, a medida que la autoridad en la toma de decisiones se mueve hacia abajo en la jerarquía, se alinea mejor.[36]

Tercero, la TI significa que se necesitan menos niveles de gerentes para manejar la solución de problemas y la toma de decisiones, lo cual resulta en una organización más plana. Además, dado que la TI promueve trabajadores de nivel más bajo con más libertad para coordinar sus acciones, pueden surgir las sinergias de la información a medida que los trabajadores experimentan y encuentran mejores formas de desempeñar sus tareas.

La TI también promueve la innovación por sus efectos en la cultura organizacional y facilita el intercambio de creencias, valores y normas porque permite la rápida transmisión de información detallada y rica entre la gente y las subunidades. La TI, por lo tanto, puede reforzar los efectos motivacionales de los valores culturales que apoyan la innovación. Usando la TI, una organización puede conseguir que estén disponibles para los trabajadores una gran cantidad de mensajes y enunciados de apoyo, comúnmente contenidos en la misión de una organización, las metas corporativas, los procedimientos operativos, etc. Los correos electrónicos, el correos de voz y la Intranet, por ejemplo, brindan mecanismos para transferir y diseminar información acerca de la organización a los trabajadores y ayuda a promover las normas culturales, los valores y las expectativas compartidos que facilitan la innovación.

Resumen

Administrar el proceso de innovación y cambio para promover la eficacia organizacional es un reto central que enfrentan los gerentes y las organizaciones en la actualidad. Un índice creciente de cambio tecnológico y un aumento en la competencia global son dos fuerzas que están poniendo enorme presión sobre las organizaciones para encontrar nuevas y mejores formas de organizar sus actividades, e incrementar su capacidad para innovar y crear valor. Los puntos principales del capítulo 13 son los siguientes:

1. La innovación es el desarrollo de nuevos productos, o bien una producción novedosa de sistemas de operación (incluyendo nuevas formas de estructuras organizacionales).
2. Existen dos tipos de innovación: la cuántica, que es el resultado de cambios cuánticos en la tecnología, y la gradual, la cual resulta de los refinamientos de una tecnología existente. El cambio tecnológico que produce innovaciones cuánticas puede crear oportunidades para que una organización introduzca nuevos productos, pero también suele ser una amenaza, porque logra aumentar el nivel de competencia.
3. La innovación, el espíritu emprendedor y la creatividad son conceptos relacionados estrechamente, en tanto que cada uno es vital para construir una organización creadora de conocimiento.
4. Los gerentes utilizan diversas técnicas para ayudar a promover la innovación. Estas incluyen la administración de proyectos, el acceso al pasaje de desarrollo, establecer un fuerte liderazgo de equipo, utilizar equipos especiales (*skunk works*) y nuevas divisiones, y crear una cultura para la innovación.

5. La TI crea eficiencias de la información y sinergias de la información, por lo que es una herramienta importante para promover la creatividad y la innovación, sobre todo por sus efectos en el diseño, la estructura y la cultura organizacionales.

Preguntas para análisis

1. ¿Cuál es la relación entre el cambio tecnológico cuántico y el gradual?
2. ¿Cuál es la relación entre creatividad, espíritu emprendedor e innovación?
3. ¿Qué es la administración de proyectos? ¿Cómo deben los gerentes decidir qué proyectos buscar?
4. ¿Qué pasos tomaría para crear *a*) una estructura y *b*) una cultura compatible con la innovación en una organización de alta tecnología?
5. ¿Qué son las sinergias de la información y en qué formas favorecen la innovación?

Teoría organizacional en acción

Poner en práctica la teoría organizacional

Administración de la innovación

Formen equipos de tres a cinco integrantes y analicen el siguiente escenario:

Son los altos directivos a cargo de una cadena de tiendas que vende ropa para hombre y para mujer de alta calidad y a elevados precios. Las ventas de la tiendas no crecen y ustedes están cada vez más preocupados, porque la ropa que venden no está cubriendo las necesidades cambiantes de los clientes. Ustedes piensan que los gerentes de compras no están cambiando a tiempo para estar en consonancia con las modas y tendencias; también ustedes consideran que la gerencia de la tienda no está haciendo suficiente para comunicar a los gerentes de compras lo que los clientes quieren. Ustedes buscan revitalizar el proceso de desarrollo de productos en su organización, el cual, en el caso de sus tiendas, significa diseñar, seleccionar y almacenar los artículos que los clientes desean.

1. Usando la información del capítulo, delineen la forma en que crearán un programa para aumentar la creatividad y el espíritu empresarial a nivel de la tienda y a nivel corporativo. Por ejemplo, ¿cómo promoverían las contribuciones de los trabajadores y clientes y quién sería responsable de administrar el programa?
2. ¿Cómo usarían las TI y la estructura organizacional para facilitar el proceso de innovación?

Dimensión ética 13

Algunos emprendedores hacen descubrimientos que ganan millones o incluso miles de millones de dólares en ventas de producto para las compañías donde trabajan pero, dado que esto no quedó estipulado en sus contratos laborales, no les comparten tales ganancias. Otros emprendedores hacen descubrimientos en el curso de su trabajo, pero no comparten dicha información con sus compañías. Dejan sus organizaciones y fundan la suya para explotar este conocimiento.

1. Piense acerca de los aspectos éticos involucrados en cada uno de los dos escenarios. ¿Es ético que la organización o el individuo actúen de esta forma?
2. ¿Existe una forma de resolver el dilema ético planteado en cada uno de estos casos?

Establecer contacto 13

Encuentre un ejemplo de una organización que haya estado tratando de promover su nivel de innovación. ¿Qué tipo de innovación trata de promover básicamente? ¿Cómo intenta hacerlo? ¿Cuál ha sido su éxito hasta ahora?

Análisis de la organización: Módulo de diseño 13

Este modelo se enfoca en el grado en que su organización ha estado involucrada en esfuerzos para promover la innovación.

1. Con la información que tiene a su disposición, analice *a*) las fuerzas para el cambio, y *b*) los obstáculos para cambiar su compañía.
2. ¿Con qué tipo de innovación (cuántica o gradual) ha estado más involucrada su organización?
3. ¿De qué formas, si es que hay alguna, ha buscado su organización administrar el proceso de innovación y alterar su estructura o cultura, para aumentar su capacidad para desarrollar nuevos bienes o servicios?

CASO PARA ANÁLISIS

Elevar y luego disminuir la innovación en Dell

Dell, el fabricante de PC iniciado por Michael Dell en su dormitorio de la Universidad de Texas, fue una de las historias de éxito de la década de 1990 y de inicios de la siguiente. Entre mediados de la década de 1990 y el año 2007, Dell creció en una proporción impresionante y era mucho más rentable que los fabricantes competidores de PC. Sin embargo, de 2007 en adelante, la rentabilidad de Dell cayó, mientras que muchos competidores, incluyendo de manera destacada a Apple y HP, mejoraron su desempeño. ¿Por qué el desempeño de Dell comenzó a declinar después de 2007 y qué acciones ha tomado Dell para detener esa caída?

La fuerza de Dell estaba basada en vender sus PC directamente a los clientes y eliminar a los intermediarios mayoristas y minoristas, de manera que le pudiera devolver parte del valor creado a los clientes en forma de precios bajos que llevaron a ventas más altas. Además, el sitio Web de Dell permitía a los clientes combinar las características de los productos como microprocesadores, memoria, monitores, discos duros internos, unidades de DVD, formato del teclado y del mouse, etc., para personalizar su propio sistema de cómputo. La capacidad de personalizar las órdenes mantenía a los clientes regresando a Dell.

Otra razón del rápido crecimiento de Dell fue la manera en que encontró formas innovadoras de administrar su cadena de suministros, con la finalidad de minimizar los costos de mantener un inventario. Una vez más, Dell sacó ventaja de la Web para alimentar con información en tiempo real sobre los cambios en las demandas de insumos a sus proveedores, de manera que pudieran alterar su producción de componentes para adecuarse a las necesidades de Dell en las siguientes semanas. Asimismo, los proveedores de Dell usaron esta información para ajustar sus propios horarios de producción para obtener las ganancias de la producción justo a tiempo, lo que también permitió a Dell disminuir sus costos y precios.

¿Qué sucedió a Dell en la segunda mitad de la década de 2000, que la llevó a su actual desempeño en declive? Primero, una gran proporción de las ventas de Dell provenía de los clientes de negocios, pero esa demanda de los negocios se desplomó durante la recesión de 2008–2009. En segundo lugar, durante la década de 2000, HP también había aprendido cómo subcontratar la fabricación de sus PC para reducir los costos y también podía vender a los clientes de negocios un lote que incluía no solo computadoras personales, sino también servidores avanzados, dispositivos de almacenamiento, equipo de red y los servicios de consultoría, que ayudaban a los negocios a instalar, administrar y dar servicio a su equipo. Dell no tuvo las capacidades en investigación y desarrollo necesarios para competir contra HP y Apple. Además, para aumentar la demanda de sus PC se vio forzado a vender a través de minoristas regulares, como Walmart y Best Buy, lo cual disminuyó sus ganancias y su desempeño. Finalmente, Apple estaba ganando parte del mercado de Dell diferenciando sus productos gracias a su desempeño, diseño y facilidad de uso, lo cual creaba la impresión de que las PC de rivales como Dell y HP simplemente estaban pasadas de moda. De ser el líder, Dell se va quedando atrás en la industria y está luchando por encontrar formas innovadoras de cambiar su desempeño a medida que sus ganancias siguen cayendo.

Preguntas para análisis

1. ¿Cuáles eran las claves del éxito de Dell a medida que crecía?
2. ¿Por qué ha estado cayendo la innovación en Dell en los años recientes? Busque en la Web información que analice cómo Michael Dell está implantando modificaciones innovadoras en la estrategia y estructura, con el objetivo de cambiar el desempeño de su organización.

Referencias

[1] R. A. Burgelman y M. A. Maidique, *Strategic Management of Technology and Innovation* (Homewood, IL: Irwin, 1988).

[2] G. R. Jones y J. E. Butler, "Managing Internal Corporate Entrepreneurship: An Agency Theory Perspective", *Journal of Management* 18 (1992), pp. 733-749.

[3] E. Mansfield, J. Rapaport, J. Schnee, S. Wagner y M. Hamburger, *Research and Innovation in the Modern Corporation* (Nueva York: Norton, 1971).

[4] R. D'Aveni, *Hyper-Competition* (Nueva York: Free Press, 1994).

[5] P. Anderson y Michael L. Tushman, "Technological Discontinuities and Dominant Designs: A Cyclical Model of Technological Change", *Administrative Science Quarterly* 35 (1990), pp. 604-633; cita de J. Schumpeter, *Capitalism, Socialism, and Democracy* (Nueva York: Harper Brothers, 1942).

[6] El concepto de destrucción crativa remite al trabajo clásico de J. A. Schumpeter; Ibid.

[7] T. Lonier, "Some Insights and Statistics on Working Solo" (www.workingsolo.com).

[8] J. V. Anderson, "Weirder than Fiction: The Reality and Myth of Creativity", *Academy of Management Executive* 6 (1992), pp. 40-43.

[9] *Ibid*, p. 43.

[10] I. Nonaka, "The Knowledge Creating Company", *Harvard Business Review* (noviembre-diciembre de 1991), pp. 1-9.

[11] *Ibid.*

[12] V. P. Buell, *Marketing Management* (Nueva York: McGraw-Hill, 1985).

[13] Véase M. M. J. Berry y J. H. Taggart, "Managing Technology and Innovation: A Review", *R & D Management* 24 (1994), pp. 341-353; y Clark y Wheelwright, *Managing New Product and Process Development.*

[14] E. Abrahamson, "Managerial Fads and Fashions: The Diffusion and Rejection of Innovations", *Academy of Management Review* 16 (1991), pp. 586-612.

[15] http://www.microsoft.com/mspress/books/sampchap/ 4652a.asp?

[16] Clark K. B. y S. C. Wheelwright, *Managing New Product and Process Development* (Nueva York: Free Press, 1993).

[17] A. Griffin y J. R. Hauser, "Patterns of Communication among Marketing, Engineering, and Manufacturing", *Management Science* 38 (1992), pp. 360-373; y R. K. Moenaert, W. E. Sounder, A. D. Meyer y D. Deschoolmeester, "R&D-Marketing Integration Mechanisms, Communication Flows, and Innovation Success", *Journal of Production and Innovation Management* 11 (1994), pp. 31-45.

[18] R. A. Burgelman y M. A. Maidique, *Strategic Management of Technology and Innovation.*

[19] G. Barczak y D. Wileman, "Leadership Differences in New Product Development Teams", *Journal of Product Innovation Management* 6 (1989), pp. 259-267; E. F. McDonough y G. Barczak, "Speeding Up New Product Development: The Effects of Leadership Style and Source of Technology", *Journal of Product Innovation Management* 8 (1991), pp. 203-211; y K. B. Clark y T. Fujimoto, "The Power of Product Integrity", *Harvard Business Review* (noviembre-diciembre de 1990), pp. 107-119.

[20] K. B. Clark y S. C. Wheelwright, *Managing New Product and Process Development* (Nueva York: Free Press, 1993).

[21] *Ibid.*

[22] D. Frey, "Learning the Ropes: My Life as a Product Champion", *Harvard Business Review* (septiembre-octubre de 1991), pp. 46-56.

[23] M. A. Maidique y R. H. Hayes, "The Art of High Technology Management", *Sloan Management Review* (invierno de 1984), pp. 18-31.

[24] R. A. Burgelman, "Designs for Corporate Entrepreneurship in Established Firms", *California Management Review* 26 (1984), pp. 154-166.

[25] H. Mintzberg y J. A. Waters, "Tracking Strategy in an Entrepreneurial Firm", *Academy of Management Journal* 25 (1982), pp. 465-499; P. Strebel, "Organizing for Innovation over an Industry Life Cycle", *Strategic Management Journal* 8 (1987), pp. 117-124.

[26] R. M. Kanter, *The Change Masters* (Nueva York: Simon & Schuster, 1983).

[27] G. R. Jones y J. E. Butler, "Managing Internal Corporate Entrepreneurship: An Agency Theory Perspective", *Journal of Management* 18 (1992), pp. 733-749.

[28] *Ibid.*

[29] www.3M.com, 2011.

[30] T. Dewett y G. R. Jones, "The Role of Information Technology in the Organization: A Review, Model, and Assessment", *Journal of Management* 27 (2001), pp. 313-346.

[31] B. Leavy, "The Concept of Learning in the Strategy Field: Review and Outlook", *Management Learning* 29 (1998), pp. 447-466.

[32] C. K. Prahalad y G. Hamel, "The Core Competency of the Corporation", *Harvard Business Review* (mayo-junio de 1990), pp. 43-59.

[33] J. F. Rockart y D. DeLong, *Executive Support Systems: The Emergence of Top Management Computer Use* (Burr Ridge, IL: Dow-Jones Irwin); J. F. Rockart y J. E. Short, "IT and the 1990s: Managing Organizational Interdependencies", *Sloan Management Review* 30 (1989), pp. 17-33.

[34] M. T. Hanson, "The Search Transfer Problem: The Role of Weak Ties in Sharing Knowledge Across Organizational Subunits", *Administrative Science Quarterly* 44 (1999), pp. 82-111.

[35] www.amazon.com, 2011.

[36] T. Dewett y G. R. Jones, "The Role of Information Technology in the Organization: A Review, Model, and Assessment", *Journal of Management* 27 (2001), pp. 313-346.

CAPÍTULO 14

Manejo del conflicto, el poder y la política

Objetivos de aprendizaje

Este capítulo se enfoca en los procesos sociales e interpersonales que afectan la forma en que los gerentes toman decisiones, así como la manera en que las organizaciones cambian y se adaptan a sus ambientes. En especial, se analizan las causas, la naturaleza y las consecuencias del conflicto, el poder y la política organizacionales.

Después de estudiar este capítulo, usted será capaz de:

1. Describir la naturaleza del conflicto organizacional, sus fuentes y la manera como aparece entre los accionistas y las subunidades.
2. Identificar los mecanismos mediante los cuales los gerentes y los inversionistas pueden obtener el poder y utilizarlo para influir en la toma de decisiones, con la finalidad de resolver el conflicto a su favor.
3. Explicar cómo y por qué los individuos y las subunidades participan en la política de la organización para lograr el control sobre la toma de decisiones, y obtener el poder que les permite influir el proceso de cambio a su favor.
4. Apreciar la importancia de administrar la estructura de poder de una organización para superar la inercia organizacional y lograr el tipo de cambio que promueva el rendimiento.

¿Qué es el conflicto organizacional?

Como vimos en el capítulo 2, una organización consiste en diferentes grupos de accionistas, cada uno de los cuales contribuye con algo valioso para la organización a cambio de recompensas. Los inversionistas cooperan conjuntamente para contribuir con los recursos que una organización necesita para producir bienes y servicios. Al mismo tiempo, sin embargo, los inversionistas compiten entre sí por los recursos que la organización genera de esas actividades conjuntas.[1] Para producir bienes y servicios, una organización necesita las habilidades y capacidades de los gerentes y trabajadores, así como el capital que proveen los accionistas y los insumos de los proveedores. Tanto al interior como al exterior, los inversionistas —tales como trabajadores, gerentes y accionistas— compiten sobre su proporción proveniente de las recompensas y los recursos que la organización genera.

Para crecer, cambiar y sobrevivir, una organización debe manejar tanto la cooperación como la competencia entre sus inversionistas. Como indica la figura 14.1, cada grupo de inversionistas tiene sus propios objetivos e intereses, los cuales coinciden de alguna manera con aquellos de otros grupos, ya que todos los inversionistas comparten su interés en la supervivencia de la organización. Sin embargo, los objetivos e intereses de los inversionistas no son idénticos, por lo que el conflicto surge cuando un grupo persigue sus propios intereses a costa de los de otros grupos. El **conflicto organizacional** es el enfrentamiento que ocurre cuando la conducta dirigida a metas de un grupo bloquea o frustra las metas de otro.

Conflicto organizacional
Enfrentamiento que ocurre cuando la conducta dirigida a metas de un grupo bloquea o frustra las metas de otro.

Debido a que las metas, las preferencias y los intereses de los grupos de inversionistas podrían diferir, el conflicto es inevitable en las organizaciones.[2] Aun cuando, por lo general,

Figura 14.1 Cooperación y competencia entre inversionistas organizacionales

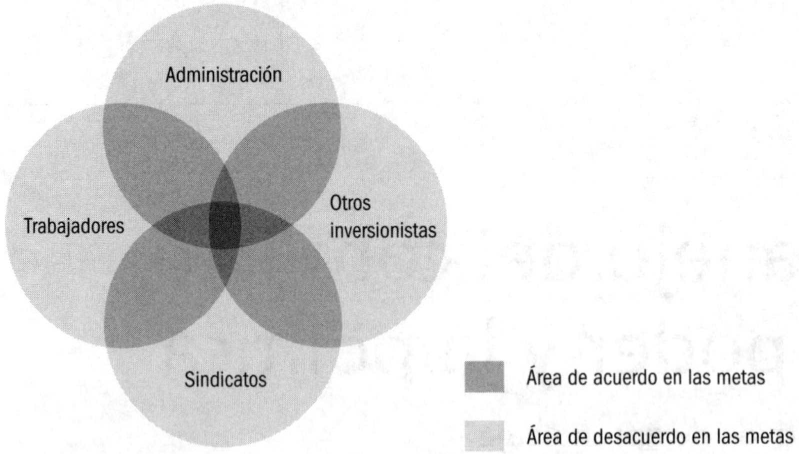

Administración
Trabajadores
Otros inversionistas
Sindicatos
Área de acuerdo en las metas
Área de desacuerdo en las metas

el conflicto se percibe como algo negativo, la investigación sugiere que algo de conflicto resulta positivo para una organización, ya que puede mejorar la eficiencia organizacional. Sin embargo, más allá de cierto punto (punto A en la figura 14.2), el conflicto extremo entre los inversionistas dañaría el desempeño de la organización.[3]

¿Por qué cierto nivel de conflicto es benéfico para una organización? Quizá sea benéfico debido a que superaría la inercia organizacional y conduciría al aprendizaje y el cambio organizacional. Cuando surge el conflicto dentro de una organización o el conflicto entre la organización y los elementos en su ambiente, la organización y sus gerentes deberían revaluar su punto de vista sobre el mundo. Como se estudió en el capítulo 12, el conflicto entre los diferentes gerentes, o entre los diferentes grupos de inversionistas, puede mejorar la toma de decisiones y el aprendizaje organizacional, toda vez que revela nuevas formas de considerar un problema o los supuestos erróneos que distorsionan la toma de decisiones. Por ejemplo, el conflicto en AT&T entre el consejo de directores y la alta gerencia sobre la lentitud con que la compañía se estaba restructurando, llevó al nombramiento de un nuevo director general y del equipo de alta gerencia. El nuevo director general, Randall Stephenson, implementó muchos cambios radicales sobre la forma en que la compañía opera y

Figura 14.2 Relación entre conflicto y eficacia organizacional

La investigación sugiere que hay un nivel de conflicto óptimo dentro de una organización. Más allá del punto A, el conflicto suele ser perjudicial.

Alta
A
Eficacia organizacional
Baja
Bajo
Alto
Nivel de conflicto

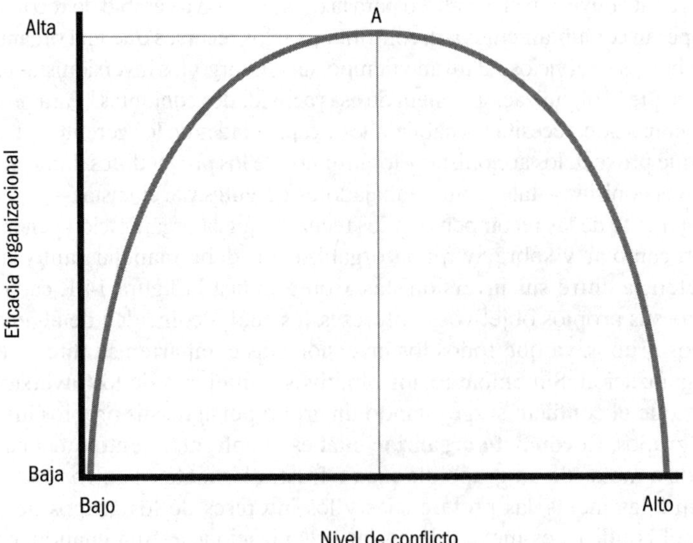

tomó grandes riesgos, incluyendo su decisión de 2011 para adquirir T-Mobile por 39 mil millones de dólares. Si el intento de adquisición fallara por razones de desconfianza, AT&T tendría que pagar a T-Mobile ¡6 mil millones de dólares! De manera similar, el conflicto entre el nuevo director general de Ford y sus altos gerentes divisionales dio como resultado un gran cambio en el enfoque organizacional, el cual originó grandes mejoras en el desempeño de los fabricantes de automóviles en 2011.

El conflicto que surge cuando los diferentes grupos perciben los problemas de la organización de diferentes maneras y quieren actuar siguiendo sus creencias, es una defensa integrada en contra de la inercia organizacional producida por un equipo de alta gerencia, donde los miembros muestran la misma visión del mundo. En resumen, el conflicto puede mejorar la toma de decisiones y permitir que una organización cambie y se adapte a su ambiente.[4]

Más allá de cierto punto, sin embargo, el conflicto deja de ser una fuerza positiva y se convierte en una causa de deterioro organizacional. Suponga, por ejemplo, que el conflicto entre gerentes (o entre otros inversionistas) se vuelve crónico, de tal manera que los gerentes no logran ponerse de acuerdo sobre las prioridades de la organización, o sobre cuál es la mejor manera de destinar los recursos para cumplir con las necesidades organizacionales. En tal situación, los gerentes pasan todo el tiempo negociando y luchando, con lo cual la organización se queda tan estancada en el proceso de toma de decisiones, que el cambio organizacional se genera muy lentamente. La innovación, por supuesto, es casi imposible en dicho escenario. En un ciclo un tanto vicioso, la toma de decisiones lenta y pesada, característica de las organizaciones en deterioro, conlleva un conflicto aún mayor porque las consecuencias del fracaso son muy grandes. Una organización en problemas pasa mucho tiempo tomando decisiones, tiempo que no puede permitirse porque necesita adaptarse de manera rápida para recuperarse. Así, aun cuando algunos conflictos impulsan a la organización fuera de la inercia, demasiado conflicto causaría inercia organizacional: cuando los diferentes grupos luchan por sus propias posiciones e intereses, fracasan para lograr el consenso y la organización queda a la deriva; el fracaso en el cambio causa que la organización vaya de mal en peor.[5]

Muchos analistas afirman que tanto AT&T como Ford enfrentaron esta difícil situación. Sus gerentes de nivel superior sabían que tenían que llevar a cabo cambios radicales en la estrategia y estructura de sus organizaciones, pero no pudieron hacerlo debido a que diferentes grupos de alta gerencia presionaron por sus propios intereses; por ejemplo, que los recortes se aplicaran en otras divisiones. El conflicto entre las divisiones y la constante lucha para proteger los intereses de cada una dieron como resultado que el proceso hacia el cambio fuera lento y empeoraron la situación. En ambas compañías, las juntas de directores destituyeron a sus directores generales y contrataron a nuevos directores con el anhelo de que vencieran la oposición al cambio y se desarrollara una estrategia que promoviera intereses organizacionales, y no solo los de un grupo específico. La manera como John Mackay hizo esto en Pfizer ilustra el tema, como se expone en el recuadro "Al interior de la organización 14.1".

Al interior de la organización 14.1

¿Cómo controló Martin Mackay el conflicto en Pfizer?

Pfizer es la compañía farmacéutica global más grande de su ramo, cuyas ventas llegaron a casi 50 mil millones de dólares en 2011. Sus investigadores han innovado algunas de los medicamentos más exitosos y rentables del mundo, tal como el primer reductor de colesterol, Lipitor, que solía generar a Pfizer 13 mil millones de dólares al año.[6] En la década de 2000, sin embargo, esta compañía farmacéutica se encontró con grandes problemas en su intento por desarrollar nuevos medicamentos exitosos, al tiempo que sus fármacos estrella, como Lipitor, perdían la protección de su patente. Pfizer necesitaba encontrar rápidamente la manera de hacer funcionar su línea de desarrollo de productos. Uno de sus directores, Martin Mackay, creía saber cómo hacerlo.

Cuando el antiguo jefe de investigación y desarrollo de Pfizer se jubiló, Mackay, su adjunto, dejó en claro al director general Jeffrey Kindler que él quería el trabajo. Kindler, a la vez, le indicó también que consideraba que la compañía quizá necesitaría un talento nuevo e ideas frescas para resolver sus problemas. Mackay se dio cuenta de que debía presentar rápidamente un plan convincente para cambiar la manera en que los científicos de Pfizer trabajaban para desarrollar nuevos medicamentos, con el objetivo de ganar el apoyo de Kindler y conseguir el puesto. Así, Mackay creó un plan detallado para cambiar la manera en que sus miles de investigadores tomaban decisiones, para asegurarse de que los recursos de la compañía, su talento y sus fondos se utilizaran de manera óptima. Una vez que Kindler revisó el plan, se impresionó tanto que promovió a Mackay a la posición más alta de investigación y desarrollo. ¿Cuál era el plan de Mackay?

Como Pfizer había crecido en el transcurso del tiempo, como resultado de las fusiones con otras grandes compañías farmacéuticas, Mackay observó que habían aumentado los problemas en la toma de decisiones y el conflicto entre los gerentes de sus diferentes divisiones de medicamentos. Mientras crecía, la estructura organizacional de Pfizer se volvía más vertical y la cantidad de personal de sus oficinas matrices crecía. Con más gerentes y niveles en la jerarquía, existía una mayor necesidad de comités para integrar sus actividades. Sin embargo, en tales juntas, los diferentes grupos de gerentes luchaban para promover el desarrollo de medicamentos en los cuales ellos tenían mayor interés y entraban en conflicto para obtener los recursos necesarios para desarrollarlos. En resumen, Mackay sentía que tanto gerentes y comités daban como resultado demasiado conflicto entre ellos, quienes de manera activa presionaban a otros gerentes, y al propio director general, para promover los intereses en sus propios grupos de producto. El resultado fue que el desempeño de la compañía menguó. Adicionalmente, aun cuando el éxito de Pfizer dependía de la innovación, el conflicto creciente trajo como consecuencia el desarrollo de una cultura burocrática en la compañía que reducía la calidad en la toma de decisiones y dificultaba identificar nuevos medicamentos prometedores.

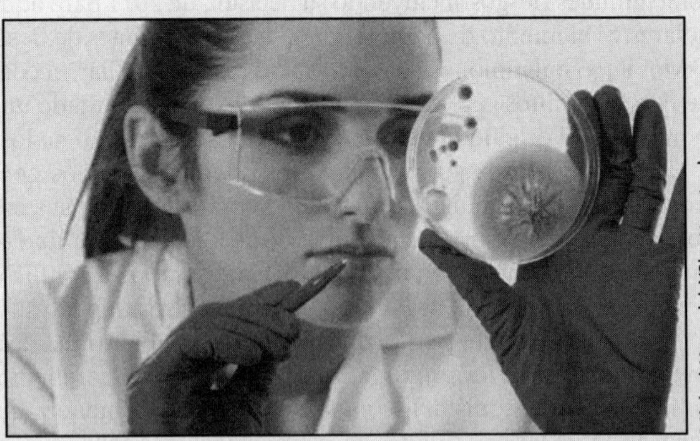
Michal Kowalski/Shutterstock.com

El audaz plan de Mackay para deshacerse de este conflicto incluía la reducción del número de niveles entre los altos gerentes y los científicos de 14 a 7, lo cual se tradujo en el despido de miles de gerentes de Pfizer. También invalidó las puntuaciones de los comités de desarrollo de producto que, con sus discusiones, él consideraba que retrasaban el proceso de transformación de ideas innovadoras en medicamentos exitosos. Después de adelgazar la jerarquía, se orientó a reducir el número de reglas burocráticas que los científicos tenían que seguir, pues muchas de ellas eran innecesarias y habían promovido el conflicto. Él y su equipo eliminaron cualquier tipo de reporte escrito que desacelerara el proceso de innovación. Por ejemplo, los científicos estaban acostumbrados a entregar informes de manera quincenal y mensual a los altos gerentes, para explicar el avance en cada fármaco; Mackay les solicitó quedarse con uno de ellos y el otro desecharlo.

Como es posible imaginar, el esfuerzo de Mackay causó enorme agitación en la compañía, ya que los gerentes luchaban por mantener sus posiciones, mientras los científicos se esforzaban por proteger los medicamentos que estaban desarrollando. Sin embargo, Mackay fue firme y continuó con su agenda con el apoyo del director general, quien defendió sus esfuerzos por crear un nuevo proceso de desarrollo de producto que facultara a los científicos de Pfizer, y promoviera la innovación y la iniciativa empresarial. Los científicos de Pfizer informaron que se sintieron "liberados" por el nuevo sistema de trabajo; asimismo, como el nivel de conflicto se redujo, se empezaron a desarrollar nuevos medicamentos de forma más rápida. Para 2011, Pfizer había ganado la aprobación de la FDA para un importante y nuevo medicamento antibacterial. Además, varios nuevos fármacos potenciales estaban en camino.[7] No obstante, Mackay dejó Pfizer para incorporarse a AstraZeneca en 2011 —como su nuevo jefe de desarrollo de productos farmacéuticos— cuando Pfizer lo pasó por alto y nombró a un gerente externo como director general.

En suma, entonces, las organizaciones necesitan estar abiertas al conflicto para reconocer la manera en que este ayuda a los gerentes tanto a identificar los problemas, como a promover la generación de soluciones alternativas que mejoren la toma de decisiones. El conflicto puede favorecer el aprendizaje organizacional. Sin embargo, para obtener ventaja de los aspectos de creación de valor del conflicto y evitar sus efectos disfuncionales, los gerentes tienen que aprender a controlarlo. Louis R. Pondy desarrolló un útil modelo de conflicto organizacional. Pondy primero identificó las fuentes del conflicto y, luego, examinó las etapas de un episodio típico de conflicto.[8] Su modelo ofrece muchas ideas sobre cómo controlar y manejar el conflicto en una organización.

Modelo de conflicto organizacional de Pondy

Pondy ve el conflicto como un proceso que consta de cinco episodios secuenciales o etapas, resumidas en la figura 14.3. Sin importar el cómo o el porqué surge el conflicto, los gerentes utilizan el modelo de Pondy para interpretar y analizar la situación de conflicto y tomar acciones para resolverla, por ejemplo, mediante el rediseño de la estructura de la organización.

Etapa 1: Conflicto latente

En la primera etapa del modelo de Pondy, *conflicto latente*, no existe un conflicto rotundo; sin embargo, el potencial para que surja está presente, aunque latente, debido a la forma en que opera la organización. De acuerdo con Pondy, todo el conflicto organizacional surge debido a que la diferenciación vertical y horizontal conllevan al establecimiento de diferentes subunidades organizacionales con diferentes objetivos y, por lo regular, con diferentes percepciones de cómo sería mejor lograr esas metas. En las empresas de negocios, por ejemplo, los gerentes en diferentes funciones o divisiones quizás estén de acuerdo sobre el objetivo central de la organización: maximizar su capacidad para crear valor a largo plazo. Pero podrían manejar diferentes ideas sobre cómo lograr esa meta: ¿debería la organización invertir recursos en manufactura para reducir costos, o en investigación y desarrollo para el impulso de nuevos productos? Se identifican cinco fuentes potenciales de conflicto entre subunidades: interdependencia de las subunidades,

Figura 14.3 Modelo de conflicto organizacional de Pondy

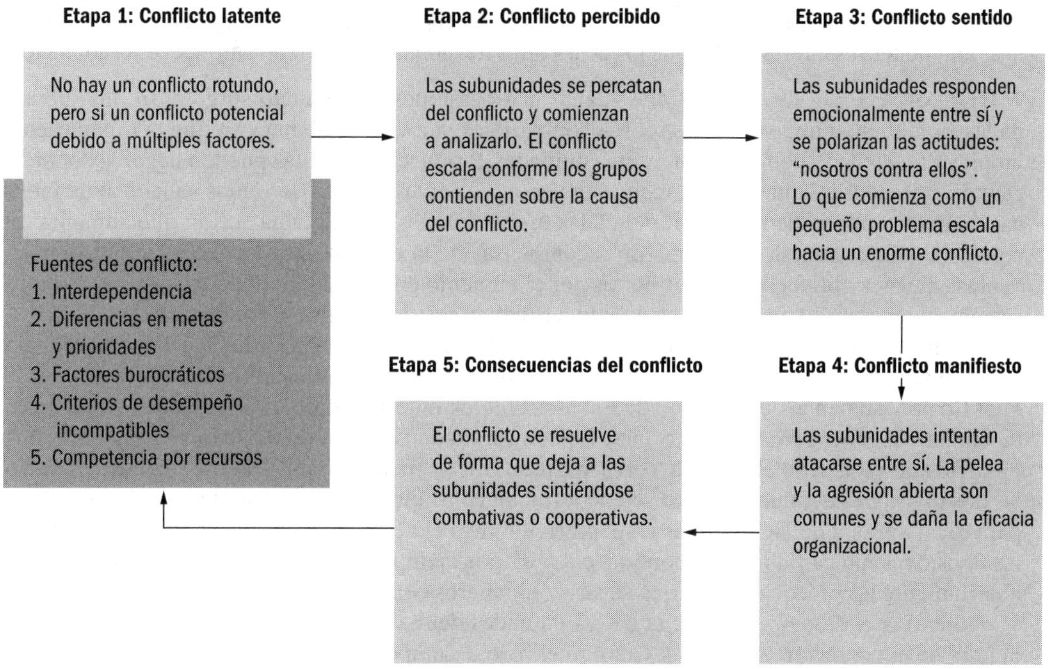

Etapa 1: Conflicto latente

No hay un conflicto rotundo, pero si un conflicto potencial debido a múltiples factores.

Fuentes de conflicto:
1. Interdependencia
2. Diferencias en metas y prioridades
3. Factores burocráticos
4. Criterios de desempeño incompatibles
5. Competencia por recursos

Etapa 2: Conflicto percibido

Las subunidades se percatan del conflicto y comienzan a analizarlo. El conflicto escala conforme los grupos contienden sobre la causa del conflicto.

Etapa 3: Conflicto sentido

Las subunidades responden emocionalmente entre sí y se polarizan las actitudes: "nosotros contra ellos". Lo que comienza como un pequeño problema escala hacia un enorme conflicto.

Etapa 4: Conflicto manifiesto

Las subunidades intentan atacarse entre sí. La pelea y la agresión abierta son comunes y se daña la eficacia organizacional.

Etapa 5: Consecuencias del conflicto

El conflicto se resuelve de forma que deja a las subunidades sintiéndose combativas o cooperativas.

diferentes metas entre subunidades, factores burocráticos, criterios de desempeño incompatibles y competencia por los recursos.[9]

INTERDEPENDENCIA Debido a que las organizaciones se diferencian, cada subunidad desarrolla un deseo de autonomía y comienza a perseguir metas e intereses que valora sobre las metas de otras subunidades o de la organización en su conjunto. Debido a que las actividades de las diferentes subunidades son interdependientes, el deseo de las mismas por la autonomía conlleva al conflicto entre grupos. Finalmente, el deseo de cada subunidad por la autonomía entra en conflicto con el deseo de coordinación en la organización.

De acuerdo con el modelo de tecnología de Thompson, analizado en el capítulo 9, el cambio de una interdependencia de tarea compartida a una secuencial y, luego, a una recíproca entre las personas o las subunidades incrementa el grado en que las acciones de una subunidad afectan directamente las acciones de las demás.[10] Cuando la interdependencia de la tarea es alta, el conflicto puede ocurrir a niveles individual, funcional o divisional. De no ser por la interdependencia, no existiría potencial para que se generara conflicto entre las subunidades o los inversionistas organizacionales.[11]

DIFERENCIAS EN METAS Y PRIORIDADES Las diferencias en la orientación de la subunidad afectan la visión del mundo de cada función o división, y provocan que cada unidad persiga diferentes metas que, a menudo, son inconsistentes o incompatibles. Una vez que las metas se vuelven incompatibles, surge el conflicto potencial debido a que las metas de una subunidad quizás impidan la capacidad de otra para lograr sus metas. Como se revisó en el capítulo 12, los altos gerentes normalmente presentan diferentes metas y prioridades que suelen causar conflicto en el proceso de toma de decisiones.

FACTORES BUROCRÁTICOS La manera en que se desarrollan las relaciones de tarea en las organizaciones puede ser también una fuente potencial de conflicto. A lo largo del tiempo, el conflicto ocurre debido a inconsistencias de estatus entre los diferentes grupos en la burocracia de la organización. Un tipo clásico de conflicto burocrático ocurre entre el *staff* y las funciones de línea.[12] Una *función de línea* está directamente involucrada en la producción de los artículos de la organización. En una compañía manufacturera, la fabricación es la función de línea o de ejecución; en un hospital, los médicos son la función de línea; en una universidad, los profesores son la función de ejecución o de línea. Las *funciones de staff* asesoran y apoyan a la función de línea e incluyen funciones tales como investigación y desarrollo, contabilidad y recursos humanos. En muchas organizaciones, la gente en funciones de línea llega a verse a sí misma como *el* recurso organizacional más importante, y considera a la gente en funciones de *staff* como jugadores secundarios. Con esta creencia, la función en línea utiliza de manera constante su supuesto elevado estatus como el productor de bienes y servicios, para justificar anteponer sus intereses antes de los de las otras funciones. El resultado entonces es el conflicto.[13]

CRITERIOS DE EJECUCIÓN INCOMPATIBLES En ocasiones, el conflicto surge entre las subunidades, no debido a que sus metas sean incompatibles, sino por la manera en que la organización monitorea, evalúa y premia las diferentes unidades. Producción y ventas pueden llegar al conflicto cuando, para lograr la meta de aumento en ventas, el departamento de ventas solicite al de fabricación que responda de manera rápida a las órdenes de los clientes, una acción que aumenta los costos de fabricación. Si el sistema de recompensas de la organización beneficia al personal de ventas (quienes obtienen mayores bonos por el aumento en ventas), pero penaliza a los de fabricación (quienes no obtienen bonos debido a los altos costos), surgirá el conflicto.

La forma en que una organización diseña su estructura para coordinar a las subunidades puede favorecer la posibilidad de conflicto. Los problemas constantes entre las divisiones en CS First Boston, un banco de inversión de Estados Unidos, muestra cómo un sistema de recompensas incompatible genera conflictos. CS First Boston surgió de la fusión de dos bancos más pequeños: First Boston (con sede en Nueva York) y Crédit Suisse (con sede en Londres). Desde el inicio, las dos divisiones del nuevo banco se encontraban contrapuestas. Aun cuando la fusión se formó para sacar ventaja de las sinergias en el creciente negocio trasatlántico de la banca de inversión, las divisiones nunca pudieron cooperar entre sí; por ejemplo, los gerentes de ambas criticaban abiertamente las prácticas bancarias de sus compañeros con cualquiera que los escuchara.

Mientras el desempeño de una de las unidades del banco no afectara a la otra, se toleraba la falta de cooperación entre ellas. Cuando el bajo desempeño de la unidad europea comenzó a afectar a la unidad estadounidense, el conflicto inició. First Boston logró beneficios récord por la expedición y la compra-venta de títulos de deuda; por esta acción, sus gerentes esperaban grandes bonos. Sin embargo, dichos bonos no se pagaron. ¿Por qué? La parte inglesa de la organización había incurrido en grandes pérdidas y aun cuando estas no eran culpa del banco asentado en Boston, los altos gerentes de la compañía decidieron no pagar bonos a sus trabajadores estadounidenses por las pérdidas en Europa.

Como es posible imaginar, esa decisión injusta de castigar a los trabajadores estadounidenses por un resultado que ellos no podían controlar, llevó a un conflicto considerable dentro de la organización. Las relaciones entre las partes estadounidense y europea del banco se hicieron aún más tensas; las divisiones empezaron a pelear con los altos gerentes. Y, cuando los trabajadores se dieron cuenta de que la situación no cambiaría en el corto plazo, empezaron a retirarse en masa del CS First Boston. Muchos altos gerentes se fueron con la competencia, como Merrill Lynch y Goldman Sachs.[14] Es evidente que rediseñar el sistema de recompensas de forma que no promueva conflicto entre divisiones debería de ser una de las mayores prioridades de la administración de una compañía.

COMPETENCIA POR RECURSOS LIMITADOS El conflicto jamás sería un problema, si siempre existieran recursos en abundancia para ser utilizados por las subunidades. Cuando los recursos son limitados, como casi siempre sucede, debe elegirse a dónde se van a asignar, de modo que las subunidades tienen que competir por su parte.[15] Las divisiones luchan por aumentar su parte del financiamiento, porque cuanto más fondos logren obtener e invertir, más rápido podrán crecer. De manera similar, en el nivel funcional suele haber conflicto sobre la cantidad de fondos que vayan a asignarse a ventas o a producción, o a investigación y desarrollo, para alcanzar los objetivos organizacionales. En este sentido, para aumentar el acceso a los recursos, las funciones promueven sus intereses e importancia normalmente a expensas de las otras.

De manera conjunta, esos cinco factores tienen el potencial para causar un nivel significativo de conflicto en una organización. En la etapa 1, sin embargo, el conflicto está latente. El potencial de conflicto existe, pero este en sí no ha surgido. En organizaciones complejas con altos niveles de diferenciación y de integración, la posibilidad de conflicto es especialmente alta. Las subunidades son altamente interdependientes y tienen tanto metas distintas como sistemas de recompensas complicados, además de que la competencia entre ellas por los recursos de la organización es intensa. Manejar el conflicto organizacional para asignar recursos donde produzcan mayor valor a largo plazo es muy complicado.

Etapa 2: Conflicto percibido

La segunda etapa del modelo de Pondy, *conflicto percibido*, inicia cuando una subunidad o un grupo de inversionistas se dan cuenta de que sus metas se están viendo obstaculizadas por las acciones de otro grupo. En esta etapa, cada subunidad comienza a definir por qué está surgiendo el conflicto, así como a analizar los eventos que llevaron a esa situación. Cada grupo busca el origen del conflicto y construye un escenario que da cuenta de los problemas que experimenta con otras subunidades. La función de fabricación, por ejemplo, quizá de pronto se dé cuenta de que la causa de muchos de sus problemas de producción son los insumos defectuosos. Cuando los gerentes de producción investigan, descubren que administración de materiales siempre compra insumos de las fuentes de suministro de menor costo, y no hace intentos para desarrollar el tipo de relaciones de largo plazo con los proveedores que eleven la calidad y confiabilidad de los insumos. Administración de materiales reduce los costos de los insumos y mejora el estado de resultados de esta función, pero eleva los costos de fabricación y deteriora el estado de resultados de la función de producción. No sorprende que producción perciba que administración de materiales se opone a sus metas e intereses.

Normalmente, en este punto, el conflicto escala debido a que las diferentes subunidades e inversionistas inician la batalla sobre la causa del problema. Para lograr que administración de materiales cambie sus prácticas de compra, producción se queja con el director general y con quien sea que pueda escucharlos. En respuesta, administración de materiales pudiera entrar en conflicto sobre la queja de que la compra de insumos de bajo costo lleva a una calidad inferior, pero en lugar de ello, atribuye el problema a producción por no dar a los trabajadores el entrenamiento suficiente para operar la nueva tecnología, con lo cual carga la responsabilidad de los problemas de calidad en producción. Si bien ambas funciones comparten la meta de una mayor calidad en el producto, estas atribuyen la baja calidad a causas muy diferentes.

Etapa 3: Conflicto sentido

En la etapa del *conflicto sentido*, las subunidades en conflicto desarrollan rápidamente una respuesta emocional sobre la otra. Por lo común, cada subunidad cierra filas y desarrolla una mentalidad polarizada de *nosotros contra ellos*, que atribuye la culpa del conflicto directamente sobre la otra subunidad. Mientras el conflicto asciende, la cooperación entre las subunidades decae y, en consecuencia, lo hace la eficacia organizacional. Por ejemplo, resulta difícil acelerar el desarrollo de nuevos productos si investigación y desarrollo, administración de materiales y producción pelean sobre la calidad y las especificaciones del producto final.

Mientras que las diferentes subunidades en conflicto luchan y discuten sus puntos de vista, el conflicto asciende. El problema original puede ser relativamente menor, pero si no se aplica alguna medida para resolverlo, el problema pequeño escalará a un gran conflicto que se tornará cada vez más difícil de manejar. Si el conflicto no se resuelve ahora, llega de forma rápida a la siguiente etapa.

Etapa 4: Conflicto manifiesto

En la etapa del *conflicto manifiesto* del modelo de Pondy, una subunidad se vuelve contra la otra subunidad intentando frustrar sus metas. El conflicto manifiesto adquiere muchas formas. Es común la agresión abierta entre la gente y los grupos. Hay muchas historias y mitos en las organizaciones sobre peleas en salas de juntas donde los gerentes llegan a los golpes mientras buscan promover sus intereses. La lucha en el equipo de alta gerencia es muy común toda vez que los gerentes buscan promover sus propias carreras a expensas de las de otros. Cuando Lee Iacocca estaba en Ford, por ejemplo, y Henry Ford II decidió ingresar al jefe de GM como el nuevo director general de Ford, Iacocca ingenió su caída durante un año para promover su propio ascenso a la cima. Finalmente, Iacocca perdió la batalla cuando Henry Ford lo echó de la empresa porque temía que aquel pudiera usurpar su poder. Una situación muy diferente a esta ocurrió en 2006, cuando el entonces director general de Ford, William Clay Ford, decidió que no podía resolver el conflicto entre los altos gerentes de Ford, por lo que reclutó a Alan Mulally para que fuera el nuevo director general. Mulally orquestó un vuelco drástico en el desempeño de la compañía.

Una forma muy eficaz del conflicto manifiesto es la agresión pasiva, como frustrar las metas de la oposición sin hacer nada. Suponga que hay una historia de diferencias entre ventas y producción. Un día, ventas necesita de forma desesperada una orden urgente para un cliente importante. ¿Qué puede hacer el gerente de producción? Una estrategia consiste en acordar de manera informal el cumplimiento de la petición del departamento de ventas para, luego, no hacer nada. Cuando el jefe de ventas venga a tocar la puerta, el gerente de producción dirá inocentemente: "¡Oh!, te referías al viernes pasado. Pensé que te referías a *este* viernes". El recuadro "Al interior de la organización 14.2" ilustra los efectos perjudiciales del conflicto manifiesto entre una compañía y sus proveedores.

Al interior de la organización 14.2

Estalla conflicto manifiesto entre eBay y sus vendedores

goldenangel/Shutterstock.com

Desde su fundación en 1995, eBay siempre había cultivado buenas relaciones con sus millones de vendedores que anunciaban sus bienes en venta en el sitio Web. Sin embargo, con el tiempo, para incrementar sus ingresos y utilidades, eBay ha ido aumentando las cuotas que carga a los vendedores por anunciar sus artículos en su sitio, por insertar fotografías, por usar su servicio de pago en línea PayPal, etc. Aunque lo anterior causó ciertas quejas entre vendedores, porque redujo sus márgenes de utilidad, eBay empleó una extensa publicidad que atrajo a millones de compradores a usar su sitio, por lo que los vendedores recibieron mejores precios y sus utilidades también aumentaron. Como resultado, quedaron satisfechos con la estructura de cuotas de eBay.

Todo esto cambió cuando un nuevo director general, John Donohue, remplazó a quien había sido el director general de la compañía por largo tiempo, Meg Whitman, quien logró convertir a la compañía en un gigante de Internet. Para 2008, los ingresos y la rentabilidad de eBay no se habían incrementado lo suficientemente rápido como para mantener contentos a sus inversionistas; por otro lado, el precio de sus acciones se había desplomado. Para mejorar el rendimiento, uno de los primeros movimientos de Donohue consistió en anunciar una revisión importante de la estructura de cuotas de eBay y de la política de retroalimentación.[16] La nueva estructura de cuotas de eBay reduciría la lista de costos inicial, pero incrementaría las comisiones finales por las ventas y los pagos realizados. Para los pequeños vendedores, cuyos márgenes de utilidad de por sí ya son bajos, esas cuotas fueron onerosas. Además, eBay anunció que en el futuro bloquearía a los vendedores que dejaran información negativa sobre los compradores (por ejemplo, que estos últimos no pagaban por los bienes adquiridos o que tardaban mucho en hacerlo). Originalmente, el sistema de retroalimentación de eBay había sido un recurso importante en el éxito de la compañía, porque permitía a los compradores saber si estaban tratando con vendedores confiables, y viceversa. Tanto compradores como vendedores pueden ver una puntuación, basada en comentarios, que determina si las personas con quienes tratan en el sitio Web son confiables o no confiables para negociar; así, las puntuaciones reducen los riesgos involucrados en las transacciones en línea. Sin embargo, Donohue defendió el cambio a esta política argumentando que su propósito era mejorar la experiencia de los compradores, ya que muchos de ellos se habían quejado de que si dejaban un comentario negativo sobre un vendedor, este, a la vez, respondería con otro comentario negativo sobre el comprador.

Sin embargo, durante 2009 esos cambios dieron como resultado una chispa de conflicto entre eBay y sus millones de vendedores, quienes percibieron que estaban siendo afectados por tales cambios, ya que perdieron su prestigio y reputación en eBay. Así, sus sentimientos negativos se tradujeron en una protesta. Los blogs y foros en Internet estaban llenos de mensajes que expresaban conflicto sentido, ya que reclamaban que eBay había abandonado a sus pequeños vendedores y que los estaba empujando a dejar el negocio a favor de "vendedores poderosos", quienes contribuían más con las utilidades de esa organización. eBay y Donohue recibieron millones de correos electrónicos hostiles y la amenaza de los vendedores de cambiar su negocio a otra parte, como Amazon.com y Yahoo!, los cuales intentaban fracturar el mercado de eBay. Incluso los vendedores organizaron un boicot de una semana durante la cual expresaron su desaliento y hostilidad con la no inclusión de artículos. Muchos vendedores se dieron de baja en eBay y se fueron a Amazon.com, la cual expresó que en 2011 su red de sitios había superado a eBay en buscadores de única vez o "hits" de primera vez.

El fondo era que el nivel de conflicto percibido y sentido entre eBay y sus compradores había escalado drásticamente y que la reputación de eBay con los vendedores estaba decayendo. Una encuesta encontró que mientras más de 50% de los compradores pensaba que Amazon.com era un excelente canal de ventas, solo 23% consideraba que eBay era excelente. En esencia, los amargos sentimientos, derivados de los cambios que eBay había realizado, apuntaban a la probabilidad de que aumentaran y que eso llevaría a un conflicto a largo plazo que dañaría su rendimiento futuro. Considerando que sus cambios habían fracasado, Donohue revirtió su curso y eliminó varios aumentos a las cuotas de eBay; además, rediseñó su sistema de retroalimentación para que vendedores y compradores pudieran responder a los comentarios de los demás de una manera más justa.

Estos movimientos mejoraron y suavizaron los malos sentimientos entre vendedores y eBay, pero desapareció la vieja "relación de comunidad" que habían disfrutado con los compradores en sus años iniciales. Como sugiere este ejemplo, encontrar formas para evitar el conflicto, como probar por anticipado preguntando a los vendedores su reacción ante los cambios de cuotas y retroalimentación, habrían evitado muchos de los problemas que surgieron. Para 2010, el cambio en el plan de eBay mostraba signos de éxito al aumentar sus ventas y ganancias, pero Amazon.com se había convertido ya en el portal de menudeo en línea preferido.

En general, como sugiere el ejemplo de eBay, una vez que el conflicto se manifiesta, la eficacia organizacional sufre debido a que se rompe la coordinación e integración entre los gerentes y las subunidades. Los gerentes necesitan hacer todo lo que esté a su alcance para evitar que el conflicto alcance la etapa manifiesta por dos razones: debido a la ruptura en la comunicación que probablemente ocurra y debido a las repercusiones del conflicto.

Etapa 5: Repercusiones del conflicto

Tarde o temprano, el conflicto organizacional se resuelve de alguna manera, generalmente mediante la decisión de un gerente de alto rango. Y tarde o temprano, si las fuentes del conflicto no se han resuelto, las disputas y los problemas que lo causaron resurgen en otro contexto. Lo que sucede cuando el conflicto reaparece depende de cómo se resolvió la primera vez. Suponga que ventas llega a producción con una nueva solicitud. ¿Cómo es probable que se comporten ventas y producción? Quizá sean combativos y sospechen uno del otro y, por ello, les será difícil estar de acuerdo en cualquier cosa. Ahora suponga que ventas y producción fueron capaces de resolver sus disputas anteriores amigablemente y lograron un acuerdo sobre la necesidad de responder de manera flexible ante las necesidades de clientes importantes, entonces, ¿cómo reaccionará producción la próxima vez que ventas llegue con una solicitud especial? Probablemente el gerente de producción mostrará una actitud de cooperación, por lo que ambas partes serán capaces de sentarse y trabajar en un plan conjunto que se adapte a las necesidades de ambas funciones.

Cada episodio de conflicto deja una *repercusión del conflicto* que afecta la manera en que las dos partes perciben y reaccionan a futuros episodios. Si un conflicto se resuelve antes de que llegue a la etapa de conflicto manifiesto, entonces la repercusión promoverá buenas relaciones futuras de trabajo. En cambio, si el conflicto se resuelve tarde en el proceso o si no se resuelve en absoluto, la repercusión amargará las relaciones futuras de trabajo y la cultura organizacional estará envenenada por una relación de no cooperación de manera permanente.

Manejo del conflicto: Estrategias para la solución del conflicto

Dado que el conflicto organizacional puede escalar de forma rápida y malear la cultura de la organización, el manejo del conflicto organizacional es una prioridad importante.[17] Una organización debe encontrar el equilibrio entre la necesidad de tener cierto conflicto "bueno" (que sobrepasa la inercia y permite nuevo aprendizaje organizacional) y la necesidad de prevenir que el conflicto "bueno" escale al "conflicto malo" (que causa una ruptura en la coordinación y la integración entre funciones y divisiones). En esta sección se revisarán algunas estrategias diseñadas para ayudar a las organizaciones a manejar el conflicto organizacional. Posteriormente, en este mismo capítulo, revisaremos las políticas organizacionales como otra forma de solucionar el conflicto organizacional, cuando los riesgos son altos y cuando las divisiones y funciones pueden obtener el poder para influir en los resultados organizacionales, tales como las decisiones sobre cómo cambiar o restructurar una organización, a su favor.

El método que una organización elige para manejar el conflicto depende de la fuente del problema. Los gerentes utilizan dos estrategias comunes para resolver el conflicto: **1.** cambiar la estructura de la organización para reducir o eliminar la causa del conflicto, o **2.** tratar de cambiar las actitudes de los individuos, o bien, remplazarlos.[18]

En el nivel estructural

Dado que la interdependencia de la tarea y las diferencias en metas son dos fuentes importantes del conflicto, alterar el nivel de diferenciación e integración para cambiar las relaciones de tarea es una manera de resolverlo. Una organización puede cambiar de una estructura funcional a una estructura de división de producto, con la finalidad de eliminar una fuente de conflicto entre gerentes de producción incapaces de controlar los costos operativos asociados con diferentes tipos de productos. Cambiar a una estructura de producto hace mucho más fácil asignar los costos operativos a líneas de productos diferentes. De manera similar, si los gerentes de producto encuentran difícil convencer a los departamentos para cooperar en la agilización del desarrollo del producto, el movimiento hacia una estructura de equipo de producto, donde diferentes gerentes funcionales se asignan de forma permanente a una línea de producto, eliminará la fuente del problema.

Si las divisiones luchan por los recursos, los gerentes corporativos pueden aumentar el número de roles de integración en la organización, y asignar a los altos gerentes la responsabilidad de resolver los conflictos entre las divisiones y de mejorar la estructura de las relaciones laborales.[19] En general, el aumento en el nivel de integración es una forma importante en que las organizaciones logran manejar el problema de las diferencias en las metas de las subunidades. Para resolver situaciones de conflicto potencial, las organizaciones pueden aumentar la utilización de roles de enlace, fuerza de trabajo, equipos y mecanismos de integración (véase la figura 14.5).

Otra forma de manejar el conflicto es estar seguros de que el diseño de la jerarquía de autoridad de una organización se encuentre alineada con sus necesidades actuales. Mientras una organización crece y se diferencia, la cadena de mando se alarga y la organización podría perder control de su jerarquía. Tal pérdida de control suele ser una importante fuente de conflicto, pues la gente tiene la responsabilidad de tomar decisiones pero carece de la autoridad para hacerlo, ya que algún gerente por arriba de ellos debe refrendar cada movimiento que hagan. Aplanar la jerarquía, de tal forma que las relaciones de autoridad queden claramente definidas, así como descentralizar la autoridad eliminarían la fuente principal del conflicto organizacional. Una de las fuentes de dicho conflicto ocurre cuando dos o más personas, departamentos o divisiones compiten por el mismo conjunto de recursos. Normalmente dicha situación se convierte en desastrosa, porque la toma de decisiones es imposible cuando diferentes personas afirman contar con el derecho de control sobre los mismos recursos. Por tal razón, el ejército y algunas otras organizaciones han establecido líneas muy claras de autoridad; no existe ambigüedad sobre quién reporta a quién, ni quién controla qué recursos.

Un buen diseño organizacional debe dar como resultado la creación de una estructura que minimice el potencial de conflicto. Sin embargo, debido a la inercia, muchas organizaciones fracasan en el manejo de sus estructuras y las modifican para adecuarlas a las necesidades de un ambiente cambiante. Como resultado, aumenta el conflicto y decae la eficacia organizacional.

Intervenir en el nivel de actitudes e individuos

Las diferencias en metas y creencias sobre la mejor forma de lograr los objetivos organizacionales son inevitables, a causa de las diferencias entre funciones y divisiones. Una manera de aprovechar el conflicto entre subunidades, y prevenir la polarización de actitudes que resulta durante esta etapa del conflicto sentido en el modelo de Pondy, consiste en establecer un sistema procedimental que permita a las partes en conflicto externar las quejas y escuchar los puntos de vista de otros grupos. Los comités o grupos, por ejemplo, disponen de un foro donde las subunidades en conflicto se encuentran cara a cara y negocian directamente entre sí. De esta manera, las subunidades aclaran los supuestos que utilizan para encuadrar el problema y desarrollar un entendimiento de los motivos de ambas. Muy a menudo, el uso de un sistema procedimental revela que el asunto en disputa es mucho menor que lo que se había pensado en un inicio, y que las posiciones de las partes son más similares de lo que se habían percatado.

Un sistema procedimental es especialmente importante en el manejo de conflictos industriales entre los gerentes y los sindicatos. Cuando existe un sindicato, los procedimientos formales conducen la resolución de las disputas para asegurar que el asunto reciba una audiencia justa. De hecho, un componente importante de la negociación en los conflictos laborales es la *estructuración actitudinal*, un proceso diseñado para influir en las actitudes de la parte opositora y alentar la percepción de que ambas partes están del mismo lado y quieren resolver la disputa de forma amigable.[20] En consecuencia, las huelgas se convierten en el último recurso de un proceso de negociación largo.

Una organización a menudo involucra a una *tercera parte negociadora* para moderar una discusión entre subunidades o inversionistas.[21] La tercera parte negociadora puede ser un alto gerente, quien ocupa un rol integrador o un consultor externo con experiencia en la resolución de disputas organizacionales. El rol del negociador consiste en prevenir la polarización de actitudes que ocurren durante la etapa del conflicto sentido y, con ello, prevenir el escalamiento al conflicto manifiesto. Los negociadores están preparados para manejar el conflicto organizacional con el objetivo de permitir que se genere un aprendizaje nuevo. A menudo, el negociador apoya a la parte más débil en la disputa, para asegurarse de que se escuchen ambas versiones del argumento.

Otra manera de manejar el conflicto a través del cambio de actitud es mediante el intercambio y la rotación de personas entre las subunidades, para alentar a los grupos a aprender de los puntos de vista de los demás. Esta práctica es común en Japón. Las organizaciones japonesas de forma continua rotan a la gente de una función a otra, de tal manera que sean capaces de entender los problemas y asuntos que enfrenta la organización en su conjunto.[22]

Cuando las actitudes son difíciles de modificar porque se han desarrollado ya por un periodo largo, de modo que la única forma de resolver el conflicto sería el cambio de la gente involucrada. Esto es posible llevarlo a cabo mediante la transferencia permanente de trabajadores a otras partes de la organización, promocionándolos o despidiéndolos. Ya hemos visto que los equipos de alta gerencia se remplazan frecuentemente para superar la inercia y cambiar las actitudes organizacionales. Los analistas atribuyen una gran parte del conflicto en CS First Boston a las actitudes de algunos altos gerentes clave quienes, a la larga, tuvieron que ser despedidos.

El director general de una organización es una influencia importante sobre las actitudes en un conflicto. El director general personifica los valores y la cultura de la organización, y la manera

Implicaciones administrativas

Conflicto

1. Analice la estructura organizacional para identificar las fuentes de conflicto potenciales.
2. Cambie o rediseñe la estructura organizacional para eliminar el potencial de conflicto cuando sea posible.
3. Si el conflicto no logra eliminarse, esté preparado para intervenir de manera rápida y temprana en el conflicto para encontrar una solución.
4. Elija una forma de manejar el conflicto que se adecue a la fuente de este.
5. Siempre trate de lograr un resultado positivo del conflicto, de tal manera que las actitudes de cooperación puedan mantenerse en la organización en el transcurso del tiempo.

en que actúa afecta de forma directa las actitudes de otros gerentes. Como jefe de la organización, también cuenta con el poder final para resolver el conflicto entre las subunidades. Un director general fuerte maneja de forma activa el conflicto organizacional y abre el debate, permitiendo así que cada grupo exprese sus puntos de vista. Un director general fuerte puede, entonces, utilizar su poder para construir consenso para tomar una resolución y, asimismo, motivar a las subunidades a cooperar para lograr las metas organizacionales. En contraste, cuando un director general es débil es probable que aumente el conflicto organizacional. Cuando un director general fracasa en el manejo del proceso de negociación entre las subunidades, las subunidades más fuertes (aquellas con más poder) se ven favorecidas o se les permite la lucha por sus metas a expensas de otras subunidades. Un director general débil causa un vacío de poder en lo más alto de la organización, lo cual permite a sus miembros más fuertes competir por el control. Una vez que el consenso se pierde y la lucha interna se convierte en la orden del día, entonces, el conflicto se transforma en destructivo.

¿Qué es el poder organizacional?

La presencia de un director general fuerte es importante para manejar el conflicto organizacional. De hecho, el poder relativo de un director general, la junta directiva y otros altos gerentes son importantes para entender cómo y por qué las organizaciones cambian y se restructuran, y por qué esto beneficiaría a algunas personas y subunidades más que a otras. Para entender cómo y por qué el conflicto organizacional se resuelve a favor de diferentes subunidades e inversionistas, necesitamos considerar más a fondo el tema del poder.

¿Qué es el poder y cuál es su rol en el conflicto organizacional? De acuerdo con la mayoría de los investigadores, el **poder organizacional** es el mecanismo mediante el cual se resuelve el conflicto. Puede definirse como la capacidad de un individuo o un grupo para vencer la resistencia de otros para lograr un objetivo o resultado deseado.[23] De manera más específica, el poder organizacional es la capacidad de que A logre que B haga algo que B no hubiera hecho de otra manera.[24] Por lo tanto, cuando el poder se utiliza para resolver el conflicto, existe un elemento de coerción. Los actores con poder pueden lograr los resultados que quieren sobre la oposición de otros actores.

Poder organizacional
Capacidad de un individuo o un grupo para vencer la resistencia de otros, con la finalidad de resolver un conflicto y lograr un objetivo o resultado deseado.

La posesión del poder es un determinante importante del tipo de decisiones que resultarán seleccionadas para resolver un conflicto; por ejemplo, decisiones sobre cómo asignar recursos o responsabilidades entre gerentes y subunidades.[25] Cuando las decisiones se toman a través de la negociación entre coaliciones organizacionales, el poder relativo de las diversas coaliciones para influir en la toma de decisiones determina cómo se resolverá el conflicto y cuáles subunidades se beneficiarán o padecerán.

En ese sentido, el conflicto y el poder están estrechamente relacionados. El conflicto surge debido a que, aun cuando diferentes gerentes o subunidades cooperen entre sí para lograr las metas organizacionales, al mismo tiempo, están en competencia por los recursos organizacionales y defienden objetivos y prioridades diferentes. El conflicto surge cuando una situación causa que estos grupos se disputen los recursos o pugnen por lograr sus propios intereses. Cuando el asunto es lo suficientemente importante, los individuos y grupos utilizan su poder para influir en la toma de decisiones y obtener resultados a su favor.

Fuentes del poder organizacional

Si las personas, funciones y divisiones se comprometen en actividades para ganar poder dentro de la organización, ¿de dónde lo obtienen? ¿Y qué da a un individuo o un grupo el poder para influir en el comportamiento de otros, o darle forma o controlarlo? Para responder esas preguntas debemos reconocer las fuentes del poder en una organización. La figura 14.4 identifica siete de ellas; las examinaremos a continuación.

Autoridad

Autoridad es el poder legitimado por los fundamentos legales y culturales en los cuales se basa una organización; es la fuente de poder decisiva en una organización.[26] El poder del presidente norteamericano, por ejemplo, está basado en la Constitución de Estados Unidos, que especifica los derechos y las obligaciones del presidente, así como las condiciones bajo las cuales esa persona puede postularse o ser removida del cargo. De manera similar, la autoridad en una organización se deriva de los estatutos legales de la organización, los cuales permiten a los inversionistas, a través de la junta directiva, otorgar al director general el poder formal —la autoridad— para utilizar los recursos organizacionales para crear valor a los inversionistas. En respuesta, el director general tiene el derecho de conferir autoridad a otros altos gerentes de la organización quienes, a la vez, cuentan con el derecho de conferirlo a sus subalternos.

La gente que se suma a una organización acepta el derecho legal de la empresa para controlar su comportamiento. En el ejercicio de la autoridad, un gerente emplea un derecho legal para controlar los recursos, incluyendo los recursos humanos. La forma en que la autoridad se distribuye depende del entorno de la organización. Como se analizó en el capítulo 5, en las organizaciones centralizadas, la autoridad es retenida por los altos gerentes. En organizaciones descentralizadas, la autoridad se delega a aquellos que están más abajo en la jerarquía, a quienes, entonces, se les impone la responsabilidad sobre la manera en que utilicen los recursos organizacionales. Cuando la autoridad está centralizada, por lo general, hay un margen menor para que la gente se comprometa con conductas orientadas a obtener poder. Debido a que los altos gerentes mantienen el poder, se dificulta la formación de coaliciones.

En dichas organizaciones centralizadas, sin embargo, a menudo se desarrolla una cultura donde la gente tiene miedo a tomar decisiones o a iniciar una nueva acción, por temor a rebasar la autoridad y ser censurados por la alta gerencia. Más bien, los subalternos compiten para congraciarse con los altos gerentes con la esperanza de recibir favores. En consecuencia, la eficacia en la toma de decisiones en una organización centralizada se reduce, si los gerentes se rodean de personas complacientes y se toman pocas decisiones importantes. Sin embargo, en ocasiones un subalterno activo o competitivo restaría indirectamente autoridad a un superior, asumiendo gradualmente cada vez más de las tareas y responsabilidades del supervisor. El resultado a lo largo del tiempo es que, si bien el superior poseerá la autoridad legítima, el subalterno tendrá el poder

Figura 14.4 Fuentes del poder organizacional

Todas las funciones y divisiones obtienen poder de una o más de estas fuentes.

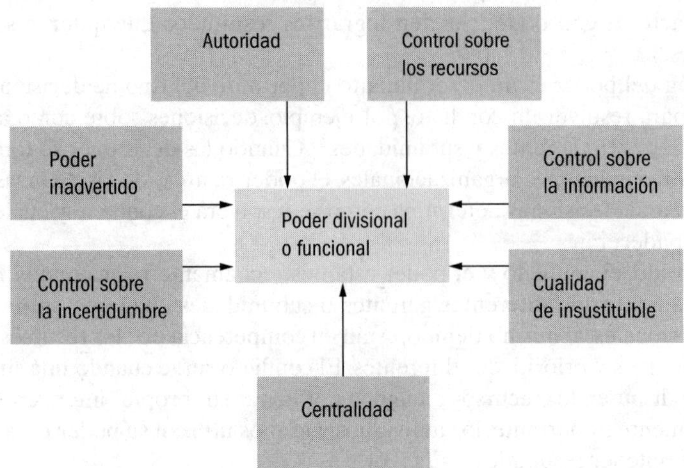

real. Los superiores conscientes de este arrebato indirecto de autoridad, toman acciones para prevenirlo. Pueden destacar su autoridad para demostrar a los subalternos que ellos son quienes la poseen, o quizás insistan en exhibir determinados rituales o símbolos de su poder como, por ejemplo, tener una gran oficina y contar con una secretaria personal.

Una de las formas clásicas en cómo los superiores mantienen el poder consiste en la restricción de información que dan a los subalternos para tomar una decisión. Si el gerente ofrece demasiada información, el subalterno sabrá tanto como él y disminuirá el poder sobre el subalterno. Como resultado de este temor, los gerentes retienen la información y no la comparten con sus subalternos. Sin embargo, si retienen demasiada información y los subalternos no pueden tomar decisiones, es probable que los gerentes se sobrecarguen de responsabilidades y decaiga la calidad de la toma de decisiones en la organización.

Los gerentes deben darse cuenta de que existe una diferencia entre la descentralización de la autoridad y la pérdida de la misma: descentralizar autoridad a un subalterno no significa necesariamente reducir la autoridad del gerente, porque este continúa asumiendo la responsabilidad de cualquier decisión que el subalterno tome. En consecuencia, cuando los subalternos toman decisiones con secuelas importantes, también aumenta la responsabilidad y autoridad del superior. Si los subalternos fracasan, sin embargo, el gerente también afrontará las consecuencias. Si el fracaso es lo suficientemente grande, la decisión de descentralizar daría como resultado la pérdida del poder; esto es, la pérdida de la posición oficial que lleva la autoridad en la organización.

Como se señala en todos lados, el *facultamiento* es la descentralización deliberada de autoridad para alentar a los subalternos a asumir la responsabilidad de las actividades organizacionales.[27] La meta del facultamiento es dar a los subalternos amplia libertad para tomar decisiones y así motivarlos a hacer mejor uso de sus capacidades para crear valor. En una organización que descentraliza la autoridad y faculta a los trabajadores, todos los miembros de la organización pueden ganar autoridad, conforme esta prospera y atrae mayores recursos. Los trabajadores que asumen más autoridad y responsabilidad, normalmente exigen más derechos de la organización, como salarios más altos, mayor seguridad laboral o bonos vinculados al desempeño organizacional.

El facultamiento también es importante en el nivel corporativo-divisional. Como hemos visto, en algunas organizaciones el centro corporativo se resiste a delegar autoridad al nivel divisional y prefiere centralizar la toma de decisiones. El problema con esta elección es que a los gerentes divisionales les atemoriza experimentar e iniciar nuevas acciones, aun cuando están más cerca de un problema y tienen mayor información y conocimiento sobre este, en comparación con los que poseen los directores corporativos. En consecuencia, las divisiones se vuelven incapaces de diseñar estrategias que les permitan capitalizar las oportunidades en el ambiente, lo que afecta tanto el desempeño divisional como el organizacional. Por tal razón, la mayoría de los directores generales facultan deliberadamente a los gerentes divisionales y los responsabilizan por los éxitos de sus divisiones en el mercado. Es imposible administrar grandes compañías complejas, a menos que los gerentes a nivel divisional, y más abajo, cuenten con la autoridad y responsabilidad para innovar y tomar decisiones. En muchas compañías grandes el rol primario de los directores corporativos consiste en tomar decisiones sobre la asignación de recursos que maximicen la cantidad de valor que la organización entera puede crear y, después, supervisar el desempeño de cada división para asegurar que estén usando de la mejor manera los recursos que se les han asignado.

El control sobre los recursos

El poder no es una cantidad fija. Los gerentes que toman decisiones y realizan acciones que benefician a la organización, como incorporar cambios que mejoren el desempeño, pueden aumentar su poder. De la misma forma en que crece el poder de una organización si es capaz de obtener control de más recursos en su ambiente, también el poder dentro de una organización proviene de la capacidad para controlar esos recursos.[28] Para sobrevivir, las organizaciones requieren recursos tales como capital, habilidades humanas, materia prima y clientes. Si un recurso es particularmente crítico para una organización, el gerente o la subunidad que controla ese recurso cuenta con una cantidad de poder importante. En una compañía como Merck, por ejemplo, las habilidades y el conocimiento sobre investigación y desarrollo necesarios para impulsar nuevos fármacos son un recurso esencial. Dado este hecho, ¿quién tiene el máximo poder en Merck? La respuesta son los científicos más antiguos, porque ellos poseen el conocimiento del que depende el éxito de la organización. De forma similar, en compañías que se basan de manera importante su éxito en la publicidad, como Coca-Cola o McDonald's, el departamento de marketing tiene un poder considerable porque es este departamento quien atraerá a los clientes, el recurso limitado crítico.

De alguna manera, el dinero o capital es el recurso organizacional definitivo, ya que el dinero compra otros recursos. Esto explica por qué los altos gerentes detentan el máximo: legalmente ellos controlan la manera en que la organización asigna su dinero y los recursos financieros. Así como la capacidad para asignar los recursos financieros es la fuente más importante de poder, también lo es la capacidad para *generar* los recursos financieros.[29] El poder de los altos gerentes en Merck recae en su capacidad para asignar los fondos de investigación y desarrollo a diversos proyectos. Sin embargo, sus científicos son las personas que inventan los fármacos que generan las ganancias futuras de la compañía, de las cuales depende el futuro éxito de la misma; por lo tanto, su capacidad para generar recursos les da un poder supremo en la organización. En una compañía de divisiones múltiples, las respectivas divisiones de producto que generan los mayores ingresos de clientes tienen mayor poder. En un ambiente universitario, entre los departamentos más poderosos están ingeniería, química y agricultura porque ellos generan millones de dólares en investigación patrocinada. En muchas escuelas, los programas de atletismo y grupos de alumnos tienen un poder considerable debido a su capacidad para generar ingresos.

El control sobre la información

La información también es un recurso organizacional limitado muy importante. El acceso a la información estratégica y el control del flujo de información hacia, desde y entre las subunidades son fuentes de poder considerables en la toma de decisiones de la organización.[30] Es posible moldear puntos de vista de otras personas o subunidades mediante la adaptación de la información que reciben. Andrew Pettigrew, en un estudio sobre la decisión de comprar cierto tipo de sistema computacional en una tienda departamental, mostró cómo Jim Kenny, el director de servicios administrativos, fue capaz de influir en la conducta de otros altos gerentes mediante el control del flujo de la información hacia ellos. Kenny fue capaz de actuar como "portero". Pettigrew señaló lo siguiente: "Al sesionar en el cruce de los canales de comunicación entre sus subalternos, los fabricantes y la junta directiva, Kenny fue capaz de sesgar a favor de sus propias demandas y, al mismo tiempo, alimentar a la junta directiva con información negativa sobre las demandas de sus oponentes".[31] Aun ante una fuerte oposición de otros gerentes, Kenny fue capaz de impulsar cambios que resolvieron el conflicto a su favor, pues controló la información utilizada para evaluar las alternativas. En situaciones de conflicto, los altos gerentes pueden manipular de forma deliberada a otros gerentes, proporcionando información que provoque que tomen decisiones incorrectas. En cualquier futura contienda por poder en la organización, estos gerentes salen perdiendo con quienes tienen antecedentes de mejor desempeño.[32]

El control de la información es la fuente del poder de muchas personas o subunidades en roles especializados.[33] El poder de los médicos en un hospital o los mecánicos en un taller proviene de su capacidad para controlar el conocimiento y la información específicos. La gente que consulta a un experto debe confiar en la palabra de ese individuo o pedir una segunda opinión. De manera similar, las funciones pueden detentar el poder porque controlan la información y el conocimiento necesarios para resolver problemas organizacionales. El investigador Michael Crozier encontró que los ingenieros de mantenimiento en las plantas francesas de procesamiento del tabaco que estaba analizando gozaban de una excesiva cantidad de poder, a pesar de su bajo estatus en la jerarquía organizacional.[34] La razón de su poder era que el desempeño de la compañía dependía del buen funcionamiento de su rutina de tecnología de producción en masa; la amenaza más importante del desempeño de la compañía era la descompostura de la máquina. Los ingenieros de mantenimiento eran las únicas personas que sabían cómo reparar las máquinas y utilizaban su conocimiento para desarrollar una base de poder considerable en la organización. Más aún, celosamente guardaban su conocimiento, negándose a escribir los procedimientos de reparación o compartirlos con otros, porque sabían que si lo hacían socavarían la fuente de su propio poder.

Todas las subunidades poseen cierta información y conocimiento experto, pero las funciones o divisiones que controlan la información crítica tienen más. Por consiguiente, son capaces de influir en el resultado de la toma de decisiones y lograr el cambio que favorezca sus intereses, pero no existe garantía de que dicho cambio beneficiará a toda la organización. Este es el problema que surge cuando los gerentes y las subunidades utilizan su poder para influir en el proceso de cambio organizacional: cómo asegurar que el cambio aumentará, en vez de disminuir, el rendimiento organizacional.

Cualidad de insustituible

Si nadie más puede desarrollar las tareas que una persona o subunidad lleva a cabo, esa persona o subunidad es insustituible. Solo ella es capaz de proporcionar los recursos que requieren otras subunidades o la organización. Los ingenieros de mantenimiento en la planta de tabaco francesa se han convertido a sí mismos en insustituibles: solo ellos pueden reducir la incertidumbre más importante que enfrentaría la planta, la descompostura de la máquina. Como resultado de su cualidad de insustituible, ellos cuentan con un poder considerable.[35]

Centralidad

Como vimos anteriormente, Jim Kenny tenía el poder porque controlaba el flujo de información; además, él mismo era un personaje central en el proceso de toma de decisiones. En su papel de director de servicios de información, él controlaba la información que reduciría la incertidumbre que experimentaban otros gerentes sobre las cuentas existentes o los pedidos futuros. De manera similar, los individuos o las subunidades que controlan el flujo de recursos a través de un sistema de producción de la organización son más importantes y cuentan con la capacidad para reducir la incertidumbre que enfrentan otras subunidades.[36] La manera en que dos jueces fueron capaces de controlar información a su favor, gracias a su centralidad, y de utilizarla para actuar de manera poco ética e ilegal se describe en el recuadro "Al interior de la organización 14.3".

Al interior de la organización 14.3

Cómo pueden los jueces usar su posición relevante para corromper el sistema judicial

David E. Waid/Shutterstock.com

Se espera que los jueces —a nivel federal, estatal o de condado— posean los más altos estándares éticos y que acaten las reglas; ellos son los más altos administradores de los tribunales y del sistema legal, por lo que poseen gran autoridad sobre abogados defensores y demandantes, así como sobre los clientes de estos. ¿Por qué los ciudadanos deben creer que sus derechos individuales serán defendidos con justicia y pensar que están protegidos por el sistema legal, si no confían en los poderosos jueces? Imagínese lo que los ciudadanos del condado de Luzerna, en el centro del combativo condado del carbón de Pensilvania, experimentaron en 2009 cuando una investigación del FBI reveló que dos respetados jueces del condado, Mark Ciavarella y Michael Conahan, habían conspirado para usar su poder para controlar el juicio y la sentencia de jóvenes en su beneficio personal.[37]

La forma en que dichos jueces controlaron la organización judicial del condado para su propósito ilegal y no ético se reveló, cuando los investigadores encontraron que el número de jóvenes detenidos en el condado de Luzerna era de dos a tres veces mayor que en condados similares, y que esos adolescentes eran privados de su libertad por delitos triviales. Por ejemplo, un muchacho que robó una botella de nuez moscada de cuatro dólares fue encarcelado, pero también otro muchacho fue acusado por participar en el robo solo porque estaba físicamente presente. Una chica que creó una página en MySpace, donde insultaba al director de su escuela, también fue encarcelada.

El plan de los jueces Ciavarella y Conahan para poner en entredicho el sistema de organización y control del tribunal funcionó de la siguiente manera. Para ese momento Conahan controlaba el tribunal del condado y su presupuesto, y Ciavarella controlaba las sentencias en la corte juvenil. Como eran los funcionarios más altos del sistema judicial, nadie los supervisaba; además, se encontraban en el centro del flujo de información entre los diferentes oficiales involucrados en el proceso legal: abogados querellantes, abogados defensores, oficiales de prisión, etc. Durante un tiempo, trabajaron juntos para cerrar el antiguo centro de detención juvenil del condado. Lo lograron negándose a mandar ahí a los adolescentes y cortando los fondos al mencionado centro. Mientras tanto, iniciaron su propio centro de detención del cual eran dueños, construido por personas corruptas asociadas con los jueces, para remplazar las instalaciones del condado. Luego, los jueces pactaron con el condado para que les pagara 58 millones de dólares por usar su centro de detención durante 10 años. Los jueces admitieron que tomaron "por lo menos" 2.6 millones de dólares por pagos de su centro de detención e intentaron ocultar este ingreso deshonesto creando registros de impuestos falsos.

La mayoría de los adolescentes sentenciados estaban procesados por delitos menores de primera vez y su tiempo en la corte para defenderse duraba solo unos cuantos minutos. La mayoría no estaban representados porque a sus padres se les decía que era "innecesario" contratar a un abogado. Algunas consecuencias de tales acciones fueron que un muchacho permaneció encerrado por más de dos años y otro se suicidó en prisión. La Suprema Corte de Pensilvania ha cancelado los registros de más de 2,000 jóvenes que fueron enviados a detención por Ciavarella debido a su comportamiento falto de ética.

En 2009 estos ex jueces corruptos acordaron solicitar un acuerdo y declararon que pasarían siete años en la cárcel y regresarían millones de dólares.[38] El acuerdo no prosperó porque el presidente del tribunal decidió que era demasiado indulgente; por ello, en la primavera de 2011 los jueces corruptos seguían enfrentando 64 cargos que los podrían llevar a pasar décadas en la cárcel, como resultado de la forma en que abusaron de sus posiciones poderosas en el sistema judicial. De hecho, en agosto de 2011, Ciavarella, entonces de 61 años de edad, fue sentenciado a 28 años de prisión, lo que casi equivale a una sentencia de por vida, por haber abusado de su autoridad para dañar las vidas de muchos adolescentes.

A menudo, la estrategia de una organización es un determinante crucial de la subunidad que será central para una organización. En una compañía como Coca Cola, la cual es impulsada por el marketing, otras subunidades —como desarrollo de producto, producción y ventas— dependen de la información recolectada por el departamento de marketing. El departamento de marketing es central debido a que suministra un recurso que todas las otras funciones necesitan: conocimiento acerca de los clientes y sus necesidades futuras. Investigación y desarrollo no es central en Coca Cola porque responde a las necesidades de otras funciones; por ejemplo, a la decisión de la función de marketing de que la compañía debería lanzar 19 nuevos sabores "estilo libre" para celebrar su 125 aniversario. En una compañía de biotecnología como Amgen, cuyo desempeño depende del éxito de investigación y desarrollo de lograr una nueva línea de fármacos, la función de investigación y desarrollo se convierte en la función central. En ese caso, donde marketing moldea su comportamiento para satisfacer las necesidades de investigación y desarrollo.

Control sobre la incertidumbre

Una subunidad que puede controlar de forma directa y reducir las fuentes principales de incertidumbre o contingencias que enfrenta una organización, adquiere un poder significativo.[39] La función de investigación y desarrollo en una organización de biotecnología es poderosa debido a que la mayor fuente de incertidumbre recae en que la organización pueda descubrir nuevos fármacos. En un hospital, los médicos cuentan con el poder, porque solo ellos son capaces de diagnosticar y tratar los problemas de los pacientes, la fuente principal de incertidumbre para un hospital.

En el transcurso del tiempo, conforme cambian las contingencias que enfrenta una organización, el poder de las subunidades que pueden responder a ellas aumenta, mientras se reduce el poder de las subunidades que se encuentran con que sus servicios dejan de ser valiosos.[40] En organizaciones de negocios después de la Segunda Guerra Mundial, por ejemplo, la fuente principal de incertidumbre era la necesidad de fabricar productos lo suficientemente rápido para satisfacer la demanda de bienes de consumo que se gestó durante los años del conflicto armado. Producción se convirtió en la subunidad más importante durante el periodo de la Postguerra y muchos directores generales surgían de este departamento. Después, en la década de 1960, cuando las compañías fueron capaces de producir más que suficiente para satisfacer las necesidades de los clientes, la contingencia principal se convirtió en la necesidad de encontrar estrategias para vender más de sus productos, por lo que marketing aumentó en importancia. En la década de 1970 llegó la recesión y, como las compañías se diversificaron para competir en nuevas industrias, finanzas se convirtió en la función organizacional más poderosa. En la actualidad, dado el rápido ritmo de cambios, el poder de las subunidades crece y cae conforme cambia su capacidad para enfrentar las contingencias organizacionales específicas.

Poder inadvertido: Control de las premisas de la toma de decisiones

Otra fuente de poder importante surge del poder de la *coalición dominante*, el conjunto de gerentes que forman una "sociedad" y utilizan su poder combinado de forma clandestina, para influir en el proceso de toma de decisiones de manera que se favorezcan sus propios intereses. Al usar su poder combinado, en una situación de conflicto, la coalición dominante normalmente prevalece sobre gerentes individuales poderosos o coaliciones más débiles. Por ello, cuando los gerentes de diferentes subunidades tienen metas e intereses similares, a menudo se unen en una coalición para incrementar su poder y lograr su objetivo. Actuando de manera conjunta, la coalición dominante utiliza su poder de forma sutil para controlar las premisas que subyacen a la toma de decisiones. A esto se le llama *poder inadvertido* porque, por lo general, otros gerentes no se dan cuenta de que la coalición está moldeando sus percepciones o interpretaciones de una situación.[41]

El poder de una coalición recae en su capacidad para controlar los supuestos, las metas, las normas o los valores que los gerentes utilizan para juzgar las soluciones alternativas a un problema. Como resultado del poder desapercibido, muchas de las opciones que algunas partes en conflicto pudieran querer evaluar se desechan por no adecuarse a los intereses imperantes de la coalición. Así, aun antes de que un problema o tema particular entre al proceso de toma de decisiones, la coalición en el poder se ha asegurado de que la decisión que finalmente se tome para resolver el problema apoye sus intereses.

Un ejemplo aclarará cómo funciona el poder inadvertido. Los gerentes pueden aumentar las ganancias en dos formas básicas: aumentando los ingresos por ventas o reduciendo los costos de operación. Si los gerentes de ventas, marketing e investigación y desarrollo forman la coalición dominante, entonces la opción de invertir recursos en nuevas tecnologías para reducir costos recibiría poca atención. La toma de decisiones se centrará en cómo debería invertir la organización sus recursos para aumentar su fuerza de ventas, el presupuesto de marketing o los costos de investigación y desarrollo para incrementar las ventas. Por el contrario, si producción, administración de materiales y contabilidad forman la coalición dominante, la toma de decisiones girará en torno a cómo invertir los recursos en nuevos materiales y tecnología de la información avanzados, con la finalidad de monitorear mejor y reducir los costos de operación. Así, opciones como contratar más personal de ventas recibirían poca consideración.

La capacidad específica de una coalición para resolver un conflicto a su favor depende de su habilidad para controlar el equilibrio de poder en la organización. El poder organizacional es un concepto dinámico y la estrategia organizacional puede cambiar rápidamente, si el equilibrio de poder cambia de una coalición a otra.[42]

Uso del poder: Política organizacional

Dadas las múltiples ventajas que reciben los gerentes que utilizan su poder para lograr cambios que resuelven conflictos a su favor, no sorprende que los gerentes quieran adquirir tanto poder como puedan y, luego, utilizarlo para lograr lo que deseen. La **política organizacional** comprende, en las palabras de Jeffrey Pfeffer, "actividades realizadas dentro de las organizaciones para adquirir, desarrollar y utilizar el poder y otros recursos, con el propósito de obtener los resultados preferentes de unos en una situación donde existe incertidumbre o desacuerdo sobre las posibilidades".[43] Para manejar el proceso de cambio y resolver conflictos a su favor, los individuos, las subunidades y las coaliciones a menudo se involucran en actividades y comportamientos políticos para asegurar su poder e influencia. Aun cuando los miembros o subunidades organizacionales no tuvieran un deseo personal de participar en la política, sí deben entender cómo opera esta porque, tarde o temprano, van a enfrentarse con un jugador hábil en el juego político. En dichas situaciones, los gerentes apolíticos (quienes no se involucran en la política) se quedan con todas las tareas tediosas o la responsabilidad de los proyectos que hacen poco para mejorar sus perspectivas de carrera. Los gerentes políticos astutos obtienen los proyectos visibles e importantes, que les dan el contacto con gerentes poderosos y les permiten crear su propia base de poder, la cual podrían utilizar para aumentar sus posibilidades de promoción.

Política organizacional Actividades realizadas dentro de las organizaciones para adquirir, desarrollar y utilizar el poder y otros recursos, con la finalidad de obtener los resultados preferentes de unos, en una situación donde existe incertidumbre o desacuerdo sobre las alternativas.

Tácticas para el juego político

Para entender el componente político de la vida organizacional, necesitamos analizar las tácticas y estrategias que los individuos y las subunidades utilizan para aumentar sus posibilidades de ganar el juego político. La recompensa del éxito es el cambio que les da una mayor parte de los recursos organizacionales: autoridad, dinero, estatus y demás. Los individuos y las subunidades pueden utilizar muchas tácticas políticas para obtener el poder que necesitan para lograr sus metas y objetivos.

VOLVERSE INDISPENSABLE Una táctica política principal que un individuo o una subunidad utilizan para aumentar su poder es volverse indispensable para la organización. Ser indispensable puede lograrse mediante un aumento en la cualidad de insustituible o en la centralidad.

VOLVERSE INSUSTITUIBLE Los gerentes astutos se involucran de forma deliberada en comportamientos y acciones que los hacen insustituibles.[44] Pueden desarrollar habilidades organizacionales especializadas, como el conocimiento informático, que les permitan resolver problemas para otros gerentes; o especializarse en un área de creciente preocupación para la organización (por ejemplo, las regulaciones de comercio internacional, el control de la contaminación, o la salud y seguridad), de tal manera que finalmente se encuentren en una posición de control de contingencias cruciales que enfrente la organización. Los gerentes y las subunidades insustituibles son indispensables para resolver problemas específicos en el momento en que surgen, en tanto que su capacidad para encontrar y proponer soluciones incrementa su estatus y prestigio.

VOLVERSE FUNDAMENTAL Los gerentes también pueden convertirse en indispensables si enfocan sus esfuerzos en volverse más importantes o fundamentales en el proceso de toma de decisiones. Quizás acepten de forma deliberada responsabilidades que los pongan en contacto con muchas funciones o con muchos gerentes, de tal forma que logren aumentar su reputación personal y la de su función. Al ser fundamentales también mejorarían su capacidad para obtener información que sirva para convertirse en insustituibles, tanto a sí mismos como a sus funciones. Al ser capaces de reducir la incertidumbre experimentada por otros (por ejemplo, suministrando información crítica o colaborando en proyectos urgentes), logran que los demás dependan de ellos. Así, a cambio de su ayuda, pueden solicitar favores (como el acceso a información privilegiada) de otras personas y grupos y dar esta información a otros gerentes quienes, a su vez, estarán obligados con ellos y quienes darán aún más información. Siguiendo este proceso, los gerentes políticamente astutos cultivan tanto a las personas como la información, y construyen una red personal de contactos en una organización que utilizan para lograr sus metas personales, por ejemplo, una promoción, y las metas funcionales, como el aumento de su parte de los recursos limitados.

ASOCIARSE CON GERENTES PODEROSOS Otra de las maneras para obtener poder es juntándose con gerentes poderosos que claramente van en ascenso. Apoyando a un gerente poderoso y haciéndose indispensable para esa persona, es posible escalar en la pirámide organizacional junto con ella. A menudo los altos gerentes se convierten en mentores de aspirantes de menor nivel, debido a que la planeación de la sucesión gerencial es una tarea organizacional importante para los altos gerentes.[45] Los directores generales promueven a sus amigos, no a sus enemigos. Los gerentes que hayan tomado la iniciativa de desarrollar habilidades que les permitan sobresalir del grupo, y que se hayan convertido en centrales e insustituibles, encuentran mayor posibilidad de resultar elegidos como protegidos de los gerentes poderosos, quienes están en la búsqueda de personas que se perfilen como sus sucesores.

Para identificar a la gente poderosa en una organización, es necesario desarrollar habilidades para detectar quién tiene el poder. Un gerente políticamente experimentado detecta a la gente clave que debe cultivar y la mejor manera de llamar su atención. Los indicadores de poder incluyen la reputación personal del individuo y su capacidad para **1.** influir en los resultados de la toma de decisiones organizacional, **2.** controlar recursos organizacionales importantes y **3.** mostrar signos de prestigio y estatus, como acceso a la mejor oficina o a la limusina de la corporación.[46]

Una forma secundaria de lograr adherirse a una persona poderosa consiste en sacar ventaja de lazos comunes, como ser graduados de la misma escuela o universidad o por la similitud en antecedentes socioeconómicos. Recuerde, del capítulo 7, que trataba sobre la cultura organizacional, que los altos gerentes normalmente seleccionan como socios o sucesores a otros gerentes parecidos a ellos. Lo hacen así porque creen que compartir normas y valores es evidencia de seguridad y confianza. Entonces, no resulta sorprendente que no sea poco común para los gerentes que recorran distancias considerables para parecerse o comportarse como sus superiores, e imiten o copien los hábitos y las preferencias de una persona mayor. Se ha llamado a la imitación la forma más sincera de adulación y esta nunca es desperdiciada por aquellos que tienen poder. Cuanto más poderoso sea un individuo, más probable será que aprecie la adulación.

CONSTRUCCIÓN Y ADMINISTRACIÓN DE COALICIONES Formar una coalición de gerentes alrededor de un tema importante para ellos es una táctica política que utilizan para obtener el poder necesario y resolver un conflicto a su favor. Por lo regular, las coaliciones se construyen alrededor de un intercambio: A apoya a B en un tema de interés para B, a cambio del apoyo que B dé a A en un tema de interés para A. Las coaliciones se forman en muchos niveles de una organización, entre funciones o divisiones, y entre inversionistas externos o internos. Es muy importante, por ejemplo, para gerentes de alto nivel construir relaciones personales con inversionistas poderosos o con los miembros del consejo directivo. Muchas de las contiendas políticas más intensas ocurren en este nivel debido a que los riesgos son muy altos. El director general necesita el apoyo del consejo en cualquier contienda con los miembros del equipo de alta dirección. Sin ese apoyo, los días del director general están contados. En Gap, Pau Pressler perdió el apoyo del consejo directivo una vez que fue obvio que sus esfuerzos por revertir el declive de la compañía de ropa habían fracasado. Glen Murphy se convirtió en su nuevo director general en 2009 y, con la ayuda de diseñadores de ropa talentosos, orquestó un cambio completo en la compañía para 2011.

Construir alianzas con clientes importantes es otra valiosa táctica, como desarrollar relaciones de largo plazo con los funcionarios de bancos u otras instituciones financieras, de las cuales la compañía obtiene su capital. Cuanto más vínculos externos logren desarrollar los altos gerentes, más fichas tendrán que poner sobre la mesa cuando el juego político se torne complicado. De forma similar, la capacidad para crear alianzas internas con los gerentes de las subunidades más importantes proporciona a los aspirantes a altos gerentes una base de poder que utilizan para promover sus agendas personales. En el juego de la política organizacional, el hecho de contar con muchos amigos aumenta en gran medida la pretensión de poder en la organización.

Las habilidades para crear coaliciones son importantes para el éxito en la política organizacional, debido a que los intereses de las partes de una coalición cambian frecuentemente conforme el ambiente se modifica. Para mantener el acuerdo entre los miembros de la coalición, se requiere habilidad para negociar y administrar. La cooptación es una herramienta particularmente importante en la administración de la coalición. Recuerde del capítulo 3 que la cooptación es una estrategia que permite a una subunidad superar la oposición de una segunda subunidad, involucrándola en la cooperación en la toma de decisiones y las recompensas. Dar al oponente un lugar en un comité importante o un rol administrativo importante en la solución de problemas organizacionales, lo convierte en parte de la coalición, con derechos a compartir las recompensas del resultado del proceso político de toma de decisiones.

CAPACIDAD PARA MANIPULAR LA TOMA DE DECISIONES Una de las tácticas políticas más importantes que un gerente puede utilizar para influir la política de la toma de decisiones consiste en desarrollar la capacidad personal para utilizar el poder y manipular dicha toma de decisiones. Tener y utilizar el poder (como resultado de una creciente indispensabilidad, asociarse con gente poderosa, y conocer cómo construir y manejar coaliciones) es solo la primera habilidad necesaria para participar en la política. Saber cómo y cuándo utilizar el poder de manera eficaz es igualmente importante. Como vimos, el uso del poder para influir en la toma de decisiones es más eficaz cuando el poder pasa inadvertido. Si otros gerentes y coaliciones se dan cuenta de que se está realizando una manipulación activa, probablemente se opondrán a los intereses de la coalición que está llevando a cabo la manipulación o, por lo menos, insistirá en que cualquier decisión tomada también favorezca sus intereses. Este es el concepto detrás de la noción de que una persona que utiliza el poder lo pierde: una vez que la oposición se da cuenta de que un gerente está usando poder para lograr intereses personales, los oponentes inician la negociación de sus propios intereses y protegen sus demandas por el recurso en riesgo.

Dos tácticas para controlar el proceso de toma de decisiones, de tal manera que el uso del poder parezca legítimo —es decir, en favor de los intereses de la organización y no con manipulación para lograr intereses personales— son el control de la agenda y la incorporación de un experto externo.[47]

CONTROL DE LA AGENDA A los gerentes y las coaliciones les gusta participar en comités para controlar la agenda o las decisiones de negocio del comité. Al manejar la agenda son capaces de controlar los aspectos y problemas que considerarán quienes toman decisiones como, por ejemplo, cómo y cuándo cambiar la estrategia y la estructura de la organización. Así, una coalición de gerentes poderosos evitaría considerar cualquier aspecto que no apoyen sacándolo de la agenda. De esta manera, el conflicto queda ya sea latente o en etapa de conflicto sentido, ya que la oposición no tiene la oportunidad de exponer sus puntos de vista sobre los problemas o las soluciones. La capacidad para controlar la agenda es similar a la capacidad para manipular las premisas de la toma de decisiones. Ambas tácticas limitan las opciones que se consideran en el proceso de toma de decisiones.

INCORPORAR A UN EXPERTO EXTERNO Cuando existe un conflicto importante, como cuando los altos gerentes deben decidir cómo cambiar o restructurar una organización, todos los gerentes y las coaliciones saben que los individuos y los grupos luchan por sus propios intereses y, quizá, por su supervivencia política. Cada gerente de subunidad desea que los recortes caigan en otras subunidades y trata de beneficiarse de cualquier cambio que se produzca. Los gerentes y las coaliciones egoístas, sabiendo que su solución preferida será percibida por otras subunidades como políticamente motivada, ansían legitimar su posición, por lo que en ocasiones incorporan a un experto externo considerado neutral. Así, los puntos de vista supuestamente objetivos del experto se utilizan para apoyar la posición de la coalición en el poder.

En algunos casos, sin embargo, los expertos no son neutrales en absoluto, sino que fueron entrenados por la coalición en el poder, por lo que conocen exactamente el punto de vista de esta, de tal manera que desarrollen un escenario favorable. Cuando tal escenario se presenta a los grupos en conflicto, se usa la "objetividad" del plan del experto, para influir la toma de decisiones a favor de la coalición en el poder. La oposición queda desarmada y acepta lo inevitable.

En resumen, los individuos, los gerentes, las subunidades y las coaliciones suelen utilizar muchas tácticas para obtener poder y participar en la política organizacional. El éxito de los intentos por influir y controlar la toma de decisiones para resolver conflictos depende, en cierta medida, de la capacidad de los individuos para aprender el manejo político y perfeccionar sus habilidades políticas.

Costos y beneficios de la política organizacional

La política organizacional es una parte integral de la toma de decisiones en una organización. Las coaliciones se forman para controlar las premisas detrás de la toma de decisiones, para ejercer presión sobre sus intereses, para controlar el camino del cambio organizacional y para resolver el conflicto organizacional a su favor. Debido a que los riesgos son altos, el control de los recursos limitados como las promociones y los presupuestos, la política es una fuerza muy activa en la mayoría de las organizaciones. Cuando vemos qué cambios hace una organización a su estrategia o estructura, necesitamos reconocer el rol que juega la política en tales opciones. Quizá mejore las opciones y decisiones que lleva a cabo una organización, pero también quizá cause problemas y promueva el conflicto, si no se maneja hábilmente. Si, por ejemplo, las diferentes coaliciones luchan continuamente por decisiones sobre la asignación de los recursos, es probable que se invierta más tiempo en tomar decisiones que en implementar las decisiones mismas. Como resultado, disminuye la eficacia organizacional.

Para manejar la política organizacional y obtener sus beneficios, una organización debe establecer un equilibrio de poder, en el cual se ofrezcan y consideren puntos de vista y soluciones alternativos de todas las partes, y se escuchen los puntos de vista que disientan (véase la figura 14.5). También es importante para el equilibrio del poder cambiar de vez en cuando hacia la parte que logre manejar mejor la incertidumbre y las contingencias que enfrenta la organización. Una organización que confiere poder a quienes son capaces de promover los cambios que la ayudarán en mayor grado, sacaría ventaja del proceso político para mejorar la calidad de la toma de decisiones de la organización. Al permitir a los gerentes utilizar el poder para lograr sus objetivos futuros y formar coaliciones que compitan por el apoyo a sus planes, una organización mejora la calidad de la toma de decisiones, alentando el debate útil y productivo sobre las alternativas. Así, la política mejoraría la eficacia organizacional si resulta en un cambio que asigne los recursos donde logren producir mayor valor.

La capacidad de una organización para obtener beneficios de la política depende del supuesto de que el poder fluye hacia quienes pueden ser de más utilidad a la organización. Este supuesto significa que los gerentes ineficaces pierden el poder, pasándolo a los exitosos, de modo que hay un constante movimiento de poder en la organización, mientras el poder de un individuo o grupo fluye y mengua. Suponga, sin embargo, que el equipo de alta gerencia en el poder se atrinchera y es capaz de defender su poder y derechos de propiedad ante sus oponentes, aun cuando el desempeño de la organización se tambalee. Imagine, además, que un equipo de alta gerencia ha institucionalizado su poder al ocupar todos los roles importantes de los comités organizacionales y que ha seleccionado a sus simpatizantes para ocupar altos puestos en la organización. Suponga que el director general es también el presidente del comité, por lo que puede dominar la junta de directores. En tal situación, la alta gerencia utilizaría su poder para evitar los intentos de los inversionistas de restructurar la organización para hacer un mejor uso de los recursos organizacionales. De forma similar, la alta gerencia, en vez de alentar la disidencia entre los cuadros medios prometedores, puede negarles la promoción o el poder para la toma de decisiones. Al hacerlo así, la alta gerencia anima la salida de aquellos que amenazan la posición dominante de la alta gerencia. En tal situación, el poder que el equipo de alta dirección ha obtenido como resultado de su capacidad para controlar la distribución de los derechos de propiedad, amenaza el desempeño organizacional y la supervivencia.[48] Los tenedores del poder están notoriamente reacios a renunciar a las posiciones que les dan el derecho de asignar los recursos y enriquecerse. Los directores generales, en particu-

Figura 14.5 Mantener el equilibrio de poder

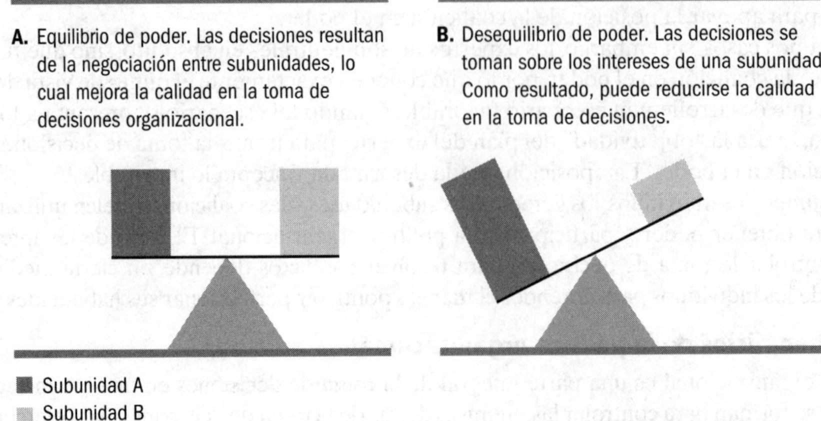

Al interior de la organización 14.4

Los gerentes de CIC luchan por el control

CIC, Inc., fue fundada por dos socios, David Hickson y Glen S. Collins III, en College Station, Texas. Cada fundador tomó 50% de las acciones del pequeño negocio. El propósito de CIC era dar servicio y mantenimiento a equipos de alta tecnología (como escáneres CT, rayos X y láseres) en hospitales y universidades en todo Estados Unidos. La empresa de Hickson y Collins empezó a ser muy exitosa: el negocio se incrementó muy rápido y para el año 2000 la compañía tenía más de 200 trabajadores. CIC mejoró su programa de servicio para que todas las transacciones de mantenimiento se manejaran electrónicamente por Internet usando programas de software internos. En virtud de que el nuevo servicio por Internet de CIC ahorraría a los hospitales hasta 20% en costos de mantenimiento, los ahorros serían de millones de dólares anuales. Los hospitales se adhirieron masivamente al programa, por lo que el futuro de CIC parecía brillante.

Imagine entonces lo que sucedió cuando Hickson, quien había estado de vacaciones con su familia, regresó a College Station y se encontró con que, en su ausencia, Collins había planeado un golpe de estado. Hickson se encontró con que fue remplazado como presidente por un gerente amigo cercano de Collins, que los gerentes y trabajadores de CIC leales a Hickson habían sido despedidos, y que se habían modificado todos los códigos y las claves de seguridad de los edificios de CIC. Inmediatamente Hickson buscó y obtuvo una orden legal de restricción de un juez que le permitía regresar a la compañía y le daba la capacidad para reinstalar a los trabajadores despedidos. El juez emitió también una orden para evitar que los dos hombres tomaran acciones que no fueran parte de sus tareas laborales normales.

Aparentemente esta extraordinaria situación había ocurrido porque los dos dueños habían peleado ferozmente por la dirección futura de la compañía y la relación personal entre ellos se deterioró rápidamente. Ya que eran socios igualitarios, ninguno tenía poder sobre el otro para resolver el conflicto y este fue empeorando con el tiempo. Se habían formado bandos diferentes en la organización, con algunos gerentes leales a Hickson y otros a Collins.

En los meses siguientes a este episodio, se vio con claridad que los dos hombres serían incapaces de resolver los conflictos y problemas entre sí. La única solución parecía ser que uno de los socios comprara la parte del otro; por ello, cada uno buscó el financiamiento bancario para comprar la compañía completa. Finalmente, se anunció que Hickson había comprado la parte de Collins; sin embargo, el antagonismo entre ellos no se resolvió.[49] Después de dejar CIC, Collins inmediatamente anunció ¡que usaría el dinero de su parte de CIC para iniciar otra compañía que proporcionara el mismo tipo de servicio que CIC!

lar, pocas veces renuncian a sus posiciones de forma voluntaria y en ocasiones harán cualquier cosa por retener su poder tal como lo indica el recuadro "Al interior de la organización 14.4".

Cuando el equilibrio de poder entre los inversionistas y las subunidades no se orienta a la asignación de recursos donde puedan crear mayor valor, la eficacia organizacional se deteriora. Cuando gerentes poderosos pueden suprimir los puntos de vista de aquellos que se oponen a sus intereses, el debate se restringe, los controles y equilibrios se desvanecen, el conflicto malo se incrementa y la inercia organizacional aumenta. En la actualidad, después de los grandes escándalos en organizaciones como Merrill Lynch, Johnson & Johnson, Goldman Sachs y demás, existe un apoyo creciente a las medidas que incrementen el poder de los inversionistas para despedir a equipos de alta gerencia ineficaces, así como a directores generales que se pagan a sí mismos sueldos exorbitantes que, por lo general, no se vinculan con su desempeño organizacional. Entonces, fundamentalmente, si el poder y la política benefician o dañan una organización, eso es una función del equilibrio de poder entre los inversionistas organizacionales.

Implicaciones administrativas

Poder y política

1. Reconozca que la política es un hecho de la vida organizacional y desarrolle habilidades para entender cómo la política moldea la toma de decisiones en la organización.
2. Desarrolle una base de poder personal para influir en la toma de decisiones, y utilícela para evitar que los grupos o gerentes políticos busquen sus intereses a expensas de los intereses organizacionales.
3. Para obtener poder, intente asociarse con gerentes poderosos y encuentre un mentor poderoso, hágase importante e insustituible, desarrolle habilidades personales para que pueda reducir la incertidumbre para otras subunidades o para la organización, busque pertenecer a comités que le darán acceso a información y obtenga el control de los recursos organizacionales.
4. Busque mantener un equilibrio de poder entre individuos o subunidades de una organización, con la finalidad de preservar la calidad en la toma de decisiones en la organización.

Resumen

El manejo del conflicto, el poder y la política es una de las prioridades más importantes de una organización, debido a que tales factores determinan qué decisiones toma la organización y, en consecuencia, su supervivencia a largo plazo. En el capítulo 14 se revisaron los siguientes puntos principales:

1. El conflicto organizacional es el enfrentamiento que surge cuando la conducta dirigida a objetivos de un grupo bloquea o frustra las metas de otro.
2. El conflicto puede ser funcional si supera la inercia organizacional y logra el cambio; sin embargo, un nivel demasiado alto de conflicto suele reducir el nivel de coordinación e integración entre la gente y las subunidades, y socavar la eficacia organizacional.
3. Las cinco etapas del modelo de Pondy sobre conflicto organizacional son: conflicto latente, conflicto percibido, conflicto sentido, conflicto manifiesto y repercusiones del conflicto.
4. Las cinco fuentes de conflicto entre subunidades son la interdependencia, la diferencia en metas y prioridades, los factores burocráticos, los criterios de ejecución incompatibles y la competencia por recursos limitados.
5. Las estrategias para la solución de conflicto se utilizan para manejar el conflicto organizacional y para prevenir que se convierta en destructivo. Dos estrategias importantes son: las que actúan a nivel estructural para cambiar las relaciones de tarea, y las que actúan a nivel de actitudes o individuos para cambiar las actitudes de las partes o a las partes mismas.
6. El poder organizacional es la capacidad de un actor o inversionista para vencer la resistencia de otros actores y lograr un objetivo o resultado deseado.
7. Las principales fuentes del poder disponibles para los gerentes y subunidades son: autoridad, control de los recursos, control de la información, cualidad de insustituible, centralidad, control de la incertidumbre o contingencias y poder inadvertido.
8. La política organizacional comprende las actividades realizadas dentro de las organizaciones para adquirir, desarrollar y utilizar el poder y otros recursos para obtener el resultado deseado por uno.
9. Las tácticas que los individuos y las subunidades utilizan para el juego político incluyen un aumento en la indispensabilidad, asociarse con gerentes poderosos, crear y manejar coaliciones, controlar la agenda e incorporar a un experto externo.
10. Utilizar el poder para el juego político organizacional puede mejorar la calidad de la toma de decisiones, si las personas que tienen el poder son aquellas que sirven mejor a las necesidades de la organización. Sin embargo, si los altos gerentes tienen la capacidad para controlar y retener el poder y afianzarse en la organización, los intereses de otros inversionistas organizacionales estarán en peligro, toda vez que las decisiones se toman para servir a los intereses personales de la alta gerencia. En este sentido, debería existir un equilibrio de poder entre los inversionistas organizacionales.

Preguntas para análisis

1. ¿Por qué y en qué condiciones el conflicto puede ser bueno o malo para una organización? ¿Usted esperaría un mayor nivel de conflicto en una estructura mecanicista o en una orgánica? ¿Por qué?
2. Usted ha sido asignado para manejar un gran laboratorio de investigación y desarrollo, y se encuentra con un alto nivel de conflicto entre los científicos de la unidad. ¿Por qué podría estarse gestando dicho conflicto? ¿Cómo intentaría solucionarlo?
3. ¿Por qué es importante mantener un equilibrio de poder entre los diferentes grupos de inversionistas organizacionales?
4. ¿Qué es el poder inadvertido? ¿Por qué es tan importante?
5. ¿Cómo puede el diseño de la estructura y la cultura de una organización dar a algunas subunidades mayor poder que a otras?
6. Analice cómo usted, como gerente de la función de investigación y desarrollo en una compañía de productos cosméticos, trataría de incrementar su poder y el poder de su subunidad para controlar más recursos, en una batalla contra marketing y producción.

Teoría organizacional en acción

Poner en práctica la teoría organizacional

Manejo del conflicto

Formen equipos de tres a cinco integrantes y analicen el siguiente escenario:

Son un grupo de altos gerentes de una compañía farmacéutica grande y bien establecida que ha posicionado su nombre al ser pioneros con fármacos innovadores. La intensa competencia de otras compañías en la industria farmacéutica, más la presión creciente del gobierno por reducir el precio de las medicinas, los ha presionado para encontrar maneras de reducir costos y acelerar el desarrollo del producto. Adicionalmente, el surgimiento de grandes organizaciones de conservación de la salud (HMO, por las siglas de *health maintenance organization*) y otros grandes compradores de medicamentos, han dificultado la comercialización de dichos productos y los gerentes de marketing están solicitando participación para decidir cuáles fármacos deberían desarrollarse y cuándo. Para responder a tales presiones, ustedes han decidido crear equipos interfuncionales compuestos por gente de investigación y desarrollo, marketing, finanzas y alta dirección, con la finalidad de evaluar el potencial de nuevos productos medicinales y decidir si deben lograrse.

1. ¿Cómo podría el cambio en la estructura afectar el poder relativo de las diferentes funciones?
2. ¿Qué tan probable es que se presente el conflicto debido a esos cambios y cuál sería la fuente del conflicto?
3. ¿Qué podrían hacer ustedes para ayudar a manejar el proceso del conflicto y lograr que el nuevo sistema operativo trabaje como esperan que lo haga?

Dimensión ética 14

Se dice que el comportamiento de los altos gerentes de WorldCom y los miembros de su consejo directivo es bastante común en muchas compañías estadounidenses actualmente. Los directores generales cuentan con un poder considerable para asignar a los miembros de la junta; asimismo, los miembros del comité de compensación y participación accionaria tienen gran margen para retribuir al director general y otros altos gerentes como mejor les parezca.

1. ¿Resulta ético que los directores generales puedan asignar a los gerentes que evaluarán su desempeño y determinarán su compensación?
2. ¿Qué tipo de reglas éticas deberían desarrollarse para asegurar que los abusos de poder y juegos políticos, como los ocurridos en WorldCom, puedan prevenirse en un futuro?

Establecer contacto 14

Encuentre un ejemplo de conflicto que ocurra entre gerentes, o bien, entre gerentes e inversionistas de una compañía. ¿Cuál es la fuente del conflicto? ¿Cómo utilizan los gerentes su poder para influir el proceso de toma de decisiones?

Análisis de la organización: Módulo de diseño 14

Este módulo se enfoca en el conflicto, el poder y la política en su organización.

Tarea

1. ¿Cuáles piensa usted que sean las posibles fuentes del conflicto que surge en su organización? ¿Existe un antecedente de conflicto entre gerentes o entre inversionistas?
2. Analice las fuentes de poder de las principales subunidades, funciones o divisiones en la organización. ¿Cuál es la subunidad más importante (central)? ¿Cuál es la subunidad más insustituible? ¿Cuál controla la mayor cantidad de recursos? ¿Cuál maneja las contingencias principales que enfrenta la organización?
3. ¿Cuál subunidad es la más poderosa? Identifique las maneras en que la subunidad ha sido capaz de influir en la toma de decisiones a su favor.
4. ¿En qué grado se ven afectadas por el conflicto y la política las decisiones estratégicas y operacionales de una organización?

CASO PARA ANÁLISIS

Política en Walt Disney

A principios de la década de 2000, el director general de Walt Disney, Michael Eisner, fue duramente criticado por la caída en el rendimiento de la compañía y por la forma en que había centralizado la toma de decisiones, de tal forma que todas las decisiones importantes que afectaban a la compañía deberían ser autorizadas y aprobadas por él. Eisner comenzó a perder el apoyo del comité directivo, especialmente de Roy Disney, quien como miembro de la familia fundadora controlaba el apoyo. Sin embargo, la mayoría del comité directivo de Disney había sido seleccionado por Eisner y controlaba la agenda, hasta que la compañía empezó a incurrir en pérdidas importantes a mediados de la década de 2000. El bajo desempeño debilitó la posición de Eisner, así como su relación personal con Steve Jobs, director general y dueño mayoritario de Pixar, la organización que había realizado las películas de más reciente éxito como *Toy Story, Cars*, etcétera.

Después de que Jobs amenazó con encontrar a un nuevo distribuidor para las películas de Pixar cuando expirara el contrato con Disney en 2007, por el antagonismo personal entre él y Eisner, el comité de Disney decidió actuar. Eisner estaba animado con ser el presidente de Disney y permitir a su sucesor, Bob Iger, asumir el control de la compañía como director general. Iger debía su rápido ascenso en Disney a su relación personal con Eisner, quien había sido su mentor. Iger siempre había sugerido nuevas formas para mejorar el desempeño de Disney, pero nunca había confrontado a Eisner, ¡siempre algo peligroso si un gerente quiere convertirse en director general!

Una vez que Iger se convirtió en director general en 2006, presionó a Eisner, quien pronto decidió renunciar a la presidencia de Disney; luego, Iger negoció la compra de Pixar para Disney, lo que dio como resultado que Steve Jobs se convirtiera en el accionista más grande. Disney continuaba con bajo rendimiento, pero ahora que Iger tenía el control total y sin la influencia de Michael Eisner, adoptó un plan para cambiar la forma en que Disney operaba.

Como director de operaciones de Disney bajo la dirección general de Eisner, Iger reconoció que Disney estaba plagada de una toma de decisiones lenta que la había llevado a cometer muchos errores al echar a andar sus nuevas estrategias. Sus tiendas Disney estaban perdiendo dinero, sus propiedades en Internet fracasaban e, incluso, sus parques temáticos parecían haber perdido su brillo por no introducir nuevos juegos o atracciones. Iger creía que una de las razones principales para el bajo rendimiento de Disney era que la compañía se había vuelto muy vertical y burocrática, y que sus altos gerentes seguían reglas financieras que no conducían a estrategias innovadoras.

Uno de los primeros movimientos de Iger para dar un giro al rendimiento de Disney fue desmantelar su "oficina de planeación estratégica", que estaba compuesta por varios niveles de gerentes responsables de filtrar todas las nuevas ideas e innovaciones enviadas por las diferentes divisiones de negocio de Disney, por ejemplo, sus parques temáticos, películas y divisiones de juegos. Después de un largo proceso de toma de decisiones, acordaban qué propuestas deberían presentarse a Eisner.

Iger veía la oficina de planeación estratégica como un cuello de botella burocrático que reducía el número de ideas que llegaban desde abajo; él disolvió la oficina, reasignó a los mejores gerentes a diferentes unidades de negocio y retiró al resto.[50] El resultado de los recortes de niveles innecesarios en la jerarquía de Disney ha sido que se han generado más ideas innovadoras por parte de sus diferentes unidades de negocios y que se ha incrementado el nivel de innovación. Los gerentes divisionales están más dispuestos a comentar sus ideas porque saben que están tratando directamente con el director general Iger, y no con una oficina de burócratas preocupados solo con el saldo final.[51] El desempeño de la organización ha mejorado con Iger; en 2010 se anunciaron mejores ingresos y ganancias, y una nueva adquisición: Disney adquirió Marvel (la compañía que posee los derechos de personajes como Spider Man, X Men, Hulk), por lo que pueden esperarse muchos nuevos tipos de atracciones y películas en el futuro.[52] En 2011 se anunciaron nuevos acuerdos con Apple y otras compañías como Google y Amazon para pasar su enorme biblioteca de videos a clientes en línea y hacerla accesible para su descarga usando la computación en nube. Con esto, los usuarios logran acceder a ellas usando cualquier dispositivo móvil.

Preguntas para análisis

1. ¿Cuáles son las diferentes fuentes de conflicto y las políticas que afectaron a Disney en el pasado?
2. Explique cómo Iger utilizó diferentes estrategias para solución de conflictos y diferentes estrategias políticas para resolver estos conflictos y así mejorar el uso de los recursos de la compañía.

Referencias

[1] T. Burns, "Micropolitics: Mechanism of Institutional Change", *Administrative Science Quarterly* 6 (1961), pp. 257-281.

[2] J. G. March, "The Business Firm as a Coalition", *Journal of Politics* 24 (1962), pp. 662-678.

[3] Coser L., *The Functions of Social Conflict* (Nueva York: Free Press, 1956); S. P. Robbins, *Managing Organizational Conflict: A Non-Traditional Approach* (Englewood Cliffs, NJ: Prentice Hall, 1974).

[4] J. McCann y J. R. Galbraith, "Interdepartmental Relationships", en P. C. Nystrom y W. H. Starbuck, eds., *Handbook of Organizational Design*, Vol. 2 (Nueva York: Oxford University Press, 1981), pp. 60-84.

[5] A. C. Amason, "Distinguishing the Effects of Functional and Dysfunctional Conflict and Strategic Decision Making: Resolving a Paradox for Top Management Teams", *Academy of Management Review* 39 (1996), pp. 121-148.

[6] www.pfizer.com, 2011.

[7] *Ibid.*

[8] El siguiente análisis se obtuvo básicamente de las siguientes fuentes: L. R. Pondy, "Organizational Conflict: Concepts and Models", *Administrative Science Quarterly* 2 (1967), pp. 296-320; y R. E. Walton y J. M. Dutton, "The Management of Interdepartmental Conflict: A Model and Review", *Administrative Science Quarterly* 14 (1969), pp. 62-73.

[9] J. D. Thompson, "Organizational Management of Conflict", *Administrative Science Quarterly* 4 (1960), 389-409; y K Thomas, "Conflict and Conflict Management", en M. D. Dunnette, ed., *The Handbook of Industrial and Organizational Psychology* (Chicago: Rand McNally, 1976).

[10] J. D. Thompson, *Organizations in Action* (Nueva York: McGraw-Hill, 1967).

[11] J. A. Litterer, "Conflict in Organizations: A Reexamination", *Academy of Management Journal* 9 (1966), pp. 178-186.

[12] M. Dalton, "Conflicts Between Staff and Line Managerial Officers", *American Sociological Review* 15 (1950), pp. 342-351.

[13] P. R. Lawrence y J. R. Lorsch, *Organization and Environment* (Homewood, IL: Irwin, 1967).

[14] "CS First Boston: All Together Now?", *The Economist*, 10 de abril de 1993, p. 90.

[15] Coser, *The Functions of Social Conflict*.

[16] eBay.com, 2011.

[17] R. H. Miles, *Macro Organizational Behavior* (Santa Monica, CA: Goodyear, 1980).

[18] Este análisis se obtuvo de E. H. Nielsen, "Understanding and Managing Intergroup Conflict", en P. R. Lawrence, L. B. Barnes y J. W. Lorsch, *Organizational Behavior and Administration* (Homewood, IL: Irwin, 1976).

[19] Lawrence y Lorsch, *Organization and Environment*.

[20] R. E. Walton y R. B. McKersie, *A Behavioral Theory of Labor Negotiations: An Analysis of a Social Interaction System* (Nueva York: McGraw-Hill, 1965).

[21] R. E. Walton, "Third-Party Roles in Interdepartmental Conflict", *Industrial Relations* 7 (1967), pp. 29-43.

[22] W. G. Ouchi, *Theory Z: How American Business Can Meet the Japanese Challenge* (Reading, MA: Addison-Wesley, 1981).

[23] R. M. Emerson, "Power-Dependence Relations", *American Sociological Review* 27 (1962), pp. 31-41; y J. Pfeffer, *Power in Organizations* (Boston: Pitman, 1981).

[24] R. A. Dahl, "The Concept of Power", *Behavioral Science* 2 (1957), pp. 210-215.

[25] M. Gargiulo, "Two-Step Leverage: Managing Constraint in Organizational Politics", *Administrative Science Quarterly* 38 (1993), 1-19.

[26] M. Weber, *The Theory of Social and Economic Organization* (Nueva York: Free Press, 1947).

[27] J. A. Conger y R. N. Kanungo, "The Empowerment Process: Integrating Theory and Practice", *Academy of Management Review* 13 (1988), pp. 471-481.

[28] G. R. Salancik y J. Pfeffer, "The Bases and Uses of Power in Organizational Decision Making", *Administrative Science Quarterly* 19 (1974), pp. 453-473; J. Pfeffer y G. R. Salancik, *The External Control of Organizations: A Resource Dependence View* (Nueva York: Harper & Row, 1978).

[29] Salancik y Pfeffer, "The Bases and Uses of Power in Organizational Decision Making".

[30] A. M. Pettigrew, "Information Control as a Power Resource", *Sociology* 6 (1972), pp. 187-204.

[31] A. M. Pettigrew, *The Politics of Organizational Decision Making* (Londres: Tavistock, 1973), p. 191.

[32] C. Perrow, *Organizational Analysis: A Sociological View* (Belmont, CA: Wadsworth, 1970).

[33] D. Mechanic, "Sources of Power of Lower-Level Participants in Complex Organizations", *Administrative Science Quarterly* 7 (1962), pp. 349-364.

[34] M. Crozier, *The Bureaucratic Phenomenon* (Chicago: University of Chicago Press, 1964).
[35] D. J. Hickson, C. R. Hinings, C. A. Lee, R. E. Schneck y J. M. Pennings, "A Strategic Contingencies Theory of Intraorganizational Power", *Administrative Science Quarterly* 16 (1971), pp. 216-227.
[36] *Ibid.*
[37] D. Janoski, Conohan, Ciavarella Face New Charges, www.thetimestribune.com, 10 de septiembre de 2009.
[38] Janoski D., Conohan, Ciavarella Deny New Charges, www.thetimestribune.com, 15 de septiembre de 2009.
[39] *Ibid.*
[40] Pfeffer, *Power in Organizations*, cap. 3.
[41] Lukes S., *Power: A Radical View* (Londres: MacMillan, 1974).
[42] Pfeffer, *Power in Organizations*, pp. 115-121.
[43] *Ibid.*, p. 7.
[44] Hickson, Hinings, Lee, Schneck y Pennings, "A Strategic Contingencies Theory of Intraorganizational Power".
[45] E. E. Jennings, *The Mobile Manager* (Nueva York: McGraw-Hill, 1967).
[46] J. R. P. French, Jr. y B. Raven, "The Bases of Social Power", en D. Cartwright y A. F. Zander, eds., *Group Dynamics* (Evanston, IL: Row Peterson, 1960), pp. 607-623.
[47] Este análisis se obtuvo de J. Pfeffer, *Power in Organizations*, cap. 5.
[48] O. E. Williamson y W. G. Ouchi, "The Markets and Hierarchies Program of Research: Origins, Implications, Prospects", en A. E. Van De Ven y W. F. Joyce, eds., *New Perspectives on Organizational Design and Behavior* (Nueva York: Wiley, 1981), pp. 347-406.
[49] B. Fannin, "CIC Workers Ask Judge to Void Noncompliance Pact". *The Eagle*, 23 de octubre de 1997. p. 1.
[50] McGregor J., "The World's Most Innovative Companies", www.businessweek.com, 4 de mayo de 2007.
[51] www.waltdisney, 2011.
[52] *Ibid.*

Estudios de caso

Estudios de caso

CASO 1

United Products, Inc.

Jeffrey C. Shuman*

Al regresar del almuerzo, George Brown, presidente de United Products, Inc., estaba sentado en su oficina pensando en sus vacaciones de invierno; en pocos días él y su familia estarían dejando Boston para pasar tres semanas esquiando en las mejores pistas europeas. Su ensoñación fue interrumpida por una llamada telefónica de Hank Stevens, gerente general de UPI. Stevens quería saber si se llevaría a cabo su junta de las dos de la tarde. La reunión se había programado para revisar las acciones que UPI tomaría ante las bajas ventas de la compañía y la deprimida economía nacional. Además, Brown y Stevens tenían que revisar los resultados financieros de la compañía durante el año fiscal recién terminado, que acababan de recibir de los auditores de UPI. Aunque no había sido un mal año, los resultados no fueron tan buenos como se esperaba, y esto, junto con la situación económica, hizo que el señor Brown reconsiderara los planes que tenía para la compañía para el siguiente año.

Historia de la compañía

United Products, Inc., establecida en 1941, se dedicaba a la venta y el servicio de artículos de abasto básicos mediante departamentos de envío y recepción, producción y empaque, investigación y desarrollo, y de oficina y almacén. El padre del señor Brown, fundador de la compañía, reconoció las ventajas fiscales de establecer negocios separados, en vez de intentar consolidar todas sus operaciones en una sola organización. Consecuentemente, con el paso de los años, el señor Brown padre había creado nuevas compañías e incluso cerrado o vendido las empresas viejas, como condiciones de negocio que parecían estar justificadas.

A mediados de la década de 1960, su propiedad era una cadena de cuatro compañías relacionadas con venta y distribución, que cubrían el este de Chicago.

En 1967, sintiendo que era el momento de hacerse a un lado y pasar el control activo del negocio a sus hijos, Brown padre recapitalizó y restructuró sus compañías, fusionando algunas y desechando otras. Cuando concluyó el proceso de restructuración, había establecido dos compañías importantes. Su hijo menor, George Brown, pondría en marcha United Products, Inc., con oficinas principales en Massachusetts; mientras, su otro hijo, Richard Brown, operaría United Products Southeast, Inc., con oficinas centrales en Florida.

Aunque los hermanos Brown trabajaban ocasionalmente juntos y cada uno estaba en el consejo directivo del otro, ambas compañías operaban independientemente. Como explicó George Brown: "Ya que somos hermanos, a veces nos juntamos y comentamos sobre el negocio, pero se trata de dos compañías separadas, y cada una elabora su propia declaración de impuestos".

Durante 1972, United Products se cambió a nuevas instalaciones en Woburn, Massachusetts. Se pensaba que desde ahí la compañía sería capaz de atender con eficacia el mercado completo del área de Nueva Inglaterra. La visión de George Brown sobre el rol de las nuevas instalaciones es la siguiente: "Nuestras capacidades y deseos de expandirnos y mejorar nuestra operación total se enriquecerán con la nueva estructura, diseñada para lograr nuestros objetivos y que incluye nuestros centros de reparación, oficinas y almacén". Al mismo tiempo, la compañía segmentó los más de 3,500 artículos diferentes en ocho categorías de producto:

1. Engrapadoras. Encuadernadoras manuales y eléctricas, encuadernadoras de cartón, máquinas clavadoras, martillos y tachuelas.
2. Grapas. De todos tipos y tamaños (acero, bronce, níquel, aluminio, cobre, etc.) que se ajustan a casi todas las marcas de equipo.
3. Equipo y materiales para esténcil. Se ofrecen máquinas Marsh eléctricas y manuales, cepillos para esténcil, tableros y tintas.
4. Máquinas para cinta adhesiva. Manual y eléctrica, de las que se destacan los equipos Marsh, Derby y Counterboy.

El doctor Jeffrey C. Shuman es profesor asociado de Administración en el Bentley, College, Waltham, MA. El texto se reproduce con autorización.

5. Cintas industriales. Se especializa en correas, cinta adhesiva, de celofán, eléctrica, de tela, de *nylon* y resistentes al agua, fabricadas por 3M, Mystik, Behr Manning y Dymo.
6. Máquinas para pegar. Eléctricas y manuales.
7. Guantes de trabajo. De todos tamaños y tipos (tela, piel, neopreno, *nylon*, goma, asbesto, etcétera).
8. Equipo para marcaje y etiquetado.

En un folleto enviado a las 6,000 cuentas de United Products donde anunciaba el cambio a sus nuevas instalaciones, la compañía comentó su crecimiento en esta modalidad:

> Aquí estamos creciendo de nuevo, gracias a ustedes, nuestros valiosos clientes de tanto tiempo…
>
> El tiempo y las circunstancias han decretado otro traslado de United Products; esta vez hacia un área industrial tipo ecológica sin contaminación, localizada idealmente para atender a un número de clientes cada vez mayor. Ahora, en la nueva planta de 28,000 pies cuadrados con grandes oficinas y almacenes, nosotros en UNITED PRODUCTS logramos la mayor eficiencia al ofrecer a nuestros clientes los beneficios combinados de inventarios máximos, entrega acelerada y mejores servicios de reparación.

Para 1974, la compañía había crecido al punto donde las ventas eran de 3.5 millones de dólares (el doble que los cuatro años anteriores) y había contratado a 34 personas. Los resultados de 1973, comparados con los de 1972, mostraron un incremento en las ventas de 22% y de 40% en utilidades. El cuadro 1 contiene las cifras financieras de 1971, 1972 y 1973, además del estado de resultados fiscal de 1973.

Competencia

George Brown indicó que UPI carecía de rivales claramente definidos con respecto a todos sus 3,500 artículos plus:

> Es difícil tener competencia en cifras, ya que no competimos contra ninguna compañía directamente. Los diferentes distribuidores llevan líneas que compiten contra varias de nuestras líneas de producto, pero no hay una compañía que compita contra nosotros en nuestra línea completa de productos.

Por lo regular, Brown recibe los reportes de información de negocios de Dun & Bradstreet sobre empresas específicas contra quienes compite. El señor Brown siente que dado que las firmas rivales, como la propia, se mantienen en privado, los datos financieros reportados están manipulados y, por lo tanto, no representan una base sólida sobre la cual diseñar planes y estrategias. El cuadro 2 contiene datos financieros comparativos de dos compañías en competencia y el cuadro 3 presenta la descripción de D&B de sus operaciones, junto con los comentarios sobre otras dos firmas que operan en el área de mercado de UPI.

Filosofía de la administración

Cuando el señor Brown tomó UPI en 1967, a los 24 años de edad, estableció la meta personal de convertirse en el negocio más rentable y financieramente seguro. Con el rápido crecimiento de la compañía, pronto logró su meta de independencia financiera y comenzó a perder interés en la compañía: "Me convertí en una persona rica a los 28 años de edad y tengo pocos amigos de mi edad igualmente ricos. El negocio

CUADRO 1 Información financiera seleccionada, United Products, Inc.

	11/30/71	11/30/72	11/30/73
Activo circulante	$ 862,783	$ 689,024	$ 937,793
Otros activos	204,566	774,571	750,646
Pasivo circulante	381,465	223,004	342,939
Valor neto	685,884	750,446	873,954
Ventas	nd*	2,830,000	3,450,000

Estado financiero, 30 de noviembre de 1973:			
Efectivo	$ 46,961	Cuentas por pagar	$ 321,885
Cuentas por cobrar	535,714	Pagarés	20,993
Mercancía en inventario	352,136		
Seguros, intereses e impuestos pagados con antelación	2,980		
Activo circulante	$ 937,791	Pasivo circulante	$ 342,878
Instalaciones y equipo	$ 42,891	Ingresos retenidos	$ 471,655
Vehículos	49,037	Capital social	519,800
Terrenos y edificios	658,768	Superávit	354,154
Activos totales	$ 1,688,487	Pasivos totales	$ 1,688,487

*nd: no disponible

CUADRO 2 Información financiera de compañías rivales

East Cost Supply Co., Inc. —Un millón de dólares en ventas

	Fiscal, 31 de diciembre de 1971	Fiscal, 31 de diciembre de 1972	Fiscal, 31 de diciembre de 1973
Activo circulante	$ 88,555	$ 132,354	$ 163,953
Otros activos	16,082	18,045	27,422
Pasivo circulante	41,472	47,606	74,582
Utilidad neta	63,165	102,793	116,793

Estado financiero, 31 de diciembre de 1973:

Efectivo	$ 42,948	Cuentas por pagar	$ 39,195
Cuentas por cobrar	86,123	Pagarés	27,588
Mercancía en inventario	34,882	Impuestos	7,799
Activo circulante	$ 163,953	Pasivo circulante	$ 74,582
Instalaciones y equipo	$ 15,211	Capital social	$ 10,000
Depósitos	12,211	Ingresos retenidos	106,793
Activos totales	$ 191,375	Total de pasivos y utilidad neta	$ 191,375

Atlantic Paper Products, Inc. —Seis millones de dólares en ventas

	30 de junio de 1970	30 de junio de 1971	30 de junio de 1972
Activo circulante	$ 884,746	$ 1,243,259	$ 1,484,450
Otros activos	93,755	101,974	107,001
Pasivo circulante	574,855	520,572	1,120,036
Utilidad neta	403,646	439,677	471,415
Deuda a largo plazo	0	384,984	

no representó desafío alguno durante mucho tiempo y yo no estaba contento por la forma en que iban las cosas".

Después de tomar unas "vacaciones mentales" durante 10 meses, George Brown sintió que estaba listo para regresar al trabajo. Había concluido que una forma de demostrarse a sí mismo —y de satisfacer su ego— sería lograr que la compañía alcanzara ser tan rentable como fuera posible. Sin embargo, de acuerdo con el señor Brown: "La compañía solo puede crecer aproximadamente 20% anual, ya que esta es la cantidad de energía que estoy dispuesto a comprometer en el negocio".

En 1974 a la edad de 31 años, el señor Brown describió su punto de vista filosófico como "muy conservador", y supuso que había puesto en funcionamiento UPI en una forma muy parecida a como lo habría hecho su padre de 65 años de edad. Al describir su filosofía y algunas políticas de operación que había establecido, reconoció:

> Estoy muy interesado en lograr que UPI sea un lugar agradable para trabajar. Tengo que disfrutar lo que hago y, al mismo tiempo, divertirme. No puedo hacer más dinero, ya que estoy guardando tanto dinero como puedo. El gobierno no me permitiría hacer más dinero, ya que he tenido la máxima cantidad.
>
> Me gusta sentirme cómodo y si crecemos muy rápido, se me puede ir de las manos. Pienso que el negocio no crecería a su potencial, pero ¿por qué debería ponerle más?... La compañía podría crecer, pero ¿para qué? ¿Por qué es bueno progresar? Tienes que pagar por todo en la vida y yo no estoy dispuesto a trabajar más...
>
> Otra cosa... soy un hombre de negocios escrupulosamente honesto y es muy difícil crecer más si eres honesto. Hay muchos tratos que podría lograr para que UPI ganara grandes sumas de dinero, pero soy demasiado moral para hacerlo...
>
> Para mí, la felicidad es estar satisfecho con lo que posees. Tengo a mi esposa, mis hijos y salud. ¿Por qué arriesgar esto por algo que no necesito? No deseo hacer dinero porque no vengo de una familia pobre; no estoy necesitado.

Nunca me ha gustado el sentimiento de deber a alguien. Si no puedes permitirte comprar algo, no lo hagas. Tampoco me gusta prestar dinero ni que la compañía preste a nadie. Todas nuestras deudas se pagan en 15 días. Supongo que he limitado el negocio como resultado de dicho sentimiento, pero es mi negocio. La compañía solo puede pagar una tasa de crecimiento de 20%, así que eso será lo que crecerá.

CUADRO 3 Descripciones de competidores importantes

East Coast Supply Co., Inc.

Fabricantes y distribuidores de cintas de presión para usuarios industriales en toda el área de Nueva Inglaterra con 1/10 neto a un plazo de 30 días. Treinta y cuatro empleados incluyendo funcionarios, 33 aquí. Lugar: renta de 15,000 pies cuadrados en el primer piso de un edificio de dos plantas en buen estado. Locales regulados. Negocio que no es de temporada. Las sucursales se localizan en 80 Olife Street, New Haven, Connecticut y en 86 Weybosset Street, Providence, Rhode Island.

Atlantic Paper Products, Inc.

Mayoristas de productos de papel, cintas de presión, papel especial, cuerdas y otra mercancía de este tipo. Vende a cuentas industriales y usuarios comerciales con 1/10 neto a un plazo de 30 días. Existen cerca de 1,000 cuentas en Massachusetts y las ventas son muy estables durante todo el año. Emplea a 60 personas, incluyendo funcionarios. Lugar: renta de 130,000 pies cuadrados de espacio en seis pisos, edificio en área comercial en una calle principal. Locales regulados.

The Johnson Sales, Co.

Mayoristas para envío de artículos, incluyendo máquinas engrapadoras y para empaque, equipo para rotular y esténcil. Vende a cuentas industriales y comerciales en toda el área de Nueva Inglaterra. Las temporadas son estables. Los términos son 1/10 neto a 30 días. Se desconoce el número de cuentas; 15 empleados incluyendo al dueño. Lugar: renta el primer piso de un edificio de dos pisos en buenas condiciones. El mantenimiento es aceptable.

Big City Staple Corp.

Mayoristas de grapadoras industriales, con ventas a 2,000 firmas industriales y comerciales con 1/10 neto a un plazo de 30 días. Área principal de Nueva Jersey. Emplea a diez personas incluyendo a funcionarios. Las temporadas son estables y la competencia activa. Lugar: renta de 5,000 pies cuadrados en un edificio de bloques de hormigón en buenas condiciones; regulados. Localizado en una calle fluida de un área comercial.

Estructura organizacional

Al regresar a la compañía después de sus "vacaciones mentales" en 1971, George Brown realineó la estructura organizacional de UPI, como se indica en el cuadro 4 (la compañía no tiene un organigrama formal; este se obtuvo de las notas del investigador del caso). Respecto a la forma en que estaba organizada su compañía, remarcó:

> Debemos contar con una base funcional. También estamos tratando algo nuevo para nosotros cambiando al concepto de gerente general. En el pasado, cuando yo estaba fuera, no había nadie con autoridad total; ahora mi gerente general queda a cargo durante mi ausencia.

Al comentar la nueva estructura de la organización, el señor Brown indicó que la compañía carecía de descripciones formales de puestos: "Las descripciones de puestos no valen la pena. Mi gente tiene muchas facetas y, además, somos demasiado pequeños para ponerlo por escrito". Actualmente la compañía emplea a 34 personas, incluyendo al señor Brown.

También enfatizó que él nunca había tenido un problema con el personal: "Toda mi gente disfruta de trabajar aquí". Él cree que "nadie debería trabajar por nada" y, por lo tanto, estableció una meta personal de lograr que ningún trabajador de UPI ganara menos de 10,000 dólares anuales. El señor Brown comentó sobre su actitud hacia sus empleados:

> Los hombres podrían quejarse por la responsabilidad que se les da, pero pienso que es bueno para ellos. Les ayuda a desarrollar su potencial. Soy un buen tipo interesado en toda mi gente. Siento que tengo una fuerte obligación social con mis trabajadores y he desarrollado relaciones muy cercanas con todos ellos. Mi puerta está siempre abierta para ellos, sin importar el problema que tengan.
>
> He creado la política de nunca gritar a nadie en público; no es bueno para la moral. Quizá sea parte de mi filosofía conservadora, pero deseo que todos me llamen señor Brown, no George. Creo que es positivo para la gente tener al señor Brown. Aunque quiero que mi negocio sea agradable, he aprendido que es difícil tener una amistad real con un trabajador. Los empleadores y los trabajadores no pueden mezclarse socialmente; es algo que no funciona a largo plazo.
>
> Este no es su negocio normal. Soy muy accesible; no demando mucho y permito un diálogo abierto y fácil con mis trabajadores. En raras ocasiones aplico una acción punitiva. No soy un tipo difícil y exigente… soy un tipo calmado.

CUADRO 4 Organigrama de UPI, diciembre de 1974

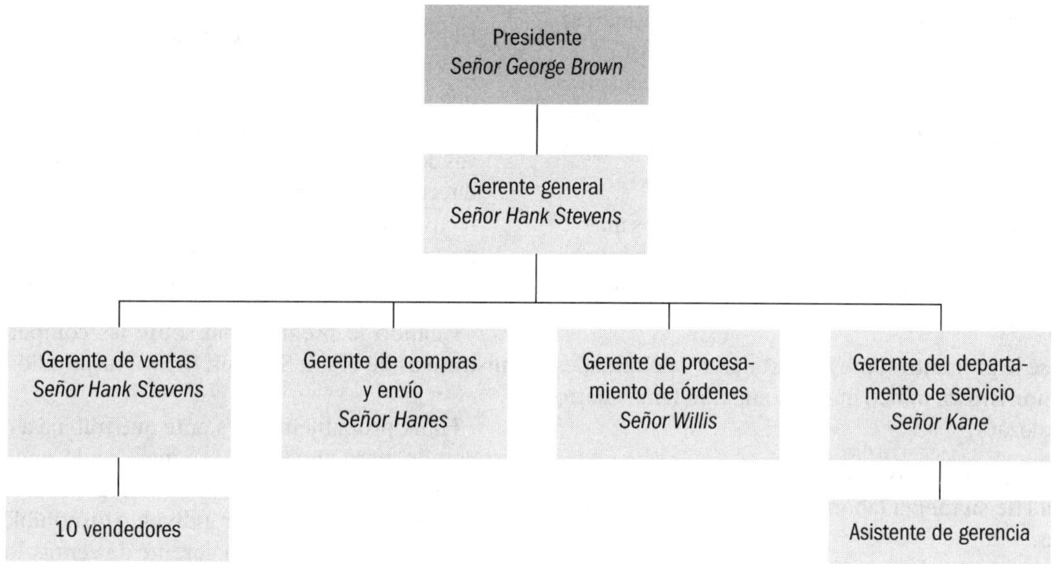

Eliminaría mucho del placer del negocio, si viniera e hiciera funcionar este lugar como una máquina.[1]

Encuentro difícil motivar a los vendedores de la compañía. Ya que tenemos tantos problemas para encontrar gente capaz, que no soy proclive a despedir a nadie. Esta situación me hace difícil presionarlos para producir.

Creo que el sistema de bonos, si lo quieren llamar así, es lo que podría llamarse arbitrario. No he establecido cuotas específicas de venta o metas para mi gente. Como resultado, baso mis decisiones de bonos en mi evaluación de qué tan bien siento que se desempeñó el trabajador durante el año.

Recientemente, he pensado en vender la compañía. Podría obtener alrededor de 3 o 4 millones de dólares por ella. Pero si lo hiciera, no estoy seguro de lo que haría con mi vida. Más allá de mi familia y de UPI, no hay mucho en lo que esté interesado. Hace un par de años, cuando tomé unas vacaciones largas, me aburría tanto que no podía esperar más para regresar a la oficina.

Proceso de planeación de UPI

George Brown declara ser un firme creyente de la planeación: "Me encuentro invirtiendo cada vez más tiempo planeando la compañía. Por lo regular, estoy promediando 50% de mi tiempo en eso y veo que aumenta". Como lo describe, el proceso de planeación en UPI es realmente un sistema muy relajado:

> No hemos establecido la forma como planeamos. Básicamente, el proceso está dirigido de forma que se incremente la rentabilidad de la compañía. Observo el desempeño de los vendedores semanal y mensualmente, y uso tal información en el desarrollo de planes. Ya que tenemos un proceso de planeación muy informal, solo pronosticamos como máximo un año. Los planes de la compañía se revalúan cada mes y, si es necesario, se establecen nuevos planes. Solo en raras ocasiones hemos planeado más de un año. Sin embargo, creo que la situación económica y política puede forzarnos a desarrollar planes que cubran un periodo de dos años.
>
> Estoy familiarizado con la teoría comúnmente aceptada de los sistemas de planeación, pero no creo que sea necesario implementarlos en UPI de manera formal. Realizamos muchas de las actividades recomendadas en los modelos de planeación, pero lo hacemos de forma relajada y casual. Por ejemplo, yo soy miembro de muchas organizaciones relacionadas con mi negocio y recibo cartas de la industria con regularidad. Además, obtengo información de mis amigos y socios, tanto dentro como fuera de mi línea de negocio. Como no tenemos un proceso formal, en UPI la planeación tiende a ser un proceso continuo.

Aunque las metas no se desarrollan formalmente ni por escrito, el señor Brown señaló que estableció metas para la compañía en las áreas de ventas, utilidades y clima organizacional:

1. Aumentar el nivel de ventas en 20% anual.
2. Aumentar el margen de utilidades de 0.5 a 1% anual.
3. Hacer de UPI un lugar amigable para trabajar.

El señor Brown considera que la compañía ha sido capaz de crecer 20% anual en el pasado y debería ser capaz de lograr ese nivel en el futuro. Además, él considera que el

[1] Cuando, una tarde, el investigador del caso llegó a la planta, observó al señor Brown corriendo por la oficina, enfrascado en una "guerra de agua", la cual, por cierto, perdió contra una asistente.

crecimiento en ventas es un mal necesario: "Aquellas compañías que no crecen se las traga la competencia y, además, dada la cantidad de energía que estoy dispuesto a ejercer, pienso que 20% es un nivel razonable de crecimiento".

En el área de utilidades, la compañía no establece cifras específicas como meta, más que simplemente un aumento en el margen de utilidad bruta (previamente establecido). El señor Brown observó:

> No establecemos una meta porque no tendríamos manera de medirla. No tengo la forma de conocer cuánto dinero he hecho al finalizar el año, sin invertir tiempo y esfuerzo considerables.

Cuando se le preguntó sobre las fortalezas y debilidades de UPI, el señor Brown indicó que la compañía tenía cuatro áreas de fortaleza:

1. El número de productos diferentes.
2. La calidad de su fuerza laboral, en particular la gente de ventas.
3. La ausencia de deudas.
4. La adquisición de competencias.

La mayor debilidad era la incapacidad para tener y entrenar a personal nuevo, sobre todo en el área de ventas.

Fuerza de ventas

A los vendedores de UPI no se les asigna una cuota de ventas anual, por lo que son evaluados por el señor Brown con base en el área de venta y la iniciativa de los vendedores. Él considera que sus vendedores hacen más que los de sus competidores. Varios de los 10 vendedores de UPI han ganado hasta 40,000 dólares en un año. A todos los vendedores se les remunera en una escala fija de comisiones calculada de la siguiente manera:

8% para los primeros 180,000 dólares en ventas
7% para los siguientes 60,000 dólares
6% para los siguientes 60,000 dólares
5% para ventas arriba de 300,000 dólares

El señor Brown está complacido con el éxito en ventas de su compañía, y siente que la gran fortaleza de UPI es su capacidad para vender "cualquier cosa a quien sea". Aun así, él percibe que el problema principal de UPI es encontrar buenos vendedores: "No hay buenos vendedores alrededor y esto es un problema porque los vendedores son el alma de nuestro negocio".

Equipo gerencial de UPI

Al momento de la reorganización de la compañía, se contrató a Hank Stevens como gerente general y asistente del presidente. En los últimos años, las áreas de responsabilidad del señor Stevens habían crecido al grado de que actualmente comprenden 80% de las actividades que hacía antes el señor Brown. Como resultado, George Brown a veces se encuentra a sí mismo con poco quehacer y trabaja tan solo cinco horas al día. Él describió tal situación de la siguiente manera:

> El poder discrecional de Hank ha crecido desde que llegó, en parte como resultado del grado de responsabilidad que le he dado y en parte debido a su iniciativa. Como están las cosas, él toma casi todas las decisiones operativas de la compañía, dejándome únicamente las decisiones directivas. Siendo realistas… no son tantas las decisiones directivas que se toman durante el día. Gran parte del tiempo, yo recorro la planta checando lo que hacen otras personas y, creo, actuando como impulsor moral.

Cuando le preguntaron sobre las competencias administrativas de Hank Stevens, Brown respondió:

Hank probablemente siente que trabaja a un ritmo muy acelerado, pero en realidad se mueve a lo que yo considero un ritmo demasiado lento. Sin embargo, considerando todo lo demás, Hank es el mejor individuo disponible. Creo que si pudiera encontrar un buen gerente de ventas, lo sumaría a la compañía y relevaría a Hank de esa área de responsabilidad.

Hank Stevens

Hank Stevens, de 32 años de edad, se unió a UPI en el momento de la reorganización en 1970, después de graduarse como licenciado en economía en una universidad local. Como gerente general, las responsabilidades del señor Stevens incluían la planeación, la administración de compras y ventas, así como involucrarse en otras decisiones que afectaban las políticas de UPI. El señor Stevens se consideraba afortunado, pues, dijo: "desde que llegué a UPI, he reportado al presidente y todos me reportan a mí".

Cuando le preguntaron cuáles son las metas de UPI, el señor Stevens respondió: "Como yo lo veo, tenemos metas en las tres áreas principales: rentabilidad, ventas y relaciones interpersonales". Al comentar sus metas personales, Hank explicó que él esperaba que la organización creciera y que, como resultado, él sería capaz de crecer simultáneamente. Ya que el señor Stevens trabaja de manera cercana al señor Brown, ha pensado en la filosofía de negocio de su jefe:

> Yo siento que la filosofía de negocio de George es única. Creo que la mejor manera de describirla es que, sobretodo, es un hombre de negocios. Además, tiene valores morales muy sólidos, por lo que nunca le haría trampa a nadie. En realidad, es probable que la compañía se viera mejor financieramente, si la manejara alguien que no operara con los mismos valores de George.

Cuando se le preguntó sobre la fuerza de ventas de UPI, Stevens contestó: "Cuando inicia un nuevo vendedor en la compañía, lo hace con salario completo. Después de un periodo de uno a dos años, cambiamos a una base de comisiones". Como siempre ha sucedido, UPI concentra sus esfuerzos de venta en los clientes grandes. El señor Stevens dijo que "en promedio la compañía procesa alrededor de 105 órdenes diarias, con un valor promedio diario de cerca de 132 dólares. Eso no quiere decir que no tomemos órdenes pequeñas, solo que no hacemos negocio con cuentas pequeñas. Tiene más sentido concentrarse en las cuentas grandes".

Jim Hanes

Jim Hanes, de 24 años de edad, ha estado en UPI por más de seis años y durante ese tiempo ha ascendido de asistente de la gerencia de servicio a su puesto actual como el número tres de la compañía. Gerente de compras y envíos, Jim es responsable de la oficina principal, el trabajo de reparación y el almacén. Él considera que su responsabilidad equivale aproximadamente a 60% de la del señor Stevens y a 40% de la del señor Brown: "Como tengo la responsabilidad de la entrada y salida de toda la mercancía, debo tratar tanto con George como con Hank y, por lo tanto, creo que reporto a los dos".

Al preguntarle hacia dónde llegaría desde su puesto actual, explicó:

> Creo que el siguiente paso consiste en convertirme en vendedor, con lo cual ampliaría mi experiencia y ascendería en la compañía. Sin embargo estoy un poco preocupado; no creo que a los vendedores se les dé un buen entrenamiento en ventas en nuestra compañía. En la actualidad, el sistema funciona asignando a un nuevo vendedor a otro experimentado por cerca de seis semanas, después de las cuales se le da su propio territorio. Quizá si nuestro gerente de ventas hubiera tenido más experiencia como vendedor, habría administrado la capacitación de forma diferente.

Al comentar su comprensión de la filosofía del señor Brown, Jim resumió su posición de la siguiente manera:

> George es una persona muy abierta. Creo que es demasiado honesto para ser un hombre de negocios. Realmente da a su gente responsabilidad. Te entrega el balón para que tú corras con él. No creo que se planee lo suficiente en UPI. Cuando mucho, parece que vemos hacia adelante un año y, aun cuando se desarrollan planes, estos son muy flexibles.

Estrategia corporativa de UPI

Cuando se preguntó al señor Brown sobre la estrategia actual de UPI, respondió:

> La compañía es actualmente un distribuidor de equipo de empaques industriales, envíos de refacciones y equipo de engrapado industrial. En el pasado, cuando queríamos crecer, teníamos que agregar nuevas líneas de mercancía o más vendedores, o ambos. Por ejemplo, el año pasado tuve la idea de crear lo que llamé el departamento de ventas por contrato. Es un concepto simple. Tomé a un hombre, lo puse en una oficina con teléfono y la lista de las 1,000 compañías *Fortune* y le dije que llamara y obtuviera nuevos negocios. Usted se sorprendería de lo fácil que fue levantar nuevas cuentas.

El señor Stevens ve a UPI en el negocio para la distribución y envío de artículos para empaque: "Con la finalidad de que UPI logre las metas establecidas, deberíamos vender más productos. Esto es, podemos crecer agregando nuevos vendedores y más líneas de producto, comprando de forma más eficaz y realizando una promoción de ventas más dinámica".

El señor Brown cree que UPI debería intentar maximizar las ganancias en cada artículo vendido. Para lograrlo, la compañía intenta establecer sus precios a un nivel de aproximadamente 10% por arriba de la competencia. Brown explicó su filosofía de precios:

> No entiendo por qué la gente tiene miedo de elevar los precios. Si aumentas el precio, lograrás más negocios y conseguirás más dinero. Eso permite mantener el volumen bajo y seguir ganando dinero. Además, aunque el cliente puede pagar más, obtiene más. El alto precio me permite brindar un servicio de primera a mis clientes.

Desde su punto de vista, UPI es una compañía innovadora: "Hasta muy recientemente siempre hemos innovado nuevos productos y nuevas aplicaciones. Ahora pienso que, de nueva cuenta, es el momento de que empecemos a ver nuevos y atractivos productos".

Brown estaba consciente de que el énfasis estratégico de UPI en el servicio, junto con su filosofía de negocio, había dado como resultado que la organización de UPI fuera más grande de lo que requería ser, dado el nivel de negocio. El señor Brown explicó la razón de tal condición: "Sé que la organización es mayor de lo que tendría que ser. Podríamos manejar tres veces el volumen actual del negocio con el personal y las instalaciones actuales. Creo que se debe a mi actitud conservadora: siempre he deseado que la organización esté adelante de lo que realmente se necesita. Me siento contento con el sistema de respaldo construido y estoy dispuesto a pagar por él".

En diciembre de 1974, Brown habló con optimismo sobre el futuro. Sentía que las ventas alcanzarían el rango de 6 a 7 millones de dólares para 1978: "Viéndolo de otra manera, deberíamos ser capaces de crecer de 20 a 25% anual sin ningún esfuerzo". Se aventuró a decir:

> Quiero crecer y, por consiguiente, estoy haciendo un esfuerzo considerable. Busco de manera constante posibles fusiones o posibilidades de expansión. No quiero expandirme geográficamente sino, más bien, controlar el mercado donde estamos ahora.
>
> Recientemente envié una carta a todos los competidores en Nueva Inglaterra ofreciéndoles comprarlos. Créanlo o no, nadie respondió.
>
> No veo problemas en el futuro. La historia ha sido buena; por lo tanto, ¿por qué no va a continuar siéndolo?
>
> Crecer es fácil. Todo lo que tengo que hacer es sacar una nueva línea y habré incrementado automáticamente las ventas y las utilidades. En esencia somos distribuidores, por lo que operamos como intermediarios entre los fabricantes y los usuarios. A la luz de lo que ha venido ocurriendo en el mercado, creo que el suministro y la

CUADRO 5 Minutas de la junta de ventas de UPI, 5 de diciembre de 1973

El señor Brown presidió la junta. Su exposición resaltó los extraordinarios tiempos que nuestro país y la compañía van a pasar con respecto a la economía general y la crisis energética, así como a los efectos extraordinarios que tales crisis inusuales tendrán en la gente y los negocios, incluyendo nuestra compañía y nuestras fuentes de suministro.

Agradeció a los presentes por las excelentes sugerencias razonadas y consideradas que habían expuesto sobre cómo la compañía manejaría mejor la crisis energética, sin incurrir en pérdidas excesivas en utilidades ni en ventas, manteniendo a la vez los estándares de servicio a los que están acostumbrados los miles de clientes satisfechos de UPI.

La situación total, de acuerdo con el señor Brown, se reduce a una cuestión de suministro y precios. El señor Brown reportó que en su reciente viaje a Oriente, encontró muy pocas compañías que quisieran vendernos su mercancía; más bien, QUERÍAN COMPRARNOS MUCHOS DE LOS ARTÍCULOS QUE COMPRAN NORMALMENTE A COMPAÑÍAS EXTRANJERAS; por ejemplo, grapas para cartón, cintas, guantes, etc… y ¡¡¡a precios inflados!!! El mercado de Tokio, Japón, es tan grande que están usando todo lo que pueden producir y las compañías acereras hacen láminas de acero, en vez de las barras que se usan para fabricar las grapas. Como resultado, existe un problema muy serio en el campo de las grapas para cartón, no solo en Japón sino también en Europa y América.

El señor Brown notificó que cada año los costos de operación de la compañía aumentan conforme se incrementa el costo de la vida. Personal adicional, mayores primas de seguro de grupo y automóviles, incrementos en los pagos de seguridad social, nuevo equipo de oficina, nuevos catálogos, "sistema de radiolocalización" para más vendedores; todos estos costos se acumulan y resultan en grandes gastos de dinero. Los fabricantes cubren sus costos de operación subiendo el precio de sus productos pero, a la fecha, UNITED PRODUCTS nunca ha puesto en el precio los costos resultantes por los gastos de operación. El año pasado, 3% que la compañía necesitaba se logró por muchos de ustedes. SIN EMBARGO, con la finalidad de que la compañía logre esa ganancia adicional, este 3% de aumento en el precio tenía que haberse efectuado para todos por igual… todos los clientes… ¡todos los artículos!

¡¡¡Lo que no sucedió!!!

El señor Brown notificó que se había reclamado a UNITED PRODUCTS cuando todas las fuentes de suministro comenzaron a incrementar sus precios. Por ejemplo, cuando los CLAVOS subieron 10%, los vendedores solo incrementaron el precio 7%. Nosotros *no obtuvimos 3% de incremento en el precio por arriba del aumento del precio de los fabricantes*, y lo necesitábamos entonces y lo necesitamos aun más HOY.

Eliminando la posibilidad de recortar comisiones, hay tres soluciones posibles al problema y a cómo obtener este muy necesario y ABSOLUTAMENTE IMPERATIVO 3% adicional DE AUMENTO EN EL PRECIO PARA TODOS POR IGUAL para cubrir los constantemente mayores costos de operación y hacer funcionar un negocio en crecimiento exitoso, cuyos altos estándares de servicio y desempeño son reconocidos por los clientes y proveedores; a saber:

a) Un aumento de 3% en todos los artículos para todos los clientes.
b) Un sobreprecio en todas las facturas o un decremento en descuentos de la LISTA.
c) Un cargo en todas las facturas por incremento de costos gubernamentales.

Hubo una gran discusión en cuanto a las tres posibilidades, que dio como resultado las siguientes conclusiones relativas al mejor método para obtener 3% DE AUMENTO EN PRECIOS PARA TODOS POR IGUAL:

a) Un nuevo LIBRO DE PRECIOS que contenga los nuevos precios para reflejar no solo los nuevos incrementos de precio de los fabricantes, sino además 3% de incremento de precios de UNITED PRODUCTS. Todos los vendedores acordaron que sería más fácil lograr 3% adicional, si ese 3% se incorporara en el libro de precios.
b) Este nuevo LIBRO DE PRECIOS será de tal forma, que los precios se estipularán de acuerdo con la cantidad de artículos comprados… sin permitir variaciones. SIN EXCEPCIÓN, el precio de cualquier artículo dependerá de la cantidad que compre el cliente.
c) Algunos artículos continuarán con descuento, pero con descuentos menores con la finalidad de verificar que UNITED PRODUCTS esté obteniendo 3% de incremento en el precio.
d) Hasta que se publiquen estos LIBROS DE PRECIOS, se instruyó a todos los vendedores que procedieran INMEDIATAMENTE a efectuar este incremento de 3%.

Concurso de las 10 cuentas nuevas

Siete de los 10 vendedores ganaron una calculadora como resultado de abrir 10 nuevas cuentas cada uno… un total de ¡¡¡70 NUEVAS CUENTAS para nuestra compañía!!! Sin embargo, tanto el señor Brown como el señor Stevens confesaron que la cantidad volumen en dólares estipulada en el concurso se había establecido ridículamente baja, como un "tanteo" para determinar el éxito y eficacia del concurso. Todos los vendedores expresaron su aprobación de todos los concursos que se les ofrecían, y acordaron que habían disfrutado oportunidades excelentes para aumentar su patrimonio individual.

Cartas de nuevos clientes

El señor Brown recordó, otra vez, a todos los presentes que tenemos una excelente carta impresa, que está disponible para mandarse a cada nuevo cliente, donde se les anima a sacar ventaja del servicio que ofrece la oficina de personal, indicando con claridad sus ventas y pedidos de "CLIENTE NUEVO". El procedimiento es otro paso hacia nuestra meta de ser cada vez más profesionales en nuestra cercanía con el cliente.

CUADRO 5 (*continuación*)

Nuevos catálogos

El señor Brown notificó que para el principio de cada año, esperamos que todos nuestros catálogos con sus nuevas divisiones estén listos para la entrega a las cuentas grandes. Dichos catálogos cuestan a la compañía más de cinco dólares y solo deberán entregarse en mano a aquellos clientes que puedan hacer y hagan un uso inteligente y eficaz de ellos.

Emisión excesiva de créditos

Como resultado de un estudio detallado realizado por el señor Brown, sobre la naturaleza y las razones del cada vez mayor número de créditos emitidos, instruyó a todos los vendedores a seguir este procedimiento cuando requieran la emisión de CRÉDITOS:

a) Expida el CRÉDITO en el momento correcto.
b) No venda un artículo donde no se necesita.
c) NUNCA PONGA "SIN COMENTARIOS" en la razón por la cual fue devuelta la mercancía. CADA CRÉDITO DEBE TENER UNA RAZÓN PARA OTORGARSE.

El cada vez mayor número de CRÉDITOS emitidos es extremadamente costoso para la compañía: **1.** la nueva mercancía se regresa en un plazo de 90 días después de haber sido facturada, y a veces, no siempre, es regresada por el cliente MEDIANTE RECOLECCIÓN; **2.** formas de CRÉDITO de nueve partes y trabajo extra, tanto para el departamento de procesamiento de órdenes como para el de cobranza y contabilidad, lo cual significa altos gastos para la compañía. De acuerdo con el señor Brown, una venta más selectiva, inteligente y considerada, además de mayor cuidado por parte del personal en el procesamiento de órdenes, eliminaría un gran porcentaje de tales CRÉDITOS.

demanda van a ser un problema. Por ello, estoy pensando seriamente integrarnos de manera vertical y convertirnos en fabricantes. Así se garantizará nuestro suministro.[2]

En realidad, no quiero hacer la fabricación. Pienso que sería mejor si compro el equipo de fabricación y, luego, tengo a alguien que lo use para elaborar mis productos.

El futuro

No obstante, después de revisar con su contador los resultados del recién terminado año fiscal, el señor Brown estaba preocupado por el futuro de UPI: "Sé que es necesario hacer cambios para el año siguiente como resultado de este año, pero no estoy seguro de cuáles cambios realizar". El señor Brown continuó:

> Pienso que el siguiente año va a ser realmente un mal año. Probablemente los precios caigan como una roca desde los niveles que alcanzaron durante 1974; como resultado, esos artículos que hubieran sido rentables para la compañía no van a serlo, y tenemos un inventario demasiado grande. No es fácil quitar clientes a la competencia. Por consiguiente, siento que debo hacer esfuerzos para obtener nuevas líneas y nuevas cuentas. Hace poco pensé despedir a una o dos personas por razones económicas, pero no estoy seguro. Probablemente daré aumentos a todos los empleados aun cuando no sea una buena decisión de negocios, pero es parte de mi filosofía.

Cuando se le interrogó acerca de si había informado a sus empleados su preocupación por el futuro, el señor Brown se refirió a las minutas de la junta de ventas que se habían realizado en noviembre de 1974:

> ...El señor Brown presidió esa junta y anunció que Al King había ganado el anhelado premio "Vendedor del Año". Era el "primero" para nuestro Al y bien merecido por sus excelentes resultados en ventas durante octubre. Felicitaciones y aplausos por parte de todos los presentes. El balance de la junta fue una discusión larga y detallada, dirigida por el señor Brown, sobre el panorama, de lo que el futuro pronosticaba en las ventas, como resultado de las condiciones competitivas, complejas, inflacionarias y recesivas prevalecientes en la economía.
>
> La esencia de la discusión puede resumirse mejor como sigue:
>
> 1. Cada persona presente debe reconocer las enormes dificultades que vienen en estos precarios tiempos económicos.
> 2. Los únicos pasos disponibles para la gente de ventas y para que la compañía sobreviva durante el periodo que viene son:
>   *a*) Minimizar contactos con las cuentas existentes.
>   *b*) Invertir la mayor parte del tiempo desarrollando nuevas cuentas en menos productos competitivos, y vender productos nuevos para las cuentas establecidas.
> 3. Concentrar y promover artículos nuevos.
> 4. El señor Brown y la administración interna están haciendo y continuarán haciendo cualquier esfuerzo para encontrar nuevos productos y nuevas líneas para el siguiente año.

En preparación para la junta con Hank Stevens, el señor Brown había preparado una lista de actividades a las que Hank debía dedicarse, mientras George tomaba sus próximas vacaciones. El señor Brown creía que a partir de su retorno de Europa, sus actividades en UPI aumentarían como resultado de los problemas causados por las condiciones económicas inciertas. El primer asunto de la lista era la posible redefinición

[2]Véase el cuadro 5, que contiene minutas de una junta de ventas realizada a fines de 1973.

de la estrategia de marketing de UPI. Brown ahora pensaba que UPI tendría que ser mucho más liberal con respecto a nuevos productos considerados para venta: "No estoy diciendo que vayamos a incursionar en el negocio de consumo de bienes, pero creo que necesitamos considerar manejar productos de consumo que no requieran servicio y que conlleven un factor de alto margen de utilidades para la compañía".

Cuando se sentó en su escritorio pensando en los posibles cambios que podría aplicar al proceso de planeación en UPI, el señor Brown estaba convencido de que si no había planeado en el pasado, la situación sería más drástica de lo que ya era. Al mismo tiempo, no estaba seguro de que un proceso de planeación más estructurado y formal pondría a UPI en una mejor posición para enfrentar los tiempos difíciles por venir.

CASO 2

Los gemelos paradójicos: Acme y Omega Electronics

John F. Veiga*

Parte I

En 1955 una fábrica de Cleveland compró Technological Products de Erie, Pensilvania. La compañía de Cleveland no tenía ningún interés en la división de electrónicos de Technological Products y vendió a diferentes inversores dos plantas que fabricaban tableros de circuitos impresos. A una de las plantas, localizada cerca de Waterford, Pensilvania, se le dio el nombre de Acme Electronics, y a la otra planta, dentro de los límites de la ciudad de Erie, se le renombró Omega Electronics, Inc. Acme retuvo su administración original y ascendió al gerente general a presidente. Omega contrató a un nuevo presidente, que había sido director de un gran laboratorio de investigación en electrónica, en tanto que ascendió a varios integrantes del personal existente en la planta.

Con frecuencia, Acme y Omega competían por los mismos contratos. Como subcontratistas, ambas compañías se beneficiaron del boom de la electrónica a inicios de la década de 1960, y buscaron el crecimiento y expansión a futuro. Acme tuvo ventas anuales por 10 millones de dólares y contrató a 550 personas. Omega tuvo ventas anuales por 8 millones de dólares y contrató a 480 personas. Acme fue consistentemente más eficaz que Omega y consiguió, por lo regular, mayores beneficios netos, a costa del disgusto de la administración de Omega.

Dentro de Acme

El presidente de Acme, John Tyler, acredita la gran eficacia de su compañía a las capacidades de sus gerentes para guiar un "barco difícil". Explicó que mantuvo la estructura básica desarrollada por Technological Products porque era más eficiente para la fabricación de grandes volúmenes de circuitos impresos y su posterior ensamble. Tyler confiaba en que su producto tenía demanda, y aunque no había sido tan buena, su competidor no habría sobrevivido. "De hecho —señaló— hemos sido capaces de vencer a Omega, con contratos más redituables, aumentando de esta forma nuestros beneficios". La estructura básica de la organización de Acme se muestra en la figura 1. Por lo general, las personas estaban satisfechas con su puesto de trabajo en Acme; sin embargo, algunos de los gerentes expusieron su deseo de tener un poco más de libertad en sus puestos. Un gerente describió al presidente como "hombre-orquesta", afirmando lo siguiente: "A pesar de que respeto la capacidad de John, hay ocasiones en las cuales desearía tener un poco más de información sobre lo que está ocurriendo".

Dentro de Omega

El presidente de Omega, Jim Rawls, no creía en organigramas. Sentía que su organización tenía departamentos similares a los de Acme, pero pensaba que, como la planta era lo suficientemente pequeña, cuestiones como los organigramas solo serían barreras artificiales entre especialistas que deberían trabajar juntos. No se permitían, memorandos por escrito, y Jim lo expresaba así: "La planta es lo suficientemente pequeña como para que, si la gente se quiere comunicar, puedan simplemente llegar y hablar las cosas". Otros miembros de Omega se quejaban de que se desperdiciaba mucho tiempo "poniendo al día" a gente que no contribuía en la solución del problema. Como lo expresó el jefe del departamento de ingeniería mecánica: "Jim invierte demasiado de su tiempo, y del mío, asegurándose de que toda la gente entienda qué estamos haciendo, y escuchando sugerencias". Un miembro más reciente del departamento de ingeniería industrial señaló: "Cuando llegué aquí, no estaba seguro de qué era lo que se suponía que debería de hacer. Un día trabajaba con algunos ingenieros mecánicos, y al siguiente día ayudaba al departamento de envíos a diseñar algún embalaje de cartón. Los primeros meses de trabajo resultaron frenéticos, pero al menos obtuve una sensación real de lo que hace a Omega moverse". La mayoría de las decisiones relevantes en Omega las tomaba el equipo de gerentes.

Parte II

En 1966 los circuitos integrados empezaron a impactar significativamente en la demanda de tableros de circuitos impresos. Los circuitos integrados (CI), o "chips", fueron el primer

El doctor John F. Veiga desarrolló este caso con base en la información que recopiló de ambas compañías. Los nombres de personas y lugares reales fueron modificados.

FIGURA 1 Organigrama de Acme Electronics

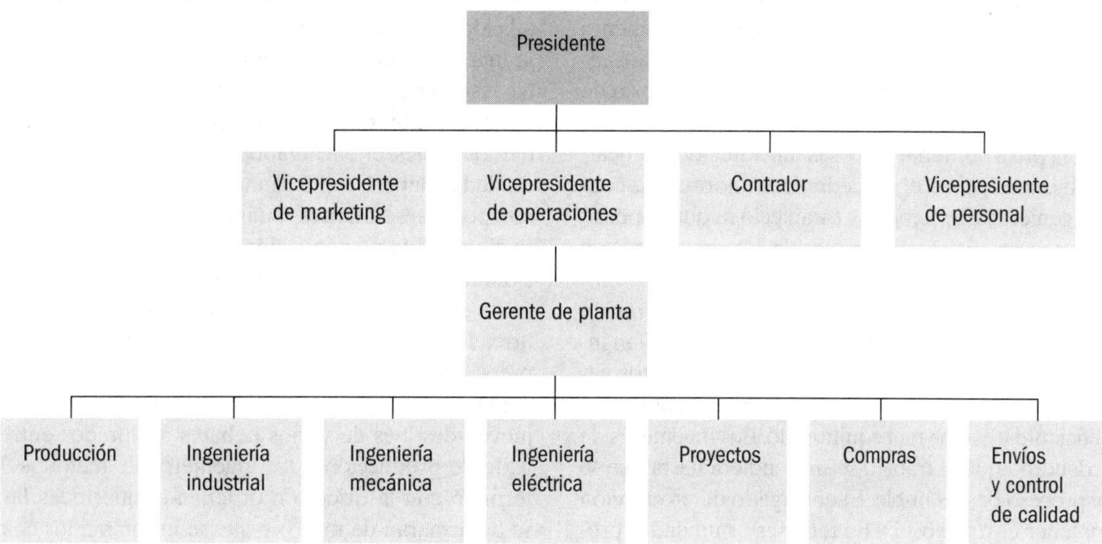

paso en la microminiaturización de la industria electrónica. Debido a que el proceso de fabricación de los CI era celosamente resguardado en secreto, Acme y Omega se dieron cuenta de la amenaza potencial para su futuro y ambos empezaron a buscar activamente a nuevos clientes. En julio de 1966, uno de los principales fabricantes de fotocopiadoras estaba buscando a un subcontratista que ensamblara la unidad de memoria para su nueva copiadora experimental. El contrato proyectado por el trabajo se estimó entre 5 y 7 millones de dólares en ventas anuales. Acme y Omega estaban geográficamente cercanos a este fabricante y ambos hicieron ofertas competitivas para la producción de 100 prototipos. La oferta de Acme fue ligeramente menor que la de Omega; sin embargo, a ambas compañías se les pidió que produjeran 100 unidades. La compañía de fotocopiadoras les indicó a ambas empresas que la rapidez era crítica, porque su presidente había apresurado a otros fabricantes para que tuvieran terminada y disponible la copiadora para Navidad. Este alarde, a pesar de la consternación de los diseñadores, puso presión a todos los subcontratistas para empezar la producción del prototipo antes de terminar el diseño final de la fotocopiadora. Esto significaba que Acme y Omega tendrían, como máximo, dos semanas para obtener los prototipos o retrasarían la producción final de la fotocopiadora.

Parte III

Dentro de Acme

Tan pronto como John Tyler recibió los anteproyectos (lunes 11 de julio de 1966), envió un memorando al departamento de compras, donde solicitaba que avanzaran con la compra de todos los materiales necesarios. Al mismo tiempo, mandó los planos al departamento de proyectos y les encargó que prepararan los planos de producción. Al departamento de ingeniería industrial se le indicó que iniciara los trabajos de diseño de métodos que utilizaría el departamento de producción. Tyler también mandó un memorando a todos los jefes de departamento y ejecutivos, exponiendo las críticas restricciones de tiempo para el trabajo, y les indicaba que esperaba que todos se desempeñaran tan eficientemente como lo habían hecho en el pasado. El miércoles 13 de julio, compras descubrió que un componente específico utilizado en la unidad de memoria no podría adquirirse ni enviarse en dos semanas, pues el fabricante había cerrado por vacaciones de verano. El jefe de compras no estaba completamente consternado por este obstáculo, ya que sabía que Omega enfrentaría el mismo problema. Le avisó a Tyler del problema quien, en consecuencia, decidió que Acme construiría la unidad de memoria exceptuando ese componente, que le incluiría en dos semanas. Se le indicó a ingeniería industrial que considerara dicha limitación en sus métodos de ensamble. El viernes 15 de julio, ingeniería industrial notificó a Tyler que la falta del componente aumentaría sustancialmente el tiempo de ensamble, de no estar disponible desde el inicio. Tyler, ansioso por iniciar reconoció que cargaría con ese problema y dio la señal para continuar con los planes de ensamble. Ingeniería mecánica recibió los planos de construcción el martes 12 de julio y evaluó sus competencias para fabricar el chasis necesario para la unidad de memoria. Ya que el procedimiento para obtener los prototipos consistía en hacer estimados del trabajo en planchas de metal de proveedores externos, antes de autorizarlo a personal interno, el jefe de ingeniería mecánica envió un memorando al jefe de proyectos, solicitando que se elaboraran los planos del chasis y que estos se renviaran a compras, departamento que obtendría las ofertas de los proveedores. El viernes 15 de julio, el señor Tyler llamó al jefe de ingeniería mecánica y le pidió un reporte del avance en el chasis. Se le informó que ingeniería mecánica estaba a la espera de los presupuestos de los proveedores antes de continuar.

El señor Tyler se impresionó con la falta de progreso y exigió a ingeniería mecánica que empezara a construir aquellos "malditos chasis". El lunes 18 de julio, Tyler recibió información del departamento de envíos de que la mayoría de los componentes habían llegado. Los primeros chasis se mandaron a la cabeza de la producción, donde empezaron inmediatamente a preparar un área de ensamble. El martes 19 de julio, dos ingenieros de métodos de ingeniería industrial fueron al piso de producción para establecer los métodos que se utilizarían en el ensamble. En la prisa por tener las cosas funcionando, el encargado de producción ignoró el procedimiento normal de contactar a los ingenieros de métodos y estableció lo que él pensó que sería un proceso eficiente de ensamble. Los ingenieros de métodos estaban decepcionados de ver que el ensamble empezó antes de que ellos tuvieran oportunidad de elaborar un diseño adecuado. Le comunicaron al encargado que habían invertido todo el fin de semana analizando los movimientos necesarios y que veían que el proceso propuesto por producción era muy ineficiente y estaba mal equilibrado. Los ingenieros de métodos ordenaron que el trabajo se suspendiera hasta que se arreglara el proceso de ensamble. El encargado de producción se negó a detener el trabajo: "Debo tener estas unidades producidas para el viernes y estoy atrasado en la programación".

Los ingenieros de métodos reportaron al jefe de ingeniería industrial, quien inmediatamente se quejó con el gerente de planta. Este, a la vez, se puso del lado del encargado de producción y exclamó: "¡John Tyler quiere estas unidades para el viernes! No me molesten con detalles de métodos ahora. Una vez que tengamos los prototipos y vayamos a la producción completa, tus muchachos podrán hacer sus cosas". En cuanto el jefe de ingeniería industrial colgó el teléfono con el gerente de planta, volteó con sus subalternos y les indicó: "Si mi jefe no cree que nuestro producto sea necesario, ¡al diablo con él! Ustedes deben tener otros trabajos por los cuales preocuparse, olvídense de este". Cuando los dos ingenieros de métodos salieron de la oficina del jefe de ingeniería industrial, uno comentó a otro: "Solo espera a que intenten instalar los componentes que faltan. Sin nuestros métodos deberán desarmar las unidades casi por completo".

El jueves 21 de julio, las unidades finales se estaban ensamblando, a pesar de que el proceso se retrasó varias veces debido a la espera de producción por los chasis completos por parte de ingeniería mecánica. El viernes 22 de julio, se terminaron las últimas unidades mientras John Tyler deambulaba por la planta. Más tarde, Tyler recibió una llamada del jefe de diseño del fabricante de fotocopiadoras, el cual le comentó que había recibido una llamada el miércoles de Jim Rawls de Omega. Le explicó que la gente de Rawls había encontrado un error en el diseño del cable conector y que lo habían corregido en sus prototipos. Le informó a Tyler que había revisado el diseño y que Omega tenía razón del error. Tyler, un poco abrumado por tal información, le dijo al diseñador que tenía todas las unidades de memoria listas para su embarque y tan pronto como recibieran el componente faltante, el lunes o el martes, estarían en condiciones de entregar las unidades finales. El diseñador le explicó que el error en el diseño se rectificaría en un nuevo plano que enviaría con un mensajero y que daba a Acme una fecha de entrega: el martes.

Cuando el plano llegó, Tyler llamó al encargado de producción para evaluar los daños. Las alteraciones en el diseño requerirían el desarmado completo y quitar las soldaduras de varias conexiones. Tyler indicó al encargado que pusiera gente adicional para las modificaciones a primera hora el lunes por la mañana, y que intentara finalizar el trabajo para el martes. Se terminaron las modificaciones entrada la tarde del martes y se recibieron los componentes faltantes. En la mañana del miércoles, el encargado de producción descubrió que las unidades deberían desarmarse una vez más para instalar los componentes faltantes. Cuando se informó a Tyler de esto, él se alarmó. Llamó a ingeniería industrial y preguntó si podrían ayudar. El jefe de ingeniería industrial avisó a Tyler que su gente estudiaría la situación y se comunicaría con él a primera hora de la mañana. Tyler decidió esperar el estudio porque le preocupaba que desarmar otra vez las unidades debilitara los contactos soldados y aumentara la posibilidad de rechazo. El jueves, después de varios debates acalorados entre el encargado de producción y los ingenieros de métodos, John Tyler terminó con la discusión ordenando que todas las unidades se desarmaran de nuevo y que se instalaran los componentes faltantes. Le ordenó a envíos que preparara los empaques para mandar los prototipos el viernes por la tarde. El viernes 29 de julio, se enviaron 50 prototipos de Acme sin haber realizado una inspección final. A John Tyler le preocupaba la reputación de su empresa, así que no exigió la inspección final, después de que personalmente probó una unidad y la encontró funcional. El martes 2 de agosto, Acme envió las últimas 50 unidades.

Dentro de Omega

El viernes 8 de julio, Jim Rawls llamó a junta a los jefes de departamento para comentarles sobre el contrato potencial que podrían conseguir. Les dijo que el trabajo iniciaría tan pronto como recibieran los anteproyectos. El lunes 11 de julio, estos llegaron y, de nuevo, se reunieron los jefes de departamento para analizar el proyecto. Al final de la reunión, proyectos acordó preparar los planos de producción, mientras que ingeniería y producción iniciarían con el diseño de métodos. El miércoles 13 de julio, en una sesión de reporte de progreso, compras señaló que un componente en particular no estaría disponible por dos semanas, hasta que el proveedor reabriera después de la suspensión por vacaciones de verano. El jefe de ingeniería eléctrica sugirió usar un posible sustituto para el componente, que se fabricaba en Japón y que reunía todas las características necesarias. El jefe de ingeniería industrial prometió poner a estudiar a los ingenieros de métodos las formas de ensamble, con la finalidad de saber si la unidad pudiera elaborarse de tal manera que el componente faltante se instalara al final.

El jefe de ingeniería mecánica expuso su preocupación de que el chasis fuera un obstáculo, si esperaban a los presupuestos del proveedor, y advirtió al grupo que su gente iniciaría la producción aun cuando costara más. El viernes 15 de julio, en una sesión de reporte del progreso, ingeniería industrial informó que la falta del componente incrementaría considerablemente el tiempo de ensamble. El jefe de ingeniería eléctrica ofreció poner a examinar a uno de sus ingenieros las especificaciones del componente faltante y señaló que confiaba en que el componente japonés funcionaría. Al final de la reunión, se le comunicó a compras que ordenara los componentes nipones.

El lunes 18 de julio, un ingeniero de métodos y el encargado de producción elaboraron los planos de ensamble, y la producción se planeó iniciar el martes por la mañana. El lunes por la tarde, personal de ingeniería mecánica, ingeniería eléctrica, producción e ingeniería industrial se reunieron para producir un prototipo, tan solo para asegurarse de que no hubiera imprevistos en la producción. Mientras construían la unidad, descubrieron un error en el diseño del cable conector. Todos los ingenieros estuvieron de acuerdo, después de revisar y volver a revisar los planos, que el cable estaba mal diseñado. La gente de ingeniería mecánica e ingeniería eléctrica estuvo la noche del lunes rediseñando el cable. En la mañana del martes, el departamento de proyectos finalizó los cambios en los planos de producción. En la mañana del martes, Jim Rawls estaba un poco preocupado sobre los cambios en el diseño y decidió conseguir una aprobación formal. Rawls recibió noticias el miércoles de parte del jefe de diseño de la empresa de fotocopiadoras, de que podía proceder con los cambios en el diseño comentados por teléfono. El viernes 22 de julio las unidades finales fueron inspeccionadas por control de calidad y, posteriormente se enviaron.

Parte IV: Retrospectiva

Diez unidades de memoria finales de Acme estuvieron muy defectuosas, mientras que todas las unidades de Omega pasaron las pruebas de la empresa de fotocopiadoras. La empresa de fotocopiadoras se decepcionó con el retraso en el envío de Acme y los demás retrasos para reparar los defectos en sus unidades. Sin embargo, en vez de dar el contrato completo a una empresa, el contrato final quedó dividido entre Acme y Omega, con la adición de dos directrices: **1.** Mantener cero defectos y **2.** reducir el costo final. En 1967, gracias a grandes esfuerzos de recortes en los costos, Acme disminuyó 20% el costo por unidad y, finalmente, resultó beneficiada con el contrato total.

CASO 3

Cómo fue que el modelo y las estrategias de negocio de SAP la convirtieron en el líder global en el negocio del software

Gareth R. Jones, Texas A&M University*

En 1972 después de haber abandonado el proyecto donde trabajaban para una subsidiaria alemana de IBM, cinco analistas de cómputo alemanes de IBM dejaron la compañía y fundaron Systems Applications and Products in Data Processing, actualmente conocida como SAP. Estos analistas habían estado involucrados en el diseño provisional de un programa de software que permitiría que la información sobre transacciones financieras interfuncionales e interdivisionales en la cadena de valor de la compañía se procesara y coordinara centralmente, lo cual daría como resultado enormes ahorros en tiempo y dinero. Observaron que otras compañías de software también estaban desarrollando software para integrar las actividades de la cadena de valor y las subunidades. Usando dinero y equipo prestado, los cinco analistas trabajaron día y noche para crear una plataforma de software de contabilidad que integrara todas las partes de una corporación. En 1973 SAP presentó un programa de procesamiento de transacciones contables llamado R/1, uno de los primeros ejemplos de lo que ahora se conoce como sistema de planeación del recurso empresarial (ERP).

Copyright © 2011 por Gareth R. Jones. Este caso fue preparado por Gareth R. Jones para analizar en clase el manejo eficaz o ineficaz de una situación administrativa. Se reproduce con autorización de Gareth R. Jones. Todos los derechos reservados. Para los más recientes resultados financieros de la compañía presentada en este caso, véase http://finance.yahoo.com, introduciendo el símbolo accionario de la compañía (SAP) y descargando el último reporte de su página.

En la actualidad, ERP es un término de la industria para software de aplicaciones multimodales que le permite a una compañía gestionar el conjunto de actividades y transacciones necesarias para administrar los procesos de negocios y mover el producto desde la etapa de insumo, por toda la cadena de valor, hasta el consumidor final. Como tal, los sistemas ERP pueden reconocer, monitorear, medir y evaluar todas las transacciones incluidas en los procesos de negocio, como planeación del producto, compra de insumos a proveedores, proceso de producción, inventario y procesamiento de órdenes y servicio al cliente. En esencia, un sistema ERP totalmente desarrollado proporciona a una compañía una plataforma de tecnología de información (TI) estandarizada, que brinda a los ejecutivos información completa sobre todos los aspectos de sus procesos de negocio y estructura de costos en todas las funciones y divisiones. Esto permite a ejecutivos de todos los niveles **1.** buscar continuamente formas de llevar a cabo dichos procesos de manera más eficiente y a menor costo, y **2.** mejorar y dar servicio a sus productos y elevar su valor para los consumidores. Por ejemplo, los sistemas ERP proporcionan información que permiten el rediseño de los productos para un mejor ajuste a las necesidades del cliente y que dé cómo resultado una respuesta superior a los clientes.

Para dar un ejemplo, Nestlé instaló el último software ERP de SAP en todas sus más de 150 divisiones de alimentos en Estados Unidos durante la década de 2000. Utilizando su nueva plataforma TI, los directores corporativos descubrieron que cada división estaba pagando un precio diferente por el mismo saborizante, la vainilla. El mismo pequeño conjunto de proveedores de vainilla cargaba a cada división individual lo máximo que podían, por lo que las diferentes divisiones pagaban precios que variaban considerablemente dependiendo de su poder de negociación con el proveedor. Antes de que se instalara el sistema SAP, los directores corporativos no tenían idea de lo que estaba sucediendo, porque su antiguo sistema de TI no podía comparar ni medir la misma transacción, la compra de vainilla, entre todas las divisiones. La plataforma de software estandarizado de SAP para toda la compañía reveló este problema, en tanto que se lograron ahorros de cientos de miles de dólares al resolver esta única dificultad de transacción. Es el motivo por el cual los sistemas ERP ahorran a las grandes compañías cientos y miles de millones de dólares y explica por qué el ERP de SAP se ha vuelto tan popular.

Enfocarse en grandes multinacionales

Desde luego, SAP enfocó su software R/1 en las compañías multinacionales más grandes con ingresos de, al menos, 2.5 miles de millones de dólares, ya que podrían obtener los mayores ahorros. Aunque relativamente pocas en número, tales compañías, en su mayoría grandes fabricantes globales, permanecieron para obtener el máximo beneficio del ERP y estaban dispuestas a pagar a SAP un precio más alto por su producto. Su interés en este nicho de compañías ayudó a SAP a desarrollar una base global de compañías líderes. Su meta, como ha sido desde el principio, era crear el estándar de la industria para el ERP, ofreciendo la mejor infraestructura de aplicaciones de software de negocios. Y tuvieron éxito, en 2011 siguió siendo la base más grande de las compañías más reconocidas en el ámbito mundial.

ERP y consultoría

En sus primeros años, SAP no solo desarrolló el software ERP, sino que también utilizó a sus propios consultores internos para instalarlo físicamente en los centros corporativos de TI de sus clientes, realizando las operaciones, etc. Determinada a aumentar rápidamente la base de clientes, SAP cambió sus estrategias en la década de 1980. Decidió enfocarse principalmente en el desarrollo de su software ERP y en subcontratar a consultores externos, para los cada vez más complejos servicios de consultoría en la implementación del sistema, necesarios para instalar y dar servicio en las oficinas de una compañía particular. Formó una serie de alianzas estratégicas con las principales compañías de consultoría en el mundo como IBM, Accenture y Cap Gemini para instalar su sistema R/1 en su cada vez mayor base de clientes globales.

La instalación del ERP es un proceso largo y complicado. Una compañía no puede simplemente adaptar sus sistemas de información para ajustarse al software de SAP; necesita consultores externos para actualizar la forma como realiza sus actividades de la cadena de valor para que sus procesos de negocio, así como el sistema TI que mide y evalúa esos procesos, sean compatibles con el software de SAP. El mérito de SAP se basó en el hecho de que mediante el modelamiento de sus procesos de negocio en su plataforma ERP, la cual contiene las soluciones necesarias para lograr las mejores prácticas de la industria en todas sus operaciones, una gran compañía podría esperar un aumento sustancial, con frecuencia de 10%, o más, en rendimiento. Sin embargo, cuanto más ejecutivos de una compañía particular deseen personalizar la plataforma SAP para ajustarla a sus propios procesos internos de negocios, más caro y difícil resultará el proceso de implementación, y más complicado será para las compañías obtener ganancias potenciales a partir de los ahorros en costos y del valor agregado al producto mediante el software SAP.

La estrategia de consultoría por subcontratación de SAP le permitió penetrar con rapidez los mercados globales y eliminó la enorme inversión requerida para emplear a miles de consultores necesarios para brindar este servicio en una base global. Por otro lado, para las compañías consultoras, la instalación del popular software de SAP se convirtió en una máquina de hacer dinero y ganaron miles de millones de dólares por haber aprendido la instalación de su sistema ERP. En consecuencia, SAP no disfrutó los enormes raudales de ganancias asociados con proporcionar los servicios de consultoría del software, tales como el diseño, la instalación, la adaptación y el mantenimiento de una plataforma ERP. Obtuvo tan solo una modesta cantidad de ingresos capacitando a consultores externos en los laberintos de cómo instalar, adaptar y mantener los sistemas ERP de su base de clientes. Fue un error importante ya que las ganancias de la consultoría, con el tiempo, son mayores que aquellas que logren obtenerse con la venta de aplicaciones complejas del software. Enfocándose en el desarrollo del software ERP, SAP no solo perdió el derecho a los altos ingresos de la consultoría, sino que se volvió dependiente de las compañías consultoras que ahora son expertas en la arena de la instalación/adaptación, como Accenture e IBM.

El escenario global cambiante

Esta decisión provocó desafortunadas consecuencias a largo plazo, porque SAP comenzó a perder conocimiento de primera mano sobre los problemas que surgían en sus clientes, y sobre la comprensión de las necesidades cambiantes de los mismos. Algo especialmente importante, como la creciente competencia mundial, la subcontratación y el cada vez mayor uso de Internet para facilitar el comercio entre compañías, se convirtió en los factores competitivos principales que cambiaron la industria del ERP y el mercado de aplicaciones de software. Para una compañía, cuya meta era proporcionar una plataforma estandarizada para todas las funciones y divisiones, esta estrategia de consultoría por subcontratación parecía ser el error principal para muchos analistas. SAP fracasó en trabajar rápidamente para expandir sus propias operaciones de consultoría y correr en paralelo con las de los consultores externos, en vez de proporcionar un servicio de capacitación a estos consultores para mantenerlos informados sobre los cambios constantes del ERP. Así se abrió la puerta para que IBM y Accenture dominaran la industria de consultoría en software, lo cual continúan haciendo en la actualidad.

En cierto grado, su decisión de centrarse en el desarrollo de software y subcontratar más de 80% de la instalación fue consecuencia de la mentalidad "ingenieril" de sus fundadores alemanes. Fundada por ingenieros en cómputo, la cultura de SAP se construyó sobre valores y normas que enfatizaban la innovación tecnológica y el desarrollo de algoritmos ultramodernos del software ERP. Los directivos de SAP destinaron la mayoría de sus ganancias en investigación y desarrollo para fundar nuevos proyectos que aumentarían las competencias de la plataforma del ERP; deseaban invertir poco dinero en el desarrollo de sus servicios de consultoría. En esencia, SAP se convirtió en una compañía *enfocada en el producto*, no enfocada en el cliente, ya que creían que investigación y desarrollo produciría los avances técnicos que les permitirían cobrar a sus clientes un precio mayor por su plataforma ERP. Para 1990 SAP había invertido más de 30% de las ventas en investigación y desarrollo.

Ventas globales y problemas de marketing

Que los altos ejecutivos de SAP se enfocaran en desarrollar su competencia técnica tuvo otra desafortunada consecuencia, pues subestimaron los enormes problemas que conllevaban el desarrollo y la implementación de su competencia en marketing y ventas globales, con la finalidad de aumentar su gran base de clientes y atraer a nuevos tipos de clientes, sobre todo las compañías pequeñas. La necesidad de construir una estructura global y un sistema de control eficientes para manejar sus propias operaciones fue ignorada porque los directivos creían que la plataforma ERP ¡se vendería por sí sola! Desde luego, que SAP se centrara en investigación y desarrollo y en su negativa a profundizar en otras funciones trajo como resultado que ventas, marketing y sus consultores y expertos en capacitación internos se sintieran como ciudadanos de segunda, a pesar del hecho de que fueron llevados al nuevo negocio y eran responsables por mantener buenas relaciones con la creciente base de clientes de SAP.

El problema clásico de administrar un negocio en crecimiento desde la fase de emprendedores a la de administración profesional estaba surgiendo en SAP. El resultado fue la caída de sus ingresos y utilidades. Los altos directivos de SAP no eran emprendedores experimentados que entendieran los problemas de implementar una estrategia de rápido crecimiento de la compañía sobre una base global; la necesidad de desarrollar una infraestructura corporativa sólida se estaba dejando de lado, algo que le ha costado miles de millones de dólares en pérdida de rendimientos durante décadas.

La segunda generación de la plataforma ERP R/2

En 1981 SAP introdujo su segunda generación del software ERP, el R/2. No solo contenía mucho más módulos de software del proceso de negocio/cadena de valor, sino que además vinculaba de modo perfecto su software ERP con antiguas bases de datos y con sistemas de comunicación utilizados en las computadoras de una compañía. Esto permitió una mayor conectividad y facilitó el uso del ERP a lo largo de toda la compañía, en todos los niveles y entre todas las subunidades. La plataforma R/1 había sido durante mucho tiempo un módulo de software de contabilidad/financiero interorganizacional; los nuevos módulos de software podrían manejar el aprovisionamiento, el desarrollo de producto y el inventario y seguimiento de órdenes. Por supuesto, estos componentes adicionales tenían que ser compatibles para que se integraran sin dificultad, tanto con las operaciones del cliente como con el sistema existente de TI.

SAP no desarrolló su propio paquete de software de base de datos; su sistema fue diseñado para ser compatible con el software de administración de bases de datos de Oracle, el líder global en este segmento de la industria de las aplicaciones de software. Una vez más, esto tendría repercusiones, pues Oracle empezó a desarrollar su propia plataforma de ERP durante la década de 2000, moviéndose del software de bases de datos al ERP y a otras clases de aplicaciones digitales de negocios. Como parte de su esfuerzo para hacer de su software R/2 el estándar global de la industria para las siguientes décadas, SAP desarrolló su nuevo software "intermedio" que, básicamente, permitía que el software y el hardware producidos por diferentes compañías de cómputo funcionara sin problemas junto con cualquier sistema TI de una compañía particular. Esta es otra industria donde también compite Oracle.

Reconociendo que la forma en que se realizan las actividades de cadena de valor y los procesos de negocio difieren *de una industria a otra* por las diferencias en fabricación y otros procesos de negocios, SAP invirtió gran cantidad de tiempo y dinero personalizando su plataforma ERP básica para ajustarse a las necesidades de las compañías en diferentes tipos de industria. Con el tiempo, las compañías del ERP reconocieron que su ventaja competitiva a largo plazo dependía de que fueran capaces de brindar soluciones de software ERP personalizadas por industria, para que se ejecutaran con mayor eficacia. Su empuje para convertirse en el líder de ERP en toda la industria, a través de todas las grandes compañías globales y todos los procesos de negocio de cadena de valor, requirió una enorme inversión en investigación y desarrollo.

SAP se convierte en líder global

En 1988 SAP anunció la oferta de acciones en la bolsa de valores de Frankfurt para aumentar el efectivo necesario y financiar sus crecientes operaciones globales. Para 1990 se convirtió en el líder del software de aplicaciones de negocios y su capitalización en el mercado se disparó. Ahora SAP domina las ventas del software ERP en las industrias de alta tecnología y electrónicos, ingeniería y construcción, productos de consumo, químicos y minoristas. Su producto se reconoce como superior a los demás software ERP desarrollados por compañías como PeopleSoft, S.D. Edwards y Oracle. La razón principal por la que SAP aumentó su ventaja competitiva fue que era la única compañía que ofrecía al cliente potencial una solución de última tecnología, amplia y estandarizada, que cubría una gran variedad de actividades de cadena de valor extendidas en todo el mundo. En contraste, sus competidores, como PeopleSoft, ofrecieron soluciones más enfocadas a un proceso de negocios, como la administración de recursos humanos.

SAP introduce la solución R/3

La continua inversión masiva de SAP para el desarrollo de nuevo software ERP resultó en la introducción de su R/3, o tercera generación de la solución ERP en 1992. Básicamente, la plataforma R/3 amplió sus soluciones previas; ofreció una integración en tiempo real de más de 80% de los procesos de negocios de una compañía. También integró en la plataforma cientos y después miles de soluciones a las mejores prácticas de la industria o plantillas que los clientes pudieran usar para mejorar sus operaciones y procesos. El sistema R/3 estaba compuesto inicialmente por siete módulos correspondientes a los procesos de negocio más comunes: planeación de la producción, administración de materiales, contabilidad financiera, administración de activos, administración de recursos humanos, sistemas de proyecto y ventas y distribución. El R/3 fue diseñado para cubrir las diversas demandas de sus anteriores clientes globales. Podía operar en diferentes idiomas, convertir tasas de cambio, etc., en tiempo real.

Para la década de 1990, sin embargo, como ya se encontraba dominando el mercado ERP para grandes compañías, SAP pensó que para que sus ventas se expandieran rápidamente necesitaba también dirigirse a las necesidades de los negocios pequeños y medianos (SMB). Reconociendo el enorme rendimiento potencial que podría obtener de los clientes SMB, los ingenieros de SAP diseñaron la plataforma R/3 de tal forma que también pudiera configurarse para pequeños clientes, así como para adaptarse a las necesidades de una amplia gama de industrias en las que competían. Además, SAP diseñó el R/3 para que fuera "arquitectónicamente abierto", lo cual significa que, usando su software intermedio, el R/3 podría operar con cualquier tipo de hardware o software (sistema heredado) que estuviera usando un SMB.

Finalmente, en respuesta a las inquietudes del cliente, de que el sistema estandarizado del SAP significara grandes problemas de implementación al cambiar sus procesos de negocios para ajustarse a la solución estandarizada del SAP, se introdujeron algunas oportunidades de adaptación limitadas. Utilizando el software especializado de otras compañías, SAP declaró que hasta 20% del R/3 podía adaptarse para trabajar con los métodos operativos existentes en la compañía, con lo que se reducían los problemas de aprendizaje e implementación del nuevo sistema. Sin embargo, los costos para hacerlo eran extremadamente altos y se convirtieron en un enorme generador de cuotas para las compañías consultoras. SAP usó un sistema de licencias de cuota variable para su sistema R/3; el costo para el cliente se basaba en el número de usuarios dentro de una compañía, en el número de diferentes módulos R/3 instalados y en el grado en que los usuarios utilizaban esos módulos en el proceso de planeación del negocio.

El R/3 de SAP superó a los productos de sus competidores en un sentido técnico, por lo que, de nueva cuenta, le permitió asignar un precio mayor por su nuevo software. Creyendo que a los competidores les tomaría por lo menos dos años recuperar terreno, la meta de SAP era que sus clientes actuales cambiaran a su nuevo producto y, luego, rápidamente construir su base de clientes para penetrar el creciente mercado de ERP. Al hacerlo, también buscaban establecer el R/3 como el nuevo estándar de mercado ERP, con la finalidad de asegurar a los clientes antes de que los competidores pudieran ofrecer opciones viables. Esta estrategia era vital para el éxito futuro porque, dada la forma como un sistema ERP cambia la naturaleza de los procesos de negocio de un cliente una vez instalado y corriendo, existen altos costos para cambiar a otro producto ERP, costos que los clientes desean evitar.

Problemas de implementación del crecimiento global de SAP

La creciente popularidad del R/3 llevó a SAP a descentralizar cada vez más el control de marketing, ventas e instalación de su software en una base global para sus subsidiarias en el extranjero. Mientras que su investigación y desarrollo, así como el desarrollo de software, permanecían centralizados en Alemania, comenzaron a abrir subsidiarias de total propiedad en la mayoría de los mercados de países importantes. Para 1995 tenían 18 subsidiarias nacionales; ahora cuentan con más de 50. En 1995 SAP estableció una subsidiaria estadounidense para dirigir las ventas en ese enorme y redituable mercado. Sus altos directivos alemanes establecieron a la subsidiaria la meta de obtener un mil millones de dólares en utilidades durante un lapso de cinco años. Para implementar esa audaz estrategia de crecimiento, y dado que el software R/3 necesitaba instalarse y adaptarse a las necesidades de compañías e industrias específicas, se crearon varias divisiones regionales en SAP, con la finalidad de manejar las necesidades de compañías e industrias en diferentes regiones de Estados Unidos. Además, las divisiones regionales adquirieron la responsabilidad de capacitar un ejército de consultores internos y externos sobre la instalación y adaptación del software R/3. Por cada consultor interno de SAP, había cerca de nueve o diez consultores externos trabajando con clientes de SAP para instalar y modificar el software, lo cual de nueva cuenta disparó las ganancias de IBM y Accenture.

Problemas con sus operaciones en Estados Unidos

Sin embargo, los problemas con su política de descentralización pronto alcanzaron a SAP. Debido a que SAP crecía demasiado rápido y la demanda de su producto aumentaba tan velozmente, era difícil contar con todos los consultores necesarios para realizar la instalación de su software. Con frecuencia, una vez que SAP había entrenado a un consultor interno, este se iría para unirse a la compañía para la que estaba realizando el trabajo o incluso para iniciar una práctica de consultoría específica de SAP en una industria. El resultado fue que se estaban atendiendo inadecuadamente las necesidades de los clientes de SAP, lo cual incrementó el número de quejas sobre el costo y la dificultad para la instalación de su software ERP. En virtud de que grandes compañías de consultoría externa ganaron dinero basándose en el tiempo que tomaba a sus consultores instalar un sistema particular SAP, muchos clientes se quejaron de que deliberadamente los consultores empleaban demasiado tiempo para implementar el nuevo software para maximizar sus ganancias, y que incluso presionaban para poner módulos R/3 inadecuados o innecesarios. Por ejemplo, Chevron invirtió más de 100 millones de dólares y dos años para instalar y tener funcionando eficazmente su sistema R/3. En un caso muy publicitado, Fox Meyer Drug culpó al software SAP por los problemas de la cadena de suministro que llevaron a su bancarrota; además, los principales acreedores de la compañía entablaron una demanda contra SAP, alegando que la compañía había prometido que el R/3 haría más de lo que en realidad podía. SAP respondió que el problema no era el software, sino la forma en que la compañía lo había instalado; no obstante, la reputación de SAP se vio afectada.

La política de descentralización de SAP era asimismo algo paradójica, porque la misión de la compañía era proporcionar el software que vinculara las funciones y divisiones más que separarlas, mientras los problemas característicos de tanta descentralización de autoridad pronto fueron evidentes en todo SAP. En su subsidiaria estadounidense, cada división regional de SAP comenzó a desarrollar sus propios procedimientos para cobrar el software SAP, ofreciendo descuentos, atendiendo las quejas de los clientes e incluso recompensando a sus empleados y consultores. Había una carencia total de estandarización e integración dentro de SAP América y, por lo tanto, entre las subsidiarias en el extranjero y las oficinas corporativas en Alemania. Esto indicaba que se había dado poco aprendizaje entre divisiones o consultores, que no existía un mecanismo de coordinación o de monitoreo para compartir las mejores prácticas *propias* de SAP entre sus consultores y divisiones, y que la organización regional en Estados Unidos no estaba logrando construir competencias clave. Por ejemplo, se preguntó a los analistas: "Si R/3 tiene que ser adaptado a las necesidades de una industria particular, ¿por qué SAP no utiliza una estructura de mercado y divide sus actividades por necesidades de los clientes, con base en diferentes industrias?". Los problemas hicieron que el proceso de implementación del software SAP fuera más lento, y evitaron respuestas rápidas y eficaces ante las necesidades de los clientes potenciales.

El R/3 de SAP también fue criticado por ser demasiado estandarizado, pues forzaba a todas las compañías a adaptarse a lo que SAP había decidido como el modelo por seguir o las mejores prácticas de la industria. Cuando los consultores reconfiguraban el software para adaptarlo a las necesidades particulares de la compañía, el proceso se llevaba mucho tiempo y, en ocasiones, el sistema no se desempeñaba tan bien como se esperaba. Muchas compañías creían que el software debería configurarse para ajustarlo a los procesos de negocio y no de otra forma pero, de nueva cuenta, SAP argumentó que tal arreglo no conduciría a un resultado óptimo. Por ejemplo, el sistema de ventas al menudeo del R/3 de SAP no podía manejar la política de Home Depot: permitir a cada una de sus tiendas ordenar directamente a sus proveedores, con base en contratos negociados centralmente entre Home Depot y esos proveedores. Los clientes de SAP encontraron también que el apoyo de su nueva plataforma de ERP era costoso y que el apoyo continuo costaba de tres a cinco veces más que el precio real del software, aunque los beneficios que recibieron del sistema R/3 excedieron dichos costos de manera importante.

El cambiante ambiente de la industria

Aunque Estados Unidos se ha convertido en el mayor mercado de SAP, el explosivo crecimiento en la demanda del software SAP comenzó a caer en 1995. Competidores como Oracle, Baan, PeopleSoft y Marcum se actualizaban técnicamente, a menudo porque enfocaban sus recursos en las necesidades de una o varias industrias, o bien, sobre un tipo particular de módulo de ERP (por ejemplo, PeopleSoft se centraba en el módulo de administración de recursos humanos). En efecto, SAP tuvo que actualizarse en el área de recursos humanos y desarrollar la propia para ofrecer un conjunto de programas de soluciones integradas. Oracle, el segundo fabricante de software más grande después de Microsoft, se estaba convirtiendo en una amenaza al expandir su ofrecimiento de ERP fuera de sus sistemas de conocimiento de base de datos, y comenzó a ofrecer cada vez más la plataforma ERP basada en Internet. Conforme surgieron competidores nuevos y emprendedores que alteraron el ambiente, SAP se dio cuenta de que también necesitaba cambiar.

Los competidores aumentaban su mercado compartido al explotar las debilidades del software de SAP. Comenzaron a ofrecer a clientes existentes y potenciales de SAP módulos ERP que pudieran personalizarse con más facilidad a su situación, y a menor precio que los de SAP. Los ejecutivos de SAP se vieron forzados a revaluar su modelo de negocio, así como sus estrategias y las formas en que lo implementaron.

Nuevos problemas de implementación

En gran medida, la decisión de SAP de descentralizar el control de la mercadotecnia, las ventas y la instalación a sus subsidiarias se debió a la forma en que la compañía había operado desde sus inicios. Sus fundadores alemanes habían enfatizado la importancia de la excelencia en la innovación como el valor principal de su cultura, y la cultura de SAP se describía como "caos organizado". Sus altos directivos habían operado desde el principio creando una jerarquía tan plana como fuera posible, para generar un ambiente interno donde la gente pudiera tomar riesgos e intentar nuevas ideas de su propia elección. Si ocurrían errores, o los proyectos no funcionaban, se daba libertad a los empleados para intentar un enfoque diferente. El trabajo duro, el trabajo en equipo, la apertura y la rapidez eran las normas de su cultura. Eran poco frecuentes las juntas y las oficinas se encontraban a veces vacías, pues los empleados estaban concentrados en investigación y desarrollo. La presión estaba sobre los desarrolladores del software para que crearan productos superiores. Ciertamente, la compañía estaba orgullosa del hecho de estar orientada al producto y no al servicio. Quería ser el líder mundial en innovación de software, no una compañía de servicio.

La competencia cada vez mayor llevó a los ejecutivos de SAP a darse cuenta de que no estaban capitalizando su principal fortaleza: sus recursos humanos. En 1997 se estableció un departamento de administración de recursos humanos con la responsabilidad de construir una estructura organizacional más formal. Previamente habían subcontratado su propia administración de recursos humanos. Los gerentes de recursos humanos empezaron a desarrollar descripciones de puestos y pusieron en marcha una estructura de carrera que motivara a los empleados y los mantuviera leales a la compañía. También pusieron en marcha un sistema de recompensas, que incluía opciones de acciones, para aumentar la lealtad de sus técnicos, quienes estaban siendo atraídos por los competidores o que buscaban iniciar su propio negocio porque SAP no les ofrecía un futuro: un plan de carrera. Por ejemplo, en el 2000 SAP demandó a Siebel Systems, un nicho rival en la relación con el cliente en el negocio de software, por seducir a doce de sus empleados más antiguos quienes, se dijo, negociaban secretos. Los altos directivos de SAP se dieron cuenta de que carecían de un plan a largo plazo, y de que la innovación por sí misma no era suficiente para logra que SAP fuera una compañía dominante en el ámbito global con una ventaja competitiva sostenible.

Al mismo tiempo que empezaron a operar más formalmente, también se volvieron más centralizados para alentar el aprendizaje organizacional y el hecho de compartir sus propias mejores prácticas entre las divisiones y subsidiarias. Su meta era estandarizar la forma en que cada subsidiaria o división operaba en la compañía, facilitando así la transferencia de personas y conocimientos donde fuera más necesario. Esto no solo facilitaría la cooperación, sino que también reduciría los costos operativos, los cuales estaban en espiral debido tanto a la necesidad de reclutar personal entrenado conforme la compañía crecía, como a la necesidad de alterar y adaptar su software a las cambiantes necesidades de la industria. Por ejemplo, la creciente necesidad de las demandas del cliente por la personalización adicional del software hicieron imperativo que los diferentes equipos de ingenieros juntaran su conocimiento, con el objetivo de reducir los costos de desarrollo y de que los consultores no solo compartieran sus mejores prácticas sino que cooperaran con los ingenieros, para que estos últimos lograran entender el problema que enfrentaban los clientes en el campo.

La necesidad de adoptar un enfoque más estandarizado y jerárquico también era impulsada por el reconocimiento de SAP de la necesidad de obtener los máximos ingresos posibles, tanto del sector de capacitación como del de instalación del negocio de software. Comenzó a incrementarse el número de consultores. Al tenerlos trabajando con los desarrolladores del software, se convirtieron en reconocidos expertos y líderes cuando llevaban instalaciones de software específico y podían ordenar un alto precio. SAP desarrolló también una función global de entrenamiento para proporcionar la extensa capacitación que los consultores necesitaban y cobraron altas cuotas tanto a los individuos como a las compañías consultoras por impartir los cursos para que pudieran trabajar con la plataforma SAP. La subsidiaria de SAP en Estados Unidos también cambió de un enfoque regional a uno basado en el mercado mediante la realineación de sus divisiones, no por su posición geográfica, sino por su enfoque en un sector o industria en particular; por ejemplo, química, electrónica, farmacéutica, productos de consumo e ingeniería.

Una vez más, sin embargo, las líneas de autoridad entre las divisiones de la nueva industria y las funciones de desarrollo del software, ventas, instalación y entrenamiento, no funcionaron lo suficientemente bien, por lo que las anheladas ganancias por la mayor coordinación y cooperación se dieron muy lentamente. También globalmente SAP seguía siendo altamente descentralizada y continuaba siendo una compañía centrada en el producto, lo cual permitía que sus subsidiarias aplicaran sus propias políticas de ventas, capacitación e instalación. Sus subsidiarias continuaron formando alianzas estratégicas con compañías consultoras globales, permitiéndoles obtener la mayoría de los ingresos derivados de atender la creciente base de servicio de SAP con las instalaciones del R/3. Los altos directivos de SAP, con su mentalidad ingenieril, no apreciaron las dificultades involucradas en el cambio de la estructura y cultura de la compañía, ni en las subsidiarias ni en el ámbito global. Estaban decepcionados con el lento ritmo del cambio porque el costo estructural permanecía alto, aunque sus ingresos se incrementaron.

Nuevos problemas estratégicos

Para mediados de la década de 1990, a pesar de sus problemas para implementar su estrategia, SAP era el líder del mercado en la industria de software ERP y la cuarta compañía global más grande, gracias a sus reconocidas competencias en la producción avanzada del software ERP. Sin embargo, surgieron numerosos problemas que amenazaban su modelo de negocios. Primero, fue cada vez más evidente que el desarrollo de Internet y la tecnología de banda ancha se convertirían en el futuro en las fuerzas importantes, para dar forma al modelo de negocios y a los procesos de una compañía. Los sistemas R/3 de SAP fueron específicamente diseñados para integrar información sobre todas las actividades de la cadena de valor de una organización, entre sus funciones y divisiones, así como para proporcionar retroalimentación en tiempo real sobre su desempeño. Sin embargo, los sistemas ERP se enfocaron principalmente en los procesos internos de negocios de la compañía; no estaban diseñados para orientarse a la retroalimentación ni para proporcionar esta en tiempo real sobre las transacciones y los procesos dentro de la empresa y a escala de toda la industria. Internet estaba cambiando la forma en que las compañías percibían sus límites; el surgimiento del comercio electrónico global y las transacciones en línea dentro de la compañía modificaban la naturaleza de los procesos de negocios de la organización, por el lado tanto del insumo como de los resultados.

Por el lado del insumo, Internet estaba modificando la forma en que una compañía manejaba sus relaciones con sus proveedores de partes y materia prima. El comercio basado en Internet ofrecía la oportunidad de localizar nuevos proveedores de bajo costo. Desarrollar software en red también facilitaba a la compañía la cooperación y trabajo con proveedores y con empresas fabricantes, así como subcontratar actividades a especialistas que pudieran ejecutar tales actividades a un menor costo. Una compañía que previamente había hecho sus propios insumos o fabricado sus propios productos podía ahora subcontratar dichas actividades de la cadena de valor, lo que cambió la naturaleza de los sistemas ERP necesarios para manejar las transacciones. En general, la naturaleza cambiante de las transacciones dentro de los límites de una organización podía afectar su sistema ERP en miles de formas. Compañías como Commerce One and Ariba, que ofrecían software para el manejo de la cadena de insumos (SCM), crecieron con rapidez imponiendo una amenaza importante al "cerrado" sistema ERP de SAP.

Por el lado de resultados, el surgimiento de Internet también alteró radicalmente la relación entre una compañía y sus clientes. Internet no solo hizo posible nuevas formas de vender a mayoristas, sus mayores clientes, o directamente a clientes individuales, sino que también cambió la naturaleza total de la interface compañía-cliente. Por ejemplo, utilizando un nuevo software para el manejo de la relación con el cliente (CRM) de desarrolladores como Siebel Systems, una compañía podía ofrecer a sus clientes acceso a mucho más información sobre sus productos para que estos pudieran tomas decisiones de compra más informadas. Una compañía podía también entender las necesidades cambiantes de los clientes pudiendo desarrollar mejores productos o más avanzados para satisfacer esas necesidades; y así la empresa podía ofrecer una nueva forma total de manejar su servicio posterior a la venta y ayudar a sus clientes a resolver problemas aprendiendo, operando e incluso reparando sus nuevas compras. El mercado de la administración de relaciones con el cliente empezaba a despegar.

En resumen, Internet estaba cambiando los procesos de negocios a nivel de la industria y de la compañía, y proporcionando a las compañías y a la industria en general mucho más caminos para alterar sus procesos de negocio, de tal manera que pudieran bajar su estructura de costos o diferenciar sus productos. Es evidente que los cientos de mejores prácticas de la industria, incluidas por SAP en su sistema R/3, se convertirían en un dinosaurio en una década, a menos que se pudieran mover rápidamente a desarrollar u obtener competencias en las habilidades del software necesarias para crear un software basado en la red.

Estos desarrollos impusieron una conmoción severa a la administración de SAP, que estaba orgullosa del hecho de que, hasta el momento, SAP había desarrollado todo su software internamente. No estaban solos en esta situación. A las grandes compañías de software, Microsoft y Oracle, les habían tomado por sorpresa las rápidas y crecientes implicaciones de la computación basada en la red. La introducción del buscador Netscape había llevado a que el precio de las acciones de Microsoft colapsara, debido a que sus inversionistas se dieron cuenta del futuro de la computación basada en la Web y no en la PC. Las acciones de SAP empezaron también a reflejar las creencias de muchas personas de que los costosos y rígidos sistemas estandarizados ERP no serían la opción conforme se desarrollara la red. Una fuente de ventaja competitiva de SAP se basaba en los altos costos del cambio de una plataforma ERP a otra. Sin embargo, si las nuevas plataformas Web permitían la integración interna y externa de los procesos de negocio de una compañía, y las nuevas plataformas pudieran adaptarse más fácilmente para responder a las necesidades de una compañía particular, estos costos de cambio podrían desaparecer. SAP estuvo en un punto crítico en su desarrollo.

El otro lado de la ecuación fue que el surgimiento de una nueva tecnología de software basada en la Web permitió cientos de nuevos negocios en la industria del software, fundados por expertos técnicos tan calificados como los de SAP y Microsoft, para competir en el amplio mercado de cómputo Web. La carrera estaba en determinar los estándares que aplicarían en la nueva arena de cómputo Web que la pudiera controlar. Los grandes fabricantes de software como Microsoft, Oracle, IBM, SAP, Netscape, Sun Microsystems y Computer Associates tuvieron que decidir cómo competir en este ambiente de la industria totalmente transformado. La mayoría de sus clientes, compañías grandes y pequeñas, continuaban observando los desarrollos antes de decidir cómo y dónde invertir sus presupuestos para TI. Se pusieron en juego cientos de millones de dólares en ventas de software y no quedaba claro cuál compañía tenía ventaja competitiva en su cambiante ambiente.

Se intensificó la rivalidad entre fabricantes importantes en el nuevo mercado del software basado en la Web. También se intensificó la rivalidad entre los actores existentes y los nuevos, como Netscape, Siebel Systems, Marcum, I2 Technology y SSA. Los principales fabricantes de software, cada uno de los cuales era líder en el mercado en uno o más segmentos de la industria del software, como SAP en ERP, Microsoft en software PC y Oracle en software para la administración de bases de datos, intentaron mostrar sus fortalezas para hacer su software compatible con la tecnología basada en la Web. Así, Microsoft se esforzó por desarrollar su plataforma basada en la red Windows NT y su buscador Internet Explorer Web, con la finalidad de competir con el buscador de Internet Netscape y con el software de lenguaje de programación Java Web de Sun Microsystems, que era compatible con cualquier software propiedad de la compañía, a diferencia del NT de Microsoft.

SAP también necesitaba tratar con la competencia de grandes y pequeñas compañías de software que estaban entrando ilegalmente en el nuevo ambiente ERP basado en la Web. En 1995 SAP se asoció con Microsoft, Netscape y Sun Microsystems para que su software R/3 Versión 3.1 fuera compatible con cualquier sistema de la competencia. En el lapso de un año introdujo su sistema R/3 versión 3.1 compatible con Internet, el cual se configuraba más fácilmente, sin embargo, cuando utilizaba el lenguaje de programación Java, SAP colocó nuevos fondos en el mercado de valores para enfrentar la enorme inversión necesaria y mantener actualizado su sistema R/3 con las dramáticas innovaciones en el desarrollo del software basado en la Web y así ampliar su variedad de productos y ofrecer nuevas aplicaciones Web. Se trataba de aplicaciones tales como las intranets corporativas, las redes de negocio a negocio y las de negocio a cliente, el desarrollo de sitios web y de almacenamiento, administración de sistemas y de seguridad y teleconferencias con audio y video simultáneos.

Como SAP no había desarrollado competencia en la evolución de software Web, sus competidores comenzaron a ponerse al día. Oracle surgió como su principal competidor; había tomado su software principal de administración de base de datos utilizado por miles de grandes compañías y lo recubrió con software basado en la Web y en aplicaciones. Oracle podía ahora ofrecer a su enorme base de clientes una serie de programas Web perfectamente integrados. Este software permitió ejecutar procesos de negocio de cadena de valor ERP basado en Internet. Aunque el sistema de Oracle no se acercaba al amplio sistema R/3 de SAP, sí permitía las redes de trabajo dentro de la industria tanto en los extremos de insumo como de resultado, por lo que era más barato y fácil de implementar, así como más fácil de adaptar a las necesidades de un cliente específico. Oracle comenzó a tener una cuota de mercado separada de SAP.

Nuevas compañías como Siebel Systems, Commerce One, Ariba y Marcum, que iniciaron en el nicho con algunas aplicaciones de software —como el de administración de la cadena de suministro o de relaciones con clientes, Intranet o el desarrollo y almacenamiento de sitios web—, también empezaron a construir y a expandir sus productos, por lo que ahora poseen módulos ERP que compitieron contra algunos de los módulos R/3 más lucrativos de SAP. Commerce One y Ariba, por ejemplo, surgieron como los actores principales en la industria de negocio a negocio, que es una solución ERP en el ámbito industrial que crea un mercado organizado y que junta electrónicamente a compradores y vendedores, y proporciona el software para redactar e implementar contratos para el futuro desarrollo y abasto de los insumos de una industria. Aun cuando estos actores no pudieran brindar el rango total de servicios que ofrece SAP, cada vez han ido adquiriendo mayor capacidad para ofrecer alternativas atractivas para los clientes que buscan aspectos específicos en un sistema ERP. Incluso compañías como Siebel, Marcum e I2, que afirmaban poseer la capacidad para adaptar sus sistemas de bajo costo y precios de los sistemas ERP, comenzaron a caer.

En el nuevo ambiente de software, los grandes clientes de SAP empezaron a comprar software sobre una base "de la mejor clase", lo cual significaba que los clientes compraban las mejores aplicaciones de software para sus necesidades específicas a diferentes compañías de vanguardia, en vez de comprar todos sus productos de software en paquetes a una sola compañía, como lo ofrecía SAP. Sun comenzó a promover un lenguaje de cómputo Java gratuito como el estándar de "arquitectura abierta", lo que significaba que durante el tiempo que una compañía usara Java para crear sus programas específicos de software basados en la Web, estos trabajarían perfectamente juntos, por lo que ya no tendrían ventaja al utilizar una sola plataforma dominante como Windows de Microsoft o R/3 de SAP. Sun trataba, y trata aún, de romper el sistema operativo de Microsoft, Windows, como estándar de la industria. Sun quería que el software de cada compañía tuviera éxito debido a que "era el de mejor calidad", pero no porque atrapara a sus clientes y creara enormes costos por el cambio si contemplaban cambiar al producto de un competidor.

Todos estos diferentes factores causaron enormes problemas para los directivos de SAP. ¿Qué estrategias deberían aplicar para proteger su posición competitiva? ¿Deberían seguir adelante ofreciendo a sus clientes una amplia solución ERP basada en la Web y tratar de atraparlos y continuar cobrando precios superiores? ¿Deberían cambiarse a un estándar abierto y elaborar sus módulos R/3 ERP habilitados por Internet, compatibles con soluciones de otras compañías y continuar las alianzas con esas compañías para asegurarse de que sus software operaran sin contratiempos? Ya que los ejecutivos de SAP seguían pensando que contaban con el mejor software ERP y las competencias para dirigir en la arena del software Web, ¿era esta la mejor solución competitiva a largo plazo? ¿Debería SAP enfocarse en hacer su software ERP más adaptable a las necesidades de sus clientes, y facilitarles comprar módulos seleccionados para reducir el costo del software SAP? Esta opción podría incluso facilitar el desarrollo de módulos ERP que lograran reducir las necesidades de empresas pequeñas y medianas, las cuales cada vez más se fueron convirtiendo en el blanco de sus competidores en software. Una vez que estas nuevas empresas tuvieran un punto de apoyo en el mercado, sería cuestión de tiempo antes de que mejoraran sus productos y comenzaran a competir con la base de clientes instalada de SAP. La compañía se dio cuenta de que era necesario renfocar su modelo de negocio, sobre todo porque sus rivales crecían rápidamente en el nicho y, al mismo tiempo, llenaban los espacios con sus líneas de producto para ser capaces de competir con SAP.

Protección de su posición competitiva

En 1997 SAP buscó un arreglo rápido a sus problemas. Para conseguirlo, sacaron las nuevas soluciones R/3 para las soluciones ERP habilitadas por Internet SCM y CRM, que convirtieron su sistema ERP interno en una plataforma de red externa. El sistema SCM, conocido ahora como la "etapa final" del negocio, integra los procesos de negocio necesarios para manejar el flujo de bienes, desde la etapa de materia prima hasta la de producto terminado. Los programas SCM pronostican las necesidades futuras y planean y administran las operaciones de una compañía, en especial las operaciones de fabricación. El sistema CRM, conocido como "etapa inicial" del negocio, proporciona a las compañías soluciones y apoyo para los procesos de negocio dirigidos a mejorar las ventas, marketing, el servicio al cliente y las operaciones de servicio en el campo. Los programas CRM están creciendo rápidamente en popularidad, pues llevan a una mejor retención y satisfacción del cliente, así como a mayores ingresos. En 1998 SAP siguió con mapas de solución de la industria, mapas de tecnología de negocio y mapas de servicio, todos los cuales apuntaron a lograr que su sistema R/3 fuera más dinámico y receptivo ante los cambios en las condiciones de la industria.

Incluso en 1998, reconociendo que su futuro descansaba en su capacidad para proteger su parte en el mercado estadounidense, SAP se suscribió en la Bolsa de Valores de Nueva York y comenzó a expandir su alcance en las operaciones estadounidenses, tanto para alentar su "crecimiento orgánico" interno, que significa crecer mediante nuevas empresas internas, como para permitir desarrollar a un equipo de alta gerencia que fuera capaz de desarrollar las estrategias y el modelo de negocio necesarios para permitirle responder a la creciente competencia que enfrentaba. Como con todos los negocios en crecimiento, la necesidad de manejar el ajuste entre su estrategia y estructura se ha convertido en su máxima prioridad, ya que la cultura de investigación y desarrollo de SAP estaba dañándola en su batalla contra los ágiles competidores, y tenía que modificarse.

Referencias

www.sap.com, 1998-1999.

Informes anuales SAP y 10K, 1989-1999.

Informes SAP 10K, 1989-2000.

CASO 4
El incidente del tablón para andamiaje

Stewart C. Malone y Brad Brown*

Lo que había comenzado como un apacible día típico de febrero en el negocio maderero se convirtió en un dilema moral. Con 12 pulgadas de nieve cubriendo el piso, la construcción (y los envíos de madera) se encontraban detenidos y, para el día 26 del mes, la compañía aún estaba 5,000 dólares por debajo del punto de equilibrio. En los tres años que llevaba en el negocio, Bob Hopkins sabía que perder en febrero no era nada inusual, pero el país parecía estar encaminado hacia una recesión y, como de costumbre, los insumos para la construcción de viviendas encabezarían el declive.

Bob empezó a trabajar en un banco comercial inmediatamente después de terminar la universidad; no obstante, pronto se dio cuenta de que la burocracia era apabullante y que su futuro ahí no era muy prometedor para sus expectativas. En el momento en que consideraba cambiar de trabajo, uno de sus clientes, John White, le ofreció un empleo en la compañía White Lumber. El puesto de trabajo era como "comerciante" e implicaba tanto vender como comprar madera. La remuneración estaba basada en incentivos y no había un tabulador de cuánto podría ganar un comerciante. White Lumber, aunque de tamaño reducido, era una de las mejores cuentas en el banco. John White no solo era un director de banco, sino un líder ciudadano de la comunidad.

Era un poco antes de las 8.00 a.m. cuando Bob recibió una llamada de Stan Parrish, el comprador de madera de Quality Lumber, que era una de las mejores cuentas de venta al menudeo de White Lumber. Bob y Stan habían forjado una buena relación.

—Bob, necesito precio y disponibilidad para 600 piezas de abeto serrado 3 × 12, 2 y mejor grado, de 16 pies de largo —le dijo Stan, después de intercambiar las cordialidades usuales.

—Sin problema, Stan. Podríamos tenerlas listas para recoger mañana y el precio sería de 470 dólares por mil pies de tablón.

El precio suena bien, Bob. Probablemente me comunique contigo esta tarde para hacer la orden de compra —contestó Stan.

Bob se sirvió la tercera taza de café y mentalmente se felicitó. Nada mal pensó: una orden de dos camiones y un precio que garantizaba el margen de ganancia completo. Parecía bien el negocio hasta que media hora después Mike Fayerweather, su socio, le preguntó a Bob si le habían consultado sobre un camión de 16 pies de tablón para andamiaje. En el momento en que Bob contestó que no, las alarmas empezaron a sonar en su cabeza. A pesar de que Stan no le había dicho nada acerca del tablón para andamiaje, las similitudes entre los pedidos parecían más que una coincidencia.

Si bien casi toda la madera pasa por algún tipo de calificación, las reglas de clasificación para el tablón para andamiaje eran inusualmente restrictivas. Los tablones para andamiaje son los tablones de madera que se suspenden entre soportes de metal, por lo común varios pisos arriba de la planta baja. Cuando uno ve pintores o lavadores de ventanas en el aire a seis pisos de altura están, por lo general, apoyados en un tablón para andamiaje. La madera tiene que estar exenta de la mayoría de los defectos naturales que se presentan en la madera ordinaria para la construcción, y debe tener una inusual alta resistencia a la flexión. La mayoría de las personas no serían capaces de distinguir un tablón para andamiaje de la madera ordinaria, pero este contaba con sus propias reglas en el libro de clasificación, y si se está trabajando 10 pisos por arriba del suelo, definitivamente querría tenerse un tablón para andamiaje certificado debajo de uno. White Lumber no vendía tablones para andamiaje, pero sin duda su tablón de 3 × 12 podría engañar a cualquiera que no fuera experto.

A la hora del almuerzo, Bob comentó sus dudas sobre el pedido con Mike.

—Mira, Bob, yo simplemente no veo dónde está el problema. Stan no especificó que quería tablón para andamiaje, y tú no le presupuestaste tablón para andamiaje —comentó Mike—. Ni estamos seguros de que la orden sea para la misma cosa.

—Eso lo sé, Mike —dijo Bob—, pero ambos sabemos que cuatro solicitudes con la misma especificación es una coincidencia muy grande, y tres de esas solicitudes eran para el párrafo 171 de tablones para andamiaje. Parece razonable asumir que la solicitud de Stan es para el mismo producto.

—Bueno, es obvio que nuestra madera de construcción es más barata que el tablón certificado. Si Stan está cotizando basado en nuestro 2 y mejor grado, y el resto de sus competidores están presupuestando con base en tablón para andamiaje, entonces seguramente ganarás el trabajo —dijo Mike.

—Tal vez debería de llamar a Stan y pedirle más información sobre las especificaciones del trabajo. Puede ser que este no sea un trabajo con tablón para andamiaje y, de ser así, desaparecerán todos estos problemas.

La mesera pasó la cuenta entre los dos hombres.

—Bueno, eso quizá no sea una muy buena idea, Bob. En primer lugar, Stan se sentiría incómodo de que le sugieras que pudiera estar haciendo algo poco ético. Tal vez se estropee la relación entre nuestras compañías. En segundo lugar, supón que te dice que el material se va a utilizar para andamiaje. No podríamos decir que nosotros no sabíamos

Este caso fue preparado por Stewart C. Malone y Brad Brown de la University of Virginia. Lo prepararon para que los estudiantes lo analizaran en clase y para mostrar el manejo eficaz e ineficaz de situaciones administrativas.

para qué se iba a utilizar, desperdiciando nuestra mejor defensa legal. Yo te recomiendo que no le llames.

Bob pensó en discutir la situación con John White, pero White estaba fuera de la ciudad. Además, White se enorgullecía de dar a sus comerciantes una amplia autonomía. Acudir seguido con White para obtener respuestas se percibía como una falta de iniciativa y responsabilidad.

En contra de las advertencias anteriores de Mike, Bob llamó a Stan después del almuerzo y descubrió, para su sorpresa, que el material iba a ser utilizado como tablón para andamiaje.

—Escucha, Bob, he estado intentando obtener esta cuenta durante tres meses y esta es la primera solicitud en la que tengo oportunidad. Es muy importante para mí y para mis superiores aquí en Quality. Con esta venta, podríamos amarrar la cuenta.

—Pero, Stan, ambos sabemos que nuestro material no cumple con las especificaciones del tablón para andamiaje.

—Lo sé, lo sé —reconoció Stan—, pero no se lo estoy vendiendo al cliente como tablón para andamiaje. En lo que a nosotros concierne, es solo madera común para construcción. Así es como la veo, y así se mostrará en las facturas. Estamos totalmente protegidos. Y ahora entre tú y yo te comento que el encargado del trabajo me dijo que sí se iba a utilizar para andamiaje, pero que estaban interesados en mantener sus costos bajos. Además, necesitan esta madera para el viernes, y simplemente no hay tablones para andamiaje en el mercado local.

—Eso no me parece correcto —contestó Bob.

—Mira, a mí tampoco me gusta particularmente. Las especificaciones actuales piden material de 2 pulgadas de ancho, pero como realmente no son tablones para andamiaje, voy a ordenar tablones de 3 pulgadas. Eso dará una pulgada extra de refuerzo, y ambos sabemos que los factores de carga aplicados en las tablas de ingeniería son muy conservadores. No hay posibilidad de que el material falle al usarlo. Yo sé que Haney Lumber está cotizando un material de 2 pulgadas que no es para andamiaje. Si nosotros no lo tomamos, alguien más lo hará y el material será mucho peor del que nosotros proveeríamos.

Como Bob siguió mostrándose dubitativo, Stan continuó:

—No sabré del estado de la orden hasta mañana, pero ambos sabemos que tu material hará el trabajo bien, ya sea para andamiaje o no. El próximo o los siguientes dos años van a ser bajos para todo mundo en este negocio, y nuestro trabajo, el tuyo y el mío, es poner la madera en los lugares de trabajo y no debatir acerca de cuántos ángeles podrían bailar sobre la cabeza de un alfiler. Ahora, si Quality no puede contar con que ustedes harán su trabajo como proveedores, hay muchos otros vendedores que llaman aquí a diario que quieren hacer negocios con nosotros. Deberás decidir si vas a ser uno de los supervivientes o no. Te llamo en la mañana, Bob.

La siguiente mañana, Bob encontró una nota sobre su escritorio que decía que fuera a ver a John White, lo más pronto posible. Bob entró en la oficina de John y le narró la conversación que había sostenido con Stan el día anterior. John le mostró una orden de venta de la compañía. Bob vio que era una orden de venta de piezas 3 × 12 para Quality Lumber. Bob también pudo observar que en el espacio para el nombre del vendedor John había anotado "Bob Hopkins". Apenas conteniendo su enojo, Bob señaló:

—No quiero tener que ver nada con esta orden. Creía que White Lumber era una compañía ética y aquí estamos haciendo lo mismo que todos los demás.

John White miró a Bob y dio una fumada a su pipa. White replicó:

—Lo primero que deberás hacer, Bob, es calmarte y poner de lado por un momento tu superioridad mojigata. No puedes tomar ni entender una buena decisión cuando estás tan agitado como estás ahora. Estás empezando a sonar como un loco religioso. ¿Qué te hace pensar que tienes el monopolio del comportamiento ético? Saliste de la universidad hace cuatro o cinco años, mientras yo he estado tomando estas decisiones durante 40 años. Si te acercas a la industria o a la comunidad y comparas tu reputación con la mía, te darás cuenta que ni siquiera estamos en la misma liga.

Bob sabía que John White estaba en lo correcto. Tal vez había exagerado y sonó como fanático. Cuando se relajó y sintió que era capaz de pensar racionalmente, afirmó:

—Ambos sabemos que esta madera va a ser utilizada para un propósito para el que no está hecha. Es seguro, que solo existe una pequeña posibilidad de que falle, pero no veo porqué debemos correr ese riesgo.

—Mira, Bob, yo llevo mucho tiempo en este negocio y he visto prácticas que te erizarían el cabello. Envíos incompletos (mandar 290 piezas cuando la orden pide 300), entregar material cuya especificación es menor de lo que se ordenó, sobornar a inspectores de edificios y a los empleados quienes reciben, y demás cosas. Nosotros no hacemos eso en mi compañía.

—¿Pero acaso no tenemos responsabilidades con nuestros clientes? —preguntó Bob.

—Claro que la tenemos, Bob, pero no somos policías tampoco. Nuestro trabajo es vender la madera bajo ciertas especificaciones. No puedo y no voy a ser responsable de cómo se utiliza esa madera después de que salga de nuestro almacén. Entre el bosque y el usuario final, la madera pasa por docenas de transacciones antes que llegue al usuario final. Si tuviéramos que asumir la responsabilidad por cada una de esas transacciones, probablemente solo venderíamos alrededor de cuatro tablones al año. Debemos asumir, como todos los demás en el negocio, que nuestros proveedores y nuestros clientes tienen conocimiento y también que actuarán éticamente. Pero si lo hacen o si no lo hacen, no nos es posible ser sus guardianes.

Bob interrumpió:

—Pero tenemos razón para pensar que este material va a utilizarse para andamiaje. Creo deberíamos dar seguimiento a esa información.

—Espera un segundo, Bob. Ya te dije que no somos la policía. Nosotros no sabemos ni quién es el usuario final; entonces, ¿cómo vamos a dar seguimiento a esto? Si Stan nos está engañando, con seguridad no nos lo va a decir. E incluso si nosotros supiéramos, ¿qué haríamos? Si hiciéramos esto consistentemente, significaría que deberíamos preguntar a cada cliente quién será el usuario final. La mayoría de nuestros clientes interpretarán eso como que estamos intentando puentearlos en el canal de distribución. No nos lo dirán, y no los puedo culpar por ello. Si llevamos tu argumento a su conclusión final, deberíamos empezar a tomar testimonios por cada factura que expedimos.

En el caso de Quality Lumber, estamos vendiendo el material al cliente tal como nos lo especificó Stan en Quality Lumber. La factura irá marcada con una leyenda de: "Este material no es apto para andamiaje". Aunque no soy abogado, creo que con eso cumplimos con nuestra obligación legal. Tenemos una orden de compra firmada y estamos proveyendo la madera que cumple con las especificaciones. Sé que hemos seguido las prácticas comunes en la industria. Por último, yo creo que nuestro material será mejor que cualquier otro que pudiera considerarse para el trabajo. Ahora mismo, no hay tablones densos para andamiaje 171 de 2 pulgadas en el mercado, así que no se puede proveer algo mejor en el tiempo planteado. Argumentaría que estamos éticamente obligados a proveer esta madera. Si hay alguien que está fallando éticamente, probablemente sea el agente de compra que especificó un material que no está disponible.

Ya que Bob no parecía convencido, John White le preguntó:

—¿Y qué hay de la demás gente de esta compañía? Estás actuando como si fueras el único que está involucrado. Quizá sea fácil para ti rechazar esta orden, pues tienes un título y muchas opciones profesionales. Steve, el montacarguista, no terminó la secundaria. Ha laborado aquí por 30 años y si pierde este trabajo, probablemente no encontraría otro. El esposo de Jannet, la de contabilidad, está discapacitado. A pesar de que yo no le puedo pagar mucho, nuestro plan de seguro mantiene a su familia junta. Los gastos que acumula su esposo en un año, ella nunca podría cubrirlos con otro seguro, si pierde este trabajo.

Bob, no digo que deberíamos de hacer lo que fuera y después tratar de justificarlo, pero la ética en el mundo real de los negocios no es la misma que se estudia en el salón de clases. Es fácil decir: "Tenemos un problema ético aquí. Mejor no hay que hacerlo". En el salón de clases, no tienes nada que perder si aplicas la moral superior. Aquí afuera, las compañías cierran, la gente pierde su empleo y sus vidas pueden quedar destruidas. Decir siempre "No, no haremos eso" no es mejor que no tener ética en absoluto. La ética contempla tomar decisiones difíciles, sopesar costos y beneficios. Tenemos que acercarnos a cada situación individualmente.

Cuando Bob salió de la oficina de John, estaba más confundido que nunca. Cuando entró en su oficina, tenía todas las intenciones de renunciar debido a su indignación moral, pero los argumentos de John eran muy convincentes; además, él respetaba y confiaba en John. Después de todo, John White tenía mucho más experiencia que él y era altamente respetado tanto en la comunidad como en la industria de la madera. Sin embargo, seguía incómodo con la decisión. ¿Vender la madera a Quality sería un mero ajuste necesario de su utopía ética al mundo real de los negocios? ¿O sería un primer paso a un destino que él no quería alcanzar?

CASO 5

Industrias de cerveza y vino: Bartles & Jaymes

Per V. Jenster*

A finales de 1986, Bartles y Jaymes conquistaron el primer lugar en la industria de las bebidas alcohólicas después de llegar segundo a los California Coolers, cuando este producto acertó en el mercado de bienes de consumo. A principios de 1987, Bartles & Jaymes y su pariente corporativo, la vinatería Ernest & Julio Gallo, se enfrentaron con la tarea de mantener esta posición en el mercado e incrementar las ventas de su nuevo producto: la bebida refrescante de vino.

Historia de la empresa

La vinatería Ernest & Julio Gallo, la más grande del mundo, empezó en 1933 con un hecho trágico en las vidas de los hermanos Gallo. Heredaron de su padre Joseph la vinatería después de que este asesinara a su esposa, de que —supuestamente— persiguiera a sus hijos Ernest y Julio con una escopeta y, luego, se suicidara. De repente se enfrentaron con la operación de la vinatería donde crecieron y trabajaron mientras completaban su educación (secundaria para Julio y universidad para Ernest). Lo único que sabían del negocio era el cultivo de la uva. Joseph Gallo, un inmigrante italiano, llegó a Modesto, California, y comenzó su pequeña compañía de producción de uva. La incipiente empresa sobrevivió la Prohibición, debido a que el gobierno permitió la producción de vino para uso medicinal y religioso. La Depresión asestó un golpe a la pequeña compañía. Fue en este punto cuando Joseph decidió la ya narrada dramática solución a sus problemas, aunque los podía haber resuelto de otra forma. Así, Joseph dejó a sus relativamente jóvenes hijos una pesada carga de responsabilidad y toma de decisiones. Poco tiempo después de la muerte de sus padres, la prohibición se anuló y los hermanos decidieron cambiar de la cosecha de uva a la producción de vino. Con dos folletos sobre la elaboración de vino consultados en la biblioteca pública y menos de 6,000 dólares, los ambiciosos Gallo comenzaron su imperio.

El ascenso de los hermanos a la posición dominante en la industria del vino (véase el cuadro 1) inició lentamente. Durante las décadas de 1930 y 1940, Ernest desarrolló su agudo sentido

Per V. Jenster, profesor del IMD (International Institute for Management Development) en Lausana, Suiza. Texto reproducido con autorización. El autor agradece la asistencia de los estudiantes Morlon Bell, Michele Goggins y Mary Kay, así como el apoyo de la McIntire Foundation, para la elaboración del presente caso. Copyright ©1987.

CUADRO 1 Acciones en el mercado del vino en Estados Unidos en 1985

E. & J. Gallo Winery	26.1%
Seagram & Sons	8.3
Canandaigua Wine	5.4
Brown-Forman	5.1
National Distillers	4.0
Heublein	3.7
Importaciones	23.4
Todas las demás	24.0

Fuente: De *Advertising Age*, 24 de marzo de 1986. Reproducido con autorización de Crain Communications, Inc.

de marketing, mientras Julio cultivó y refinó su pericia en la elaboración de vinos. Inicialmente ellos vendieron su producto a granel a embotelladores de la costa Este, pero en 1938 decidieron que sería más rentable embotellar el vino con etiqueta Gallo. En la década de 1950, la compañía Gallo aumentó su éxito con un producto de bajo precio y alto contenido de alcohol llamado Thunderbird. Este producto adquirió una excepcional popularidad en los barrios bajos y aumentó la ganancia de Gallo, pero había causado un daño irreparable aparejando a Gallo con una imagen de "chusma". En la década de 1960, y a principios de la de 1970, la imagen de Gallo, no las ventas, fue más empañada por la moda de "vino popular" en la cual era líder con productos como los vinos Boone's Farm y Spanada. A mediados de la década de 1970, Ernest Gallo estaba consciente y preocupado por el hecho de que aun cuando tenían ventas formidables, padecían también de una opaca imagen de vino de jarra. En ese momento, la compañía decidió intentar mejorar su imagen y, al mismo tiempo, mantener su mercado de acciones y sus ventas. Como parte de su intento, comenzó a elaborar vinos de mesa finos como Zinfandel, Sauvignon Blanc, Ruby Cabernet y French Colombard. El impulso para mejorar su imagen continuó siendo el aspecto dominante para Gallo.

Conforme Gallo creció, no solo desarrolló sus ventas de vino sino que adquirió una extremada verticalidad. Había divisiones en casi cada paso del proceso de producción de vino. Los hermanos eran propietarios de una de las compañías de transporte interestatal más grandes de California, que usaban para transportar vino, uvas, materia prima, arena, limones, etc. Gallo era el único productor de vino que fabricaba sus propias botellas; asimismo, su compañía Midcal Aluminium le proporcionaba todas las tapas. A diferencia de otros productores de vino, Gallo jugó un papel activo en la publicidad de sus productos. Las vinaterías típicas darían sus productos a distribuidores independientes que representaban a varios productores y que esperaban que llevaran el producto al consumidor. Estos distribuidores, por otro lado, sentían que su trabajo consistía en tomar órdenes y hacer entregas. Gallo era dueño de muchas de sus comercializadoras, por lo que los distribuidores independientes que utilizaban tenían que estar dispuestos a apegarse a las especificaciones de Gallo. La compañía era conocida por "alentar" a sus distribuidores independientes para comercializar exclusivamente los productos Gallo. Aproximadamente hace diez años, la Comisión Federal de Competencia (FTC) consideró esto inadecuado, por lo que acusó a Gallo de competencia injusta y lo forzó a firmar una orden de consentimiento. En 1984 la FTC eliminó la orden debido al hecho de que la industria del vino se había vuelto más competitiva.

En sus 50 años de historia, Gallo desarrolló una extensa línea de productos. Tenía productos dirigidos al mercado de vino de jarra de bajo costo (Carlo Rossi, Chablis Blanc, etc.). También poseía una categoría repleta de vinos superiores, que vendía más que cualquier competidor, pero cuyo crecimiento en este mercado se limitó debido al hecho de que Gallo carecía de un atractivo "esnob". En 1984 Gallo entró a la categoría del vino refrescante o *cooler* (una bebida carbonatada con la mitad de vino blanco y la mitad de jugo de frutas) con su bebida Bartles & Jaymes. Gallo siguió a los líderes de los innovadores de tal industria como California Cooler, Sun Country Coolers, etc., que encajaban bien con su estrategia de construir un mercado compartido a través de una habilidosa estrategia de publicidad y ventas, pero no sin introducir nuevos productos. Bartles & Jaymes se comercializaba en botellas verdes de 12 onzas, similares a las usadas por la cerveza Michelob, y estaba dirigida a un consumidor más sofisticado que el de sus competidores. Para ayudar a promover esta mejorada imagen, Gallo intentó distanciarse de Bartles & Jaymes. Así, muchos consumidores no sabían que se utilizaba vino Gallo para preparar los *coolers*. En el verano de 1986, Bartles & Jaymes logró el primer lugar en el mercado de las bebidas refrescantes de vino con una participación de 22.1%.

Con sus 6,000 dólares iniciales, cierta ingenuidad, un poco de suerte y muchas agallas, los hermanos Gallo construyeron su prominente dinastía vitivinícola. Ya que Gallo era una compañía privada que se mantenía sin cotizar en la bolsa, no hubo datos financieros públicos, pero se estimó que tenía ventas anuales por un mil millones de dólares y utilidades anuales por 50 millones de dólares. En comparación, Joe E. Seagram and Sons, la segunda vinatería más grande, obtuvo ingresos por 350 millones de dólares y perdió dinero en las ventas de sus vinos de mesa en 1985.

Antecedentes de los ejecutivos clave

E. & J. Gallo era una compañía de propiedad privada y operada por los hermanos Ernest y Julio Gallo. Julio, de 77 años de edad, antiguo presidente de la firma, y Ernest, de 78 años de edad, presidente del consejo, llevaron su compañía de manera muy dicotómica. Julio se encargaba de producir el vino, mientras Ernest lo comercializaba y distribuía. Operaban en sus separados mundos y no tenían contacto diario. Parecía un juego: Julio intentando producir más de lo que Ernest podía vender y Ernest intentando vender más de lo que Julio podía producir. Pero aparentemente el juego funcionaba y daba a la compañía buenas utilidades.

Julio, el más despreocupado de los dos, se describía a sí mismo como "granjero de corazón". Pasaba mucho tiempo en los campos y supervisando la producción de vino. Sin ser definitivamente un pelele, Julio no era el hombre de negocios aplicado e intenso como su hermano Ernest. Este controlaba la compañía y, por lo general, tomaba las decisiones finales. Se caracterizaba como político, pero era franco. No podía renunciar al poder y el control y gracias a su insistencia de que todo lo relacionado con la operación de la firma se mantenía en secreto. Podía ser un jefe muy demandante e impulsivo, y cuando se le preguntaba el secreto del éxito de Gallo, respondía que era "la lucha constante por la perfección en cada aspecto de su negocio".

Un problema inminente, aunque no abiertamente dirigido a Gallo, era la avanzada edad de los hermanos. Julio parecía estar entrenando y preparando a su hijo Robert y a su yerno James Coleman en su área de experiencia. Por otro lado, Ernest parecía que no tendría un heredero del negocio, pues dos de sus hijos, David y Joseph, si bien trabajaban con él, a ninguno se le veía con la capacidad para tomar el puesto de su padre. Ernest sentía que Joseph tomaba decisiones inconsistentes; a David lo describía como "ocasionalmente bizarro". La compañía tenía muchos ejecutivos inteligentes de alto nivel, pero que carecían del poder para tomar decisiones y para luchar y agradar a Ernest. La muerte de Ernest y Julio, que serían inevitables, resultarían devastadoras para la organización.

Operaciones internas

Debido a que Gallo se había mantenido tan privada y reservada, era difícil determinar cómo y por qué se hacían las cosas de esa manera, quizá solo Ernest lo sabía. Algunos directivos sénior hacían funcionar las divisiones de la compañía verticalmente integrada y le reportaban a Ernest. Él había intervenido en las principales decisiones y operaciones, por ello, hasta llegó a escribir un manual de entrenamiento muy detallado de 300 páginas para los representantes de ventas. Gallo era tan reservada que en ocasiones ni sus propios empleados sabían lo que estaba sucediendo. Diana Kelleher, anterior gerente de marketing de Gallo, dijo al respecto: "Yo nunca vi un estado de cuenta de pérdidas ni ganancias; Ernest no le hubiera dicho a nadie el costo de la materia prima, los costos generales ni los de envío".

Historia y análisis de la industria

Sería difícil precisar exactamente el surgimiento de la industria de las bebidas refrescantes con vino (*coolers*). Se citan tres eventos separados para marcar el inicio de esta próspera industria. En 1977 Joseph Bianchi, propietario de Bianchi Vineyards, observó en una fiesta que la gente mezclaba Seven-Up con vino. En 1981 Thomas Steid, dueño de Canada Dry/Graf's Bottling Compañy, formuló su propia receta de bebida refrescante con vino. El evento que se consideró como el inicio de la industria surgió de la bebida que Michael M. Crete y R. Stuart Bewley produjeron para California Cooler.

La bebida de Crete y Bewley inicialmente se sirvió en 1972 a los amigos. Pocos sabían que esta nueva bebida refrescante alcanzaría un enorme éxito una década después. Se mezclaron lotes de vino blanco y jugo de frutas en barriles de cerveza y se sirvieron en envases de plástico. Las etiquetas se pegaban a mano y en un día promedio se embotellaban de 100 a 150 envases. A partir de que el producto se lanzó al mercado a principios de la década de 1980, las ventas comenzaron a crecer sostenidamente. Esta campaña estimuló la atención nacional hacia el nuevo mercado.

Al momento de la entrada del *cooler*, otros sectores de la industria de las bebidas experimentaban caída en sus ventas. La industria del vino había experimentado una reducción en las ventas de vinos de mesa durante dos años seguidos al inicio de la década de 80. De la misma manera, la industria de la cerveza se había enfrentado con la reducción en las ventas. Ambas industrias estaban gastando más en publicidad para retener a sus clientes habituales. Diversos factores causaron tal respuesta en el mercado de consumo. Primero, se endurecieron las leyes para evitar que la gente manejara después de consumir alcohol, lo cual ayudó a estar más conscientes sobre los efectos negativos del alcohol. Los grupos de interés público como el MADD (Madres en Contra de Manejar Alcoholizado) jugaron un papel esencial en el cambio de las percepciones de los consumidores. Segundo, había una gran preocupación por el buen estado físico. Conforme los consumidores conscientes de la salud crecieron en número, decayó la tendencia de estos a darse el gusto de las bebidas alcohólicas. Tercero, el aumento de la edad legal para beber alcohol presentó obstáculos para incrementar las ventas. Como los adultos más jóvenes consumían un porcentaje significativo del alcohol vendido, el cambio en la edad recortó algunas ventas previstas por los productores de cerveza y vino. Cuarto, la presión para eliminar anuncios televisivos de alcohol mostró de cierta manera a las vinaterías y cervecerías como los villanos de la sociedad.

Desde el punto de vista de los factores sociales, era necesario un método que ayudara a sobrevivir a las industrias del alcohol. Así, una alternativa para la de la cerveza y el vino pareció ser la solución desde la mirada de Crete y Bewley. Ellos vieron el potencial y se apoderaron de la oportunidad para capitalizar su proyecto. Para lograr un resultado exitoso, sin embargo, el producto debería estar posicionado adecuadamente. La bebida de vino tenía sabor afrutado, era una bebida ligera hecha de chablis (vino blanco), jugo de piña combinado con cítricos, fructosa y una ligera cantidad de carbonato. Sus consumidores meta eran adultos jóvenes a partir de 34 años de edad, hombres y mujeres. El *cooler* era comercializado de la misma manera que la cerveza, en especial en "cajas" con botellas para refrigerar. Debía ser menos elitista que el vino. Contenía más alcohol que la cerveza pero menos que el vino.

Para la industria de las bebidas refrescantes con vino, era necesario contar con diversas características. El sabor era un factor importante para ofrecer una base para la diferenciación entre productos. Se buscaron los puntos de diferencia para que sobresalieran las marcas individuales, variando los sabores de la fruta o las técnicas de publicidad o de empaque. Otra característica importante fue la comercialización, que era relevante para el éxito en cualquier mercado de consumo. En particular en la industria del vino, el precio era la clave de comercialización. Podría ser extremadamente difícil para los competidores lanzar ideas originales para diferenciar su producto, por lo que la mayoría se basó en el precio para ayudar a captar un porcentaje razonable del mercado.

Se han dado diversos puntos de vista sobre las bebidas con vino. El enfoque en el servicio único fue el impulso principal del plan de mercadotecnia del *cooler*. Podía llevarse con facilidad (exactamente como el de la cerveza) y no se concentraba en la mentalidad de la vinatería. Los *coolers* también afectaron los límites de las bebidas "promocionando las burbujeantes bebidas, la popularidad del vino blanco, la frescura del jugo de cítricos, más un poco de fructosa para satisfacer el paladar dulce". El *cooler* cumplió los deseos de la sociedad de consumo plural. Se le consideraba el "vino para el hombre común", ya que atraía al bebedor de cerveza que deseaba un poco más de alcohol, al bebedor de vino que deseaba un poco menos alcohol, a los bebedores conscientes de las calorías y el sabor, y a los rechazados por la élite esnob del vino. El módulo de marketing contenía todos los elementos de éxito: "una identidad de producto con la firma; un precio y empaque con imagen bien definida (paquete de seis); un poderoso canal de distribución que destaca la comercialización de la hielera para capitalizar la percepción de 'frescura', y mejorar su total posicionamiento en precio y rentabilidad; así como la publicidad que comunica un mensaje fresco al público". Este segmento mostró un desarrollo de segunda generación. Se mencionaron tres tendencias en la industria actual. Una se enfocaba en el bajo contenido de alcohol de aproximadamente 6%. Este aspecto estuvo probablemente influenciado por las campañas de conducir sin alcohol. Se dijo que las ventas de *coolers* se habían estimulado por este aspecto. Otra tendencia fue dirigida hacia su característica de calmar la sed. Su perspectiva de salud fue el foco de la última tendencia. Se declaró que los *coolers* eran saludables, pues contenían la mitad de jugo de cítricos.

La industria de las bebidas con vino pareció particularmente atractiva porque el producto ofrecía altos márgenes de ganancias y una base baja sin requisitos de capital. Generó mejores márgenes de ganancias que la industria de la cerveza o el vino. La tasa anual de crecimiento esperada se proyectó en 13% hasta 1993. La tasa de crecimiento esperada en 1986 fue de 69%. Las ventas de *cooler* se estimó que representaban de 17 a 20% del total de las ventas de vino en 1986, en comparación con 1% de 1984.

En 1986, la industria del *cooler* enfrentó diversas tendencias en el mundo de las bebidas. Primera, se reportó que los estadounidenses tomaban más bebidas gaseosas (abril de 1986). La industria del alcohol seguía enfrentando pérdidas totales, pero la industria del vino estaba mejor situada que la de la cerveza debido al éxito del *cooler*. Se predijo que la industria del *cooler* pronto se separaría de la del vino. La segunda área de preocupación incluyó el constante incremento del costo de la competencia. Se intensificó la lucha por la distribución al mayoreo y al menudeo. Esto condujo a los comerciantes a adquirir más espacio para exhibición y visibilidad. Incluso se usaron cupones para mejorar la distribución. Para agosto de 1986, el nivel del dólar era bajo y las inversiones altas.

La industria de la bebida de vino (*cooler*) consistía de aproximadamente cuarenta productores y 150 marcas individuales en el verano de 1986. Debido a las altas barreras para entrar en la competencia en otros segmentos, particularmente en el cervecero y del vino, la competencia no parecía importante. Ya que los mercados de cerveza y vino habían madurado, el éxito logrado en la industria del *cooler* produjo que voltearan por segunda ocasión hacia esta área de potenciales ganancias. Aun cuando las cerveceras y las vinaterías experimentaron descenso en las ventas, solo una pequeña proporción se atribuyó al auge de la industria de las bebidas con vino. La industria de las gaseosas sin alcohol, por otro lado, era un problema menor para los *coolers* debido a su creciente consumo. El efecto de la competencia no se mostraba significativo en las ventas de *coolers*, pero su potencial aparecía en el entorno. Los expertos plantearon preguntas relativas a las ventas de *cooler*. Los descensos se predijeron con base en un especulado interés del consumidor en una variedad de bebidas de sabores. ¿Eran los *coolers* una moda pasajera o una industria nueva en crecimiento?

Competencia

Cuando California Cooler comenzó a comerciar de manera ambulante su bebida con vino, la competencia era escasa y lejos de ser formidable. Inicialmente, el costo por entrar a un nuevo mercado era relativamente bajo. Pero para el primer trimestre de 1986, la vinatería, la cervecería y la destilería más grandes del mundo competían por el primer puesto y las tres recibían grandes financiamientos. El costo para entrar en el mercado había aumentado a 10 millones de dólares solo por publicidad. Los comerciantes de *cooler* y los observadores de la industria confiaban en que esta categoría continuaría creciendo durante los siguientes años. Se estimaba que se venderían de 60 a 65 millones de cajas de *coolers* para finales de 1987, incluyendo aquellos que tenían malta, y cerca de 41 millones en 1985. En 1987 más de 150 clases de *coolers* competían con siete principales productores, que controlaban aproximadamente 90% del mercado: Bartles y Jaymes de E. & J. Gallo Winery, California Cooler de Brown-Forman Corporation, Sun Country de Canandaigua Wine Company, Calvin Cooler de Joseph Victori Wines, White Mountain de Stroh Brewery Company y Premium and Golden de Joe E. Seagram and Sons (véase el cuadro 2).

Bartles & Jaymes

Para octubre de 1986, el *cooler* Bartles & Jaymes de Gallo era el más vendido en Estados Unidos, con 22.1% del mercado. Su posición era importante para la línea de productos relativamente limitada de Bartles & Jaymes. Gallo ofrecía solo un

CUADRO 2 Las 10 marcas principales de *cooler* en el mercado

	1986*	1985
1. Bartles & Jaymes	22.1%	17.5%
2. California Cooler	18.0	26.8
3. Sun Country	13.1	11.7
4. White Mountain	12.4	7.5
5. Calvin Cooler	8.3	6.5
6. Seagram's Golden	6.9	—
7. Seagram's Premium	5.5	9.3
8. Dewey Stevens	2.8	—
9. 20/20	2.5	3.7
10. La Croix	1.5	1.9

Fuente: De *Impact Databank*, 1986. Reproducido con autorización de M. Shanken Communications, Inc.
*Estimado.

CUADRO 3 Presupuestos para publicidad en 1986

Bartles & Jaymes	$30,000,000
Seagram's	30,000,000
California Cooler	25,000,000
Dewey Stevens	20,000,000
Sun Country	20,000,000
White Mountain	12,000,000
Calvin Cooler	10,000,000

Fuente: De *Advertising Age*, 24 de marzo de 1986. Reproducido con autorización de Crain Communications, Inc.

sabor de bebida con vino (6% de alcohol). Este *cooler* claro y menos dulce llegó en botellas verdes de 12 onzas como las cervezas importadas, y estaba disponible en el paquete estándar de cuatro botellas.

Dos factores clave, la publicidad y la distribución, diferenciaron al líder de la industria de sus competidores. En 1986, Gallo asignó un presupuesto de 30 millones de dólares para gastos de publicidad de Bartles & Jaymes (véase el cuadro 3). La mayoría de este dinero se invirtió en una campaña publicitaria en la que Gallo decidió distanciar su *cooler* de la corporación pariente creando propietarios ficticios, llamados Frank Bartles y Ed Jaymes, quienes se sentaban en el pórtico mientras Frank realizaba monólogos cómicos y modestos sobre el producto. Un publicista de la campaña de Bartles & Jaymes señaló: "La mayoría de la competencia usaba música juvenil y mostraba a gente joven haciendo cuestiones predecibles. Nosotros pensamos que si utilizábamos todos esos clichés, estaríamos perdidos". Fue parte de un cálculo frío, bien demarcado por parte de Gallo por mantener un sentido de calidez, hogareño y provinciano en los anuncios de televisión que, evidentemente, hacían pensar a muchos estadounidenses que realmente existían un Frank Bartles y un Ed Jaymes.

Ciertos observadores, incluyendo algunos competidores de Gallo, no estaban tan divertidos con la estrategia de marketing de Gallo como la mayoría de Estados Unidos parecía estar. Tom Gibbs, director de marketing de California Coolers, consideró la publicidad como absolutamente engañosa: "Los *yuppies* no beben Gallo, por lo que ellos (Gallo) han intentado separar sus nombres de este mercado". Gibbs aseveró que el público no sabía que Frank y Ed no estaban en el nivel y creía que los consumidores cambiarían el producto si conocían la verdad. Él argumentó que su compañía había entrevistado a gente que dejó de tomar Bartles & Jaymes cuando se enteraron de que era un producto Gallo, un nombre, dijo "que la gente asocia con el vino de jarra" (de baja calidad).

Jon Fredrikson, un analista industrial de Gomberg, Fredrikson y Asociados, con sede en San Francisco, consultor de la industria vitivinícola, afirmó que el público reaccionaría de forma negativa si la verdad se supiera de forma generalizada, pero agregó que no era probable.

Aileen Fredrikson, también de Gomberg, afirmó que la campaña tenía el doble efecto de hacer que los bebedores de cerveza se identificaran con el mercado del *cooler*. "Se puede siempre convencer a la gente joven de probar algo una vez", dijo, "pero esta puede ser una forma de hacer que los bebedores incondicionales de cerveza lo probaran, ya que quienes lo venden son dos buenos samaritanos".

El canal de distribución elegido por Gallo fue el segundo factor clave para distinguir Bartles & Jaymes de sus competidores. A diferencia de otros productores de *coolers*, que distribuían sus productos a través de distribuidores de cerveza, Bartles & Jaymes se colocó con los distribuidores de vino de Gallo. Ernest Gallo los seleccionó personalmente y, después, planeó con ellos estrategias detalladas, analizando las pautas de tráfico en cada tienda del distrito y el número de cajas de *coolers* que cada una debería tener. Ernest Gallo animó a los distribuidores a contratar a empleados especiales para vender este producto. También intentó persuadir a los distribuidores para que vendieran exclusivamente su vino.

California Cooler

Stuart Bewley y Michael Crete fundaron la compañía California Cooler en Stockton, California, hacía solo cinco años. Los dos amigos de la infancia crearon el producto cuando, en fiestas de playa, comenzaron a llenar cubetas con su mezcla especial, mitad vino blanco y mitad jugo de cítricos. En septiembre de 1985, Brown-Froman, una destilería de Louisville, compró el segmento líder California Cooler por 63 millones de dólares en efectivo, más varios millones adicionales en pagos de incentivos por futuras ventas.

Los California Coolers contienen 6% de alcohol y hay una variedad de sabores, incluyendo tropical, naranja y el sabor cítrico original. Algo crucial para el éxito inicial del California Cooler fue que lo promovieron más como una cerveza que como un vino. Desde el principio, Crete y Bewley querían un empaquetado de calidad, y consideraron que nada le ganaría a una botella Heineken. Por ello, empacaron el California Cooler en una botella de cuello corto, verde esmaltada, con tapa de rosca; se vendían en paquetes de cuatro por menos de 4 dólares. Esto, pensaron, atraería a algunos bebedores de cerveza. Posteriormente, para contrarrestar la competencia, California Cooler dio a conocer varios empaques nuevos, incluyendo botellas de dos litros, de 198 ml y, en algunos lugares, cuartos y medios barriles.

Otro paso importante fue dejar la pulpa natural de la fruta en la botella y enfatizarlo en la etiqueta. Así, el California Cooler se alejó más de la categoría del vino claro y de degustación. California Cooler confiaba que con esto atraería a los consumidores jóvenes que pensaran naturalmente. El producto se posicionó como una bebida informal, para gente estadounidense promedio, dirigida a hombres y mujeres de 18 a 35 años de edad.

En 1983 una vez que la compañía recuperó lo invertido, los cofundadores empezaron a buscar una agencia de publicidad para que les ayudara a ampliar las ventas en la región norte de California. Hasta ese momento, su única publicidad era una canción en un anuncio de radio con la melodía del éxito de los Beach Boys "California Girls". La nueva campaña publicitaria posicionó a California Cooler no como cerveza, ni como vino, sino como "algo más extraordinario que cualquier bebida". Estos comerciales retrataban a fuereños envidiosos de los jacuzzis, el fetiche por la comida sana y demás estilos de vida relajados de los californianos, incluyendo su bebida gemela, el California Cooler. En otros anuncios aparecían jóvenes y rock'n roll de la década de 1960. En 1986 Brown-Forman Corporation gastó más de 20 millones de dólares en esta campaña y aun así Bartles & Jaymes logró el primer lugar. En 1986 el California Cooler tenía una participación en el mercado de 18.0%, menos de la que tuvo en 1985 de 26.8% (véase el cuadro 2).

A diferencia de Bartles & Jaymes, los California Coolers eran distribuidos por comercializadores de cerveza, no por mayoristas de vino. Los fundadores del California Cooler querían que su producto estuviera en el refrigerador de una cuenta de ventas. Sentían que las bebidas se movían más fuera de la "caja fría" y no de las estanterías. Eligieron a distribuidores de cerveza porque, por lo general, tenían más cuentas que los de vino; los distribuidores de cerveza vendían pocos productos comparados con los enormes portafolios de los vendedores de vino al por mayor; y como "buenos samaritanos", los distribuidores de cerveza representaban mejor a su informal producto. Sin embargo, más adelante, para competir con la enorme capacidad de distribución de Gallo, California Cooler intentó sacar provecho de la fuerza de distribución de Brown-Forman; manejaba el famoso whisky Jack Daniels, y trabajó para ampliar el mercado de los *coolers*.

Sun Country

Los *coolers* Sun Country, producto de Cananadaigua Wine, ocupaban el tercer lugar en ventas, con 13.1% de participación en el mercado. Eran bastante similares a los California Coolers: ambos contenían 6% de alcohol y pulpa de fruta, lo cual les daba una apariencia turbia; había los mismos sabores: tropical, cítricos y naranja; y ambos venían en botella verde y se vendían en prácticos paquetes de cuatro o en botellas de 2 litros.

Para diferenciar con mayor facilidad el producto, Canandaigua expandió su línea de productos incluyendo dos nuevos sabores: cereza y durazno. También incrementaron su publicidad con un presupuesto de 25 millones de dólares y portavoces famosos, como por ejemplo Charo, Cathy Lee Crosby y The Four Tops. Los anuncios iban dirigidos a hombres y mujeres entre 21 y 34 años de edad.

Canandaigua también esperaba capitalizar exportando Sun Country, la cual ya se conseguía en Canadá, Japón, Sudáfrica y Reino Unido. A partir de 1986, se exportaron alrededor de 600,000 de 10 millones de cajas.

White Mountain

Reconociendo el atractivo de los *coolers*, varios cerveceros entraron al mercado con productos a base de malta. A partir de 1986, solamente el *cooler* de Stroh White Mountain mostraba algo de éxito y ventas importantes. Este *cooler* tenía una participación en el mercado de 12.4%, más que 7.5% de 1985. La mayoría de sus ventas provenían de estados donde aventajaba en distribución e impuestos a los *coolers* de vino. Muchos estados como Pensilvania, estado donde más se vendía White Mountain, prohibían la venta de productos a base de vino en supermercados y tiendas de comida.

El *cooler* White Mountain se parecía más a la cerveza que al vino. Provenía de la malta, pero a menos de que el consumidor se fijara bien en la etiqueta o en los comerciales, no se daría cuenta, y eso era lo que quería la cervecera. En vez de intentar crear un mercado para una subcategoría de *coolers* de malta, que podía malinterpretarse por cerveza con sabor, los cerveceros simplemente vendieron sus productos como "coolers", sacando provecho de la imaginación de los productos provenientes del vino. La etiqueta de White Mountain decía que era una "bebida de alcohol con jugos naturales de fruta" y 5% de contenido alcohólico.

El *cooler* White Mountain venía en botellas de 12 onzas (354 ml) y se vendía en paquetes de seis, como la cerveza. Stroh había invertido más de 12 millones de dólares en publicidad para White Mountain, dirigido a personas entre los 21 y 40 años de edad. También distribuía su bebida a través de distribuidores de cerveza.

Seagram

Joe E. Seagram & Sons producía tanto los *coolers* Premium como los Golden. Combinados, ambos tenían el 12.4% del mercado. Las bebidas de Seagram eran transparentes, no turbias como los Sun Country o los California Cooler. Venían en botellas de vidrio de 12 onzas (354 ml) en paquetes de cuatro botellas. A diferencia de los líderes de la industria, Bartles & Jaymes y California Cooler, que contenían 6% de alcohol, el de Seagram tenía solo 4%. Del *cooler* Premium había varios sabores incluyendo cítricos, durazno, frutas silvestres y manzana con arándano.

Los primeros anuncios para el Premium eran escenas rápidas de gente joven practicando deporte al aire libre, con música enérgica de fondo. El anuncio era intencionalmente como un comercial de cerveza, porque Seagram dirigía su producto a los bebedores de cerveza y los alentaba a cambiar. Aunque los hombres consumen 80% de la cerveza vendida, tendían a desconfiar de los *coolers*. Pero considerando que las mujeres tomaban casi cuatro veces más cerveza que vino, Seagram tenía la esperanza de que las mujeres se animaran a cambiar también a los hombres.

El Premium de cítricos no obtuvo la acogida esperada por los observadores. Como resultado, la compañía respaldó entonces la nueva línea de *coolers* Golden, con una campaña publicitaria de 25 millones de dólares. La campaña fue protagonizada por la estrella de la serie "Moonlighting", Bruce Willis, quien protagonizaba al mismo pícaro personaje de la serie de ABC-TV. Estos anuncios estaban dirigidos a mujeres entre los 21 y 35 años de edad.

Seagram introdujo un nuevo producto en el mercado: los Golden Spirits. Era la primera línea de bebidas alcohólicas modeladas a partir del *cooler*. Se vendía en paquetes de cuatro botellas de 375 ml, que se parecían bastante al *cooler* Golden. Los cuatro sabores de la línea, Mandarin Vodka (vodka con mandarina), Peach Melba Rum (durazno con ron), Spieced Canadian (whisky y especias) y Sunfruit Gin, ginebra con jugo de frutas, contenían 5.1% de alcohol. Los sabores estaban patentados; los consumidores no podían reproducirlos en sus casas.

Se esperaba que estos productos fueran consumidos más por hombres y por una audiencia de mayor edad que los *coolers* de vino. "De alguna manera están posicionados de forma más seria", señaló Thomas MacInerney, vicepresidente de marketing de las destilerías Seagram, "no dan la idea de fiesta de playa, como las *coolers* de vino".

Calvin

La Calvin Cooler, producida por los Vinos Joseph Victori en Nueva York, ocupaba el quinto lugar en ventas. La compañía logró pronto dominio de Nueva York gracias a una ley estatal que solo permitía que se vendieran en los supermercados licores del estado de Nueva York, ley que entró en vigor justo cuando su *cooler* ingresó al mercado en 1984. Para 1986, Calvin Cooler tenía 8.3% de participación del mercado y había distribuido casi 6 millones de cajas a cada estado, excepto Dakota del Sur.

Sin embargo, su producto estaba todavía detrás de competidores con canales de distribución más fuertes, así como un presupuesto para publicidad dos o tres veces mayor que el propio.

Los *coolers* Calvin contaban con una amplia gama de sabores, incluyendo frambuesa, uno de los sabores más populares. Se podía comprar en paquetes de cuatro y en botellas de 2 litros.

Dewey Stevens

El Dewey Stevens Premium Light, producido por Anheuser-Busch, fue el primer producto de su clase. Este *cooler* de vino se vendía en paquetes de cuatro botellas de 12 onzas (354 ml), cada una con 4% de alcohol y solo 135 calorías. La mayoría de los *coolers* contenían de 5 a 6% de alcohol y más de 200 calorías. No contenía endulzantes artificiales; Anheuser-Busch bajó las calorías recortando el contenido de alcohol y añadiendo agua.

La campaña publicitaria para el *cooler* iba dirigida a mujeres jóvenes activas y ponía énfasis en el bajo contenido calórico.

Referencias

Willian Dunn, "Coolers Add Fizz to Flat Wine Market", *American Demographics* (marzo de 1986), pp. 19-20.

Scott Hume, "Drop in Consumption a Sour Note for Industries", *Advertising Age*, 7 de abril de 1986, p. 23.

J. D. Stacy, "The Wine Cooler Phenomenon", *Beverage World* (diciembre de 1984), pp. 49-50.

Patricia Winters, "Predict Big Chill for Wine Coolers", *Advertising Age*, 11 de agosto de 1986.

CASO 6

Bennett's Machine Shop, Inc.

Arthur Sharplin*

"Esto no será ni siquiera una página en el mes", afirmó Pat Bennett, y agregó: "El peor mes que hemos tenido". Pat era el propietario de Bennett's Machine Shop, un remodelador de motores de automóviles en Lake Charles, Louisiana. Continuó explicando lo que significaba "una página en el mes": Escribimos cada orden de trabajo de un motor en una línea del bloc amarillo tamaño oficio con 32 líneas. El año pasado, nos dimos cuenta de que el punto de equilibrio era de alrededor de 60 motores al mes. Si tenemos tres páginas en un mes, realmente hacemos algo de dinero. ¿Una sola página? Deberíamos de irnos a hacer otra cosa.

Las ventas de motores de Bennett's para julio de 1987 fueron de 57,000 dólares; menos de los 80,000 a 90,000 dólares del año anterior. Pat señaló: "Instalamos alrededor de 40% de los motores que reconstruimos, en alrededor de 1,250 dólares cada uno. Por la mano de obra obtenemos un promedio de 750 dólares. De manera que no espero que las ventas en agosto lleguen ni siquiera a 30,000 dólares".

Pat vio este problema como "muy pocas ventas para mantener el ritmo de los gastos fijos". Agregó: "debido a esto, tenemos un problema de flujo de efectivo". Después de recibir su declaración financiera de julio por parte del contador, Pat había despedido toda la ayuda de su oficina (una secretaria/contadora y un cajero/negociador). En ese mismo año, Pat ya había prescindido de cuatro operadores de máquinas y un ayudante.

El propio Pat había estado empleando la mayoría de su tiempo en un contrato de afinación y modificación de herramientas con Boeing de Louisiana, Inc. (BLI). Bennett comenzó a hacer este trabajo en febrero de 1987, poco después de que abrió su nueva instalación en Louisiana, donde se revisaban los aviones cisterna Air Force KC-135 (una variación del Boeing 707). En julio, Boeing había comenzado a regresar las facturas de Bennett, con un sello de que excedían la cantidad contratada de 75,000 dólares. Para mediados de agosto, las cuentas no pagadas de Boeing sumaban más de 60,000 dólares. Pat aclaró: "He reducido costos en todo lo que he podido y vendido todo lo que puedo vender. Incluso saqué una segunda hipoteca de mi departamento. Si Boeing no paga muy pronto u ocurre un milagro en el taller, seremos historia". En el apéndice de este caso hay extractos de una entrevista con Pat Bennett realizada a mediados de septiembre de 1987.

Antecedentes de la compañía

En 1972 Pat Bennett obtuvo un grado universitario en ingeniería en la McNeese University en Lake Charles. Recordando su último año, Pat afirmó: "Sabía que no me quedaría en mi carrera de ingeniero. Además de que estaba realmente cansado, ya tenía esta idea del taller. Solo existían tres talleres automotrices en Lake Charles. Como sus operadores estaban a finales de sus 50 años de edad, sabía que habría una excelente oportunidad para un taller nuevo en algunos años".

Después de la graduación, Pat aceptó un trabajo con un contratista de una planta de químicos como diseñador y dibujante. El contrato terminó en seis meses y el empleador de Pat le ofreció la posibilidad de mudarse a St. Louis. No obstante, Pat renunció y entró a la planta local de Servicios a Ciudades como "ingeniero de campo". Dado que todo lo que realmente hacía en la planta era dibujar, Pat sentía que estaba siendo subutilizado. A casi cuatro horas de cumplir su contrato por un año, lo dio por terminado. Pat reconoció: "El día 365, cuando el jefe se fue a comer, le dije 'adiós' al hombre que se sentaba a mi lado, tomé el equipo de dibujo que podía llevarme en una mano y salí". La impetuosidad de Pat le costó el pago de sus vacaciones.

Para el siguiente año (1974-1975), Pat viajó 60 millas a Beaumont, Texas, donde trabajaba para Stubbs-Overbeck, Inc., una firma de refinación de petróleo. De acuerdo con Pat, este fue "realmente su primer trabajo de ingeniería". Explicó:

> En mi primer día de trabajo, despidieron al ingeniero civil. Estaba sentado ahí, sintiéndome inadecuado, preocupado de cuál sería mi tarea y si acaso recordaría cómo hacerla. Escuché al gerente preguntar a los otros muchachos: "¿Quién va a hacer funcionar el teodolito (un sofisticado instrumento de exploración) para que el equipo de diseño se ponga en marcha?". Llamé su atención y le dije tímidamente: "Yo sé cómo hacer funcionar un teodolito". Preguntaron por qué un ingeniero mecánico sabía cómo hacer eso. Les dije que había trabajado para un ingeniero civil mientras estaba en la universidad.

Casi al mismo tiempo, Pat compró una barra para taladrar (una herramienta usada para reacondicionar los cilindros en los bloques del motor) a un granjero por 50 dólares. También vendió la lavadora y secadora de su esposa, y dio el anticipo para una máquina de válvulas, otra pieza del equipo necesario para la reconstrucción más rudimentaria de motores. En las noches y los fines de semana, Pat reconstruía motores en una barraca de seis por ocho pies al lado de la casa rodante donde vivía con su esposa, Cheryl. Los clientes daban dinero a Pat para comprar las partes, y él les cobraba únicamente la mano de obra.

Pat explicó cómo tomó su gran decisión emprendedora:

> Trabajaba 10 horas en Beaumont y manejaba una hora de ida y una de vuelta, además del tiempo que pasaba arreglando motores. El trayecto simplemente se puso muy peligroso. Tenía sueño la mayor parte del tiempo y me quedaba dormido mientras manejaba. Finalmente, una mañana rumbo al trabajo casi me salgo del camino. Tuve que pararme y dormir, y no llegué al trabajo sino hasta las 9:30. Cuando llegué a casa esa noche, Cheryl y yo hablamos y decidimos que debía dejar mi trabajo y tratar de llevar el negocio del taller de tiempo completo.

Pat rentó una cabaña como su primer taller, y pagó al dueño 75 dólares por el mes que la usó. Luego, se mudó a una caseta en una estación de servicio aproximadamente a una cuadra de distancia de la casa rodante. Aquí, su renta era de un tercio de lo que ganaba por la mano de obra. El dueño de la estación de servicio tenía una ganancia adicional por las piezas vendidas. Pat decía: "No obtenía ningún descuento en las refacciones, ni tenía permiso de trabajo. Ni siquiera teníamos un nombre. Pero quien llevaba la estación de servicio compraba las partes a precios de intermediarios".

Casi a finales de 1975, un propietario de un garaje local preguntó a Pat si estaría dispuesto a compartir el alquiler de un local más grande que estaba pensando rentar. Pat pagaría 150 dólares de los 400, que correspondían a la renta mensual. Pat estuvo de acuerdo y el arreglo duró alrededor de dos años. Durante ese tiempo Pat contrató a un ayudante (un estudiante) y compró un esmerilador para la culata del motor (cabezas de cilindro) y otras dos máquinas especializadas (todo a crédito).

En 1977 Pat inauguró su negocio como Bennett's Machine Shop, Inc., y se mudó a un local rentado en Prien Lake Road, una calle comercial. Las ventas y las ganancias siguieron aumentando hacia 1979, cuando su casera, a quien Pat había puesto el mote de "la Dama de Hierro" le ordenó que se mudara debido a la creciente pila de motores y partes usadas al lado del edificio. De todas formas, el local se inundaba frecuentemente, y el departamento de bomberos se había quejado del agua con aceite que Bennett vertía en el drenaje. Pat comentó: "Dije a la dama de hierro que esto era lo más limpio que podía estar e hice planes para mudarme".

Pat reconoció: "Solicité un préstamo de 80,000 dólares al Gulf National Bank". Y añadió: "Encontré un lote de dos acres en la vieja base aérea de Chennault por 57,000 dólares. Construí un edificio de 4,000 pies cuadrados con los otros 23,000, a los que agregué 3,000 dólares que había ahorrado". El taller de Bennett se mudó a su nueva locación en diciembre de 1979.

Pat aseveró: "El primer año que realmente tuvimos algo de dinero extra fue 1981. Compramos 11 piezas de propiedad. Pusimos 20% ciento de todo y pedimos prestado el resto, alrededor de 80,000 dólares". Ese año, y el siguiente, Pat sumó 6,000 pies cuadrados al taller y construyó otro edificio, todo sin solicitar más créditos. En 1981 Bennett comenzó a hacer trabajos en los autos por primera vez, instalando motores y realizando algunas reparaciones generales menores. Durante este tiempo, Pat y Cheryl compraron una casa "de verdad", cerca de West Lake por lo que se mudaron de su casa móvil. Para 1985, Pat había comprado un nuevo condominio en Lake Charles y un yate con una cabina de 38 pies. Cheryl estaba usando la casa de West Lake como santuario para gatos y los 60 gatos que había recogido requerían mucho de su tiempo. Pat había recolectado 22 automóviles clásicos y su vehículo personal era un Jaguar XJS Coupé 1984.

"Entonces cometimos nuestro garrafal error", reconoció Pat: "Pensé que era momento de abrir otro lugar, no para reparar motores, sino para instalarlos. Compramos la mitad trasera de una concesionaria de Dodge en Ryan Street (a cerca de 3 millas del Bennett's Machine Shop). Una tienda de llantas Firestone estaba en el frente. Cheryl comúnmente me recuerda qué tonto era al pensar que podría llevar el negocio a distancia".

Pat abrió el nuevo taller como Lake Charles Motor Exchange, Inc. Asignó a cuatro personas ahí. Afirmó: "Durante 14 meses inyecté dinero a la nueva operación". Pat cerró el local de Ryan Street y vendió las instalaciones en marzo de 1986; dijo que obtuvo 25,000 dólares de ganancia. "Nunca me di cuenta de cuán personalizado estaba el negocio", reconoció Pat. Y agregó: "Por cierto, lo probamos de nuevo este verano, mientras estaba entretenido con Boeing. Las cosas realmente se salieron de control".

Operaciones

A finales de 1987, Bennett's Machine Shop estaba involucrado en tres tipos de trabajo: reconstrucción de motores, trabajo con los automóviles (sobre las salpicaderas), y modificación y afinación de herramientas (el contrato con Boeing). El cuadro 1 muestra el plano de las instalaciones de Bennett.

Reconstrucción de motores

Reconstruir motores es un trabajo altamente técnico. Según Pat: "El corazón de ello es no dejar al cliente hablar sobre cómo evitar el trabajo en el motor. Tienes que comenzar con un bloque vacío, desnudo".

El 9 de agosto de 1987, Thomas Winkles, gerente de mantenimiento de una firma de limpieza local y amigo personal de Pat, ordenó un bloque de motor de Chevy 250 modelo 1974 (un bloque de motor es un centro de motor básico, sin cabeza de cilindro, con recogedor de aceite, bomba de aceite, y muchas otras piezas que pueden reutilizarse. Estos son alre-

FIGURA 1 Disposición de instalaciones de Bennett's

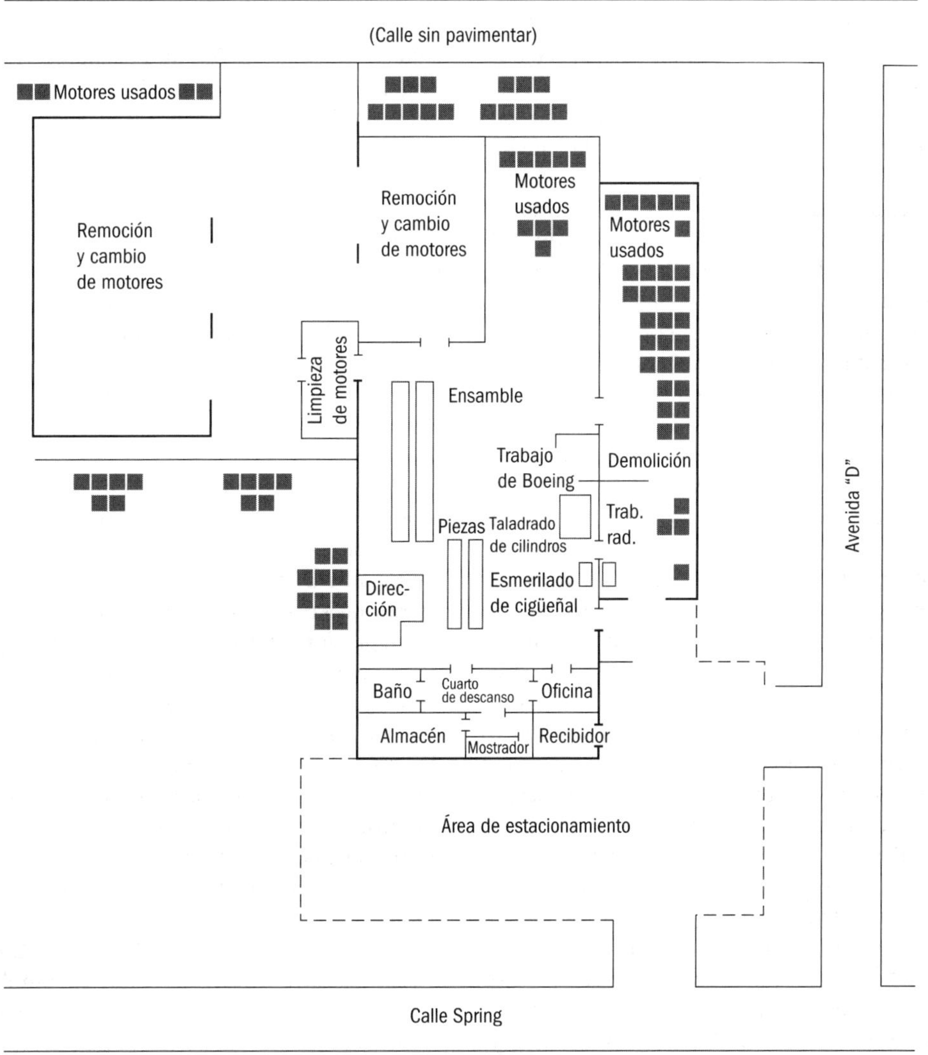

dedor de 20% de los motores que Bennett vendía). Pat sentía que Winkles estaba calificado para instalar el motor. "De otra forma", dijo Pat, "le hubiera pedido al cliente que se asegurara de que el trabajo podía hacerse bien. Remplazar un motor es una cirugía mayor. No deben hacerlo los aficionados".

Pat registró la orden en el bloc amarillo mencionado anteriormente y revisó en el Four Star Engine Catalog (publicado por un reconstructor de motores nacional) los números para los motores del Chevrolet 1974 de 250 pulgadas cuadradas. Encontró que había dos. Las notas que hizo Pat en el catálogo revelaron que uno usaba un motor directo y el otro un motor de encendido por compensación. Después de pedirle a Winkles que revisara cuál motor tenía, Pat escribió el rasgo distintivo, "motor directo" arriba del registro en la hoja de la orden.

Pat indicó al "hombre de desarmado", Lac Xuan Huyn, que había agregado otra orden a la lista. Ese día, Lac revisó el registro de órdenes y localizó el motor usado adecuado entre los cientos de motores apilados ahí y alrededor del taller. (Para aumentar el suministro de motores de intercambio de trabajos anteriores, Bennett compró algunos de un comerciante de motores usados y de personas que llamaban o venían de cuando en cuando). Lac desarmó el motor, distribuyendo las piezas en el área de trabajo del cigüeñal (cigüeñal, pistones y barras de conexión) y en el área de trabajo de culatas de motor (cabezas de los cilindros). Lac colocó el bloque cerca de las dos máquinas de limpieza, las cuales trabajan como grandes lavatrastos, pero que usan sosa cáustica (lejía) en lugar de detergente regular. Puso el árbol de levas en una caja de madera. Los contenidos de la caja se enviaban periódicamente a Cam-Recon, un taller en Houston, Texas para volver a afilarse. Los tornillos y las barras de presión de las válvulas se colocaron en botes adecuados. El recogedor de aceite y la cubierta de la cabeza de distribución se separaban para volver a utilizarse en este o en otro motor. Y algunas piezas, sobre todo las conformadas por hojas de metal, como cubiertas del balancín, se desechaban.

Los operadores de máquinas de Bennett eran responsables de revisar el registro en la libreta y asegurarse de que hubiera partes disponibles para los trabajos que estaban en esa lista. No existían procedimientos escritos, acerca de esto ni de nada, y los operadores de máquinas comúnmente no verificaban la disponibilidad de las piezas. Aun así, el sistema funcionaba bastante bien para la maquinaria de Winkles. Dale Leblanc, quien operaba las máquinas afinadoras de los cilindros, revisó que estuvieran a mano los pistones y anillos correctos. Encontró que no había un conjunto de anillos disponible. Curtis Manuel, quien esmeriló los cigüeñales y midió las barras de conexión, localizó un cigüeñal para el motor, como siempre, no el que Lac acababa de entregar. Curtis revisó el cigüeñal con un micrómetro para saber qué tanto necesitaría afilarlo y, luego, confirmó que tuviera todos los cojinetes de las barras principales y de conexión, en los tamaños correctos. Byron Woods, el ensamblador, revisó los botes de piezas para los siguientes elementos: juego de juntas, recogedor de aceite, engranes de árbol de levas y cigüeñal, árbol de levas, cojinetes del árbol de levas y levantadores de las válvulas. No había un conjunto de tapas en almacén. Dale y Byron, por separado, llamaron a un proveedor de Bennett en Houston y ordenaron las partes que se necesitaban, confirmando que las partes llegarían en autobús o por mensajería al día siguiente.

Dale lavó el motor en una de las máquinas de lavado. Después llevó el motor al área de afinación de cilindros y lo revisó con "magnaflux". Esto implica rociar limadura de fierro en las superficies no trabajadas y colocar grandes puntos electromagnéticos. Cualquier grieta se hubiera indicado por una tira de limadura de fierro concentrada. No existía ninguna. Dale seleccionó una caja de seis pistones de Chevrolet 250 de 0.030 pulgadas. Después de medir uno de los pistones con un micrómetro, procedió a afilar los cilindros, a 0.001 pulgadas más grandes que el tamaño del pistón, revisando manualmente los diámetros de los cilindros con una "aguja afilada" portátil después de cada corte. Inspeccionó visualmente cada cilindro en busca de grietas. Después colocó el motor en un "tanque afilador" donde, en un baño de gasolina de jet número 2, los cilindros se afinan a 0.0002 o 0.0003 pulgadas más allá del tamaño del pistón. Dale limpió el motor de nuevo, esta vez terminando con un limpiador de vapor. Finalmente, roció las paredes del cilindro con aceite ligero y llevó el bloque al área de ensamble.

Todavía el 9 de agosto, Curtis Manuel limpió el cigüeñal que había revisado para el motor de Winkle. Luego lo colocó en el afinador de cigüeñal para afilar las chumaceras de los cojines (las superficies brillantes que se convierten en los cojines principales). Durante el afilado, Curtis observó cuidadosamente la "aguja Arnold", la cual había posicionado para indicar la dimensión demasiado pequeña, en una diezmilésima parte de una pulgada. Después de afilar las chumaceras principales a 0.010 pulgadas, Curtis movió el eje de la otra máquina de afinado a un cuarto adyacente, y lo dejó listo para hacer las chumaceras de las barras de conexión (Pat señaló que las dos máquinas estaban separadas por una pared, pero conectadas entre sí "para evitar la necesidad de contar con otra caja eléctrica"). Ahí, armó las chumaceras de las barras de conexión a 0.020 pulgadas de tamaño. Toda la operación tomó alrededor de una hora. Luego, Curtis limpió y aceitó el cigüeñal, mientras Dale lo había hecho con el bloque, y colocó el eje en un tubo de plástico. Este también fue llevado al área de ensamble.

Antes de terminar, Curtis buscó en la pila de barras de conexión y pistones en su estación de servicio seis barras de conexión de Chevrolet 250. Inseguro de su selección, llamó a Byron, el ensamblador, para que le ayudara a verificar que fueran las correctas. Byron confirmó la elección de Curtis, quien presionó entonces cada pasador de pistón (el eje corto que une el pistón con la barra de conexión). Luego, colocó cada barra en un tornillo de barra y, usando una llave de torsión (una llave inglesa que indica la cantidad de fuerza de torsión que se está aplicando), ajustó las tuercas para asegurar la cabeza de la barra. A continuación, Curtis midió la dimensión interna en el extremo del cigüeñal de la barra. Al encontrar que todas las medidas estaban dentro de las especificaciones (más o menos 0.0005 pulgadas), limpió las barras. Tomó la caja de pistones que Dale había usado para medir los cilindros y los instaló en las barras. Los pistones con barras unidas se llevaron al área de ensamble.

Si Winkles hubiera ordenado un motor completo en vez de un bloque, se hubieran involucrado Scott McConathy o Martin Simmons, quienes reacondicionan las culatas de motor. Reacondicionar una cabeza de motor consiste sobre todo en medir nuevamente las guías de las válvulas y los asientos de las válvulas, así como volver a afilar la superficie de la cabeza del cilindro. Después de estas operaciones, la cabeza del motor se limpia, se vuelve a ensamblar y se pinta.

Alrededor de las 3:00 P.M., Byron terminó su trabajo anterior y comenzó a ensamblar el motor de Winkles. Revisó visualmente cada cilindro en busca de grietas. Después, pintó las superficies del bloque que serían expuestas a aceite con "Cast Blast", una pintura gris que sella las superficies de fierro y minimiza la acumulación de lodo de aceite. Byron también pintó las superficies exteriores del bloque del color original adecuado. A continuación, instaló los enchufes en el bloque, el cual sella los huecos necesarios para ciertas operaciones de lanzamiento y maquinaria. Después de eso, instaló manualmente los anillos de pistón en los pistones. Byron instaló entonces las partes principales en el bloque: cojinetes, árbol de levas, cigüeñal y pistones, ajustando todos los tornillos al nivel especificado y revisando que cada parte tuviera movimiento libre. Finalmente, realizó una cuidadosa inspección de todo el motor, registrando los resultados de una forma diseñada especialmente, referida en broma como "el certificado de nacimiento".

El bloque terminado se colocó en una bolsa atado a una tarima pequeña. El día siguiente, Thomas Winkles recogió su nuevo motor. Unos días más tarde, dejó el viejo en Bennett's.

Trabajo con los autos

El trabajo con los autos en Bennett's principalmente involucraba quitar y remplazar los motores. Desde luego, esto comúnmente requería remplazar las mangueras del agua, las bandas V, y otros artículos que estaban usados o dañados al momento de trabajar con el motor. La garantía del motor (12,000 millas o seis meses) estaba condicionada a un exhaustivo análisis de gas, el cual comúnmente revelaba la necesidad de trabajo del carburador. También se requerían el desarmado y la limpieza del radiador como condición de la garantía, aun para los motores para llevar. Además del trabajo relacionado con el cambio de motor, Bennett's aceptaba trabajo de reparación automovilística general, como reconstrucción del carburador y reemplazo de los componentes del aire acondicionado.

A diferencia de los operadores de máquinas mencionados arriba, los mecánicos armaban sus propias herramientas de mano. Bennett otorgaba equipo de prueba, montacargas, un sistema de aire comprimido, gatos de piso y soportes, elevadores hidráulicos y equipo de limpieza. Cada mecánico tenía su estación de trabajo por separado.

"Tuvimos una terrible situación con las partes", señaló Pat. "La situación estaba tan fuera de control que yo veía las compras de partes como gastos fijos y no como productor de ganancias. Los artículos o no aparecían en las facturas, o no aparecían en los automóviles". Para resolver esto, Pat asignó a un mecánico, el mejor que tenía, como revisor, para asegurarse de que cada pieza colocada en cada auto estuviera en la factura respectiva. También cerró todas las cuentas con los proveedores de refacciones, solicitando a los mecánicos que vinieran con Pat o con su coordinador de taller, Jack Beard, para revisar cualquier compra de piezas. "Ahora tenemos algo de control sobre esto", señaló Pat.

Bennett mantuvo un inventario de filtros de motor comunes, componentes de arranque, mangueras y accesorios de aspirado, así como tuercas y barras. Pat mencionó: "No almacenamos mangueras del radiador, cinturones, o bombas de agua, porque simplemente son todas muy diferentes".

Richard Hardesty, uno de los mecánicos que Pat había despedido en julio, alquiló uno de los tres edificios de la compañía y el equipo que había en él para hacer reparaciones de automóviles en general, instalaciones de motor y un sistema de reparación exhaustivo. Pat explicó: "Todo nuestro objetivo era mantener la nómina baja. Los impuestos sobre nómina son una carga. Y el pago de renta de 675 dólares era útil. Podía rentar a Richard el edificio tan barato porque no debemos nada de él".

Afinación y modificación de herramientas

Las operaciones de Boeing en Lake Charles involucraban un gran acuerdo de perforación y ensanchamiento (abocardar), sobre todo de los huecos de remache en las pieles de los KC-135. Muchos cierres arruinados necesitaban huecos encastrados para preservar una superficie exterior nivelada. Los cientos de brocas, barrenas y contrapieles usadas por Boeing requerían de frecuentes modificaciones o afinamiento, o ambos. También hubo numerosas ocasiones en las cuales tuvieron que hacerse, repararse o modificarse herramientas especializadas como extensiones de barrenas. Cuando Boeing tuvo problemas para localizar un proveedor para estos servicios, Pat Bennett se ofreció como voluntario para efectuar el trabajo y negociar un contrato de suministro único con Boeing.

Prepararse para hacer este trabajo altamente técnico consumió la mayoría de la energía y el tiempo de Pat de febrero a agosto de 1987. Cerró y modificó un área de 1,000 pies cuadrados del taller para albergar el trabajo de herramientas. Se compraron e instalaron un gran torno horizontal, un molino cilíndrico, dos molinos de forma, dos molinos de herramienta y cortadora, y una máquina afiladora de taladro en el cuarto con temperatura controlada. Para encontrar tales máquinas, Pat viajó a Wichita, Cincinnati, Dallas y Houston.

Boeing tenía un calendario extremadamente justo con su propio contrato con la fuerza aérea y hubo emergencias frecuentes, involucrando por lo regular soluciones innovadoras para problemas únicos. Por ejemplo, Pat permaneció despierto toda una noche afinando y volviendo a afinar una punta de taladro de cobalto, que se usaba entonces para taladrar a través de un soporte de motor de aleación de titanio. Se requirió de mucha experimentación en este y otros trabajos, por lo que Pat trabajó muchas noches y fines de semana para resolver los problemas.

Por lo general, Pat Bennett recogía las herramientas por modificar en la planta de Boeing, a unos cuantos metros del taller, y las regresaba allá. Debido a un procedimiento de Boeing, las herramientas que solo necesitaban afilarse se recogían en el almacén de Boeing en el Puerto de Lake Charles, a cuatro millas. Cada lote de herramientas para servicio se acompañaba de una orden de trabajo en la cual se daban las instrucciones para el trabajo que se debería realizar. Para las modificaciones no estándar, Pat tenía que llamar o visitar frecuentemente al supervisor, quien escribía la orden y aclaraba las instrucciones. Se contrataron cinco operadores de máquinas, tres durante la mañana y dos por las tardes, para efectuar el trabajo de Boeing. Dos solamente afilaban las puntas del taladro, mientras los otros trabajaban con los taladros avellanados, la barrena y las herramientas especiales. James Smith, el maquinista a quien Pat encargó el control de calidad para el contrato de Boeing, realizó la mayoría de las operaciones particularmente innovadoras. Por ejemplo, James diseñó e hizo un número de extensiones de la llave dinamométrica que permitían apretar los tonillos que no eran accesibles directamente.

Pat entrenó personalmente a los operadores de máquinas para llevar a cabo las operaciones rutinarias. "La operación más difícil de perfeccionar", dijo Pat, "era esmerilar las flautas de una barrena piloteada de manera que cortaran. Finalmente, fuimos capaces de hacerlo con un esmeril de relieve de formas alemán. Todo eso estaba escrito en alemán. No entendíamos nada de lo que decían los botones, a excepción del que decía 'halt'". La máquina acabó siendo utilizada solamente para limar los bordes de corte de las barrenas piloteadas. Se instaló una gran lupa de manera que el maquinista lograra ver las pequeñas flautas. Con su mano izquierda, el maquinista orientaría una de las seis flautas en una barrena. Entonces, con su mano derecha, movería la cabeza moledora en la flauta de la barrena y de regreso, esmerilando el pequeño borde a exactamente diez grados. Esto se repetía en cada una de las seis flautas. Debido a la exactitud requerida, la rueda de esmerilado tenía que reformarse diariamente con un "rectificador" de diamante.

El afilamiento de las puntas del taladro es una operación bastante estándar, aunque la especificación de Boeing agregaba cierta complejidad. La máquina de afilamiento de puntas del taladro era de última generación, requiriendo de muchos ajustes manuales de cada punta afilada. Aun así, afilar cada punta tomaba solo alrededor de 45 segundos.

El esmeril de relieve de formas de dos vías usado para afilar los taladros avellanados era casi completamente automático. Una vez que el maquinista orientaba un taladro para ser afilado, la máquina hacía el resto. Esto tomaba alrededor de cuatro minutos por taladro.

Se necesitaba un alto grado de habilidad para establecer cada una de las operaciones descritas y especialmente para la fabricación de herramientas a la medida. Pero, de acuerdo con Pat, una persona con habilidad promedio podía aprender cualquiera de los trabajos rutinarios en un día o dos.

Personal

A finales de 1987, Bennett empleaba a 16 personas, además de Pat y Jack Beard, el coordinador del taller. Había cinco operadores de máquinas y un reparador de radiador en el taller automotor, cinco mecánicos en el departamento de servicio y cinco operadores de máquinas en el taller de afilado de herramientas.

Jack Beard había estado con Bennett cuatro años, y tenía alrededor de 29 años de edad. Era un gran trabajador. Comúnmente pasaba 10 horas al día en el taller, incluyendo los sábados, excepto en la temporada de caza, cuando Jack y Byron —este último, un ensamblador— tenían que turnarse los sábados. Un fin de semana de agosto, Jack reconstruyó la máquina de un Chevrolet Citation que acababa de comprar. El siguiente lunes señaló a Pat: "Puedo ver por qué les cuesta tanto construir cualquier motor. Solo hay una manguera de aire, las herramientas están desperdigadas por todos lados y el lugar es un desastre".

Pat observó que Jack tenía razón. Había intentado de varias formas que los trabajadores mantuvieran el taller limpio, asignando a cada persona "solo un área pequeña" para limpiarla. "Nada funcionó", reconoció Pat, "por lo que esa mañana simplemente bajé el interruptor principal. Cuando todo se apagó y los hombres vinieron a ver por qué, les dije que restablecería la energía cuando el taller estuviera limpio". Pat mencionó que dos de los principales culpables marcaron la hora en el reloj checador, eran trabajadores a destajo, de manera que les pagaban por hacer la limpieza. Pat se negó a pagarles "por limpiar un desastre del cual en gran medida eran responsables", por lo que ambos renunciaron. Cuando se le preguntó cómo remplazó a esos hombres, Pat contestó: "No valía la pena remplazarlos".

Los operadores de máquinas automotrices, Lac, Dale, Curtis, Scott, Martin y Byron fueron mencionados antes. Ninguno era mecánico en automotores cuando Pat los contrató, aunque Curtis había tomado un curso de mecánica regular en una escuela de oficios local. Lance Hammack, el reparador de radiadores, también aprendió mucho de su oficio en Bennett's. Él había sido soldador. "Es mucho más fácil enseñar a una persona un nuevo oficio que lograr que una persona que ya conoce un oficio cambie sus malos hábitos de trabajo", dijo Pat.

Lac, vietnamita, fue contratado en 1985. Pat afirmó acerca de él: "Tuvo que traer un intérprete para solicitar el trabajo, porque hablaba muy poco inglés. Pero por su actitud, simplemente se veía muy motivado. Aprendió muy rápido. Es meticuloso y pone atención al detalle, y también es muy confiable. No creo que haya faltado un solo día, nunca solicita tiempo libre".

Dale, Curtis, Martin y Lance todos habían estado en Bennett's menos de seis meses. Dale era un trabajador de la construcción antes de que Bennett lo contratara. De él comentó Pat: "Ni siquiera podía leer un micrómetro. Tenía algún tipo de impedimento para leer el disco. Le compré un micrómetro con un lector digital y tres días después estaba operando la máquina de perforación de cilindros. Curtis sabía cómo manejar un torno cuando fue contratado". Y añadió: "Así que lo pusimos en un afilador de cigüeñal". (Las dos máquinas tienen similitudes, pero están lejos de ser idénticas). Martin había sido técnico de pintura antes de que Pat lo contratara. "Hace los mejores trabajos de pintura de cilindros que hayas visto en tu vida", bromeó Pat. Martin trabajaba la mayoría de los sábados, además de los días completos durante la semana. El trabajo del radiador no era un trabajo de tiempo completo en Bennett's, así que Lance ayudaba en la oficina, manejaba el camión de entregas y realizaba otras tareas.

Scott y Byron habían sido contratados alrededor de cuatro años antes. Scott recién había salido de la escuela y Byron provenía de la fila de desempleados. De acuerdo con Pat, Scott tenía un fuerte interés en los automóviles. Pat comentó: "Era fácil de entrenar, siempre pensando. Podía darle solo algunas directrices y él lo haría. Es muy meticuloso. No tengo que revisar nada de lo que hace. No le importa quedarse hasta tarde en la semana, pero le gusta descansar los sábados". Pat señaló que Scott hacía todos los "trabajos realmente difíciles, las proyecciones de cabezales que necesitan nuevos asientos de válvulas". Byron, joven e inexperto, había comenzado a desarmar máquinas. "La mayoría de los operadores de máquinas son demasiado orgullosos para hacer eso", señaló Pat y añadió: "Creen que es el trabajo de menos clase en el taller. Byron era muy llevadero. No había nada que no tratara de aprender si lo necesitabas".

Después Byron ya era experto en la máquina perforadora de cilindros. Pat contó cómo Byron había conseguido su siguiente trabajo dentro del taller: "Yo estaba afilando los cigüeñales en ese momento. Tenían que haberme visto; una extensión telefónica en mi cinturón y un walkman de Sony bajo la playera. La gente pensaba que el walkman era parte de la máquina. Pero estaba disfrutando, escuchando música de la década de 1950 mientras veía las maniobras pasar y pasar". La esposa de Pat, Cheryl, era "secretaria suplente" (la secretaria regular había faltado por enfermedad) en ese momento. Renunció después de que Pat le tirara un bote de pintura azul para motor, de manera que él tuvo que encargarse de la oficina. Otro hombre, despedido después por sospecha de robo, se hizo cargo de la perforadora y Byron se cambió a la afiladora de cigüeñales, para relevar a Pat. "Ese fue un logro mayor para Byron", reconoció Pat. Y agregó: "Nunca había manejado un torno". Byron se quedó con ese trabajo hasta marzo de 1987, cuando comenzó a ensamblar motores.

Los cinco mecánicos eran Ronnie Smith, Tim "Tamal" Authemont, Kenneth Thomton, Clyde Brown y Kevin "Cabra" Gauthreaux. Ronnie, en su cuarto año en Bennett's, era responsable de inspeccionar y probar conduciendo cada vehículo que se reparara, sin importar quién realizara el trabajo. También hacía trabajo mecánico: todo el trabajo de carburadores, la mayoría de las conversiones de diesel a gasolina y la mayor parte de las revisiones por computadora. Sin embargo, se negó a hacer remplazos de motores en automóviles con tracción delantera. Tim era un ayudante, supervisado y pagado por Ronnie. Había estado en Bennett's durante más de dos años, pero trabajaba como ayudante de Ronnie hacía solo unos seis meses.

Kenneth Thorton era el empleado más antiguo de Pat; lo había contratado ocho años antes, cuando el taller estaba en Prien Lake Road. Hacía la mayor parte de los remplazos de motor en vehículos con tracción delantera, algunas conversiones de diesel a gasolina y trabajos de reparación regular.

Clyde y Kevin habían trabajado en Bennett's solo un par de meses. Ambos hacían toda clase de remplazos de motor, así como una amplia variedad de otros trabajos mecánicos. Contaban con un poco más de treinta años, estaban casados y tenían hijos. Pat dijo: "En verdad estoy impresionado con sus actitudes. A diferencia de muchos mecánicos, no temen a esta nueva generación de automóviles, en su mayoría con motor transversal, con inyección de combustible y controlados por computadora".

Los operadores de máquinas que hacían el trabajo de herramientas eran James Smith (hermano de Ronnie), James McManus, Craig McMichael, John Shearer y Billy Lambert. James Smith había trabajado para Bennett's, entrando y saliendo, cinco años, efectuando varios trabajos de construcción. Fue contratado para trabajar tiempo completo en marzo de 1987. Pat señaló: "En las primeras semanas del trabajo para Boeing, yo manejaba esa esmeriladora alemana, mientras James construía el recinto a mi alrededor". Como el trabajo de Boeing empezó a aumentar, Pat enseñó a James a manejar la esmeriladora. Pat señaló: "Yo la manejaré los fines de semana y él lo hará durante la semana". James había pagado su propio boleto para acompañar a Pat a localizar otras máquinas para comprarlas.

James McManus y Billy trabajaban por las noches. Craig y John laboraban durante el día. James y Craig trabajaban con las barrenas y las escofinas. Billy y John afilaban las brocas. Los cuatro tenían poco más de 20 años de edad. Pat contrató a James y a Craig a través de Sowela Tech, una escuela técnica local, y James continuó como estudiante ahí. El padre de John, que trabajaba en la bodega de Boeing, había recomendado a su hijo desempleado a Pat, un día, cuando Pat recogía un pedido. John recomendó después a Billy.

A los operarios de las máquinas automotrices, con excepción de Curtis (que operaba la esmeriladora) se les pagaba a destajo, por cada tipo de operación y por modelo de motor. Cada uno tenía también un porcentaje por hora establecido, que se aplicaba a otros asignados normalmente al trabajo. A Curtis le pagaban por hora.

A los mecánicos les pagaban por una combinación de destajo, comisiones y por hora. El pago a destajo se aplicaba a los remplazos de motores. Casi todo el demás trabajo automotor se hacía por comisión. Cada mecánico recibía la mitad de todos los cargos que ese mecánico generaba. Los salarios por hora se pagaban por el trabajo cubierto por la garantía, pero por problemas que no hubieran sido culpa del mecánico. Pat afirmó: "No actuamos como los concesionarios y les garantizamos a los mecánicos un mínimo semanal".

Los operadores de máquinas que hacían el esmerilado de herramientas cobraban por hora. Al principio, Pat les fijó los salarios de acuerdo con la escala de pagos de Boeing. Sin embargo, cuando Boeing trató de contratar a parte de su gente, él elevó los salarios un 40%. "Le pagó a James Smith más que al resto", explicó Pat, "pero él y yo tenemos un acuerdo mediante el cual no recibe pago por tiempo extra, cuando trabaja más de 40 horas".

A Jack Beard, el coordinador del taller, y a Lance Hammack, el reparador de radiadores, les pagaba también por hora.

Bennett's daba prestaciones adicionales limitadas. Había un plan de salud grupal, pagado totalmente por los empleados, aunque algunos eligieron no participar. Cada empleado recibía el pago de seis días feriados al año (después de un periodo de espera de 90 días) y vacaciones pagadas de una semana después de un año. Bennett's pagaba todo el costo de los uniformes por empleado a más de un dólar por día,

CUADRO 2 Información geográfica y demográfica

	Lake Charles	Calcasieu Paris (condado)	Suroeste de Lousiana*	Estado de Lousiana	Estados Unidos
Población 7/80	77,400	167,223	259,809	4,206,000	226,546,000
Ingreso per cápita, 1985	$10,183	$10,224	$8,806	$10,741	$12,772
Cambio en ingreso per cápita real, 1980-1985 (cambio porcentual por periodo)	1.2	1.3	1.6	2.3	2.8
Fuerza de trabajo empleada en la manufactura 3/87%	7.4	17.3	16.2	11.2	18.8
Fuerza de trabajo empleada en construcción 3/87%	8.7	9.4	9.0	6.2	3.0
Área de tierra (millas cuadradas)	27	1,082	5,083	44,521	3,539,289

* Suroeste de Louisiana, Parishes Allen, Beauregard, Calcasieu, Cameron y Jefferson Davis.

aunque no se requería que los trabajadores los usaran. Comentó Pat: "Permití también a los hombres que trabajaran con sus automóviles personales y los de la familia, en el taller, después de las horas de trabajo y los fines de semana".

Marketing

El cuadro 2 ofrece información demográfica y económica para el área de mercado de Bennett's.

La calle Spring, donde se ubicaba Bennett's, estaba "fuera del paso y lejos del distrito de negocios", según Pat. Él dijo: "Lo mejor acerca de la ubicación consiste en que está a una cuadra fuera de los límites de la ciudad. Aquí nadie nos molesta, aunque ensuciemos mucho". Estaba sucio. Excepto por las áreas de concreto, había hierba y pasto por todas partes. Pilas de motores grasosos y usados estaban aquí y allá, incluso junto a la calle detrás de las instalaciones. En el interior del edificio del taller, la mitad del espacio estaba ocupado por montones, no pilas, de motores y restos inútiles de otros desmontados desde hacía mucho tiempo. Bloques individuales, cabezales y otras partes, así como varios autos en ruinas, ensuciaban la propiedad, sobre todo a los lados de los caminos y otras áreas de concreto. Había grasa y aceite por todos lados. Dos grandes tanques sépticos cubiertos de brea y un montón de anaqueles de metal oxidado agregaban confusión. Un letrero sucio, aunque iluminado, de 3 por 4 pies, cerca del vestíbulo y del área de oficinas, decía "Bennett's Machine Shop. Reconstrucción de motores".

A lo largo de todo el año se transmitían anuncios en televisión, de 30 segundos con Pat Bennett, que costaban 350 dólares mensuales. Un artículo escrito por Pat aparecía en *American Press,* el periódico local, una vez al mes, a un costo de 114 dólares cada ocasión. Una vez al año, cuando el negocio estaba bajo, se distribuía un suplemento de Bennett en el periódico, con una circulación de 48,000 ejemplares. El costo era de 1,600 dólares por cada distribución. El suplemento ofrecía descuentos, válidos por dos meses con la presentación del volante, sobre motores reacondicionados, 50 dólares sobre trabajos y 100 dólares sobre instalaciones. "La primera vez que hicimos esto, hace dos años", comentó Pat, "tuvimos que cerrar y nos dedicamos solo a responder los teléfonos y tomar pedidos durante dos días. Vendimos 28 motores, casi una página completa, en esa ocasión".

Se enviaba una carta a los clientes agradeciéndoles por haberles elegido y pidiendo que les refirieran otros candidatos de clientes. Una vez al año, durante la festividad local llamada "Días de Contrabando" Bennett contrataba un anuncio especial por radio. Se transmitía un anuncio de 30 segundos, 60 veces durante un periodo de 10 días, con un costo de 450 dólares. Pat dijo: "Nunca he visto una venta relacionada directamente con la publicidad por radio. Lo hicimos una vez, y al año siguiente, nos acosaron hasta que acepté volver a hacerlo".

Los principales competidores de Bennett en ventas de motores eran Dimick Supply Company, 100,000 Auto Parts y Hi-Lo Auto Parts. Ninguno de estos se dedicaba a las instalaciones y todos compraban sus motores a fabricantes grandes. Ningún taller automotor local, aparte del de Bennett, se especializaba en reconstruir motores, aunque la mayoría los compraba y los instalaba de cuando en cuando. Periódicamente, Pat Bennett analizaba los precios que cobraban los competidores por los motores, por lo común solo llamando y preguntando. Tenía también catálogos actualizados y listas de precio de los fabricantes de motores que abastecían a los competidores de Bennett. "Obtenemos sus catálogos porque somos un intermediario", explicó Pat, "y a veces, vendemos motores para camiones que compramos a otros, porque el riesgo es muy alto, si falla un motor de camión".

Al preguntarle si fijaba sus precios en relación con la competencia, Pat respondió: "Nos aseguramos de estar un poco abajo de todos, excepto de Hi-Lo. Ellos no venden casi nada, excepto bloques refabricados en Texas. Son ridículamente bajos".

Pat indicó que la calidad de todos los motores era casi la misma. Y agregó: "Sin embargo, si se tiene un problema con un Four-Star o con un Roadrunner (las marcas que vendían los competidores de Bennett), que se le compra digamos, a Dimick, hay que sacarlo y esperar que lo envíen de regreso a Texas. En general, no ayudan con la mano de obra. "Por el contrario, indicó que si algún cliente de Bennett tenía problemas "puede simplemente traer el auto ante mi puerta y nos hacemos cargo, si está dentro de garantía y no se ha sobrecalentado o quedado sin aceite". Pat se quejó: "Los clientes que solicitan estos trabajos irán con otra persona si hay una diferencia de solo 20 dólares. Me preocupa que los clientes nos traigan su auto si algo sale mal y que esperen que lo reparemos gratis. No pensarían hacer esto en Hi-Lo o Dimick". Explicó que las garantías por las partes y la mano de obra generalmente se aplican solo en situaciones en que la mano de obra la proporciona el vendedor. "A veces", dijo Pat, "un cliente me llama incluso para pedir consejo sobre algún problema con un motor que compró en una refaccionaria. Le digo que llame a allá".

La mano de obra mecánica en Bennett se basaba en el tiempo calculado en el *Manual Chilton Flat-Rate* (un libro que proporciona tiempos estimados para hacer toda clase de operaciones de reparación, para casi todos los automóviles y camiones ligeros), a una tarifa de 30 dólares por hora. La mayoría de los mecánicos buenos logran hacer el trabajo en un tiempo significativamente menor, algo más en algunos tipos de trabajo que en otros. Bennett fijaba los precios de casi todas las partes, excepto los motores, según el precio al menudeo localmente competitivo. Las refaccionarias locales daban a Bennett un descuento de 20% al menudeo. Los precios de "lista", generalmente 40% arriba del precio al menudeo, se muestran en las facturas de las refaccionarias. Pat dijo: "Si pensamos que el precio de lista es justo y que es poco probable que el cliente cheque con una refaccionaria, solemos usar la lista en lugar del precio al menudeo".

Para el trabajo de Boeing, los precios se fijaban de acuerdo con el contrato. La afinación de brocas se realizaba por artículo. Las otras operaciones se hacían por hora. Al principio, Boeing permitió que Bennett cobrara precios muy rentables. Después de que el trabajo alcanzó un total de 137,000 dólares, Boeing auditó los costos de Bennett y bajó los precios en más de 50%. La auditoría la llevó a cabo un grupo de análisis de costos de Boeing (VCA) e incluyó muchas reuniones prolongadas con cuatro equipos diferentes de auditores. De hecho, el contrato inicial de Bennett en apariencia era tan remunerativo que Boeing asignó a un "investigador de seguridad", quien formuló muchas preguntas sugiriendo una posible confabulación entre Pat y varios oficiales de Boeing.

Boeing retuvo el pago de facturas pasadas, mientras presionaba para que Bennett cambiara el precio de las facturas presentadas con anterioridad a los precios determinados por la VCA. Pat se negó a hacer eso e insistió en que las facturas se pagaran al presentarlas. Pat decidió aceptar los precios VCA durante las renovaciones de contrato mes a mes, en tanto que Boeing hacía planes para licitar el trabajo. Mientras tanto, Pat trataba de decidir cómo pujar para el trabajo. Ganaba dinero con los nuevos precios. Las utilidades sobre el contrato anterior habían pagado bien todas sus máquinas. Por lo tanto, estaba tentado a pujar incluso un poco más bajo que los números de VCA. Pero sabía que a Boeing se le dificultaba encontrar otros proveedores con incluso competencia mínima para efectuar el trabajo. Él había atendido a Boeing fielmente y con gran costo para sus otros negocios durante varios meses difíciles.

Finanzas

Los cuadros 3 y 4 ofrecen resúmenes financieros de Bennett's Machine Shop, Inc., por 10 años. Pat Bennett había empleado a un despacho de contadores local, Management Services, Inc., para que mantuviera los registros financieros, preparara estados financieros y los impuestos por ventas e ingresos, presentara las solicitudes para licencias del negocio, etc. Durante la temporada de impuestos de 1987, Bennett no logró conseguir que Management Services preparara los informes mensuales habituales de pérdidas y ganancias. Pat explicó: "Dijeron que no podían hacerlo. Por lo tanto, cambié a un despacho de verdaderos contadores públicos titulados, en el Lakeside Plaza Building, pero eso resultó peor. Este hombre tenía menos tiempo para nosotros que Management Services. Cuando finalmente, después de 60 días, logró terminar el primer mes, me pidió que fuera a las nueve un día. Llegué ahí a las 9:15 y nadie, excepto la secretaria, estaba en el trabajo. Me crucé con él en la acera, con su portafolio y su traje de tres piezas. Esa fue la última vez que lo vi".

Después de despedir a su nuevo contador, Pat habló con Dorothy McConathy, a quien le habían asignado su trabajo en Management Services y le preguntó a quién podría conseguir para que le llevara su contabilidad. Pat explicó: "Dorothy ya le había dicho a su jefe que renunciaría cuando tuviera una cuenta más. Como ya tenía dos, aceptó llevar mis libros y renunciar a Management Services".

Después de comprar la barra de taladro cuando empezó a reconstruir motores en 1972, Pat nunca contribuyó directamente con más fondos de participación de capital para el negocio. Los vendedores del equipo proporcionaban el financiamiento para mayoría de las máquinas que Pat compraba. Cuando empezó a comprar una esmeriladora de cigüeñales usada, que encontró en una tienda en Plaquemines Parish, se acercó al banco que manejaba su cuenta de cheques. Pat había solicitado préstamos personales pequeños en el banco, pero el gerente de préstamos que los había aprobado ya se había marchado. El presidente del banco se negó a prestarle los 6,400 dólares que necesitaba para comprar la máquina.

"Tomé mi pequeño folder y me fui al nuevo American Bank of Commerce", explicó Pat. Continuó diciendo: "Ahí estaba yo, un total extraño, pero obtuve el préstamo". Tres años después, Pat necesitó un préstamo de 80,000 dólares para comprar la propiedad Chennault. "American Bank of Commerce no tomó ninguna decisión", dijo Pat, "por lo tanto, me dirigí al Gulf National. Mi amigo Lloyd Rion, el gerente de préstamos que se había ido aquel día hacía tres años, estaba ahí. Me dio el dinero y regresé para depositar ahí mi cuenta de cheques". El préstamo fue a 10 años, con una tasa de interés fija de 10%.

De 1980 a 1985, Pat obtuvo varios préstamos a 90 días para hacer modificaciones a las instalaciones del taller. El banco le permitió girar los préstamos una vez. "Esos fueron años sumamente productivos. Nunca tuvimos problemas de dinero", manifestó Pat.

Cuando Pat compró el taller en Ryan Street, en 1985, el cual vendió 14 meses después, el vendedor financió los 180,000 dólares por 10 años, a una tasa variable de 10 a 14%. "Ahí fue cuando empezó nuestro problema", dijo Pat, "cargamos la compañía con préstamos de operación, un préstamo de 25,000 dólares por tres años, un préstamo de 24,000

CUADRO 3 Bennett's Machine Shop, Inc., Informe de Ingresos

	Año fiscal 1985*	Año fiscal 1986*	Año fiscal 1987*	Cuatro meses de 1988**
Ingresos				
Automotor	926,243	1,091,890	971,950	140,131
Herramientas de aviones	0	0	13,318	140,679
Total de ingresos	926,243	1,091,890	985,268	280,810
Gastos				
Costos directos				
Materiales	456,828	570,372	504,811	64,939
Mano de obra	248,833	316,164	271,858	53,693
Transporte	0	0	0	1,031
Costos directos totales	705,661	886,536	776,669	119,663
Utilidad bruta	220,582	205,354	208,599	161,147
Gastos generales y administrativos				
Publicidad	10,697	15,831	17,828	1,193
Depreciación	33,550	42,240	29,220	7,359
Renta de equipo	5,680	950	1,657	0
Seguro	23,100	39,298	35,528	11,359
Interés	22,060	24,044	26,504	8,841
Varios	4,867	7,205	7,020	4,438
Mano de obra oficina	6,815	11,420	13,300	3,961
Cuotas de oficina	5,883	7,015	6,458	2,129
Honorarios profesionales	3,696	8,373	6,622	1,175
Impuestos	5,623	4,852	5,926	245
Teléfono y servicios	15,871	30,767	27,933	8,830
Total de gastos generales y administrativos	137,842	191,995	177,996	49,530
Ingreso neto	82,740	13,359	30,603	111,617
Retiros***	(61,500)	(53,389)	(70,755)	(17,109)
Ganancias reinvertidas	21,240	(40,030)	(40,152)	94,508

* Los años fiscales terminan el 30 de abril de los años mostrados.

** Mayo a agosto de 1988.

*** Incluye fondos para pagar impuestos sobre la renta. La corporación está gravada como sociedad/propiedad bajo el subcapítulo 5 del *Código de Ingresos Internos*.

dólares por cinco años y otro préstamo por tres años de 12,000 dólares, todos de Calcasieu Marine Bank. Asimismo, permití que la fuerza de trabajo se elevara a 22 personas. Era una situación verdaderamente fuera de control".

Pat describió 1986 como "un año horrible". "Fue entonces cuando pudimos haber usado alguna aportación del contador", comentó Pat. Añadió al respecto que: "No me di cuenta de que la nómina y los impuestos relacionados con ella estaban causando un efecto tan devastador. Tuvimos casi las mismas ventas que en 1984. Solo el aumento en impuestos con base en la nómina fue de 70,000 dólares. Lo que en realidad me enojó fue que tuve que averiguar esto y mostrárselo (al contador)". Pat debió refinanciar el préstamo a 10 años sobre la propiedad en Chennault. Dijo: "Pospuse despedir a más gente de enero a agosto. Eso me costó otros 40,000 dólares y me hizo tener que rehacer el préstamo". En noviembre de ese año Bennett mostró una utilidad de 12,000 dólares. Pat comentó: "Fue nuestro primer mes de tres páginas en mucho tiempo. Estaba muy asustado. Si no hubiéramos tenido una utilidad con esa clase de ventas, no sé qué otra cosa habría podido hacer". Camino a una fiesta de Año Nuevo, Pat se hizo una promesa: "No pasaré otro año

CUADRO 4 Bennett's Machine Shop, Inc., Balance general, 30 de abril

	1985	1986	1987	1988*
Activos				
Activos circulantes				
Efectivo	11,698	1,206	3,475	5,385
Cuentas por cobrar	0	1,255	16,662	65,436
Accionistas N/R	0	22,568	22,568	22,569
Inventario	37,548	45,436	45,436	45,436
Total de activo circulante	49,246	70,465	88,141	138,826
Activo fijo				
Muebles y equipo	205,292	165,886	193,432	212,209
Edificios	305,657	155,657	155,657	155,657
Depreciación total	510,949	321,543	349,089	367,866
Menos depreciación exacta	(133,559)	(134,067)	(143,834)	(155,081)
Depreciación neta de activos	377,390	187,476	205,255	212,785
Tierra	126,418	90,000	90,000	90,000
Total de activos fijos	503,808	277,476	295,255	302,785
Otros activos				
Depósitos	492	342	342	342
Activos totales	553,546	348,283	383,738	441,953
Pasivos y capital				
Pasivos actuales				
Cuentas por pagar, transacciones, otros	12,727	25,062	29,407	31,242
N/P actual	103,160	16,385	60,299	57,775
Nómina, impuestos intereses devengados	0	0	3,223	1,571
Total C/1	115,887	41,447	92,929	90,588
Pasivos a largo plazo				
Notas por pagar	266,720	175,897	200,052	166,099
Acciones de los inversionistas				
Acciones comunes	10,000	10,000	10,000	10,000
Ganancias retenidas	160,939	120,909	80,757	175,265
Capital total	170,939	130,909	90,757	185,265
Pasivos y capital totales	553,546	348,253	383,738	441,952

* 31 de agosto de 1988.

como este". Un amigo preguntó: "¿Qué vas a hacer para evitarlo, si tuvieras algún control sobre eso?". "Voy a trabajar mucho", respondió Pat.

La maquinaria para hacer el trabajo de Boeing fue financiada con 37,000 dólares en pagarés a 90 días en Calcasieu Marine. No hubo ninguna otra crisis financiera hasta agosto, cuando Boeing detuvo el pago y las ventas de motores se derrumbaron. Pat pudo vender suficientes bienes para pagar la nómina y los gastos de operación, pero no pudo pagar los préstamos al vencimiento. Por lo tanto, hipotecó su condominio y consolidó los tres préstamos en una hipoteca de 45,000 dólares por cinco años. Boeing pagó toda su cuenta a principios de septiembre y Pat pagó los 37,000 dólares en pagarés a 90 días.

Hasta 1987, todos los préstamos anteriormente mencionados estaban personalizados a nombre de Pat y Cheryl, aunque estaban registrados en los libros de la compañía y, a veces, asegurados por los activos de la compañía. El préstamo hipotecario de 45,000 dólares de Calcasieu Marine se puso a nombre de la compañía, "para que pudiéramos deducir el interés bajo la nueva ley fiscal", según Pat. Sin embargo, Pat y Cheryl tuvieron que endosar personalmente el pagaré y firmar acuerdos de garantía con el banco.

Apéndice: Extractos de la entrevista con Pat Bennett

P: ¿Cuál es su objetivo principal para este año?

R: Supongo que el objetivo por el que todos estamos en el negocio es hacer que sea lucrativo y no lo ha sido durante los últimos dos años. Hemos tenido una mala tendencia descendente en verdad. Quizá no tengamos grandes utilidades este año, pero espero que podamos detener la tendencia descendente y darle un giro. Eso sería un logro importante.

P: ¿Qué hay acerca de un término más prolongado?

R: Me gustaría que el negocio fuera exitoso hasta el punto en que tuviera cierta libertad para hacer las cosas que deseo hacer antes de volverme viejo, como viajar un poco y practicar deportes en invierno. Hasta hace poco tiempo, soñaba con tener un buen taller cerca del área del centro, pero ahora eso parece estar fuera de mi alcance.

P: ¿Podría ser un poco más específico respecto a lo que el negocio tendría que hacer para satisfacerlo?

R: Si volviéramos a la época cuando la utilidad neta (incluyendo mi remuneración total) era de 70,000 a 100,000 dólares al año, y alguna vez lo logramos, pensaría que eso está bien.

P: ¿Quiere decir en 10 años? ¿Veinte años?

R: En realidad, no soy una persona muy paciente. Me refiero en dos o tres años. Eso es muy factible.

P: ¿Piensa en 25 años a partir de ahora, cuando tenga casi 65?

R: No.

P: ¿Se siente responsable por hacer que el negocio apoye a alguien, además de a usted y a Cheryl a largo o a corto plazo?

R: Seguro, es probable que tenga más lealtad de la que debería hacia algunos de esos hombres.

P: ¿A quiénes? ¿O se refiere a todos los trabajadores?

R: Me refiero a todo el conjunto. Mi papá fue sindicalista toda su vida. Crecimos con la idea de que la empresa debía proporcionar beneficios, como atención médica, jubilación, vacaciones, días libres. La jubilación es algo grande sobre lo que papá siempre hablaba. Siempre nos contaba sobre los días anteriores a Roosevelt, cuando no había Seguro Social y no había mucho que esperar.

P: ¿Los trabajadores miran por los intereses de su taller?

R: A veces pienso que lo hacen. Sin embargo, en días como hoy, me lo pregunto.

P: ¿Qué sucedió hoy?

R: Todos lo hicieron mal. Lac tiene problemas para ordenar que alguien haga algo. Algún día, va a saber que él ya no es "uno de la pandilla". Dale cargó el motor equivocado en el camión de un cliente. Lance pasó todo el día perdiendo el tiempo, fingiendo que iba a buscar las piezas. Uno de mis clientes buenos pidió su automóvil a la 1:00 y no estuvo listo sino hasta las 4:00. ¿Sabe lo que voy a hacer? Voy a colocar mi escritorio a la mitad del taller, junto a las barras perforadoras. Estarán nerviosos si observo cada uno de sus movimientos. Pero voy a tener esta confusión bajo control. (En tres semanas, Pat había construido una oficina de seis por ocho pies en el centro del taller, cerca del área de ensamble. Tenía ventanas con vista de un solo lado, de tal manera que Pat podía observar a los operadores de máquinas, pero ellos no podían verlo).

P: ¿Qué cambios importantes prevé en el negocio?

R: Más diversidad. ¡Espere! Quiero decir más diversificación. Ya hemos tenido toda la diversidad que podemos soportar.

P: ¿A qué se refiere con diversificación?

R: Todavía hay algunas áreas del negocio de motores que no se han tocado en Lake Charles. Preparé un catálogo, por lo que estaremos listos para dedicarnos al negocio de refacciones. Las tiendas de producción más cercanas están en Baton Rouge y en Houston, a dos horas de distancia. Tendremos todo el lado oeste del estado. El negocio de reparaciones, principalmente el de culata de motores, no está explotado. Visité una tienda de diesel grande en Houston, que hace esto. Todo el sistema, que en realidad consiste nada más que un gran horno de ladrillos, costaría solo un par de miles de dólares. Este es un negocio especialmente bueno, con la fundición de motores actual. Hay un gran número de cabezales desechados. Un viejo cabezal simple de seis cilindros de Chevrolet, nuevo, cuesta mínimo 400 dólares. Creo también que tenemos una buena oportunidad en la industria aérea, la instalación del trabajo de herramientas y tratamiento térmico. Boeing está a punto de certificarnos para hacer trabajos de "nivel II", lo que nos permitiría elaborar partes que permanecen en el avión. No más trabajo informal, tendremos que pujar por todo. El nivel II nos permitirá también buscar trabajo para la gran Reserva Estratégica de Petróleo. Tienen que enviar su trabajo a 80 millas, hasta New Iberia.

CASO 7
Southwest Airlines*

Durante más de tres años, una interminable serie de demandas habían frustrado el plan para lanzar una nueva aerolínea en Texas, cuyo nombre sería Southwest Airlines. La Comisión Aeronáutica de Texas aprobó la solicitud en 1968, pero los desafíos legales por parte de las aerolíneas titulares que enfrentaban por primera vez en décadas nueva competencia alargaron los procesos judiciales, tanto, que el caso incluso llegó a la Suprema Corte de Texas, la cual votó de forma unánime a favor de Southwest el 13 de mayo de 1970.

Cuando la Suprema Corte de Estados Unidos sostuvo el fallo de la Corte de Texas en diciembre, los fundadores de Southwest pensaron que dejaban atrás las batallas en los juzgados. Sin embargo, los retrasos y las demandas casi arruinaron las finanzas de Southwest. Hacía ya tiempo que la empresa había agotado su capital original de 543 mil dólares, pero pudo continuar con las demandas gracias a que su abogado, determinado a no perder, asumió él mismo los gastos legales.

El abogado era Herb Kelleher, originario de Nueva Jersey, quien había llegado a San Antonio para ejercer su profesión. La idea de crear una nueva aerolínea se la había dado un cliente, Rollin King, quien pensaba que una aerolínea que atendiera los tres más grandes mercados de Texas podría obtener buen dinero. Para ilustrar su idea, King dibujó un triángulo en una servilleta de papel, donde cada esquina representaba una de las tres principales ciudades de Texas: Dallas, Houston y San Antonio. En un principio, Kelleher no estaba muy convencido, pero a medida que la plática progresaba, también creció su interés en el asunto. Según dicen, la decisión de Kelleher se reforzó con las palabras: "Rollin, estás loco. Hagámoslo". Kelleher accedió a hacer el trabajo legal inicial con un descuento de 25%, pero terminó haciendo mucho del trabajo gratis.

Al analizar la viabilidad del proyecto, en la investigación de Kelleher aparecieron algunos aspectos desconcertantes de la aparentemente extravagante idea de King. Kelleher sabía que el Civil Aeronautics Board (CAB, Comité de Aeronáutica Civil), el órgano regulatorio federal que tenía jurisdicción sobre las aerolíneas, no había autorizado la creación de una nueva aerolínea importante desde antes de la Segunda Guerra Mundial. De hecho, la función principal del CAB era impedir la competencia. Pero la jurisdicción del CAB se extendía solo a las aerolíneas interestatales, aquellas con rutas que iban de un estado a otro. Al volar únicamente dentro del estado de Texas, Southwest podría evitar la jurisdicción del CAB.

De hecho, existía un precedente. En California, la aerolínea Pacific Southwest (PSA) había volado durante años como una aerolínea intraestatal. Eludiendo la asfixiante regulación del CBA, PSA podía ofrecer tarifas bajas y vuelos frecuentes, por lo que había adquirido mucha popularidad entre sus clientes. Con el estímulo de la competencia, el mercado de aerolíneas de California se había convertido en el más desarrollado del mundo. ¿Por qué no podría Texas ofrecer el mismo tipo de servicio?

En cuanto al frente competitivo, King y Kelleher estaban familiarizados con el lamentable estado del servicio aéreo en Texas: tarifas altas, vuelos retrasados y los horarios con frecuencia se estipulaban por la disponibilidad de los aviones que primero hacían los vuelos más largos y lucrativos con los que las aerolíneas reguladas por el CAB obtenían sus verdaderas ganancias. Los servicios cortos, dentro del estado, pasaban a segundo plano; además, eran, principalmente, parte de la última escala de un vuelo más largo proveniente, por ejemplo, de Nueva York o Minneapolis.

Kelleher decidió que Texas estaba lista para una aerolínea que se enfocara en el pasajero que viajaba dentro del mismo estado, ofreciendo un servicio confiable y bueno, con una tarifa reducida y en horarios diseñados para satisfacer las necesidades de los viajeros locales, más que de pasajeros provenientes de lugares lejanos.

Después de tres años en juicio, Southwest aún no contaba con flota de aviones, ni equipo de supervisores, ni empleados, ni dinero. Pero cuando la Suprema Corte de Estados Unidos falló a su favor, los fundadores no perdieron tiempo y contrataron, en enero de 1971, a M. Lamar Muse como presidente de Southwest. Muse era un astuto veterano del negocio de las aerolíneas, contador de profesión, pero con un audaz carácter como empresario.

Con el certificado de la Comisión Aeronáutica de Texas como único activo valioso de Southwest y su cuenta de banco con 142 dólares, Muse logró, de alguna manera, elevarla a 1.25 millones de dólares mediante la venta de pagarés. Muse formó su equipo de supervisores con un grupo de veteranos de la industria, la mayoría de los cuales se habían retirado o habían sido despedidos de las aerolíneas antiguas. Se dijo que Muse se aseguró de que todas las personas que contrató habían sido despedidas por otras aerolíneas. Al respecto explicó: "Pensé que si las otras aerolíneas hacían tan pésimo trabajo, cualquiera que hubieran despedido debía ser bastante bueno".

Por suerte, debido a la lentitud del mercado, Boeing tenía tres nuevos 737-200 parados en la pista. Southwest consideró que el 737 era el avión perfecto para la misión que tenía en mente. La moderna configuración con doble motor y bajo consumo de combustible del 737 permitiría una operación muy confiable, eficiente y económica entre los mercados dentro del estado de Texas. Los ejecutivos de

Southwest Airlines. Spirit, junio de 1996. Reimpreso por cortesía de Southwest Airlines Spirit.

Boeing llegaron a un arreglo con estos texanos con poco dinero, financiando 90% del costo de los nuevos aviones, algo inaudito para aeronaves tan codiciadas.

Con los aviones asegurados y la tripulación contratada, el tan esperado vuelo inaugural de Southwest parecía al alcance de la mano. Pero las aerolíneas establecidas no habían renunciado en su lucha. Primero, pidieron al CAB que ejerciera su jurisdicción para bloquear la nueva competencia en Texas. El CAB se rehusó a intervenir, desechando las demandas de Braniff y Texas International el 16 de junio de 1971, solo dos días antes del primer vuelo programado de Southwest. Pocas horas después, los abogados de Braniff y Texas International consiguieron una orden de restricción con un juez de distrito amigo en Austin, prohibiéndole a Southwest iniciar sus operaciones.

Los líderes de Southwest estaban furiosos y desalentados. Durante más de tres años habían peleado y ganado las batallas legales. Ahora, en la víspera de ver su sueño realizado, enfrentaron la posibilidad de tener que comenzar todo de nuevo.

Kelleher, quien había salido de su oficina en San Antonio sin ni siquiera un cepillo de dientes o una muda de ropa, estaba en Dallas cuando se enteró de la orden de restricción. Se dirigió entonces a Austin, consiguiendo que unos de los nuevos y recién pintados —rojo, naranja y dorado— 737 de Southwest lo llevara en uno de los vuelos de prueba. En Austin, Kelleher localizó al juez Tom Reavely de la Suprema Corte, quien había redactado, en 1970, el veredicto unánime de la Corte que autorizaba a Southwest a volar. Kelleher convenció a Reavely a que convocara a una sesión extraordinaria al pleno de la Corte Suprema al día siguiente.

Kelleher trabajó toda la noche para preparar sus documentos y argumentos para el tribunal. Al día siguiente, 17 de junio de 1971, desvelado y usando el mismo desgastado traje, compareció frente a toda la Corte Suprema, pidiendo de nuevo que se le permitiera volar a Southwest.

Finalmente, el teléfono en la oficina de Muse sonó. Era Kelleher. La Corte Suprema no solo había escuchado los argumentos, sino que ya se había declarado a favor. La orden de restricción de la Corte de distrito fue rechazada. Southwest podía volar el siguiente día.

"¿Qué hago si mañana aparece aquí el comisario con otra orden de restricción?", preguntó Muse.

"Atropéllalo con uno de los 737", respondió Kelleher.

Al comienzo de 1973, Southwest llevaba un año y medio funcionando sin lograr rentabilidad. El capital inicial, incluyendo las ganancias por la venta de acciones en 1971, estaba casi agotado. Se había comprado un cuarto avión, que tuvo que venderse para recaudar fondos. Casi milagrosamente, los horarios de vuelo se habían conservado cuando los empleados de Southwest, bajo la dirección del vicepresidente Bill Franklin, inventaron el "giro de 10 minutos", permitiendo descargar y cargar el avión en la puerta de embarque en 10 minutos. Con el aumento en la productividad, gracias a esta idea, se dieron cuenta de que tres aviones podían hacer el trabajo de cuatro. De este modo, surgió uno de los principios del éxito de Southwest: un avión en tierra no hace dinero.

No obstante, el dinero disminuía y la rentabilidad seguía siendo solo un sueño. La ruta Dallas-Houston funcionaba bien, pero la de Dallas-San Antonio tenía poco tránsito y consumía el dinero que ganaba la empresa. Muse decidió intentar una jugada audaz. El 22 de enero de 1973, bajó las tarifas a la mitad, a 13 dólares cualquier asiento, cualquier vuelo, sin restricciones, en la ruta Dallas-San Antonio. La consecuencia fue uno de los conflictos más ampliamente citados y públicamente seguidos en la historia de la industria de la aviación.

Braniff contraatacó publicando anuncios de página entera anunciando una tarifa "Conózcanse" por 13 dólares entre Dallas y Houston. Su plan implicaba que Southwest cayera en bancarrota si intentaba igualar su tarifa entre Dallas y Houston, la única ruta rentable de Southwest.

Los líderes de Southwest buscaron desesperadamente una respuesta. Aun cuando hubieran sabido que Braniff y Texas International iban a ser acusadas de violaciones federales a las leyes antimonopolio por sus tácticas, no habría servido de mucho consuelo. Faltaban años para que el sistema judicial diera el fallo definitivo, pero ya quedaban solo unos días para la bancarrota.

Finalmente les llegó la chispa de inspiración que los salvó de la bancarrota. La aerolínea regalaría, a quien pagara la tarifa completa de 26 dólares, una botella de un excelente licor, Chivas Regal, Crown Royal o Smirnoff. Pero los pasajeros también podían pagar la tarifa de 13 dólares si preferían.

Se ordenó al vicepresidente de Southwest, Franklin, que consiguiera que les llevaran un camión de licor al aeropuerto. Para los viajeros que no tomaran alcohol, el vicepresidente Jess Coker encontró un lote de cubetas para hielo forradas en piel que no se habían vendido bien en Navidad y compró miles. Alguien preguntó si era legal. Muse respondió que eso se lo dejaran a Kelleher.

Muse decidió entonces escribir la respuesta a la campaña publicitaria de Braniff, la cual aparecería a página completa junto a la publicidad de Southwest. Después de que Kelleher borrara las malas palabras y puliera un poco el borrador inicial de Muse, el anuncio decía: "Por 13 dólares nadie va a sacar del cielo a Southwest".

De pronto, toda la atención pública se dirigía a la guerra aérea sobre Texas. Se volvió noticia de primera plana, y la noticia del día en televisión y radio. Durante dos meses, Southwest fue el distribuidor de licor más grande de Texas. Era un momento crucial, en el cual se decidían lealtades para toda la vida.

El abrumador apoyo que recibió Southwest en su cruzada produjo la primera ganancia trimestral en la historia de la compañía y convirtió 1973 en el año más productivo de la aerolínea.

"Dile al alcalde que la aerolínea Southwest va a ser el mejor socio que podría tener la ciudad de Chicago", dice Kelleher al teléfono. Es noviembre de 1991, y en el rostro de Kelleher se percibe un indicio de tensión y emoción al decir estas palabras al consejero más cercano al alcalde. Durante años, los esfuerzos de Southwest por extenderse a Chicago habían sido obstaculizados por la falta de salas disponibles en el aeropuerto Midway.

Southwest se había ya expandido más allá de sus fronteras texanas. Con la aprobación de la Airline Deregulation Act (Ley de Desregulación Aérea) de 1978, se aseguraba el final del control absoluto del CAB sobre la competencia en los mercados interestatales. Inmediatamente Southwest se convirtió en una aerolínea interestatal, volando primero de Houston a Nueva Orleans en 1979. Aun cuando la expansión del aeropuerto Love Field de Dallas estaba restringida por un decreto legislativo, conocido como la Enmienda Wright, llamada así por el entonces congresista Jim Wright, quien representaba a Fort Worth y buscaba proteger el crecimiento del Aeropuerto Internacional de Dallas-Fort Worth, Southwest encontró numerosas oportunidades para expandirse fuera de Texas.

Kelleher había cambiado el rol de abogado por el de ejecutivo, convirtiéndose primero en presidente interino en 1978, cuando Muse renunció después de un desacuerdo con la junta directiva y, luego, se convirtió en presidente de tiempo completo y director general en septiembre de 1981, cuando Howard Putman renunció para convertirse en presidente de Braniff. El crecimiento en el oeste había resultado muy exitoso, aunque no sin retos competitivos. Tomando a Phoenix como su base principal para impulsarse hacia el oriente, Southwest penetró en la mayoría de los mercados más importantes de California y los estados del sureste, durante la década de 1980 y a principios de la siguiente.

Pero Chicago representaba una situación particularmente frustrante. Aunque Southwest ofrecía 43 vuelos saliendo de sus cuatro puertas de embarque, existía la demanda suficiente para varios vuelos más, a más destinos. Southwest carecía de la capacidad para satisfacer la demanda porque todas las otras puertas de embarque estaban rentadas, la mayoría a Midway Airlines, compañía favorita de la ciudad. Sin embargo, había rumores de que Midway Airlines estaba a punto de cerrar. Southwest había intentado rentar algunas de las puertas a cambio de dinero y/o préstamos para que Midway Airlines continuara funcionando. Pero Midway había transferido todos sus contratos a Northwest Airlines, como anticipo de la venta de la aerolínea completa. Cuando el 13 de noviembre de 1991 Northwest anunció que ya no compraría Midway, esta no tenía ya dinero para terminar el día.

Kelleher quería desesperadamente el acceso a las puertas de embarque de Midway, que si cerraba, estarían vacías. Aunque los contratos pertenecían a Northwest, Jim Parker, asesor general creativo de Southwest, sabía de una laguna jurídica: a la ciudad le pertenecía el derecho a permitir que otra aerolínea usara las puertas de embarque cuando no fueran utilizadas por el dueño principal. Si Midway cerraba esa noche, lo cual era bastante probable, Parker dedujo que no había forma en que Northwest ocupara todas las puertas de Midway al día siguiente. Kelleher concertó una junta a las 9 de la mañana del siguiente día en Chicago entre los representantes de Southwest y los consejeros principales del alcalde Richard M. Daley.

Cuando la delegación de Southwest llegó al hotel de Chicago a la 1:00 de la mañana, vieron en las noticias que Midway Airlines confirmaba su cierre. Mientras los abogados de Southwest planeaban su estrategia, los departamentos de mantenimiento y de servicios técnicos se pusieron en marcha, desviando entregas y consiguiendo y trasladando desde otras ciudades equipo de cómputo, paneles de señalización, tarimas y sillas para las salas de espera de Chicago. Todos sabían que cada minuto contaba.

Todo Chicago estaba preocupado por el cierre de Midway Airlines. No solo fueron despedidos 4,300 empleados, sino que además el futuro del aeropuerto, un motor económico del sur de Chicago, también estaba en riesgo. Cuando los representantes de Southwest llegaron a las 9:00 de la mañana a la reunión con los líderes de la ciudad, dijeron a los asistentes del alcalde que Southwest estaba lista tanto para invertir al menos 20 millones de dólares en el desarrollo y promoción del aeropuerto, como para comprometerse con un programa de sólida expansión en el aeropuerto de Midway, si la ciudad ejercía su autoridad y aseguraba a Southwest el uso de las instalaciones necesarias para llevar a cabo su plan de crecimiento. Las negociaciones continuaron durante la jornada, mientras los abogados de Southwest subrayaban la estabilidad financiera de la aerolínea, el registro del desarrollo de aeropuertos subutilizados, el registro notable de la satisfacción del cliente, las excelentes relaciones entre los empleados y el compromiso con la comunidad como razones de por qué la ciudad debería elegir la aerolínea, de entre los demás competidores, como socio para el nuevo desarrollo del aeropuerto Midway.

La gente de Chicago no conocía mucho de la aerolínea Southwest, pero aparentemente estaban impresionados. A media tarde, el representante de prensa del alcalde entró a la sala de juntas y preguntó: "¿Ya llegaron a un acuerdo? El alcalde tendrá una conferencia de prensa a las 3:30". Rápidamente redactaron una carta de acuerdo y un comunicado de prensa y se cerró el trato.

En camino a la conferencia de prensa, Parker llamó a Calvin Phillips, su contacto en el departamento de mantenimiento, quien había llegado a Chicago con un comprometido grupo de voluntarios del departamento de servicios técnicos.

—¿Dónde está el equipo? —preguntó apurado Parker.

—Está en Chicago, en una bodega cerca del aeropuerto.

—Ya tenemos una carta de acuerdo. Vamos.

—¿Y si alguien del departamento de aviación o de Northwest intenta detenernos?

—Les decimos que hablen con el alcalde —contestó Parker.

Cuando el Alcalde Daley presentó a Southwest Airlines como el nuevo socio de Chicago para la remodelación del Aeropuerto Midway, un reportero preguntó cuándo se podría notar algún signo de expansión de Southwest dentro del aeropuerto. Un vocero de Southwest respondió: "Si vas ahora al aeropuerto, podrás verlo". Daley sonreía satisfecho mientras los reporteros salían apresurados por la puerta hacia el aeropuerto. Esa noche los noticieros estaban repletos de imágenes del Aeropuerto Midway en transición, con los empleados de Southwest trabajando toda la noche montando puerta por puerta los letreros de Southwest y de su equipo.

Se concertó una reunión al siguiente día entre representantes de Southwest y Northwest, el principal arrendatario.

—¿Qué tanto han avanzado sus tropas? —preguntó el representante de Northway.

—Creo que llegaron hasta la Explanada A —respondió Parker.

Finalmente se negoció un trato, en el cual Northwest otorgaba su concesión de las antiguas puertas de embarque de Midway Airlines y se estableció un contrato directo entre la ciudad de Chicago y Southwest, garantizando la expansión de esta última en Chicago y el Medio Oeste.

Kelleher se encuentra sentado en su oficina sin ventanas, contemplando la próxima expansión de su compañía en Florida. Es enero de 1996 y Southwest Airlines está por cumplir su 25 Aniversario, desde aquel día en el que Kelleher dijo a Muse que atropellara al comisario con un avión, si fuera necesario.

La flota de Southwest ha crecido de los tres 737-200 a los más de 220 modernos aviones Boeing 737. Tan fuerte es la lealtad de Southwest con los 737, que es la única aerolínea importante de Estados Unidos cuya flota está compuesta solo por los aviones Boeing. La pequeña aerolínea que tuvo que solicitar un préstamo de 90% del financiamiento a Boeing en 1971 ha funcionado como cliente de lanzamiento para los tres nuevos modelos del 737: el 737-300, hoy la bestia de carga de la flota; el 737-500, y el futurista 737-700, que saldría en 1997.

Southwest está por cumplir su vigésimo tercer año consecutivo de ganancias desde 1973. Las paredes y los pasillos de la oficina central de Southwest están llenos de recuerdos de celebraciones y logros de los empleados. El trofeo de la "Triple Corona" reposa orgullosamente en el vestíbulo, conmemorando el inigualable récord de Southwest por llegar siempre a tiempo, de tener las mínimas pérdidas de equipaje y casi nulas quejas de los clientes durante cuatro años consecutivos, según los reportes del consumidor del Departamento de Transporte de Estados Unidos. Southwest ha logrado tanto éxito que un estudio de 1993 del Departamento de Transporte de Estados Unidos la describió como "la más importante fuerza impulsora tras los cambios más drásticos y fundamentales de la industria de la aviación estadounidense".

En las paredes también encontramos recuerdos de otros muchos logros: el libro publicado en 1993 por Robert Levering y Milton Moskowitz, donde se denomina a Southwest Airlines como una de las 10 mejores compañías para trabajar en Estados Unidos; el nombramiento de la Air Transport World reconociendo a Southwest como la "Aerolínea del Año" en 1991; el reconocimiento de la revista *Condé Nast Traveler* considerando a Southwest como la aerolínea más segura del mundo por su historia exenta de accidentes; la portada de la revista *Fortune* de 1994 con la surrealista foto de Kelleher y la leyenda "¿Es Herb Kelleher el mejor director general de Estados Unidos?".

Pero Kelleher contempla la futura expansión de su compañía a Florida, un mercado que ha codiciado más de una década, con una seriedad y falta de humor inusitadas. Sabe que la competencia será dura y su mente recuerda retrospectivamente las batallas pasadas. La Florida de 1996 se parece mucho a la California de 1989. Las tarifas aéreas son altas, el servicio dentro del estado es deficiente y su geografía se presta a la necesidad de un servicio aéreo más frecuente, con tarifas más bajas y confiable entre las áreas metropolitanas de mayor importancia. En California, el anterior modelo de Southwest, Pacific Southwest Airlines, y su competidor dentro del estado, Air Cal, habían perdido hacía tiempo el camino y fueron absorbidas por megacompañías a quienes les importaba poco el mercado de vuelos cortos, dejando un vacío que gustosamente ocupaba Southwest. Su servicio cálido y de bajo costo fue rápidamente acogido por los californianos con tanto entusiasmo, que pronto Southwest transportaba a la mayoría de los pasajeros de California.

Sin embargo, la Costa Oeste se había vuelto muy competitiva. United Airlines, la aerolínea más grande del mundo, identificó a Southwest como un intruso indeseado y se propuso eliminar, o al menos retrasar, su expansión. Con esto en mente, United creó su propia "aerolínea dentro de la aerolínea", diseñada para ofrecer tarifas bajas y volar rutas de Southwest. Anticipando los más grandes recursos de esa aerolínea para entrar en batalla, Southwest adquirió Morris Air, de Salt Lake City y comenzó desde ahí a expandirse hacia el noroeste.

Después de 15 meses de competencia, Southwest parecía finalmente capaz de mantener su posición. A pesar de una enorme entrada de nueva competencia, el tráfico aéreo de Southwest California era en realidad alto. Los funcionarios de United ya ni siquiera pretendían que el esfuerzo por minar la sólida base de clientes de Southwest había sido exitoso. Al contrario, Southwest estaba por lograr su mejor año en su historia.

Repentinamente, un ejecutivo de Southwest interrumpe la concentración de Kelleher:

—Herb, no vas a creer lo que nos acaba de decir un cliente.

—¿Qué?

—Adivina qué sucede cuando marcas 1-800-SOUTHWEST.

—Más bien cuando marcas 1-800-FLY SWA. Ese es nuestro número para reservaciones.

—Lo sé, pero adivina qué sucede si marcas 1-800-SOUTHWEST.

Kelleher caminó a su teléfono y marcó obedientemente el número. Después de cuatro tonos, le contestan:

—Reservaciones de transportación de United. Le atiende Todd.

—¿Qué? —exclama Kelleher consternado.

—¿Puedo ayudarle?

—Ehm… No, gracias.

Después de unos segundos pasmado, Kelleher suelta una carcajada. La aerolínea más grande del mundo se había rebajado a hacerse pasar por Southwest en un intento por retener a sus pasajeros de la Costa Oeste. Un exquisito aire de satisfacción se dibuja en el rostro de Kelleher mientras deja de reír.

Poco después, recupera su apariencia seria.

—Hablemos de Florida.

CASO 8

Auge y caída de Eastman Kodak: ¿Cuántos años más sobrevivirá después de 2011?

Gareth R. Jones, Texas A&M University*

En 2011 Antonio Pérez, director general de Eastman Kodak Co., reflexionaba sobre la situación de su compañía. Desde que se había convertido en director general en 2005 y echó a andar su estrategia para lograr que Kodak fuera un líder dentro del mercado de creación y gestión de imágenes, el progreso había sido lento. Sus intentos por reducir gastos mientras invertía mucho en el desarrollo de nuevos productos digitales resultaron en la pérdida de dinero de la compañía durante todos los años anteriores, en tanto que Kodak redujo a la mitad sus estimaciones de ganancias para 2011.

Después de gastar miles de millones de dólares en la creación de competencias digitales para dar a Kodak una ventaja competitiva, y tras recortar decenas de miles de puestos de trabajo, el futuro de la compañía estaba todavía en duda. ¿Podría Kodak sobrevivir mientras sus rivales digitales introducían continuamente en el mercado nuevos y mejores productos que hacían que los suyos parecieran anticuados? ¿Estaba realmente funcionando el nuevo modelo digital de negocios de Kodak? ¿Tenía los productos necesarios en el lugar adecuado, con la finalidad de reconstruir su rentabilidad y cumplir con su eslogan "Usted aprieta el botón, nosotros hacemos el resto"? O, después de 10 años de disminución en ventas y ganancias, ¿estaba la compañía al borde de la bancarrota, frente a la intensa competencia global en todos los productos?

Historia de Kodak

Eastman Kodak Co. se constituyó en Nueva Jersey el 24 de octubre de 1901, como sucesora de la Eastman Dry Plate Co., negocio inicialmente establecido por George Eastman en septiembre de 1880. La Dry Plate Co. había sido formada para desarrollar una placa fotográfica más fácil de manejar y utilizar en el rápidamente cambiante terreno de la fotografía. Para producir en masa uniformemente las placas de vidrio secas, Eastman patentó una máquina de recubrimiento de placas y comenzó a fabricar placas para su venta. El constante interés de Eastman en la naciente industria de la fotografía lo llevó a desarrollar, en 1884, una película fotográfica de haluro de plata. Eastman limitó su invento a la presentación de su primera cámara portátil en 1888, la cual usaba su propia película patentada, que se revelaba usando su método específico. Así, Eastman había tomado el control de todas las etapas del proceso fotográfico. Sus descubrimientos hicieron posible el desarrollo de la fotografía como una actividad recreativa de masas. La popularidad del negocio de las "imágenes grabadas" fue inmediata y las ventas crecieron. Los inventos de Eastman revolucionaron la industria fotográfica y su compañía ocupaba el lugar predilecto para guiar al mundo en el desarrollo de tecnología fotográfica.

Desde sus comienzos, Kodak se enfocó en cuatro objetivos principales para guiar el crecimiento de su negocio: **1.** fabricar en masa para bajar costos de producción, **2.** mantener la vanguardia en desarrollos tecnológicos, **3.** lanzar campañas publicitarias de gran alcance y **4.** desarrollar un negocio multinacional para aprovechar el mercado internacional. Aunque hoy son comunes, tales metas eran, en esos años, revolucionarias. En su momento, las cajas amarillas de Kodak se encontraban en cualquier lugar del mundo. Dominando los mercados mundiales, Kodak manejaba las redes de investigación, producción y distribución de Europa y el resto del orbe. El liderazgo de Kodak en el desarrollo de película a color para cámaras fáciles de usar y en el procesamiento de película de calidad se mantuvo gracias a una investigación constante, así como al desarrollo de sus muchos laboratorios de investigación. Su enorme volumen de producción le permitía obtener economías de escala. Kodak era también su propio proveedor de los plásticos y químicos que se necesitaban para producir película y fabricaba la mayoría de las piezas para sus cámaras.

Kodak se volvió una de las corporaciones más rentables de Estados Unidos y las ganancias de los accionistas fueron durante muchos años de 18%. Para mantener su ventaja competitiva, continuó invirtiendo mucho en investigación y desarrollo de la fotografía de haluro de plata, permaneciendo básicamente en el negocio fotográfico. En este negocio, al usar la compañía sus recursos para ampliar ventas y convertirse en un negocio global, el nombre de Kodak se hizo una conocida palabra cuyo significado era calidad inigualable. En 1990 aproximadamente 40% de los ingresos provenían de ventas fuera de Estados Unidos.

Sin embargo, a principios de la década de 1970, y sobre todo en la siguiente, Kodak enfrentó graves problemas, los cuales se reflejaron en bajas en el rendimiento del capital invertido. Su lugar de prestigio se estaba viendo cada vez más amenazado en la medida en que se modificaba la competencia en la industria de la fotografía. Importantes innovaciones estaban aconteciendo en el negocio de la fotografía y surgieron nuevos métodos para grabar imágenes y recuerdos que

 Para una información más actualizada sobre los resultados financieros de la compañía analizada en este caso, consulte la página http://finance.yahoo.com e introduzca el símbolo de cotización de empresas (EK) y podrá bajar el último reporte de esa compañía.

iban más allá de la tecnología del haluro de plata, principalmente con la creación de imágenes digitales.

Aumenta la competencia

En la década de 1970, Kodak comenzó a enfrentar un ambiente incierto en todos sus mercados de productos. Primero, el mercado de la película a color y el papel del cual Kodak recibía 75% de sus ganancias comenzó a tener competencia por parte de las compañías japonesas, guiadas por Fuji Photo Film Co. Fuji invirtió en enormes plantas de producción de bajo costo, utilizando la última tecnología para fabricar película en grandes cantidades. Los bajos costos de producción de Fuji y los drásticos recortes de precios, redujeron el margen de ganancias de Kodak. Los consumidores, al no encontrar diferencias evidentes en la calidad y obtener colores más vivos con el producto nipón, comenzaron a cambiar hacia la marca más barata, lo cual redujo drásticamente la participación de mercado de Kodak.

Además de una mayor competencia en la industria, otra carga para Kodak consistía en que había hecho poco internamente para mejorar la productividad y contrarrestar el aumento en costos. Su supremacía en el mercado la había vuelto complaciente y se tardó en introducir mejoras en productividad y calidad. Además, Kodak fabricaba película en muchos países del mundo, a diferencia de Fuji en Japón, lo cual también le daba a Kodak una cara desventaja. Así, la combinación de la eficiente producción de Fuji y el estilo de dirección de Kodak, permitió a los japoneses convertirse en los líderes en precios, cobrando precios más bajos, manteniendo así sus márgenes de utilidades.

Otro golpe en el frente de las cámaras sucedió cuando Kodak perdió el juicio de patentes contra Polaroid Corp. Kodak había decidido no entrar al mercado de la fotografía instantánea en la década de 1940, cuando declinó la oferta de Edwin Land para desarrollar su propio proceso fotográfico al respecto. Polaroid sí lo hizo y la fotografía instantánea adquirió gran éxito, captando una participación importante del mercado fotográfico. En respuesta, Kodak desarrolló en la década de 1970 su propia cámara instantánea. Según testimonios del juicio de patentes, Kodak gastó 94 millones de dólares en el perfeccionamiento de su sistema, para terminar cancelándola cuando Polaroid presentó su nueva cámara SX-70 en 1972. Kodak se apuró entonces a lanzar otra cámara instantánea, esperando capitalizar en 6.5 mil millones de dólares en ventas. Sin embargo, un juez federal ordenó a Kodak salir del negocio de la fotografía instantánea por violación a siete de las patentes de Polaroid en su prisa por fabricar las cámaras. El costo de cerrar su operación de fotografía instantánea e intercambiar los 16.5 millones de cámaras vendidas a clientes fue de más de 800 millones de dólares. Para 1985, Kodak reportó que había dejado esa industria con un costo de 494 millones de dólares; sin embargo, en 1991 la compañía llegó a un acuerdo externo con Polaroid pagándole 494 millones de dólares para resolver la violación de patente.

En el tercer frente del procesamiento fotográfico, Kodak también tuvo problemas. Enfrentó competencia dura de fabricantes extranjeros de papel fotográfico y de nuevos competidores en el mercado del tratamiento de las películas fotográficas. Cada vez en mayor medida, aquellos que se dedicaban al procesamiento de película fotográfica estaban utilizando papel barato para reducir los costos del proceso de filmación. De nuevo, los japoneses estaban desarrollando papel más barato y erosionando la participación de mercado de Kodak. Al mismo tiempo, surgieron muchas nuevas compañías independientes de procesamiento de película, que realizaban impresiones a precios mucho menores que los procesadores de Kodak. Estos laboratorios independientes se habían creado para cubrir las necesidades de las tiendas de abarrotes y supermercados; además, muchos de ellos ofrecían un servicio de 24 horas. Usaban el papel más barato para mantener los costos y aceptaban con gusto un menor margen de ganancias a cambio de un mayor volumen de ventas. Como resultado, Kodak perdió mercados para sus productos químicos y de papel, los cuales representaban una importante parte de sus ganancias e ingresos. La industria fotográfica que rodeaba a Kodak se había transformado de forma drástica. La competencia aumentó en todas las áreas de productos y Kodak, aun cuando seguía siendo el más grande productor, enfrentaba amenazas cada vez más fuertes a su rentabilidad, ya que se estaba viendo forzada a reducir sus precios para igualar la competencia.

El surgimiento de las imágenes digitales

Otro importante problema que Kodak debió encarar no se relacionaba con el aumento de competencia en los mercados *existentes*, sino con la aparición de *nuevas* industrias, que ofrecían medios alternativos de producción y grabación de imágenes. Con la aparición de las videocaseteras y más tarde de cámaras de video, el consumidor contaba con una forma alternativa de usar su dinero para producir imágenes, particularmente imágenes móviles. El video destruyó prácticamente el viejo negocio de películas para ver en casa, que había sido prácticamente un monopolio de Kodak. A partir de que Sony introdujo la máquina Betamax en 1975, la industria del video se volvió un negocio multimillonario. Las videocaseteras, y las primeras de 16mm, y luego las compactas cámaras de video de 8mm, se transformaron en productos muy vendidos cuando sus precios bajaron gracias a la demanda y la estandarización de la tecnología. Después, surgieron los discos láser, los discos compactos y, en la década de 1990, los DVD, que resultaron ser importantes progresos. La enorme cantidad de información que podía grabarse en dichos discos les daba una gran ventaja en reproducción de imágenes usando medios electrónicos.

Era cada vez más evidente que toda la naturaleza de la creación de imágenes y procesos de grabado estaba mutando de métodos químicos de reproducción, hacia métodos digitales y electrónicos. Los directivos de Kodak debieron haber sentido esta transformación a métodos digitales como una tecnología perturbadora, dado que su preminencia técnica estaba basada en la fotografía del haluro de plata. Sin embargo, como suele suceder con esta clase de tecnologías, el verdadero peligro está en el futuro. Los cambios en el ambiente competitivo causaron enormes dificultades para Kodak. Entre 1972 y 1982, los márgenes de ganancias de las ventas bajaron de 16% a 10%. La brillante imagen de Kodak perdió su encanto. Fue en tal situación de declive cuando Colby Chandler entró como presidente en julio de 1983.

La nueva estrategia de Kodak

Chandler se dio cuenta de que se necesitaban cambios drásticos en los negocios de Kodak e implementó rápidamente cuatro modificaciones en la estrategia: **1.** luchó por incrementar el control de Kodak sobre sus negocios de creación de imágenes con base química; **2.** se propuso convertir a Kodak en líder en imágenes electrónicas; **3.** encabezó los intentos de Kodak para diversificar en nuevos negocios para aumentar así su rentabilidad; **4.** e inició grandes esfuerzos para reducir costos y mejorar la productividad. Para lograr los tres primeros objetivos, inició un importante programa de adquisiciones, ya que Kodak no contaba con el tiempo para aventurarse a hacer internamente nuevas actividades. Al ser una compañía con alta liquidez (era una de las más ricas compañías globales) y casi sin deudas, resultó sencillo financiar esas adquisiciones.

Durante los siguientes seis años, Chandler adquirió negocios en cuatro áreas principales. Para 1989, Kodak había sido restructurada en cuatro grupos operativos: creación y procesamiento de imágenes, sistemas de información, salud y químicos. En su reunión anual en 1988, Chandler informó que con la reciente adquisición de Sterling Drug por 5 mil millones de dólares, la compañía había logrado su objetivo: "Con un enfoque agudo en estos cuatro sectores, damos servicio a diversos mercados desde una base unificada de ciencia y tecnología de fabricación. La sinergia lógica de la estrategia de crecimiento de Kodak significa que no somos ni un conglomerado, ni una compañía con una sola familia de productos".

La manera como dichos grupos operativos se fueron desarrollando bajo el liderato de Chandler se describe a continuación.

El grupo de creación y procesamiento de imágenes

Las imágenes eran el negocio original de Kodak, así como los productos de consumo, películas y productos audiovisuales, fotoacabado y sistemas electrónicos de consumo. La unidad estaba encargada de fortalecer la posición de Kodak en sus negocios existentes. Su estrategia en el negocio de creación de imágenes había sido llenar los huecos en su línea de productos introduciendo nuevos productos, ya sea fabricados por Kodak o comprados en el mercado japonés y vendidos con el nombre de Kodak. Por ejemplo, para mantener la participación en el mercado en la venta de cámaras, Kodak presentó una nueva colección de cámaras de disco que remplazaban las Instamatic. También compró una participación minoritaria y entró a una empresa conjunta con Chinon de Japón para producir una variedad de cámaras de 35 mm automáticas, que saldrían al mercado con el nombre de Kodak. Este arreglo, gracias a la sólida imagen de Kodak, le capitalizaría y daría presencia en este mercado para mantener sus ventas de cámaras y películas. Kodak vendió 500,000 cámaras y ganó 15% de participación en el decadente mercado de cámaras. Además, Kodak invirtió mucho en el desarrollo de una nueva y mejor película, una nueva variedad de "DX" codificada para usar en la nueva cámara 35 mm que tenía los colores vívidos de la película Fuji. Kodak no había producido antes película de colores vívidos, porque creía que los consumidores deseaban colores "realistas". Esta idea mostraba que sus directores seguían obsesionados con mejorar el negocio de las películas.

Kodak también consolidó su participación en el mercado del revelado de película. Intentó cortar de tajo la afluencia de papel fotográfico de bajo costo proveniente del extranjero, adquiriendo control sobre el mercado del revelado. En 1986 adquirió Fox Photo Inc. por 96 millones de dólares y se convirtió en el más grande vendedor mayorista nacional de acabados fotográficos. En 1987 adquirió el American Photographic Group y en 1989 consolidó su posición en el mercado del fotoacabado al formar una nueva empresa, Qualex, con las operaciones de fotoacabado de las industrias Fuqua. Con tales adquisiciones, Kodak adquirió un cliente cautivo para sus productos químicos y de papelería, así como el control sobre el mercado del fotoacabado. También, en 1986, presentó nuevos y mejorados laboratorios de revelado en una hora para poder sostener la competencia. Conjuntamente con los nuevos laboratorios, Kodak popularizó el sistema Kodak "Color Watch", un sistema que requería que los laboratorios utilizaran solamente papel y químicos Kodak. La estrategia consistía en reducir el negocio a los laboratorios de una hora y establecer el estándar de la industria para el procesamiento de calidad. Tuvo éxito, pero la evolución hacia el mundo digital se aceleraba y para finales de la década de 1980, dada la elevada popularidad de las PC digitales, los directivos de Kodak debieron reconocer que iban por el camino equivocado.

La rentabilidad de Kodak iba en declive, lo cual la obligaba a hacer un esfuerzo masivo interno de recorte de costos para mejorar el rendimiento del grupo de productos fotográficos. En 1984 se planteó metas mucho más eficientes y rigurosas dirigidas a reducir desperdicios y aumentar la productividad. En 1986 la compañía estableció un estándar para medir el costo total de desperdicio que salía de la fabricación de película y papel de todas sus operaciones en todo el mundo. Para 1987 había reducido el desperdicio en 15% y para 1989 reportó un ahorro total de costos de 500 millones de dólares anuales. Esto no era nada comparado con lo rápido que cambiaba la situación competitiva; los directores de Kodak no querían reducir su grande y burocrática compañía que con el tiempo se había vuelto conservadora y paternalista. Como resultado, en 1989 las ganancias de Kodak se redujeron drásticamente cuando todos los fabricantes de película despertaron a la nueva realidad; por su parte, también Polaroid y Fuji intentaron audazmente captar más participación en el mercado bajando precios y aumentando su publicidad. El resultado fue una rentabilidad aún más baja. Esos gastos agotaron las ganancias de Kodak al bajar precios; además, había poca esperanza de lograr beneficios pues el negocio de imágenes fotográficas de Kodak estaba decayendo. Kodak, que ya contaba con 80% del mercado, estaba atada a la suerte de una sola industria. Este hecho, más el creciente uso de nuevas aplicaciones de técnicas digitales, guiaron el segundo empuje estratégico de Chandler: una política inmediata de adquisición y diversificación de nuevas industrias, incluyendo el negocio de creación de imágenes electrónicas con el claro objetivo de ser "el primero en la creación de imágenes en película y digitales". Pensaba que ambas todavía podían coexistir. No lograba entender que la creación de imágenes digitales era una tecnología turbulenta.

El grupo de sistemas de información

En 1988 Sony presentó una cámara digital electrónica que tomaba fotos fijas y que después se podían pasar a la pantalla del televisor. Esto era una evidente señal de que Kodak estaba cada vez más amenazada por las nuevas técnicas digitales. Sin embargo, en ese entonces las fotos tomadas con video no podían igualar la calidad de la reproducción química. Pero como la tecnología siempre continúa avanzando, el surgimiento de los CD era también una señal de que nuevas formas de almacenamiento digital se vislumbraban en el horizonte; la película de haluro de plata estaba ya fuera de moda, como lo indicaban las ventas. Para que Kodak pudiera sobrevivir en el negocio de la fotografía digital, sus directivos se percataron de que necesitaban experiencia en una amplia variedad de nuevas tecnologías, para satisfacer las necesidades del cliente en cuanto al almacenamiento y la grabación de imágenes; por otro lado, comenzaron a darse cuenta de la amenaza que representaba la nueva tecnología. Percibieron que estaban surgiendo en todos sus mercados diferentes productos digitales que representaban competencia. Por ejemplo, impulsada por la introducción de servidores y PC aún más poderosos, la creación de imágenes electrónicas había adquirido gran importancia en las ciencias médicas y en todas las aplicaciones de negocios, técnicas y de investigación.

No obstante lo anterior, los ejecutivos de Kodak no eligieron enfocarse en productos y mercados de creación de imágenes cercanas a las "fotografía". Por ejemplo, pudieron haber comprado Sony o Apple. Por el contrario, comenzaron a centrarse en todo tipo de aplicaciones de imágenes para comunicaciones, informática, etcétera, que pensaban que serían importantes en el mercado de las imágenes digitales del futuro. Dado que Kodak *no* tenía experiencia en la creación y el procesamiento de imágenes digitales, sus directores decidieron adquirir compañías que ellos consideraban sí poseían dichas habilidades, para entonces poner a la venta los productos de esas empresas bajo su famoso nombre; por ejemplo, el sistema electrónico de edición Kodak para documentos de negocios y un sistema de almacenamiento de imágenes Kodak.

Kodak comenzó entonces su desastrosa estrategia de adquisiciones y fusiones. Gastó una enorme cantidad de sus ganancias en nueva tecnología de imágenes, esperando que así, de alguna manera, aumentara sus ganancias futuras. En el nuevo ∫grupo de sistemas de información, las adquisiciones fueron Atex Inc., Eikonix Corp. y Disconix Inc. Atex fabricaba sistemas electrónicos para edición de textos de periódicos y revistas en todo el mundo, así como para agencias gubernamentales y despachos de abogados. Eikonix Corp. era un líder en el diseño, desarrollo y producción para sistemas de precisión de imágenes digitales. El grupo de sistemas de información creció aún más cuando se desarrolló la línea de fotocopiadoras Ektaprint, que había logrado cierto éxito en el competitivo segmento del mercado de las fotocopiadoras. En 1988 Kodak dio otro paso importante dentro del mercado de las fotocopiadoras, al comprar el negocio de servicio de fotocopiadoras de IBM, y anunció que pondría en el mercado copiadoras fabricadas por IBM, así como las propias copiadoras Ektaprint. Pero estas fotocopiadoras no se basaban en imágenes digitales, pues aun cuando usaban tecnología digital, todavía utilizaban tinta química. Con este paso, Kodak extendió sus actividades hacia las zonas electrónicas de la inteligencia artificial, los sistemas de cómputo, los periféricos, los productos electrónicos de consumo, las telecomunicaciones y los equipos para prueba y medición. Kodak esperaba ganar terreno en negocios nuevos para buscar compensar las pérdidas en sus negocios tradicionales, pero seguía sin intentar restructurar y contraer sus negocios clave para reducir lo suficientemente rápido su estructura de costos. Evidentemente esas adquisiciones aumentaron sus costos de estructura.

Además, los altos directivos, aterrorizados ahora por el hecho de que Kodak se estaba quedando atrás, decidieron comprar compañías que fabricaran productos tan variados como computadoras para escritorio y ¡disquetes! Kodak adquirió cualquier compañía de TI que se acomodara a su línea de productos y de la cual adquiriera experiencia técnica en tecnología digital que pudiera ayudarle en sus negocios clave. Pasó casi una década para que lograra sus cuatro primeras adquisiciones, pero llegó a siete en 1985 y más de diez para 1986. Entre las adquisiciones de 1985 estaban Verbatim Corp., un importante fabricante de disquetes. Esta compra convirtió a Kodak en uno de los tres más grandes productores en la industria de disquetes, una industria donde no tenía experiencia.

Al entrar en los sistemas de información, Kodak accedió a nuevos mercados donde había gran competencia de compañías consolidadas como IBM, Apple y Sun. La compra de Verbatim puso a Kodak en directa competencia con 3M. Entrar al mercado de las fotocopiadoras, puso a Kodak a competir cara a cara con empresas japonesas como Canon, líder del mercado de fotocopiadoras nuevas de bajo costo, que actualmente sigue siendo líder.

En resumen, Kodak estaba entrando a nuevos negocios en los que tenía poca experiencia, donde no conocía las fuerzas competitivas y donde la competencia ya era fuerte. Pronto debió retirarse de muchos de esos mercados. En 1990 anunció que vendería Verbatim a Mitsubishi (los inversionistas japoneses criticaron inmediatamente a Mitsubishi por comprar una compañía con un producto casi obsoleto). Kodak tuvo que retirarse de todas las otras áreas de negocios básicamente vendiendo activos, cancelando operaciones y dando por perdidas operaciones como la de videocasetes no digitales. El rápido deterioro en el rendimiento del grupo de sistemas de información, que Kodak atribuyó al aumento de la competencia y los retrasos en sacar nuevos productos, redujo las utilidades de las operaciones de una ganancia de 311 millones de dólares en 1988 a una pérdida de 360 millones en 1989. Esto representó una llamada de atención para los inversionistas, quienes se dieron cuenta de que los altos directivos de Kodak no seguían un modelo de negocios viable para la compañía y estaban malgastando su capital.

El grupo de salud

El interés de Kodak por los productos para la salud surgió de su participación en el diseño y producción de película para rayos X dentales y médicos. El crecimiento del escaneo digital en las ciencias médicas parecía ser otra oportunidad para que Kodak buscara "habilidades" en nuevos mercados, por lo que comenzó a desarrollar productos tales como Kodak Ektachem, para análisis clínicos de sangre. Desarrolló otros productos como película, impresoras y accesorios de imagen láser Ektascan, para mejorar el almacenamiento, la exposición, el procesamiento y la recuperación de imágenes diagnósticas. Esto parecía más afín a la misión en su negocio clave de las imágenes.

Sin embargo, Kodak no limitaba su interés a productos de escaneo para los mercados médicos y de la salud. En 1984 dentro de la división de salud, estableció una subdivisión en ciencias biológicas encargada del desarrollo y la comercialización de nuevos productos derivados de competencias distintivas de la aún rentable división química de Kodak. Kodak tenía alrededor de 500,000 fórmulas químicas que podían servir de base para nuevos productos, por lo que los altos directivos decidieron que utilizarían tales recursos para entrar al nuevo mercado de la biotecnología y fortalecer así su división de "ciencias biológicas", que pronto comenzó operaciones conjuntas con compañías importantes de biotecnología como Amgen e Immunex. Sin embargo, esas incursiones dentro de la biotecnología resultaron muy costosas y una vez más, ¡Kodak carecía de experiencia en una industria compleja! Pronto, incluso los mismos directivos se dieron cuenta de ello y, en 1988, Kodak se retiró silenciosamente de la industria. Lo que quedó de la división de ciencias biológicas se incorporó a la división de salud en 1988, cuando Chandler terminaba de realizar la compra más inútil y grande de Kodak: la adquisición de Sterling Drug por más de cinco mil millones de dólares.

Una vez más, la adquisición de Sterling no ayudó nada al modelo de negocios de Kodak. Sterling Drug era un fabricante global de medicamentos por prescripción, medicamentos de venta libre y productos de consumo de marcas conocidas como la aspirina de Bayer, la leche de magnesio de Phillips y Panadol. Chandler pensó que esta fusión le permitiría a Kodak convertirse en un competidor importante en la industria farmacéutica. Con tal adquisición, el grupo de salud adquirió una orientación farmacéutica, cuya misión era desarrollar un proyecto completo de medicamentos por prescripción y una cartera de clase mundial de medicamentos para venta libre, proceso enormemente complejo, incierto y costoso. Los analistas cuestionaron inmediatamente la adquisición, porque una vez más Chandler dirigía a Kodak a una nueva industria en donde la competencia era intensa y ya se había consolidado gracias a los enormes costos en el desarrollo de medicamentos. Algunos analistas aseguraron que el objetivo de la adquisición era impedir una posible absorción de Kodak, pues todavía contaba con dinero y su capital se estaba desperdiciando. La compra de Sterling tuvo también como resultado una caída importante en las ganancias de 1989; fue un crecimiento sin rentabilidad.

La división de químicos

Establecido desde hacía casi 100 años para ser el proveedor de alta calidad de materia prima para las películas y los negocios de revelado de Kodak, la división de química de Eastman era responsable por desarrollar muchos de los químicos y plásticos que convertían a Kodak en el líder en la fabricación de película de haluros de plata. Era también un importante proveedor de químicos, fibras y plásticos para miles de clientes en todo el mundo. Kodak se había beneficiado de las ganancias de la unidad de plásticos y resinas gracias al éxito de Kodak PET (politereftalato), hoy el más importante polímero usado en las botellas de bebidas gaseosas.

Sin embargo, en su división química, Kodak también encaró el mismo tipo de problemas que en los otros grupos operativos. Existe una intensa competencia en la industria de plásticos, no solo de empresas estadounidenses como DuPont, sino también de grandes compañías japonesas y europeas. Por ejemplo, en el área de plásticos especiales y PET, la creciente competencia obligó a Kodak a reducir sus precios 5%, lo cual también condujo a una caída en sus ganancias en 1989. No obstante, la división química contaba con excelentes recursos y competencias, pero no ahora cuando aún era controlada por el decadente gigante de las películas.

El fallido modelo de negocios de Kodak da como resultado un recorte masivo en costos

Con la enorme inversión de las ganancias de 1989, después de todos los años de compras y "desarrollo interno", los analistas cuestionaban la existencia de la "sinergia lógica" o economía de alcance que Chandler atribuía a las nuevas adquisiciones. Desde luego, Kodak contaba con nuevas fuentes de ingresos, pero, ¿era un crecimiento rentable? ¿Estaba bien posicionado para competir con éxito en el futuro? ¿Cuáles eran las sinergias de las que Chandler hablaba y si había realmente algún aumento en las utilidades debido a los intentos de reducción de costos?

En efecto, mientras Chandler realizaba sus adquisiciones, también se iba dando cuenta de la necesidad de cambiar el estilo administrativo y la estructura organizacional de Kodak, con la finalidad de reducir costos y permitirle responder más rápido frente a los cambios del ambiente competitivo. Debido a su dominio anterior en la industria, Kodak no se había preocupado por la competencia externa. Como resultado, la cultura organizacional de Kodak enfatizaba valores tradicionales y conservadores, en vez de valores empresariales. Con frecuencia se hablaba de Kodak como un monolito conservador, que apenas caminaba arrastrándose pues toda la toma de decisiones se había centralizado en la cúpula de la organización en una camarilla de directivos antiguos. Asimismo, la compañía había estado operando por líneas funcionales. Investigación, producción, ventas y marketing operaban de forma independiente en unidades distintas en las oficinas corporativas y dispersas en diferentes lugares del mundo. Los distintos grupos de producción de Kodak también funcionaban de forma independiente. El resultado de estos factores fue una falta de comunicación y la lenta e inflexible toma de decisiones, que conducían a retrasos para tomar la decisión de fabricar nuevos productos. Cuando la compañía intentaba transferir recursos entre grupos de producto, por lo general surgía el conflicto y las operaciones funcionales que se llevaban a cabo de forma separada también llevaban a malas relaciones entre los grupos de producto, ya que los gerentes protegían sus propios territorios a expensas de las metas corporativas. Además, como se le daba poca importancia a la línea operativa, la gerencia no logró implementar medidas para controlar el desperdicio.

Otro factor que fomentaba la orientación conservadora de Kodak era su política de promoción. La antigüedad y la lealtad a "mamá Kodak" se consideraban de igual importancia que la capacidad, cuando de promoción se trataba. Solo habían existido doce presidentes desde sus orígenes en la década de 1880. Después de que George Eastman se suicidó en 1932, la compañía decidió apegarse a su manera de actuar: "Si George no lo hizo, tampoco lo harán sus sucesores".

La orientación técnica de Kodak también contribuyó con sus problemas. Tradicionalmente, sus ingenieros y expertos eran quienes tomaban decisiones y la publicidad se había descuidado. Los ingenieros y expertos eran perfeccionistas que pasaban muchísimo tiempo desarrollando, analizando, probando, evaluando y rensayando nuevos productos. Sin embargo, dedicaban poco tiempo a ver si los productos satisfacían las necesidades de los clientes. Como resultado de esa orientación técnica, desaprovecharon la invención de la xerografía, dejando el desarrollo de la nueva tecnología a una pequeña empresa de Rochester, Nueva York, llamada Haloi Co., posteriormente Xerox. De la misma manera, había desaprovechado el negocio de las cámaras instantáneas.

Con la pérdida de su monopolio en la industria de película y papel fotográficos, Kodak se encontraba en problemas. Chandler debía modificar la orientación directiva de Kodak. Comenzó realizando algunos cambios radicales en la cultura y estructura de la compañía. Obligado a reducir costos, Chandler comenzó un recorte masivo de la fuerza laboral para eliminar los excesos que se habían acumulado durante el próspero pasado de Kodak. Desapareció la política de Kodak de empleo permanente, cuando la baja en rentabilidad llevó a despidos continuos de trabajadores y a la reducción de gastos. Entre 1985 y 1990, Kodak despidió a más de 10,000 de sus 136,000 empleados, menos de 10% de su fuerza de trabajo, que representaba un pequeño porcentaje que no iba a ayudar en mucho a su recuperación. Kodak había fracasado; no podía reconocer que había perdido su ventaja competitiva y que todas sus nuevas estrategias solo aceleraban la caída. Estaba quemando dinero, pero sus altos directivos no querían perjudicar a la compañía o a sus empleados. Era obviamente un dinosaurio.

Cada movimiento que hacían los altos directivos fallaba. Kodak intentó crear una estructura y una cultura para fomentar empresas internas. Formó un "consejo de empresas" para ayudar a suscribir proyectos imitando a 3M y creó una "oficina de propuestas" para analizar proyectos. Los intentos no tuvieron éxito: de las catorce empresas que Kodak creó, seis cerraron, tres se vendieron y cuatro se fusionaron con otras divisiones. Una razón fue el estilo de gestión de Kodak, que también afectaba sus nuevos negocios. Los directivos nunca dieron autoridad real a los ejecutivos de operaciones, ni abandonaron las estrategias conservadoras y centralizadas del pasado. Kodak reorganizó también sus instalaciones en todo el mundo para aumentar la productividad y disminuir los costos. Por ejemplo, restructuró la producción europea cerrando fábricas duplicadas, centralizando la producción y las operaciones de marketing, lo cual implicó el despido de miles de trabajadores más.

George Fisher intenta transformar Kodak

En 1989 Chandler dejó la dirección general y lo sustituyó su director de operaciones, Kay Whitmore, otro veterano de Kodak. Mientras el desempeño de Kodak seguía decayendo, Whitmore contrató a nuevos gerentes no provenientes de Kodak para ayudar a restructurar la compañía. Cuando propusieron vender las nuevas adquisiciones de Kodak y despedir a decenas de miles de trabajadores más para reducir costos, Whithmore se opuso; él también estaba arraigado en la antigua cultura de la empresa. La junta directiva quitó a Whithman de la dirección y en 1993 George Fisher dejó la dirección de Motorola para llegar a ser el nuevo director general de Kodak. Había sido él quien guió Motorola a la era digital.

La estrategia de Fisher era revertir el programa de diversificación de Chandler hacia cualquier industria ajena a la de imágenes digitales y fortalecer su competencia en esta industria. Ya que Kodak había gastado tanto dinero en adquisiciones inútiles y la compañía sufría ahora la deuda por dichas compras y por los bajos rendimientos, la solución era muy complicada. Creando estrategias para los cuatros grupos de Kodak, Fisher decidió que la parte del grupo de salud que correspondía a los medicamentos de venta libre reducía el rendimiento, por lo que decidió venderlo, utilizando el dinero de la venta para pagar deudas. Pronto, todo lo que quedó de este grupo fue el negocio de escaneo médico. También decidió que la división de química, a pesar de su experiencia en la invención y fabricación de químicos, no cabía en su nueva estrategia digital. Kodak compraría ahora sus químicos en el mercado abierto y, en 1995, la división de química se vendió en activos a cada uno de los accionistas de la nueva compañía. Este fue un movimiento muy beneficioso para los accionistas que mantuvieron sus acciones con Eastman Chemicals, pues su precio se disparó.

El grupo de sistemas de información, con sus diversos negocios, representaba un reto más difícil. ¿Qué nuevos negocios promoverían la nueva estrategia digital de Kodak, cuáles no y cuáles deberían venderse? Fisher decidió que Kodak tenía que centrarse en construir sus fortalezas en la digitalización de documentos y enfocarse en fotocopiadoras, creación de imágenes para negocios e impresoras de tinta. Por ello, determinó deshacerse de todos sus negocios que no tenían que ver con esto.

A los dos años, Fisher había reducido en siete mil millones de dólares la deuda de Kodak, impulsando el precio de las acciones de la compañía. Todavía requería enfrentarse a los problemas internos del grupo central de Kodak, el grupo de fotografía de imágenes, donde la solución no era ni fácil ni rápida. Kodak seguía plagada con altos costos de operación que sobrepasaban 27% de los ingresos anuales y Fisher sabía que necesitaba reducir dichos costos a la mitad para competir de forma eficaz en el mundo digital. La fuerza de trabajo de Kodak se había reducido 40,000 trabajadores, por lo que quedaban solo 95,000 trabajadores para 1993, pero la única manera de recortar gastos era implementar más despidos y clausurar operaciones. Sin embargo, los directivos se opusieron pues querían mantener su poder, argumentando que lo mejor era encontrar formas de subir los ingresos para reducir costos, en vez de despedir a trabajadores leales a la compañía.

Kodak postergó la necesidad de tomar decisiones difíciles para reducir por miles de millones de dólares los costos operativos. Al mismo tiempo, los directivos instaban a Fisher para que invirtiera miles de millones de dólares de su reducido capital en investigación y desarrollo, con la finalidad de construir competencias en creación y procesamiento de imágenes digitales. Kodak no tenía mucho conocimiento en la fabricación de cámaras digitales o el software necesario para lograr que funcionaran bien. Durante los siguientes cinco años, Kodak gastó más de cuatro mil millones de dólares en proyectos digitales, pero los nuevos productos digitales tardaban en aparecer en línea y sus competidores llevaban la delantera, ya que contaban con la ventaja del primer movimiento. Asimismo, en la década de 1990, los clientes se mostraban todavía renuentes a aceptar la fotografía digital, ya que las primeras cámaras eran costosas, voluminosas y difíciles de utilizar; además, la impresión de fotografías digitales también era cara. Para 1997, el negocio digital de Kodak seguía perdiendo más de 100 millones de dólares por año, mientras las compañías japonesas estaban ya sacando las primeras cámaras digitales compactas y de uso sencillo. Para empeorar la situación, la participación de Kodak en el mercado de la película fotográfica estaba decayendo, ya que había una guerra de precios para proteger la participación en el mercado y sus ingresos continuaban disminuyendo.

Para acelerar el desarrollo del producto, Fisher reorganizó las divisiones de producto de Kodak en 14 unidades de negocio autónomas, cuyo objetivo era servir a las necesidades de distintos grupos de clientes, como aquellos que compraban sus productos de salud o sus productos comerciales. La idea era descentralizar la toma de decisiones y acercar a los gerentes a sus clientes principales y así escapar al sofocante estilo centralizado de Kodak. Fisher también cambió a los directivos de las unidades encargadas de película y cámaras, pero los directivos no le permitieron meter a mucha gente nueva para encabezar los nuevos intentos digitales. Sin embargo, la creación de estas 14 unidades de negocio significaba también que los costos operativos aumentaban porque cada unidad tenía sus propias funciones complementarias; por lo tanto, la fuerza de ventas, y otras, se duplicaban.

La conclusión fue que Fisher no estaba progresando mucho, su posición estaba debilitada y era presionado por los poderosos altos ejecutivos, apoyados por los directores de Kodak. Daniel A. Carp, un veterano de Kodak, fue nombrado presidente y director de operaciones, es decir, se convertía en el sucesor natural de Fisher como director general. Carp había encabezado la consolidación global de sus operaciones y su entrada a nuevos mercados internacionales importantes como China. Se le reconocía por haber tenido una importante influencia en los intentos de Kodak para enfrentar a Fuji en el ámbito global y haber ayudado a mantener su participación en el mercado. A partir de entonces, la fotografía digital y aplicada de Kodak, las imágenes para negocios y la fabricación de equipos, casi todos sus grupos operativos más importantes, reportarían ahora a Carp.

Sin embargo, los ingresos y las ganancias de Kodak continuaron bajando durante las décadas de 1990 y 2000, mientras perdía participación en el mercado en su negocio clave de película frente a Fuji y a nuevos fabricantes de película genérica nueva y barata. Los precios y las ganancias, disminuyeron y, por consiguiente, su participación en el mercado: 25% en la última década. Con ello, Kodak solo conservaba 66% del mercado estadounidense, lo cual significaba la pérdida de miles de millones de dólares en ingresos anuales. Mientras tanto, la calidad de la fotografía digital mejoraba con rapidez, ya que cada vez se componían por más pixeles. Asimismo, el precio de las cámaras digitales básicas bajaba rápidamente debido a una enorme economía de escala en la producción global llevada a cabo por compañías como Sony y Canon. Finalmente, el mercado de la fotografía digital estaba despegando, pero ¿podría Kodak con el desafío?

La respuesta fue no. Kodak había logrado tomar el control del fabricante de cámaras japonés Chinon, que haría sus cámaras y escáneres digitales, y Kodak continuó introduciendo cámaras digitales de bajo precio, pero era solo una compañía más en un mercado muy competitivo dominado por Sony y Canon. Kodak compró también empresas en Internet que ofrecían servicio de procesamiento digital en línea y comenzó a abrir quioscos con el nombre de Kodak de fotos digitales, donde las personas podían editar e imprimir sus imágenes digitales. Aunque Kodak progresaba en su misión digital —sus cámaras digitales, los quioscos digitales y los servicios de acabado fotográfico en línea eran muy usados—, seguía en la retaguardia de sus competidores más ágiles. En 1999 Carp sustituyó a Fisher como director general para guiar a Kodak en el desarrollo de habilidades digitales que la llevarían a innovar nuevos productos en sus negocios más importantes. En 1999 su grupo de escaneo médico anunció el sistema más rápido de imágenes digitales para laboratorios de ecocardiografía. También entró al mercado de la radiografía digital con tres modernos sistemas de captura de imágenes de rayos X. Su grupo de imágenes de documentos anunció varios sistemas nuevos para el manejo de documentos digitales. También unió fuerzas con el fabricante de impresoras de inyección Lexmark para introducir lo que se llamó Kodak Personal Picture Maker Lexmark, que imprimía fotos a color desde dispositivos de almacenamiento de datos y SmartMedia. Sus grupos de comercialización y sistemas de gobierno anunciaron nuevas cámaras digitales de gran potencia para uso espacial y militar.

Con tales desarrollos, las ganancias netas de Kodak subieron entre 1998 y 2000, así como el precio de sus acciones. Sin embargo, una razón para el aumento de las ganancias era que la devastadora lucha de precios contra Fuji terminó en 1999, cuando ambas compañías se dieron cuenta de que simplemente con esa lucha se estaban reduciendo las ganancias de ambas. La razón principal fue el sencillo hecho de que el mercado de acciones subió en los últimos años de la década de 1990 y con él el precio de las acciones, sin ninguna razón aparente. Kodak seguía sin introducir los nuevos productos digitales que necesitaba para lograr ganancias futuras. Tampoco Carp hizo grandes esfuerzos para reducir costos en su división de productos de película, donde los directivos que lo habían apoyado para ser director general se aseguraron de que no pudiera efectuar nada que amenazara sus intereses. Era la misma vieja historia, una estructura que elevaba costos, y una caída en las ganancias e ingresos.

Kodak en la década de 2000

El rápido avance de la tecnología digital y el surgimiento de dispositivos digitales de procesamiento y almacenamiento de imágenes más poderosos y fáciles de usar poco a poco empezaron, en la década de 2000, a afectar a Kodak. En el grupo de creación de imágenes para el consumidor, por ejemplo, en

2001 Kodak lanzó una nueva cámara, la EasyShare. Se vendieron más de 4 millones de cámaras digitales en 2000 y más de 6 millones en 2001. Sin embargo, dados los enormes costos de investigación y desarrollo para la creación de sus nuevos productos y una intensa competencia de compañías japonesas como Sony y Canon, Kodak no podía ganar dinero con sus cámaras digitales debido a sus estrechos márgenes de ganancia. Además, cada vez que se vendía una cámara digital, se reducía la demanda por sus productos de alto margen de ganancia que utilizaban película y que en el pasado habían sido la fuente de su increíble rentabilidad. Kodak se estaba viendo forzada a desmontar un producto rentable (película) por uno no rentable (imágenes digitales). Kodak era ya un dinosaurio en el nuevo mundo digital y sus acciones colapsaron en 2000 y 2001, cayendo de 80 dólares a 60 y de ahí hasta 30 dólares. Los inversionistas ahora anticipaban la caída de su rentabilidad.

Carp argumentó que Kodak haría más dinero en el futuro, gracias a las ventas del rentable papel necesario para imprimir imágenes y de sus operaciones de fotoacabado. Sin embargo, los clientes no imprimían todas las fotografías que tomaban, pues preferían almacenarlas digitalmente y mostrarlas en sus computadoras y, luego, en los marcos digitales que rápidamente llegaban al mercado, los cuales finalmente volvían obsoletos los álbumes de fotos. Las ganancias no se incrementarían con la venta de película o papel fotográficos. De la misma forma, el mercado de fotoacabado estaba decayendo y sus propias cadenas de fotoacabado se fueron a la bancarrota.

Kodak no se desenvolvía adecuadamente en el importante mercado del escaneo médico, donde se esperaba que sus modernos productos de almacenamiento y procesamiento de imágenes obtuvieran gran éxito. Sin embargo, la competencia creció cuando los encargados de brindar servicios de salud demandaron a los proveedores de imágenes que bajaran sus precios, con lo que Kodak se vio forzada a disminuirlos para ganar contratos a otros importantes proveedores de salud. Tan intensa era la competencia que en 2001 las ventas de impresoras láser y de productos de escaneo relacionados con la salud, que representaban el segundo negocio más grande de Kodak, cayeron 7% y las ganancias 30%, lo cual causó que se hundiera de nuevo el precio de las acciones. También, en 2001, Carp anunció otra importante reorganización de las empresas de Kodak para que se enfocaran más en sus productos y en sus clientes. Kodak crearía cuatro diferentes grupos de productos: el grupo de película, que ahora se encargaba de todas las actividades con haluro de plata, digitalización de imágenes para clientes, escaneo médico, y su grupo de creación de imágenes comerciales (que seguía desarrollando imágenes para negocios y aplicaciones de impresión). No obstante, los ingresos bajaron de 19 mil millones de dólares en 2001 a solo 13 mil millones en 2002; además, sus utilidades se esfumaron.

Los analistas se preguntaban si Carp estaba haciendo las cosas mejor que Fisher y si se estaba dando un cambio verdadero. Carp tuvo que recortar puestos de trabajo: en 2003, su fuerza laboral había bajado a 78,000 empleados, aún un número alto comparado con su bajo desempeño. Carp seguía intentando evitar el enorme recorte que todavía se necesitaba para lograr que Kodak fuera una compañía viable; por otro lado, sus arraigados, cerrados e indiferentes directivos frustraban todo intento real para reducir costos y racionalizar operaciones. Pese a todos los avances que se habían logrado en el desarrollo de sus habilidades digitales, sus altos costos de operación, combinados con la caída en sus ingresos, estaban cada vez con más fuerza acercando a la compañía a la bancarrota. Incluso despidiendo a trabajadores y reorganizándose, ¿podría Kodak recuperarse?

El momento decisivo en el negocio de la fotografía digital fue 2002, debido a que las ventas de cámaras digitales y otros productos comenzaron a subir a un paso mucho más acelerado del esperado. El resultado para el negocio de película de Kodak fue desastroso porque las ventas de película empezaron a bajar rápidamente, así como la demanda de su papel fotográfico, ya que las personas imprimían solo una parte de las fotografías que tomaban. De 2003 a 2005 esta tendencia se aceleró y continúa hasta hoy en día. Las cámaras digitales se convirtieron en las cámaras favoritas de los fotógrafos en todo el mundo, en consecuencia, los ingresos provenientes de la venta de película y papel de Kodak se hundieron. Kodak se ha vuelto no rentable, lo cual resulta irónico dado que las cámaras EasyShare de Kodak se han convertido en una de las mejor vendidas y Kodak fue el segundo lugar en ventas globales con 18% del mercado. Sin embargo, los márgenes de ganancias para productos digitales eran muy estrechos por la intensa competencia de empresas como Canon, Olympus y Nikon. Las ganancias obtenidas en la producción de imágenes digitales no eran suficientes para compensar las bajas ganancias en sus divisiones clave de película y papel.

Deterioro y caída del negocio clave de Kodak

En 2004 Carp anunció que el redituable negocio de película de Kodak se encontraba en un "deterioro irreversible" y que la empresa dejaría de invertir en su negocio clave y dirigiría todos sus recursos a desarrollar nuevos productos digitales, como cámaras digitales nuevas y accesorios para mejorar su posición en el mercado y aumentar sus márgenes de ganancias. Para proteger su competencia en el ámbito de las imágenes digitales, compró el porcentaje restante, 44%, de Chinon, su división japonesa que diseñaba y fabricaba sus cámaras digitales. Kodak comenzó a fomentar así el desarrollo de nuevas y modernas cámaras, y a desarrollar nuevas habilidades en el ámbito de la impresión por inyección de tinta para crear sistemas de impresión digital, con la finalidad de que los usuarios pudieran imprimir directamente desde sus cámaras y lograr economías de escala. También, Carp informó que Kodak invertiría para hacer crecer su negocio de escaneo digital para la salud, el cual había logrado ya participación en el mercado, y que lanzaría una nueva iniciativa para fabricar productos digitales avanzados para la industria de impresión comercial.

Ante esas noticias, analistas e inversionistas reaccionaron negativamente. Xerox había intentado entrar al negocio de la impresión digital años antes sin éxito frente a HP, el líder del mercado. Además, se preguntaban cómo las nuevas ganancias provenientes de productos digitales compensarían las ganancias de Kodak en papel y película. Carp también informó que de patrocinar esta nueva estrategia, Kodak reduciría sus elevados dividendos en 72%, de 1.80 dólares a .50 centavos de dólar por acción, lo cual inmediatamente incrementaría 1.3

mil millones de dólares para invertir en productos digitales. Los inversionistas no tenían mucha fe en el nuevo plan de Carp, por lo que las acciones cayeron a 22 dólares, su precio más bajo en décadas. La alta dirección de Kodak fue muy criticada por no reducir su estructura de costos, y el precio de las acciones siguió cayendo en la medida en que se iba haciendo evidente que su nueva estrategia influía poco para elevar sus ganancias. Este podría ser el principio del fin de Kodak.

Finalmente, en 2004, Carp anunció lo que la compañía debió haber hecho diez años antes: Kodak reduciría su fuerza laboral 20% para 2007. Con dicha acción, otros 15,000 individuos se quedarían sin fuente de trabajo, lo cual daría a la compañía un ahorro de un mil millones de dólares en costos de operaciones. Los puestos que se darían de baja pertenecerían a la fabricación de película, en los niveles corporativos y de apoyo; además, incluía un recorte de personal global en sus fábricas de todo el mundo, para reducir su población laboral a un tercio. Mientras tanto, se continuaban cerrando los ahora obsoletos laboratorios de revelado para minoristas. Esta noticia elevó el costo de las acciones de Kodak 20%, a más de 30 dólares. Pero era ya demasiado tarde para que Kodak desarrollara las competencias que le hubieran servido para reconstruir su reputación como una compañía sólida de imágenes digitales. Existían muchos competidores ágiles y la tecnología digital cambiaba demasiado rápido para que la compañía respondiera, por lo menos bajo la dirección de Carp.

Antonio Pérez adquiere el control de Kodak

Era evidente que Carp no iba a restructurar radicalmente las operaciones de Kodak y lograr rentabilidad. La junta de directivos decidió contratar a Antonio Pérez, antes ejecutivo de impresión de HP, como su nuevo presidente y director de operaciones, para encargarse de la reorganización. Fue Pérez quien tomó la difícil decisión de cuáles divisiones cerraría y anunció el despido de más gerentes y empleados. Carp renunció y los logros de restructuración de Pérez le otorgaron el título de director general. Ahora estaba a cargo de implementar el recorte de personal y modernizar la nueva estrategia de imágenes digitales de la compañía. Pérez dio a conocer un plan de restructuración a tres años, de 2004 a 2007, plan con el que intentaría convertir a Kodak en líder en imágenes digitales.

Por lo que se refiere a los costos, Pérez anunció que Kodak necesitaba "un modelo nuevo de menor costo, congruente con la realidad del negocio digital. La realidad del negocio digital son márgenes más estrechos; por ello, hay que acercarse cada vez más a esta realidad". Sus objetivos principales eran reducir instalaciones de operación en 33%, deshacerse de operaciones inútiles y reducir su fuerza laboral otro 20%. En 2004 Kodak paró todas sus actividades tradicionales de fabricación de película y papel fotográficos, menos la avanzada película de 35 mm. Permitió a Vivitar producir cámaras usando su nombre, pero en 2007 ese acuerdo terminó. Kodak también implementó el sistema ERP de SAP para vincular todas las actividades de sus segmentos de su cadena de valor, así como para ayudar a que sus proveedores redujeran costos, pues después de compararlos con los de la competencia resultaba que mostraban un costo más elevado en bienes vendidos. Utilizando el ERP, la meta de Kodak era reducir costos de 19% a 14% y así incrementar los márgenes de utilidades.

De 2004 a 2007, Pérez despidió a 25,000 trabajadores más, cerró y vendió unidades de operaciones y se cambió a una estructura más centralizada. Las cuatro cabezas de los cuatro grupos operativos principales reportaban directamente a Pérez. En 2006 Kodak realizó un acuerdo con Flextronics, una compañía de subcontratación radicada en Singapur, para que fabricara sus cámaras e impresoras de inyección de tinta, trato que le permitía cerrar sus propias operaciones de fabricación. Los costos de esta trasformación fueron enormes. Kodak perdió 900 millones de dólares en 2004, 1.1 mil millones en 2005 y 1.6 mil millones de dólares en 2006. Debido a esta transformación, y los altos costos involucrados en el despido de trabajadores mientras se invertía en nueva tecnología digital, su retorno sobre la inversión en 2006 fue negativo en 20%, a diferencia de su principal rival digital, Canon, que disfrutó de un retorno sobre la inversión (positivo) de 14%.

Aumentan los problemas de Kodak, 2007

Los ingresos y ganancias de Kodak disminuían rápidamente, pero en sus tres grupos de negocios digitales más importantes (imágenes digitales para clientes, gráficos para negocios y escaneo médico) Pérez continuaba su esfuerzo por desarrollar nuevos productos innovadores. El objetivo era reducir costos en su división de película, ¡la cual todavía producía márgenes más altos de ganancias que sus grupos de negocios digitales! Para lograr sobrevivir, Kodak necesitaría elevar los márgenes de ganancias en sus divisiones digitales.

El grupo de escaneo médico

Para 2006, los costos de investigación y marketing de productos digitales de las unidades comercial y del consumidor estaban causando una presión intensa en los recursos de la compañía, en tanto que Kodak todavía debería invertir grandes cantidades de dinero para lograr una ventaja competitiva en su unidad de escaneo médico. También en la década de 2000, Kodak había realizado adquisiciones estratégicas para fortalecer su ventaja competitiva en varias áreas de escaneo médico; por ejemplo, la mamografía digital y los rayos X avanzados. Logró desarrollar uno de los cinco grupos de escaneo médico más importantes del mundo. Sin embargo, en mayo de 2006, Kodak puso a la venta su unidad de escaneo médico. Se dio cuenta de que para mantener esta unidad con éxito se necesitaban a largo plazo muchas inversiones; sin embargo, sus grupos comercial y del consumidor no estaban dando las ganancias necesarias para financiar tal inversión. Además, aunque la unidad médica justificaba casi una quinta parte de las ventas totales de Kodak en 2005, sus ganancias de operación cayeron 21% mientras los márgenes de utilidades disminuían a causa del crecimiento de la competencia con rivales como GE. En 2007 Kodak anunció que había vendido su unidad de escaneo médico a Onex Corp., la más grande empresa de adquisiciones canadiense, en 2.35 mil millones de dólares. Con esta venta, Kodak redujo otros 27,000 puestos de trabajo y su fuerza laboral global era ahora de menos de 50,000 de los 145,300 trabajadores que había en 1988. Una vez más, Pérez señaló: "Ahora planeamos enfocar nuestra atención en las importantes oportunidades para el crecimiento digital dentro de nuestros negocios de imágenes, para clientes y profesionales y en comunicación gráfica".

Desarrollos en el grupo de imágenes para el consumidor

En el grupo de productos de consumo, mejorar sus servicios y productos en fotografía digital continuaba siendo el corazón del modelo de negocios de Pérez: había decidido convertir a Kodak en líder en revelado e impresión digital. Se centró en el desarrollo de cámaras digitales, impresoras de inyección de tinta, y software y servicios de fotoacabado.

CÁMARAS DIGITALES AVANZADAS Pérez impulsaba a los diseñadores a innovar en nuevos y mejores modelos varias veces al año, para aumentar el margen de ganancia y poder así mantener su liderazgo sobre los competidores. Para 2005, era el líder del mercado en Estados Unidos en ventas de cámaras digitales y las ventas e ingresos aumentaron súbitamente. Sin embargo, para 2006 los desarrollos de Kodak se deterioraron conforme las ventas de cámaras digitales se reducían debido a una creciente competencia en precios. Muchas nuevas compañías, como Samsung, fabricaban cámaras digitales que se había convertido en productos de consumo, por lo que los márgenes de ganancias cayeron para todas las cámaras digitales. No obstante, en 2006, la compañía sacó nuevos productos, como su primera cámara de lentes duales y cámaras con Wi-Fi, las cuales podían conectarse de forma inalámbrica a las PC para bajar e imprimir fotografías, y utilizó una vez más estas innovaciones para subir los precios. En 2007 Kodak también entró al creciente mercado de marcos para fotografías digitales, introduciendo cuatro nuevos modelos en tamaños de 8 a 11 pulgadas, algunos de los cuales incluían entradas para múltiples tarjetas de memoria e incluso capacidad Wi-Fi para conectar con cámaras Kodak.

A partir de 2007, sin embargo, Kodak se ha visto obligada a bajar los precios de sus cámaras digitales para poder competir con Canon y Sony. Los clientes estadounidenses habían perdido la fe en los modelos EasyShare, por lo que las ganancias de Kodak por la venta de cámaras continuaron disminuyendo. Al mismo tiempo, en la medida en que aumentaba la venta de cámaras, había una disminución en la venta de película. En 1999, Kodak anunció que iba a dejar de producir su película y sus "cajas amarillas" desaparecieron de la vista cuando comenzó a reducir costos. En suma, su negocio de cámaras no ofrecía mucha esperanza de convertirse en un negocio rentable.

IMPRESORAS DE INYECCIÓN DE TINTA Tuvo lugar un cambio importante en la estrategia cuando Pérez realizó una gran campaña publicitaria para el lanzamiento de sus nuevas impresoras multifunción de inyección EasyShare. Esta nueva línea de impresoras digitales a color usaba una moderna tinta de Kodak que daría imágenes más brillantes, que durarían por décadas. Aparentemente, Pérez, quien había sido el encargado del negocio de impresoras de HP antes de entrar a Kodak, había convertido el desarrollo de impresoras digitales en una parte importante de su estrategia, aunque también en estos productos disminuían los márgenes de utilidades. Aun así, la estrategia de impresoras de Pérez se basaba en venderlas a precio más alto que la competencia, HP y Lexmark, pero cobrando un bajo precio por los cartuchos de tinta para ganar mayor participación en el mercado. Los cartuchos de tinta negra costarían 9.99 dólares y los de color 14.99 dólares, lo cual vendrían siendo 10 centavos por cada impresión, mucho más bajo que los 20 o 25 centavos de la impresora HP. Pérez pensó que esto atraería un amplio segmento de consumidores que todavía quisieran imprimir grandes cantidades de fotografías, lo cual convertiría a este producto en un generador de ingresos millonarios en el futuro. Pérez reconoció que esperaba que estas ventas aumentaran en dos dígitos las ganancias, en un periodo de tres años.

Las impresoras sí captaron la atención de muchos clientes preocupados por el alto costo de los cartuchos. Aun así, en la medida en que el revelado de fotos en línea y las opciones de almacenamiento se hacían más populares y los nuevos dispositivos móviles facilitaban el acceso a fotos en la Web, en iPod, iPod y teléfonos inteligentes, los usuarios dejaban de depender cada vez más de los álbumes de fotos de papel. No obstante, sus nuevas impresoras sí ayudaron a aumentar ingresos y ganancias, aunque nunca lograron las cifras que Pérez había anticipado. En 2009 anunció su nueva línea de impresoras digitales ESP (todo-en-uno) multifunciones, que todavía utilizaban toda la tecnología EasyShare para ayudar a los usuarios a imprimir y compartir sus fotografías. Las nuevas impresoras de Kodak eran populares y ayudaron a incrementar los ingresos y las utilidades. Por ejemplo, en 2010-2011 las ventas aumentaron 40%, pero esto todavía no era suficiente para contrarrestar las caídas en las ganancias de las imágenes digitales.

ACABADO FOTOGRÁFICO DIGITAL Otra parte de la estrategia de consumo de Pérez consistió en invertir en el desarrollo tanto de "quioscos digitales" en línea como físicos, que permitirían a los consumidores descargar, revelar, imprimir y almacenar sus fotografías usando el software EasyShare. Los servicios EasyShare en Internet facilitaban que los clientes descargaran sus imágenes a su sitio de Internet, Kodak Gallery, y recibieran de vuelta sus fotografías impresas y en CD.

En un esfuerzo importante para el desarrollo del imperio de los quioscos de revelado digital, Kodak comenzó a instalarlos en tiendas, farmacias y otros establecimientos, sobre todo porque utilizaban su tinta y papel. Planeó estos quioscos para brindar a los clientes un control total sobre las fotos que quisieran revelar, el tipo de calidad deseada, la cantidad y el tamaño. WalMart y Kodak establecieron una alianza para instalar 2,000 quioscos en 1,000 tiendas WalMart; para 2006 Kodak contaba ya con más de 65,000 quioscos. Sin embargo, la operación de este negocio era cara y las ganancias eran microscópicas en la medida en que avanzaba la competencia.

Todos esos movimientos demostraron ser populares porque eran de uso fácil y aumentaron las ganancias del acabado fotográfico digital, conforme se construía una base de 30 millones de clientes. Pero los márgenes de ganancia eran escasos porque la competencia continuaba creciendo, y muchos otros programas gratuitos estaban apareciendo en Internet, como Google Picasa. Entre julio de 2010 y 2011, las utilidades cayeron de 36 millones a 2 millones de dólares, lo cual no ayudó mucho para el resultado neto de Kodak.

La compañía también realizó importantes intentos para entrar en el mercado de las imágenes en movimiento, debido al enorme aumento en el uso de cámaras en teléfonos celulares en lo que va de este siglo. El servicio de Kodak de Imagen Mobil ofrece a los usuarios de cámaras de teléfono varias opciones para ver, ordenar y compartir copias de todas las fotos digitales de sus teléfonos. Los usuarios pueden subir imágenes desde sus cámaras y almacenarlas en su galería personal de Kodak; así, después de editarlas utilizando el software gratuito de EasyShare, pueden mandar sus fotos favoritas de vuelta a sus teléfonos celulares o enviar de forma inalámbrica las mejores imágenes a un quiosco para imprimirlas. Kodak también se unió con redes sociales como Facebook y Picasa, ahora unida a Google+, para poder bajar más fácilmente fotos entre los miembros de una comunidad. Y por supuesto, ha desarrollado aplicaciones para los sistemas operativos de Apple iOS, BlackBerry OS y Android OS, con la finalidad de facilitar la conexión de los usuarios de sus fotos de EasyShare con cualquier dispositivo informático móvil. Kodak se beneficia con los ingresos recibidos cuando los clientes móviles aprovechan sus servicios de revelado e impresión mientras suben o comparten fotografías; por ejemplo, cualquier usuario puede pedir una copia en papel o una ampliación de cierta fotografía o una serie de fotografías de un álbum. Los quioscos de Kodak también permiten a los usuarios subir fotos de forma inalámbrica a través de Bluetooth; los clientes pueden transmitir fotos directamente al quiosco desde sus dispositivos móviles para poder tener impresiones Kodak.

Sin embargo, un problema era que el aumento de ventas de las potentes cámaras en teléfonos celulares traía como consecuencia que bajara el número de clientes que planeaba mejorar utilizando una cámara digital más avanzada; los teléfonos inteligentes devoraban la venta de cámaras digitales. Además, esto no había demostrado ser una fuente importante de ingresos adicionales; su mayor participación en el mercado no se había traducido en mayores ganancias. Para 2010 existía una fuerte competencia en todas las áreas de los mercados de imágenes digitales y de información, incluyendo las PC, los teléfonos inteligentes, los reproductores de MP3 y las consolas de videojuegos, en la medida en que cada vez más personas navegaban en línea y se acostumbraban a utilizar la red para procesar y almacenar sus documentos en cualquier formato, documentos escritos, gráficos, fotográficos, video, música o películas. Aunque Kodak había logrado una presencia en el segmento de mercado de consumo con la creación y almacenamiento de imágenes digitales, aún no podía generar las ganancias que necesitaba para compensar sus pérdidas por el rápido declive de su producto más rentable, el negocio de la película, y en sus otras áreas de negocio.

De hecho, en julio de 2011, Kodak reportó importantes caídas en ganancias y ventas en varios de sus grupos de productos. Las ventas de cámaras habían bajado 8% y los ingresos provenientes de sus servicios de sus operaciones de fotoacabado habían decrecido 14%. Las ventas de tinta e impresoras habían aumentado más de 40%, un hecho favorable, pero de todas formas las ventas totales habían disminuido 10% en comparación con el año anterior, y el grupo había perdido 92 millones de dólares.

El grupo de comunicaciones gráficas

Aunque su negocio digital para el consumidor es su más visible grupo de negocios, para 2007 Pérez había reconocido que su grupo de comunicaciones gráficas, que se encargaba de las compañías clientes, también ofrecía una oportunidad para incrementar los ingresos y las ganancias, si desarrollaba competencias distintivas. Los márgenes de ganancias son más amplios en la creación comercial de imágenes y embalaje porque los usuarios de estos productos son compañías con altos presupuestos. Los cinco grupos principales a los que atiende este grupo son los impresores comerciales, los impresores internos, los centros de información, los proveedores de servicios digitales y las empresas de paquetería. Para cada uno de estos segmentos, Kodak desarrolló un conjunto de proyectos y servicios que ofrecían a los clientes una sola solución de principio a fin, implementando los productos y servicios que necesitaban para competir en sus negocios. Kodak pudo desarrollar esta solución redonda gracias a la adquisición de compañías dedicadas a la impresión digital como KPG, CREO, Versamark y Express. Por cada una de estas compras, Kodak logró acceder a más productos y a más clientes, conjuntamente con más servicios y soluciones que ofrecerles. Pérez aseguró que ningún otro competidor ofrecía tan amplia variedad de productos y soluciones. La línea de productos de Kodak incluye escáneres de imágenes y sistemas para gestión de documentos, así como el portafolio de soluciones de pruebas digitales más importante de la industria y soluciones modernas de embalaje, que podían adaptarse a las necesidades de cada cliente, ya sea que necesitaran cajas de cartón flexible o duras, o embalaje de plástico.

Continuando con su decisión de convertir a Kodak en un competidor importante en las impresoras de consumo de inyección de tinta, para 2009, con su experiencia en HP, Pérez decidió también convertir a Kodak en un protagonista importante en la impresión comercial, poniéndola en competencia directa con HP, Xerox y Canon. Kodak había desarrollado un premiado proceso de impresión de amplio formato que incluía las más fuertes plataformas de tóner para impresión en cuatro tintas, y en blanco y negro. Kodak también aseguró tener la más innovadora tecnología de impresión de tinta para gran volumen y velocidad, así como funciones de impresión que podían combinarse con la tradicional *offset*, para aquellos clientes que aún estuvieran en el proceso de transitar a la impresión digital.

Al mismo tiempo, Pérez decidió invertir recursos para mejorar las soluciones de paquetería de Kodak para usar su experiencia en el revelado a color e hizo del embalaje otro camino para aumentar los ingresos y las utilidades. Kodak anunció en julio de 2011 que las ventas de este grupo durante el segundo trimestre fueron de 685 millones de dólares, similares al año anterior. No obstante, este grupo también perdió 45 millones de dólares, comparado con los 17 millones ganados el mismo trimestre del año anterior, debido a los altos costos de desarrollo y marketing, necesarios para financiar el crecimiento de sus operaciones comerciales con impresoras.

¿Sobrevivirá Kodak?

En enero de 2009, Kodak publicó una pérdida de 137 millones de dólares y anunció planes de recorte de personal de 4,500 puestos de trabajo, lo cual disminuyó su fuerza laboral a aproximadamente 18,000 empleados. En junio de 2009, anunció que iba a retirar del mercado su película Kodachrome, la principal fuente de su pasado éxito financiero. De hecho, las pérdidas habían aumentado en los últimos cinco años, pero el alcance de dichas pérdidas se había disfrazado por la forma en que la compañía había vendido muchos de sus activos para reducir sus pérdidas y se había involucrado en luchas por patentes. Por ejemplo, en 2007 vendió su grupo Light Management Film a Rohm & Hass, y en 2009 vendió su unidad de negocios Organic Light-Emitting Diode (OLED) a LG Electronics. Ambas eran tecnologías avanzadas de pantalla plana LED, en las cuales ya no podía darse el lujo de invertir, pero esto le dio unos pocos cientos de millones de dólares.

Entonces, para encontrar nuevas fuentes de ingresos para contrarrestar las pérdidas, Kodak lanzó una serie de demandas contra otras compañías de electrónica, reclamando que habían violado su enorme acervo de patentes digitales que había ido formando a través de los años. En 2008, Kodak seleccionó sus primeros blancos, Samsung y LG, a quienes acusaba de haber utilizado su tecnología en las cámaras de sus teléfonos móviles. Cuando un juez estadounidense decidió, en 2009, que dichas compañías sí habían violado sus patentes, ambas decidieron no apelar. Kodak anunció que llegaría a un acuerdo fuera de la Corte e implementó acuerdos de licencias con ellas: se estima que Kodak recibió más de 900 millones de dólares gracias a estos acuerdos.

Motivada por su éxito, Kodak decidió proceder ahora contra Apple y Research in Motion (RIM) en marzo de 2010. La queja de Kodak, presentada ante la Comisión de Comercio Internacional de Estados Unidos señalaba que el iPhone de Apple y las BlackBerry con cámaras RIM, violaban una patente de Kodak que abarcaba todo método tecnológico para visualizar imágenes. A finales de marzo Comisión votó a favor de Kodak, que parecía haber ganado su disputa contra Apple y RIM, una victoria que le iba a otorgar un mil millones de dólares en ingresos por concesión de licencias. De la noche a la mañana el capital de Kodak creció 25%. Entonces, Apple puso una contrademanda y, en abril de 2011, vendió su Microfilm Unit para juntar los millones necesarios para financiar sus demandas. En junio del 2011 la ITC, con un nuevo juez, emitió un fallo mixto y anunció que la decisión final se tomaría hasta agosto de 2011, mientras el valor de Kodak caía 25%.

Pérez aseguró que usaría las ganancias de las licencias de propiedad intelectual para continuar invirtiendo en los actuales negocios clave de la compañía (la impresión de inyección de tinta, paquetería y software, y servicios) con el objetivo de ir recuperando las pérdidas de ingresos de las películas para cámara. Sin embargo, desde 2007 las acciones de Kodak han bajado de 24 dólares a, más o menos, 2.50 dólares en julio de 2011. Tal parece que las estrategias de Pérez ayudaron poco o nada para revertir la situación de Kodak, cuyo valor de mercado era de solo o 650 millones de dólares en julio de 2011. Algunos analistas dicen que la única razón por la que la compañía no ha sido comprada es porque tiene 2.6 mil millones de dólares sin financiamiento en pensiones, por sus enormes recortes de personal durante la última década. Considerando que, en 2011, tenía menos de 900 millones de dólares en efectivo, muchos se preguntan cuánto tiempo más podrá sobrevivir la compañía y qué será lo que la llevará finalmente a la bancarrota.

Referencias

www.kodak.com, Declaraciones Anuales, 1980-2010.
www.kodak.com, Declaraciones 10K, 1980-2011.

CASO 9

Philips NV

Charles W. L. Hill*

Establecida en 1891, la compañía holandesa Philips NV es una de las empresas dedicadas a la electrónica más grandes en el mundo. Sus negocios se agrupan en cuatro divisiones principales: iluminación, electrónica para el consumidor, productos profesionales (computadoras, telecomunicaciones y equipo médico) y componentes (incluyendo chips). Cada una de estas áreas está a la par de Matsushita, General Electric, Sony y Siemens, como competidor global. A finales de la década de 1980, la compañía tenía varios cientos de subsidiarias en 60 países, operaba plantas de manufactura en más de 40 naciones, empleaba aproximadamente a 300,000 personas y fabricaba miles de productos diferentes. Sin embargo, a pesar de su alcance global, en 1990 Philips era una compañía con grandes problemas. Después de una década de desempeño en declive, en 1990 Philips perdió 2.2 mil millones de dólares sobre ingresos de 28 mil millones de dólares. Una causa importante de esto parece haber sido su incapacidad para adaptarse a las condiciones competitivas cambiantes en la industria electrónica global, durante las décadas de 1970 y 1980.

Organización tradicional de Philips

Para conocer las raíces de los problemas que encaraba Philips en esos momentos, hay que retroceder hasta la Segunda Gue-

**Charles W. L. Hill de la Universidad de Washington. Reimpreso con autorización.*

rra Mundial. En ese entonces, sus actividades en el extranjero estaban dirigidas desde su oficina principal en Eindhoven.

Sin embargo, durante la Segunda Guerra Mundial Holanda fue ocupada por Alemania. Por ello, separadas de su base matriz, las diversas organizaciones extranjeras de Phillips empezaron a operar de manera independiente. En esencia, en cada organización nacional importante se desarrolló una compañía autónoma con sus propias funciones de fabricación, marketing e investigación y desarrollo.

Después de la guerra, la alta gerencia consideró que la compañía podría reconstruirse con mayor éxito a través de sus organizaciones nacionales. Había diversos motivos para creerlo. Primero, las grandes barreras comerciales hacían que fuera lógico que las organizaciones nacionales independientes se establecieran en cada mercado nacional importante. Segundo, se consideró que las organizaciones nacionales fuertes permitirían a Philips responder frente a las demandas locales en cada país donde competía. Tercero, dada la sustancial autonomía que las diversas organizaciones fuera de Holanda habían obtenido durante la guerra, la alta gerencia consideró que restablecer el control centralizado resultaría difícil y arrojaría pocos beneficios.

Al mismo tiempo, también consideró la necesidad de cierto control centralizado sobre la política de productos y de investigación y desarrollo, para lograr una coordinación entre las organizaciones nacionales. Su respuesta fue crear varias divisiones de productos en el mundo (de las cuales había catorce a mediados de la década de 1980). En teoría, las divisiones de productos tenían la responsabilidad de la política básica de investigación y desarrollo, y de desarrollo de productos, mientras que las organizaciones nacionales eran responsables de las operaciones cotidianas en un país particular. La estrategia de producto cierto país tenía que determinarse conjuntamente mediante una consulta entre la organización nacional responsable y las divisiones de productos. Eran las organizaciones nacionales las que implementaban la estrategia.

Otra característica importante de la organización de Philips era la forma de administración por dos partes. En casi todas las organizaciones nacionales, las responsabilidades y la autoridad de la alta gerencia eran compartidas por dos gerentes, uno responsable de los "asuntos comerciales" y el otro responsable de las "actividades técnicas". Esta forma de administración tuvo sus orígenes en los fundadores de la compañía, Antón y Gerard Philips. Antón era vendedor y Gerard ingeniero. En la compañía parecía haber una fuerte competencia informal entre los gerentes técnicos y de ventas, por lo que cada uno intentaba superar al otro. Antón comentó en una ocasión:

> La administración técnica y la administración de ventas compiten para superarse entre sí. Producción trata de producir tanto que ventas no pueda venderlo; ventas trata de vender tanto que la fábrica no pueda mantenerle el ritmo [Aguilar y Yoshino, 1987].

El comité que tomaba decisiones y se encargaba de la política en la compañía era una dirección administrativa formada por 10 personas. Aunque sus miembros compartían la responsabilidad administrativa general, por lo regular mantenían un interés especial en una de las áreas funcionales de la compañía (por ejemplo, investigación y desarrollo, fabricación, marketing). Tradicionalmente, casi todos los miembros del grupo administrativo eran holandeses y habían ascendido a través de la burocracia de Eindhoven, aunque la mayoría tenía cargos en el extranjero, por lo regular como directivos de alto nivel en una de las organizaciones nacionales de la compañía.

Cambio ambiental

A partir de la década de 1960, se dieron varios cambios significativos en el ambiente competitivo de Philips, los cuales afectaron de manera profunda a la compañía. Primero, debido a los esfuerzos del Acuerdo General sobre Aranceles y Comercio (GATT), las barreras comerciales se redujeron en todo el mundo. Además, en la sede de Philips en Europa, el surgimiento de la Comunidad Económica Europea, de la que Holanda fue uno de los primeros miembros, condujo a una mayor reducción en las barreras comerciales entre los países de Europa Occidental.

Segundo, durante las décadas de 1960 y 1970, surgieron varios competidores nuevos en Japón. Aprovechando el éxito del GATT con la disminución de barreras comerciales, las compañías japonesas fabricaban la mayor parte de su producción en casa y, luego, la exportaban al resto del mundo. Las economías de escala resultantes les permitieron reducir los costos unitarios por debajo de los logrados por los competidores occidentales, como Philips que fabricaba en múltiples sitios. Estas presiones competitivas aumentaron en forma significativa en casi todas las áreas de negocios en las que participaba la empresa holandesa.

Tercero, debido a los cambios tecnológicos, los costos de investigación y desarrollo y de fabricación aumentaron rápidamente. La introducción de transistores y, luego, de circuitos integrados exigía gastos significativos de capital en las instalaciones de producción, con frecuencia de cientos de millones de dólares. Para atender las economías de escala, había que lograr niveles sustanciales de producción. Aún más, el ritmo del cambio tecnológico declinaba y los ciclos de vida de los productos se acortaban. Esto dio a las compañías en la industria electrónica menos tiempo para recuperar sus inversiones de capital, antes de que llegara una nueva generación de productos.

Finalmente, conforme el mundo pasaba de una serie de mercados nacionales fragmentados hacia un único mercado global, empezaron a surgir estándares globales uniformes para los equipos electrónicos. Esta estandarización se mostró con mayor claridad en el negocio de grabadoras de videocasetes, donde tres estándares compitieron inicialmente por el dominio: el estándar Betamax producido por Sony, el estándar VHS producido por Matsushita y el estándar V2000 producido por Philips.

Como el estándar VHS fue uno de los más aceptados por los consumidores, los otros finalmente se desecharon. Para Philips y Sony, las cuales habían invertido sustancialmente en su propio estándar, esa fue una derrota significativa. El intento de Philips para establecer su formato V2000 como un estándar en la industria fue derrotado de manera eficaz por la decisión de su propia organización nacional estadounidense, sobre las objeciones de Eindhoven, de fabricar de acuerdo con el estándar VHS.

Cambio organizacional y estratégico

Al inicio de la década de 1980, Philips comprendió que, si quería sobrevivir, tendría que restructurar radicalmente su negocio. Su estructura de costos era grande, debido a la duplicación de funciones en las organizaciones nacionales, en particular en el área de fabricación. Más aún, como lo demostró el incidente del V2000, los intentos de la compañía para competir en forma eficaz se vieron entorpecidos por la fuerza y la autonomía de sus organizaciones nacionales.

El primer intento de cambio se presentó en 1982, cuando Wisse Dekker fue nombrado director general. Dekker presionó para que la fabricación se racionalizara y, por ello, creó centros internacionales de producción que atendían a varias organizaciones nacionales y cerró muchas plantas pequeñas e ineficientes. Presionó también a Philips para que firmara más acuerdos de colaboración con otras compañías electrónicas, para compartir los costos y riesgos por desarrollar nuevos productos. Además, aceleró una tendencia que ya se había iniciado dentro de la compañía, para alejarse del acuerdo de liderazgo dual dentro de las organizaciones nacionales (comercial y técnico), remplazando este acuerdo con un único gerente general. Dekker trató de "alejar" la matriz de Philips de las organizaciones nacionales, creando un consejo corporativo, donde los directivos de las divisiones de productos se unieran a los directivos de las organizaciones nacionales para analizar asuntos de importancia para ambos. Al mismo tiempo, dio más responsabilidad a las divisiones de productos para determinar las actividades de investigación y fabricación de toda la compañía.

En 1986 Cor van de Klugt relevó a Dekker. Una de las primeras acciones de Van de Klugt fue especificar que la rentabilidad sería el criterio central para evaluar el desempeño dentro de Philips. A las divisiones de productos se les dio la responsabilidad principal de lograr utilidades. A esto le siguió, a finales de 1986, la terminación del consorcio Philips en Estados Unidos, al cual se le había dado el control de las operaciones norteamericanas de la compañía durante la Segunda Guerra Mundial y que aún mantuvo el control hasta 1986. Al terminar el consorcio, Van de Klugt restableció, en teoría, el control de Eindhoven sobre la subsidiaria estadounidense. Después, en mayo de 1987, anunció una restructuración importante en toda la empresa. Designó cuatro divisiones de productos (iluminación, electrónica del consumidor, componentes y telecomunicaciones y sistemas de información) como las "divisiones clave", lo que implicaba que se venderían otras actividades. Al mismo tiempo, redujo el tamaño del consejo administrativo y la responsabilidad de formular la política recayó en un nuevo comité administrativo que comprendía al resto de los miembros del consejo, así como a los jefes de las divisiones de productos principales. No se incluyeron a los directores de las organizaciones nacionales en este organismo, lo que inclinó más el poder dentro de Philips lejos de las organizaciones nacionales y a favor de las divisiones de producto.

A pesar de dichos cambios, la posición competitiva de Philips continuó deteriorándose. Muchos observadores externos atribuyeron esta baja al lastre de la enorme burocracia de la oficina principal en Eindhoven (que comprendía a más de 3,000 personas en 1989). Analizaban que si bien Van de Klugt había cambiado el organigrama, muchos de los cambios eran superficiales e indicaron que el poder real aún estaba en la burocracia de Eindhoven y en sus aliados de las organizaciones nacionales. En apoyo a este punto de vista, señalaron que, desde 1986, la fuerza de trabajo de Philips había disminuido en menos de 10%, en vez de la reducción de 30%, que pedían muchos analistas.

Alarmado por una pérdida de 1.06 mil millones de dólares en 1989, el consejo obligó a Van de Klugt a renunciar en mayo de 1990. Fue remplazado por Jan Timmer, quien anunció de inmediato que disminuiría la fuerza de trabajo de Philips en 10,000 personas, para que quedaran 283,000, a la vez que lanzaría una restructuración de 1.4 mil millones de dólares. Los inversionistas no se impresionaron (la mayoría pensaba que la compañía necesitaba perder de 40,000 a 50,000 puestos de trabajo) y reaccionaron bajando 7% el precio de las acciones. No obstante, desde entonces, Timmer logró cierto avance. A mediados de 1991, vendió la división de minicomputadoras de Philips, que en ese tiempo perdía 1 millón de dólares por día, a Digital Equipment. Anunció también planes para reducir los costos en 1.2 mil millones de dólares, al reducir la fuerza laboral en 55,000 personas. Además, firmó una alianza estratégica con Matsushita, el gigante japonés de productos electrónicos, para fabricar y comercializar el *digital compact cassette* (DCC). Desarrollado por Philips y con fecha de introducción de finales de 1992, el DCC reproduce el sonido de un disco compacto en una cinta. El gran atractivo de venta del DCC es que los compradores podrían tocar sus viejas cintas analógicas de casetes en el nuevo sistema. El principal rival del DCC es un sistema de disco compacto portátil de Sony, llamado mini-disk. Muchos observadores ven una repetición de la batalla clásica entre la grabadora de video en VHS y Betamax, en la próxima batalla entre el DCC y el mini-disk. Si gana el DCC, podría ser el renacer de Philips.

Referencias

Aguilar, F. J. y M. Y. Yoshino, "The Philips Group: 1987", *Harvard Business School*, Caso #388-050.

Anónimo, "Philips Fights the Flab", *The Economist,* 7 de abril de 1992, pp. 73-74.

Bartlett, C. A. y S. Ghoshal, *Managing Across Borders: The Transnational Solution,* Boston, Mass.: Harvard Business School Press, 1989.

Kapstein, J. y J. Levine, "A Would-Be World Beater Takes a Beating", *Business Week,* 16 de julio de 1990, pp. 41-42.

Levine, J., "Philips's Big Gamble", *Business Week,* 5 de agosto de 1991, pp. 34-36.

CASO 10
"Ramrod" Stockwell
Charles Perrow*

Benson Metal Company emplea a unas 1,500 personas, cotiza en el mercado de valores y ha existido durante muchas décadas. Produce una variedad de metales que compran los fabricantes o las compañías especializadas en metales. Es una de las cinco o seis empresas principales en la industria especializada del acero. Esta organización produce acero en cantidades muy pequeñas con una variedad de características. Los pedidos tienden a ser en términos de libras y no de toneladas, aunque un pedido de 2,000 libras no es raro. Para algunos aceros, 100 libras es un pedido promedio.

La tecnología para producir aceros especializados en la empresa está bastante bien establecida, pero aún incluye bastantes suposiciones, habilidad e incluso "magia negra". Se hacen pequeños cambios en los ingredientes usados en el proceso de fundición y, con frecuencia, se llega a añadir un poco de material de aleación costoso, para producir variedades de aceros especializados. Cada competidor puede analizar los productos de los demás y, en general, elaborar el mismo producto sin demasiada dificultad, aunque existen algunos secretos. Hay también variaciones importantes según el tipo de equipo utilizado para fundir, puntear, apisonar y terminar el acero.

En el periodo que estamos considerando, Benson Company y algunos de sus competidores se disponían a fabricar aceros más sofisticados y técnicamente más difíciles, sobre todo para la industria aeroespacial. Los productos aeroespaciales eran mucho más difíciles de fabricar, requerían más habilidades para la investigación y el análisis metalúrgicos, así como un manejo más "delicado" en todas las etapas de producción, aunque se usara el mismo equipo básico. Más aún, se comercializaban de manera diferente. Se producían de acuerdo con las especificaciones de subcontratistas del gobierno; por otro lado, los inspectores gubernamentales a menudo visitaban la planta para vigilar todas las etapas de la producción. Una empresa podía producir una clase particular de acero que otra compañía no podía producir, aunque lo hubiera intentado. Estos aceros eran considerablemente más costosos que los especializados, por ello, no satisfacer las especificaciones resultaba en pérdidas más sustanciales para la compañía. En el momento de este estudio, aproximadamente 20% de la producción en valor efectivo estaba en los metales aeroespaciales.

El presidente del consejo, Fred Benson, había sido director administrativo de la compañía durante dos décadas, antes de ocupar este puesto. Es un hombre mayor, pero de voluntad fuerte y muy apreciado en la compañía por haberla llevado hasta su actual tamaño e influencia. El presidente, Tom Hollis, ha ocupado su puesto durante unos cuatro años; con anterioridad era director de ventas y ha trabajado cerca de Fred Benson durante muchos años. A Hollis le quedan aún tres o cuatro años antes de poder optar por su jubilación anticipada. Su asistente, Joe Craig, había sido gerente de ventas en una de las sucursales más pequeñas. Es costumbre de esta empresa elegir a las personas prometedoras de la gerencia media y colocarlas en el puesto de "asistente de" durante quizá un año, con la finalidad de prepararlas para puestos superiores en su división. Durante algún tiempo, estas personas llegaban de ventas y, en general, regresaban como gerentes de distritos grandes, desde donde podrían ser promovidas al puesto de gerente de ventas en la oficina principal.

Dick Benson, el vicepresidente ejecutivo (más o menos, el gerente general), es hijo de Fred Benson. En general se considera servicial, bastante competente y decente, pero débil y aún bajo el puño de su padre. Tradicionalmente, el vicepresidente ejecutivo se ha convertido en presidente. Si bien no se considera que Dick sea apto para ese puesto, se cree que lo ocupará de todas maneras.

Ramsey Stockwell, vicepresidente de producción, llegó a la organización hace unos seis años como ingeniero experimentado. Progresó con bastante rapidez hasta su posición actual. Rob Bronson, vicepresidente de ventas, sucedió a Dick Benson después de que Benson estuvo una breve temporada como vicepresidente de ventas. Alan Carswell, el vicepresidente de investigación, tiene un doctorado en metalúrgica y algunas patentes a su nombre, pero no se considera como un investigador dinámico ni como un luchador emprendedor en la compañía.

El problema

Cuando el equipo de investigación estudió a Benson Metal, se presentaron los problemas habituales de competencia y reducción de precios, dificultades con los nuevos metales aeroespaciales e instalaciones inadecuadas en la planta para una industria y una compañía en desarrollo. Sin embargo, el problema que nos interesa en particular se relaciona con el vicepresidente de producción, Ramsey Stockwell. Estaba considerado como un hombre de producción muy competente. Su lealtad a la compañía era incuestionable. Logró mantener en operación las instalaciones anticuadas y fue capaz de construir otras bastante modernas en las fases finales del proceso de producción. No obstante, tenía problemas con su personal y con otras divisiones de la compañía, principalmente con ventas.

Era bastante notorio que Stockwell no lograba delegar autoridad a sus subalternos. Bastantes personas llegaban a su oficina para pedir permiso para esto y aquello, o para formularle preguntas. La gente que actuaba por su cuenta en

Charles Perrow de la Universidad de Yale. Reimpreso con autorización.

ocasiones podía salir regañada. En otras ocasiones, se les dejaba actuar libremente debido al poco tiempo disponible de Stockwell —poco tiempo producto de que, con frecuencia, prestaba mucha atención a los detalles en algunos asuntos, en particular en aquellos concernientes a los programas y las prioridades. El "contraía" las líneas de autoridad al dar órdenes de manera directa a un gerente o incluso a un capataz, en vez de trabajar mediante los niveles intermedios. Esto violaba la cadena de mando, dejaba a los gerentes sin información y reducía la autoridad de estos. A veces, se notaba que tenía a buenos hombres como subalternos, pero no siempre les permitía desempeñar su trabajo.

El grupo clave de los hombres de producción rara vez se reunía, a no ser que fuera para ser reprendido por Stockwell. Los comités de coordinación y similares existían básicamente en papel.

Tal vez un problema más serio que lo anterior era la relación con ventas. Rob Bronson era ampliamente considerado como un ejecutivo sumamente brillante, capaz, confiable y prometedor. La división de ventas actuaba como una máquina bien engrasada, pero tenía también el entusiasmo y los chispazos de brillantez que indicaban una considerable adaptabilidad. El estado de ánimo era muy bueno y la identificación con la compañía era total. Sin embargo, al personal de ventas se le dificultaba bastante obtener información confiable de producción, como las fechas de entrega o incluso sobre la etapa en que estaba el proceso de un producto.

Por larga tradición, podían lograr que los pedidos especiales entraran en el flujo de trabajo cuando lo deseaban, pero a menudo no podían averiguar lo que iban a hacer con los pedidos normales o incluso qué tan perjudicial sería esto. El motivo era que Stockwell solo permitía a la gente de producción dar la información más rutinaria al personal de ventas. De hecho, debido a la gran centralización de autoridad e información en producción, el personal de producción con frecuencia tampoco lo sabía. "Ramrod" Stockwell lo sabía y la única manera de obtener información de él era ascender por la línea de ventas hasta Rob Bronson. El vicepresidente de ventas podía obtener la información del vicepresidente de producción.

No obstante, Bronson se enfrentaba a más problemas que solo no querer y no quería perder su tiempo llamando a Stockwell sobre los reportes de estatus. En las reuniones semanales de la alta dirección, que incluía a todo el personal desde el nivel de vicepresidente para arriba, y con frecuencia algunos de nivel inferior, Bronson preguntaba continuamente a Stockwell si habría algo que se pudiera hacer. Stockwell decía siempre que pensaba que a lo mejor sí. No podía presionársele para más estimaciones y, de hecho, rara vez admitía que un trabajo no fuera posible. Incluso las preguntas del presidente Tom Hollis no lograban obtener estimaciones precisas de Stockwell. En consecuencia, la planeación por parte de ventas y otras divisiones era difícil y los fracasos por parte de producción eran muchos, porque siempre se prometía mucho vagamente. Stockwell estaba dispuesto a intentar cualquier cosa y se esforzaba en ello, pero el resto del grupo sabía que muchos de esos intentos serían infructuosos.

Aunque los hombres de Stockwell resentían, a veces, la forma en que él dominaba sus trabajos y la escasa información que ponía a su disposición sobre otros aspectos de la producción, le eran leales. Admiraban su capacidad y sabían que combatía contra la presión continua de ventas para que se cometiera un error en los pedidos especiales, se cambiara la programación o se culpara a producción por los rechazos. "Ventas recibe aquí toda la gloria", dijo alguien. Y añadió: "En la reunión semestral de la compañía, la semana pasada, el director del consejo y el director administrativo de la compañía no pudieron hacer más para felicitar a ventas lo suficiente por su buen desempeño, pero solo hubo un seco 'bien hecho' para producción; 'bien hecho dadas las difíciles circunstancias'. Caramba, ventas es lo que nos está afectando". Los reportes anuales a lo largo de los años acreditaban a ventas los buenos años y por los malos años culpaban a las fallas en los equipos, las instalaciones de producción abarrotadas y malas, y otras cuestiones similares. Pero también era cierto que los problemas permanecieron incluso después de que Stockwell finalmente lograra que el consejo de directores aprobara nuevas instalaciones de producción.

Stockwell estaba también aislado socialmente del grupo de los altos ejecutivos. Tendía a trabajar más tarde que la mayoría, sus modales eran toscos, se preocupaba poco por las actividades culturales y rara vez jugaba golf. Ocasionalmente se relajaba con el gerente de ventas aeroespaciales, quien, curiosamente, era la única persona de alto nivel que tendía a defender a Stockwell. "Ramrod es un diamante en bruto; no sé si debamos tratar de pulirlo", decía en ocasiones.

Pero la pulida estaba en la mente de muchos. "Un gran hombre de producción; es sorprendente cuando sale de ahí. Pero no sabe cómo manejar a la gente. No delega; no nos dice cuando tiene problemas con algo; construye una cerca alrededor de sus hombres, evita el intercambio sencillo", opinó el presidente. "Es muy obstinado; era bueno hace unos años, pero no volvería a darle ese puesto", reconoció el director del consejo. No estaba de acuerdo con el presidente acerca de que Stockwell "podía cambiar". No se puede cambiar la personalidad de la gente, y menos aún de todos los hombres de producción. "Está en una posición difícil", opinó el vicepresidente de ventas, "y tiene que ser capaz de lograr que sus hombres trabajen con él, no contra él; todos tenemos que trabajar juntos en el mercado actual. Deseo que no fuera tan convencional".

Más o menos un año antes, el presidente habló con Stockwell para que se tomara un par de semanas libres y asistiera a una sesión de capacitación en liderazgo. Stockwell dijo que no tenía nada que hacer ahí y se ofendió. El presidente esperó unos meses y, luego, anunció que había arreglado que el gerente de personal y cada uno de los directores asistieran a sesiones de cuatro días consecutivos de grupos T, dirigidas por una organización muy conocida. Esto se acordó en una de las reuniones de los directores, aunque nadie se lo había tomado muy en serio. Uno por uno, los directores regresaban con claro entusiasmo por el programa. Alguien afirmó: "Es casi como si hubieran tenido a nuestra compañía en mente cuando lo diseñaron". Algunos empezaron a acudir a las sesiones por la noche y los fines de semana con su personal y ocasionalmente con el gerente de personal, quien tenía más experiencia con esto que los demás. Se programó que Stockwell fuera el último en asistir a la sesión de cuatro días, pero él canceló en el último minuto, pues dijo que había demasiados problemas serios en la planta como para irse durante ese tiempo. De hecho, habían surgido varios problemas importantes en las semanas anteriores.

Eso fue suficiente en lo concerniente a los otros vicepresidentes. Se reunieron entre sí y, después, con el presidente y el vicepresidente ejecutivo, y dijeron que deberían llegar al fondo del problema. Era necesario realizar una sesión de grupo de alto nivel para discutir las tensiones que se acumulaban. La fricción entre producción y ventas llegaba también a otras áreas; además, la moral de la administración en general se veía perjudicada. Reconocieron que habían presionado mucho a producción y que quizá eran culpables en eso o en aquello y que una sesión haría bien a todos los directores, no solo a Stockwell. El presidente dudó. Consideró que Stockwell lo evitaría. Además, añadió: el "Viejo" (el presidente del consejo de administración) era escéptico respecto a esas técnicas. El vicepresidente ejecutivo se mostraba sin mucho entusiasmo. Después se comentó que Stockwell nunca había reconocido su autoridad oficial y, por lo tanto, el joven Dick temía cualquier confrontación abierta.

Pero algunos eventos adelantaron el plan del vicepresidente. Se desarrolló una crisis de primera clase que involucraba un pedido importante de su mejor y más antiguo cliente; se llamó a una reunión de emergencia de la alta dirección, que incluyó a varios de sus subalternos. Tres en particular estuvieron involucrados: Joe Craig, asistente del presidente, que conocía bien los problemas en la planta en su rol de solucionar problemas al director administrativo; Sandy Falk, vicepresidente de personal, sofisticada respecto a los programas de capacitación para liderazgo y en una posición que le permitía observar una buena parte de las riñas en los niveles medio y bajo entre ventas y producción; Bill Bletchford, gerente de acabados, leal a Stockwell y que tenía el equipo más moderno del proceso de producción y quien más se relacionaba con ventas. Fue en su departamento donde ocurrió el problema, debido a algunos cambios masivos en la programación en la fase de apisonamiento y a la falla del equipo clave.

En la reunión, el asunto se trató a fondo. Con las espaldas contra la pared, los dos hombres de producción, con un comportamiento poco característico de una reunión abierta, embistieron contra ventas acusándola de usar tácticas maliciosas para introducir pedidos especiales y actuar con información parcial y malinterpretada de un capataz. Joe Craig sabía, y admitió, que el gerente de ventas de especialidades A había hecho promesas al cliente sin consultar con el vicepresidente de ventas, quien podía haber consultado con Stockwell. "Él tenía razón", reconoció el vicepresidente Bronson. "No puedo pasar todo el tiempo llamando a Ramsey acerca de los reportes de estatus, si Harrison no puede descubrirlo en producción de forma oficial, tiene que hacerlo lo mejor que pueda". Ramsey Stockwell, después de su enérgico arrebato por la información errónea a través de tácticas engañosas, guardó un frío silencio y respondió solo preguntas directas y breves. El gerente de acabados y el gerente de ventas de especialidades A empezaron a hablar entre sí. Sandy Halk, de personal, sabía que habían sido enemigos durante años, por lo que intervino de la mejor manera posible. El vicepresidente de investigación, Carswell, un hombre reflexivo, a menudo preocupado por las dimensiones de los problemas de la compañía, llamó a un alto con el siguiente discurso:

> Todos están equivocados y todos tienen razón. He escuchado los pormenores de este fracaso cien veces durante los últimos dos o tres años, y cada año es peor. Los hechos de este maldito caso no importan, a menos que todo lo que quieran sea anotar puntos contra sus oponentes. Lo que está mal es algo con todo el equipo. No sé qué es, pero sé que necesitamos repensar radicalmente las relaciones que hay entre nosotros. Hace tres años, este tipo de cosas rara vez ocurrían, y ahora suceden todo el tiempo. Y este es un momento en el que eso ya no se puede tolerar. Ya no hay más desarrollo en nuestra línea principal de aceros especializados. El dinero y el crecimiento están en lo aeroespacial, todos lo sabemos. Sin lo aeroespacial, pararemos. Tal vez eso sea parte de todo. Quizá también sea parte de Ramsey; esta crisis es sobre el acero especializado y parece que a muchos les preocupa más eso que lo aeroespacial, por lo que solo puede ser el cambio de producto o solo eso. Parte de esto tiene que ser la gente y tú estás en una situación difícil Ramsey.

Carswell dejó que lo asimilaran y, luego, continuó:

> O tal vez sea algo más que incluso estos... la cúpula no los induce a colaborar entre ustedes o, quizá, la antigua forma de hacerlo ya no funciona. Hablo de ti, Tom [Hollis], así como de Fred Benson, el presidente del consejo, que no asistía a esas reuniones y de Dick (el vicepresidente ejecutivo y heredero aparente). No sé lo que sea, aquí están Ramsey y Rob en disputa; ninguno de ellos es tonto y ambos trabajan mucho. Tal vez el problema esté arriba de su nivel.

Se hizo un prolongado silencio. Suponga que usted lo rompe con su propio análisis. ¿Cuál sería?

Índice de empresas

Índice de nombres

Índice analítico